ସ୍ଥାପତ୍ୟ ଇତିହାସରେ

ଶକ୍ତି ସଂହିତା

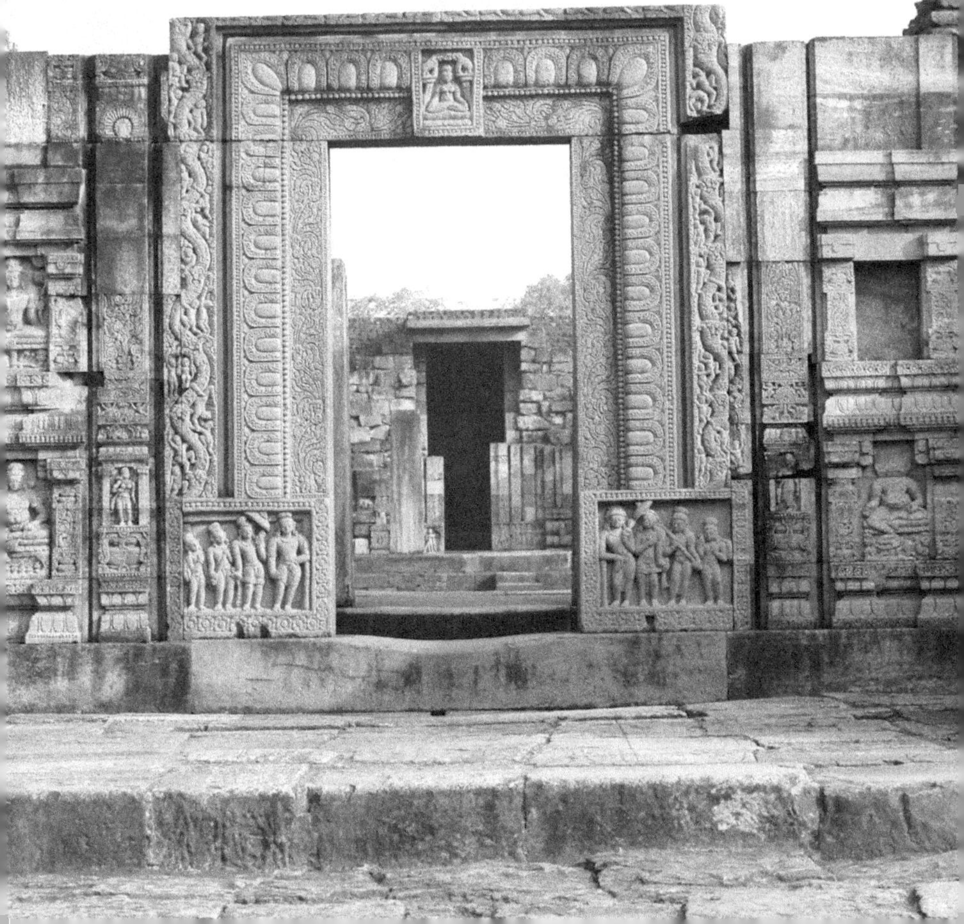

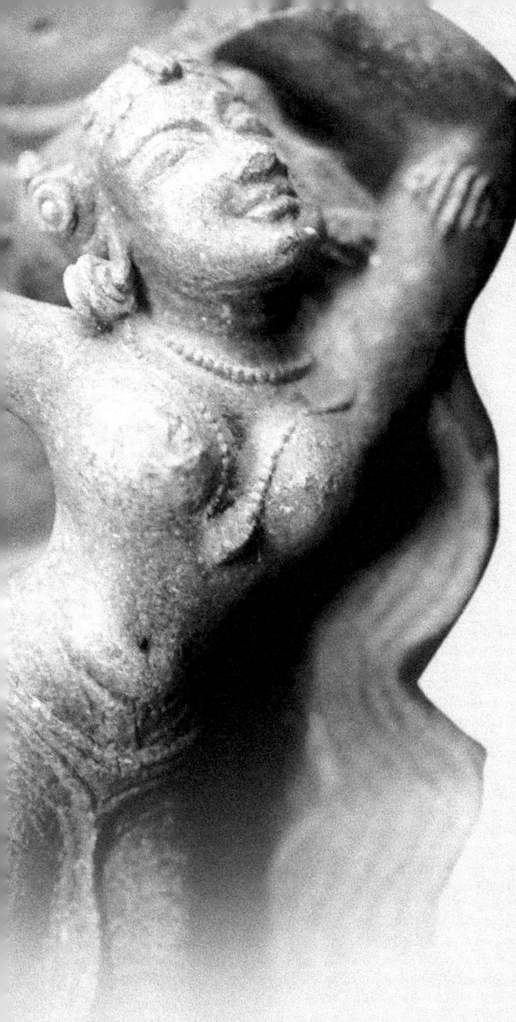

ସ୍ଥାପତ୍ୟ ଇତିହାସରେ

ଶକ୍ତି ସଂହିତା

ଭାଗ୍ୟଲିପି ମଲ୍ଲ

ବ୍ଲାକ୍ ଇଗଲ୍ ବୁକ୍ସ
ଭୁବନେଶ୍ୱର, ଓଡ଼ିଶା

BLACK EAGLE BOOKS
Dublin, USA

BLACK EAGLE BOOKS

USA address:
7464 Wisdom Lane
Dublin, OH 43016

India address:
E/312, Trident Galaxy, Kalinga Nagar,
Bhubaneswar-751003, Odisha, India

E-mail: info@blackeaglebooks.org
Website: www.blackeaglebooks.org

First International Edition Published by
BLACK EAGLE BOOKS, 2022

STHAPATYA ITIHASARE **SAKTI SAHNHITAA**
by **Bhagyalipi Malla**

Cover: **Ramakanta Samantaray**
Interior Design: Ezy's Publication

ISBN- 978-1-64560-250-7 (Paperback)

Printed in the United States of America

ଉତ୍ସର୍ଗ

ମୋ ସୁନାପୁଅ ପ୍ରତୀକ(ଚିମ୍ପୁ)କୁ ସମର୍ପିତ
ମୋର ଏ ସାଧନା...

ଋଣ ସ୍ୱୀକାର

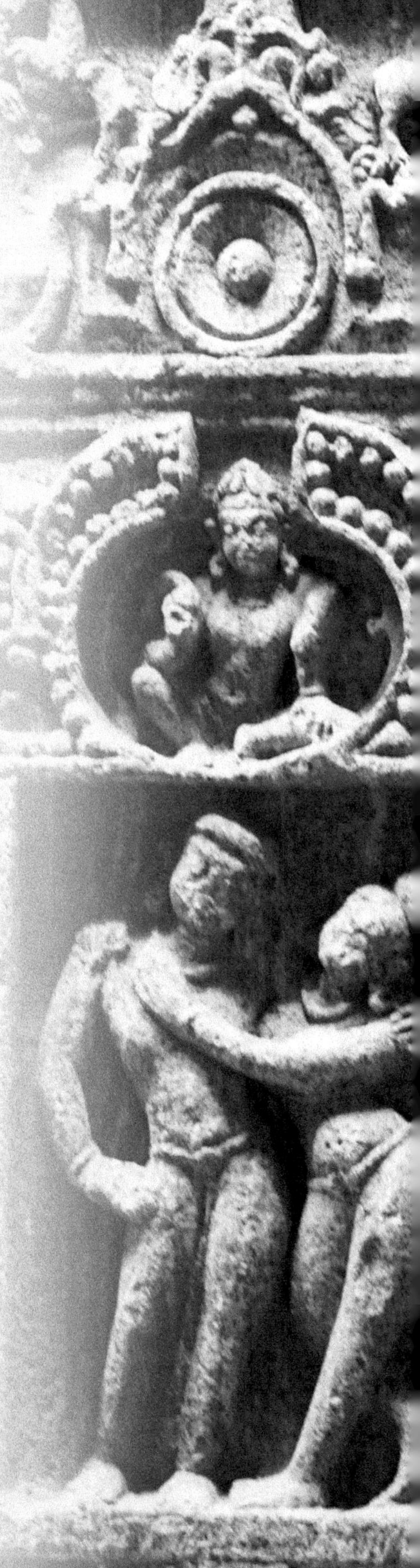

ଲେଖାର ସଂଗ୍ରହରେ ବହୁ ମନ୍ଦିର ବୁଲିଛି। ବହୁ ପୂଜକଙ୍କ ସହ ଆଲୋଚନା କରିଛି। ସେମାନଙ୍କଠାରୁ କାହାଣୀ ଓ ତଥ୍ୟ ସଂଗ୍ରହ କରିଛି। ସେମାନଙ୍କ ନିକଟରେ ଏହି ଅବସରରେ ଋଣ ସ୍ୱୀକାର କରୁଛି । ଲେଖାଗୁଡ଼ିକ ନିରନ୍ତର ଭାବେ 'ପ୍ରମେୟ'ରେ ପ୍ରକାଶ ପାଇଛି ଓ ଅଜସ୍ର ପାଠକୀୟ ଶ୍ରଦ୍ଧା ଲାଭ କରିଛି । ପ୍ରମେୟ ସମ୍ପାଦକ ଓ ପ୍ରମେୟ ପରିବାରକୁ ସଶ୍ରଦ୍ଧ କୃତଜ୍ଞତା ଅର୍ପଣ କରୁଛି । ସଂଗ୍ରହାଳୟ ପାଠାଗାରର ପୁସ୍ତକ ସହ ଅନ୍ୟାନ୍ୟ ପୁସ୍ତକଗୁଡ଼ିକୁ ସହାୟକ ଗ୍ରନ୍ଥ ଭାବରେ ଗ୍ରହଣ କରିଛି। ସମସ୍ତ ପୁସ୍ତକର ଲେଖକ ଓ ପ୍ରକାଶକଙ୍କ ପାଖରେ ଶ୍ରଦ୍ଧା ଓ ଋଣ ନିବେଦନ କରୁଛି ।

ଅନେକ ମନ୍ଦିରର ଫଟୋ ନିଜେ ସଂଗ୍ରହ କରିଛି, କେତେକ ଅସ୍ପଷ୍ଟ ଥିବାରୁ ଇଣ୍ଟରନେଟର୍ ସହାୟତା ନେଇଛି । ସେଇସବୁ ଫଟୋର ଅଧିକାରୀମାନଙ୍କଠାରେ ମୋର ଋଣ ସ୍ୱୀକାର କରୁଛି । ପ୍ରଚ୍ଛଦପଟ ଲାଗି ରମାକାନ୍ତ ସାମନ୍ତରାୟ ଏବଂ ବହିର ସଜ୍ଜିକରଣ ଲାଗି ଅଶୋକ ପରିଡ଼ାଙ୍କ ସହଯୋଗ ନିମନ୍ତେ ସେମାନଙ୍କୁ କୃତଜ୍ଞତା ଜ୍ଞାପନ କରୁଛି।

ଏବଂ, ଶେଷରେ ମୋ' ଲେଖାକୁ ଭଲପାଇଥିବା ଏବଂ ସମାଲୋଚନା କରିଥିବା ସମସ୍ତ ପାଠକଙ୍କୁ ମୁଁ ବିନମ୍ର ପ୍ରଣାମ କରୁଛି ।

ସାମାନ୍ୟ କଥନ: ଏକ ମୁଖବନ୍ଧ

ପ୍ରଫୁଲ୍ଲ କୁମାର ମହାନ୍ତି

ସଂସ୍କୃତି ଉନ୍ମେଷର ଆଦିପର୍ବରେ ସାହିତ୍ୟ, ଦର୍ଶନ, ମିଥ୍ ସୃଷ୍ଟିର ପାରସ୍ପରିକ ସମ୍ପର୍କ ରହିବା ଲାଗି ବାଧ୍ୟ। କାରଣ ଏସବୁ ବିଭାବଗୁଡ଼ିକର ସ୍ୱତନ୍ତ୍ର ପୃଥକୀକରଣ ହୋଇନଥିଲା। ବେଦରେ ଯେପରି ଆମେ ଧର୍ମଦର୍ଶନ (no religion) ଆଦିରୂପ ବର୍ଣ୍ଣନା ତଥା କାବ୍ୟାନୁରାଗକୁ ଅଲଗା ପାଉନାହୁଁ, ସେହିପରି ମହାକାବ୍ୟ ରଚନାବେଳେ (ରାମାୟଣ-ମହାଭାରତ) ମଧ୍ୟ ବାଲ୍ମିକୀ, ବ୍ୟାସ କାବ୍ୟ ଦର୍ଶନରେ କୌଣସି ବିଭାଗୀକରଣର ସୂଚନା ଦେଇନାହାନ୍ତି। କାରଣ କାବ୍ୟସୃଷ୍ଟି ଏକ ଜାତିର ସାମଗ୍ରିକ ଚେତନାର ଦୃଷ୍ଟି ଓ ଦର୍ଶନ। ତେଣୁ ଯେତେବେଳେ ବିଶ୍ୱପ୍ରାଣଶକ୍ତିର ନିୟନ୍ତ୍ରକ କଳ୍ପନା କରାଗଲା ସେତେବେଳେ ପ୍ରାଣଉତ୍ସ ବ୍ରହ୍ମନ୍‌ର ତିନୋଟି ରୂପ କଳ୍ପିତ ହେଲା- ବ୍ରହ୍ମା, ବିଷ୍ଣୁ, ଶିବ। ବ୍ରହ୍ମାଙ୍କର ସ୍ଥିତି ଉପରେ ଅବଶ୍ୟ କୌଣସି ତର୍କ ଦିଆଗଲା ନାହିଁ ବରଂ କେବଳ ସୃଷ୍ଟିକର୍ତ୍ତା କୁହାଗଲା। ଉପନିଷଦ ଯୁଗରୁ ପୁରାଣକୁ ଆସିଲାବେଳେ ଯେଉଁ ମିଥ୍ ସବୁ ସୃଷ୍ଟି ହେଲା ସେଥିରେ ବ୍ରହ୍ମା ଗୌଣ ହେଲେ ଏବଂ ଶକ୍ତି କଳ୍ପନା କରାଗଲା। ଏହି ଶକ୍ତି ସୃଷ୍ଟି-ଅନୁପାଳନ-ବିନାଶର ମିଶ୍ରିତ ଓ ଜଟିଳ ରୂପ ଭାବେ କଳ୍ପିତ ହେଲା। ଯେହେତୁ ଭାରତୀୟ ସନାତନ ସମାଜ ପୁରୁଷକୈନ୍ଦ୍ରିକ ସେଥିରେ ନାରୀଶକ୍ତି କଳ୍ପନା ନହେବା ସ୍ୱାଭାବିକ। ଏହା ପାଶ୍ଚାତ୍ୟ ସଭ୍ୟତାରେ ମଧ୍ୟ ସ୍ପଷ୍ଟ। ଏବ୍ରାହାମିକ ଧର୍ମଦର୍ଶନଗୁଡ଼ିକରେ ଯେହେତୁ ଏକ ଈଶ୍ୱର କଳ୍ପନା କରାଯାଇଛି। ଖ୍ରୀଷ୍ଟିୟାନିଟି, ଇସ୍‌ଲାମ୍ ଏବଂ ଜୁଡ଼ାଇଦମ୍ ଅର୍ଥାତ୍ ଖ୍ରୀଷ୍ଟିଆନ୍ ମୁସଲମାନ ଓ ଜ୍ୟୁମାନେ କେବଳ ଏକ ପୁରୁଷ ଈଶ୍ୱରକୁ ପୂଜା କରିବେ। ଉଭୟ ମୁସଲମାନଙ୍କ ଆଲ୍ଲା ଓ ଖ୍ରୀଷ୍ଟିୟାନ୍‌ଙ୍କର ଗଡ୍ ପୁରୁଷ ଏବଂ ସେମାନେ ସର୍ବଶକ୍ତିମାନ। ଏହି ଧର୍ମରେ ଇସ୍‌ଲାମ୍ କେବଳ

କୋରାନ୍ ପଢ଼େ ଓ ଅନ୍ୟ ଦୁଇ ଧର୍ମର ମୂଳଗ୍ରନ୍ଥ ହେଲା ବାଇବେଲ୍। ଏବ୍ରାହାମିକ୍ ଧର୍ମମାନଙ୍କରେ ନାରୀ ନାହିଁ। ହିନ୍ଦୁ ଧର୍ମ ଗୋଟିଏ ବ୍ରହ୍ମନ୍ ସ୍ୱୀକାର କଲେ ମଧ୍ୟ ତିନୋଟି ପୁରୁଷ ଏହି ତ୍ରିବର୍ଗର ଈଶ୍ୱର। କିନ୍ତୁ ବ୍ରହ୍ମାଙ୍କୁ ପରବର୍ତ୍ତୀ ସମୟରେ ପ୍ରାଧାନ୍ୟ ଦିଆଗଲା ନାହିଁ ଏବଂ ତାଙ୍କ ସ୍ଥାନରେ ଦେବୀ ବା ଈଶ୍ୱରୀ କଳ୍ପିତ ହେଲେ। ଏହି ପରିକଳ୍ପନାକୁ ନେଇ ବୈଷ୍ଣବ, ଶୈବ ଓ ଶାକ୍ତ ଗୋଷ୍ଠୀ ବିଭାଜନ ଆରମ୍ଭ ହେଲା। ବ୍ରହ୍ମାଙ୍କ ବଦଳରେ ଶକ୍ତି ବା ନାରୀଶକ୍ତିର ଉପାସନା ଆରମ୍ଭହେଲା। ପୁରୁଷ ପ୍ରଧାନ ସମାଜରେ ଯେମିତି ପୁରୁଷକାର ଉପରେ ସମାଜ ପ୍ରତିଷ୍ଠିତ ହୁଏ ସେଥିରେ ନୂଆକରି ଯୋଡ଼ିହେଲା (Vaginocentrism) ନାରୀ ଶକ୍ତି। ସାଂଖ୍ୟ ଦର୍ଶନ ଅନୁସାରେ ନାରୀ ବା ପ୍ରକୃତି ହିଁ ପୁରୁଷକୁ (The Doer) ସଞ୍ଚାଳନ କରେ। ଗୀତଗୋବିନ୍ଦରେ ରାଧା କୃଷ୍ଣଙ୍କର ଆହ୍ଲାଦିନୀ ଶକ୍ତି- ରାଧା ନଥିଲେ କୃଷ୍ଣ ନିଜର ସୃଜନ ସୌଷ୍ଠବ ପ୍ରକାଶ କରିପାରିନଥାନ୍ତେ। ନାରୀ ନିଜେ ଏକ ଢାଞ୍ଚା ନୁହେଁ କିନ୍ତୁ ଢାଞ୍ଚା ନିର୍ମାଣର ସଞ୍ଚାଳିକା। ସମ୍ପର୍କ ସୃଷ୍ଟି କରାଏ ନାରୀ। ସେ ଯୋଡ଼ିଦିଏ। ବିଶ୍ୱପ୍ରକୃତିର ଉପାଦାନମାନଙ୍କୁ ନୂଆ ରୂପ ଦିଏ। ନୂଆ ସମ୍ପର୍କ ଦିଏ। ନାରୀ ଶକ୍ତି ବିନିଯୋଗ କରି ନିଜେ କିଛି ଗଢ଼େନାହିଁ କିନ୍ତୁ ଗଢ଼ାଏ। ସମ୍ପର୍କର ସେତୁରେ ଯୋଡ଼ିଦିଏ ଦୃଷ୍ଟ ଓ ଅଦୃଷ୍ଟ ଉପାଦାନମାନଙ୍କୁ। ବଞ୍ଚିବା ପାଇଁ ପ୍ରେମ, ଉଚ୍ଚାରଣ ଏବଂ କର୍ମ ସୃଷ୍ଟିକରେ। ବିଶ୍ୱର ଅଧିକାଂଶ ସ୍ଥଳରେ ରହିଛି ମଦର୍ ଗଡ଼େସ୍, ଦେବୀ ମାତୃକା। ମହେଞ୍ଜୋଦାରୋ ହରପ୍ପାରେ, ଇରାକ୍ ଓ ଦକ୍ଷିଣ ଆଫ୍ରିକାରେ ମଧ୍ୟ। କିନ୍ତୁ ଭାରତୀୟ ସାଂସ୍କୃତିକ ବିଶ୍ୱାସର ଦାର୍ଶନିକ ଓ ନାନ୍ଦନିକ ତତ୍ତ୍ୱ କେଉଁଠି ନାହିଁ।

ନାରୀ ଯେ ପ୍ରକୃତି ଓ ତା'ର ସଞ୍ଚାଳିନୀ ଶକ୍ତି, ତା'ର ପ୍ରମାଣ ମିଳେ ଚନ୍ଦ୍ରର ଅନ୍ଧାର ଓ ଉଜ୍ଜ୍ୱଳ ପକ୍ଷକୁ ନେଇ। ଅନ୍ଧାର ପକ୍ଷର ଅଷ୍ଟମୀକୁ କାଳରୂପିଣୀ କାଳୀକୁ ଉତ୍ସର୍ଗ କରାଯାଏ। ସେହିପରି ଉଜ୍ଜ୍ୱଳ ପକ୍ଷର ଅଷ୍ଟମୀକୁ ଦୁର୍ଗାଙ୍କୁ ଉତ୍ସର୍ଗ କରାଯାଏ। ଶକ୍ତି ଏହି ଦୁଇ ଅନ୍ଧାର-ଆଲୋକ ଦ୍ୱନ୍ଦ୍ୱର ସମନ୍ୱିତ ଶକ୍ତି। ଗୋଟିଏ ଦିଗରେ ଏହି ଶକ୍ତି ସମୟର ମାତୃଶକ୍ତି- କାଳମାତା କାଳୀ- ଯାହା ଗର୍ଭରୁ ସମ୍ଭୂତ ହୁଏ ଦେଖା ଅଦେଖା ସୃଷ୍ଟି ସମ୍ଭାର। ଏହି ଶକ୍ତିର ଆକାର ଆକୃତି ନାହିଁ। କିନ୍ତୁ ଆଲୋକିତ ପର୍ବର ଦୁର୍ଗା ସଂଯୋଗ ନାରୀ ରୂପରେ ଉଦ୍ଭାସିତ। ଦୁର୍ଗାଶକ୍ତିର ପ୍ରତୀକ ଭାବେ ଅଷ୍ଟଭୂଜା ହାତରେ ଆଠପ୍ରକାରର ଅସ୍ତ୍ର ଅର୍ଥାତ୍ ସେହି ଚରମ ଶକ୍ତିରୂପିଣୀ। କାଳୀ ହିଁ ଦୁର୍ଗା ସୃଷ୍ଟିକରେ। କାଳୀର ଭୟାନକ ସଂହାରିଣୀ ରୂପ ହିଁ ଦୁର୍ଗା। ମାୟା, ପ୍ରକୃତି ଓ ଶକ୍ତିର ରୂପ ଯଦି କାଳୀ ଦୁର୍ଗା ମହାମାୟା ଓ ଆଦ୍ୟାଶକ୍ତି- ଆଦିକାଳୀନ ବା ପ୍ରକୃତିର ପ୍ରାରମ୍ଭିକ ରୂପରୁ ବଦଳୁଥିବା ରୂପ ମଧ୍ୟରେ ବିଦ୍ୟମାନ ସଞ୍ଚାଳିକା ଶକ୍ତି। "ଦେବୀ ମାହାତ୍ମ୍ୟ" ଖଣ୍ଡରେ (ମାର୍କଣ୍ଡେୟ ପୁରାଣ) ଦୁର୍ଗା ପ୍ରକୃତିର ମାୟାସୃଷ୍ଟି, ଯାହା ଅବିଦ୍ୟା ମଧ୍ୟ ହୋଇପାରେ ତେଣୁ ମହାମାୟା। ଶକ୍ତି

ତାଙ୍କର ବିଦ୍ୟା, ଶୃଙ୍ଖଳା, ବର୍ଣ୍ଣାଳୀ, ଉଚ୍ଛ୍ୱାସ ଓ ଉତ୍‌ଫୁଲ୍ଲତା । ଏହି ଦୁର୍ଗାଶକ୍ତି ମାୟାବିଜଡ଼ିତ କରେ ଏବଂ ମାୟାମୋହ ମୁକ୍ତ କରେ । ଦୁର୍ଗା ମୋକ୍ଷଦା ମଧ୍ୟ । ବିଶ୍ୱର ସାହିତ୍ୟ ଦର୍ଶନ ଓ ମିଥ୍‌ରେ ନାରୀ ବିଶ୍ୱ ପରିକଳ୍ପନାର ଆଧାର ଏହି ଦୁର୍ଗା । ଅର୍ଥାତ୍ ପୁରୁଷକୁ ନେଇ ଯେଉଁ ବିଶ୍ୱକଳ୍ପନା ସେହି କଳ୍ପନା ଦୁର୍ଗାଙ୍କୁ ନେଇ କରାଯାଇଛି । ଅର୍ଥାତ୍ ଏ ପୃଥିବୀ ଏକ ନାରୀରୂପ ଓ ନାରୀ ପ୍ରକୃତି ଦ୍ୱାରା ପରିଚାଳିତ । ଯିନ୍ ଶକ୍ତି ସ୍ୱରୂପିଣୀ ହେଲେ ଦୁର୍ଗା । ପାଶ୍ଚାତ୍ୟ ସୃଷ୍ଟି ରହସ୍ୟ ଓ ମିଥ୍‌ରେ ପୁରୁଷକୁ (phallus) ପୌରୁଷର ପରିପ୍ରକାଶ ଭାବେ ବିଶ୍ୱକଳ୍ପନା । ଭାଷା ମଧ୍ୟ ସେହି ଶକ୍ତିର ପରିପ୍ରକାଶ ଭାବେ ଭିନ୍ନ । ଋଗ୍‌ବେଦରେ ମଧ୍ୟ ଆମେ ନାରୀ ପରିକଳ୍ପନାର ବିମ୍ବ ପାଉନାହୁଁ । କିନ୍ତୁ ପୁରାଣଯୁଗରେ ଯେହେତୁ ପୁରୁଷ ଈଶ୍ୱରର ପ୍ରାଧାନ୍ୟ କମାଇ ନାରୀକୁ ଆଗକୁ ନିଆଗଲା ସେହି ପର୍ଯ୍ୟାୟରେ ଦୁର୍ଗା ପରିଚାଳିତ । ଲକ୍ଷ୍ୟ କରିବାର କଥା ଯେ ଦୁର୍ଗା କାହାର ପତ୍ନୀ କିମ୍ବା ପ୍ରେମିକା କିମ୍ବା ସହଧର୍ମିଣୀ ନୁହଁନ୍ତି । ଇଂରାଜୀରେ ଯାହାକୁ consort କୁହାଯାଏ ଦୁର୍ଗା କାହାର କନସର୍ଟ ନୁହଁନ୍ତି । ଦୁର୍ଗାଶକ୍ତି କାଳୀରୂପରେ ଧ୍ୱଂସ କରିପାରେ । କୃଷ୍ଣପକ୍ଷର ଅଷ୍ଟମୀ ପରି ଅନ୍ଧାର କରିପାରେ, କେଓସ୍ ବା ବିଭ୍ରାଟ, ବିଶୃଙ୍ଖଳା ସୃଷ୍ଟି କରିପାରେ ଏବଂ ପାଟଳ ସୁଷମାର ଶାନ୍ତ ସୌରଭରେ ସବୁ ଆଲୋକିତ କରିପାରେ । ଅବିଦ୍ୟାରୁ ବିଦ୍ୟାମୁକ୍ତି ଦେଇ ମୋକ୍ଷ ଦେଇପାରେ । ତେଣୁ ଦୁର୍ଗାଙ୍କୁ ଆମେ ଆରାଧନା କରୁ ବିଶେଷକରି ବଙ୍ଗଳା ଏବଂ ଓଡ଼ିଶାରେ । କିନ୍ତୁ ଶକ୍ତିର ପରିଭାଷା ଅନେକ । ଶକ୍ତି କେବଳ ଧ୍ୱଂସ ଶକ୍ତି ନୁହେଁ । ଶକ୍ତି ଏକ ସୃଜନଶକ୍ତି । ଏହା ଗଢ଼େ । ସୁନ୍ଦର ସ୍ୱରୂପ ଗଢ଼େ । ଅବଶ୍ୟ ଗଢ଼ିବା ପାଇଁ ଭାଙ୍ଗିବା ଆବଶ୍ୟକ ହେଲେ ଶକ୍ତି ଭାଙ୍ଗେ ମଧ୍ୟ । କିନ୍ତୁ ଶକ୍ତିର ପରିଭାଷା ଅନେକ । ଏପରି କୌଣସି ପ୍ରାକୃତିକ ବା ମାନବିକ ବିଭବ ନାହିଁ ଯାହା ଏକ ଶକ୍ତି ଦ୍ୱାରା ସମ୍ଭୂତ ଓ ପରିଚାଳିତ ନୁହେଁ । ସଙ୍ଗୀତ, ନୃତ୍ୟ, ସାହିତ୍ୟ, ଚିତ୍ରକଳା, ସ୍ଥାପତ୍ୟ, ଯୁଦ୍ଧକଳା ଆଦି ସବୁକ୍ଷେତ୍ର ଶକ୍ତିର ବିଭିନ୍ନ ରୂପ । ଏବଂ, ପ୍ରେମ ବୋଧହୁଏ ମଣିଷ ଜୀବନର ସବୁଠାରୁ ବଡ଼ ଶକ୍ତି । ରାଧା (ଯିଏ ମହାଭାରତ କିମ୍ବା ଶ୍ରୀମଦ୍ ଭାଗବତରେ ନାହିଁ) ଏକ କାଳ୍ପନିକ ପ୍ରେମଶକ୍ତି । ପ୍ରେମଶକ୍ତି ମାଧ୍ୟମରେ ହିଁ ଉତ୍ତାଳ ପୌରୁଷ କାର୍ଯ୍ୟକରେ ଯାହା ସୌଷ୍ଠବ ସୃଷ୍ଟିକରେ । ସୀତା ପରି ନାରୀ ପାଖରେ ରହିଛି ସବୁଠାରୁ ବେଶୀ ଶକ୍ତିଶାଳୀ ସହନଶୀଳତା, ଶାଳୀନତା, ଆତ୍ମବିଶ୍ୱାସ ଏବଂ ମର୍ଯ୍ୟାଦାବୋଧ । କିନ୍ତୁ ସବୁଠାରୁ ଆଶ୍ଚର୍ଯ୍ୟ ଶକ୍ତି ହେଲା ମଣିଷର ପରିକଳ୍ପନା ।

ଯେହେତୁ ସ୍ଥାପତ୍ୟ ଆମର ଉପସ୍ଥିତ ପ୍ରସଙ୍ଗ, ଭାବିଦେଖନ୍ତୁ ତ ମଣିଷଠାରୁ ଆଉ ବଡ଼ ସ୍ଥାପତ୍ୟ ଅଛି କି ? ଯେଉଁ ସନ୍ତୁଳନ, ଭାରସାମ୍ୟ ସହିତ ମଣିଷର ଅଙ୍ଗପ୍ରତ୍ୟଙ୍ଗ କାମକରେ ତାହା କ'ଣ ଆମେ ଯାହାକୁ ଆଜି ଇଞ୍ଜିନିୟରିଂ ମାର୍ଭେଲ୍ (engineering marvel) କହୁଛୁ, ତା'ଠାରୁ ବେଶୀ ବିସ୍ମୟକର ନୁହେଁ? ଆଖି-କାନ-ନାକ ପ୍ରଭୃତି ଇନ୍ଦ୍ରିୟମାନଙ୍କର ସନ୍ତୁଳନ, ମସ୍ତିଷ୍କ ପରି ଏକ ଅତି ସୂକ୍ଷ୍ମ ଓ ଜଟିଳ www ଯାହା ଏବେ ନକଲି ମେଧାଶକ୍ତିରେ ହୃତ୍‌ପିଣ୍ଡର ଅପରେସନ୍ କରେ (ଇତ୍ୟାଦି) ତାହା କ'ଣ ବିଶ୍ୱ, ପ୍ରକୃତିର ସବୁଠାରୁ ବଡ଼ କାର୍ଯ୍ୟକାରୀ ସ୍ଥାପତ୍ୟ ନୁହେଁ? ମଣିଷ ହିଁ ପ୍ରକୃତି ଓ ମହାବିଶ୍ୱର ଚଳନ୍ତି ସ୍ଥାପତ୍ୟ। ମାଇକେଲ୍ ଏଞ୍ଜେଲୋ, ଡା ଭିଞ୍ଚି ଯାହା ବିଶ୍ୱ ସ୍ଥାପତ୍ୟର ଅଲିଭା ଭଣ୍ଡାରରେ ଛାଡ଼ିଯାଇଛନ୍ତି ତାକୁ ଯେଉଁ ମଣିଷ କଲା ସେ ମଣିଷ କ'ଣ ତା'ର କୃତିଠାରୁ ବଡ଼ ହୋଇ ଗଢ଼ାହୋଇନାହିଁ। ପ୍ରକୃତି ବା ଈଶ୍ୱରଠାରୁ ବଡ଼ ସ୍ଥପତି ନାହିଁ। ମଣିଷ ସେହି ସ୍ଥପତିର ଶ୍ରେଷ୍ଠ କୃତି। ଏପରି ଶକ୍ତି ନେଇ ସେ ସ୍ଥାପତ୍ୟ ଗଢ଼ାହୋଇଛି ଯାହା ହଜାରରୁ ଅଧିକ ଭାଷା ସୃଷ୍ଟିକରିଛି। ନିତି ନୂଆ ଶବ୍ଦ ଗଢ଼ିଚାଲିଛି। ପ୍ରକୃତିର ଦୌରାତ୍ମ୍ୟ, କରୋନା, ସ୍ୱାଇନ୍ ଫ୍ଲୁ ପରି ଦାନବମାନଙ୍କୁ ନିୟନ୍ତ୍ରଣକୁ ଆଣିବା ପାଇଁ ଦିନରାତି ଚିନ୍ତାକରୁଛି ଏବଂ ପରାସ୍ତ କରିବ ମଧ୍ୟ। ଏହି ଶକ୍ତି ମେଗାଟନ୍ ବୋମାକରି ବିଶ୍ୱ ଧ୍ୱଂସ କରିପାରେ। ମଣିଷକୁ ୨୦୦ବର୍ଷ ବଞ୍ଚାଇପାରେ। ରୋଗମୁକ୍ତ କରିପାରେ, ଯନ୍ତ୍ରଣାମୁକ୍ତ କରିପାରେ। ଅର୍ଥାତ୍ ଏହି ମଣିଷ ଧ୍ୱଂସ ଓ ଉତ୍ତରଣର ସ୍ଥପତି।

ତେଣୁ ସେହି ମଣିଷର ସ୍ଥାପତ୍ୟ ସୃଷ୍ଟିରେ ଦୁର୍ଗାଶକ୍ତିର ପ୍ରୟୋଗ, ପ୍ରକାଶ କିମ୍ବା ଅବତାରଣାର ଅନୁଶୀଳନ ଅନ୍ୟ ଏକ ଶକ୍ତିର ଅପେକ୍ଷା କରେନାହିଁ। ଭାଗ୍ୟଲିପି ମଲ୍ଲ ଏକ କବିପ୍ରାଣ ନାରୀ, ସୁଠାମ ସୌନ୍ଦର୍ଯ୍ୟ ଓ ପାଟଳ ସୌଷ୍ଠବର ପୂଜାରିଣୀ, ଏକ ନିବିଷ୍ଟମନା ଗବେଷିକା ଏବଂ ପ୍ରାୟ ସବୁ ଜୀବନ ବିଭାବରେ ଆଗ୍ରହୀ ଏକ ଚଳଚଞ୍ଚଳ ନାରୀ। ତାଙ୍କର "ସ୍ଥାପତ୍ୟରେ ଶକ୍ତିକଥା" ଗ୍ରନ୍ଥରେ ସେ ଶକ୍ତି କିପରିଭାବେ ସ୍ଥାପତ୍ୟରେ ପ୍ରତିଫଳିତ ହୋଇଛି ତା'ର ବିଷଦ୍ ଆଲୋଚନା କରିଛନ୍ତି। ପୀଠ ପ୍ରତିମା ଓ ବିଶ୍ୱାସକୁ ନେଇ କଳିଙ୍ଗଶିଳ୍ପୀର ସ୍ଥାପତ୍ୟ ଗଢ଼ାଯାଇଛି। ସ୍ଥାପତ୍ୟ ଯେ କେବଳ ମନ୍ଦିରରେ ଦେଖାଯାଏ ତା'ନୁହେଁ, ପ୍ରାସାଦ, ସ୍ତମ୍ଭ, ମୀନାର ପ୍ରଭୃତି ମଧ୍ୟ ସ୍ଥାପତ୍ୟର ପୀଠ ହୋଇପାରେ। ଲେଖିକା ଉତ୍କଳୀୟ ସ୍ଥାପତ୍ୟରେ ଶକ୍ତିରୂପ ସନ୍ଧାନ କଲାବେଳେ କିପରିଭାବେ ଏହା ସୃଷ୍ଟି ହେଲା ଏବଂ ଏହାର ପୃଷ୍ଠଭୂମିରେ ଥିବା ବିଶ୍ୱାସ, ବିଶେଷଭାବେ ଧର୍ମବିଶ୍ୱାସ ଓ ସାଂସ୍କୃତିକ ବିଶ୍ୱାସର ଅନୁଶୀଳନ କରିଛନ୍ତି। ଓଡ଼ିଆ (ଶା) ମୂର୍ତ୍ତିକଳା, ଚିତ୍ରକଳା ଓ କାବ୍ୟକବିତାରେ ଶକ୍ତିରୂପ ବିଭିନ୍ନ ସୂଚନା ନେଇ ପ୍ରତିଫଳିତ।

ଉତ୍କଳୀୟ-କଳିଙ୍ଗ କଳାର ବିଶେଷତ୍ୱ ଏବଂ କ୍ରମବିକାଶର ଆଲୋଚନା କରାଯାଇଛି। ଏହାର କାରଣ ହେଲା ଯେଉଁ ପଥରଖଣ୍ଡରେ ଜଣେ କାରିଗର ବା ଶିଳ୍ପୀ ନିହାଣ-ମୁଗୁର ଚଳାଇ ପଥରରେ ଜୀବନ୍ୟାସ ଦିଏ, ବିଶୃଙ୍ଖଳାରୁ ଶୃଙ୍ଖଳା ସୃଷ୍ଟିକରେ,

ଗୋଟିଏ ସାଂସ୍କୃତିକ ବିଶ୍ୱାସର ରୂପ ଦିଏ, ସେ ଶିଳ୍ପୀ ସୃଜନସିଦ୍ଧ ଐଶ୍ୱରୀଶକ୍ତିର ପ୍ରତିଭୂ ହେଲେ ମଧ୍ୟ ଜଣେ ମଣିଷ। ଗୋଟିଏ ଦେହଧାରୀ ପ୍ରାଣୀ। ତା'ର ପରିବାର, କ୍ଷେତବାଡ଼ି ଗାଁ ପୋଖରୀର ପଦ୍ମଫୁଲ ଅଛି। ତା'ର ମନରେ ଜ୍ୟୋସ୍ନା ଜୁଆର ସହିତ ଚଣ୍ଡମାର୍ତ୍ତଣ୍ଡର ଜୁଆର ମଧ୍ୟ ଉଠେ। ସେସବୁ ମଧ୍ୟ ତା'ର କଳାରେ ଫୁଟେ। ଯେଉଁ ଦୁର୍ଗାମୂର୍ତ୍ତି ସେ ଗଢ଼େ, ସେ ମୂର୍ତ୍ତିରେ ତା'ର ନିଜର ପତ୍ନୀପ୍ରିୟାର କନକଶଙ୍ଖ ବାଜେ, ବାହୁବେଷ୍ଟନୀର କୋମଳ ସୋହାଗ ଉକୁଟେ ଏବଂ ଓଠରେ ପାହାନ୍ତି ସୂର୍ଯ୍ୟର ଲୋହିତ ଚମକ ମଧ୍ୟ ଫୁଟିଉଠେ। ତେଣୁ ସ୍ଥାପତ୍ୟର ଆଲୋଚନା ବହୁବିଧ ଏବଂ ଅତି ଜଟିଳ। ଏପରି ଏକ ଜଟିଳ କ୍ଷେତ୍ରରେ ଭାଗ୍ୟଲିପି ପ୍ରବେଶକରି ଓଡ଼ିଆ ଭାଷା, ସାହିତ୍ୟକୁ ସମୃଦ୍ଧ କରିଛନ୍ତି ନିଶ୍ଚୟ। (ଇତିହାସ ପୃଷ୍ଠାରେ ସ୍ଥାପତ୍ୟର ବିକାଶ)

ମଣିଷ ପ୍ରଥମେ ଦେଖେ ପ୍ରକୃତିର ଚିତ୍ରଶାଳା, ସ୍ଥାପତ୍ୟର ଶାନ୍ତସୁଲଭ ରୁଦ୍ରଭୈରବ, ନଦୀ, ପର୍ବତ, ବନସ୍ପତିମାନଙ୍କର ସୁଧର୍ମା ସଭା, ଆଲୁଅ ଅନ୍ଧାରର କାୟାପଲଟ ମଧ୍ୟରେ ଜନ୍ମମୃତ୍ୟୁର ଦୃଶ୍ୟକାବ୍ୟ। ଭୟରୁ ଆରମ୍ଭହୋଇ ଆନନ୍ଦର କାକଳୀ ପର୍ଯ୍ୟନ୍ତ ବିଭିନ୍ନ ଭାବର ଚିତ୍ରନାଟ୍ୟ। ତା'ରି ଭିତରେ ମଣିଷର ରାଜପଣ ମନର ଦେହରେ। ନୀଚପଣ ସେଇ ମନର ଦେହରେ। ବିଶ୍ୱାସ ଅବିଶ୍ୱାସର ଅଜଣା ସଂଘାତରେ ବେଳେବେଳେ ଝାଞ୍ଜର ଝଞ୍ଜର ସୃଷ୍ଟିହୁଏ। ବେଳେବେଳେ ଅଜଣା ରୋଗର ଆକ୍ରମଣରେ ତା'ର ଚିନ୍ତା, ମେଧାଶକ୍ତି ସବୁ ପରାଜୟ ସ୍ୱୀକାର କରେ ଆଉ ସିଏ ଟଳିପଡ଼େ। ଡାକ୍ତରଖାନାରେ କିମ୍ବା ରାସ୍ତାକଡ଼ରେ। ଏହିସବୁ ଦୃଶ୍ୟ ଓ ଅନୁଭବ ଅନେକ କଳ୍ପନାର ପୁଲକ ସୃଷ୍ଟିକରନ୍ତି। ସମୁଦ୍ରକୁ ନାରୀଯୋନିଭାବେ କଳ୍ପନାକରି ସେଇମଣିଷ ସାଗରମନ୍ଥନ ଦୃଶ୍ୟକାବ୍ୟ ସୃଷ୍ଟିକରେ। ଗ୍ରୀସ୍‌ରେ ସେଟନ୍ ଏପୋଲୋ, ହେରା, ମିନର୍ଭା ଜ୍ୟୁସ୍ ଅଲିମ୍ପିୟାମାନେ ସୃଷ୍ଟି ହୁଅନ୍ତି। ସୋଫିଆ, ଏଫ୍ରୋଡ଼ାଇଟ୍ ଇତ୍ୟାଦି ଗଢ଼ାହୁଅନ୍ତି। ଇଟାଲୀର ଫ୍ଲୋରେନ୍ସ ପାଲଟିଯାଏ ବିଶ୍ୱର ସବୁଠାରୁ ଦାମୀ ସହର ସ୍ଥାପତ୍ୟ କଳାର। ଭାରତରେ ବୁଦ୍ଧଙ୍କ ପରେ ପରେ ତକ୍ଷଶିଳା ବିଶ୍ୱବିଦ୍ୟାଳୟର ଆରମ୍ଭ ସହିତ ଆରମ୍ଭହୁଏ ଗାନ୍ଧାର କଳା। ବୁଦ୍ଧବାଣୀକୁ ନେଇ ଏହି କଳା ଜୀବନ ପାଏ। ପ୍ରତୀକମାନେ ଏହି ଗାନ୍ଧାର କଳାର ବିଶେଷତ୍ୱ। ବିରାଟ ସ୍ତୂପ ଯାହା ଫାଲିକ୍ ପ୍ରତୀକପରି ବ୍ୟବହୃତ ହୁଏ ତାହା ବିହାର ସହିତ ଯୋଡ଼ି ଦେଖିଲେ ବୌଦ୍ଧଚେତନାର ଅନ୍ୟ ଏକ ପ୍ରସ୍ଥ ଉଦ୍‌ଭାସିତ ହୁଏ। କିନ୍ତୁ ସାଧାରଣତଃ ଏହି କଳା ଜୀବନର ବ୍ୟାପକତାକୁ ପ୍ରତୀକିତ କରେ। ଅନେକ ମନାଷ୍ଟିକ୍ ସାଇଟସ୍‌ରେ ସ୍ତୂପ ବିହାର, ବିରାଟ ସଭାକକ୍ଷ ଓ ଗାଧୁଆଘର ମଧ୍ୟ ମିଳେ। ପଦ୍ମ-ବୃକ୍ଷ-ଚକ୍ର ଖୋଦିତ ଚିହ୍ନମାନଙ୍କ ମଧ୍ୟରୁ ପ୍ରମୁଖ। ଅନେକ ଶିଳାଲେଖରେ ଗ୍ରୀକ୍, ଖରୋଷ୍ଠି ଓ ବ୍ରାହ୍ମୀ ଭାଷାରେ ଅଶୋକଙ୍କ ବାଣୀ ମଧ୍ୟ ମିଳେ। ଏହା ଯେହେତୁ ବୁଦ୍ଧଙ୍କ

ପରବର୍ତ୍ତୀ କଳା ଖ୍ରୀ.ପୂ. ୫୦୦ରୁ ଖ୍ରୀ.ପୂ. ୨୦୦ ମଧ୍ୟରେ ଏସବୁ ରଚିତ। ଯଦି ହୋମରଙ୍କୁ ଖ୍ରୀ.ପୂ. ୬୦୦ ବୋଲି ଧରାଯାଏ ତେବେ ଗ୍ରୀକ୍ କଳା ଓ ଗାନ୍ଧାର କଳା ପ୍ରାୟ ସମସାମୟିକ। ଆଲେକ୍‌ଜାଣ୍ଡାରଙ୍କ ଭାରତ ଆକ୍ରମଣ ସହିତ କଳା ସମ୍ପୃକ୍ତି ଓ ବାଣିଜ୍ୟ ଯେହେତୁ ଅନସ୍ୱୀକାର୍ଯ୍ୟ, ଏ ଦୁଇ କଳାର ସମସାମୟିକତା ମଧ୍ୟ ଯୁକ୍ତିସିଦ୍ଧ।

ଚିତ୍ରକଳାରେ ଯଦି ଲେନାର୍ଡୋ ଡା ଭିଞ୍ଚିଙ୍କ ମୋନାଲିସାକୁ କଳାର ସର୍ବୋଚ୍ଚ ସମ୍ମାନ ଦିଆଯାଏ ତା'ର କାରଣ ହେଲା ଏହି ୩୧ ଇଞ୍ଚ x ୨୧ ଇଞ୍ଚ ଚିତ୍ରଟିରେ ସବୁ ରୂପ ପରସ୍ପର ମଧ୍ୟରେ ହଜିଯାଏ। ଏହାର ତାତ୍ପର୍ଯ୍ୟ ହେଲା ସବୁ ରୂପ (form) ମଣିଷର। ଯେକୌଣସି ରୂପରେ ଦେଖିଲେ ବି ସେ ମାନବ। ମୋନାଲିସା ଯେ ବିଶ୍ୱସୁନ୍ଦରୀ ଏକଥା କେହି ସହଜରେ ସ୍ୱୀକାରିବ ନାହିଁ। ତା'ର ହସକୁ ବିଶ୍ୱର ସବୁଠୁ ମଧୁର ହସ କୁହାଯାଇପାରିବ ନାହିଁ। କିନ୍ତୁ ଏହି ହସର ତାତ୍ପର୍ଯ୍ୟ ବା ରହସ୍ୟ ବୁଝିବା ପାଇଁ କଳା ସମୀକ୍ଷକ, ଐତିହାସିକମାନେ ଶତାବ୍ଦୀ ଶତାବ୍ଦୀ ଧରି ଗବେଷଣାରତ। ମୋନାଲିସା ହସେ ବା କାନ୍ଦେ ପ୍ରଶ୍ନର କୌଣସି ଠିକ୍ ଉତ୍ତରନାହିଁ। ସେ ବିଦ୍ରୂପ କରେ ବା ତାଚ୍ଛଲ୍ୟ କରେ ବା ଯନ୍ତ୍ରଣାରେ ହସେ ସେକଥା ମଧ୍ୟ ଠିକ୍‌ଭାବେ କହିହେବନାହିଁ। କାରଣ ଏହା ମଣିଷର ହସ। ମୋନାଲିସା ଯେ ନାରୀ ତା' ମଧ୍ୟ ଠିକ୍‌ନୁହେଁ, ମୋନାଲିସା ଉଭୟ ନାରୀ ଏବଂ ପୁରୁଷ। ତେଣୁ ବାମପଟରୁ ଦେଖିଲେ ମୋନା ନାରୀ, ଡାହାଣପଟୁ ପୁରୁଷ। ଆମେ ନାରୀକୁ ବାମା କହୁ, ବାମପଟକୁ ସ୍ତ୍ରୀଲିଙ୍ଗ କହୁ। ଏହି ଦୃଷ୍ଟିରୁ ବିଚାରକଲେ ମୋନାଲିସା ଉଭୟ ନାରୀ ଏବଂ ପୁରୁଷ- ଉଭୟଲିଙ୍ଗୀ ଠିକ୍ ଆଦାମ୍ ପରି ଯିଏ ବାଇବେଲ୍‌ରେ ପ୍ରଥମ ମାନବ ସ୍ଥାପତ୍ୟ, ଈଶ୍ୱରସୃଷ୍ଟ ଜୀବନ୍ତ ସ୍ଥାପତ୍ୟ। ଏହି ମୋନା ଲିସା ଡା ଭିଞ୍ଚିଙ୍କର ଆଦାମ୍ ହୋଇପାରେ। କିନ୍ତୁ ଏହି ଚିତ୍ରରେ ମେରୀ ମାଗ୍‌ଡ଼ାଲିନ୍ ଯେ କି ଯୀଶୁଖ୍ରୀଷ୍ଟଙ୍କର ପତ୍ନୀ ବୋଲି ବିବାଦ ଏ ପର୍ଯ୍ୟନ୍ତ ଥମିନାହିଁ ସେହି ବେଶ୍ୟା କୁହାଯାଉଥିବା ମେରୀ ସହିତ ମୋନାଲିସା ଚିତ୍ରର କ'ଣ ସମ୍ପର୍କ ସେକଥା ମୁଁ କହିପାରିବି ନାହିଁ। କିନ୍ତୁ ଏହି ଡା ଭିଞ୍ଚି ଚିତ୍ର ମାନବ ଜାତିର ମହାସ୍ଥାପତ୍ୟ।

ସେହିପରି ଭାରତର ଦ୍ୱାଦଶ ଶତାବ୍ଦୀର ଭାସ୍କର ନଟରାଜ ମୂର୍ତ୍ତି ମଣିଷ କଳ୍ପନାର ଶ୍ରେଷ୍ଠମୂର୍ତ୍ତି ବୋଲି ଅନ୍ୟ କେହି ନୁହେଁ ରୋଡ଼ିନ୍ କହିଛନ୍ତି। ୧୯୦୫ ମସିହାରେ ଅଗଷ୍ଟା ରୋଡ଼ିନ୍ ଚେନ୍ନାଇ ସଂଗ୍ରହାଳୟସ୍ଥିତ ଏହି ବ୍ରୋଞ୍ଜ୍ ନଟରାଜ ମୂର୍ତ୍ତିକୁ ଘଣ୍ଟା ଘଣ୍ଟା ଧରି ଚାହିଁଥିଲେ ଏବଂ ନଟରାଜ ମୂର୍ତ୍ତିର ଭଙ୍ଗୀର ଅନୁକରଣ କରିବାକୁ ଚେଷ୍ଟା କରିଥିଲେ। ଆନନ୍ଦ କୁମାର ସ୍ୱାମୀ ଓ ଜର୍ମାନ ଗବେଷକ ହେନରିକ୍ ଜିମ୍ମର ଏହି ମୂର୍ତ୍ତିରେ ଭାରତୀୟ ଜୀବନଦର୍ଶନର ସତ୍ୟ ଦେଖାଇଛନ୍ତି। ଏପରିକି ବିଖ୍ୟାତ ପଦାର୍ଥ ବିଜ୍ଞାନୀ ଫ୍ରିଜ୍‌ୟୋଫ୍ କାପ୍ରା (Fritijof Capra) ମଧ୍ୟ ଏହାର ଆଲୋଚନା କରିଛନ୍ତି।

ଏହି ନୃତ୍ୟଛନ୍ଦର ମୂର୍ତ୍ତି ମାଧୁର୍ଯ୍ୟ, ସାମ୍ୟ-ପ୍ରତିମାସ୍ୟ ସୃଜନ ଓ ଲୟର ଏକ ମହାଜାଗତିକ ରୂପ। ବିଶ୍ୱର ଗତି ଓ ତେଜର ପ୍ରତୀକ। ସୃଷ୍ଟି ଓ ଲୟର ଚିରନ୍ତନ ପ୍ରକ୍ରିୟାକୁ ଏହି ମୂର୍ତ୍ତି ଚଳଚଞ୍ଚଳ ରୂପ ଦେଇଛି। ଜୀବନ ଓ ମୃତ୍ୟୁ ଏକାପରି କେହିକାହାର ପୂରକ, ଅନୁପୂରକ କିମ୍ବା ବିନାଶକ ନୁହେଁ। ବିଜ୍ଞାନ-ମିଥ୍-ମଣିଷ ଏହି ଚିରନ୍ତନ ଜୀବନ ପ୍ରକ୍ରିୟାରେ ସମନ୍ୱିତ ଗତିଶୀଳତା ସହିତ ସନ୍ତୁଳନ ରକ୍ଷାକରନ୍ତି।

ଏପରି ପରିକଳ୍ପନା ଫ୍ଲୋରେନ୍ସରେ ଦେଖାଯାଏ ଯେଉଁଥିପାଇଁ ଆଜି ମଧ୍ୟ ଏହି କଳାର ସହରକୁ ବୋଧହୁଏ ସବୁଠାରୁ ବେଶୀ କଳାପ୍ରେମୀ ଯାଆନ୍ତି। ସହର ବସାଇବା ମଧ୍ୟ ସ୍ଥାପତ୍ୟର ଏକ ମହାନ୍ ଲକ୍ଷଣ। ଚର୍ଚ୍ଚ (ମନ୍ଦିର), ପ୍ରାସାଦ, ବଜାର, ବଗିଚା ସବୁଠି ସ୍ଥାପତ୍ୟର ସୃଜନଶକ୍ତି ବିଶ୍ୱ ପ୍ରାଣଶକ୍ତିଭାବେ ଉଦ୍ଭାସିତ। ସିଷ୍ଟିନ୍ ଚାପେଲ୍ ହେଉ ବା କୋଣାର୍କ ହେଉ ବା ଖଜୁରାହୋ ହେଉ ସେଗୁଡ଼ିକ ସଭ୍ୟତାର ଏକ ସମନ୍ୱିତ ରୂପ। ଏହି ସଭ୍ୟତା ଉଭୟ ନାରୀ ଓ ପୁରୁଷକୁ ନେଇ ଗଠିତହୁଏ। ଆମେ ଏବେ ନାରୀର ସଶକ୍ତିକରଣ କଥା କହୁଛୁ, କିନ୍ତୁ ନାରୀ ହିଁ ଶକ୍ତି। ଏହି ଶକ୍ତି ପୁରୁଷକୁ ଉନ୍ମାଦ କରେ। ଖଟାଏ, ଲଢ଼ାଏ, ଘୂରାଏ, ଚିନ୍ତାମଗ୍ନ କରାଏ, ଉଭାବକ କରାଏ, ନୂଆ ପନ୍ଥା ଖୋଜାଏ। ଏହି ଶକ୍ତି ପାଶ୍ଚାତ୍ୟ ସଭ୍ୟତା, ବିଶେଷଭାବେ ଗ୍ରେକୋ-ରୋମାନ୍ ସଭ୍ୟତା ଓ ଭାରତୀୟ ସଭ୍ୟତା ପରିପ୍ରେକ୍ଷୀରେ ତାତ୍ପର୍ଯ୍ୟପୂର୍ଣ୍ଣ। ନାରୀ ମଣିଷ ଜୀବନର ପ୍ରତ୍ୟେକ ଭାବ ଅନୁଭାବ ରୂପ ବିରୂପର ସମାହାର। ଏହି ଶକ୍ତି ଉତ୍ସ ହିଁ ମଣିଷ ପୁରୁଷକୁ କଳ୍ପନାମଣ୍ଡିତ କରି ସୃଷ୍ଟି ପାଇଁ ଉଦ୍ଦୀପନା ଦିଏ। ଭାରତରେ ମନ୍ଦିର ସ୍ଥାପତ୍ୟ ଦୃଷ୍ଟିରୁ ଇଟାଲୀ (ଓ ଅନ୍ୟ ପାଶ୍ଚାତ୍ୟ ସଭ୍ୟତା)ର ଚର୍ଚ୍ଚ। ଭାରତରେ ଯେହେତୁ ଅନେକ ଦାରିଦ୍ର୍ୟ ଥିଲା ଏବଂ ନରସିଂହ ଦେବ, ଅନଙ୍ଗଭୀମ ଦେବ ପ୍ରଭୃତିଙ୍କ ପରି କଳ୍ପନାବିଳାସୀ କ୍ୱଚିତ୍ ଥିଲେ କୋଣାର୍କ-ଜଗନ୍ନାଥ-ଲିଙ୍ଗରାଜ ମନ୍ଦିର ବ୍ୟତୀତ ଅନ୍ୟ ମନ୍ଦିରରେ ସ୍ଥାପତ୍ୟର ପ୍ରାବଲ୍ୟ ନଥିଲା। କିନ୍ତୁ ପ୍ରତି ମଠ, ବିଶ୍ରାମସ୍ଥଳ ଓ ସାଧାରଣ କୁଡ଼ିଆଘରେ ଚିତ୍ରକଳାର ଉତ୍କର୍ଷ ଓ ସ୍ଥାପତ୍ୟରେ ଉଚ୍ଚାଙ୍ଗ ସୃଷ୍ଟି ଦେଖାଯାଏ।

ଶକ୍ତି କେବଳ ଦୁର୍ଗା-କାଳୀଙ୍କ ପାଇଁ ପ୍ରଯୁଜ୍ୟ ନୁହେଁ। ଯୋଗିନୀ ସାଧ୍ୱୀ ପାଇଁ ପ୍ରଯୁଜ୍ୟ ନୁହେଁ। ଶକ୍ତି ପ୍ରତ୍ୟେକ ନାରୀର ସ୍ୱତନ୍ତ୍ର ଗୁଣ। ଏହି ଶକ୍ତିର ସାଧନା ଯେଉଁଠି ସଫଳ ସେଠି ସୃଜନ ପ୍ରକ୍ରିୟା ସେତେ ପ୍ରଖର।

ଭାଗ୍ୟଲିପି ମଲ୍ଲଙ୍କର ଏହି "ସ୍ଥାପତ୍ୟରେ ଶକ୍ତିକଥା" ଦର୍ଶନ, ଧର୍ମ, ସାମାଜିକତା, ସଂସ୍କୃତି, ସଭ୍ୟତାର ବିଭିନ୍ନ ଲକ୍ଷଣ ଓ ମୁଦ୍ରାଗ୍ରହଣ କରି ଓଡ଼ିଶାର ଉତ୍କଳକୁ (ଉତ୍କୃଷ୍ଟ କଳାର ଦେଶ) ଯେଉଁ ପୃଷ୍ଠଭୂମି ଦେଇ ସୂକ୍ଷ୍ମ ଆଲୋଚନା କରିଛନ୍ତି ତାହା ପ୍ରଶଂସାର୍ହ। ଭାଗ୍ୟଲିପି ଇତିହାସ, ସାଂସ୍କୃତିକ କ୍ରମବିକାଶ, ସାମାଜିକ ବିଶ୍ୱାସର ଭିତ୍ତିଭୂମି ଉପରେ

ନିଷ୍ଠାର ସହିତ ଗବେଷଣା କରି ଏହି ପ୍ରାମାଣିକ ଗ୍ରନ୍ଥ ରଚନା କରିଛନ୍ତି କାବ୍ୟିକ ଭାଷାରେ। ନାରୀଗୁଣର ଚେତନାଦୀପ୍ତ ବିଭାବମାନଙ୍କୁ ନେଇ ଓଡ଼ିଶାର ଅନେକ ଶକ୍ତିପୀଠର ଆଲୋଚନା କରିଛନ୍ତି। ମୁଁ ଆଶାକରୁଛି ଏହି ଗ୍ରନ୍ଥ ଉଭୟ ସାଧାରଣ ପାଠକ ଓ ସହୃଦୟ ସମାଲୋଚକଙ୍କ ମଧ୍ୟରେ ଆଦୃତ ହେବ।

ଚିତ୍ରକାବ୍ୟ, ଶିଶୁବିହାର, ଭୁବନେଶ୍ୱର-୨୪

କିଛି କହିବାର ନାହିଁ

। ଏକ ।

ଏ ବହିର ବେଶ ବିଷୟରେ ମୋତେ କିଛି ଲେଖିବାକୁ, କହିବାକୁ ପଡ଼ିବ। କାହିଁକି ଲେଖିଲି, କ'ଣ ଲେଖିଲି, କେମିତି ଲେଖିଲି... ଏମିତି ନାନା କଥା। ଏବଂ, ଲେଖିବାକୁ ପଡ଼ିବ, ଲେଖକର ପରିଚୟ। ପ୍ରଥମେ ଭାବିଲି, କିଛି ନ କହିଲେ, ଭଲ ହେବ। ଏହା ନିଜ ଢୋଲ ନିଜ ହାତରେ ବଜାଇବା ପରି ଭାରି ହାସ୍ୟାସ୍ପଦ କାମ। ଅନ୍ୟ ଜଣେ କିଏ ବଜେଇ ଦେଇଥିଲେ, ଭଲ ହୁଅନ୍ତା। ଏଇ ଅନ୍ୟ ହାତର ବିଚାର ଓ ଅନୁଭବ ଇ ମୋର ପ୍ରକୃତ ପରିଚୟ। ମାତ୍ର କୋଭିଡ୍‌ର ଭୟାବହତା ବେଳେ ଅନ୍ୟ କାହାକୁ କଷ୍ଟଦେବାକୁ କେଜାଣି କାହିଁକି ଆତ୍ମା ଡାକିଲାନି। ତେଣୁ ନିଜ ଦାୟିତ୍ୱ ନିଜ ହାତକୁ ଟେକିଦେଲି। ମାତ୍ର କିଏ କ'ଣ ନିଜକୁ କହିଲାଣି, ନା କହିବ? ଅବଶ୍ୟ ନ କହିବା ଭିତରେ ଏମିତି କେତେ କଥା କହି ହୋଇଯାଏ। ସେଇ କଥାରୁ କିଛି ବାଣ୍ଟିବି ମୋ'ପ୍ରିୟ ପାଠକଙ୍କ ସହିତ।

ଏବେ କଥା ଆରମ୍ଭ କରିବି। ପ୍ରଥମକଥା, ମୋର ଲେଖକୀୟ ପରିଚୟ। ଏହି ପ୍ରସଂଗରେ ଏତିକି କହିବି, ଏ ବହିରେ ଯେତେ ଯାହା କୁହାଯାଇଛି, ତାହା ଆଦୌ ମୋର ନୁହେଁ, କେଉଁ ଏକ ଅଦୃଶ୍ୟ ସତ୍ତାର। ସେଇ ଅଦୃଶ୍ୟ ସତ୍ତାର ମୁଁ ଏକ କା', ମାଧ୍ୟମ ମାତ୍ର। ସେମାନେ ମୋ ପାଖରେ ନିଜ ନିଜକୁ ମୁକ୍ତ କରିଦେଇଛନ୍ତି। ଏକଥା କହିବାର ଅର୍ଥ ନୁହେଁ ଯେ, ମୁଁ ଜଣେ ମାତ୍ର ସେଇ ସତ୍ତାର ଗ୍ରାହକ। ମୋ ପରି ଅନେକ ଥିବେ। ମୁଁ ଯେମିତି ଦେଖିଛି, ଯେମିତି ଅନୁଭବ କରିଛି, ତାହାର ଅନୁରୂପୀକରଣ ପାଇଁ ଚେଷ୍ଟା କରିଛି, ମାତ୍ର କହିପାରିନି। ସେମାନଙ୍କୁ କହୁ କହୁ ନିଜକୁ କହିଦେଇଛି।

ମୋର ଏହି ସ୍ୱୀକାରୋକ୍ତିର ଗୂଢ଼ କାରଣ, ମୁଁ ସଂସ୍କୃତିର କଥା ଲେଖୁଛି, କହୁଛି। ମାତ୍ର ସଂସ୍କୃତିକୁ କହିହୁଏନି, ଲେଖିହୁଏନି। ଏହା ବ୍ୟକ୍ତିକ ଅନୁଭବ ଓ ବିଚାରର ପ୍ରସଙ୍ଗ। ମାତ୍ର ସମୁଦାୟର ସଂପଦ। ପ୍ରଥମେ ଏହାର ଭ୍ରୂଣ ଜଣକ ଚେତନାରେ ସଂଚୁରିଥାଏ, ମାତ୍ର ସେ ଜଣକୁ ଚିହ୍ନିହୁଏନି, ଠାବ କରିହୁଏନି। ଆତ୍ମପ୍ରକାଶ ମାତ୍ରକେ ହିଁ ଅନେକଙ୍କର

ସଂପଦ ହୋଇଯାଏ । ଗଢ଼ଣ କାଳରେ ସେ ଜଣକ ମରି ମରି ଯାଉଥାଏ । ଅବଚେତନରେ ବି ତା' ଭିତରକୁ ଅନେକ ଚାଲି ଆସୁଥାନ୍ତି । କହି ଦେଉଥାନ୍ତି - ଏମିତି ହେଲେ, କେମିତି ହୁଅନ୍ତା ? ତା' ସମ୍ପଦ ଆତ୍ମପ୍ରକାଶ କରେ । ଏବଂ, ଆତ୍ମପ୍ରକାଶନ ମାତ୍ରକେ ହିଁ ତା'ର ସ୍ରଷ୍ଟା ଓ ସେ ନିଜେ ଅସ୍ତିତ୍ୱ ହରାଏ । ସତେଯେପରି ସେ ସ୍ଥିତିହୀନତାର ଅପେକ୍ଷା ରଖିଥାଏ । ଏବଂ, ତା' ସ୍ଥିତିହୀନ ଅସ୍ତିତ୍ୱ ଭିତରୁ ତାରି ପରି ଅନେକ ଜନ୍ମ ନେଉଥାନ୍ତି । ତେଣୁ ମୁଁ ଏତେ ଯତ୍ନ ଓ ଶ୍ରଦ୍ଧାରେ ଯେତେ ଯାହା ଲେଖିଛି, ସବୁତକ ମୋର ବୋଲି କେମିତି କହିବି ? ଏହା ଅତିରଂଜିତ ହେବ ନାହିଁକି ? କାରଣ ଅମୂର୍ତ୍ତ (ଇନ୍‌ଟାନଜିବଲ)ର ଅନୁଭବ, ବ୍ୟକ୍ତିଭେଦରେ ସ୍ୱତନ୍ତ୍ର । ତେଣୁ ମୋ ବହିର ବେଶ ହେଉଛି ଅଗଣିତ ଓ ଅପରିଚିତ ସ୍ୱତନ୍ତ୍ରଙ୍କର ଅହଂର ଅଭିବ୍ୟକ୍ତି । ମୋ ବେଶ ହେଉଛି, ଆପଣା ଅହଂ ହୁଂକାରୁଥିବା ଅନ୍ୟତମ ମିଛ ଅହଂକାର । ମୋ' ଅଭିବ୍ୟକ୍ତି ମୋର ନୁହେଁ । ଏକ ଜନ ସମୁଦାୟର । ମୁଁ ସେଇ ଜନ ସମୁଦାୟର ଅନ୍ୟତମ ଛଳପ୍ରତିନିଧି । ପରିଚିତି ଘୋଷଣା କରୁଥିବା ଅନ୍ୟତମ ଅପରିଚିତ, ଅନ୍ୟ କାହା ପାଖରେ ହୋଇନପାରେ, ଅନ୍ତତଃ ନିଜ ପାଖରେ ।

ଏବେ ଦ୍ୱିତୀୟ ପ୍ରସଙ୍ଗ - ମୋତେ, ଜଣେ ସଂସ୍କୃତି - ଅସ୍ମିତା - ଅନ୍ୱେଷୀ ଅହଂକାରକୁ ସ୍ଥାପତ୍ୟରେ ଶକ୍ତିମାନଙ୍କର ବିଷୟରେ ଏତେ କଥା କହିବାକୁ ଅନୁମତି ଦେଲା କିଏ ? ଆତ୍ମପ୍ରକାଶନ ମଂଜ କେଉଁଠି ? ପ୍ରଥମେ ମୋର ଛୋଟ ଉତ୍ତର ହେବ - ମୋ ବୋଉ । ଦୂର ପଛଦିନ । ସେଦିନ, ସେ ଯେଉଁଠି, ମୁଁ ସେଇଠି । ତା'ର ମୁଁ ଥିଲି ଗୋଟେ ଲାଂଗୁଡ଼ । ତାକୁ ଦେଖୁଛି, ଶୋଷୁଛି, ଅନୁଭବ କରୁଛି । ପ୍ରଶ୍ନ କରୁଛି, ଅଧିକାର ଜାହିର କରୁଛି । ତାରି ପରି ଆଚରଣ କରୁଛି । ପଚାରୁଛି ତୁ କାହିଁକି ଏମିତି କରୁଛୁ ? ତା' ସହିତ ଠାକୁରଘର, ଚଉରାମୂଳ, ଗାଁ ଦାଣ୍ଡ, ଘର ଓ ନିକଟ- ନଈତୁଠ ପ୍ରତ୍ୟେକ ଠାକୁର ଠାକୁରାଣୀଂକ ସହିତ ନିଜକୁ ଯୋଡୁଛି । କିଏ କାଚଲଗା ଫ୍ରେମ୍ ଭିତରେ, କିଏ ଗଛତଳେ, କିଏ ନଈକୂଳରେ, କିଏ ମନ୍ଦିରରେ । କାହାର ଦେହ ମାଟି ତ, କାହାର ଦେହ ପଥର, କାଗଜ ଆଦି କେତେ ନା କେତେ ପଦାର୍ଥରେ ଗଢ଼ା । କାହା ଦେହକୁ ଖରା କାଟୁନି, ଶୀତ ହେଉନି, ଥଣ୍ଡାଜର ଧରୁନି - ଅଥଚ ପଦାରେ । ଯିଏ ଯେତେ ଯାହା ଯେତେବେଳେ ଖାଇବାକୁ ଦେଲା, ଖାଇଦେଉଛନ୍ତି, ପେଟ ଖରାପ ହେଉନି । ଯିଏ ଗଲା- ଫୁଲ, ଫଳ, ମୁଢ଼ୀ, ଚୁଡ଼ା, କୁକୁଡ଼ା, ମାଛ, ବସ୍ତ୍ର ଦେଉଛି । ମନା କରୁନାହାନ୍ତି । ଦେହରେ ଏତେ ସମର୍ପଣକୁ ନଦି ଦେଉଛନ୍ତି । ଅଥଚ ଓଜନିଆ ଲାଗୁନି । ଝରକା ନ ଥିବା ଅନ୍ଧାର ଘର ଭିତରେ, ଧୂପର ଧୂଆଁ ଓ ଦୀପର ମିଂଜି ମିଂଜି ଆଲୁଅରେ ବଂଚୁଛନ୍ତି । ଅଣନିଃଶ୍ୱାସୀ ହୋଇଯାଉନାହାନ୍ତି । ଯିଏ ଯାହା କହିଲା- ସମସ୍ତଙ୍କ କଥା ଶୁଣୁଛନ୍ତି । କ'ଣ ଉତ୍ତର ଦେଉଛନ୍ତି, ଦୟିନି କରୁଥିବା ମଣିଷ ଶୁଣୁଥିବେ, ଅନ୍ୟଜଣେ ଶୁଣି ପାରୁନି ।

ଟିକିଏ ହେତୁ ହେଲାପରେ, ମୋ ମନକଥା ଦିନେ ବୋଉକୁ ପଚାରିଥିଲି। ତା'ର ସହଜ ଉତ୍ତର - ସେମାନେ ଦେବୀ। ଠାକୁରାଣୀ। ସେମାନଙ୍କର କିଛି ହେବନି।

କିନ୍ତୁ ତୁ ଆମପରି ସେମାନଙ୍କୁ ବେଶ କରିଦେଉଛୁ, ଆମ ଖାଦ୍ୟ ବି ଦେଉଛୁ। ତାଙ୍କ କଥା ଗୀତ ଓ ଗପରେ କହୁଛୁ। ତାଙ୍କ ଛବି ଆଙ୍କୁଛୁ। ସେ ଯଦି ଆମପରି, ଆମ ସୁଖ ଓ ଦୁଃଖର ଅନୁଭବ ସେମାନଙ୍କ ଜୀବନକୁ ନ ଯିବ କିପରି ? ମୋ ପ୍ରଶ୍ନ, ସେଦିନ ତାକୁ ବିଚିତ୍ର ଲାଗିଥିଲା। ମୁହଁରେ ହସ। ଏବଂ, ହସରେ ଉତ୍ତର। ସେମାନେ ଦେବତା, ଦେବୀ। ଆମ ପରି ଲାଗନ୍ତି, ମାତ୍ର ନୁହନ୍ତି। ଆମ ପରି ଦିଶନ୍ତି, ମାତ୍ର ନୁହନ୍ତି। ଆମ ଶବ୍ଦ ବୁଝନ୍ତି, ମାତ୍ର ତାଙ୍କ ଶବ୍ଦ ସ୍ୱତନ୍ତ୍ର। ଆମ ପରି ଘର ସଂସାର ବି ଅଛି। ମାତ୍ର ତାଙ୍କ ସଂସାର ଆମ ପରି ନୁହେଁ।

ମୁଁ ବଡ ହୋଇଛି। ସେମାନଙ୍କ ପାଖକୁ ଯାଇଛି। ଗଛତଳ, ନଈକୂଳ, ଗାଁ ଦାଣ୍ଡ, ମନ୍ଦିର, ପୂଜାପୀଠ - ନାନା ସ୍ଥାନରେ ସେମାନଙ୍କୁ ଦେଖା କରିଛି। ସେମାନଙ୍କ ପୂଜା ଲାଗି ପାଇଁ ଲୋଡ଼ା ପଦାର୍ଥମାନ ଖଂଜିଦେଇଛି। ମନକଥା କହିଛି । ଅଙ୍କରେ ପାଶ୍ ନମ୍ବର ମିଳିଯାଉ, ବାପାଙ୍କ ପକେଟ୍‌ରୁ ପଇସା ଚୋରିକରି ଧରା ନ ପଡ଼ିଯାଉ ଏବଂ ସାହିତ୍ୟ ବହିରେ ପୃଷ୍ଠା ଭିତରେ ଲୁଚେଇଥିବା ଚିଠିଖଣ୍ଡକ କାହା ଆଖିରେ ଧରା ନ ପଡୁ-ଏମିତି କେତେ ଯେ କ'ଣ କେତେବେଳେ ମାଗିଛି, ସେସବୁ ମନେ ନାହିଁ। ସେମାନଙ୍କ ଫୁଙ୍ଗୁଳା ଓ ସୁବେଶିତ ଦେହକୁ ଆଖିପୂରେଇ ଦେଖିଛି। ସେମାନଙ୍କ ଘର ଭିତର ଓ ବାହାରର ଦୃଶ୍ୟକୁ ଉପଭୋଗ କରିଛି। ସେମାନଙ୍କ ଜୀବନ ସମ୍ପର୍କରେ କେତେ କଥା ଶୁଣିଛି। ସେମାନଙ୍କ ମହିମାବର୍ଣ୍ଣିତ ଗୀତ ଶୁଣିଛି। ସେମାନଙ୍କୁ ଦେଖା କରିବାକୁ ଯାଇଥିବା ମଣିଷମାନଙ୍କୁ ପାଖରୁ ଦେଖିବାକୁ ପ୍ରୟାସ କରିଛି। ଏବଂ, ସେମାନଙ୍କ କଥା ଓ ଗୀତ ଯେତେ ଶୁଣିଲେ, ସେମାନଙ୍କ ରୂପ ଓ ଘରକୁ ଯେତେ ଦେଖିଲେ, ଅନୁଭବ ତୀବ୍ରତର ହୋଇଛି। ସମୟକ୍ରମେ ଅନୁଭବକୁ ପ୍ରଶ୍ନ କରିଛି। ଅନୁଭବ ପ୍ରତି ଅନୁରାଗ, ବିଶ୍ୱସ୍ତତା ଭିତରୁ ଜନ୍ମ ନେଇଛି ମୋର ପ୍ରଶ୍ନପୂର୍ଣ୍ଣ ଯାତ୍ରା। ସେଇଦିନ ନିଶ୍ଚିତ କରିଛି- ମୋତେ ଦେବୀମାନଙ୍କ ଅସ୍ତିତ୍ୱକୁ ଠାବ କରିବାକୁ ହେବ। ଯେଉଁମାନେ କାଳକାଳ ଧରି ବ୍ୟକ୍ତି ଓ ସମୁଦାୟର ଚେତନା ଓ ଯାତ୍ରାକୁ ନିୟଂନ୍ତ୍ରଣ କରୁଛନ୍ତି, ଗତି ଦେଉଛନ୍ତି, ସେମାନଙ୍କ ଜନ୍ମ ଓ ଗତିଶୀଳତାର କାରଣ ଭେଦିବାକୁ ପଡ଼ିବ। ଏଇ ପ୍ରସଂଗରେ, ମୋତେ କଥା ପଦେ କହିବାକୁ ଇଚ୍ଛା ହେଉଛି - ମୁଁ ଯେପରି ଦେବୀ / ଠାକୁରାଣୀମାନଙ୍କ ମଧ୍ୟରେ ଅନ୍ୟ ଜଣେ। ଏକା ମୁଁ ନୁହେଁ, ଜଗତର ସକଳ ନାରୀ। ସବୁ କାଳର ନାରୀ। ଏହି ମାନସିକତାରୁ ମୋର ଖୋଜଯାତ୍ରାର ଆରମ୍ଭ ଏବଂ ଏହା ଏକ ନିୟତ ଯାତ୍ରା। ନିରନ୍ତର।

। ଦୁଇ ।

ସଂସ୍କୃତି ଖୋଜ୍‌ର ଯାତ୍ରା, ଏକକ ଯାତ୍ରା ନୁହେଁ, ସମୂହ ଯାତ୍ରା। ଅନୁରୂପ ଭାବରେ ଯାତ୍ରାକାଳୀନ ଅନୁଭବ ଏକକ ଅନୁଭବ ନୁହେଁ, ସମୂହ ଅନୁଭବ। ଏବଂ, ଯାହା ସବୁଠାରୁ ଗୁରୁତ୍ୱପୂର୍ଣ୍ଣ, ଏହା କୌଣସି ନିର୍ଦ୍ଦିଷ୍ଟ ଇନ୍ଦ୍ରିୟର ଯାତ୍ରା ନୁହେଁ, ସକଳ ଇନ୍ଦ୍ରିୟ (ଜ୍ଞାନେନ୍ଦ୍ରିୟ ଓ କର୍ମେନ୍ଦ୍ରିୟ)ର ଯାତ୍ରା। ତେଣୁ ଯାତ୍ରା ଅତ୍ୟନ୍ତ ଜଟିଳ। ସବୁକାଳରେ ଅସମାଧିତ ପ୍ରଶ୍ନମୟ ଯାତ୍ରା।

ମୋ ଯାତ୍ରାର ପ୍ରଥମ ପାଦର ଲକ୍ଷ୍ୟ ଥିଲା, ମୁଁ ଦେବୀମାନଙ୍କୁ ଦେଖା କରିବି। କାରଣ, କୌଣସି ଦେବୀଙ୍କ ସମ୍ପର୍କରେ ଭାବିଲାବେଳେ, ମୁଁ ଆପେ ଦେବୀ ହୋଇଯାଏ। ଅର୍ଥାତ୍, ମୋ ଭିତରେ ଦେବୀତ୍ୱର ଅନୁଭବ ତୀବ୍ରତର ହୁଏ। ଏହା ହିଁ ମୋ ପାଇଁ ଗୁରୁତର ସମସ୍ୟା। ଏପରି ଅନୁଭବ ବ୍ୟକ୍ତିର ସ୍ୱାଧୀନ ବିଚାର - ପାଦରେ ବେଡ଼ି ହୋଇଯାଏ। ନିଜର ଅନୁଭବକୁ ଏକମାତ୍ର ସତ୍ୟବୋଲି ପ୍ରତିଷ୍ଠା କରିବାପାଇଁ ତା ଭିତରେ ଅହଂଭାବ ଜନ୍ମନିଏ। ମାତ୍ର ମୁଁ ଏହି ଅନୁଭବରୁ ନିଜକୁ ଯଥାସମ୍ଭବ ଦୂରସ୍ଥ ରଖିବାକୁ ପ୍ରୟାସ କରିଛି। ଆପେ ଦେବୀ ହୋଇଛି, ଅନ୍ୟ ନାରୀମାନଙ୍କୁ ଦେବୀ କରିଛି। ଏବଂ, ଦେବତା / ପୁରୁଷମାନଙ୍କୁ ମଧ୍ୟ ଦେବୀ କରି ଦେଇଛି। କାରଣ, ଦେବୀ କହିଲେ ମୁଁ ବୁଝେ ଏକ ସର୍ଜନଶୀଳ ଅସ୍ତିତ୍ୱ। ତେଣୁ ନାରୀ ପରି ପୁରୁଷ ମଧ୍ୟ ସର୍ଜନକ୍ଷମ। ତା' ଚେତନାର ସୂକ୍ଷ୍ମସ୍ତରରେ ନାରୀତ୍ୱ କେଉଁଠି ନା କେଉଁଠି ଥାଏ। ଏବଂ, ସୂକ୍ଷ୍ମତା ହିଁ ପ୍ରମୂର୍ତ୍ତ ହୁଏ। ତାକୁ ଇନ୍ଦ୍ରିୟମାନଙ୍କରେ ଅନୁଭବ କରିହୁଏ।

ତାହା ନାରୀତ୍ୱ ବା ପୁରୁଷତ୍ୱ ହେଉ - ଏହା ଅନୁଭବ। ଅନୁଭବ ସବୁକାଳରେ ବ୍ୟକ୍ତିକ, ସୂକ୍ଷ୍ମ, ଅମୂର୍ତ୍ତ; ତେଣୁ ଅପ୍ରକାଶ୍ୟ। ଏଠାରେ ପ୍ରଶ୍ନ ପ୍ରକାଶିତ ନ ହେଲେ, ଅନୁଭବର ସୂକ୍ଷ୍ମତାକୁ ଆମେ ବୁଝିବୁ କିପରି ? ତେଣୁ ଅନୁଭବର ପ୍ରତ୍ୟେକ ଅଭିବ୍ୟକ୍ତିକୁ ମୁଁ ପ୍ରଶ୍ନ କରିଛି - କିଏ ତୋର ସ୍ରଷ୍ଟା ? ମୋ ଭିତରୁ ସ୍ପଷ୍ଟ ଉତ୍ତର ପାଇଛି - ମୁଁ ଓ ଆମେ। ଏହି ଉତ୍ତର ହିଁ ମୋ ଖୋଜ୍‌ଯାତ୍ରା, ନାରୀତ୍ୱ ଖୋଜ୍‌ଯାତ୍ରାର ଅଣୁଘଟକ। ମୋର ସିଦ୍ଧାନ୍ତ, ନା ମୋର ସିଦ୍ଧାନ୍ତ କହିଲେ ଠିକ୍ ହେବ ନାହିଁ, ଅନେକଙ୍କ ସିଦ୍ଧାନ୍ତ - ଦେବୀ / ଦେବତାମାନଙ୍କୁ ମଣିଷ ତିଆରି କରିଛି। ସେମାନେ ନିଜକୁ ତିଆରି କରିନାହାନ୍ତି। ଏହି ଅନୁଭବର ବିପରୀତ ସିଦ୍ଧାନ୍ତ - ଦେବତା / ଦେବୀମାନେ ଶୂନ୍ୟବିହାରୀ। ସେମାନେ ହିଁ ମଣିଷ ମାଧ୍ୟମରେ ନିଜ ନିଜକୁ ପ୍ରକାଶ କରିଛନ୍ତି। ମଣିଷ ନିମିତ୍ତମାତ୍ର। ଏହି ବିଚାରକୁ ପୂର୍ଣ୍ଣତଃ ଅସ୍ୱୀକାର କରିହେବ ନାହିଁ। ତେଣୁ ମୁଁ ଦେବୀତ୍ୱ ଅନୁଭବ ଯାତ୍ରାକାଳରେ ଦୁଇଗୋଟି ସିଦ୍ଧାନ୍ତକୁ ଗୋଟିଏ କରିଦେଇଛି। ଅର୍ଥାତ୍ ଦେବୀମାନେ, ମହାଶୂନ୍ୟରେ ଅମୂର୍ତ୍ତ ରୂପରେ ଥିଲେ। ଆସିବାକୁ ଇଚ୍ଛା କରିଛନ୍ତି।

ଆପେ ଆସିନାହାନ୍ତି । ସେମାନଙ୍କୁ ଖୋଜୁଥିବା ମଣିଷମାନଙ୍କୁ ଠାବ କରିଛନ୍ତି । ଖୋଜୁଥିବାମାନଙ୍କ ମାଧ୍ୟମରେ ନିଜ ନିଜକୁ ପ୍ରତୀକିତ କରିଛନ୍ତି । ଶେଷକୁ ଜଗତ ମୂର୍ତ୍ତ ଓ ଅମୂର୍ତ୍ତମାନଙ୍କ ମହାଲୀଳାଭୂଇଁରେ ରୂପାନ୍ତରିତ ହୋଇଯାଇଛି । ମୋ ଖୋଜ୍‌ଯାତ୍ରା ଏହି ଗୋତ୍ରର । ଅହଂର ସମୂହବୋଧ ଓ ସମୂହବୋଧର ଆତ୍ମବୋଧ ।

ମୋର ଯାତ୍ରାକାଳୀନ ବିଚାରକୁ ଏହି ପ୍ରସଂଗରେ ସ୍ୱଷ୍ଟ କରିଦେବାକୁ ଚାହିଁବି । କହିବି – ପ୍ରତ୍ୟେକ ନାରୀ ଜଣେ ଜଣେ ଦେବୀ । ପ୍ରତ୍ୟେକ ପୁରୁଷ ଭିତରେ ନାରୀଥାଏ । ଅର୍ଥାତ୍ ଦେବୀ ଥାଏ । ତେଣୁ ଉଭୟଙ୍କ ଯାତ୍ରା ନିଃସଂଗ ନୁହେଁ, ସଦା ଅନୁସଂଗ । ମାତ୍ର ନିଃସଂଗତା ଓ ଅନୁସଂଗତାବୋଧକୁ ଠାବ କରାଯାଇପାରିବ କିପରି ? ଏକ ଆପେକ୍ଷିକ ସିଦ୍ଧାନ୍ତରେ ପହଂଚିବା ପାଇଁ ପ୍ରଥମେ ମୁଁ ମୋ ଅନୁଭବକୁ ପ୍ରଶ୍ନ କରିଛି । ପରର ପ୍ରଶ୍ନ ଅନ୍ୟମାନଙ୍କୁ । ଘର ଭିତରେ ଜେଜୀମା, ବୋଉ, ଭଉଣୀ ଓ ଅନ୍ୟ ନାରୀମାନଙ୍କୁ ଦେଖିଛି । ସେମାନଙ୍କ ମାଧ୍ୟମରେ ଠାକୁରାଣୀ ମାନଙ୍କୁ ଅନୁଭବ କରିଛି । ଘର ଭିତରୁ ପଦାକୁ ଗୋଡ କାଢ଼ିଛି । ଏବଂ, ଅନୁଭବ କରିଛି– ଜଗତ ଦେବୀମୟ । ସେମାନେ ପ୍ରତ୍ୟେକ ରୂପ, ଗୁଣ, ଭାବରେ ଅପରୂପ ଓ ସ୍ୱତନ୍ତ୍ର । ମାତ୍ର ରୂପ ଓ ଆଚରଣଗତ ଭିନ୍ନତା ଓ ଏକତ୍ୱବୋଧକୁ ଠାବ କରାଯାଇପାରିବ କିପରି ? ଉତ୍ତର ଯେତିକି ସହଜ, ସମଭାବରେ ଜଟିଳ । ଅନୁଭବ, ଅବବୋଧ ଓ ବିଚାରକୁ ସହଜ କରିଦେଲେ, ଜଟିଳତାକୁ ଭେଦ କରିହେବ । ମୁଁ ଏବେ ମୋ ସହଜ ମାର୍ଗ ସମ୍ପର୍କରେ ଅଳ୍ପରେ କହିବି ।।

ମୁଁ ପ୍ରଥମେ ଘରେ ଓ ପରେ ବାହାରେ ଦେବୀମାନଙ୍କର ପ୍ରତିମା ଓ ଚିତ୍ରମାନଙ୍କୁ ଦେଖିଲି । ନାନା ପ୍ରାକୃତିକ ଉପାଦାନରେ ତିଆରି ହୋଇଛନ୍ତି । ମାଟି, ପଥର, କନା, କାଗଜ– ନାନା ଜାତୀୟ ଉପାଦାନ । ନାନା ପଥରରେ ଗଢ଼ା ପ୍ରତିମାମାନେ ଦୀର୍ଘସ୍ଥାୟୀ । ସେମାନେ ହଜାର ହଜାର ବର୍ଷ ବଂଚିପାରନ୍ତି । ସେମାନଙ୍କ ଆକାର, ପ୍ରକାର, ବେଶ, ଆଭୂଷଣ ଓ ଅଭିବ୍ୟକ୍ତି – ସକଳକୁ ଅତି ଗଭୀର ଭାବରେ, ନିଷ୍ଠାର ସହ ପଢ଼ିବାକୁ, ବୁଝିବାକୁ ଚେଷ୍ଟାକଲି । ଆଖିକୁ ମାଧ୍ୟମ କରି ମୁଁ ଅନୁଭବ କଲି – କେଉଁ ପ୍ରତିମା କେବେ, କେଉଁଠାରେ ଜନ୍ମ ନେଇଛନ୍ତି । ଏବଂ, ସେମାନଙ୍କ ରୂପ ଭେକ ଦେଖି ଏକଥା ମଧ୍ୟ ବୁଝିବାକୁ ସମସ୍ୟା ହେଲା ନାହିଁ ଯେ, ସେମାନେ ନାରୀତ୍ୱର କେଉଁ ଅନୁଭବ ଓ ବିଚାରର ପ୍ରତୀକ । ପୁଣି ସେ ଏକ ନା ଏକାଧିକ ଅନୁଭବର ଅଭିବ୍ୟକ୍ତି । ଏବଂ, ସେମାନଙ୍କ ରୂପ ମାଧ୍ୟମରେ ମଣିଷ ତିଆରି କରିଥିବା ସମାଜ, ଧର୍ମବିଶ୍ୱାସ, ରାଜନୀତିକ ବିଚାର ଓ ବ୍ୟକ୍ତିର କଳାବୋଧକୁ ମଧ୍ୟ ଠାବ କରିହେଲା । ତେଣୁ ପ୍ରତିମାମାନଙ୍କ ସମ୍ପର୍କରେ ଏତିକି ମାତ୍ର ଅଳ୍ପରେ କୁହାଯାଇପାରିବ, ସେମାନେ ପଥରରେ ତିଆରି, ମାତ୍ର ପଥର ନୁହଁନ୍ତି । ପଥର ଏକ ପ୍ରାକୃତିକ ଉପାଦାନ । ମାତ୍ର ଉପାଦାନ

ଭିତରେ ସୂକ୍ଷ୍ମ ଭାବରେ ଶକ୍ତି ଜୀବନ୍ତ ରହିଛି ଏବଂ ଜଣେ ବ୍ୟକ୍ତି ଅଥବା ସମୁଦାୟ, ନିଜର ସୂକ୍ଷ୍ମ ଅନୁଭବ ଓ ବିଚାରରେ ତାକୁ ନିଜମତେ ଏକ ଅନୁପମ ସାଂସ୍କୃତିକ ଅଭିବ୍ୟକ୍ତିରେ ରୂପାନ୍ତର କରିଦେଉଛି । ତେଣୁ ପ୍ରତ୍ୟେକ ପ୍ରତିମା ସମକାଳର ସାଂସ୍କୃତିକ ଅନୁଭବର ଏକ ଏକ ସୂକ୍ଷ୍ମ ଅଭିପ୍ରକାଶ । ଧର୍ମ, ଦର୍ଶନର କଳାଘର ସ୍ୱରୂପ ।

ପ୍ରତିମାମାନେ ଘର ଭିତରେ, ଖୋଲା ଆକାଶ ତଳେ, ସ୍ୱତନ୍ତ୍ର ଘର ଏବଂ ମନ୍ଦିର ଭିତରେ ଥାନ୍ତି । ସେମାନଙ୍କ ପରି ସେମାନଙ୍କ ଘର ମଧ୍ୟ ସ୍ୱତନ୍ତ୍ର । କାହାର ଘର ଭାଂଗି ଗଲାଣି, ମାଟିରେ ମିଶିଯାଇଛି । ଗଦାଏ ପଥର । ପଥରଗୁଡ଼ାକ କେଉଁମାନେ ବୋହି ନେଲେଣି । ତଥାପି ପଡ଼ିଛି । ଏବଂ, ପଡ଼ିରହିଥିବା ପଥରଖଣ୍ଡ ପଥର ମାତ୍ର ନୁହନ୍ତି, ଜୀବନ୍ତ ପ୍ରତିମା । କେହି ସହୃଦୟ ପ୍ରତିମାମାନଙ୍କୁ ଆପଦମୁକ୍ତ କରିଛନ୍ତି । ଗଛତଳେ, ଛାତତଳେ ସଂପାଦିଛନ୍ତି । କେଉଁଠି ଘର ଅଧାଭଙ୍ଗା, କେଉଁଠି ଘରର ପ୍ରଥମ ଭିତ୍ତି ଉପରେ ନୂଆ ଘର ତିଆରି ହୋଇଛି । ପୁରୁଣା ପ୍ରତିମାମାନଙ୍କୁ ଖଂଜି ଦିଆଯାଇଛି । କେଉଁଠି ଘର ଅଛି, ମାତ୍ର ବିକୃତ । ମଣିଷମାନେ ତାକୁ ସୁସ୍ଥ ଭାବରେ ରହିବାକୁ ସୁଯୋଗ ଦେଇନାହାନ୍ତି । କେଉଁଠି ଘର ଅଯତ୍ନକୁ ସ୍ୱୀକାର କରିଛି । ଏବଂ, ଅନ୍ୟ କେଉଁଠି ଅବିକୃତ, ଜୀବନ୍ତ ରହିଛି । ପୁଣି କେଉଁଠି କଳାଭକ୍ତମାନେ ଘରର ଭୂଷଣ ଓ ଆତ୍ମା, କଳାପ୍ରତିମାମାନଙ୍କୁ ଚୋରି କରିନେଇଛନ୍ତି । ଏବଂ, କଳା- ବଣିକମାନେ ଶୂନ୍ୟ ସ୍ଥାନଗୁଡ଼ିକରେ ପଥର ଅଥବା ନୂଆ ପ୍ରତିମାମାନଙ୍କୁ ଖଂଜି ଦେଇଛନ୍ତି । ଘରଗୁଡ଼ିକ ନାନା ଜାତିର ପଥରରେ ତିଆରି । ବାହାର କାନ୍ଥରେ ଦେବଦେବୀ, ଗନ୍ଧର୍ବ, ଅପ୍ସରା, ପଶୁ,ପକ୍ଷୀ, ସରୀସୃପମାନଙ୍କର ଲୀଳାବିଳାସ- ନାନା ଭାବ ଅଭିବ୍ୟକ୍ତ ହେଉଛି ଦେହରେ । ଦେହ ଓ ଦେହର ଆବରଣରୁ ସମକାଳର ସଂସ୍କୃତିକୁ ତୀବ୍ରଭାବରେ ଅନୁଭବ କରିହେଉଛି । ସେମାନେ ପ୍ରତିମା ମାତ୍ର ନୁହନ୍ତି, ସାଂସ୍କୃତିକ, ସାମାଜିକ ରାଜନୀତିକ ଇତିହାସ । ମନ୍ଦିର କାନ୍ଥରେ ପୁଣି ଜୀବନ୍ତ ପ୍ରକୃତି । ଗଛ,ଲତା, ଫୁଲ,ଫଳ ଏବଂ ମଣିଷ ଓ ଅନ୍ୟ ଜୀବମାନଙ୍କର ସେମାନଙ୍କ ସହିତ ସମ୍ପର୍କ । ଏତେ କାରୁକାର୍ଯ୍ୟ ସଂପନ୍ନ ଯେ, ବିଶ୍ୱାସ କରିହେବ ନାହିଁ, ଏଗୁଡ଼ିକ ମଣିଷ ହାତର କରଣି । କେତେ ଶ୍ରମ, କେତେ ନିଷ୍ଠା, କେତେ ସୂକ୍ଷ୍ମ କଳାବୋଧ ସେମାନଙ୍କ ସ୍ରଷ୍ଟାମାନଙ୍କୁ ସଂକ୍ରମିତ କରିଥିଲା, ଭାବିହୁଏନା । ପଚାରିବାକୁ ଇଚ୍ଛାହୁଏ, ପଥରମାନଙ୍କୁ ଏତେ ଭାବରେ ରୂପବନ୍ତ କରି କି ସୁଖ ପାଉଚ ? ମନ ବିସ୍ମୟରେ ଅସ୍ମିତା ହରାଏ । ପ୍ରାଣଶକ୍ତିର ସକଳ ଅସନ୍ତୋଷ ଓ ବ୍ୟଥା ମୁହୂର୍ତ୍ତକରେ ଅଧ୍ୟାତ୍ମ ଭାବରେ ଉର୍ଦ୍ଧ୍ୱାୟିତ ହୁଏ । ଘରମାନଙ୍କୁ କେବଳ ଅପରୂପ କଳାକୃତି କୁହାଯାଇପାରିବ ନାହିଁ, ସେମାନଙ୍କ ଗଢ଼ଣରେ ବିଜ୍ଞାନ ଦୃଷ୍ଟି ସ୍ପଷ୍ଟ ହୋଇଯାଉଛି । ସେମାନେ ଆକାରରେ ଛୋଟ ଅଥବା ବିଶାଳ- ଯେଉଁ ପ୍ରକାରର

ହୁଅନ୍ତୁ, ଗଢ଼ଣରେ ସୂକ୍ଷ୍ମ ଜ୍ୟାମିତିକତା, ସେମାନଙ୍କୁ ହଜାର ହଜାର ବର୍ଷ ଧରି, କାଳ ସହିତ ଲଢ଼ି ଲଢ଼ି ଜୀବନ୍ତ ରଖିପାରିଛି। ଗଢ଼ଣ ଶାସ୍ତ୍ରମତେ। ତେଣୁ ପ୍ରତ୍ୟେକ ଘର ଭାବ, ସୌନ୍ଦର୍ଯ୍ୟବୋଧ, ବିଶ୍ୱାସ ଓ ବିଜ୍ଞାନ ଦୃଷ୍ଟିରେ ଏକ ଏକ ଭବ୍ୟ ଆୟତନ।

ଦେବୀମାନଙ୍କର ଆଚରଣ ମଧ୍ୟ ବିଚିତ୍ର, କଉତୁକିଆ। ସେମାନଙ୍କର ଦେହ ଅବଶ୍ୟ ଗୋଟିଏ। ମାତ୍ର ଗୋଟିଏ ନାନା ରୂପରେ ପ୍ରତୀକିତ ହୁଅନ୍ତି। କାଳ ଓ ଭାବ ରୂପକୁ ନିୟନ୍ତ୍ରିତ କରୁଥାଏ। ବସ୍ତ୍ର, ଆଭୂଷଣ, ଖାଦ୍ୟପେୟ ଓ ମୁଦ୍ରା ବା ଅଂଗଭଂଗୀରୁ ସ୍ପଷ୍ଟ ହୋଇଯାଏ ତାଙ୍କ ବର୍ତ୍ତମାନର ମାନସିକତା ଓ ସ୍ଥିତି। ପ୍ରତ୍ୟେକଙ୍କ ଜୀବନଚର୍ଯ୍ୟା, ଜାନିଯାତ୍ରା, ଉତ୍ସବ ମଧ୍ୟ ବିଚିତ୍ର। ପ୍ରତ୍ୟେକଙ୍କ ତୁଷ୍ଟୀକରଣ ପାଇଁ ନିର୍ଦ୍ଦିଷ୍ଟ ମନ୍ତ୍ର ମଧ୍ୟ ରହିଛି। ମନ୍ତ୍ରକୁ ବୁଝିପାରିଲେ, ଦେବୀଂକ ଚରିତ୍ର ଓ ରୂପକୁ ଅନୁଭବ କରାଯାଇପାରିବ। ମନ୍ତ୍ର ହିଁ ଅସ୍ତିତ୍ୱର ମର୍ମ।

ପୁଣି ଦେବୀଙ୍କର ଏକ ନିର୍ଦ୍ଦିଷ୍ଟ ଭୂମିରେ, ନିର୍ଦ୍ଦିଷ୍ଟ କାଳରେ ଉଦୟନକୁ କେନ୍ଦ୍ରକରି ବହୁ କଥା ଓ କିମ୍ବଦନ୍ତୀ ରହିଛି। କିମ୍ବଦନ୍ତୀ ଲୋକତୁଣ୍ଡରେ, ଗପ ଓ ଗୀତ ରୂପରେ। ବହୁ କିମ୍ବଦନ୍ତୀ ପୁରାଣ ଓ ଶାସ୍ତ୍ରର ସଂପଦ ହୋଇଛି, ଅଥବା ଶାସ୍ତ୍ର ଓ ପୁରାଣ ମତେ ସେମାନଙ୍କୁ ଆସ୍ଥାନ କରାଯାଇଛି। କଥା ଓ ଗୀତରେ ଦେବୀଂକ ବିଶେଷ ବିଶେଷ ମହିମା ଓ ସ୍ତୁତି। ମହିମାରୁ ସ୍ପଷ୍ଟ ହୋଇଯାଏ, ସେ କେଉଁ ଗୋତ୍ରର ଏବଂ ପରାକ୍ରମର ପ୍ରତୀକ। ତୁଷ୍ଟୀକରଣରେ ପୁଣି ନିର୍ଦ୍ଦିଷ୍ଟ ପ୍ରକାରର ଗୀତର ସ୍ୱର ଓ ବାଜା। ଅଂଗ ବିନ୍ୟାସ ବି। ଦେବୀ ଆବିର୍ଭୂତ ହୁଅନ୍ତି ଏକ ଭୂମିରେ ଏବଂ ଭୂମି ତାଂକ ବର୍ତ୍ତମାନରୁ ଏକ ପୀଠରେ ରୂପାନ୍ତର ହୋଇଯାଏ ଏବଂ ପୀଠର ଆଚରଣ, ଅର୍ଥାତ୍ ପୀଠକୈନ୍ଦ୍ରିକ ନାଚ, ଗୀତ, କଥା ଓ ଯାନିଯାତ୍ରାରୁ ଦେବୀଙ୍କ ସ୍ୱରୂପକୁ ଅନୁଭବ କରିହୁଏ।

ମୁଁ ଏମିତି ଆଖି ନେଇ ଦେବୀ ଓ ସେମାନଙ୍କ ଘରକୁ ଯାଇଛି। ସେମାନଙ୍କୁ ଭାବରେ ବାନ୍ଧିବା ପାଇଁ ଚେଷ୍ଟା କରିଛି। ସେମାନଙ୍କ ପାଖ ମଣିଷ, ପୂଜକ, କ୍ଷମତା, ଶାସ୍ତ୍ରବିତ୍, ସ୍ଥାନୀୟ ନାନା ବର୍ଗର ମଣିଷମାନଙ୍କୁ ଭେଟିଛି। ସେମାନଙ୍କ ଜନ୍ମ ଓ ମହିମା ଆଧାରିତ କଥା ଓ ଗୀତ ସଂଗ୍ରହ କରିଛି। କେବେ କେବେ ବିଶେଷ ଉତ୍ସବରେ ବି ଅତିଥି ହୋଇଛି। ଭକ୍ତମାନଙ୍କର ଭାବପ୍ରବଣତାକୁ ଦେଖିଛି। ପ୍ରସାଦସେବୀ ହୋଇଛି। ଏବଂ, ବେଳେ ବେଳେ ଭୟଂକର ଦୁଷ୍ଟାମି କରିଛି। ସେମାନଙ୍କର ପାଖଲୋକମାନଙ୍କୁ ତୁଷ୍ଟକରି, ସେମାନଙ୍କ ସ୍ୱରୂପକୁ କ୍ୟାମେରା ଭିତରେ ସମ୍ପାଦି ଦେଇଛି। ଦେବୀଙ୍କ ପାଖ ମଣିଷମାନେ ଭକ୍ତମାନଙ୍କ ପରି ଯେ ନିର୍ବୋଧ ନୁହନ୍ତି, ସେମାନଙ୍କ ସଂସ୍ପର୍ଶରେ ଆସି ଏହି ବାସ୍ତବତାକୁ ଅନୁଭବ କରିଛି। ଅନୁଭବ କରିଛି, ବିଶ୍ୱାସ ହିଁ ସତ୍ୟର ଶତ୍ରୁ। ଦେବୀ ପ୍ରତିମାମାନେ ବସ୍ତ୍ର ଓ ଅଳଂକାରରେ ଏତେ ଶୋଭାବନ୍ତ, ଏତେ ଜୀବନ୍ତ ଯେ,

ସେମାନଙ୍କ ସ୍ୱରୂପକୁ ଏତେ ସଂଖ୍ୟକ ବିକୃତିରେ ବିରୂପ କରିବାର କି ଆବଶ୍ୟକତା ରହିଛି ? ମୁଁ ସବୁଠାରେ ପାଖଲୋକମାନଙ୍କୁ ଅନୁରୋଧ କରିଛି, ଦେଖିଲ, ମା' କେତେ ସୁନ୍ଦର ! ମନମୋହି ନଉଛି, ତାକୁ ବାରମ୍ବାର ଦେଖିବାକୁ ଇଚ୍ଛା ହେଉନି ? ଏତେ ଅନୁପମ ଦେହକୁ ଚୁଆ, ଚନ୍ଦନ ଓ ସିନ୍ଦୂରର ବହଳ ଲେପ ଓ ଗଦାଗଦା ଫୁଲ ଓ ବସ୍ତ୍ରରେ ବିକୃତାୟିତ କରିବା କଣ ତା ପ୍ରତି ଅମର୍ଯ୍ୟାଦା ନୁହେଁ ? ସେମାନେ ଆଖି ପୂରେଇ ମାଂକୁ ଦେଖନ୍ତି, ହଁ କରନ୍ତି, ମାତ୍ର ପରମୁହୂର୍ତ୍ତରେ ଭକ୍ତମାନଙ୍କ କଟାଳରେ ହଁ, ନା ହୋଇଯାଏ, ସତ ମିଛ ହୋଇଯାଏ। ମାତ୍ର ଏହି ମିଛ ବି ସତ। ତାହା ବିଶ୍ୱାସ ଆଧାରିତ। ମିଛ ଅଛି ବୋଲି ସେମାନେ ଅଛନ୍ତି।

ଏବେ ଶେଷରେ ଯାହା କହିବା କଥା କହିବି। ମୋ ପାଇଁ ପ୍ରତିମା, ପୀଠ ଓ ମନ୍ଦିର; ପ୍ରତିମା, ପୀଠ କି ମନ୍ଦିର ମାତ୍ର ନୁହନ୍ତି। ଏକ ଜନସମୁଦାୟର ବିଶ୍ୱାସ, ଧର୍ମବୋଧ, କଳାବୋଧ, ବିଜ୍ଞାନବୋଧ ଓ ଶବ୍ଦବୋଧର ଅଭିବ୍ୟକ୍ତି। ଅର୍ଥାତ ସଂସ୍କୃତିଘର। ସଂସ୍କୃତି ବହୁସ୍ତରୀୟ - ସମାଜବ୍ୟବସ୍ଥା, ରାଜନୀତି, ଅର୍ଥବ୍ୟବସ୍ଥା- ସକଳ ପ୍ରକାର ସର୍ଜନକର୍ମର ଆୟତନ। ତେଣୁ ପୀଠ, ପ୍ରତିମା ଓ ମନ୍ଦିରକୁ ବୁଝିବାକୁ ହେଲେ - ବ୍ୟକ୍ତି ଓ ସମାଜ ବ୍ୟବସ୍ଥାର ସକଳ ବିଭବକୁ ଭେଦିବାକୁ ପଡ଼ିବ। ମୋ ଯାତ୍ରା କାଳରେ ଏହି ଭାବାଦର୍ଶକୁ ଗଂଠିଧନ କରିଛି। କାରଣ, ମୁଁ ବିଶ୍ୱାସ କରେ, ପ୍ରତିମା ଓ ମନ୍ଦିର ସ୍ୱୟଂସୃଷ୍ଟ ନୁହନ୍ତି, ବ୍ୟକ୍ତି ଓ ସମାଜ ସୃଷ୍ଟ। କ୍ଷମତା ଅଥବା ଲୋକ ନିୟଂତ୍ରିତ। ତେଣୁ ସେମାନଙ୍କୁ ଦେଖିଲେ, ବ୍ୟକ୍ତି ଓ ସମାଜର ସ୍ୱରୂପ ଓ କାଳକ୍ରମିକ ବିବର୍ତ୍ତନକୁ ଠାବ କରିହେଉଛି।

ଏକ ସ୍ୱୀକାରୋକ୍ତିରୁ ମୋର ଶେଷକଥା। ମୁଁ ପୁଣିଥରେ ଦୋହରାଉଛି, ମୁଁ ଯାହା ଲେଖିଛି, ତାହା ଆଦୌ ମୋର ନୁହେଁ, ତାହା କେଉଁ ଅଦୃଷ୍ଟ ଶକ୍ତିର । ସ୍ଥାପତ୍ୟ, ଚିତ୍ର, ସାହିତ୍ୟ, ନୃତ୍ୟ, ସଂଗୀତ, ଧର୍ମ ଓ ଦର୍ଶନ, ଇତିହାସ, ସମାଜବିଦ୍ୟା, ରାଜନୀତି ଓ ସୌନ୍ଦର୍ଯ୍ୟବୋଧ - ଆଦି ନାନା କ୍ଷେତ୍ରରେ ନିଜ ନିଜ ଅନ୍ତର୍ଦୃଷ୍ଟିକୁ ସ୍ପଷ୍ଟ କରିଥିବା ଗବେଷକମାନଙ୍କ ଅକ୍ଷରକର୍ମର ସଂସ୍ପର୍ଶରେ ଆସି ନ ଥିଲେ, ମୁଁ ଆଦୌ ଏପରି ଆଖି ପାଇ ନ ଥାନ୍ତି, ଲେଖି ପାରି ନ ଥାନ୍ତି। ତେଣୁ ବାସ୍ତବତଃ, ଏହି ବହିଚର୍ଚ୍ଚାର ଉଦ୍‌ଗାତା ମୁଁ ନୁହେଁ, ସେମାନେ। ମୋ ନୂଆ ଆଖିର ପ୍ରେରଣାର ଉତ୍ସ। ସେମାନଙ୍କୁ ସ୍ମରଣ କରିବି। ଏବଂ, କହିବି - ମୋର କିଛି କହିବାର ନାହିଁ, ଅନେକ କିଛି କୁହାଯାଇଛି। ଅନେକ କିଛି ଅଧିକ କହିବାର ଅଛି। ମୁଁ କୁହାଯାଇଥିବା ଏବଂ ଅକୁହା ରହିଯାଇଥିବା କଥା ମଧ୍ୟରେ ଏକ ଯୋଗସୂତ୍ରକାରିଣୀ, ଜିଜ୍ଞାସୁ ଯାତ୍ରୀ।

- ଭାଗ୍ୟଲିପି ମଲ୍ଲ

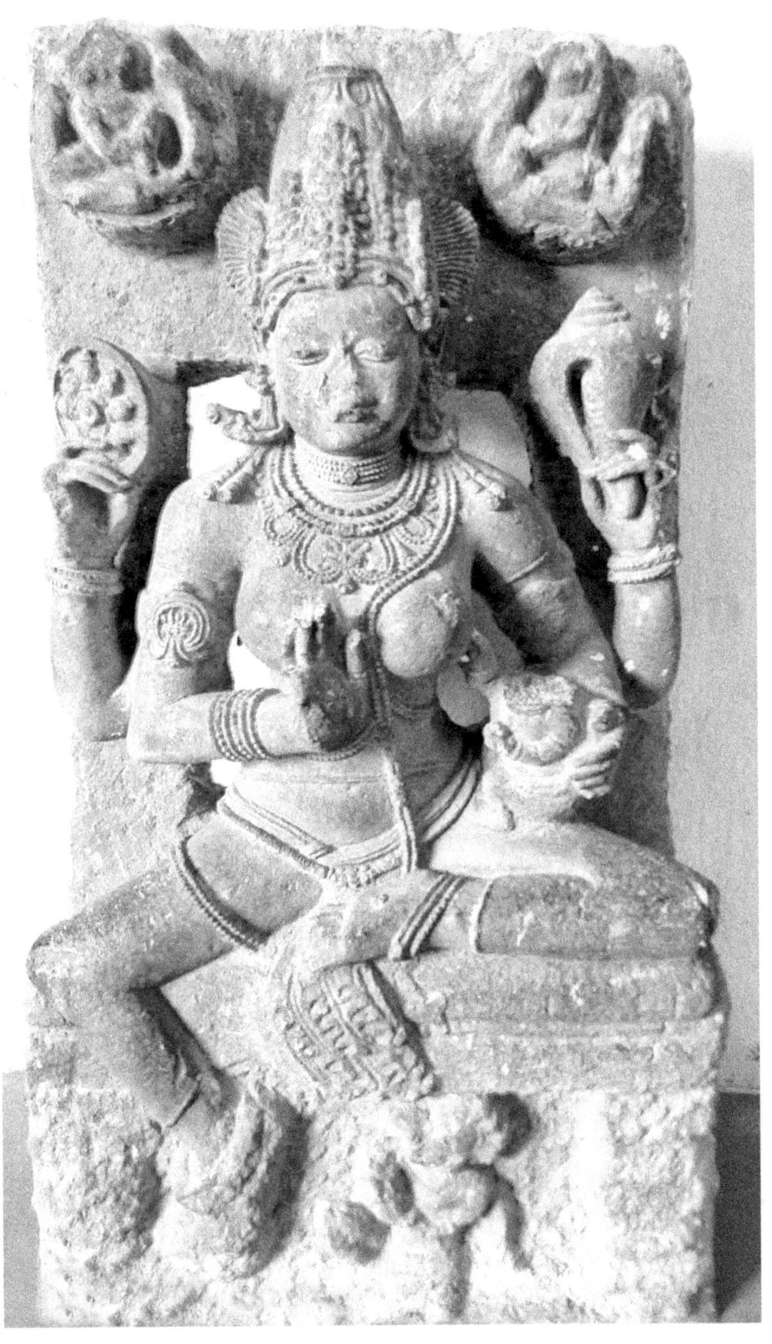

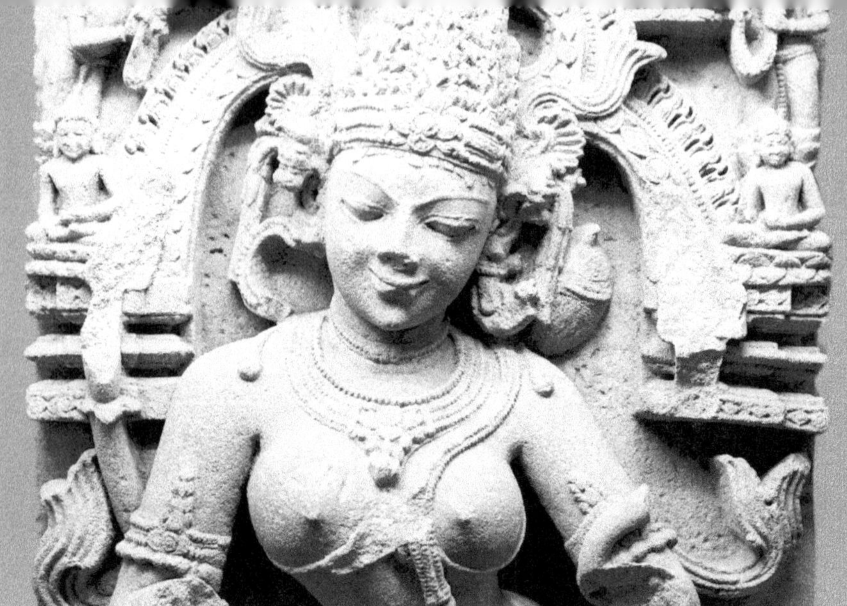

ସୂଚିପତ୍ର

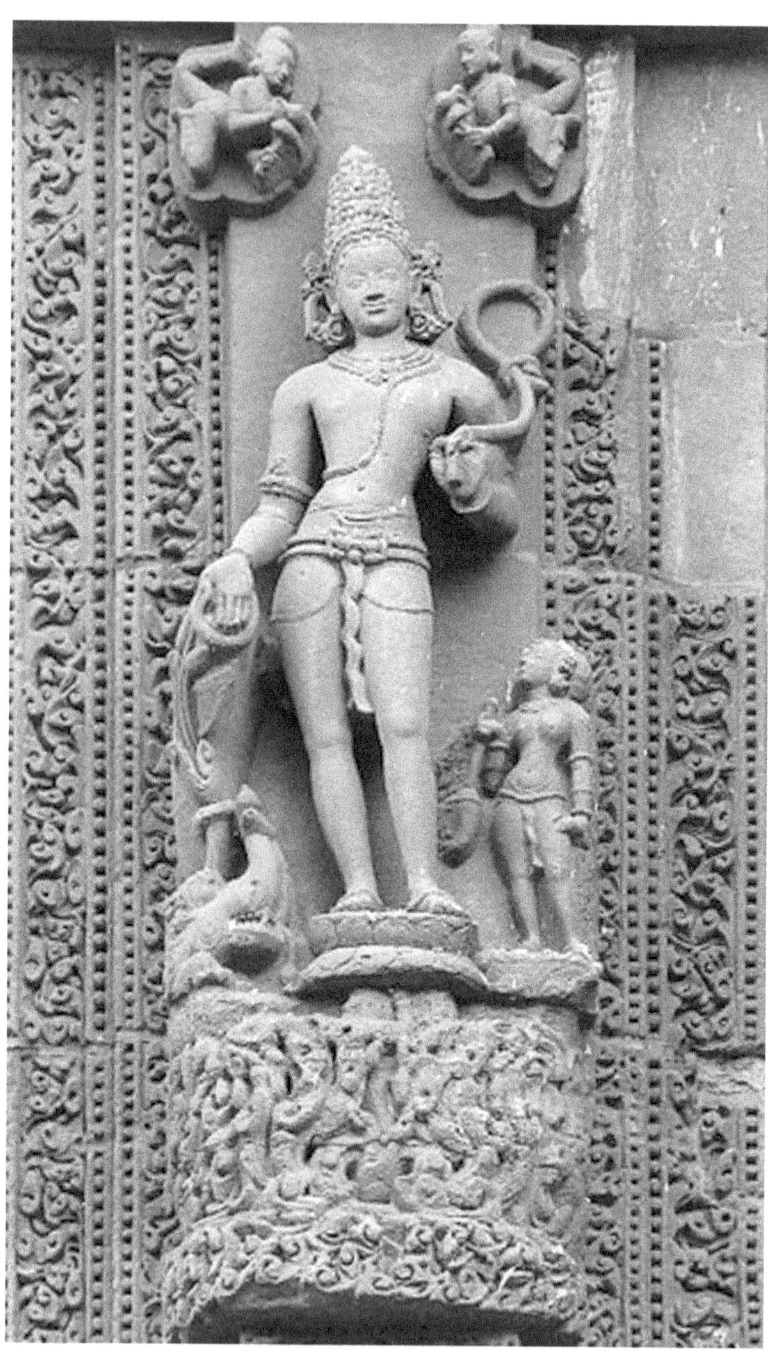

ସ୍ଥାପତ୍ୟ ଗଢ଼ଣର ଆଦ୍ୟ ଓଁକାର

॥ ଏକ ॥

କୁହାଯାଏ, ଯେକୌଣସି ସାଂସ୍କୃତିକ ଅଭିବ୍ୟକ୍ତି ଏକ ଏକ ଗଢ଼ଣ ବା ନିର୍ମାଣ। ସବୁକିଛି ନିର୍ମାଣର ମୂଳରେ ଜଣେ ଅଦୃଶ୍ୟ ଶକ୍ତିର କରଣି କାଳେ କ୍ରିୟାଶୀଳ। ଏହି ନିର୍ମାଣ ସମ୍ମୋହନ ଶକ୍ତିରେ ପ୍ରାଣବନ୍ତ। ତାହା ଏତେ ତୀବ୍ର ଯେ, ଅନ୍ୟମାନଙ୍କ ଗଢ଼ଣର କାରଣ ହୋଇଯାଏ। ଏବଂ, ଯେଉଁ କଳାର ସମ୍ମୋହନ ଶକ୍ତି ଯେତିକି ଅଧିକ, ତାହା ସେତିକି ଅଧିକରୁ ଅଧିକ ହୃଦୟ ଓ ଭୂମିକୁ ଗତିଶୀଳ ଏବଂ କାଳ ଆଖିରେ କଜଳ ମାରିବାରେ ସମର୍ଥ।

ପିଲାଦିନେ ଏକ ଅନୁପମ ଗଢ଼ଣର ସଂସ୍ପର୍ଶରେ ଆସିଥିଲି। ଶବ୍ଦର ଗଢ଼ଣ। କବିତା। ସେ ମୋତେ ଡାକିଲା। ମୋହଗ୍ରସ୍ତ କଲା। ପ୍ରେମରେ ପଡ଼ିଗଲି। ଆତ୍ମାରେ ଲେଖି ହୋଇଗଲା। ମୋତେ ବାରମ୍ବାର ପଢ଼ିବାକୁ ଉଚ୍ଚାଟିତ କଲା। ସୁରର ରୂପ ନେଲା। ଗୀତଟିଏ ହୋଇଗଲା। "କିଏ ଗଢ଼ିଲା ଏ ସୁନ୍ଦର ସଂସାର କେଉଁଠାରେ ଲୁଚି ରହି।" ଏହି ଶବ୍ଦ-ସ୍ଥପତିଜଣକ ବୈକୁଣ୍ଠନାଥ ବ୍ରହ୍ମଚାରୀ। ଗୀତ ପରି ନାଁ ମଧ୍ୟ ମୋତେ ମୋହଗ୍ରସ୍ତ କଲା। ବୈକୁଣ୍ଠର ନାଥ ଏବଂ ବ୍ରହ୍ମଚାରୀ। ବ୍ରହ୍ମସ୍ୱରୂପ। ତାଙ୍କ ଭିନ୍ନ ଅନ୍ୟ କେହି ଜଣେ ଶବ୍ଦରେ କ'ଣ ଏପରି ଏକ ଅନୁପମ ଗଢ଼ଣର ସ୍ରଷ୍ଟା ହୋଇପାରେ?

ବଡ଼ ହେଲି। କବିତାର ପ୍ରାଣକୁ ବୁଝିବାକୁ ଚେଷ୍ଟାକଲି। ଅଭିଭୂତ କଲା ତା'ର ଅର୍ଥ। ଏ ସଂସାର ସୁନ୍ଦର, ବିଚିତ୍ର। ମନେପଡ଼ିଲା ମଧୁସୂଦନ ରାଓଙ୍କ ସମଧର୍ମୀ ଅନ୍ୟ ଏକ କବିତା–

"କି ସୁନ୍ଦର ଆହା କି ଆନନ୍ଦମୟ ଏହି ବିଶାଳ ସଂସାର
ଧନ୍ୟ ମହାପ୍ରଭୁ ମହିମା ତୁମ୍ଭର ଅଟେ ଅନନ୍ତ ଅପାର।"

ଏ ସଂସାର ସ୍ଥାବର, ଜଙ୍ଗମ, କୀଟ, ପତଙ୍ଗମାନଙ୍କର ଘର। ପ୍ରକୃତି ଆଡ଼କୁ ଚାହିଁଲି। ସତରେ ବିଚିତ୍ର। ନାନା ଆକାର, ପ୍ରକାର ଓ ରୂପର ଗଛ, ଲତା, ଗୁଳ୍ମ। ସେମାନଙ୍କ ଦେହରେ ପତ୍ର, ଫୁଲ, ଫଳ। ଫୁଲରେ ସୁବାସ, ଫଳରେ ସ୍ୱାଦ। ଧୂସର ପାହାଡ଼, ପର୍ବତ। କଠିନ, କଙ୍କର। ଛୋଟ ପୁଣି ଆକାଶଛୁଆଁ। ସେମାନଙ୍କ କଠିନ ଛାତିରୁ ପୁଣି ଝରିଆସୁଛି ପାଣି, ଜୀବନ। ଗତିରେ ଗୀତ। ପୁଣି ନିମ୍ନଗାମୀ। ପ୍ରଶସ୍ତ ଛାତି। ଆଗରେ ସମୁଦ୍ର। ନୀଳ ଓ ସୀମାହୀନ। ପବନର ଅଦୃଶ୍ୟ ଗତିରେ ବି ସୁର। ନାନା ଜାତିର ପଶୁ, ପକ୍ଷୀ, ସରୀସୃପ। ସେମାନଙ୍କ ଆଚରଣରେ ଛନ୍ଦ, ଛଳ ଓ ସଂଗ୍ରାମ। ମଥା ଉପରେ ପୁଣି ଅଭାବିତ ଶୂନ୍ୟତା। ଶୂନ୍ୟତାର ଛାତିରେ ପୁଣି ଆଲୋକ, ଅନ୍ଧାର। ନାନା ରଙ୍ଗ ଓ ରୂପର ଛଇ। କ୍ଷଣକ୍ଷଣକେ ଆନ। ଆତଙ୍କ ଓ ଆନନ୍ଦର ମିଶ୍ରରୂପ। ସବୁକିଛି ରହସ୍ୟମୟ, ବିଚିତ୍ର। କିମ୍ଭୂତ। ଆମ ଭିତରେ ସେ କିମ୍ଭୂତକୁ ବୁଝିବା ପାଇଁ କାଳକାଳ ଧରି ପ୍ରୟାସ ଓ ସାଧନା। ଅନନ୍ତ ସାଧନା। କ'ଣ ବା ଏଇ ଗଢ଼ଣର ସ୍ୱରୂପ? ଅଳ୍ପରେ କହିଲେ- କିମ୍ଭୂତ। ବିସ୍ମୟ। ଏଥର ମୁଁ ଖୋଜିଲି କିମ୍ଭୂତର ସ୍ରଷ୍ଟାକୁ। କିପରି ତା'ର ରୂପ? ଏଇ ବିଶାଳକୁ ଯିଏ ଗଢ଼ିଛି, ସେ ବିଶାଳତମ ହୋଇଥିବ ନିଶ୍ଚୟ। ମାତ୍ର କେତେ ବିଶାଳ? ସୂକ୍ଷ୍ମତମ ବି ହୋଇପାରେ!

ଅନ୍ୟ ଏକ ପ୍ରଶ୍ନ। ଯିଏ ବଂଚିଛି, ତା'ର ଘରଟିଏ ଅବଶ୍ୟ ଅଛି। କେଉଁଠି, କିପରି ତା'ର ଘର? ବିଶାଳତମ, ନା ସୂକ୍ଷ୍ମତମ? ଶେଷକୁ, ତାକୁ ଅନୁଭବ ପାଇଁ ଇନ୍ଦ୍ରିୟମାନଙ୍କ ସହଯୋଗ ନେଲି। ଦେଖିଲି, ଶୁଣିଲି, ଛୁଇଁଲି। ନା, ପ୍ରତ୍ୟେକ ଇନ୍ଦ୍ରିୟ

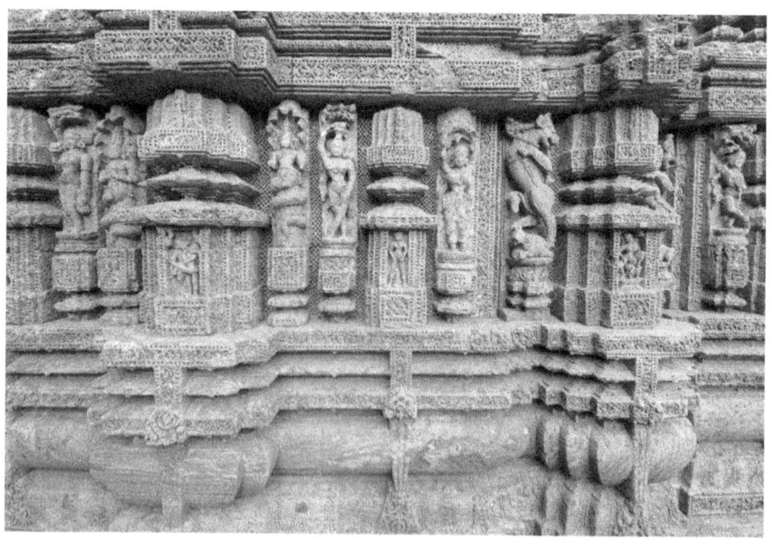

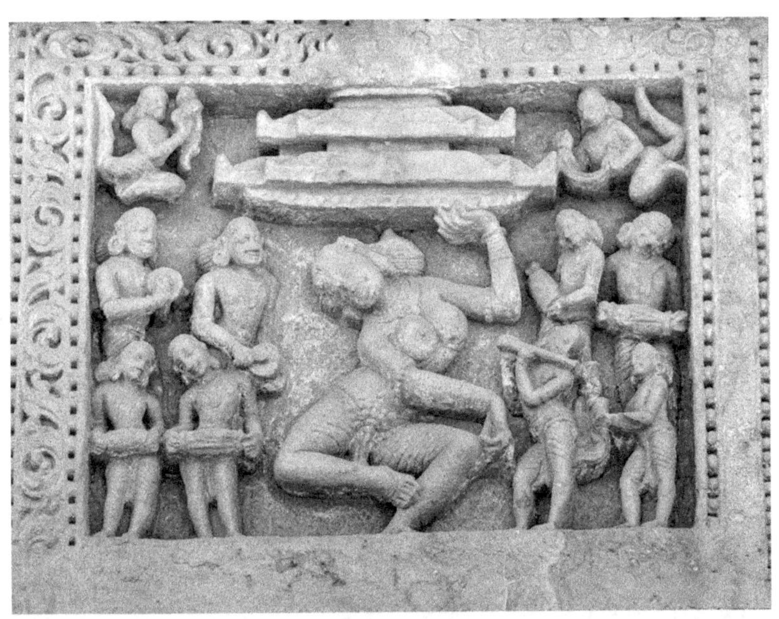

ପରାଜିତ, ପରାହତ। ତା'ହେଲେ ସେ କିଏ ? ସେ କ'ଣ ଏକ ସ୍ଥିତିହୀନ, ରୂପହୀନ ଅସ୍ତିତ୍ୱ ? ସେ କ'ଣ ଆତ୍ମାରେ, ପ୍ରାଣରେ କେବଳ ଅନୁଭବର ବିଭବ ?

ତା' ସଂପର୍କରେ, ଶେଷକୁ, ଏକ ବିକଳ୍ପହୀନ ସିଦ୍ଧାନ୍ତ ମୋ ଭିତରେ ଜନ୍ମନେଲା। ସେ ଅଛି, ନିଶ୍ଚୟ ଅଛି। ସେ ଜଣେ ସ୍ଥପତି। ବିଚିତ୍ର ସଂସାରର ବିଚିତ୍ରତମ ସ୍ଥପତି। ସେ ଅଛି ବୋଲି ମୁଁ ଅଛି, ସଂସାର ଅଛି। ତା'ର ସର୍ଜନ-ଅଭୀପ୍ସାରୁ ଏଇ ବିଚିତ୍ର ସଂସାରର ଜନ୍ମ। ଏବଂ, ସେଇ ଅଦୃଶ୍ୟ ସ୍ଥପତି ଅନ୍ୟ କେଉଁଠି ନାହିଁ, ମୋ ଭିତରେ ହିଁ ଅଛି। ମୋର ଦେହ ତା' ଘର। 'ମୁଁ' ଅର୍ଥ ପ୍ରତ୍ୟେକ ସର୍ଜନକର୍ମର 'ଗଢ଼ଣ' ତା'ର ଘର। ଏଇ ଘର ଭିତରେ ରହି ସେ ପ୍ରତ୍ୟେକଙ୍କୁ ନିଜ ଇଚ୍ଛାମତେ କ୍ରିୟାଶୀଳ କରୁଛି। ତେଣୁ 'ମୁଁ' ମଧ୍ୟ 'ସେ', ଜଣେ ସର୍ଜନଶୀଳ ସ୍ଥପତି। 'ଗଢ଼ଣ' ସଂକ୍ରାନ୍ତ ଏହି ଦର୍ଶନର ପରିଭାଷା, ଅଧ୍ୟାତ୍ମଦର୍ଶନ।

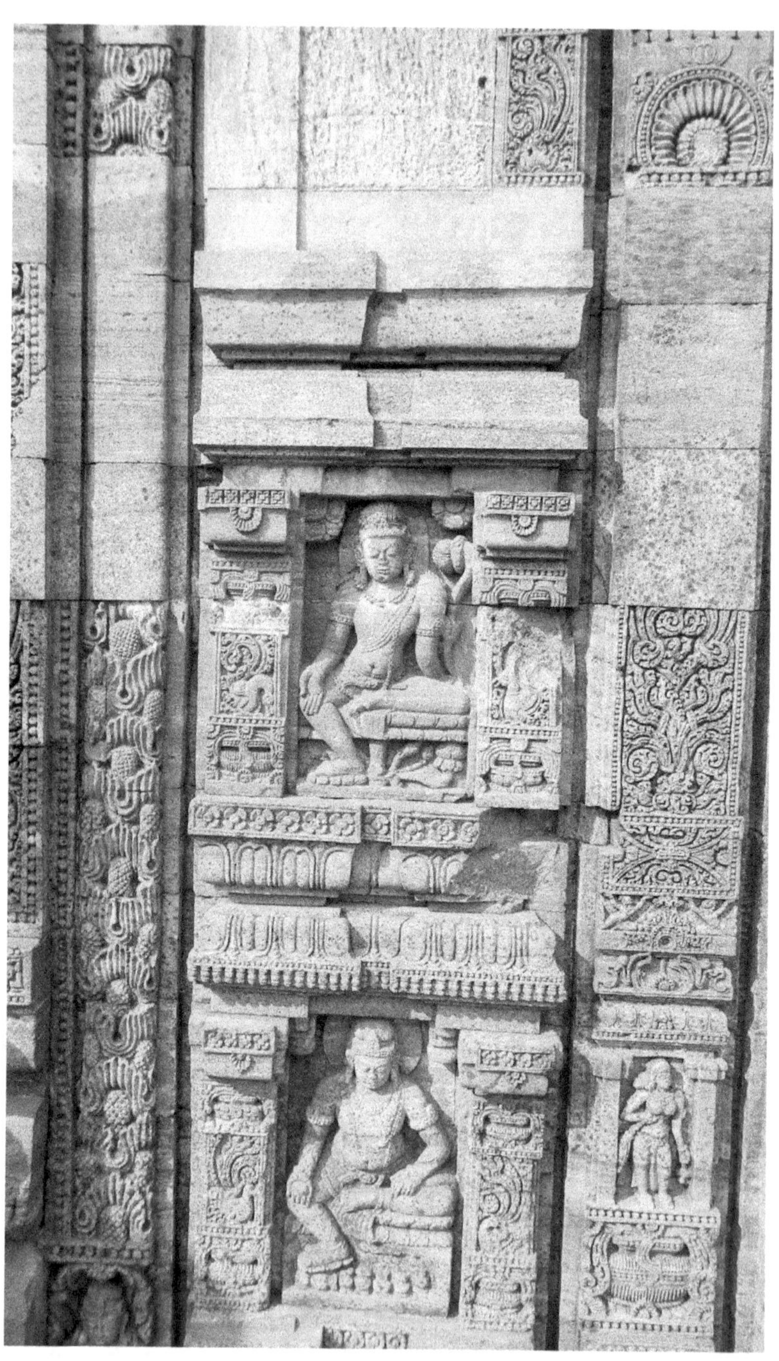

॥ ଦୁଇ ॥

'ଗଢ଼ଣ' ସଂପର୍କିତ ଅଧ୍ୟାତ୍ମଦର୍ଶନ ପାଖରୁ ଆମେ ଏବେ ପ୍ରତ୍ୟକ୍ଷବାଦୀ ଦର୍ଶନ ପାଖକୁ ଆସିବା। ହଁ, ସଂସାର ଏକ ବିଚିତ୍ର ସୃଷ୍ଟି । ସେଇ ବିଚିତ୍ର ସୃଷ୍ଟିର 'ମୁଁ' ଅନ୍ୟତମ ଏକକ। ଅନ୍ୟ ଗଢ଼ଣମାନଙ୍କ ମଧ୍ୟରେ ବିଚିତ୍ରତମ, ସ୍ୱତନ୍ତ୍ର। ମୁଁ ଏକ ଗତିଶୀଳ ସତ୍ତା। ଜୀବନ୍ତ। ମୁଁ ମୋତେ ଓ ମୋ ପରିପାର୍ଶ୍ୱକୁ ଚାହୁଁଛି। ମାଟି, ପାଣି, ପବନ ଓ ଅନ୍ୟ ପ୍ରାକୃତିକ ବିଭବ ମୋ ପାଇଁ ତିଆରି ହୋଇ ରହିଛି। ମାତ୍ର ଅନ୍ୟ ପରିମଣ୍ଡଳଟି ? କିଏ ତିଆରି କରିଛି ସକଳକୁ। ମୋ ରହିବାପାଇଁ କେତେ ଆକାର ଓ ପ୍ରକାରର ଘର। ଗତି ପାଇଁ ଯାନ, ଜୀବନ ପାଇଁ ଖାଦ୍ୟ, ପାନୀୟ। ନାଦ ସୃଷ୍ଟିପାଇଁ କେତେ ପ୍ରକାରର ବାଜା, କଣ୍ଠରେ ସୁର, ପାଦରେ ଛନ୍ଦ, ଗତି, କେତେକେତେ କଥା। ପୁଣି ନିଜ ହାତରେ ସଂସାରର ଦୃଶ୍ୟମାନ ପଦାର୍ଥ ଓ ଜୀବମାନଙ୍କର ପ୍ରତିରୂପ ମଧ୍ୟ ତିଆରି କରିଦେଇପାରୁଛି। ରୂପ, ରଙ୍ଗ ଓ ଗୁଣରେ ସକଳ ଏତେ ବିଚିତ୍ର ଯେ, ବର୍ଣ୍ଣନା କରିହେବ ନାହିଁ। ଅଧିକ ବିଚିତ୍ର ଓ ବିସ୍ମୟ- ଦୁଇଟି ସମଜାତୀୟ ଜୀବଙ୍କ ଦେହର ମିଳନରୁ ସମ୍ଭବୁଛନ୍ତି ଅନ୍ୟ ଜୀବ- ସେମାନେ ମଧ୍ୟ ରୂପରେ ପରସ୍ପରଠାରୁ ସ୍ୱତନ୍ତ୍ର।

ବ୍ୟକ୍ତି ଏଥର ପ୍ରଶ୍ନ କରୁଛି ନିଜକୁ- କିଏ ଏ ସକଳ ବୈଚିତ୍ର୍ୟର ସ୍ଥପତି ? ଉତ୍ତର ଆସୁଛି- ମୁଁ। କେବଳ ମୁଁ। ମୋ ପାଇଁ ଅବଶ୍ୟ ଠୁଳହୋଇ ରହିଛି ନାନା ରୂପ ଓ ଗୁଣର ପଦାର୍ଥ। ସେଗୁଡ଼ିକୁ ପୁଞ୍ଜିକରି ମୁଁ ମଧ୍ୟ ନିଜ ସଂସାର ଗଢ଼ିବାରେ ସମର୍ଥ। ମୁଁ ମୋ ସୃଷ୍ଟିର ସ୍ରଷ୍ଟା, ସ୍ଥପତି। ପ୍ରଥମ ହୋଇନପାରେ। ଦ୍ୱିତୀୟ। ମାତ୍ର ପ୍ରଥମଠାରୁ ମୁଁ କୌଣସି ଗୁଣରେ ନିଊନ ନୁହେଁ। ବରଂ ତା'ଠାରୁ ଅଧିକ ଶକ୍ତିଶାଳୀ। ସେ ମୋତେ ତିଆରି କରିଛି କି ନାହିଁ, ମୁଁ ଜାଣିନି। ମାତ୍ର ମୁଁ ହିଁ ତାକୁ ତିଆରି କରିବାରେ ସମର୍ଥ। କାରଣ, ମୁଁ ବଞ୍ଚିଛି, ବଞ୍ଚିବି। ମୁଁ ଦୃଶ୍ୟମାନ, ସେ ଅଦୃଶ୍ୟ, ଅମୂର୍ତ୍ତ। ମୁଁ ଯେତେ ଯାହା ତିଆରି କରିଛି- ତା' ତାପରୁ ନିଜକୁ ସୁରକ୍ଷା ଦେବାପାଇଁ ପ୍ରବଣତା। ଇଚ୍ଛାଶକ୍ତି। ପ୍ରବଳ ଇଚ୍ଛାଶକ୍ତି। ମୋ ଭିତରେ ବଞ୍ଚିବାପାଇଁ ପ୍ରବଣତା ନଥିଲେ, ମୁଁ ନଥାନ୍ତି। ତେଣୁ ମୁଁ ଦ୍ୱିତୀୟ। ପ୍ରଥମର ପ୍ରତିବାଦୀ। ମୁଁ ଏକ ଅହଂକାର। ଶେଷକୁ ମୁଁ ଘୋଷଣା କରିଦେଉଛି-

ହେ ଅଦୃଶ୍ୟ, ପବିତ୍ର ସ୍ରଷ୍ଟା। ତମେ ଲୁଚିରହି ମୋତେ ତିଆରି କରିଛ କି ନା ମୁଁ ଜାଣିନି। ଦେଖ, ମୁଁ ତମକୁ, ତମର ଅରୂପକୁ ରୂପ ଦେବାରେ ସମର୍ଥ। ତମ ନାମକୁ ଗୀତ କରିଦେବାରେ ସମର୍ଥ। ମୁଁ ଚାହିଁଲେ ତମକୁ ଖରା, ବର୍ଷା, ଶୀତର ତାପରୁ ସୁରକ୍ଷା ଦେଇପାରିବି। ମୁଁ ଚାହିଁଲେ ତମକୁ ନାନା ବେଶ ପୋଷାକରେ ଚିତ୍ରମୟ କରିପାରିବି। ମୁଁ ତମପାଇଁ ନାନାପ୍ରକାର ଖାଦ୍ୟ ତିଆରି କରିପାରିବି। ତମ ପାଇଁ ଯାହା ଇଚ୍ଛା ତାହା କରିପାରିବି। ତମେ ଜାଣ- ତମ ପ୍ରତ୍ୟେକ ସୃଷ୍ଟି ପରସ୍ପରଠାରୁ ସ୍ୱତନ୍ତ୍ର। ମୋ ହାତରେ ଗଢ଼ା ତମ ପ୍ରତ୍ୟେକ ରୂପ, ପରସ୍ପରଠାରୁ ଭିନ୍ନ ନୁହେଁ କି ? ତେଣୁ ତମକୁ ମୁଁ ତିଆରି କରିଛି, ଓ କରିଆସୁଛି, କରୁଥିବି ମୋ ଇଚ୍ଛାଶକ୍ତି, କଳ୍ପନାଶକ୍ତି ବଳରେ। ତମେ କେବଳ ମୋର ସର୍ଜନଶକ୍ତିକୁ ଅନାଇ ରହିଥିବ। ତମେ କେତେ ଅସହାୟ, ନିରୁପାୟ- ଏଥର ଚିନ୍ତା କରିପାରୁଛ ହେ ବିଚିତ୍ର ସ୍ରଷ୍ଟା ? ତମେ ଯଦି ତମକୁ ତିଆରି କରିଥାନ୍ତ- ତେବେ ସଂସାରରେ ତମ ରୂପ କେବଳ ଗୋଟିଏ ପ୍ରକାର ଓ ଆକାରର ହୋଇଥାନ୍ତା। ତମ ଖାଦ୍ୟ, ରୁଚି, ଆଦର୍ଶ ବିଚାରରେ ଆଦୌ ଭିନ୍ନତା ନଥାନ୍ତା। ତେଣୁ, ସ୍ପଷ୍ଟ ଯେ, ତମେ ତମକୁ ତିଆରି କରିନାହଁ, ମୁଁ ହିଁ ତମକୁ ତିଆରି କରିଛି। ତମେ ଯେପରି ଭଲରେ ରହିବ, ଦେହ ଓ ମନରେ, ନିଜ ଆବଶ୍ୟକତା ଅନୁସାରେ, ସେଥିପାଇଁ ଯତ୍ନଶୀଳ ହୋଇଛି। ତେଣୁ ତମେ ମୋର ସୃଷ୍ଟି, ମୋ କଳ୍ପନାସମ୍ଭୂତ। ସେହି ନ୍ୟାୟରେ ତମେ ମୋ ନିୟନ୍ତ୍ରିତ ହେବାପାଇଁ ବାଧ୍ୟ।

ଏହି ଦର୍ଶନକୁ ଆମେ ଅସ୍ୱୀକାର କରିପାରିବା କି ? ଏ ପ୍ରସଙ୍ଗରେ ଆମ ବିଚାର ଅନ୍ୟ କଥା ପଦେ କହିଛି। ତାହା- ମୁଁ ସେଇ ଅମୂର୍ତ୍ତକୁ ରୂପବନ୍ତ ଅବଶ୍ୟ କରୁଛି, ମାତ୍ର ସେ ମୋ ଭିତରେ ଗୋପନରେ ଥାଇ କହୁଛି- ତୁ ମୋତେ ଏମିତି ତିଆରି କର। ମୁଁ

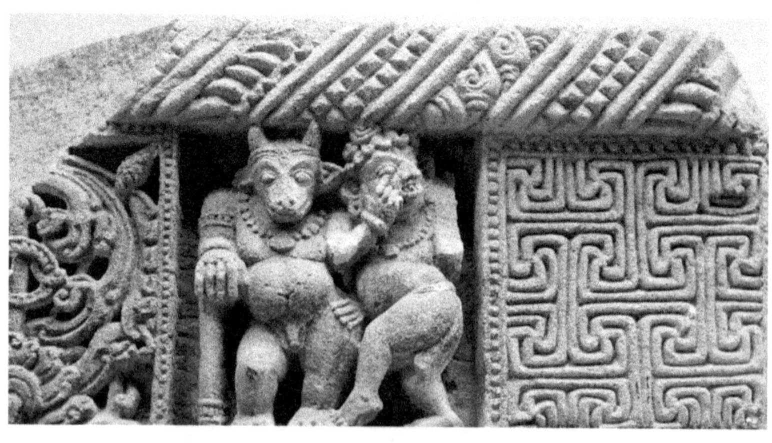

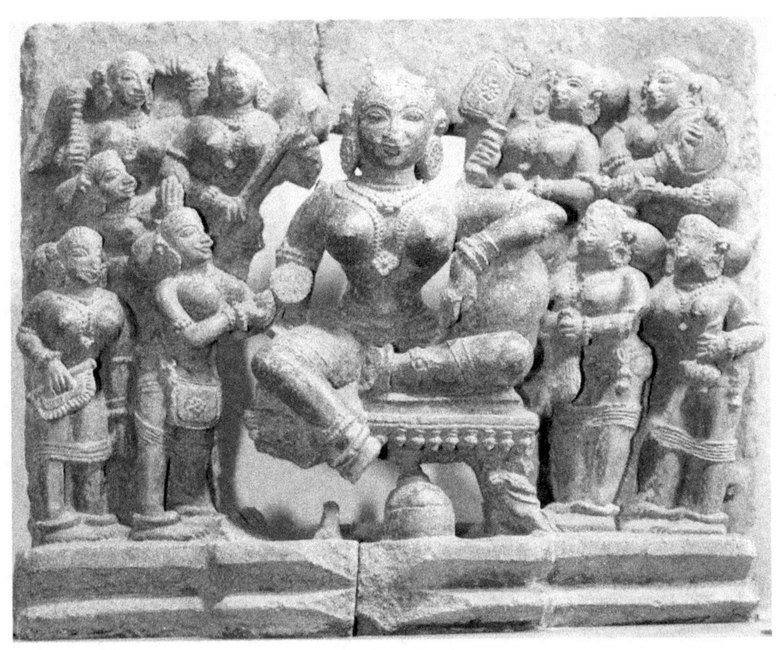

ଅସ୍ଥିର, ମୁଁ ଚଳମାନ। ମୁଁ ଅଶାନ୍ତ। ମୁଁ କ୍ଷୁଧା। ଗୋଟିଏ ଶବ୍ଦରେ କହିଲେ- ମୁଁ ଏକ ଭୟଙ୍କର ଅଭାବବୋଧ। ନିଜକୁ ପରିପୂର୍ଣ୍ଣ କରିବାପାଇଁ ମୋ ଭିତରେ ପ୍ରବଳ ଇଚ୍ଛାଶକ୍ତି। ହେ ଦ୍ୱିତୀୟ ସ୍ରଷ୍ଟା ମଣିଷ, ତୁ ମୋତେ ଅର୍ଥାତ୍ ଏକ ଚିରନ୍ତନ ଅପୂର୍ଣ୍ଣତାକୁ ପୂର୍ଣ୍ଣତା ଦେବାପାଇଁ ସାଧନା କର। ମୋତେ ପ୍ରକାଶ କର ତୋ ମାଧ୍ୟମରେ।

ଉପର୍ଯ୍ୟୁକ୍ତ ତିନି ଦର୍ଶନକୁ ସମୀକୃତ କରି ଆମେ କହିପାରିବା- ସଂସାର ବିଚିତ୍ର। ଆମେ ବି ବିଚିତ୍ର ସେହି ନ୍ୟାୟରେ। ମାତ୍ର ଆମେ, ମଣିଷମାନେ, ବଞ୍ଚିବାପାଇଁ ସଂସାର ତିଆରି କରିଛୁ, ଭଲରେ ବଞ୍ଚିବାପାଇଁ। ତେଣୁ ଆମେ ପ୍ରତ୍ୟେକ ଜଣେ ଜଣେ ସ୍ଥପତି। ଆମ ସଂସାରର ସ୍ଥପତି। ଏବଂ, ଆମର ସକଳ ସର୍ଜନ ଏକ ଏକ ସ୍ଥାପତ୍ୟ।

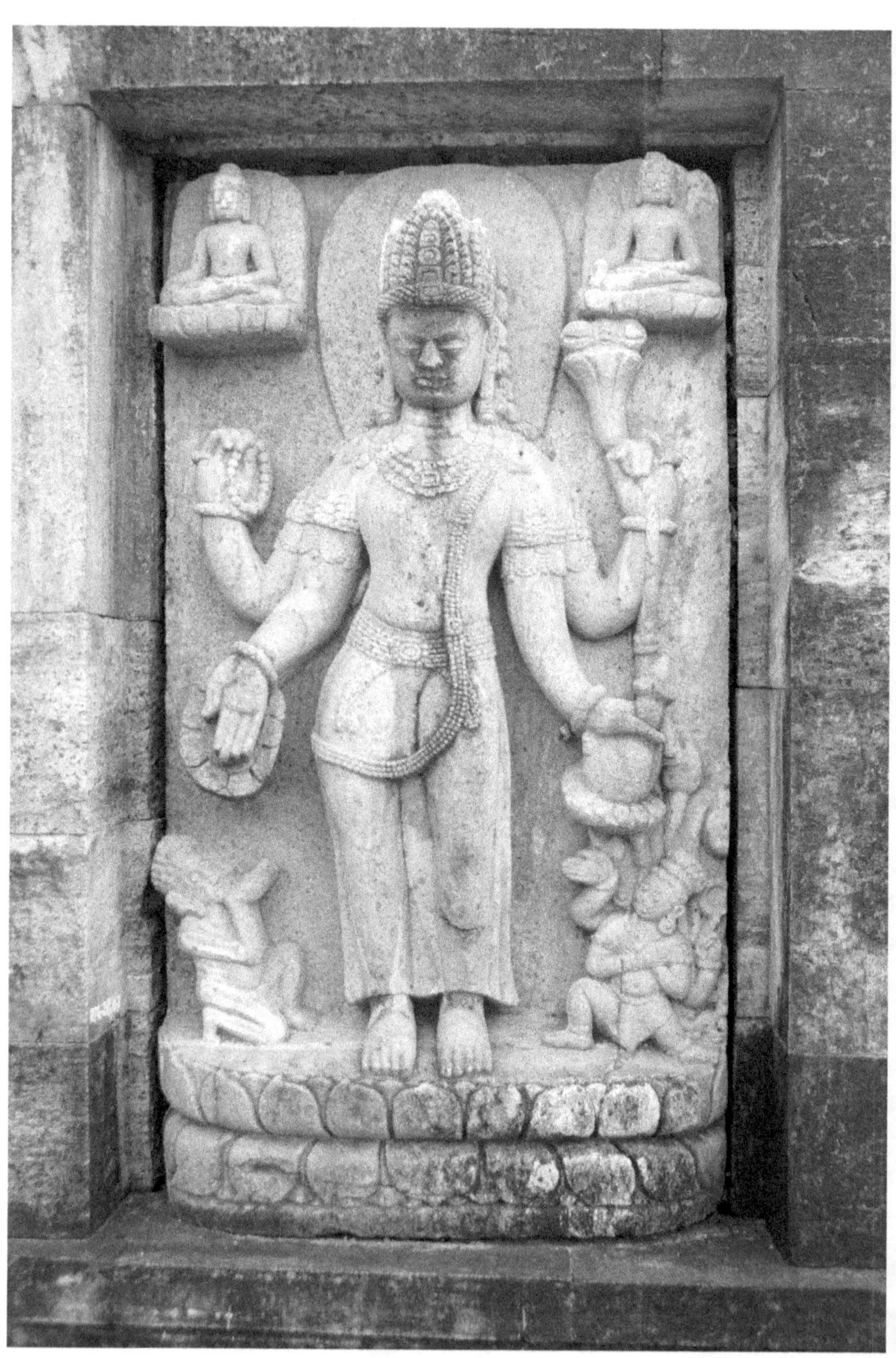

॥ ତିନି ॥

ଆମେ ଅବଶ୍ୟ ପ୍ରତ୍ୟେକ ଜଣେଜଣେ ସ୍ଥପତି, ଆମ ହାତଗଢ଼ା ସଂସାରର ସ୍ଥପତି। ଏବଂ, ଆମର ସକଳ ସର୍ଜନ ଏକଏକ ସ୍ଥାପତ୍ୟ। ମାତ୍ର କିଏ ସେଇ ଅଦୃଶ୍ୟ ସ୍ଥପତି ? କିଏ ? ଆମ ପ୍ରତ୍ୟେକଙ୍କ ଭିତରେ ସେଇ ଗୋଟିଏ ପ୍ରଶ୍ନ। ଅଦ୍ଭୁତ ପ୍ରଶ୍ନ। ନା, ଅଦ୍ଭୁତ ନୁହେଁ, ବରଂ ସ୍ପଷ୍ଟ ଓ ବାସ୍ତବ। ସେଇ ସ୍ଥପତି ଜଣକ କିଏ ? ସେ ନାରୀ, ନା ପୁରୁଷ ? ନୂଆ ପ୍ରଜନ୍ମ ତ ଆସେ ନାରୀ ଭିତରୁ। ତେବେ ପୁରୁଷ ? ସେ କ'ଣ ମିଛ ? ନା, ମିଛ ନୁହେଁ, ସତ। ସ୍ଥପତି ଜଣକ ନା ପୁରୁଷ, ନା ନାରୀ। ଉଭୟ ଏକ-ଦେହୀ। ସଦା ଯୁଗନଦ୍ଧ। ନାରୀ ଭିତରେ ଥାଏ ପୁରୁଷ ଓ ପୁରୁଷ ଭିତରେ ନାରୀ। ଲାଗେ, ସତେ ଯେପରି ଦୁଇଗୋଟି ଭିନ୍ନ ଏକକ। ମାତ୍ର ଏହି ଦୃଶ୍ୟମାନତା ବି ଏକ ମହାଭ୍ରମ। ଉଭୟଙ୍କ ଭିତରେ ଅଦୃଶ୍ୟରେ ଥାଏ ଏକାତ୍ମଭାବ। ଏହି ଭାବାଦର୍ଶରୁ ଜନ୍ମ ନେଇଛନ୍ତି ଶିବ-ପାର୍ବତୀ, ଲକ୍ଷ୍ମୀ-ନାରାୟଣ ଓ ଅନ୍ୟମାନେ। ସେମାନେ ଆମରି ଗଢ଼ଣ। ଆମେ କିନ୍ତୁ ନାରୀକୁ ଅସାମାନ୍ୟ ସ୍ଥପତିର ସମ୍ମାନ ଓ ସ୍ୱୀକୃତି ଦେଇଛୁ। କଥା, ଗୀତ, ଦର୍ଶନ, ସ୍ଥାପତ୍ୟ, ଚିତ୍ର- ଆମ ସକଳ ସର୍ଜନ କଳାରେ ସେଇ ନାରୀର ଆଦିମା' ରୂପର ସ୍ତୁତି।

ଦୁଇଟି ସୂକ୍ଷ୍ମତମ ଅନୁଭବ ପରସ୍ପର ଆଡ଼କୁ ଆକର୍ଷିତ ହୋଇ ଆସୁଛନ୍ତି। ଆକର୍ଷଣରୁ ମିଳନ। ଏବେ ଯୁଗ୍ମରୂପ। ରୂପ କ୍ରମଶଃ ପଲ୍ଲବନ ହେଉଛି। ଏବଂ, ପରିଣତି ଏକ ସ୍ପଷ୍ଟ ଅଭିବ୍ୟକ୍ତି। ନବସୃଜନ। ଆତ୍ମାନ୍ତର। ସଂକ୍ଷେପରେ, ସୂକ୍ଷ୍ମତମର ଏହା ଏକ ଅନ୍ତଃରୂପ। ଏହି ରୂପାନ୍ତରର ପ୍ରକ୍ରିୟାଟି କିମ୍ଭୂତ। କେଉଁଠି ଏହି ଦୁଇ ବିପରୀତଧର୍ମୀ ଅନୁଭବ ଥିଲା ? କାହିଁକି ସେମାନେ ପରସ୍ପର ଆଡ଼କୁ ଆକର୍ଷିତ ହେଲେ ? ହଁ, ଏହି ଆକର୍ଷଣ ହିଁ ମିଳନପାଇଁ ପ୍ରଚୋଦିତ କଲା। ଦୁଇ ପୁଣି ଏକରୂପ ହେଲେ। ଏବଂ, ଆମେ ଏକକୁ ପରସ୍ପରଠାରୁ ବିଯୁକ୍ତ କରିପାରିବୁନାହିଁ। ବିଯୁକ୍ତ କରି ଦୁଇକୁ ଜାଣିବାକୁ ଚେଷ୍ଟାକଲେ, ରକ୍ତ ସ୍ରବିବ। କୌଣସି ଏକ ଜୀବର ଗଢ଼ଣରେ ଏହି ଜୈବିକ ପ୍ରକ୍ରିୟାକୁ ଆମେ ବୈଜ୍ଞାନିକ ଅବବୋଧରେ ବିଚାର କରିପାରିବା। ମାତ୍ର ଭାବଦୃଷ୍ଟିରୁ ମଧ୍ୟ ଏହାର ପରିଚର୍ଚ୍ଚା କରାଯାଇ ପାରିବ। ଏହାକୁ ଆମେ କହିପାରିବା ଚେତନାର ବିବର୍ତ୍ତନ।

ବାସ୍ତବତଃ ଏହି ପ୍ରକ୍ରିୟାଟି ଏତେ ଜଟିଳ ଯେ, ତାହାର ସାଧାରଣ ଅବବୋଧ ଆଦୌ ସହଜ ନୁହେଁ।

ତେବେ ସଂସାର ସର୍ଜନା ସଂପର୍କରେ ମଣିଷର କଳ୍ପନାର ଘର ବା ଭଣ୍ଡାର ହେଉଛି ମିଥ୍ ବା ପୁରାକଳ୍ପ। ଆମ କଳ୍ପନାର ଚରିତ୍ରମାନେ(ପୁରାକଳ୍ପ)ର କଥାରେ ଅଛନ୍ତି। ମାତ୍ର ପ୍ରମୂର୍ତ୍ତ ହୋଇଛନ୍ତି ଚିତ୍ର ଓ ସ୍ଥାପତ୍ୟରେ। ପଥର, କାଠ, ପୋଡ଼ାମାଟି, ପରବର୍ତ୍ତୀ କାଳରେ ତମ୍ବା, ପିତଳ ଓ ଅନ୍ୟ ଧାତବପଦାର୍ଥ ଏବଂ ରେଖା ଓ ରଙ୍ଗରେ ଆମେ ସେହି ମୂର୍ତ୍ତିମାନଙ୍କୁ ତିଆରି କରିଛୁ। ବିଶେଷତଃ ପଥର ଓ ପୋଡ଼ାମାଟିରେ ତିଆରି ମୂର୍ତ୍ତିଗୁଡ଼ିକରେ ହିଁ କୌଣସି ରୂପ ଗଢ଼ଣରେ ଆମ ସର୍ଜନଶକ୍ତିର କରଣିକୁ ସଂପାଦି ରଖିଛୁ। ପୁଣି ଏଗୁଡ଼ିକ ମାଧ୍ୟମରେ ଆମେ ଆମ ସାଂସ୍କୃତିକ ଓ ନୈତିକ ବିବର୍ତ୍ତନକୁ ମଧ୍ୟ ଅନୁଭବ କରିପାରୁଛୁ। ସକଳ ସର୍ଜନଗତ ବିବର୍ତ୍ତନରେ ରହିଛି ମଣିଷର ପ୍ରବଳ ଇଚ୍ଛାଶକ୍ତି। ଇଚ୍ଛାଶକ୍ତିରୁ କଳ୍ପନା ଏବଂ କଳ୍ପନାରୁ ବାସ୍ତବ ଜଗତକୁ ଯାତ୍ରା। ମାତ୍ର ଏକ ଦୃଶ୍ୟମାନ ସତ୍ୟ ହେଉଛି, କୌଣସି ଏକ ସୃଷ୍ଟି ନାରୀ ମାଧ୍ୟମରେ ଆତ୍ମପ୍ରକାଶ କରୁଛି। ତେଣୁ ସେ ହିଁ ଶକ୍ତିମୟୀ। ସେଠାରେ ପୁରୁଷ ଅନୁପସ୍ଥିତ ନୁହେଁ, ଦ୍ୱିତୀୟ, ଗୌଣ। ଏବଂ, ଏମାନଙ୍କ ଯୁକ୍ତିବୋଧ ହିଁ ବିଚିତ୍ରତାର କାରଣ।

ଭାରତୀୟ ବିଚାରରେ, ମଣିଷର ଦୁଇ ଭିନ୍ନ ରୂପ, ନାରୀ ଓ ପୁରୁଷର ଏହି ଯୁକ୍ତବୋଧ ବା ଯୁକ୍ତଯାତ୍ରା କିପରି ବହୁଧା ବିଭକ୍ତ ଏବଂ ନାରୀପ୍ରଧାନ, ତାହା ଚର୍ଚ୍ଚା କରିପାରିବା। ଭାରତୀୟମାନେ ବିଶ୍ୱାସ କରନ୍ତି- ସକଳ ସର୍ଜନ ମହାକାଳର ଇଚ୍ଛାଶକ୍ତିର ପ୍ରତିରୂପ। ସେହି ମହାକାଳର ଅନ୍ୟ ନାଁ ବ୍ରହ୍ମ। ସେ, ଶୂନ୍ୟରୂପ। ଶୂନ୍ୟରୂପ ଆପଣାକୁ ପ୍ରକଟ କଲେ, ବ୍ରହ୍ମା ରୂପରେ। ତାଙ୍କ ଚେତନାରୁ ଜନ୍ମନେଲେ ପଞ୍ଚ କର୍ମେନ୍ଦ୍ରିୟ ଓ ପଞ୍ଚ ଜ୍ଞାନେନ୍ଦ୍ରିୟ। ଜ୍ଞାନେନ୍ଦ୍ରିୟମାନେ ରହିଲେ ସୂକ୍ଷ୍ମରୂପରେ। କର୍ମେନ୍ଦ୍ରିୟମାନେ ଦୃଶ୍ୟମାନ। ସେମାନଙ୍କ ଭିତରୁ ଦେବତା, ଋଷି, ସ୍ଥାବର, ଜଙ୍ଗମ, କୀଟ, ପତଙ୍ଗମାନଙ୍କର ଜନ୍ମ। ଏଥର ମଣିଷ ସୃଷ୍ଟିପାଇଁ ତାଙ୍କର ଇଚ୍ଛା। ତୀବ୍ର ଇଚ୍ଛାଶକ୍ତିରୁ ଜନ୍ମନେଲେ ପ୍ରକୃତି। ସେ ଅପରୂପା। ମାତ୍ର ସ୍ୱୟଂ ବ୍ରହ୍ମ ଏବେ ଅପରୂପାର ରୂପରେ ମୋହଗ୍ରସ୍ତ। ନିଜର ବିଭକ୍ତ ସତ୍ତା ? କିଏ ସେ ? ତା' ପ୍ରତି ସମ୍ମୋହନ ତାଙ୍କୁ କିମ୍ଭୂତ ବୋଧହେଲା। ଲାଜ ଲାଗିଲା। ଛି। ନିଜ ପ୍ରତି ସମ୍ମୋହନ ! କୁହୁଡ଼ି, ଅନ୍ଧାର, ମେଘ- ଜନ୍ମ ନେଲେ ଲାଜ ଭାବରୁ। ଏଥର ତାଙ୍କ ଭିତରୁ ସୃଷ୍ଟିହେଲା ନାଦ। ବେଦ, ଗାୟତ୍ରୀ, ଛନ୍ଦ। ଅଳ୍ପରେ, ସଂଗୀତ। ନାଦର ପ୍ରତୀକ। ମାତ୍ର କାହିଁ ଯେତେ ଚେଷ୍ଟାକଲେ ମଣିଷ ଆସୁନି ତ ? ଶେଷକୁ ସେ ନିଜକୁ ଦୁଇଭାଗରେ ବିଭକ୍ତ କରିଦେଲେ। ଜଣେ ନାରୀ, ପ୍ରକୃତି ରୂପିଣୀ। ନାଁ ରଖିଲେ ଶତରୂପା। ଅନ୍ୟ ଜଣକ ପୁରୁଷ। ସେ ସ୍ୱୟଂଭୂବ ମନୁ। ପ୍ରଥମ ପୁରୁଷ, ପ୍ରଥମ ନାରୀ।

ଏକ, ମାତ୍ର ବିଭକ୍ତ ସତ୍ତା। ସତେଯେପରି ଗୋଟିଏ ବୀଜର ଦୁଇଟି ଫାଳ। ଆମେ ପ୍ରତ୍ୟେକ ସେଇ ଶୂନ୍ୟରୂପୀ ରହସ୍ୟମୟ ସତ୍ତାର କ୍ରମବିବର୍ତ୍ତିତ ସର୍ଜନଶୀଳ ସ୍ଥାପତ୍ୟ।

ପଞ୍ଚ କର୍ମେନ୍ଦ୍ରିୟ-ସୃଷ୍ଟ ଅନ୍ୟ ସକଳ ବିଭବ ସେମାନଙ୍କର ସେବା କରିବାରେ ଲାଗିଲେ। ଜ୍ଞାନ ଏବଂ କର୍ମ ଏକ ହୋଇଗଲେ। ଆମେ ଗ୍ରହଣ କରିନେଲୁ- ବ୍ରହ୍ମ ସର୍ବବ୍ୟାପ୍ତ, ସର୍ବ ବିଦ୍ୟମାନ। ସକଳ ଘଟରେ ତାଙ୍କର ସ୍ଥିତି। ଆମେ ଜଣେ ନାରୀଙ୍କୁ ତିଆରି କଲୁ। ତାଙ୍କୁ ଆଦିମା' କହିଲୁ। ସେ ପାର୍ବତୀ। ସେ କାଳେ ପ୍ରଥମ ସ୍ଥପତି। ତାଙ୍କ ସର୍ଜନଶୀଳତାକୁ ନେଇ ସୁନ୍ଦର ଗପଟିଏ ରହିଛି। ଚରିତ୍ର, ଆଦିନାରୀ ପାର୍ବତୀ ଏବଂ ଭବଘୁରା ଶିବ। ପୁରୁଷ ଓ ପ୍ରକୃତି, ଯୁଗନନ୍ଧ ସତ୍ତା। ଜଣେ ଯୁଆଡ଼େ ଗଲେ ବି, ଅନ୍ୟ ଜଣକର ଆତ୍ମା କାଳେ ସୂକ୍ଷ୍ମ ରୂପରେ ତାହା ଭିତରେ ଥାଏ। ମାତ୍ର ଦୁହେଁ ସାଂସାରିକ ଜୀବନରେ ବେଳେବେଳେ ଅଲଗା ଥାଆନ୍ତି। ଏ ଭବଘୁରା ଜଣକ ଥରେ ତପଶ୍ଚରଣରେ ଚାଲିଗଲେ। ଆଉ ଫେରୁନାହାନ୍ତି। ଭାବମୟୀ ଘରେ ଏକୁଟିଆ। କ'ଣ ବା କରିବେ? ଏଥର ଦେହରୁ ମଳୁଖ ଛଡ଼ାଇଲେ। ଓଦା କଲେ। ପିଣ୍ଡୁଳା କଲେ। ପିଣ୍ଡୁଳାରୁ ତିଆରି କଲେ ପ୍ରତିମାଟିଏ। ଜୀବନ୍ୟାସ ଦେଲେ। କଥାଟି କିମ୍ଭୂତ ଲାଗିପାରେ। ଯାହାକୁ ଜୈବ ଉପାଦାନରେ ମୂର୍ତ୍ତିମନ୍ତ କଲେ, କେମିତି ତାହାର ରୂପ ହୋଇଥିବ? କାହାପରି? ନିଜ ହାତଗଢ଼ା ମୂର୍ତ୍ତି ଭିତରେ ସେ ପ୍ରାଣ ସଂଚାର କଲେ। କେଉଁଠି ଥିଲା ସେ ପ୍ରାଣ? କାହା ଭିତରେ? ଶକ୍ତି ଓ ପୁରୁଷ କ'ଣ ପରସ୍ପରର ଅନୁପସ୍ଥିତିରେ କିଛି ସୃଷ୍ଟି କରିପାରନ୍ତି? ଏ ପ୍ରଶ୍ନର ଉତ୍ତର ଅତି ସ୍ପଷ୍ଟ। ଏତିକି କୁହାଯାଇପାରେ ଯେ, ଏମାନେ ଏକତ୍ର ଥିଲେ, ଭାବଜଗତରେ ଥିଲେ। ସୂକ୍ଷ୍ମ ରୂପରେ ଥିଲେ। ପରସ୍ପର ଭିତରେ ବି ଥିଲେ। ଏବଂ, ଭାବ ସମ୍ମିଳନରୁ ପ୍ରତିକୀତ ହେଲା ଏକ ଦିବ୍ୟରୂପ। ତାହା ଜୀବନ୍ତ ପ୍ରତିମା।

ଭବଘୁରା ଘରକୁ ଫେରିଲେ। ଦୁଆର ମୁହଁରେ ବାଟ ଆବୋରି ଠିଆହେଲା ଏହି ଅପରିଚିତ ନବସୃଜନ। ଶିବ କହିଲେ- ମୋର ଗତିରୋଧ କରିବାକୁ ତମେ ପୁଣି କିଏ? ଆଡ଼ ହେଇଯା- ମୁଁ ଭିତରକୁ ଯିବି।

ଉତ୍ତର ଆସିଲା- ତମେ କିଏ? ଭିତରକୁ ଯିବାକୁ ଅନୁମତି ଦେବିନି। ତା' ପରର ପରିଣତି ଅତ୍ୟନ୍ତ କରୁଣ। ଜୀବନ୍ତ ଏବେ ଅବର୍ତ୍ତମାନ। ଭବଘୁରା ଘର ଭିତରକୁ ଗଲେ।

ଆର ଜଣକ ପଚାରିଲେ। କେମିତି ଆସିଲ? କେହି ଆକଟ କରିନାହାନ୍ତି?

ଉତ୍ତର ଥିଲା- ହଁ, ଆକଟ ଥିଲା। ମାତ୍ର ସେ ତା'ର ପରାଭବ ପାଇଛି।

ଏଥର ଅନ୍ୟ ଜଣକର ଉତ୍ତରରେ ଥିଲା କାରୁଣ୍ୟ। ଆତ୍ମାକୁ ହତ୍ୟା କରିବାର

କାରୁଣ୍ୟ। ତା' ପରବର୍ତ୍ତୀ କାହାଣୀ ଆମେ ଜାଣୁ। ସେ ଏକ ଅଦ୍ଭୁତ ଦେବତା। ତାଙ୍କର ଜନ୍ମ ବୃତ୍ତାନ୍ତ ବି ଅଦ୍ଭୁତ। ଏକ ହାତୀର ମୁଣ୍ଡ ଖଞ୍ଜା ହୋଇଗଲା ମଣିଷରୂପୀ ଗଣ୍ଡିରେ। ସେ ଗଣେଶ। ଗଣର ଈଶ।

ଏ କାହାଣୀ କହିବାର କାରଣ, ଏହି ବିଚିତ୍ର ଦେବତା ତିଆରି ହେବା ପଛରେ ଥିବା ଦର୍ଶନ। କିଏ ସେ? ସୁନ୍ଦରତମ, ବିଚକ୍ଷଣ, ବୁଦ୍ଧିମାନ ଏବଂ ଅମିତ ଶକ୍ତିର ଅଧିକାରୀ, ଦୁର୍ଜୟ। ଆଉ କେଡ଼େ ଶକ୍ତିମୟୀ ସେ ସ୍ଥପତି! ଆଦିମାତା ପାର୍ବତୀ। ପୁରୁଷ ଭିତରେ ନାରୀ। ନାରୀ ଭିତରେ ପୁରୁଷ। ଏକମାତ୍ର ସତ୍ୟ- କେବଳ ସୃଜନ। ସେ ନିଜ ଇଚ୍ଛାରେ ଯାହାକୁ ଯେମିତି ତିଆରି କରିଦେଇପାରେ। ଏବଂ, ପ୍ରତ୍ୟେକ ଜୀବନ୍ତ ଓ ପଦାର୍ଥ ଭିତରେ ଆତ୍ମଶକ୍ତିର ଅନୁଭବ କରାଯାଇପାରେ।

ଭାରତୀୟ ସାହିତ୍ୟର ବୀରଚରିତରେ ପାର୍ବତୀଙ୍କ ସର୍ଜନଶକ୍ତି ସଂପର୍କରେ ଅନ୍ୟ ଏକ କାହାଣୀ ଅଛି। ଦିନେ ଦେବୀଙ୍କର ଅଦ୍ଭୁତ ଖିଆଲ ହେଲା- ନିଜ ଅନୁରୂପ ପ୍ରତିମାଟିଏ ଗଢ଼ିବେ। ଗଢ଼ିଦେଲେ। ଏଥର ନିଜକୁ ଓ ପ୍ରତିମାକୁ ଚାହିଁଲେ। ବାରମ୍ବାର ଚାହିଁଲେ। ପ୍ରତିମାର ପ୍ରେମରେ ପଡ଼ିଗଲେ, ଅଭିଭୂତ ହେଲେ। ଭୟ ଲାଗିଲା- ଶିବ ଏହି ଗଢ଼ଣର ପ୍ରେମରେ ପଡ଼ି ଯିବେନି ତ! ଉପାୟ ପାଞ୍ଚିଲେ। ମିଳିଗଲା। ଏକ ନିରାପଦ ଜାଗାରେ ଲୁଚେଇ ରଖିଲେ। କେତେକାଳ ବା ରଖିଥାନ୍ତେ? ଭୋଳାନାଥଙ୍କ ଆଖିରେ ଦିନେ ଧରାପଡ଼ିଗଲା। ଛୁଇଁଦେଲେ। କୋଳାଗ୍ରତ କଲେ। ମାତ୍ର ଜୀବନ ନାହିଁ। ମନ୍ତ୍ରଶକ୍ତିରେ ତାକୁ ନୂଆ ଜୀବନ ଦେଲେ। ଶକ୍ତି-ମନ୍ତ୍ରରେ ଜୀବନ। ତା' ପରର ଘଟଣା ନକହିବା ଭଲ।

ଅନ୍ୟ ଏକ କାହାଣୀ। ଆମ ସାରଳା ଦାସ ଲେଖିଛନ୍ତି। ମହାଭାରତର ବନପର୍ବରେ। ମଧ୍ୟମ ପାଣ୍ଡବ ଅର୍ଜୁନ ଖାଣ୍ଡବବନକୁ ପୋଡ଼ି ଦେଇଛନ୍ତି। ଇନ୍ଦ୍ରସ୍ଥାପିତ ଖାଣ୍ଡବବନ। ବନ କାହିଁକି ପୋଡ଼ିଲା, ସବୁ ଦେବତା କହିଲେ- ଶିବ କହିପାରିବେ। ସେ ତ୍ରିକାଳଦର୍ଶୀ। ଶିବଙ୍କୁ ପଚରାଗଲା। ସେ କହିଲେ- ମୁଁ ପାରିବିନି। ମୋ'ଠାରୁ ଆଉ ଜଣେ ସୂକ୍ଷ୍ମଦର୍ଶୀ ଅଛନ୍ତି। ସେ ସକଳ ସର୍ଜନାର ଉତ୍ସ। ପାର୍ବତୀ। ତାଙ୍କୁ ପଚାର- ଉତ୍ତର ମିଳିଯିବ। ପାର୍ବତୀଙ୍କୁ ପଚରାଗଲା। ଉତ୍ତର ବି ମିଳିଗଲା। ଏ କାହାଣୀଗୁଡ଼ିକରୁ ଗୋଟିଏ କଥା ସ୍ପଷ୍ଟ ଯେ, ଆଦ୍ୟାଶକ୍ତି ହିଁ ଭାରତୀୟ ବିଚାରରେ ସକଳ ସୃଜନର ଆଧାର। ବସ୍ତୁରେ ପ୍ରାଣ ସଂଚାର କରିବାର ସାମର୍ଥ୍ୟର ଅଧିକାରିଣୀ।

ଭାରତୀୟମାନେ ଦୁଇଜଣ ସ୍ଥପତିଙ୍କର ପରିକଳ୍ପନା କରିଛନ୍ତି। ଜଣେ ଦେବଶିଳ୍ପୀ 'ବିଶ୍ୱକର୍ମା', ଅନ୍ୟଜଣକ ଦାନବଶିଳ୍ପୀ 'ମୟ'। ବିଶ୍ୱକର୍ମା ଜଣେ ଅସାମାନ୍ୟ ସ୍ଥପତି। ମାତ୍ର ମୟ ବାସ୍ତବତଃ ମାୟାବୀ। ସେ ମାୟାରୂପ ଓ ମାୟାପୁରୀ ଗଢ଼ଣରେ ଅଦ୍ୱିତୀୟ।

ଏଠାରେ ମାୟା ଶବ୍ଦକୁ ଆମେ ଅବିଶ୍ୱସନୀୟ ସ୍ଥାପତ୍ୟ-କଳା ଅର୍ଥରେ ଗ୍ରହଣ କରିପାରିବା। କଥାସରିତସାଗରରେ 'ମୟ'ଙ୍କ କଳା-କର୍ମର ଏକ ଉଦାହରଣ ରହିଛି। ତାଙ୍କ ଗେହ୍ଲାଝିଅ ଖେଳସାଥୀଟିଏ ଆଣି ଦେବାଲାଗି ଅଳି କଲା। ମୟ କଣ୍ଢେଇଟିଏ ତିଆରି କରିଦେଲେ। ତାହା ଏପରି ଏକ କଣ୍ଢେଇ- ଯିଏ ନାଚୁଥିଲା, ଅଭିନୟ କରୁଥିଲା, ଗାଉଥିଲା, କଥା କହୁଥିଲା ଏବଂ ଶୂନ୍ୟରେ ଉଡ଼ିଯାଇ ପାରୁଥିଲା। ଆମେ ବିକ୍ରମାଦିତ୍ୟଙ୍କ ପିତୁଳାଖଚିତ ସିଂହାସନ କଥା ପଢ଼ିଛୁ। ମଣିମୟ ସିଂହାସନ। ସିଂହାସନରେ ଖଚିତ ପିତୁଳାମାନେ କାଳେ କଥା କହୁଥିଲେ। ବିଚାରକର ଭୂମିକା ଗ୍ରହଣ କରୁଥିଲେ। ସିଂହାସନ ପୁଣି କଥା କହିବ? ଏଥିରୁ ସ୍ପଷ୍ଟ ହୋଇଯାଉଛି, ସିଂହାସନ ଏକ ସ୍ଥାପତ୍ୟ ମାତ୍ର ନୁହେଁ, ଜୀବନ୍ତ। ସତ୍ୟ ଉଦ୍ଭାସନର ପ୍ରତୀକ।

ଏହି ସକଳ ବୃତ୍ତାନ୍ତ ଅବାନ୍ତର ପରି ଲାଗୁଛି, ମାତ୍ର ସତ୍ୟ ଏତିକି ଯେ, ଆମ ସ୍ଥପତିମାନଙ୍କର ସର୍ଜନା ମୃତ ନୁହଁନ୍ତି, ଜୀବନ୍ତ। ଭାବ ଓ ଅନୁଭବ, ରସବୋଧର ପ୍ରତୀକ। ଗୋଟିଏ ଶବ୍ଦରେ କହିଲେ ଚମତ୍କାର।

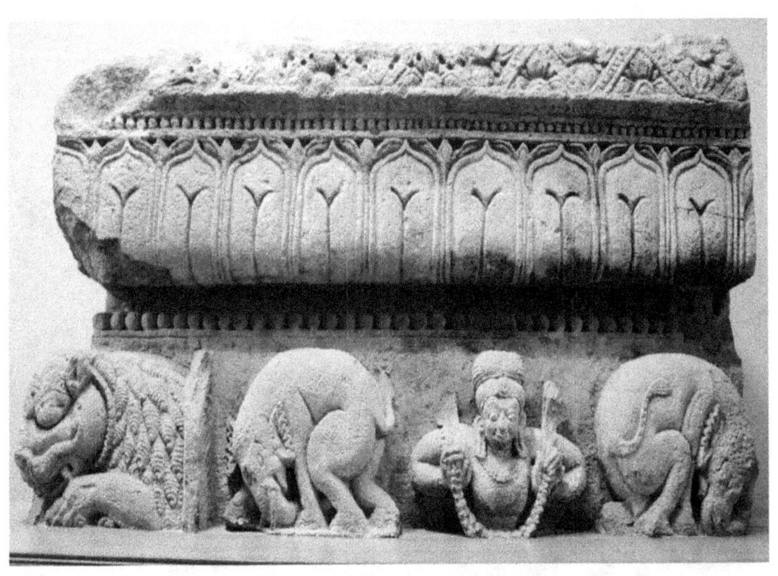

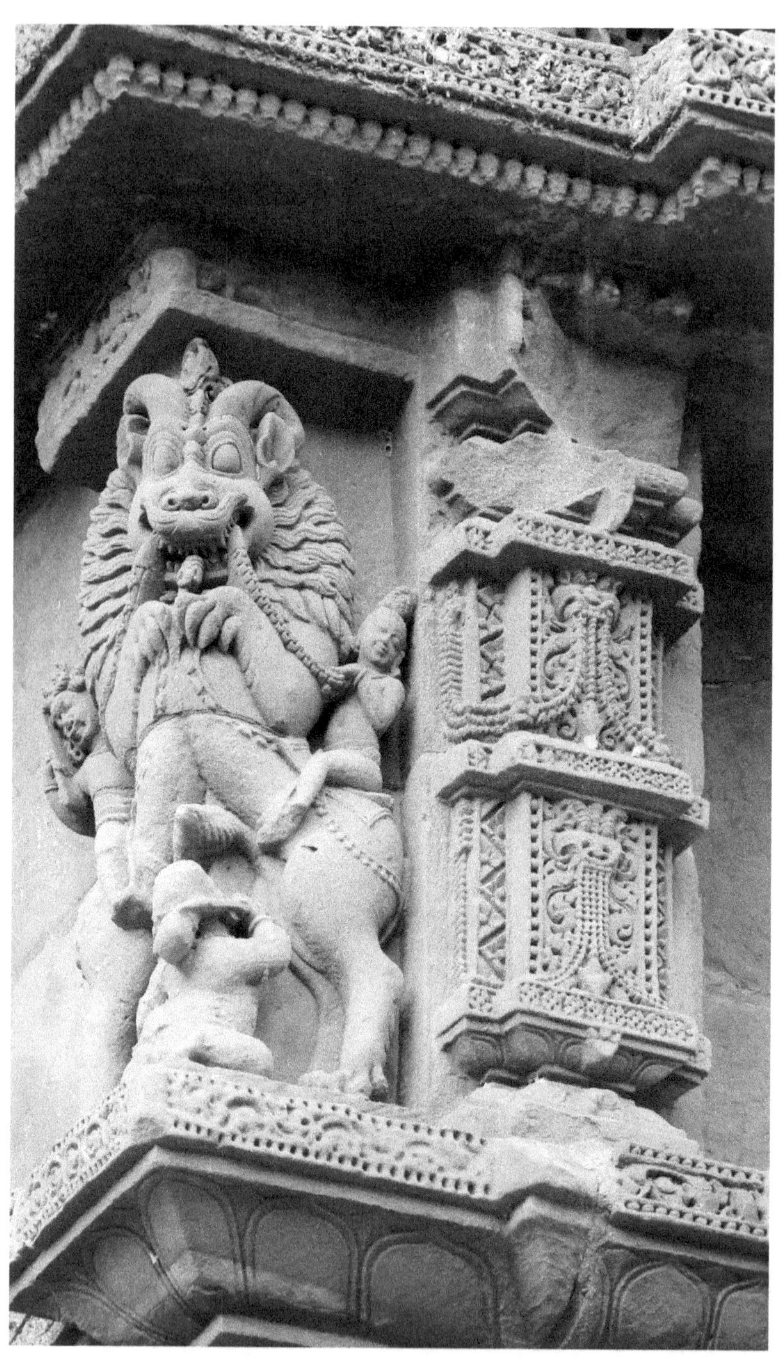

॥ ଚାରି ॥

ସ୍ଥାପତ୍ୟ ଗଢ଼ଣର ଓଁକାରକୁ ଜାଣିବା ପାଇଁ ଆମେ ଏଥର ଭାରତ ବାହାରକୁ ଯିବା। ପ୍ରଥମେ ଚୀନକୁ। ଏହା ଅନ୍ୟତମ ପ୍ରାଚୀନ ସଂସ୍କୃତିର ଭୂମି। ଚୀନାମାନଙ୍କ ମାନସିକତାରେ ପାନ୍-କୁ ଜଗତର ପ୍ରଥମ ସ୍ଥପତି। ତାଙ୍କ ରୂପ ବିଚିତ୍ର। ଦେହରେ ପତ୍ର ଓ ଭାଲୁଚମଡ଼ା ତିଆରି ଛୋଟ ପୋଷାକ। ମଥାରେ ସିଂଘ। ତାଙ୍କର ଚାରିଗୋଟି ବାହୁ। ସେଗୁଡିକ- ୟୁନିକର୍ଣ୍ଣ (ମଥାରେ ଗୋଟିଏ ସିଂଘଥିବା ଘୋଡ଼ାପରି ଜୀବ), ଫୋଏନିକ୍ସ (ଏକ ଅମର ପକ୍ଷୀ), କଇଁଚ ଓ ଡ୍ରାଗନ (ଡେଣାଯୁକ୍ତ ଓ ନିଃଶ୍ୱାସରୁ ନିଆଁ ବାହାରୁଥିବା ଗୋଧିପରି ଜୀବ)। ହାତରେ ହାତୁଡ଼ି ଓ ନିହାଣ। ଏଇମାନେ କାଳେ ତିଆରି କରିଛନ୍ତି ଅପରୂପା ପ୍ରକୃତି। 'ନୁକୁଆ'। ପାନ୍-କୁଂକ ରୂପାନ୍ତରିତ ସତ୍ତା। ଗଢ଼ିଛନ୍ତି ସକଳ ଜୀବ ଓ ପ୍ରକୃତି। ମାଟି, ପାଣି, ପବନ, ଅଗ୍ନି ଓ ମଣିଷ। ଜଗତ ସୃଜନ ପରେ ସେ ପ୍ରତ୍ୟେକଙ୍କୁ ବର ମାଗିନେବାକୁ କହିଛନ୍ତି। ସୂର୍ଯ୍ୟ ମାଗିଛନ୍ତି ଆଲୋକ ଓ ଉତ୍ତାପ, ଚନ୍ଦ୍ର-ଶୀତଳ କିରଣ, ଫୁଲ-ରଙ୍ଗ ଓ ମହକ, ଝରଣା-କୁଳୁକୁଳୁ ତାନ, ନଈ-ପ୍ରବହମାନତା, ପବନ-ବେଗ। ଯିଏ ଯାହା ମାଗିନେଲା ପରେ, ଈଶ୍ୱରଙ୍କ ପାଖରେ ଅବଶେଷ ରହିଗଲା କିଛି କଞ୍ଚାମାଟି। କଳାରଙ୍ଗର। ମାଟିରେ ଆପେ ଆପେ ଗଢ଼ି ହୋଇଗଲା ଚଢ଼େଇଟିଏ। ସେ ପୁଣି କଳାରଙ୍ଗର। ରଙ୍ଗ ଖାଲି କଳା ନୁହେଁ, ଅସୁନ୍ଦର। ଚଢ଼େଇଟି ଚେତନା ପାଇଲା। ତାକୁ ତ ପୁଣି କିଛି ଦେବାକୁ ପଡିବ! ମାତ୍ର ଈଶ୍ୱରଙ୍କ ପାଖରେ ତାପାଇଁ ଆଉ କିଛି ବୋଲି କିଛି ନଥିଲା। ସେ ବିକଳରେ ଚାହିଁ ରହିଲା ସେଇ ପରମସତ୍ତାକୁ। ଆଖିରେ ଯେପରି କହୁଥିଲା-ମୋତେ ଏମିତି କରି କାହିଁକି ତିଆରିଲ? କି ଅପରାଧ କରିଥିଲି ତମ ପାଖରେ? ତାକୁ ଚାହିଁ ଟିକିଏ ହସିଦେଲେ ଈଶ୍ୱର। ବିଚରା ବଲବଲ କରି ଚାହିଁରହିଲା। କିଛି ବୁଝିପାରିଲା ନାହିଁ।

ଈଶ୍ୱର ତାକୁ କହିଲେ- ମୋ ଖିଆଲରୁ ତୋର ସୃଷ୍ଟି। ସକଳଙ୍କୁ ସବୁ ଦେଇସାରିଲା ପରେ ମୋ ପାଖରେ ଆଉ କିଛି ନାହିଁ। ପାଖରେ ଯାହା କିଛି ଅବଶିଷ୍ଟ ରହିଯାଇଛି, ସେତିକି ତୋର ପ୍ରାପ୍ୟ। ନେ। ଉଡ଼ିଯା। ମାତ୍ର ଏହା ଏପରି ଏକ ବିଭବ,

ଯାହାର ଆବେଗରେ ସକଳ ସୃଷ୍ଟି ଯୁଗଯୁଗ ଧରି ବିମୋହିତ ହେଉଥିବ। ତାହା 'କୁହୁ'। ସେଇ କାଳରୁ କଳାରଙ୍ଗର ସେଇ ଅସୁନ୍ଦର ଚଢ଼େଇଟି ପାଲଟିଗଲା ସୃଷ୍ଟିର ସମ୍ମୋହନ। ଏକ ନିର୍ଦ୍ଦିଷ୍ଟ ଋତୁରେ, ବଉଳର ସୁରଭିରେ ଜନ-ଗଣ-ମନ ହରଣ କଲା।

ଏବେ ମଧ୍ୟ ପ୍ରାଚ୍ୟକୁ ଯିବା। ଜେରୁଜେଲମ। ସଭ୍ୟତାର ଉର୍ବର କ୍ଷେତ୍ର। ଇହୁଦୀମାନଙ୍କର ବିଚରଣ ଭୂମି। ଧର୍ମର ନାଁ ଜୁଡ଼ା ବା ବାଇବେଲ। ଏହି ଯୁଡାବାଦର ଭୂମି ଉପରେ ତିଆରି ଇହୁଦୀମାନଙ୍କର ବିଶ୍ୱାସ। ଈଶ୍ୱର ସର୍ବଶକ୍ତିମାନ। ପ୍ରଥମେ କିଛି ନ ଥିଲା। ଥିଲା ମହାଶୂନ୍ୟ। କେବଳ ଈଶ୍ୱର ହିଁ ଥିଲେ। ଜଗତ ତିଆରି ପାଇଁ ତାଙ୍କର ଇଚ୍ଛା ହେଲା। ଇଚ୍ଛା କ୍ରିୟାଶୀଳ ହେଲା। ପ୍ରଥମରୁ ପଞ୍ଚମ ଦିନ ପର୍ଯ୍ୟନ୍ତ ସେ ତିଆରି କଲେ ଆଲୋକ, ଅନ୍ଧାର, ଆକାଶ, ଜଳ, ସୂର୍ଯ୍ୟ, ଚନ୍ଦ୍ର, ଉଦ୍ଭିଦ, ତାରା, ପଶୁ, ପକ୍ଷୀ, ଜଳଚର, ଉଭୟଚର। ଏବଂ, ଶେଷରେ ନିଜ ହାତରେ ମଣିଷ। ତଳୁ ମୁଠାଏ ମାଟି ଉଠାଇଲେ, ଚକଟିଲେ। ପ୍ରତିମା ଗଢ଼ିଦେଲେ। ଉପାଦାନ ସାତଟି। ମାଟିରେ ମାଂସ, କାକରରେ ରକତ, ଆଲୋକରେ ଆଖି, ଶିଳାରେ ହାଡ଼, ଘାସରେ ଶିରା ଓ କେଶ, ବଉଦର ଗତିରେ ଭାବନା ଓ ବିଚାର ଏବଂ ସ୍ପିରିଟ୍ (ଅଶରୀରୀ) ହେଉଛି ଆତ୍ମା। ପ୍ରତିମା ଗଢ଼ିସାରି ସେ ଦୁଇବାହୁ ପ୍ରସାରି ତାକୁ ଆଲିଙ୍ଗନ କଲେ। ଜୀବର ଆଖି ଖୋଲିଗଲା। ସେ ଠିଆ ହେଲା। ଚାଲିବାକୁ ଆରମ୍ଭକଲା। ସେଇ କାଳରୁ ସେ ଚାଲୁଛି ଯେ ଚାଲୁଛି। ସେ ମଣିଷ। ନାଁ ରଖିଲେ ଆଦାମ। ପୁରୁଷ।

ଏହି ଗତିଶୀଳ ଓ ଚେତନ ଜୀବନକୁ ଏବେ ସେ ସଂପାଦିବେ କେଉଁଠି? ଈଶ୍ୱର ତା ପାଇଁ ଏକ ସୁନ୍ଦର ବଗିଚା ତିଆରି କଲେ। ନାଁ-ଇଡେନ। ସ୍ୱର୍ଗୀୟ ଉଦ୍ୟାନ। ତାହା ପୁଣି ପୃଥିବୀରେ। ନାନା ଜାତିର ଗଛଲତା, ଫୁଲଫଳ। ଶେଷରେ ପଶୁ ଓ ପକ୍ଷୀମାନଙ୍କୁ ସେଠାରେ ରଖିଲେ। ସୌନ୍ଦର୍ଯ୍ୟ ଓ ଜୀବନରେ ପରିପୂର୍ଣ୍ଣ ହୋଇ ଉଠିଲା ଏହି ନୂଆଭୂମି। ଆପଣା ଦିବ୍ୟ ସୃଜନର ଯତ୍ନ ନେବାପାଇଁ ସେ ଆଦାମକୁ ନିର୍ଦ୍ଦେଶ ଦେଲେ। ମାତ୍ର ଦୁଇଟି ଗଛର ଫଳ ଖାଇବାକୁ ବାରଣ କଲେ। ଗୋଟିଏ ନାଁ ଜୀବନ ଏବଂ ଅନ୍ୟଟି ଜ୍ଞାନ। (କେତେକ ବ୍ୟାଖ୍ୟାକାର ଏହାକୁ ଗୋଟିଏ ଗଛର ଦୁଇଟି ଶାଖା ବୋଲି କୁହନ୍ତି) ଏବଂ, ସତର୍କ କରିଦେଲେ-ଗଛର ଜ୍ଞାନ-ଫଳ ଖାଇବ ନାହିଁ। ତାହା ମୃତ୍ୟୁର କାରଣ ହେବ। ମାତ୍ର କେଜାଣି କାହିଁକି ଜୀବନବୃକ୍ଷର ଗୁଣ ସଂପର୍କରେ ସେ ଥିଲେ ସଂପୂର୍ଣ୍ଣ ନିରବ।

ଆଦାମର ଏକାକୀତ୍ୱ ଈଶ୍ୱରଙ୍କୁ ବିଚଳିତ କଲା। ତା ପାଇଁ ସାଥି ଜଣେ ଅବଶ୍ୟ ଆବଶ୍ୟକ ବୋଲି ଅନୁଭବ କଲେ। ଦିନେ ତାକୁ ଶୁଆଇ ପକେଇଲେ। ଏବଂ, ତା ବାମପାଖ ଛାତିର ପଞ୍ଜରାରୁ ହାଡ଼ ଖଣ୍ଡିଏ ଆଣିଲେ। ତା ଉପରେ ମାଂସର

ଲେପଦେଲେ। ଜୀବନ ସଂଚାର କଲେ। ସେ-ନାରୀ। ନାଁ ରଖିଲେ ଇଭ୍। ଜୀବଜଗତର ପ୍ରଥମ ନାରୀ ଏବେ ସ୍ୱର୍ଗୀୟ ଉଦ୍ୟାନରେ। ନିଦରୁ ଉଠିଲା ମାତ୍ରକେ ଆଦାମର ଆଖି ପଡ଼ିଲା ଇଭ୍ ଉପରେ। ଆନନ୍ଦରେ ଫାଟି ପଡ଼ିଲା। ସେ ଏକା ନୁହେଁ, ଆଉ ଜଣେ ତା ପାଖରେ। ଦୁହେଁ ଏଥର ନନ୍ଦନବନରେ ଘୂରି ବୁଲିଲେ।

ନନ୍ଦନର ଅନ୍ୟତମ ବାସିନ୍ଦା ସାପ। ସଇତାନ। ଦୁଷ୍ଟ ପ୍ରକୃତି। ସେ ଆଦାମ ଓ ଇଭ୍‌ଙ୍କ ଯୁଗ୍ମ ଅଭିସାର ସହିପାରିଲା ନାହିଁ। କପଟ ପାଞ୍ଚିଲା। ଏକୁଟିଆ ପାଇ ଜଣ ଜଣକୁ ଜ୍ଞାନ ବୃକ୍ଷର ସୁନ୍ଦର ଫଳ ଖାଇବାକୁ ପ୍ରଚୋଦିତ କଲା। ଆଦାମର ଗୋଟିଏ କଥା-ନା। ଈଶ୍ୱର ବାରଣ କରିଛନ୍ତି। ସେ ଆଦୌ ତୁଣ୍ଡରେ ଦେବନି। ସାପର ଚକ୍ରାନ୍ତରେ ଇଭ୍ କିନ୍ତୁ ଭଳିଗଲା। ସାପ ତା ମନରେ ଏମିତି ଏକ ଧାରଣା ତିଆରି କରିଦେଲା ଯେ, ଜ୍ଞାନଫଳ ତାକୁ ଈଶ୍ୱରଙ୍କ ଅନୁରୂପ ହେବାର ସୁଯୋଗ ଦେବ। ଭାରି ସୁସ୍ୱାଦୁ ଓ ଅମୃତ। ଇଭ୍ ଏଥର ଫଳ ତୋଳିଲା। ଦାନ୍ତରେ ଲଗେଇଲା। ଓଃ! ମୁହୂର୍ତ୍ତକରେ ଏକ ଅଦ୍ଭୁତ ଶିହରଣ ଖେଳିଗଲା ତା ଚେତନାରେ। କିଛି ବୋଲି କିଛି ବୁଝି ପାରିଲାନି। କାହିଁକି ସମଗ୍ର ଶରୀର ଏତେ ରୋମାଞ୍ଚିତ, ପୁଲକିତ ? କାହିଁକି ? ସବୁ ମାନ, ଅଭିମାନ, ଦମ୍ଭ ଏବେ ପରାହତ। ଫଳ ଏଥର ତା ଭିତରେ, ଜ୍ଞାନବୃକ୍ଷର ଫଳ।

ଫଳର ସୁଆଦ ଆଦାମ ଓ ଇଭ୍‌ଙ୍କୁ ଅନୁଭବ କରିବାର ସୁଯୋଗ ଦେଲା। ଚେତନାକୁ ଆଛନ୍ନ କଲା- ପ୍ରେମ, ଲାଜ, ଭୟ। ଦୁହେଁ ଗଛରୁ ପତ୍ର ତୋଳିଲେ। ଦେହ ଢାଙ୍କିଲେ। ମୁକ୍ତ ଦେହ ଏବେ ଅନ୍ୟମନସ୍କ। ପରାଧୀନ।

ଦିନେ ଈଶ୍ୱର ଆସିଲେ ତାଙ୍କ ପ୍ରିୟ ନନ୍ଦନ ଓ ତାଙ୍କ ସୃଷ୍ଟ ପୁରୁଷ-ନାରୀଙ୍କୁ ଦେଖିବାକୁ ମାତ୍ର କ'ଣ ଦେଖୁଛନ୍ତି ସେ ? କାହାକୁ ? ନିଜ ଆଖିକୁ ବିଶ୍ୱାସ କରି ପାରିଲେ ନାହିଁ। ଜ୍ଞାନର ବୀଜ ଏବେ ମଣିଷର ଚେତନାରେ। ମରଣର ବୀଜ। ଆହତ ହେଲେ। ସାପର ନାଟ ବୋଲି ଜାଣିଲେ। ଆପଣା ପ୍ରିୟତମ ସୃଜନ-ଦୁହିଁଙ୍କୁ ପାଖକୁ ଡାକିଲେ। ଏଥର ପତ୍ର ନୁହେଁ, ଦେହକୁ ପଶୁଚମଡ଼ାରେ ଆବୃତ କରିଦେଲେ। ଏବଂ, ସବୁଦିନ ପାଇଁ ନିର୍ବାସିତ କରିଦେଲେ ନନ୍ଦନରୁ।

ନନ୍ଦନରୁ ନିର୍ବାସିତ ଦୁଇ ଆତ୍ମା ଏବେ ଏକ-ରୂପ। ନୂଆ ଭୂମିରେ। ସମ୍ମୋହନ ଜାଲରେ। ସମ୍ମୋହନରୁ ସମ୍ମିଳନ। ସମ୍ମିଳନରୁ ନବ ପ୍ରଜନ୍ମ। କ୍ଷୟ ହେଲା ଆୟୁଷ। ମୃତ୍ୟୁ ଏବେ ପହଞ୍ଚ। ମାତ୍ର ଜୀବନ ? ଜ୍ଞାନକୁ ମଞ୍ଜି କରି, ଈଶ୍ୱରଙ୍କ ଦତ୍ତ-ସଂପଦରେ ସେମାନେ ଆପଣା ଆବଶ୍ୟକତା ଅନୁରୂପ ଅଭିନବ ପଦାର୍ଥମାନ ଏବେ ତିଆରି କରିବାରେ ଲାଗି ପଡ଼ିଲେ। ମାତ୍ର ଜୀବନ କେଉଁଠି ? କ'ଣ ଅପହଞ୍ଚ ? ତା'ର ରହସ୍ୟ

କ'ଣ ଅବୋଧ? ଏବେ ଆମେ ସେଇ ପ୍ରଥମ ପୁରୁଷ ଓ ପ୍ରଥମ ନାରୀଙ୍କ ସୃଜନ ସପନର ଉତ୍ତରାଧିକାରୀ।

ଏବେ ଆମେ କୋରାନ୍ ପାଖକୁ ଆସିବା। କୋରାନ୍ କୁହେ- ଆଲ୍ଲା ହିଁ ଦିବ୍ୟ ସତ୍ତା। କୌଣସି ଏକ ଭବ୍ୟ ମୁହୂର୍ତ୍ତରେ ଜଗତ ସର୍ଜନା ପାଇଁ ଆଲ୍ଲାଙ୍କର ଇଛା ହେଲା। ଇଛାଶକ୍ତିରୁ ଜନ୍ମନେଲେ ସୂର୍ଯ୍ୟ, ଚନ୍ଦ୍ର, ତାରା, ଆକାଶ, ସମୁଦ୍ର ଓ ପ୍ରାକୃତିକ ବିଭବମାନେ। ଶେଷକୁ ହାତରେ ସେ କିଛି ମାଟି ଉଠେଇ ନେଲେ। ପାଣିରେ ମାଟିକୁ ଚକଟିଲେ। କାଦୁଅ କଲେ। କାଦୁଅରେ ପ୍ରତିମାଟିଏ ଗଢ଼ିଦେଲେ। ପ୍ରତିମାରେ ପ୍ରାଣ ସଂଚାର କଲେ। ସେ ପ୍ରତିମା ମଣିଷ। ମାତ୍ର ପୁରୁଷ। ସେହି ପୁରୁଷକୁ ଦେଖି ଭାବିଲେ- ଏ ଜୀବଟି ଏକାଏକା ବଞ୍ଚିବ କିପରି? ଏଥର ତାଙ୍କ ଚେତନାରୁ ଅନ୍ୟଜଣେ ସମ୍ଭବିଲା। ସେ ନାରୀ। ପ୍ରକୃତି ଅନୁରୂପା। ଅପରୂପା। ସମ୍ମୋହନ। ପୁଣି ପ୍ରଜନନବତୀ। ତାର ରୂପ ଦେଖି ଚକିତ ଓ ମୁଗ୍ଧ ହେଲେ ଆଲ୍ଲା। ଅସହାୟତାରେ ସଂକ୍ରମିତ ହେଲେ। କ'ଣ କରିବେ ତାର ସୌନ୍ଦର୍ଯ୍ୟକୁ? ତା ଦେହକୁ ଏଥର ନାନା ଅଳଙ୍କାରରେ ଢାଙ୍କିଦେଲେ। ମନକୁ ପୂର୍ଣ୍ଣ କରିଦେଲେ ନାନା ବିଚାର ଓ ଭାବରେ। ଶେଷକୁ ତାକୁ ପୁରୁଷ ହାତରେ ଟେକି ଦେଲେ। ଏବଂ, କହିଲେ ଇଏ ତୋର ସହଧର୍ମିଣୀ, ଅପରୂପା ପ୍ରକୃତି। ତାକୁ ସୁରକ୍ଷାଦେବା ତୋର ପ୍ରଥମ ଦାୟିତ୍ୱ। ମାତ୍ର କେହି କାହାର ଅଧୀନ ନୁହେଁ, ବିଶ୍ୱସ୍ତ, ମିତ୍ର।

ଏଥର ଆଫ୍ରିକା ଭୂଖଣ୍ଡର କଥା। ସେହି ଭୂମିର ବିଶ୍ୱାସରେ ରହିଛି- ସଂସାର ଈଶ୍ୱର ସୃଷ୍ଟ। ଈଶ୍ୱର ସୁନ୍ଦର ପୃଥିବୀ ତିଆରି କଲେ। ଶେଷରେ ତିଆରି କଲେ ମଣିଷପରି ଜୀବଟିଏ। ନାଁ ରଖିଲେ ଚନ୍ଦ୍ର। ତାକୁ ଛାଡ଼ିଦେଲେ ସଂସାରରେ। ଚାରିପାଖରେ ଅପରୂପା ପ୍ରକୃତି। ମାତ୍ର ଚନ୍ଦ୍ର ଏକୁଟିଆ। ନିଃସଙ୍ଗ। ଏକ୍ଲାପଣ ଚନ୍ଦ୍ରକୁ ଛଟପଟ କଲା। ଈଶ୍ୱରଙ୍କ ପାଖରେ ସେ ଏଥର ବିନତୀ କଲା ମୋତେ ଫେରେଇ ନିଅ। ଏକୁଟିଆ ବଞ୍ଚିବା ସତରେ ଭାରି କଷ୍ଟ। ଈଶ୍ୱର ଚନ୍ଦ୍ରର ନିଃସଙ୍ଗତାକୁ ଅନୁଭବ କଲେ। ତାଙ୍କ ସର୍ଜନ ଶକ୍ତିରୁ ପୁଣି ସମ୍ଭବିଲା ନାରୀ। ନାଁ ରଖିଲେ କୁଆଁତାରା। କୁଆଁତାରାକୁ ପାଖରେ ପାଇ ଚନ୍ଦ୍ର ଚମକି ପଡ଼ିଲା। ନିଜକୁ ଚାହିଁଲା। ଚାହିଁଲା କୁଆଁତାରାକୁ। ଏତେ ଶାରୀରିକ ବିଭିନ୍ନତା? ଚନ୍ଦ୍ରର ହାତ ଛୁଇଁଛୁଇଁ ଗଲା କୁଆଁତାରାର ଦେହ। ବିଜୁଳିର ଚମକ। ଚହଲିଗଲା ଚେତନା। ଏବେ ନିବିଡ଼ ଆଲିଙ୍ଗନରେ ଚନ୍ଦ୍ର ଓ କୁଆଁତାରା। ଆଲିଙ୍ଗନରୁ ସମ୍ମିଳନ। ସକାଳେ କୁଆଁତାରା ଦେହରେ ସୂର୍ଯ୍ୟକିରଣର ସ୍ପର୍ଶ। ଏଥର କୁଆଁତାରାର ଗର୍ଭରୁ ଭକଭକ ହୋଇ ବାହାରି ଆସିଲା କିଛି ବିଚିତ୍ର ପଦାର୍ଥ। ସେମାନେ ଜୀବ। ଦିନସାରା ସେମାନେ ପ୍ରକୃତିର ଘର ଭିତରେ ଖେଳିବୁଲିଲେ। ସଂଜ ନଇଁଲା।

ରାତିହେଲା। ଗୁମ୍ଫାକୁ ଫେରିଲେ। ହଜିଗଲେ, ମଜିଗଲେ ଦେହ ସୁଖରେ। ସକାଳକୁ ସୂର୍ଯ୍ୟକିରଣ ସ୍ପର୍ଶରେ ପୁଣି ଉଦ୍‌ଗାଳ। ନୂଆ ସୃଜନ। ପଶୁ-ପକ୍ଷୀ, କୀଟ-ପତଙ୍ଗ ଗୋଟିଗୋଟି କରି ପୃଥିବୀକୁ ଆସିଲେ। ଏବଂ, ଶେଷକୁ ଆସିଲା ମଣିଷ। ପ୍ରଥମେ ପୁରୁଷ- ଦ୍ୱିତୀୟରେ ନାରୀ। ଦ୍ୱିତୀୟ ସମ୍ମୋହନ ଓ ସୃଜନ, ପ୍ରଥମ ତାର ନିୟନ୍ତ୍ରକ।

ଆମେ ବିଶ୍ୱାସ କରୁ ବାଇବେଲ୍ ଓ କୋରାନ୍ ଧର୍ମଗ୍ରନ୍ଥ। ଚୀନ୍ ବା ଆଫ୍ରିକାର ମିଥିରେ ମଧ୍ୟ ସେଇ ଧର୍ମାଚାରର ସ୍ୱର। ଏସବୁ କାଳେ ଈଶ୍ୱର ସୃଷ୍ଟ। ମାତ୍ର ଏହି ଜୀବନଗ୍ରନ୍ଥରେ ଥିବା ସ୍ଥାପତ୍ୟର ସ୍ଥପତି ବାସ୍ତବତଃ କିଏ? ମଣିଷ ନୁହେଁତ? ମଣିଷ କହିଲେ ବ୍ୟକ୍ତି ଭିତରେ ଥିବା ସେହି ସୂକ୍ଷ୍ମତମ ଈଶ୍ୱର, ଅଧ୍ୟାତ୍ମସତ୍ତା ନୁହଁନ୍ତି ତ? ପୁଣି ସେଇ ଦ୍ୱନ୍ଦ୍ୱ। କିଏ ତା ହେଲେ ସେହିସବୁ ସ୍ଥାପତ୍ୟର ସ୍ଥପତି? କିଏ?

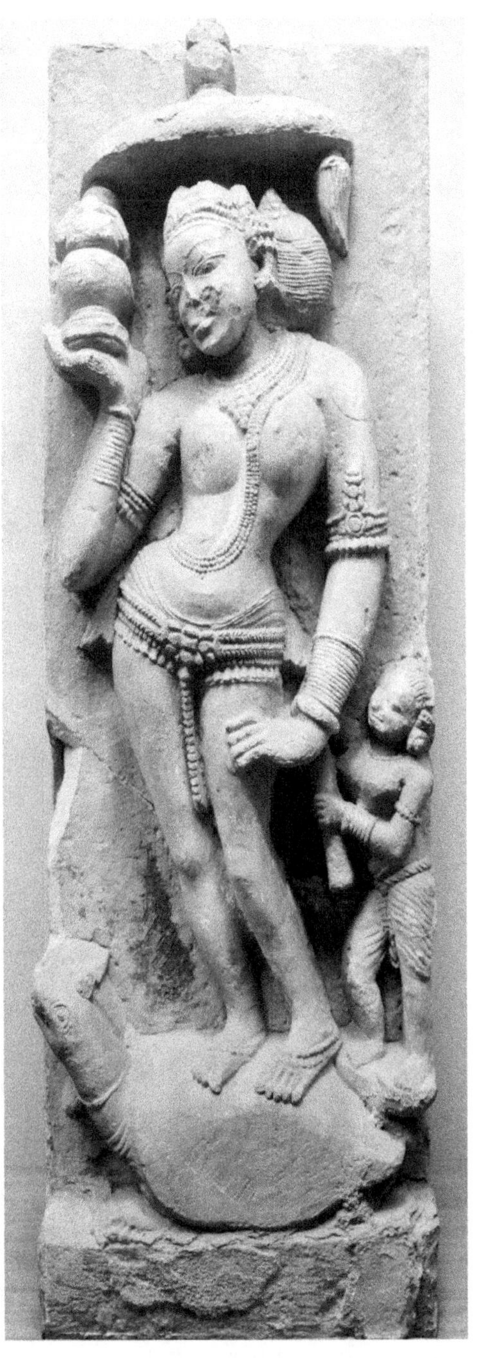

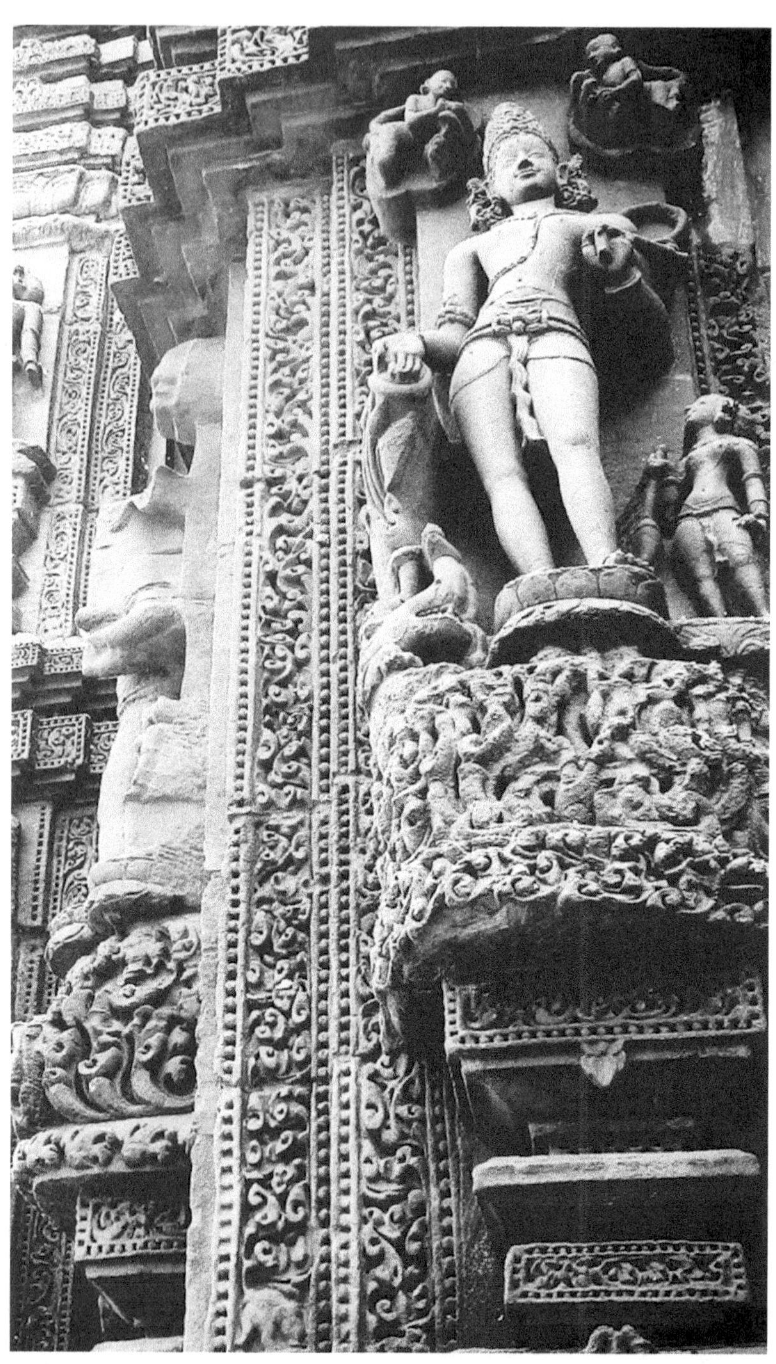

॥ ପାଞ୍ଚ ॥

ଜଗତ ଓ ଜୀବନର ସ୍ଥାପତ୍ୟ ସମ୍ପର୍କରେ ଆମେ ବିଭିନ୍ନ ଭୂମିର ମଣିଷମାନଙ୍କର କଳ୍ପନା ବିଷୟରେ କଥା ହେଉଛେ। ଆଗରୁ ଭାରତ, ଚୀନ, ମଧ୍ୟପ୍ରାଚ୍ୟର ବିଭିନ୍ନ ଭୂମିକୁ ଦେଖିଛେ। ଏବଂ, ସ୍ଥାପତ୍ୟର ଗଢ଼ଣସୂତ୍ର ଜାଣିବାଲାଗି ଏହି ଦେଶଗୁଡ଼ିକର ମିଥ୍‌କୁ ପ୍ରୟୋଗଶାଳା କରିଛେ। ପୁଣି ସେଇ ପ୍ରଶ୍ନ। କିଏ ତା'ହେଲେ ମଣିଷର ପ୍ରଥମ ସ୍ଥପତି ? ଅଧିକ ଜାଣିବାଲାଗି ଏବେ ଅନ୍ୟ ଭୂମିକୁ ଯିବା। ମେସୋପଟାମିଆ। କୁହାଯାଏ, ମଣିଷର ସ୍ରଷ୍ଟା ହେଉଛନ୍ତି ମାରଡ଼କ। ଏକ ମନ୍ଦିରରେ ମାରଡ଼କଙ୍କ ପ୍ରତିମା ଅଛି, ପୂଜା ପା'ନ୍ତି। ମନ୍ଦିରର ପୂଜକ ସର୍ଜନ ମହାକାବ୍ୟ ପଢ଼ନ୍ତି। ସେହି ମହାକାବ୍ୟରେ ରହିଛି କାହାଣୀଟିଏ।

ଏକ ବିଚିତ୍ର କାଳ। ସବୁଆଡ଼େ କେବଳ ପାଣି ଆଉ ପାଣି। ପାଣି ଭିତରୁ ଜନ୍ମନେଲେ ଆଦିନାରୀ ତିଆମାତ୍‌। ରୂପ ଓ ଗୁଣରେ ଅନୁପମା। ଏଣେ ପ୍ରଜନନବତୀ। ସେ ଆପଣା ଇଚ୍ଛାମତେ ଘୂରି ବୁଲୁଥିଲେ ସବୁଠି। ପାଣି ଭିତରୁ ଜନ୍ମନେଲେ ଜଣେ ପୁରୁଷ। ସେ ମାରଡ଼କ୍‌। ତେଜୋଦୀପ୍ତ ଓ ଶକ୍ତିଶାଳୀ। ମାତ୍ର ଭୟଙ୍କର ଭାବରେ ଆତ୍ମକୈନ୍ଦ୍ରିକ। ଆଦିନାରୀଙ୍କର ଥିଲେ ଏଗାର ଜଣ ସହଚରୀ। ସେ ମୁକ୍ତମନରେ ବୁଲୁଥିଲାବେଳେ ମାରଡକ୍‌ଙ୍କର ଆଖି ତାଙ୍କ ଉପରେ ପଡ଼ିଲା। ସେ ସେମାନଙ୍କ ପାଖକୁ ଆସିଲେ। ଏବଂ, ତାଙ୍କ ଉଜ୍ଜ୍ୱଳକାନ୍ତି ଦେଖି ଭୟରେ, ଜୀବନ ବିକଳରେ ଦୂରେଇଗଲେ ସହଚରୀମାନେ। ତିଆମାତ୍‌, କିନ୍ତୁ ନିରୁଦବିଗ୍ନା। ମାରଡ଼କ୍‌ ତିଆମାତ୍‌ଙ୍କୁ ହତ୍ୟା କଲେ। ଧାରୁଆ ଅସ୍ତ୍ରରେ ଦୁଇଖଣ୍ଡ କରିଦେଲେ ତାଙ୍କ ଦେହ। ଗୋଟିଏ ଭାଗକୁ ଉପରେ ରଖିଲେ। ଆକାଶ। ନକ୍ଷତ୍ରମାନଙ୍କରେ ତାହାକୁ ଆଲୋକିତ କରିଦେଲେ। ଅନ୍ୟ ଭାଗକୁ ତଳେ ରଖିଲେ। ପୃଥିବୀ। ଦୁଇ ଆଖିକୁ ଦୁଇଟି ନଈ କରିଦେଲେ। ଇଉଫ୍ରେଟିସ୍‌ ଓ ଟାଇଗ୍ରିସ୍‌। ତଳେ ପାଣି ଓ ପୃଥିବୀ ଏବଂ ଉପରେ ଆକାଶ ଗଢ଼ା ହୋଇଛି ଆଦିନାରୀର ଦେହ ଓ ଆତ୍ମାରେ। ଶେଷକୁ ମାଟି ଓ ପାଣିକୁ ମିଶେଇ ସେ କାଦୁଅ କଲେ। ଏବଂ,

କାଦୁଅରେ ସଂଚରିଦେଲେ ତିଆମାତ୍‌ଙ୍କ ପୁଅ କିଂଗୁର ରକତ। ଜନ୍ମନେଲା ମଣିଷ। ମେସୋପଟାମିଆ ବହୁଦେବୀଙ୍କ ବିଚରଣ ଭୂମି। ସେମାନଙ୍କ ନାଁ ବି ଅଦ୍ଭୁତ । ଇଆ- କାମଦେବ, ଏନଲିଲ୍- ପବନ, ସାମାସ୍- ସୂର୍ଯ୍ୟ, ସିନ୍- ଚନ୍ଦ୍ର, ଇସ୍ତର- ମାତୃଦେବୀ ଇତ୍ୟାଦି।

ଅନ୍ୟ ଏକ ଭୂମି। ପୃଥିବୀର ଅନ୍ୟତମ ପ୍ରାଚୀନ ସଂସ୍କୃତିର ଭୂମି। ମିଶର। ପିରାମିଡ୍ ଏହାର ଉଜ୍ଜ୍ୱଳ ପ୍ରମାଣ। ଭାରତୀୟମାନଙ୍କ ପରି ମିସରୀୟମାନେ ବହୁ ଦେବଦେବୀ ତିଆରି କରିଛନ୍ତି। ସେମାନେ ଆମ ପରି ବିଶ୍ୱାସ କରନ୍ତି- ପ୍ରଥମେ ଜଗତ ଥିଲା ବିଶୃଙ୍ଖଳିତ, ବିଶାଳ। ମାତ୍ର ଜଗତ ଜଳରେ ପରିପୂର୍ଣ୍ଣ। ଜଣେ ମାତ୍ର ଜାଗ୍ରତ। ସେ ନନ୍, ଆଦିମାତା। ଚିରକୁମାରୀ। ତାଙ୍କ ଗର୍ଭରୁ ଜନ୍ମନେଲେ ଆନିମ୍ (କେହି କେହି 'ରା' କୁହନ୍ତି)। ଆଲୋକର ଦେବତା, ସୂର୍ଯ୍ୟ। ସେ ପୁଣି ଉଭୟଲିଙ୍ଗୀ-ପୁରୁଷ ଓ ନାରୀ। ଆମ ବ୍ରହ୍ମାଙ୍କ ପରି। ସେ ଛେପ ପକାଇଲେ। ଜନ୍ମନେଲା ପୁଅଟିଏ- ନାଁ ସୁ। ଜନ୍ମନେଲା ଟେଫନଟ୍- ଝିଅଟିଏ। ସେମାନେ ଅନନ୍ତ ଜଳରାଶିରେ କେଉଁଆଡ଼େ ହଜିଗଲେ। ଦିନେ ହଜିଲା ପିଲା ଦିହିଙ୍କି ଫେରିପାଇଲେ 'ରା'। ଆଖିରୁ ଝରିଆସିଲା ଆନନ୍ଦର ଲୁହ। ଲୁହରୁ ଜନ୍ମନେଲା ମଣିଷ। ସୁ ଓ ଟେଫନଟ୍ ଯଥାକ୍ରମେ ହେଲେ ପବନ ଓ ବର୍ଷାର ଦେବତା ଓ ଦେବୀ। ସେମାନେ ପରସ୍ପରକୁ ବିବାହ କଲେ। ବହୁ ପ୍ରାକୃତିକ ସଂପଦ, ଗଛଲତା ସମ୍ଭବିଲେ ସେମାନଙ୍କ ମିଳନରୁ।

ମିସରୀୟମାନେ ଅନ୍ୟ ଏକ ଦେବଦମ୍ପତି ତିଆରି କରିଛନ୍ତି। ସେମାନେ ଗେବ୍ ଓ ନଟ୍- 'ରା' ଓ ଟେଫନଟ୍‌ଙ୍କ ପୁଅଝିଅ। ଏମାନେ ଜାଆଁଳା । ମା' ପେଟରେ ଯୁଗନଦ୍ଧ ଅବସ୍ଥାରେ ଥିଲେ। ଜନ୍ମହେଲେ। ମାତ୍ର ଅଭ୍ୟାସ ବଦଳିଲା ନାହିଁ। 'ରା' ନିର୍ଦ୍ଦେଶ ଦେଲେ ପବନ ଦେବତା 'ସୁ'ଙ୍କୁ ଦୁହିଁଙ୍କୁ ଅଲଗା କରିଦେବା ପାଇଁ। 'ସୁ' ନିର୍ଦ୍ଦେଶ ପାଳନ କଲେ। ଗେବ୍ ଓ ନଟ୍ ଯଥାକ୍ରମେ ଆକାଶ ଓ ପୃଥିବୀ। ନାରୀ ଓ ପୁରୁଷ। ଏମାନେ ସଦାଯୁକ୍ତ ରହିଲେ ଜଗତ ବିଭବମାନେ ଜନ୍ମନେବେ କିପରି? ଏହା ହିଁ ଥିଲା 'ରା'ଙ୍କର ମୁଣ୍ଡବ୍ୟଥାର କାରଣ।

ପବନ ମାଧ୍ୟମରେ ଯୁଗନଦ୍ଧ ସତ୍ତା ବିଯୁକ୍ତ ହେଲେ। ସୃଷ୍ଟିହେଲା ଶୂନ୍ୟସ୍ଥାନ। ଶୂନ୍ୟସ୍ଥାନରେ ପ୍ରସରିଗଲା ଆଲୋକ। 'ରା'ଙ୍କର ଜ୍ୟୋତି। ମାତ୍ର ଯେଉଁମାନେ ସମ୍ମିଳନର ସୁଖରେ ସମାହିତ, ପ୍ରମତ୍ତ; ସେମାନେ କ'ଣ ସ୍ୱାଧୀନ ରହିପାରିବେ? ସେମାନେ ଅଲଗା ରୁହନ୍ତି। ଆଲୁଅ ଆସେ। ଦିନ। ପୁଣି ଯୁକ୍ତ ହୋଇଯାନ୍ତି, ଘୋଟିଆସେ ଅନ୍ଧାର। ରାତି। ମିଳନ-ବିଚ୍ଛେଦର ସମସ୍ୟା ସମାଧାନ ପାଇଁ, ଶେଷକୁ ଭାଇ-ଭଉଣୀ ବାହା ହୋଇପଡ଼ିଲେ। ଏଥର ମିଳନରେ ସମୟର ବାଧା ନାହିଁ। 'ରା' ସେମାନଙ୍କର ଚାଲାକି

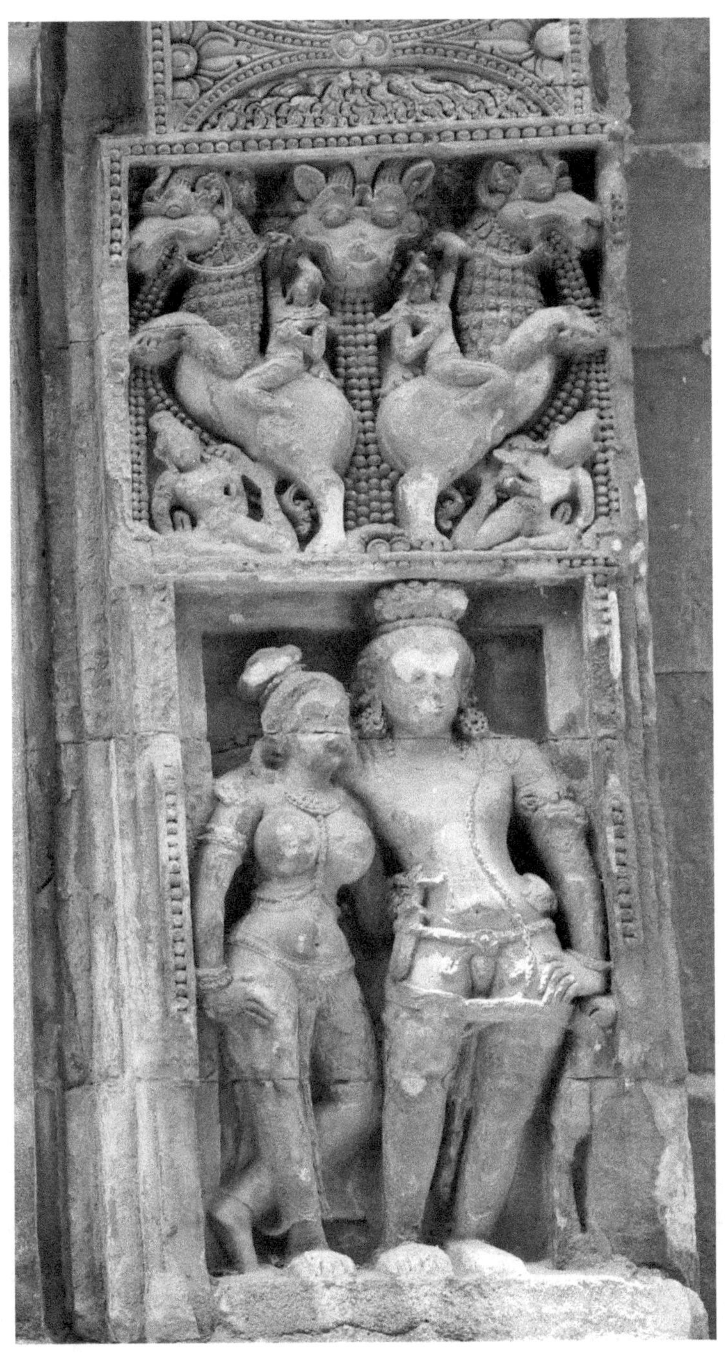

ବୁଝିଗଲେ। ଅଭିଶାପ ଦେଲେ ସେମାନଙ୍କୁ। କହିଲେ- ବାରମାସରେ ଗୋଟିଏ ମାସ ନଟ୍ ପ୍ରଜନନକ୍ଷମ ହୋଇପାରିବେ ନାହିଁ। ନଟ୍ ବାସ୍ତବତଃ ଆଦିଦେବୀ। ତାଙ୍କ ଗର୍ଭରୁ ସମ୍ଭୂତ ପଞ୍ଚଭୂତ ଓ ଜଗତର ସକଳ ସର୍ଜନ।

ବିଚିତ୍ର ଜୀବଜଗତ ସର୍ଜନ ଓ ନିୟନ୍ତ୍ରଣରେ ଅନ୍ୟଜଣେ ଦେବୀଙ୍କର ଭୂମିକା ଗୁରୁତ୍ୱପୂର୍ଣ୍ଣ। ସେ ଇନାନ୍ନା। ଭାଗ୍ୟ ଓ ଭବିଷ୍ୟତର ଦେବୀ। ସେ ଆପଣା ବିଚରଣ ଭୂମିରେ ସଭ୍ୟତା ସୃଷ୍ଟିପାଇଁ ଚାହିଁଲେ। ମାତ୍ର ଏଥିପାଇଁ ଆବଶ୍ୟକ ଭାଗ୍ୟଫଳ। ଭାଗ୍ୟକୁ ନିୟନ୍ତ୍ରଣ କରେ ଜ୍ଞାନ। ସେ ଜାଣିଥିଲେ ଜ୍ଞାନର ଭଣ୍ଡାର ତାଙ୍କ ମା' ଏନ୍‌କି, ରୁହନ୍ତି ପାତାଳର ମିଠାପାଣିରେ। ମାତ୍ର ଜ୍ଞାନର ବିତରଣ ପାଇଁ ସେ ସଦା କୁଣ୍ଠିତ। ମା'ଙ୍କ ପାଖରୁ ଜ୍ଞାନଫଳ କେମିତି ଆଣିବେ- ସେଇ ଚିନ୍ତାରେ ଅସ୍ଥିର ହୋଇଉଠିଲେ ଇନାନ୍ନା। ମା'ଙ୍କ ପାଖକୁ ଗଲେ। ଝିଅକୁ ଦେଖି ମା'ଙ୍କ ମନ କୁଣ୍ଢେମୋଟ। ଭୋଜିର ଆୟୋଜନ କଲେ। ଅତି ଆନନ୍ଦରେ ପେଟଭରି ମଦ ପିଇବାରେ ଲାଗିଲେ। ଝିଅକୁ ଯାହା ଇଚ୍ଛା ତାହା ମାଗିନେବା ପାଇଁ କହିଲେ। ଏମିତି ଏକ ସମୟର ଅପେକ୍ଷାରେ ଥିଲେ ଇନାନ୍ନା। ସେ ଗୋଟିଏ ପରେ ଗୋଟିଏ ପଦାର୍ଥ ମାଗିଚାଲିଲେ। ପଦାର୍ଥଗୁଡ଼ିକ ମଧ୍ୟରେ ଥିଲା ଜ୍ଞାନଫଳ। ଏନ୍‌କି ଏକଥା ଜାଣିପାରିଲେନି ମଦ ନିଶାରେ। ମା'ଙ୍କ ପ୍ରଦତ୍ତ ସକଳ ସଂପଦ ନଉକାରେ ଭରି ସେ ଘରକୁ ଫେରିଲେ। ଅନେକ କାଳ ପରେ ଏନ୍‌କିଙ୍କର ମଦନିଶା ଛାଡ଼ିଗଲା। ଜ୍ଞାନଫଳ ଖୋଜିଲେ। ନାହିଁ। ବୁଝିପାରିଲେ ଝିଅର ଚତୁରତା। ରାଗ ଓ ଅଭିମାନରେ ଜରଜର। ଦୂତ ମାଧ୍ୟମରେ ମଗେଇ ପଠାଇଲେ। ଇନାନ୍ନା ତ ଆଉ ବୋକୀ ନୁହନ୍ତି। ଏଥର ମା'ଝିଅଙ୍କ ଭିତରେ ଆରମ୍ଭ ହୋଇଗଲା ଝଗଡ଼ା। ଝଗଡ଼ା ଚରମ ସୀମାକୁ ଗଲା। ଥରେ ନୁହେଁ, ସାତ ସାତଥର ଏନ୍‌କି ଝିଅ ହାତରେ ପରାସ୍ତ ହେଲେ। ଭାଗ୍ୟ, ଭବିଷ୍ୟତ ଓ ପ୍ରଜ୍ଞାକୁ ପୁଞ୍ଜିକରି ଇନାନ୍ନା ତିଆରି କଲେ ତାଙ୍କ ସଭ୍ୟତା।

ମଣିଷର ଗଢ଼ଣ ସଂପର୍କରେ ଅନ୍ୟ ଏକ ପୁରାକଳ୍ପ କଳାତ୍ମକ। ଏନ୍‌କିଙ୍କର ଦିନେ ମନହେଲା ସେ ମଣିଷ ତିଆରି କରିବେ। ନାମ୍ମୁ ଓ ତିନ୍‌ମାହ ଦେବୀଙ୍କ ସାହାଯ୍ୟ ଲୋଡ଼ିଲେ। ନାମ୍ମୁ ଜନ୍ମ ଓ ତିନ୍‌ମାହ ପ୍ରଜନନର ଦେବୀ। ଏଥିପାଇଁ ପାତାଳରୁ ମାଟି ଆସିଲା। ମାଟି ଆଉ ପାଣିକୁ କାଦୁଅରେ ରୂପାନ୍ତର କରାଗଲା। ଜନ୍ମନେଲା ମଣିଷ। ଏଇ ସ୍ୱତନ୍ତ୍ର ଜୀବଙ୍କୁ ଦେଖି ଆନନ୍ଦରେ ଆତ୍ମହରା ହୋଇପଡ଼ିଲେ ନାମ୍ମୁ ଓ ତିନ୍‌ମାହ। ଏକ ମହାଉତ୍ସବର ଆୟୋଜନ କଲେ। ଅନ୍ୟ ଶକ୍ତିମାନେ ନିମନ୍ତ୍ରିତ ହେଲେ। ଆରମ୍ଭ ହୋଇଗଲା ନାଚ, ଗୀତ ଓ ମଦ୍ୟପାନ। ଦିହେଁ ଏତେ ପରିମାଣରେ ମଦ ପିଇଲେ ଯେ, ହରେଇ ବସିଲେ ମାନସିକ ଭାରସାମ୍ୟ। ଗୋଟିଏ ଗୋଟିଏ କରି ଚାରିଗୋଟି

ପୁରୁଷ ଜନ୍ମନେଲେ । ପୁରୁଷ ପରେ ନାରୀ । ଏବଂ, ଶେଷରେ ନପୁଂସକ । ମାତ୍ର ଆଶ୍ଚର୍ଯ୍ୟ, ନାରୀ ଜଣକ ଥିଲା ବନ୍ଧ୍ୟା । ଏମାନଙ୍କୁ ଦେଖି ଚମକି ପଡ଼ିଲେ ଏନ୍‌କି । ବନ୍ଧ୍ୟାନାରୀକୁ ବିଶିଷ୍ଟମାନଙ୍କ ହାତରେ ଟେକିଦେଲେ । ସେ ଏବେ ରକ୍ଷିତା । ସମସ୍ୟା ତୁଟିଗଲା । ମାତ୍ର ନପୁଂସକର ଭାଗ୍ୟ ? ତାକୁ ସମର୍ପି ଦେଲେ ପ୍ରଥମ ପୁରୁଷ ପାଖରେ । ସେ ହେଲା ଅବଶିଷ୍ଟମାନଙ୍କର ସେବକ । ଆଜ୍ଞାବହ । କିଂକର୍ତ୍ତବ୍ୟବିମୂଢ଼ ଏନ୍‌କି ଅନ୍ୟ ଜଣେ ପୁରୁଷ ତିଆରି କଲେ । ଦନ୍ତହୀନ ଏବଂ ବୟସ୍କ । ତାକୁ ଖାଦ୍ୟ ସାମଗ୍ରୀର ଅଧିକାରୀ କରିଦେଲେ । କେହି ସୁସ୍ଥ ହେଉନାହାନ୍ତି କଣ ପାଇଁ ? ସବୁ ପ୍ରୟାସ ଏବେ ବିଫଳ । ଏହା କଣ ମଦ୍ୟପାନର ପରିଣାମ ? ସେ ତିନ୍‌ମାହକୁ ଅନୁରୋଧ କଲେ । ନିଜକୁ ସଂଶୋଧନ କରିବାକୁ ହେବ ଇ ହେବ । ମାତ୍ର ଯେତେ ଚେଷ୍ଟା କଲେ ବି ସୁସ୍ଥ ମଣିଷ ତିଆରି ହୋଇପାରିଲା ନାହିଁ । ତିଆରି ହେବାର ପ୍ରୟାସ ମାତ୍ର କ୍ରିୟାଶୀଳ । ମଣିଷ ମଦ୍ୟ-ପ୍ରମତ୍ତତାର ଭାଗ୍ୟକୁ ନିଧି କରି ବଂଚୁଛି ।

ମିସରୀୟ ଓ ପୋଲିନେସୀୟମାନଙ୍କ ମଣିଷଙ୍କ ମଧ୍ୟରେ ସୃଜନ ଭାବାଦର୍ଶର ସାଦୃଶ୍ୟ ରହିଛି । ପୋଲିନେସୀୟମାନଙ୍କ ପ୍ରଥମ ସୃଜନ ଧରିତ୍ରୀ ଓ ଆକାଶ । ଆକାଶ ନାଁ ରଂଗୀ, ଧରିତ୍ରୀ ନାଁ ପାପା । ସେମାନେ ମହାଶୂନ୍ୟରେ ଯୁଗଯୁଗ ଧରି ସମ୍ମିଳନରେ ମଜ୍ଜି ରହିଲେ । ଯୁଗଯୁଗ । ସ୍ୱତନ୍ତ୍ର ହେଉନାହାନ୍ତି କେହି । ଉଭୟଙ୍କ ଯୁଗନଦ୍ଧ ଦେହରୁ ଜନ୍ମନେଲେ ଜଳଚର, ସ୍ଥଳଚର, ଆକାଶଚର ଜୀବମାନେ । ଦେହର ଅନ୍ଧାରୁଆ ଜାଗାଗୁଡ଼ିକରେ ସେମାନେ ଲୁଚି ରହିଲେ । ମାତ୍ର କେତେକାଳ ଏପରି ଅସହାୟ ଅବସ୍ଥାରେ ରହିବେ ? ସେମାନଙ୍କ ମନରେ ମୁକ୍ତିର ଇଚ୍ଛା ତୀବ୍ରରୁ ତୀବ୍ରତର ହେଲା । ସକଳଙ୍କ ମଧ୍ୟରେ ବୁଦ୍ଧିମାନ ଥିଲା ମଣିଷ, ତୁମାତାଂଗୁ । ସେ ବଳବାନ ବି ଥିଲା । ପ୍ରସ୍ତାବ ଦେଲା- ଆକାଶ ଓ ଧରିତ୍ରୀକୁ ସବୁଦିନ ପାଇଁ ଶେଷ କରିଦେବେ । ଅରଣ୍ୟ/ପ୍ରକୃତି ଜଗତର ଅଧିପତି ତାନେ-ମାହୁତା ଏଥିରେ ରାଜିହେଲେନି । କାରଣ, ସେ ଭାବୁଥିଲେ ଜୀବନ ବଂଚିବାପାଇଁ ମା'ର କୋଳ ସବୁଠାରୁ ଆପଦମୁକ୍ତ ସ୍ଥାନ । ଅନ୍ୟମାନଙ୍କ ସହିତ ବିଚାର ଆଲୋଚନା ଚାଲିଲା । ସିଦ୍ଧାନ୍ତ ନିଆଗଲା, ସେମାନଙ୍କ ଯୁକ୍ତଦେହକୁ ବିଯୁକ୍ତ କରିଦିଆଯିବ । ପ୍ରଥମେ ଏହି କାମରେ ହାତ ଦେଲେ କୃଷି ଦେବତା । ଆକାଶ ଦେହରେ ହାତ ଦେଲେ । ହଲେଇ ପାରିଲେନି । ସରୀସୃପ, ଜଙ୍ଗଲ ଓ ମଣିଷ ଜାତିର ଦେବତାମାନେ ଜଣଜଣ କରି ବାପା-ମା'ଙ୍କ ଦେହକୁ ଛୁଇଁଲେ । ପ୍ରତ୍ୟେକଙ୍କର ଭାଗ୍ୟରେ ବିଫଳତା । ଶେଷକୁ ଆସିଲେ ତାନେ- ମାହୁତା । ବାପା ଆକାଶଙ୍କ ଉପରେ ଗୋଟିଏ ପାଦ ଓ ଅନ୍ୟ ପାଦଟି ମା' ଧରିତ୍ରୀଙ୍କ ନାହି ଉପରେ ରଖି ବଳ ପ୍ରୟୋଗ କଲେ । ଭବିଷ୍ୟତ ଦାୟାଦଙ୍କ ଏହି ବିଚିତ୍ର ଆଚରଣରେ ବିଚଳିତ

ହୋଇପଡ଼ିଲେ ଦମ୍ପତି ଏବଂ ଏହି ବିଚଳିତ ମୁହୂର୍ତ୍ତରେ କାନେ ସେମାନଙ୍କୁ ପରସ୍ପରଠାରୁ ଅଲଗା କରିସାରିଥିଲେ ତାନେ।

ଏହି ଘଟଣା ଥିଲା ସଂପୂର୍ଣ୍ଣ ଭାବରେ ଅସ୍ୱାଭାବିକ ଓ ଅପ୍ରତ୍ୟାଶିତ। ବିଯୁକ୍ତୀକରଣ ସମଗ୍ର ପରିବେଶକୁ ଆନ୍ଦୋଳିତ କଲା। ମୁହୂର୍ତ୍ତକ ପାଇଁ ଉଜ୍ଜ୍ୱଳ ଆଲୋକରେ ସମୁଦ୍ଭାସିତ ହୋଇଉଠିଲା ଆକାଶମଣ୍ଡଳ। ସତେଯେପରି ବିଜୁଳିର ଝଲକ। ତା'ପରେ ଘନ ଅନ୍ଧାର। ସମ୍ଭବତଃ ସେମାନଙ୍କର ଅନ୍ୟତମ ଦାୟାଦ ପବନ ଓ ମେଘର ଦେବତା ତାନେଙ୍କ ଅହଂକାରକୁ ସ୍ୱୀକାର କରିପାରୁନଥିଲେ। ଜଗତରେ ଏଥର ଝଡ଼ ଓ ବରଷାର ରାଜୁତି। ସତେଯେପରି ପ୍ରଳୟର ଆରମ୍ଭ। କିଛି ସମୟ ପରେ ତାଙ୍କ ରାଗ ଶାନ୍ତ ହେଲା। ମାତ୍ର ମଣିଷ ନାମକ ଜୀବକୁ ସେ କ୍ଷମା କରିପାରିଲେ ନାହିଁ।

ଏଥର ଆମେ ଅନ୍ୟ ଏକ ଭୂମିକୁ ଯିବା ସିଓକସ୍। ଏହି ଭୂମିର ମଣିଷମାନେ ଆମ ପରି ଏକ ପରମପୁରୁଷ ପରିକଳ୍ପନା କରିଛନ୍ତି। ସେ ୱାକାଂଟିକା। ରୂପ- ଇନ୍ଦ୍ରଧନୁ ପରି ବିଚିତ୍ରବର୍ଣ୍ଣ। ଦିନେ କୌଣସି ଏକ ଦିବ୍ୟ ମୁହୂର୍ତ୍ତରେ ଜଗତ ସର୍ଜନାର ସ୍ୱପ୍ନ ତାଙ୍କ ଚେତନାରେ ଅଙ୍କୁରିତ ହେଲା। ତିଆରି କଲେ ପାହାଡ଼, ପର୍ବତ- ରଙ୍ଗ ହଳଦୀ, ସୂର୍ଯ୍ୟ- ରଙ୍ଗ ଲାଲ୍ , ଆକାଶ- ରଙ୍ଗ ନୀଳ, ଧରିତ୍ରୀ- ରଙ୍ଗ ସବୁଜ। ସକାଳ, ସଞ୍ଜ, ପାଣି, ପବନ, ଅନେକ। ପର୍ବତ ଓ ଧରିତ୍ରୀ। ପର୍ବତ ପିତାମହ। ଧରିତ୍ରୀ ପିତାମହୀ। ଏମାନେ ଯୁଗନନ୍ଧ ସତ୍ତା, ସଦାଯୁଗନନ୍ଧ। ଏମାନଙ୍କ ସମ୍ମିଳନରୁ ଦିନେ ସମ୍ଭବିଲା ଏକ ବିଶାଳକାୟ ହରିଣ। ସେ ଉପରେ ଥାଇ ନାଦ ସୃଷ୍ଟି କଲା। ମହାନାଦ। ଏଥର ଯୁଗନନ୍ଧ ସତ୍ତା ଭିତରୁ ଆତ୍ମପ୍ରକାଶ କଲେ ଲାବଣ୍ୟମୟୀ ଉଷା। ଚିରନ୍ତନ ସୌନ୍ଦର୍ଯ୍ୟର ପ୍ରତୀକ। ଆଲୋକର ଉତ୍ସ। ଏବଂ, ସବାଶେଷରେ ମଣିଷ।

ପୁରାକଳ୍ପଗୁଡ଼ିକରେ ଗୋଟିଏ କଥା। ଆକାଶ ଓ ପୃଥିବୀ। ଭାଇ ଭଉଣୀ! ସେମାନଙ୍କ ମଧ୍ୟରେ ଆବେଗିକ ସଂପର୍କ। ପୁଣି ଅନନ୍ତକାଳ ଧରି। ଏବଂ, ଦାୟାଦମାନଙ୍କର ସ୍ରଷ୍ଟାଙ୍କ ପ୍ରତି ବିଚିତ୍ର ମାନସିକତା। ଏଗୁଡ଼ିକ ଆଦୌ ଅତିକଳ୍ପନା ନୁହେଁ। ଆମେ ନିଜନିଜକୁ ପଚାରିଲେ ଅବଶ୍ୟ ଉତ୍ତର ପାଇଯିବା। ଆକାଶ ଓ ପୃଥିବୀର ସମ୍ମେଳନ ଦୃଶ୍ୟକୁ ଆମେ କ'ଣ ଅନନ୍ତ ମିଳନର ସ୍ୱର ନୁହେଁ ବୋଲି କହିପାରିବା? ଆମେ କଣ ମନା କରିପାରିବା ମିଳନ ଓ ସୃଜନର ଆନନ୍ଦ ଚିରନ୍ତନ ଓ ଦିବ୍ୟ ନୁହେଁ ବୋଲି? ଏ ପ୍ରଶ୍ନର ଉତ୍ତରକୁ ଅପେକ୍ଷା।

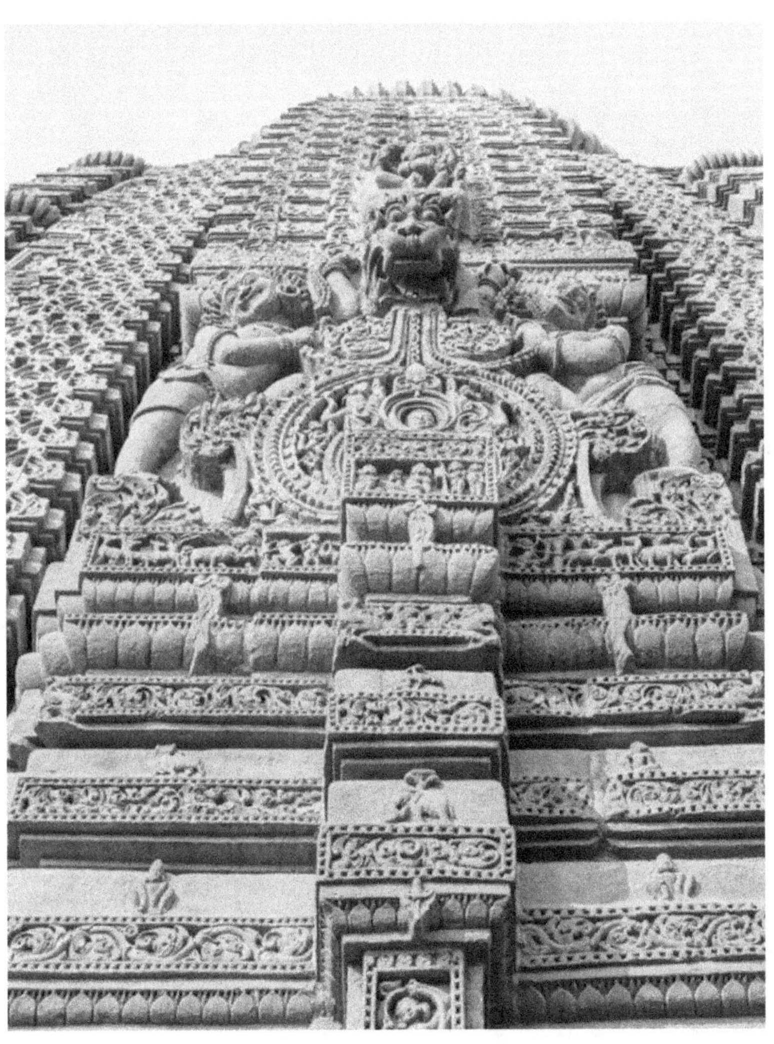

॥ ଛଅ ॥

ମଣିଷ ନିଜେ ସ୍ଥାପତ୍ୟ, ନା ସ୍ଥପତି- ଏହାହିଁ ଆମ ଆଲୋଚନାର ପ୍ରସଙ୍ଗ । ଏ ପ୍ରସଙ୍ଗର ରହସ୍ୟ-ପାଖୁଡ଼ାଗୁଡ଼ିକୁ ଖୋଲି ଦେବାପାଇଁ ଆମର ନାନା ଭୂମିକୁ ଯାତ୍ରା । ଆମେ ଭାରତ, ଚୀନ, ମିସର, ୟୁରୋପ ଓ ମଧ୍ୟପ୍ରାଚ୍ୟର କେତେକ ଭୂମିରେ ପାଦ ଥାପିଛୁ । ଶେଷରେ ଜାପାନ, ଗ୍ରୀସ୍ ଓ ଆଲ୍‌ଜେରିଆକୁ ଯିବା ।

ସୃଷ୍ଟିର ଅଧିକାଂଶ ମିଥ୍‌ରେ ରହିଛି ଭାଇ-ଭଉଣୀଙ୍କ ସମ୍ପର୍କ । ଠିକ୍ ଆମ ଯମ-ଯମୀଙ୍କ ପରି । ଏବେ ପ୍ରଥମେ ଜାପାନ । ଇଜାନାଗି ଓ ଇଜାନାମୀ ଯାଆଁଳା ଭାଇଭଉଣୀ । ସେମାନେ ଦିନେ ଉଦେ ହେଲେ ମହାଶୂନ୍ୟରେ । ମହାଶୂନ୍ୟରେ ଏକ ଭାସମାନ ପୋଲ । ଭାଇ ଇଜାନାଗି ହାତରେ ଥାଏ ହୀରାର ଫାର୍ସା । ସେ ଫାର୍ସାକୁ ବୁଲେଇ ବୁଲେଇ ଫୋପାଡ଼ି ଦେଲେ । ଫାର୍ସାରୁ ସୃଷ୍ଟିହେଲା କଉଆରୋ (କିଏ-କିଏ) । କଉଆରୋର ନାଦରେ ଭଉଣୀ ଇଜାନାମୀ ଫାର୍ସାକୁ ଧରି ପକେଇଲା । ଫାର୍ସା ଅଗରୁ ବିନ୍ଦୁବିନ୍ଦୁ ପାଣି ଝରିବାକୁ ଲାଗିଲା । ଲୁଣିପାଣି । ପାଣି ପ୍ରବଳ ହେଲା । ଜନ୍ମ ନେଲା ସମୁଦ୍ର । ଏବଂ, ଅନନ୍ତ ଜଳରାଶିକୁ ଭେଦକରି ପ୍ରକାଶିତ ହେଲା ସ୍ଥଳଭାଗ । ଭାଇଭଉଣୀ ଦୁହେଁ ପୋଲ ଉପରୁ ମାଟି ଉପରକୁ ଆସିଲେ । ଖୁଣ୍ଟ ପୋତି ଘରଟିଏ ତିଆରି କଲେ, ରହିଲେ ।

ଦିନକର କଥା । ସକାଳ । ଭାଇଭଉଣୀ ଦୁହେଁ ପୋଲ ପାଖରେ ଠିଆ ହୋଇଥାନ୍ତି । ଏଥର ସେମାନେ ପରସ୍ପରକୁ ଅନିଷା କଲେ । ଆଖିରେ ବିସ୍ମୟ, ଆତୁରତା । ଦୁଇଜଣ ମଣିଷ । ମାତ୍ର ଏତେ ରୂପଗତ ଭିନ୍ନତା ! ପ୍ରଥମଥର ପାଇଁ ଉଭୟଙ୍କ ଦେହରେ ପୁଲକ ! ଇଜାନାଗି ଆଖିରେ ସ୍ୱପ୍ନ । ଦେହରେ ଶିହରଣ । ସେ ଇଜାନାମୀ ପାଖକୁ ସ୍ୱତଃ ଟାଣିହୋଇ ଆସିଲା । ପାଖରୁ ପାଖକୁ । ଏବେ ଆଖିରେ ଆଖି । ଦେହରେ ଦେହ । ପ୍ରଥମେ ଇଜାନାଗି କଣ୍ଠରେ ସ୍ୱର- ଇଜାନାମୀ, ତମେ କେତେ ସୁନ୍ଦର ! ଆଉ ତମେ ? ଏଥର ଇଜାନାଗିର ଆତ୍ମାରେ ସମ୍ମୋହନର ଗୀତ ।

ଆଉ ତା'ପରେ? ତା'ପରେ ଦୁଇଟି ସ୍ୱତନ୍ତ୍ର କ୍ରମଶଃ ଏକ ହୋଇଗଲେ। ପ୍ରଥମ ମିଳନରୁ ଜନ୍ମ ନେଲେ ଜୋକ, ରକ୍ତପାୟୀ। ଦ୍ୱିତୀୟରେ ଫେରାରା ନାମକ ଦ୍ୱୀପ। ଦୁଇଟିଯାକ ସୃଷ୍ଟି କେଜାଣି କାହିଁକି ସେମାନଙ୍କୁ ସୁଖ ଦେଲାନି। ପୁଣି ମିଳନ। ଏଥର ଆଠଗୋଟି ଦ୍ୱୀପ। ପ୍ରତ୍ୟେକଥର ମିଳନରେ ଅଭିନବ ପୁଲକ, ନୂତନ ସୃଜନ। ଏବେ ଆବିର୍ଭୂତ ହେଲେ- ମାଟି, ପବନ, ଋତୁ, ପ୍ରକୃତି, ପାହାଡ଼-ପର୍ବତ, ମଣିଷ ଏବଂ ଅଗ୍ନି। ଅଗ୍ନିର ତେଜରେ ଇଜାନାମୀ ଝାଉଁଳି ପଡ଼ିଲେ ଏବଂ ଶେଷରେ ପ୍ରାଣପକ୍ଷୀ ଉଡ଼ିଗଲା। ଇଜାନାଗି ପାଇଁ ଏହି ଘଟଣାଟି ଥିଲା ଅତ୍ୟନ୍ତ ଆକସ୍ମିକ ଓ ଚରମ ଦୁଃଖଦ। କୋହ ସମ୍ଭାଳି ପାରିଲା ନାହିଁ। ରାଗରେ ଅନ୍ଧ ହୋଇଗଲା। ଏକ ଧାରୁଆ ଫାର୍ସାରେ ଖଣ୍ଡଖଣ୍ଡ କରିଦେଲା ଅଗ୍ନିଙ୍କ ଉଜ୍ଜ୍ୱଳ ଶରୀର। ଅଗ୍ନିଙ୍କ ରକ୍ତରୁ ଅନେକ ସ୍ୱତନ୍ତ୍ର ଜୀବ ଜନ୍ମ ନେଲେ ଏବଂ ଇଜାନାମୀ ଦେହ ହଜିଗଲା କେଉଁଆଡ଼େ, ରାତିର ଘନ ଅନ୍ଧାର ଭିତରେ।

କେଉଁଆଡ଼େ ହଜିଗଲା ଇଜାନାମୀଙ୍କ ଲାବଣ୍ୟ? ପାଗଳପ୍ରାୟ ଇଜାନାଗି ଖୋଜିଲା ଇଜାନାମୀକୁ। ଦିନେ ତା' ଆଗରେ ହଠାତ୍ ଉଭା ହେଲା ଇଜାନାମୀ, ଏକ ପ୍ରାସାଦର କବାଟ ପାଖରେ। ଇଜାନାଗି ଆଖିରେ ବିସ୍ମୟ। ବାହୁବନ୍ଧନରେ ଏବେ ଇଜାନାମୀ। ପଚାରିଲା- ଆମ ସପନ ତ ଏଯାବତ୍ ଅପୂର୍ଣ୍ଣ ରହିଛି। ଚାଲ, ଫେରିଚାଲ।

ଇଜାନାଗି ଆଖିରେ ମିଳନର ସପନ। ମାତ୍ର ସେ ଅସହାୟ। କହିଲା- ତମେ କ'ଣ ଦେଖିପାରୁନ ଇଜାନାମୀ, ଆମ ଚାରିପାଖରେ ସବୁଆଡ଼େ କେବଳ ଅନ୍ଧାର ଓ ଅନ୍ଧାର। ଅନ୍ଧାର ମୋ' ଦେହରେ। ମୋତେ ଅନ୍ଧାର ଭିତରୁ ମୁକ୍ତ ହେବାକୁ ପଡ଼ିବ।

ଆକସ୍ମିକ ଭାବରେ ପୁଣି କେଉଁଆଡ଼େ ହଜିଗଲା ଇଜାନାମୀର ବର୍ତ୍ତମାନ। ଏବେ ଅସହାୟ ଇଜାନାଗି। ମଥାରୁ ଓପାଡ଼ି ଆଣିଲା ଏକ କେଶ। ଦୁଇଟି ପାନିଆ ସାହାଯ୍ୟରେ ସେ ତିଆରି କଲା ଦ୍ୱୀପ। ଚାରିଆଡ଼ ଏବେ ଆଲୋକିତ। ଘର ଭିତରକୁ ପଶିଗଲା। ମାତ୍ର କ'ଣ ଦେଖୁଛି ସେ ନିଜ ଆଖିରେ? ଅବିଶ୍ୱସନୀୟ ଦୃଶ୍ୟ! ଶୋଇପଡ଼ିଛି ଇଜାନାମୀ। ପଚା ଦେହ। ଦେହସାରା ସାଲୁବାଲୁ ପୋକ। ନାନାଜାତିର । ଖାଇ ଚାଲିଛନ୍ତି ତା'ର ପଚା ମାଂସ। ହଠାତ୍ ଶବରୁ ଜନ୍ମ ନେଲେ ଭୟଙ୍କର ଜୀବମାନେ। ଉଗ୍ର। ଆକ୍ରମଣ କଲେ ତାକୁ। ଭୟଙ୍କର ଆକ୍ରମଣ। ମାତ୍ର କେଉଁଠୁ ଏକ ଅସ୍ପଷ୍ଟ ସ୍ୱର ତାକୁ ସଚେତନ କରିଦେଲା- ପ୍ରିୟତମ, ଫେରିଯାଅ ତମ ପୃଥିବୀକୁ। ଇଜାନାଗିର ପାଦରେ ଗତି। ଦ୍ରୁତରୁ ଦ୍ରୁତତର। ମଥାର ପଗଡ଼ି ପ୍ରିୟା ଉପରକୁ ଫିଙ୍ଗିଦେଲା। ପଗଡ଼ି ଏବେ ପେଚ୍ଛାଏ ଅଙ୍ଗୁର, ଇଜାନାମୀର ପେଟରେ। ତା' ପଛରେ ପୁଣି ଆଠ-ଆଠଜଣ ଭୟଙ୍କର ଅତିକାୟ ଜୀବ। ଇଜାନାଗିର ମଥାର ପାନିଆ ଏଥର ସେମାନଙ୍କ ଉପରେ।

ପାନିଆ ରୂପାନ୍ତରିତ ବାଉଁଶ ଗଜାରେ ଏବଂ ସେଗୁଡ଼ିକ ପୁଣି ଇଜାନାମୀର ପେଟରେ। ଇଜାନାଗି ଆସିଲା ପୃଥିବୀ ଉପରକୁ। ପାତାଳ ଭିତରୁ ପୃଥିବୀ ଉପରକୁ। ଦୁଇ ସ୍ଥଳର ମଧ୍ୟଭାଗରୁ ଜନ୍ମନେଲା ପିଚ ଗଛ। ଇଜାନାଗି ଅନୁଧାବନକାରୀମାନଙ୍କ ଉପରକୁ ତିନୋଟି ଗଛ ଓପାଡ଼ି ଫିଙ୍ଗିଦେଲା। ଗଛର ତେଜକୁ ସହିପାରିଲେ ନାହିଁ ସେମାନେ। ଫେରିଗଲେ ନିଜ ଘରକୁ। ଇଜାନାମୀ କିନ୍ତୁ ଅବିଚଳିତା। ମୃତ୍ୟୁ ଭୟରେ ଅନନ୍ୟୋପାୟ ଇଜାନାଗି ପଥରଖଣ୍ଡେ ଗଡ଼େଇଦେଲେ ପାତାଳ ମୁହଁକୁ। ମାତ୍ର ଇଜାନାମୀ ଏଭଳି ପରିସ୍ଥିତି କଳ୍ପନା କରିନଥିଲା।

ଏଥର ତା'ର ସ୍ୱରରେ ପ୍ରାର୍ଥନା। ମୋତେ ବାଟ ଛାଡ଼ିଦିଅ ପ୍ରିୟ! ପାଖକୁ ନିଅ। ଇଜାନାଗି କିନ୍ତୁ କଠୋର। ନା, ତମେ ସେଇଠି ଥାଅ। ରାଗରେ ନିଆଁ ହୋଇଉଠିଲା ଇଜାନାମୀ। କଣ୍ଠରେ ପ୍ରତିଶୋଧର ଆହ୍ୱାନ। କହିଲା- ତମେ ମତେ ଅସ୍ୱୀକାର କଲେ, ମୁଁ ତମ ପୃଥିବୀର ସକଳ ମଣିଷକୁ ଶେଷ କରିଦେବି। ଇଜାନାଗିର ପ୍ରତିଉତ୍ତର- ତମେ ଯେତିକି ଶେଷ କରିବ, ମୁଁ ସୃଷ୍ଟି କରିବି ସେମାନଙ୍କଠାରୁ ଯଥେଷ୍ଟ ଅଧିକ। କ୍ରୋଧ ସେମାନଙ୍କୁ ପରସ୍ପରଠାରୁ ଅଲଗା କରିଦେଲା। ବଞ୍ଚିଗଲା ମଣିଷ ଅନ୍ଧାର ଓ ମୃତ୍ୟୁର ସଂକ୍ରମଣରୁ।

ଏଥର ଆମେ ଗ୍ରୀସକୁ ଯିବା। ଗ୍ରୀକ୍‌ମାନେ ଧରିତ୍ରୀର ପୂଜକ। 'ଗ୍ରୀକ୍' ଶବ୍ଦର ଅର୍ଥ ମଧ୍ୟ 'ମେଦିନୀର ପୂଜାରୀ'। ସେଠାରେ ନାରୀମାନେ ପୁରୁଷମାନଙ୍କଠାରୁ ଶକ୍ତିଶାଳୀ। ଦେବଦେବୀମାନଙ୍କୁ ନାରୀମାନେ ପୂଜା କରୁଥିଲେ। ଶାସନର ମୁଖ୍ୟ ମଧ୍ୟ ଥିଲେ ନାରୀ। ଦେବୀମାନଙ୍କର ଶକ୍ତିକୁ ଆକଳନ କଲେ ଏହା ସ୍ପଷ୍ଟ ହୋଇଯାଏ। କିଏ ସେହି ଦେବୀମାନେ? ସେମାନେ ହେରା (ଜିଅସଙ୍କ ପତ୍ନୀ), ଡାଏନା (ଚିରକୁମାରୀ: ପ୍ରକୃତି, ପଶୁପକ୍ଷୀ, ସରୀସୃପ ଆଦି ଜୀବମାନଙ୍କର ଜନ୍ମଦାତ୍ରୀ, ପ୍ରଜନନର ଦେବୀ), ଆଫ୍ରୋଡାଇଟ୍ (ସୌନ୍ଦର୍ଯ୍ୟ, ସମ୍ମୋହନ, ମାୟା), ଡିମିଟର (ପ୍ରଜନନ), ହେଷ୍ଟିଆ (ତେଜ) ଓ ଅନ୍ୟମାନେ। ଆଫ୍ରୋଡାଇଟ ଆମ ରତିଙ୍କ ପରି। ତାଙ୍କ ଚାରିପାଖରେ କୁହୁକର ବଳୟ। ତାଙ୍କ ଚାଲି, କଥାରେ ଚକିତ ହୁଏ ପ୍ରକୃତି। ତାଙ୍କ ଜୀବନକୁ ଆଧାର କରି ଗ୍ରୀକ୍‌ମାନେ ବହୁ ପ୍ରେମକଥା ତିଆରି କରିଛନ୍ତି। ସବୁଠାରୁ ଗୁରୁତ୍ୱପୂର୍ଣ୍ଣ କଥା- ସେମାନେ ସ୍ୱାଧୀନ। ନିଜନିଜ ଇଚ୍ଛାର ଈଶ୍ୱରୀ। ଆକାଶ, ପାତାଳ ଓ ପୃଥିବୀ- ତିନିଲୋକରେ ସେମାନଙ୍କର ଗତାଗତ, ପୁଣି ଅବାରିତ। ଏବଂ, ପୁରୁଷମାନେ ସେମାନଙ୍କର ଆଜ୍ଞାଧୀନ। ଜିଅସ୍ (ଇନ୍ଦ୍ର) ତ ହେରାଙ୍କ ପାଖରେ ସଂପୂର୍ଣ୍ଣ ଅସହାୟ। ସେ ବହୁନାରୀ ସମ୍ଭୋଗୀ, ମାତ୍ର ଆମ ଇନ୍ଦ୍ରଭୋଗ୍ୟାମାନଙ୍କ ପରି ତାଙ୍କ ଭୋଗ୍ୟାମାନେ ଅସହାୟା ନୁହନ୍ତି।

ମଣିଷ ସୃଜନ ସଂପର୍କରେ ଗ୍ରୀକ୍‌ମାନଙ୍କର କଳ୍ପନା ବେଶ୍ ଚମତ୍କାର। ସେମାନଙ୍କ ପ୍ରଥମ ମଣିଷ ଥିଲେ ଉଭୟଲିଙ୍ଗୀ। ପରାକ୍ରମୀ ଓ ବଳିଷ୍ଠ। ସେମାନଙ୍କ ପରାକ୍ରମ ଓ ସ୍ୱାଧୀନତା ଜିଅସ୍‌ଙ୍କୁ ଆତଙ୍କିତ କଲା। ସେମାନଙ୍କୁ ପରାଭବ ଭୋଗିବାକୁ ହେବ। କିପରି ? ଅନୁଭବ କଲେ, ଶାରୀରିକ ଗଢ଼ଣ ହିଁ ସେମାନଙ୍କ ଔଦ୍ଧତ୍ୟର କାରଣ। ଅସ୍ତ୍ରରେ ସେମାନଙ୍କୁ ଦୁଇଭାଗ କରିଦେଲେ। ଗୋଟିଏ ଭାଗ ପୁରୁଷ ଓ ଅନ୍ୟଭାଗ ନାରୀ। ମାତ୍ର ସ୍ୱତନ୍ତ୍ର ଶରୀର ସେମାନଙ୍କ ପାଇଁ ବିପଦ ହେଲା। ନିଜନିଜ ସହିତ ଅନନ୍ତ ସମ୍ମୋହନ ସଂପର୍କ ତୁଟିଗଲା। ଖୋଜିଲେ ପରସ୍ପରର ସଂପର୍କକୁ। ଫଳ କେବଳ ହତାଶା। ବିଫଳତା ସେମାନଙ୍କ ମରଣର କାରଣ ହେଲା। ଏବଂ, ସଂଖ୍ୟା ଶେଷ ହେବାକୁ ଲାଗିଲା। ଏକ ଶକ୍ତିଶାଳୀ ଜୀବର ସଂପୂର୍ଣ୍ଣ ବିଲୋପନ, ଏଥର ବିଚଳିତ କଲା ଜିଅସଙ୍କୁ। ଉପାୟ ଖୋଜିଲେ। ସେମାନଙ୍କ ଲିଙ୍ଗକୁ ଦେହର ସମ୍ମୁଖଭାଗରେ ଖଞ୍ଜିଦେଲେ। ମିଳନ ସମ୍ଭବ ହେଲା। ଗୋଟିଏ ଦେହ ବିଭକ୍ତ ହୋଇଥିଲା। ମାତ୍ର ମିଳନରୁ ଜନ୍ମନେଲେ ଉତ୍ତରପୁରୁଷ। ଆମେ ସେଇ ଯୁଗ୍ମସତ୍ତାର, ଏବେ, ସ୍ୱତନ୍ତ୍ର ଅଭିବ୍ୟକ୍ତି। ଗ୍ରୀକ୍‌ମାନଙ୍କର ଏଇ ପରିକଳ୍ପନା। ଆମ ଶିବ-ପାର୍ବତୀ, ରାଧା-କୃଷ୍ଣ, ଲକ୍ଷ୍ମୀ-ନାରାୟଣଙ୍କ ଭାବାଦର୍ଶର ପ୍ରତିଧ୍ୱନି। ନାରୀ ଓ ପୁରୁଷର ଯୁଗ୍ମସତ୍ତା ଯେ ବାସ୍ତବତଃ ଅମିତଶକ୍ତିର କାରଣ- ଗ୍ରୀକ୍ ଓ ଭାରତୀୟ ପୁରାକଳ୍ପ, ଏହା ସ୍ୱୀକାର କରେ।

ଏଥର ଆମେ ଆଲ୍‌ଜେରିଆକୁ ଯିବା। ଭଲ ଗପଟିଏ। ମଣିଷ ଜନ୍ମ ପୂର୍ବରୁ ପୃଥିବୀ ଓ ସମୁଦ୍ର ସୃଷ୍ଟି ହୋଇସାରିଥିଲେ। ମାତ୍ର ଜଗତର ପ୍ରଥମ ଦମ୍ପତି ଅମର ଥିଲେ। ପୃଥିବୀ ତଳେ ଥିଲା ସମୁଦ୍ର। ଅନନ୍ତ ସମୁଦ୍ର। ସେମାନେ ଅନନ୍ତକାଳ ଧରି ଜଳରାଶିରେ ରତିସୁଖରେ ବିଭୋର ଥିଲେ। ସମୟକ୍ରମେ ପ୍ରକୃତିଙ୍କ ଗର୍ଭରୁ ସମ୍ଭବିଲେ ପଚାଶ ପୁଅ ଓ ପଚାଶ ଝିଅ। ଦିବ୍ୟଦମ୍ପତି ସେମାନଙ୍କୁ ନେଇ ଆନନ୍ଦରେ ବିଭୋର ହୋଇଉଠିଲେ। ମାଟି ଉପରକୁ ପଠେଇଦେଲେ। ମାଟିରେ ପ୍ରଥମ ପାଦ ପଡ଼ିଲା ଝିଅମାନଙ୍କର। ଅପରୂପା ପ୍ରକୃତିକୁ ଦେଖି ସେମାନେ ମୁଗ୍ଧଚକିତ ହେଲେ। ପରିଚୟ ପଚାରିଲେ। ପଚାରିଲେ- କିଏ ତମମାନଙ୍କୁ ସୃଷ୍ଟି କରିଛି ? ଉତ୍ତର ଆସିଲା- ମାଟି। ମାଟିକୁ କିଏ ତିଆରି କରିଛି ? ଉତ୍ତର ଆସିଲା- ମୁଁ। ଅପେକ୍ଷା କରିଛି ତମମାନଙ୍କୁ।

ପ୍ରଥମେ ଆକାଶରେ ଘୋଟିଆସିଲା ଅନ୍ଧାର। ପରେପରେ ଆକାଶ ଛାତିରେ ଜହ୍ନ ଓ ତାରା। ସେମାନଙ୍କୁ ଦେଖି ଝିଅମାନେ ପୁଣି ପଚାରିଲେ- କିଏ ତୁମେମାନେ ? ଅନ୍ଧାରକୁ ଆଲୋକିତ କରିଦେଉଚ ? ପୁଣି କେଉଁଆଡ଼େ ଲୁଚିଯାଉଚ ? ଏତେ ଉଚ୍ଚରେ ରହୁଚ, ବୁଲୁଚ କାହିଁକି ? ସେମାନଙ୍କର ଆକୁଳପ୍ରଶ୍ନର ଉତ୍ତର କିଛି ଆସୁନଥିଲା ଏତେ ଦୂରରୁ। ସେମାନେ ସମ୍ଭବତଃ ଶୁଣିପାରୁନଥିଲେ ଦୂରସ୍ଥମାନଙ୍କର ସ୍ୱର। ନିଜ ନିଜକୁ

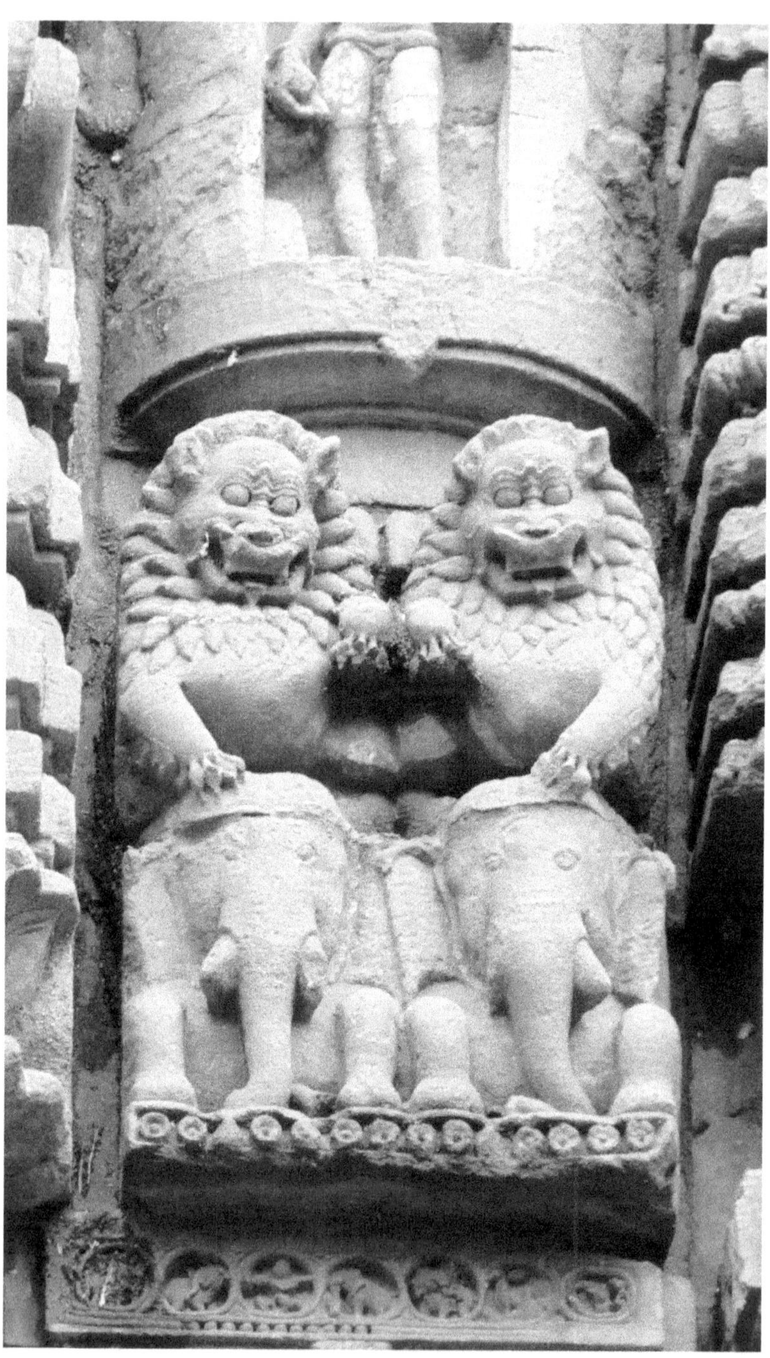

ଚାହିଁଲେ। ଭଲପାଇ ବସିଲେ। ଉତ୍ତର ମିଳିଗଲା। ମାଟି ଓ ପ୍ରକୃତି କୋଳରେ ଘର ବସେଇଲେ।

ଏବେ ଫେରିବା। ସ୍ଥାପତ୍ୟ ଗାଥା ଚର୍ଚ୍ଚା ପ୍ରସଙ୍ଗରେ ଆମେ ଏପର୍ଯ୍ୟନ୍ତ କେବଳ ନାନା ଭୂମିର ମଣିଷ-ସୃଷ୍ଟ ଗପ ଇ ଶୁଣୁଥିଲେ। ଆମ କଥିତ ମିଥ୍ ବହୁସଂଖ୍ୟକ ଜୋସେଫ କ୍ୟାମ୍ପବେଲ୍ଙ୍କ ମିଥ୍ (ସୃଜନ ମିଥ୍) ବହିରେ ମିଳିଯିବ। ତେବେ ସ୍ଥାପତ୍ୟ ଗାଥାରେ ମିଥ୍ର ଉଦାହରଣ କାହିଁକି? ପ୍ରତ୍ୟେକ ମିଥ୍ ବିଶ୍ଳେଷଣ କଲେ ଗୋଟିଏ ଉତ୍ତର ଆସିଯାଏ ଯେ, ଏଗୁଡ଼ିକ ଆମରି ସଂରଚନା। ମଣିଷର ସଂରଚନା।

ଆମେ କେବେ ଜନ୍ମ ନେଇଛୁ, କିପରି ଜନ୍ମ ହୋଇଛୁ, କିପରି ଆମ ରୂପ ଥିଲା ଏବଂ କିଏ ଆମର ପ୍ରଥମ ସ୍ରଷ୍ଟା- ଏମିତି ବହୁପ୍ରଶ୍ନ ଆମ ଭିତରେ ବାରମ୍ବାର ଉଦୟ ହୋଇଛି। ଆମେ ଉତ୍ତର ଖୋଜିଛୁ। ଉତ୍ତରରେ ଅବଶ୍ୟ ସାଦୃଶ୍ୟ ରହିଛି। ବୈଶାଦୃଶ୍ୟ ଯେ ନାହିଁ, ତାହା ନୁହେଁ, ମାତ୍ର ଅସ୍ପଷ୍ଟ। ଆମେ ସମସ୍ତେ ଶୂନ୍ୟର ଇଚ୍ଛାସମ୍ଭୂତ। ଆମର ଜନ୍ମ ପୂର୍ବରୁ ଶୂନ୍ୟ ଆମ ପାଇଁ ମାଟି, ପାଣି, ପବନ, ଆକାଶ, ସୂର୍ଯ୍ୟ, ଚନ୍ଦ୍ର, ତାରା, ଗଛଲତା, ପଶୁପକ୍ଷୀ, ସରୀସୃପ ଓ ଅନ୍ୟ ଜୀବମାନଙ୍କୁ ତିଆରି କରିଛନ୍ତି। ସର୍ଜନ ପ୍ରକ୍ରିୟାର ଆମେ ଶେଷ ସଂକେତ। ଅଧିକାଂଶ ଗପରେ ପ୍ରଥମ ସୃଷ୍ଟି ନାରୀ। ଏବଂ, ସେ ସୃଷ୍ଟିକାରିଣୀ। ଆମେ ଅନ୍ୟ ସକଳ ଜୀବଙ୍କୁ ନିୟନ୍ତ୍ରଣ କରିଛୁ। ଅଦୃଷ୍ଟର ଦତ୍ତ-ସଂପଦଗୁଡ଼ିକୁ ପୁଞ୍ଜି କରି ନିଜ ସଂସାର ତିଆରି କରିଛୁ। ଅଦୃଶ୍ୟକୁ ବି ତିଆରି କରିଦେଇଛୁ।

ତେବେ କିପରି ତାଙ୍କ ରୂପ ଓ ଆଚରଣ? ଆମ ପରି ନିଶ୍ଚୟ। ସେ କାହିଁକି ତିଆରି କଲେ ଆମକୁ? କାହାପାଇଁ? ତାଙ୍କପାଇଁ ? ମଜା ଦେଖିବାପାଇଁ? ଆଉ ଆମେ? ସେ କ'ଣ ସତରେ ଥିଲେ? ଅଛନ୍ତି? ସେ କ'ଣ ଆମ କଳ୍ପନା-ପ୍ରସୂତ କି? ସେ ଯଦି ଆମ ସୃଷ୍ଟି, ତେବେ କ'ଣ ସେ ସୃଷ୍ଟିର କାରଣ?

ସେ ଓ ଆମେ, କ'ଣ ଏକ ଓ ଅଭିନ୍ନ? ସେ କ'ଣ ପ୍ରମୂର୍ତ୍ତ ହୁଅନ୍ତି ଆମ ଇଚ୍ଛା ଅନୁସାରେ? ଆମ କଳ୍ପଲୋକରେ? ଏକଥା ବି ହୋଇପାରେ- ଆମେ ଯାହାଙ୍କୁ ଆମ କଳ୍ପନା-ସୃଷ୍ଟ ବୋଲି ଘୋଷଣା କରୁ, ତାହା ତାଙ୍କରି ଇଚ୍ଛା। ତେଣୁ ଆମେ ଏକଥା କହିପାରିବା- ସେ ଏକ ଅଦୃଶ୍ୟ ସ୍ଥପତି, ଆମ ପରି ଦୃଶ୍ୟମାନ ସ୍ଥପତିମାନଙ୍କର କ୍ରମବିବର୍ତ୍ତିତ ଅବବୋଧର ସ୍ପଷ୍ଟ ଅଭିବ୍ୟକ୍ତି। ଆମେ ତିଆରିଥିବା ତାଙ୍କ ପ୍ରତିମା ଓ ବିହାରଭୂମିକୁ ଅନୁଶୀଳନ କଲେ, ତାଙ୍କ ରୂପ ଓ ସ୍ୱରୂପ ସ୍ପଷ୍ଟ ହୋଇଯିବ। ସ୍ପଷ୍ଟ ହୋଇଯିବ ଆମ ସ୍ଥାପତ୍ୟ ଗଢ଼ଣର ଗୁମର।

ସ୍ଥାପତ୍ୟର ପଲ୍ଲବନ

ଏବେ ଆମେ ସ୍ଥାପତ୍ୟର ପଲ୍ଲବନ ପ୍ରସଙ୍ଗକୁ ଆସିବା। ଏହା ଆମ ଅନୁଭବ ଓ ପରୀକ୍ଷଣର କଥା। ବିଶ୍ୱ ଏକ ବିଚିତ୍ର ଗଢ଼ଣ। ଏକ ଘର। ଘର ଭିତରେ ନାନା ରୂପ ଓ ଗୁଣ, ପଦାର୍ଥ ଓ ଜୀବନ୍ତମାନଙ୍କର ଆତଯାତ। ସେମାନେ ସମ ଅଥବା ବିଷମ ହୁଅନ୍ତୁ, ମାତ୍ର ପ୍ରତ୍ୟେକ ପ୍ରେମ ସୂତ୍ରରେ ପରସ୍ପର ସହିତ ସଂପୃକ୍ତ। ଏଇ ଗୋଟିଏ ଘରର ବାସିନ୍ଦା। ଘରର ଆକାର ବିଶାଳ, ଆଖି ପାଉନି, କଳ୍ପନାର ବି ଥଳକୂଳ ନାଇଁ। ଆତଯାତମାନେ ପୁଣି ଦୃଶ୍ୟ ଓ ଅଦୃଶ୍ୟ। ମାତ୍ର ସେମାନେ ବେଳେବେଳେ ପରସ୍ପର ସହିତ ପ୍ରାଣଘାତୀ ଝଗଡ଼ାରେ ପ୍ରମତ୍ତ। 'ଝଗଡ଼ା' ସେମାନଙ୍କୁ, ପୂର୍ଣ୍ଣତଃ ବିନାଶ କରିପାରି ନାହିଁ; ବରଂ ନୂଆ ନୂଆ ରୂପ ଦେଇଛି, କିମ୍ଭୂତ ଲାଗିଛି। ଆମେ ଏଇ ଜଟିଳ ବିଜ୍ଞାନ ଓ ଦର୍ଶନର ଗୋଲକଧନ୍ଦା ଭିତରକୁ ଯିବା ନାହିଁ। ମାତ୍ର ଗୋଟିଏ କଥା ସ୍ପଷ୍ଟ ଯେ, ଆମ ସମଜାତୀୟ ଜୀବମାନଙ୍କ ଭିତରେ ରୂପ ଓ ଗୁଣଗତ ସ୍ୱାତନ୍ତ୍ର୍ୟ ରହିଛି। ଉଦାହରଣ ସ୍ୱରୂପ, ଆମେ ମଣିଷ, ଏକ ଜୀବ ବିଶେଷ; ମାତ୍ର ପ୍ରତ୍ୟେକ ମଣିଷ/ବ୍ୟକ୍ତି ସ୍ୱତନ୍ତ୍ର। ଜଣେ ଅନ୍ୟ କାହାପରି ନୁହେଁ, ଅଥଚ ଜଣେ ଅନ୍ୟଜଣଙ୍କ ଭିତରେ ବଂଚିଛି। ଏକ ଉଦାହରଣ ନେବା। ବରଗଛ। ଗୋଟିଏ ବରଗଛ ଅନ୍ୟ ସକଳ ବରଗଛ ପରି ଦିଶେ। ମାତ୍ର ପ୍ରତ୍ୟେକ 'ଅନ୍ୟ' କେବଳ ନିଜପରି। ବରଗଛର ପତ୍ର ଦେଖିବାକୁ ଏକାପରି ଲାଗେ। ଲାଗେ, ମାତ୍ର ପ୍ରତ୍ୟେକ ସ୍ୱତନ୍ତ୍ର। ଏକଥା କହିବାର କାରଣ, ବିଶ୍ୱର ପ୍ରତ୍ୟେକ ଗଢ଼ଣ ଯେପରି ସ୍ୱତନ୍ତ୍ର, ସେହିପରି ଅନ୍ୟତମ ଗଢ଼ଣ ପ୍ରତ୍ୟେକ ମଣିଷ ମଧ୍ୟ ସ୍ୱତନ୍ତ୍ର। ଏବଂ, ଏହି ସ୍ୱତନ୍ତ୍ରମାନଙ୍କର ଗଢ଼ଣ, ତେଣୁ ସ୍ୱତନ୍ତ୍ର। ଏଠାରେ ଉଲ୍ଲେଖନୀୟ ଯେ, ସ୍ୱତନ୍ତ୍ରମାନଙ୍କ ମଧ୍ୟରେ ମଧ୍ୟ ସାଦୃଶ୍ୟ ରହିଛି। ଆମେ ପୂର୍ବ ଆଲୋଚନାର ମିଥ୍‌ଗୁଡ଼ିକରେ ଏକଥା ଲକ୍ଷ୍ୟ କରିପାରିବା। ତେଣୁ ଓଡ଼ିଆମାନଙ୍କ ଗଢ଼ଣ-ମାନସିକତା ବିଷୟରେ

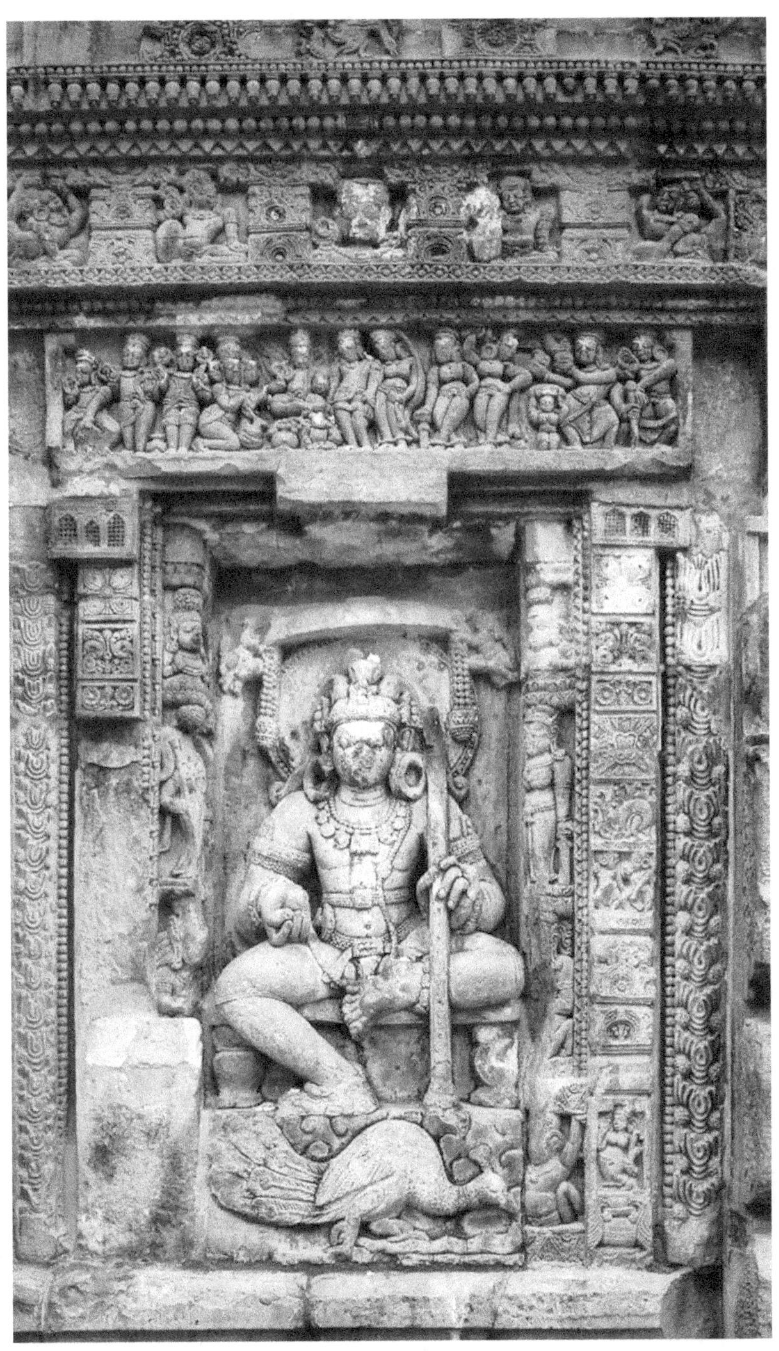

ବ୍ୟାଖ୍ୟା କଲାବେଳେ ପୃଥିବୀର ଅନ୍ୟ ଭୂମିର ମଣିଷମାନଙ୍କ ମାନସିକତାକୁ ମଧ୍ୟ ଅନୁଭବ କରାଯାଇପାରିବ।

ଗଢ଼ଣ କଥା ପଡ଼ିଲା ବେଳେ ଆମ ଭିତରେ ସ୍ୱତଃ କେତେକ ଗୁରୁତ୍ୱପୂର୍ଣ୍ଣ ପ୍ରଶ୍ନ ଉଦୟ ହୁଏ। ତାହା, କେଉଁ କାଳରେ ଗଢ଼ଣ ମାନସିକତାର ବୀଜାୟନ, ଆମେ କାହିଁକି ଗଢୁଛୁ ଏବଂ କାହାକୁ ଗଢୁଛୁ। ଗଢ଼ଣ ମାନସିକତା ପ୍ରଶ୍ନ ପାଖକୁ ଆସିବା । 'ମାନସିକତା' ପ୍ରସଙ୍ଗରେ ଗୋଟିଏ କଥା ସ୍ୱୀକାର୍ଯ୍ୟ, ଜଗତର ଅନ୍ୟ ଜୀବମାନଙ୍କ ମଧ୍ୟରେ ସ୍ୱତନ୍ତ୍ର-ଯାହାର ଚେତନାଲୋକର ବିକାଶକ୍ରମ ରହିଛି। ଅନ୍ୟମାନଙ୍କର ମସ୍ତିଷ୍କ ନିର୍ଦ୍ଦିଷ୍ଟ ଥିଲାବେଳେ ମଣିଷର ମସ୍ତିଷ୍କ ସୂକ୍ଷ୍ମ, ପ୍ରଖର ଓ ସର୍ଜନ କର୍ମରେ ବୈଚିତ୍ର୍ୟମୟ। ସେ ନିଜ ଓ ଅନ୍ୟମାନଙ୍କ ଜୀବନଯାତ୍ରାକୁ ପ୍ରୀତିପଦ ଓ ବିଳାସ- ଉଭୟ ପାଇଁ ଅବିଶ୍ୱସନୀୟ ପରିମଣ୍ଡଳ ତିଆରି କରିପାରେ। ଅର୍ଥାତ୍, ସେ ଆପଣା ଇଚ୍ଛାର ଈଶ୍ୱର ହୋଇପାରେ। ମାତ୍ର ଚେତନାର ବିକାଶ ଓ ସର୍ଜନ ପ୍ରକ୍ରିୟା ମଧ୍ୟରେ ସଂପର୍କ ଅତ୍ୟନ୍ତ ଅନ୍ତରଙ୍ଗ। ନିବିଡ଼। ସମକାଳୀକ କୁହାଯାଇପାରିବ। ଆମ ସ୍ଥାପତ୍ୟ କଳାକୁ ମଧ୍ୟ ସମ-ଭାବାଦର୍ଶ ଆଧାରରେ ଆଲୋଚନା କରାଯାଇପାରିବ। ତେଣୁ କେଉଁ କାଳରେ ବ୍ୟକ୍ତି-ଚେତନା ଭୂମିରେ ଗଢ଼ଣ ମାନସିକତାର ବୀଜାୟନ, ଆମେ ନିରାଧାର କହିପାରିବା ନାହିଁ। ମାତ୍ର ପ୍ରାୟ ସକଳ ଭୂମିରେ ତାହା ଏକ ପ୍ରକାରର ହିଁ ରହିଛି, ଯାହା କାଳଗତ ଭିନ୍ନତା। ଆଗ କି ପଛ।

ଏବେ ଆମେ ଦ୍ୱିତୀୟ ଓ ତୃତୀୟ ପ୍ରଶ୍ନ ପାଖକୁ ଆସିବା। ଆମେ କାହାକୁ, କାହିଁକି ଗଢୁଛୁ। ଆମେ ଏକ ଦତ୍ତ ପୃଥିବୀର ଘର ଭିତରେ ବଞ୍ଚୁଛୁ। ସେହି ଘର ଭିତରେ ଅନ୍ୟ ଜୀବମାନେ ମଧ୍ୟ ଅଛନ୍ତି। ପ୍ରତ୍ୟେକ ବଞ୍ଚିବା ପାଇଁ ପରସ୍ପର ସହିତ ଲଢ଼େଇ କରୁଛନ୍ତି। ବିଜେତା ହିଁ ବଞ୍ଚୁଛି। ଜୀବମାନଙ୍କ ବ୍ୟତୀତ ଅଛି ପ୍ରାକୃତିକ ପରିମଣ୍ଡଳ, ପଞ୍ଚଭୂତ(ପାଣି, ପବନ, ମାଟି, ତେଜ ଓ ଆକାଶ)। ପ୍ରତ୍ୟେକଙ୍କ ଆଚରଣ ପୁଣି ବିଚିତ୍ର। କେତେବେଳେ ଶାନ୍ତ, ପ୍ରୀତିପଦ, ଚିତ୍ତପ୍ରସାଦକ; କେତେବେଳେ ବିପଦଜନକ, ହିଂସ୍ର, ପ୍ରାଣଘାତୀ। ସକଳଙ୍କ ଆଚରଣରେ ପୁଣି ଆମେ କେତେବେଳେ ଆତଙ୍କିତ, ପୁଲକିତ ଓ ବିସ୍ମିତ। ବିପରୀତମୁଖୀ ଆଚରଣର କାରଣ ବୁଝିବାକୁ ଚେଷ୍ଟା କରୁଛୁ। ଆମେ ଅନୁଭବ କରୁଛୁ, ଆମ ବର୍ତ୍ତମାନ ଓ ଜୀବନ ସେମାନଙ୍କ ଦ୍ୱାରା ହିଁ ନିୟନ୍ତ୍ରିତ। ଅନୁଭବରୁ ଜନ୍ମ ନେଇଛି ବିଶ୍ୱାସ। ବିଶ୍ୱାସ ଦୃଢ଼ ହୋଇଛି। ସେ ଆତ୍ମରକ୍ଷା ପାଇଁ ଉଦ୍ୟମ କରିଛି। କେତେବେଳେ ଜିତିଛି, କେତେବେଳେ ହାରିଛି। ମାତ୍ର କ୍ରମଶଃ ବ୍ୟକ୍ତି ଚେତନାରେ ଏକ ଧାରଣା ବଦ୍ଧମୂଳ ହେଇଛି ଯେ, ସେ/ସେମାନେ ଆମ ଜୀବନଯାତ୍ରାର ନିୟନ୍ତ୍ରକ। ତେଣୁ ବ୍ୟକ୍ତିସମୂହ ସେମାନଙ୍କର ତୁଷ୍ଟୀକରଣ ପାଇଁ ମନସ୍ଥ

କରିଛି। ସେମାନେ କହିଲେ- ପ୍ରାକୃତିକ ବିଭବ, ଦୃଶ୍ୟମାନ। ଗଛ, ଲତା, ପାହାଡ଼, ପର୍ବତ, ପାଣି, ପବନ, ତାତି; ସୂର୍ଯ୍ୟ, ଚନ୍ଦ୍ର, ତାରା, ପଶୁ, ପକ୍ଷୀ ଓ ସରୀସୃପ ଇତ୍ୟାଦି। ସେ ପୁଣି ଦେଖୁଛି ମାଟି। ମାଟିରେ ପଡୁଛି ମଞ୍ଜି। ମଞ୍ଜିରୁ ଜନ୍ମ ନେଉଛନ୍ତି ଭଲି ଭଲି ଗଛ, ଲତା। ଲତା ଓ ଗଛ ଦେହରେ ଫୁଲ, ଫଳ। ଫୁଲରୁ ମଞ୍ଜି। ପାହାଡ଼ ଓ ପରବତ, ଟାଣ ଦେହ। ଦେହସାରା ଗଛଲତା। ଝରି ଆସୁଛି ପାଣିର ଧାରା। ଟାଣ, ପୁଣି ଏତେ ରୂପ, ଏତେ ସୁନ୍ଦର! ମାଟିକୁ ଲାଗି ସମୁଦ୍ର। ସୀମାହୀନ। ମଥା ଉପରେ ଆକାଶ। ଆକାଶରେ ମେଘ, ଚନ୍ଦ୍ର, ସୂର୍ଯ୍ୟ, ତାରା। ଏତେ ଉଚ୍ଚରେ ସେମାନେ ରହିପାରୁଛନ୍ତି କିପରି? କିଏ ସେମାନେ? ଖସି ପଡୁନାହାଁନ୍ତି ତ! ଆକାଶ ଦେହରେ ପୁଣି ଉଡ଼ି ଯାଉଛନ୍ତି। ପାଦ ନାଇଁ। ମାଟି ଉପରେ, ପାଣିରେ ଏତେ ଖର ଗତିରେ ଚାଲି ଯାଉଛନ୍ତି। ଗୂଢ଼ପଦ। ସାପ। ସେମାନେ ପୁଣି ଏତେ ହିଂସ୍ର, ରକ୍ତପାୟୀ!

ମଣିଷ ଆଉ ଏକ ଚରିତ୍ରକୁ ଦେଖୁଛି। ସେ ନାରୀ। ଠିକ୍ ମାଟି ପରି। ତା' ଦେହ ଭିନ୍ନ ଭିନ୍ନ ରୂପ ନେଉଛି। ଫୁଲ ଫୁଟୁଛି। ଫଳ ଧରୁଛି। ଦେହ ଭିତରୁ ନୂଆ ଏକ ଜୀବ ପୃଥିବୀକୁ ଆସୁଛି। ଠିକ୍ ତା'ରି ପରି। ଏଥର ନାରୀ, ମାଟି, ଗଛ, ଲତା, ପାହାଡ଼, ପର୍ବତ ସକଳ ତାକୁ ଏକାପରି ଲାଗୁଛନ୍ତି। କେବଳ ସେତିକି ନୁହେଁ; ସେ/ ସେମାନେ ବଡ଼ ହେଉଛନ୍ତି। ବିପଦ ଆପଦକୁ ସାମନା କରୁଛନ୍ତି। ମରୁଛନ୍ତି। ପୁଣି ଜନମ ହେଉଛନ୍ତି। ଜନମ ଯଦି ଦୃଶ୍ୟମାନ ବାସ୍ତବତା, ଯାହା ମରଣ ପରି ଦିଶୁଛି, ତାହା କ'ଣ ମିଛ? ସେ ସତରେ ଯଦି ମରିଯାଉଥାନ୍ତା, ତାରି ପରି ଅନ୍ୟ ଜଣେ ପୁଣି ଜନମୁଥାନ୍ତା କିପରି? ତା' ଭିତରେ ଏମିତି ଏକ ଧାରଣା ଜନମ ନେଉଛି ଯେ, ସେ ମରୁନି। ମରିଗଲା ପରି ଲାଗୁଛି। ଅଦୃଶ୍ୟରେ ରହିଯାଉଛି। ପୁଣି ଜୀବନ୍ତ ହୋଇଯାଉଛି। ଅର୍ଥାତ୍ ଦେହ ଅଛି। ଦେହ ଭିତରେ ସେ ଅଛି। ଦେହ ଦିଶୁଛି, ଦେହ ଭିତରର ସେ ଦିଶୁନି। ଆତ୍ମା ଅଦୃଶ୍ୟ, ଦେହ ଦୃଶ୍ୟ। ତେଣୁ ସକଳ ଦୃଶ୍ୟ ହେଉଛି ଅଦୃଶ୍ୟ ଆତ୍ମାର ଘର।

ଏଥର ମଣିଷ କଳ୍ପନା କରୁଛି ଏକ ଅଦୃଶ୍ୟର ଶକ୍ତି। ଏହି ଅଦୃଶ୍ୟର ଅନ୍ୟ ପରିଭାଷା ଅମୂର୍ତ୍ତ। ଇଂରାଜୀ ଶବ୍ଦରେ କହିଲେ ଇନ୍‌ଟାନ୍‌ଜିବଲ୍। ମାତ୍ର ସେହି ଅମୂର୍ତ୍ତକୁ ରୂପ ଦେବାକୁ ପଡ଼ିବ। କିପରି? ସେଇ ଅମୂର୍ତ୍ତ ଅଛି ଗଛ ରୂପରେ, ଲତା ରୂପରେ- ଆକାଶରେ, ପାଣିରେ, ମେଘରେ। ସୂର୍ଯ୍ୟ, ଜହ୍ନ, ପବନରେ। ସକଳ ପଶୁ, ପକ୍ଷୀ, ସରୀସୃପଙ୍କ ରୂପରେ। ତେଣୁ ସେମାନେ ଅମୂର୍ତ୍ତର ମୂର୍ତ୍ତ ରୂପ। ସ୍ପଷ୍ଟ, ଜୀବନ୍ତ। ଆନନ୍ଦ କୁମାର ସ୍ୱାମୀ, ପୃଥିବୀର ଅନ୍ୟତମ ବିଖ୍ୟାତ କଳା ସମୀକ୍ଷକ ତାଙ୍କ 'ଦ ଅରିଜିନ ଏଣ୍ଡ୍ ଇଉଜ ଅଫ୍ ଇମେଜସ ଇନ୍ ଇଣ୍ଡିଆ' ଶୀର୍ଷକ ରଚନାରେ ଭାରି ସ୍ପଷ୍ଟ ଭାବରେ

ଅମୂର୍ତ୍ତର ମୂର୍ତ୍ତ ରୂପ ସଂପର୍କରେ ଚର୍ଚ୍ଚା କରିଛନ୍ତି। ସେ କହିଛନ୍ତି ପ୍ରତ୍ୟେକ ମୂର୍ତ୍ତି ବା ପ୍ରତିମା ହେଉଛି ବାସ୍ତବତଃ ମାୟା ଏବଂ ମୋହ ହେଉଛି ମାୟାର ଉଦ୍ଭାସନ। ମାୟା ହେଉଛି ଜୀବନୀ ଶକ୍ତି। ଅଭିବ୍ୟକ୍ତିର ପ୍ରେରଣା। ଏବଂ, ମୋହ, ହେଉଛି ଅଭିପ୍ରକାଶ ବା ପ୍ରେରଣାର ମୂର୍ତ୍ତ ରୂପ। ଆମେ ଯେଉଁ ଜୀବକୁ ଦେଖୁଛୁ, ସେ ଏକାଧିକ ଶକ୍ତି ଦ୍ୱାରା ନିୟନ୍ତ୍ରିତ। ତେଣୁ ଏତେ ବୈଚିତ୍ର୍ୟମୟ। ପ୍ରତ୍ୟେକ ପରସ୍ପରଠାରୁ ଭିନ୍ନ। ଉଦାହରଣ ସ୍ୱରୂପ- ମାଟି, ଗଛ, ସୂର୍ଯ୍ୟ, ଚନ୍ଦ୍ର, ପାହାଡ଼, ଆକାଶ, ସମୁଦ୍ର, ପଶୁପକ୍ଷୀମାନଙ୍କ ରୂପ ଓ ଆଚରଣ କ'ଣ ସବୁବେଳେ ଏକ ପ୍ରକାରର? ଯଦି ନୁହେଁ, କିପରି ସେମାନଙ୍କର ବାସ୍ତବ ରୂପ? ଗୋଟିଏ ଦେହ ପୁଣି ଏତେ ରୂପର ଓ ଭାବର ହୋଇପାରେ? ତେଣୁ ବ୍ୟକ୍ତି ଅରୂପକୁ ରୂପ ଦେବାକୁ ଚେଷ୍ଟା କରୁଛି। ଚେଷ୍ଟା ଅର୍ଥାତ୍ ପ୍ରଚଣ୍ଡ ଇଚ୍ଛାଶକ୍ତି। ଇଚ୍ଛାକୁ ନିୟନ୍ତ୍ରଣ କରୁଛି ତା'ର ତୀବ୍ରତା। ଏଥର, କ୍ରମଶଃ, ଦୃଶ୍ୟ ଭିତରେ ଅଦୃଶ୍ୟ ସ୍ପଷ୍ଟ ହୋଇଯାଉଛି। ତେଣୁ ଦେଖା ଓ ଅଦେଖାର ଏକୀଭୂତ ମାନସିକତାରୁ ବିକଶିତ ହେଉଛି ସର୍ଜନଶୀଳତା। ବ୍ୟକ୍ତି। ମଣିଷର ଚେତନା/ଅବବୋଧ ବଦଳୁଛି ସମୟକ୍ରମେ ଏବଂ, ଚେତନାର ବିବର୍ତ୍ତନ ପ୍ରକ୍ରିୟାରେ ଅମୂର୍ତ୍ତର ମୂର୍ତ୍ତ ରୂପରେ ମଧ୍ୟ ପରିବର୍ତ୍ତନ ଅନୁଭୂତ ହେଉଛି।

ଏହି ରହସ୍ୟ ବୁଝିବାପାଇଁ ଆମେ ଏକ ଉଦାହରଣ ନେବା। ମାଟି। ମା'। ପ୍ରଜନନବତୀ। ନାରୀପରି। ପ୍ରଜନନ ଏକ ଧର୍ମ। ଗୋଟିଏ ଦେହ ଭିତରେ ଜୀବନ କେଉଁଠି ସଞ୍ଚରି ଯାଉଛି। ପଦାକୁ ଆସୁଛି ଏକ ସରୁ ବାଟ ଦେଇ। ଆମେ ଭେଦିପାରୁନୁ ତା'ର ରହସ୍ୟ। ମାତ୍ର ନାରୀ ଭିତରୁ ନୂଆ ପ୍ରଜନ୍ମର ଉଦ୍ଭାସନ ଅସତ୍ୟ ନୁହେଁ। ମାଟି ଆମେ ପୂଜା କରୁଛୁ। ମା' ରୂପରେ। ନାରୀ ଓ ମାଟି ଏକ ହୋଇଯାଉଛନ୍ତି। ମାଟିକୁ ମା'ର ରୂପ ଦେବାକୁ ପଡ଼ିବ। କେମିତି? ଆମ ପାଖରେ ନାରୀ। ପଦାର୍ଥ ଆଣିଲୁ। ମାଟି। ଚକଟି କାଦୁଅ କଲୁ। ନାରୀ ଅନୁରୂପ ପ୍ରତିମାଟିଏ ତିଆରି କରିଦେଲୁ। ମାଟିର ପିଣ୍ଡୁଳା। ତା' ଦେହସାରା ବିଭିନ୍ନ ଜୀବଙ୍କ ଦେହର ଚିହ୍ନ। ମାଟି ପିଣ୍ଡୁଳାରେ ପୁଣି ପୁରୁଷ ଓ ନାରୀର ଯୁକ୍ତ ରୂପ। ସବୁ ଖୋଲା। ଆବରଣ, ଆଭରଣହୀନ। ଆମ ଦେହ ପରି। ଏଥର ଆମେ ସେମାନଙ୍କୁ ପୂଜା କଲୁ। ବିସ୍ମୟକୁ ପୂଜା କଲୁ । ଅମୂର୍ତ୍ତକୁ ମୂର୍ତ୍ତ ରୂପ ଦେଇ ପୂଜା କଲୁ। କହିଲୁ- ଆମକୁ ଆନନ୍ଦ ଦେ, ସୁଖ ଦେ।

କଞ୍ଚାମାଟି ଧୋଇଗଲା। ଏଥର ଉପାଦାନ ପଥର ଓ କାଠ। ଦୀର୍ଘସ୍ଥାୟୀ। ଉପାଦାନଗୁଡ଼ିକରେ ତିଆରି କରିଦେଲୁ ଆମ ଦେଖା ଜଗତର, ପାଖର ଜୀବମାନଙ୍କୁ। ପଶୁ, ପକ୍ଷୀ, ସରୀସୃପ। ମାତ୍ର ଯେଉଁମାନେ ଦୂରରେ? ସୂର୍ଯ୍ୟ, ଚନ୍ଦ୍ର, ମେଘ, ପବନ, ନିଆଁ? ଏମାନଙ୍କୁ ତ ତିଆରି କରିବାକୁ ପଡ଼ିବ। ମାତ୍ର କିପରି? ଦୂରସ୍ଥମାନଙ୍କ ଗୁଣ ଓ

ଭାବ ଏଥର ସଞ୍ଚରିଗଲା ଆମ ଚେତନାରେ। କଳ୍ପଚିତ୍ର ଖୋଲି ଖୋଲି ଗଲା। ଅମୂର୍ତ୍ତ ବିସ୍ମୟ ସ୍ପଷ୍ଟ ହୋଇ ଉଠିଲା। ଆମେ ପୁଣି ସେମାନଙ୍କୁ ତିଆରି କଲୁ। ମାତ୍ର କିପରି? ଆମ ପରି କି? ହଁ, ଆମ ଅନୁରୂପ, ମାତ୍ର ଅନୁରୂପ ଭିତରେ କଳପଣା। ଏଇ କଳପଣା ଇ କଳା। ଆମେ ସାପ ତିଆରି କଲୁ। ମାତ୍ର ଦିଶୁଥିବା ସାପ ଓ ତିଆରି ହୋଇଥିବା ସାପ- ଏକ ନୁହଁନ୍ତି। ତିଆରି- ସାପ ଭିତରେ ତା'ର ସାପତ୍ୱ ଜୀବନ୍ତ ରହିଛି- ଯାହା ଜୀବନ୍ତ ସାପ ଭିତରେ ଦିଶୁନାହିଁ। ଗଢ଼ା- ସାପଟି ଏକ ବିଚିତ୍ର ଜୀବ, ଯିଏ ଆମ ମନକଥା ବୁଝିପାରୁଛି। ଆନନ୍ଦ ଦେଉଛି। ଦୟା କରୁଛି। କହୁଛି- ମୁଁ କାମୁଡ଼ିବିନି। ତୁ ମୋର। ଏ ସାପର ମୁଣ୍ଡ, ଦେହ, ଆଖି, ଚାଲି- ସବୁ ଅଲଗା। କାହାପରି? ମୋ ପରି ନୁହେଁ ତ? ତେଣୁ ଗୋଟିଏ କଥା ସତ୍ୟ ଯେ, ଆମେ ଯେତେ ପ୍ରତିମା ତିଆରି କଲୁ, ସେମାନେ ପ୍ରତ୍ୟେକ ଅମୂର୍ତ୍ତର ମୂର୍ତ୍ତ ରୂପ। ଆମ ପରି ଦିଶୁଛନ୍ତି, ମାତ୍ର ନୁହଁନ୍ତି। ଅଥଚ, ସେମାନେ ଆମ ଭିତରେ ଅଛନ୍ତି- ନାନା ଭାବରେ, ନାନା ଗୁଣରେ।

ଚେତନାର ଉଦୟନ କାଳରୁ ନାନା ବିବର୍ତ୍ତନ ମାଧ୍ୟମ ଦେଇ ଆମେ ଆମକୁ ଯେତେବେଳେ ଯେମିତି ଦେଖିଛୁ, ଅନୁଭବ କରିଛୁ, ଆମଗଢ଼ା ପ୍ରତିମାମାନଙ୍କୁ ସେମିତି ତିଆରି କରିଛୁ। ସେମିତି ସଂପାଦିଛୁ। ଆମେ ଲଙ୍ଗଳା, ସେମାନେ ବି ଲଙ୍ଗଳା। ଆମ ଗୋପନୀୟ ଅଙ୍ଗ ଉପରେ ଖଣ୍ଡିଏ ପତର। ସେମାନଙ୍କର ବି ଅନୁରୂପ। ଆମ ଖାଦ୍ୟ ମାଂସ, ରକତ ଓ ଫଳମୂଳ। ସେମାନଙ୍କ ଖାଦ୍ୟ ବି। ଆମ ରହଣି ଗଛ ଉପର, ପାହାଡ଼, ପର୍ବତର ଖୋଲ, ନଈ କି ସମୁଦ୍ର କୂଳ। ଗଛ ତଳ। ସେମାନଙ୍କର ବି। ସେମାନେ ଆମ ଭିତରେ, ଆମେ ବି ସେମାନଙ୍କ ଭିତରେ। ସେମାନେ ଓ ଆମେ ଅନ୍ୟାଅନ୍ୟ।

ତେଣୁ ସ୍ଥାପତ୍ୟ ଆଉ କ'ଣ କି? ଅମୂର୍ତ୍ତର ମୂର୍ତ୍ତରୂପ। ଦେଖା ଓ ଅଦେଖା ଭୂଇଁର କଳାରୂପ। ଏବଂ, ମୂର୍ତ୍ତ ରୂପର ଘର। ଆମ ଦେଖା ଘର ଓ ଅଦେଖା ଘରର କଳାରୂପ। ଉପାଦାନ କହିଲେ, ଦଉ ପଦାର୍ଥ। ମାଟି, ପଥର, କାଠ ଓ ପରବର୍ତ୍ତୀ କାଳରେ ଧାତବ ପଦାର୍ଥ। ଏହା, ଅଳ୍ପରେ, ସାରା ପୃଥିବୀର ମୂର୍ତ୍ତିକଳା ଓ ସ୍ଥାପତ୍ୟ କଳାର ବିବର୍ତ୍ତନର ଇତିହାସ। ଓଡ଼ିଶା ଏହି ଭାବାଦର୍ଶର ବ୍ୟତିକ୍ରମ ନୁହେଁ। ମାତ୍ର ଆମ ଗଢ଼ଣ- ଦୃଷ୍ଟି ଓ ଗଢ଼ଣ କଳାରେ ସ୍ୱାତନ୍ତ୍ର୍ୟ ନିଶ୍ଚୟ ରହିଛି।

ସ୍ୱାତନ୍ତ୍ର୍ୟ ହିଁ ଆମର ଅସ୍ମିତା। ଏବଂ, ଅସ୍ମିତା ଆଲୋକନ ହିଁ ଆମର ଲକ୍ଷ୍ୟ। ଆମ ସ୍ଥାପତ୍ୟ ଚର୍ଚ୍ଚା ସେହି ଅସ୍ମିତା ଆଲୋକନର ଏକ ମାଧ୍ୟମ ମାତ୍ର।

॥ ଦୁଇ ॥

ସ୍ଥାପତ୍ୟର ପଲ୍ଲବନରେ କଳାକର୍ମର ଭୂମିକା ଗୁରୁତ୍ୱପୂର୍ଣ୍ଣ। ଆମେ ସେହି ପ୍ରସଙ୍ଗ ଆଲୋଚନା କରିବା। କୌଣସି କଳାକର୍ମ ଉପରେ ଆଖି ଲାଖିଗଲେ, ଅନେକ ମୁହଁ ତା' ଭିତରୁ ସମୁଦ୍ଭାସିତ ହୋଇଉଠେ। କଳାକାରଙ୍କ ମୁହଁ, କାଳର ମୁହଁ, ଭୂମିର ମୁହଁ। କଳାକାରଙ୍କ ପାଖକୁ ଆସିବା। ପ୍ରତ୍ୟେକ କଳାକାରଙ୍କର ଏକ ପରିଚୟ ଥାଏ। ଯେପରି ତାଙ୍କ ନାଁ, ବାପାଙ୍କ ନାଁ, ବଂଶର ନାଁ, ଘର, ଶିକ୍ଷା, ଦୀକ୍ଷା ଏବଂ କେଉଁକାଳରେ ତାଙ୍କ ଗତାଗତ। ସୁଦୂର ଅତୀତର କଳାକାରଙ୍କ ପରିଚୟ ତ ଅଜଣା। ବର୍ତ୍ତମାନ କଥା ବିଚାର କରାଯାଉ। ଏକ କୃତି ଭିତରୁ ଆମେ ଜଣେ କଳାକାରଙ୍କର ପରିଚୟ ପାଇଗଲୁ। ଆମେ କ'ଣ ନିରାଧାର କହିପାରିବା ଏହି କଳାକୃତି କ'ଣ କେବଳ ତାଙ୍କରି ? ତା' ଭିତରେ କ'ଣ ତାଙ୍କ ଭିନ୍ନ ଅନ୍ୟ କେହି ଜୀବନ୍ତ ନାହାନ୍ତି ? ପୁଣି ସେ ବଂଚୁଥିବା କଳା କ'ଣ କେବଳ ତାଙ୍କ ଅଭିବ୍ୟକ୍ତିରେ ଥାଏ, ଅତୀତ ନଥାଏ ? କେବଳ କ'ଣ ଥାଏ ତାଙ୍କ ବିଚରଣ ଭୂମି- ଅନ୍ୟ ଭୂମି ନଥାଏ ? ଏ କଥା ପ୍ରଶ୍ନ କରିବାର ଅର୍ଥ, ଆମେ ପ୍ରାୟତଃ, ଅଧିକାଂଶ କ୍ଷେତ୍ରରେ ଭୁଲିଯାଇଥାଉ ଯେ, ଜଣେ ବ୍ୟକ୍ତି କେବଳ ଜଣେ ନୁହନ୍ତି। ତାଙ୍କ ଭିତରେ ଅନେକ ଥା'ନ୍ତି। ଥା'ନ୍ତି ଗୋପନରେ, ସୂକ୍ଷ୍ମ ରୂପରେ। ସେ ଗୋଟିଏ ଭୂମିର ବାସିନ୍ଦା ଭାବରେ ନିଜର ପରିଚୟ ଲେଖୁଥା'ନ୍ତି, ମାତ୍ର ଅନେକାନେକ ଭୂମି ଥାଏ ତାଙ୍କ ଆଖି ଓ ଅନୁଭବରେ। ସେ ବହୁ ଭୂମିର ବାସିନ୍ଦା। ସେ ଗୋଟିଏ କାଳଖଣ୍ଡରେ ବଞ୍ଚୁଥା'ନ୍ତି, ମାତ୍ର ତାଙ୍କ ଭିତରେ ଥାଏ ବିଚିତ୍ର ଅତୀତ, ନିକଟ ଓ ଦୂର ଅତୀତ, ଅଜଣା ଅତୀତ। ସେଥିପାଇଁ କୁହାଯାଏ, କୌଣସି କଳାକର୍ମ ଅବଶ୍ୟ ଜଣକର କରଣି ପରି ଲାଗେ, ମାତ୍ର ତା' ଭିତରେ ଅନେକ ପ୍ରତିଭା, ଅନେକ ଭୂମି ଓ ଅତୀତର ପ୍ରତିଧ୍ୱନି। ସେହି ଜଣକ ସମକାଳରେ, ଆପଣାକୁ ଅନେକ ଭିତରେ ଅନୁଭବ କରିବାର ସୁଯୋଗ ଦେଇଥିବା ଅନ୍ୟତମ ସ୍ୱତନ୍ତ୍ର ବ୍ୟକ୍ତିତ୍ୱ ପ୍ରତିଭା। ତେଣୁ ଏ କଥା କହିଲେ ଆଦୌ ଭୁଲ ହେବନାହିଁ ଯେ, ପ୍ରତ୍ୟେକ କଳାକର୍ମ ହେଉଛି ବ୍ୟକ୍ତି ମାଧ୍ୟମରେ ସମୂହର ସମଗ୍ରର ଉଦ୍ଭାସନ। ଏବଂ, ଅସ୍ପଷ୍ଟ ଲାଗୁଥିବା ଅତୀତର ରହସ୍ୟକୁ ଭେଦି ନ ପାରିଲେ,

ଆମେ ବର୍ତ୍ତମାନ ବା ଆଧୁନିକତାକୁ ବୁଝିପାରିବା ନାହିଁ। କଳା ଏକ କାଳକ୍ରମିକ ଯାତ୍ରା। ବ୍ୟକ୍ତି ଓ ସମୂହର କଳାବୋଧର ଯାତ୍ରା।

ଯଦି ଜଣେ କଳା-ସମୀକ୍ଷକ ଓଡ଼ିଶାର ପରିଚୟ ଲୋଡ଼ିବେ, ଆମେ କେଉଁ ଓଡ଼ିଶାର କଥା କହିବା ? ଯଦି କହିବା ଆଜିର ଓଡ଼ିଶା, ଉତ୍ତର ଏକପାଖିଆ ହେବନାହିଁ କି ? ଆଜିର ଓଡ଼ିଶା, ପୃଥିବୀର ଅନ୍ୟତମ ସ୍ୱୀକୃତ ରାଜନୀତିକ ଆୟତନ- ଭାରତର ଅଙ୍ଗ। ଏହାର ଏକ ଜନମ କୁଣ୍ଡଳୀ ବି ତିଆରି କରିଛୁ। ରୂପ ଆଙ୍କି ଦେଇଛୁ। ମାତ୍ର ସବୁ ମିଛ। ସବୁ ମିଛକୁ ଏମିତି କଳାତ୍ମକ ଓ ଯୁକ୍ତି ପୁଷ୍ଟ କରିଦେଇଛୁ ଯେ, ତାହା ବାସ୍ତବ ପରି ଲାଗୁଛି। ଲାଗୁଛି, ମାତ୍ର ନୁହେଁ। ଯଦି ନୁହେଁ, ସତ କ'ଣ ? କେବେ ତାହାର ନାଁ ଓଡ଼ିଶା ହେଲା ? କିଏ ଏହି ସ୍ୱତନ୍ତ୍ର ନାମକରଣର ନାୟକ- ତାହା ଏଯାବତ୍ ଅନିରୂପିତ। କେହି ଜଣେ କରିଛି ନିଶ୍ଚୟ। ଆମେ ପଛକୁ ଉଡ଼ି ଉଡ଼ି ଯାଇ ଓଡ୍ର ବିଭାଷା, ଓଡ୍ର ରାଷ୍ଟ୍ରମଣ୍ଡଳ, ଔଡ୍ର ଆଦି ଶବ୍ଦ ପାଖରେ ପହଁଞ୍ଚି ଯାଇଛୁ। କହୁଛୁ- ଏମିତି ଏକ ଭାଷା ଥିଲା। ଏକ ନିର୍ଦ୍ଦିଷ୍ଟ ଭୂମିର ମଣିଷମାନେ ଏହି ଭାଷାରେ ନିଜ ନିଜ ମନକଥା କୁହାକୁହି ହେଉଥିଲେ। ଏହି ଭାଷା କହୁଥିବା ମଣିଷମାନଙ୍କର ଏକ ରାଜନୀତିକ ଆୟତନ ବି ଥିଲା। ଅନ୍ୟମାନଙ୍କଠାରୁ ସ୍ୱତନ୍ତ୍ର ଥିଲେ ସକଳ କ୍ଷେତ୍ରରେ। ସେମାନେ କୃଷିକାରୀ ଥିଲେ, ବୀର ବି ଥିଲେ। ବଣିଜ ବି କରୁଥିଲେ। ଇତ୍ୟାଦି।

ଆଧୁନିକ ଓଡ଼ିଶାର ଇତିହାସ ତିଆରି କରିଥିବା ପଣ୍ଡିତମାନେ ଓଡ୍ର ନାମ ସହିତ ଉତ୍କଳ, କଳିଙ୍ଗ, କଂଗୋଦ ଓ କୋଶଳ ଆଦି ଶବ୍ଦ ଯୋଡ଼ି ଦିଅନ୍ତି। ଏଠାରେ ଇତିହାସ ଗଢ଼ଣର କଥା କୁହାଯାଇଛି। ଏ କଥା ଲେଖିବାର କାରଣ, ଇତିହାସ ଶୂନ୍ୟରେ ନଥାଏ। ପ୍ରଚଳିତ ଓ ଲବ୍ଧ ନାନା ଉପାଦାନ ଏହାର ଗଢ଼ଣର କାରଣ। ଆମେ ଆଧୁନିକ ଓଡ଼ିଶା ତିଆରି କଲାବେଳେ ଅତୀତରେ ଉପର୍ଯ୍ୟୁକ୍ତ ନାମରେ ପରିଚିତ ଭୂଖଣ୍ଡଗୁଡ଼ିକର ଇତିହାସ ସଂପର୍କରେ ଚର୍ଚ୍ଚା କରିଥାଉ ଏବଂ ସ୍ୱୀକାର କରୁ ଯେ, ଏଗୁଡ଼ିକ ଏକାଠି ହୋଇ ଓଡ଼ିଶା ତିଆରି ହୋଇଛି। ଏହା ଯଦି ସତ୍ୟ, ତେବେ, ସଂପୃକ୍ତ ଭୂମିଗୁଡ଼ିକର କଳାକର୍ମ, ଆଧୁନିକ ଓଡ଼ିଶାର କଳାକର୍ମ ହେବା ହିଁ ସ୍ୱାଭାବିକ ଏବଂ ସଂପୃକ୍ତ ଭୂମିର କଳାକର୍ମର ସ୍ୱରୂପ କିପରି ଥିଲା, ଏ କଥା ଜାଣିବା ପାଇଁ ପ୍ରଥମ ଓ ଗୁରୁତ୍ୱପୂର୍ଣ୍ଣ ଉପାଦାନ, ଭୂମିଗୁଡ଼ିକର ରାଜନୀତିକ ଆୟତନ ଓ ମଣିଷମାନଙ୍କର ସ୍ପଷ୍ଟ ରୂପ।

ବୈଦିକ ସଂହିତା, ମହାଭାରତ, ରଘୁବଂଶ, ହରିବଂଶ ଆଦି ପ୍ରାଚୀନ ଗ୍ରନ୍ଥରେ କଳିଙ୍ଗ ଓ ମହାଭାରତରେ ଓଡ୍ର ଶବ୍ଦର ପ୍ରୟୋଗ ରହିଛି। ଜୈନଶାସ୍ତ୍ରରେ କଳିଙ୍ଗର ରାଜଧାନୀ ଦଣ୍ଡପୁର। ମହାଭାରତରେ ବର୍ଣ୍ଣନା ରହିଛି ଯେ, ଦ୍ରୌପଦୀ ସ୍ୱୟଂବର କାଳରେ କଳିଙ୍ଗରାଜ ଉପସ୍ଥିତ ରହିଛନ୍ତି। ମହାଭାରତ ଯୁଦ୍ଧରେ କଳିଙ୍ଗସେନା ଓ ଓଡ୍ରସେନା

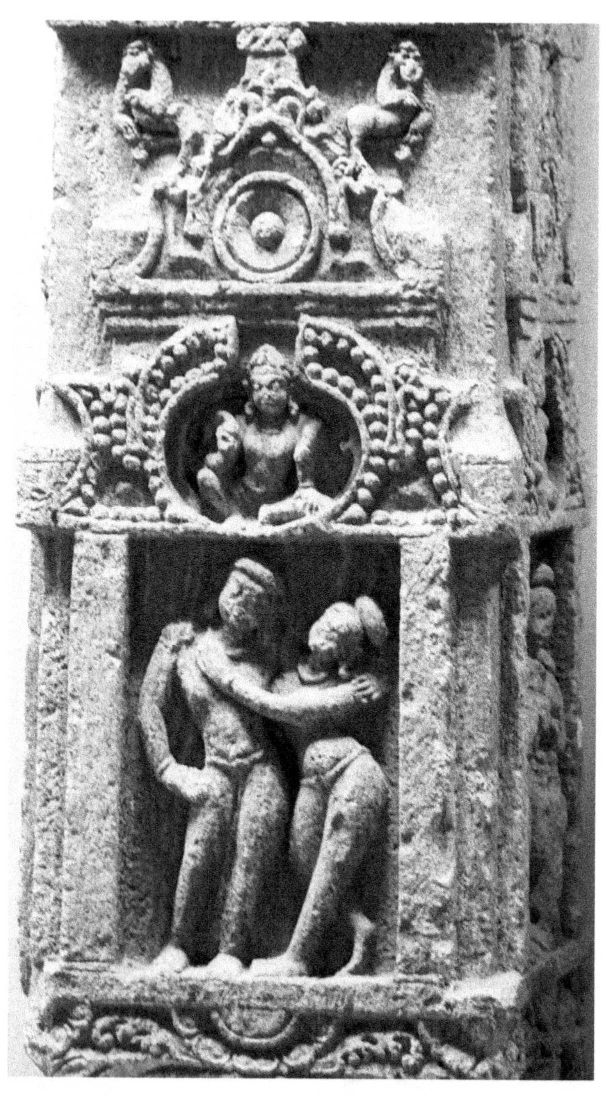

ଯଥାକ୍ରମେ କୁରୁ ଓ ପାଣ୍ଡବ ସେନାଙ୍କ ପକ୍ଷଭୁକ୍ତ ହୋଇଛନ୍ତି । ସେହିକାଳରେ ଅଙ୍ଗ ଓ ବଙ୍ଗ ଦେଶ ବି ଥିଲା । ମହାଭାରତରେ ଉତ୍କଳ ଶବ୍ଦର ପ୍ରୟୋଗ ରହିଛି । ସୁଦ୍ୟୁମ୍ନଙ୍କ ପୁତ୍ର ଉତ୍କଳ । ତାଙ୍କ ଶାସିତ ଭୂମି ଉତ୍କଳଦେଶ ନାମରେ ପରିଚିତ । କଂଗୋଦ ମଧ୍ୟ ଅନ୍ୟତମ ଦେଶ- ଯାହାର ସୀମା ଋଷିକୁଲ୍ୟା ନଦୀଠାରୁ ମହେନ୍ଦ୍ର ପର୍ବତ ପର୍ଯ୍ୟନ୍ତ ବିସ୍ତାରିତ । କୋଶଳ ମଧ୍ୟ ଭାରତର ବିସ୍ତୃତ ଅଞ୍ଚଳ । ସୋମବଂଶୀ ରାଜାମାନେ ଦକ୍ଷିଣ କୋଶଳରୁ

ଆସି ଯାଜପୁରରେ ରାଜଧାନୀ ପ୍ରତିଷ୍ଠା କରିଛନ୍ତି । ଅଶୋକଙ୍କ ଶାସନ କାଳରେ କଳିଙ୍ଗ ଏକ ଶକ୍ତିଶାଳୀ ଦେଶ ଥିଲା । ଖ୍ରୀ.ପୂ. ୨ୟ ଶତାବ୍ଦୀ ବେଳକୁ ଚେଦୀ ବଂଶର ରାଜା ଖାରବେଳ କଳିଙ୍ଗର ଏକ ସ୍ୱତନ୍ତ୍ର ପରିଚୟ ତିଆରି କରିଥିଲେ । ଏବେ ଉତ୍କଳ ଶବ୍ଦ ପାଖକୁ ଆସିବା । ଊନବିଂଶ ଓ ବିଂଶ ଶତାବ୍ଦୀରେ ଉତ୍କଳ ଓ ଓଡ଼ିଶା ଶବ୍ଦ ଦୁଇଟି ବହୁଚର୍ଚ୍ଚିତ । ଉତ୍କଳ ଶବ୍ଦର ମୁଖ୍ୟତଃ ଦୁଇଟି ଅର୍ଥ କରାଯାଇଛି । ଗୋଟିଏ ଉତ୍କଳ ପ୍ରତ୍ୟୟ, ଅର୍ଥ ବ୍ୟାଧ, ଚଢ଼େଇମାରୁ ଅର୍ଥାତ୍ ଶବର । ଶବ୍ଦକଳ୍ପଦ୍ରୁମ ଓ ବାଚସ୍ପତ୍ୟମ୍‌ରେ ଏହି ଅର୍ଥ ରହିଛି । ଅନ୍ୟ ଅର୍ଥ ହେଉଛି ଉତ୍କୃଷ୍ଟ କଳାର ଦେଶ । ରାଜେନ୍ଦ୍ର ଲାଲ୍ ମିତ୍ର ୧୮୭୫ ମସିହାରେ ଉତ୍କଳକୁ Country of dirty people; abode of premitive non-Aryan or a Fallen race, Od-, Supposed to be a tribal designation- କହି ଓଡ଼ିଆମାନଙ୍କର ମହାରୋଷର ଶିକାର ହୋଇଛନ୍ତି । ତେଣୁ ଉତ୍କଳ ଶବ୍ଦର ଅର୍ଥ ଅସ୍ପଷ୍ଟ । ଏହାର ମୂଳ ଅଧିବାସୀ ଯେ ଆଟବିକ, ଏହା ଅବଶ୍ୟ ସ୍ୱୀକାର୍ଯ୍ୟ । ନୀଳକଣ୍ଠ ଦାସ ଆପଣାର ଓଡ଼ିଆ ସାହିତ୍ୟର କ୍ରମ ପରିଣାମ ଗ୍ରନ୍ଥରେ ଠିକ୍ ଏହି କଥା କହିଛନ୍ତି । କହିଛନ୍ତି, ଶବର/ଆଟବିକମାନେ ଓଡ଼ିଆ ଜାତିର ପ୍ରାଚୀନତାର ପରିଚୟ । ପୃଥିବୀର ସବୁ ଭୂମିରେ ସେମାନଙ୍କର ରକ୍ତ ସଂପର୍କୀୟମାନେ ଅଛନ୍ତି । ଆଦିମ କାଳରେ ସେମାନେ ସୁସଭ୍ୟ ଥିଲେ । ନିଜର ସଂସ୍କୃତି ଗଢ଼ିଥିଲେ । ଓଡ଼ିଆମାନେ ଶବରମାନଙ୍କର ପରବର୍ତ୍ତୀ ପିଢ଼ି । ସେମାନେ ବି ଖୁବ୍ ଉଡ଼ିଥିଲେ । ଆମ ଦେବତା ଜଗନ୍ନାଥ କାଳେ ଶବର ଦେବତା, ଓଡ୍ରଦେବତା, କଳିଙ୍ଗ ଦେବତା । କଳିଙ୍ଗମାନେ ବି ସେହିପରି । ଗାୟନ କର୍ମରେ ସୁଦକ୍ଷ । କୃଷିଜୀବୀ ବି । ଉପକୂଳରେ ବି ବିସ୍ତୀର୍ଣ୍ଣ ଭୂଭାଗର ସେମାନେ ଅଧିବାସୀ । ଦୁଃସାହସୀ, କଳା ଓ ସମରପ୍ରିୟ । ଦକ୍ଷିଣ-ପୂର୍ବ ଏସିଆ ଭୂଖଣ୍ଡରେ, ସମୁଦ୍ର ଭିତରେ ସ୍ଥଳଭାଗରେ ସେମାନେ ରାଜନୀତିକ, ବାଣିଜ୍ୟିକ ଓ ସାଂସ୍କୃତିକ ଉପନିବେଶ ପ୍ରତିଷ୍ଠା କରିଛନ୍ତି । ଆର୍ଯ୍ୟମାନେ ଆପଣା ଶକ୍ତି ବଳରେ ଏହି ସଂସ୍କୃତିସଂପନ୍ନ ଓ ସରଳ ମଣିଷମାନଙ୍କୁ ପରାସ୍ତ କରିଛନ୍ତି । ଦାସ କରିଛନ୍ତି । ଅସଂସ୍କୃତ, ଅପବିତ୍ର କହିଛନ୍ତି । ସେମାନଙ୍କ ବିଚରଣ ଭୂମିକୁ ବ୍ରାତ୍ୟ ଭୂମି କହିଛନ୍ତି । ତେଣୁ ଆଧୁନିକ ଓଡ଼ିଶା ନାମରେ ଆମେ ଯେଉଁ ସାଂସ୍କୃତିକ ପରିଚିତି ତିଆରି କରିଛୁ ତାହା ଖ୍ରୀ.ପୂ. ୭/୮ମ ଶତାବ୍ଦୀଠାରୁ ଆରମ୍ଭ କରି ଦଶମ ଶତାବ୍ଦୀ ମଧଭାଗରେ । ପୂର୍ବ ଉପକୂଳର ଗଙ୍ଗାଠାରୁ ଗୋଦାବରୀ ନଦୀ ଓ ମଧଭାଗରେ ଅମରକଣ୍ଟକ ପର୍ଯ୍ୟନ୍ତ ପରିବ୍ୟାପ୍ତ ଥିଲା । ନାଁ- ଥିଲା କଳିଙ୍ଗ, ଓଡ୍ର, ଉତ୍କଳ, କଂଗୋଦ, କୋଶଳ । ପୁଣି ଭିନ୍ନ ଭିନ୍ନ କାଳଖଣ୍ଡରେ । ଏହାର ଭୌଗୋଳିକ ଅବସ୍ଥିତି ଆକର୍ଷଣ କରିଛି ଦକ୍ଷିଣ, ଉତ୍ତର ଓ ମଧଭାଗର ଶକ୍ତିଶାଳୀ ଶାସକମାନଙ୍କୁ । ସେମାନେ ମୌର୍ଯ୍ୟ, ଚେଦି, ଶୁଙ୍ଗ, ଶୈଳୋଦ୍ଭବ, ଭୌମକର ଓ

ସୋମବଂଶର ଦାୟାଦ। ଏକାଦଶ ଶତାବ୍ଦୀ ପରେ ଦକ୍ଷିଣ, ପଶ୍ଚିମ ଓ ଉତ୍ତରରୁ ଆସିଛନ୍ତି ଗଙ୍ଗ, ମୁସଲମାନ, ମରହଟ୍ଟା ଏବଂ ଶେଷକୁ ଇଂରେଜ। ୧୪୩୮ରୁ ଷୋଡ଼ଶ ଶତାବ୍ଦୀର ମଧ୍ୟଭାଗ ଅବଧିରେ ଶାସକ ଏହି ଭୂମିର ମଣିଷ। ସୂର୍ଯ୍ୟବଂଶର ପ୍ରତୀକରେ ପରିଚୟ ସେମାନଙ୍କର।

ଏଠାରେ ଓଡ଼ିଶାର ରାଜନୀତିକ ଇତିହାସର ଏକ ସଂକ୍ଷିପ୍ତ ଚିତ୍ର ଆଙ୍କିବାର କାରଣ, ଆମ ଭାଷା, ସାହିତ୍ୟ, ସଂସ୍କୃତି ପ୍ରଧାନତଃ ବହିରାଗତମାନଙ୍କର ଭାବାଦର୍ଶର ଅଭିବ୍ୟକ୍ତି । କାରଣ, ଏକ ଶକ୍ତିଶାଳୀ ଜନସମୁଦାୟ ଅନ୍ୟ ଭୂମିରେ ନିଜର ସ୍ୱାତନ୍ତ୍ର୍ୟ ପ୍ରତିଷ୍ଠା କରେ ସାମରିକ ଶକ୍ତିବଳରେ ନୁହେଁ, ସଂସ୍କୃତି ମାଧ୍ୟମରେ। ସଂସ୍କୃତି କହିଲେ ଧର୍ମ, ଦର୍ଶନ, ସ୍ଥାପତ୍ୟ, ଚିତ୍ର, ନୃତ୍ୟ, ସଙ୍ଗୀତର ସମବାୟ। ତେଣୁ ଓଡ଼ିଶାର ମୂର୍ତ୍ତିକଳା ଓ ସ୍ଥାପତ୍ୟ ସଂପର୍କରେ ଚର୍ଚ୍ଚାକାଳରେ ଆମକୁ ଖ୍ରୀ.ପୂ ୮/୯ମ ଶତାବ୍ଦୀରୁ ଯାତ୍ରା ଆରମ୍ଭ କରିବାକୁ ପଡ଼ିବ ଏବଂ ଆମକୁ ଅବଶ୍ୟ ସ୍ୱୀକାର କରିବାକୁ ପଡ଼ିବ ଯେ, ଆମେ ଏକ ସଙ୍କର ସଂସ୍କୃତିର କଳାତ୍ମକ ସମବାୟ।

ଓଡ଼ିଶା ହେଉଛି ନଦୀ, ପର୍ବତ, ସମୁଦ୍ର ଓ ଉର୍ବର ଉପତ୍ୟକାର ଆୟତନ। ସଭ୍ୟତାର ବିକାଶ ପାଇଁ ବେଶ୍ ଅନୁକୂଳ। ତେଣୁ ମଣିଷମାନଙ୍କ ବିଚରଣ ପାଇଁ ଭବ୍ୟ ଭୂମି। ଭୂମିର ମଣିଷମାନେ ପ୍ରାଗ୍ଐତିହାସିକ କାଳରୁ ଲୌହଯୁଗ ପର୍ଯ୍ୟନ୍ତ ସଭ୍ୟତାର ବିକାଶକ୍ରମ ସହିତ ସଂପୃକ୍ତ ଥିବେ। ଆମ ପାଖରେ ବିକାଶ ସଂକ୍ରାନ୍ତ ସଂକେତର ଅଭାବ। କାରଣ ଆମେ ଖୋଜିନାହୁଁ। ମାଟି ଭିତରକୁ ଯେମିତି ଓ ଯେତିକି ଯିବା କଥା ଯାଇନାହୁଁ। ଯାହା ପାଇଛୁ, ସକଳକୁ ସଂପାଦି ନାହୁଁ।

ତଥାପି ଆମ ପାଖରେ ଅଛି ନବ୍ୟ-ପ୍ରସ୍ତର ଯୁଗର ମଣିଷମାନଙ୍କ ସଂକେତ। ପଥର ତିଆରି ଅସ୍ତ୍ରଶସ୍ତ୍ର, ହାଣ୍ଡି, ମାଟିପାତ୍ର। ଅନୁଗୋଳ, ଢେଙ୍କାନାଳ, ନୂଆପଡ଼ା, ମୟୂରଭଂଜ ଅଞ୍ଚଳରୁ ଏଗୁଡ଼ିକ ସଂଗୃହୀତ। ମାତ୍ର ସିନ୍ଧୁ ସଭ୍ୟତା ପରି ଏକ ଉନ୍ନତ ସଭ୍ୟତାର ସଂକେତ ଆମେ ଅନ୍ୟତ୍ର ପାଇନାହୁଁ। ଆମେ ଏକଥା ଜାଣୁ ମିସର, ମେସୋପଟାମିଆ, ଗ୍ରୀସ ଏବଂ ହରପ୍ପା ଓ ମହେଞ୍ଜୋଦାରୋରେ ସମକାଳରେ ସଭ୍ୟତାର ସୂର୍ଯ୍ୟ ଉଦୟ ହୋଇଥିଲା। ପ୍ରାୟ ଏକପ୍ରକାରର ମାନସିକତା, ଚିନ୍ତନ। ସିନ୍ଧୁ ସଭ୍ୟତାର ସ୍ପଷ୍ଟ ଅଭିବ୍ୟକ୍ତିର କାଳ ପ୍ରାୟ ଖ୍ରୀ.ପୂ ୨୫୦୦ ରୁ ୨୦୦୦। ବେଦ ରଚନାର ପୂର୍ବବର୍ତ୍ତୀ। ମହେଞ୍ଜୋଦାରୋର ମଣିଷମାନେ ପଥର, ତମ୍ବା, କଂସାରେ ପାତ୍ର ତିଆରି କରୁଥିଲେ। ସେମାନଙ୍କର ଘର ଥିଲା ପୋଡ଼ାଇଟାରେ ତିଆରି ଦୁଇ ମହଲା ବିଶିଷ୍ଟ। ଦେହର ବିଭିନ୍ନ ଅଙ୍ଗ ପ୍ରତ୍ୟଙ୍ଗରେ ଅଳଙ୍କାର ବି ପିନ୍ଧୁଥିଲେ। ଭାସ୍କର୍ଯ୍ୟ ଓ ସ୍ଥାପତ୍ୟ ଥିଲା ବେଶ୍ କଳାତ୍ମକ। ପୋଡ଼ାମାଟି, ପଥର ଧାତୁରେ ପ୍ରତିମା ବି ଗଢୁଥିଲେ। ମୁଖ୍ୟତଃ

ଥିଲେ ମାତୃପୂଜକ। ଲିଙ୍ଗ ଓ ଶକ୍ତି- ଉଭୟଙ୍କୁ ପୂଜା କରୁଥିଲେ। ବୃଷଭକୁ ବି। ଉପାସ୍ୟ ଚରିତ୍ରମାନଙ୍କ ମଧ୍ୟରେ ଥିଲେ ଗଛ, ଲତା, ପଶୁ, ପକ୍ଷୀ, ମଣିଷ, ଧର୍ମବିଶ୍ୱାସ ଓ କଳା, ସତେଯେପରି ଏକାଠି ହୋଇଯାଇଥିଲେ।

ଏଥର ଓଡ଼ିଶା ପାଖକୁ ଆସିବା। ଏହି ଭୂମିର ଆଟବିକ, ଶବରମାନେ କିପରି ପ୍ରକାଶ କରୁଥିଲେ ନିଜକୁ? ନିଜକୁ ଅର୍ଥ ଜୀବନ ଓ ଜଗତ ସଂକ୍ରାନ୍ତ ନିଜ ଅବବୋଧକୁ। ଅଳ୍ପରେ କହିଲେ, ସବୁ ଭୂମି ପରି, ଭୟମୁକ୍ତ ଜୀବନ ବଞ୍ଚିବା ପାଇଁ ସେ ପ୍ରକୃତିର ଜୀବନ୍ତ ରୂପ ଓ ଜୀବଜନ୍ତୁ ଭୟ କରୁଥିଲେ। ସେମାନଙ୍କ ସନ୍ତୁଷ୍ଟିକରଣ ପାଇଁ ଚେଷ୍ଟା କରୁଥିଲେ। ପରବର୍ତ୍ତୀ କାଳରେ ସେମାନେ ପ୍ରତିମା ଗଢ଼ିଛନ୍ତି। ସେମାନଙ୍କ ପରି। ବିଶାଳତାକୁ ଛୋଟ କରି ଦେଇଛନ୍ତି। ଏଥର ସେମାନଙ୍କୁ ନିଜ ପରି ଗଢ଼ିଦେଇଛନ୍ତି। ଉପାଦାନ ମାଟି, ପଥର, କାଠ। ସେମାନଙ୍କୁ ନଈ କି ଝରଣାକୂଳ, ଗଛତଳ, ଜଙ୍ଗଲ, ଏବଂ କେତେକଙ୍କୁ ନିଜ ଘର ଭିତରେ ବାହାରେ ରଖି ଦେଇଛନ୍ତି। ରୂପ ଭାରି ସରଳ। କାଠ ଖଣ୍ଡେ କି ପଥର ଖଣ୍ଡିଏ ବି ହୋଇପାରେ। ମାତ୍ର କାଠ କି ପଥର ଭିତରେ ବି ଆତ୍ମା ଅଛି। ସେମାନଙ୍କ କାଠ କି ପଥର ଖଣ୍ଡ ଭିତରେ ଯେ ଆତ୍ମା ଜୀବନ୍ତ ଏ କଥା ସେମାନଙ୍କ ବ୍ୟତୀତ ଅନ୍ୟମାନଙ୍କୁ ସହଜରେ ଦିଶିବ ନାହିଁ। କାଠ କି ପଥର ଦେହରେ, ଏଥର ରୂପ ଉକୁଟି ଉଠିଛି। ମୁହଁ, ଗୋଡ଼ହାତ, ଲିଙ୍ଗ, ଛାତି। ଶେଷକୁ ଆଖି, ଓଠ, ନାକ। ସେମାନେ ପଶୁପକ୍ଷୀ ହୋଇପାରନ୍ତି। ପଶୁ, ପକ୍ଷୀ, ସରୀସୃପ କହିଲେ- କୁଳଗୋତ୍ରର ସଂକେତ। ଅର୍ଥାତ୍ ଏଇମାନେ ଇ ସେମାନଙ୍କର ପୂର୍ବପୁରୁଷ। କାଳକ୍ରମେ ଦେବଦେବୀମାନେ ବି ଆସିଛନ୍ତି। ସେମାନେ ଅଶରୀରୀ। ମଣିଷର ଆତ୍ମା। ସେମାନଙ୍କ ରୂପ ସେମାନଙ୍କ ପରି ଏବଂ ଏଇ ବିଶ୍ୱାସର ପ୍ରତୀକମାନଙ୍କ ଗହଣରେ ସେମାନେ ବଞ୍ଚିଛନ୍ତି। ଶେଷକୁ ସେମାନଙ୍କ ରହିବା ପାଇଁ ଘର ବି ତିଆରି କରିଛନ୍ତି। ନିଜ ଘର ପରି। ପାହାଡ଼ ଖୋପ, ଗୁମ୍ଫା, ପଥର ଚଉତରା, କି ଡେରି ହୋଇ ରହିଥିବା ପଥର ତଳ ଏବଂ ଶେଷକୁ ଲୁହାର ବ୍ୟବହାର ଜାଣିଲା ପରେ, ସେମାନଙ୍କ ଅଙ୍ଗପ୍ରତ୍ୟଙ୍ଗଗୁଡ଼ିକୁ ମଧ୍ୟ ସ୍ପଷ୍ଟ କରିଦେଇଛନ୍ତି। ଆଜି ଓଡ଼ିଶାରେ ଯେକୌଣସି ଆଟବିକ ଭୂମିକୁ ଗଲେ କାଠ ପଥରରେ ଗଢ଼ା ପ୍ରତିମାମାନଙ୍କୁ ଦେଖିପାରିବା। ରୂପ ଯେତିକି ସରଳ, ସ୍ୱାଭାବିକ, ସେତିକି ଭାବଧର୍ମୀ। ଗୋଟିଏ ଶବ୍ଦରେ କହିଲେ, ପ୍ରତୀକାତ୍ମକ। ସେଇ ସାରଲ୍ୟ ଓ ସ୍ୱାଭାବିକତା ପରବର୍ତ୍ତୀ କାଳରେ ଜଟିଳ ଓ ସମଳଂକୃତ ହୋଇପାରିଛି। କିପରି, କାହିଁକି ଏବଂ କେଉଁମାନଙ୍କ ସର୍ଜନ ଅବବୋଧ ଏହାର କାରଣ, ତାହା ଅବଶ୍ୟ ବିଚାର୍ଯ୍ୟ। ପରବର୍ତ୍ତୀକାଳୀନ ମୂର୍ତ୍ତି ଓ ସ୍ଥାପତ୍ୟକଳା ଆତ୍ମାୟନ ଓ ସାମନ୍ତାୟନର ସନ୍ତକ। ଲାଗେ, ଯେମିତି ଏଇଠୁ ହିଁ ଶୁଭିଛି ସ୍ଥାପତ୍ୟ ଗଢ଼ଣର ଆଦ୍ୟ ଓଁକାର।

ସ୍ଥାପତ୍ୟର ପଦଧ୍ୱନି

ଆମ ଭିତରେ ଏବେ ଅନେକ ପ୍ରଶ୍ନ। ସ୍ଥାପତ୍ୟ ସମ୍ପର୍କରେ ଏତେ କଥା ! ଏତେ ମିଥ୍ ! ଏତେ ଦର୍ଶନ ! ସ୍ଥାପତ୍ୟକୁ ଜାଣିବା ପାଇଁ ହେଲେ ଏହାର ଦର୍ଶନକୁ ଜାଣିବା ଅବଶ୍ୟ ଆବଶ୍ୟକ। କାରଣ ସ୍ଥାପତ୍ୟର ଜନ୍ମ କେବେ ଓ କାହିଁକି- ଭବିଷ୍ୟତର ଅବଲୋକନ ପାଇଁ ଏହା ଗୁରୁତ୍ୱପୂର୍ଣ୍ଣ। ତେଣୁ ପୂର୍ବ ଆଲୋଚନାଗୁଡ଼ିକରେ ଆମେ ଉପର୍ଯ୍ୟୁକ୍ତ ବିଷୟକୁ ଆଧାର କରିଥିଲେ। ଏବେ ଆମେ ଶୁଣିବା ସ୍ଥାପତ୍ୟ ଗଢ଼ଣର ମୃଦୁ ପଦଧ୍ୱନି। ଏବଂ, ଧୀରେ ଧୀରେ ଶୁଣିପାରିବା ତା'ର ସମଗ୍ର ନାଦ। ଦେଖିପାରିବା ଭିତରର ସୂକ୍ଷ୍ମ ଅନୁଭବ।

ଏହା ସତ ଯେ, ଆମେ ଏକ ପଦାର୍ଥପୂର୍ଣ୍ଣ ପୃଥିବୀରେ ବଞ୍ଚୁଛୁ। ଯୁଆଡ଼େ ଦେଖ ସିଆଡ଼େ, ଚାରିପାଖରେ କାଠ, ପଥର, ମାଟି, ଗୋଡ଼ି, ବାଲି ନାନା ଉପାଦାନ। ଏସବୁକୁ ଆମେ ଅନ୍ୟ ଏକ ଶବ୍ଦରେ ଚିହ୍ନିତ କରୁ, 'ବସ୍ତୁ'। ଅର୍ଥାତ୍ ଏମାନେ ଜୀବନ୍ତ ନୁହନ୍ତି। କିଛିବୋଲି କିଛି ବୁଝନ୍ତି ନାହିଁ। ସେମିତି ପଡ଼ି ରହିଥା'ନ୍ତି। ବିଶାଳ ଆଉ ସୂକ୍ଷ୍ମ, ମାତ୍ର ସତ କି ? ଉତ୍ତର ମିଳିଯିବ, ଯଦି ଆମେ ନିଜକୁ ପଚାରିଦେବା, ଆମେ କାଠ, ପଥର, ମାଟି, ଗୋଡ଼ି, ବାଲି ଇତ୍ୟାଦିମାନଙ୍କ ଅନୁପସ୍ଥିତିରେ ବଞ୍ଚିପାରିବା ତ ? ଯେଉଁମାନେ ଆମ ଜୀବନ ଓ ଜୀବନଯାତ୍ରା ସହିତ ସଂପୃକ୍ତ ସେମାନଙ୍କୁ ପଦାର୍ଥ ଜ୍ଞାନ କରିବା ଏକ ଭ୍ରମ ନୁହେଁ କି ? ଆମେ ଭୁଲିଯିବା ଉଚିତ୍ ନୁହେଁ ଯେ, ଆମ ଚେତନା ଜଗତର ସକଳ ଅଭିପ୍ରକାଶ, ଅର୍ଥାତ୍, ଆମ ସର୍ଜନ କର୍ମର ଆଧାର ହେଉଛନ୍ତି ସେଇ, ସେଇ ପଦାର୍ଥମାନେ। ସେମାନେ ଇ ଆମ ସ୍ଥିତି, ଗତି ଓ ମୁକ୍ତିର କାରଣ। ଆମ ଅମୂର୍ତ୍ତ ଭାବନା ବା କଳ୍ପନାର ପ୍ରମୂର୍ତ୍ତାୟନର ଆଦି ଉତ୍ସ। ଆମେ ଯଦି ମାନିନେବା, ରୂପ ଏକ ଅନୁଭବ, ଏକ ଆଧାର ମାଧ୍ୟମରେ ତାହା ପ୍ରକଟିତ ହୁଏ, ତେବେ ଆଧାରର ଅସ୍ୱୀକୃତି, ଅନୁଭବର ଅସ୍ୱୀକୃତି ହେବନାହିଁ କି ? କୁହାଯାଏ, ଦେହ, ମନ ଓ ପ୍ରାଣ ଯେତେବେଳେ ପଦାର୍ଥ ସହିତ ମିଶିଯାଏ, ପଦାର୍ଥ ମାଧ୍ୟମରେ ଆତ୍ମପ୍ରକାଶ କରେ, ତାହା ଆଉ ପଦାର୍ଥ ହୋଇ ରୁହେନାହିଁ, ଜୀବନ୍ତରେ ରୂପାନ୍ତରିତ ହୋଇଯାଏ। ତେଣୁ ଏହି ପ୍ରସଙ୍ଗରେ

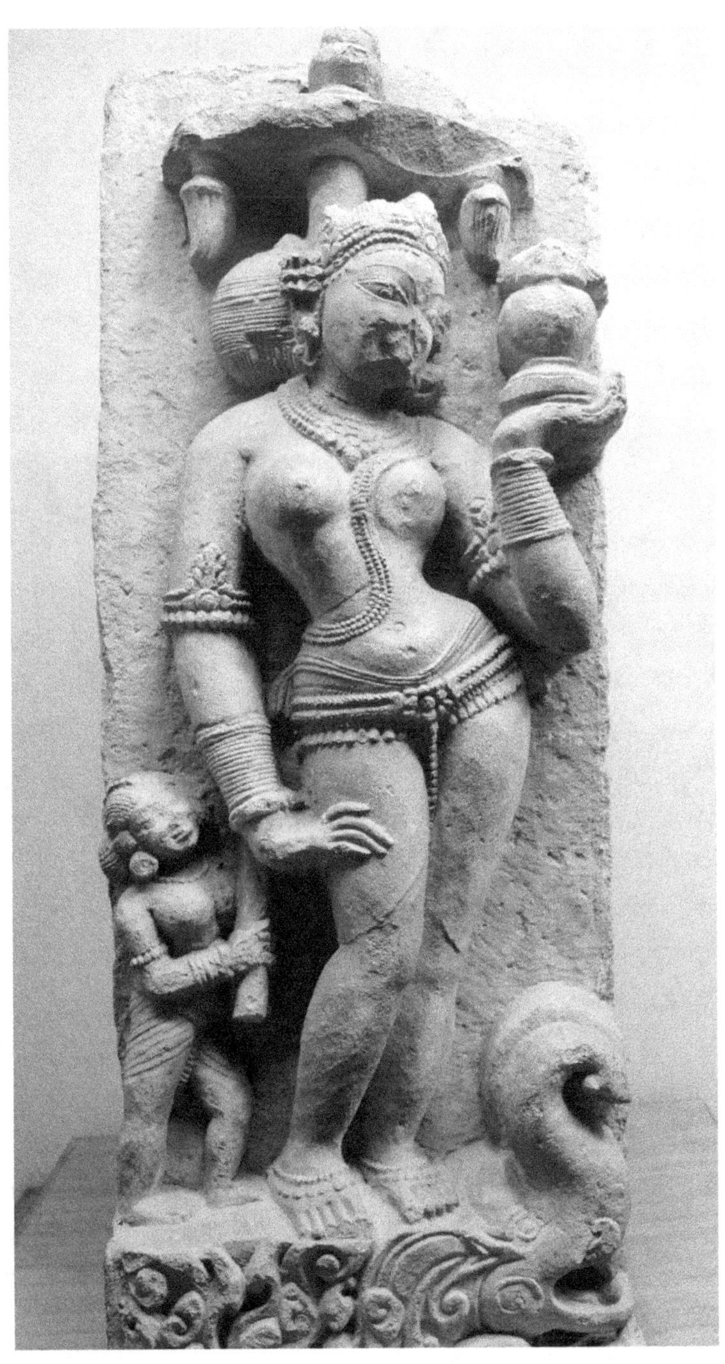

ଆମେ ଏକଥା ମାନିନେବା ଯେ, ଜୀବନ୍ତ ଆଧାରରେ ହିଁ ଜୀବନକୁ ଅନୁଭବ କରାଯାଇପାରେ, ଜୀବନକୁ ତିଆରି କରାଯାଇପାରେ। ତେଣୁ ପଦାର୍ଥ ଜଡ଼ ପରି ଲାଗନ୍ତି ସିନା, ମାତ୍ର ସଦା ଜୀବନ୍ତ। ସେଗୁଡ଼ିକୁ ଅନୁରୂପ ଅନୁଭବରେ ଆତ୍ମସ୍ଥ କରିପାରିଲେ ହେଲା।

ଆମେ ସେଦିନ ପଦାର୍ଥ ଭିତରେ ନିଜ ଅନୁଭବକୁ ଦେଇପାରୁଥିଲୁ। କାଠ, ପଥର, ପାଣି, ବାଲି, ମାଟି- ଏମାନଙ୍କୁ ଭକ୍ତି କରୁଥିଲୁ। ପୂଜା କରୁଥିଲୁ। ଆଜି ବି କରୁଛୁ। ଆମ ବହୁସଂଖ୍ୟକ ଦେବଦେବୀ ଖଣ୍ଡିଏ ଖଣ୍ଡିଏ କାଠ ଅଥବା ପଥର। ତାଙ୍କ ଦେହକୁ ଆମେ ନାନା ଭାବରେ ପରିଚର୍ଯ୍ୟା କରୁଛୁ। ବେଶ କରିଦେଉଛୁ। ଖାଇବାକୁ ଦେଉଛୁ। କେତେ କ'ଣ ମାଗୁଛୁ। ଆମ ଅନ୍ତର୍ବୋଧକୁ ସେମାନଙ୍କ ରୂପରେ ଅନୁଭବ କରିପାରୁ ନଥିଲେ, ଏତେ ପରିଚର୍ଚ୍ଚା କରନ୍ତୁ କାହିଁକି ? ଅନ୍ୟମାନଙ୍କ ପାଇଁ ସେମାନେ ଖଣ୍ଡିଏ ଖଣ୍ଡିଏ ପଦାର୍ଥ ହୋଇପାରନ୍ତି, ଆମ ପାଇଁ ନୁହେଁ। ସେମାନଙ୍କ ରୂପ ଆମ ଚେତନାରେ ଇ ଜୀବନ୍ତ। ମାତ୍ର ସମୟ କ୍ରମେ, ଆମେ ଆପଣା ଚେତନାରେ ସଂଚରି ଥିବା ସେମାନଙ୍କ ରୂପକୁ ପ୍ରମୂର୍ତ୍ତାୟନ ପାଇଁ ପ୍ରଚୋଦିତ କରିଛୁ। ପଦାର୍ଥରେ ଚେତନାର ପ୍ରମୂର୍ତ୍ତାୟନର ନୂଆ ପରିଭାଷା 'ପ୍ରତିମା'। ଆମେ ପ୍ରତିମାମାନଙ୍କ ଭିତରେ ରହିଛୁ। ସେମାନଙ୍କ ମାଧ୍ୟମରେ ନିଜକୁ ପ୍ରକାଶ କରିଛୁ। ତେଣୁ ସେମାନଙ୍କ ସହିତ ରହିଛୁ। ସେମାନଙ୍କୁ ସବୁବେଳେ ପାଖରେ ପାଇଛୁ। ଯୁଆଡ଼େ ଯାଇଛୁ ସେମାନଙ୍କୁ ସାଙ୍ଗରେ ନେଇଛୁ। ଆମେ ଯେମିତି ରହିଛୁ, ସେମାନଙ୍କୁ ସେମିତି ରଖିଛୁ। ଆମେ ବଦଳୁଛୁ, ସେମାନଙ୍କୁ ବି ବଦଳାଉଛୁ। ତେଣୁ ପ୍ରତିମା ଓ ସେମାନଙ୍କର ବିହାର ଭୂମି ମାଧ୍ୟମରେ ଆମେ ଆମର ଚେତନାର ଉନ୍ମୀଳନ ଓ ବିବର୍ତ୍ତନର ଇତିହାସକୁ ଦେଖୁଛୁ, ପଢୁଛୁ, ଅନୁଭବ କରିପାରୁଛୁ। ପଦାର୍ଥରେ ପ୍ରମୂର୍ତ୍ତ ପ୍ରତିମାମାନେ ଆମ ବିଚାର, ବିଶ୍ୱାସ ଓ ସର୍ଜନଶୀଳତାର କଳାରୂପ। ତେଣୁ ସର୍ଜନଶୀଳତାକୁ ପ୍ରକାଶ କରୁଥିବା ପଦାର୍ଥ ଜଡ଼ ହେବ କିପରି ? ତାହା ଅନନ୍ତ ଶକ୍ତିର ଆଧାର। ବିସ୍ମୟ। ସୂକ୍ଷ୍ମତମ ଓ ବିଶାଳ।

ଏହି ଭାବାଦର୍ଶ ଆଧାରରେ ଏବେ ଆମେ ଓଡ଼ିଶା ଭିତରକୁ ଆସିବା। ଆଗରୁ ଆମେ ଓଡ଼ିଶାର ରାଜନୀତିକ ଓ ସାଂସ୍କୃତିକ ଇତିହାସ ସଂପର୍କରେ ଅଳପରେ କଥା ହୋଇଛେ। ଆଟବିକମାନଙ୍କ ଅମୂର୍ତ୍ତବୋଧ ପଦାର୍ଥରେ କିପରି ପ୍ରତୀକିତ ହୋଇଛି ତତ୍‌ସଂପର୍କରେ ଆଲୋଚନା କରିଛେ। ହଜାର ହଜାର ବର୍ଷ ତଳେ ସେମାନେ ଯେମିତି ଥିଲେ, ଆଜି ବି ସେମିତି ଅଛନ୍ତି। କାଠ, ପଥର, ମାଟି ପରି ପଦାର୍ଥ ଭିତରେ ସେମାନେ ନିଜ ନିଜ ଆତ୍ମାକୁ ଅନୁଭବ କରିଛନ୍ତି। ସେମାନଙ୍କ ପ୍ରତିମାଗୁଡ଼ିକୁ ଦେଖି ଆମେ ମୁହଁ ମୋଡ଼ି ଦେଇଛୁ। କହିଛୁ, ଏଗୁଡ଼ିକ କଳା ନୁହେଁ, ଏହା ପାର୍ଶ୍ୱିକ ଧାରଣା। ଆମେ

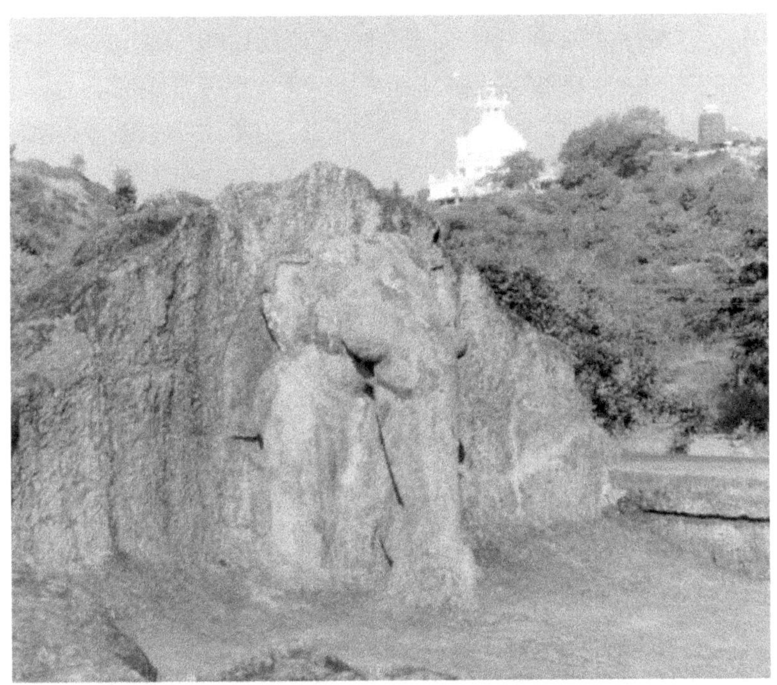

ସେମାନଙ୍କ ଭାବ, ବିଚାର ଓ ବିଶ୍ୱାସ ଆଧାରରେ, ସେମାନଙ୍କୁ ପରଖିଲେ, ସେମାନଙ୍କ କଳାବୋଧକୁ ଅନୁଭବ କରିପାରିବା। ସେମାନଙ୍କୁ ବୁଝି ପାରିବା। ଆଦିମ ଅବଶ୍ୟ କହିବା, ମାତ୍ର ଆଧୁନିକ କହିବାପାଇଁ କୁଣ୍ଠିତ ହେବା ନାହିଁ, ଲାଜ କରିବା ନାହିଁ। କଳା ସମୀକ୍ଷକମାନେ ଆଟବିକ ପୂଜିତ ପଦାର୍ଥଗୁଡ଼ିକ ଭିତରେ, ସେମାନଙ୍କ ସରଳତା ଓ ବିସ୍ମୟ-ବିମୂଢ଼ ବିଶାଳତାକୁ ଠାବ କରିପାରିଛନ୍ତି।

ଏବଂ, ଆମେ ଆଲୋଚନା କରିଛେ, କଳିଙ୍ଗଭୂମି ସୁଦୂର ଅତୀତରେ ସୁସଭ୍ୟ ଶବରମାନଙ୍କର ବସତି ଥିଲା। ସେମାନେ ଭ୍ରାମ୍ୟମାଣ ଥିଲେ, ସର୍ଜନଶୀଳ ବି। ସେମାନେ ଆପଣାର ପ୍ରିୟ, ପରିଚିତ ଓ ରହସ୍ୟମୟ ପ୍ରକୃତି; ବିଶ୍ୱାସ- ସୃଷ୍ଟ ଅଦୃଶ୍ୟ ଶକ୍ତି ଓ ପୂର୍ବପୁରୁଷଙ୍କ ତୁଷ୍ଟିକରଣ ପାଇଁ ସେମାନଙ୍କୁ ପ୍ରମୂର୍ତ୍ତ କରୁଥିବେ ଚିତ୍ର ଅଥବା ପ୍ରତିମା ମାଧ୍ୟମରେ। ଗଢୁଥିବେ ନିଜ ପରି, ମାତ୍ର ସେମାନଙ୍କ ଗଢ଼ଣର ସ୍ୱରୂପ ଓ ସୂତ୍ର ଆମ ପାଖରେ କେବଳ ସମ୍ଭାବନା। ନିଜ ଦେହକୁ ନିରାପତ୍ତା ଦେବା ପାଇଁ ସେମାନେ ଗଛ କୋରଡ଼ କିମ୍ବା ପ୍ରକୃତି ସୃଷ୍ଟ ପାହାଡ଼ ପର୍ବତର ଗୁମ୍ଫାକୁ ଘର କରିଥିଲେ। ଅଥବା ଘର ତିଆରି କରିଥିଲେ ପ୍ରାକୃତିକ ଉପାଦାନଗୁଡ଼ିକରେ। ଏହି ଘରଗୁଡ଼ିକ କ୍ଷଣସ୍ଥାୟୀ। ମାତ୍ର ଅଦୃଶ୍ୟ ସୃଷ୍ଟ- ଗୁମ୍ଫାଗୁଡ଼ିକର ଘର ଦୀର୍ଘସ୍ଥାୟୀ। ଓଡ଼ିଶାରେ ଏହି କେତେଦିନ

ତଳେ ଚନ୍ଦକା ଜଙ୍ଗଲରେ ଗୁମ୍ଫାଘର ଆବିଷ୍କୃତ ହୋଇଛି। ଏହା ଆମ ପ୍ରକୃତି ସୃଷ୍ଟ ଘରର ଉଦାହରଣ। ଖୋଜିଲେ, ପ୍ରମାଣର ସଂଖ୍ୟା ଅଧିକ ହେବ ନିଶ୍ଚିତ।

ଗୁମ୍ଫା-ମଣିଷ ପରବର୍ତ୍ତୀ କାଳରେ ନିଜ ପାଇଁ ଗୁମ୍ଫା ତିଆରି କରିଛି। ତାହା ଲୌହ ଯୁଗର କଥା। ତା' ବିକଶିତ ଚେତନା ନଗର ସଭ୍ୟତାକୁ ଜନ୍ମ ଦେଇଛି। ମାତ୍ର ସେ ଗୁମ୍ଫାକୁ ଛାଡ଼ି ପାରିନି। ସେମାନଙ୍କ ମଧ୍ୟରୁ କେତେକ ନଗରରୁ ଅରଣ୍ୟକୁ ଚାଲି ଆସିଛନ୍ତି। ଗୁମ୍ଫାରେ ରହିଛନ୍ତି। ସାଧନା କରିଛନ୍ତି। ସାଧନା କରିଛନ୍ତି ଜୀବନ ଓ ସର୍ଜନଶୀଳତାର ରହସ୍ୟକୁ ଭେଦିବା ପାଇଁ। ଆମ କାବ୍ୟ, କବିତା, ଶାସ୍ତ୍ର, ପୁରାଣ ଓ ଦର୍ଶନ ଗ୍ରନ୍ଥରେ ସେମାନେ ମୁନି, ଋଷି। ଆମ ସର୍ଜନଶୀଳତା ଧର୍ମବିଶ୍ୱାସ ଓ ପ୍ରକୃତି ସହିତ ମିଶି ଯାଇଛି। ଗତି କରିଛି।

ଆମେ ଶବର ଅଧ୍ୟୁଷିତ କଳିଙ୍ଗ/ଉତ୍କଳର ପ୍ରାମାଣିକ ଇତିହାସ ମଧ୍ୟ ତିଆରି କରିଛୁ। ଏହି ପ୍ରସଙ୍ଗରେ ଏବେ ଖ୍ରୀ.ପୂ ସପ୍ତମ/ଷଷ୍ଠ ଶତାବ୍ଦୀକୁ ଫେରିଯିବା। କଳିଙ୍ଗର ଦୁଇ ବଣିକ ତପସୁ ଓ ଭଲ୍ଲିକ ଉରୁବିଲ୍ୱରେ ଗୌତମଙ୍କ ଶିଷ୍ୟତ୍ୱ ଗ୍ରହଣ କରିଥିଲେ। ନନ୍ଦରାଜା କଳିଙ୍ଗକୁ ଜୟକରି ଜିନାସୀନକୁ ଆପଣା ଭୂମିକୁ ନେଇଯାଇଥିଲେ। ଅର୍ଥାତ୍ କଳିଙ୍ଗରେ ସେହି କାଳରେ ଜୈନଧର୍ମ ଓ ଶାସନର ପତନ ଘଟିଥିଲା। ଜୀନାସୀନ ଶବ୍ଦରୁ ବୁଝି ହେଉଛି, କଳିଙ୍ଗର କ୍ଷମତା ମହାବୀରଙ୍କ ସେବକ ଥିଲେ। ତେଣୁ ଏକ ଶକ୍ତିଶାଳୀ ରାଜନୀତିକ ଆୟତନର ମଣିଷମାନେ ସେ କାଳରେ ମୂର୍ତ୍ତି ଓ ସ୍ଥାପତ୍ୟ ଗଢ଼ଣକଳାରେ ଯେ ଦକ୍ଷ ଥିବେ- ଏ କଥା ଆମେ ଅବଶ୍ୟ ସ୍ୱୀକାର କରିବା।

ଏବେ ଆମେ ପରବର୍ତ୍ତୀ କାଳକୁ ଆସିବା। ଅଶୋକଙ୍କ ପାଖକୁ ସେ ମଗଧର କ୍ଷମତା। ସମ୍ରାଟ। କଳିଙ୍ଗ ଆକ୍ରମଣ କରିଛନ୍ତି ଖ୍ରୀ.ପୂ: ୨୬୧ ସାଲରେ। ଏହାର ପ୍ରମୁଖ କାରଣ କଳିଙ୍ଗର ବନ୍ଦରଗୁଡ଼ିକ ମାଧ୍ୟମ ଦେଇ ଦରିଆପାରି ଭୂମି ଓ ଦକ୍ଷିଣାବର୍ତ୍ତରେ ଆପଣାର କ୍ଷମତା ଓ ବାଣିଜ୍ୟର ବିସ୍ତାରଣ। ଏବଂ, ଅନ୍ୟ ଏକ କିମ୍ବଦନ୍ତୀ, କଳିଙ୍ଗର ଅସାମାନ୍ୟା ସୁନ୍ଦରୀ, ଧୀବର କନ୍ୟା କାରୁବାକୀଙ୍କୁ ନିଜର କରିବା ପାଇଁ ତୀବ୍ର ଲାଳସା। କୁହାଯାଏ, ଦୟାନଦୀର ପାଣି, ଧଉଳି ପାହାଡ଼ର ମାଟି, ପଥର, ଅଶୋକଙ୍କ ଅହଂକାରରେ ରକ୍ତିମ ହୋଇ ଉଠିଛି। କଳିଙ୍ଗ ପରାହତ। ଅଶୋକ ରାଜନୀତିକ କଳିଙ୍ଗ ଓ କାରୁବାକୀଙ୍କୁ ଆପଣାର ସଂପତ୍ତି କରିଛନ୍ତି। ମାତ୍ର କଳିଙ୍ଗର ବିପୁଳ ସାମରିକ ସଂସ୍କୃତି ଓ ଅଧ୍ୟାତ୍ମ ଅବବୋଧ ଅଶୋକଙ୍କ ହୃଦୟର ରୂପାନ୍ତରଣର କାରଣ ହୋଇଛି। ଖ୍ରୀ.ପୂ: ୨୭୪ସାଲରେ ମଗଧର କ୍ଷମତା (ଅଶୋକ) ଖ୍ରୀ.ପୂ: ୨୫୫ରେ ବୌଦ୍ଧ ଧର୍ମକୁ ରାଜଧର୍ମରେ ଗ୍ରହଣ କରିଛି। କ୍ଷମତା ଯାତ୍ରାରେ ପ୍ରତିଧ୍ୱନିତ ହୋଇଛି ଧର୍ମ ଓ ଅଧ୍ୟାତ୍ମ ଯାତ୍ରାର ନାଦ।

ସେ କାଳରେ କଳିଙ୍ଗର ରାଜଧାନୀ ଥିଲା ତୋଷାଳୀ: ଦୟାନଦୀର କୂଳ, ଧଉଳି ପାହାଡ଼। ଐତିହାସିକମାନଙ୍କ ବିଚାରରେ ଏହାର ଅନ୍ୟ ନାଁ କଳିଙ୍ଗନଗର/ଶିଶୁପାଳଗଡ଼। କୁହାଯାଏ: ମହାଭାରତ ବର୍ଣ୍ଣିତ ଶିଶୁପାଳ ନାମକ ରାଜାଙ୍କର ଏହା କାଳେ ଥିଲା ରାଜଧାନୀ। ଗଡ଼ ଚାରିପାଖରେ ଇଟା ତିଆରି ଉଚ୍ଚ ପାଚେରି ଓ ଘର ଥିଲା। ପ୍ରବେଶ ପଥରେ ଦେବୀ ମୂର୍ତ୍ତି ବି ଥିଲେ। ମାହେଶ୍ୱରୀଙ୍କ ମୂର୍ତ୍ତି। ମହାବୀର ଜୈନ ବି ଥିଲେ ମୂର୍ତ୍ତି ରୂପରେ। କଳିଙ୍ଗର ସ୍ଥପତିମାନେ କ୍ଷମତା ପାଇଁ ପ୍ରାସାଦ, ଦେବଦେବୀଙ୍କ ପାଇଁ ମନ୍ଦିର ଓ ସାଧୁସନ୍ଥମାନଙ୍କ ପାଇଁ ଗୁମ୍ଫା ବି ତିଆରି କରିଥିଲେ। ପ୍ରାସାଦ ତିଆରି ହୋଇଛି ପର୍ବତ ଉପତ୍ୟକାରେ ଏବଂ ଗୁମ୍ଫା ପର୍ବତ ଦେହରେ। ଅଶୋକଙ୍କ ଅହଂକାର କଳିଙ୍ଗ ନଗର/ଶିଶୁପାଳଗଡ଼ର ଏହି ସକଳ କଳାରୂପକୁ ଧ୍ୱସ୍ତ-ବିଧ୍ୱସ୍ତ କରିଦେଇଥିବ ନିଶ୍ଚୟ। ପୃଥିବୀର ସକଳ ଭୂମିରେ ପରାଜିତମାନଙ୍କର ତାହା ହିଁ କପାଳ ଲିଖନ। ମାତ୍ର ବିଜିତ, ପରାଜିତକୁ ପୂର୍ଣ୍ଣତଃ ଧ୍ୱଂସ କରିପାରେ ନାହିଁ। ସେହି ଧ୍ୱଂସ ସ୍ତୂପ ଭିତରୁ ମିଶ୍ର ସଂସ୍କୃତିର ଏକ ବୀଜ ଅଙ୍କୁରିତ ହୁଏ। ଶିଶୁପାଳଗଡ଼/ତୋଷାଳୀରେ ତାହା ହିଁ ହୋଇଥିବ। କଳିଙ୍ଗର ସ୍ଥାପତ୍ୟ ଓ ମୂର୍ତ୍ତିକଳା ମଗଧ ଦୌରାତ୍ମ୍ୟରୁ ନିଜକୁ ଆଦୌ ଅବିକ୍ଷତ ରଖିପାରି ନଥିବ ଏବଂ ସ୍ୱୀକାର କରିଥିବ ପୁନଃ ନିର୍ମାଣକୁ। ଆଜି ଆମେ ଧଉଳି ପାହାଡ଼ ଓ ଅଳ୍ପ କେତେ କି.ମି ଦୂରରେ ଅବସ୍ଥିତ କୁମାରୀ ପାହାଡ଼ର

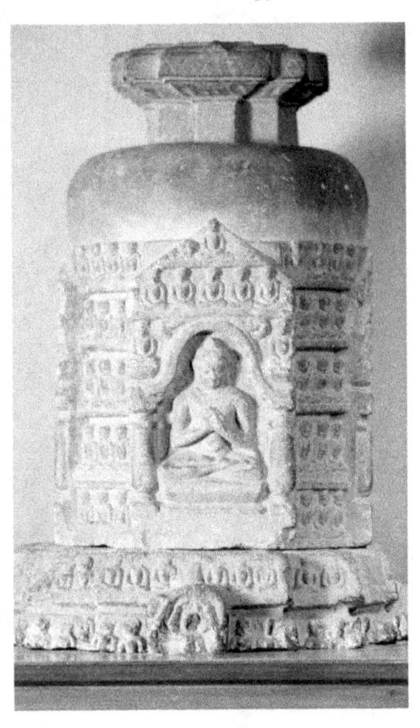

ଦେହରେ ଯେଉଁ ସ୍ଥାପତ୍ୟର ଅବଶେଷ ଯଥା, ଗୁମ୍ଫା, ସ୍ତୂପ, ସ୍ତମ୍ଭ ଓ ପ୍ରତିମାଗୁଡ଼ିକୁ ଦେଖୁ- ସକଳ କଳିଙ୍ଗ ଓ ମଗଧ କଳାବୋଧର ତାହା ମିଶ୍ରରୂପ। ପରଦେଶୀ ଓ ଆମ ଐତିହାସିକ- ପରମାନନ୍ଦ ଆଚାର୍ଯ୍ୟ, କେଦାରନାଥ ମହାପାତ୍ର, କୃଷ୍ଣଚନ୍ଦ୍ର ପାଣିଗ୍ରାହୀ ଓ ଅନ୍ୟମାନଙ୍କ ଆମ ସ୍ଥାପତ୍ୟ ସଂକ୍ରାନ୍ତ ବିଚାର ଉପର୍ଯ୍ୟୁକ୍ତ ଭାବାଦର୍ଶର ପ୍ରତିଧ୍ୱନି। ମାଟି ଭିତରେ ପୋତି ହୋଇଥିବା ସେମାନଙ୍କ ଦ୍ୱାରା ଆବିଷ୍କୃତ ମୂର୍ତ୍ତି ଏବଂ ପାହାଡ଼ ଦେହରେ ତଥାପି କାଳର କରାଳତାକୁ ପ୍ରତିହତ କରି ବଂଚିରହିଥିବା ଗୁମ୍ଫାଗୁଡ଼ିକ ହିଁ ବାସ୍ତବତଃ ସ୍ଥାପତ୍ୟ ଗଢ଼ଣର ମୃଦୁ ପଦଧ୍ୱନି।

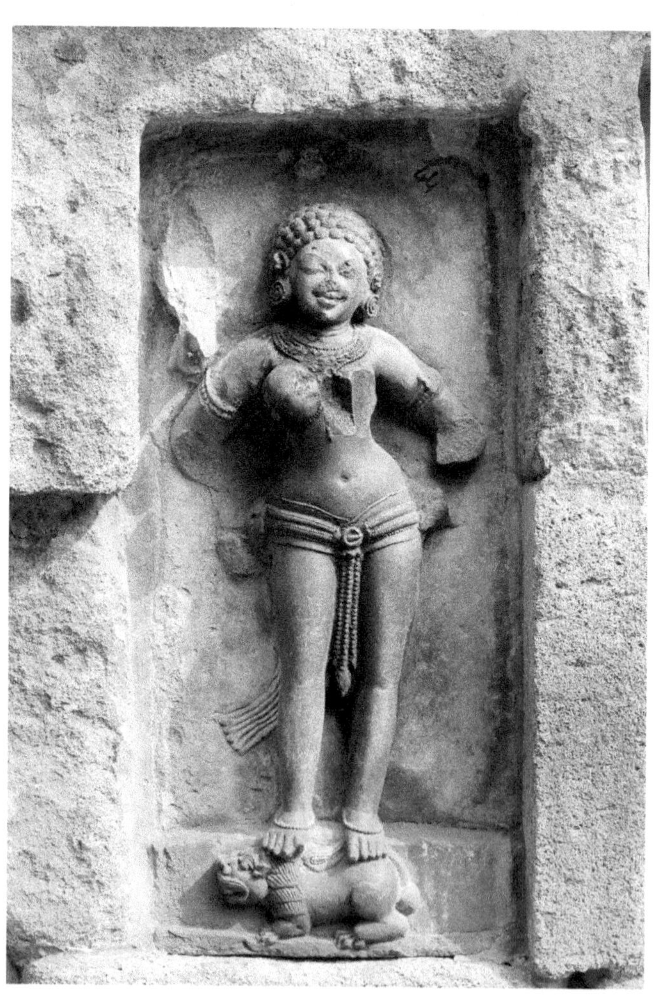

କଳିଙ୍ଗ ସ୍ଥାପତ୍ୟର ଆଦିଛନ୍ଦ

ସ୍ଥାପତ୍ୟର ପଦଧ୍ୱନି ଆମେ ଶୁଣିଥିଲେ। ଏବେ ତାହାର ସୂକ୍ଷ୍ମ ଅନୁଭବ। ଆରମ୍ଭ କରିବା ଅଶୋକଙ୍କ ପାଖରୁ। ଅଶୋକଙ୍କ ଆକ୍ରମଣ ଓ ବିଜୟ ପୂର୍ବରୁ କଳିଙ୍ଗର ଏକ ସମୃଦ୍ଧ କଳା ପରମ୍ପରା ଥିଲା। କଳିଙ୍ଗ ନଗରର ରାଜନୀତିକ ସାମର୍ଥ୍ୟ ଓ ଧର୍ମବୋଧର ଏହା ଉଦାହରଣ। ଅଶୋକ ରାଜନୀତିକ ଓ ସାଂସ୍କୃତିକ ସ୍ୱାତନ୍ତ୍ୟ-ସମୃଦ୍ଧ କଳିଙ୍ଗ ଭୂମିରେ ନିଜ ଭୂମିର ପତାକା ଉଡ଼ାଇଛନ୍ତି। ଧଉଳି ପାହାଡ଼ ଉପରେ ନିର୍ମିତ ନଗରର ନାଁ ତୋଷାଳି ରଖିଛନ୍ତି। ପାହାଡ଼ ଉପରେ ପ୍ରାସାଦ ଥିଲା। ପ୍ରାସାଦର ଗଢ଼ଣ କିପରି ଥିଲା, କହିବା ସମ୍ଭବ ନୁହେଁ। ମାତ୍ର ଗଡ଼ର ଚାରିପାଖରେ ଇଟାର ଉଚ୍ଚ ପାଚେରି ଥିଲା। ଏହାର ଅବଶେଷ ଐତିହାସିକମାନେ ଠାବ କରିଛନ୍ତି।

ଊନବିଂଶ ଶତାବ୍ଦୀରେ ଧଉଳିର ସ୍ଥାପତ୍ୟ ଆମ ପାଖରେ ସ୍ପଷ୍ଟ ହୋଇଛି। ଏହାର ଶ୍ରେୟ ବିଖ୍ୟାତ ଇଂରେଜ ପ୍ରତ୍ନତତ୍ତ୍ୱବିତ୍ କନିଂହାମଙ୍କ ଗବେଷଣା ସହଯୋଗୀ ଜେ.ଡି. ବେଗଲ, କିଟୋ, ରାଜେନ୍ଦ୍ରଲାଲ ମିତ୍ର। ବିଂଶ ଶତାବ୍ଦୀର ପ୍ରଥମାର୍ଦ୍ଧରେ ଆମ ଭୂମିର ଗବେଷକ ପରମାନନ୍ଦ ଆଚାର୍ଯ୍ୟ, କେଦାରନାଥ ମହାପାତ୍ର ଓ କୃଷ୍ଣଚନ୍ଦ୍ର ପାଣିଗ୍ରାହୀଙ୍କ ମଧ୍ୟରେ ଏହା ସ୍ପଷ୍ଟତର ହୋଇଛି। ସେମାନଙ୍କ ପ୍ରତ୍ନତାତ୍ତ୍ୱିକ ଖନନରୁ ଆବିଷ୍କୃତ ହୋଇଛି ଅଶୋକଙ୍କ ନିର୍ମିତ କେତୋଟି ସ୍ତମ୍ଭର ଅବଶେଷ, ସ୍ତୂପ ଓ ପରବର୍ତ୍ତୀକାଳୀନ ବୌଦ୍ଧ କୀର୍ତ୍ତିରାଜି।

ଧଉଳି କହିଲେ, ଦୟାନଦୀ କୂଳର ତିନିଗୋଟି ଛୋଟ ଛୋଟ ପାହାଡ଼। ବଡ଼ ପାହାଡ଼ଟି ନଈର ଦକ୍ଷିଣ ପାଖରେ। ଅନ୍ୟ ଏକ ଅନୁଚ୍ଚ ପାହାଡ଼କୁ ଲୋକେ କୁହନ୍ତି ଅଶ୍ୱତ୍‌ଥାମା ପାହାଡ଼। ପାହାଡ଼ଗୁଡ଼ିକରେ ଗୁମ୍ଫାମାନ ଥିଲା। ଏଗୁଡ଼ିକ ଶ୍ରମଣମାନଙ୍କ ପାଇଁ ଉଦ୍ଦିଷ୍ଟ। ବାସ୍ତବତଃ ଗୁମ୍ଫାଗୁଡ଼ିକର ସଂଖ୍ୟା ଏଯାବତ୍ ନିରୂପଣ ହୋଇପାରିନାହିଁ। କେତେକ 'ଲେଣ' ବା ପ୍ରାକୃତିକ ଗୁମ୍ଫା। ଏଗୁଡ଼ିକୁ ବାସୋପଯୋଗୀ କରାଯାଇଛି। ଅନ୍ୟଗୁଡ଼ିକ ମଣିଷ-ଖୋଦିତ। ସେଗୁଡ଼ିକର ଆକାରଗତ ଭିନ୍ନତା ମଧ୍ୟ ରହିଛି। ଏବେ

ଯେଉଁ କେତୋଟି ଗୁମ୍ଫା ଆମ ପାଇଁ ଆକର୍ଷଣର କେନ୍ଦ୍ର ସେଗୁଡ଼ିକୁ ଲୋକେ କୁହନ୍ତି ପଞ୍ଚୁପାଣ୍ଡବ ଗୁମ୍ଫା। ସେଗୁଡ଼ିକର ଆକାର ୧୬ ଫୁଟ ୯ ଇଞ୍ଚ, ୯ ଫୁଟ ୬ ଇଞ୍ଚ, ୫ ଫୁଟ ୯ ଇଞ୍ଚ; ୧୬ ଫୁଟ- ୬ ଫୁଟ-୫ ଫୁଟ ୮ ଇଞ୍ଚ; ଏବଂ ୨୦ ଫୁଟ- ୧୪ ଫୁଟ- ୯ ଫୁଟ। ଏଇ ଶେଷଟି ସବୁଠାରୁ ବଡ଼। ମଝିରେ ଗୋଟିଏ ଦ୍ୱାର ଅଛି। ଏହି ଦ୍ୱାର ଗୁମ୍ଫାକୁ ଦୁଇଭାଗରେ ବିଭକ୍ତ କରୁଛି। ଅନ୍ୟ ଏକ ଗୁମ୍ଫାର ଆକାର ୧୬ ଫୁଟ, ୨ଫୁଟ ଓ ୫ ଫୁଟ ୮ ଇଞ୍ଚ। ପ୍ରଥମ ତିନିଟି ଗୁମ୍ଫାରେ ରହିଛି ତିନୋଟି ପ୍ରବେଶ ପଥ। ମଝିରେ ରହିଛି ଦୁଇଟି ପଥର ସ୍ତମ୍ଭ। ଏବଂ, ଏଗୁଡ଼ିକର ଆଗରେ ପ୍ରାୟ ଏଗାର ଫୁଟ ଓସାରର ବାରଣ୍ଡା। ଗୁମ୍ଫାଗୁଡ଼ିକ ସଂଖ୍ୟାରେ ପାଞ୍ଚ ଥିବାରୁ ନାଁ କାଳେ ପଞ୍ଚୁପାଣ୍ଡବ ଗୁମ୍ଫା। ଅଶୋକ-କାଳୀନ ଗୁମ୍ଫାଗୁଡ଼ିକରେ ସ୍ଥାପତ୍ୟ ଖୋଜିଲେ ମିଳିବ ନାହିଁ। ମାତ୍ର ଛାତ ଓ କାନ୍ଥରେ ଚିତ୍ର ଅଙ୍କନ କରାଯାଉଥିଲା।

ଧଉଳି ପାହାଡ଼ ବ୍ୟତୀତ ଅନ୍ୟ କେତେକ ଗୁମ୍ଫା ଆମ ଐତିହାସିକମାନେ ଠାବ କରିଛନ୍ତି। ସେଗୁଡ଼ିକ ରହିଛି ବରୁଣେଇ ପାହାଡ଼ରେ। ସଂଖ୍ୟାରେ ପାଞ୍ଚ। ଲୋକେ ତାକୁ ବି କୁହନ୍ତି ପଞ୍ଚୁପାଣ୍ଡବ ଗୁମ୍ଫା। ସେ କାଳରେ ଓଡ଼ିଶା ବୌଦ୍ଧଧର୍ମର ଏକ କେନ୍ଦ୍ର ଥିବାରୁ, ଶ୍ରମଣମାନଙ୍କ ରହଣି ପାଇଁ ପାହାଡ଼ ଦେହରେ ବହୁସଂଖ୍ୟକ ଗୁମ୍ଫା ଖୋଳା ଯାଇଥିବାର ସମ୍ଭାବନା ରହିଛି।

ଅଶ୍ୱତ୍‌ଥାମା ପାହାଡ଼ରେ ରହିଛି ହାତୀର ମୂର୍ତ୍ତି। ପାହାଡ଼ ଦେହରେ କଟାଯାଇଛି ପ୍ରାୟ ୧୪ ଫୁଟ ଓସାର ଓ ୧୬ ଫୁଟ ଲମ୍ବର ଏକ ଛାତ। ଛାତ ଉପରେ ଠିଆ ହୋଇଛି ହାତୀ। ଛାତର ପୂର୍ବ, ପଶ୍ଚିମ ଓ ଉତ୍ତରପାଖ ଧାରରେ ବାହାରପାଖରୁ ପ୍ରାୟ ତିନିଫୁଟ ଛାଡ଼ି ଏକ ଝରି କଟାଯାଇଛି। ଝରିର ଆକାର ପ୍ରାୟ ୪ ଇଞ୍ଚ ଓସାର ଓ ୨ ଇଞ୍ଚ ଗଭୀର। ଛାତର ତଳଭାଗର ପଥର କଟାଯାଇ ସମତଳକୁ ଚଉରସ କରାଯାଇଛି। ଏହାର ପରିସୀମା ୧୫ ଫୁଟ ୧୦ ଫୁଟ ଲମ୍ବ ଓ ପ୍ରସ୍ଥ ବିଶିଷ୍ଟ। ଏହାର ଚାରୋଟି ଭାଗକୁ ଭାଗ ଭାଗ କରାଯାଇ ଖୋଦିତ ହୋଇଛି ଅନୁଶାସନ। ପୁଣି ବ୍ରାହ୍ମଲିପିରେ। ଖରା ଓ ବରଷାରୁ ହାତୀକୁ ସୁରକ୍ଷିତ ରଖିବାପାଇଁ ଏହା ଉପରେ ମୋଟାପଟାରେ ଘର ତିଆରି କରାଯାଇଥିବା କେଦାରନାଥ ମହାପାତ୍ରଙ୍କ ମତ।

ତୋଷାଳି ପରି ଜଉଗଡ଼ରେ ରହିଛି ଅନ୍ୟ ଏକ ହାତୀ ଓ ଶିଳାଲେଖ। ସେକାଳ, ପ୍ରାୟ ୨୨୦୦ ବର୍ଷ ତଳେ ପର୍ବତର ନାଁ ଥିଲା କପିଂଗଳ। ଅଧୁନା ଏହା ସୋମାପା ନାମରେ ପରିଚିତ। ପାହାଡ଼ କଟାଯାଇଛି। ତଳେ ଚଟାଣ, ଉପରେ ଛାତ ଓ ପଥର ଦେହରେ ଉତ୍କୀର୍ଣ୍ଣ ହାତୀ। ହାତୀ ତଳେ ଅନୁଶାସନ। ହାତୀର ଦେହ ଓ ମୁହଁ ଚିକ୍କଣ ନୁହେଁ। ପଥରର ପ୍ରକାର ହିଁ ଏହାର କାରଣ। ମାତ୍ର ତା'ର ମୁଖମଣ୍ଡଳକୁ 'କରୁଣା'ର

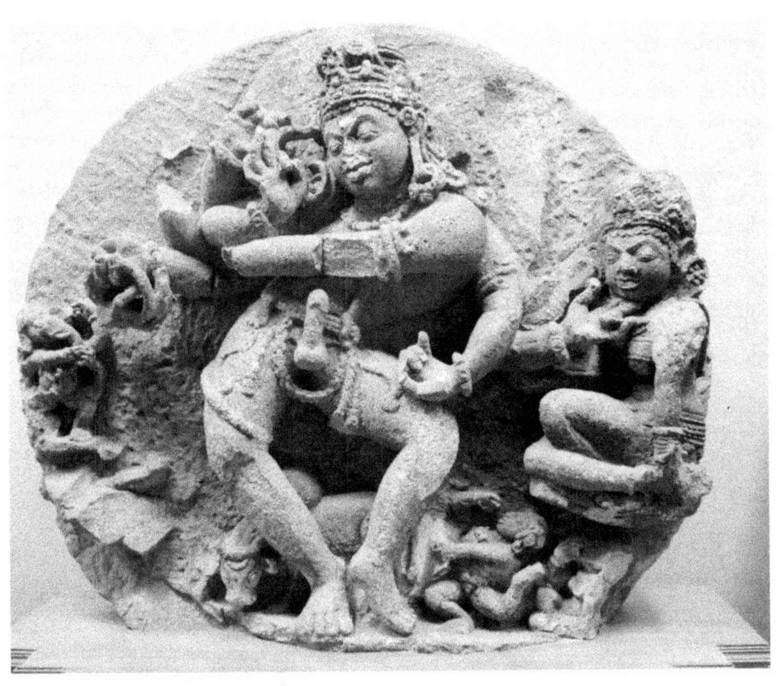

ଉଷ୍ଣ କୁହାଯାଇପାରିବ। ଏହିପରି ହାତୀର ଚିତ୍ର ରହିଛି ଗୁଜରାଟର ଗିର୍‌ନାର ଓ ଉତ୍ତରପ୍ରଦେଶର 'କଳସୀ'ରେ।

ଏବେ ଆମେ ଅଶୋକଙ୍କ ନିର୍ଦ୍ଦେଶରେ ନିର୍ମିତ ସ୍ତୂପ, ସ୍ତମ୍ଭ ଓ ଅଭିଲେଖ ପାଖକୁ ଆସିବା। ଦେବନାଂ ପ୍ରିୟ ପ୍ରିୟଦର୍ଶୀ ଅଶୋକ ବୁଦ୍ଧଙ୍କ ଦର୍ଶନ ପ୍ରଚାର କରିବା ଲାଗି ଚଉଦଟି ଅନୁଶାସନ ଖୋଦନ କରିଛନ୍ତି। ସେଗୁଡ଼ିକ ମଧ୍ୟରୁ ଦୁଇଟି ଓଡ଼ିଶାରେ ରହିଛି। ଗୋଟିଏ ଧଉଳି, ଅନ୍ୟଟି ଜଉଗଡ଼। ଅନୁଶାସନଗୁଡ଼ିକରେ ଜୀବେଦୟା, କଳିଙ୍ଗ ଇତ୍ୟାଦି ଶବ୍ଦର ପ୍ରୟୋଗ ରହିଛି। ତେବେ ଓଡ଼ିଶାରେ ସ୍ତୂପ ଓ ସ୍ତମ୍ଭର ଅକ୍ଷତ ରୂପ ମିଳେନାହିଁ। ସକଳ କାଳ କବଳିତ। ମାତ୍ର ଐତିହାସିକମାନେ କେତେକ ଅବଶେଷର ସନ୍ଧାନ ପାଇଛନ୍ତି। କୃଷ୍ଣଚନ୍ଦ୍ର ପାଣିଗ୍ରାହୀ ଭାସ୍କରେଶ୍ୱର ମନ୍ଦିର ପାଖ ଏକ ଜାଗା ଖୋଳି ପାଇଥିଲେ ୮ ଫୁଟ ୮ ଇଞ୍ଚ ପରିଧି ଓ ୩ ଫୁଟ ୭ ଇଞ୍ଚ ଉଚ୍ଚତା ବିଶିଷ୍ଟ ଏକ ସିଂହ ମୂର୍ତ୍ତି। ଏହାର ପିଠି, ପେଟ ଓ ଛାତିରେ ରହିଛି କଟାଚିହ୍ନ। ତାଙ୍କର ଅନ୍ୟ ଏକ ଆବିଷ୍କାର ରାମେଶ୍ୱର ମନ୍ଦିର ପାଖ ପୋଖରୀ ହୁଡ଼ାରୁ ପ୍ରାୟ ୧୫ ଫୁଟ ୫ ଇଞ୍ଚ ପରିଧି ଓ ୩୨ ଇଞ୍ଚ ଉଚ୍ଚତା ବିଶିଷ୍ଟ ଏକ ଶୀର୍ଷ ମୁକୁଟ- ଯାହା ଉପରେ ସିଂହ/ହାତୀ/ ବୃଷଭମାନଙ୍କୁ ରଖାଯାଇଥାଏ। ସବୁଠାରୁ ଗୁରୁତ୍ୱପୂର୍ଣ୍ଣ ପ୍ରସଙ୍ଗ ଏହି ଶୀର୍ଷ ମୁକୁଟ ମନ୍ଦିର

ଦଧିନଉତିପରି ଗୋଲାକାର ଓ କରମଙ୍ଗିଆ। ଭାସ୍କରେଶ୍ୱର ମନ୍ଦିରରେ ଏକ ଲିଙ୍ଗ ରହିଛି। ଏହା ବିଶାଳତମ। ଉଚ୍ଚତା ୯ ଫୁଟ, ପରିଧି ୧୨ଫୁଟ, ବ୍ୟାସ ପ୍ରାୟ ୪ ଫୁଟ। ଗୌରୀ ପଟର ପରିଧି ପ୍ରାୟ ୨୦ ଫୁଟ । ଏହା ଅଶୋକସ୍ତମ୍ଭ ବ୍ୟତୀତ ଅନ୍ୟ କିଛି ହୋଇନପାରେ। ରାଜେନ୍ଦ୍ରଲାଲ ମିତ୍ର ଓ ହରିଶ୍ଚନ୍ଦ୍ର ଦାସ ମଧ୍ୟ ବୌଦ୍ଧଯୁଗୀୟ ବୋଲି ପ୍ରକାଶ କରିଛନ୍ତି। ଏହା ଏବେ ସୁରକ୍ଷିତ ରହିଛି ରାଜ୍ୟ ସଂଗ୍ରହାଳୟରେ। ଏହି ସକଳ ମୂର୍ତ୍ତି ଓ ସ୍ଥାପତ୍ୟକଳାକୁ ଅନୁଶୀଳନ କାଳରେ ଗୋଟିଏ କଥା ସ୍ପଷ୍ଟ ହୋଇଯାଏ ଯେ, ଭାରତବର୍ଷରେ ଜୈନ୍ୟ ଓ ବୌଦ୍ଧ ଚେତନାର ଅନ୍ୟତମ ପ୍ରୟୋଗଶାଳା ଭାବରେ ପରିଚିତ କଳିଙ୍ଗର ବୌଦ୍ଧକାଳୀନ ସ୍ଥାପତ୍ୟର ପ୍ରାଚୁର୍ଯ୍ୟ ଥିଲା ପ୍ରକୃତି ସ୍ୱଭାବ। ବୌଦ୍ଧଧର୍ମର ପ୍ରାଧାନ୍ୟ- ସେଗୁଡ଼ିକର ବିପର୍ଯ୍ୟୟର କାରଣ ହୋଇଛି।

ଅଶୋକଙ୍କ ମାଧ୍ୟମରେ ମଗଧର ସ୍ଥାପତ୍ୟ କଳିଙ୍ଗକୁ ଆସିଛି। କଳିଙ୍ଗ ବଦଳିଛି। ମାତ୍ର ଅଶୋକ-କାଳୀନ ସ୍ଥାପତ୍ୟକୁ ମଗଧର କୁହାଯାଇପାରିବ ନାହିଁ। ତାହା ଗ୍ରୀସ୍ ଓ ପାରସ୍ୟ-କଳାବୋଧ ଦ୍ୱାରା ବହୁଭାବରେ ପ୍ରଭାବିତ। ତେଣୁ ଅଶୋକଙ୍କ ମାଧ୍ୟମରେ ଗ୍ରୀସ୍ ଓ ପାରସ୍ୟ ମଧ୍ୟ କଳିଙ୍ଗକୁ ଆସିଛି। ମାତ୍ର ଏହି ବଦଳ କିଛି ନୂଆ କଥା ନୁହେଁ, ପ୍ରତ୍ୟେକ ଭୂମିର ମଣିଷମାନଙ୍କର କଳାବୋଧ ସ୍ୱତନ୍ତ୍ର। ଭୂମିରେ ଉପଲବ୍ଧ ପ୍ରାକୃତିକ ଉପାଦାନ ଓ ପ୍ରତିଭାମାନଙ୍କ ସର୍ଜନଶୀଳତାର ସେମାନେ ଅଭିବ୍ୟକ୍ତି।

ଅଶୋକଙ୍କ ପୂର୍ବରୁ ମଗଧ ଅଞ୍ଚଳରେ ସ୍ତମ୍ଭପୂଜା ଥିଲା। ସ୍ତୂପ ବି ଥିଲା। ସ୍ତମ୍ଭ ଓ ସ୍ତୂପ- ଉଭୟ ମାଧ୍ୟମରେ ପୂର୍ବପୁରୁଷ ଓ ଦେବଦେବୀଙ୍କୁ ପୂଜା କରାଯାଉଥିଲା। ପ୍ରତିମାମାନେ ମଧ୍ୟ ଥିଲେ। ମାତ୍ର ସେଗୁଡ଼ିକ ପ୍ରଧାନତଃ କାଠ ତିଆରି। କାନ୍ଥରେ ନାରୀପୁରୁଷଙ୍କ ଚିତ୍ର ବି ଥିଲା ଏବଂ ସେମାନଙ୍କର ମୂର୍ତ୍ତି ମଧ୍ୟ ଥିଲା। ମାତ୍ର ଅଶୋକଙ୍କ କାଳରେ ଶରୀର ପୂଜାକୁ ନିଷେଧ କରାଗଲା। କୁହାଗଲା ମୂର୍ତ୍ତି ପୂଜନ ମୋକ୍ଷର ଅନ୍ତରାୟ। କାମନା ଉତ୍ତେଜନାର କାରଣ। ତାହା କାଳେ ଗୃହସ୍ଥମାନଙ୍କର ଆଚରଣ। ଏପରିକି ଗୁହା ଓ ମଠଗୁଡ଼ିକର କାନ୍ଥରୁ ମଣିଷ ଚିତ୍ର ଅଙ୍କନ ନିଷେଧ କରାଗଲା। ଇଟା ଓ ପଥରରେ ବିଶାଳ ସ୍ତୂପମାନ ତିଆରି କରାଗଲା। ସ୍ତମ୍ଭରେ ବ୍ୟବହୃତ ହେଲା ପଥର। ପଥରର ଭିତ୍ତି ଉପରେ ଚୈତ୍ୟ, ଅଶୋକ ବୃକ୍ଷ, ବୋଧିବୃକ୍ଷ, ବୁଦ୍ଧଙ୍କ ପାଦଚିହ୍ନ, ହଂସ, ବୃଷଭ, ସିଂହ, ହସ୍ତୀ ଆଦି ବିଭିନ୍ନ ପଶୁପକ୍ଷୀଯୂଥ ଏବଂ ଫୁଲରେ ଆନତ ଗଛ ଓ ଲତାମାନେ ଜୀବନ୍ତ ହୋଇଉଠିଲେ। ଚିକ୍କଣ ଓ ସୂକ୍ଷ୍ମ। ସୂକ୍ଷ୍ମତାର କାରଣ ପଥରର ଗୁଣବତ୍ତା ଓ ଶିଳ୍ପୀମାନଙ୍କର ରୂପ-ପ୍ରତିରୂପୀକରଣରେ ସୌନ୍ଦର୍ଯ୍ୟବୋଧ। କାଠଖୋଦନରେ ବ୍ୟବହୃତ ଉପକରଣମାନ ବଦଳିଗଲା। ଉପକରଣଗୁଡ଼ିକ ପଥର ଦେହରେ କଥା କହିଲେ। ତେଣୁ ସେଗୁଡ଼ିକ ଏବେ ନାନା ପ୍ରକାର ବିଶିଷ୍ଟ ଓ ସୂକ୍ଷ୍ମ। ରାମପୁରର ବୃଷଭ

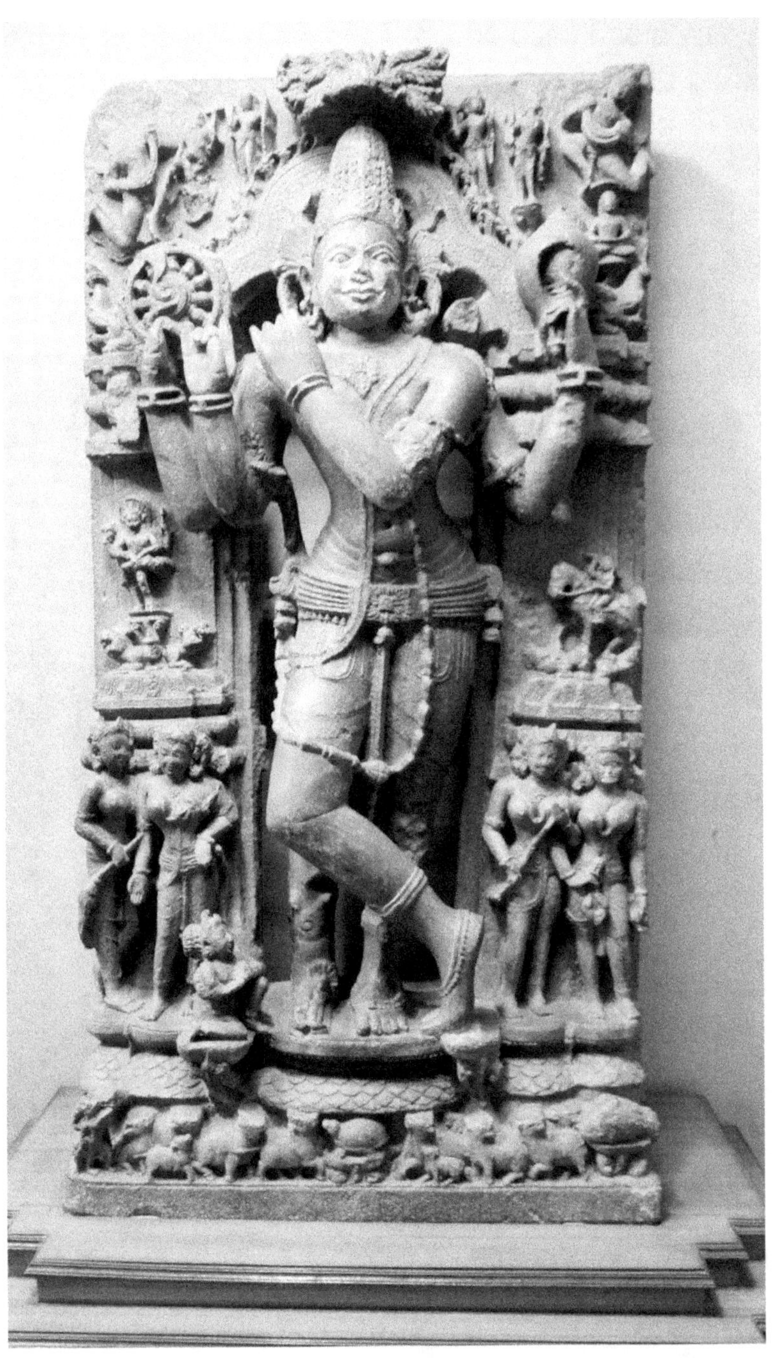

ଓ ସାଞ୍ଚିର ସିଂହମୂର୍ତ୍ତି କେତେ କମନୀୟ- ନିଜ ଆଖିରେ ନ ଦେଖିଲେ, ଫଟୋଚିତ୍ରରେ ଏ କଥା ବିଶ୍ୱାସ କରିହେବ ନାହିଁ। ମୂର୍ତ୍ତି ଗଢ଼ଣରେ ଏହି ପରିବର୍ତ୍ତନ ପାର୍ସୀ ଓ ଗ୍ରୀକ୍ ସମୟର କଳାବୋଧର ପ୍ରଭାବର ଫଳଶ୍ରୁତି।

ଏବେ ଆମେ ଅଶୋକ ସ୍ତମ୍ଭଗୁଡ଼ିକ ପାଖକୁ ଆସିବା। ବିଭିନ୍ନ ସ୍ଥାନରେ ଏଗୁଡ଼ିକୁ ତିଆରି କରାଯାଇଛି। ବିଶେଷତଃ ଶ୍ରମଣମାନଙ୍କ ରହଣି ସ୍ଥାନରେ। ଏଗୁଡ଼ିକ ଗୋଲାକାର, କାରୁକାର୍ଯ୍ୟହୀନ, ଚିକ୍କଣ। ଖଣ୍ଡିଏ ପଥରରେ ତିଆରି। ଭୂମିଠାରୁ ପ୍ରାୟ ୪୦/୫୦ ଫୁଟ ଉଚ୍ଚତା ବିଶିଷ୍ଟ। ଦୂରରୁ ଦିଶୁଛି ତାଳଗଛର ଗଣ୍ଡିପରି। ପୀଠ ଆଦୌ ଦିଶୁନାହିଁ।

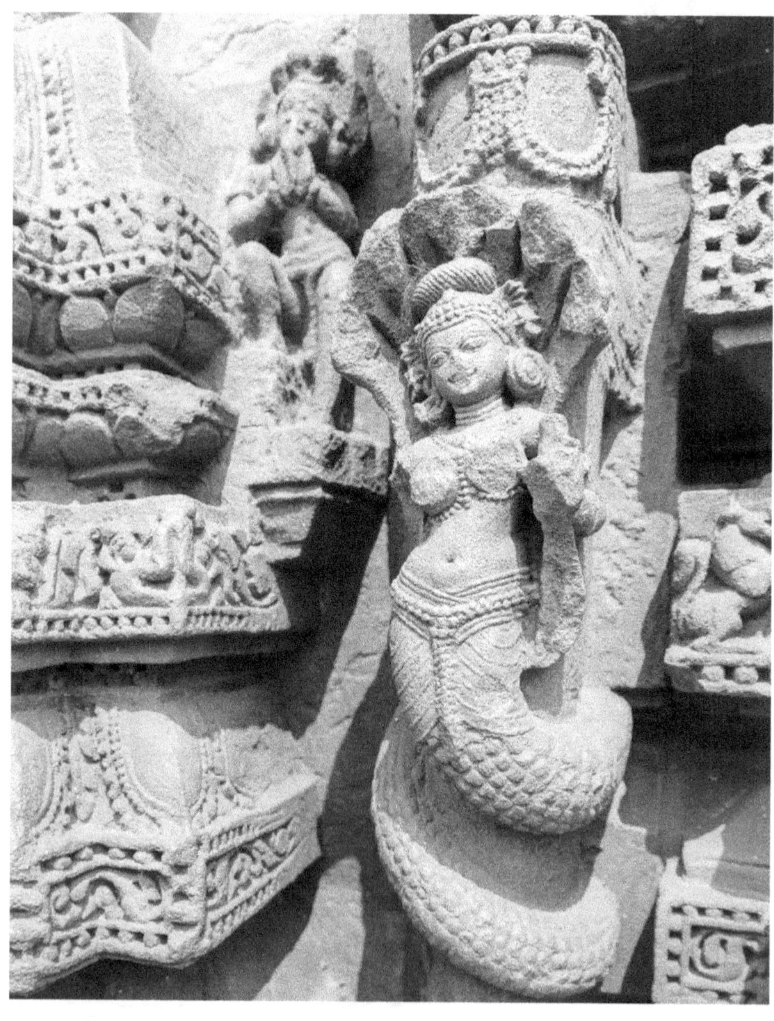

ଏବଂ, ସ୍ତମ୍ଭର ଉପରେ, ପ୍ରାୟ ତିନିଫୁଟ ବ୍ୟାସର ପୀଠିକା (ଶୀର୍ଷମୁକୁଟ)ରେ ଶୋଭାପାଉଛି ବୁଦ୍ଧଙ୍କର ପ୍ରତୀକ ପ୍ରତିମା- ସିଂହ, ବୃଷଭ, ହସ୍ତୀ ଅଥବା ଅଶ୍ୱ। ପଶୁମାନଙ୍କର ମୂର୍ତ୍ତି ବିଶାଳ, କାରୁକାର୍ଯ୍ୟସଂପନ୍ନ ଓ ଭାବଗର୍ଭୀ। ଏଗୁଡ଼ିକ ସ୍ଥାପତ୍ୟର ବ୍ୟାକରଣ ଓ ଭାବର ଯଥାର୍ଥତଃ ଚମତ୍କାର ଅଭିବ୍ୟକ୍ତି। ବାହ୍ୟତଃ ଆକାରରେ ବିଶାଳ ଓ ଭାବରେ ଭୟଙ୍କର ଦିଶୁଥିବା ଏହି ଜୀବମାନେ ଆଦୌ ସେପରି ନୁହଁନ୍ତି। ଶାନ୍ତ ଓ ଦୟାବନ୍ତ। ଆମେ ହିଂସ୍ରତା ବୋଲି ଯାହା କହୁ, ତାହା ବ୍ୟକ୍ତିର ମାନସିକ ଅବସ୍ଥା। ହିଂସ୍ରକୁ ପରମ ମିତ୍ର ଭାବରେ ରୂପାନ୍ତର କରାଯାଇପାରିବ କେବଳ ପ୍ରୀତି ଓ ଅଧ୍ୟାତ୍ମଶକ୍ତି ବଳରେ। ହାତୀ, ଘୋଡ଼ା, ବୃଷଭ ଓ ସିଂହ- ଏହି ଜୀବମାନେ ବିଶ୍ୱର ଚତୁର୍ଦ୍ଦିଗର ପ୍ରତୀକ, ଯଥାକ୍ରମେ ପୂର୍ବ, ଦକ୍ଷିଣ, ପଶ୍ଚିମ ଓ ଉତ୍ତର ଦିଗର। ବୁଦ୍ଧଙ୍କ ଜୀବେଦୟା ଦର୍ଶନ ଅଶୋକଙ୍କ ମୂର୍ତ୍ତିମାନଙ୍କ ମାଧ୍ୟମରେ ଯେପରି ପ୍ରତୀକିତ।

ଚିତ୍ର ଓ ମୂର୍ତ୍ତିକଳାରେ ଧର୍ମ ଓ ଦର୍ଶନକୁ କିପରି ବ୍ୟକ୍ତି ଓ ସମୁଦାୟର ଚେତନା ଉନ୍ମୀଳନର ମାଧ୍ୟମ କରାଯାଇପାରେ ଅଶୋକଙ୍କ ନିର୍ମିତ ସ୍ତୂପ, ସ୍ତମ୍ଭ ଓ ବିହାରଗୁଡ଼ିକ ଏହାର ପ୍ରମାଣ। ସେ କାଳ (ଖ୍ରୀ.ପୂ ୩ୟ ଶତାବ୍ଦୀ)ର ତୋଷାଳୀ (ଧଉଳି ପାହାଡ଼, କଳିଙ୍ଗ ନଗର) ଏବଂ ଏହାର ସ୍ଥାପତ୍ୟରାଜି ଏହି ଭାବାଦର୍ଶର ଉଦାହରଣ।

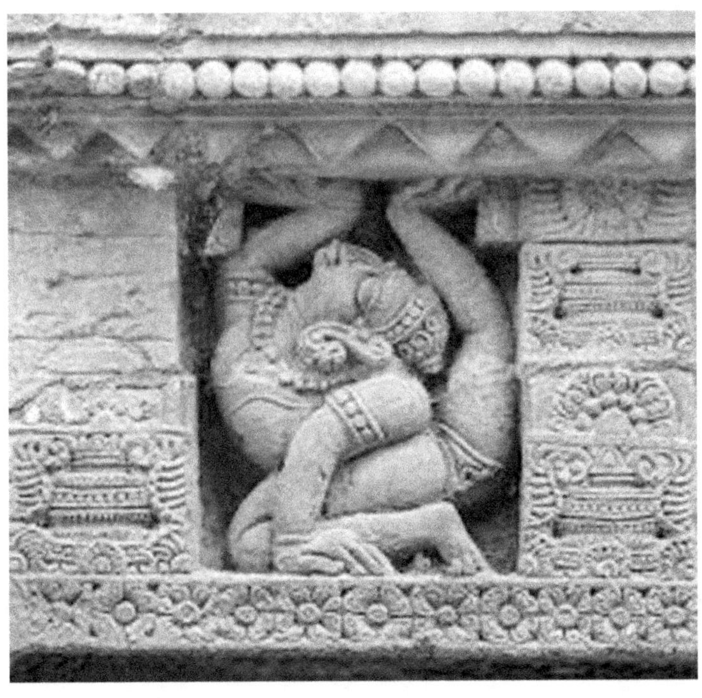

କଳିଙ୍ଗ ସ୍ଥାପତ୍ୟର ଚିତ୍ରଶାଳା

॥ ଏକ ॥

କଳିଙ୍ଗରେ ଏବେ ସ୍ଥାପତ୍ୟର ଆଦି ଛନ୍ଦ। ଶିଳାଲେଖ, ଗୁମ୍ଫା, ମୂର୍ତ୍ତି- ସବୁଠି ସ୍ଥାପତ୍ୟର ସ୍ପର୍ଶ। ବୌଦ୍ଧ ସ୍ଥାପତ୍ୟ। ପରେପରେ କଳିଙ୍ଗର ସ୍ଥାପତ୍ୟ ଇତିହାସରେ ଯୋଡ଼ି ହୋଇଯାଇଛି ଅନ୍ୟ ଏକ ଅନନ୍ୟ ଅଧ୍ୟାୟ। ଜୈନ ସ୍ଥାପତ୍ୟର ଅଧ୍ୟାୟ। ଖ୍ରୀ.ପୂ ପ୍ରଥମ ଶତାବ୍ଦୀର କଥା। କଳିଙ୍ଗ ରାଜନୈତିକ ଇତିହାସରେ ନୂଆ ଅଧ୍ୟାୟର ସୂତ୍ରପାତ। ଦକ୍ଷିଣୀ ରାଜବଂଶ 'ଚେଦି'ର ତୃତୀୟ ପୁରୁଷ ଖାରବେଳ କଳିଙ୍ଗର ସ୍ୱତନ୍ତ୍ର ପରିଚୟ ତିଆରି କରନ୍ତି। ଏକ ସାର୍ବକାଳିକ ସ୍ୱତନ୍ତ୍ର ପରିଚୟ। ନାଁରେ କେତେକେତେ ବିଶେଷଣ ଯୁକ୍ତ ହୋଇଛି। 'ମହାମେଘବାହନ ଐରଖାରବେଳ'।

ଖାରବେଳ ଜଣେ ସ୍ୱପ୍ନପ୍ରବଣ ଯୁବକ ରାଜା, ଯିଏ ସ୍ୱପ୍ନକୁ ବାସ୍ତବ କରିଛନ୍ତି ଆପଣା ବାହୁ ବଳରେ। ଏକାଧାରାରେ ବୀର ଓ ଶାନ୍ତିପ୍ରିୟ। କ୍ଷେମରାଜ, ବର୍ଦ୍ଧରାଜ, ଇନ୍ଦ୍ରରାଜ, ଧର୍ମରାଜ- ଏହିପରି ବହୁ ଗୁଣର ଅଧିକାରୀ। ଜନକଲ୍ୟାଣକାରୀ। ସକଳ ସଂପ୍ରଦାୟର ପୂଜକ ଓ ସଂସ୍କାରକ। ଗୁପ୍ତଚକ୍ର ଓ ପ୍ରବର୍ତ୍ତଚକ୍ର ରାଜବଂଶଜ ଦିଗ୍‌ବିଜୟୀ ସମ୍ରାଟ ଖାରବେଳ। ମଞ୍ଚପୁରୀ ଶିଳାଲେଖରେ ସେ 'ଚକ୍ରବର୍ତ୍ତୀ' ବୋଲି ଉଲ୍ଲେଖ ରହିଛି। ଏହା ତାଙ୍କ ପ୍ରଥମ ରାଣୀଙ୍କ ଦ୍ୱାରା କାଳେ ଖୋଦିତ ହୋଇଛି। ଖାରବେଳଙ୍କ ସାମ୍ରାଜ୍ୟ ମଥୁରାରୁ କୁମାରୀକା ଏବଂ ପୂର୍ବ ଉପକୂଳରୁ ମହାରାଷ୍ଟ୍ର ଓ ବେରାର ପର୍ଯ୍ୟନ୍ତ ବିସ୍ତାରିତ। ଉତ୍ତମ ରାଜାର ସମସ୍ତ ଲକ୍ଷଣରେ ପରିପୂର୍ଣ୍ଣ ଜଣେ ବ୍ୟକ୍ତିତ୍ୱ। ପ୍ରଜାନୁରଂଜକ, ଧାର୍ମିକ, କଳା-ସଂସ୍କୃତିର ପୂଜକ।

ତାଙ୍କ ରାଜତ୍ୱରେ କଳିଙ୍ଗର ରାଜଧାନୀର ରୂପ ବଦଳିଯାଏ। ଖଣ୍ଡଗିରି ଓ ଉଦୟଗିରି; ଯାହା କୁମାରୀପର୍ବତ ନାମରେ ପରିଚିତ। ଏହାର ହାତୀଗୁମ୍ଫା ନାମକ ଗୁମ୍ଫାର ଦେହରେ ସତର ଧାଡ଼ି ବିଶିଷ୍ଟ ଶିଳାଲେଖ ରହିଛି। ଏହି ଲେଖ ତାଙ୍କ ବୀରତ୍ୱର ପ୍ରତିଲିପି। କୁହାଯାଏ, ସେ ଷୋହଳବର୍ଷ ବୟସରେ ଯୁବରାଜ ହୋଇଛନ୍ତି। ରାଜାର

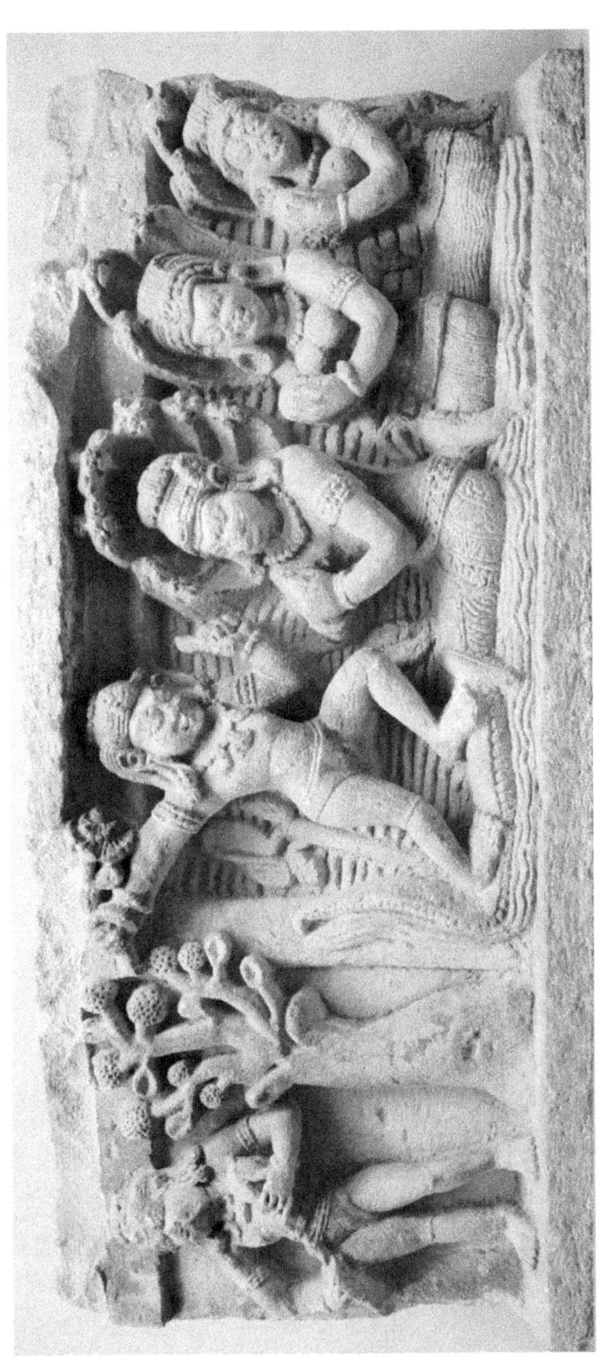

ମୁକୁଟ ପିନ୍ଧିଛନ୍ତି ପଚିଶ ବର୍ଷ ବୟସରେ ଏବଂ ଶାସନର ଅବଧି ମାତ୍ର ଚଉଦବର୍ଷ (କେଦାରନାଥ ମହାପାତ୍ର)। ଘଟଣା ବହୁଳ କେତୋଟି ମାତ୍ର ବର୍ଷ। ସେଇ କେତୋଟି ବର୍ଷର ଇତିହାସରେ ଗୁନ୍ଥି ହୋଇଯାଇଛି କଳିଙ୍ଗ ଭୂମିରେ ସ୍ଥାପତ୍ୟର ସ୍ମୃତି ଚିହ୍ନ।

ତାଙ୍କ ସମୟର ସ୍ଥାପତ୍ୟଗୁଡ଼ିକ ବିଷୟରେ ଆଲୋଚନା କରିବା ପୂର୍ବରୁ ତାଙ୍କ ବ୍ୟକ୍ତିତ୍ୱ ସଂପର୍କରେ ଜାଣିବା ଗୁରୁତ୍ୱପୂର୍ଣ୍ଣ। କାରଣ ଜଣେ ରାଜା ହିଁ କେବଳ କଳାର ପୂଜାରୀ ହୋଇପାରିଲେ କଳା ପରିପୁଷ୍ଟ ହୁଏ ଏବଂ କଳା, ରାଜ ପୃଷ୍ଠପୋଷକତା ଲାଭକଲେ ହିଁ ଉତ୍କର୍ଷରେ ପହଞ୍ଚିପାରେ। ସେହି କାରଣରୁ ଖାରବେଳଙ୍କର କଳାପ୍ରତି ଅନୁରାଗ ବିଚାର୍ଯ୍ୟ। ସେକାଳର କଳା-ସଂସ୍କୃତିର ଝଲକ ଏବେ ଦେଖିବାକୁ ମିଳେ ଉଦୟଗିରି-ଖଣ୍ଡଗିରିର ପାହାଡ଼ରୁ। ପାହାଡ଼ରେ ଖୋଦିତ ଗୁମ୍ଫା, ଗୁମ୍ଫାରେ ଅଙ୍କିତ ସୂକ୍ଷ୍ମ ଚିତ୍ରାବଳୀ ଓ ଶିଳାଲେଖ ତାଙ୍କ ଉନ୍ନତ ରୁଚିର ଉଦାହରଣ। ପୃଥିବୀର ଦିଗ୍‌ବିଜୟୀ ସମ୍ରାଟମାନେ ସେମାନଙ୍କ ବିଜୟର ସ୍ୱାକ୍ଷରକୁ କାଳଜୟୀ କରିବାପାଇଁ ସ୍ଥାପତ୍ୟର ସ୍ମାରକୀମାନ ଗଢ଼ାଇଛନ୍ତି। ଏହି ପରଂପରା ପୃଥିବୀ ଇତିହାସରେ ବିରଳ ନୁହେଁ। ମିଶର ରାଜ୍ୟ ଜୟ କଲାପରେ ଗ୍ରୀକ୍‌ବୀର ଆଲେକଜାଣ୍ଡାର ନୀଳନଦୀର ତଟରେ ଗଢ଼ାଇଛନ୍ତି ସ୍ମୃତିର ନଗର 'ଆଲେକଜାଣ୍ଡ୍ରିଆ', ମୋଗଲ ସମ୍ରାଟ ଆକବର ଚିତୋର ବିଜୟ ପରେ ନିର୍ମାଣ କରିଛନ୍ତି ସୁରମ୍ୟ 'ଫତେପୁର ସିକ୍ରୀ', ପ୍ରସିଦ୍ଧ ଇଂରେଜ ନୌ-ସେନାପତି ନେଲସନ୍, ନେପୋଲିଅନ୍‌ଙ୍କୁ ହରାଇବା ପରେ ଲଣ୍ଡନରେ ତିଆରି କରିଛନ୍ତି 'ଟ୍ରାଫଲ୍‌ଗାର ପ୍ରାସାଦ'। ଅନୁରୂପ ଭାବରେ ଆମ ଖାରବେଳ ମଗଧ ବିଜୟର ସ୍ମୃତିରେ କାଳେ କଳିଙ୍ଗରେ ନିର୍ମାଣ କରିଛନ୍ତି ଭବ୍ୟ 'ମହାବିଜୟ ପ୍ରାସାଦ'। ଏହା ଖାରବେଳଙ୍କ ଶାସନର ନବମ ବର୍ଷର କଥା। ତାଙ୍କ ଶିଳାଲେଖର ଦଶମ ଧାଡ଼ିରେ ଉଲ୍ଲେଖ ରହିଛି।

ସିଂହାସନ ଆରୋହଣର ୨ୟ, ୪ର୍ଥ, ୮ମ, ୧୧ଶ ଓ ୧୨ଶ ବର୍ଷରେ ସେ ଯଥାକ୍ରମେ ସାତବାହନ, ରାଷ୍ଟ୍ରିକ, ଭୋଜକ, ଗୋପଥଗିରି, ରାଜଗୃହ, ପିଥୁଡ଼ା ଓ ମଗଧ ସାମ୍ରାଜ୍ୟର କ୍ଷମତାକୁ ପରାହତ କରିଛନ୍ତି। ଦାକ୍ଷିଣାତ୍ୟ, ପଶ୍ଚିମ ଓ ଉତ୍ତରାପଥ ଏବେ ତାଙ୍କ ଅଧୀନ। ମାତ୍ର ଗୁରୁତ୍ୱପୂର୍ଣ୍ଣ, ସେ ପରାଜିତ ରାଜାମାନଙ୍କୁ ଆପଣା ଅଧୀନରେ ରଖିନାହାନ୍ତି। ସେମାନଙ୍କୁ ସେମାନଙ୍କ ରାଜ୍ୟ ଫେରାଇ ଦେଇଛନ୍ତି। ଆପଣାର ମହାନୁଭବତା ଓ ଶାନ୍ତିପ୍ରିୟତାର ପ୍ରମାଣ ରଖିଛନ୍ତି। ଅନୁଭବ କରିଛନ୍ତି, ସାମ୍ରାଜ୍ୟର ବିଶାଳତା ହିଁ ଅଶାନ୍ତି ଓ ଆତଙ୍କର କାରଣ। ଏବଂ, ମଗଧରାଜ ବାହସତିମିତଙ୍କୁ ପରାସ୍ତ କରି ନନ୍ଦରାଜାଙ୍କ ଦ୍ୱାରା କଳିଙ୍ଗରୁ ଅପହୃତ ଜୀନାସନକୁ ଫେରାଇ ଆଣିଛନ୍ତି ମହା-ଆଡମ୍ବର ସହକାରେ।

କୁହାଯାଏ, କ୍ଷମତା ଓ ସଂସ୍କୃତି ଅନ୍ତରଙ୍ଗ ଭାବରେ ପରସ୍ପର ସହ ସୂତ୍ରାୟିତ। ଖାରବେଳଙ୍କୁ ଆମେ ଏହି ଭାବାଦର୍ଶର ଉଦାହରଣ କହିପାରିବା। ସିଂହାସନ ଆରୋହଣ

ପରେ ପରେ ଝଡ଼ବାତ୍ୟାରେ ବିଧ୍ୱସ୍ତ ଆପଣା ରାଜଧାନୀର ମୁଖ୍ୟ ପ୍ରବେଶ ପଥ ଓ ପାଚେରୀର ପୁନଃନିର୍ମାଣ କରିଛନ୍ତି। ନନ୍ଦରାଜାଙ୍କ ସମୟରେ ଖନନ କରାଯାଇଥିବା ପୟ ପ୍ରଣାଳୀର ପୁନରୁଦ୍ଧାର କରିଛନ୍ତି ଏବଂ ତ୍ରୟୋଦଶ ବର୍ଷରେ, ଖଣ୍ଡଗିରି ଓ ଉଦୟଗିରିରେ ଜୈନଧର୍ମର ପରିବ୍ରାଜକମାନଙ୍କ ରହଣି ଉଦ୍ଦେଶ୍ୟରେ ଗୁମ୍ଫା ନିର୍ମାଣ କରିଛନ୍ତି। ଏଥିସହିତ ଦେବାୟତନ ମଧ୍ୟ ନିର୍ମାଣ କରିଛନ୍ତି। ଏହି ଗୁମ୍ଫା ସ୍ଥାପତ୍ୟ ହିଁ ତାଙ୍କ ଧର୍ମବୋଧ ଓ କଳାବୋଧର ପରିଚୟ।

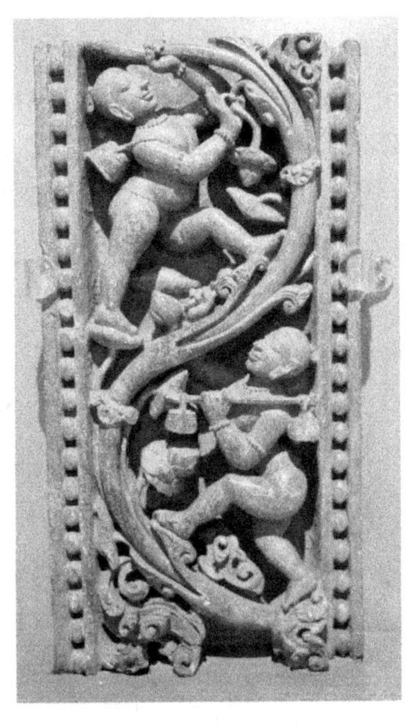

ଖାରବେଳ ଖଣ୍ଡଗିରି ଓ ଉଦୟଗିରିରେ ଶହେ ସତରଟି ଗୁମ୍ଫା ନିର୍ମାଣ କରିଥିବା ହାତୀଗୁମ୍ଫା ଶିଳାଲେଖର ୧୪ଶ ପଂକ୍ତିରେ ବର୍ଣ୍ଣିତ। ମାତ୍ର କାଳର କରାଳ ଗର୍ଭରେ ଅନେକ ଗୁମ୍ଫା ସେମାନଙ୍କର ସ୍ଥିତି ହରାଇଛନ୍ତି। ଜନ୍ ମାର୍ଶାଲ୍ ଏଗୁଡିକର ସଂଖ୍ୟା ୩୫ କହିଥିବାବେଳେ ମନମୋହନ ଗାଙ୍ଗୁଲି ୨୬ଟିରେ ସୀମିତ କରିଛନ୍ତି। ଡ. ଦେବଳା ମିତ୍ର ଗୁମ୍ଫାଗୁଡ଼ିକର ବର୍ତ୍ତମାନର ସ୍ଥିତିକୁ ଅନୁଧ୍ୟାନ କରିଛନ୍ତି। ଲୋକମୁଖରେ ପ୍ରଚଳିତ ଗୁମ୍ଫାଗୁଡ଼ିକର ନାମକରଣକୁ ଲିପିବଦ୍ଧ କରିଛନ୍ତି। ଡ. ମିତ୍ରଙ୍କ ମତରେ ଉଦୟଗିରିରେ ୧୮ଟି ଏବଂ ଖଣ୍ଡଗିରିରେ ୧୫ଟି ଗୁମ୍ଫାର ସ୍ଥିତି

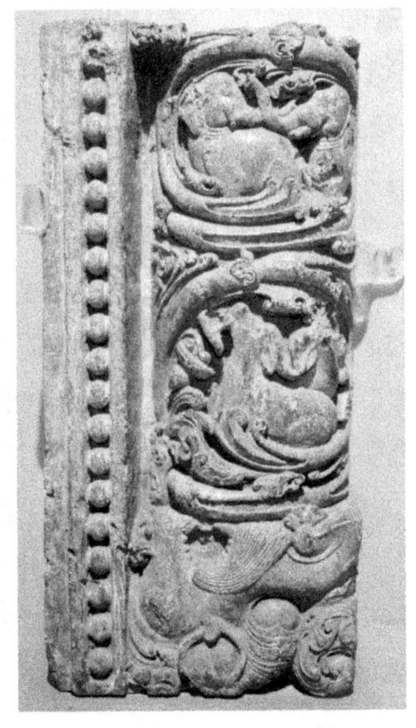

ଅକ୍ଷୁର୍ଣ୍ଣ ରହିଛି। ଉଦୟଗିରିରେ ଥିବା ଗୁମ୍ଫାଗୁଡ଼ିକର ନାଁ ଏହିପରି- ରାଣୀଗୁମ୍ଫା, (କ) ତଳମହଲା (ଖ) ଉପର ମହଲା, ବାଜଘରଗୁମ୍ଫା, ଛୋଟହାତୀଗୁମ୍ଫା, ଅଳକାପୁରୀଗୁମ୍ଫା, ଜୟା-ବିଜୟାଗୁମ୍ଫା, ପଣସଗୁମ୍ଫା, ପାତାଳପୁରୀଗୁମ୍ଫା, ଠାକୁରାଣୀଗୁମ୍ଫା, ମଞ୍ଚପୁରୀଗୁମ୍ଫା (କ) ତଳ ମହଲା (ଖ) ଉପର ମହଲା, ଗଣେଶଗୁମ୍ଫା, ଯମେଶ୍ୱରଗୁମ୍ଫା, ବ୍ୟାଘ୍ରଗୁମ୍ଫା, ସର୍ପଗୁମ୍ଫା, ହାତୀଗୁମ୍ଫା, ଧାନଘରଗୁମ୍ଫା, ହରିଦାସଗୁମ୍ଫା, ଜଗନ୍ନାଥଗୁମ୍ଫା, ରୋଷେଇଗୁମ୍ଫା।

ଖଣ୍ଡଗିରିର ଗୁମ୍ଫାଗୁଡ଼ିକ ଏହି ନାମରେ ପ୍ରଚଳିତ- ତାତୋଆଗୁମ୍ଫା (୧), ତାତୋଆଗୁମ୍ଫା (୨), ଅନନ୍ତଗୁମ୍ଫା, ତେନ୍ତୁଳିଗୁମ୍ଫା, ଖଣ୍ଡଗିରିଗୁମ୍ଫା, ଧାନଘରଗୁମ୍ଫା, ନଭମୁନିଗୁମ୍ଫା, ବାରଭୂଜିଗୁମ୍ଫା, ତ୍ରିଶୂଳମହାବୀରଗୁମ୍ଫା, ଭଗ୍ନଗୁମ୍ଫା (୯ ନମ୍ବର ପାଖରେ), ଲଲାଟେନ୍ଦୁ କେଶରୀଗୁମ୍ଫା, ରାଧାକୁଣ୍ଡପାଖ ଭଗ୍ନଗୁମ୍ଫା, ଏକାଦଶୀଗୁମ୍ଫା, ଗୁପ୍ତଗଙ୍ଗାପାଖ ଗୁମ୍ଫା।

ଏବେ ଆମେ ଉଦୟଗିରି ଓ ଖଣ୍ଡଗିରିକୁ ଦୁଇଟି ପୃଥକ୍ ପାହାଡ଼ ଭାବେ ଦେଖୁଛେ। ଦୁଇ ପାହାଡ଼ ମଝିରେ ରାସ୍ତା। ସେ କାଳରେ ଏହା ଏପରି ନ ଥିଲା। ପାହାଡ଼ ଦୁଇଟି ଏକାଠି ଥିଲେ। ତେଣୁ ଦୁଇଟିଯାକ ପାହାଡ଼ ଦେହରେ ଗୁମ୍ଫାଗୁଡ଼ିକ ଖୋଦିତ ହୋଇଥିବ। ମାତ୍ର ପାହାଡ଼କୁ ଚିରି ଅଲଗା କଲାବେଳେ କେତେ ଯେ କାରୁକାର୍ଯ୍ୟ ଖଚିତ ଗୁମ୍ଫା କାଳର କରାଳ ଗର୍ଭରେ ଲୀନ ହୋଇଥିବ, ସେ କଥା କିଏ କହିବ ?

ଗୁମ୍ଫା ସ୍ଥାପତ୍ୟର ଗଢ଼ଣଶୈଳୀ ଚର୍ଚ୍ଚା କାଳରେ ଆମେ ମଧ୍ୟଦେଶଗୁଡ଼ିକ ଆଡ଼କୁ ଫେରିଚାହୁଁ। ଭାରହୁତ, ବୋଧଗୟା, ସାଞ୍ଚିର ସ୍ତୂପଗୁଡ଼ିକ ଆଖିଆଗରେ ସ୍ପଷ୍ଟ ହୋଇଯାଏ। ମାତ୍ର ଉଦୟଗିରି ଓ ଖଣ୍ଡଗିରିର ସ୍ଥାପତ୍ୟ ସ୍ୱତନ୍ତ୍ର। ଏଠାରେ ଥିବା ଗୁମ୍ଫାଗୁଡ଼ିକର କୋଠରୀ ସଂଖ୍ୟା ଏକାଧିକ। ଅନେକ କୋଠରୀରେ ବାରଣ୍ଡା, ଆଗପଟ ଓସାର, ଭିତର ସଂକୀର୍ଣ୍ଣ। ଛାତ ଖିଲାଣ ପରି ଅର୍ଦ୍ଧଗୋଲାକାର। ଅନେକ ଦ୍ୱାରବନ୍ଧରେ ସ୍ତମ୍ଭ ଓ କଡ଼ି ସଂଯୋଜିତ। କେବଳ ରାଣୀଗୁମ୍ଫା ଓ ଖଣ୍ଡଗିରିଗୁମ୍ଫାରେ ଝରକା। ପ୍ରତ୍ୟେକ ଗୁମ୍ଫାର ମାପ ଓ ଆୟତନ ସ୍ୱତନ୍ତ୍ର।

ପାହାଡ଼ ଦୁଇଟିର ଗଢ଼ଣ କନ୍ଦା ବା ବାଲି ପଥର ସୃଷ୍ଟ। ପ୍ରକୃତି ସୃଷ୍ଟ। ବାସ୍ତବତଃ ଏହି କନ୍ଦା ପଥରକୁ କାଟିବା ଅତ୍ୟନ୍ତ କଷ୍ଟସାଧ୍ୟ। ସେଥିରେ ପୁଣି କାରୁକାର୍ଯ୍ୟ ଖୋଦେଇ ଆହୁରି ଅଧିକ କଷ୍ଟକର। ତଥାପି ମଧ୍ୟ ଅଶୋକଙ୍କ ସମୟର ଗୁମ୍ଫାଗୁଡ଼ିକଠାରୁ ଏଗୁଡ଼ିକ ଅଧିକ ସୁନ୍ଦର ଓ ଆକର୍ଷଣୀୟ। ମନେହୁଏ, ଗୁମ୍ଫାଗୁଡ଼ିକରେ ଖୋଦିତ କାରୁକାର୍ଯ୍ୟ ଶୈଳୀ ପରବର୍ତ୍ତୀ କାଳରେ ମନ୍ଦିରଗୁଡ଼ିକୁ ରୂପାନ୍ତରିତ ହୋଇଛି।

ଉଦୟଗିରିରେ ଥିବା ଗୁମ୍ଫାଗୁଡ଼ିକ ମଧ୍ୟରେ କେତେଗୁଡ଼ିଏ ଦୁଇମହଲା। ରାଣୀଗୁମ୍ଫା, ଅଳକାପୁରୀଗୁମ୍ଫା ଓ ମଞ୍ଚପୁରୀଗୁମ୍ଫା। ଜଗନ୍ନାଥଗୁମ୍ଫା ସବୁଠୁ ବଡ଼। ଜୟବିଜୟଗୁମ୍ଫାର ଦୁଇଟି ପ୍ରକୋଷ୍ଠ। ଏଠାରେ ବୃକ୍ଷ ପୂଜନର ମହତ୍ତ୍ୱ ପ୍ରତୀକିତ।

ରାଣୀଗୁମ୍ଫା ଆୟତାକାର। ସାମନା ପଟ ଉନ୍ମୁକ୍ତ। ଆର ତିନି ପାଖରେ ଆଉ ତିନୋଟି ଗୁମ୍ଫା। କାନ୍ଥଗୁଡ଼ିକରେ ଐତିହାସିକ ଚିତ୍ରର ସମାହାର। ଗୁମ୍ଫା ଭିତରର କୌଣସି କାନ୍ଥ ବା ଛାତରେ ମୂର୍ତ୍ତି କିମ୍ବା ଚିତ୍ର ଅବର୍ତ୍ତମାନ। ଗୁମ୍ଫାର ବାରଣ୍ଡାରେ କିଛି ଚିତ୍ରରାଜି ଗୁମ୍ଫାର ସୌନ୍ଦର୍ଯ୍ୟ ମଣ୍ଡନ କରିଛନ୍ତି। କେଉଁଠି କେଉଁଠି ଯୁଦ୍ଧରତ ସେନାବାହିନୀଙ୍କ ସହ ରାଜାଙ୍କ ସମେତ ହାତୀ, ଘୋଡ଼ା ପୁଣି ମଲ୍ଲଯୋଦ୍ଧାଙ୍କର ଅଭ୍ୟାସ, ପୁଣି କେଉଁଠି ଶିକାର ଦୃଶ୍ୟ ସହିତ ରାଜା ଓ ରାଣୀ, ପାରିଷଦବର୍ଗଙ୍କ ସହିତ ନୃତ୍ୟ, ଗୀତ ଦେଖୁଥିବାର ଦୃଶ୍ୟ ଖୁବ୍ ଚମତ୍କାର। ଖାରବେଳଙ୍କ କଳା ଅନୁରାଗର ଏଗୁଡ଼ିକ ଉଦାହରଣ।

ରାଣୀଗୁମ୍ଫାର ବାମ ପାଖରେ ମଞ୍ଚପୁରୀଗୁମ୍ଫା। ଅର୍ଦ୍ଧବୃତ୍ତାକାର। ପାଖରେ ବାଜଘର ଗୁମ୍ଫା, ଅଳକାପୁରୀ ଗୁମ୍ଫା, ଜୟ-ବିଜୟ ଗୁମ୍ଫା, ପଣସଗୁମ୍ଫା, ଠାକୁରାଣୀଗୁମ୍ଫା ଏବଂ ପାତାଳପୁରୀଗୁମ୍ଫା। ଗୁମ୍ଫାଗୁଡ଼ିକରେ ବିଭିନ୍ନ ବୃକ୍ଷଲତା ଏବଂ ନାରୀ ପୁରୁଷଙ୍କ ଚିତ୍ର। ମାତ୍ର ଅସ୍ପଷ୍ଟ। ଛୋଟ ହାତୀଗୁମ୍ଫାରେ ଏକ ସୁନ୍ଦର ଚିତ୍ର। ଫୁଲପତ୍ର ଶୁଣ୍ଢରେ ଧରି ତିନୋଟି ହାତୀ ଜୈନ ଶ୍ରମଣମାନଙ୍କୁ ଅଭିନନ୍ଦନ ଜଣାଉଛନ୍ତି। ଅଳକାପୁରୀଗୁମ୍ଫାର ଉପରମହଲା ସିଂହ ଓ ହାତୀମାନଙ୍କ ଚିତ୍ରରେ ସୁଶୋଭିତ। ହାତୀର ଶୁଣ୍ଢରେ ପଦ୍ମଫୁଲର ସମ୍ଭାର। ପୁଣି କେଉଁଠି ଛତ୍ରି ଏବଂ ଚାମର। ମଞ୍ଚପୁରୀଗୁମ୍ଫାର ଉପର ମହଲାର ନାମ ସ୍ୱର୍ଗପୁରୀ। ମଞ୍ଚପୁରୀର ତଳ ମହଲାରେ କଳିଙ୍ଗ ଜୀନ ପ୍ରତିମାର ଚିତ୍ର। ଜୀନଙ୍କୁ ପୂଜା କରୁଛନ୍ତି ରାଜପୁରୋହିତ। ପୁରୋହିତଙ୍କ ପଛରେ ରହିଛନ୍ତି ସ୍ୱୟଂ ଖାରବେଳ, ପାଟରାଣୀ ଏବଂ କୁମାର। ଯୋଡ଼ ହସ୍ତରେ ଜୀନଙ୍କୁ ପ୍ରଣିପାତ। ଦୁଇଜଣ ବାଦ୍ୟକାର ବାଜା ବଜାଉଛନ୍ତି। ମୁଣ୍ଡ ଉପରେ ଉଦୟ ସୂର୍ଯ୍ୟର ଆଭା।

ଉଦୟଗିରିର ଅନ୍ୟ ଏକ ଗୁମ୍ଫା- ଗଣେଶଗୁମ୍ଫା। ଗୁମ୍ଫାର ସାମ୍ନାରେ ଦଣ୍ଡାୟମାନ ଦୁଇଟି ହାତୀ। ଗୁମ୍ଫାର ଭିତର କାନ୍ଥରେ ସୂକ୍ଷ୍ମ ଚିତ୍ରାବଳୀ। ଚିତ୍ରାବଳୀଗୁଡ଼ିକ ସ୍ୱପ୍ନବାସବଦତ୍ତାର କାହାଣୀ ଆଧାରିତ। ଗଣେଶ ଓ ଠାକୁରାଣୀଗୁମ୍ଫାରେ ଅଦ୍ଭୁତ ଚିତ୍ର। ପ୍ରାଣୀମାନଙ୍କ ଦେହରେ ପକ୍ଷ। ବିଭିନ୍ନ ଆକୃତିରେ ଗୁମ୍ଫାଗୁଡ଼ିକର ଗଢ଼ଣକୁ ଦେଖି ନାମକରଣ। ଯଥା- ବାଘମୁହଁପରି ଆକୃତି ଗୁମ୍ଫାର ନାମ ବ୍ୟାଘ୍ରଗୁମ୍ଫା, ସାପ ପରି ଆକୃତି ଗୁମ୍ଫାର ନାମ ସର୍ପଗୁମ୍ଫା ଏବଂ ହାତୀପରି ଆକୃତି ଗୁମ୍ଫାର ନାମ ହାତୀଗୁମ୍ଫା ଇତ୍ୟାଦି। ହାତୀଗୁମ୍ଫାର ଠିକ୍ ବାମପଟରେ ହରିଦାସଗୁମ୍ଫା। ଆଗରୁ ଆଲୋଚନା କରିଛେ ଲୋକମୁଖର କଥାରୁ ଗୁମ୍ଫାଗୁଡ଼ିକର ନାମକରଣ। ଏଣୁ ସମ୍ଭବତଃ ଚୈତନ୍ୟଙ୍କ ସମକାଳୀନ ଭକ୍ତ ଯବନ ହରିଦାସଙ୍କ ନାମରେ ଏହି ଗୁମ୍ଫାଟିର ନାମ ହରିଦାସଗୁମ୍ଫା ହୋଇଥିବ।

ଖଣ୍ଡଗିରିର ଗୁମ୍ଫାଗୁଡ଼ିକ ମଧ୍ୟ ଆକର୍ଷଣୀୟ। ଏଠାରେ ଥିବା ଦୁଇଟି ଗୁମ୍ଫାର ନାଁ ତାତତ୍ୱାଗୁମ୍ଫା। ପ୍ରଥମ ଗୁମ୍ଫାରେ ଶୁଆପକ୍ଷୀର ଚିତ୍ର ଏବଂ ପ୍ରବେଶଦ୍ୱାର ଦୁଇଟି। ଦ୍ୱିତୀୟର

ପ୍ରବେଶ ଦ୍ୱାର ତିନୋଟି। କାରୁକାର୍ଯ୍ୟ ଖଚିତ। ଦ୍ୱାରଦେଶରେ ଖଡ୍ଗହସ୍ତରେ ଦ୍ୱାରପାଳ। ଦ୍ୱିତୀୟ ଗୁମ୍ଫାରେ ନୃତ୍ୟ-ଗୀତର ଅପୂର୍ବ ଛନ୍ଦ। ପୁନଶ୍ଚ ଅନନ୍ତଗୁମ୍ଫାର ଗୁରୁତ୍ୱ ବେଶ୍ ତାତ୍ପର୍ଯ୍ୟପୂର୍ଣ୍ଣ। ପ୍ରବେଶ ଦ୍ୱାର ତିନିଫଣାଯୁକ୍ତ ସର୍ପରେ ସୁଶୋଭିତ। ତୋରଣରେ ଅପୂର୍ବ ଚିତ୍ରାବଳୀ। ଚିତ୍ରରେ ରହିଛି ଉଡ଼ନ୍ତା ରାଜହଂସ। ହସ୍ତୀ-ହସ୍ତିନୀଙ୍କ ଯୁଗ୍ମଚିତ୍ର। ଚନ୍ଦ୍ର, ସୂର୍ଯ୍ୟ, ତାରକାଙ୍କ ସୁଶୋଭିତ ଅପୂର୍ବ ମିଳନ। ପୁଣି କେଉଁଠି ପଦ୍ମହସ୍ତା ଲକ୍ଷ୍ମୀ- ଦୁଇଟି ହାତୀଙ୍କ ଗହଣରେ ବିରାଜିତା।

ମଜାକଥା, ଖଣ୍ଡଗିରିରେ ଥିବା ଏକ ଗୁମ୍ଫାର ନାଁ ଖଣ୍ଡଗିରିଗୁମ୍ଫା। ଗୁମ୍ଫାଟି ଖଣ୍ଡ ଖଣ୍ଡ ହୋଇ ଭାଙ୍ଗିଯାଇଛି। ବୋଧହୁଏ, ଏଥିପାଇଁ ଗୁମ୍ଫାର ନାଁ ଖଣ୍ଡଗିରି। ପାଖରେ ରହିଛି ତେନ୍ତୁଳିଆଗୁମ୍ଫା, ଧ୍ୟାନଗୁମ୍ଫା ଏବଂ ତ୍ରିଶୂଳଗୁମ୍ଫା। ନବମୁନିଗୁମ୍ଫାକୁ ନେଇ ମଧ୍ୟ ଏକ ସୁନ୍ଦର ଲୋକକଥା। ନଅଜଣ ଜୈନତୀର୍ଥଙ୍କରଙ୍କର ମୂର୍ତ୍ତି ଖୋଦିତ ହୋଇଥିବାରୁ ଗୁମ୍ଫାର ନାମ ନବମୁନିଗୁମ୍ଫା। ଏଠାରେ ରହିଛି ଆଉ ଏକ ଗୁମ୍ଫା। ଆୟତାକାର ଓ ପ୍ରଶସ୍ତ। ଦୁଇଟି ପ୍ରକୋଷ୍ଠ ଯୁକ୍ତ। ଗୋଟିଏ ବାରଣ୍ଡା। ବାରଣ୍ଡାର କାନ୍ଥରେ ଶୋଭିତ ଦ୍ୱାଦଶଭୂଜା ରୋହିଣୀ ଓ ଚକ୍ରେଶ୍ୱରୀ। ମୂର୍ତ୍ତି ଦୁଇଟିର ଭୂଜ ସଂଖ୍ୟା ବାର। ତେଣୁ ଗୁମ୍ଫାର ନାଁ ବାରଭୂଜୀ।

ଖଣ୍ଡଗିରି-ଉଦୟଗିରି ପାହାଡ଼ରେ ଖୋଦିତ ଗୁମ୍ଫାର ଭାସ୍କର୍ଯ୍ୟ ଖାରବେଳଙ୍କ କଳାତ୍ମକ ସୌନ୍ଦର୍ଯ୍ୟବୋଧର ସୂକ୍ଷ୍ମ ପରିଚୟ। ସଂକ୍ଷେପରେ କହିଲେ ଏହି ଭାସ୍କର୍ଯ୍ୟ କଳିଙ୍ଗର ଶୌର୍ଯ୍ୟ ଓ ସୌନ୍ଦର୍ଯ୍ୟବୋଧର ଚିତ୍ରଶାଳା।

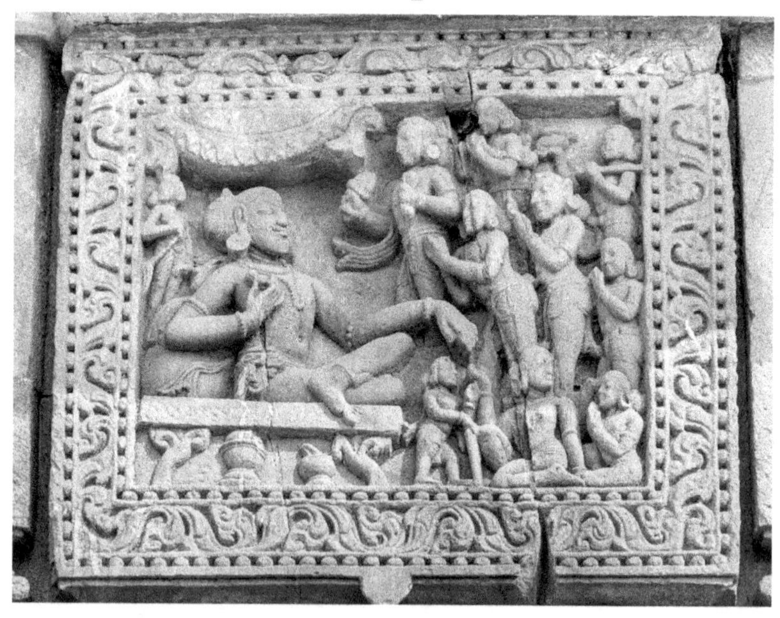

॥ ଦୁଇ ॥

ସମ୍ରାଟ ଖାରବେଳ କେବଳ ବୀର ନଥିଲେ, ଦୁଃସାହସୀ କି ସମରବିଦ୍ୟା କୁଶଳୀ ନଥିଲେ, ଥିଲେ କଳା ପରିଣୀତ- ବ୍ୟକ୍ତିତ୍ୱ। କଳାକୁ ଭଲ ପାଉଥିଲେ, କଳାକାରକୁ ବି। କଳା କହିଲେ ନୃତ୍ୟ, ସଂଗୀତ, ସ୍ଥାପତ୍ୟ। ଏହାର ପ୍ରମାଣ ତାଙ୍କ ହାତୀଗୁମ୍ଫା ଅଭିଲେଖର ପଞ୍ଚମ ଧାଡ଼ିରେ ଏହିପରି ଉଲ୍ଲେଖ ରହିଛି- 'ଖାରବେଳ ଗନ୍ଧର୍ବ ବେଦରେ ବିଶାରଦ, ଦର୍ପ-ଅର୍ଥାତ୍ କୁସ୍ତି, କସରତ, ଯୁଦ୍ଧ, ନୃତ୍ୟ, ଗୀତ, ବାଦ୍ୟ ଆଦି ଉତ୍ସବ ଓ ସମାଜ ବା ନାଟକ ପ୍ରଭୃତି ପ୍ରଦର୍ଶନ କରି ପ୍ରଜାମାନଙ୍କୁ ଆନନ୍ଦ ପ୍ରଦାନ କରୁଥିଲେ।' ତେଣୁ କଳା ପ୍ରଦର୍ଶନ ଲାଗି ସୁରମ୍ୟ, ସୁବିସ୍ତୃତ ରଂଗମଞ୍ଚ ନିର୍ମାଣ କରାଇବା ତାଙ୍କ ପାଇଁ ଥିଲା ଅପରିହାର୍ଯ୍ୟ। ଗୁମ୍ଫାଗୁଡ଼ିକ ତାଙ୍କ କଳାପ୍ରତି ଥିବା ସୂକ୍ଷ୍ମ କଳାବୋଧର ପ୍ରତୀକ।

ଆମେ ଜାଣୁ, ଖଣ୍ଡଗିରି ଓ ଉଦୟଗିରିସ୍ଥ ଗୁମ୍ଫାଗୁଡ଼ିକ ଜୈନସାଧୁମାନଙ୍କ ରହଣିପାଇଁ ଉଦ୍ଦିଷ୍ଟ ଓ ଖୋଦିତ। ମାତ୍ର ଆରମ୍ଭରୁ କୌଣସି ଗୁମ୍ଫାରେ ଜୈନ ତୀର୍ଥଙ୍କରମାନଙ୍କର ମୂର୍ତ୍ତି ଖୋଦିତ ହୋଇନାହିଁ। ସମ୍ଭବତଃ ସେହି କାଳରେ ମୂର୍ତ୍ତିପୂଜା ନିଷେଧ ଥିଲା। ସର୍ବତ୍ର ଯେପରି ଧର୍ମର ପ୍ରତୀକଗୁଡ଼ିକ ପ୍ରମୂର୍ତ୍ତ ହୋଇଛନ୍ତି। ଏବଂ, ପରବର୍ତ୍ତୀ ସମୟରେ ବିଭିନ୍ନ ରାଜାଙ୍କଦ୍ୱାରା ବହୁ କାରୁକାର୍ଯ୍ୟଖଚିତ ଜୈନମୂର୍ତ୍ତି ଖୋଦିତ ହୋଇଛି। ଜୟ-ବିଜୟ ଓ ଅନନ୍ତଗୁମ୍ଫାରେ ଫୁଲରେ ଚର୍ଚ୍ଚିତ ବୃକ୍ଷ ଓ ପଛପାଖ କାନ୍ଥରେ ଏକ ପୀଠିକାରେ ନାନ୍ଦିପଦ, ଶ୍ରୀବତ୍ସ ଓ ସ୍ୱସ୍ତିକ ଚିହ୍ନ ରହିଛି। ଜୈନଧର୍ମର ଅଷ୍ଟମଙ୍ଗଳ ଚିହ୍ନଗୁଡ଼ିକ ମଧ୍ୟରେ ଏଗୁଡ଼ିକ ନିଦର୍ଶନ।

ଏବେ ଗୁମ୍ଫାରେ ଖୋଦିତ ପ୍ରତିମାମାନଙ୍କ ରୂପ ପାଖକୁ ଆସିବା। କେତେକଙ୍କର ଶରୀରର ଆଗ, ପଛ ଓ ପାର୍ଶ୍ୱ ସ୍ପଷ୍ଟତର। କେତେକଙ୍କ ମୁହଁର ତିନିଚତୁର୍ଥାଂଶ ଓ କେତେକଙ୍କର ମୁହଁର ସମ୍ମୁଖ ସୁସ୍ପଷ୍ଟ ଏବଂ କେତେକଙ୍କ ମୁହଁ ପାର୍ଶ୍ୱିକ। ସେମାନଙ୍କ ଅଙ୍ଗପ୍ରତ୍ୟଙ୍ଗଗୁଡ଼ିକର ଖୋଦନ ସୁସଂହତ ଓ ସ୍ୱାଭାବିକ। ଅର୍ଥାତ୍ ଜୀବନ୍ତ। ଦେଖିଲେ ଲାଗନ୍ତି, ସେମାନେ ଶିଳ୍ପୀମାନଙ୍କ ଅନୁଭବ- ସମାହିତ କଳାରୂପ। ଅର୍ଥାତ୍ ସମଗ୍ର

ଦେହରେ ଆନନ୍ଦ, ଭୟ, ବିସ୍ମୟ ଓ ନୈରାଶ୍ୟ ଯେପରି ପ୍ରତୀକିତ ହେଉଛି। ମାତ୍ର ପ୍ରତ୍ୟେକ ଗୁମ୍ଫାରେ ଖୋଦିତ ପ୍ରତିମାମାନେ ସମଭାବ ଓ ସମରୂପର ନୁହନ୍ତି। ବିଶେଷତଃ ଜୟବିଜୟଗୁମ୍ଫା, ମଞ୍ଚପୁରୀ, ସ୍ୱର୍ଣ୍ଣପୁରୀ, ଗଣେଶଗୁମ୍ଫା, ଅନନ୍ତଗୁମ୍ଫା ଓ ରାଣୀଗୁମ୍ଫାର ତଳମହଲାର ସ୍ଥାପତ୍ୟ ଏତେ ଆକର୍ଷଣୀୟ ନୁହେଁ। ସମ୍ଭବତଃ ବିଭିନ୍ନ ଶିଳ୍ପୀଙ୍କ ଖୋଦନର ଦକ୍ଷତାଗତ ଭିନ୍ନତା ଏଗୁଡ଼ିକର କାରଣ।

ନାରୀ ଓ ପୁରୁଷମାନଙ୍କୁ ଦେଖିଲେ, ସମକାଳୀନ ପୋଷାକ ଓ ଆଭୂଷଣ ସ୍ପଷ୍ଟ ହୋଇଯାଏ। ନାରୀ ଓ ପୁରୁଷ ଉଭୟଙ୍କ ଅଣ୍ଟାରେ ରହିଛି କୁଞ୍ଚିତ ଧୋତି, ନାରୀମାନଙ୍କର ଅଣ୍ଟାରେ ଅଣ୍ଟାସୂତା। ଅଣ୍ଟା ଉପରର ଅଂଶ ପ୍ରାୟ ଅନାବୃତ୍ତ। ପୁରୁଷମାନଙ୍କ ମଥାରେ ପକ୍ଷୀପରଲଗା ପଗଡ଼ି। ନାରୀମାନଙ୍କ ମୁଣ୍ଡରେ ଓଢ଼ଣୀ, ମାତ୍ର ମୁହଁ ଖୋଲା। କେଶ ସଜ୍ଜା ସ୍ୱତନ୍ତ୍ର। ପୁରୁଷ ଓ ନାରୀ ଉଭୟଙ୍କ ଦେହରେ ସ୍ୱଳ୍ପ ବସ୍ତ୍ର, ମାତ୍ର ଅଳଙ୍କାରରେ ଦୁର୍ଭାର। ବିଶେଷତଃ, ସମ୍ଭ୍ରାନ୍ତ ବଂଶୀୟମାନେ ଅଧିକ ସାଳଂକୃତ। ନାରୀମାନଙ୍କର କଟିବନ୍ଧ ଓ ବାଜୁବନ୍ଧ ସ୍ୱତନ୍ତ୍ର, କାନରେ କୁଣ୍ଡଳ ଓ ରିଙ୍ଗ୍।

ସେକାଳର ଗୃହସଜ୍ଜା, ଗୃହ ଉପକରଣ ବାସ୍ତବତଃ ଦର୍ଶକଙ୍କୁ ଅଭିଭୂତ କରେ। ପଲଙ୍କ, ମାଠିଆ, ଥାଳି, କଂସା, ଛତା, ବିଞ୍ଚଣା ଇତ୍ୟାଦି ସେକାଳର ପ୍ରତିନିଧିତ୍ୱ କରେ। ଯେଉଁ ଖୋଦିତ ପ୍ରତିମାଗୁଡ଼ିକ ଆମକୁ ବିସ୍ମିତ କରେ, ସେଗୁଡ଼ିକ ନୃତ୍ୟ ଓ ଅଭିନୟ ପ୍ରବୀଣା ନାରୀ। ସେମାନଙ୍କ ହାତରେ ବଂଶୀ, ବୀଣା, ମର୍ଦ୍ଦଳ ଓ ନାନା ପ୍ରକାରର ଢୋଲ(ଡ୍ରମ୍)। କେତେକ ଚିତ୍ର ସାମରିକ ଶୈଳୀର ପ୍ରତୀକ। ଶିକାରୀ ଧାଉଁଛି ଧନୁଶର ଧରି ହରିଣ ପଛରେ ଏବଂ ସିଂହ ଆଗରେ ବର୍ଚ୍ଛା ଓ ତୀରଧାରୀ ପୁରୁଷ। ସୈନ୍ୟମାନଙ୍କ ହାତରେ ଧନୁଶର, ଖଡ୍ଗ ଓ ଢାଲ। ମନ୍ତ୍ରୀମାନଙ୍କ ହାତରେ ଖଣ୍ଡା ଓ ବାଡ଼ି। ଏଥିସହିତ ମଧ୍ୟ ରହିଛି ରାଜାଙ୍କ ଯୁଦ୍ଧଯାତ୍ରା। ପଦାତିକ, ଅଶ୍ୱାରୋହୀ ଓ ଗଜାରୋହୀମାନଙ୍କ ଗହଣରେ ରାଜା। ଗୋଟିଏ ଚିତ୍ରରେ ରାଜା, ଚାରୋଟି ଘୋଡ଼ା ଯୋଚାଯାଇଥିବା ରଥର ଆରୋହୀ। ତାଙ୍କ ଆଗରେ ଦୁଇଜଣ ରକ୍ଷୀ- ଜଣଙ୍କ ହାତରେ ଛତା, ଅନ୍ୟ ଜଣଙ୍କ ହାତରେ କ୍ଷମତାଚିହ୍ନିତ ପତାକା। ସେ ସତେଯେପରି ରାଜ୍ୟ ଜୟକରି ଫେରିଛନ୍ତି। ଏବଂ, ସୁନ୍ଦରୀମାନେ ତାଙ୍କୁ ଅଭିଷେକ କରୁଛନ୍ତି ପବିତ୍ର ଜଳରେ। ନାରୀମାନେ ଏଠି ସ୍ୱାଧୀନା। ସବୁଠି ସେମାନଙ୍କର ବର୍ତ୍ତମାନ। ଉତ୍ସବରେ, ମେଳାରେ, ରାସ୍ତାରେ ସ୍ୱାମୀମାନଙ୍କ ସହ। କେତେକ ଦୁଃସାହସୀ। ବୀରାଙ୍ଗନା। ପଶୁ ଓ ମଣିଷମାନଙ୍କ ସହିତ ସେମାନେ, ଆବଶ୍ୟକ ବେଳେ ଯୁଦ୍ଧ ମଧ୍ୟ କରିଥାନ୍ତି। ନାରୀର କଳାବୋଧ ଓ ବୀରତ୍ୱ ଖାରବେଳଙ୍କ ବ୍ୟକ୍ତିତ୍ୱର ବିଶାଳତାର ହିଁ ସୂଚକ।

ଧୀରେନ୍ ଦାସ ରାଣୀଗୁମ୍ଫା ଓ ହାତୀଗୁମ୍ଫା ସଂପର୍କରେ ଗୋଟିଏ ନୂଆ କଥା

କହିଛନ୍ତି । ଏ ସଂପର୍କରେ ତାଙ୍କର ଦୁଇଖଣ୍ଡ ବହି ରହିଛି । ଗୋଟିଏ ଇଂରାଜୀରେ Jatra:The Theatre । ଅନ୍ୟଟି ଓଡ଼ିଆରେ: ଓଡ଼ିଶାର ଯାତରା । ଉଭୟ ଗ୍ରନ୍ଥରେ ସେ ପ୍ରମାଣ କରିବାକୁ ଚାହିଁଛନ୍ତି, ହାତୀଗୁମ୍ଫା ଓ ରାଣୀଗୁମ୍ଫାରେ ରହିଛି ଭାରତର ପ୍ରାଚୀନ ନାଟ୍ୟଶାଳା । ଏହା ଭରତଙ୍କ ନାଟ୍ୟଶାସ୍ତ୍ରରେ ବର୍ଣ୍ଣିତ ତିନି ପ୍ରକାର ରଙ୍ଗମଞ୍ଚ- ତ୍ରୈସ୍ୟ, ଚତୁରସ୍ତ୍ର ଓ ବିକୃଷ୍ଟ ମଧ୍ୟରୁ ବିକୃଷ୍ଟ ଶ୍ରେଣୀର । ଏହି ପ୍ରକାରର ମଞ୍ଚ ଆୟତାକାର । ଚଉଷଠିହାତ ଲମ୍ବ ବିଶିଷ୍ଟ । ଆମ ଉଦୟଗିରିର ମଞ୍ଚ ଦ୍ୱିତଳ । ଶୈଳଗୁହାକାର, ଏକମୁଖୀ । ଏହାର ପଛରେ ବସନ୍ତି ସଙ୍ଗୀତମଣ୍ଡଳୀ, ବାମ ପାଖରେ ରାଜାରାଣୀ ଓ ରାଜପରିବାର ସଦସ୍ୟ, ଦକ୍ଷିଣ ପାଖରେ ବିଶିଷ୍ଟ ସାମନ୍ତ ଓ ନିମନ୍ତ୍ରିତ ନାଟ୍ୟାମୋଦୀ । ପ୍ରାୟ ୪୦୦ ଦର୍ଶକ ବସିବା ପରି ଆୟତନ । ଏହାକୁ ସମ୍ଭ୍ରାନ୍ତ ମଞ୍ଚ କୁହାଯାଇପାରିବ । ଅନ୍ୟ ଏକ ମଞ୍ଚ ବି ରହିଛି । ତାହା ଷଡ଼ଭୁଜାକୃତି ଓ ସୋପାନାକୃତି । ପ୍ରାୟ ୨୦ ହଜାର ସଂଖ୍ୟକ ଦର୍ଶକ ଏଥିରେ ବସିପାରିବେ । ମଞ୍ଚପାଖରେ ଦୁଇଟି ଗ୍ୟାଲେରୀର ଅବଶେଷ ବି ରହିଛି । ଖାରବେଳ କାଳେ ଖଣ୍ଡଗିରି ଓ ଉଦୟଗିରି ପାହାଡ଼ର ପାଦଦେଶରୁ

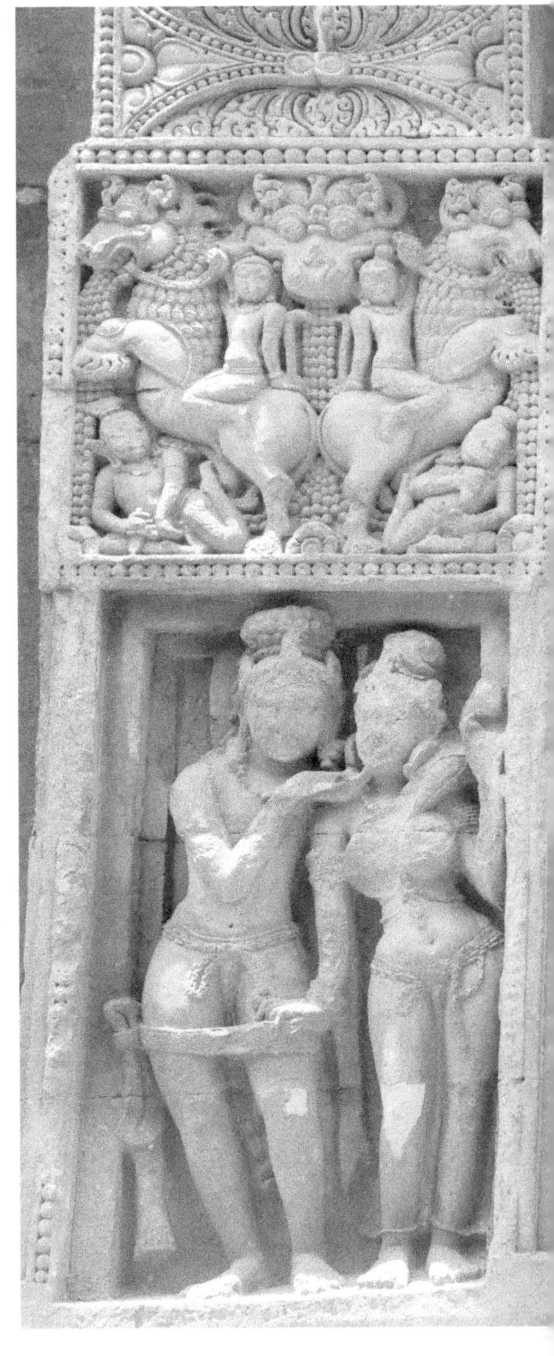

ତୀଖ ପର୍ଯ୍ୟନ୍ତ ଚଉତରା ବା ପିଣ୍ଡିମାନ ତିଆରି କରିଥିଲେ। ଆୟତନ ଅବବୋଧରେ ଏହାକୁ ସଂଯୁକ୍ତ ମଞ୍ଚ ବା ଥିଏଟର କଂପ୍ଲେକ୍ସ ବୋଲି କହିପାରିବା। ଏହା ପ୍ରମାଣପାଇଁ ସେ ହାତୀଗୁମ୍ଫାର ୧୩ ଓ ୧୬ଶ ଧାଡ଼ିରେ ଖୋଦିତ ଚତର ଓ ପାଟଳିକ ଚତର ଶବ୍ଦର ସାହାଯ୍ୟ ନେଇଛନ୍ତି।

ଭାରତରେ, ନାଟକର ଜନ୍ମ ଓ ବିକାଶ ସଂପର୍କରେ ନାନା କଥା କୁହାଯାଇଛି। ଗୋଟିଏ ଗୁରୁତ୍ୱପୂର୍ଣ୍ଣ କଥା- ଗାଁ ଦାଣ୍ଡର ଛକ, ମନ୍ଦିରବେଢ଼ା କାଳେ ଏହାର ଜନ୍ମଭୂମି। ଛକରେ ଉଚ୍ଚପିଣ୍ଡିଟିଏ କରାଯାଏ। ତାହା ଚତୁଷ୍କୋଣୀ, ଆୟତାକାର ଅଥବା ବର୍ଗାକାର ହୋଇପାରେ। ମଞ୍ଚ ଉପରେ ଚାନ୍ଦୁଆ ବା ଛାମୁଣ୍ଡିଆ ତିଆରି କରାଯାଏ। ଛାମୁଣ୍ଡିଆ ନଥିଲେ ତାହାକୁ କୁହାଯାଏ ମୁକ୍ତାକାଶ ରଙ୍ଗମଞ୍ଚ।

ଆମେ ଜାଣୁ- ସୁଦୂର ଅତୀତରେ, ଆଜି ବି, ମନ୍ଦିରବେଢ଼ା, ଗାଁ ଛକ ଅଥବା ଶେଷ ମୁଣ୍ଡରେ ନାଟ ବା ଯାତରା କରାଯାଏ। ଏବଂ, ଏଥିପାଇଁ ତିଆରି ହୁଏ ଏକ ପିଣ୍ଡି ବା ଭୂମିଠାରୁ ଉଚ୍ଚ ଏକ ଚଉତରା। ଚଉତରା ବା ପିଣ୍ଡି ଆମ ସାଂସ୍କୃତିକ ଜୀବନ ସହିତ ମଧ୍ୟ ଯୋଡ଼ି ହୋଇ ରହିଛି। ପୂଜା, ବ୍ରତ, ବିବାହ, ବିଶିଷ୍ଟ ଅତିଥିମାନଙ୍କର ପରିଚର୍ଯ୍ୟାପାଇଁ ଏହା ଏକ ଆବଶ୍ୟକତା। ଖାରବେଳ ରାଜପରିବାର, ସାଧାରଣ ପ୍ରଜା ଓ ଦର୍ଶକମାନଙ୍କ ସାଂସ୍କୃତିକ ଆବଶ୍ୟକତା ପୂରଣ ଉଦ୍ଦେଶ୍ୟରେ ଚଉତରା ଓ ମଞ୍ଚ ସ୍ୱତନ୍ତ୍ର ଭାବରେ ତିଆରି କରିଥିବା ସମ୍ଭବ। ପ୍ରଥମ ଚତର, ଚଉତରା ବା ଚତୁଷ୍କୋଣୀ ମଣ୍ଡପ ଏବଂ ଦ୍ୱିତୀୟ ଛାତଥିବା ଚଉତରା, ଅର୍ଥାତ୍ ରଙ୍ଗମଞ୍ଚ। ଆମ୍ଫିଥିଏଟର।

ଖାରବେଳଙ୍କ ପାଖରୁ ଏବେ ଆମେ ଅନ୍ୟ ଏକ ଭୂମିକୁ ଯିବା। ତାହା ସଂପ୍ରତି ଝାରସୁଗୁଡ଼ା ଜିଲ୍ଲା ଏବଂ ଅତୀତର ସୁରୁଗୁଜା ରାଜ୍ୟ। ଆଜି ବିକ୍ରମଖୋଲ ନାମରେ ଅଧିକ ପରିଚିତ ଏବଂ ଝାରସୁଗୁଡ଼ାଠାରୁ ପ୍ରାୟ ଚବିଶ କି.ମି. ଦୂରରେ ଅବସ୍ଥିତ। ସେଦିନର ସୁରୁଗୁଜା ରାଜ୍ୟର ରାମଗଡ଼ ପର୍ବତଶ୍ରେଣୀ। ଆବିଷ୍କୃତ ହୋଇଛି ଦୁଇଟି ଗୁହା । ନାଁ, ସୀତାବେଙ୍ଗା(ରା) (ଏହା କେନ୍ଦୁଝର ଜିଲ୍ଲାର ସୀତାବିଂଝ ନୁହେଁ) ଓ ଯୋଗିମରା। ଏଠାରେ ବି, ଦୁଇଧାଡ଼ିଆ ଶିଳାଲିପି ଅଛି। ଯକ୍ଷଲିପି। ଏହାର ପାଠୋଦ୍ଧାର କରାଯାଇଛି। ଏଥିରେ ଦୁଇଜଣଙ୍କର ନାଁ ରହିଛି। ଜଣେ ନାରୀ। ଅନ୍ୟ ଜଣକ ପୁରୁଷ। ସୁତନିକା ନାରୀ। ସେ ଦେବଦାସୀ ଓ ଅଭିନେତ୍ରୀ। ଦେହରେ ନାନା ଅଳଙ୍କାର। ବାମବାହୁ ମୂଳ ପର୍ଯ୍ୟନ୍ତ କଙ୍କଣ ଏବଂ ଅଣ୍ଟାରେ କୌପୀନ। ଅନ୍ୟଜଣକ ପୁରୁଷ, ନର୍ତ୍ତକ। ନାଁ ଦେବଦିନ। ଦେହ ଅଳଙ୍କାର ବିହୀନ। ମୂର୍ତ୍ତି ଦୁଇଟିରୁ ସ୍ପଷ୍ଟ ହୋଇଯାଉଛି ଯେ, ସେମାନେ ସମକାଳୀନ ସମାଜ(ପ୍ରାୟ ଖ୍ରୀଷ୍ଟପୂର୍ବ ୨ୟ ଶତାବ୍ଦୀ)ରେ ଥିଲେ

ସମ୍ମାନାସ୍ପଦ ବ୍ୟକ୍ତିତ୍ୱ। ମୂର୍ତ୍ତି ଦୁଇଟିକୁ ଦେଖିଲେ ଲାଗେ ସେ କାଳରେ ଅଭିନେତା, ଅଭିନେତ୍ରୀମାନଙ୍କର ସାମାଜିକ ସ୍ୱୀକୃତି ବି ଥିଲା।

ଏବେ ଆମେ ଏଠାରେ ଅବସ୍ଥିତ ରଙ୍ଗମଞ୍ଚ ପାଖକୁ ଆସିବା। ଏହାକୁ ଏକ ଗୁହାଖୋଦିତ ନାଟ୍ୟଶାଳା କୁହାଯାଇପାରିବ। ସୀତାବେଂଗା(ରା)ର ସ୍ୱରୂପ ଏହିପରି। ଗୁହା ଭିତରକୁ ପ୍ରବେଶ ପଥ ପ୍ରାୟ ସତର ଫୁଟ ଲମ୍ବ, ଭିତରେ ଏକ ବେଦି। ଚତୁରସ୍ର। ଲମ୍ବ ପଇଁଚାଳିଶ ଫୁଟ, ଉଚ୍ଚତା ଚବିଶ ଫୁଟ, ପଛ କାନ୍ଥ ଅର୍ଦ୍ଧ ଗୋଲାକାର। ଅନ୍ୟ ଦୁଇ ପାଖର କାନ୍ଥ ସିଧା। ମଞ୍ଚ ଆଗରେ ରହିଛି ପାଞ୍ଚ ଧାଡ଼ିର ବେଞ୍ଚ୍। ସେଗୁଡ଼ିକର ଆକାର ୩.୫ ଫୁଟ, ଓସାର ୨.୪ ଫୁଟ ଉଚ୍ଚତା ବିଶିଷ୍ଟ। ପାଖରେ ଏକ ବେଦି ବି ରହିଛି। ଏଥିରେ ପ୍ରାୟ ୬୦ ରୁ ୭୦ ଜଣ ଦର୍ଶକ ବସିପାରିବେ। ଗୁହାର ଆଗ ସମତଳ। ଶହଶହ ଦର୍ଶକ ଅଭିନୟ ଉପଭୋଗ କରିପାରିବେ। ବେଦି ଚାରିପାଖରେ କେତେଗୁଡ଼ିଏ ଗାତ ଅଛି। ଗାତଗୁଡ଼ିକରେ ସମ୍ଭବତଃ ଖମ୍ବ ପୋତାଯାଇଥିଲା। ପୁଣି ବେଦି ଚାରିପାଖରେ ରହିଛି ପୟ ପ୍ରଣାଳୀ ବା ପାଣିନଳା। ଅଧିକ ଗୁରୁତ୍ୱପୂର୍ଣ୍ଣ, ପାଖରେ ମଣିଷକୃତ ଜଳାଶୟ ବି ଅଛି।

ଯୋଗିମରା ଗୁହାର ଗଢ଼ଣ ଟିକିଏ ଅଲଗା ପ୍ରକାରର। ଏହାର ମଞ୍ଚ ପାଖରେ ବେଶଘର (ଗ୍ରୀନ୍‌ରୁମ୍)। ଉପର ଗମ୍ବୁଜାକାର। ଛାତତଳେ ରହିଛି- ଚାନ୍ଦୁଆର ଚିତ୍ର। ଚିତ୍ରରେ ଗଛ, ଲତା, ପଶୁ, ପକ୍ଷୀ ଏବଂ ମଣିଷ ବି ଅଛନ୍ତି। ସବୁ ଚିତ୍ରିତ। ରଙ୍ଗ କହିଲେ- ଲାଲ୍, ସବୁଜ, ହଳଦିଆ ଓ କୃଷ୍ଣନୀଳ। ଆମ ଭୂମିର ଚିତ୍ରକଳା, ମଞ୍ଚ-ସ୍ଥାପତ୍ୟ ଓ ମୂର୍ତ୍ତିଗଢ଼ଣ ଶୈଳୀର ଏହା ଏକ ଅନୁପମ ଦୃଷ୍ଟାନ୍ତ। ଭାରତବର୍ଷରେ ଅନ୍ୟତ୍ର, ନାସିକ ଓ ଜୁନାଗଡ଼ରେ ମଧ୍ୟ ଏହି ପ୍ରକାରର ରଙ୍ଗମଞ୍ଚ ରହିଛି। କେବଳ ସ୍ଥାପତ୍ୟ ନୁହେଁ, ନର୍ତ୍ତକ-ନର୍ତ୍ତକୀ, ବାଦ୍ୟକାରମାନଙ୍କୁ ଦେଖିଲେ ଆମ ନୃତ୍ୟକଳା ଓ ସଂଗୀତ, ଆହାର୍ଯ୍ୟ ବା ବେଶବୋଧକୁ ମଧ୍ୟ ଅନୁଭବ କରିହେଉଛି।

ପୂର୍ବରୁ ଆଲୋଚନା କରିଛେ ସ୍ଥାପତ୍ୟର ପ୍ରକାରଭେଦ ସମ୍ପର୍କରେ। ଏହା ସାଂସ୍କୃତିକ, ପ୍ରାକୃତିକ ବା ଉଭୟ ହୋଇପାରେ। ସେହି କ୍ରମରେ ସର୍ବଭାରତୀୟ ପରିପ୍ରେକ୍ଷୀରେ ଓଡ଼ିଶାର ଗୁହାଖୋଦିତ ପ୍ରାଚୀନ ରଙ୍ଗମଞ୍ଚର କେତେ ଗୁରୁତ୍ୱପୂର୍ଣ୍ଣ ଭୂମିକା ରହିଛି ତାହା ଅବଶ୍ୟ ସ୍ୱୀକାର୍ଯ୍ୟ। କହିଲେ ଆଦୌ ଅତିରଂଜନ ହେବନାହିଁ ଯେ, ଖଣ୍ଡଗିରି, ଉଦୟଗିରି ଏବଂ ଯୋଗିମରା ଓ ସୀତାବେଙ୍ଗା(ରା)ର ରଙ୍ଗମଞ୍ଚ-ସ୍ଥାପତ୍ୟ ଭାରତୀୟ ସ୍ଥାପତ୍ୟ କଳା ଇତିହାସରେ ଦୁଇଟି ଅନନ୍ୟ କ୍ଷେତ୍ର। ଓଡ଼ିଆ ଜାତିର କଳାବୋଧର ଅସ୍ମିତା।

ସ୍ଥାପତ୍ୟରେ ଜୀନ ଜୀବନ

ବସନ୍ତର ମହୋତ୍ସବ। ଚତୁର୍ଦ୍ଦିଗରେ ବର୍ଣ୍ଣିଳ ସମାବେଶ। ପ୍ରକୃତିର ଅଙ୍ଗଅଙ୍ଗରେ ନବଉନ୍ମାଦନାର ସ୍ପନ୍ଦନ। ଏହିଭଳି ଏକ କମନୀୟ ସକାଳରେ ପୃଥିବୀ ପୃଷ୍ଠରେ ଅବତରିତ ଭଗବାନ ମହାବୀର। ବୈଶାଳୀ ରାଜକନ୍ୟା ତ୍ରିଶଳା ଏବଂ ରାଜା ସିଦ୍ଧାର୍ଥଙ୍କର ଦ୍ୱିତୀୟ ସନ୍ତାନ। ଏକଦା ସୁପ୍ତ ନିଶିଥିନୀର ବିଳମ୍ବିତ ପ୍ରହରରେ ମହାରାଣୀ ତ୍ରିଶଳା ସ୍ୱର୍ଗୀୟ ସୁଖରେ ସ୍ୱପ୍ନ ବିଭୋରା। ସ୍ୱପ୍ନରେ ଏକ ଶ୍ୱେତହସ୍ତୀ, ଏକ ବିଶାଳ ବୃଷଭ ଏବଂ ପରେ ପରେ ଏକ ବିରାଟକାୟ ସିଂହ। ପଦ୍ମ ପରିସ୍ନାତ ସମଗ୍ର ପରିମଣ୍ଡଳ। ପଦ୍ମାସୀନା ଲକ୍ଷ୍ମୀଦେବୀ ହସ୍ତୀମାନଙ୍କଦ୍ୱାରା ଅଭିଷିକ୍ତା। ବରଦ-ମୁଦ୍ରାରେ ଦେବୀ। ଠିକ୍ ଏତିକିବେଳେ ଅନ୍ତଃସତ୍ତ୍ୱା ହେବାର ଅନୁଭବରେ ପୁଲକିତା ତ୍ରିଶଳା। ମହାବୀର ସେହି ଅମୃତ ଅନୁଭବ। ସମୟ ଚୈତ୍ର ଶୁକ୍ଳ ତ୍ରୟୋଦଶୀ। ପୃଥିବୀର କଲ୍ୟାଣ ପାଇଁ ତାଙ୍କର ଆବିର୍ଭାବ ଏବଂ ହୃଦୟ ସଦା ବ୍ୟାକୁଳ। ମାନବସେବା ତାଙ୍କ ଜୀବନର ମୂଳ ଲକ୍ଷ୍ୟ। ତେଣୁ ବୋଧେ ଜୈନଧର୍ମୀ, କୌଣସି ଦେବଦେବୀଙ୍କୁ ବିଶ୍ୱାସ କରନ୍ତି ନାହିଁ, ପୂଜା କରନ୍ତି ନାହିଁ, ଆରାଧନା କରନ୍ତି ନାହିଁ। ଏପରିକି ବେଦକୁ ମଧ୍ୟ ନୁହଁ, ମାତ୍ର ଜୈନଧର୍ମର ମୂଳମନ୍ତ୍ର- ଆତ୍ମାର ମୁକ୍ତି, ବନ୍ଧନର ମୁକ୍ତି। ତେଣୁ ଜୈନଧର୍ମରେ ମଣିଷମାନେ ହିଁ ପାଲଟି ଯାଇଛନ୍ତି ଦେବତା।

ସେହି ମଣିଷ- ଦେବତାମାନେ ହେଉଛନ୍ତି ଚବିଶ ତୀର୍ଥଙ୍କର। ପ୍ରତ୍ୟେକ ଜଣେଜଣେ ପରିବ୍ରାଜକ। ଜଣେଜଣେ ବିପ୍ଳବୀ। ପ୍ରତ୍ୟେକଙ୍କ କଣ୍ଠରେ ମୁକ୍ତିବୋଧର କଥା। ଅହିଂସାର କଥା। ଜଗତର ପ୍ରତ୍ୟେକ ସୃଜନରେ ଅଧ୍ୟାତ୍ମଶକ୍ତିକୁ ଜାଗ୍ରତ କରିବା ସେମାନଙ୍କର ମୂଳ ମନ୍ତ୍ର। ଜୈନ ଧର୍ମକୁ ପୃଥିବୀରେ ପ୍ରତିଷ୍ଠା କରାଇବାରେ ଏଇମାନେ ପ୍ରମୁଖ ବ୍ୟକ୍ତିତ୍ୱ। ଅର୍ଥାତ୍ ଜୈନ ଧର୍ମର କର୍ଣ୍ଣଧାର। ଏମାନଙ୍କ ମଧ୍ୟରେ ଋଷଭନାଥ ପ୍ରଥମ ଜୈନ ତୀର୍ଥଙ୍କର ଏବଂ ମହାବୀର ସର୍ବଶେଷ। ସେମାନେ ଋଷଭନାଥ, ଅଜିତନାଥ, ସଂଭବନାଥ, ଅଭିନନ୍ଦନ, ସୁମତି, ପଦ୍ମପ୍ରଭ, ସୁପାର୍ଶ୍ୱ, ଚନ୍ଦ୍ରପ୍ରଭ, ପୁଷ୍ପଦନ୍ତ,

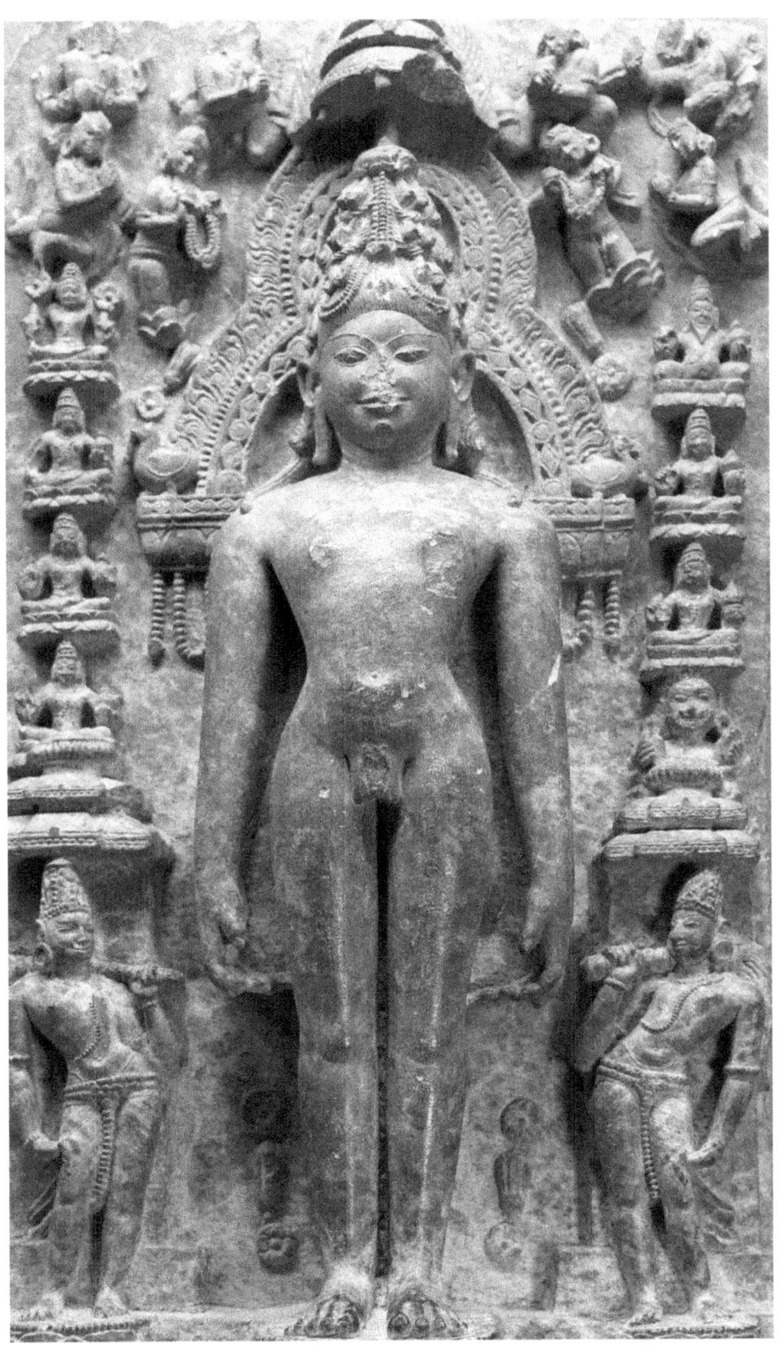

ଶୀତଳ, ଶ୍ରେୟାଂଶ, ବାସୁପୂଜ୍ୟ, ବିମଳ, ଅନନ୍ତ, ଧର୍ମ, ଶାନ୍ତିନାଥ, କୁନ୍ଥୁ, ଅର, ମଲ୍ଲିନାଥ, ମୁନିସୁବ୍ରତ, ନିମି, ଅରିଷ୍ଟନେମି, ପାର୍ଶ୍ୱନାଥ, ଏବଂ ମହାବୀର। ବେଳେବେଳେ ମନରେ ପ୍ରଶ୍ନ ଆସେ- ସବୁ ମୂର୍ତ୍ତି ତ ପ୍ରାୟ ଏକାଭଳି, ତେବେ କେଉଁ ମୂର୍ତ୍ତି କିଏ, କିପରି ଜାଣିବା ? ଜାଣିବା- ଶାସ୍ତ୍ରରେ ବର୍ଣ୍ଣିତ ଏଗୁଡ଼ିକର ରୂପ ଓ ସ୍ୱରୂପ ବା ଆଇକୋନୋଗ୍ରାଫିର ସୂଚନା ମାଧ୍ୟମରେ। ଏହି ଆଇକୋନୋଗ୍ରାଫିରୁ ହିଁ ଜଣାପଡ଼ିଯାଏ କିଏ ଋଷଭନାଥ, କିଏ ପାର୍ଶ୍ୱନାଥ, କିଏ ନେମିନାଥ ବା କିଏ ମହାବୀର ଇତ୍ୟାଦି।

ଜୈନ ଧର୍ମର ମୂଳ ଅର୍ଥ ହେଉଛି 'ଜୀନ'। 'ଜୀନ' କହିଲେ- ଯିଏ ବିଜେତା ବା ଯିଏ ଜୟକରେ। ପ୍ରଶ୍ନ ଉଠେ, ଜଣେ କାହାକୁ ଜୟ କରିବ ? ଉତ୍ତର, ସେ କାମନା ବା ବାସନା ଉପରେ ଜୟଲାଭ କରିବ। ଜୀନମାନଙ୍କର ସର୍ବପ୍ରଥମ ଆଭିମୁଖ୍ୟ କାମନା ବା ବାସନାକୁ ଜୟ କରିବା। ତେଣୁ ସେମାନେ ଜୈନ। ପୃଥିବୀର ପ୍ରାଚୀନ ଧର୍ମଗୁଡ଼ିକ ମଧ୍ୟରେ ଜୈନଧର୍ମ ଅନ୍ୟତମ। ଏହା ବ୍ରାହ୍ମଣ୍ୟବାଦର ବିରୋଧୀ। ଆଦର୍ଶ- ଦୟା ଓ କ୍ଷମା। ଅନ୍ୟକୁ ଦୟା, କ୍ଷମା କରିବାଦ୍ୱାରା ଜଣେ ଉଚ୍ଚତର ଜୀବନର ଯାତ୍ରୀ ହୋଇପାରେ ଏବଂ ପ୍ରଚଣ୍ଡ ଇଚ୍ଛାଶକ୍ତି ବଳରେ ହିଁ କାମନାକୁ ଦମନ କରାଯାଇପାରେ- ଏହା ଜୈନଧର୍ମର ମୂଳ ବିଶ୍ୱାସ। ସୁତରାଂ, ଜୈନଧର୍ମରେ ତ୍ରିରତ୍ନ ଆଦର୍ଶ- ଯଥାର୍ଥ ଭକ୍ତି(ଟ୍ରୁ ଫେଥ୍), ଯଥାର୍ଥ ଜ୍ଞାନ (ଟ୍ରୁ ନଲେଜ୍), ଯଥାର୍ଥ କର୍ମ(ଟ୍ରୁ ଡିଡ୍ସ)କୁ ଗୁରୁତ୍ୱ ଦିଆଯାଇଛି। ପ୍ରଚଣ୍ଡ ଇଚ୍ଛାଶକ୍ତି ବା ଆତ୍ମଶକ୍ତିକୁ ଏହି ତିନୋଟି ମାର୍ଗଦ୍ୱାରା ଆୟତ୍ତ କରାଯାଇପାରିବ। ଏହି ପ୍ରାଚୀନ ଧର୍ମର ବାସ୍ତବ ସ୍ଥପତି ଅବଶ୍ୟ ମହାବୀର। ଚବିଶ ତୀର୍ଥଙ୍କରଙ୍କ ମଧ୍ୟରୁ ସର୍ବକନିଷ୍ଠ- ସର୍ବଶେଷ। ଧର୍ମର ବ୍ୟାଖ୍ୟାକାର, ପରିବ୍ରାଜକ ଓ ନିଷ୍ପାଦକ। ମହାବୀରଙ୍କ ଆବିର୍ଭାବ ପୂର୍ବରୁ ପାର୍ଶ୍ୱନାଥ ଅହିଂସା ଓ ସଂଯମର ବାର୍ତ୍ତା ପ୍ରଚାର କରିଛନ୍ତି ସତ, ମାତ୍ର ଏହାର ବାସ୍ତବ ପଲ୍ଲବନ କରିଛନ୍ତି ମହାବୀର।

ଜୈନ ଦର୍ଶନ ସମ୍ୟକ ଦର୍ଶନ, ସମ୍ୟକ ଜ୍ଞାନ ଓ ସମ୍ୟକ ଚରିତ୍ରକୁ ବିଶ୍ୱାସ କରେ। ମାନସିକ ଓ ଶାରୀରିକ କର୍ମର ସମ୍ବନ୍ଧ ପ୍ରତିପାଦନ କରେ। ଏମାନେ କୌଣସି କାଳରେ ଭାଗ୍ୟବାଦୀ ନୁହନ୍ତି। କର୍ମରୁ ଉପଜାତ ଏବଂ କର୍ମଦ୍ୱାରା ଭାଗ୍ୟର ନିୟନ୍ତ୍ରଣ ହୁଏ ବୋଲି ବିଶ୍ୱାସ କରନ୍ତି। ମହାବୀରଙ୍କର ଦୁଇଶହ ପଚାଶ ବର୍ଷ ପୂର୍ବରୁ ଭଗବାନ ପାର୍ଶ୍ୱନାଥଙ୍କର ବାରଣାସୀରେ ଜନ୍ମ। ତାଙ୍କ ସମୟରେ ଭାରତର ବିଭିନ୍ନ ସ୍ଥାନରେ ଜୈନଧର୍ମ ବହୁଳ ପ୍ରସାରଲାଭ କରିଛି। ତାଙ୍କ ପ୍ରଣୀତ ଚାରୋଟି ବ୍ରତ- ଅହିଂସା, ସତ୍ୟ, ଅଚୌର୍ଯ୍ୟ ଓ ଅପରିଗ୍ରହ ଲୋକଙ୍କଦ୍ୱାରା ଆଦୃତ ହୋଇଛି। ପାର୍ଶ୍ୱନାଥଙ୍କ ପରେ ମହାବୀର ଜୈନଧର୍ମକୁ ଏକ ନିର୍ଦ୍ଦିଷ୍ଟ ରୂପ ଦେଇଛନ୍ତି। ଦୁଇଭାଗରେ ବିଭକ୍ତ କରିଛନ୍ତି। ଶ୍ୱେତାମ୍ବର, ଦିଗମ୍ବର। ଶ୍ୱେତାମ୍ବର ଜୈନ ଶ୍ୱେତବସ୍ତ୍ର ପରିଧାନ କରନ୍ତି। ଏହି ଶୁଭ୍ରବସ୍ତ୍ର

ସେମାନଙ୍କର ପବିତ୍ରତାର ପ୍ରତୀକ। ନରମପନ୍ଥୀ। ଦିଗମ୍ବର ସମ୍ପ୍ରଦାୟ- ଆକାଶ ଯାହାର ବସ୍ତ୍ର, ଅର୍ଥାତ୍ ନଗ୍ନ। ନାରୀ ହେଉଛି କାମନାର ପ୍ରତୀକ- ଏମାନଙ୍କର ମତ। ନାରୀ, ଅର୍ଥାତ୍ ପ୍ରକୃତି। ପ୍ରକୃତିର ମୋହରୁ ଦୂରେଇ ରହିବାକୁ ପଡ଼ିବ। ଏମାନେ ଉଲଗ୍ନ ରହି ସବୁ କାମନା ଓ ବାସନାକୁ ଜୟ କରିଥାନ୍ତି। ତେଣୁ ଏମାନେ ଜୈନ।

ଖାରବେଳ ଜୈନ-ଅନୁରାଗୀ ଆମେ ଆଲୋଚନା କରିଛେ। ଖଣ୍ଡଗିରି-ଉଦୟଗିରିର ସ୍ଥାପତ୍ୟ ଓ ମୂର୍ତ୍ତିକଳାରେ ତେଣୁ ଜୈନ ତୀର୍ଥଙ୍କରମାନଙ୍କର ମୂର୍ତ୍ତି ବର୍ତ୍ତମାନ। ମୂର୍ତ୍ତି କହିଲେ କେବଳ ପଥର ଦେହରେ ଉତ୍କୀର୍ଣ୍ଣ ବସ୍ତୁ ବା ଜୀବର ସ୍ଥୂଳ ରୂପ ମାତ୍ର ନୁହେଁ ଜୀବନର ଭାବ, ଅନୁଭବ ଓ ବିଚାରର ଅଭିବ୍ୟକ୍ତି। ଜୈନଧର୍ମ ମୂର୍ତ୍ତିପୂଜାକୁ ବିଶ୍ୱାସ କରେନାହିଁ। ମାତ୍ର ଜୈନ ବିଚାର ସହିତ ମୂର୍ତ୍ତିକଳାର ସଂପର୍କ କେଉଁଠୁ ଯୋଡ଼ି ହୋଇଗଲା ତାହା ହିଁ ଚର୍ଚ୍ଚାର ପ୍ରସଙ୍ଗ।

ସର୍ଜନକର୍ମ ସବୁ କାଳରେ କ୍ଷମତା ଓ ଧର୍ମ ନିୟନ୍ତ୍ରିତ- ଆମେ ଏକଥା ଜାଣୁ। ତେଣୁ ଏହି କର୍ମ ମାଧ୍ୟମରେ କ୍ଷମତା, ଧର୍ମର ଇତିହାସ ମଧ୍ୟ ତିଆରି କରୁଛି। ଖାରବେଳ ଏବଂ ଖଣ୍ଡଗିରି-ଉଦୟଗିରି ସେଇଥିପାଇଁ ଆମ ପାଖରେ ପରସ୍ପରଠାରୁ ଅଭିନ୍ନ। ଖାରବେଳଙ୍କ ତେର/ଚଉଦ ବର୍ଷର ରାଜନୀତିକ ଇତିହାସ ଆମ ପାଖରେ ରହିଛି। ତାଙ୍କ ପରିଣତ ଜୀବନର କଥା ଅସ୍ପଷ୍ଟ ଏବଂ ଗୁରୁତ୍ୱପୂର୍ଣ୍ଣ। ତାଙ୍କ ଶାସନ (ଚେଦୀବଂଶ) କାଳରୁ ସୋମବଂଶୀ ଶାସନକାଳ ପର୍ଯ୍ୟନ୍ତ କଳିଙ୍ଗର ରାଜନୀତିକ ଇତିହାସ ଅନ୍ଧକାରାଚ୍ଛନ୍ନ। ପରମାନନ୍ଦ ଆଚାର୍ଯ୍ୟ, ବାନାମ୍ବର ଆଚାର୍ଯ୍ୟ, କୃଷ୍ଣଚନ୍ଦ୍ର ପାଣିଗ୍ରାହୀ ଓ ସତ୍ୟନାରାୟଣ ରାଜଗୁରୁ ପ୍ରମୁଖ ଐତିହାସିକ ଇତିହାସ ଗଢ଼ଣ ପାଇଁ ଅବଶ୍ୟ ସାଧନା କରିଛନ୍ତି। ଆଖି ଖୋଲି ଦେଇଛନ୍ତି। ମାତ୍ର ସେମାନଙ୍କ ଅବଲୋକନକୁ ଅସ୍ମିତା ଗଢ଼ଣରେ ଯଥେଷ୍ଟ ବୋଲି ଆମେ କହିପାରିବା କି? ଆଜି ମଧ୍ୟ ଏହା ଏକ ସମ୍ବେଦନଶୀଳ ପ୍ରଶ୍ନ। ଏକଥା କହିବାର କାରଣ, ଇତିହାସ ଗଢ଼ଣରେ ସେହିମାନଙ୍କ ଉପାଦାନ ହିଁ ଆମ ସ୍ଥାପତ୍ୟ ଓ ମୂର୍ତ୍ତିକଳା।

ଖାରବେଳକାଳୀନ ଆମ ପଥର ଖୋଦେଇ ଓ ଚିତ୍ର ଅଙ୍କନ କର୍ମ ଥିଲା ମଗଧ ଓ କଳିଙ୍ଗ ସୌନ୍ଦର୍ଯ୍ୟବୋଧର ପରିଚୟ। ଖାରବେଳଙ୍କ ପରବର୍ତ୍ତୀକାଳରେ, ପ୍ରଥମରୁ ସପ୍ତମ ଶତାବ୍ଦୀ ପର୍ଯ୍ୟନ୍ତ ସମ-ଭାବାଦର୍ଶ କ୍ରିୟାଶୀଳ ରହିଛି। ମାତ୍ର ଏହା ପ୍ରମାଣ କରିବାପାଇଁ ଆମ ପାଖରେ ଯଥେଷ୍ଟ ଉପାଦାନର ଅଭାବ। ଆଲୋଚ୍ୟ ସମୟ ଖଣ୍ଡରେ ଦାକ୍ଷିଣାତ୍ୟରେ ସ୍ୱତନ୍ତ୍ର ଶିଳ୍ପକଳା ବିକଶିତ ହୋଇଛି। ଚାଲୁକ୍ୟ ଓ ହୋୟଶାଳ ରାଜାମାନେ ଜୈନଧର୍ମର ବହୁ ମନ୍ଦିର ଓ ସ୍ତୂପ ନିର୍ମାଣ କରିଛନ୍ତି। ଉତ୍ତରାପଥରେ ମଥୁରା ଓ ମଗଧରେ ବିଶେଷତଃ କୁଷାଣ ଓ ସୁଙ୍ଗ ଶାସକମାନଙ୍କ କଳା ଅନୁରକ୍ତି ଅନ୍ୟ ଭୂଖଣ୍ଡକୁ ପ୍ରଭାବିତ

କରିଛି। ଭାରତୀୟ ସ୍ଥାପତ୍ୟର ଇତିହାସରେ ଏହା ଗାନ୍ଧାର ଶୈଳୀ ନାମରେ ପରିଚିତ। ମଥୁରା ଓ ସାରନାଥର ସ୍ଥାପତ୍ୟ ଏହାର ଉଦାହରଣ। କୁହାଯାଏ, ଏହି ଶୈଳୀ ଗ୍ରୀସ୍, ପାରସ୍ୟ ଓ ଭାରତୀୟ କଳାବୋଧର ସମୀକରଣ। ଆଲୋଚ୍ୟ ଦୁଇ ରାଜବଂଶର ଶାସନକାଳରେ ବୁଦ୍ଧ ଓ ଜୈନ ତୀର୍ଥଙ୍କରମାନଙ୍କର ପ୍ରତିମା ଓ ପୀଠମାନ ତିଆରି ହୋଇଛି। ମାତ୍ର, ଏଥିସହିତ ସନାତନ ବିଶ୍ୱାସର ପ୍ରତୀକ ଦେବଦେବୀମାନେ ମଧ୍ୟ ପଥର ଓ ଧାତୁ ମାଧ୍ୟମରେ ଜନ୍ମ ନେଇଛନ୍ତି। ସୁଙ୍ଗକାଳୀନ ସ୍ଥାପତ୍ୟମାନଙ୍କ ଚେତନାରେ ଇନ୍ଦ୍ର, ଶ୍ରୀ ଓ ବ୍ରହ୍ମା ଆଦି ଦେବତା ଆବିର୍ଭାବ ହୋଇଛନ୍ତି। ଦେଖିବାକୁ ମଣିଷପରି। ଗୋଟିଏ ମୁଣ୍ଡ, ଦୁଇଟି ହାତ। ବାହନ ନାହିଁ। ସୌନ୍ଦର୍ଯ୍ୟ ସୃଷ୍ଟି ଯେପରି ଶିଳ୍ପୀର ଧର୍ମ।

ସୁଙ୍ଗ ଶାସନର ଶେଷ ଆଡ଼କୁ ମୂର୍ତ୍ତି-ଗଢ଼ଣ କଳାରେ ପରିବର୍ତ୍ତନ ସ୍ପଷ୍ଟ ହୋଇଛି। ସନାତନ-ବିଶ୍ୱାସ ପ୍ରତିମାମାନେ ଏବେ ବାହନଯୁକ୍ତ ଓ ବହୁ ଅବୟବ ବିଶିଷ୍ଟ ହୋଇଛନ୍ତି। ଇନ୍ଦ୍ରଙ୍କ ପାଖରେ ଐରାବତ ଓ ଶିବଙ୍କ ପାଖରେ ବୃଷଭ। ଉତ୍ତର-ପଶ୍ଚିମ ଅଞ୍ଚଳରେ ମୂର୍ତ୍ତିପୂଜା ପ୍ରାଧାନ୍ୟ ପାଇଛି। ଏପରି ଏକ ସମୟ ଆସିଛି, ମଥୁରା ଯେପରି ରୂପାନ୍ତରିତ ହୋଇଯାଇଛି ମୂର୍ତ୍ତିଶାଳାରେ। ବହୁ ପରିମାଣରେ ଉପଲବ୍ଧ ଲାଲ୍ ପଥର ଦେହରୁ ଉଦ୍ଭାସିତ ହୋଇଛନ୍ତି ଶତସଂଖ୍ୟକ ବୁଦ୍ଧ, ତୀର୍ଥଙ୍କର ଓ ଦେବଦେବୀମାନେ। ମାତ୍ର ସେଗୁଡ଼ିକ ମଧ୍ୟରେ ତୀର୍ଥଙ୍କରମାନଙ୍କ ସଂଖ୍ୟା ସର୍ବାଧିକ। ମନ୍ଦିର ବି ରହିଛି, କାରୁକାର୍ଯ୍ୟସଂପନ୍ନ ମନ୍ଦିର। ମନ୍ଦିର ଭିତରେ ତୀର୍ଥଙ୍କର ଅଛନ୍ତି। ଏହାର ଖୁମ୍ବ ଓ କଡ଼ିଗୁଡିକରେ ରହିଛନ୍ତି ସାଳଂକୃତ ନାରୀ, ପୁରୁଷ; ବୃକ୍ଷଲତା; ହରିଣ, ହାତୀ, ଷଣ୍ଢ, କୁମ୍ଭୀର, ସିଂହ, ବାଘ, ସାପ, ହଂସ ଆଦି ପଶୁ, ସରୀସୃପ ଓ ପକ୍ଷୀ।

ତୀର୍ଥଙ୍କରମାନଙ୍କର ମୁହଁ ଉଭୟ ପାର୍ଶ୍ୱିକ ଓ ପୂର୍ଣ୍ଣ-ପ୍ରକାଶିତ। ବହୁ ଭାବରେ ଗୋଲାକାର। ଆଖି ଯେପରି ଧ୍ୟାନମୁଦ୍ରାରେ ସମାହିତ। ମଥାରେ କେଉଁଠି ପଗଡ଼ି, କେଉଁଠି ସୁଗ୍ରଥିତ ଜଟା। ପ୍ରତ୍ୟେକ ସାଧକ ଏକ ପୀଠିକାରେ ଆସୀନ ଏବଂ ପଛପଟ କାରୁକାର୍ଯ୍ୟସଂପନ୍ନ। ଅଧିକ ସଂଖ୍ୟକ ମୂର୍ତ୍ତିଙ୍କ ମଥା ଉପରେ ଛତ୍ରପରି ରହିଛନ୍ତି ଏକ ଅଥବା ଏକାଧିକ ଫଣାଯୁକ୍ତ ସାପ। କେତେକ ପଶୁପକ୍ଷୀଙ୍କ ପାର୍ଶ୍ୱିକ ପ୍ରତିମା ଦେଖିଲେ ଲାଗେ ସେମାନେ ଯେପରି ପଶୁ କି ପକ୍ଷୀ ନୁହନ୍ତି, ସେମାନଙ୍କ ଭିତରେ ଜୀବନ୍ତ ରହିଛି ମାନବୀୟ ଅହଂମୁକ୍ତ ସତ୍ତା। ଅକ୍ରୋଧୀ ଓ କରୁଣାର ପ୍ରତୀକ। ପରବର୍ତ୍ତୀ ଗୁପ୍ତ ଶାସନକାଳ(ଚତୁର୍ଥ ଶତାବ୍ଦୀ)ରେ ସ୍ଥାପତ୍ୟ ଓ ମୂର୍ତ୍ତି ଗଠନ ଶୈଳୀରେ ପୁଣି ପରିବର୍ତ୍ତନ ସ୍ପଷ୍ଟ ହୋଇଯାଇଛି। ସନାତନ ଧର୍ମ ବ୍ୟବସ୍ଥାରେ ଏହା ଜ୍ଞାନମାର୍ଗ ଓ ନୀତିମାର୍ଗ ପ୍ରାବଲ୍ୟର କାଳ। ମନୁଷ୍ୟର ପରମ ଲକ୍ଷ୍ୟ ହେଉଛି ଈଶ୍ୱର ପ୍ରାପ୍ତି। ମୂର୍ତ୍ତି ଓ ମନ୍ଦିରଗୁଡ଼ିକ ସମଭାବାଦର୍ଶକୁ ଆଧାର କରି ଗଢ଼ିଉଠିଛନ୍ତି। ବୁଦ୍ଧ ଓ ତୀର୍ଥଙ୍କରମାନଙ୍କ ସହିତ ମିଶି

ଯାଇଛନ୍ତି ଶିବ, ପାର୍ବତୀ, ଗଣେଶ, ବିଷ୍ଣୁ ଓ ଅନ୍ୟମାନେ। ବିଶ୍ୱାସଗତ ଦ୍ୱନ୍ଦ୍ୱ ଓ ସହାବସ୍ଥାନର ଏକ ଅଦ୍ଭୁତ ପରିମଣ୍ଡଳ ସମକାଳର ଭାରତବର୍ଷ। ଆମ ଭୂମି ମଧ୍ୟ ସମଭାବାଦର୍ଶରୁ ମୁକ୍ତ ହୋଇନାହିଁ।

ମାତ୍ର ଗୁରୁତ୍ୱପୂର୍ଣ୍ଣ କଥା, ସମୟକ୍ରମେ ଉଚ୍ଚବର୍ଣ୍ଣର ଶାସ୍ତ୍ରବିତ୍‌ମାନେ କ୍ଷମତାକୁ ପ୍ରଭାବିତ କରିଛନ୍ତି ଏବଂ କ୍ଷମତା ମାଧ୍ୟମରେ ବେଦ-ବିରୋଧୀ ଜୈନଧର୍ମର ବିଲୋପନ ପାଇଁ ଚକ୍ରାନ୍ତ କରିଛନ୍ତି। ଜନପଦରେ ପୂଜିତ ଜୈନମୂର୍ତ୍ତିଗୁଡ଼ିକୁ ବିକୃତ, ସଂପୂର୍ଣ୍ଣ ଧ୍ୱଂସ ଅଥବା ସନାତନ ଦେବଦେବୀରେ ରୂପାନ୍ତର କରିଦିଆଯାଇଛି। ଏପରିକି ସାଧକ-ସାଧ୍ୱିକାମାନଙ୍କୁ ମାନସିକ ଏବଂ ଶାରୀରିକ ଯନ୍ତ୍ରଣା ଦିଆଯାଇଛି। ମାତ୍ର ସେମାନଙ୍କର ଏହି ଆଚରଣ ମାନବବାଦର ପ୍ରବକ୍ତାମାନଙ୍କ ବିଚାର ବିଲୋପନରେ ସମର୍ଥ ହୋଇନାହିଁ। ବରଂ ସେମାନଙ୍କ ସାଂସ୍କୃତିକ ଜୀବନରେ ବର୍ତ୍ତମାନ ରହିଛନ୍ତି। ନାନା ସ୍ଥାନରେ ଆବିଷ୍କୃତ ମନ୍ଦିରର ଭଗ୍ନାବଶେଷ ଓ ମୂର୍ତ୍ତିଗୁଡ଼ିକୁ ଦେଖିଲେ ଏବଂ ବିଶ୍ଳେଷଣ କଲେ ଜୈନଧର୍ମ ଏକଦା ଯେ ଆମ ଜୀବନ ସ୍ରୋତର ଗତିକୁ ନିୟନ୍ତ୍ରଣ କରୁଥିଲା, ତାହା ସୁସ୍ପଷ୍ଟ। ତେଣୁ ଏହା କହିଲେ ଭୁଲ୍ ହେବନାହିଁ ଯେ, ଐତିହାସିକମାନଙ୍କ ଦ୍ୱାରା ଆବିଷ୍କୃତ ଭଙ୍ଗା ମନ୍ଦିର ଓ ମୂର୍ତ୍ତିଗୁଡ଼ିକ ଆମ ଇତିହାସ ଗଢ଼ଣ ଓ ସ୍ଥାପତ୍ୟ ଚର୍ଚ୍ଚାର ଅବଶ୍ୟ ମୂଲ୍ୟବାନ ଉପାଦାନ।

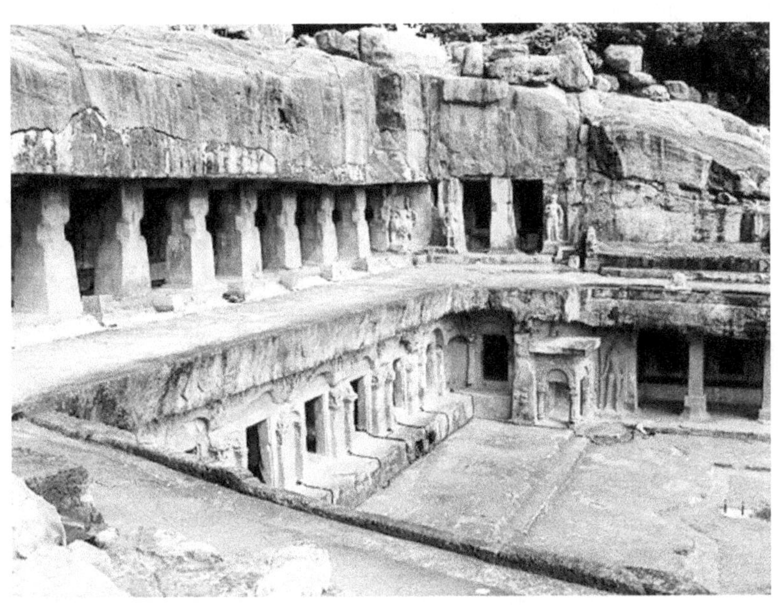

ଜୀନନାଥଃ ଜଗନ୍ନାଥ

ଖାରବେଳଙ୍କ କାଳରୁ ଖ୍ରୀଷ୍ଟୀୟ ଅଷ୍ଟମ ଶତାବ୍ଦୀ ପର୍ଯ୍ୟନ୍ତ କଳିଙ୍ଗର ରାଜନୀତିକ ଦୃଶ୍ୟପଟ୍ଟ ଅସ୍ପଷ୍ଟ। ମାତ୍ର ଐତିହାସିକମାନେ ସ୍ପଷ୍ଟଚିତ୍ରଟିଏ ଆଙ୍କିବା ଲାଗି ନିଷ୍ଠାପର ଉଦ୍ୟମ କରିଆସୁଛନ୍ତି। ଏହି କାଳଖଣ୍ଡରେ କୋଶଳ, କଙ୍ଗୋଦ, କଳିଙ୍ଗ, ଉତ୍କଳ ଓ ଔଡ୍ର ଦେଶର ଅଂଶଗୁଡ଼ିକର ଏକତ୍ରୀକରଣ। ନାନା ରାଜବଂଶର ଅଧୀନ। ସେଗୁଡ଼ିକ କୁଶାଣ, ମୁରୁଣ୍ଡ, ମାଠର, ସୁଙ୍ଗ, ଶୈଳୋଦ୍ଭବ, ଭଂଜ ଓ ଭୌମକର ଇତ୍ୟାଦି। ଚାରିପାଖରେ ସାତବାହନ ଓ ଗୁପ୍ତ ସମ୍ରାଟମାନେ ବି ରହିଛନ୍ତି। ଏମାନେ ବୌଦ୍ଧ, ଜୈନ ଓ ସନାତନ ବିଶ୍ୱାସର ସକଳ ଶାଖାକୁ ମଧ୍ୟ ସ୍ୱୀକୃତ କରିଛନ୍ତି। ଏବଂ, ଏହି ସକଳ ସଂପ୍ରଦାୟ ମଧ୍ୟରେ ଜୈନଧର୍ମର ପ୍ରାଧାନ୍ୟ ସୁପ୍ରାଚୀନ। ମାତ୍ର ଜୈନ ଚେତନାର ଏହି ଅନ୍ତଃସ୍ରୋତ ସକଳ ସ୍ତରରେ ଏତେ ତରଙ୍ଗ ସୃଷ୍ଟି କରୁଥିଲା କାହିଁକି ? ଉତ୍ତର ସ୍ପଷ୍ଟ।

ମଣିଷ ଜୀବନର ଏକମାତ୍ର କାମନା ଶାନ୍ତି। ମାତ୍ର କେଉଁଠି ଶାନ୍ତି ? ଏହା ଏକ ସାର୍ବକାଳିକ ପ୍ରଶ୍ନ। ପୁଣି ପ୍ରଶ୍ନର ଉତ୍ତର ଭାରି ସହଜ। ଏହାକୁ ଲାଭ କରିବା ଏକ ଜଟିଳ ସାଧନା। ଜୈନଅହର୍ତ୍ତମାନଙ୍କର ବିଚାରରେ ଏ ପ୍ରଶ୍ନର ଉତ୍ତର ଭାରି ସ୍ପଷ୍ଟ। ଏହି ବିଚାରକୁ ସେମାନେ ଆଚରଣରେ ରୂପାନ୍ତରିତ କରିଛନ୍ତି। ଘୋଷଣା କରିଛନ୍ତି- ଦେହ ହେଉଛି ସୁଖ ଭୋଗର ଘର। ଘର ଭିତରେ ବହୁ କବାଟ ଓ ଝରକା। ପ୍ରକୃତିର ପରିମଣ୍ଡଳରେ ଏହି ଦେହମାନେ ଆତଯାତ। ସେମାନଙ୍କୁ ନିୟନ୍ତ୍ରଣ କରୁଛି ପ୍ରବୃତ୍ତି। ପ୍ରବୃତ୍ତି କହିଲେ ସଦା ଅଶାନ୍ତ ଓ ବିକ୍ଷୁବ୍ଧ ମନ। ଗୋଟିଏ ଇଚ୍ଛା ପୂରଣ ହୋଇଯାଉଥିଲେ ଆଉ ଏକ ପୂର୍ଣ୍ଣତାର ଭୂତାଣୁରେ ଚେତନା ସଂକ୍ରମିତ ହୋଇଯାଉଥାଏ। ଦେହ କ୍ଷୀଣରୁ କ୍ଷୀଣତର ହୋଇଯାଉଥାଏ। ତେଣୁ ଏହି ସର୍ବଗ୍ରାସୀ କାମନାକୁ ଜୟ କରିପାରିଲେ ହିଁ ଶାନ୍ତି। ମହାଶାନ୍ତି।

ଏକଥା କହିବା ଅବଶ୍ୟ ସହଜ। ମାତ୍ର ଆମ ଦେହୀମାନଙ୍କ ପକ୍ଷରେ ଏହା ଆଦୌ ସହଜ ନୁହେଁ, ମନ ତ ବାରମ୍ବାର ଉଚ୍ଚାଟ କରୁଥାଏ ଦେହକୁ। କବାଟ ଓ

ଝରକାଗୁଡ଼ିକୁ ଖୋଲା ରଖିବାକୁ ପ୍ରୟାସ କରୁଥାଏ। ମାତ୍ର ପ୍ରାଣଶକ୍ତି ମନକୁ ନିୟନ୍ତ୍ରଣ କରିବାକୁ ଚେଷ୍ଟା କରୁଥାଏ। ଅହରହ। ଦେହପାଖକୁ ଯାଉଥାଏ। ଦେହକୁ ବାରମ୍ବାର ଆଘାତ କରୁଥାଏ। ପୁଣି ଫେରି ଆସୁଥାଏ। ଫେରି ଆସୁଥାଏ ଉଦ୍‌ବେଳିତ ମନ ନେଇ ନିଜ ପାଖକୁ। ତେଣୁ ପ୍ରାଣରୁ ଦେହ, ଦେହରୁ ପ୍ରାଣ ଏକ ନିୟତ ଯାତ୍ରା। ଦେହକୁ ଯେତେ ଆହତ କଲେ ବି ଏମିତି ଏକ ମୁହୂର୍ତ୍ତ ଆସେ ମନକୁ ଆଉ ତାହା କାଟେନାହିଁ। ସେ ପ୍ରାଣକୁ ଉଚ୍ଚକିତ କରୁଥାଏ। ଏବଂ, ଶେଷରେ ସମାହିତ ହୋଇଯାଏ ଏକ ଶାନ୍ତ ମୁଦ୍ରାରେ। ରୂପାନ୍ତର ହୋଇଯାଏ ଜୀନରେ। ଅର୍ଥାତ୍ ଏବେ ସେ ବିଜିତ ଓ ଶାନ୍ତ। ଓଡ଼ିଶା ରାଜ୍ୟ ସଂଗ୍ରହାଳୟରେ ଏହି ଭାବାଦର୍ଶର ଦୁଇଟି ସ୍ଥାପତ୍ୟ ବର୍ତ୍ତମାନ। ଜଣେ ଶାନ୍ତିନାଥ, ଅନ୍ୟଟି ଅଜିତନାଥ।

ସ୍ଥାପତ୍ୟ ଦୁଇଟି ଆବିଷ୍କୃତ ଚରମ୍ପାରେ। ଗଢ଼ଣକାଳ ପ୍ରାୟ ନବମ/ଦଶମ ଶତାବ୍ଦୀ। କଳାମୁଗୁନି ପଥରରେ ଗଢ଼ା ସେମାନଙ୍କ ଦେହ। ଚିକ୍କଣ। କମନୀୟ। ମୁହଁରେ ପ୍ରଶାନ୍ତିର ଆଭା। ମାତ୍ର ଦେହସାରା ତୀକ୍ଷ୍ଣ ଖଡ୍ଗଦ୍ୱାରା ଗଭୀର କ୍ଷତଦାଗ। ପେଟରୁ ଛାତି ପର୍ଯ୍ୟନ୍ତ ଏବଂ ଛାତିରୁ କାନ୍ଧ ପର୍ଯ୍ୟନ୍ତ କଟାଦାଗ। ତଥାପି ଧ୍ୟାନମୁଦ୍ରାରେ ଆସୀନ। ଅଜିତନାଥ ମସ୍ତକବିହୀନ। ଦୁଇଟିଯାକ ହାତର କହୁଣୀ ପାଖରୁ ତଳକୁ ସଂପୂର୍ଣ୍ଣ ଭାଙ୍ଗିଯାଇଛି। ରାଜ୍ୟ ସଂଗ୍ରହାଳୟରେ ଅଷ୍ଟମରୁ ଏକାଦଶ ଶତାବ୍ଦୀ ମଧ୍ୟରେ ଋଷଭନାଥ, ମହାବୀର, ଚନ୍ଦ୍ରନାଥ, ପାର୍ଶ୍ୱନାଥ, ପଦ୍ମପ୍ରଭ ଏହିଭଳି ପ୍ରାୟ ତେରଟି ପଥର ମୂର୍ତ୍ତି ରହିଛନ୍ତି। ମୂର୍ତ୍ତିଗୁଡ଼ିକ କଳା ମୁଗୁନିପଥର, ବାଲିପଥର, ବା ମାଙ୍କଡ଼ା ପଥରରେ ତିଆରି। ଅଧିକାଂଶ ମୂର୍ତ୍ତି କ୍ଷତବିକ୍ଷତ। ପୂର୍ବରୁ ଆଲୋଚନା କରିଛେ, ଜନପଦରେ ପୂଜିତ ଜୈନମୂର୍ତ୍ତିଗୁଡ଼ିକୁ ବିକୃତ, ସଂପୂର୍ଣ୍ଣ ଧ୍ୱଂସ ଅଥବା ସନାତନ ଦେବଦେବୀରେ ରୂପାନ୍ତର କରାଯିବାର ଦୃଷ୍ଟାନ୍ତ ରହିଛି। ସଂଗ୍ରହାଳୟର ମୂର୍ତ୍ତିଗୁଡ଼ିକୁ ଦେଖିଲେ ଏହି ଧାରଣା ସ୍ପଷ୍ଟ ହୋଇଯାଏ। ପଥର ମୂର୍ତ୍ତିଗୁଡ଼ିକ ବ୍ୟତୀତ ସଂଗ୍ରହାଳୟରେ ଅଷ୍ଟମରୁ ଏକାଦଶ ଶତାବ୍ଦୀ ମଧ୍ୟରେ ନିର୍ମିତ ଅଚ୍ୟୁତରାଜପୁରରୁ ଆବିଷ୍କୃତ ହୋଇଥିବା ଦଶଟି ବ୍ରୋଞ୍ଜ ନିର୍ମିତ ଜୈନପ୍ରତିମା ସଂରକ୍ଷିତ।

ଜୈନ ମୂର୍ତ୍ତିକଳା ଚର୍ଚ୍ଚା ସହିତ ଓଡ଼ିଶାର ସାଂସ୍କୃତିକ, ରାଜନୀତିକ ଇତିହାସ ଓ ଓଡ଼ିଆ ଜାତିର କଳାବୋଧ କିପରି ପ୍ରତୀକିତ ଆମେ ସେହି ବିଷୟରେ ଆଲୋଚନା କରିବା। ଖାରବେଳଙ୍କ ପରେ ଓଡ଼ିଶାରେ ଅବଶ୍ୟ ଜୈନଧର୍ମ ବିଶେଷ ଅଗ୍ରଗତି କରିନଥିଲା। ମାତ୍ର ଉତ୍କଳରେ ଜୈନଧର୍ମର ପ୍ରାଚୀନ କଳା ଓ ଭାସ୍କର୍ଯ୍ୟ ଉତ୍କର୍ଷ ଲାଭ କରିଥିଲା। ଖଣ୍ଡଗିରି-ଉଦୟଗିରି ବ୍ୟତୀତ ଓଡ଼ିଶାର ଅନେକ ସ୍ଥାନରେ ଜୈନ ସ୍ଥାପତ୍ୟର ସ୍ମୃତିଚିହ୍ନ ଏବେ ବି ବର୍ତ୍ତମାନ। ଭୁବନେଶ୍ୱର ଓ କଟକର ମଧ୍ୟବର୍ତ୍ତୀ ପ୍ରତାପନଗରୀରେ

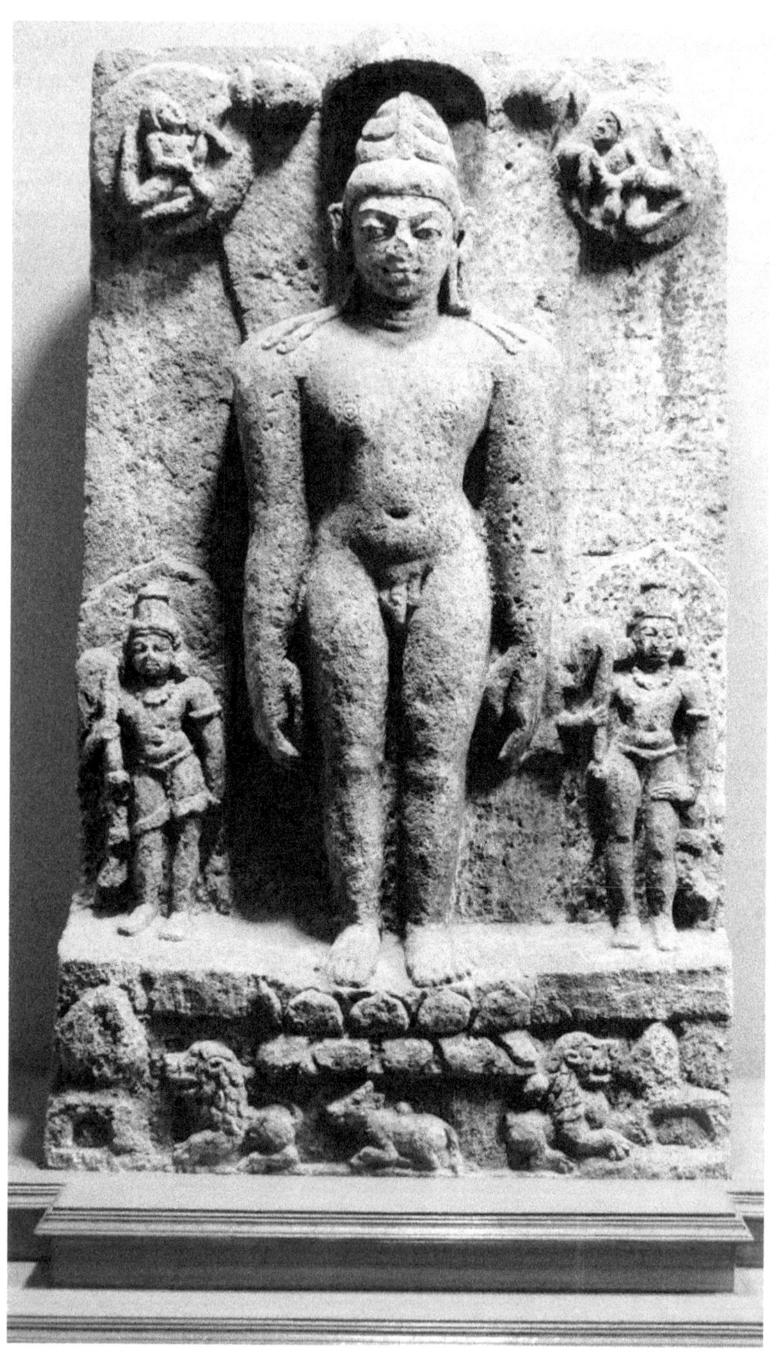

ପ୍ରତିଷ୍ଠିତ ଜୈନ ସଂଗ୍ରହାଳୟରେ ବହୁ ଜୈନ ସ୍ଥାପତ୍ୟର ସମାରୋହ ଓ ଏଗୁଡ଼ିକ ସଂରକ୍ଷିତ। କଟକ ସହରର ଚୌଧୁରୀ ବଜାରରେ ଥିବା ଜୈନମାନଙ୍କର ଏକ ଆଧୁନିକ ମନ୍ଦିରରେ ବ୍ରୋଞ୍ଜ ଓ ପଥର ନିର୍ମିତ ପ୍ରାଚୀନ ଜୈନମୂର୍ତ୍ତି ଜୈନ ସ୍ଥାପତ୍ୟର ପ୍ରାଚୀନତାକୁ ପ୍ରମାଣ କରେ। ଚବିଶ ତୀର୍ଥଙ୍କର ଓ ଚବିଶ ଶାସନଦେବୀଙ୍କ ମୂର୍ତ୍ତିସଂଖ୍ୟା ଏଠାରେ ଅଧିକ। ଏ ସମ୍ପର୍କରେ ଡ. ହରିଶ୍ଚନ୍ଦ୍ର ଦାସଙ୍କ 'ଓଡ଼ିଶାର କଳା ଓ ସ୍ଥାପତ୍ୟ' ପୁସ୍ତକରେ ବିଶେଷ ସୂଚନା ଦେଖିବାକୁ ମିଳେ।

କେନ୍ଦୁଝର ଜିଲ୍ଲାର ଆନନ୍ଦପୁର ଉପଖଣ୍ଡ ଜୈନସ୍ଥାପତ୍ୟରେ ଏକଦା ସମୃଦ୍ଧ ଥିଲା। ଏହି ଅଞ୍ଚଳଗୁଡ଼ିକ ପୋଡ଼ାସିଙ୍ଗିଡି, ହାଟହିଡ଼, ସଇଁକୂଳ, ଆନନ୍ଦପୁର, ଜମ୍ବିରା ଇତ୍ୟାଦି। ଏସବୁ ମଧ୍ୟରୁ ପୋଡ଼ାସିଙ୍ଗିଡି ଓଡ଼ିଶାର ଏକ ବିଶିଷ୍ଟ ଜୈନଭୂମି। ଏଠାରେ ଯକ୍ଷ- ଗୋମେଦ ଓ ଯକ୍ଷିଣୀ-ଅମ୍ବିକାଙ୍କ ମୂର୍ତ୍ତି ସୂକ୍ଷ୍ମ କାରୁକାର୍ଯ୍ୟରେ ପରିପୂର୍ଣ୍ଣ।

ସେହିଭଳି ବାଲେଶ୍ୱର ଜିଲ୍ଲାର ଚରମ୍ପା, ଅଯୋଧ୍ୟା, ଜଳେଶ୍ୱର, ଭୀମପୁର, କୁପାରୀ ପ୍ରଭୃତି ଅଞ୍ଚଳରୁ କେତେକ ଜୈନମୂର୍ତ୍ତି ସଂଗୃହୀତ ହୋଇଛି। ଏହି ଅଞ୍ଚଳରେ ପାର୍ଶ୍ୱନାଥଙ୍କର ବହୁ ବିଗ୍ରହ ଦେଖିବାକୁ ମିଳେ। ବାଲେଶ୍ୱର ଶାଖା ସଂଗ୍ରହାଳୟରେ ତିନୋଟି ତୀର୍ଥଙ୍କର ମୂର୍ତ୍ତି ସଂରକ୍ଷିତ। ଚରମ୍ପା ଓ କୁପାରୀ ଅଞ୍ଚଳରେ ଜୈନ ପ୍ରଭାବର ପ୍ରମାଣ ସୁସ୍ପଷ୍ଟ। ପାର୍ଶ୍ୱନାଥ କାଳେ କୁପାରୀରେ ଉପବାସର ଫଳ ପାଇଥିଲେ। ତେଣୁ ଏହା ଜୈନ ବିଶ୍ୱାସରେ ଏକ ତୀର୍ଥଭୂମି। ଏହି ଅଞ୍ଚଳରେ ମିଳେ ଅଧିକ ସଂଖ୍ୟକ ପାର୍ଶ୍ୱନାଥ ଓ ମହାବୀରଙ୍କ ମୂର୍ତ୍ତି। ନୀଳଗିରିରେ ଥିବା ଶାସନଦେବୀ ଅମ୍ବିକାଙ୍କ ସାଳଂକୃତ ପ୍ରତିମା ଜୈନ ସ୍ଥାପତ୍ୟର ଅନୁପମ ନିଦର୍ଶନ।

ଷୋଡ଼ଶ ଶତାବ୍ଦୀରେ ନିର୍ମିତ ବାରିପଦାର ଜଗନ୍ନାଥ ମନ୍ଦିରରେ ଥିବା ତୀର୍ଥଙ୍କରଙ୍କ ମୂର୍ତ୍ତି ସ୍ଥାନୀୟ ଅଞ୍ଚଳରେ ଜୈନଧର୍ମର ଗୁରୁତ୍ୱ ବହନ କରେ। ଖିଚିଂରେ ବହୁସଂଖ୍ୟକ ଜୈନମୂର୍ତ୍ତି ଦର୍ଶକଙ୍କୁ ବିଭୋର କରେ। କୋରାପୁଟ ଜିଲ୍ଲାର ଜୈନକୀର୍ତ୍ତି ଶୋଭିତ ପ୍ରମୁଖ ସ୍ଥାନଗୁଡ଼ିକ ନନ୍ଦପୁର, ବୋରିଗୁମା, କୋଟପାଡ଼, ନୂଆଗାଁ, ପ୍ରଭୃତି। ଏହି ସ୍ଥାନରୁ ବାରଟି ଜୈନ ବିଗ୍ରହ ମିଳିଛି। ସେଗୁଡ଼ିକ ମଧ୍ୟରେ ଋଷଭନାଥ, ମହାବୀର, ପଦ୍ମାବତୀ ଅନ୍ୟତମ। ଜୈନଧର୍ମର ବିକାଶରେ ଜୟପୁର ସ୍ୱତନ୍ତ୍ର। ଜୟପୁରର କାଳୀମନ୍ଦିରର ଶୋଭାବର୍ଦ୍ଧନ କରେ ଯୋଗାସନରେ ଆସୀନ ଋଷଭନାଥଙ୍କର ଏକ ସୁନ୍ଦର ବିଗ୍ରହ ଓ ଆହୁରି ଅନେକ କାରୁକାର୍ଯ୍ୟ ଖଚିତ ମୂର୍ତ୍ତି।

ପୁରୀ ଜିଲ୍ଲାର ପ୍ରାଚୀ ଉପତ୍ୟକାରେ ଜୈନଧର୍ମର ବିକାଶ ଘଟିଥିବା ପ୍ରମାଣ ମିଳେ। କାକଟପୁରରେ ଥିବା ବିଶ୍ୱନାଥ ମଠର ଋଷଭଦେବ, ଲତାହରଣର ଅମ୍ବିକା ଓ ନେମିନାଥ, ବାଲକାଟି ନିକଟବର୍ତ୍ତୀ ଚଢ଼େଇବାର ଗ୍ରାମର ଋଷଭ ଦେବ,

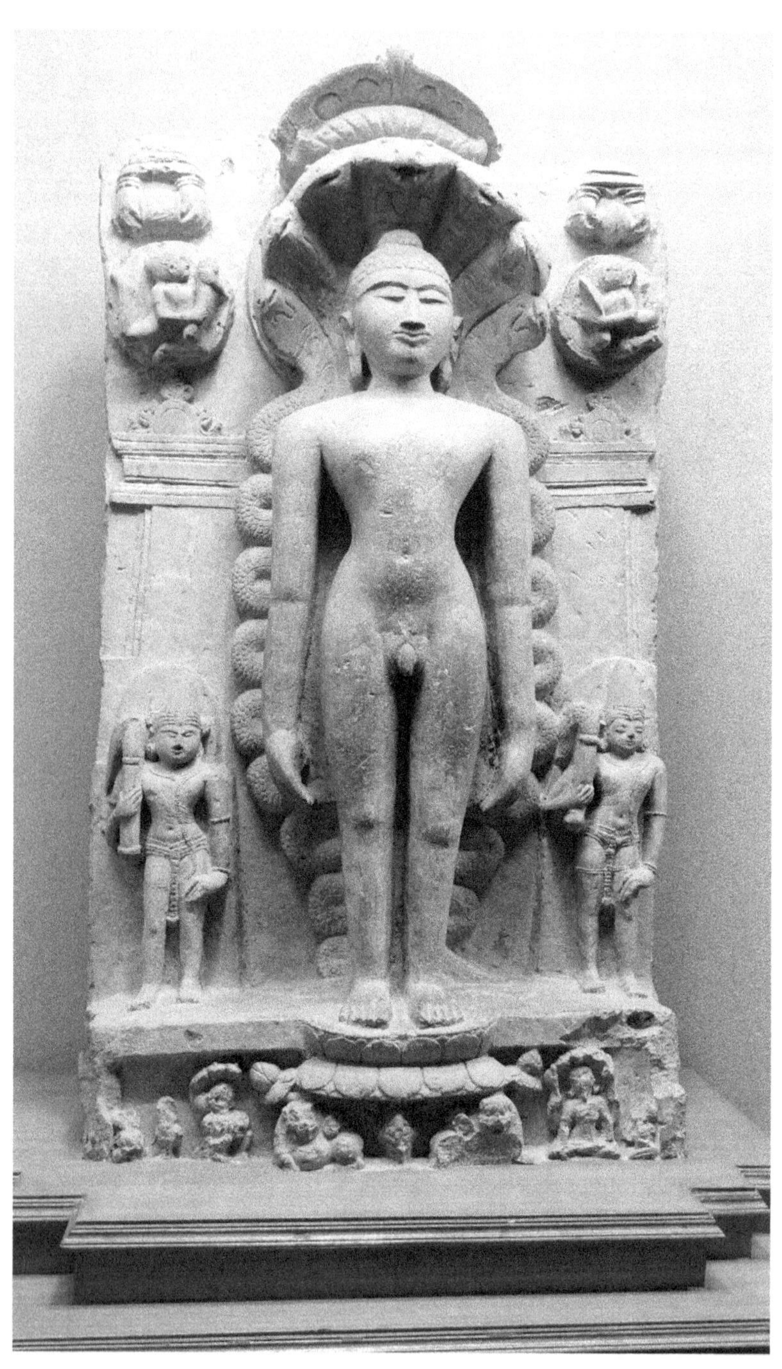

ସପ୍ତଫେଣାଯୁକ୍ତ ପାର୍ଶ୍ୱନାଥ ପ୍ରଭୃତି ଗୁରୁତ୍ୱପୂର୍ଣ୍ଣ। ଚୌଦ୍ୱାର ଅଞ୍ଚଳରେ ସମ୍ଭବତଃ ଜୈନ ପୀଠ କ୍ରିୟାଶୀଳ ଥିଲା। ସଂପ୍ରତି ମନ୍ଦିରଗୁଡ଼ିକ ଅନୁପସ୍ଥିତ। ମାତ୍ର ଥିବାର ସଂକେତ ରହିଛି। ତୀର୍ଥଙ୍କରମାନଙ୍କର ନାନା ଆକାର ଓ ପ୍ରକାରର ମୂର୍ତ୍ତି ଏହାର ପ୍ରମାଣ। ମୂର୍ତ୍ତିଗୁଡ଼ିକ ପ୍ରାୟ ଦୁଇ ପ୍ରକାରର।

କୋରାପୁଟ ପରି କେନ୍ଦୁଝର ଜିଲ୍ଲାକୁ ଜୈନଧର୍ମର ଏକ ପ୍ରମୁଖ ଭୂମି ବୋଲି ଆମେ କହିପାରିବା। ଓଡ଼ିଶାରେ ଜୈନଧର୍ମର ପ୍ରାଚୀନତା ପ୍ରମାଣ ପାଇଁ ଆମେ ଫେରିଯିବା ଆସିକା ପାଖ ମାଳତୀ ପାହାଡ଼ ପାଖକୁ। ଏଠାରେ ରହିଛି ପଥର ତିଆରି ଏକ ବିଶାଳ ଦୀପ। ନୀଳକଣ୍ଠ ଦାସଙ୍କ ଅନୁମାନ ଅନୁସାରେ ଏହା ଜୈନ ଭାବାଦର୍ଶର ପ୍ରାଚୀନତମ କ୍ଷେତ୍ର।

ପ୍ରତ୍ୟେକ ତୀର୍ଥଙ୍କରଙ୍କ ପ୍ରତିମା ଜୈନ-ଚେତନାର ଯେପରି ଉଦ୍ଭାସନ। ସେମାନେ କଳ୍ପନା ପ୍ରସୂତ ନୁହନ୍ତି। ମଣିଷ। 'ଜୀବେଦୟା' ଭାବରେ ସମାହିତ ମଣିଷ। ମୁଖମଣ୍ଡଳର ମୁଦ୍ରାରେ ସାଧନାନିଷ୍ଠ ଭାବ। ସୂକ୍ଷ୍ମ କାରୁକାର୍ଯ୍ୟପୂର୍ଣ୍ଣ ସର୍ପ ମସ୍ତକକୁ ଢାଙ୍କି ରହିଛନ୍ତି। କେଉଁଠି ଗୋଟିଏ ତ କେଉଁଠି ସର୍ବାଧିକ ସାତଫଣାଯୁକ୍ତ ସାପ। ପୁଣି କେଉଁଠି ସୁଶୋଭିତ ପତ୍ରରାଜିରେ ଟୋପି ଆକୃତିର ବୃକ୍ଷର ଅଗ୍ରଭାଗ। ସତେକି ଛତ୍ରର ଭ୍ରମ ସୃଷ୍ଟି କରୁଛି। ପ୍ରାୟ ପ୍ରତ୍ୟେକ ତୀର୍ଥଙ୍କରଙ୍କ ପାଖରେ ରହିଛନ୍ତି ଶାସନଦେବୀ। ସେମାନଙ୍କର ବହୁ ନାଁ। ଅମ୍ବିକା, ପଦ୍ମାବତୀ, ଚକ୍ରେଶ୍ୱରୀ ଓ ରୋହିଣୀ ଇତ୍ୟାଦି। ଶାସନଦେବୀମାନଙ୍କ ଶରୀରର ଗଢ଼ଣ ସୂକ୍ଷ୍ମ ଓ କମନୀୟ।

ବିଶେଷତଃ କଳା ମୁଗୁନିପଥରରେ ଉତ୍କୀର୍ଣ୍ଣ ଏହି ପ୍ରତିମାମାନେ ମଥୁରାର ଲାଲ୍ ପଥରଠାରୁ ସ୍ୱତନ୍ତ୍ର। ହଁ, କେଉଁଠି କେଉଁଠି ନାଲି ବାଲିପଥରରେ ବା ମାଙ୍କଡ଼ା ପଥରରେ ତିଆରି ମୂର୍ତ୍ତି ରହିଛନ୍ତି। ମାତ୍ର ଅଧିକାଂଶ କଳା ମୁଗୁନିପଥର ତିଆରି। ନନ୍ଦପୁରରୁ ଆବିଷ୍କୃତ ଚକ୍ରେଶ୍ୱରୀଙ୍କର ଷୋହଳ ହାତ। ପ୍ରତ୍ୟେକ ହାତରେ ଆୟୁଧ। ଦୁଇପାଖରେ ଅଷ୍ଟଦିଗପାଳ। ରୋହିଣୀଙ୍କର ମଧ୍ୟ ବାରଟି ହାତ ଓ ସେ ପଦ୍ମାସନା। ପଦ୍ମାବତୀଙ୍କ ମଥାରେ ପାର୍ଶ୍ୱନାଥ ଓ ସପ୍ତଫଣୀ ସାପ। ଦୁଇ ପାଖରେ ଚାମରଧାରୀ ଓ ପାଖରେ ବାହନଧାରିଣୀ। କେଉଁଠି ବୃକ୍ଷର ଅଥବା ହରିଣ, ହାତୀ। ପୋଡ଼ାସିଙ୍ଗିଡିର ନେମିନାଥଙ୍କ ଶାସନଦେବୀ ସ୍ୱତନ୍ତ୍ର। ଲଳିତ ଆସନରେ ଆସୀନା। ହାତରୁ ପ୍ରସରି ଆସୁଛି ବରଦାୟିନୀ ଭାବ। ଦୁଇ ପାଖରେ ସହଚରୀ। ବାଁ କୋଳରେ ଶିଶୁ ଏବଂ ପଛରେ 'କେବଳ' ବୃକ୍ଷ।

ଜୈନଧର୍ମର ଚବିଶ ତୀର୍ଥଙ୍କରଙ୍କ ମଧ୍ୟରେ କାଳେ ଋଷଭନାଥ ଅଧିକ ଲୋକପ୍ରିୟ। ମହାବୀର ଶେଷ ତୀର୍ଥଙ୍କର ଏବଂ ମହାନ୍ ସଙ୍ଗଠକ ଓ ଜୈନ-ଚେତନା

'ଜୀବେଦୟା'ରେ ବିଶ୍ୱାସ। ଆପଣା ଅହଂକୁ ଜୟ କରିଥିବା ବ୍ୟକ୍ତିତ୍ୱ ହିଁ ଜୀନ। ଜୀନତ୍ୱ ଭିତରେ ହିଁ ବର୍ତ୍ତମାନ। ତୀର୍ଥଙ୍କର ଓ ଶାସନଦେବୀମାନଙ୍କ ପ୍ରତୀକ ଶୋଭିତ ଓ କାରୁକାର୍ଯ୍ୟସଂପନ୍ନ ସ୍ଥାପତ୍ୟଗୁଡ଼ିକ ଏହି ବିଶେଷ ଭାବର ସୂଚକ। ଏକଦା ଓଡ଼ିଶା ଜୈନ ଦର୍ଶନର ପ୍ରୟୋଗଶାଳା ଯେ ଥିଲା, ଆବିଷ୍କୃତ ମୂର୍ତ୍ତିଗୁଡ଼ିକ ତାହାର ଉଦାହରଣ।

ତେବେ ଏକ ଦର୍ଶନ ବା ବିଚାରକୁ କିପରି ସ୍ଥାପତ୍ୟରେ ରୂପାନ୍ତର କରାଯାଇପାରେ ଓଡ଼ିଶାରେ ଉପଲବ୍ଧ ତୀର୍ଥଙ୍କରମାନଙ୍କର ମୂର୍ତ୍ତି ତାହାର ନିଦର୍ଶନ। ମୂର୍ତ୍ତିଗୁଡ଼ିକ ଚାରିପାଖରେ ପ୍ରକୃତି। ଗଛଲତା, ଫୁଲଫଳ, ପଶୁପକ୍ଷୀ। ସେମାନେ ଯେପରି କହିବାକୁ ଚାହୁଁଛନ୍ତି ପ୍ରକୃତି ମିଛ ନୁହେଁ, ସଂସାର ବି ମିଛ ନୁହେଁ । ଜୀବମାନଙ୍କର ଘର। ମଣିଷ ବଞ୍ଚିବା ପାଇଁ ତିଆରି କରିଥିବା ପ୍ରୀତିପଦ ଆଉ ଏକ ଆୟତନ। ଏମାନଙ୍କ ଗହଣରେ ସ୍ଥିତପ୍ରଜ୍ଞ ମୁଦ୍ରାରେ ଆସୀନ ତୀର୍ଥଙ୍କର। ଠିକ୍ ଆମ ଜଗନ୍ନାଥଙ୍କ ପରି। ଜଗନ୍ନାଥ କାଳେ ଜୀନନାଥ। ଅଷ୍ଟମ ଶତାବ୍ଦୀର ଇନ୍ଦ୍ରଭୂତି ଜଗନ୍ନାଥଙ୍କୁ ପ୍ରଣିପାତ କାଳରେ ତାଙ୍କୁ ଜୀନ କହିଛନ୍ତି। ଆମ ସାଂସ୍କୃତିକ ଚେତନା ଯେ ବହୁଳ ଭାବରେ ଜୈନାୟିତ ପଣ୍ଡିତ ନୀଳକଣ୍ଠ ଦାସ ବାରମ୍ବାର ଆମକୁ ଏକଥା ସ୍ମରଣ କରାଇ ଦେଇଛନ୍ତି। ଜଗନ୍ନାଥ, ବଳଭଦ୍ର ଏବଂ ସୁଭଦ୍ରାଙ୍କ ମୂର୍ତ୍ତିର ପରିକଳ୍ପନା ମୂଳରେ କାଳେ ରହିଛି ଜୈନ ତ୍ରିରତ୍ନ (ଯଥାର୍ଥ ଭକ୍ତି, ଯଥାର୍ଥ ଜ୍ଞାନ, ଯଥାର୍ଥ କର୍ମ) ଭାବାଦର୍ଶ। ଏବଂ, ଅଭିଧାନ ରାଜେନ୍ଦ୍ରଙ୍କ ମତରେ ଜଗନ୍ନାଥଙ୍କର ଅନ୍ୟ ନାମ ଜୀନନାଥ। ଜଗନ୍ନାଥଙ୍କ କଳ୍ପବଟ ଜୈନଧର୍ମର 'କେବଳ' ବୃକ୍ଷ। ଜଗନ୍ନାଥଙ୍କର ନୀଳଚକ୍ର ଜୀନମାନଙ୍କର ଧର୍ମଚକ୍ର। ଜଗନ୍ନାଥଙ୍କର ନବଦିନାତ୍ମକ ରଥଯାତ୍ରାକୁ ଜୈନଧର୍ମର ନବତତ୍ତ୍ୱ ସହିତ ତୁଳନା କରାଯାଏ। ଏହି ନବତତ୍ତ୍ୱ ଜୀବ, ଅଜୀବ, ପୁଣ୍ୟ, ପାପ, ଆସ୍ରବ, ଗନ୍ଧ, ସମ୍ବର, ନିର୍ଜରା ଏବଂ ମୋକ୍ଷ। ତେବେ ଜଗନ୍ନାଥଙ୍କର ମୂର୍ତ୍ତିକୁ ଦେଖିଲେ ଲାଗେ ସଂସାରର ସକଳ ଆକର୍ଷଣକୁ ଜୟକରି ତଥାପି ସ୍ମିତହାସ୍ୟରେ ସକଳ ବ୍ରହ୍ମାଣ୍ଡକୁ ସମ୍ମୋହିତ କରୁଥିବା ସତ୍ତା ହିଁ ଜଗନ୍ତ: ଜୀନନାଥ, ଜଗନ୍ନାଥ। ଜୈନମୂର୍ତ୍ତିକଳା ଓ ସ୍ଥାପତ୍ୟ ଏହାର ପ୍ରମାଣ।

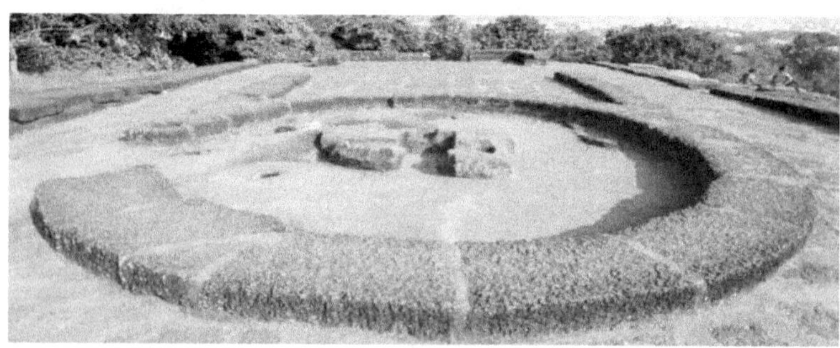

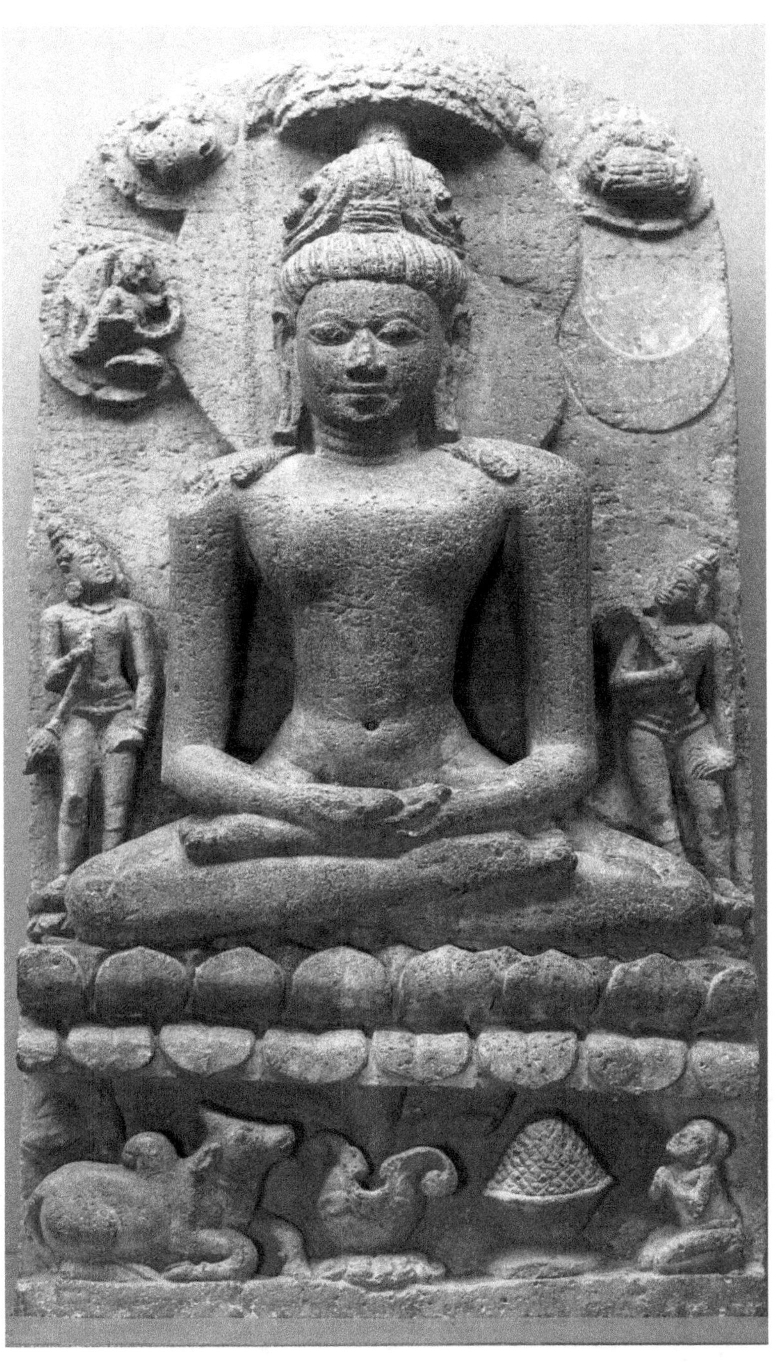

ନିର୍ବାଣ ଯାତ୍ରାର ଗାଥା

ସେଦିନ ଥିଲା ବୈଶାଖ ପୂର୍ଣ୍ଣମୀର ରାତି । କୁଶୀନାରାର ପଶ୍ଚିମ ଆକାଶରୁ ଝରିପଡୁଥିଲା ଶୁଭ୍ର ଆଲୋକର ଶିଖା । ଶାଳବିଥିକାରୁ ପ୍ରତିଧ୍ୱନିତ ହେଉଥିଲା ଏକ ଜଳଦ ଗମ୍ଭୀର ସ୍ୱର । ସେ ସ୍ୱର ସ୍ପଷ୍ଟ କରିଦେଉଥିଲା- ସଂସାରର ସମସ୍ତ ପଦାର୍ଥ ଅସ୍ଥିର ଓ ନଶ୍ୱର । ଆସ, ଆଳସ୍ୟ ନକରି ଜୀବନର ଲକ୍ଷ୍ୟକୁ ସାଧନ କରିବା । କାହାର ଏ ସ୍ୱର ? ଏ ସ୍ୱର ଜଣେ ଚିରନ୍ତନ ଯାତ୍ରୀର ଅନ୍ତିମ ସ୍ୱର । ଗତଥର ଆମେ ଏମିତି ଜଣେ ଯାତ୍ରୀଙ୍କ ସମ୍ପର୍କରେ କଥା ହେଉଥିଲେ । ସେ ଜୀନ-ଜୀବନର ଯାତ୍ରୀ । ଏବେ ଆମେ ଆଉ ଜଣେ ଜୀବନ-ମୁକ୍ତ ଓ ଜୀବନ-ସଂପୃକ୍ତଙ୍କ ବିଷୟରେ କଥା ହେବା ।

ଉଭୟଙ୍କ ଅବବୋଧରେ ଭାବ ଗୋଟିଏ, ବିଚାର ବି ଗୋଟିଏ । ଯାତ୍ରାର ଗତିରେ ବି ଗୋଟିଏ ଛନ୍ଦ । ଜୀବନର ଗୀତ ଓ ସୁର । ବ୍ୟାଖ୍ୟାରେ ଯାହା ଭିନ୍ନତା । ସେହି ଯାତ୍ରୀ ଜଣକ ଏକୁଟିଆ ନୁହନ୍ତି । ମୂକ ବି ନୁହନ୍ତି । ଯାତ୍ରା ଜନପଦରୁ ଜନପଦ । ସାଥୀରେ ସହୃଦୟ । ମଣିଷମାନଙ୍କ ଗହଣକୁ ଯାଉଛନ୍ତି, ବସୁଛନ୍ତି ଏବଂ ସାଧନା-ଲବ୍ଧ ଜ୍ଞାନର କଥା କହୁଛନ୍ତି । କହୁଛନ୍ତି ମଣିଷମାନଙ୍କ ଭାଷାରେ । କହୁଛନ୍ତି ସଂସାରରେ କିଛି ବୋଲି କିଛି ଶୂନ୍ୟ-ସମ୍ଭୂତ ନୁହେଁ । ସବୁକିଛି ଆମ ଜୀବନର ଯାବତୀୟ ସମସ୍ୟା ଓ ଅନୁଭବର ମର୍ମ । ରହଣି କେଉଁଠି ଗୋଟିଏ ଦିନ ତ, କେଉଁଠି ମାସ ମାସ, କେଉଁଠି କାଳମତେ । ସାଧାରଣ ମଣିଷଠାରୁ ଆରମ୍ଭ କରି ସାଧକ, ପଣ୍ଡିତ, ପ୍ରାଜ୍ଞ, ସାମନ୍ତ ଓ ସମ୍ରାଟ-ସକଳ ମାନସିକତା ଓ ବର୍ଗର ମଣିଷ ତାଙ୍କୁ ଶୁଣୁଛନ୍ତି । ତାଙ୍କ ସହିତ ଚର୍ଚ୍ଚା ବିଭୋର ହେଉଛନ୍ତି । ଗ୍ରହଣ କରୁଛନ୍ତି । ପ୍ରତିବାଦ ଓ ବିରୋଧ ବି । ସେ କିନ୍ତୁ ଶାନ୍ତ, ଅକୁତୋଭୟ, ନିର୍ବିକାର । କେତେବେଳେ ନିମିଳିତ, ଅର୍ଦ୍ଧନିମିଳିତ, ମୁଦ୍ରିତ ଆଖି; କେତେବେଳେ ବରଦମୁଦ୍ରା । କେତେବେଳେ ନିରବ ତ, କେତେବେଳେ ମୁଖର । ମାତ୍ର ଚେତନାରେ ଦିବ୍ୟ ହସ । ଯେପରି ଉଦ୍‌ବେଗମୁକ୍ତ ଏକ ଆତ୍ମା-ଫୁଲ ।

ଆମେ ସେହି ଯାତ୍ରୀଜଣଙ୍କୁ ଦେବତା କରିଦେଇଛୁ । ସେ କିନ୍ତୁ ମଣିଷ ଥିଲେ ।

କହୁଥିଲେ- ମୁଁ ଜଣେ ମଣିଷ, ଅନ୍ୟ ସକଳଙ୍କ ପରି, ଦେବତା ନୁହେଁ। ଦେବତା ପାଇଁ ଅଭିପ୍ରେତ ସକଳ ବିଧିବିଧାନର ପ୍ରୟୋଗପାଇଁ ସେ ବାରଣ କରିଛନ୍ତି। ତାଙ୍କର ଅବଶ୍ୟ ଅନୁଗାମୀ ଥିଲେ। ଅନୁଗାମୀ କହିଲେ ମିତ୍ର। ମିତ୍ର-ସହାବସ୍ଥାନକୁ ମନା କରୁନଥିଲେ। ମଣିଷମାନଙ୍କ ଚେତନାକୁ ଆଲୋକନ ଓ ଗତିଶୀଳ କରିବାପାଇଁ ମନ୍ତ୍ରମାନ ଲେଖିଥିଲେ। ମନ୍ତ୍ର ଦୀକ୍ଷା ଦେବାପାଇଁ ସ୍ୱତନ୍ତ୍ର ବ୍ୟକ୍ତିତ୍ୱ ଓ ଅନୁଷ୍ଠାନ ମଧ୍ୟ ତିଆରି କରିଥିଲେ। କେତେକ ସାମାଜିକ ବିଧିବିଧାନ ପାଳନ ପାଇଁ ସହମତ ବି ଥିଲେ। ତାଙ୍କ ଅନେକ ନିଷେଧ କଥାକୁ ଆମେ ପାସୋରି ଦେଲୁ, ସେ ଚାଲିଗଲା ପରେ। ଆମର ଏ ଆଚରଣ ଆଦୌ ଆକସ୍ମିକ ନୁହେଁ। ଆମ ଭୂମିରେ ମଧ୍ୟ ନୂଆ ନୁହେଁ। ସବୁ କାଳରେ, ସବୁ ଭୂମିର ମଣିଷମାନଙ୍କ ପାଇଁ ଏହା ସତ୍ୟ। ଆମେ ଆମ ଦର୍ଶନ, ଚିତ୍ର, ସଂଗୀତ, ସାହିତ୍ୟ ଓ ସ୍ଥାପତ୍ୟରେ ତାଙ୍କୁ ପ୍ରତୀକିତ କରିଦେଲୁ। ସେ ମଣିଷ ଜଣକ ବୁଦ୍ଧ। ପ୍ରଜ୍ଞାର ଚିରନ୍ତନ ଉତ୍ସ, ଆଲୋକ। ଜଣେ ଅ-ମୃତ ପଥର ଯାତ୍ରୀ। ଏଇ ଯାତ୍ରୀ ଜଣକ ଏମିତି କି କଥା କହିଲେ ଯେ, ଜିଣିଗଲେ ଆମ ସକଳଙ୍କ ହୃଦୟ ? ଜଣେ ଦେବତାରେ ରୂପାନ୍ତରିତ ହୋଇଗଲେ ?

ତାଙ୍କ ଜୀବନବୃତ୍ତକୁ ଅଳ୍ପରେ କହିଲେ ଏତିକି ହେବ, ସେ ଜଣେ ସଂଗ୍ରାମୀ ଥିଲେ। ଏକ ଭିନ୍ନ ଗୋତ୍ରର ସଂଗ୍ରାମୀ। ସଂଗ୍ରାମ ଅନ୍ୟ କାହା ବିରୋଧରେ ନଥିଲା, ଥିଲା ନିଜ ବିରୋଧରେ। ସେ ଦିନେ ଅନୁଭବ କଲେ, ଶତ୍ରୁ ଅନ୍ୟତ୍ର ନାହିଁ, ଅଛି ତାଙ୍କ ନିଜ ଭିତରେ। ତାହା ଚିରନ୍ତନ ଦୁଃଖ ଓ ଅସନ୍ତୋଷ। କାମନା। ସେହି କାମ ମତେ ଉଚ୍ଚାଟ କରୁଛି, ମୋତେ ଭୋଗ କରିବାପାଇଁ। ଭୋଗ ପ୍ରବଣତା ହିଁ ମୋତେ ଆତଙ୍କିତ କରୁଛି। କହୁଛି ଯେମିତି- ଦେଖ୍, ତୋ’ ଚାରିପାଖରେ ତୋରି ପରି କେତେ ଭୋଗପ୍ରମତ୍ତ ଅସ୍ତିତ୍ୱ। ତୋ’ ସୁଖକୁ ତୋ ପାଖରୁ ଛଡ଼େଇ ନେବେ। ତୁ’ କ’ଣ ତୋ ପାଖରୁ ତୋ ନିଜକୁ ବିଯୁକ୍ତ କରିଦେଇ ପାରିବୁ ? ବାସ୍, କାମର ଏଇ ଡାକକୁ ମୁଁ ନା କହିପାରୁନି। ସମର ଭୂମିକୁ ଡେଇଁପଡୁଛି। ଏ ସମର ଅନ୍ୟ ସହିତ ନୁହେଁ, ନିଜ ସହିତ। ତାକୁ ବିନାଶ କରିଦିଅ। ଆନନ୍ଦ ସ୍ୱତଃ ସଞ୍ଚରିଯିବ ଚେତନା ଭୂମିରେ। ଦୂରେଇଯିବ ଯୁଗଯୁଗର ପ୍ରସ୍ତରୀଭୂତ ଅନ୍ଧାର। ଆଲୋକିତ ହୋଇ ଉଠିବ ଚଉପାଶ, ଦଶଦିଗ। ସ୍ନିଗ୍ଧ ଓ ସୁଶୀତଳ ଆଲୋକ। ଅନ୍ଧାରକୁ, କାମକୁ ଆହତ କରିବନି। ଶତ୍ରୁ ମଣିବନି । କହିବ, ଆ- ଆମେ ମିତ ବସିବା। ଆଲୋକ ପଥର ଯାତ୍ରୀ ହେବା। ଏହି କଥା କହୁଥିବା ସାଧକ-ମଣିଷ ଜଣକର ଜନ୍ମ କାଳେ ପୂର୍ଣ୍ଣମୀରେ, ଅନ୍ଧାର ସହିତ ମିତ ବସିବାର ତିଥି ବି ସେଇ ପୂର୍ଣ୍ଣମୀ। ଏବଂ, ଚିରନ୍ତନ ଆଲୋକର ଉତ୍ସ ହୋଇଯିବାର ଦିନ ମଧ୍ୟ ସେଇ ପୂର୍ଣ୍ଣମୀ। ବୈଶାଖ ପୂର୍ଣ୍ଣମୀ। ତାଙ୍କ ନାଁରେ ସେଇ ପୂର୍ଣ୍ଣମୀ ଏବେ ପରିଚିତ- ବୁଦ୍ଧ ପୂର୍ଣ୍ଣମୀ।

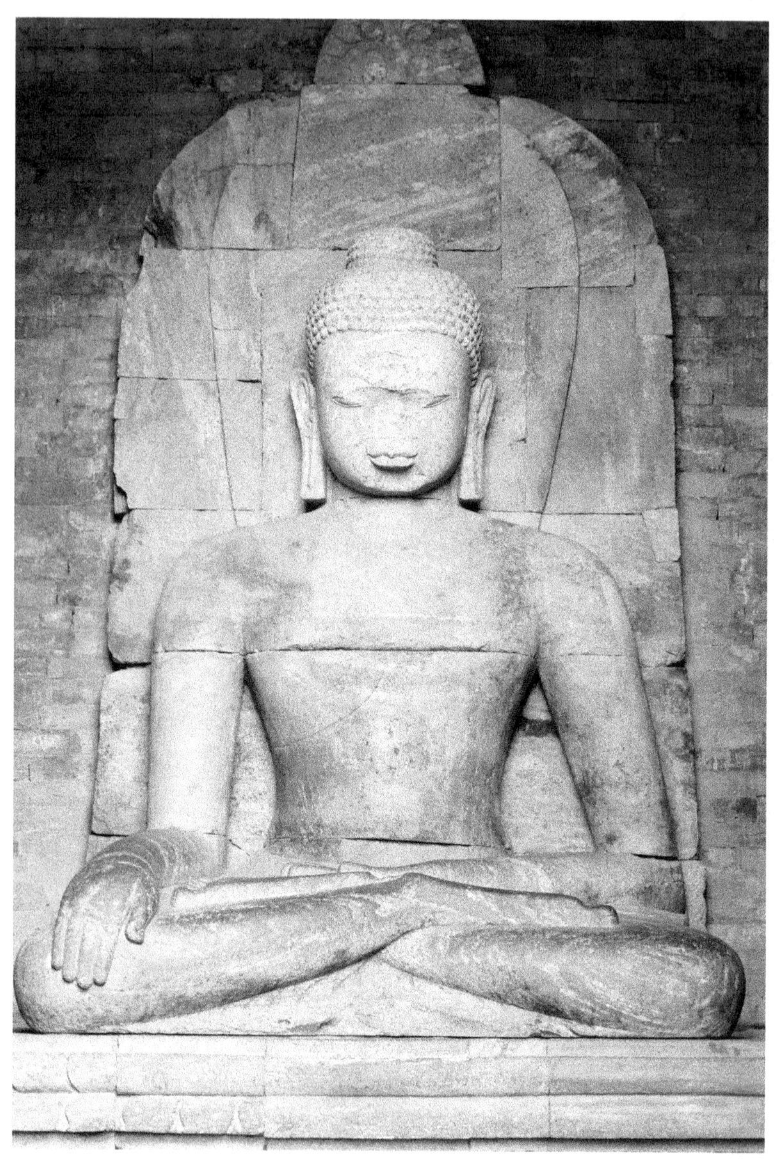

ଦୁଃଖରେ ଅହରହ ଜଳୁଥିବା କାମନାକୁ ଦିବ୍ୟ ଭାବରେ ରୂପାନ୍ତର କରି ଆଲୋକ ପଥର ଯାତ୍ରୀ ହେବା କ'ଣ ସହଜ ? ସହଜ ପରି ଲାଗୁଛି । ମାତ୍ର ଜଟିଳତମ । କିପରି ? କିପରି ତାହା ସମ୍ଭବ ହେଲା ? ଏଇ ସଂପର୍କରେ ଗପଟିଏ ଅଛି । ଅତି ପରିଚିତ ଗପ । ଆମେ ଜାଣୁ, ସେଇ ମଣିଷ ଜଣକ ରାଜପୁତ୍ର । ଦିନେ ତା' ସୀମିତ ପୃଥିବୀ ବାହାରକୁ ଗଲା । ବୁଢ଼ାଟିଏ ଦେଖିଲା । ଆଉ ଦିନେ ରୋଗୀ, ଦିନେ ଶବ, ଦିନେ ସନ୍ନ୍ୟାସୀ । ତା' ପରେ ? ଶେଷକୁ ସ୍ଥିର କଲା- ମୁଁ ସନ୍ନ୍ୟାସୀ ହେବି । ଏବଂ, ହେଲା । ଜଣେ ରାଜପୁତ୍ରର ସନ୍ନ୍ୟାସାୟନ । ପ୍ରପଞ୍ଚ ଛାଡ଼ିଲା । ନଈକୂଳକୁ ଗଲା । ଗଛତଳେ ବସି ତପସ୍ୟା କଲା । ଅନ୍ଧାର ଏବେ ଅନ୍ତର୍ହିତ ।

ମାତ୍ର କାହାଣୀ ଭିତରର ବାସ୍ତବତା ଅନ୍ୟ କିଛି । ଆମେ, ମଣିଷମାନେ ପ୍ରାୟ ସବୁଦିନେ ଅନୁରୂପ ଦୃଶ୍ୟ ସହିତ ପରିଚିତ ହେଉଛୁ । ତପସ୍ୱୀ ହେଉନାହୁଁ ତ ? ବାସ୍ତବତଃ, ସେଦିନଗୁଡ଼ିକରେ ଗୌତମ ବୃଦ୍ଧ ନୁହେଁ, ବାର୍ଦ୍ଧକ୍ୟ; ରୋଗୀ ନୁହେଁ, ରୋଗ; ଶବ ନୁହେଁ, ମୃତ୍ୟୁ ଏବଂ ସନ୍ନ୍ୟାସୀ ନୁହେଁ, ସନ୍ନ୍ୟାସକୁ ଅନୁଭବ କରିଥିଲେ । ଏହି ଅନୁଭବ ହିଁ ତାଙ୍କୁ ସତ୍ୟ-ଅନ୍ୱେଷୀ ପଥର ଯାତ୍ରୀ କରିଥିଲା । କାମନାର କଟାଳ ସହିତ ସେ ମିତ ବସିଥିଲେ । ଜିତିଥିଲେ । ପ୍ରପଞ୍ଚ ଭିତରେ ଥାଇ ପ୍ରପଞ୍ଚ-ମୁକ୍ତିର କଥା କହିଥିଲେ । କହିଲେ- ଜୀବନର ଲକ୍ଷ୍ୟ ଯଦି ଶୂନ୍ୟ ରୂପକ ସ୍ୱାଧୀନତା ସହିତ ସମ୍ମିଳନ, ଜଣେ ସ୍ୱାଧୀନ ନହେଲେ, ଅନ୍ୟର ସ୍ୱାଧୀନତାକୁ ସ୍ୱୀକାର କରିପାରିବ ନାହିଁ । ମୁକ୍ତିବୋଧ ହିଁ ସ୍ୱାଧୀନତାବୋଧ ଆନନ୍ଦକୁ ଅନୁଭବ କରିବାପାଇଁ ମନ୍ତ୍ର । ଆତ୍ମସୁଖ ପାଇଁ ଅବଶିଷ୍ଟମାନଙ୍କ ସୁଖର ହତ୍ୟାକାରୀ ରୂପରେ ପୁଲକିତ ହେବା ହିଁ ଯନ୍ତ୍ରଣାର ଅନ୍ୟ ନାମ । ଏ ବିଚାର ସମକାଳୀନ ଅହଂପୀଡ଼ିତ ସକଳ ବର୍ଗର ମଣିଷଙ୍କୁ ଅଧ୍ୟାତ୍ମ-ପ୍ରୀତିରେ ସମାହିତ ହେବାପାଇଁ ପ୍ରଚୋଦିତ କରିଛି । ସେ କହିଛନ୍ତି, ଏହା ଏକ ଉତ୍ତରୀତ ମାନସିକତା ଏବଂ ଏଥିପାଇଁ ଲୋଡ଼ା-ସମ୍ୟକ ଦୃଷ୍ଟି, ସମ୍ୟକ ସଙ୍କଳ୍ପ, ସମ୍ୟକ ବାକ୍, ସମ୍ୟକ୍ କର୍ମାନ୍ତ, ସମ୍ୟକ ଆଜୀବ, ସମ୍ୟକ ବ୍ୟାୟାମ, ସମ୍ୟକ ସ୍ମୃତି ଓ ସମ୍ୟକ ସମାଧାନ ପରି ଆଠଟି ମାର୍ଗ । କହିଛନ୍ତି- ଦେହର ମଧ୍ୟ ଆବଶ୍ୟକତା ରହିଛି । ଦେହକୁ ଯନ୍ତ୍ରଣା ଦେବା ମଧ୍ୟ ଅନୁଚିତ, କ୍ଷତିକାରକ । ସୁସ୍ଥ ଶରୀର ଅସତ୍ୟ ନୁହେଁ । ଶାରୀରିକ ସୁସ୍ଥତା, ମାନସିକ ସୁସ୍ଥତାର କାରଣ ହୁଏ । ମାତ୍ର ଆବଶ୍ୟକତାର ବିଳାସରେ ରୂପାନ୍ତରଣ ଓ ଅପରିମିତତାବୋଧ ହିଁ ଦୁଃଖର କାରଣ । ଏଥିରୁ ମୁକ୍ତିପାଇଁ ସେ ଧର୍ମଚକ୍ର ଅର୍ଥାତ୍ କାଳଚକ୍ରର କଥା କହିଛନ୍ତି । କହିଛନ୍ତି- ଦୁଃଖ, ଦୁଃଖର କାରଣ, ଦୁଃଖର ନିବାରଣ ଓ ଦୁଃଖ ନିବାରଣର ମାର୍ଗ । ଏତେ ସରଳ ଶବ୍ଦ ଓ ମଧୁର ଭାବରେ ସଂସାରର ରହସ୍ୟ ପାଖୁଡ଼ାଗୁଡ଼ିକୁ ଖୋଲିଦେଇଛନ୍ତି

ଯେ, ପ୍ରତ୍ୟେକଙ୍କ ଚେତନା ଦିବ୍ୟ ଭାବରେ ଆଲୋକିତ ହୋଇଉଠିଛି। ପ୍ରସରି ଯାଇଛି ଦିଗ ବିଦିଗରେ।

ତେଣୁ ବୁଦ୍ଧ ଜଣେ ଆନନ୍ଦପଥର ଯାତ୍ରୀ। ଅଳ୍ପରେ କହିଲେ ଆପେ ଏକ ଚିରନ୍ତନ ଆନନ୍ଦ। ତାଙ୍କ କଥାକୁ କାଳକ୍ରମେ ଆମେ ଶାସ୍ତ୍ରାୟିତ କରିଛୁ। ତ୍ରିପିଟକ ଶୀର୍ଷକରେ ଗ୍ରନ୍ଥ ବି ଲେଖିଛୁ। ଜାତକ କଥାର ତ ଶେଷ ନାହିଁ। ତାଙ୍କ ବିଚାରକୁ ଗତିଶୀଳ କରିବାପାଇଁ ଅନୁଷ୍ଠାନ ଗଢ଼ିଛୁ। ଅନୁଷ୍ଠାନକୁ ତାଙ୍କରି ନାଁରେ ପରିଚିତ କରାଇଛୁ- ବୌଦ୍ଧଧର୍ମ। ଅନୁଗାମୀ, ଅନୁଷ୍ଠାନ ଓ କ୍ଷମତା ମାଧ୍ୟମରେ ତାଙ୍କ ବିଚାରକୁ ଭିନ୍ନ ଭୂମିରେ ସଂପାଦିଛୁ। ମହାପରିନିର୍ବାଣ ମୁହୂର୍ତ୍ତରୁ ହିଁ ଆରମ୍ଭ କରିଦେଇଛୁ ତାଙ୍କ ବିଚାରକୁ କେନ୍ଦ୍ରକରି ଯାବତୀୟ ରାଜନୀତି। ସେ ବାରଣ କରିଥିବା ପରଂପରାକୁ ବିଧି କରିଛୁ। ସ୍ତୂପ, ଚୈତ୍ୟ ଓ ବିହାରମାନ ତିଆରି କରିଛୁ। ଶେଷକୁ ମୂର୍ତ୍ତି- ପଥର ଓ ଧାତୁରେ। ସବୁଠାରୁ ଗୁରୁତ୍ୱପୂର୍ଣ୍ଣ କଥା- ତାଙ୍କ ସରଳ ବକ୍ତବ୍ୟକୁ ଜଟିଳ କରିଛୁ। ବୌଦ୍ଧଧର୍ମ ନାମକ ଅନୁଷ୍ଠାନକୁ ଅଠର ଭାଗରେ ବିଭକ୍ତ କରିଛୁ। ଲୋକମୁଖର ଭାଷାରେ କଥିତ ଓ ଲିଖିତ ତାଙ୍କ ଭାଷାକୁ ସଂସ୍କୃତାୟିତ କରିଛୁ। ପିଟକ ଲେଖିଛୁ। ହୀନଯାନ ଓ ମହାଯାନ ନାମରେ ଦୁଇଟି ମୁଖ୍ୟ ଗୋଷ୍ଠୀ ଗଢ଼ିଛୁ।

ଗୋଟିଏ ଗୋଷ୍ଠୀ କୁହେ, ବୁଦ୍ଧ ବ୍ୟକ୍ତିକ ମୁକ୍ତି ବିଶ୍ୱାସୀ ଥିଲେ। ପୁନର୍ଜନ୍ମକୁ ଅସ୍ୱୀକାର କରୁଥିଲେ। ଅନ୍ୟ ଗୋଷ୍ଠୀଟି ଦାବି କରେ- ନା, ସେ ସମୂହର ମୁକ୍ତି କଥା କହୁଥିଲେ। ଏବଂ, କହୁଥିଲେ ସେ ପୃଥିବୀକୁ ବହୁ ରୂପରେ- ପଶୁ, ପକ୍ଷୀ, ସରୀସୃପଙ୍କ ମାଧ୍ୟମରେ ଆସୁଛନ୍ତି। ଏହି ଜୀବମାନେ ଅହିଂସ ଓ ଦିବ୍ୟ ଆଚରଣରେ ପରିସ୍ନାତ। ଯେମିତି କହିଦେଉଛନ୍ତି- ଆମେ କ୍ରୁର ନୋହୁ, ଅସହାୟ ନୋହୁ, ଅବିଶ୍ୱାସୀ ନୋହୁ। ଦୟାବନ୍ତ ଓ ସହୃଦୟ। ଏମିତି ନାନା କଥା।

ସେଦିନର ବୋଧି-ଅଧିକାରୀ ବୁଦ୍ଧଙ୍କ ବିଚାର ଉଡ୍ର, ଉତ୍କଳ, କଳିଙ୍ଗ, କୋଶଳ ଭୂମିକୁ ଆସିଛି। ମଗଧରାଜ ଚଣ୍ଡାଶୋକଙ୍କୁ କଳିଙ୍ଗଭୂମି ଧର୍ମାଶୋକରେ ରୂପାନ୍ତର କରିଛି। ତାଙ୍କ ମାଧ୍ୟମରେ ସ୍ତୂପ, ଚୈତ୍ୟ ଓ ବିହାରମାନ କଳିଙ୍ଗ ଭୂମିରେ ଗଢ଼ିଉଠିଛି। ଏବଂ, ପ୍ରାୟ ପଞ୍ଚମରୁ ପଞ୍ଚଦଶ ଶତାବ୍ଦୀ ମଧ୍ୟରେ ଶୈଳୋଦ୍ଭବ, ଭୌମକର, ସୋମ ଓ ଗଙ୍ଗବଂଶୀ ରାଜତ୍ୱ କାଳରେ ବୁଦ୍ଧ ବିଚାର ଏହି ଭୂମିର ପ୍ରତ୍ୟେକ ବର୍ଗର ମଣିଷଙ୍କୁ ଆଚ୍ଛନ୍ନ କରି ରଖିଛି। ବୁଦ୍ଧମୂର୍ତ୍ତି ଓ ଅନୁଷ୍ଠାନମାନ ତିଆରି ହୋଇଛି। ହୀନଯାନୀ ଓ ମହାଯାନୀ ଗୋଷ୍ଠୀର ସାଧକମାନେ ଏହି ବିସ୍ତୃତ ଭୂମିକୁ ଆପଣାର ତୀର୍ଥ କରିଛନ୍ତି। ହୁଏନ୍‌ସାଂଙ୍କ ପରି ବିଦେଶୀ ପରିବ୍ରାଜକ କଳିଙ୍ଗ ଆସିଛନ୍ତି ଓ କଳିଙ୍ଗରେ ବୁଦ୍ଧ-ବିଚାର-ପ୍ଲାବନର ଗାଥା ଲେଖିଛନ୍ତି। ବିଶେଷତଃ ବୌଦ୍ଧ ସହଜଯାନର ଏହା ସାଧନା ଭୂମି

ହୋଇଛି। ସୋନପୁର, ସମ୍ବଲ, ଭଞ୍ଜଭୂମି, ଲଳିତଗିରି, ଉଦୟଗିରି, ରତ୍ନଗିରି ଓ ଅନ୍ୟତ୍ର ଆବିଷ୍କୃତ ବୁଦ୍ଧମୂର୍ତ୍ତି ଓ ସ୍ଥାପତ୍ୟ ଉପର୍ଯ୍ୟୁକ୍ତ ଇତିହାସ ଗଢ଼ଣର ଉପାଦାନ ହୋଇଛି। ଉପାଦାନଗୁଡ଼ିକୁ ପରିଶୀଳନ କଲେ ଅନୁଭୂତ ହୁଏ, କଳିଙ୍ଗ ଯେପରି ବୁଦ୍ଧମୟ। ଏବଂ, ଆମ ପ୍ରାଚୀନ କାଳର କବିମାନଙ୍କ ବିଚାରରେ ଶ୍ରୀଜଗନ୍ନାଥ ପ୍ରବୁଦ୍ଧ-ବୁଦ୍ଧ। ଉତ୍କଳର ଅଧ୍ୟାତ୍ମ ଅବବୋଧର ଏକ ବୌଦ୍ଧିକ ସଂରଚନା।

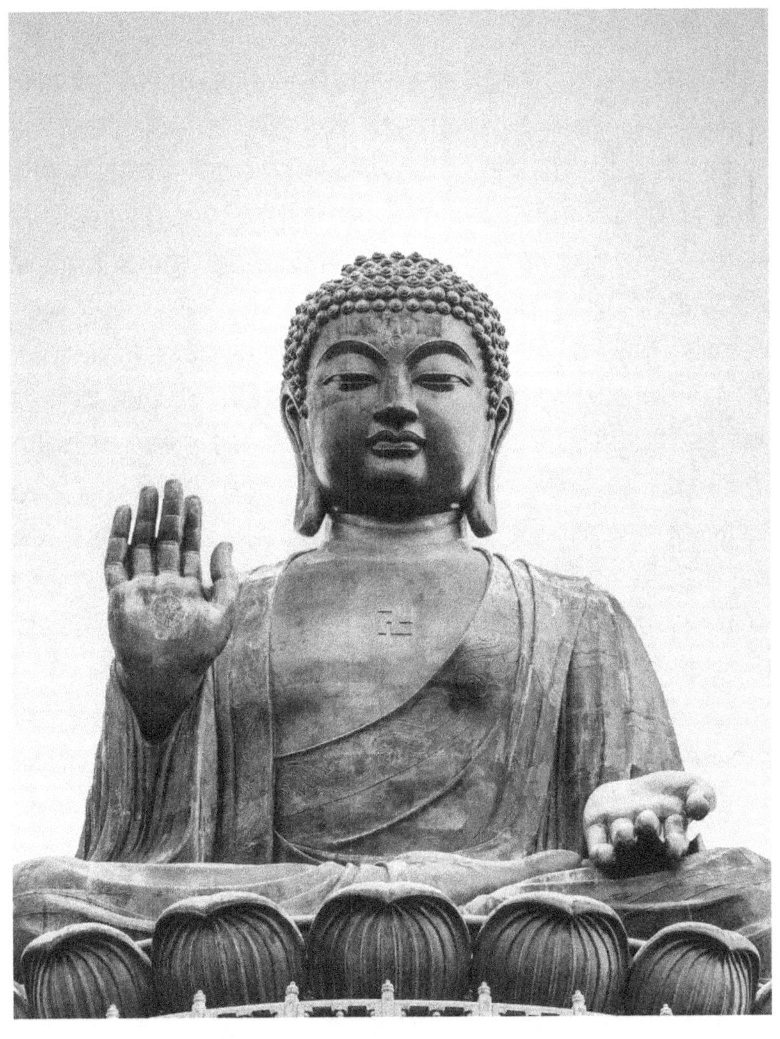

ଉତ୍କଳ ଭୂମିରେ ବୌଦ୍ଧ-ସ୍ଥାପତ୍ୟ ଯାତ୍ରା

ମନେପଡ଼େ ଗୀତଗୋବିନ୍ଦର କଥା। ଧୀର ସମୀର, ଯମୁନା କୂଳ, ଜହ୍ନରାତି, ଲବଙ୍ଗଲତା ଓ ମଧୁମାଳତୀର କୁଞ୍ଜବନ, ପ୍ରୀତିଲଗ୍ନା ରାଧା ଏବଂ କୃଷ୍ଣଗାଥାର କଥା। ଜୟଦେବଙ୍କ ଦ୍ୱାଦଶ ଶତାବ୍ଦୀର ଅମୂଲ୍ୟକୃତୀ ଗୀତଗୋବିନ୍ଦର କଥା। ଜୟଦେବ ତାଙ୍କ ଗୀତଗୋବିନ୍ଦରେ ବୁଦ୍ଧଙ୍କୁ ଜଗନ୍ନାଥଙ୍କ ଭିତରେ ଅନୁଭବ କରିଛନ୍ତି। ଲେଖିଛନ୍ତି- କେଶବ ଧୃତ ବୁଦ୍ଧ ଶରୀର... ଜୟଜଗଦୀଶ ହରେ। ଅର୍ଥାତ୍ ଶ୍ରୀଜଗନ୍ନାଥଙ୍କ ମୂର୍ତ୍ତି ଭିତରେ ଆମେ ବୁଦ୍ଧଙ୍କୁ ଅନୁଭବ କରିଛୁ । କାରଣ, ମୂର୍ତ୍ତି ଭିତରେ ରହିଛି ବୁଦ୍ଧ-ବିଚାର ଓ ବିଶ୍ୱାସର ଅନୁଭବ। ସେ ମୂର୍ତ୍ତି ପଦାର୍ଥରେ ଗଢ଼ା ହୋଇଛି, ଚିତ୍ରିତ ହୋଇଛି। ତାହାକୁ ମଣିଷ ଗଢ଼ିଛି। ମାତ୍ର ବାସ୍ତବତଃ ତାହା ପଦାର୍ଥ ନୁହେଁ, ଏକ ଭାବ, ଅନୁଭବ। ଖାଲି ସେତିକି ନୁହେଁ, ସେ ମୂର୍ତ୍ତି ପୁଣି ଗୋଟାଏ ଘର ଭିତରେ ରହୁଛନ୍ତି। ପଥରରେ ତିଆରି ଘର। କାରୁକାର୍ଯ୍ୟଖଚିତ। ଏହାକୁ ବି ମଣିଷ ଗଢ଼ିଛି। ଆମେ ତାକୁ ମନ୍ଦିର କହୁଛୁ। ଘରର ଗଢ଼ଣ ଏମିତି ଯେ, ଆଖି ପଡ଼ିଗଲେ, ଲାଖି ଯାଉଛି। ଘର ଭିତରେ ଏକ ଭିନ୍ନ ପରିବେଶରେ ସେ ମୂର୍ତ୍ତିକୁ ଦେଖିଲେ ଭିନ୍ନ ଭିନ୍ନ ଅନୁଭବ ଆମକୁ ସଂକ୍ରମିତ କରୁଛି। ଅଧ୍ୟାତ୍ମ ଅନୁଭବ। ତେଣୁ ମୂର୍ତ୍ତି, ମୂର୍ତ୍ତି ନୁହେଁ; ମନ୍ଦିର, ମନ୍ଦିର ନୁହେଁ- ବିଚାର ଓ ବିଶ୍ୱାସର ସୂକ୍ଷ୍ମରୂପ।

ଏହି ଭାବାଦର୍ଶକୁ ଆଧାର କରି ଆମେ କୁଶାଣ, ସୁଙ୍ଗ ଏବଂ ଉତ୍କଳର ରାଜବଂଶଗୁଡ଼ିକର ଶାସନକାଳୀନ ବୌଦ୍ଧ ସ୍ଥାପତ୍ୟ ସମ୍ପର୍କରେ ଆଲୋଚନା କରିବା। ପୂର୍ବରୁ ଆଲୋଚିତ, ବୁଦ୍ଧ ପ୍ରତିମାପୂଜାର ନିଷେଧ ବା ବାରଣ କରୁଥିଲେ। ଦେହାବଶେଷ ଓ ପ୍ରତୀକ ପୂଜନ ମାଧ୍ୟମରେ ଶ୍ରଦ୍ଧା ସମର୍ପଣ କଥା କହୁଥିଲେ। ସ୍ତୂପ ଓ ଚୈତ୍ୟ ଏହାର ଉଦାହରଣ। ଏଗୁଡ଼ିକ ମଧ୍ୟ ସ୍ଥାପତ୍ୟ ପର୍ଯ୍ୟାୟ। ଆମେ ତାଙ୍କ କଥା ରଖିଲୁନି। ତାଙ୍କ ନିରାଜନାରେ ନିଜ ବିଚାରକୁ ଆରୋପ କଲୁ। ଅର୍ଥାତ୍ ତାଙ୍କୁ ପ୍ରତିମାୟିତ କଲୁ। ତିରୋଧାନର ୪୦୦/୫୦୦ ବର୍ଷ ପରେ। ଆମର ବି ପ୍ରତିମାମାନେ ଥିଲେ। ମାତ୍ର

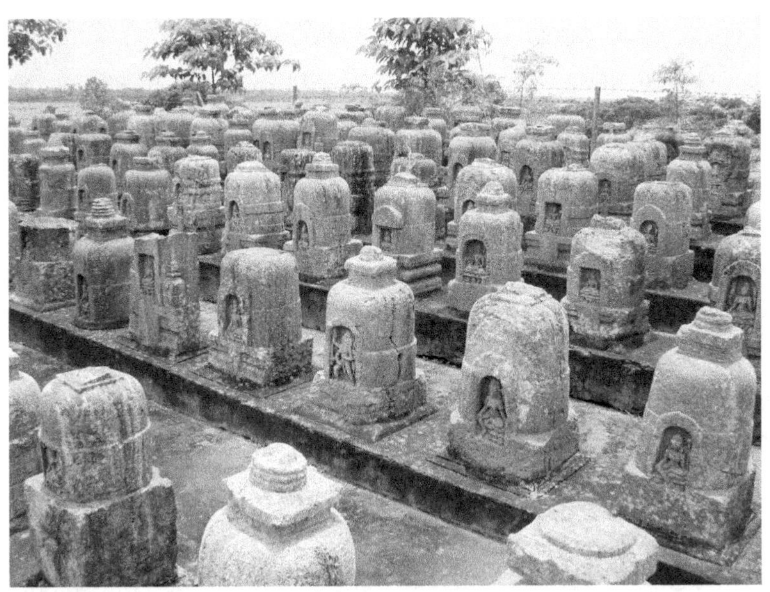

ସେମାନେ ପୂଜା ପାଉନଥିଲେ। ଖ୍ରୀଷ୍ଟୀୟ ପ୍ରଥମ/ଦ୍ୱିତୀୟ ଶତାବ୍ଦୀ ବେଳକୁ ପ୍ରତିମା ପୂଜନ ଆରମ୍ଭ ହେଇଗଲା। କ୍ରମେ ତାହା ପରମ୍ପରାର ରୂପ ନେଲା। ପ୍ରତିମା ହେଲେ ଭାବ, ଅନୁଭବ, ବିଚାରର ପ୍ରତିଷ୍ଠା ଓ ପ୍ରଚାରର ମାଧ୍ୟମ।

କୁଶାଣ ଓ ସୁଙ୍ଗ ବଂଶର ଶାସନ କାଳରେ ପ୍ରତିମାମାନେ ମଣିଷ ପରି ଦିଶୁଛନ୍ତି। ମାତ୍ର ଗୁପ୍ତ ଶାସନ କାଳ(ଚତୁର୍ଥ ଓ ପଞ୍ଚମ ଶତାବ୍ଦୀ)ରେ ସେମାନଙ୍କ ରୂପରେ ଭାବ ସମୁଦ୍ଭାସିତ ହୋଇଛି। ରୂପ ରହସ୍ୟପିଣ୍ଡିତ ହୋଇଛି। ସେମାନଙ୍କ ହାତ ସଂଖ୍ୟା ଦୁଇରୁ ଚାରି ଏବଂ ବଢ଼ି ବଢି କୋଡ଼ିଏ ଛୁଇଁଛି। ସେମାନେ ଏବେ ବାହନଯୁକ୍ତ ଓ ସାଳଂକୃତ। ବାସ୍ତବତା ଓ କଳ୍ପନା ଅଭିନ୍ନ ହୋଇଯାଇଛି। ଅଭିନ୍ନତାକୁ ପ୍ରକଟିତ କରିବାପାଇଁ ମାଧ୍ୟମର ଗୁଣ ନିର୍ଭର ହେବାକୁ ପଡୁଛି। ଅର୍ଥାତ୍ କେଉଁ ପଥରରେ କେଉଁ ଭାବକୁ କିପରି ପ୍ରକଟ କରାଯାଇପାରିବ, ତାହା ନିର୍ଦ୍ଦିଷ୍ଟ କରାଯାଉଛି। ପ୍ରତିମା ଗଢ଼ଣରେ ଧାତୁ ବି ବ୍ୟବହୃତ ହେଉଛି। ଶିଳ୍ପୀମାନେ ମୂର୍ତ୍ତି ଓ ମନ୍ଦିର ମାଧ୍ୟମରେ ଦର୍ଶନର ସୂକ୍ଷ୍ମତମ ଅନୁଭବ ପ୍ରତିଷ୍ଠାପାଇଁ ନିଜ ନିଜ ପ୍ରତିଭା ବିନିଯୋଗ କରୁଛନ୍ତି। ଉପାସ୍ୟ ଓ ଉପାସକ ଏମିତି ମିଶିଯାଉଛନ୍ତି ଯେ, ସେମାନଙ୍କ ମଧ୍ୟରେ ଭିନ୍ନତା ବାରି ହେଉନାହିଁ। ବୁଦ୍ଧମୂର୍ତ୍ତି ଓ ସ୍ତୂପ ମାଧ୍ୟମରେ ଏହି ବାସ୍ତବତା ଅନୁଭୂତ ହେଉଛି।

ବୁଦ୍ଧ ମୂର୍ତ୍ତି ଓ ମନ୍ଦିରଗୁଡ଼ିକୁ ଦେଖିଲେ ଯେଉଁ କେତୋଟି ମୌଳିକ ପ୍ରଶ୍ନ ଆମ ମନରେ ଉଦୟ ହୁଏ, ତାହା- ଜଣେ ଚରିତ୍ରର ନାନା ରୂପର ପ୍ରତିମାମାନ ଏତେ

ସଂଖ୍ୟାରେ ତିଆରି ହେଲେ କାହିଁକି ? କିଏ ଓ କାହିଁକି ତିଆରି କଲା ? ବୁଝି ହେଉଛି ଯେ, ଶିଳ୍ପୀମାନେ ତିଆରି କରିଛନ୍ତି। ରୂପର ପ୍ରତିରୂପ । ପ୍ରତିରୂପୀକରଣ କାଳରେ ନିଜ ନିଜ ପ୍ରତିଭାର ପୁଟ ଦେଉଛନ୍ତି। ଭାବଧର୍ମୀ କରୁଛନ୍ତି। ଏହି ଭାବଧର୍ମୀତା ହିଁ ମଜ୍ଜାକଥା। ପ୍ରତିରୂପରେ ଆଖି ପଡ଼ିଗଲେ ବୁଝି ହୋଇଯାଉଛି, ପ୍ରତିମାମାନଙ୍କ ମନର ନିରବ ଗାଥା। ପଦାର୍ଥ-ତିଆରି ପ୍ରତିମା ଭିତରେ ଭାବ-ଉଦ୍ଭାସନ ହିଁ ବଡ଼କଥା। ମାତ୍ର ଜଣଙ୍କର ବହୁଭାବର ବହୁପ୍ରତିରୂପ ତିଆରି ମୂଳରେ ରହିଛି ଆବଶ୍ୟକତା । ତାହା, ଜଣଙ୍କର ପ୍ରତିମା ମାଧ୍ୟମରେ ଅନ୍ୟମାନଙ୍କୁ ନିଜର କରିବାର ମାନସିକତା। ଜଣେ ଯେତେବେଳେ ଅନ୍ୟ ଅନେକଙ୍କର ହୋଇଯାଏ, ସେତେବେଳେ ଅନେକ ନୁହେଁ, ଜଣେ ହୋଇଯାଆନ୍ତି। ସମୂହଟିଏ ତିଆରି ହୋଇଯାଏ। ଅନେକ ଏକ ଏବଂ ଏକ ଅନେକ ହୋଇଗଲେ ପରସ୍ପର ଭିତରେ ମିତ୍ରତା ଘନ ହୋଇଯାଏ। ବଞ୍ଚିବା ସହଜ ଓ ସୁଖକର ହୋଇଯାଏ। ତେଣୁ ପ୍ରତିମା ହେଉଛି, ଅନ୍ୟ ଓ ଅନ୍ୟମାନଙ୍କୁ ନିଜର କରିବାପାଇଁ ଗୋଟିଏ ଗୋଟିଏ ମାଧ୍ୟମ। ଭାବ, ବିଶ୍ୱାସ ଓ ବିଚାର ପ୍ରତିଷ୍ଠାର ମାଧ୍ୟମ। ଏହି ବିଚାରରୁ ଜନ୍ମନିଏ ଅନୁଷ୍ଠାନ ବା ଗୋଷ୍ଠୀ। ଏବଂ, ଗୋଷ୍ଠୀ ଭିତରେ ବିଚାରକୁ ଗତିଶୀଳ କରିବାର ଦାୟିତ୍ୱ ନିର୍ବାହ କରେ କ୍ଷମତା ବା ଦଳପତି। ଭାବ, ବିଶ୍ୱାସ ଓ ବିଚାରରେ ତିଆରି ଅନୁଷ୍ଠାନକୁ ଆମେ କହୁ ଧର୍ମ, ଧର୍ମ ପ୍ରଚାରର ଗୁରୁଦାୟିତ୍ୱକୁ ତୁଲାଉଥିବା ମଣିଷକୁ କହୁ ସାମନ୍ତ, ରାଜା ଅଥବା ମହାରାଜା। ବିଶ୍ୱାସ-ପ୍ରଚାର ଲକ୍ଷ୍ୟକୁ ପୂରଣ କରିବାପାଇଁ ସେମାନେ କଳା ଓ ସାହିତ୍ୟକୁ ମଧ୍ୟ ମାଧ୍ୟମ କରନ୍ତି। ଏବଂ, ଏଥିପାଇଁ ନିଯୁକ୍ତ କରନ୍ତି କଳାକାର, ସାହିତ୍ୟିକ, ଦାର୍ଶନିକ ଓ ପ୍ରଚାରକମାନଙ୍କୁ। ଫଳତଃ, ଗୋଟିଏ ନିର୍ଦ୍ଦିଷ୍ଟ ପ୍ରକାରର କଳା ଓ ସାହିତ୍ୟର ବ୍ୟାକରଣ ତିଆରି ହୋଇଯାଏ। ତାହାକୁ ଆମେ ଅମୁକ ଶୈଳୀର କଳା ଅଥବା ସାହିତ୍ୟ ବୋଲି କହୁ। ଏବଂ, କହୁ ଏହା ଅମୁକ ସ୍ଥାନରେ, ଅମୁକ କାଳରେ ଏବଂ ଅମୁକ ରାଜାଙ୍କ ପ୍ରୋତ୍ସାହନରେ ଜନ୍ମ ଓ ବିକଶିତ।

ବୁଦ୍ଧଦେବଙ୍କ କ୍ଷେତ୍ରରେ ଠିକ୍ ତାହା ହିଁ ହୋଇଛି । ସେ ନିଜେ ସଂଘ ଗଢ଼ିଛନ୍ତି। ଏବଂ, ଆମେ ବଞ୍ଚିବାପାଇଁ ତାଙ୍କ ବିଚାରକୁ ସର୍ବୋତ୍ତମ ସୁଖ-ଔଷଧି ବୋଲି ନିଶ୍ଚିତ କରିନେଇଛୁ। ଏମିତି ଏକ ବିଚିତ୍ର ବିଚାର ତାଙ୍କ ଭିତରେ ଉଦୟ ହେଲା କାହିଁକି ? ପ୍ରଥମେ କିଛି ବୁଝିପାରୁନାହୁଁ। ଅବିଶ୍ୱାସ ଅବିଶ୍ୱାସ ଲାଗୁଛି। ପରବର୍ତ୍ତୀ କାଳରେ ଆମେ ଅନୁଗାମୀମାନେ ତାଙ୍କ ଜୀବନ, ବିଚାର ଓ ଆଚରଣକୁ କେନ୍ଦ୍ରକରି ନାନାକଥା କଳ୍ପନା କରିଛୁ। ତାଙ୍କପରି ଜଣେ ମଣିଷ ଆଉ ମଣିଷ ହୋଇ ରହୁନାହାନ୍ତି। ଏବେ ସେ ଜଣେ ବିସ୍ମୟ-ମଣିଷ, ଦେବତାରେ ରୂପାନ୍ତରିତ ହୋଇଯାଉଛନ୍ତି। ସେ ଏକ ଅନୁଷ୍ଠାନ ହୋଇଯାଉଛନ୍ତି। ଅନୁଷ୍ଠାନର ନାଁ ବୌଦ୍ଧଧର୍ମ। ଧର୍ମ ପ୍ରଚାର ପାଇଁ ବ୍ୟକ୍ତି ନିଯୁକ୍ତ

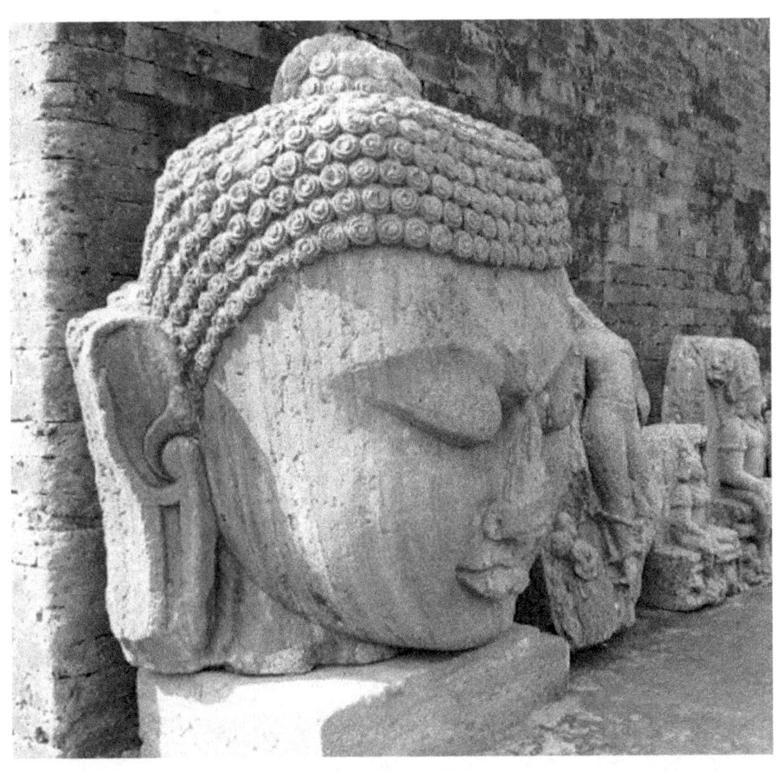

ହେଉଛନ୍ତି, ଶ୍ରମଣ। ସେମାନେ ବି ସାଧକ। ପ୍ରଚାର କାଳରେ ସେମାନେ ସ୍ଥାନାନ୍ତରୀ ହେଉଛନ୍ତି। ଯେଉଁ ସ୍ଥାନରେ ରହୁଛନ୍ତି ତାହାକୁ କୁହାଯାଉଛି ବିହାର। ପ୍ରଚାରକମାନଙ୍କୁ ମଧ୍ୟ ଦର୍ଶନ ସଂପର୍କରେ ସଚେତନ କରେଇଦେବାକୁ ହୁଏ। ଦର୍ଶନ ପ୍ରଚାରର ମାଧ୍ୟମ ହେଉଛି ସାହିତ୍ୟ, ଚିତ୍ର, ସ୍ଥାପତ୍ୟ, ନୃତ୍ୟ, ସଂଗୀତ, ନାଟକ ଇତ୍ୟାଦି। ଏଗୁଡ଼ିକୁ ତିଆରି କରୁଥିବା ଏବଂ ଏଗୁଡ଼ିକର ପ୍ରଚାରପାଇଁ ମଣ ହେଉଥିବା ମଣିଷମାନେ ଯେଉଁ ସ୍ଥାନରେ ସମବେତ ହେଉଛନ୍ତି, ସେହି ସ୍ଥାନକୁ କୁହାଯାଉଛି ମହାବିହାର। ଆଧୁନିକ ପରିଭାଷାରେ ବିଶ୍ୱବିଦ୍ୟାଳୟ। ଏହିଠାରେ ସତ୍ୟ ଓ କଳ୍ପନାର ଯୋଡ଼ଣରେ ତିଆରି ହେଉଛି ବିଚିତ୍ର ବିଚିତ୍ର କଳାରୂପ। ମହାବିହାରଗୁଡ଼ିକ ଜୀବନ ବଞ୍ଚିବାପାଇଁ ସକଳବିଦ୍ୟା ଚର୍ଚ୍ଚାର କ୍ଷେତ୍ର ହୋଇଯାଉଛି। ଭିତରକୁ ପଶିଗଲେ ସତ କଳ୍ପନା ପରି ଏବଂ କଳ୍ପନା ସତ ପରି ଲାଗୁଛି। ଗୋଟିଏ ଶବ୍ଦରେ କହିଲେ ଏହି ବିଦ୍ୟାରୂପର ଭାବ ହେଉଛି ସମ୍ମୋହନ।

ଆମେ ଜାଣୁ ଖ୍ରୀଷ୍ଟପୂର୍ବ ତୃତୀୟ ଶତାବ୍ଦୀରେ ଏହି ପ୍ରକ୍ରିୟାର ଆରମ୍ଭ। ମାଧ୍ୟମ

ଅଶୋକ। ଚିତ୍ର ଓ ସ୍ଥାପତ୍ୟରେ ନାନା ପଶୁ, ପକ୍ଷୀ, ଗଛ, ଲତା। ଆକାର ବିଶାଳ। ମାତ୍ର ବିଶାଳତାରେ ଉତ୍କୀର୍ଣ୍ଣ ହୋଇଛି ପ୍ରକୃତିର ଚିତ୍ର-ସୂକ୍ଷ୍ମ, ଶୋଭନ ଓ କଳାତ୍ମକ। କୁଶାଣ ଓ ସୁଙ୍ଗ ଶାସନ କାଳ କଳାର ବିକାଶ ପର୍ବ। ଗଠନ ଶୈଳୀକୁ ଆମେ କହୁ ଗାନ୍ଧାର ଶୈଳୀ। ଭାରତର ପ୍ରତିମା ଗଢ଼ଣ ଶୈଳୀ ସହିତ ଗ୍ରୀସ ଓ ପାରସ୍ୟର କଳାବୋଧ ମିଶିଯାଉଛି। ସାଞ୍ଚି, ସାରନାଥ, ସାରହୁତ, ପାଟଳୀପୁତ୍ର, ବୋଦ୍ଧଗୟା, ବିଦିଶା-ଅନେକ ସ୍ଥାନରେ ବୁଦ୍ଧ। ମଥୁରା ପ୍ରତିମା ଗଢ଼ଣର କାରଖାନା ହୋଇଯାଉଛି। ଏଥର ଉପାସନା ପାଇଁ କୁଟୀରର ସ୍ଥାନ ନେଇଛି ମନ୍ଦିର। ପ୍ରାଚୀନ କାଳର ବୌଦ୍ଧ ମନ୍ଦିରର ରୂପ ଠିକ୍ ସ୍ତୂପ ପରି। ରାଜସ୍ଥାନର କୋଲିଭ ଓ ଆନ୍ଧ୍ରର ବିଜୟନଗରରେ ଏହିପରି ମନ୍ଦିର ରହିଛି। ଗୁପ୍ତ ଯୁଗର ମନ୍ଦିରଗୁଡ଼ିକ ଠିକ୍ ଘର ପରି। ଝରକାରେ କାରୁକାର୍ଯ୍ୟ ନାହିଁ। ବୁଦ୍ଧଗୟାର ମନ୍ଦିର ଇଟାରେ ତିଆରି। ଉଚ୍ଚତା ପ୍ରାୟ ୧୬୦ ଫୁଟ୍। ରେଖାକୃତି। ମନ୍ଦିରକୁ ଲାଗି ରହିଛି ତିନୋଟି କୋଠରୀ। ଏଗୁଡ଼ିକ କାରୁକାର୍ଯ୍ୟପୂର୍ଣ୍ଣ। ଶିଖର/ଆମଳକର ପଥର ସୁନା ଛାଉଣି। ଅନ୍ୟ ମନ୍ଦିରଗୁଡ଼ିକ ଆକାରରେ ଛୋଟ ଛୋଟ। କାଳକ୍ରମେ ମନ୍ଦିରର ସଂଖ୍ୟା ବଢୁଛି। ତଳ ହେଉଛି ଗର୍ଭଗୃହ-ଦେବପୀଠ। ଉପର ଭାଗ ଶିଖର। ମଞ୍ଜରୀ ବିଶିଷ୍ଟ। ଇଟାରେ ତିଆରି। ଶିଖରର ଭାର ବହନ ପାଇଁ ତଳେ ଖିଲାଣ ନାହିଁ। ଭୂମି ସହ ପ୍ରାୟ ସମାନ୍ତରାଳ ରଖାଯାଇଛି। ଗ୍ରୀସର ମନ୍ଦିର ପରି। ଗର୍ଭଗୃହରେ ଗୋଟିଏ ବି ଝରକା ନାହିଁ। କିଟିକିଟି ଅନ୍ଧାର। ଭିତରକୁ ଯିବାପାଇଁ ଗୋଟିଏ ମାତ୍ର କବାଟ। କବାଟକୁ ଖୋଲିଦେଲେ କ୍ଷୀଣ ଆଲୋକ ରେଖା। ଆଲୋକରେଖା ଭେଦ କରିବ ଅନ୍ଧାରକୁ।

ଅନ୍ଧାର ହେଉଛି ଅଜ୍ଞାନତା। ଆମ ଦେହ ଭିତରେ ଅଛି, ମନ-ପରି। ମାତ୍ର ତା' ଉପରେ ସୂକ୍ଷ୍ମ ରୂପରେ ଅଛି ଦେବତା। ଦିଶୁ ନାହିଁ। କବାଟ ଖୋଲିଦେଲେ- ସେ ଦିଶିବ। ମାତ୍ର ସେ କିପରି? ରହସ୍ୟମୟ। ଅଧା ଛାଇ ଓ ଅଧା ଆଲୁଅ। ଆତ୍ମା ଠିକ୍ ସେମିତି। ଦିଶେ ନାହିଁ, ଖୋଜିଲେ ବି ମିଳେନି। କିନ୍ତୁ କେଉଁଠି ଗୋଟେ ଥାଏ। ଆମେ କ'ଣ ସେହି ଅନ୍ଧକାରମୟ ଗର୍ଭଗୃହରେ ଅଟକିଯିବା? ରହସ୍ୟମୟତା ସହିତ ସବୁକାଳ ପାଇଁ ବନ୍ଧୁ ବସିବା? ସନ୍ଧି କରିବା? ଆମକୁ ଗର୍ଭଗୃହ ଭିତରୁ ଶିଖରକୁ ଯିବାକୁ ପଡ଼ିବ। ଶିଖରରେ ପହଞ୍ଚିବା ହିଁ ଆମର ଏକମାତ୍ର ଲକ୍ଷ୍ୟ। ସେଇଠି ଶାନ୍ତି। ମାତ୍ର କିପରି ଯିବୁ? ସଂଯମତା ହିଁ ପ୍ରକୃତ ମାର୍ଗ। ଚିତ୍ତକୁ ଚଞ୍ଚଳତାମୁକ୍ତ କରିଦିଅ। ଶିଖରଯାତ୍ରା ସୁଖକର ହେବ। ଲକ୍ଷ୍ୟ ଅପହଞ୍ଚ ରହିବ ନାହିଁ। ସେକାଳର ମନ୍ଦିର ଓ ମୂର୍ତ୍ତିମାନେ ଯେପରି ଆମକୁ ଏହି କଥା କହିଦିଅନ୍ତି।

ମାତ୍ର ସମକାଳର ମୂର୍ତ୍ତି ଓ ମନ୍ଦିର ପ୍ରସଙ୍ଗ କହିଲାବେଳେ ଆମକୁ କେବଳ ବୁଦ୍ଧଙ୍କ ପାଖରେ ଅଟକିଯିବା ଅନୁଚିତ ହେବ। ବୁଦ୍ଧ ଅଛନ୍ତି, ଶିବ, ଶକ୍ତି, ଇନ୍ଦ୍ର ଆଉ

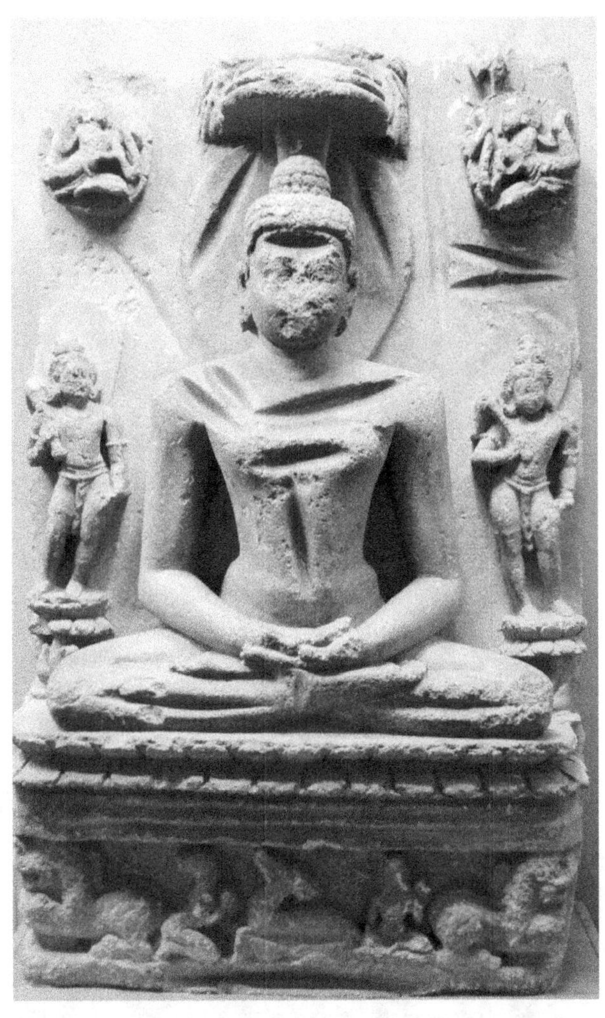

ବ୍ରହ୍ମା ବି ଅଛନ୍ତି । ସେମାନେ ବାହନଯୁକ୍ତ । ବହୁହସ୍ତବିଶିଷ୍ଟ ଓ ସାଳଂକୃତ । ମୂର୍ତ୍ତି ଓ ମନ୍ଦିରଗୁଡ଼ିକୁ ଦେଖିଲେ ଲାଗେ, ଭାରତ ଯେପରି ସକଳ ଧର୍ମ ବିଶ୍ୱାସକୁ ଅନୁଷ୍ଠାନାୟିତ କରିଛି । ଏବଂ, ବିଶ୍ୱାସର ପ୍ରତିମାମାନେ ଏକାଠି ରହିଛନ୍ତି । ପ୍ରୀତିପୂର୍ଣ୍ଣ ସହାବସ୍ଥାନ । ମାତ୍ର, ସେମାନଙ୍କ ଭିତରେ ସ୍ପଷ୍ଟ ଦିଶୁଛନ୍ତି ବୁଦ୍ଧ ଓ ବୁଦ୍ଧଙ୍କ ସହ ଯୁକ୍ତ ଅନ୍ୟ ଚରିତ୍ରମାନେ । ଆମ ଲଳିତଗିରି, ଉଦୟଗିରି, ରତ୍ନଗିରି ଓ ଅନ୍ୟ ବହୁସ୍ଥାନରେ ମିଳୁଥିବା ବୁଦ୍ଧମୂର୍ତ୍ତି ଓ ସ୍ତୂପଗୁଡ଼ିକ ଏହାର ଉଦାହରଣ । ଏଗୁଡ଼ିକୁ ଦେଖିଲେ ଉତ୍କଳ ଭୂମିରେ ବୁଦ୍ଧ- ବିଚାରର ସ୍ଥାପତ୍ୟ ଯାତ୍ରା ଅନୁଭବ କରିହୁଏ ।

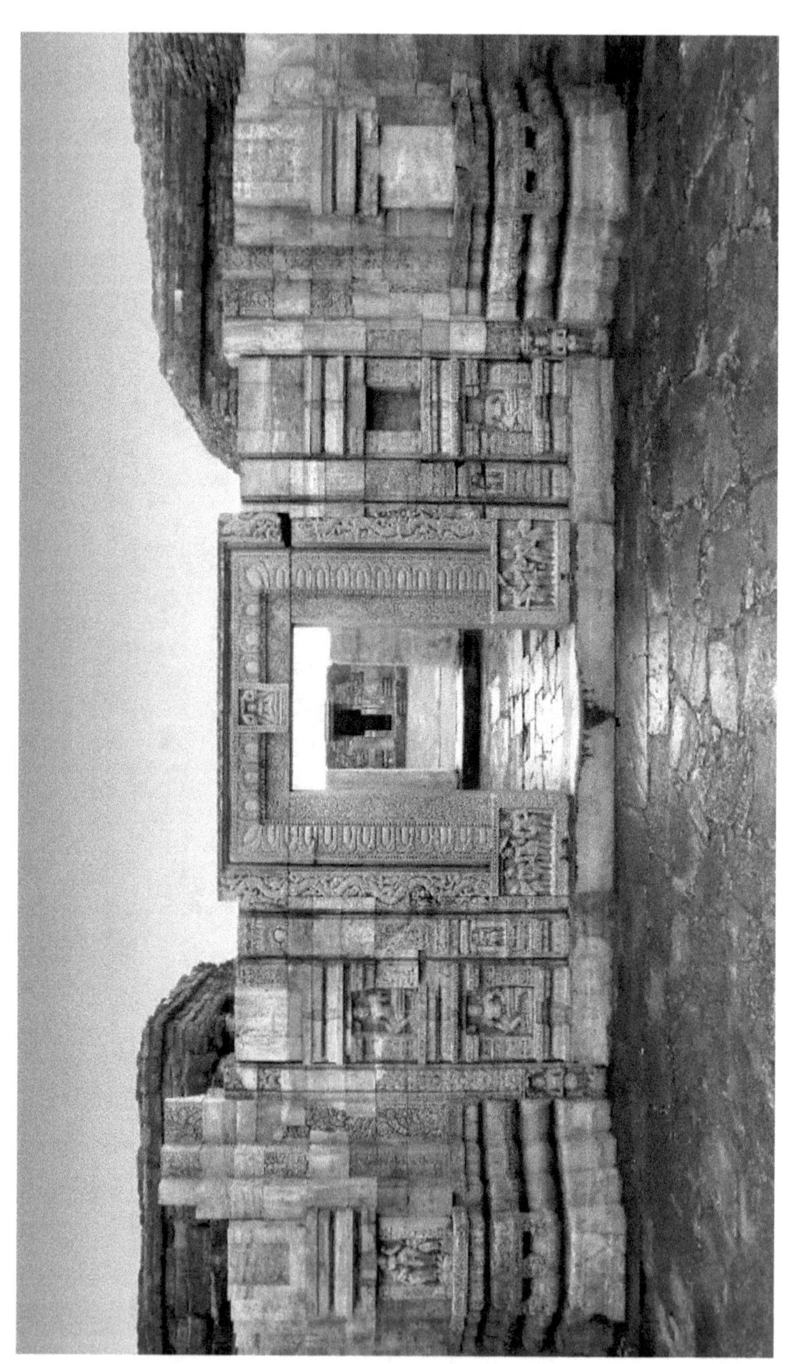

ବୌଦ୍ଧ ସ୍ୱର୍ଣ୍ଣ-ତ୍ରିଭୁଜ କଥା

ଓଡ଼ିଶାର ରାଜଧାନୀ ଭୁବନେଶ୍ୱରଠୁ ମାତ୍ର ଅଳପ ଦୂର। ବୁଦ୍ଧଙ୍କର ବିହାର, ସ୍ତୂପ, ଚୈତ୍ୟ ଓ ମୂର୍ତ୍ତି କେମିତି ଏତେ ସଂଖ୍ୟାରେ ଗଢ଼ିଉଠିଲା ? ଭାବିଲେ ଆଶ୍ଚର୍ଯ୍ୟ ଲାଗେ। କାରଣ ସେ କାଳରେ ପୁଣି ସହରଠୁ ଦୂରରେ ସୁନ୍ଦର କାରୁକାର୍ଯ୍ୟ ଖଚିତ ବୌଦ୍ଧ କୀର୍ତ୍ତିରାଜିଗୁଡ଼ିକ ଏବେ ମଧ୍ୟ ସୁରକ୍ଷିତ ଓ ସଂରକ୍ଷିତ ରହିଛି। ସକଳ ଜନମାନସକୁ ପରିସ୍ନାତ କରୁଛି। ଏହା ସପ୍ତମ/ଅଷ୍ଟମ ଶତାବ୍ଦୀର କଥା। ସେ ମଣିଷ ଜଣକ ଏବେ ଭାରତବର୍ଷର ସବୁ ମଣିଷମାନଙ୍କ ଭିତରେ ଓ ଚେତନାରେ। ନାନା ରୂପରେ, ନାନା ଭାବରେ। କ୍ଷମତାଠାରୁ ସାଧାରଣ ମଣିଷ ପର୍ଯ୍ୟନ୍ତ। ସେ ଦୁଃଖର କାରଣ କଥା କହୁଛନ୍ତି। ଦୁଃଖରୁ ମୁକ୍ତି ପାଇବାର ବାଟଗୁଡ଼ିକ ବି ଦେଖେଇ ଦେଉଛନ୍ତି। ତାହା ନିର୍ବାଣ। ଆମକୁ ନାନା ଉପାୟରେ ଶୋଷଣ କରୁଥିବା ସାମନ୍ତ, ବ୍ରାହ୍ମଣ ଓ ଉଚ୍ଚବର୍ଣ୍ଣର ମଣିଷମାନଙ୍କ ଅହଂକାରର ପ୍ରତିବାଦ କରିବାପାଇଁ ମାନସିକ ସାମର୍ଥ୍ୟ ଦେଉଛନ୍ତି। ସବୁ ମଣିଷଙ୍କୁ ଗୋଟିଏ, ସବୁ ଧର୍ମକୁ ଗୋଟିଏ ବୋଲି କହୁଛନ୍ତି। କହୁଛନ୍ତି ଭୟମୁକ୍ତ ମାନସିକତା କାଳେ ଆମକୁ ସମାଜରେ ଶାନ୍ତିରେ ବଂଚିବାପାଇଁ ଔଷଧି। ଏପରି ସାହସ/ଦୁଃସାହସ ମଂଜି ବି ଆମ ଚେତନା ଭୂମିରେ ବୁଣି ଦେଉଛନ୍ତି। ଏତେ କଥା କହିବା ସହଜ। ମାତ୍ର କାମରେ ରୂପାନ୍ତରଣ ଆଦୌ ସହଜ ନୁହେଁ, ଅତ୍ୟନ୍ତ ଜଟିଳ। ଯେଉଁ ମଣିଷ ଜଣକ ଏଇ ଗୁମର ଖୋଲି ଦେଉଛନ୍ତି, ସେ ପୁଣି ଜଣେ ରାଜପୁତ୍ର। ସାଧାରଣ ମଣିଷ ନୁହେଁ, ଦେବତା। ମହାନ୍ ଆତ୍ମା। ସେ ବାରମ୍ବାର ପୃଥିବୀକୁ ଆସୁଛନ୍ତି, ଅହିଂସାର କଥା କହୁଛନ୍ତି। କାମନାର ଘର ଦେହର ନାନା ବୈଚିତ୍ର୍ୟକୁ ଖୋଲି ଦେଉଛନ୍ତି। ଦେହ ମାଧ୍ୟମ ଦେଇ ଦେହମୁକ୍ତିର ଗୀତ ଶୁଣାଉଛନ୍ତି। ସେ ଏକ ଅଲୌକିକ ଜଗତର ସତ୍ତା। ସେ ଏକ ସମ୍ମୋହନ। ସେ ଉଚ୍ଚାଟିତ କରୁଛି କାମନାକୁ। ଦେହ ନାଚୁଛି। ନାଚୁଥିବା ଦେହର ସବୁ ଯନ୍ତ୍ରଣା ଏବେ ଊର୍ଦ୍ଧ୍ୱାୟିତ ହେଉଛି ଏକ ବାସ୍ତବ, ଭୌତିକ ଓ ମୋହଗ୍ରସ୍ତ ଜଗତରୁ ଆଧିଭୌତିକ, ପରମାର୍ଥିକ ଜଗତ ଆଡ଼କୁ ଯାତ୍ରା। କାମନାମୁକ୍ତ ଯାତ୍ରା।

ସଂସାର, ରୋଗ, ମୃତ୍ୟୁ, ବୟସ ଓ କ୍ଷମତାସୃଷ୍ଟ ଯନ୍ତ୍ରଣାକୁ ଅତିକ୍ରମ କରିବା କଥା କହିବା ପାଇଁ ତାଙ୍କ ଅନୁଗାମୀମାନେ ପରିବ୍ରାଜକ ହେଉଛନ୍ତି । ଜନପଦରୁ ଜନପଦ ଘୂରି ବୁଲୁଛନ୍ତି । ପାହାଡ଼ର ଗୁମ୍ଫା ଅଥବା ପାହାଡ଼ ଦେହରେ ଗୁମ୍ଫାମାନ ତିଆରି କରିଛନ୍ତି । ଅସମୟରେ ସେଇଠି ସମୟ କଟାଇଛନ୍ତି, କାଳକ୍ରମେ ପରିବ୍ରାଜକମାନଙ୍କ ସଂଖ୍ୟା ବଢ଼ିଛି । ବହୁଗୁଣିତ ହୋଇଛି । ଛୋଟ ଛୋଟ ଆରାମ/ବିହାରଗୁଡ଼ିକ ବଡ଼ ହୋଇଛି । ଅର୍ଥାତ୍ ମହାବିହାରମାନଙ୍କର ରୂପ ନେଇଛନ୍ତି । ହଜାର ହଜାର ବୁଦ୍ଧ-ଚେତନା ଅନୁଗାମୀ ଏବେ ଗୋଟିଏ ଜାଗାରେ । ଜାଗା ଗୋଟିଏ, ମାତ୍ର ଦାୟିତ୍ୱ ଅନେକ । କ୍ଲେଶସାଧ୍ୟ, ଆୟାସସାଧ୍ୟ । ନାନା ବିଚାର ଓ ବିଶ୍ୱାସ ଦ୍ୱାରା ସଂକ୍ରମିତ ମଣିଷମାନଙ୍କ ପାଖରେ ପହଞ୍ଚିବାକୁ ହେବ । ତେଣୁ ମହାବିହାରଗୁଡ଼ିକ ଅଧ୍ୟୟନର କେନ୍ଦ୍ର ହୋଇଯାଉଛି । ବିଦ୍ୱାନ ଓ ବିଦ୍ୟାର୍ଥୀ ଉଭୟଙ୍କର ଏହା ମିଳନଭୂମି । ବୁଦ୍ଧଙ୍କ ଦର୍ଶନଚର୍ଚ୍ଚା ହେଉଛି । ଦର୍ଶନ କହିଲେ ଦୃଷ୍ଟିର ଗୂଢ଼ତାର କଥା । ସାଧାରଣ ମଣିଷ ଗୂଢ଼ତାର ରହସ୍ୟ କ'ଣ ସହଜରେ ବୁଝିପାରିବ ? ମଣିଷ ଯାହା ଦେଖୁଛି, ତାହା ସତ୍ୟ ନୁହେଁ ମାୟା । ମାୟାର ରୂପକୁ ଭେଦିପାରିଲେ ସତ୍ୟ ସ୍ପଷ୍ଟ ଦିଶିଯିବ । ଯାହା ଦିଶୁଛି ତାହା ଅନ୍ଧାର । ଯାହା ଦିଶୁନାହିଁ ତାହାହିଁ ବାସ୍ତବ । ସତ୍ୟ ଓ ଆଲୋକ । ଏଇ କଥାକୁ ବଖାଣିବାପାଇଁ ସାହିତ୍ୟ, ସଂଗୀତ, ନାଚ, ଅଭିନୟ, ଚିତ୍ର ଓ ମୂର୍ତ୍ତିକଳାକୁ ମାଧ୍ୟମ କରାଯାଉଛି । ଚିକିତ୍ସାବିଦ୍ୟାକୁ ମଧ୍ୟ । ଗପ ଲେଖାଯିବ, ଗୀତ ଲେଖାଯିବ । ଗୀତକୁ ଗାଇବା ପାଇଁ ସୁର ସଂଯୋଜନା କରାଯିବ, ଅଭିନୟ ବି ଶିଖାଯିବ । ଏବଂ, ଦେହକୁ ରୋଗ ଘାରିଲେ ସୁସ୍ଥ ହେବା ପାଇଁ ଔଷଧ ବି ତିଆରି କରାଯିବ । ଏତେ ବିଦ୍ୟାର ସାଧନା ପୁଣି ଗୋଟାଏ ଜାଗାରେ । ଏହି ମହାବିହାରଗୁଡ଼ିକୁ କୁହାଗଲା, ଆଧୁନିକ ପରିଭାଷାରେ ବିଶ୍ୱବିଦ୍ୟାଳୟ । ଅନୁଭବ, ବିଚାର, ସାଧନ- ଅଭିବ୍ୟକ୍ତିର ଗୁମର କଥା ଜାଣିବାପାଇଁ ଦୂର ଦୂରାନ୍ତର, ଏପରିକି ସୁଦୂରରୁ ଛାତ୍ରମାନେ ଆସିଲେ । ଏକ ଧର୍ମ ଅନୁଷ୍ଠାନ, ଚେତନାର ସାମଗ୍ରିକ, ଅର୍ଥାତ୍ ଶାରୀରିକ ଓ ମାନସିକ ଉନ୍ମୀଳନର କାରଣ ହୋଇଗଲା ।

ମହାବିହାରଗୁଡ଼ିକୁ ଆମେ ଦୁଇ ଭାଗରେ ବିଭକ୍ତ କରିପାରିବା । ଗୋଟିଏ ବିହାରର ଗଢ଼ଣ କଳା ଏବଂ ଅନ୍ୟଟି ବିହାରସ୍ଥ ବିଦ୍ୟା ସାଧନର ବିଧି । ବିହାରର ଗଢ଼ଣ କଳା କହିଲେ- ହଜାର ସଂଖ୍ୟକ ମଣିଷର ବିଚରଣ ଭୂମି କିପରି ହେବ ? ଏହା ପୁଣି ସାଧାରଣ ବାସଭୂମି ନୁହେଁ ଏକ ଅଧ୍ୟାତ୍ମ-ଭୂମି । ଅର୍ଥାତ୍ ମଣିଷ ଓ ସେମାନଙ୍କ ବିଶ୍ୱାସ ଓ ବିଚାର ଗୋଟିଏ ଜାଗାରେ ରହିବେ । ଏହି ପ୍ରସଂଗରେ ଆମେ ସେକାଳର ଓଡ଼ିଶା ପାଖକୁ ଆସିବା ।

ଓଡ଼ିଶାରେ ରହିଛି ତିନୋଟି ମହାବିହାର । ପାଖକୁ ପାଖ । ରତ୍ନଗିରି, ଉଦୟଗିରି,

ଲଳିତଗିରି। ବୌଦ୍ଧ ସ୍ୱର୍ଣ୍ଣ-ତ୍ରିଭୁଜ। ନାମଗୁଡ଼ିକ କହି ଦେଉଛି ସେମାନଙ୍କର ସ୍ୱରୂପ। ଅନୁଚ୍ଚ ପାହାଡ଼। ଗୋଟିଏ ପାଖରେ ମହାନଦୀର ଶାଖା ନଈ ବିରୂପା, ଅନ୍ୟ ପାଖରେ ବ୍ରାହ୍ମଣୀ। ସେ କାଳରେ ଚିରସ୍ରୋତା। ଘନ ଜଙ୍ଗଲରେ ପରିପୂର୍ଣ୍ଣ, ପ୍ରକୃତିର କୋଳ। ଜୀବନ ବଂଚିବାପାଇଁ ପରିମଳ ପରିବେଶ। ପାଣି, ପବନ, ମାଟି, ପଥର, କାଠ- ସକଳ ପଦାର୍ଥରେ ପରିପୂର୍ଣ୍ଣ। ପାଖରେ ଘଞ୍ଚବନ। ଦୂରରେ ସମୁଦ୍ର। ସାଧକ- ପରିବ୍ରାଜକମାନେ ଏହି ଭୂମିକୁ ମହାବିହାର ଗଢ଼ଣ ପାଇଁ ବାଛିଛନ୍ତି। ଏବଂ, ବିହାର ଗଢ଼ି ଉଠିଛି। ଶ୍ରମଣ, ସାଧାରଣ ମଣିଷ, ସ୍ଥପତି ଓ କ୍ଷମତା- ପ୍ରତ୍ୟେକଙ୍କ ଶ୍ରଦ୍ଧା, ଶ୍ରମ, ଅର୍ଥ ଓ ବିଦ୍ୟାର ଏଗୁଡ଼ିକ ଅଭିବ୍ୟକ୍ତି। ଐତିହାସିକମାନେ ସପ୍ରମାଣ ଦାବି କରନ୍ତି, ଏଗୁଡ଼ିକ କାଳେ ଶୈଳୋଦ୍ଭବ, ଭୌମକରବଂଶୀ ରାଜାମାନଙ୍କର କୀର୍ତ୍ତି। ଷଷ୍ଠ, ସପ୍ତମ ଓ ଅଷ୍ଟମ ଶତାବ୍ଦୀର କୀର୍ତ୍ତି। ଚୀନ ପରିବ୍ରାଜକ ହୁଏନସାଂ ବି ଏହି କ୍ଷେତ୍ରକୁ ଆସିଛନ୍ତି। ରହିଛନ୍ତି ଉତ୍ତରରୁ ଦକ୍ଷିଣ(ସିଂହଳ) ଯାତ୍ରାକାଳରେ। ୬୬୯ ଖ୍ରୀଷ୍ଟାବ୍ଦରେ। ଭୂମିରେ ପହଞ୍ଚିବା ପୂର୍ବରୁ, ଦୂରରେ ଥାଇ ଅନୁଭବ କରିଛନ୍ତି ଦିବ୍ୟାଲୋକ ଓ ଦିବ୍ୟ ସଂଗୀତ ଯେପରି ପ୍ରସରି ଯାଉଛି ଆକାଶରେ, ପବନରେ। ତେବେ ଏଗୁଡ଼ିକ ମାତ୍ର କେତୋଟି ଦଶନ୍ଧିରେ ଉଦ୍ଭାସିତ ହୋଇନଥିବ। ଶହ ଶହ ବର୍ଷର ସକଳଙ୍କ ସଶ୍ରଦ୍ଧ ସଂପୃକ୍ତିର ଫଳ ହୋଇଥିବ। ସମ୍ଭବତଃ ଚତୁର୍ଥ/ପଞ୍ଚମ ଶତାବ୍ଦୀରୁ ତ୍ରୟୋଦଶ/ଚତୁର୍ଦ୍ଦଶ ଶତାବ୍ଦୀ ପର୍ଯ୍ୟନ୍ତ ସଂପୃକ୍ତ ସ୍ଥାନଗୁଡ଼ିକ ବୌଦ୍ଧ ବିଚାର ସାଧନାର କେନ୍ଦ୍ର ହୋଇ ରହିଛି।

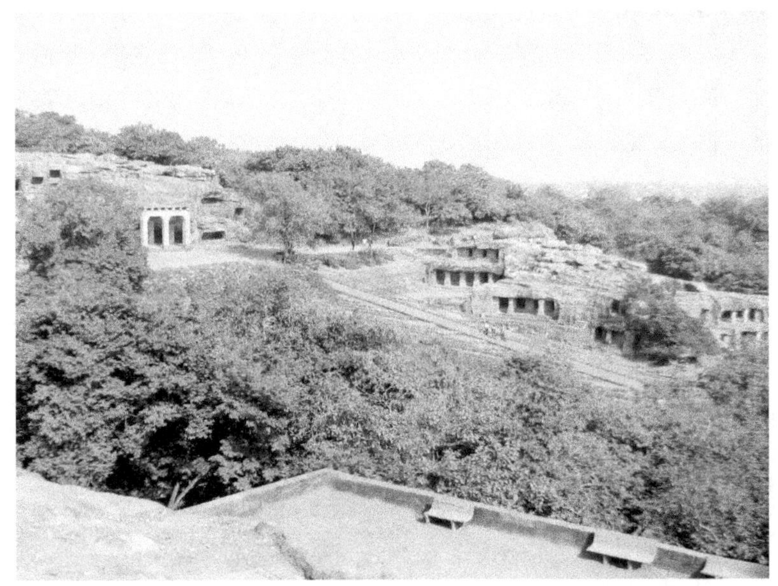

ପ୍ରତ୍ୟେକ ଗିରିର ମହାବିହାରଗୁଡ଼ିକ କେତେକ ବିହାରକୁ ନେଇ ପରିକଳ୍ପିତ। ପ୍ରତ୍ୟେକ ବିହାରରେ ରହିଛି ବୁଦ୍ଧଙ୍କ ଉପାସନା ଗୃହ ଓ ଶ୍ରମଣମାନଙ୍କର ରହିବାପାଇଁ କୋଠରୀ। ଲଳିତଗିରିରେ ରହିଛି ଚାରିଗୋଟି ବିହାର। ଆକାର ବର୍ଗାକାର। ପ୍ରବେଶପଥ କାହାର ପୂର୍ବ ତ କାହାର ପଶ୍ଚିମ ଦିଗକୁ। କାନ୍ଥଗୁଡ଼ିକ ମୋଟା। ଭିତ୍ତିଭୂମି ଗଭୀର। ଗଢ଼ାହୋଇଛି ପୋଡ଼ାଇଟା ବା ପଥରରେ। ପ୍ରତ୍ନତତ୍ତ୍ୱବିତ୍‌ମାନେ ଅନୁମାନ କରନ୍ତି, ପୋଡ଼ାଇଟାର ଭିତ୍ତିଭୂମି ଉପରେ ଯୋଡ଼ା ଯାଇଛି ପଥର। କୋଠରୀଗୁଡ଼ିକର ଆକାର ପ୍ରାୟ ସମାନ। ଉଦୟଗିରିରେ ଏଗୁଡ଼ିକର ଆକାର ପ୍ରାୟ ୩.୨୫X୨.୯୦ ମିଟର। ବିହାରଗୁଡ଼ିକର ଆକୃତି ଓ ଅଗଣା ପ୍ରାୟ ବର୍ଗାକାର। ରତ୍ନଗିରି ଖନନରୁ ମିଳିଛି ଦୁଇଟି ମହାବିହାର। ଏଗୁଡ଼ିକ ଆୟତାକାର। ପ୍ରଥମ ମହାବିହାରର ଆକାରକୁ ଦେଖିଲେ ଲାଗୁଛି ଏକ ଚତୁଶାଳ ସୌଧପରି। ଏହା ଏକ ଦୁଇମହଲା କୋଠାଘର। ପ୍ରଶସ୍ତ ଅଗଣା। ଅଗଣାକୁ ଲାଗି ବାରଣ୍ଡା। ବାରଣ୍ଡାରେ ସ୍ତମ୍ଭ ଓ ସ୍ତମ୍ଭଗୁଡ଼ିକକୁ ଲାଗି କୋଠରୀ। ଏଗୁଡ଼ିକ ପଥର ନୁହେଁ, ଇଟାରେ ତିଆରି। ପ୍ରବେଶ ପଥ ପଞ୍ଚରଥ ପରି। କାନ୍ଥରେ ବଜ୍ରପାଣି, ପଦ୍ମପାଣିଙ୍କ ପ୍ରତିମା। ଶୀର୍ଷରେ ଲଳିତାସନା ଗଜଲକ୍ଷ୍ମୀ। ଦୁଆର ବନ୍ଧ ମୁଗୁନି ପଥରରେ ତିଆରି। କେତେକ କୋଠରୀର ଛାତରେ ରହିଛି କଡ଼ି। ଗର୍ଭଗୃହ ଏତେ ସୁନ୍ଦର ଯେ, ବାରମ୍ବାର ଦେଖିବାକୁ ଇଚ୍ଛା ହେଉଥାଏ। ଦ୍ୱାରବନ୍ଧରେ ଦ୍ୱାରପାଳ ବୋଧିସତ୍ତ୍ୱ, ଚାମରଧାରିଣୀ ଏବଂ ନାଗମୂର୍ତ୍ତି। ମୁଗୁନି ପଥରରେ ତିଆରି ଲତା, ଗୁଳ୍ମ ଓ ଫୁଲର ସମାହାର।

ଦ୍ୱିତୀୟ ମହାବିହାରର ବିଶେଷତା, କୋଠରୀଗୁଡ଼ିକ ଅପେକ୍ଷାକୃତ ଛୋଟ। ମାତ୍ର ସବୁଠି ଅର୍ଦ୍ଧ ଗୋଲାକାର ଖିଲାଣ ରହିଛି। କେତେକ କୋଠରୀରେ ମଧ୍ୟ ଝରକା ରହିଛି। ପ୍ରାୟ ପ୍ରତ୍ୟେକ ପ୍ରବେଶଦ୍ୱାର ପଥର ନିର୍ମିତ। ଇଟା ଓ ପଥରକୁ ଚୂନ ସାହାଯ୍ୟରେ ଯୋଡ଼ା ଯାଇଛି।

ପ୍ରଥମ ମହାବିହାର ପାଖରେ ରହିଛି ଏକଫାଳିଆ ବିହାର। ଛୋଟ। ମାତ୍ର ତିନୋଟି କୋଠରୀ ଓ ବାରଣ୍ଡା। ଛାତ ଓ ଖିଲାଣ ଶୋଭିତ। ବିହାରଗୁଡ଼ିକୁ ଦେଖିଲେ ଲାଗେ- ଏହାର ଗଢ଼ଣ ଶୈଳୀ, ଅତ୍ୟନ୍ତ ସୁସଂହତ। ପ୍ରଶସ୍ତ ବାରଣ୍ଡା, ଦୁଆର, ବାହାରର ପବନ ଓ ଆଲୋକ ଯାତାୟାତର ବ୍ୟବସ୍ଥା, ପାଣି ନିଷ୍କାସନ ନଳା। ରୋଷେଇଘର ଛାତକୁ ଶକ୍ତକରି ଧରିରଖିବା ପାଇଁ ଖମ୍ବର ଆକାର ଓ ପ୍ରକାର। ଇଟା ଓ ପଥର ଯୋଡ଼ଣରେ ଚୂନର ବ୍ୟବହାର, ସ୍ତୂପ, ଉପାସନାସ୍ଥଳୀ ଓ ଏହାର ପରିମଣ୍ଡଳ, ଘର ଭିତର ଓ ଅଗଣା ଏବଂ ଅଗଣାର ଚଟାଣ ଗଢ଼ଣ- ସବୁକିଛି ସ୍ୱତନ୍ତ୍ର ଓ ସୁବ୍ୟବସ୍ଥିତ।

ଅଧିକ ସଂଖ୍ୟକ ମଣିଷଙ୍କର ଯେଉଁ ସ୍ଥାନରେ ଗତାଗତ ଓ ରହଣି- ତାହାର

ଗଢ଼ଣ କୌଶଳ କିପରି ହେବା ଆବଶ୍ୟକ, ବିହାରଗୁଡ଼ିକ ତାହାର ଉଦାହରଣ। ଏଗୁଡ଼ିକର ଭିତ୍ତିଭୂମି ଏତେ ଦୃଢ଼ ଯେ, ଭାଙ୍ଗି ପଡ଼ିଥିବା ଅଂଶକୁ ମଧ୍ୟ ନୂଆ ଆକାର ଦିଆଯାଇ ପାରିଛି। ଏବଂ, ମୂଳପୀଠକୁ କେନ୍ଦ୍ରକରି ସଂପ୍ରସାରଣ ମଧ୍ୟ ସମ୍ଭବ ହୋଇପାରିଛି। ବୃହତ୍ ଆବାସସ୍ଥଳ ଗଢ଼ଣର କଳାକୌଶଳ(ନକ୍ସା) ଯେ ଏହାର ଦୀର୍ଘ ପରମାୟୁର କାରଣ ହୋଇଥାଏ, ବିହାରଗୁଡ଼ିକୁ ଦେଖିଲେ ଜଣାପଡ଼ିଯାଏ।

ମାତ୍ର ଏଠାରେ ଗୁରୁତ୍ୱପୂର୍ଣ୍ଣ, ମହାବିହାରଗୁଡ଼ିକ କେବଳ ମାତ୍ର ଇଟା, ପଥର ଚୂନର ସୁସଂହତ ଯୋଡ଼ଣ ନୁହେଁ, ଇଟା ପଥରଗୁଡ଼ିକୁ ଯେପରି ସୂକ୍ଷ୍ମକଳାରେ ରୂପାନ୍ତର କରି ଦିଆଯାଇଛି, ଦେଖିଲେ ଲାଗେ ସେଗୁଡ଼ିକ କେବଳ ବସ୍ତୁମାତ୍ର ନୁହନ୍ତି, ଭାବ, ଅନୁଭବ ଓ ନନ୍ଦନବୋଧର କଳାରୂପ। ଆମ ସ୍ଥାପତ୍ୟର ଅଭିଲେଖ।

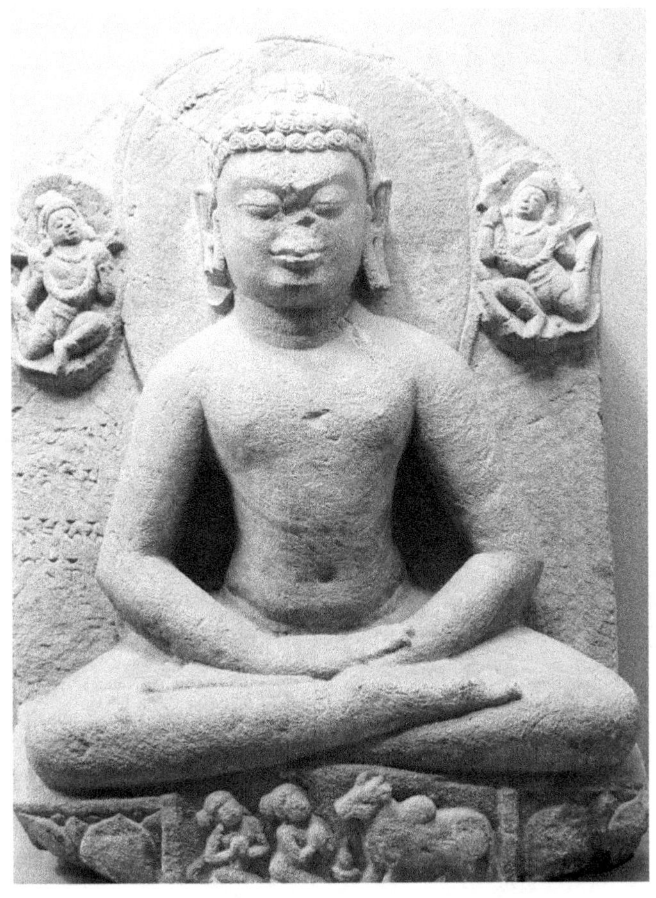

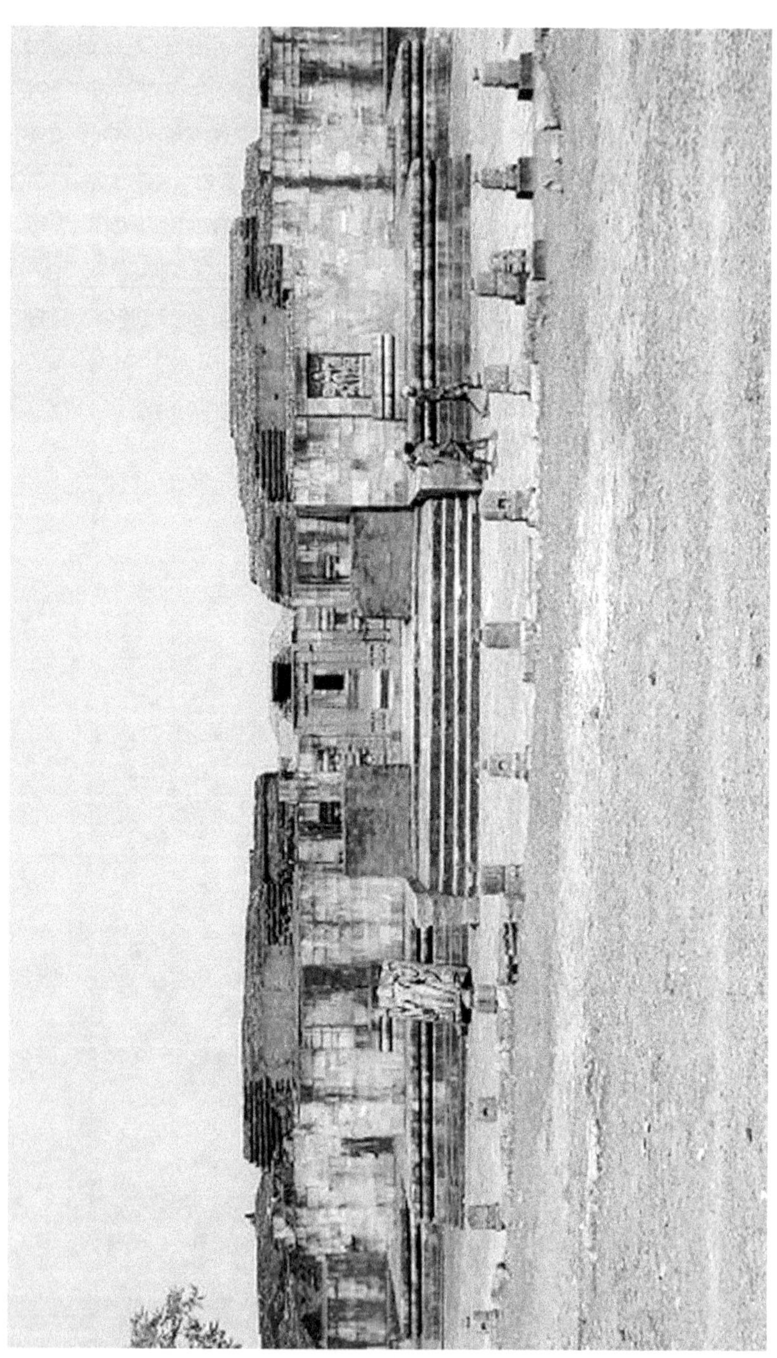

ସ୍ୱର୍ଣ୍ଣ ତ୍ରିଭୁଜର ସମ୍ପଦ

କୁହାଯାଏ, ଉଦିତ ସୂରୁଜଙ୍କ ଲୋହିତ ଓଠ ପ୍ରଥମେ ଛୁଇଁଦିଏ ଉଦୟଗିରିର କପାଳ। ଲଳିତଗିରିର ଲାଳିତ୍ୟ ଚିତ୍ତାକାଶରେ ଭାସମାନ ଅବସାଦର ଡୋଳାଭଙ୍ଗା କଳାକଳା ମେଘଖଣ୍ଡକୁ ସତେଅବା ମହା ଆନନ୍ଦରେ ରୂପାନ୍ତରିତ କରିଦିଏ। ଏବଂ, ରତ୍ନଗିରି ? କାଳେ, ନିର୍ବାଣ ଓ କାମନାମୁକ୍ତ ରତ୍ନର ମହାଭଣ୍ଡାର। କଥା ମିଛ ନୁହେଁ। ଗିରିଗୁଡ଼ିକର ପାଦଦେଶରେ, କୋଳରେ ଗଢ଼ିଉଠିଥିବା ମହାବିହାରଗୁଡ଼ିକ ଏହାର ପ୍ରମାଣ। ଏଗୁଡ଼ିକ କେବଳ ସାଧକମାନଙ୍କର ତପଶ୍ଚରଣର ଭୂମି ନୁହେଁ; ଦର୍ଶନର ଭୂମି, ବିଚାରର ଭୂମି, ଜୀବନର ଭୂମି ଏବଂ ସମ୍ମୋହନର ଭୂମି ସମ୍ମୋହକ କଳାର ସମ୍ପଦ। ଦର୍ଶନ, ବିଚାର, ଜୀବନ ଓ କଳା- ସକଳ ଯେପରି ପ୍ରତୀକିତ ହୋଇଛି, ପଥର ଓ ଇଟାରେ ଗଢ଼ା ଅଥବା ଖୋଦିତ ସ୍ତୂପ, ମନ୍ଦିର ଅଥବା ପ୍ରତିମାମାନଙ୍କ ଦେହରେ। ସେମାନଙ୍କ ଜନ୍ମ କେଉଁ ସୁଦୂର ଅତୀତରେ, ଆଖି ଓ ବିଚାରର ଅପହଞ୍ଚ କାଳରେ। ମଣିଷ ଓ ପ୍ରକୃତିର ଅଦଉତିରେ ପ୍ରତ୍ୟେକ ବିଭଙ୍ଗ। ମାତ୍ର ବିଭଙ୍ଗତା ମଧ୍ୟରେ ମଧ୍ୟ ସେମାନେ ଜୀବନ୍ତ, ଆମ ସ୍ଥାପତ୍ୟର ଅଭିଲେଖ।

ପ୍ରତ୍ୟେକ ବିହାରରେ ରହିଛି ସ୍ତୂପ- ଆକାରରେ ଯାହା ଭିନ୍ନତା, ଛୋଟବଡ଼। ଲଣ୍ଡା ପାହାଡ଼ସ୍ଥ ଶିଖରର ସ୍ତୂପ ବେଶ୍ ବିଶାଳ। ପ୍ରଥମେ ଏହା ଇଟାରେ ତିଆରି ହୋଇଛି। ପ୍ରକୃତି ଏହାର ବିଶାଳତାକୁ ମାଟିରେ ମିଶେଇ ଦେଇଛି। ପୁଣି ନୂଆକରି ଗଢ଼ାଯାଇଛି। ଇଟାର ସ୍ଥାନ ପଥର ନେଇଛି। ଲଳିତଗିରିରେ ରହିଛି ଏକ ଓଲଟ ଚୈତ୍ୟ ଗୃହ, ଆଠଟି କୋଠରୀ। ଚୈତ୍ୟଗୃହ ତେତିଶ ମିଟର ଲମ୍ବା ଓ ଏଗାର ମିଟର ଓସାର ବିଶିଷ୍ଟ। ଏପରି ସ୍ତୂପ ଓଡ଼ିଶାରେ ଅନ୍ୟତ୍ର ଦୁର୍ଲ୍ଲଭ। ଉଦୟଗିରିରେ ରହିଛି ପ୍ରାୟ ଦଶ ମିଟର ବର୍ଗାଗାର ଭିତ୍ତି ଉପରେ ସାତ ମିଟର ଉଚ୍ଚତା ବିଶିଷ୍ଟ ଅନ୍ୟ ଏକ କାରୁକାର୍ଯ୍ୟ ସମ୍ପନ୍ନ ଇଟାରେ ତିଆରି ସ୍ତୂପ। ରତ୍ନଗିରିର ମହାସ୍ତୂପ ରହିଛି ପାହାଡ଼ର ଦକ୍ଷିଣ-ପଶ୍ଚିମ ଚୂଡ଼ାରେ। ପାଖରେ ଛୋଟଛୋଟ ଅନେକ ସ୍ତୂପ। ସେଗୁଡ଼ିକ ମଧ୍ୟରୁ ଗୋଟିଏ ସ୍ତୂପର

ଆକାର ତ୍ରିରଥ ପରି। ଉଚ୍ଚତା ପ୍ରାୟ ଚଉଦ ଫୁଟ। ଭିତର ଚକ୍ରାକାର ଏଠାରେ ଛୋଟଛୋଟ ମନ୍ଦିର ମଧ୍ୟ ରହିଛି। ସେଗୁଡ଼ିକ ରେଖାକୃତି। ଦୁଇଟି ମନ୍ଦିରରେ ରହିଛି ଜଗମୋହନ। ଭିତରେ ପ୍ରତିମା ଏବଂ ମନ୍ଦିର ପାଖରେ ଛୋଟଛୋଟ ସ୍ତୂପ। ଆମେ ଜାଣୁ ସ୍ତୂପଗୁଡ଼ିକ ବାସ୍ତବତଃ ଉପାସନା ସ୍ଥଳି। ବୁଦ୍ଧ ଓ ବିଶିଷ୍ଟ ସାଧକମାନଙ୍କ ଦେହାବଶେଷ ଅଥବା ବ୍ୟବହୃତ ସାମଗ୍ରୀ, ଅଥବା ଧର୍ମର ପ୍ରତୀକଗୁଡ଼ିକର ଏହା ସୁରକ୍ଷିତ ଘର।

ସ୍ତୂପ ଭିନ୍ନ ପ୍ରତ୍ୟେକ ବିହାରରେ ରହିଛି ଉପାସନା ପୀଠ। ପଥରରେ ତିଆରି ବୁଦ୍ଧ ପ୍ରତିମା। ବିଭିନ୍ନ ଆକାର ଓ ପ୍ରକାରର। ଏହି ପୀଠ ଓ ସ୍ତୂପ ସହିତ ଖଞ୍ଜାହୋଇଛି ବହୁସଂଖ୍ୟକ ପ୍ରତିମା। ଭାବ ଉଦ୍‌ବୋଧକ ଓ ଜୀବନ୍ତ ପ୍ରତିମା। ସେଗୁଡ଼ିକର ଦେହ ଅବଶ୍ୟ ପଥର। ମାତ୍ର ପଥର ନୁହନ୍ତି। ଶିଳ୍ପୀର ଅନ୍ତର୍ଲୋକରେ କ୍ରିୟାଶୀଳ ଚେତନା ଓ ଭାବର ଉଦ୍ଭାସନ। ବୁଦ୍ଧଙ୍କ ପ୍ରତିମାରେ ପ୍ରମୂର୍ତ୍ତ ହୋଇଛି ଚାରୋଟି ଭାବ। ଧ୍ୟାନସ୍ଥ, ଭୂମିସ୍ପର୍ଶୀ, ବରଦ ଓ ଧର୍ମଚକ୍ର ପ୍ରବର୍ତ୍ତକ। ପଦ୍ମ ପାଖୁଡ଼ା ଶୋଭିତ ଏକ ପୀଠ ଉପରେ ବସିଛନ୍ତି ସେ। ମୁଦ୍ରିତ ଆଖି, କ୍ଷୀଣ କଟୀ, ପଦ୍ମାସନ। ଗୋଟିଏ ହାତ ଅଣ୍ଟା ପାଖରେ। ଡାହାଣ ହାତ ଆଣ୍ଠୁକୁ ଲାଗି ଛୁଇଁଯାଇଛି ଭୂମିକୁ। କେତେକ ଭୂମିସ୍ପର୍ଶୀ ବୁଦ୍ଧଙ୍କ ପଛରେ ଖୋଦିତ ହୋଇଛି ଅନ୍ୟ ପ୍ରତିମା। ବିଭିନ୍ନ ମୁଦ୍ରାରେ। ପୀଠିକାର ତଳେ ରହିଛନ୍ତି ଭକ୍ତଗଣ। ପଦ୍ମାସନରେ ଧ୍ୟାନସ୍ଥ ବୁଦ୍ଧଙ୍କର ଦୁଇହାତର ପାପୁଲି ଅଣ୍ଟା ପାଖରେ। ନାଭି ପ୍ରଦେଶର ଠିକ୍ ତଳକୁ। ତଳ ଉପର ହୋଇ ପରସ୍ପର ସହ ସଂଯୁକ୍ତ। ତଳେ କାରୁକାର୍ଯ୍ୟସମ୍ପନ୍ନ ପୀଠିକା ଓ ପଛରେ ପ୍ରଭା। ଅଭୟମୁଦ୍ରାର ବୁଦ୍ଧ ପ୍ରତିମା ସବୁଠି ଠିଆ ହୋଇଛନ୍ତି। ବେକ ପାଖରୁ ପାଦ ପର୍ଯ୍ୟନ୍ତ ବସ୍ତ୍ରାବୃତ୍ତ। ଲଳିତଗିରିର ଏହି ପ୍ରତିମାଙ୍କର ଗଢ଼ଣ କେତେ ଭାବଧର୍ମୀ ନଦେଖିଲେ ପ୍ରତେ ହେବନାହିଁ। ଦେହ ତିଆରି ହୋଇଛି କନ୍ଦା ପଥରରେ। ତେଣୁ ଅମସୃଣ। କାରୁକାର୍ଯ୍ୟ ବି ନାହିଁ। ଗୋଟିଏ ହାତ ଲମ୍ବି ଆସିଛି ତଳକୁ। ଆଣ୍ଠୁ ପର୍ଯ୍ୟନ୍ତ। ଡାହାଣ ହାତ ଅଭୟ ମୁଦ୍ରାରେ ପୂର୍ଣ୍ଣ କରୁଛି ଭକ୍ତମାନଙ୍କର ଇଚ୍ଛା। ଲଳିତଗିରିରେ ଅନ୍ୟ ଏକ ଅଭୟ ମୁଦ୍ରାର ବୁଦ୍ଧ ଠିଆ ହୋଇଛନ୍ତି ପଦ୍ମ-ପାଖୁଡ଼ା ଶୋଭିତ ପୀଠିକାରେ। ବାମ ହାତ ତଳକୁ ଓ ଦକ୍ଷିଣ ହାତ ଉପରକୁ। ଲୁଗା ବେକ ପାଖରୁ ନୁହେଁ, ଅଣ୍ଟାରୁ ଲମ୍ବିଆସିଛି ପାଦ ଉପରକୁ। ଧର୍ମପ୍ରବର୍ତ୍ତକ ବୁଦ୍ଧ ମଧ୍ୟ ବସିଛନ୍ତି ପଦ୍ମାସନର ପୀଠିକାରେ। ଅଣ୍ଟା ପାଖରେ ଦୁଇ ପାପୁଲିର ଗଢ଼ଣରେ ରହିଛି ଭିନ୍ନତା। ମୁଦ୍ରା ସ୍ୱତନ୍ତ୍ର। ଲଳିତଗିରିର ପୂଜାଗୃହର ମୂର୍ତ୍ତି ସ୍ୱତନ୍ତ୍ର। ଆକାରରେ ବିଶାଳ ଧ୍ୟାନସ୍ଥ ମୁଦ୍ରା। ମାତ୍ର ତାଙ୍କ ଦେହ ଏକାଧିକ ପଥରର ଯୋଡ଼ଣ। ଜଣେ ସୂକ୍ଷ୍ମଦର୍ଶୀର ଆଖି ହିଁ ଏହି ଯୋଡ଼ଣ ରହସ୍ୟକୁ ଭେଦିପାରିବ। ଏଭଳି ପ୍ରତିମା ଓଡ଼ିଶା ଭିନ୍ନ ଅନ୍ୟତ୍ର

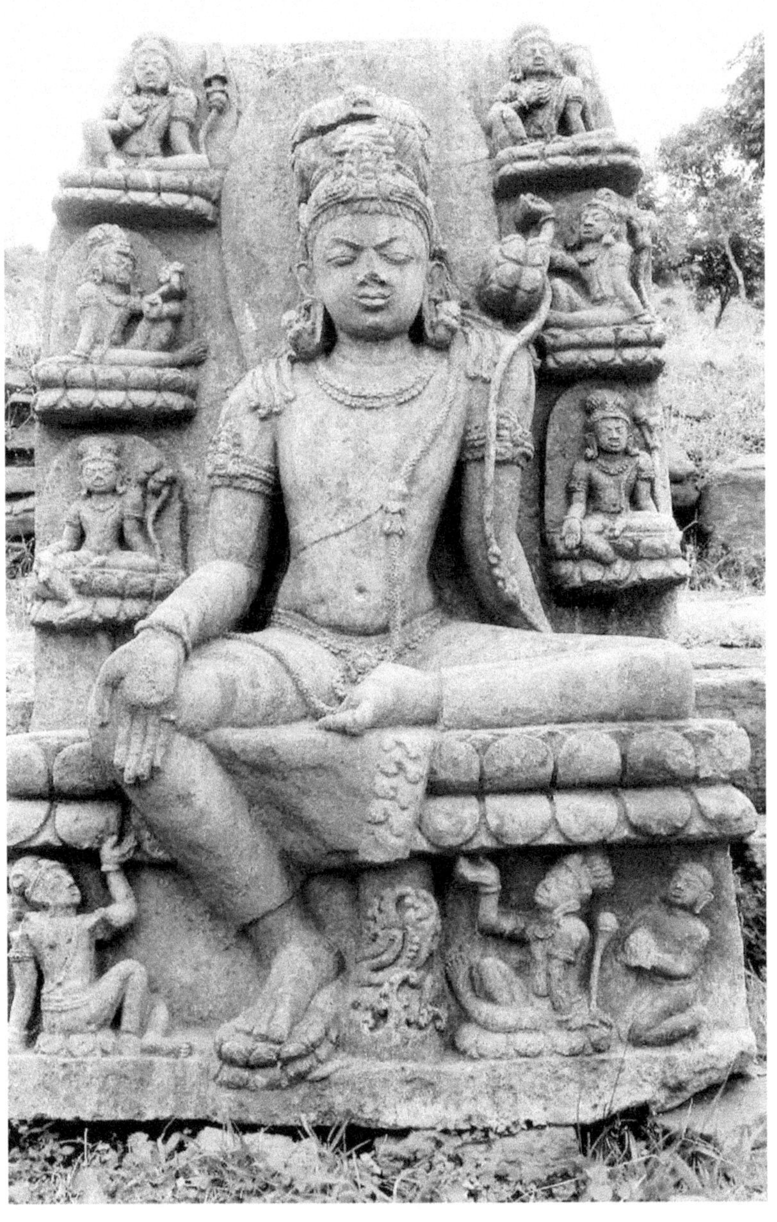

ବିରଳ। ସ୍ୱତନ୍ତ୍ରତାର ଅନ୍ୟ ଏକ ପ୍ରତୀକ ଉଦୟଗିରିର ଅବଲୋକିତେଶ୍ୱର। ମୂଳ ପ୍ରତିମାର ଉଚ୍ଚତା ପ୍ରାୟ ସାତ ଫୁଟ। ମାତ୍ର ପଛରେ ଖୋଦିତ ହୋଇଛନ୍ତି ସାତଟି ମଣିଷ ଆକାରର ବୁଦ୍ଧପ୍ରତିମା, ତାରା ଓ ହୟଗ୍ରୀବ। ପ୍ରତିମାୟିତ ବୁଦ୍ଧଙ୍କର ବିଚାର ଓ ଦର୍ଶନ ହସ୍ତମୁଦ୍ରା ନୁହେଁ, ଆଖିର ଗଢ଼ଣରେ ହିଁ ଅଭିବ୍ୟକ୍ତ। କେଉଁଠି ମୁଦ୍ରିତ, କେଉଁଠି ଅର୍ଦ୍ଧ-ମୁଦ୍ରିତ। ବୁଦ୍ଧଙ୍କର ଏହି ଚାରି ମାନସିକତାର ପ୍ରତିମା ବ୍ୟତୀତ ମହାବିହାରଗୁଡ଼ିକରେ ରହିଛନ୍ତି ବହୁ ସାଧିକା ଓ ସାଧକ।

ଆମେ ଏବେ ପୁରୁଷ ପ୍ରତିମାମାନଙ୍କୁ ଦେଖିବା। ତିନୋଟିଯାକ ବିହାରରେ ରହିଛନ୍ତି ବଜ୍ରପାଣି, ପଦ୍ମପାଣି, ବୋଧିସତ୍ତ୍ୱ, ଅବଲୋକିତେଶ୍ୱର, ଚୁଣ୍ଡା, ଦ୍ୱାରପାଳ, ନାଗରାଜ, ଉଡ଼ନ୍ତା ବିଦ୍ୟାଧର ଓ ଜାମ୍ବଳ ପ୍ରଭୃତି। ଜାମ୍ବଳ ଭଣ୍ଡାରରକ୍ଷକ, ଧନର ଦେବତା। ଆମ ହିନ୍ଦୁ ଧର୍ମର କୁବେରଙ୍କର ସେ ପ୍ରତୀକ। ଅନ୍ୟ ପ୍ରତିମାମାନଙ୍କଠାରୁ ସେ ସ୍ୱତନ୍ତ୍ର। ଦେହ ପୃଥୁଳ, ମୁହଁ ଗୋଲାକାର, ପେଟ ଥନ୍ତଲ। ଦେହସାରା ଅଳଙ୍କାରମଣ୍ଡିତ। ଲଳିତାସନରେ ବସିଛନ୍ତି। ତଳପାଖରେ ତିନୋଟି ରତ୍ନର କୁମ୍ଭ। ଉଡ଼ନ୍ତା ବିଦ୍ୟାଧରଙ୍କ ଅଣ୍ଟା ପାଖରୁ ମଥା ପର୍ଯ୍ୟନ୍ତ ମଣିଷ ଓ ତଳଅଂଶ ପକ୍ଷୀର ଦେହପରି। ପଛରେ ରହିଛି ଦୁଇଟି ଡେଣା। ନାଗରାଜାଙ୍କ ହାତରେ ପାତ୍ର, ମୁଦ୍ରିତ ଆଖି, ମଥାରେ ଜଟା ଭାର, ପାଦ ବ୍ୟତୀତ ଅନ୍ୟ ଅଙ୍ଗ ସାଳଙ୍କୃତ। ଏବଂ, ମଥା ଉପରେ ପାଞ୍ଚ ଫଣାଯୁକ୍ତ ନାଗ। ଲଳିତଗିରିର ନାଗରାଜାଙ୍କ ହାତରେ ରହିଛି ବାଡ଼ି। ବଜ୍ରପାଣି ଓ ପଦ୍ମପାଣି ପ୍ରଭୃତି ପ୍ରତିମାଗୁଡ଼ିକର ନାମରୁ ବୁଝିହେଉଛି ସେମାନଙ୍କର ଦେହର ବ୍ୟାକରଣ। ପ୍ରତ୍ୟେକ ପ୍ରତିମା ପୀଠ ଉପରେ ଠିଆ ହୋଇଛନ୍ତି। ମାତ୍ର ରତ୍ନଗିରିର ବଜ୍ରପାଣି ଓ ପଦ୍ମପାଣିଙ୍କର ରହିଛି ଚାରିଚାରୋଟି ହାତ। ଡାହାଣ ପାଖର ତଳ ହାତ ବରଦ ମୁଦ୍ରା। ହାତରେ ପଦ୍ମ ଓ ବଜ୍ର। ଏମାନଙ୍କ ପଛରେ ରହିଛନ୍ତି କ୍ଷୁଦ୍ର କ୍ଷୁଦ୍ର ପ୍ରତିମା। ତଳେ ଭକ୍ତ ଓ ଉପରେ ଧ୍ୟାନୀ ବୁଦ୍ଧ।

ଲଳିତଗିରିର ଅନ୍ୟ ଏକ ମୂର୍ତ୍ତି ସତେଯେପରି ସରଗରୁ ଅବତରଣ କରି ଆସିଛନ୍ତି ପୃଥିବୀକୁ। ତାଙ୍କ ଦୁଇ ପାଖରେ ଦୁଇଜଣ ପୁରୁଷ। ଜଣଙ୍କ ହାତରେ ଛତା। ବୁଦ୍ଧଙ୍କୁ ଛାଇ ଦେଉଛି। ଅନ୍ୟ ଜଣେ ଠିଆ ହୋଇଛନ୍ତି। ଏହାର ଅବଲୋକିତେଶ୍ୱରଙ୍କ ପ୍ରତିମା ଅନ୍ୟ ପ୍ରତିମାଗୁଡ଼ିକଠାରୁ ସ୍ୱତନ୍ତ୍ର। ଯେପରି ତ୍ରିଭଙ୍ଗୀ ଠାଣିରେ ଠିଆ ହୋଇଛନ୍ତି। ପ୍ରାୟ ପ୍ରତ୍ୟେକ ମହାବିହାରରେ ରହିଛନ୍ତି ଦ୍ୱାରପାଳ। ସେମାନେ ଉଭୟ ପୁରୁଷ ଓ ନାରୀ। ଆୟତନରେ ବଜ୍ରପାଣି, ପଦ୍ମପାଣି ଆଦି ପ୍ରତିମାଠାରୁ ସାନ। ମାତ୍ର ପ୍ରତ୍ୟେକଙ୍କ ଦେହ ଅଳଙ୍କାରରେ ଦୁର୍ଭାର। ଯାହା ସ୍ପଷ୍ଟ ଓ ଆକର୍ଷଣୀୟ। କାନରେ ଗୋଲାକାର କୁଣ୍ଡଳ, ମଥାରେ ଜଟାଭାର ଓ ଅଣ୍ଟାରେ ଚାପସରି। ନାରୀ ଦ୍ୱାରପାଳମାନେ ଅନୁରୂପ ଭାବରେ ସୁସଜ୍ଜିତା।

ଲଳିତଗିରି, ଉଦୟଗିରି, ରତ୍ନଗିରି ଓ ଲାଙ୍ଗୁଡ଼ି ପାହାଡ଼ରେ ନାରୀମାନଙ୍କର ଶାରୀରିକ ଗଢ଼ଣ ଓ ମାନସିକତା ଏତେ ସୂକ୍ଷ୍ମ ଭାବରେ ସମୀକୃତ ଯେ, ଦର୍ଶକମାନଙ୍କୁ ମୁଗ୍ଧ ଓ ଚକିତ କରେ। ନାରୀମାନଙ୍କ ନାଁ ଏହିପରି- କୁରୁକୁଲ୍ଲା, ବସୁଧାରା, ହାରିଣୀ, ଯମୁନା, ଅପରାଜିତା, ପ୍ରଜ୍ଞାପାରମିତା, ତାରା ଓ ଅନ୍ୟମାନେ। ପ୍ରାୟ ପ୍ରତ୍ୟେକ ନାରୀଙ୍କ ଡାହାଣ ହାତ ବରଦମୁଦ୍ରା। କ୍ଷୀଣକଟୀ, ପୀନ ଓ ଘନ-ବର୍ତ୍ତୁଳସ୍ତନା। ଲମ୍ବା ଓ ଗୋଲ ବାହୁ। ଗୋଟିଏ ବସୁଧାରା ମୂର୍ତ୍ତି ଚାମର ହସ୍ତା। ଅନ୍ୟ ଏକ ବସୁଧାରାଙ୍କ ଡାହାଣ ହାତ ଆଣ୍ଠୁ ଉପରେ। ଡାହାଣ ହାତରେ ମଞ୍ଜରୀ (ଫୁଲକେଣ୍ଡା)। ପଦ୍ମ ପାଖୁଡ଼ା ଶୋଭିତ ପୀଠ ଉପରେ ବସିଛନ୍ତି। ଗୋଟିଏ ପାଦ ଝୁଲି ପଡ଼ିଛି ପୀଠ ତଳକୁ। ହାରିଣୀ ଧ୍ୟାନମୁଦ୍ରାରେ ଆସୀନ। ଏବଂ, ବାମ ଜଙ୍ଘରେ ସନ୍ତାନ। ମାତୃପ୍ରତିମା। ରତ୍ନଗିରିର ଅଷ୍ଟମହାଭୟା ତାରା, ଅନ୍ୟ ତାରା ଏବଂ ଲଳିତଗିରିର ପ୍ରଜ୍ଞାପାରମିତା ଭାରି କମନୀୟ। ପ୍ରଜ୍ଞାପାରମିତା ବସିଛନ୍ତି ପଦ୍ମ ପୀଠିକାରେ। ଡାହାଣ ହାତ ବରଦ ମୁଦ୍ରା, ବାଁ ହାତ ପଛକୁ। ଭରା ଦେଇ ବସିଛନ୍ତି କି ? ଅପରାଜିତାଙ୍କ ପ୍ରତିମା ଏକ ବ୍ୟତିକ୍ରମ। ଠିଆ ହୋଇଛନ୍ତି। ଡାହାଣ ହାତ ଉପରକୁ ଏବଂ ବାଁ ହାତ ପାପୁଲି ଦୁଇ ଉତ୍ତୁଙ୍ଗ ସ୍ତନ ସନ୍ଧିରେ। କାମନା ଓ ମୋକ୍ଷର ଅଭିନ୍ନ ସତ୍ତା। ତାରା ପ୍ରତିମା, ଶିଳ୍ପୀଙ୍କ ସୌନ୍ଦର୍ଯ୍ୟବୋଧ ଅନୁରୂପ ଅଭିବ୍ୟକ୍ତି। ପାନପତ୍ର ପରି ମୁହଁ, ସରୁ ଓଠ, ସ୍ୱପ୍ନସ୍ନାତ ଆଖି, ଆଭୂଷଣ-ସକଳ ଯେପରି ସମ୍ମୋହନରେ ପରିସ୍ନାତ। ଅନ୍ୟ ଏକ ତାରା ବସିଛନ୍ତି ତ୍ରିଭଙ୍ଗୀ ଠାଣିରେ। ମୁହଁରେ କାମନା-ମୁକ୍ତିର

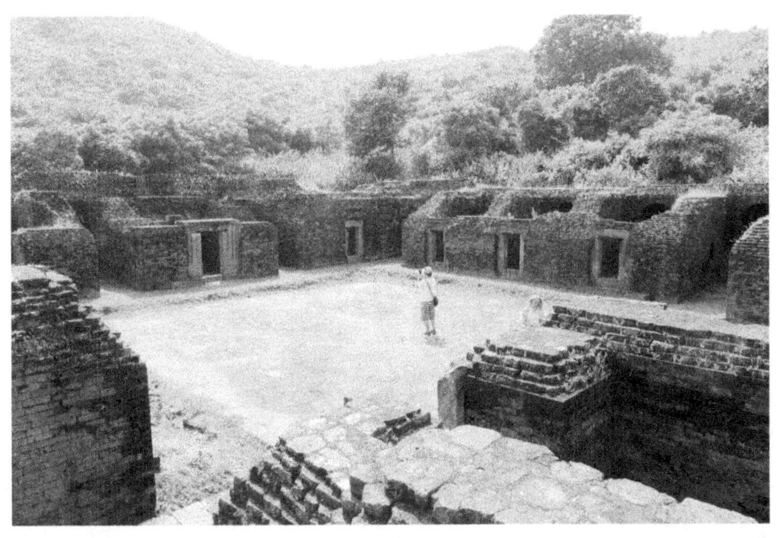

ଆନନ୍ଦ। ଆଖିରେ ଅଜସ୍ର କାମନାର ତାତି। ଅନ୍ୟ ନାରୀମାନଙ୍କ ମଧ୍ୟରେ ଅଛନ୍ତି ଚାମରଧାରିଣୀ, ଦ୍ୱାରପାଳ। ସେବାକାରିଣୀ ଓ ସୁରକ୍ଷାଦାତ୍ରୀ ଉଭୟ ଭୂମିକାରେ ନାରୀ। ଯମୁନା ବି ଅଛନ୍ତି। ନଦୀ ଓ ନାରୀ। ସାଳଂକୃତା। ଦୁଇ ପାଖରେ ଦୁଇ ସହଚରୀ। ଡାହାଣ ହାତ ବେଢ଼ି ରହିଛି ଜଣେ ସହଚରୀର କାନ୍ଧ ଓ ବେକର ଚାରି ପାଖରେ। କେତେକ ପ୍ରତିମା ଧାରିଣୀହସ୍ତା।

ଅନ୍ୟ ଯେଉଁ ପ୍ରତିମାମାନେ ଆମକୁ ଚକିତ କରନ୍ତି, ସେମାନେ ମିଥୁନରତ ନାରୀ ଓ ପୁରୁଷ। ଜଣକର ଡାହାଣ ହାତ ବେଢ଼ିଛି ଅନ୍ୟର ଗଳାକୁ। କେଉଁଠି ଲାଗୁଛି ଦୁଇଜଣଙ୍କ ଓଠ ଯେପରି ମିଳନ ଆକାଙ୍‌କ୍ଷିତ। କେଉଁଠି ଉଭୟ ଦେହଲଗ୍ନ। ଉଲ୍ଲଙ୍ଗ ନୁହନ୍ତି। ଏହି ପ୍ରତିମାମାନେ ରହିଛନ୍ତି ରତ୍ନଗିରିରେ। ଗୋଟିଏ ପ୍ରତିମା ମୈଥୁନଲିପ୍ତ।

ଉଦୟଗିରିର ପଥର ଦେହରେ ଖୋଦିତ ପାଞ୍ଚଟି ପ୍ରତିମା ସ୍ୱତନ୍ତ୍ର। ପ୍ରଥମ- ବୋଧିସତ୍ତ୍ୱ, ଠିଆ ହୋଇଛନ୍ତି; ଦ୍ୱିତୀୟ- ଅବଲୋକିତେଶ୍ୱର, ତୃତୀୟ- କୁରୁକୁଲ୍ଲା, ଚତୁର୍ଥ- ବୋଧିସତ୍ତ୍ୱ, ବସିଛନ୍ତି ଏବଂ ପଞ୍ଚମ- ମଞ୍ଜୁଶ୍ରୀ। ମଞ୍ଜୁଶ୍ରୀ ଜ୍ଞାନର ଦେବତା। ଠିକ୍ ଆମ ଗଣେଶଙ୍କ ପରି। ମଞ୍ଜୁଶ୍ରୀଙ୍କ ପଛରେ ରହିଛନ୍ତି ତେରଟି ପ୍ରତିମା। ସ୍ଥାନୀୟ ମଣିଷମାନଙ୍କ ତୁଣ୍ଡରେ ଏମାନେ କାଳେ ଷୋଳପୁଅ-ମା'। ତେବେ ଏହି ପ୍ରତିମାମାନେ ଯେ ମାତୃପ୍ରତିମା ରୂପରେ ଓ ଭାବରେ ଜନସମାଜରେ ପୂଜିତ ହୋଇଛନ୍ତି- ଷୋଳପୁଅ-ମା' ଏହାର ଉଦାହରଣ। ଏବଂ, ଏହି ମାତୃପ୍ରତିମାମାନେ ପରବର୍ତ୍ତୀ ସମୟରେ ସପ୍ତମାତୃକା, ଚଉଷଠି ଯୋଗିନୀ ଓ ଅନ୍ୟାନ୍ୟ ଶକ୍ତି ମୂର୍ତ୍ତିରେ ରୂପାନ୍ତର ହୋଇ ଆମ ସ୍ଥାପତ୍ୟ କଳାକୁ ସମୃଦ୍ଧ କରିଛନ୍ତି।

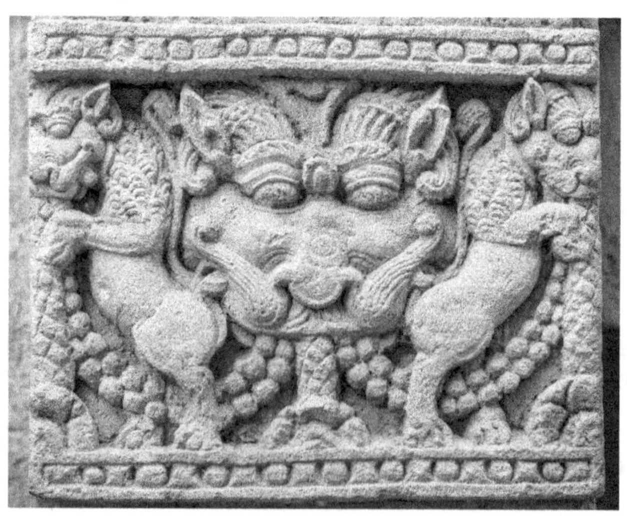

ବୁଦ୍ଧମୟ ଉତ୍କଳଭୂମି

ପରମ କାରୁଣିକ କାମନାମୁକ୍ତ ବୁଦ୍ଧ ନାନା ରୂପ, ନାନା ମୁଦ୍ରା ନାନା ଭାବରେ ଅଛନ୍ତି ଲଳିତଗିରି, ଉଦୟଗିରି, ରତ୍ନଗିରି, ଲାଙ୍ଗୁଡ଼ି ପାହାଡ଼ ପାଦଦେଶରେ; ପୁଣି ଅଛନ୍ତି ସାଧକ ସାଧିକା ଭକ୍ତମାନଙ୍କ ଗହଣରେ ପ୍ରାୟ ଷଷ୍ଠ ଶତାବ୍ଦୀରୁ ପଞ୍ଚଦଶ-ସପ୍ତଦଶ ଶତାବ୍ଦୀ ପର୍ଯ୍ୟନ୍ତ । ହୁଏନ୍ସାଂଙ୍କ ଭାଷାରେ ପୁଷ୍ପଗିରି ହେଉଛି ମହାଜ୍ୟୋତି, ମନ୍ଦ୍ରନାଦ ଓ ମହୌଷଧିର ପ୍ରତୀକ । ମାତ୍ର ସେ କେବଳ କେତୋଟି ବିହାର ଭିତରେ ବନ୍ଦୀ ଜୀବନ ବଞ୍ଚୁ ନାହାନ୍ତି । ଶହ ଶହ ବର୍ଷ ଧରି ନିକଟରୁ ଦୂର-ସୁଦୂର ଭୂମିରେ ଆପଣା ଜୀବନ ଔଷଧିରେ ମଣିଷମାନଙ୍କୁ ମୃତ୍ୟୁଞ୍ଜୟୀ କରିଛନ୍ତି । ପାଖରେ ବ୍ରାହ୍ମଣୀ ନଈର ଆର କୂଳରେ ବିରଜାକ୍ଷେତ୍ର ଶକ୍ତି ପୀଠ । ଦେବୀ ଦ୍ୱିଭୁଜା ମହାମାୟା । ମାତ୍ର ତାଙ୍କରି ଭୂମିରେ ଅଛନ୍ତି ପ୍ରାୟ ଷୋହଳ ଫୁଟରୁ ଅଧିକ ଉଚ୍ଚତା ବିଶିଷ୍ଟ ବୋଧିସତ୍ତ୍ୱ, ପଦ୍ମପାଣି ଏବଂ ଶାନ୍ତ ମାଧବ । ଉଭୟ ବିଶାଳକାୟ । ସେମାନଙ୍କୁ ଦେଖି ଦିନେ ଚକିତ ପରମାନନ୍ଦ ଆଚାର୍ଯ୍ୟ ଏହା ଗୁପ୍ତ କଳାର ଉତ୍ତ୍ର ରୂପାନ୍ତର ବୋଲି ଅନୁମାନ କରିଛନ୍ତି । ଯାଜପୁର ପାଖ ବୈତରଣୀ ନଈକୂଳରେ ରହିଛି ସୋଲଙ୍ଗପୁର ଗାଁ । ଏଠି ବି ଦିନେ ବିହାର ଥିଲା । ବିହାର ଭାଙ୍ଗି ଯାଇଛି । ମାତ୍ର ମୂର୍ତ୍ତିଗୁଡ଼ିକ ପ୍ରାୟ ଅକ୍ଷତ ରହିଛନ୍ତି । ସ୍ଥାନୀୟ ଲୋକମାନେ ସମ୍ପାଦିଛନ୍ତି ରଘୁନାଥ ମନ୍ଦିରରେ । ଏଗୁଡ଼ିକ ମଧ୍ୟରେ ଯେଉଁ କେତୋଟି ଆମକୁ ବିମୁଗ୍ଧ କରେ, ତାହା ବୁଦ୍ଧଙ୍କ ଅଷ୍ଟାଶ୍ଚର୍ଯ୍ୟ ଚିତ୍ର । ଦିବ୍ୟ ଚେତନା ଯେପରି ସ୍ୱର୍ଗରୁ ଅବତରି ଆସିଛନ୍ତି ମର୍ତ୍ତ୍ୟକୁ । ରହିଛି ତାଙ୍କ ଜନ୍ମ, ଧର୍ମଚକ୍ର ପ୍ରବର୍ତ୍ତନ, ମାଙ୍କଡ଼ ହାତରୁ ଖାଦ୍ୟ ସଂଗ୍ରହ ଓ ମହାପରିନିର୍ବାଣର ଦୃଶ୍ୟ । ପୀଠିକାରେ ରହିଛି ଅର୍ଦ୍ଧପର୍ଯ୍ୟଙ୍କ ଆସନରେ ଖୋଦିତ ଛ'ଗୋଟି ମାନୁଷୀ ଚିତ୍ର ଏବଂ ଅବଲୋକିତେଶ୍ୱର ଓ ତ୍ରିଭଙ୍ଗୀ ଠାଣିରେ ଠିଆ ତାରା । ଏଥିସହିତ ଅନ୍ୟ ବହୁ ଛୋଟ ଛୋଟ ମୂର୍ତ୍ତି । ଆଉ ଟିକିଏ ଦୂରକୁ ଗଲେ ବାଲେଶ୍ୱର । ଏଠାରେ ନୀଳଗିରି ସହର ପାଖରେ ଗୋଟିଏ ଗାଁ ଅଯୋଧ୍ୟା । ସୁନ୍ଦର ପ୍ରାକୃତିକ ପରିମଣ୍ଡଳ । ଚାରିପାଖରେ ପାହାଡ଼ ଓ ନଈ । ଗାଁରେ ସ୍ପଷ୍ଟ ବାରି ହୋଇପଡୁଛି ବୁଦ୍ଧ

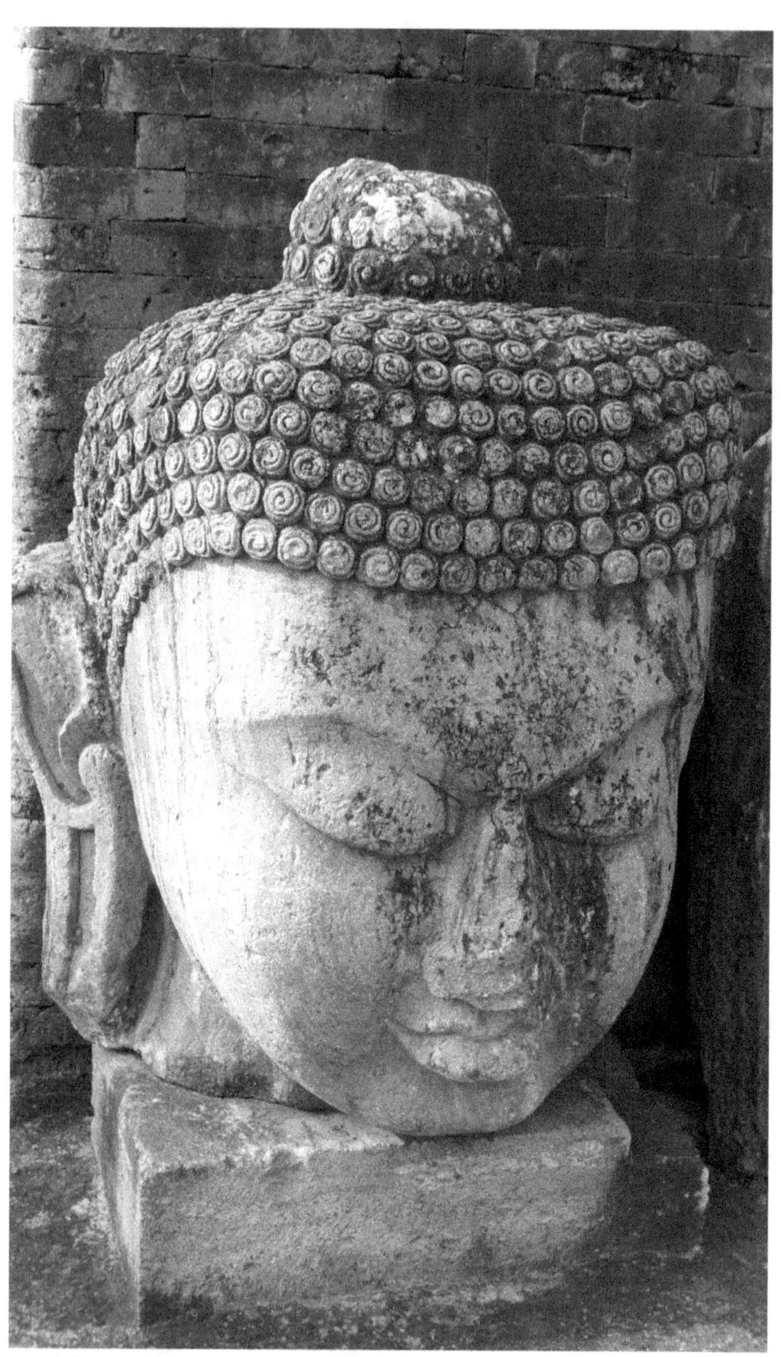

ଚେତନାର ଦୃଶ୍ୟ। ଏଠି ଇଷ୍ଟଦେବୀ ମାରିଚୀ। ଖଣ୍ଡଭାଡ଼ି ନାମକ ସ୍ଥାନରୁ ଏ ଗାଁକୁ ଆସିଛନ୍ତି। କଳାମୁଗୁନି ପଥରରେ ଗଢ଼ା ଦେହ। ଉଚ୍ଚତା ପ୍ରାୟ ସାଢ଼େ ତିନିଫୁଟ। ଆଠଟି ହାତ, ତିନି ଦିଗକୁ ମୁହଁ। ରଥ ଉପରେ ଠିଆ ହୋଇଛନ୍ତି, ରଥକୁ ଟାଣୁଛନ୍ତି ଆଠଟି ବାରହା। ହାତରେ ବଜ୍ର, ଗଦା, ଧନୁ, ଶର, ଛୁଞ୍ଚ ଓ ସୂତା। ଆସନରେ ଧାରଣୀ ଚିହ୍ନ। ପାଖରେ ଚାରିଜଣ ସହଚରୀ। ଅନ୍ୟ ଦୁଇଟି ମୂର୍ତ୍ତି ରାଜକୀୟ ପୋଷାକରେ ଶୋଭାବନ୍ତ। ମଞ୍ଜୁଶ୍ରୀ ଓ ଚାରିହାତ ଥିବା ଅବଲୋକିତେଶ୍ୱର। ଗାଁରେ ଶିବ ମନ୍ଦିରଟିଏ ଅଛି। ସେଠି ପୂଜା ପାଉଛନ୍ତି ତାରା। ଆଠଟି ହାତ, ଚାରି ମୁଣ୍ଡ, ଆୟୁଧ କହିଲେ- ଶଙ୍ଖ, ଶର, ଧନୁ, ବଜ୍ର ଇତ୍ୟାଦି। ମଥା ଉପରେ ଧ୍ୟାନୀ ବୁଦ୍ଧ। ଆଜିର ଶିବାଳୟ ଓ ଶକ୍ତିପୀଠଗୁଡ଼ିକ ଯେ ଏକଦା ବୌଦ୍ଧ ପୀଠ ଥିଲା ଅଯୋଧ୍ୟା ତାହାର ଉଦାହରଣ।

ଏକଦା ଦୁଇ ବିଖ୍ୟାତ ଐତିହାସିକ ପରମାନନ୍ଦ ଆଚାର୍ଯ୍ୟ ଓ ରମା ପ୍ରସାଦଙ୍କ ଆଖି ଭୌମକର ରାଜାମାନଙ୍କ କରଦ ରାଜ୍ୟ, ଭଞ୍ଜବଂଶୀମାନଙ୍କ ବିଚରଣ ଭୂମି ମୟୂରଭଞ୍ଜର କଳାକୀର୍ତ୍ତି ଉପରେ ପଡ଼ିଛି। ଖିଚିଂ ମନ୍ଦିର ଏବଂ ଆଖପାଖ ଅଞ୍ଚଳର ପୀଠଗୁଡ଼ିକୁ ସେମାନେ ଖନନ କରିଛନ୍ତି। ସେମାନଙ୍କ ଆଖିଆଗରେ ସ୍ପଷ୍ଟ ହୋଇଯାଇଛି ଛୋଟ ଛୋଟ ବିହାର। ଶଙ୍ଖୁଆଗଡ଼ରୁ ମିଳିଛି ପୋଡ଼ା ମାଟିର ଧାରଣୀ ଚିହ୍ନ ଅଙ୍କିତ ପ୍ରତୀକ। ଭୂମିସ୍ପର୍ଶୀ ଧ୍ୟାନୀବୁଦ୍ଧ ଏବଂ ତାରା, ବସୁଧାରା, ଜମ୍ଭାଳ, ମଞ୍ଜୁଶ୍ରୀ ଆଦିଙ୍କ ମୂର୍ତ୍ତି। ମୁଗୁନି ପଥରରେ ତିଆରି। ଟାଣ ପଥର ଖଣ୍ଡକୁ ନିହାଣ ମୁନରେ ହାଣି ହାଣି ଚିକ୍କଣ ଓ ଭାବ ଉଭାସନ ପରି ସୂକ୍ଷ୍ମ କଳାବୋଧର ଅଧିକାରୀ ଥିଲେ ସେକାଳର ସ୍ଥପତିମାନେ। ବହୁସଂଖ୍ୟକ ମୂର୍ତ୍ତି ଏବେ ଖିଚିଂ ସଂଗ୍ରହାଳୟର ସମ୍ପଦ।

ବୁଦ୍ଧ ଏବେ ମହାକୋଶଳରେ। କଳାହାଣ୍ଡିର ବେଲପଡ଼ାଠାରୁ ଆରମ୍ଭ କରି ସମ୍ବଲପୁର, ସୋନପୁର, ବୌଦ୍ଧ ପର୍ଯ୍ୟନ୍ତ ବିସ୍ତୃତ ଭୂଖଣ୍ଡରେ। ଏହି ଅଞ୍ଚଳ ଏକଦା ବୌଦ୍ଧ ସହଜଯାନୀମାନଙ୍କର ସାଧନାଭୂମି ଥିଲା। ଶକ୍ତି ଓ ବୁଦ୍ଧଙ୍କର ସମୀକରଣ ଓ ଉତ୍ତରଣ ତତ୍ତ୍ୱର କ୍ଷେତ୍ର। ବଉଦରେ ସମ୍ଭବତଃ ଏକ ବିହାର ଥିଲା। ରହିଛନ୍ତି- ଭୂମିସ୍ପର୍ଶୀ ମୁଦ୍ରାବିଷ୍ଟ ବୁଦ୍ଧ। ସ୍ଥାନୀୟ ଲୋକଙ୍କର ପ୍ରିୟ ବୁଦ୍ଧରାଜା। ଗଢ଼ଣ ଅବଶ୍ୟ ସୂକ୍ଷ୍ମ ନୁହେଁ, ମାତ୍ର ତିନିଖଣ୍ଡ ପଥରର ଯୋଡ଼ଣ। ଅନ୍ୟତମ ପ୍ରତିମା ଚାରିବାହୁ ବିଶିଷ୍ଟ। ଶଙ୍ଖନାଥ ଲୋକେଶ୍ୱର, ଲଳିତାସନ ଓ ବରଦମୁଦ୍ରା। ବଉଦ ପାଖ ମହାନଦୀ କୂଳରେ ରହିଛି ଅନ୍ୟ ଏକ ମୂର୍ତ୍ତି। ଖଣ୍ଡୋଲାଇଟ୍ ପଥରରେ ତିଆରି ଭୂମିସ୍ପର୍ଶୀ ମୁଦ୍ରାରେ ଉପବିଷ୍ଟ ମୂର୍ତ୍ତି। ଚାରିପଟରେ ରହିଛନ୍ତି ତାରା, ଗନ୍ଧର୍ବ ଓ ଯକ୍ଷ। ବଉଦରୁ ମହାନଦୀ କୂଳେ କୂଳେ ଆସିଲେ ପଡ଼ିବ ନରସିଂହପୁର। ସ୍ଥାନର ନାଁ ବାଣେଶ୍ୱରନାସୀ। ଅବଲୋକିତେଶ୍ୱର, ପ୍ରଜ୍ଞାପାରମିତା ଆଦି ଅନେକ ମୂର୍ତ୍ତି ଏଠାରେ। ତାରା ଓ ଧ୍ୟାନୀ ବୁଦ୍ଧଙ୍କ ପ୍ରତିମା ସୂକ୍ଷ୍ମ

କାରୁକାର୍ଯ୍ୟସମ୍ପନ୍ନ। ସେମାନେ ଏବେ ରୂପାନ୍ତରିତ ହୋଇଯାଇଛନ୍ତି ଶକ୍ତି ରୂପରେ। ପୂଜା ବି ପାଉଛନ୍ତି। ବରଗଡ଼ର ଗଣିଆପାଲିରେ ବି ବୁଦ୍ଧ ଅଛନ୍ତି। ଏକଦା ବ୍ରାହ୍ମଣୀ ନଈକୂଳର ତାଳଚେର ଏବଂ ଦୂରରେ ଥିବା ହିନ୍ଦୋଳ ଅଞ୍ଚଳ ମଧ୍ୟ ବୁଦ୍ଧଙ୍କ ଭୂମି ଥିଲା। ତାଳଚେର ପାଖ ପଶ୍ଚିମେଶ୍ୱର ମନ୍ଦିରରେ ରହିଛନ୍ତି ଧ୍ୟାନମୁଦ୍ରାରେ ଆସୀନ ବୁଦ୍ଧ ପ୍ରତିମା। ଖଣ୍ଡ ଖଣ୍ଡ ପଥରର ଯୋଡ଼ଣରେ ସୁଗଠିତ ତାଙ୍କ ଦେହ। ଲଳିତଗିରିର ବୁଦ୍ଧମୂର୍ତ୍ତି ଅନୁରୂପ।

ପଶ୍ଚିମ ଓ ମଧ୍ୟ-ଓଡ଼ିଶାରୁ ଏବେ ଆସିବା ଉପକୂଳ ଅଞ୍ଚଳକୁ। ଚୌଦ୍ୱାର, ପୁରୀ, ବାଣପୁର- ସବୁଠି ବୁଦ୍ଧ। ମହାନଦୀ ବିରୂପା କୂଳର ଚୌଦ୍ୱାରଗଡ଼ ପାଖରୁ ମିଳିଛନ୍ତି ଅବଲୋକିତେଶ୍ୱର ଓ ପ୍ରଜ୍ଞାପାରମିତା। ଦୁଇ ହାତଥିବା ତାରା ଠିଆ ହୋଇଛନ୍ତି। ଗୋଟିଏ ହାତରେ ପାନପତ୍ର ଓ ଅନ୍ୟ ହାତରେ କାଣ୍ଡ ବିନ୍ଧିଲା ପରି ମୁଦ୍ରା। ଏଗୁଡ଼ିକ ସୋମବଂଶୀ ଶାସନକାଳୀନ ପ୍ରତିମା। ପୁରୀ ଜିଲ୍ଲାର ବାଣପୁର ପାଖ ଅଚ୍ୟୁତରାଜପୁର ଅନ୍ୟତମ ବୌଦ୍ଧ କ୍ଷେତ୍ର। ଏଠାରେ ବହୁସଂଖ୍ୟକ ବ୍ରୋଞ୍ଜ ମୂର୍ତ୍ତି ସହିତ ମିଳିଛି ତିନୋଟି ପଥର ପ୍ରତିମା। ଗୋଟିଏ ଦୁଇ ହାତ ଥିବା ତାରା ବେଶ୍ କଳାତ୍ମକ। ସେ ଉତ୍ତରାୟଣୀ ନାମରେ ପୂଜିତା। ଦ୍ୱିତୀୟ ଲଳିତାସନା ତାରା। ଗୋଟିଏ ହାତରେ ପଦ୍ମ ଅନ୍ୟ ହାତ ବରଦମୁଦ୍ରା। ତାଙ୍କ କୀରିଟରେ ରହିଛନ୍ତି ତଥାଗତ। ପାଖରେ ମାରିଚୀ ଓ ଏକଜଟା। ପୀଠିକାରେ ଦୁଇଜଣ ନତଜାନୁ ଭକ୍ତ ଓ ଧାରିଣୀ ଚିହ୍ନ। ତୃତୀୟ ପ୍ରତିମା ରହିଛନ୍ତି ବାଲୁଙ୍କେଶ୍ୱର ମନ୍ଦିରରେ। ସେ ତ୍ରୟଂତିଶା। ଅଚ୍ୟୁତପୁରର ଅନ୍ୟ ଏକ ଶିବ ମନ୍ଦିରରେ ଅଛନ୍ତି ଅବଲୋକିତେଶ୍ୱର ଓ ଆଠ ହାତ ବିଶିଷ୍ଟ ମାରିଚୀ। ମାରିଚୀଙ୍କର ତିନୋଟି ମୁହଁ। ରଥ ଉପରେ ବସିଛନ୍ତି, ରଥକୁ ଟାଣୁଛନ୍ତି ସାତଟି ଶୂକର। ଏହିପରି ଏକ ମୂର୍ତ୍ତି ରହିଛି ନୀଳଗିରିରେ। ଅନ୍ୟ ଏକ ମୂର୍ତ୍ତି ବଜ୍ରପର୍ଯ୍ୟଙ୍କ ବୁଦ୍ଧ। ଆକାରରେ ଛୋଟ।

ଦୟାନଦୀ କୂଳର ଆରାଗଡ଼, ହରିପୁର ଗ୍ରାମପଞ୍ଚାୟତର ଅନ୍ୟ ଏକ ଗାଁ। ଏଠି ଏକ ସ୍ତୂପ ରହିଛି। ରହିଛନ୍ତି ଚତୁର୍ଭୁଜ ଅବଲୋକିତେଶ୍ୱର, ତାରା ଏବଂ ପୀଠିକାରେ ମହାବୈରୋଚନା, ହୟଗ୍ରୀବ ଓ ବଜ୍ରସତ୍ତ୍ୱଙ୍କ ପ୍ରତିମା। ପାହାଡ଼ର ଚୂଡ଼ାରେ ରହିଛି ଏକ ସ୍ତୂପ। ଏହାର ଛାତ ସମତଳ। ଛାତକୁ ଟେକି ଧରିଛି ଖୁଣ୍ଟ। ଚାରିପାଖ ଖୋଲା। ତଳେ ରହିଛି ଅନ୍ୟ ଏକ କୋଠରୀ। ଏଥିରେ ଗୋଟିଏ କବାଟ। ଜଣାପଡୁଛି ଏହା ଏକ ପ୍ରାଚୀନ ସ୍ତୂପ। ଏବେ ସୁନ୍ଦରପଦା ପାଖ କପିଳପ୍ରସାଦ ଗାଁକୁ ଆସିବା। ଚକ୍ରଧର ମହାପାତ୍ର ଓ ଅନ୍ୟ କେତେକ ଗବେଷକ ଏହାକୁ ବୁଦ୍ଧଙ୍କର ଜନ୍ମଭୂମି ବୋଲି ଦାବି କରନ୍ତି। ଏଠାରେ ନାଗ-ନାଗୁଣୀ ପ୍ରତିମା ସହିତ ମିଳିଛି ଧନଦା ତାରାଙ୍କ ମୂର୍ତ୍ତି। କୋଣାର୍କ ପାଖ କୁରୁମ ଗାଁରେ ମଧ୍ୟ ବୁଦ୍ଧ ପୂଜା ପାଉଛନ୍ତି। ବୁଦ୍ଧଙ୍କ ଗଢ଼ଣ ସ୍ୱତନ୍ତ୍ର। ସେ ବସିଛନ୍ତି ପଦ୍ମାସନରେ। ଡାହାଣ ହାତ ଭୂମି ଛୁଇଁଛି, ବାମ ହାତ ଜଙ୍ଘ ଉପରେ। ବେକରେ

ଲମ୍ବା ହାର। ମଥାରେ ମୁକୁଟ। ବୁଦ୍ଧ ପୃଥିବୀର ସବୁ ମଣିଷଙ୍କ ପାଖରେ ଜଣେ ପରିଚିତ ସତ୍ତା। ଏକ ପ୍ରତିମାକୁ ଆମେ ସବୁ ଭୂମିରେ ବୁଦ୍ଧ ଭାବରେ ଚିହ୍ନୁଛୁ। ତାଙ୍କ ରୂପ କିପରି ଥିଲା, ଆମେ କେହି ଦେଖିନାହୁଁ। ସେ ପ୍ରଥମେ ଜଣେ ଶିଳ୍ପୀର ଚେତନାରେ ପ୍ରମୂର୍ତ୍ତ ହୋଇଛନ୍ତି। ଏକ ନିର୍ଦ୍ଦିଷ୍ଟ ନିର୍ଦ୍ଦିଷ୍ଟ କାଳରେ, ଏକ ନିର୍ଦ୍ଦିଷ୍ଟ ଭୂମିର ପ୍ରତୀକ ରୂପରେ ସକଳ ଭୂମିକୁ ଗତି କରିଛନ୍ତି। କାଳକ୍ରମେ ସେ ଭିନ୍ନ ଭିନ୍ନ ରୂପରେ ଆସିଛନ୍ତି- ଶୈଶବରୁ ମହାନିର୍ବାଣ ପର୍ଯ୍ୟନ୍ତ। ମଝିରେ ଯାହା ଯୁବରାଜରୁ ସନ୍ନ୍ୟାସ, ସାଧନାରୁ ସିଦ୍ଧି ଲାଭ।

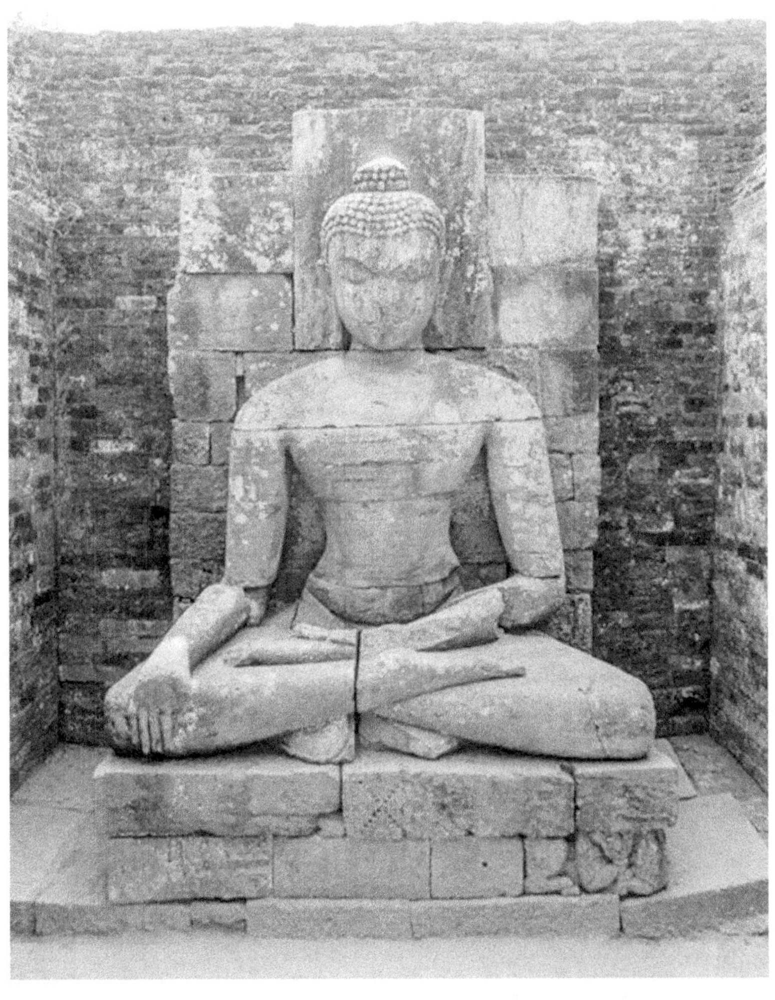

ତାଙ୍କ ଭିନ୍ନ ଭିନ୍ନ ଭାବ ରୂପକୁ ଆମେ ପଦାର୍ଥ ମାଧ୍ୟମରେ ପ୍ରମୂର୍ତ୍ତ କରୁଛୁ, ମାତ୍ର ଯେଉଁ ରୂପରେ ଗଢ଼ିଦେଲେ ବି ଗଢ଼ଣ ଭିତରେ ଏକ ନିର୍ଦ୍ଦିଷ୍ଟ ରୂପ ଉଦେ ହୋଇଯାଇଛି। ଅର୍ଥାତ୍ ରୂପ ଓ ଭାବ ଭିତରେ ଅଭେଦତ୍ୱ ଯେପରି ଅନୁବନ୍ଧିତ। ତାଙ୍କ ଭାବ-ରୂପ ସୁସ୍ପଷ୍ଟ।

ଆମେ ଷଷ୍ଠ-ସପ୍ତମ ଶତାବ୍ଦୀରୁ ପଞ୍ଚଦଶ ଶତାବ୍ଦୀ ପର୍ଯ୍ୟନ୍ତ, ଓଡ଼ିଶାର ବିଭିନ୍ନ ଅଞ୍ଚଳରେ ବୁଦ୍ଧଙ୍କୁ ନାନା ରୂପରେ ଦେଖୁଛୁ। ବୋଧିସତ୍ତ୍ୱ, ଅବଲୋକିତେଶ୍ୱର, ବଜ୍ରସତ୍ତ୍ୱ, ବଜ୍ରପାଣି, ପଦ୍ମପାଣି ଇତ୍ୟାଦି। ଅଙ୍ଗରେ ନାନା ମୁଦ୍ରା। କେତେବେଳେ ଦଣ୍ଡାୟମାନ ତ କେତେବେଳେ ଆସୀନ। ସକଳ ଭିତରେ ବୁଦ୍ଧତ୍ୱ ବାରି ହୋଇପଡୁଛି। ଏହା ହିଁ ସ୍ଥପତିମାନଙ୍କର ସୂକ୍ଷ୍ମ ଚେତନାର ପ୍ରତୀକ। ଏଠାରେ ପଦାର୍ଥ (କନ୍ଦା, ବଉଳ ମାଳିଆ ଓ କଳାମୁଗୁନି ପଥର) ମାଧ୍ୟମ ମାତ୍ର। ଜଣେ ଭାବ ଜଗତରେ ସମାହିତ ସତ୍ତା ହିଁ ପଦାର୍ଥକୁ ପ୍ରତିମାୟିତ କରିପାରେ। ପ୍ରତ୍ୟେକ ମୂର୍ତ୍ତି ତାହାର ଉଦାହରଣ। ମୂର୍ତ୍ତି ଗଢ଼ଣରେ ଶାସ୍ତ୍ର/ ବ୍ୟାକରଣ ଅବଶ୍ୟ କଥା କହୁଛି। ପାଦର ନଖ ପାଖରୁ କେଶ ପର୍ଯ୍ୟନ୍ତ ପ୍ରତ୍ୟେକ ଅଙ୍ଗ-ପ୍ରତ୍ୟଙ୍ଗ ଗଢ଼ଣରେ ଆନୁପାତିକତା ବିଦ୍ୟମାନ। ମାତ୍ର ଆନୁପାତିକତା ସବୁକିଛି ନୁହେଁ, ଗୁରୁତ୍ୱପୂର୍ଣ୍ଣ ହେଉଛି ଗଢ଼ଣ କାଳରେ ସେଗୁଡ଼ିକର ଭାବଧର୍ମୀ ରୂପାନ୍ତର। ସେ ନାରୀ ଅଥବା ପୁରୁଷ, ପଶୁ ଅଥବା ପକ୍ଷୀ ବା ସରୀସୃପ। ଯେକୌଣସି ପ୍ରତିମା ହେଉ, ସେମାନଙ୍କ ଭାବରୂପ ଆମକୁ ଅଭିଭୂତ କରେ।

ପ୍ରତିମାମାନଙ୍କ ଗଢ଼ଣ କଳାକୁ ଏବେ ବିଚାର କରିବା। କିଏ ଯୋଡ଼ହସ୍ତ, କିଏ ପାତ୍ରହସ୍ତ, କିଏ ଆୟୁଧହସ୍ତ, କିଏ ପଦ୍ମହସ୍ତ ତ କିଏ ଅସ୍ତ୍ରଧାରୀ; କିଏ ପଦ୍ମାସନା, କିଏ ନତଜାନୁ, କିଏ ଶାୟିତ, କିଏ ଅର୍ଦ୍ଧଶାୟିତ; କିଏ ଦ୍ୱିଭୁଜ, କିଏ ଚତୁର୍ଭୁଜ, କିଏ ଅଷ୍ଟଭୁଜ ଇତ୍ୟାଦି। ପ୍ରତ୍ୟେକଙ୍କ ଅଙ୍ଗଭଙ୍ଗୀ ଜୀବନ୍ତ। ପ୍ରତ୍ୟେକଙ୍କ ଦେହରେ ସ୍ୱତନ୍ତ୍ର ଅଳଙ୍କାର। ପଛରେ ଧର୍ମର ପ୍ରତୀକ ଓ ସୂକ୍ଷ୍ମ କାରୁକାର୍ଯ୍ୟସମ୍ପନ୍ନ ପ୍ରଭା। ଏଠାରେ ନାରୀମୂର୍ତ୍ତିମାନଙ୍କର ଗଢ଼ଣ ଗୋଟିଏ ଶବ୍ଦରେ କହିଲେ ଚମତ୍କାର। ସେମାନଙ୍କର ନାନା ନାମ। ତାରା, ଅଷ୍ଟମହାଭୟା ତାରା, ପ୍ରଜ୍ଞାପାରମିତା, ବସୁଧାରା, ଯମୁନା, ଚାମରଧାରିଣୀ, ପାତ୍ରଧାରିଣୀ, ଦ୍ୱାରପାଳିକା ଓ ଦେହସୁଖ ବିଭୋର ପୁରୁଷ ଓ ନାରୀ ପ୍ରତ୍ୟେକ ସ୍ୱତନ୍ତ୍ର। ସେମାନେ ପୁଣି ସାଳଙ୍କୃତ। ଅଣ୍ଟାରେ ସରି ସରି ଅଣ୍ଟାସୂତା, ଗଳାରେ ଛୋଟ ଅଥବା ଅଣ୍ଟା ପର୍ଯ୍ୟନ୍ତ ଲମ୍ବିତ ହାର, ବାହୁ ଓ ମଣିବନ୍ଧ, ପାଦରେ ନାନା ଆକାର ଓ ପ୍ରକାର ଅଳଙ୍କାର, ନାନା ଭଙ୍ଗୀର କେଶସଜ୍ଜା। ସବୁ ସ୍ୱତନ୍ତ୍ର। ଅଣ୍ଟା ସରୁ, ନାଭି ଗଭୀର, ନିତମ୍ବ ଘନ, ବର୍ତ୍ତୁଳ ଓ ସୁଲମ୍ବ। ସ୍ତନ ଉନ୍ନତ ଓ ବର୍ତ୍ତୁଳ। ଆଖି, ଓଠ, କପାଳ- ସବୁ କଥାକୁହା। ଠାଣି ଭାବଧର୍ମୀ। ଦେହ ତ ନୁହେଁ, ସତେଯେପରି ସମ୍ମୋହନ ଓ ପରିନିର୍ବାଣର ମହାଧାରା।

ଦର୍ଶନ ଓ ବିଚାରକୁ ମୂର୍ତ୍ତି, ସ୍ତୂପ ଓ ଦେଉଳ ମାଧ୍ୟମରେ କିପରି ଏକୀଭୂତ କରାଯାଇପାରେ ମୂର୍ତ୍ତିଗୁଡ଼ିକ ତାହାର ଉଦାହରଣ। ବହୁ ମୂର୍ତ୍ତିର ଗଢ଼ଣ ତ୍ରିସ୍ତରୀୟ। ତଳେ ପଦ୍ମପାଖୁଡ଼ାଯୁକ୍ତ ପୀଠିକା, ରହିଛନ୍ତି ଭକ୍ତ, ସେବକ; ମଝିରେ ବିଭିନ୍ନ ମୁଦ୍ରାଯୁକ୍ତ ସ୍ୱୟଂ ମୂର୍ତ୍ତି ଏବଂ ଶୀର୍ଷରେ ଧ୍ୟାନୀବୁଦ୍ଧ। ଏଠାରେ ପୀଠ ଯେପରି ପ୍ରପଞ୍ଚ, ସଂସାର-ବୈଚିତ୍ର୍ୟମଣ୍ଡିତ। ମଝିରେ ସାଧନାନିଷ୍ଠ ଜୀବନ ଏବଂ ଶୀର୍ଷରେ ସିଦ୍ଧି। ମାତ୍ର ସିଦ୍ଧିରେ ଜୀବନର ପୂର୍ଣ୍ଣତା ନାହିଁ। ଶୀର୍ଷ ଅତିକ୍ରମଣରେ ହିଁ ପୂର୍ଣ୍ଣତା। ଉପରେ ଶୂନ୍ୟ, ମହାଶୂନ୍ୟ-ପରିନିର୍ବାଣ, ଯାହା ଏକ ଅତିକଳ୍ପନା-ଅଦୃଶ୍ୟ ମହାଦୃଶ୍ୟ।

ବୌଦ୍ଧ ସ୍ଥାପତ୍ୟର ଅନ୍ୟତମ ବୈଚିତ୍ର୍ୟ ଇଟା ତିଆରି ସ୍ତୂପ ଓ ମନ୍ଦିରଗୁଡ଼ିକର ପଥରଖଚିତ ଦ୍ୱାରବନ୍ଧରେ ସୂକ୍ଷ୍ମ କାରୁକାର୍ଯ୍ୟସମ୍ପନ୍ନ ଲତା, ଫୁଲ, ଫଳର କଳାତ୍ମକ ସଂରଚନା, ମୋଟିଫ୍। ଏବଂ, ପଶୁ, ପକ୍ଷୀ, ସରୀସୃପମାନଙ୍କର ଭାବରୂପ। ପରବର୍ତ୍ତୀକାଳୀନ ମନ୍ଦିର ସ୍ଥାପତ୍ୟରେ ସମ କଳାବୋଧ ସୁସ୍ପଷ୍ଟ। ମୂର୍ତ୍ତି ଖଣ୍ଡିଏ ପଥର, କେତେଖଣ୍ଡ ପଥରର ଯୋଡ଼ଣ ଅଥବା ପାହାଡ଼ ଦେହରେ ପ୍ରମୂର୍ତ୍ତ। ମାତ୍ର ପ୍ରତ୍ୟେକ ଯେପରି ଏକ ଭାବାଦର୍ଶର ଉଦ୍ଭାସନ। ଭାରତୀୟ ଦର୍ଶନ ଓ ସୂକ୍ଷ୍ମ କଳାବୋଧର ପ୍ରତୀକ, ଫୁଲ୍ଲ ରୂପ।

ମନେହୁଏ, ଖଣ୍ଡଗିରି, ଲଳିତଗିରି, ରତ୍ନଗିରି ଥିଲା ସେ କାଳରେ ମୂର୍ତ୍ତି ଗଢ଼ଣର ଶାଳ। ବୁଦ୍ଧ ଏବଂ ସହଜ ସାଧିକାମାନଙ୍କ ଛୋଟ ଓ ବଡ଼ ମୂର୍ତ୍ତିଗୁଡ଼ିକ ନାନା ଭୂମିକୁ ସ୍ଥାନାନ୍ତରିତ ହୋଇଛନ୍ତି। କେତେକ ବୁଦ୍ଧ ଏବଂ ଅନ୍ୟ କେତେକ ଶକ୍ତି; ଯାହା ଉତ୍କଳୀୟ ସ୍ଥାପତ୍ୟର ସ୍ମାରକୀ ହୋଇ ଏବେ ବି ହସୁଛନ୍ତି।

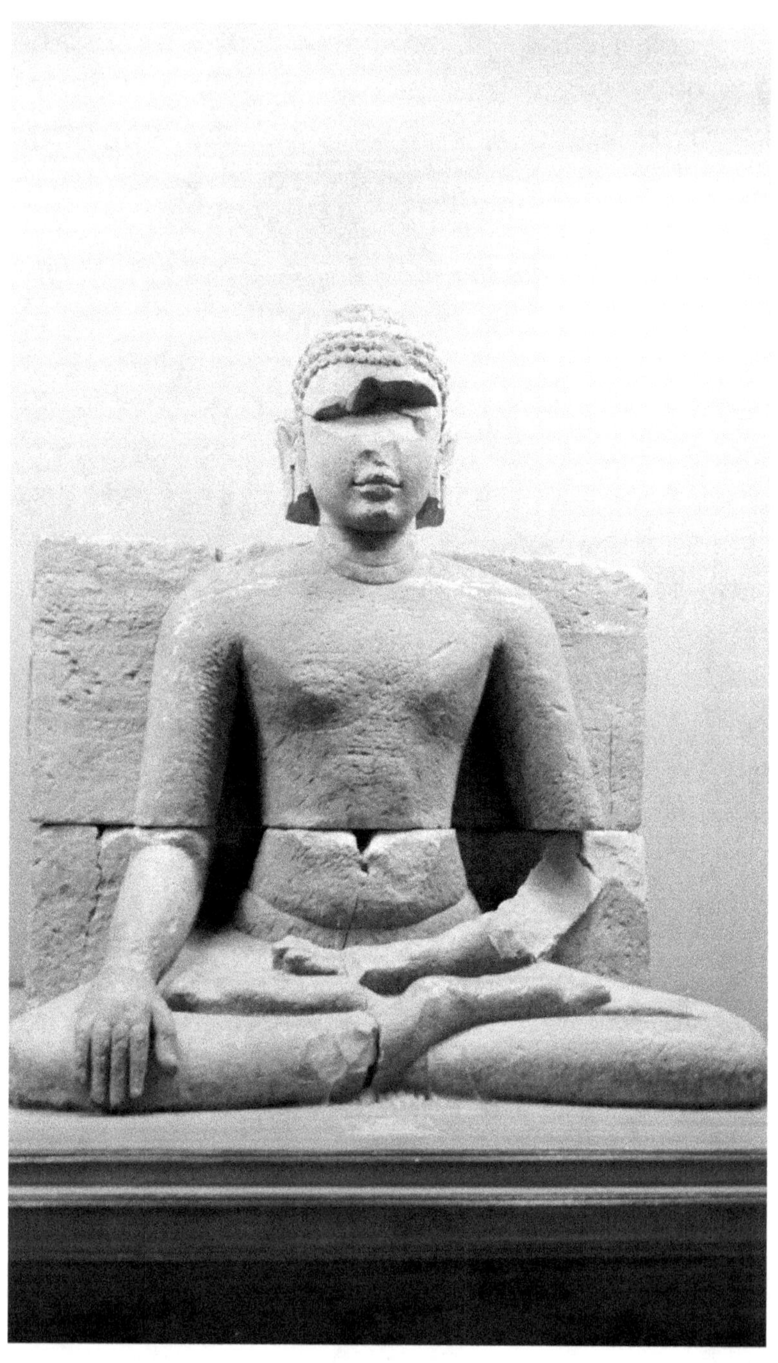

ସ୍ଥାପତ୍ୟ ଓ ସୃଜନ

ସ୍ଥାପତ୍ୟର ସୃଜନରେ ବୌଦ୍ଧ ସମ୍ପ୍ରଦାୟର ପ୍ରଜ୍ଞାପାରମିତା, ତାରା, ବସୁଧାରା ଓ ଅନ୍ୟ ନାରୀମାନଙ୍କ ଭୂମିକା ଗୁରୁତ୍ୱପୂର୍ଣ୍ଣ। କିଏ ତାହେଲେ ଏମାନେ ? କିଏ ପ୍ରଜ୍ଞାପାରମିତା, କିଏ ତାରା, କିଏ ବସୁଧାରା ଏବଂ କିଏ ଅନ୍ୟ ନାରୀମାନେ ? ସେମାନେ ପୁଣି କାମନାମୁକ୍ତ ଓ ନିର୍ବାଣକାମୀ- ବୁଦ୍ଧଙ୍କ ପାଖରେ। ସେମାନେ କ'ଣ କାମଦା ନା ମୋକ୍ଷଦା ? ନା କାମଦା- ମୋକ୍ଷଦା ? ସେମାନେ କ'ଣ କହୁଛନ୍ତି କି, ଆମେ ଧରିତ୍ରୀ, ପ୍ରକୃତି, ଅପରୂପା, ସହଜସୁନ୍ଦରୀ ଓ ନୈରାମଣି ? ଆମେ ସର୍ଜନାକାଙ୍‌କ୍ଷୀ, ଶକ୍ତି, ଜନ୍ମ, ଶାନ୍ତି, କ୍ରୋଧ ଓ ଆତଙ୍କ ? ଆମେ ଧାତ୍ରୀ, ପ୍ରୀତି ଓ ମୈତ୍ରୀ ? ଆମେ ଜୀବନ ଏବଂ ସଂସାରର ସ୍ଥିତି, ଗତି, ମୁକ୍ତିର କାରଣ ? ଆମେ ସକଳ ବ୍ୟବସ୍ଥାର ନିୟନ୍ତ୍ରିତା ? ଆମେ ଜଡ଼ ଭିତରେ ବି ଚେତନା ସଂଚାରିଣୀ ? ଏବଂ, ଆମେ ବି ଯୋଗିନୀ, ମହାଯୋଗିନୀ, ସଂହାରିଣୀ ? କେବଳ ସେତିକି ନୁହେଁ, ଆମେ ମୁକ୍ତି, ମହାମୁକ୍ତି; ତେଣୁ ସର୍ବଂସହା, ସର୍ବଗ୍ରାହ୍ୟା, ସର୍ବ ମୁକ୍ତିର ହେତୁ। ଆମେ ପତନର ଦ୍ୱାର ନୋହୁ, ଆମେ ଦୂଷିତ ନୋହୁ। ସର୍ଜନଶୀଳ କ'ଣ କେବେ ତ୍ରାସ ହୋଇପାରେ ?

ତେଣୁ ପୃଥିବୀର ସକଳ ଦର୍ଶନ କହେ ନାରୀ ଏକ ବିସ୍ମୟ, ଜଗତର ପ୍ରଥମ ସୃଷ୍ଟି। ଏବଂ, ଦ୍ୱିତୀୟରେ ପୁରୁଷ। ସେଇଥିପାଇଁ ଆମେ ନାରୀକୁ ପ୍ରକୃତି ଅନୁରୂପା କହୁଛୁ, କାଳ କାଳ ଧରି ପୂଜା କରିଆସୁଛୁ। ତୁଷ୍ଟ କରିବା ପାଇଁ ନିଜ ନିଜର ପ୍ରିୟତମ ବିଭବକୁ ସମର୍ପଣ କରୁଛୁ। ସେ ବି ସମର୍ପିତ କରୁଛି ନିଜକୁ ଏବଂ ସୁରକ୍ଷା ଦେଉଛି ସକଳଙ୍କୁ।

ମଣିଷ ଭିତରେ ଏଇ ଚେତନାର ଉଦୟ କେବେ ନିର୍ଦ୍ଦିଷ୍ଟ କରି କହିହେବନାହିଁ, ତେବେ କାଳକ୍ରମିକ। ପ୍ରକୃତି, ଯଥା- ପାଣି, ପବନ, ଆଲୋକ; ପାହାଡ଼, ମାଟି, ବାଲି ପଥର, ଗଛ, ଲତା, ଫୁଲ, ଫଳ; ପଶୁ, ପକ୍ଷୀ, ସରୀସୃପମାନଙ୍କର ଆଚରଣ ଦିନେ ତାକୁ ଚକିତ କରୁଛି। ମଣିଷ ଅନୁଭବ କରୁଛି, ଅନ୍ୟମାନେ ଜୀବନ୍ତ ଓ ଶକ୍ତିଶାଳୀ।

ସେମାନେ ହିଁ ନିୟନ୍ତ୍ରଣ କରୁଛନ୍ତି ସକଳ ଜୀବନ୍ତ ଜୀବନକୁ। ଏବଂ, ସେମାନଙ୍କ ପରି ଜୀବନମାନେ ସେମାନଙ୍କ ଭିତରୁ ଜନ୍ମ ନେଉଛନ୍ତି। ଏହି ଦୃଶ୍ୟ ତାକୁ ବିସ୍ମିତ କରୁଛି। ସେ ବିଶ୍ୱାସ କରୁଛି, ଜଗତର ପ୍ରତ୍ୟେକ ପଦାର୍ଥ ଓ ଜୀବନ୍ତ ଭିତରେ ଆତ୍ମା ଅଛି। ସେ ମରିଗଲା ପରି ଲାଗୁଛି, ମାତ୍ର ମରୁନାହିଁ। ବାରମ୍ବାର ସେହି ରୂପରେ ଜଗତକୁ ଆସୁଛି। ସେଇଥିପାଇଁ ମଣିଷ ନିଜ ଜୀବନ ବଂଚିବା ପାଇଁ ପ୍ରକୃତି ଜଗତର ପ୍ରତ୍ୟେକ ବିଭବକୁ ତା' ଜୀବନର ନିୟନ୍ତ୍ରଣକାରୀ ଶକ୍ତି ଭାବରେ କଳ୍ପନା କରୁଛି। ସେମାନଙ୍କୁ ସୁଖ ଦେବାପାଇଁ ସେମାନଙ୍କ ମନଲାଖି ପଦାର୍ଥ ସମର୍ପଣ କରୁଛି। ସେମାନେ କହିଲେ- ଗଛ, ପାହାଡ଼, ପର୍ବତ, ପାଣି, ମାଟି; ବାଘ, ସିଂହ, ସାପ, ପକ୍ଷୀ ଓ ଅନ୍ୟମାନେ। ତେଣୁ ମଣିଷ ପୂଜା କରୁଛି ପ୍ରକୃତି ଓ ପ୍ରେତ(ଆତ୍ମା)କୁ। ପ୍ରଥମେ ଜୀବନ ନିୟନ୍ତ୍ରକ ଶକ୍ତିମାନଙ୍କୁ ପ୍ରତ୍ୟକ୍ଷ ଭାବରେ ପୂଜା କରୁଥିଲା। ତେଣୁ ସମୟକ୍ରମେ ସେମାନଙ୍କ ପ୍ରତିରୂପ ଗଢ଼ଣର ପରିକଳ୍ପନା କରିଛି। ଅର୍ଥାତ୍ ପଦାର୍ଥରେ ମୂର୍ତ୍ତି ଗଢ଼ିଛି, ରେଖାରେ ଓ ରଙ୍ଗରେ ଚିତ୍ର ଆଙ୍କିଛି, ଏଗୁଡ଼ିକ ପ୍ରତୀକ। ମାତ୍ର ସେ ପ୍ରତୀକମାନଙ୍କ ସ୍ୱରୂପ କିପରି ? ସେ ନିଜକୁ ଚାହୁଁଛି, ସେମାନଙ୍କୁ ଚାହୁଁଛି ଏବଂ ସେମାନଙ୍କୁ ନିଜପରି ଗଢ଼ି ନେଉଛି। ସମୟକ୍ରମେ ସେ ଅନୁଭବ କରୁଛି ନା, ସେଇ ବିସ୍ମୟମାନେ ତା'ପରି ହେବେ କିପରି ? ତା'ଠାରୁ ଅଧିକ ନିଶ୍ଚୟ। ଭାବ ଓ ଶକ୍ତି ଅନୁରୂପ। ସୁନ୍ଦର ଭୀତିପ୍ରଦତ୍ତ ବିଶାଳ-ସୂକ୍ଷ୍ମ; ଦ୍ୱିଭୁଜା-ବହୁଭୁଜା; ଅସ୍ତ୍ରଧାରୀ ବରଦା ପୁଣି ବାହନଯୁକ୍ତ। ବିସ୍ମୟ ଓ ଦୃଶ୍ୟମାନର ପ୍ରତୀକାୟନ ପରମ୍ପରାରେ ଅର୍ଥାତ ଚିତ୍ର ଅଙ୍କନ ଓ ମୂର୍ତ୍ତି ଗଢ଼ଣରେ ଆମେ ମଣିଷର ସର୍ଜନଶୀଳତାରେ ଏହି ରୂପାନ୍ତର ଲକ୍ଷ୍ୟ କରିପାରିବା।

ମଣିଷ ପ୍ରଥମେ କାହାକୁ ପ୍ରତୀକିତ କରିଛି ? କୁହାଯାଏ ସେ କାଳେ ନାରୀ, ପ୍ରକୃତି ଅନୁରୂପା ନାରୀ। ପର୍ବତ ଭିତରେ ପାଣି ଅଛି, ଝରି ଆସୁଛି। ବିଶାଳ ଆକାରରେ କଳାହାଣ୍ଡିଆ ମେଘ ଦେହରୁ ନିଗିଡ଼ି ଆସୁଛି ପାଣିର ଧାର। ପାଣି ପୋଖରୀ, ନଈ ଓ ସମୁଦ୍ରରେ। ଅନ୍ଧାରକୁ ଆଲୋକିତ କରୁଛି କିଏ ? ଆଲୋକ- ନନ୍ଦିନୀ, ଉଷା। ଗୋଟିଏ ଦେହରୁ (ମଣିଷ, ପଶୁ, ପକ୍ଷୀ, ଗଛ, ଲତା) ଗୋଟି ଗୋଟି କରି ଅନେକ ଦେହ ବାହାରି ଆସୁଛନ୍ତି କିପରି ? ସେହି ଦେହ ହିଁ ବିସ୍ମୟ। ସେ ହିଁ ପ୍ରଥମା। ତେଣୁ ତା' ଦେହର ଯେଉଁ ସ୍ଥାନରୁ ମୁକ୍ତ ହୋଇଆସୁଛି ଅନ୍ୟ ଏକ ଜୀବନ, ସେ ସେହି ସ୍ଥାନକୁ ହିଁ ପୂଜା କରୁଛି। ତାହା ସ୍ୱର୍ଗୀୟ ଓ ବିସ୍ମୟ। କେବଳ ସେତିକି ନୁହେଁ, ନୂଆ ପ୍ରଜନ୍ମକୁ ସେ ହିଁ ପାଳନ କରୁଛି, ବଡ଼ କରୁଛି। ତେଣୁ ପୃଥିବୀର ପ୍ରତ୍ୟେକ ଭୂମିର ମଣିଷ ମୂର୍ତ୍ତି ଗଢ଼ଣ ଓ ଚିତ୍ର ଅଙ୍କନ କାଳରେ ନାରୀଦେହର ମୁକ୍ତ ଲାବଣ୍ୟକୁ ଅନୁଭବ କରୁଛି। ଆମ ଭୂମିରେ ତେଣୁ ମାତୃପୂଜା ସୁପ୍ରାଚୀନ। ତେଣୁ ଆମେ କହିପାରିବା ମାତୃକା ପୂଜା

ମାନସିକତାରୁ ଆମ ମୂର୍ତ୍ତି ଗଢ଼ଣ କଳାର ଜନ୍ମ ଓ ବିକାଶ। ମହେଞ୍ଜୋଦାରୋ ଓ ହରପ୍ପା ଖନନରୁ ମିଳିଥିବା ପୋଡ଼ାମାଟି ଓ ବ୍ରୋଞ୍ଜ ତିଆରି ନାରୀ ପ୍ରତିମା ଏହାର ଉଦାହରଣ। ପରବର୍ତ୍ତୀ କାଳରେ ଜନନେନ୍ଦ୍ରିୟ ସହିତ ଲିଙ୍ଗକୁ ଯୋଡ଼ି ଦିଆଯାଇଛି। ପୂଜା କରାଯାଇଛି। ତେଣୁ ଆମେ ବିଶ୍ୱାସ କରୁଛୁ, ପ୍ରଜନନ ଏକ ପବିତ୍ର କର୍ମ। ଦିବ୍ୟ ଅନୁଭବ। ନାରୀ ଏଠାରେ ପଦାର୍ଥ ନୁହେଁ, ପୁରୁଷ ଅନୁରୂପ ସତ୍ତା। ମାତ୍ର ପୁରୁଷଠାରୁ ଅଧିକ ଶକ୍ତିଶାଳୀ। ତେଣୁ ଅଧିକ ସମ୍ମାନର ଅଧିକାରିଣୀ। ଏହି ଚର୍ଯ୍ୟା ସହିତ ସକଳ ବିଧି ମଧ୍ୟ ପବିତ୍ର ଓ ସ୍ୱତନ୍ତ୍ର। ଶିବ ପୂଜନ (ପୁରୁଷ ଓ ପ୍ରକୃତି) ମାନସିକତା ଏହାର ସ୍ପଷ୍ଟ ଅଭିବ୍ୟକ୍ତି। ବୁଦ୍ଧଙ୍କ ସହିତ ତାରା, ପ୍ରଜ୍ଞାପାରମିତା, ବସୁଧାରା ଆଦି ଚରିତ୍ରମାନଙ୍କର ସହାବସ୍ଥାନ ଏହି ଦୃଷ୍ଟିଭଙ୍ଗୀର ଅଧ୍ୟାତ୍ମ ମାନସିକତା ବୋଲି କୁହାଯାଇପାରିବ।

ନାରୀର ମୁକ୍ତ, ସହଜ ଓ ସ୍ୱାଧୀନବୋଧକୁ ପୁରୁଷ ଗ୍ରହଣ କରିପାରିନାହିଁ। ତା'ର

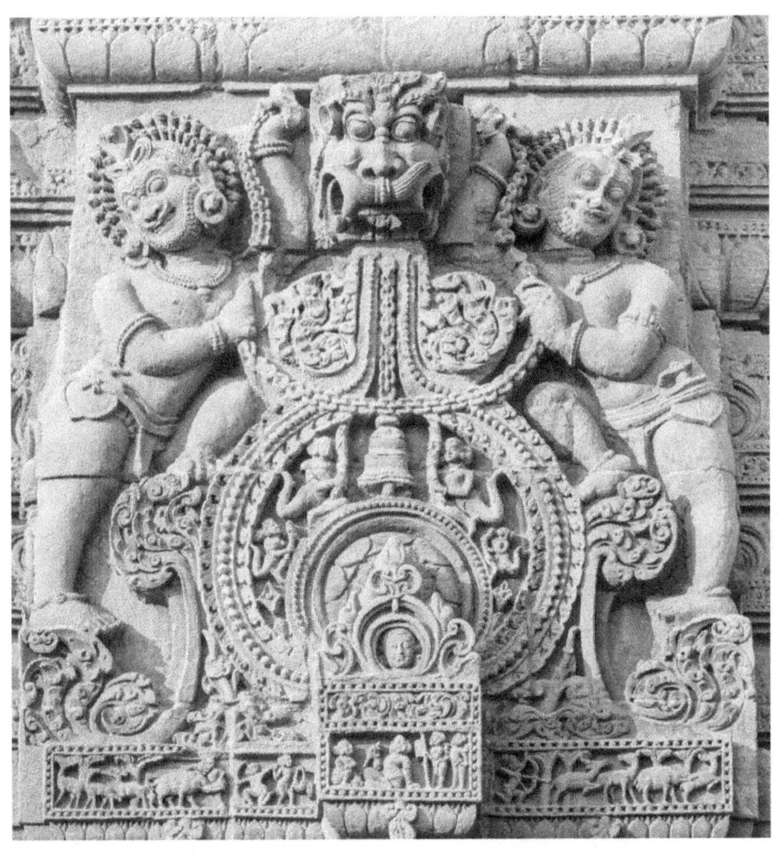

ଅହଂ ପ୍ରତିକ୍ରିୟାଶୀଳ ହୋଇଛି। ସେ ନିଜକୁ ଅସହାୟ ମନେକରୁଛି। ତା' ଅସହାୟତାର ମରଣାତ୍ମକ ଶିକାର ହୋଇଛି ନାରୀର ସୂକ୍ଷ୍ମ, ସହନଶୀଳ, ଜୀବନବୋଧ ଓ କମନୀୟତା। ପୁରୁଷ ଉଗ୍ର ଓ ଉନ୍ମାଦ। ସେ ମୁକ୍ତକୁ ଅଧିକାରଭୁକ୍ତ କରିବ। ସେ ସମର୍ଥ ହେଉଛି, ବଳପ୍ରୟୋଗ କରୁଛି, ନାରୀ ତା'ର ସମ୍ପତ୍ତି ହେଉଛି। ସମ୍ପତ୍ତି ଅର୍ଥ, ଉପଭୋଗର ସାମଗ୍ରୀ। ଅର୍ଥାତ୍ ପଦାର୍ଥ।

ମାତ୍ର ପ୍ରକୃତି ପରି ଏକ ଜୀବନ୍ତ, ଗତିଶୀଳ ଓ ମୁକ୍ତସତ୍ତା କ'ଣ ପଦାର୍ଥ ହୋଇପାରେ? ଗତିଶୀଳତାକୁ କେହି କ'ଣ ତା'ର ଅନିଚ୍ଛାରେ ଭୋଗ କରିପାରେ? ଆକଟ ଓ ଅଧିକାରଭୁକ୍ତ କରିପାରେ? ହଁ, ସମ୍ଭବ। ଅସମ୍ଭବ ହୋଇନପାରେ। ସମର୍ଥ ପୁରୁଷ ଏହାକୁ କେବଳ ସମ୍ଭବ କରିଦେଇପାରେ। ନାରୀକୁ କେନ୍ଦ୍ରରେ ରଖି ବ୍ୟକ୍ତି ଓ ବ୍ୟକ୍ତି ମଧ୍ୟରେ ସଂଗ୍ରାମ ଆରମ୍ଭ ହୋଇଯାଏ। ଦୁଇପକ୍ଷ ମଧ୍ୟରେ ସଂଗ୍ରାମ। ବିଜେତା ହିଁ କେବଳ ତା'ର ଅଧିକାରୀ। ପ୍ରଥମରୁ ମଣିଷ ବଞ୍ଚିବା ପାଇଁ ପରସ୍ପର ମଧ୍ୟରେ ସଂଗ୍ରାମ କରୁଥିଲା। ସଂଗ୍ରାମ କରୁଥିଲା ଖାଦ୍ୟ ଓ ପାନୀୟ ପାଇଁ– ତାହାର ଆବଶ୍ୟକତା। ପରେ ପରେ ଏହା ସହିତ ଯୋଡ଼ି ହୋଇଯାଇଛି ଭୂମି ଓ ନାରୀ। ଏବଂ, ନାରୀ ରହିଯାଇଛି କେନ୍ଦ୍ରରେ। ଭୂମି ଓ ଖାଦ୍ୟ– ଉଭୟ ତା' ହାତରେ, ତା' ନିୟନ୍ତ୍ରଣରେ। ତେଣୁ ପୃଥିବୀର ପ୍ରାୟ ସକଳ ଭୂମି ଓ ସକଳ ଜନସମୁଦାୟ ଓ ବ୍ୟକ୍ତି ମଧ୍ୟରେ ସଂଗ୍ରାମ ହୋଇଛି ନାରୀ-କୈନ୍ଦ୍ରିକ। ନାରୀ କ୍ଷମତାଧରମାନଙ୍କ ପାଖରେ ମର୍ଯ୍ୟାଦାର ସହ ବସିବାର ଅଧିକାର ପାଉଛି। ମାତ୍ର ନାରୀ ବାସ୍ତବତଃ ତା'ର ସମ୍ପତ୍ତି ହୋଇପାରିଛି କି? ନାରୀର ମୁକ୍ତ ଜୀବନବୋଧକୁ ପୁରୁଷ ଶୃଙ୍ଖଳିତ କରିପାରିଛି କି? ଉତ୍ତରରେ କେବଳ ନା କୁହାଯାଇପାରିବ। ପୁରୁଷ, ନାରୀର ଆଚରଣ ଓ ରୂପ ବୈଚିତ୍ର୍ୟକୁ ଦେଖି ବିସ୍ମିତ ଓ ଅଭିଭୂତ ହୋଇଛି। ଗୋଟିଏ ଦେହ, ସକଳ ଭାବ ଓ ସକଳ ରସର ଯେପରି ଯୌଗିକ ସତ୍ତା। ପ୍ରେମ, କ୍ରୋଧ, କାରୁଣ୍ୟ, ଘୃଣା, ଦୟା, କ୍ଷମା, କୋମଳତା– ନାନା ଭାବ। ଅଳ୍ପରେ କହିଲେ ରହସ୍ୟ। ସେ ଏଥର ଅନୁଭବ କରୁଛି, ତାକୁ ଏବଂ ତା'ର ସମଗ୍ର ସଂସାରକୁ ସୁରକ୍ଷା ଦେବାକୁ ହେଲେ ସେହି ରହସ୍ୟକୁ ତୁଷ୍ଟ କରିବାକୁ ପଡ଼ିବ। ତା' ପାଦ ପାଖରେ ନତଜାନୁ ହୋଇ ବସିପଡ଼ିଛି। ନାନା ଉପଚାର ଓ ମନ୍ତ୍ରରେ ତା'ର ପୂଜା କରୁଛି। ନାନା ଅଳଙ୍କାରରେ ତା' ଦେହକୁ ବେଶ କରିଦେଉଛି। ତା' ପାଇଁ ଗୀତ ଲେଖୁଛି ଓ ଗାଉଛି। ନାଚୁଛି, ଅଭିନୟ କରୁଛି। ଭଳି ଭଳି ଖାଦ୍ୟ ଓ ପାନୀୟ ସଜାଡ଼ି ରଖୁଛି। ସେ ତାକୁ ପ୍ରିୟତମର ରକ୍ତ ଏବଂ ନିଜ ଶିଶୁକୁ ସମର୍ପଣ କରିଦେଉଛି। ତା' ପାଇଁ ଯୋଗୀ ବେଶରେ ଘୂରି ବୁଲୁଛି। ରାଜ ଐଶ୍ୱର୍ଯ୍ୟକୁ ମଧ୍ୟ ଟେକିଦେଉଛି। କହୁଛି– ହେ ମାତା! ତୁ ମୋତେ ସକଳ ବିପର୍ଯ୍ୟୟରୁ ରକ୍ଷା କର। ମୋତେ ଅସନ୍ତୋଷରୁ ମୁକ୍ତି

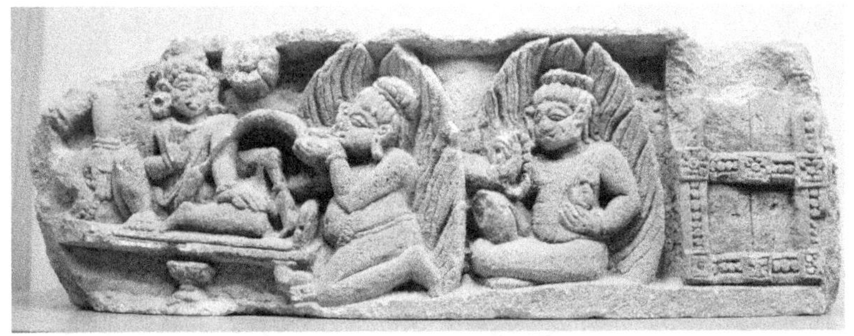

ଦେ। ହେ ମୁକ୍ତ ଜୀବନ। ଯଶ ଦେ, ସ୍ତ୍ରୀ ଦେ, ବିଦ୍ୟା ଦେ ଓ ସକଳ ଆବଶ୍ୟକତାକୁ ପୂର୍ଣ୍ଣ କରିଦେ ତୋ ଇଚ୍ଛା ମତେ।

ଏହି ମାନସିକତାରେ ଆମ ସଂସ୍କୃତିରେ ନାରୀର ବହୁବିଧ ରୂପର ପରିକଳ୍ପନା। ସେ ସପ୍ତମାତୃକା, ଦଶମହାବିଦ୍ୟା, ଷୋଳପୁଅ ମା', ଚଉଷଠି ଯୋଗିନୀ ଓ ମହିଷାମର୍ଦ୍ଦିନୀ ଇତ୍ୟାଦି। ଏହି ପରିକଳ୍ପନା, ନାରୀର ବହୁବିଧ ରୂପ ଓ ମାନସିକତାର ପ୍ରତୀକ। ସେ ବାମ ଓ ଦକ୍ଷିଣ। ନାରୀ, ପୁରୁଷର ଏହି ଚତୁରତାକୁ ଅବଶ୍ୟ ଜାଣିଛି, ଜାଣିଛି ତା' ମୁକ୍ତ ଜୀବନବୋଧକୁ ବନ୍ଦୀ କରିବା ପାଇଁ ଏହା ପୁରୁଷର ଏକ ସମ୍ଭ୍ରାନ୍ତ ଚକ୍ରାନ୍ତ। ସେ ପୁରୁଷର ଅସହାୟତା ସୃଷ୍ଟ ତୋଷାମଦିକୁ ତଥାସ୍ତୁ କହିଦେଇଛି। ମାତ୍ର ତା' ନିଜ ମୁକ୍ତିକାମିନତାକୁ ଭୋଗ କରିଛି ନିଜ ମତେ। ଭାରତର ଧର୍ମାଚାର-ମହାସ୍ରୋତର ପ୍ରତ୍ୟେକ ସ୍ରୋତ ଓ ଶାଖାସ୍ରୋତର ଏହା ବିଶେଷ ଭାବାଦର୍ଶ। ସେହି ଭାବାଦର୍ଶ ପ୍ରମୂର୍ତ୍ତ ହୋଇଛି ଓଡ଼ିଶାର ବିଭିନ୍ନ ପ୍ରାଚୀନ ଶାକ୍ତ ପୀଠଗୁଡ଼ିକରେ। ଓଡ଼ିଶାର ମୂର୍ତ୍ତି, ମନ୍ଦିରକଳା ଓ ସ୍ଥାପତ୍ୟ ମାଧ୍ୟମରେ ଏହି ପରିଚର୍ଯ୍ୟାକୁ ଅନୁଭବ କରାଯାଇପାରେ।

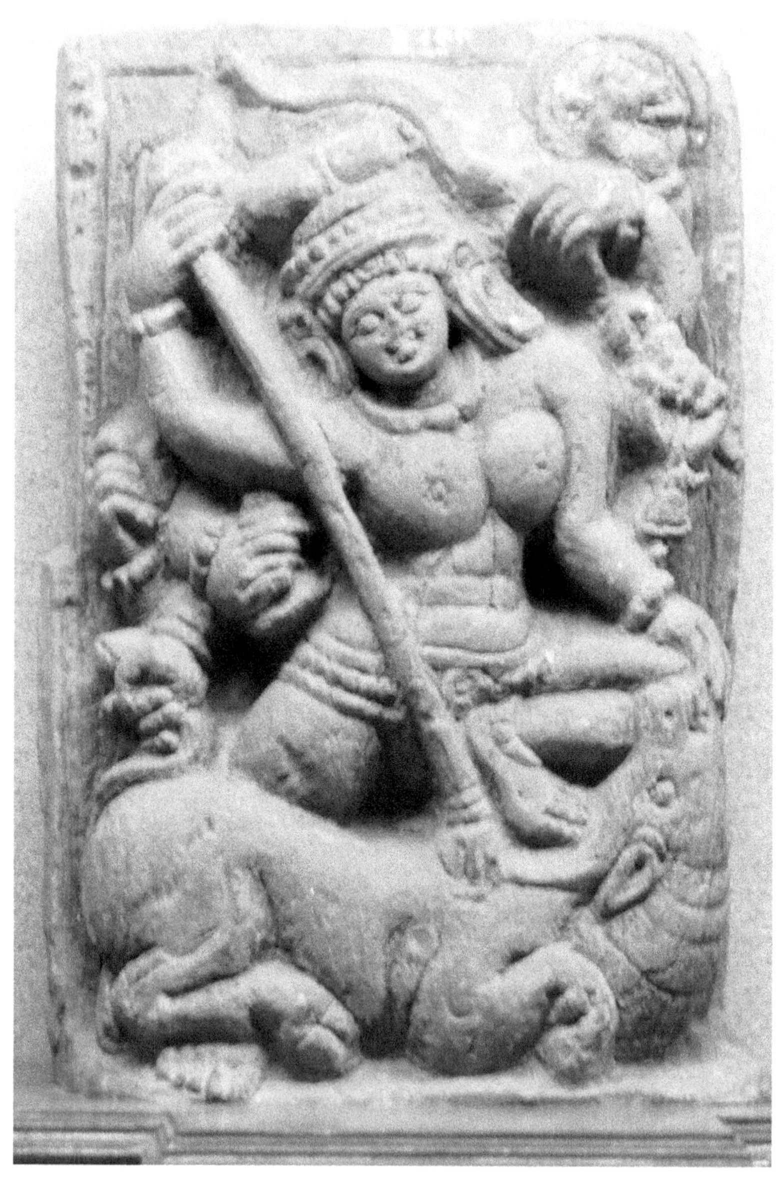

ସ୍ଥାପତ୍ୟରେ ଶକ୍ତି ଉପାସନା

ଦୁର୍ଗତିନାଶିନୀ ଦୁର୍ଗା ଏବେ ଧରାବତରଣ କରୁଛନ୍ତି । ତାଙ୍କରି ଆଗମନର ଆବାହନୀରେ ଭୂମିରୁ ଆକାଶ ସବୁଠି ଶୁଭ୍ରତାର ସମାରୋହ । ସକଳ ସୃଷ୍ଟିରେ ସମ୍ମୋହନର ଆବେଗ । ନଈପଠାରେ କାଶତଣ୍ଡୀର ମେଳଣ । ଆଲୁଅ, ପବନ, ଫୁଲ, ଜହ୍ନ, ତାରା ସବୁଠି ସମ୍ମୋହନ । ପୋଖରୀ ମଝିରେ ନୀଳକଇଁ, ଘାସଫୁଲ ଡେମ୍ଫରେ କାକରର ସମ୍ଭାର । ସକଳ ଜୀବଜଗତରେ ଶରତର ମଧୁର ଆଶ୍ଳେଷ । ଗାଁଠୁ ସହରଯାଏ ଆନନ୍ଦର ଉଚ୍ଛ୍ୱାସ । ମା' ଆସୁଛନ୍ତି ।

ଆମ ମନ୍ଦିରର ଭିତରେ ଓ ବାହାରେ ଏତେ ରୂପ ଓ ଭାବରେ ସେ ଆମକୁ ଏପରି ଅଭିଭୂତ କରନ୍ତି କାହିଁକି ? କିଏ ସେ ? ସେ କ'ଣ ଶିଳ୍ପୀମାନଙ୍କର ରୂପତୃଷ୍ଣାର ପ୍ରତୀକ ? ଉତ୍ତରରେ ତାଙ୍କୁ କେବଳ ବ୍ୟକ୍ତି ଚେତନାର ଅଭିବ୍ୟକ୍ତି କହିଲେ ଠିକ୍ ହେବନାହିଁ । ଚେତନା ଉଦ୍ଭାସନ ମୂଳରେ ରହିଛି କୌଣସି ଜନଗୋଷ୍ଠୀର ସାମାଜିକ, ରାଜନୀତିକ ଓ ସାଂସ୍କୃତିକ ଜୀବନବୋଧ । ତେଣୁ କୁହାଯାଏ, କଳା ହେଉଛି ଜନସମୁଦାୟର ସଂସ୍କୃତି ଓ ବ୍ୟକ୍ତିର ସର୍ଜନ ପ୍ରକ୍ରିୟାର ଯୁକ୍ତ ରୂପାନ୍ତର । ଆମ ଦେବୀପ୍ରତିମାଙ୍କୁ ଦେଖିଲେ ଏହି ଭାବ ହିଁ ସ୍ପଷ୍ଟ ହୋଇଯାଏ ।

ଆମ ନାରୀମାନେ ପ୍ରକୃତି ଅନୁରୂପା । ବହୁରୂପା, ଚିତ୍ରମୟୀ ଏବଂ ସକଳ ଭାବ ଓ ବିଦ୍ୟାର ଅଧିକାରିଣୀ । ସେମାନେ ପୁଣି ବିସ୍ମୟ, ସ୍ୱତନ୍ତ୍ର ଓ ସର୍ବଶକ୍ତିମୟୀ । ଆମେ ପ୍ରଥମେ ପ୍ରକୃତିର ବିଭବମାନଙ୍କୁ ପୂଜା କରୁଥିଲୁ । ପରେ ବସ୍ତୁଗୁଡ଼ିକ ଭିତରେ ପ୍ରକୃତିର ଗୁଣସତ୍ତାକୁ ଅନୁଭବ କଲୁ । ବସ୍ତୁଗୁଡ଼ିକ ମାଟି, କାଠ, ପଥର ଇତ୍ୟାଦି । କାଳକ୍ରମେ ବସ୍ତୁଗୁଡ଼ିକୁ ନାନା ରଙ୍ଗରେ ଚିତ୍ରଣ କରାଯାଇଛି । ଅସ୍ତ୍ରରେ ଖୋଦନ କରାଯାଇଛି । ଆଖି, ନାକ, କାନ, ପାଟି ସ୍ପଷ୍ଟ ହୋଇଯାଇଛି । ଲାଗୁଛି ଯେମିତି ମଣିଷ ପରି । ପୁଣି ସମୟ ଆସୁଛି, ସେମାନଙ୍କ ସାଙ୍କେତିକ ରୂପ ଅଧିକ ସ୍ପଷ୍ଟତର, ଭାବଧର୍ମୀ ଓ ସୁନ୍ଦର ଦିଶୁଛି । ସବୁକିଛି ମଣିଷର ସାଂସ୍କୃତିକ ରୂପାନ୍ତର । ମଣିଷ ଆଉ ମୂର୍ତ୍ତି ପରସ୍ପରଠାରୁ

ଯେପରି ଆଉ ଅଭିନ୍ନ ନୁହନ୍ତି। ଏବଂ, କାଳସ୍ରୋତରେ ପୁରୁଷ ନାରୀକୁ ସକଳ ଭାବ, ସକଳ ଦର୍ଶନ, ସକଳ ବିଦ୍ୟାର ଅଧିକାରୀ ରୂପରେ ପ୍ରମୂର୍ତ୍ତ କରୁଛି। ନାରୀ ଏବେ ବିଶ୍ୱରୂପା। ମହାଶୂନ୍ୟରେ ସମୁଦ୍ଭାସିତ ମହାଜ୍ୟୋତି। ଚାହିଁ ହେଉନାହିଁ। ସେ ଦ୍ୱିଭୁଜା ନୁହେଁ, ଅସଂଖ୍ୟ ଭୁଜା। ସେ ଦ୍ୱିନେତ୍ରୀ ନୁହେଁ ତ୍ରିନେତ୍ରୀ; ସହସ୍ର ନେତ୍ରୀ। ସେ ଇନ୍ଦ୍ରିୟାନୁବନ୍ଧ ନୁହେଁ, ଇନ୍ଦ୍ରିୟୋତ୍ତର; ସେ ଭଗବତୀ, ସେ ମହାନାଦ, ସେ ମହାମନ୍ତ୍ର, ସେ ଭୋଜି, ସେ ଉଲ୍ଲଙ୍ଗୀ, ସେ ସାଳଂକୃତ, ସେ ପୁଣି ମହାଧ୍ୱଂସୀ ଓ ସୁରକ୍ଷାଦାତ୍ରୀ। ସେ ଶୀତଳତା, ସେ ତେଜୋଦୀପ୍ତା; ସେ ଶାନ୍ତ, ସେ ଉଗ୍ର; ପ୍ରକୃତି ଅନୁରୂପା। ମଣିଷ ତିଆରି କରିଥିବା ନାରୀତ୍ୱର ଏହି ମହାରୂପକୁ ଆମେ ଓଡ଼ିଶାର ପ୍ରତିମା ଓ ମନ୍ଦିର ଦେହରେ ଅନୁଭବ କରିପାରିବା।

ଆଗରୁ ଆମେ ଐର, ଗୁପ୍ତ, ସୁଙ୍ଗ, ଶୈଳୋଦ୍ଭବ, ଭୌମକର ଓ ସୋମ ଆଦି ରାଜବଂଶର ଶାସନ କାଳରେ ଶକ୍ତିମୟୀମାନଙ୍କ ରୂପ ସମ୍ପର୍କରେ ଆଲୋଚନା କରିଛେ। ସନାତନ ଚେତନା ବୃକ୍ଷର ଶାଖା- ଶାକ୍ତ, ଶୈବ, ବୈଷ୍ଣବ, ଜୈନ ଓ ବୌଦ୍ଧ ବିଚାରରେ ଜୀବନ୍ତ ନାରୀମାନଙ୍କୁ ଅନୁଭବ କରିଛେ। ଆମେ ଦେଖିଛେ- ପଥର, ପୋଡ଼ାମାଟି ଓ କାଠ ଦେହରେ ସେମାନଙ୍କ ଭାବରୂପ ସ୍ପଷ୍ଟ ହୋଇଯାଇଛି। ସେମାନେ ନଈକୂଳ, ଗଛମୂଳ ଓ ଗାଁଦାଣ୍ଡରେ; ଖୋଲାଆକାଶ ତଳେ ପୂଜା ପାଇଛନ୍ତି। ଘର ନାହିଁ। ଆମେ ପୁଣି ତାଙ୍କୁ ଘଟ ରୂପରେ ବି ଦେଖୁଛୁ। ଘଟ ଦେହରେ ବୋଳିଦେଉଛୁ ବିଭିନ୍ନ ରଙ୍ଗର ରେଖା। ଆଖି, ପାଟି, ନାକ ଦିଶିଯାଉଛି। ସଜେଇ ଦେଉଛୁ ଆମ ପରି ପତ୍ର, ଫୁଲ ଓ ଆଭୂଷଣରେ। ପ୍ରକୃତି, ରୋଗ-ବୈରାଗ୍ୟ, ଭୟଙ୍କର ପଶୁ, ପକ୍ଷୀ, ସରୀସୃପ ଓ ଶତ୍ରୁ ଆକ୍ରମଣରେ ବ୍ୟକ୍ତି ଓ ଗୋଷ୍ଠୀ ଜୀବନକୁ ସୁରକ୍ଷା ଦେବା ପାଇଁ ଆମେ ତାକୁ ପ୍ରାର୍ଥନା କରୁଛୁ। ବସତି ଓ ମୁଖିଆଙ୍କ ଘର ପାଖରେ ବି ରଖୁଛୁ। ଆମେ ଯୁଆଡ଼େ ଯାଉଛୁ ତାକୁ ସାଙ୍ଗରେ ନେଉଛୁ। ସେ ଯେପରି ଆମ ଜୀବନ। ସେ କ୍ରମଶଃ କ୍ଷମତାତନ୍ତ୍ର ସହିତ ଯୁକ୍ତ ହୋଇଯାଉଛି। ସାଂସ୍କୃତିକ ଓ ସାମାଜିକ ଜୀବନର ମନ୍ତ୍ର ହୋଇଯାଉଛି। ତାଙ୍କ ଅନୁପସ୍ଥିତି ଓ କ୍ରୋଧ ଯେପରି ଆମ ବିପନ୍ନତାର କାରଣ ହେଉଛି। ସେଇଥିପାଇଁ ତାଙ୍କ ତୋଷବିଧାନ ହେଉଛି ଆମର ପରମ ଧ୍ୟେୟ।

ଖ୍ରୀଷ୍ଟୀୟ ସପ୍ତମ/ଅଷ୍ଟମ ଶତାବ୍ଦୀର କଥା। ସହଜଯାନୀ ବୌଦ୍ଧମାନେ ଶକ୍ତିଙ୍କର ଏହି ସର୍ବବ୍ୟାପ୍ତ, ମୁକ୍ତ, କାମନା ଓ ନିର୍ବାଣର ଯୁକ୍ତରୂପକୁ ସ୍ୱୀକାର କରିଛନ୍ତି। ପଥରଖଣ୍ଡରେ ତିଆରି ଛୋଟ ଛୋଟ ନାରୀପ୍ରତିମା ଜନପଦଗୁଡ଼ିକରେ ଏବେ ଦେବୀ ରୂପରେ ସୁରକ୍ଷାଦାତ୍ରୀ। ସେମାନେ ବହୁରୂପୀ, ବହୁନାମୀ। ଆୟୁଧହସ୍ତା ଓ ବରଦାୟିନୀ, ସର୍ବଂସହା ଓ ଅଭୟଦାୟିନୀ। ଅଥଚ ଚିରଜାଗ୍ରତ। ପଶୁ ପ୍ରକୃତିର ବିନାଶକାରିଣୀ।

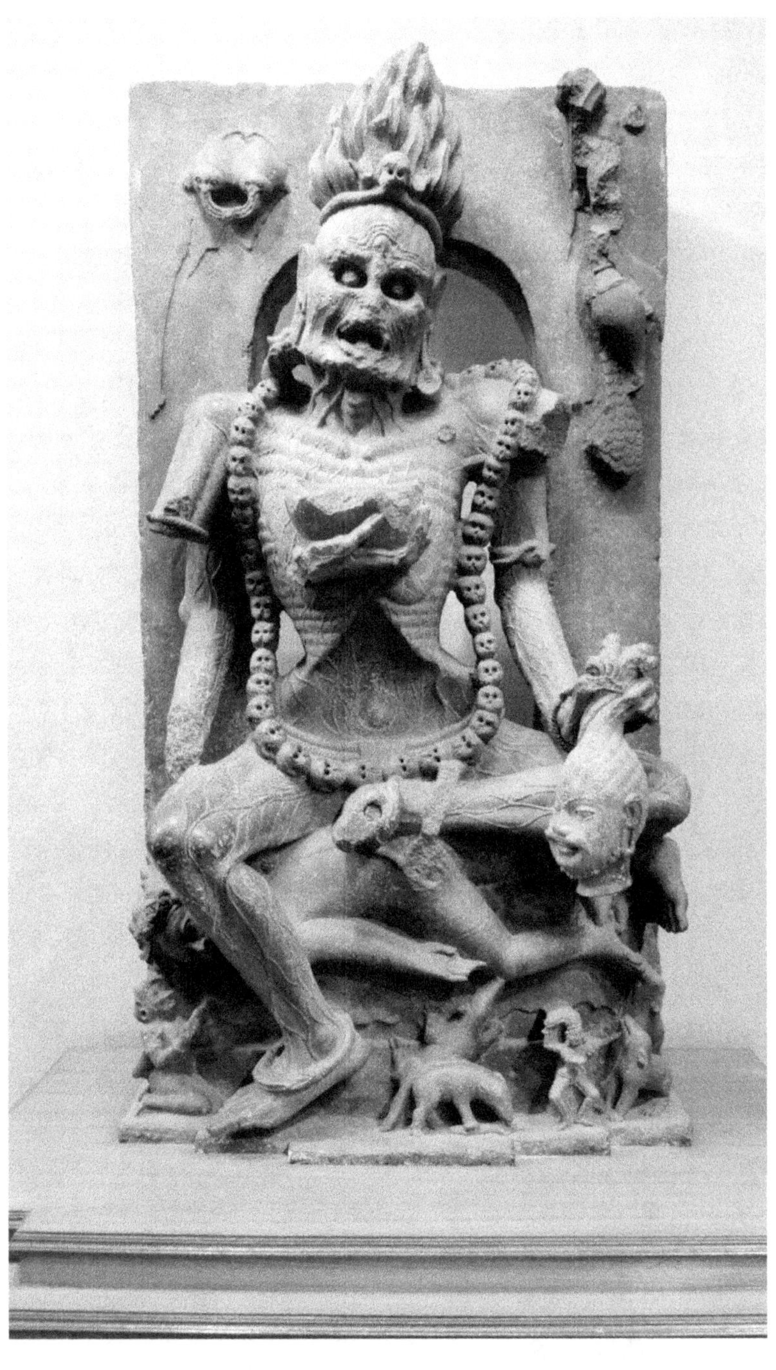

ମଣିଷ ଶକ୍ତିର ଏହି ବିଚିତ୍ର ରୂପ ଓ ଗୁଣକୁ ଆଧାର କରି ଶାସ୍ତ୍ର ଓ ସାହିତ୍ୟ ଲେଖୁଛି। ଶାସ୍ତ୍ରକୁ ଗ୍ରହଣ କରୁଛି କ୍ଷମତା ଏବଂ ଶକ୍ତିଙ୍କର ଶାସ୍ତ୍ରାନୁରୂପ ପ୍ରତିମା ଜୀବନ୍ତ ହୋଇଉଠୁଛନ୍ତି ପଥର ଦେହରେ। କେବଳ ସେତିକି ନୁହେଁ, ପ୍ରାସାଦ ଭିତରେ ରାଜୁତି କରୁଥିବା ରାଜା ତାଙ୍କୁ ଆଉ ଗଛମୂଳେ କି ଆକାଶ ତଳେ ରହିବାକୁ ଦେଉନାହାଁନ୍ତି। ତାଙ୍କ ପାଇଁ ଘର ତିଆରି କରିଦେଉଛନ୍ତି। ସେ ଘରକୁ ଆମେ କହୁଛୁ ମନ୍ଦିର; ଗୁଡ଼ି। ଏବଂ, ତା'ର ବଞ୍ଚିବାର ସକଳ ଆବଶ୍ୟକତା ଓ ସେବକ ଖଞ୍ଜି ଦେଉଛୁ। ଧର୍ମ, ଶାସକ ଓ ପ୍ରଜା ଏବେ ସମଭାବାଦର୍ଶୀ।

ଓଡ଼ିଶାର ଶକ୍ତି ଉପାସନାର ଇତିହାସ ଅବଶ୍ୟ ସୁପ୍ରାଚୀନ। ମାତ୍ର ଶକ୍ତିଙ୍କର ମୂର୍ତ୍ତିରୂପ ଓ ରାଜନୀତିକରଣ ଆଲୋଚନା କାଳରେ ଏବେ ଯାଜପୁରକୁ ଯିବା। ବିରଜା ଦେବୀଙ୍କ କ୍ଷେତ୍ର। ପ୍ରାୟ ଅଷ୍ଟମ/ନବମ ଶତାବ୍ଦୀରେ ଏହି ଭୂମିର ଶାସକ ସୋମବଂଶୀମାନଙ୍କର ସେ ଇଷ୍ଟଦେବୀ। ଦେବୀଙ୍କର ଆଦିପୀଠ କାଳେ ଥିଲା କଳସପୁର ଗାଁ। ସେଠାରେ ମନ୍ଦିର ବି ଥିଲା। ଏହା ଗୁପ୍ତ ଶାସନକାଳୀନ ମନ୍ଦିର ଓ ମୂର୍ତ୍ତି ବୋଲି ଆମ ଐତିହାସିକମାନେ ଅନୁମାନ କରନ୍ତି। କୁହାଯାଇଛି, ଭୌମକର ଶାସନ କାଳରେ ଏଠାରେ ଦୁର୍ଗଟିଏ ବି ଥିଲା। ଦୁର୍ଗର ସୁରକ୍ଷାଦାତ୍ରୀ ଦେବୀ ବି ଥିଲେ। ଅଧିକନ୍ତୁ, ଥିଲା ଏକ ତନ୍ତ୍ରପୀଠ। ଉଡ୍‌ଡୀୟାନ ତନ୍ତ୍ର ସାଧନାର ପୀଠ। କୁବ୍‌ଜିକା ତନ୍ତ୍ର ଅନୁସାରେ ଏହା ଚଉତିରିଶତମ ସିଦ୍ଧପୀଠ ଓ ଜ୍ଞାନାର୍ଣ୍ଣବ ତନ୍ତ୍ର ଅନୁସାରେ ପଚିଶତମ ଶାକ୍ତପୀଠ। ମାତ୍ର ଏହି ଅଞ୍ଚଳକୁ କେବଳ ତନ୍ତ୍ରପୀଠ କହିଲେ ଭୁଲ୍ ହେବ। ବୌଦ୍ଧ ଓ ଶୈବମାନେ ଥିଲେ ପାଖାପାଖି। ବୈତରଣୀ ନଦୀକୂଳର ଏହି କ୍ଷେତ୍ରଠାରୁ ମାତ୍ର କେତେ କୋଶ ଦୂରରେ ବ୍ରାହ୍ମଣୀ ଏବଂ ତା' ପାଖକୁ ବିରୂପା। ବ୍ରାହ୍ମଣୀ ଓ ବିରୂପାର ମଝିରେ ତିନୋଟି ବୌଦ୍ଧ ବିହାର। ତେଣୁ ବିରଜା କ୍ଷେତ୍ର ଶକ୍ତି ଓ ବୁଦ୍ଧଙ୍କର ଯେ ମିଳନ କ୍ଷେତ୍ର ତାହା ଅନୁମାନ କରିହୁଏ। କାରଣ ବିରଜା ପୀଠ ପାଖରେ ବୌଦ୍ଧ ପ୍ରତିମା ମଧ୍ୟ ଆବିଷ୍କୃତ ହୋଇଛି।

ଆମ ମା' ବିରଜାଙ୍କ ରୂପ ଭାରି ସୁନ୍ଦର। ଦେହ ମୁଗୁନି ପଥରରେ ଗଢ଼ା। ଦୁଇଟି ହାତ। ଗୋଟିଏ ହାତରେ ତ୍ରିଶୂଳ, ଅନ୍ୟ ହାତରେ ମଇଁଷିର ଲାଙ୍ଗୁଡ଼। ଅର୍ଥାତ୍ ସେ ସିଂହବାହିନୀ, ମହିଷାମର୍ଦ୍ଦିନୀ। ଦେହରେ ରହିଛି ଅଳଙ୍କାର। ମସ୍ତକରେ ପାଞ୍ଚଟି ମୁଦ୍ରା- ଗଣେଶ, ବାସୁକୀ, ଯୋନି, ଲିଙ୍ଗ ଓ ଚନ୍ଦ୍ର। ବିରଜାଙ୍କୁ ଷୋଡ଼ଶୀ ତ୍ରିପୁରାସୁନ୍ଦରୀ ଭାବେ ପରିକଳ୍ପନା କରାଯାଇଛି। ସେ ଭୟଙ୍କର ନୁହନ୍ତି। କ୍ରୋଧ ଓ କରୁଣାର ମିଶ୍ର ରାଗ। ତାଙ୍କ ମୂର୍ତ୍ତିକୁ ଗୁପ୍ତ ଶାସନକାଳୀନ କହିବାର କାରଣ ସେତେବେଳକୁ ଆମ ଦିଅଁମାନେ ବହୁଭୁଜବିଶିଷ୍ଟ ହୋଇନାହାନ୍ତି। ମାତ୍ର ବାହନଯୁକ୍ତ ହୋଇସାରିଲେଣି।

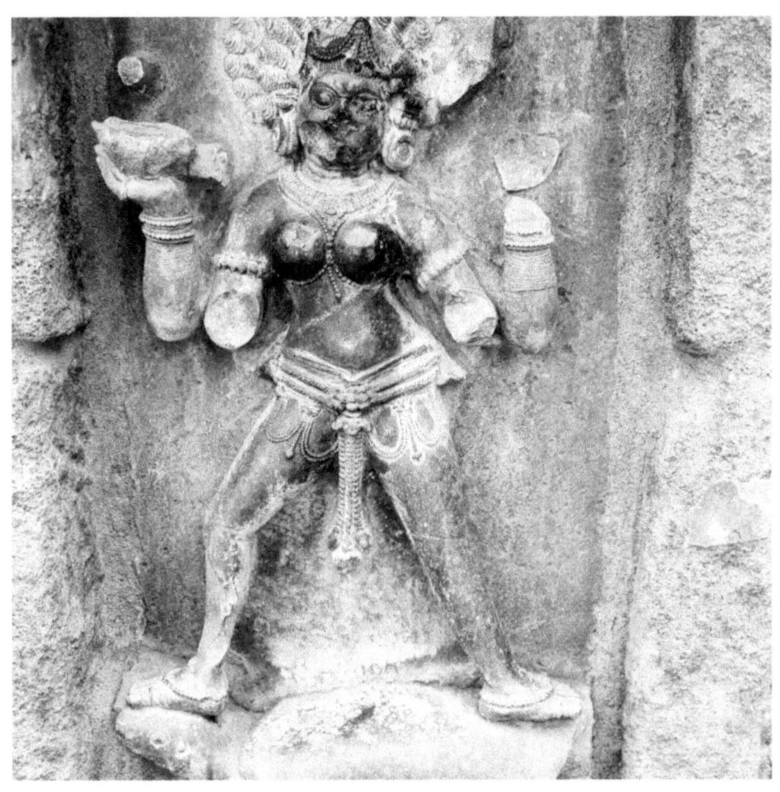

ଭୁବନେଶ୍ୱର ପାଖ ସୁନ୍ଦରପଦାରୁ ମିଳିଥିବା ନାଗ-ନାଗୁଣୀ ପଥର ପ୍ରତିମାର ରୂପ ତ ଚମତ୍କାର। ବେଶ୍ କଳାତ୍ମକ। ମୁହଁ ମଣିଷ ପରି। ମାତ୍ର ମଥା ଉପରେ ଫଣାଯୁକ୍ତ ନାଗ। ତେବେ କେଉଁଠାରୁ ଆସିଲେ ଏହି ମହିଷାସୁର-ବିନାଶିନୀ ?

କ୍ଷେତ୍ର ମାହାତ୍ମ୍ୟରେ କୁହାଯାଇଛି, ଜଣେ ଅସୁର ଥିଲେ। ନାଁ ଗୟାସୁର। ସେ ଉଭୟ ବୀର ଓ ଦାନଶୀଳ। ପ୍ରଜାପୀଡ଼କ ନୁହନ୍ତି। ମାତ୍ର ତାଙ୍କର ଦୁର୍ଭାଗ୍ୟ। ଦେବତାମାନେ ତାଙ୍କ ସାଧକ ଜୀବନକୁ ଗ୍ରହଣ କରିପାରିନାହାନ୍ତି। ନିଧନ ପାଇଁ ବିଷ୍ଣୁଙ୍କୁ ପ୍ରାର୍ଥନା କରିଛନ୍ତି। ବିଷ୍ଣୁ ସମ୍ମତ। ସେ ବେଶ୍ ଚତୁର। ଗୟା ସହିତ ଯୁଦ୍ଧ କରୁନାହାନ୍ତି। ଛଦ୍ମବେଶରେ ଦାନ ଦେବା ପାଇଁ ତାଙ୍କୁ ପ୍ରତିଶ୍ରୁତିବଦ୍ଧ କରାଉଛନ୍ତି। ମାଗୁଛନ୍ତି ଦେହ। ବିଷ୍ଣୁ ମାୟାରେ ଅସୁରର ଦେହକୁ ତିନିଖଣ୍ଡ କରୁଛନ୍ତି। ମୁଣ୍ଡ, ଗଣ୍ଡି ଓ ଗୋଡ଼। ତିନୋଟି ଅଂଶକୁ ସେ ଫିଙ୍ଗି ଦେଉଛନ୍ତି। ଏଗୁଡ଼ିକ ପଡୁଛି ଯଥାକ୍ରମେ ଗଙ୍ଗାକୂଳସ୍ଥ ଗୟା, ବୈତରଣୀ କୂଳସ୍ଥ ଯାଜପୁର ଓ ମହେନ୍ଦ୍ର ପର୍ବତର ପାଦଦେଶରେ। ତିନୋଟିଯାକ

ସ୍ଥାନ ଏବେ କ୍ଷେତ୍ରବିଶେଷ। ଗୟା(ଜୈନ ଓ ବୌଦ୍ଧମାନଙ୍କ ଅନ୍ୟତମ ତୀର୍ଥକ୍ଷେତ୍ର)। ଯାଜପୁର- ଶକ୍ତି(ବିରଜା) ଏବଂ ମହେନ୍ଦ୍ର ପାଦଦେଶ ଶୈବ(ଗୋକର୍ଣ୍ଣେଶ୍ୱରଙ୍କ) ପୀଠ। ମିଥ୍ରୁ ସ୍ପଷ୍ଟ ଯେ, ଏହା ବ୍ରାହ୍ମଣ୍ୟବାଦର ଅଭ୍ୟୁଦୟ କାଳ। କ୍ଷେତ୍ର ସମ୍ପର୍କରେ ଏକଥା ମଧ୍ୟ ଶୁଣାଯାଏ, ସୋମବଂଶୀ ରାଜା ଯଯାତି ଏଠାରେ ରାଜଧାନୀ ପ୍ରତିଷ୍ଠା କରିଛନ୍ତି; ଅଭିନବ ଯଯାତିନଗର। ଯଯାତିଙ୍କ ନାଁରେ କାଳେ ସ୍ଥାନର ନାଁ ଯାଜପୁର। ଦଶାଶ୍ୱମେଧ ଯଜ୍ଞର ଆୟୋଜନ କରିଛନ୍ତି। ଉଦ୍ଦେଶ୍ୟ- ଗୋନାସିକାରୁ ନିର୍ଗତ ବୈତରଣୀର ପାଣିକୁ ପବିତ୍ର କରିବା। ଯଜ୍ଞ କରିବା ପାଇଁ କାନ୍ୟକୁବ୍‌ଜରୁ ଆଣିଛନ୍ତି ଲକ୍ଷେ ବ୍ରାହ୍ମଣ। ନଈକୂଳରେ ଘାଟ ବାନ୍ଧିଛନ୍ତି; ଦଶାଶ୍ୱମେଧ ଘାଟ। କିମ୍ବଦନ୍ତୀରୁ ଏକଥା ସ୍ପଷ୍ଟ ଯେ ସୋମବଂଶୀ ଶାସନ ବ୍ରାହ୍ମଣ୍ୟବାଦକୁ ଉତ୍ସାହିତ କରିଛି। ଆମ ଭୂଖଣ୍ଡରେ ବ୍ରାହ୍ମଣମାନଙ୍କର ବସତି ସେହି କାଳରୁ। ଲାଗୁଛି, ଏହି କ୍ଷେତ୍ର ଯେପରି ବୌଦ୍ଧ, ଶାକ୍ତ, ବୈଷ୍ଣବ ଓ ଶୈବ ଉପାସନାର ମିଳନଭୂମି।

ବିରଜା କ୍ଷେତ୍ରରୁ ମଧ୍ୟ ମିଳିଛି ବହୁ ଯୋଗିନୀ ପ୍ରତିମା। ସେମାନେ ବାରାହୀ, ଚାମୁଣ୍ଡା, ଇନ୍ଦ୍ରାଣୀ। ପ୍ରତ୍ୟେକଙ୍କ ଉଚ୍ଚତା ପ୍ରାୟ ଆଠଫୁଟ। ରହିଛି ପାଞ୍ଚଟି ମାତୃକା ପ୍ରତିମା। ସେମାନେ ବ୍ରହ୍ମାଣୀ, ମାହେଶ୍ୱରୀ, ବୈଷ୍ଣବୀ, କୌମାରୀ, ନାରସିଂହୀ। କୌଣସି ପ୍ରତିମା ଅକ୍ଷତ ନୁହନ୍ତି। ଏତଦ୍‌ବ୍ୟତୀତ ଦଶାଶ୍ୱମେଧ ଘାଟରେ ରହିଛି ଚାମୁଣ୍ଡା ପ୍ରତିମା, ପ୍ରାୟ ଛଅ ଫୁଟ ଉଚ୍ଚତା ଓ ତିନିଫୁଟ ଚଉଡ଼ାବିଶିଷ୍ଟ ପଥରଖଣ୍ଡ। ପ୍ରତ୍ୟେକ ପ୍ରତିମା ମୁଗୁନି ପଥରରେ ତିଆରି। ଭାବ ଅନୁରୂପ।

ଶକ୍ତି ପ୍ରତିମାମାନେ ଆଜି ବିକ୍ଷତ, ଖଣ୍ଡିତ। କୁହାଯାଇଛି- ଏହା ହିନ୍ଦୁ ବିରୋଧୀମାନଙ୍କର ମାନସିକତାର ସ୍ପଷ୍ଟ ସଂକେତ। କେବଳ ପ୍ରତିମା ନୁହେଁ, ମନ୍ଦିର ମଧ୍ୟ ସେମାନଙ୍କ ଧର୍ମାନ୍ଧତାର ଶିକାର ହୋଇଛି। ଏବେ ଦେବୀ ରହୁଥିବା ମନ୍ଦିରର ଆୟୁଷ ବେଶୀ ଦିନର ନୁହେଁ। ଜମିଦାର ସୁଦର୍ଶନ ମହାପାତ୍ର ଏହାକୁ ତିଆରି କରାଇଛନ୍ତି ଆଜିକୁ ପ୍ରାୟ ଦେଢ଼ଶହ ବର୍ଷ ତଳେ। ତେଣୁ ଅଷ୍ଟମ/ନବମ ଶତାବ୍ଦୀରେ ତିଆରି ହୋଇଥିବା ଦେବୀ ମନ୍ଦିରର ଗଢ଼ଣ କଳା ସମ୍ପର୍କରେ ଜାଣିବା ସମ୍ଭବ ନୁହେଁ। ତେବେ ସମକାଳରେ ଯାଜପୁର ଅଞ୍ଚଳରେ ବହୁସଂଖ୍ୟକ ଶାକ୍ତ ଓ ଶୈବ ମନ୍ଦିର ଗଢ଼ିଉଠିଥିବା କଥା ଐତିହାସିକମାନେ ଅନୁମାନ କରନ୍ତି। ଅନୁମାନର ବାସ୍ତବତା ମଧ୍ୟ ରହିଛି। ମନ୍ଦିର ନଥାଉ, ମାତ୍ର ଦେବୀଙ୍କ ପ୍ରତିମାକୁ ଆମେ ଆମ ଭୂମିର ପ୍ରାଚୀନତମ ଶକ୍ତି ପ୍ରତିମା କହିପାରିବୁ। ଖଣ୍ଡିଏ ପଥର ଅଥବା ଘଟପୂଜାର ହିଁ ଏହା କଳାତ୍ମକ ରୂପାନ୍ତରଣ। ଲୋକସୃଜନ ଓ କ୍ଷମତାସୃଜନର ମିଶ୍ରରୂପ। ସ୍ଥାପତ୍ୟର କମନୀୟ ଗଢ଼ଣରେ ଶକ୍ତି ଉପାସନା କ୍ରମେ ସମୁଦ୍ଭାସିତ ହୋଇଉଠିଛି।

ସ୍ଥାପତ୍ୟରେ ଯୋଗିନୀ ମନ୍ତ୍ର

ପୂବେଇ ପବନରେ ଦୋଳି ଖେଳୁଛି ସବୁଜ ଧାନକିଆରି। ଚାହିଁଲେ ଆଖି ପାଉନି। ଲାଗୁଛି ଯେମିତି ସବୁଜ ରଙ୍ଗର ଶାଢ଼ି ପିନ୍ଧିଛି ପ୍ରକୃତି। ଧାନଖେତ ପାଖକୁ ଲାଗି ଗୋଲେଇ ମନ୍ଦିରଟିଏ। ଖୋଲା ଛାତ, କାନ୍ଥ ପ୍ରାୟ ଛାତିଏ ଉଚ୍ଚ ହେବ। ମନ୍ଦିର ପାଖରେ ବଡ଼ ପୋଖରୀ। ପୋଖରୀକୁ ଲାଗି ଆମ୍ବ ଓ ବରଗଛର ମାଳ। ଶାନ୍ତ, ସ୍ନିଗ୍ଧ ପରିବେଶ। ଏହା ନିଶ୍ଚୟ ଏକ ଶକ୍ତିପୀଠ। ହଁ, ହୀରାପୁର। କୁହାଯାଏ, ଆମ ଭୂମି କାଳେ ଶକ୍ତି ଅଧ୍ୟୁଷିତ ଭୂମି। ଶକ୍ତି, ବହୁ ରୂପ ଓ ବହୁ ଭାବରେ ସମନ୍ୱିତ-ନାରୀତ୍ୱ, ମାତୃତ୍ୱ, ସଂହାରିଣୀ। ଅନ୍ୟ ଭାଷାରେ କହିଲେ ପ୍ରେମ, ବାତ୍ସଲ୍ୟ, ଦୟା, କ୍ଷମା, ଉତ୍ସାହ, କ୍ରୋଧ, ଦମନ- ନାନା ଭାବର ସମୀକରଣ। ସେ ପୁଣି ସବୁଠି ଅଛି। ତେଣୁ ଆମ ମୂର୍ତ୍ତିକଳା ଓ ସ୍ଥାପତ୍ୟ ନାରୀତ୍ୱର ଏକ ବିଚିତ୍ର ଭାବରୂପର ଉଦ୍ଭାସନ।

ଆମ ଭୂମିରେ ମାତୃଚେତନାର ଦୁଇଟି ସ୍ୱତନ୍ତ୍ର ସ୍ଥାପତ୍ୟ ଚଉଷଠିଯୋଗିନୀ ମନ୍ଦିର। ଗୋଟିଏ ରହିଛି ରାଣୀପୁର ଝରିଆଲରେ। ସେକାଳର ପାଟଣାରାଜ୍ୟ, ଆଜିର ବଲାଙ୍ଗିର ଜିଲ୍ଲାରେ ଓ ଅନ୍ୟଟି ହୀରାପୁରରେ। ହୀରାପୁର ଏକ ଗାଁ, ଏକାମ୍ରକ୍ଷେତ୍ର ନାମରେ ପରିଚିତ ଭୁବନେଶ୍ୱରର ପଞ୍ଚକୋଶୀ ପରିସରରେ, ଦୟାନଦୀର ଆର କୂଳରେ। ଏବେ ପୀଠ ଓ ନଈ ମଝିରେ କେନାଲ ଖୋଳା ହୋଇଛି। ଏମିତି ଦେଖିଲେ, ଦୂରତା କହିଲେ ନଈର ଏକୂଳ-ସେକୂଳ। ଗୋଟିଏ ମୁଣ୍ଡରେ ମନ୍ଦିର। ଆମ ମନ୍ଦିରଗୁଡ଼ିକ ପ୍ରାୟ ଏମିତି ହିଁ ଥାଏ।

ଆଜି ପରିବେଶ ବଦଳିଗଲାଣି। ମାତ୍ର ସେକାଳରେ ଏ ସ୍ଥାନ ନିକାଞ୍ଚନ, ଅଗନା-ଅଗନି, ଅଗମ୍ୟ ଥିବ ନିଶ୍ଚୟ। ସୂର୍ଯ୍ୟ, ଚନ୍ଦ୍ରଙ୍କର ଆତଯାତ ହିଁ ନଥିବ। ତେଣୁ ଯୋଗିନୀମାନଙ୍କ ଘର ଭିତରକୁ ଆମପରି ସାଧାରଣ ମଣିଷମାନଙ୍କର ଗତାଗତ କ'ଣ ସମ୍ଭବ ? ସେମାନେ ବେକ ମୋଡ଼ି ରକ୍ତ-ମାଂସ ଖାଇଯିବେନି ! ସାଧକ ଓ ପୂଜକମାନେ ହିଁ କେବଳ ଯାଇପାରିବେ। ତେବେ ମନ୍ଦିର ଓ ଗାଁ ସମ୍ପର୍କରେ ଶୁଣାଯାଏ- ଏହା

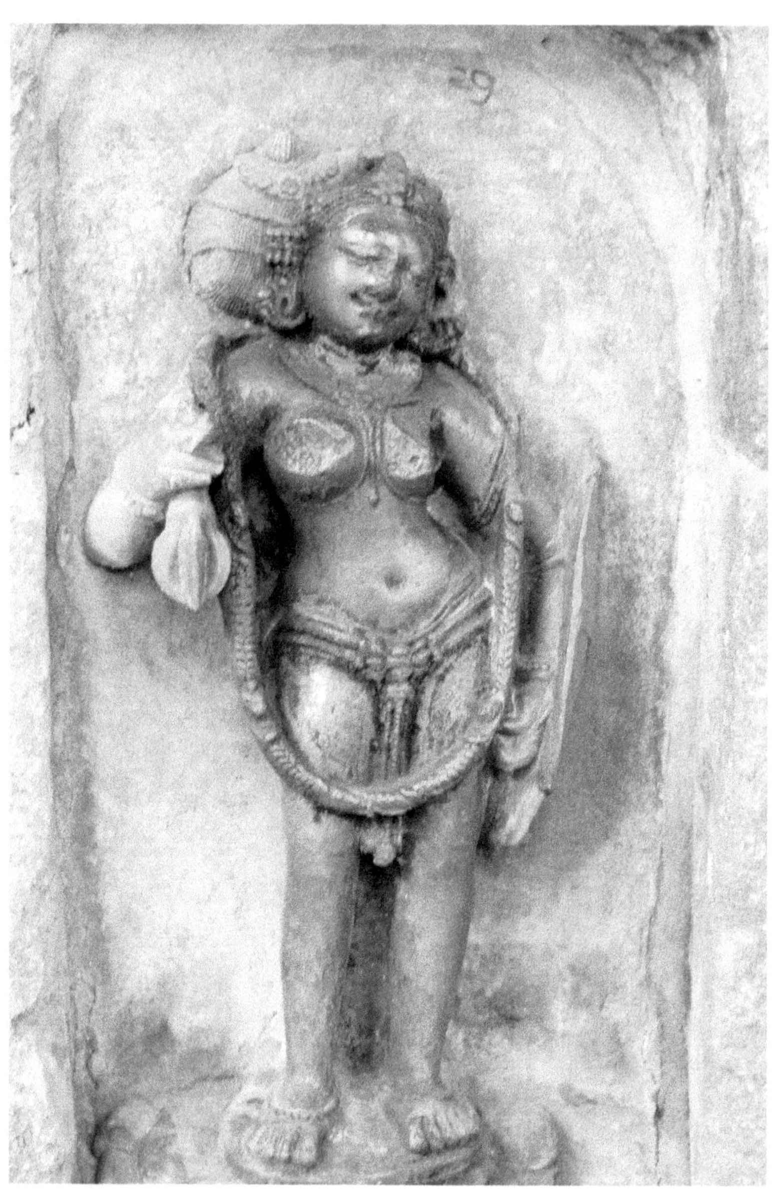

କାଳେ ଏକ ଦେବୀ-ପୀଠ। ଏକଦା ଏଇ ଜାଗାରେ ଆକାଶରୁ କେତେ ମୁହୂର୍ତ୍ତ ପାଇଁ ଖାଲି ହୀରା ବର୍ଷା ହୋଇଥିଲା। ତେଣୁ ଗାଁର ନାଁ ହୀରାପୁର। ଅନ୍ୟ ଏକ କଥା, ଅଷ୍ଟମ-ନବମ ଶତାବ୍ଦୀର ଭୌମକର ରାଜବଂଶର ମହାରାଣୀ ହୀରା ମହାଦେଈ କାଳେ

ଦେବୀଙ୍କଠାରୁ ସ୍ୱପ୍ନାଦେଶ ପାଇ ଏଇଠି ଯୋଗିନୀମାନଙ୍କ ପୀଠ ସ୍ଥାପନା କରିଥିଲେ। ହୋଇଥିବ। ବିଶ୍ୱାସରେ ଏମିତି ବି ଘଟଣାମାନ ଘଟିଥାଏ।

ହୀରାପୁରରେ ଯୋଗିନୀ ମନ୍ଦିର ଗଠନ କାଳ ନବମ ଶତାବ୍ଦୀ। ତେଣୁ ସୁପ୍ରାଚୀନ। ମନ୍ଦିର ଥିଲା, ଗାଁ ଲୋକେ ଜାଣିଥିଲେ। ଜାଣିଥିଲେ ଏହା ଏକ ତନ୍ତ୍ରପୀଠ। ଦେବୀମାନେ ବଳିଭୋଜା। ସେମାନେ ପୀଠକୁ ପୂଜା କରିବାକୁ ଯାଉଥିବେ ନିଶ୍ଚୟ। ମାତ୍ର ଆମ ପାଖରେ ଏହା ସମ୍ପର୍କରେ ସ୍ପଷ୍ଟ ପରିଚୟ ଦେଇଛନ୍ତି କେଦାରନାଥ ମହାପାତ୍ର। ୧୯୫୩ ମସିହାର ଜାନୁଆରୀ ମାସ। ଖବର ପାଇ ସେ ମନ୍ଦିର ପାଖକୁ ଯାଇଛନ୍ତି। ଆଖିରେ ପଡ଼ିଛି ଆମ୍ବଗଛ ଓ ନାନା ପ୍ରକାର ଲଟି ଭିତରେ ପରିତ୍ୟକ୍ତ ଏଇ ଐଶ୍ୱର୍ଯ୍ୟ। ପ୍ରତିବନ୍ଧକଗୁଡ଼ିକୁ ସଫା କରିଛନ୍ତି। ଦୃଶ୍ୟ ତାଙ୍କୁ ଅଭିଭୂତ କରିଛି। ଅନୁଭବ ଓ ଅଧ୍ୟୟନକୁ ଆଧାର କରି ସେ ପ୍ରମାଣ କରିଛନ୍ତି ଏହା ଏକ ତନ୍ତ୍ରପୀଠ। ଚଉଷଠିଯୋଗିନୀମାନଙ୍କର ଘର, ମନ୍ଦିର। ପ୍ରବନ୍ଧ ଲେଖିଛନ୍ତି- ଉଭୟ ଇଂରାଜୀ ଓ ଓଡ଼ିଆ ଭାଷାରେ। ଆମେ ଆଜି ପୀଠର ଯେଉଁ ସୂକ୍ଷ୍ମ ପରିଚୟ ପାଉଛୁ, ତାହା କେଦାରନାଥଙ୍କ ମେଧା ଓ ସାଧନାର ଫଳ। ଗବେଷକମାନେ କହୁଛନ୍ତି, ମନ୍ଦିର ଏକାମ୍ର କ୍ଷେତ୍ରସ୍ଥ ଲିଙ୍ଗରାଜଙ୍କ ପୀଠର ପଞ୍ଚକୋଶୀ ମଧ୍ୟରେ ରହିଛି। ଏହି କଥାରୁ ଜଣାପଡୁଛି, ସତେ ଯେପରି ଲିଙ୍ଗରାଜଙ୍କୁ କେନ୍ଦ୍ରକରି ତିଆରି ହୋଇଛି ଏହି ମନ୍ଦିର। ଅର୍ଥାତ୍ ଲିଙ୍ଗରାଜ ପ୍ରଥମ ଓ ପରେ ଅନ୍ୟମାନେ।

ବାସ୍ତବତଃ କିନ୍ତୁ ତାହା ନୁହେଁ। ପୀଠକୁ ଯଦି ଆମେ ପ୍ରାୟ ନବମ ଶତାବ୍ଦୀର ଯୋଗିନୀ ସାଧନାର କେନ୍ଦ୍ର କହିବା, ଏହା ନିଶ୍ଚିତ ଭାବରେ ଲିଙ୍ଗରାଜ ମନ୍ଦିର ଗଢ଼ଣର ପୂର୍ବବର୍ତ୍ତୀ। ବୌଦ୍ଧ ସହଜଯାନ ପରମ୍ପରା ପ୍ରସାରଣର ସମକାଳୀନ। ଅଷ୍ଟମ ଶତାବ୍ଦୀ ବେଳକୁ ଭୁବନେଶ୍ୱରରେ ବୈତାଳ, ରାମେଶ୍ୱର, ଲକ୍ଷ୍ମଣେଶ୍ୱର, ଭରତେଶ୍ୱର, ଶତ୍ରୁଘ୍ନେଶ୍ୱର ଓ ସ୍ୱର୍ଣ୍ଣଜଳେଶ୍ୱର ମନ୍ଦିର ଆଦି ଜନ୍ମ ନେଇସାରିଲେଣି। ଏଗୁଡ଼ିକ ଶିବ ପରମ୍ପରାର ପ୍ରତୀକ। ତେଣୁ ସମକାଳରେ ଶକ୍ତିପୀଠ ଓ ଶକ୍ତିମୂର୍ତ୍ତି ଜନ୍ମନେବା କିଛି ଅସ୍ୱାଭାବିକ ନୁହେଁ। ଶିବ ଆଉ ଶକ୍ତି ଅଭିନ୍ନ ସତ୍ତା। ଗୋଟିଏ ମାତୃତ୍ୱ, ଅନ୍ୟଟି ପୌରୁଷ। ବୈତାଳ ମନ୍ଦିରରେ ଦେବୀ କାପାଳିନୀ ପୂଜା ପାଉଛନ୍ତି। ସେ ଶବ ଉପରେ ଠିଆ ହୋଇଛନ୍ତି। ଦେଖିବାକୁ ଭୟଙ୍କର। ଲିଙ୍ଗରାଜ ମନ୍ଦିରର ଚାରିପାଖରେ ମଧ୍ୟ ଅଛନ୍ତି ଗୌରୀ, ବିନ୍ଧ୍ୟବାସିନୀ, ରମାୟଣୀ, ଅମ୍ବାଳିନୀ, ମୋହିନୀ, ଦ୍ୱାରବାସିନୀ, କପାଳିନୀ ଓ ଉତ୍ତରାୟଣୀ। ଏମାନେ ଅଷ୍ଟଯୋଗିନୀ। ବିନ୍ଦୁସାଗରର ବନ୍ଧ ଉପରେ ଅଛନ୍ତି ମୋହିନୀ। ଏମାନେ ଯେପରି ମାତୃପ୍ରତିମା। ଅନ୍ୟମାନଙ୍କୁ ନିରାପତ୍ତା ଦେବା ଏମାନଙ୍କର ଧର୍ମ। ମୂର୍ତ୍ତିକଳା ଦୃଷ୍ଟିରୁ ଅନୁଶୀଳନ କଲେ ଯୋଗିନୀ ପୀଠ ଆଉ ଟିକେ ଆଧୁନିକ ହୋଇଥିବ।

ମାତ୍ର ମୂର୍ତ୍ତିଗଢ଼ଣ ଶୈଳୀ ଭିନ୍ନ। ଅନ୍ୟ କୌଣସି ପ୍ରମାଣ ଆମ ପାଖରେ ନାହିଁ। ସେହି ନ୍ୟାୟରେ କେଦାରନାଥ ଓ ଅନ୍ୟମାନଙ୍କ ସିଦ୍ଧାନ୍ତ ଗ୍ରହଣୀୟ।

ଏବେ ଚଉଷଠିଯୋଗିନୀଙ୍କ ବିଜେସ୍ଥଳୀକୁ ଆସିବା। ବିଜେସ୍ଥଳକୁ ମନ୍ଦିର କୁହାଯାଇପାରିବ ନାହିଁ। ପୀଠ। ପୀଠର ଆକାର ଗୋଲ। ବୃତ୍ତ ପରି। ବ୍ୟାସାର୍ଦ୍ଧ ପ୍ରାୟ ପଚିଶ ଫୁଟ। ଭିତ୍ତି ମାଙ୍କଡ଼ା ପଥର ଓ ଉପର କନ୍ଦା ପଥରରେ ତିଆରି। ଉପର ଅଂଶର ଉଚ୍ଚତା ପ୍ରାୟ ଆଠଫୁଟ। ମନ୍ଦିରରେ ଛାତ ନାହିଁ। ଭିତରକୁ ଯିବା ପାଇଁ ଗୋଟିଏ ମାତ୍ର ସଂକୀର୍ଣ୍ଣ ଦ୍ୱାର। ଦ୍ୱାରର ଆକାର ପ୍ରାୟ ଚାରିଫୁଟ ଉଚ୍ଚ ଓ ସାଢ଼େ ଦୁଇଫୁଟ ଓସାର। ଗଳିକରି ଭିତରକୁ ଯିବାକୁ ପଡ଼େ। ପୀଠର ବାହାର ପରିସୀମା ପ୍ରାୟ ନବେ ଫୁଟ।

ପ୍ରବେଶ ପଥର ଦୁଇ ପାଖରେ ଅଛନ୍ତି ଦ୍ୱାରପାଳ। ଉଭୟଙ୍କର ଦୁଇଟି ଲେଖାଏଁ ହାତ। ପାଦପୀଠିକାରେ ପଦ୍ମଲତା। ମାତ୍ର ରୂପ ସ୍ୱତନ୍ତ୍ର। ଉତ୍ତର ପାଖ ଦ୍ୱାରପାଳଙ୍କ ରୂପ ଭୟଙ୍କର। ବଡ଼ ପେଟ, ମଥାରେ ଜଟାଭାର, ବାଁ ହାତରେ ମଣିଷ ଖପୁରି। ଅନ୍ୟ ହାତ ଭାଙ୍ଗିଯାଇଛି। ଦକ୍ଷିଣ ପାଖର ଦ୍ୱାରପାଳଙ୍କ ହାତ ଅସ୍ପଷ୍ଟ। ତାଙ୍କ କାନର ଅଳଙ୍କାର କିନ୍ତୁ ସ୍ପଷ୍ଟ ଦିଶୁଛି। ଜଣେ ଦ୍ୱାରବାଟ ଦେଇ ଭିତରକୁ ପଶିବାମାତ୍ରେ ଦେଖିହେବ, ଡାହାଣ ଓ ବାମ ପାଖରେ ଦୁଇଟି ଖୋପ ଓ ଖୋପ ଭିତରେ ଭୈରବ ମୂର୍ତ୍ତି। ଜଣଙ୍କର ଖାଙ୍କରା ପେଟ, ନଳିନଳି ଗୋଡ଼ ଓ ହାତ, ମଥାରେ ଜଟାଭାର, ଗୋଟିଏ ହାତରେ ଖପୁରି, ଅନ୍ୟ ହାତରେ ଖଣ୍ଡା। ପାଦପୀଠିକାରେ ରହିଛି ଗୋଟିଏ ବିଲୁଆ। ଏବଂ, କଟୁରି ଓ ଖପୁରିଧାରୀ ଦୁଇଜଣ ସେବକ।

ଅନ୍ୟ ପ୍ରତିମାର ରୂପ ଟିକିଏ ଭିନ୍ନ। ବାଁ ହାତରେ କଟାମୁଣ୍ଡ, ଅନ୍ୟ ହାତରେ ଖଡ଼୍‌ଗ। ତଳେ ଅଛନ୍ତି ଦୁଇ ସହଯୋଗୀ। ଜଣେ ରକ୍ତ ପିଉଛନ୍ତି ଓ ଅନ୍ୟ ଜଣଙ୍କର ଦୁଇ ହାତରେ ଦୁଇଟି ଖପୁରି। ଏହି ମୂର୍ତ୍ତି ଦୁଇଟିର ନାମ କାଳ ଓ ବିକାଳ। ଯୋଗିନୀମାନଙ୍କର ସୁରକ୍ଷାଦାତା।

ଏଥର ମନ୍ଦିରର ଗୋଲାକାର ବାଡ଼ ଓ କାନ୍ଥ ପାଖକୁ ଯିବା। ବାହାର ପାଖରେ ନଅଟି ସମାନ ଆକାରର ଖୋପ। ପ୍ରତ୍ୟେକ ଖୋପରେ ଜଣେ ଜଣେ ଦେବୀ। ଏମାନଙ୍କୁ କୁହାଯାଏ ନବ-କାତ୍ୟାୟନୀ। ଦେହ ଗଢ଼ାହୋଇଛି ଟାଣ କନ୍ଦାପଥରରେ। ଈଷତ୍ ହଳଦିଆ। ଆଠଜଣ କାତ୍ୟାୟନୀଙ୍କ ଉଚ୍ଚତା ପ୍ରାୟ ତିନିଫୁଟ। ନବମ କାତ୍ୟାୟନୀଙ୍କ ଆକାର ଟିକିଏ ସାନ । ପ୍ରତ୍ୟେକ କଟାମୁଣ୍ଡ ଉପରେ ଠିଆ ହୋଇଛନ୍ତି। ସେମାନେ ଦ୍ୱିଭୁଜା। ଗୋଟିଏ ହାତରେ ଖଣ୍ଡା ଅଥବା ଖପୁରି। ଅନ୍ୟ ହାତରେ ପାନପାତ୍ର। କାତ୍ୟାୟନୀ ଦ୍ୱିତୀୟରୁ ଅଷ୍ଟମଙ୍କ ପାଖକୁ ରହିଛନ୍ତି ଛତ୍ରଧାରିଣୀ। ପ୍ରଥମାଙ୍କ ବ୍ୟତୀତ ଅନ୍ୟମାନଙ୍କ ପାଦ ପାଖରେ ବିଲୁଆ ଓ କୁକୁର। ଭଙ୍ଗୀ ଭିନ୍ନ ଭିନ୍ନ। ପ୍ରଥମାଙ୍କ ପାଦ

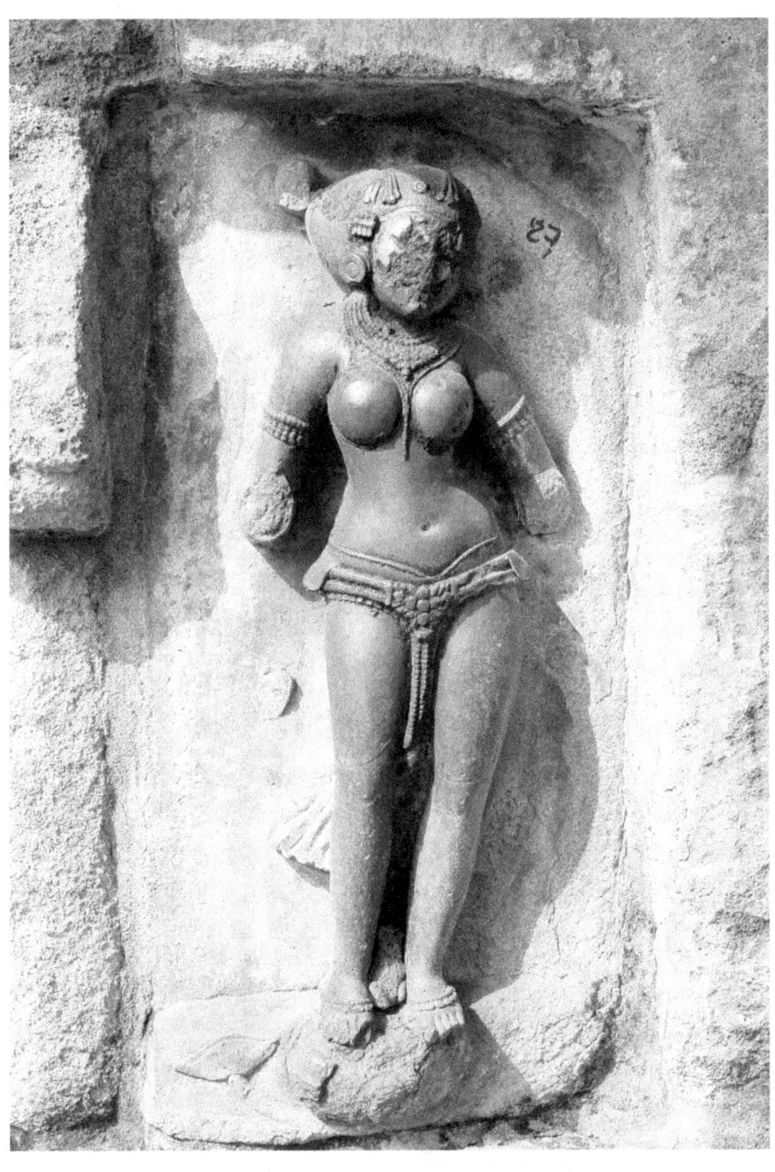

ପାଖରେ ଅଛନ୍ତି ଦୁଇଜଣ ଢୋଲିଆ, ନବମ କାତ୍ୟାୟନୀ ଉଲଗ୍ନା । ଗୋଟିଏ ହାତରେ ଖଣ୍ଡା, ଅନ୍ୟ ହାତରେ ପାନପାତ୍ର । ପାଦପୀଠିକାରେ ଦୁଇ ପାଖରେ ଦୁଇଟି ବିଲୁଆ । ସେମାନଙ୍କ ପାଦ ପାଖରୁ ଖୋସା ପର୍ଯ୍ୟନ୍ତ ସାଳଂକୃତ । ମଥାର ଜୁଡ଼ା ମଧ୍ୟ ସ୍ୱତନ୍ତ୍ର ।

ପ୍ରତ୍ୟେକଙ୍କ ମୁହଁ ପ୍ରସନ୍ନ, ଭୟଙ୍କର ନୁହେଁ। ଠିଆ ହେବାର ଠାଣି ମଧ୍ୟ ଭିନ୍ନ ଭିନ୍ନ। ପ୍ରଥମ ଓ ନବମ କାତ୍ୟାୟନୀ ସତେଯେପରି ଉନ୍ମତ୍ତ ନୃତ୍ୟମୁଦ୍ରାରେ।

ପ୍ରାୟ ଗୋଲାକାର ପୀଠର ମଝିରେ ରହିଛି ଯୋଗିନୀମଣ୍ଡପ। ଏହା ଆୟତାକାର। ଆକାର ପ୍ରାୟ ଲମ୍ବରେ ନ'ଫୁଟ ଛଅ ଇଞ୍ଚ, ଓସାର ପ୍ରାୟ ଆଠ ଫୁଟ। ଚାରି କୋଣରେ ଚାରିଟି ଖମ୍ବ। ମଣ୍ଡପର ମଝିରେ ଶୂନ୍ୟସ୍ଥାନ। ଏହି ସ୍ଥାନରେ କାଳେ ଶିବଙ୍କର ମହାଭୈରବ ମୂର୍ତ୍ତି ଥିଲା। ଏବେ ମୂର୍ତ୍ତି ନଥିବାର କାରଣ ବୁଝିହୁଏନି। ପାଖରେ ମଇଁଷି ଉପରେ ଠିଆ ହୋଇଥିବା ଦେବୀ ପ୍ରତିମା ଅଛନ୍ତି, ତାଙ୍କ ହାତ ଭାଙ୍ଗିଯାଇଛି। ପ୍ରତ୍ୟେକ ସ୍ତମ୍ଭରେ ରହିଛି ଦୁଇ-ଦୁଇଟି କରି ଖୋପ ବା ବଡ଼ ଠଣା। ପ୍ରତ୍ୟେକ ଖୋପରେ ରହିଛନ୍ତି ଜଣେ ଯୋଗିନୀ ଓ ଜଣେ ଭୈରବ। ଏକଷଠିତମ ଖୋପ ଖାଲି। ଏଠାରେ ଖୋପରେ ବିଜେ ପ୍ରତିମା ଚୋରି ହୋଇଯାଇଛନ୍ତି। ଅନ୍ୟ ତିନି ଯୋଗିନୀଙ୍କ ନାମ ଅର୍ଜିତା, ସୂର୍ଯ୍ୟପୁତ୍ରୀ ଓ ବାୟୁବେଗା। ଚାରି ଭୈରବଙ୍କ ବର୍ଣ୍ଣନା ସ୍ୱତନ୍ତ୍ର। ଦକ୍ଷିଣ-ପୂର୍ବ କୋଣର ଭୈରବ ଗୋଟିଏ ପାଦରେ ଠିଆ ହୋଇଛନ୍ତି। ପାଦତଳେ ଫୁଟନ୍ତା ପଦ୍ମ। ଲିଙ୍ଗ ଊର୍ଦ୍ଧ୍ୱମୁଖ। ଦୁଇଟି ହାତ, ଗୋଟିଏ ହାତରେ ଖଣ୍ଡା, ଅନ୍ୟ ହାତରେ ଢାଲ ଓ ମାଛର ମଝିକଣ୍ଟା। ବାହୁ ଓ ମଣିବନ୍ଧର ବଳୟ ଦିଶୁଛି ଗୁଡ଼ାହୋଇଥିବା ସାପ ପରି। ମୁଣ୍ଡରେ ମକୁଟ, ଛାତିରେ ଖପୁରିଶୋଭିତ ମାଳ। ପାଦପୀଠର ଦୁଇ ପାଖରେ ଅଛନ୍ତି ଦୁଇ ସେବକ। ଉଭୟଙ୍କ ହାତରେ ଖଣ୍ଡା ଓ ଢାଲ। ଲୋକ ତୁଣ୍ଡରେ ସେ ଏକ-ପାଦ ଭୈରବ।

ଦ୍ୱିତୀୟ ଭୈରବ ଏକ ପୀଠିକା ଉପରେ ବିଶ୍ୱ ପଦ୍ମାସନ ମୁଦ୍ରାରେ ବସିଛନ୍ତି। ଉଲଗ୍ନ ଓ ଊର୍ଦ୍ଧ୍ୱଲିଙ୍ଗ। ଦଶଟି ହାତ। ସବୁ ହାତ ନାହିଁ। ଥିବା ହାତଗୁଡ଼ିକରେ ରହିଛି ଅକ୍ଷମାଳ, ମଥାରେ ମକୁଟ। ପଛରେ ଦୁଇଜଣ ଉଡ଼ନ୍ତା ନାରୀ ଏବଂ ପାଦପୀଠିକାରେ ଶବ। ତୃତୀୟ ଭୈରବ, ଦ୍ୱିତୀୟଙ୍କର ପ୍ରାୟ ପ୍ରତିରୂପ। ମାତ୍ର ସ୍ୱାତନ୍ତ୍ର୍ୟ- ତାଙ୍କ ହାତରେ ଡମ୍ବରୁ, ତ୍ରିଶୂଳ, ଅକ୍ଷମାଳ ଓ ଢାଲ ଏବଂ ପାଦପୀଠିକାରେ ଦୁଇଜଣ ବିକଟମୁଖୀ ଯୋଗିନୀ ଓ ଖପୁରି। ଚତୁର୍ଥ ଭୈରବୀଙ୍କ ବିଶେଷତା- ପୀଠିକାର ଶବ ଉପରେ ରହିଛି ତାଙ୍କ ଡାହାଣ ପାଦ। ଅଙ୍ଗରକ୍ଷୀ ଜଣେ ଖଡ଼୍‌ଗଧାରିଣୀ ନାରୀ। ତିନି ଭୈରବ ବିଶ୍ୱ ପଦ୍ମାସନା। ଏହି ଚାରି ଭୈରବଙ୍କୁ ଦେଖିଲେ ମଝିରେ ପ୍ରମୂର୍ତ୍ତ ମହା-ଭୈରବଙ୍କ ପ୍ରତିମା କିପରି ହୋଇଥିବ, ଅନୁମାନ କରିବା ସହଜ ହୋଇଯାଏ। ମନେହୁଏ ଏହା ଯେପରି ମହାଯୋଗୀ ଓ ମହାମାୟାଙ୍କର ମହାନିଦ୍ରାର ପୀଠ।

ପୀଠର ଭିତର ପଟରେ ରହିଛନ୍ତି କଳା ମୁଗୁନି ପଥରରେ ତିଆରି ଖୋପ ଭିତରେ ଅବଶିଷ୍ଟ ଷାଠିଏ ଯୋଗିନୀଙ୍କର ମୂର୍ତ୍ତି। ଏମାନଙ୍କ ଭିତରେ ଆରାଧ୍ୟା

ମହାମାୟାଙ୍କର ଏମାନେ ଯେପରି ପ୍ରତିରୂପା । ଏମାନେ ମାୟା, ତାରା, ନର୍ମଦା, ଯମୁନା, କାନ୍ତି, ବୃଦ୍ଧି, କ୍ଷମାଙ୍କରୀ, ଇନ୍ଦ୍ରାଣୀ, ବାରାହୀ, ରଣବୀରା, ବୈଷ୍ଣବୀ, କାଳରାତ୍ରୀ, ବିଦ୍ୟାରୂପା, ଚର୍ଚ୍ଚିକା, ମାର୍ଜରୀ, ଛିନ୍ନମସ୍ତକା, ବିନ୍ଧ୍ୟବାସିନୀ, ଜଳକାମିନୀ, ଘଟବରା, ବିକରାଳୀ, ସରସ୍ୱତୀ, ବିରୂପା, କୌବେରୀ, ଉଲ୍ଲୁକା, ସିଂହମୁଖୀ, ବିରଜା, ବିକଟାନନା, ମହାଲକ୍ଷ୍ମୀ, କୌମାରୀ, ମହାମାୟା, ଉଷା, କର୍କରୀ, ଶୀତଳା, ଯୋସା, ଅଘୋରା, ରୁଦ୍ରକାଳୀ, ବୈନାୟିକୀ, ବିନ୍ଧ୍ୟବାଳିନୀ, ଅଭୟା, ମାହେଶ୍ୱରୀ, କାମାକ୍ଷୀ, କାମାୟନୀ, ଘଟାବରୀ, ସ୍ତୁତି, କାଳୀ, ଉମା, ନାରାୟଣୀ, ଅର୍ଜତି, ଚନ୍ଦ୍ରକାନ୍ତି, ବାୟୁବେଗା, ଚାମୁଣ୍ଡା, ସମୁଦ୍ର, ବ୍ରାହ୍ମଣୀ, ଜ୍ୱାଳାମୁଖୀ, ଆଗ୍ନେୟୀ, ମୁରାଟୀ, ଗଙ୍ଗା, ଧୂମାବତୀ, ଗାନ୍ଧାରୀ, ଅର୍ଜିତା, ସୂର୍ଯ୍ୟପୁତ୍ରୀ, ବାୟୁବୀଣା, ସର୍ବମଙ୍ଗଳା (ଅପହୃତା) । ଏହି ନାଁଗୁଡ଼ିକ ବିଭିନ୍ନ ଗବେଷକଙ୍କ ମତରେ ଭିନ୍ନ ଭିନ୍ନ ।

ତେବେ ଏହି ବିଚିତ୍ରରୂପାମାନଙ୍କର କ'ଣ ତାହେଲେ ପରିଚୟ ? କେମିତି ଏତେ ସ୍ୱତନ୍ତ୍ର ହେଲା ଏମାନଙ୍କର କେଶବିନ୍ୟାସ, ବେଶପରିପାଟୀ ? ଏତେ ପ୍ରକାରର ବାହନ ଆସିଲେ କେଉଁଠୁ ? ଆମ ଭିତରେ ଏମିତି ଅନେକ ଅସମାହିତ ପ୍ରଶ୍ନ । ତେବେ ବିଭିନ୍ନ ଭାବଭଙ୍ଗୀରେ ପ୍ରତୀୟମାନା ଏହି ଅପରୂପାମାନେ ଉତ୍କଳୀୟ ସ୍ଥାପତ୍ୟକଳାର ଅବଶ୍ୟ ଏକ ସୂକ୍ଷ୍ମ ଅନୁଭବ । ଏହି ଅନୁଭବର ବିଚାର ଆମ ପରବର୍ତ୍ତୀ ଆଲୋଚନା ।

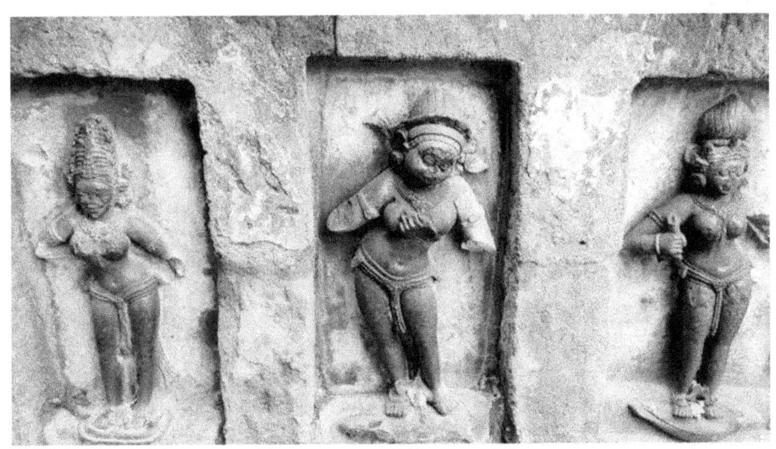

ଭଙ୍ଗା ପାଦର ଛନ୍ଦ

ନିଶାର୍ଦ୍ଧର ନିର୍ଜନ ପ୍ରହର । ଚାରିଆଡ଼ ଖାଁ ଖାଁ । ମଝିରେ ମଝିରେ ବିଲୁଆ କୁକୁରଙ୍କର ବିକଟାଳ ରଡ଼ି । ପଥୁରିଆ-ପାହାଡ଼ିଆ ଜାଗା । ଅଦୂରରୁ ଶୁଭିଯାଉଛି ନୃତ୍ୟରତା ନାୟିକାଙ୍କ ସମ୍ମିଳିତ ଛନ୍ଦ । କିଏ ଏମାନେ? ଭଙ୍ଗା ପାଦରେ ତଥାପି ନୃତ୍ୟର ଛନ୍ଦ? ଚଉକ ମୁଦ୍ରାରେ ପ୍ରତ୍ୟେକ ସମ୍ମୋହିତ ! ସେକାଳରୁ ଆଜିଯାଏଁ ନାଚି ନାଚି ଥକି ଯାଇନାହାନ୍ତି ? ପ୍ରାୟ ସବୁ ହାତ, ପାଦ ଏମିତି ଭାଙ୍ଗିଛି କାହିଁକି ? ନାଚି ନାଚି ହାତ-ପାଦ ଅବଶ ଓ ଶୀଥିଳ ହୋଇଯାଇଛି କି? ତଥାପି କ'ଣ ଏମାନେ ଅପେକ୍ଷା ରଖିଛନ୍ତି ରସଗ୍ରାହୀ ରସିକମାନଙ୍କୁ? ଭକ୍ତିମନସ୍କ ଭକ୍ତମାନଙ୍କୁ? ବୁଦ୍ଧିଜୀବୀ ବିଦ୍ୱାନମାନଙ୍କୁ? ହେଇଥିବ ! ହୀରାପୁରରେ ଯେମିତି ଶୁଭିଯାଉଥିଲା ଏଇ ଉନ୍ମତ୍ତ ନୃତ୍ୟରତା ଯୋଗିନୀମାନଙ୍କର ଭଙ୍ଗା ପାଦର ଛନ୍ଦ ରାଣୀପୁର-ଝରିଆଲରୁ । ଏଇଠି ଏମାନେ ଅଛନ୍ତି ଅନବରତ ନୃତ୍ୟର ଛନ୍ଦରେ ।

ସେହି ନୃତ୍ୟର ଛନ୍ଦକୁ ଶୁଣିବା ପାଇଁ ଏବେ ଯିବା ହୀରାପୁରରୁ ରାଣୀପୁର-ଝରିଆଲ । ରାଣୀପୁର-ଝରିଆଲ, ଲଗାଲଗି ହୋଇ ଦୁଇଟି ଗାଁ । ସେ କାଳର ପାଟଣା ରାଜ୍ୟ, ଆଜିର ବଲାଙ୍ଗିର ଜିଲ୍ଲାର ସଦର ମହକୁମାଠାରୁ ପ୍ରାୟ ଏକଶହ କିଲୋମିଟର ଏବଂ ଟିଟିଲାଗଡ଼ ସହରଠାରୁ ପ୍ରାୟ ଚାଳିଶ କି.ମି. ଦୂର । ସିନ୍ଧେକେଲା ଛକରୁ ବାଙ୍କିଗଲେ ପ୍ରାୟ ବାର କିଲୋମିଟର । ଗାଁ ମୁଣ୍ଡରେ ପ୍ରାୟ ଅଧ କି.ମି. ଲମ୍ବ ଓ ଚଉଠ କି.ମି. ଓସାରର ପଥୁରିଆ ଉପତ୍ୟକା । ଉପତ୍ୟକାରେ ଚାରୋଟି ପୁଞ୍ଜାରେ ରହିଛି ପ୍ରାୟ ଶତାଧିକ ଛୋଟବଡ଼ ମନ୍ଦିର । କେତେକ ଭଙ୍ଗା, କେତେକ ଅଧାଭଙ୍ଗା, ଆଉ କେତେକ ପୂରାପୂରି ଅକ୍ଷୁର୍ଣ୍ଣ ନହେଲେ ବି ଜୀବନ୍ତ । ମନ୍ଦିର ଗଢ଼ଣରେ ବ୍ୟବହୃତ ପଥରଗୁଡ଼ିକ ଏଣେତେଣେ ପଡ଼ିଛନ୍ତି । ଉପତ୍ୟକାର ତଳେ ପୋଖରୀ । ସ୍ଥାନୀୟ ମଣିଷମାନଙ୍କ ତୁଣ୍ଡରେ ସୋମତୀର୍ଥ । ଏଥିରେ ପାଦଧୋଇ, ଦେହକୁ ପବିତ୍ର କରି ଭକ୍ତମାନେ ଦିଅଁ ଦର୍ଶନ କରନ୍ତି ।

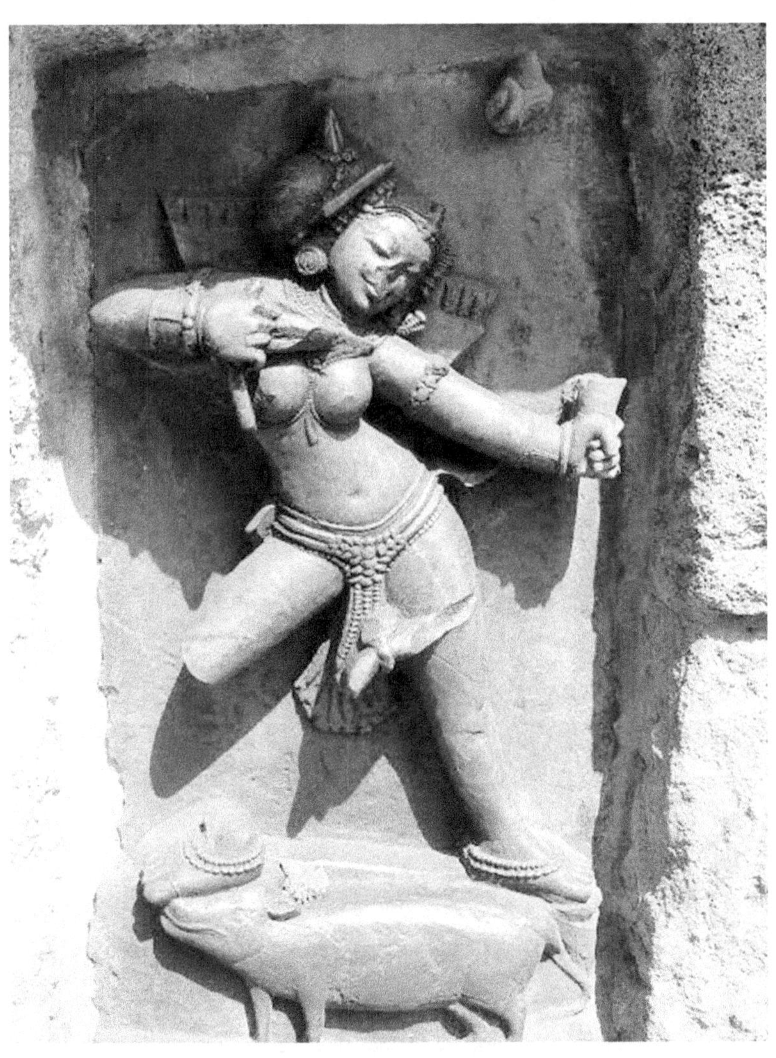

ଜାଗାର ନାଁ ରାଣୀପୁର-ଝରିଆଲ ହେବାର କାରଣ କ'ଣ ହୋଇପାରେ ? କେଉଁ ସମୟରେ ତିଆରି ହୋଇଛି ଏତେସଂଖ୍ୟକ ମନ୍ଦିର ? କୁହାଯାଏ ମନ୍ଦିରଗୁଡ଼ିକ କେଶରୀ ସାଙ୍ଗ୍ୟାଧାରୀ, ସୋମବଂଶୀ ରାଜାମାନଙ୍କ ଶାସନକାଳ, ପ୍ରାୟ ଅଷ୍ଟମରୁ ଏକାଦଶ ଶତାବ୍ଦୀ ମଧ୍ୟରେ ତିଆରି ହୋଇଛି । ଏକ ସମୟର ନୁହେଁ । ଗାଁ ନାଁ ରାଣୀପୁର ହେବାର କାରଣ, ଏହି ପ୍ରାକୃତିକ ପରିମଣ୍ଡଳରେ କାଳେ ରାଣୀ ଉଆସ ଥିଲା । ଉଆସ

ଥିବାର ସଙ୍କେତ ମଧ୍ୟ ରହିଛି। ତେଣୁ ରାଣୀପୁର। ମୁସଲମାନ ଶାସନ କାଳରେ ଉଆସ ଭାଙ୍ଗିଯାଇଛି ବୋଲି ଲୋକେ କୁହନ୍ତି। ମାତ୍ର ମନ୍ଦିରଗୁଡ଼ିକ ରହିଯାଇଛି। ଝରିଆଲ, ରାଣୀପୁର ସହ ଯୋଡ଼ି ହୋଇ ରହିଛି ସେଇ କାଳରୁ।

ଛୋଟ ବଡ଼ ଆକାର ଓ ପ୍ରକାରର ମନ୍ଦିରଗୁଡ଼ିକ ତିନି ଶ୍ରେଣୀର। ଦ୍ରାବିଡ଼, ଉତ୍ତର ଭାରତ ଓ କଳିଙ୍ଗ। ତେବେ ଅଧିକ ସଂଖ୍ୟକ ମନ୍ଦିରର ଆକାର ତୀଖ ଓ ଗମ୍ବୁଜ ପରି। ସିଲିଣ୍ଡ୍ରିକାଲ। ଅଧିକ ସଂଖ୍ୟକ ମନ୍ଦିରର ମୁହଁ ପଶ୍ଚିମ ଦିଗକୁ। ଅନ୍ୟଗୁଡ଼ିକ ପୂର୍ବ ଓ ଦକ୍ଷିଣ ମୁହାଁ। ମନ୍ଦିରଗୁଡ଼ିକର ତିନୋଟି ପୀଠର ବର୍ତ୍ତମାନ ଆମକୁ ଅଭିଭୂତ କରେ। ଉପତ୍ୟକାର ପାଦଦେଶରେ ସୋମେଶ୍ୱରଙ୍କ ମନ୍ଦିର। ପଥରରେ ତିଆରି। ସୂକ୍ଷ୍ମ କାରୁକାର୍ଯ୍ୟସମ୍ପନ୍ନ ନୁହେଁ, ମାତ୍ର ସୁନ୍ଦର। ଗଢ଼ଣ କାଳ ପ୍ରାୟ ନବମ ଶତାବ୍ଦୀ। ମନ୍ଦିରର ଦ୍ୱାରବନ୍ଧ ଉପରେ ଅଛନ୍ତି ଗଜଲକ୍ଷ୍ମୀ। ତା’ ଉପରକୁ ଏକ ତିନିଧାଡ଼ିଆ ଶିଳାଲେଖ। ସୋମେଶ୍ୱର ଦେବ, ଭଟ୍ଟାରକ-ପରମେଶ୍ୱର ଦେବ: ଏ ଦୁଇଟି ନାଁ ଲେଖ ଭିତରେ ଅଛି। ଭିତରେ ଅଛନ୍ତି ଲିଙ୍ଗ ସହିତ ପାର୍ବତୀ, ନନ୍ଦୀ ଓ ଅର୍ଘା। ପ୍ରତିମା ଓ ଶିଳାଲେଖକୁ ଅନୁଶୀଳନ କରି ପ୍ରତ୍ନତତ୍ତ୍ୱବିତ୍ ଜେ. ଡି. ବେଗ୍ଲାର, ମନ୍ଦିରରେ ପ୍ରଥମେ ବିଷ୍ଣୁ, ପରେ ବୁଦ୍ଧ ଓ ଶେଷରେ ଶିବ ପୂଜା ପାଉଛନ୍ତି ବୋଲି ଅନୁମାନ କରିଛନ୍ତି। ଅନ୍ୟ ଏକ ମନ୍ଦିରରେ ଅଛନ୍ତି ଗରୁଡ଼ ପିଠିରେ ବିଷ୍ଣୁ। ଏବଂ, ଅନ୍ୟତ୍ର ଧ୍ୟାନମଗ୍ନ ବୁଦ୍ଧ। ଏବେ ଆମେ ଉପତ୍ୟକାର ସବୁଠାରୁ ବଡ଼ ମନ୍ଦିର, ଇନ୍ଦ୍ରଲାଟ ମନ୍ଦିର ପାଖକୁ ଆସିବା। ଉଚ୍ଚତା ୬୫ ଫୁଟ, ଓସାର ୭୦ ଫୁଟ ଓ ପୀଠ ୯୦ ଫୁଟ। ଗୁରୁତ୍ୱପୂର୍ଣ୍ଣ, ଏହାର ଭିତ୍ତି ପଥର ଓ ଉପର ପୋଡ଼ା ଇଟାରେ ତିଆରି। ସମକାଳର ଭାରତବର୍ଷରେ ଇଟାରେ ତିଆରି ମନ୍ଦିରଗୁଡ଼ିକ ମଧ୍ୟରେ ଏହା ସବୁଠାରୁ ବଡ଼ ଓ ସୁନ୍ଦର ମନ୍ଦିର। ମନ୍ଦିରରେ ପୂଜା ପାଉଛନ୍ତି ଗୋପାଳ, ପାର୍ଶ୍ୱଦେବତା ନୃସିଂହ ଓ ବରାହ। ମନ୍ଦିର ଓ ପ୍ରତିମାମାନଙ୍କୁ ଦେଖିଲେ, ଜଣେ ଏକଥା କହିବାକୁ ଆଦୌ କୁଣ୍ଠିତ ହେବନାହିଁ ଯେ, ଏହି ଭୂମି ଏକଦା ଶୈବ, ବୈଷ୍ଣବ, ଶାକ୍ତ ଓ ବୌଦ୍ଧ ଚେତନାର ମହାପୀଠ ଥିଲା। ଜନବିଶ୍ୱାସକୁ ରାଜାମାନେ ଆହତ କରିବା ପାଇଁ ଆଦୌ ଅହଂକାର ପ୍ରକାଶ କରୁନଥିଲେ।

ଏଥର ତୃତୀୟ ପୀଠ। ଯେଉଁଥିପାଇଁ ସୁଦୂର ହୀରାପୁରରୁ ଆମର ଏଠାକୁ ଯାତ୍ରା। ତାହା ଚଉଷଠିଯୋଗିନୀ ପୀଠ। ଧର୍ମ ଓ ଦର୍ଶନ ଦୃଷ୍ଟିରୁ ଏହା ହୀରାପୁରର ଏକ ପ୍ରତିଲିପି। ମାତ୍ର କିଏ କାହାର ପ୍ରତିଲିପି, ଏହା ତଥାପି ଗବେଷଣାସାପେକ୍ଷ। ହୀରାପୁର ଯୋଗିନୀମାନଙ୍କର ନାଁ ରହିଛି। ଅବଶ୍ୟ କେଉଁଠି କେଉଁଠି ଗବେଷକମାନଙ୍କର ମତଭେଦ ରହିଛି। ସାରଳା ଦାସଙ୍କର ଚଣ୍ଡୀପୁରାଣରେ ମଧ୍ୟ ଯୋଗିନୀମାନଙ୍କର ନାମକରଣ ଦେଖିବାକୁ ମିଳେ। ମାତ୍ର ରାଣୀପୁର ଯୋଗିନୀମାନଙ୍କର ନାମକରଣ

କେଉଁଠାରେ ଉପଲବ୍ଧ ନାହିଁ। କେବଳ ଯୋଗିନୀମାନଙ୍କର ସାମ୍ପ୍ରତିକ ସ୍ଥିତି ସହ ଆଇକୋନୋଗ୍ରାଫି(ମୂର୍ତ୍ତିକଳା ଗଠନ ଶୈଳୀ)ର ବର୍ଣ୍ଣନା ରହିଛି। ତେଣୁ ସ୍ୱତଃ ପ୍ରଶ୍ନ ଆସେ ଏ ଦୁଇ ପୀଠ ମଧ୍ୟରୁ କେଉଁଟି ତାହେଲେ ପ୍ରଥମ ?

ରାଣୀପୁର ପୀଠର ଆକାର ଓ ପ୍ରତିମାମାନଙ୍କର ଗଢ଼ଣ ସ୍ୱତନ୍ତ୍ର। ଆକାର ହୀରାପୁରର ପ୍ରାୟ ଦୁଇଗୁଣ, ପଚିଶ ଫୁଟ ବ୍ୟାସାର୍ଦ୍ଧ। ଛାତ ହୀନ। ଚାରି ପାଖରେ

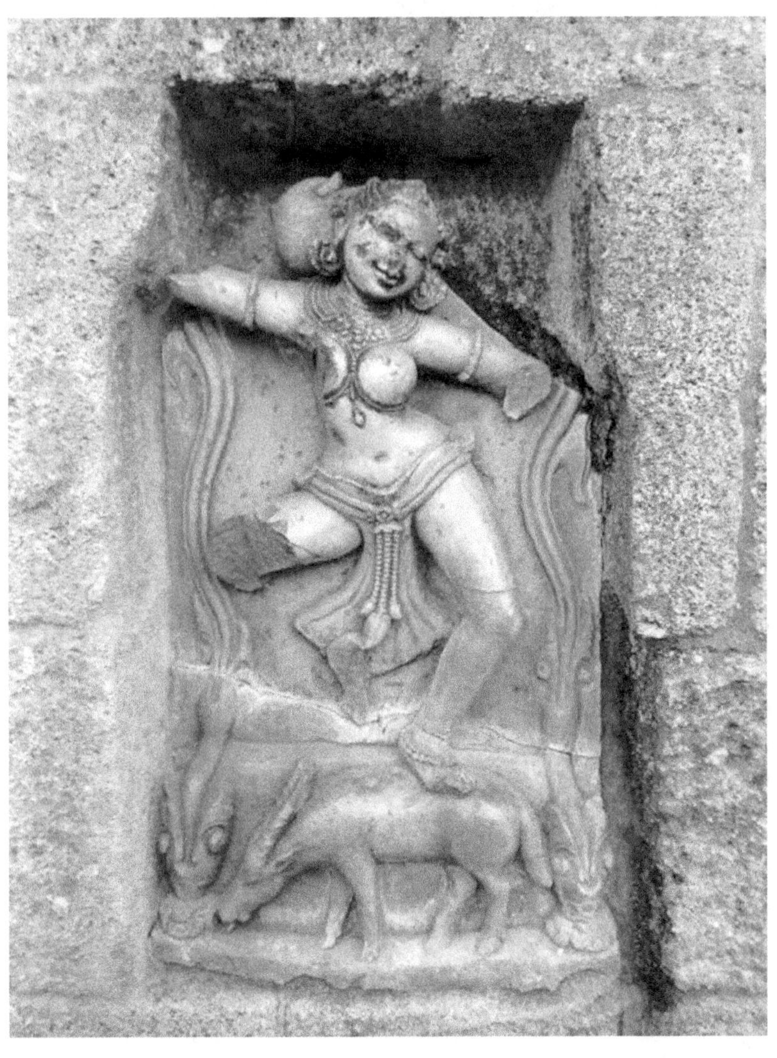

ଗୋଲାକାର ପଥର ଯୋଡ଼େଇ କାନ୍ଥ। ପ୍ରାୟ ୫/୬ ଫୁଟ ଉଚ୍ଚ। କାନ୍ଥର ବାହାରପଟେ କିଛି ନାହିଁ। ହୀରାପୁରରେ କିନ୍ତୁ ରହିଛନ୍ତି ନବକାତ୍ୟାୟନୀ। ଅର୍ଥାତ୍ ନ' ଦେବୀ ପ୍ରତିମା।

ଭିତରକୁ ଯିବା ପାଇଁ ଦକ୍ଷିଣ ଦିଗରେ ଗୋଟିଏ ମାତ୍ର ଦ୍ୱାର। ଆଗରୁ କାଳେ ଦୁଇଟି ଥିଲା। ଗୋଟିଏକୁ ବନ୍ଦ କରିଦିଆଯାଇଛି। କିଏ, କେବେ, କାହିଁକି ବନ୍ଦ କରିଛି କହିହେବନାହିଁ। ଏହାକୁ ଏକ ଜରୁରୀକାଳୀନ ବାଟ ବି କୁହାଯାଇପାରିବ। ଭିତରକୁ ପଶିବାମାତ୍ରେ ଆଖିରେ ପଡ଼ିବ ଏକ ମଣ୍ଡପ। ଚାରୋଟି ଖମ୍ବ ଉପରେ ରହିଛି ଛାଉଣି। ମଣ୍ଡପରେ ନୃତ୍ୟରତ ଶିବ, ଊର୍ଦ୍ଧ୍ୱଲିଙ୍ଗ। ତିନୋଟି ମୁଣ୍ଡ, ଆଠଟି ହାତ। ଦି' ହାତରେ ଗୋଟିଏ ସାପକୁ ଧରିଛନ୍ତି। ଅନ୍ୟ ହାତଗୁଡ଼ିକରେ ରହିଛି ପାନପାତ୍ର, ତ୍ରିଶୂଳ, ଖପୁରି ଏବଂ ଅକ୍ଷମାଳା। ଅନ୍ୟ ହାତରେ କ'ଣ ରହିଛି ଜାଣିହେଉନି। ପୀଠ ପାଖରେ ଅଛନ୍ତି ନନ୍ଦୀ, ତାଙ୍କ ବିଶ୍ୱସ୍ତ ଅନୁଚରଗଣ ଏବଂ ଠିଆ ହୋଇଛନ୍ତି ଗଣେଶ। ଅନ୍ୟ କେତେକ ଛୋଟ ଛୋଟ ପ୍ରତିମା ମଧ୍ୟ ଅଛନ୍ତି। ସେମାନେ ଅଷ୍ଟଭୁଜା ପାର୍ବତୀ ଏବଂ ଅନ୍ୟମାନେ। ପୀଠକୁ ଶିବମଣ୍ଡଳ କହିପାରିବା। ଭକ୍ତମାନଙ୍କର ଗହଳି ଏହି ମଣ୍ଡପରେ, ମହାଯୋଗୀ ଓ ମହାମାୟାଙ୍କ ପାଖରେ। ହୀରାପୁରରେ ଅନୁରୂପ ମଣ୍ଡଳ ଅଛି। ଶିବ ମୂର୍ତ୍ତି ଥିଲେ ନିଶ୍ଚୟ। ମାତ୍ର କୌଣସି କାରଣରୁ ସେ ଅନୁପସ୍ଥିତ।

ହୀରାପୁରର ପ୍ରତ୍ୟେକ ସ୍ତମ୍ଭରେ ଦୁଇ-ଦୁଇଟି କରି ଆଠଟି ମୂର୍ତ୍ତି (ଚାରି ଯୋଗିନୀ ଓ ଚାରି ଭୈରବ) ଥିବାବେଳେ ରାଣୀପୁରର ସ୍ତମ୍ଭ ପ୍ରତିମା ଶୂନ୍ୟ। ପୀଠର ବୃତ୍ତାକାର କାନ୍ଥରେ ସମଦୂରତାରେ ରହିଛି ଚଉଷଠି ସଂଖ୍ୟକ ଠଣା ବା ଖୋପ। ପ୍ରତ୍ୟେକ ଖୋପରେ

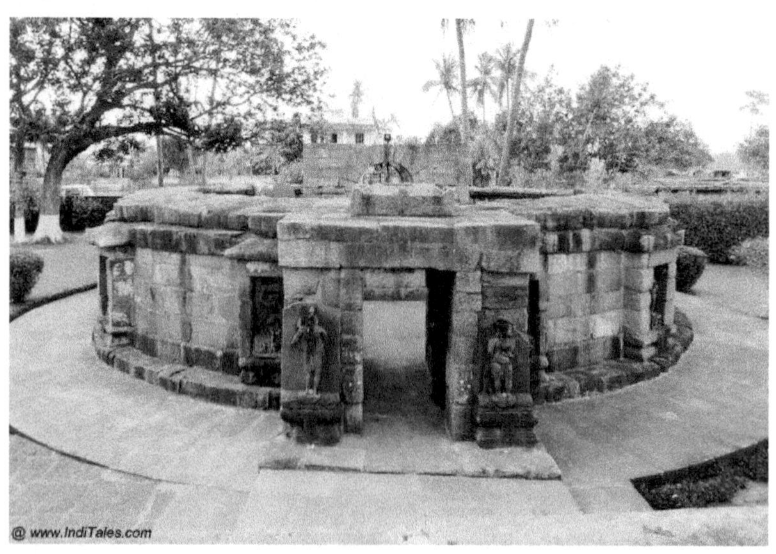
@ www.IndiTales.com

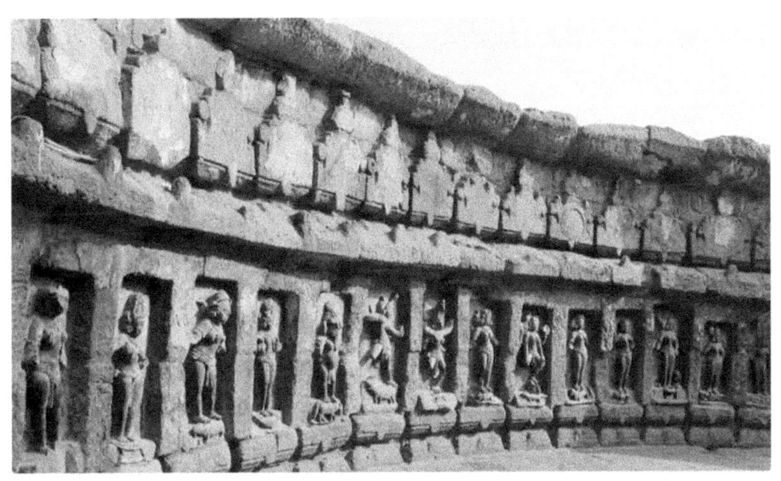

ଯୋଗିନୀ ପ୍ରତିମା ଥିଲେ। ଏବେ ଅଠଚାଳିଶି ଅଛନ୍ତି। ଅବଶିଷ୍ଟ ଠଣାଗୁଡ଼ିକ ଶୂନ୍ୟ। କେହି ନେଇଯାଇଛନ୍ତି, ଅଥବା ଭାଙ୍ଗିଯାଇଛି। ନେଇଯାଇଥିବା ଅଧିକ ଯୁକ୍ତିସଙ୍ଗତ। ଅନ୍ୟ ଯୋଗିନୀ ମନ୍ଦିରଗୁଡ଼ିକରେ ତାହା ହିଁ ହୋଇଛି। ଆମ ପ୍ରତିମାମାନଙ୍କୁ ଆମେ କାଳେ ଆମ ହାତରେ ଅନ୍ୟମାନଙ୍କ ହାତକୁ ଟେକିଦେଇଛୁ। କାହିଁକି ? ଏହା ଏକ ବିରାଟ ପ୍ରଶ୍ନବାଚୀ। କେତେକ ଯୋଗିନୀ ପ୍ରତିମା ଭାରତର ସଂଗ୍ରହାଳୟଗୁଡ଼ିକରେ ଅଛନ୍ତି। ଏବେ ଥିବା ପ୍ରତିମାମାନେ ମଧ୍ୟ ଅଖୁଣ ନୁହନ୍ତି। ପ୍ରାୟ ବିରୂପ ହୋଇଗଲେଣି। ପ୍ରଧାନ କାରଣ ସେମାନଙ୍କୁ ତିଆରି କରାଯାଇଥିବା ଉପାଦାନ ସ୍ଥାନୀୟ ବାଲି-କନ୍ଦା ପଥର। ପୁଣି ଖରା, ବରଷା, କାକର ଓ ଭକ୍ତମାନଙ୍କ ସେବାପୂଜାର ଅଦଉତି ମଧ୍ୟ ରହିଛି। ମୂର୍ତ୍ତିମାନେ ଆକାରରେ ହୀରାପୁରର ଯୋଗିନୀମାନଙ୍କଠାରୁ ବେଶ୍ ବଡ଼। ପ୍ରତ୍ୟେକ ଚଉକ ମୁଦ୍ରାରେ। ଖୋଲା ଗୋଡ଼। ଦେଖିଲେ ଲାଗୁଛି ନାଚୁଛନ୍ତି ଯେମିତି ଶାସ୍ତ୍ରୀୟ ମୁଦ୍ରାରେ। ସମସ୍ତେ ଏକୁଟିଆ। ହୀରାପୁର ପରି ପାଖରେ ଛତ୍ରଧାରିଣୀ ନାହାନ୍ତି। ସେମାନଙ୍କ ପାଦ ପାଖରେ ବାହନ ଥିଲେ ନିଶ୍ଚୟ। ମାତ୍ର ଚାରୋଟି ପ୍ରତିମାଙ୍କ ପାଦ ପାଖରେ ବାହନମାନଙ୍କୁ ଦେଖିହେଉଛି। ସେମାନେ କେହି କେହି ଦ୍ୱିଭୁଜା, ଚତୁର୍ଭୁଜା, ଷଡ଼ଭୁଜା ଓ ଅଷ୍ଟଭୁଜା। ବ୍ରହ୍ମାଣୀ ଓ ଅନ୍ୟ ଦୁଇ ଯୋଗିନୀଙ୍କର ତିନୋଟି ଲେଖାଏଁ ମୁହଁ। ସମସ୍ତଙ୍କର ନାମକରଣ କରିବା ସହଜ ନୁହେଁ। ବାହନ ଥିଲେ ସମ୍ଭବ ହୁଏତ ହୋଇଥାନ୍ତା। ତଥାପି କେତେକଙ୍କ ଆୟୁଧ ଓ ମୁହଁରୁ ଚିହ୍ନି ହେଉଛି ସେମାନେ କିଏ ? ଯେପରି ବଜ୍ରଧାରିଣୀ: ଇନ୍ଦ୍ରାଣୀ, ବରାହମୁଖୀ: ବାରାହୀ। ପ୍ରତ୍ୟେକଙ୍କ ହାତରେ ଆୟୁଧ। ଆୟୁଧଗୁଡ଼ିକ ମଧ୍ୟରେ ରହିଛି କାଳଯନ୍ତ୍ର, ଚିରାଗ, ଗଦା, ମୂଷଳ, ଧନୁଶର, ପାଶ,

ସାପ, ଅକ୍ଷମାଳା, ଖଡ୍‌ଗ, ପାନପାତ୍ର, ତ୍ରିଶୂଳ, ହେମଦସ୍ତା, ବଜ୍ର ଇତ୍ୟାଦି। ଜଣଙ୍କ ହାତରେ ପଦ୍ମ ବି ରହିଛି।

ଅନ୍ୟ ଯୋଗିନୀମାନଙ୍କଠାରୁ ରାଣୀପୁର ଯୋଗିନୀମାନଙ୍କର ବିଶେଷତା: ସେମାନଙ୍କର ମୁହଁ, ବିଭିନ୍ନ ପଶୁଙ୍କର-ସିଂହ, ଘୋଡ଼ା, ସାପ, ହାତୀ, ଛେଳି, ଗାଈ, ବାର୍‌ହା, ଭାଲୁ, ମେଣ୍ଢା, ମୃଗ ଓ ମଇଁଷି। ଅନ୍ୟ ଷୋହଳ ପ୍ରତିମା ଥିଲେ ଅନ୍ୟ ପଶୁମାନଙ୍କୁ ଚିହ୍ନି ହେଉଥାଆନ୍ତା। ଜଣେ ଦେବୀଙ୍କ ମୁହଁ ସାପପରି। ମାତ୍ର ମଥାର କେଶ ସାପପରି ମୋଡ଼ି ହୋଇ ରହିଛି। ଅନ୍ୟ ଜଣେ ଦେବୀଙ୍କୁ ସୂର୍ଯ୍ୟ କହିହେବ। ତାଙ୍କ ହାତରେ ପଦ୍ମ। ପାଦପୀଠିକାରେ ସାତଟି ଘୋଡ଼ା ଯୋଚା ହୋଇଥିବା ରଥ। ଜଣେ ତ ଅଟ୍ଟହାସିନୀ। ପ୍ରସାରିତ ପାଟି ଦେଖିଲେ ଡର ଲାଗିବ। ବାଘମୁଖୀ ଦେବୀଙ୍କର ଛଅଟି ହାତ। ବାଆଁ ହାତରେ ଗୋଟିଏ ମଣିଷ ଶବ ଧରିଛନ୍ତି। ଯେପରି ଶବ-ସାଧିକା। ବାର୍‌ହା, ହାତୀ ଓ ମହିଷମୁଖୀଙ୍କୁ ବାହନ ଆଧାରରେ ବାରାହୀ, ଗଣେଶାୟନୀ, ଯମୀ କହିପାରିବା। ଜଣେ ଯୋଗିନୀ ହାତରେ ବେଙ୍ଗଟିଏ ଧରି ପାଟିରେ ପୂରାଉଥିବାର ଦୃଶ୍ୟ- ଅତି ଭୟଙ୍କର। କେଉଁଠି ଜଣେ କଙ୍କାଳସାର ତ ଆଉ କେଉଁଠି ପୃଥୁଳକାୟ। କାହାର ସ୍ତନ ଉନ୍ନତ, ବର୍ତ୍ତୁଳ ଓ ସୁସଞ୍ଚ ତ ଆଉ କାହାର ପେଟ ତଳକୁ ଝୁଲି ପଡ଼ିଛି। କେଉଁଠି ଦୁଇ ହାତ ନିଜ ସ୍ତନ ଉପରେ। ସାଳଂକୃତ ନୁହନ୍ତି। ଥିବେ ନିଶ୍ଚୟ। କାରଣ ସେହି ସମୟର କୃତୀ ହୀରାପୁର ଯୋଗିନୀଙ୍କ ଅଳଙ୍କାର ବିଭିନ୍ନ ଢଙ୍ଗର ଓ ବିଭିନ୍ନ ଶ୍ରେଣୀର। କେଶ ବିନ୍ୟାସ ମଧ୍ୟ ଅନୁରୂପ। ପ୍ରତ୍ୟେକ ଯୋଗିନୀଙ୍କର କେଶ-ବିନ୍ୟାସ ଓ ଅଳଙ୍କାର ପ୍ରତ୍ୟେକଙ୍କଠାରୁ ଅଲଗା। କାହାର କାହା ସହିତ ମେଳ ଖାଇବ ନାହିଁ। ଏଠାରେ ମଧ୍ୟ ସେହି ସମ୍ଭାବନାକୁ ଏଡ଼େଇ ଦିଆଯାଇନପାରେ। ମାତ୍ର ସମୟ ଏସବୁକୁ ଶେଷ କରିଦେଇଛି। ଅନ୍ୟମାନଙ୍କୁ ପଶୁମାନଙ୍କ ନାଁ ଅନୁସାରେ ପରିଚିତ କରାଇପାରିବା କି ? ଆମ ଗ୍ରାମଦେବତୀମାନଙ୍କର ମଧ୍ୟ ସେହିପରି ନାଁ ରହିଛି। ବହୁ ଦେବଦେବୀଙ୍କର ମୁହଁ ପଶୁ, ପକ୍ଷୀ, ସରୀସୃପ ଏବଂ ଅବଶିଷ୍ଟ ଅଙ୍ଗପ୍ରତ୍ୟଙ୍ଗ ମଣିଷ ପରି। କେତେକ ମାତୃକାଙ୍କ ରୂପ ମଧ୍ୟ ଏହିପରି। ଏହାର ସ୍ପଷ୍ଟ ଓ ନିର୍ଦ୍ଦିଷ୍ଟ ଉତ୍ତର ଦେବା ସମ୍ଭବ ନୁହେଁ। ଏତିକିମାତ୍ର କୁହାଯାଇପାରିବ, ଦେବୀମାନେ ନିର୍ଦ୍ଦିଷ୍ଟ ପଶୁମାନଙ୍କ ଭାବର ପ୍ରତିନିଧି। ସାମାନ୍ୟା ନୁହନ୍ତି। ଅମିତ ଶକ୍ତିର ଅଧିକାରିଣୀ। ଅସ୍ପୃର୍ଶ୍ୟା ନୁହନ୍ତି, ପରମ ପୂଜ୍ୟା, ଆରାଧ୍ୟା। ଅଭିଯାତବୋଧ ଓ ବ୍ରାହ୍ମଣ୍ୟବାଦ ବିରୋଧରେ ଏମାନଙ୍କ ସ୍ୱତନ୍ତ୍ର ରୂପ ଏକ ଏକ ପ୍ରତିବାଦ। ପୁଣି ଏମାନଙ୍କ ମୁହଁକୁ ଦେଖିଲେ ମନେହେଉଛି, ଏମାନେ ଆଦୌ ଆତଙ୍କିତ କି ଭୀତ ନୁହନ୍ତି। ଯେକୌଣସି ପ୍ରତିବାଦର ଆକ୍ରମଣାତ୍ମକ ମୁକାବିଲା କରିବା ପାଇଁ ଏମାନେ ସମର୍ଥା। ଜଣେ ଜଣେ ଉନ୍ମାଦିନୀ ପ୍ରତିବାଦୀ। ଶକ୍ତିମତୀ, ପ୍ରମତ୍ତା ଓ ନୃତ୍ୟରତା।

ଏମାନଙ୍କ ପରମ ଓ ଆଦିସତ୍ତା- ପଶୁପତି, ମହାଯୋଗୀ, ମହାଭୈରବ, ମହାକାଳ, ଶିବ। ଏବଂ, ଏମାନେ ମହାମାୟା ପାର୍ବତୀଙ୍କ ଚାରି ପାଖରେ।

ତେବେ ଏହା କ'ଣ ଚଉଷଠି ପଦ୍ମଦଳରେ, ଚଉଷଠି ସହଚରୀଙ୍କ ମେଳରେ ମଧ୍ୟସ୍ଥିତ ଶିବ-ଶକ୍ତିଙ୍କର ମହାରାସ ? ନହେବ ବା କାହିଁକି ? ଶାକ୍ତ ଓ ଶୈବ ଦର୍ଶନ ତ ଏଇ କଥା ହିଁ କହୁଛି। ଏଇ କଥା। ସ୍ଥାପତ୍ୟ ଦେହରେ, ଭଙ୍ଗା ପାଦର ଛନ୍ଦରେ କହୁଛି ଦର୍ଶନର ମର୍ମକଥା।

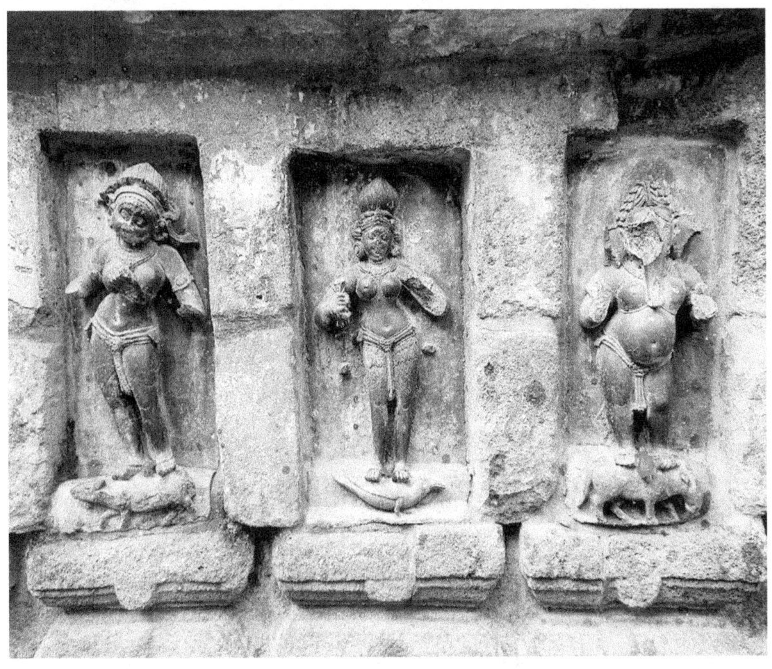

ଯୋଗିନୀ ଦେହରେ ପ୍ରୀତି ଓ ଭୀତି

ଆମେ କଥା ହେଉଥିଲେ ଆମ ରାଜ୍ୟରେ ଥିବା ଦୁଇଟି ଚଉଷଠି ଯୋଗିନୀ ମନ୍ଦିର ସମ୍ପର୍କରେ। ହୀରାପୁର ଓ ରାଣୀପୁର-ଝରିଆଲ। ଏମାନଙ୍କର ରହସ୍ୟମୟ ଅବସ୍ଥିତି ଓ ସଂଖ୍ୟାକୁ ନେଇ ଆମ ଭିତରେ ଅନେକ ପ୍ରଶ୍ନ। କାହିଁକି ଏମାନଙ୍କର ଏପରି ସଂଖ୍ୟା, ରୂପ ଓ ଅଭିସାର, ପୁଣି ସ୍ଥାପତ୍ୟ ଦେହରେ ? କ'ଣ ହୋଇପାରେ ଏହା ପଛର ଦର୍ଶନ ? ସେହି ଦର୍ଶନର ଅନାବରଣ ଏଥରର ପ୍ରୟାସ।

ସବୁଠୁ ଗୁରୁତ୍ୱପୂର୍ଣ୍ଣ ପ୍ରଶ୍ନ- ଏମାନଙ୍କର ସଂଖ୍ୟା ଚଉଷଠି କାହିଁକି ? ଉତ୍ତର ଅତି ସ୍ପଷ୍ଟ। ଦର୍ଶନଶାସ୍ତ୍ରରେ ଏ ଦେହ, ଛଅଟି ଯନ୍ତ୍ର ବା ଚକ୍ରର ସମାହାରରେ ଏକ ମହାଯନ୍ତ୍ର। ଗୁହ୍ୟ, ନାଭି, ବକ୍ଷ, କଣ୍ଠ, ମସ୍ତିଷ୍କ ଓ ସହସ୍ରାର। ପୁଣି ଏହି ଛଅଟି ଯନ୍ତ୍ର ବିଭକ୍ତ ହୋଇଛି ଏକ ଚଉଷଠି ପାଖୁଡ଼ାବିଶିଷ୍ଟ ପଦ୍ମରେ। ପ୍ରତ୍ୟେକ ପାଖୁଡ଼ାର ଅଧିଷ୍ଠାତ୍ରୀ ଜଣେ ଜଣେ ଯୋଗିନୀ। ମଝିରେ ମହାଯୋଗୀ ଓ ମହାମାୟା। ତେଣୁ କାଳେ ଚଉଷଠି ଯୋଗିନୀ ସେହି ପରମ୍ପରାର ଏକ ଦୃଶ୍ୟରୂପ।

ତେବେ ରାଣୀପୁର-ଝରିଆଲର ସେଇ ବିଚିତ୍ରବେଶା ଯୋଗିନୀ ଏବଂ ମହାଭୈରବଙ୍କୁ ତାଙ୍କ ରାସମଣ୍ଡପରେ ଆମେ ଅନୁଭବ କରୁଥିଲେ। ସେମାନେ ସାଳଂକୃତା, ନୃତ୍ୟପଟିୟସୀ ଅଥଚ ଭୀତିପ୍ରଦା। ପାଦ, ନିତମ୍ବ, ଅଣ୍ଟା, ଛାତି, ବେକ ଓ ମଥା; ହାତର ଆୟୁଧ ଓ ମୁଦ୍ରା- ସକଳ ଅଙ୍ଗ-ପ୍ରତ୍ୟଙ୍ଗରେ ଯେପରି ଉତ୍ସାହ ଓ ଉଦ୍ଦାମତା। ଜଗତର ସକଳ ଅଶୁଭ ଶକ୍ତିକୁ ପରାଭୂତ କରିବା ପାଇଁ ଅଙ୍ଗୀକାରବଦ୍ଧତା।

ଆମେ ଏଥର ପଶ୍ଚିମରୁ ଉପକୂଳକୁ ଆସିବା। ହୀରାପୁରର ଯୋଗିନୀମାନଙ୍କ ପାଖକୁ। ସେମାନଙ୍କ ଦେହ ଓ ଆଚରଣ ରାଣୀପୁରର ଯୋଗିନୀମାନଙ୍କଠାରୁ ସ୍ୱତନ୍ତ୍ର। କଳାମୁଗୁନି ପଥରରେ ଗଢ଼ା ଦେହ। ଚିକ୍କଣ। ହାତ ସଂଖ୍ୟା ଦୁଇ (୪୩ ପ୍ରତିମା), ଚାରି (୧୯ ପ୍ରତିମା) ଏବଂ ଆଠ (ଗୋଟିଏ ପ୍ରତିମା)। ପ୍ରତ୍ୟେକଙ୍କ ହାତର ଭଙ୍ଗୀ ସ୍ୱତନ୍ତ୍ର। ଅଧିକ ସଂଖ୍ୟକଙ୍କ ଗୋଟିଏ ହାତରେ ଖପୁରିର ପାନପାତ୍ର ଏବଂ ଅନ୍ୟ

ହାତଗୁଡ଼ିକରେ ଆୟୁଧ। ମଥାରେ ଘନକେଶର ଖୋସା। କାହାର ଖୋସା କାନ୍ଧର ଡାହାଣ, ବାଁ, ପଛ ଓ ଆଉ କାହାର ମଥା ଉପରକୁ। ପ୍ରତ୍ୟେକ ସ୍ୱତନ୍ତ୍ର। ବୈଷ୍ଣବୀଙ୍କ ଖୋସା ତ ସାପର ମୁକୁଟ ପରି। ଖୋସା ଉପରେ ପୁଣି ନାନା ପ୍ରକାରର ଅଳଙ୍କାର। ପାଦର ଆଙ୍ଗୁଠି ପାଖରୁ ମଥା ପର୍ଯ୍ୟନ୍ତ ସକଳ ଅଙ୍ଗରେ। ପାଦରେ ପାଉଁଜି, ଅଣ୍ଟାରେ ଅଣ୍ଟାସୂତା- ଯେପରି ଭିଡ଼ି ଧରିଛି ଶାଢ଼ିକୁ। ଗଭୀର ନାଭି। ନାଭି ତଳକୁ ଝୁଲି ପଡ଼ିଛି ଶାଢ଼ିର ଫେର। ବାହୁରେ ବାଜୁବନ୍ଧ, କାଚ ଓ କଙ୍କଣ। କଣ୍ଠରେ ହାର। କାନରେ ଭଳି ଭଳି ଅଳଙ୍କାର। ପ୍ରତ୍ୟେକଙ୍କର ପୁଣି କ୍ଷୀଣ କଟି, ଉନ୍ନତ ଓ ବର୍ତ୍ତୁଳ ସ୍ତନ। ଗାଲ, କପାଳ, ଆଖି, ନାକ ଜଣକର ଅନ୍ୟ ଜଣକଠୁ ଭିନ୍ନ। କାହାର ଆଖି ଅଧା ମୁଦା, ଆଉ କାହାର ଖୋଲା, କାହାର ଭାବ- ଅନୁରୂପ। ପ୍ରତ୍ୟେକ ପୁଣି ଠିଆ ହୋଇଛନ୍ତି ନିଜ ନିଜ ବାହନ ଉପରେ। ବାହନ କହିଲେ- ହାତୀ, କୁମ୍ଭୀର, କଇଁଛ, ଓଟ, ବାରହା, ଗରୁଡ଼, ସାପ, ସିଂହ, ମାଛ, ବିଛା, ଛେଳି, କାଉ, କୁକୁର, ମୂଷା, ଷଣ୍ଢ, କୁକୁଡ଼ା, ମେଣ୍ଢା, ଶୁଆ, ମୃଗ, ହରିଣ, କୁମ୍ଭୀର, ବତକ, ଗଧ, ଘୋଡ଼ା ଆଦି ପଶୁ, ପକ୍ଷୀ ଓ ସରୀସୃପ। ବାଦ୍ୟରୂପା, ସମୁଦ୍ରା, ବିରୂପା, ସ୍ତୁତି, ନାରାୟଣୀ, ଚନ୍ଦ୍ରକାନ୍ତି ଏବଂ ମହାମାୟା, ଉମା ଠିଆ ହୋଇଛନ୍ତି ଯଥାକ୍ରମେ ଢୋଲ, ଶଙ୍ଖ, ତରଙ୍ଗ, ହଳଦୀକାଠୁଆ, ମଦଭାଣ୍ଡ, ଖଟ ଏବଂ ପଦ୍ମଫୁଲ ଉପରେ। ଚଣ୍ଡୀ ଓ ତାରାଙ୍କ ବାହନ ଶବ। ଛିନ୍ନମସ୍ତାଙ୍କ ବାହନ କଟାମୁଣ୍ଡ। ତାରା, ଯମୁନା, ଇନ୍ଦ୍ରାଣୀ, ବାରାହୀ, ଘଟାବରା, ବିକରାଳି, ରାତି, ବିନ୍ଧ୍ୟବାସିନୀ, ଅମ୍ବିକା, ଚାମୁଣ୍ଡା ଓ ବାୟୁବୀଣାଙ୍କ ପାଦରେ ଉଦ୍ଦାମତା। ନୃତ୍ୟରତା ଯେପରି।

ଅନ୍ୟମାନେ ଅବଶ୍ୟ ଠିଆ ହୋଇଛନ୍ତି; ମାତ୍ର ପ୍ରତ୍ୟେକଙ୍କ ପାଦରେ ଛନ୍ଦ, ଦେହରେ ଦ୍ୱିଭଙ୍ଗ, ତ୍ରିଭଙ୍ଗ। କାହା ଦେହ ଢଳି ପଡ଼ିଛି ଡାହାଣକୁ ତ କାହାର ବାମକୁ। କେହି ନଇଁ ପଡ଼ିଛନ୍ତି ଟିକିଏ ଆଗକୁ। ଯିଏ ଯେଉଁ ଭଙ୍ଗୀରେ ଥାଆନ୍ତୁ ନା କାହିଁକି,

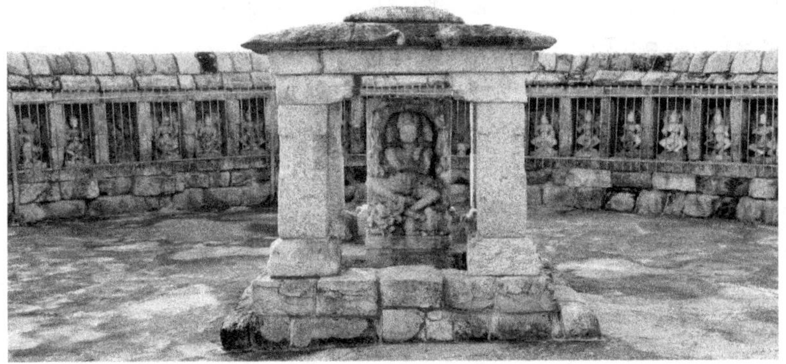

ପାଦର ଆଙ୍ଗୁଠି ପାଖରୁ ମଥାର ସୀମନ୍ତ ପର୍ଯ୍ୟନ୍ତ ଯେପରି ଲମ୍ବିଯାଇଛି ସରୁ ଗାରଟିଏ। ପ୍ରତ୍ୟେକ ମୂର୍ତ୍ତି ରୂପରେ ଏକକୁ ଆରେକ ଅପରୂପା ଏବଂ ପ୍ରତ୍ୟେକଙ୍କ ମୁହଁରେ ରହସ୍ୟମୟ ହସ। ଚାମୁଣ୍ଡା, ବିକଟନନା ଓ ବାୟୁବୀଣାଙ୍କ ଉଦ୍ଦାମ ଅଙ୍ଗଭଙ୍ଗୀରେ ବି ସମ୍ମୋହନର ଇଙ୍ଗିତ। ପ୍ରତ୍ୟେକ ପ୍ରତିମାଙ୍କୁ ଦେଖିଲେ ଲାଗେ, ଏମାନଙ୍କ ନାମ ଯେପରି ଭାବର ରୂପାନ୍ତର।

ଚଉଷଠି ଯୋଗିନୀଙ୍କ ଗହଣରେ ସ୍ୱତନ୍ତ୍ର ହେଉଛନ୍ତି ଗଣେଶାନୀ ଓ ଆଗ୍ନେୟୀ। ଗଣେଶାନୀଙ୍କର ହାତୀମୁଣ୍ଡ ଓ ଗଧ ବାହନ। ଆଗ୍ନେୟୀଙ୍କ ବାହନ ମେଣ୍ଢା। ପଛରେ ଅଗ୍ନିଶିଖା। ଅଦ୍ଭୁତ ରୂପ ସେମାନଙ୍କର। କେତେକ ଯୋଗିନୀଙ୍କ ନାଁ ଇନ୍ଦ୍ରାଣୀ, ନାରସିଂହୀ, ମାହେଶ୍ୱରୀ, ବ୍ରହ୍ମାଣୀ ବାୟୁବେଗା, ବାୟୁବୀଣା ଓ କୌମାରୀ। ସେମାନଙ୍କ ବାହନ, ଯଥାକ୍ରମେ ହାତୀ, ଫୁଲ ଓ ଲତା, ବୃଷଭ, ବହି ଚମରିଗାଈ, କୃଷ୍ଣସାରମୃଗ ଏବଂ ମୟୂର। ରାଣୀପୁରରେ ବି ରହିଛନ୍ତି ବିନାୟକୀ, ସୂର୍ଯ୍ୟମଣୀ, ବ୍ରହ୍ମାଣୀ ଓ ଅନ୍ୟମାନେ। ଚଉଷଠି ଯୋଗିନୀମାନଙ୍କ ଗହଣରେ ସେମାନେ ଯେପରି ଅଷ୍ଟମାତୃକା। ସେମାନଙ୍କର ବାହନ, ରୂପ ଓ ଆୟୁଧକୁ ଦେଖିଲେ ଲାଗେ ଦେବତାମାନଙ୍କର ଏମାନେ ଦେବୀ ରୂପ। ଅର୍ଥାତ୍ ପୌରୁଷ ଭିତରେ ନାରୀତ୍ୱ।

ଏହି ଚରିତ୍ରମାନେ ଯେପରି କହିଦେଉଛନ୍ତି ନାରୀତ୍ୱ ଭିତରେ ଥାଏ ପୌରୁଷ ଓ ପୌରୁଷ ଭିତରେ ଥାଏ ନାରୀତ୍ୱ। ଦୁହେଁ ଅବଶ୍ୟ ଦୁଇଟି ଭିନ୍ନ, ସ୍ୱତନ୍ତ୍ର ସତ୍ତା, କେବଳ ରୂପରେ। ମାତ୍ର ବାସ୍ତବତଃ ଭାବଲୋକରେ ଅଭିନ୍ନ। ଅଭିନ୍ନ ହୋଇନଥିଲେ, ସେମାନେ ଏକାଠି ରହୁ ନଥାନ୍ତେ, ଘର କରୁ ନଥାନ୍ତେ, କି ଉତ୍ତରାଧିକାରୀମାନେ ଜଗତକୁ ଆସୁ ନଥାନ୍ତେ।

ଜଗତ ଅନ୍ୟ କିଛି ନୁହେଁ; ରୂପରେ ସ୍ୱତନ୍ତ୍ର, ମାତ୍ର ଭାବରେ ସମର୍ପିତ ଏକତ୍ୱର ଅଭିବ୍ୟକ୍ତି। ନାରୀ ଓ ପୁରୁଷ- ଦୁଇ ବ୍ୟକ୍ତିସତ୍ତା, ଦୁଇ ଅହଂକାର। ପ୍ରତ୍ୟେକଙ୍କ ଭିତରେ ସ୍ୱାଧୀନ ଓ ମୁକ୍ତ ଜୀବନଚର୍ଯ୍ୟାର ତୀବ୍ର ଆବେଗ। ତେଣୁ କଳହ ଅନିବାର୍ଯ୍ୟ। ମାତ୍ର ସମର୍ପିତ କଳହର ଅନ୍ୟ ନାମ ହିଁ ଜୀବନ, ସାଂସାରିକ ଜୀବନ, ସହାବସ୍ଥାନର ଜୀବନ।

ଏଥର ଆମ ଭିତରେ ଏକ ଦ୍ୱନ୍ଦ୍ୱ- ପଥରରେ ପ୍ରମୂର୍ତ୍ତ କିଏ ଏହି ନାରୀମାନେ ? ସେମାନେ କ'ଣ ଅନନ୍ତକୋଟି ବ୍ରହ୍ମାଣ୍ଡର ମହାଶୂନ୍ୟରେ ସୂକ୍ଷ୍ମ ରୂପରେ ବିହାର କରୁଥିବା ମହାଶକ୍ତିର ଏକ ଏକ ଭାବସତ୍ତା ? ଲୀଳା ପ୍ରମୂର୍ତ୍ତ, ସୃଜନ ବିଭୋର ଅସ୍ତିତ୍ୱ ? ପୃଥିବୀ କ'ଣ ନିଜର ଚେତନାକୁ ସମ୍ପାଦିବା ପାଇଁ ପ୍ରାର୍ଥନା କରୁଛି ସେମାନଙ୍କୁ ? ଏବଂ, ସେମାନେ 'ଓ' କରିଛନ୍ତି ? ମହାଶୂନ୍ୟରୁ ଅବତରି ଆସିଛନ୍ତି ଧରାଧାମକୁ ? ସ୍ଥୂଳ ଦେହଧାରୀ ମଣିଷମାନଙ୍କ ଚେତନାକୁ ସଂକ୍ରମିତ ଓ ସମ୍ମୋହିତ କରୁଛନ୍ତି ? ଅନ୍ତର୍ବୋଧକୁ

ଉଜ୍ଜୀବିତ କରୁଛନ୍ତି, ଗତି ଦେଉଛନ୍ତି ? ଅଭିବ୍ୟକ୍ତ ହେଉଛନ୍ତି ଚିତ୍ର, ସଙ୍ଗୀତ, ସାହିତ୍ୟ ଓ ସ୍ଥାପତ୍ୟ ମାଧ୍ୟମରେ ?

ମାଧ୍ୟମଗୁଡ଼ିକ ଯେପରି ସ୍ଥାପତ୍ୟମାତ୍ର ନୁହନ୍ତି, ଭାବସତ୍ତାର ଏକ ଏକ ଭବ୍ୟ ରୂପ। ଧରି ରଖିଛନ୍ତି ବ୍ୟକ୍ତିର ଅନୁଭବ, ବିଚାର ଓ ଅନ୍ତର୍ବୋଧକୁ। ତେଣୁ ପଥରରେ ଗଢ଼ା ଏଇ ନାରୀମାନେ ଅନ୍ୟକିଛି ନୁହନ୍ତି, ମଣିଷର ସୂକ୍ଷ୍ମ ଚେତନାରେ କ୍ରିୟାଶୀଳ ଅଧ୍ୟାତ୍ମଶକ୍ତିର ରୂପାନ୍ତର ମାତ୍ର। ଦୃଶ୍ୟମାନ ପ୍ରକୃତି ସକଳ ଜୀବଙ୍କର ଏକ ଅଧ୍ୟାତ୍ମ-ଯୋଡ଼ଣ। ସେ ପୁରୁଷ ପରି ଦିଶୁଛି, ମାତ୍ର ପୁରୁଷ ନୁହେଁ, ନାରୀ ଏବଂ ନାରୀ ପରି ଦିଶୁଛି ମାତ୍ର ନାରୀ ନୁହେଁ, ପୁରୁଷ। ସେ ପରମଶକ୍ତି ମହାଯୋଗିନୀର ବହୁଧା ବିଭକ୍ତ ସତ୍ତା। ଏବଂ, ସତ୍ତାମାନେ ବ୍ୟକ୍ତି ଦେହରେ ହିଁ କ୍ରିୟାଶୀଳ। ମଣିଷ ଏହି ବାସ୍ତବତାକୁ ଅନୁଭବ କରିଛି। ଅନୁଭବକୁ ଲେଖିଦେଇଛି ସ୍ଥାପତ୍ୟମାନଙ୍କ ମାଧ୍ୟମରେ। ତେଣୁ ଆମେ ଦେଖୁଥିବା ଚଉଷଠି ସଂଖ୍ୟକ ଯୋଗିନୀ ବାସ୍ତବତଃ ଚଉଷଠି ନୁହନ୍ତି, ଗୋଟିଏ। ଗୋଟିଏ ମନରେ କ୍ରିୟାଶୀଳ ଓ ଜୀବନ୍ତ ନାନା ଭାବ, ନାନା ଅନୁଭବର ଯୁକ୍ତରୂପ, ଆନନ୍ଦ। ଦେହରେ ନଖକୋଣରୁ ଆରମ୍ଭ କରି ଆଙ୍ଗୁଠି, ପାଦ, ଗୋଡ଼, ଅଣ୍ଟା, ପେଟ, ଛାତି, କଣ୍ଠ, ମୁହଁ- ପ୍ରତ୍ୟେକ ଅଙ୍ଗପ୍ରତ୍ୟଙ୍ଗରେ ସ୍ୱତନ୍ତ୍ର ଅନୁଭବର ଅଭିପ୍ରକାଶ।

ନାରୀ ଓ ପୁରୁଷ- ସ୍ୱତନ୍ତ୍ର ପରି ଲାଗୁଥିବା ଦୁଇ ଅଭିନ୍ନ ସତ୍ତା, ମାତ୍ର ସେମାନଙ୍କ ମଧ୍ୟରେ ବଞ୍ଚିବାପାଇଁ ଚିରନ୍ତନ ଦ୍ୱନ୍ଦ୍ୱ। ଏହାର କାରଣ କ'ଣ ବା ହୋଇପାରେ ? ଆମ ଦର୍ଶନଗ୍ରନ୍ଥଗୁଡ଼ିକରେ ଏହି ରହସ୍ୟକୁ ଖୋଲିଦେବା ପାଇଁ ପ୍ରୟାସ ରହିଛି। ଏ ସମ୍ପର୍କରେ

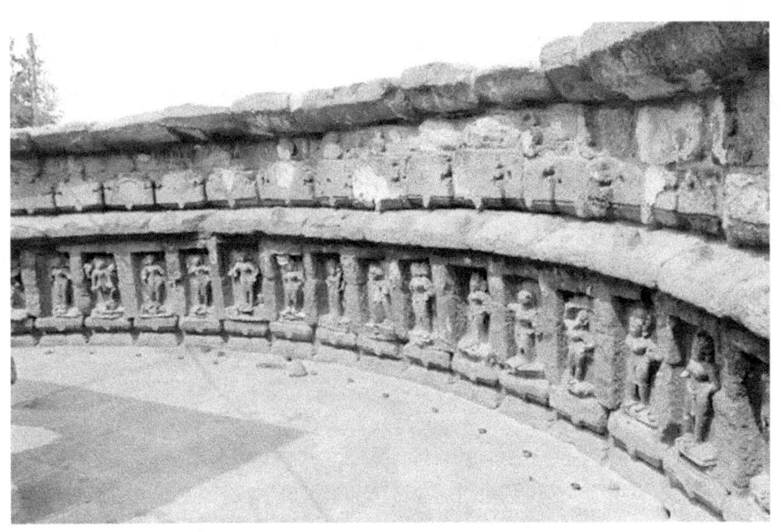

ଅଳ୍ପରେ କହିଲେ ଏତିକି ମାତ୍ର ହେବ, ଜଗତରେ ଜନ୍ମକାଳରୁ ସକଳ ଜୀବଙ୍କ ପରି ମଣିଷ ନାମରେ ନିଜକୁ ପରିଚିତ କରାଉଥିବା ଜୀବ, ଯୁଝି ଆସୁଛି ଅନ୍ୟ ସହିତ ବଂଚିବା ପାଇଁ। ମାତ୍ର, କାଳକ୍ରମେ ଆତ୍ମସୁଖ ଭୋଗ ତାକୁ ଅନ୍ୟ ଉପରେ ଅଧିକାର ସାବ୍ୟସ୍ତ ପାଇଁ ପାଗଳପ୍ରାୟ କରିଦେଉଛି। ଅନ୍ୟ ଉପରେ ଅଧିକାର ସାବ୍ୟସ୍ତ ଅର୍ଥ, ଅନ୍ୟର ସ୍ୱାଧୀନତାର ଅପହରଣ, ବିଲୋପନ। ଅନ୍ୟକୁ ପଦାର୍ଥ ପରି ବିଚାର କରିବାର ନିର୍ବୋଧ ମାନସିକତା। ସମୟକ୍ରମେ ପୁରୁଷ ଓ ନାରୀ ନିଜ ନିଜର ସ୍ୱାଧୀନତା ଉପଭୋଗ ପାଇଁ ଲଢ଼େଇ କରୁଛନ୍ତି। ସେମାନେ ଯେ ଅଭିନ୍ନ- ଏଇ ଏକମାତ୍ର ବାସ୍ତବତାକୁ ଭୁଲି ଯାଉଛନ୍ତି। ନାରୀ ଯେ ବାସ୍ତବତଃ ସକଳ ଶକ୍ତିର ଉତ୍ସ, ଜନମ ଓ ମରଣ ପରି ଦୁଇ ଚରମ ବାସ୍ତବତାର ନିୟନ୍ତ୍ରିକା- କାଳକ୍ରମେ ପୁରୁଷ ଏହି ସତ୍ୟକୁ ଅସ୍ୱୀକାର କରୁଛି। ମାତ୍ର ନାରୀ ନୀରବ ରହୁନି, ପ୍ରତିବାଦ କରୁଛି, ଘୋର ପ୍ରତିବାଦ। ସେ ଯେ କେବଳ ସକଳ ସର୍ଜନର ଅଧିକାରିଣୀ, ଏବଂ କେବଳ ସର୍ଜନ ଯେ ତା'ର ଇଚ୍ଛାଶକ୍ତିର ଅଧୀନ- ଏହି ବାସ୍ତବତାକୁ ସେ ପ୍ରମାଣ କରୁଛି। ଘୋଷଣା କରିଦେଉଛି- ମୁଁ ଇ ଚରମ ରହସ୍ୟ। ପରମ ପ୍ରମାଦ। ସୃଷ୍ଟିର ନିୟନ୍ତ୍ରିକା। ମୁଁ ବିଦ୍ୟମାନ ପ୍ରତ୍ୟେକ ବ୍ୟକ୍ତିସତ୍ତାର ଶରୀରରେ, ଚେତନାରେ, ଅନ୍ତର୍ବୋଧରେ; ପୁରୁଷ ଓ ନାରୀ ନିର୍ବିଶେଷରେ। ତେଣୁ ମହାଶକ୍ତି ନା ପୁରୁଷ, ନା ନାରୀ। ଦିବ୍ୟ ଚେତନା। ମୋହମୁକ୍ତ ଚେତନା। ତେଣୁ ସର୍ବବ୍ୟାପ୍ତ- ରୂପ ଓ ଗୁଣାତୀତ। ଅନନ୍ତକୋଟି ଗୁଣ ଓ ରୂପର ଆକାର। ସକଳ ସଂସାରକୁ ଏକୀଭୂତ କରିବାର ଏକମାତ୍ର ମନ୍ତ୍ର। ମହାଶକ୍ତିର ଏହି ସୂକ୍ଷ୍ମତମ ଦୃଶ୍ୟରୂପକୁ ପ୍ରତିଷ୍ଠା କରିବା ପାଇଁ ଆମେ ଆମ ଭାଷାରେ ବାମନପୁରାଣ, ବରାହପୁରାଣ, କୂର୍ମପୁରାଣ, ବୃହଦ୍‌ନାରଦୀୟପୁରାଣ, ଭବିଷ୍ୟୋତ୍ତରପୁରାଣ, ସ୍କନ୍ଦପୁରାଣ, କାଳିକାପୁରାଣ ଏବଂ କେତେକେତେ କବିତା, କାବ୍ୟ, ମହାକାବ୍ୟ ସ୍ତୋତ୍ର ଲେଖିଛୁ, ଲେଖୁଛୁ। ସବୁଥିରେ ସେଇ ଗୋଟିଏ କଥା-ତୁ ଇ ସତ୍ୟ, ଏକମାତ୍ର ସତ୍ୟ। ତୋତେ ବାନ୍ଧି ରଖିବା ଏକ ଶେଷହୀନ ଯନ୍ତ୍ରଣା। ଯେଉଁ ମହାଶକ୍ତି ଅନନ୍ତକୋଟି ଜଗତକୁ ଗୋଟିଏ ସୂତ୍ରରେ ନିୟନ୍ତ୍ରଣ କରିବାରେ ସମର୍ଥା, ତାକୁ ପୁଣି ବାନ୍ଧି ରଖିବ କିଏ ?

ତେଣୁ ସେ ପୁରୁଷ ନୁହେଁ, ପୌରୁଷ। ଅର୍ଥାତ୍, ଅହଂକାରକୁ ଶବ କରିଦେଉଛି, ନାଚୁଛି, ପ୍ରମତ୍ତ ଭାବରେ ତା' ଉପରେ। ପାନପାତ୍ରରେ ପିଉଛି ପୌରୁଷର ରକ୍ତ ଅର୍ଥାତ୍ ଜୀବନୀ ଶକ୍ତି। ଏବଂ, ତାକୁ ଶେଷ କରିଦେବା ପାଇଁ ଦେହରେ ରଚୁଛି ସହଜ ଅଭିସାରର ସମ୍ମୋହନ ମନ୍ତ୍ର।

ଭାରତବର୍ଷର ଅନ୍ୟ ଯୋଗିନୀ ପୀଠ ଯଥା- କାଞ୍ଚିପୁରମ୍, ଭେରାଘାଟ, ସାହାଡୋଲ, ବାଦୋ, ଖଜୁରାହୋ, ବୁଧାଇ, ଲୋଖାରୀ, ରିଖିୟାନ, ମିଟାଉଲି ଓ

ନାଭେସର ସମେତ ଆମ ଚଉଷଠି ଯୋଗିନୀ ପୀଠ ଦୁଇଟି ଉପର୍ଯ୍ୟୁକ୍ତ ଦର୍ଶନର ଅଭିବ୍ୟକ୍ତି। ଯୋଗିନୀ ପ୍ରତିମାମାନେ ଯେପରି ଘୋଷଣା କରିଦେଉଛନ୍ତି- ଆମେ ଦିବ୍ୟରୂପା- ଆମେ ସମ୍ମୋହନ, ସହଜ, ସହଭୋଗ ଓ ସହମୁକ୍ତି; ଆମେ ଜନମ, ଜୀବନ ଓ ମରଣ; ଆମେ ଆତଙ୍କ ଓ ଆନନ୍ଦ, ଆମେ ପ୍ରୀତି ଓ ଭୀତି ଏବଂ ଆମେ ମହାଶକ୍ତି। କୌଣସି ଅହଂକାର ଆମ ମହା-ଅହଂକାରକୁ ଏକ ଆବଦ୍ଧ ଘର ଭିତରେ ବାନ୍ଧି ରଖିପାରିବ ନାହିଁ। ତେଣୁ ଆମ ମନ୍ଦିର ଛାତହୀନ। ମହାଶୂନ୍ୟକୁ ପ୍ରସରି ଯାଇଛି। ତେଣୁ ଆମ ପୀଠରେ ପ୍ରମତ୍ତ ନୃତ୍ୟରତ ମହାଭୈରବ ଶକ୍ତିସଂଯୁକ୍ତ। ତେଣୁ ଆମେ ସକଳ ବନ୍ଧନମୁକ୍ତ ମହାମୁକ୍ତି ଏବଂ ମୁକ୍ତିବୋଧକୁ ବାନ୍ଧି ପାରୁଥିବା ମହାଶକ୍ତି। ଗୋଟିଏ ଶବ୍ଦରେ କହିଲେ- ରହସ୍ୟମୟୀ ମହାଯୋଗିନୀ। ଆମ ସ୍ଥାପତ୍ୟରେ ଚଉଷଠିଯାକ ଯୋଗିନୀ ଯେପରି ଏଇକଥା ହିଁ କହୁଛନ୍ତି।

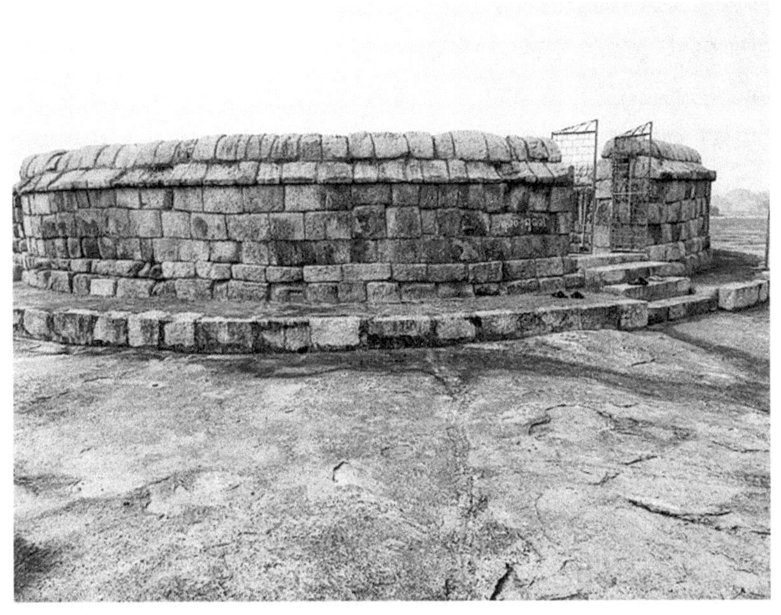

କଳିଙ୍ଗ କଳାରେ କାପାଳିନୀ

ବୈତାଳ ମନ୍ଦିର

॥ ଏକ ॥

ଆମେ ପ୍ରାୟ ଏଗାର ଶହ ବର୍ଷ ତଳର ଯୋଗିନୀମାନଙ୍କ ମନ୍ଦିର ଓ ଦର୍ଶନ ସମ୍ପର୍କରେ କଥା ହୋଇସାରିଛେ। ସେମାନେ ଗତାଗତ କରୁଥିବା ଭୂମି ଆମ ମନରେ ଏବେ ବି ଭୟ ସଂଚାର କରେ। ଏତେବର୍ଷ ତଳେ କେମିତି ଦିଶୁଥିବ ଏ ଭୂମି ? ବସତି ତ ଥିବ ନିଶ୍ଚୟ। ମାତ୍ର ସାଧାରଣ ମଣିଷମାନଙ୍କ ପାଇଁ ଅଗମ୍ୟ, ଅରମ୍ୟ। ଯୋଗିନୀମାନଙ୍କ ଗତାଗତ ଭୂମି, ତନ୍ତ୍ର ସାଧନାର ଭୂମି। ଟିକିଏ ସୁଯୋଗ ପାଇଲେ, ମଣିଷର ହାଡ଼, ମାଂସ, କଡ଼ମଡ଼ କରି ଚୋବେଇ ଖାଇଯିବେ। ରକ୍ତକୁ ଚଁ ଚଁ କରି ଶୋଷି ଦେଉଥିବେ। ଅଦ୍ଭୁତ ଏଇ ଯୋଗିନୀମାନଙ୍କର ବିହାରଭୂମି। ଏବଂ, ଏମାନଙ୍କ ଗହଣରେ ଅକୁତୋଭୟୀ ତନ୍ତ୍ରସାଧକ। ଏଠାରେ ଯୋଗିନୀମାନେ ମୁକ୍ତ, ଅଗମ୍ୟଗମ୍ୟା। ଜୀବନୀ ଶକ୍ତିର ଚିରନ୍ତନ। ଏମାନଙ୍କ ବସତିର ନାଁ ଥିଲା ଶକ୍ତିପୀଠ। ମହାଯୋଗୀ ଓ ମହାମାୟା ଶିବ-ପାର୍ବତୀଙ୍କ ଜୀବନଚର୍ଯ୍ୟା ଥିଲା ଏମାନଙ୍କର ଆଦର୍ଶ। ତେଣୁ ଆଜି ଏକାମ୍ରକ୍ଷେତ୍ର ନାମରେ ପରିଚିତ କ୍ଷେତ୍ର ଯେ ଅତୀତରେ ବାସ୍ତବତଃ ଶାକ୍ତକ୍ଷେତ୍ର ଥିଲା, ଏ ସମ୍ଭାବନାକୁ ଆମେ ପୂର୍ଣ୍ଣତଃ ନା କହିପାରିବାନାହିଁ।

ସେଦିନ ଏମାନେ ମୁକ୍ତ ଜୀବନ ବଂଚୁଥିଲେ। ଝରଣା, ନଈକୂଳ, ଗଛମୂଳ, ରାସ୍ତାକଡ଼ର ଖୋଲା ଆକାଶ ତଳ ଥିଲା ଏମାନଙ୍କର ଘର। ଚିର ଜାଗ୍ରତ ଏଇ ଶକ୍ତିମାନଙ୍କ ପାଇଁ ଆମେ ଏବେ ଘର ତିଆରି କରିଦେଲୁ। ଭୁବନେଶ୍ୱର ଏକାମ୍ରକ୍ଷେତ୍ରରେ ଶକ୍ତିଙ୍କ ପ୍ରଥମ ଘର(?) ବୈତାଳ ମନ୍ଦିର। ଗଢ଼ଣ କାଳ ଅଷ୍ଟମ ଶତାବ୍ଦୀର ଶେଷ ଆଡ଼କୁ। ସୋମବଂଶୀ ରାଜାମାନଙ୍କ ଶାସନର ଆରମ୍ଭ କାଳ। ଏ

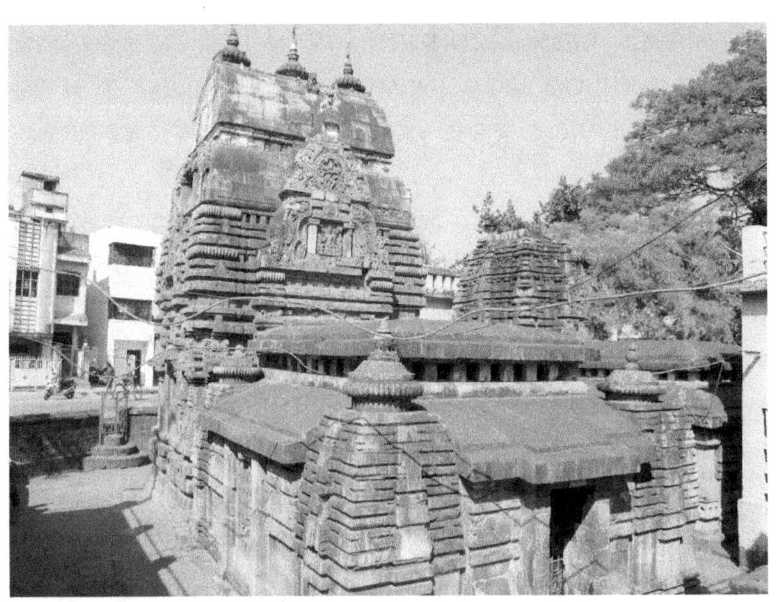

ଘର ଏକ ବିଚିତ୍ର ଘର। ଦେବୀଙ୍କ ମନ୍ଦିର। ରାଜାଙ୍କ ନିଯୁକ୍ତ ସ୍ଥପତିମାନଙ୍କ ସୂକ୍ଷ୍ମ ସୌନ୍ଦର୍ଯ୍ୟବୋଧ ଏବଂ ମନ୍ଦିର ଓ ମୂର୍ତ୍ତି ଗଢ଼ଣ, ଜ୍ୟାମିତ୍ୟିକ ଦୃଷ୍ଟିରୁ ଅଭିନବ ଆୟତନ। ଆୟତନକୁ ଲୋକେ ଚିହ୍ନେଇ ଦିଅନ୍ତି ବୈତାଳ, ବୋଇତାଳ ଶବ୍ଦରେ। ପାଖରେ ଲିଙ୍ଗରାଜ ମନ୍ଦିର ଓ ବିନ୍ଦୁସାଗର। ବୈତାଳର ଗଢ଼ଣ ଲିଙ୍ଗରାଜ ପୂର୍ବରୁ ନିଶ୍ଚୟ। କାରଣ ଲିଙ୍ଗରାଜ ମନ୍ଦିରର ନିର୍ମାଣ ସମୟ ଏକାଦଶ ଶତାବ୍ଦୀ ଏବଂ ବୈତାଳ ମନ୍ଦିରର ସମୟ ଅଷ୍ଟମ ଶତାବ୍ଦୀ। ପ୍ରାୟ ତିନିଶହ ବର୍ଷର ବ୍ୟବଧାନ। ତେବେ ବୈତାଳ ମନ୍ଦିରର ନାଁ ଏପରି ହେଲା କାହିଁକି ? ନାଁକୁ ନେଇ ନାନା କୌତୁହଳ, ନାନା ପ୍ରଶ୍ନ।

ଲୋକେ କୁହନ୍ତି, ଦୁଇଫାଳ ହୋଇଥିବା ବୋଇତି କଖାରୁର ଗୋଟିଏ ଅଂଶର ଉପର ଫାଳ ପରି ଏହାର ଉପର ଛାତ। ଅନ୍ୟ କଥାରେ, ଉପର ଭାଗ କାଳେ ଓଲଟା ବୋଇତ ପରି। ତେଣୁ ନାଁ ବୋଇତାଳ ମନ୍ଦିର। ଆଉ ଏକ ଗୁରୁତ୍ୱପୂର୍ଣ୍ଣ କଥା, 'ବୈତାଳ' ଶବ୍ଦ କାଳେ 'ବେତାଳ'ରୁ ତିଆରି। ତନ୍ତ୍ର ମତରେ ବେତାଳମାନେ ହେଉଛନ୍ତି ଶିବ ଓ ଶକ୍ତିଙ୍କ ଅନୁଚର, ଅକଳିତ ଶକ୍ତିର ଅଧିକାରୀ। ସିଦ୍ଧି ଲାଭ କରିବାକୁ ହେଲେ, ସାଧକ ଆପଣାର ଐକାନ୍ତିକ ନିଷ୍ଠା ଓ ଅହଂ ସମର୍ପଣ ମାଧ୍ୟମରେ ପ୍ରଥମେ ବେତାଳକୁ ତୁଷ୍ଟ କରେ, ଏବଂ ସେମାନଙ୍କ ମାଧ୍ୟମରେ ନିକଟତର ହୁଏ ମହାଯୋଗୀ ବା ମହାମାୟାଙ୍କର। ତେଣୁ ତନ୍ତ୍ରଶାସ୍ତ୍ରରେ ବେତାଳ ସାଧନା ପ୍ରସଙ୍ଗ ରହିଛି। ଏହି ତନ୍ତ୍ରସାଧକମାନଙ୍କୁ କୁହାଯାଏ କାପାଳିକ। ପଞ୍ଚମକାର(ମଦ୍ୟ, ମାଂସ, ମତ୍ସ୍ୟ, ମୈଥୁନ, ମୁଦ୍ରା) ସାଧକ। ମହାମାୟାଙ୍କୁ

ତୁଷ୍ଟ କରିବା ପାଇଁ ଆପଣାର ପ୍ରିୟତମମାନଙ୍କର ଏପରିକି ନିଜର ରକ୍ତ ଓ ଜୀବନ ମଧ୍ୟ ସେମାନେ ସମର୍ପଣ କରିପାରନ୍ତି। ତେଣୁ କାପାଳିକମାନେ ମହାମାୟାଙ୍କ ସାନିଧ୍ୟ ଲାଭ ପାଇଁ ବେତାଳ ସାଧନା କରୁଥିବାରୁ ଏବଂ ପୀଠ ମହାମାୟାଙ୍କ ଘର ହୋଇଥିବାରୁ, ମନ୍ଦିରର ନାଁ ବୈତାଳ।

ଶିଳ୍ପଶାସ୍ତ୍ରରେ, ଭାରତରେ ତିନି ପ୍ରକାର ମନ୍ଦିର ଗଢ଼ଣ ଶୈଳୀର ବର୍ଣ୍ଣନା ରହିଛି। ନାଗରା, ଭେସରା ଓ ଦ୍ରାବିଡ଼। ଓଡ଼ିଶାରେ ରହିଛି ଦ୍ରାବିଡ଼ ଓ ନାଗରା, ମିଶ୍ର ଶୈଳୀର ମନ୍ଦିର। ବିଶେଷତଃ ଓଡ଼ିଶାର ଏହି ମନ୍ଦିରଗୁଡ଼ିକୁ ପୁଣି ତିନି ଶୈଳୀରେ ବିଭକ୍ତ କରାଯାଇଛି। ରେଖ, ପୀଢ଼ ଓ ଖାକରା। ରେଖଶୈଳୀର ମନ୍ଦିରଗୁଡ଼ିକର ଆକାର ସିଧାସିଧା ରେଖାକୃତୀର ଗଢ଼ଣ। ଅର୍ଥାତ୍ ଉପରକୁ ଉପରକୁ ସରଳରେଖା ପରି ଚୂଡ଼ା ପର୍ଯ୍ୟନ୍ତ ଲମ୍ବି ଯାଇଥାଏ। ମନ୍ଦିର କାନ୍ଥରେ କାରୁକାର୍ଯ୍ୟଗୁଡ଼ିକ ସୂକ୍ଷ୍ମଭାବରେ ଖୋଦିତ ହୋଇଥାଏ। କେଉଁଠି କେଉଁଠି ଏହି ଶୈଳୀର ମନ୍ଦିର କାନ୍ଥରେ ଅନେକ ଛୋଟ ଛୋଟ ମନ୍ଦିରର ସମାହାର। ଏହା ଅଙ୍ଗଶିଖର ଶୈଳୀ। ଭୁବନେଶ୍ୱରର ରାଜାରାଣୀ ମନ୍ଦିର ଏହାର ଉଦାହରଣ। ଅନୁରୂପ ଭାବରେ ପୁରୀର ଶ୍ରୀମନ୍ଦିର ଓ ଭୁବନେଶ୍ୱରର ଲିଙ୍ଗରାଜ ମନ୍ଦିର ଏହି ରେଖଶୈଳୀର ମନ୍ଦିର ଅନ୍ତର୍ଭୁକ୍ତ। ପୀଢ଼ ମନ୍ଦିରଗୁଡ଼ିକ ପୀଢ଼ା ପରି ଥାକ ଥାକ ହୋଇଥାଏ। କୋଣାର୍କ ମନ୍ଦିର ଏହାର ସୁନ୍ଦର ଉଦାହରଣ। ଥାକ ଥାକ କାନ୍ଥରେ ସୂକ୍ଷ୍ମ କାରୁକାର୍ଯ୍ୟର ସମ୍ମୋହନ। ଉତ୍କଳୀୟ ମନ୍ଦିରଗୁଡ଼ିକ ପ୍ରାୟ ତ୍ରିରଥ, ପଞ୍ଚରଥ, ସପ୍ତରଥ ଏବଂ ନବରଥ ଢାଞ୍ଚାରେ ତିଆରି। ମନ୍ଦିରଗୁଡ଼ିକ ଜଗମୋହନ, ଭୋଗମଣ୍ଡପ, ନାଟମଣ୍ଡପ ଓ ମୁଖ୍ୟ ମନ୍ଦିରର ସମାହାରରେ ଏକ ଅପରୂପ ସର୍ଜନା। ପୁଣି ଏହି ମନ୍ଦିରଗୁଡ଼ିକର ଦଧିନଉତି ସ୍ୱତନ୍ତ୍ର। ଏହା ଖାକରା ମନ୍ଦିରଠାରୁ ଭିନ୍ନ ଏବଂ ଖାକରା ମନ୍ଦିର କେବଳ ଶକ୍ତି ଉପାସନା ପାଇଁ ଉଦ୍ଦିଷ୍ଟ।

ମନ୍ଦିରଗୁଡ଼ିକର ଶୈଳୀ ସମ୍ପର୍କରେ ବିଶେଷ ଆଲୋଚନା କରିବା ସେହିସବୁ ମନ୍ଦିରଗୁଡ଼ିକର କଥା ଆସିବାବେଳେ। ଆମ ଆଲୋଚ୍ୟ ବୈତାଳ ମନ୍ଦିର ଏହି ଖାକରା ଶ୍ରେଣୀୟ। ଏଥିରେ ରହିଛି ଖୁରା, ପାଦ, ବାଡ଼, ଗଣ୍ଡି ଓ ମସ୍ତକ। ଏ ପ୍ରକାର ମନ୍ଦିରର ଆମଳକ ଶିଳା ବା ଶିଖର ଅର୍ଦ୍ଧଗୋଲାକାର। ଆକାଶ ବା 'ଖ' ପରି। ତେଣୁ 'ଖ'ରୁ ଖାକରା ଶବ୍ଦଟି ଆସିବା ମଧ୍ୟ ଅସମ୍ଭବ ନୁହେଁ। ସ୍ଥାନୀୟ ଲୋକଙ୍କ ତୁଣ୍ଡରେ ଏହା ତିନିମୁଣ୍ଡିଆ ଦେଉଳ। କାରଣ ମନ୍ଦିର ମୁଣ୍ଡିରେ ରହିଛି ତିନୋଟି ଅଁଳା କଳସ। ଏହି ଖାକରା ଶୈଳୀର ମନ୍ଦିର କେବଳ ଆମ ଦେବୀମାନଙ୍କର ହିଁ ଘର।

ଏବେ ସେଇ ଘର ଭିତରକୁ ଯିବା। ଯିବା ପାଇଁ ବାଟ ଭାରି ସଂକୀର୍ଣ୍ଣ। ଭିତର ଆୟତାକାର। କିଟିମିଟି ଅନ୍ଧାର। ଆଲୋକ ପଶିବା ପାଇଁ ବାଟ ଖୋଜୁଥିବା ପବନ

ଅବଶ୍ୟ ଯାଉଛି, ମାତ୍ର ଅସହାୟ। ଦୀପଟିଏ ଜାଳିଦେଲେ, ଯାହା ଅସ୍ପଷ୍ଟ ରହସ୍ୟମୟ ଦିଶିବ ତାହାର ଦୃଶ୍ୟ ଭୀତିପ୍ରଦ। କବାଟ ଆଡ଼କୁ ମୁହଁକରି, ମଝିରେ ଦେବୀ ଚାମୁଣ୍ଡା। କାପାଳିକମାନେ ଚାମୁଣ୍ଡାଙ୍କୁ ପୂଜା କରୁଥିବାରୁ, ସ୍ଥାନୀୟ ଲୋକଙ୍କ ତୁଣ୍ଡରେ ଦେବୀଙ୍କ ନାଁ କାପାଳିନୀ। ଦୁଇ ପାଖରେ ବିଲୁଆ, ଉପରକୁ ପେଚା। ପାଖରେ ବୀଣା, ବେକରେ ଖପୁରିର ମାଳ, ଆଠଟି ହାତ। ସେଗୁଡ଼ିକରେ ଧରିଛନ୍ତି ସାପ, ଧନୁ, ତୀର, ଖଣ୍ଡା, ତ୍ରିଶୂଳ, ବଜ୍ର, ଶର ଏବଂ ଏକ ଦାନବର କଟାମୁଣ୍ଡ। ପଛରେ, ଏକ ଖୋପରେ ରହିଛନ୍ତି ଶିବ-ପାର୍ବତୀଙ୍କ ମୂର୍ତ୍ତି। ବସିଛନ୍ତି।

ଜଗମୋହନ ସମ୍ପୂର୍ଣ୍ଣ ଅନଳଙ୍କୃତ। ମାତ୍ର ଭିତର କାନ୍ଥରେ କାପାଳିନୀଙ୍କ ଉଭୟ ପାର୍ଶ୍ୱରେ ରହିଛନ୍ତି ପନ୍ଦରଟି ମୂର୍ତ୍ତି। କାନ୍ଥରେ ଖୋଦିତ ସପ୍ତମାତୃକା ଏବଂ ଅନ୍ୟ ପାଖରେ

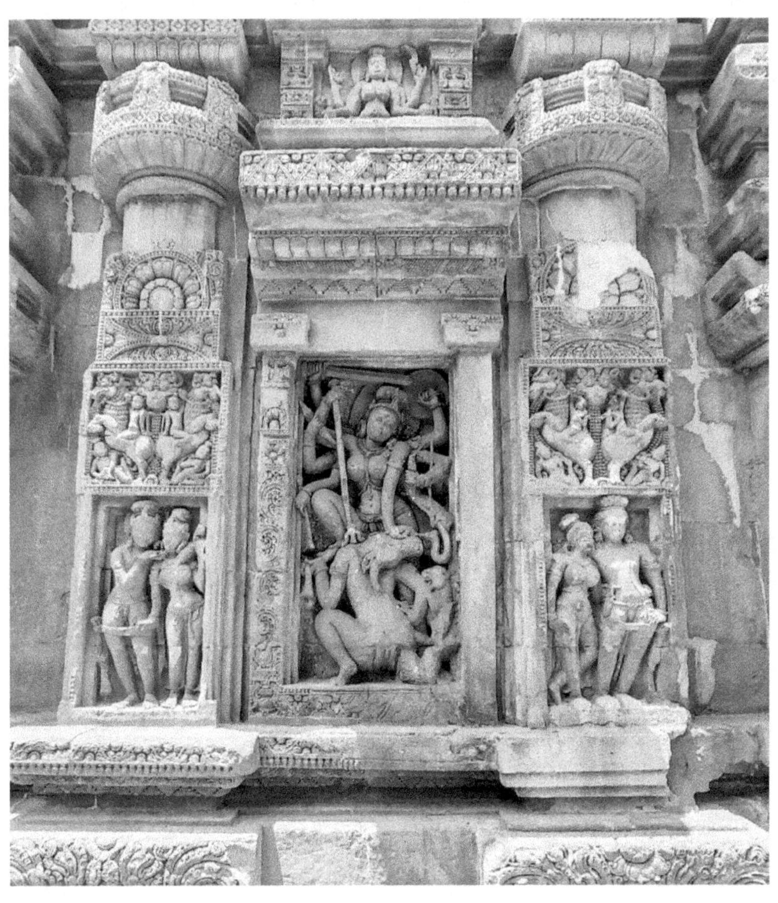

ଆଉ ଆଠଟି ମୂର୍ତ୍ତି। ସପ୍ତମାତୃକା ପଦ୍ମ ଉପରେ ଯୋଗାସନା। ବୀରଭଦ୍ରା, ବ୍ରାହ୍ମୀ, ମାହେଶ୍ୱରୀ, କୌମାରୀ, ନାରାୟଣୀ, ବାରାହୀ, ଇନ୍ଦ୍ରାଣୀ। ପ୍ରତ୍ୟେକ ନିଜ ନିଜ ବାହନରେ ଆସୀନା। ପଶ୍ଚିମ କାନ୍ଥରେ ରହିଛନ୍ତି ବାହନ ନଥିବା ଏକ ନାରୀ (ସମ୍ଭବତଃ ଶିବଙ୍କ ଶକ୍ତିରୂପ: ଶିବଦୂତୀ), ଗଣେଶାନୀ (କାନ୍ଧରେ ସାପର ପଇତା), ମହାଭୈରବ (ଭୟଙ୍କର ମୂର୍ତ୍ତି): କଙ୍କାଳସାର, ଖପୁରିମାଳ, ଖାଙ୍କରାପେଟ, ମେଲାପାଟି, ଲହଲହ ଜିଭ, ହାତରେ ଛୁରି, ଖପୁରି ତଳେ ବିଲୁଆ ଖାଉଥିବା ଶବ, ଏକ ପୁରୁଷ ମୂର୍ତ୍ତି- ଚିହ୍ନି ହେଉନାହିଁ, ବରାହ (ବାରାହୀଙ୍କ ପୁରୁଷ ରୂପ)। ଆମୋଘସିଦ୍ଧି, ଯୋଗାସନ ବୁଦ୍ଧମୂର୍ତ୍ତି, ଶିବଙ୍କ ଗଜାସୁର ସଂହାର ମୂର୍ତ୍ତି। ଏକ ଘନ ଅନ୍ଧାର ଘର, ଦେବଦେବୀମାନଙ୍କ ମୁକ୍ତ ବିହାର ଓ ଅସ୍ୱାଭାବିକ ପରିମଣ୍ଡଳ କଳ୍ପନାର କାରଣ କ'ଣ ହୋଇପାରେ ? ଆମେ ତାଙ୍କୁ ମହାସରସ୍ୱତୀ (ବିଦ୍ୟା), ମହାଲକ୍ଷ୍ମୀ (ଧନ), ମହାକାଳୀ (ଜନ୍ମ ଓ ମୃତ୍ୟୁ)ର ଯୁକ୍ତ ବିଗ୍ରହ କହିପାରିବା। କହିପାରିବା, ସକଳ ଦେବଦେବୀଙ୍କ ଅଗ୍ରପୂଜ୍ୟା।

ମନ୍ଦିରର ଗୁମୁଟି ଭିତରୁ ଏଥର ମୁଖଶାଳା ଭିତରକୁ ଆସିବା। ଗୁମୁଟିର ଦୁଇ ପଥରରେ ତିଆରି ଦୁଆର ବନ୍ଧର ଦୁଇ ପାଖରେ ଚାମରଧାରିଣୀ। ବାମ ଓ ଡାହାଣ ପାଖରେ ଦୁଇଟି ଛୋଟ ବେଦୀ। ଉପରେ ଯଥାକ୍ରମେ ମଥାରେ ସପ୍ତଫଣୀନାଗ ଶୋଭିତ ବୁଦ୍ଧ ଓ ମହିଷାହନ୍ତକ ସିଂହବାହିନୀ ଦୁର୍ଗା। ମୁଖଶାଳାର ଦକ୍ଷିଣ ପାଖରେ କାନ୍ଥକୁ ଲାଗି ରହିଛନ୍ତି ଗଣେଶ, ଯକ୍ଷ ଓ ଅନ୍ୟ ଦେବୀପ୍ରତିମାମାନେ। ପ୍ରତ୍ୟେକଙ୍କ ଦେହ କଳାମୁଗୁନି ପଥରରେ ଗଢ଼ା।

ଦୀପର ମିଞ୍ଜି ମିଞ୍ଜି ଶିଖାରେ ମା'ର ଅନ୍ଧାର ଘର ଭିତରକୁ ଆଲୋକିତ କରିଦେଲେ କଳା କଳା ପ୍ରତିମାମାନେ ରହସ୍ୟମୟ ଲାଗନ୍ତି। ରହସ୍ୟମୟତାର ଅନ୍ୟ ପରିଭାଷା ଯେପରି ଜୀବନ। ଭୟଭାବ ଉତୁରିଯାଏ। ଲାଗେ, ମାତୃତ୍ୱର ଅହଂକାର ଯେପରି ବାନ୍ଧି ପକେଇଛି ଅନ୍ଧାରକୁ। ହୃଦୟରେ ପରମ ଆନନ୍ଦ। ମା' ଅଛି ପାଖରେ, ଭିତରେ। ଆଉ ଡର କାହାକୁ ?

ଗର୍ଭଗୃହ ଓ ମୁଖଶାଳା ବାଟଦେଇ ପଦାକୁ ବାହାରି ଆସିଲେ ଉଜ୍ଜ୍ୱଳ ଆଲୁଅର ରୋଶଣି। ତା' ଘରର ଠିକ୍ ଆଗରେ ପ୍ରାୟ ଅଢ଼େଇ ଫୁଟ ଉଚ୍ଚତାର ଏକ ଅର୍ଦ୍ଧ ଗୋଲାକାର ସ୍ତମ୍ଭ। ମା' ଆଡ଼କୁ ରହିଛି ଚଉଡ଼ା ଅଂଶ। ଏହାର ତଳେ ଓ ଉପରେ ବୁଦ୍ଧଙ୍କ ଖୋଦିତ ପ୍ରତିମା। କେହି କେହି ଗବେଷକ ଏହାକୁ ବଳୀ ସ୍ତମ୍ଭ ବୋଲି କୁହନ୍ତି। ମାତ୍ର, ଏହା ସଂଶୟାତ୍ମକ ଲାଗେ। କାରଣ ଯେଉଁ ସ୍ତମ୍ଭର ତଳ ଓ ଉପର ଅଂଶରେ ବୁଦ୍ଧଙ୍କ ପ୍ରତିମା ଖୋଦିତ, ସେଠାରେ ମଣିଷ ବା ପଶୁବଳି ଦିଆଯାଉଥିବା ସମ୍ଭବ ମନେହୁଏ ନାହିଁ। ଏହି ତନ୍ତ୍ର ମନ୍ଦିରରେ ଅବଶ୍ୟ ବଳି ଦିଆଯାଉଥିବ, ମାତ୍ର

ତାହାର ସ୍ଥାନ ପାଖାପାଖି ଅନ୍ୟତ୍ର ହୋଇଥାଇପାରେ। ଆଉ ଟିକିଏ ଆଗକୁ ପ୍ରାୟ ଚାରି-ସାଢ଼େଚାରି ଉଚ୍ଚତାବିଶିଷ୍ଟ ଚାରୋଟି ଗୋଲାକାର ସ୍ତମ୍ଭ ଓ ଗମ୍ବୁଜାକୃତି ଖୋଲା ମନ୍ଦିର ଭିତରେ ଅନ୍ୟ ଏକ ସ୍ତମ୍ଭ। ଚାରିକୋଣିଆ। ଏବଂ, ଚାରି ପାଖରେ ପାର୍ବତୀ, ଗଣେଶ, ସରସ୍ୱତୀ ଓ ଏକପାଦ ଭୈରବଙ୍କ ଖୋଦିତ ରୂପ।

ମନ୍ଦିରର ଅବସ୍ଥିତି ଓ ମନ୍ଦିର ଭିତରର ଦୃଶ୍ୟ ସମ୍ପର୍କରେ ଆମେ କଥା ହେଲେ। ମାତ୍ର ଯାହା ସବୁଠୁ ଆକର୍ଷଣୀୟ, ତାହା ମନ୍ଦିରର ସୂକ୍ଷ୍ମ କାରୁକାର୍ଯ୍ୟ ଓ ମନ୍ଦିରକୁ ଲାଗି ସେହି ସମୟରେ ତିଆରି ଶିଶିରେଶ୍ୱର ମନ୍ଦିର। ଏ ସମ୍ପର୍କରେ ଆଲୋଚନା କରିବା ପରବର୍ତ୍ତୀ ଅଧ୍ୟାୟରେ। କାରଣ ଏହି ମନ୍ଦିର ଦୁଇଟିର ସୂକ୍ଷ୍ମ କାରୁକାର୍ଯ୍ୟ ଏତେ ଉଚ୍ଚକୋଟୀର ଯେ, ମନେହୁଏ ପରବର୍ତ୍ତୀ ସମୟରେ ଗଢ଼ିଉଠିଥିବା ମନ୍ଦିରଗୁଡ଼ିକୁ କଳିଙ୍ଗ ଶିଳ୍ପୀକୁଳ ଖୁବ୍ ନିବିଡ଼ ଭାବେ ଅନୁଧ୍ୟାନ କରିଥିବେ ଏବଂ ଅନ୍ୟ ଏକ ମନ୍ଦିର ଗଢ଼ଣରେ ନିହାଣ ମୁନକୁ ରଖିବା ପୂର୍ବରୁ ସାଇତି ରଖିଥିବେ ଆଖିର ଦର୍ପଣରେ।

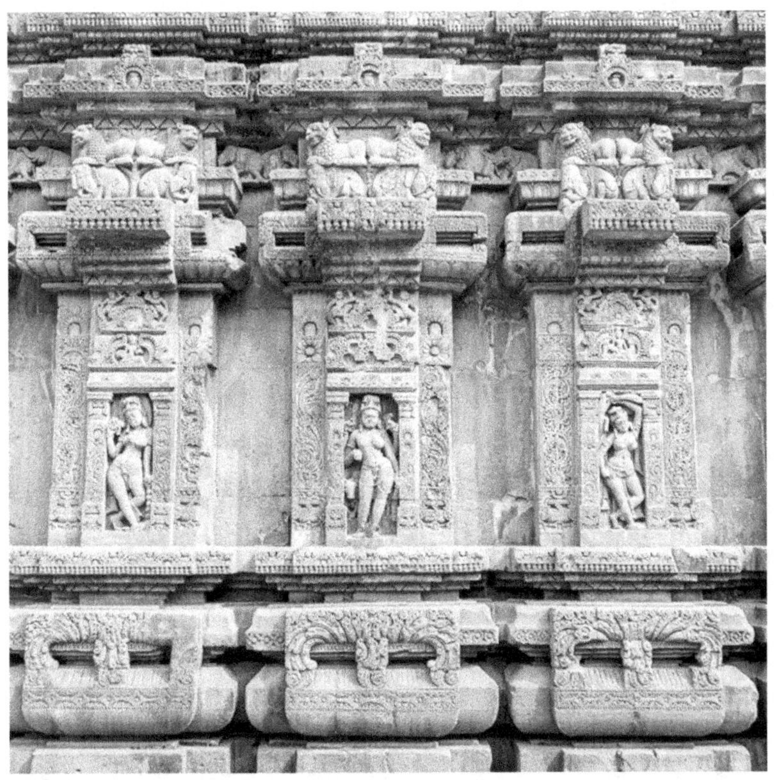

ବୈତାଳ ମନ୍ଦିର

॥ ଦୁଇ ॥

ବୈତାଳ ମନ୍ଦିରର ଅଧିଷ୍ଠାତ୍ରୀ ଦେବୀ ଚାମୁଣ୍ଡା। ଲୋକମୁଖରେ କାପାଳିନୀ। ମା'ଙ୍କ ଘରର ଦୁଇଟି ଭାଗ, ଜଗମୋହନ ଓ ମୁଖ୍ୟମନ୍ଦିର। ଉଭୟ ପଥରରେ ତିଆରି। ମାତ୍ର ସ୍ୱତନ୍ତ୍ର ଜାତିର। ରଙ୍ଗ କଳା ନୁହେଁ। ଈଷତ୍ ଲାଲ, ଟାଣ ଓ ଚିକ୍କଣ। ତେଣୁ ପ୍ରାୟ ବାରଶହ/ତେରଶହ ବର୍ଷର ତା' ବୟସ୍କ ଦେହକୁ ସୂର୍ଯ୍ୟ, ଇନ୍ଦ୍ର କି ପବନ ଏତେ ଦୁର୍ବଳ କରିଦେଇନାହାନ୍ତି। ଉଭୟ ଜଗମୋହନ ଓ ମନ୍ଦିର ଆୟତାକାର। ଜଗମୋହନର କାନ୍ଥ ଦୁଇଥାକିଆ। ତା' ଉପରେ ସମତଳ ଛାତ। ଛାତ ଓ କାନ୍ଥ ମଝିରେ ପ୍ରାୟ ଫୁଟେ ଉଚ୍ଚତାର ଝରକା ପରି ବହୁସଂଖ୍ୟକ ଖୋପ। ଏହାର ଆକାର ସ୍ୱତନ୍ତ୍ର। ଚାରିପାଖରେ ରହିଛି ଚାରୋଟି ସ୍ତମ୍ଭ। ପ୍ରତ୍ୟେକ କୋଣ ଗୋଟିଏ ଗୋଟିଏ ସ୍ୱତନ୍ତ୍ର ଛୋଟ ମନ୍ଦିର ପରି। ଏଗୁଡ଼ିକର ଶିଖର ସମତଳ କି ଖାକରାକୃତି ନୁହେଁ। ଆମଳକ ଶୋଭିତ। ବାହାର କାନ୍ଥରେ ନାନା କାରୁକାର୍ଯ୍ୟ। ଅନ୍ୟ କୌଣସି ଜଗମୋହନରେ ଏପରି ମନ୍ଦିର ନାହିଁ।

ମୁଖ୍ୟ ମନ୍ଦିରର ପୂର୍ବ-ପଶ୍ଚିମ ଓ ଦକ୍ଷିଣ-ଉତ୍ତରର ଲମ୍ବା: ଯଥାକ୍ରମେ ପ୍ରାୟ ସାଢ଼େ ଚାରି ଓ ସାଢ଼େ ପାଞ୍ଚ ମିଟର। ଏବଂ, ଭୂମି ପତନରୁ ଶିଖର ପର୍ଯ୍ୟନ୍ତ ଉଚ୍ଚତା ପ୍ରାୟ ସାଢ଼େ ଏଗାର ମିଟର। ପା'ଭାଗ ଓ ବାଡ଼ର ଉଚ୍ଚତା; ଯଥାକ୍ରମେ ପ୍ରାୟ ଏକ ଓ ଚାରି ମିଟର। ସମଗ୍ର ମନ୍ଦିରର କାନ୍ଥ ପନ୍ଦର ଗୋଟି ସ୍ତମ୍ଭ ସହିତ ଯୋଡ଼ା ହୋଇ ରହିଛି। ଯୋଡ଼ଣ ଏପରି ଯେ, ସେଗୁଡ଼ିକର ସ୍ୱାତନ୍ତ୍ର୍ୟ ବାରି ହେଉନାହିଁ। କାନ୍ଥ, ତଳୁ ଉପରକୁ ସାତ ଥାକରେ ତିଆରି। ପୂର୍ବ ଦିଗରେ ରହିଛି ଦୁଇଟି ଚୈତ୍ୟ। ପଥର ମୂଳ ମନ୍ଦିର ଦେହରୁ ପଦାକୁ ବାହାରିଆସି ଏକ ତୋରଣ ସୃଷ୍ଟି କରିଛି। ଦକ୍ଷିଣ ଓ ଉତ୍ତର କାନ୍ଥରେ ମଧ୍ୟ ତୋରଣାକୃତି ଚୈତ୍ୟ ରହିଛି। ଏଗୁଡ଼ିକ ତୃତୀୟରୁ ପଞ୍ଚମ ଥାକର କାନ୍ଥ ଓ ଦୁଇ ସ୍ତମ୍ଭ ମଧ୍ୟରେ ସଂଯୋଜିତ। ପଶ୍ଚିମ ପାଖରେ ତୋରଣ ନାହିଁ। ଶିଖର ବ୍ୟତୀତ ମନ୍ଦିରର ଅନ୍ୟ ସମସ୍ତ ଅଂଶ ସୂକ୍ଷ୍ମ କାରୁକାର୍ଯ୍ୟର କଳାତ୍ମକ। ଏହା ଦ୍ୱିତୀୟ ଥାକ, ଅନ୍ୟ

ଥାକ(ବାଡ଼)ଗୁଡ଼ିକଠାରୁ ଅଧିକ ଉଚ୍ଚତାବିଶିଷ୍ଟ। ତିନିଭାଗରେ ବିଭକ୍ତ। ପ୍ରତ୍ୟେକ ସ୍ତମ୍ଭ ଓ ଦୁଇ ସ୍ତମ୍ଭ ମଝିରେ ରହିଛି ଛୋଟବଡ଼ କରି ସତରଟି ଖୋପ। ଦକ୍ଷିଣ ଦିଗ ବାଡ଼ର ମଝି ଖୋପରେ ରହିଛନ୍ତି ମା' ପାର୍ବତୀ(ଦୁର୍ଗା)। ତାଙ୍କର ଚାରିହାତ। ହାତଗୁଡ଼ିକରେ ଜପାମାଳ, ଶୂଳ, ଖଡ଼୍ଗ, ପାନପାତ୍ର। ଦୁଇପାଖରେ ପରିଚାରିକା ଓ ଉପରେ ଉଡ଼ନ୍ତା ବିଦ୍ୟାଧର।

ପଶ୍ଚିମ ବାଡ଼ର ମଝି ଖୋପରେ ଅର୍ଦ୍ଧନାରୀଶ୍ୱର। ସେ ଠିଆ ହୋଇଛନ୍ତି, ପାଦ ପାଖରେ ବୃଷଭ। ଶିବଙ୍କ ହାତରେ ଜପାମାଳା, ପାର୍ବତୀଙ୍କ ହାତରେ ଆଇନା। ଗୋଟିଏ ପାଖ ଉର୍ଦ୍ଧ୍ୱଲିଙ୍ଗ ଏବଂ ଅନ୍ୟ ପାଖ ଏକସ୍ତନୀ। ମଥାର କେଶଭାର ବି ସେମିତି। ଉତ୍ତର ବାଡ଼ର ମଝି ଖୋପରେ ମହିଷାମର୍ଦ୍ଦିନୀ ଦୁର୍ଗା-ହାତରେ ତ୍ରିଶୂଳ, ଖଣ୍ଡା, ବଜ୍ର, ଶୂଳ, ଧନୁ ଓ ସାପ। ମହିଷାସୁରର ମୁଣ୍ଡ ମହିଷ ଓ ଦେହ ମଣିଷ ପରି। ମହିଷର ଜିଭକୁ ସାପ କାମୁଡ଼ି ଧରିଛି ଏବଂ ଦେବୀଙ୍କ ତ୍ରିଶୂଳ ଭେଦ କରିଛି ତା'ର ଛାତି। ସିଂହ ପାଟିରେ ମହିଷର ଡାହାଣ ହାତର କହୁଣି। ଏହିପରି ଅନ୍ୟ ଏକ ପ୍ରତିମା ମଧ୍ୟ ପୂଜା ପାଉଛନ୍ତି ଜଗମୋହନ ଭିତରେ।

ଉତ୍ତର ଓ ଦକ୍ଷିଣ ପାଖର ଲକ୍ଷ୍ମୀ ଓ ମହିଷାମର୍ଦ୍ଦିନୀଙ୍କ ଦୁଇ ପାଖ ସ୍ତମ୍ଭରେ ରହିଛନ୍ତି ପ୍ରୀତିମୁଗ୍ଧ ଓ ନୃତ୍ୟ ମୁଦ୍ରାରେ ନାରୀ-ପୁରୁଷଙ୍କ ଯୁଗଳ ପ୍ରତିମା। ଏବଂ, ଅନ୍ୟ ଦଶଟି ସ୍ତମ୍ଭରେ ଜଣଜଣ କରି ଦଶ ନାୟିକା। ପ୍ରତ୍ୟେକ ରୂପ ଓ ଭାବରେ ଅନୁପମା। ନାକ ଖଣ୍ଡାଧାର ପରି ତୀକ୍ଷ୍ଣ, ସରୁ ଅଣ୍ଟା, ଗଭୀର ନାଭି, ଉନ୍ନତ ଛାତି, ସରୁ ଓଠ, ଭାରି ଜୁଡ଼ା। ଯେଉଁ କେତେଜଣଙ୍କ ଶରୀରର ଭାଷା ଦର୍ଶକମାନଙ୍କୁ ମୁଗ୍ଧ ଓ ଚକିତ କରେ, ସେମାନଙ୍କ ଭିତରୁ ଜଣେ ଗଛକୁ ଆଉଜି ଠିଆ ହୋଇଛନ୍ତି ଅଳସ ମୁଦ୍ରାରେ। ଆଖି ଲମ୍ବିଯାଇଛି ଦୂରକୁ- କାହିଁ କେତେ ଦୂର। ଜଣକର ଗୋଟିଏ ହାତ ନିଜ ବକ୍ଷୋଜ ଉପରେ। ଜଣେ ଅଧାମେଲା କବାଟକୁ ଧରି ଠିଆ ହୋଇଛନ୍ତି। ଦୁଆର ବନ୍ଧରେ ଯେପରି ଝୁଲିରହିଛି ଲଳିତ ଲବଙ୍ଗଲତା ପରି ଦେହ, ଗୋଟିଏ ହାତ କବାଟ ଉପରେ। ଅନ୍ୟ ଜଣେ ଅପେକ୍ଷା କରିଛନ୍ତି ପ୍ରିୟତମର ଆଗମନକୁ, କାନ୍ଥରେ ଲାଖି ରହିଛି ଗୋଟିଏ ପାଦ। ପ୍ରତ୍ୟେକଙ୍କ ଦେହର ନଖଠାରୁ ଶିଖ ପର୍ଯ୍ୟନ୍ତ ସବୁ ଅଙ୍ଗ ସାଳଂକୃତ। ବେକର ଚଉଡ଼ା ହାର ଦୁଇ ବକ୍ଷୋଜ ମଝି ଦେଇ ଝୁଲିପଡ଼ିଛି ନାଭି ପାଖକୁ। ଏବଂ, ନାଭି ପାଖରେ ଅଣ୍ଟାସୂତାରେ ଯୋଡ଼ି ହେଇଯାଇଛି ଶାଢ଼ି। ଘନ ନିତମ୍ବ ତଳକୁ ଝୁଲି ପଡ଼ିଛି ଶାଢ଼ିର ଫେର। ନାୟିକାମାନଙ୍କ ମଥା ଉପରକୁ ରହିଛନ୍ତି ଦୁଇ ବିପରୀତ ଦିଗକୁ ମୁହଁକରି ସମର ମୁଦ୍ରାରେ ସିଂହ ଓ ସେମାନଙ୍କ ପିଠି ଉପରେ ଖଡ଼୍ଗଧାରୀ ପୁରୁଷ ଏବଂ ଦୁଇ ସିଂହଙ୍କ ମଝିରେ କୀର୍ତ୍ତିମୁଖ।

ମନ୍ଦିର କାନ୍ଥର ତୃତୀୟ ଥାକରେ ରହିଛନ୍ତି ଗଜସିଂହ ଓ ଗଜବିଡ଼ାଳ। ତୋରଣ ସ୍ତମ୍ଭର ଚାରି ପାଖରେ ଦୁଇ-ଦୁଇଟି କରି ହାତୀ ବିପରୀତ ଦିଗକୁ ମୁହଁକରି ଠିଆ ହୋଇଛନ୍ତି। ଦକ୍ଷିଣ ଦିଗ ତୋରଣର ମଝି ଖୋପରେ ହର-ପାର୍ବତୀ ଏବଂ ସବା ଉପର ଖୋପରେ ଚାରି ଶିଷ୍ୟଙ୍କ ସହିତ ଲକୁଳୀଶ। ଉତ୍ତର ପାଖର ଠିକ୍ ସେହି ସ୍ଥାନରେ ରହିଛନ୍ତି- ସବା ଉପରେ ଯୋଗାସନରେ ଦୁର୍ଗା (ଗୋଟିଏ ହାତରେ ଜପାମାଳ, ଅନ୍ୟ ହାତରେ ଖଡ଼୍ଗ) ଏବଂ ତଳକୁ ହରି-ହରଙ୍କ ଯୁଗଳ ପ୍ରତିମା। ମନ୍ଦିର ଆଗ ଅର୍ଥାତ୍ ପୂର୍ବଦିଗ ଚୈତ୍ୟର ସୌନ୍ଦର୍ଯ୍ୟ ଅତୁଳନୀୟ। ଶୀର୍ଷରେ ରହିଛନ୍ତି ଦଶଭୁଜବିଶିଷ୍ଟ ନଟରାଜ। ଉପର ଚାରିହାତରେ ଜପାମାଳା, ତ୍ରିଶୂଳ, ଖର୍ପର ଓ ସାପ। ପଞ୍ଚମ ହାତ ବସିଥିବା ଜଣେ ନାରୀର ଓଠରେ, ଅନ୍ୟ ପାଞ୍ଚଟି ହାତରେ ନୃତ୍ୟର ମୁଦ୍ରା। ପାଦ ପାଖରେ ନନ୍ଦୀ। ନଟରାଜଙ୍କ ତଳକୁ ଅଛନ୍ତି ସୂର୍ଯ୍ୟ। ରଥରେ ବସିଛନ୍ତି। ଅରୁଣ, ରଥର ସାରଥି। ରଥକୁ ଟାଣୁଛନ୍ତି ସାତଟି ଘୋଡ଼ା। ଦୁଇ ପାଖରେ ଅଛନ୍ତି ଉଷା ଓ ପ୍ରତ୍ୟୁଷା। ସୂର୍ଯ୍ୟଙ୍କ ଦୁଇ ହାତରେ ପଦ୍ମ। ଏବଂ, ମନ୍ଦିରରେ ଦେବୀ ପ୍ରତିମାଙ୍କ ବ୍ୟତୀତ ରହିଛନ୍ତି ସଂଖ୍ୟାରେ ଅଳ୍ପ ହେଲେ ବି, ରତିସୁଖବିଭୋର ପୁରୁଷ ଓ ନାରୀ।

ମନ୍ଦିର ପାଖରେ ଲିଙ୍ଗରାଜ ମନ୍ଦିର। ଉଭୟ ମନ୍ଦିରର କାଳଗତ ଗଢ଼ଣର ବ୍ୟବଧାନ ପ୍ରାୟ ତିନିଶହ ବର୍ଷ। ବୈତାଳରେ ଶିବ ଅଛନ୍ତି ଏବଂ ପରିସର ମଧ୍ୟରେ ରହିଛି ଅନ୍ୟ ଏକ ସ୍ୱତନ୍ତ୍ର ଶିବ ମନ୍ଦିର। ଶିଶିରେଶ୍ୱର। ମାତ୍ର ଲିଙ୍ଗରାଜଙ୍କ ସହିତ କାପାଳିନୀଙ୍କ ସମ୍ପର୍କ କ'ଣ ହୋଇପାରେ? ପୂଜକଙ୍କଠାରୁ ଜଣାଯାଏ, ଶୀତଳଷଷ୍ଠୀ

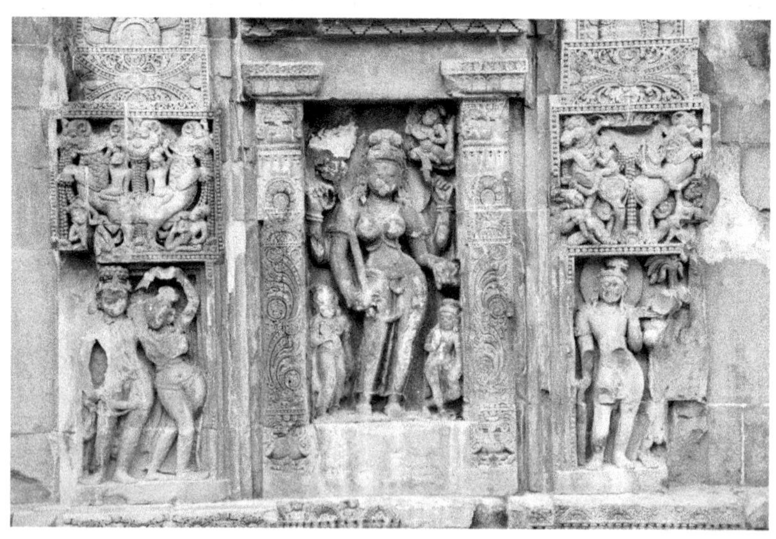

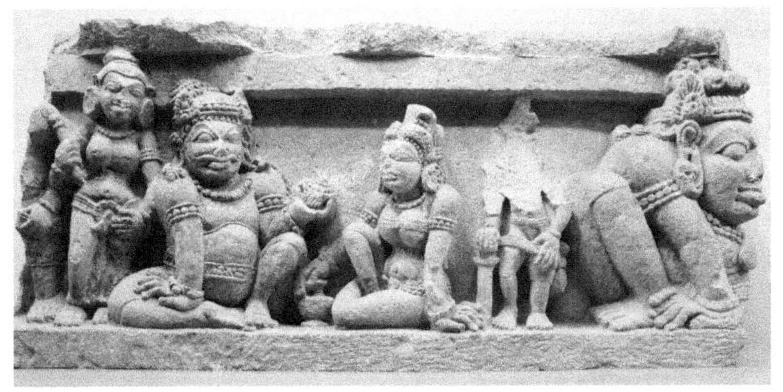

ଦିନ ଶିବ-ପାର୍ବତୀ ବିବାହ ଉତ୍ସବ ଅବସରରେ ଶିବ ବର ବେଶରେ ଯିବା ପୂର୍ବରୁ ଭଉଣୀ କାପାଳିନୀଙ୍କ ପାଖକୁ ଆସେ ଲିଙ୍ଗରାଜଙ୍କ ପାଖରୁ ପ୍ରୀତିଭରା ଉପହାର। କାପାଳିନୀ ଶକ୍ତିଙ୍କର ଅଂଶରୂପା।

ମନ୍ଦିରର ଇଷ୍ଟଦେବୀ ଅବଶ୍ୟ ଶକ୍ତି। ମାତ୍ର ଏହାକୁ ବୌଦ୍ଧ ସହଜଯାନି, ଶୈବ ଓ ବୈଷ୍ଣବ ଚେତନାର ଏକ ମହାମିଳନର ଆୟତନ ମଧ୍ୟ କୁହାଯାଇପାରିବ। ଏହି ଭବ୍ୟ ଆୟତନଟି ଯେପରି କହୁଛି- ସହଜ ହିଁ ଏକ ସର୍ବବ୍ୟାପ୍ତ ଚେତନା, ମହାସୁଖ। ଯାହା ମଣିଷକୁ ଭୟମୁକ୍ତ କରେ ଏବଂ ଉନ୍ନୀତ କରେ ମୁକ୍ତି ଓ ନିର୍ବାଣର ଚରମ ସୋପାନକୁ। ମାତୃଶକ୍ତି ହିଁ ଏହି ଚେତନାର ନିୟନ୍ତ୍ରିକା।

ତେବେ ମା'ଙ୍କ ମନ୍ଦିର ଏତେ ସଂକୀର୍ଣ୍ଣ, ଅନ୍ଧକାର କାହିଁକି ? କାହିଁକି ଭିତରେ ଏମିତି ଭୀତିପ୍ରଦ ପରିବେଶ ? କାରଣ ଆମ ଦେହ ନୁହେଁ ତ ! ଆମ ଦେହ ଏକ ଦେଉଳ। ଆମ ପ୍ରବୃତ୍ତି ସେହି ଅନ୍ଧକାର ଦେଉଳର ଗଳି ଭଳି ଅନ୍ଧାର। ପ୍ରବୃତ୍ତି ସବୁବେଳେ ଅନ୍ଧାର ଭିତରେ ଥାଏ ଅବଦମିତ। ଏବଂ, ଅବିଚାରିତ ଭାବେ ଉପଭୋଗ କରୁଥାଏ ନିଜକୁ, ସେହି ଅନ୍ଧାର ଭିତରେ। ପ୍ରବୃତ୍ତିକୁ ଦମନ କରିନପାରିଲେ, ଆମେ ଆଲୋକପଥର ଯାତ୍ରୀ ହେବା କେମିତି ? ଆମ ସକଳଙ୍କ ଭିତରେ ଥିବା ଚିରନ୍ତନ ଶକ୍ତି ସେହି ଆଲୋକର ପ୍ରତୀକ। ଦିବ୍ୟ। ଅଧ୍ୟାତ୍ମ। ସେହି ଆଲୋକ ହିଁ ଆମ ଭିତରର ଅନ୍ଧକାରକୁ ଆଲୋକିତ କରୁଛି। ଆଲୁଅ ଆଡ଼କୁ ବାଟ ଦେଖାଉଛି। ଅନ୍ଧାର ଗମ୍ଭୀରା ଭିତରେ ବସି ମା' ଆମକୁ ଏଇ କଥା କହୁନାହାନ୍ତି ତ !

କଳା ଦୃଷ୍ଟିରୁ ବିଚାର କଲେ, ବୈତାଳ ମନ୍ଦିର କଳିଙ୍ଗ ସ୍ଥପତିମାନଙ୍କର ସ୍ୱତନ୍ତ୍ର କଳାବୋଧର ଓଁକାର। କାନ୍ଥ ଦେହରେ ନାୟକ-ନାୟିକାଙ୍କ ଅପୂର୍ବ ଛନ୍ଦ, ଗଛ, ଲତା, ଫୁଲର ବିଚିତ୍ର ବସାଣ, ପଶୁ-ସରୀସୃପମାନଙ୍କର ମଦମତ୍ତ ଗତି ଓ ଠାଣି। ଲାଗେ,

ପଥରର ଏହି ଦେହ ଯେପରି ନାନା କଥା, ନାନା ଗୀତ, ନାନା ଛନ୍ଦ, ନାନା ଭାବ ଓ ଅନୁଭବର ଏକ ମହାବନ୍ଧ। ପୁଣି ଲାଗେ, ସାନ, ବଡ଼ ଭଳି ଭଳି ମୋତିମାଳାରେ ଯେପରି କେଉଁ ବିଚିତ୍ର ସ୍ଥପତି ସଜେଇ ଦେଇଛି ମା'ର ଘର, ବୈତାଳ ମନ୍ଦିର।

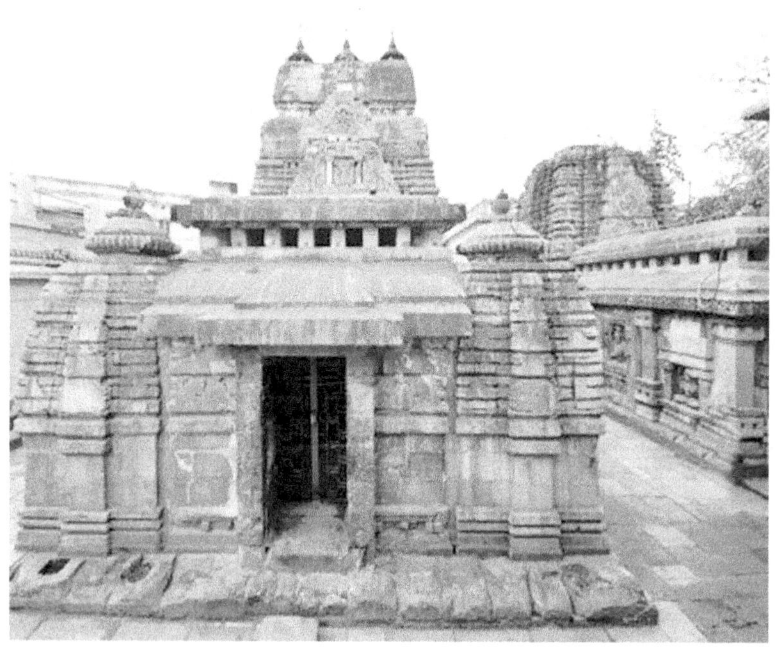

ସ୍ଥାପତ୍ୟରେ ବିଶ୍ୱଗର୍ଭା ବାରାହୀ

ଚୌରାଶିଆର ବାରାହୀ ମନ୍ଦିର

॥ ଏକ ॥

ପ୍ରତ୍ୟେକ ସୃଜନ ପଛରେ ରହିଛି ଦର୍ଶନ। କଳା, ସାହିତ୍ୟ, ଚିତ୍ର, ସ୍ଥାପତ୍ୟ ସେହି ଦର୍ଶନର ରୂପାୟନ। ଆମ ସ୍ଥାପତ୍ୟ କଥା ସେହି ଦର୍ଶନ ଓ ରୂପର ଶବ୍ଦଚିତ୍ର। ଏଥରର ଚିତ୍ର ବରାହୀ ଓ ତାଙ୍କ ଘର। ତାଙ୍କ ରୂପର ଏପରି ବିଚିତ୍ର ପରିକଳ୍ପନା କାହିଁକି ? ଦେହ ନାରୀ ଓ ମୁହଁ ବାର୍‌ହା ପରି ! ଲାଗେ ଯେମିତି ବିଷ୍ଣୁଙ୍କ ବରାହ ଅବତାର ନାରୀ ରୂପରେ ଅବତୀର୍ଣ୍ଣ।

ସେଦିନ ଥିଲା ଏମିତି। ଚତୁର୍ଦ୍ଦିଗ ଘନଘୋର ଅନ୍ଧାର। ସୁନ୍ଦର ପୃଥିବୀର ମଣିଷମାନେ ଏବେ ଆତଙ୍କିତ। ସବୁଆଡ଼େ ମୃତ୍ୟୁର କରୁଣ ଗୀତ। କାରଣ କ୍ରମେ ସ୍ୱଷ୍ଟ ହୋଇଆସିଲା। ସେମାନେ ମହାପରାକ୍ରମଶାଳୀ ଅସୁର ହିରଣାକ୍ଷର ମାୟାରେ ସଂକ୍ରମିତ। ସେମାନଙ୍କ ସୁନ୍ଦର ସବୁଜିମାଭରା ପୃଥିବୀ ଏବେ ପାତାଳପୁରରେ। କେମିତି ମିଳିବ ମୁକ୍ତି ? କିଏ ହେବ ସେମାନଙ୍କ ମୁକ୍ତିର କାରଣ ? ଉଦ୍ଧାର କରିବ ପୃଥିବୀକୁ ପାତାଳପୁରରୁ ?

ପୃଥିବୀଦେବୀଙ୍କ ମୁକ୍ତି ଓ ଜୀବଜଗତର ସୁରକ୍ଷାପାଇଁ ଦେବ-ଋଷି ପ୍ରାର୍ଥନା କରନ୍ତି ବିଷ୍ଣୁଙ୍କୁ। ବିଷ୍ଣୁ ଖୋଜନ୍ତି ପୃଥିବୀଦେବୀଙ୍କ ମୁକ୍ତିର ପଥ। ବରାହ ରୂପ ଧାରଣ କରନ୍ତି। ନିଜ ମୁହଁ(ଦନ୍ତ)ରେ ମାଟିଖୋଳି ପାତାଳରେ ପ୍ରବେଶ କରନ୍ତି। ଏଥର ହିରଣାକ୍ଷ ସହିତ ମୁହାଁମୁହିଁ। ବିଷ୍ଣୁଙ୍କ ତେଜରେ ହିରଣାକ୍ଷ ପରାହତ। ପୃଥିବୀ ଏବେ ମୁକ୍ତ। ବିଷ୍ଣୁଙ୍କର ଅପରୂପ ସୌନ୍ଦର୍ଯ୍ୟରେ ମୁଗ୍ଧା ପୃଥିବୀ ବିଷ୍ଣୁଙ୍କୁ ଆଲିଙ୍ଗନ କରନ୍ତି। ଏମିତି ବିତିଯାଇଛି ବର୍ଷ ପରେ ବର୍ଷ। ସେ ଆଲିଙ୍ଗନ ରୂପାନ୍ତର ହୁଏ ପତି-ପତ୍ନୀର ବନ୍ଧନରେ। ଭୂଦେବୀ

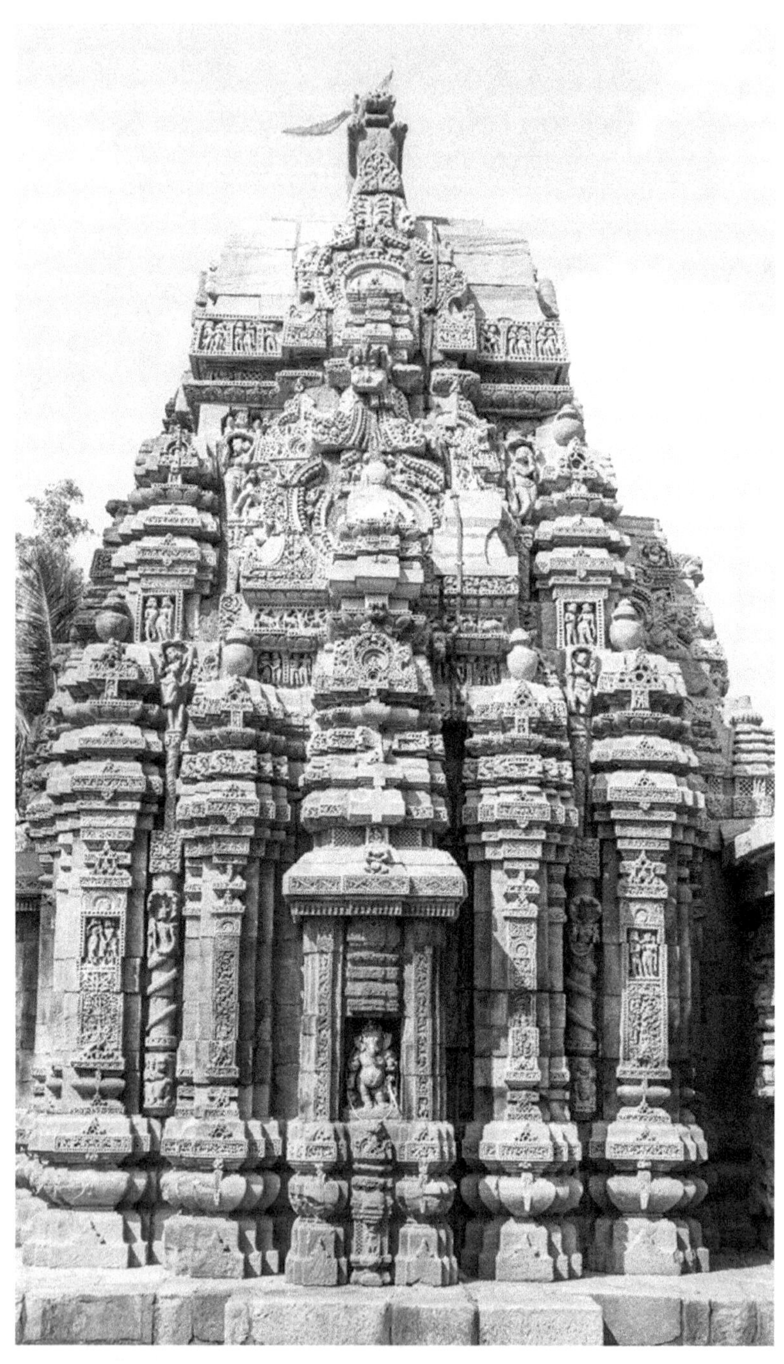

ଏବେ ବିଷ୍ଣୁପତ୍ନୀ। ବରାହପୁରାଣ ଆସୁରିକ ଶକ୍ତିର ବିଲୋପନ ଓ ପୁରୁଷ-ପ୍ରକୃତିଙ୍କ ମହାମିଳନର ଗାଥା।

ଆମ ଆଲୋଚ୍ୟ ବାରାହୀ ତାହାଲେ କିଏ ? କାହିଁକି ତାଙ୍କପାଇଁ ଏତେ ସୁନ୍ଦର ମନ୍ଦିରର ସୃଷ୍ଟି ? ବରାହଙ୍କ ସହିତ ଏପରି ପରିକଳ୍ପନାର କିଛି ସଂପର୍କ ରହିଛି କି ? ବରାହଙ୍କ ପରି ବାରାହୀ ମାହାତ୍ମ୍ୟ କି ପୁରାଣ ଯଦିଓ ଲେଖାଯାଇନାହିଁ, ବାରାହୀଙ୍କୁ ଆମେ ପୁରୁଷ ଭିତରେ କ୍ରିୟାଶୀଳ ପ୍ରକୃତି ବା ଶକ୍ତିଙ୍କର ଜାଗ୍ରତ ଓ ଅବିଭାଜ୍ୟ ସତ୍ତା କହିପାରିବା। କହିପାରିବା ସେ ସୃଜନଶକ୍ତି। ବହୁରୂପା ନାରୀତ୍ୱର ପ୍ରତୀକ।

ଭାରତୀୟ ଦର୍ଶନ ବାରାହୀଙ୍କର ସ୍ତୁତି ମୁଖର। ଦେବୀମହାତ୍ମ୍ୟ, ବରାହପୁରାଣ, ମାର୍କଣ୍ଡେୟପୁରାଣ, ମତ୍ସ୍ୟପୁରାଣରେ ତାଙ୍କ ସଂପର୍କରେ କେତେକେତେ କଥା କୁହାଯାଇଛି। ମୂଳକଥା ଗୋଟିଏ। ସେ ମାତୃରୂପା। ଦେବୀମହାତ୍ମ୍ୟର ଭାଷାରେ, ସେ ବରାହଙ୍କର ଶକ୍ତିରୂପା। ହାତରେ ଚକ୍ର ଓ ଖଡ୍‌ଗ। ପାପୀମାନଙ୍କର ରକ୍ତ ପିଇବାରେ ତାଙ୍କର ଆନନ୍ଦ। ବାମନପୁରାଣରେ ତାଙ୍କର ଜନ୍ମ ମାତୃରୂପା, ମହାମାୟୀ ଚଣ୍ଡୀଙ୍କ ପିଠିରୁ। ରକ୍ତବୀଜ ସହିତ ଯୁଦ୍ଧକାଳରେ ସେ ଥିଲେ କାଳେ ଉତ୍ତର ଦିଗର ସୁରକ୍ଷାଦାତ୍ରୀ। ପ୍ରେତ ତାଙ୍କର ବାହନ- ଏହା ଦେବୀ ଭାଗବତର କଥା। ମତ୍ସ୍ୟପୁରାଣରେ କାଳେ ଶିବଙ୍କ ଇଚ୍ଛାଶକ୍ତିରୁ ତାଙ୍କର ଜନ୍ମ। ଅନ୍ଧକାସୁରକୁ ମାରିବାପାଇଁ ପ୍ରମୁଖ ଦେବତା ନିଜ ନିଜର ଶକ୍ତି ମାଧ୍ୟମରେ ସପ୍ତମାତୃକା ସୃଷ୍ଟି କରିଛନ୍ତି। ବିଷ୍ଣୁଙ୍କ ଚେତନାରୁ ଜନ୍ମ ନେଇଛନ୍ତି ବାରାହୀ।

ଦେବୀପୁରାଣ ଆଉ ଏକ ରହସ୍ୟମୟ କଥା କହିଛି। ବାରାହୀ କାଳେ 'ବରାହଜନନୀ', ବାରାହଙ୍କ ମା'। କୃତାନ୍ତତନୁଙ୍କ ଦେହରୁ ଯେପରି ସମ୍ଭବିଛନ୍ତି କୃତାନ୍ତତନୁସମ୍ଭବ, ଅର୍ଥାତ୍ କୃତାନ୍ତକ। ମରଣର ଦେବତା ଯମ। ବରାହୀଙ୍କୁ ଅନ୍ୟତ୍ର ବୈବସ୍ୱତ ଅର୍ଥାତ୍ ଯମୀ ମଧ୍ୟ କୁହାଯାଇଛି। ଯମୀ ହେଉଛନ୍ତି ଯମଙ୍କ ଶକ୍ତିରୂପା। ଏପରି ବର୍ଣ୍ଣନା କରିବାର କାରଣ ମଧ୍ୟ ରହିଛି। କାରଣ ଯମଙ୍କ ପରି ତାଙ୍କ ବାହନ ମଇଁଷି ଓ ସେ ହାତରେ ଧରିଛନ୍ତି କାଳଦଣ୍ଡ।

ସଂସ୍କୃତରେ ଲଳିତସହସ୍ରନାମ ଶୀର୍ଷକ ଏକ ବହି ରହିଛି। ଏଥିରେ ରହିଛି ବିଶ୍ୱଜନନୀଙ୍କର ଏକସହସ୍ର ନାମ। ସେଥିରେ ବାରାହୀ ଅନ୍ୟତମ। ସେ ବିଶୁକର୍ଣ୍ଣର ନିଧନକାରୀ। ତାଙ୍କୁ ପୁଣି କୁହାଯାଇଛି ସେ ଶିବଙ୍କ ପତ୍ନୀ, ସର୍ଜନଶୀଳା। ଶାକାମ୍ବରୀ। ସେ ମୁକ୍ତିଦାତ୍ରୀ। କୈବଲ୍ୟପ୍ରଦାୟିନୀ। ତାଙ୍କର ସ୍ଥାନ ମଣିଷ ଦେହର ମୂଳାଧାର ଚକ୍ରରେ। ଅର୍ଥାତ୍ ସେ ନିୟନ୍ତ୍ରିକା। କେଉଁଠି ସେ ସରସ୍ୱତୀ; ବିଦ୍ୟା ଓ ବାକ୍‌ର ଦେବୀ।

ତେଣୁ ବୈଷ୍ଣବ, ଶୈବ ଓ ଶାକ୍ତ- ପ୍ରତ୍ୟେକ ଦର୍ଶନ ଏହି ମାତୃରୂପାଙ୍କୁ ଜନ୍ମ

ଦେଇଛି। ପ୍ରତ୍ୟେକ ସଂପ୍ରଦାୟ ନିଜ ନିଜ ଭାବରେ ତାଙ୍କୁ ଆକାର ଦେଇଛନ୍ତି, ପୂଜା କରିଛନ୍ତି। ସେ ହୋଇଛନ୍ତି ସପ୍ତମାତୃକାଙ୍କ ମଧ୍ୟରେ ଅନ୍ୟତମା। ତାଙ୍କ ମାତୃରୂପ ପରିକଳ୍ପନାରେ ବହୁବିଧତା। ତାଙ୍କ ଦେହର ରଙ୍ଗ ଘନ-କଳା। ଝଡ଼ ଓ ବରଷା ରାତିର ମେଘ ପରି। ସେ ରାତିର ଦେବୀ। କଳାଧୂଆଁ ପରି ଦେହ। ଦଶମହାବିଦ୍ୟାର ଧୂମାବତୀ। ତନ୍ତ୍ରସାଧକମାନେ ତେଣୁ ତାଙ୍କୁ ସୂର୍ଯ୍ୟୋଦୟ ପୂର୍ବରୁ ଓ ସୂର୍ଯ୍ୟାସ୍ତ ପରେ ଆରାଧନା କରନ୍ତି। ପର୍ଶୁରାମକଳ୍ପସୂତ୍ରରେ ଦେବୀଙ୍କୁ ଅଧରାତିରେ ପୂଜା କରିବାପାଇଁ ନିର୍ଦ୍ଦେଶ ରହିଛି। ଶାକ୍ତମାନେ ତାଙ୍କୁ ପୂଜା କରନ୍ତି ପଞ୍ଚମକାର ମାଧ୍ୟମରେ। ସେମାନେ ଏକଥା ବି କୁହନ୍ତି, ସେ ଲଳିତ-ତ୍ରିପୁର-ସୁନ୍ଦରୀ। ଦଣ୍ଡଦାୟିନୀ। ଶ୍ରୀବିଦ୍ୟା, ପରାବିଦ୍ୟାର ଅଧିକାରିଣୀ।

ଦେବୀଙ୍କ ହାତର ସଂଖ୍ୟା କେଉଁଠି ଦୁଇ ତ, ଆଉ କେଉଁଠି ଚାରି ଓ ଛଅ। ହାତ ଅନୁସାରେ ତାଙ୍କ ଅସ୍ତ୍ରର ପ୍ରକାର ଓ ଆକାର। ଚତୁର୍ଭୁଜା ବାରାହୀଙ୍କ ହାତର ଅସ୍ତ୍ର ଘଣ୍ଟ, ଚାମର, ଚକ୍ର ଓ ଗଦା। ଆଉ କେଉଁଠି- ହଳ, ଧନୁ, ମୂଷଳ ଓ ଅଭୟମୁଦ୍ରା। କେଉଁଠି- ଗଦା, ଖଣ୍ଡା, ଚକ୍ର ଓ ଅଙ୍କୁଶ; ଅକ୍ଷମାଳ, ଖପୁରିଯୁକ୍ତ ବାଡ଼ି, ଘଣ୍ଟ ଓ କମଣ୍ଡଳୁ।

ବିଷ୍ଣୁଧର୍ମୋତ୍ତରପୁରାଣରେ ଷଡ଼ଭୁଜା ବାରାହୀଙ୍କ ରୂପର ବର୍ଣ୍ଣନା ରହିଛି- ହାତରେ ଦଣ୍ଡ, ଢାଲ, ଖଣ୍ଡା, ପାଶ ଏବଂ ଅନ୍ୟ ଦୁଇହାତ ଅଭୟ ଓ ବରଦମୁଦ୍ରା। କେତେକ ମୂର୍ତ୍ତି ଶିବଙ୍କ ସହ ନୃତ୍ୟରତା। ଦ୍ୱିଭୁଜା ବାରାହୀଙ୍କର ଗୋଟିଏ ହାତରେ ମାଛ ଓ ଅନ୍ୟ ହାତରେ ଖପୁରିର ପାତ୍ର। ଆମ ଆଲୋଚ୍ୟ ବାରାହୀ ଏହିପରି। ଆୟୁଧଗୁଡ଼ିକରୁ ଶକ୍ତିଙ୍କ ସ୍ୱରୂପକୁ ଚିହ୍ନିହୁଏ। ତାଙ୍କୁ ଶିବ, ଶକ୍ତି ଓ ବିଷ୍ଣୁଙ୍କର ସମୀକରଣ ବୋଲି କୁହାଯାଇପାରେ।

ବାରାହୀଙ୍କ ବାହନ ମୁଖ୍ୟତଃ ମଇଁଷି। କେଉଁଠି ସେ ପଦ୍ମଫୁଲର ପୀଠ, ମଇଁଷିର ମୁଣ୍ଡ ଉପରେ ବସିଛନ୍ତି ଅଥବା ଠିଆ ହୋଇଛନ୍ତି। ତାଙ୍କ ପାଖରେ ବିଭିନ୍ନ ସ୍ଥାନରେ ଭିନ୍ନ ଭିନ୍ନ ପଶୁ ଓ ପକ୍ଷୀମାନେ ରହିଛନ୍ତି। ସେମାନେ ସାପ, ଗରୁଡ଼, ହାତୀ, ସିଂହ, ଘୋଡ଼ା। ଅନ୍ୟତ୍ର ସେ ବଜ୍ରାସନା। ଲାଲ୍ ରଙ୍ଗର ଫୁଲ ଓ ବସ୍ତ୍ର ତାଙ୍କର ପ୍ରିୟ। ସପ୍ତମାତୃକାଙ୍କ ମଧ୍ୟରେ ତାଙ୍କର ସ୍ଥାନ ପଞ୍ଚମ। ତେଣୁ ତାଙ୍କର ଆଉ ଗୋଟିଏ ନାଁ ପଞ୍ଚମୀ।

ଭାରତବର୍ଷର ବହୁ ସ୍ଥାନରେ ଏହି ସନାତନ ଚେତନାର ପ୍ରତୀକ ମାତୃଦେବୀଙ୍କ ପ୍ରତିମା ରହିଛନ୍ତି। ଷଷ୍ଠ ଶତାବ୍ଦୀରେ ଖୋଦିତ ଅଜନ୍ତାର ରାମେଶ୍ୱର ଗୁମ୍ଫା, ବନାରସର ପାତାଳଭୈରବୀ, ଚେନ୍ନାଇର ମାୟାପୁର, ତାଂଜାଭୁର (ଏଠାରେ ଦେବୀଙ୍କୁ ପ୍ରତ୍ୟେକ ଦିନ ନୂଆନୂଆ ଅଳଙ୍କାରରେ ପୂଜା କରାଯାଏ), ଗୋଣ୍ଡା (ଉତ୍ତାରୀ ଭବାନୀ), ଗୁଜୁରାଟର ଦଧାନ, ତାମିଲନାଡୁର କୋଇମ୍ବାଟୁର ପାଖ ପିଲାମେନୁ(ମହାବାରାହୀ)

ଏବଂ ଭାରତ ବାହାରେ, ନେପାଳର ନୋଂଆ ହ୍ରଦକୂଳର ମସ୍ୟବାରାହୀ ଓ ଭକ୍ତପୁରର ଜୟବାରାହୀ ମାତୃଉପାସନାର ଗୁରୁତ୍ୱ ପ୍ରତିପାଦନ କରେ।

କେବଳ ସନାତନ ଚେତନା ନୁହେଁ, ବୌଦ୍ଧମାନେ ମଧ୍ୟ ବାରାହୀଙ୍କ ଅସ୍ତିତ୍ୱକୁ ସ୍ୱୀକାର କରିଛନ୍ତି। ବୌଦ୍ଧଧର୍ମର ବଜ୍ରବାରାହୀ ବା ବଜ୍ରଯୋଗିନୀ, ବାରାହୀ-ଭାବ-ପରିକଳ୍ପନାର ପ୍ରତୀକ। ରୂପ ଭୟଙ୍କର। ସେ ଶତ୍ରୁ ବିନାଶିନୀ। ତିବ୍ବତରେ ଘୁଷୁରୀ ମୁହଁ ଥିବା ଯୋଗିନୀ ମୂର୍ତ୍ତି ପୂଜା ପାଉଛନ୍ତି। ସେ ଅଜ୍ଞାନରୂପକ ଅନ୍ଧକାରର ବିନାଶିନୀ। କୁହାଯାଏ, ଅନ୍ୟତମ ବୌଦ୍ଧସାଧକ ବଜ୍ରପାଣି ନିଜର ଧର୍ମରେ ସନାତନ ଚେତନାର ଏହି ବିଚିତ୍ର ଚରିତ୍ରଙ୍କୁ ଖଞ୍ଜି ଦେଇଛନ୍ତି। ଓଡ଼ିଶା, ସନାତନ ବିଶ୍ୱାସକୁ ସ୍ୱୀକାର କରିଛି। ବରାହୀଙ୍କ ପାଇଁ ସ୍ୱତନ୍ତ୍ର ମନ୍ଦିର ତିଆରି କରିଛି, ଏକ ଅନୁପମ ମନ୍ଦିର। ତାଙ୍କୁ ପୂଜା କରୁଛି କାମନା (ମାଛ) ଓ ଜୀବନୀଶକ୍ତି (ରକ୍ତପାନ)ର ପ୍ରତୀକ ରୂପରେ।

ଚଉରାଶିରେ ଥିବା ଦେବୀଙ୍କ ଏହି ରୂପାତୀତ ମନ୍ଦିର ଓ ତାଙ୍କ ରୂପ ସଂପର୍କରେ ଆମର ପରବର୍ତ୍ତୀ ଆଲୋଚନା। ଏବେ ପୁଣି ଆରମ୍ଭକୁ ଫେରିବା। ଆମେ କଥା ହେଉଥିଲେ ବିଷ୍ଣୁଙ୍କ ବରାହ ଅବତାର ସହ ବରାହୀଙ୍କ ସଂପର୍କର କଥା। ବରାହ ଅବତାରରେ ବିଷ୍ଣୁ ପୃଥିବୀକୁ ଉଦ୍ଧାର କରିଥିଲେ। ପୃଥିବୀ-ଭୂଦେବୀ। ଆମ ଆଲୋଚ୍ୟ ବାରାହୀଙ୍କର ଉଦର ଠିକ୍ ପୃଥିବୀ ଭଳି ଗୋଲ ଓ ପୃଥୁଳକାୟ। କୁହାଯାଏ, ଦେବୀ ବିଶ୍ୱଗର୍ଭା। ସମଗ୍ର ବିଶ୍ୱ ଦେବୀଙ୍କ ଉଦରରେ ଆତଯାତ। ତେଣୁ ଦେବୀ ବାରାହୀଙ୍କର ପରିକଳ୍ପନା ମୂଳରେ ଏହି ଦର୍ଶନ ସର୍ବମୂଳ ନୁହେଁ ତ!

ବକୁଳ ଅମାବାସ୍ୟା ଦିନ ପୃଥିବୀପୃଷ୍ଠରେ ବିଷ୍ଣୁଙ୍କର ବାରାହ-ରୂପାନ୍ତର। ଆଜି ସେହି ଦିନ, ସେହି ତିଥି।

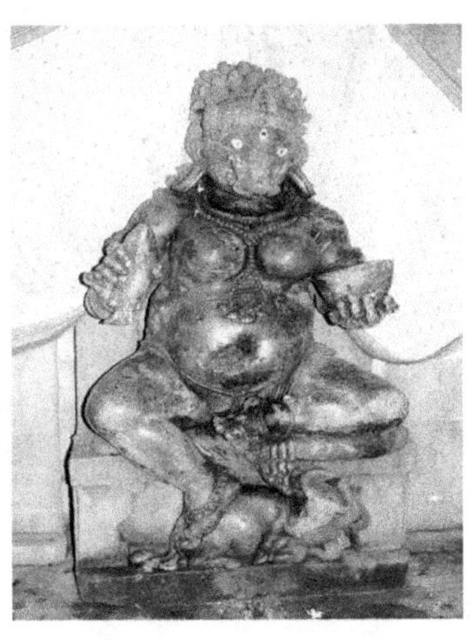

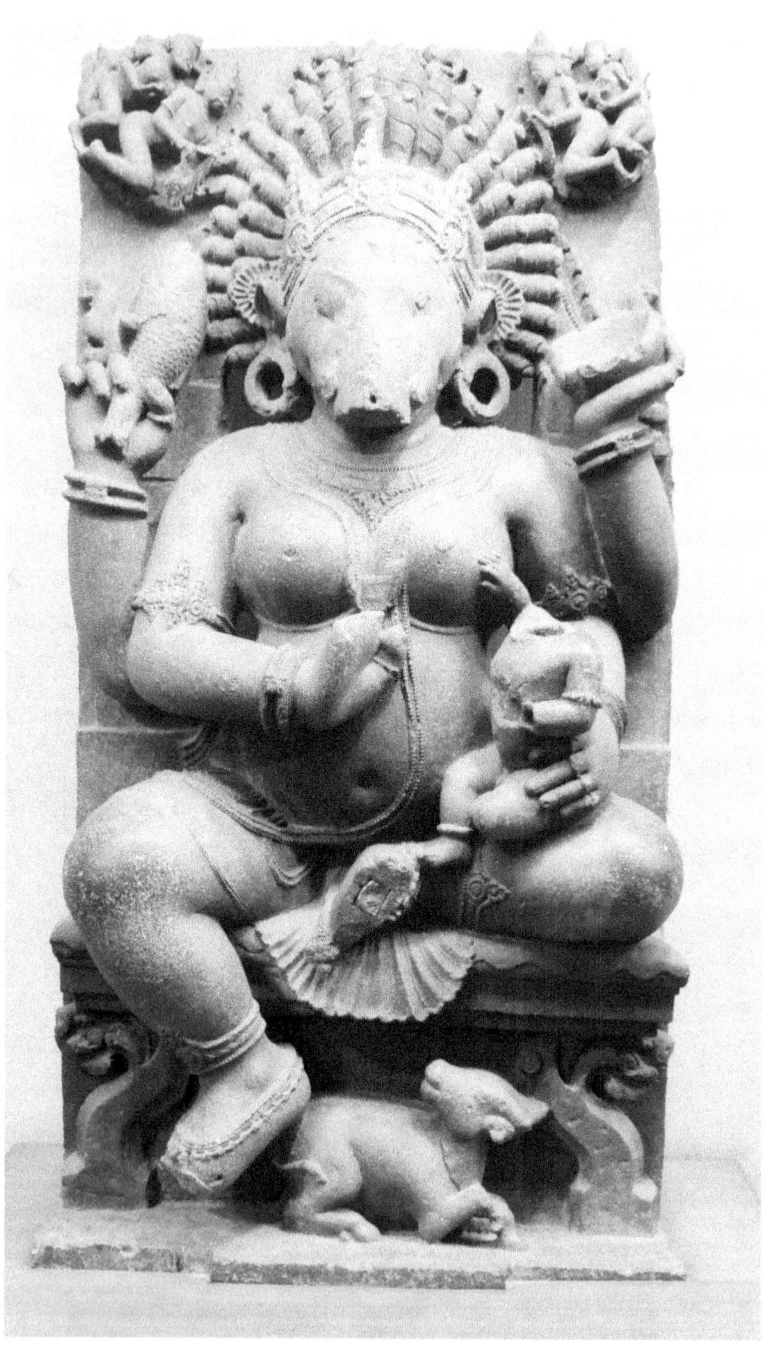

॥ ଦୁଇ ॥

କଥା ହେଉଥିଲେ, ଦେବୀ ବାରାହୀଙ୍କ ଉତ୍ପତ୍ତି ସମ୍ପର୍କରେ। ଭାରତ ଓ ଭାରତ ବାହାରେ ତାଙ୍କ ସ୍ଥିତି ଓ ମୁକ୍ତିର କଥା। ଆମ ଓଡ଼ିଶାରେ ବାରାହୀଙ୍କ ଆରାଧନା ଦଶମ ଶତାବ୍ଦୀରୁ। କେଉଁଠି ତାଙ୍କ ଘର ?

ପ୍ରାଚୀନଦୀର ଅବବାହିକାରେ ଗାଁଟିଏ। ନାଁ ଚଉରାଶି (ଚଉରାଶିଆ)। ଭୁବନେଶ୍ୱରଠାରୁ ନିମାପଡ଼ା, ସେଠାରୁ ଚାରିଛକ। ଚାରିଛକରୁ କାକଟପୁର ଯିବା ରାସ୍ତାରେ ଅମରେଶ୍ୱର ଗାଁର ଛକଠାରୁ ବାଁ ହାତି ପ୍ରାୟ ଦେଢ଼ କିଲୋମିଟର ଦୂରରେ ପଡ଼ିବ। ଆମ କଳା ଓ ଧର୍ମ ଇତିହାସରେ ଏହା ସ୍ୱତନ୍ତ୍ର। ଗାଁର ନାଁ 'ଚଉରାଶି' ହେବାର କାରଣ, କିମ୍ବଦନ୍ତୀ କୁହେ, ଏହାର ଆଖପାଖରେ ଥିଲା ଚଉରାଶି ସଂଖ୍ୟକ ଗଭୀର ବାମ୍ଫି। ଆଜି ମଧ୍ୟ ଅନେକ ବାମ୍ଫିର ସଙ୍କେତ କିମ୍ବଦନ୍ତୀର ସତ୍ୟତାକୁ ପ୍ରତିପାଦନ କରେ। ବାମ୍ଫିଗୁଡ଼ିକ ପୋଡ଼ାମାଟିରେ ତିଆରି। କୁହାଯାଏ, ଗୁପ୍ତ ଶାସନକାଳୀନ ଇଟା। ପ୍ରାୟ ଷଷ୍ଠ/ସପ୍ତମ ଶତାବ୍ଦୀର। ଅନ୍ୟ ମତରେ ଏତେ ସଂଖ୍ୟକ ବାମ୍ଫି ଥିବାର କାରଣ, ଏଗୁଡ଼ିକ ଚଉରାଶି ସଂଖ୍ୟକ ସିଦ୍ଧସାଧକଙ୍କ ସାଧନା ଭୂମି। ସଂଖ୍ୟାରେ ଅସତ୍ୟତା ଥାଇପାରେ, ମାତ୍ର ଏହା ଯେ, ଏକଦା ତନ୍ତ୍ରସାଧକମାନଙ୍କ ବିଚରଣ ଭୂମି ଥିଲା, ଗବେଷକମାନେ ପ୍ରମାଣ କରିଛନ୍ତି। ଏଇ ଗାଁରେ ରହିଛି ବାରାହୀଙ୍କ ମନ୍ଦିର। ସୋମବଂଶୀ ରାଜାମାନଙ୍କର ଶାସନକାଳରେ ପ୍ରାଚୀନଈର ଅବବାହିକାରେ ରହିଥିବା ଏକମାତ୍ର ସପ୍ତମାତୃକା ପୀଠ ଓ ପ୍ରତିମା। ଆଲୋଚନା କରିଥିଲେ, ବାରାହୀ ବିଷ୍ଣୁଙ୍କ ଚେତନା ସମ୍ଭୂତ।

ଅନ୍ୟ ମାତୃକାମାନଙ୍କ ମଧ୍ୟରେ ଚୌରାଶୀର ବାରାହୀ, ରୂପ ଓ ଆକାରରେ ସ୍ୱତନ୍ତ୍ର। କଳାମୁଗୁନି ପଥରର ଦେହ। ବେଶ୍ ଚିକ୍‌କଣ। ଉଚ୍ଚତା ପ୍ରାୟ ଛ' ଫୁଟ। ଗୋଲେଇ ତିନିଫୁଟ। ଲଳିତାସନରେ ବସିଛନ୍ତି। ପୀଠ ଉପରେ ଗୋଟିଏ ପାଦ, ଅନ୍ୟ ପାଦ ତାଙ୍କ ବାହନ ମଇଁଷି ପିଠିରେ। ମୁହଁ ବାରହା ଓ ଦେହର ଅବଶିଷ୍ଟ ଅଂଶ ନାରୀ ପରି। ବେଶ୍ ପୃଥୁଳ ପେଟ। ସମଗ୍ର ବିଶ୍ୱ ଯେପରି ଏଇ ପେଟ ଭିତରେ ଆତଯାତ। ଗୋଟିଏ ଶବ୍ଦରେ କହିଲେ 'ବିଶ୍ୱଗର୍ଭା'। ଦେବୀ ଦୁଇଭୁଜା। ବାଁ ହାତରେ ପାନପାତ୍ର, ଡାହାଣ ହାତରେ କାତିଯୁକ୍ତ ମାଛ। ଶାସ୍ତ୍ର ଅନୁସାରେ ସେ ମତ୍ସ୍ୟବାରାହୀ। ବାରାହୀତନ୍ତ୍ର ବର୍ଣ୍ଣିତ ପଞ୍ଚବାରାହୀ (ସ୍ୱପ୍ନବାରାହୀ, ଚଣ୍ଡବାରାହୀ, ମହୀବାରାହୀ, କ୍ରୋକବାରାହୀ ଏବଂ ମତ୍ସ୍ୟବାରାହୀ) ମଧ୍ୟରେ ଆଲେଖ୍ୟ ଦେବୀ ଅନ୍ୟତମା। ସେ ପୁଣି ତ୍ରିନେତ୍ରୀ। ତୃତୀୟ

ନେତ୍ର, ଶିବଙ୍କ ପରି କପାଳରେ। ଏବେ ସ୍ପଷ୍ଟ ଦିଶୁନାହିଁ। ଦେହରେ ନାନା ଅଳଙ୍କାର। ହାତରେ ମୁଦି, କାଚ, ବାଜୁବନ୍ଧ, ତାଇତ, କାନରେ କୁଣ୍ଡଳ, ପାଦରେ ପାହୁଡ଼, ବେକରେ ହାର। କେଶ ସଜ୍ଜା ଏପରି ଯେ, ଯେମିତି ସାପମାନେ ବେଣୀ ହୋଇ ବେଢ଼ି ରହିଛନ୍ତି ମଥା ଉପରେ। ଗୁମୁଟି ଭିତରେ ଅନ୍ଧାରକୁ ଚିରି ମା'ଙ୍କୁ ଦେଖିବା ମାତ୍ରେ ଛାତି ଭୟରେ ଥରି ଉଠିବ। କିନ୍ତୁ ପାଖରେ ପହଞ୍ଚିଗଲେ ଲାଗିବ, ସତେଯେପରି ଚିରନ୍ତନ ମା'ଙ୍କର। ଇଚ୍ଛା ହେବ, ଛାତିରେ ମଥା ରଖି ଶୋଇ ଯାଆନ୍ତି କି ଅନନ୍ତ କାଳଯାଏ ! ତାଙ୍କ ଦେହ ପଶୁ ଓ ମଣିଷ ଦେହର ସମବାୟ। ନାରୀ ଭିତରର ମାତୃତ୍ୱକୁ କେତେ କଳାତ୍ମକ ଢଙ୍ଗରେ, କଳାମୁଗୁନି ପଥର ଦେହରେ ପ୍ରମୂର୍ତ୍ତ କରାଯାଇପାରେ- ଦେବୀ ବାରାହୀ ଏହାର ଉଦାହରଣ। ତାଙ୍କ ପଛରେ ରହିଛନ୍ତି ଦୁଇ ଉଡ଼ନ୍ତା ବିଦ୍ୟାଧର ମୂର୍ତ୍ତି। ମନ୍ଦିରର ଜଗମୋହନରେ ଶୋଭାପାଉଛନ୍ତି ଆଉ ଦୁଇଟି ବାରାହୀ ମୂର୍ତ୍ତି। ଆକାରରେ ମୁଖ୍ୟ ଦେବୀଙ୍କଠୁ ଛୋଟ। ଜଣେ ଦ୍ୱିଭୁଜା- ହାତରେ ଖପୁରି ଓ ମାଛ। ଅର୍ଦ୍ଧପର୍ଯ୍ୟଙ୍କାସନୀ। ପାଦପାଖରେ ମଣିଷ। ଅନ୍ୟ ଜଣକ ଚତୁର୍ଭୁଜା। ଗୋଟିଏ ହାତ ଭାଙ୍ଗିଯାଇଛି। ଅନ୍ୟ ହାତଗୁଡ଼ିକରେ ରହିଛି ଖପୁରି, ମାଠିଆ ଓ ଅକ୍ଷମାଳ। ପାଦତଳେ ମଇଁଷି ଓ ଦୁଇଜଣ ଯୋଡ଼ହସ୍ତ ଭକ୍ତ । ମନ୍ଦିର ଭିତରେ ଅନ୍ୟ ଦେବଦେବୀ ଅନୁପସ୍ଥିତ।

ତାଙ୍କ ଘର, ତାଙ୍କ ପରି। ଦେହ ଓ ଆତ୍ମା ଯେପରି ସମଭାବ ଓ ରୂପରେ ସମାଚ୍ଛନ୍ନ। ଲାଗିବ, ଏ ଦେହ ଯେପରି ଶୋଭା-ପସରା। ପ୍ରକୃତିର ଘର। ଗଛ, ଲତା, ଫୁଲ, ପଶୁ, ପକ୍ଷୀ ଏବଂ ଦେହୀ-ବିଦେହୀମାନଙ୍କ ମୁକ୍ତ ଜୀବନଯାତ୍ରାର ମହାଗୀତ। ମା'ଙ୍କ ଘର ପୂର୍ବକୁ ମୁହଁ କରିଛି। ଏ ଘର ଦୁଇଟି ଭାଗରେ ବିଭକ୍ତ। ମୁଖଶାଳା ବା ଜଗମୋହନ ଓ ମୁଖ୍ୟ ମନ୍ଦିର। ଖାକରା ଶୈଳୀରେ ତିଆରି। ଠିକ୍ ଆମ ବୈତାଳ ମନ୍ଦିର ପରି। ଜଗମୋହନ ଆୟତାକାର। ଉଚ୍ଚତା ପ୍ରାୟ ଏକତିରିଶ ଫୁଟ, ଓସାର ତେଇଶ ଫୁଟ। ତ୍ରିରଥ ଶୈଳୀରେ ପା'ଭାଗ (ଖୁରା ଓ ସ୍ତମ୍ଭ) ଗଣ୍ଡି ଓ ଛାତରେ ବିଭକ୍ତ। ଦକ୍ଷିଣ ଓ ପୂର୍ବ ପାଖରେ ଛାତ ଓ ଗଣ୍ଡି ମଝିରେ ରହିଛି ସୂକ୍ଷ୍ମ କଳାତ୍ମକ ଶୈଳୀର ଜାଲି ଝରକା। ଭିତରକୁ ପବନ ଓ ଆଲୋକ ଯିବାଆସିବା ପାଇଁ ରହିଛି ସମତଳ ଛାତ। ଛାତ ତଳର ପୀଢ଼ ଦୁଇଥାକିଆ। ଏହି ଦୁଇ ଥାକ ମଝିରେ ଚଉଡ଼ା ପଥରରେ ଖଞ୍ଜା ପ୍ୟାନେଲ। ପ୍ୟାନେଲ ଦେହରେ ଖୋଦିତ ରାମାୟଣର ଗାଥା। ମାୟାମିରିଗ ପଛରେ ଧାବମାନ ରାମ, ରାବଣର ପୁଷ୍ପକ ବିମାନରେ ସୀତାହରଣ, ଜଟାୟୁ ନିଧନ, ସାତ ତାଳଗଛ ଓ ବାଳୀବଧ, ମର୍କଟ ଓ ଭଲ୍ଲୁକମାନଙ୍କର ସେତୁବନ୍ଧ ନିର୍ମାଣ- ନାନା ପ୍ରସଙ୍ଗ। ରାମାୟଣର ଏତେ ବିସ୍ତୃତ ଜୀବନ୍ତ ବର୍ଣ୍ଣନା ଅନ୍ୟ ଶକ୍ତି ମନ୍ଦିରଗୁଡ଼ିକରେ ମିଳେନାହିଁ। ଏକ ଶାକ୍ତ ପୀଠରେ ରାମକଥାର ବର୍ଣ୍ଣନା କାହିଁକି-

ଏହା ଗୁରୁତ୍ୱପୂର୍ଣ୍ଣ। ଦକ୍ଷିଣ ଓ ଉତ୍ତର ଦିଗର କାନ୍ଥର ଉପର ଓ ତଳେ ରହିଛି ଚତୁର୍ଭୁଜା ଗଜଲକ୍ଷ୍ମୀଙ୍କ ମୂର୍ତ୍ତି। ତଳଥାକର ଗଜଲକ୍ଷ୍ମୀ ଲଳିତାସନରେ ବସିଛନ୍ତି।

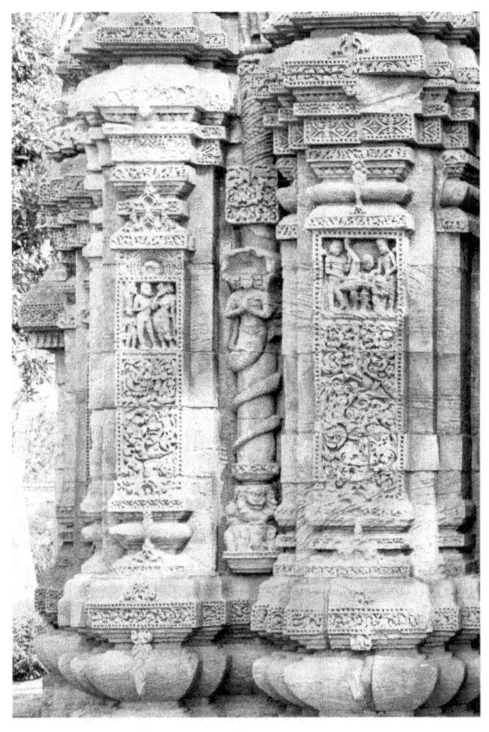

ଜଗମୋହନକୁ ଦେଖିଲେ ଲାଗିବ, ଯେପରି ତିରିଶଟି ସ୍ତମ୍ଭ ଦେହରେ ପଥରଖଣ୍ଡମାନ ଖଞ୍ଜା ହୋଇ ରହିଛି। ଦୁଇ ସ୍ତମ୍ଭର ମଝି ଅଂଶରେ ଛୋଟ ଛୋଟ ମନ୍ଦିରର ସମାହାର। ଆଗରେ ରହିଛି ଦୁଇଟି ସ୍ୱତନ୍ତ୍ର ସ୍ତମ୍ଭ ଓ ସେଗୁଡ଼ିକ ଦେହରେ ଗୋଟିଏ ପାଖରେ ନାଗ ଓ ଅନ୍ୟ ପାଖରେ ନାଗୁଣୀର କୁଣ୍ଡଳାୟିତ ଭଙ୍ଗୀ। ପ୍ରତ୍ୟେକ ସ୍ତମ୍ଭ ସୂକ୍ଷ୍ମ କାରୁକାର୍ଯ୍ୟସମ୍ପନ୍ନ। ମନ୍ଦିର ସାମ୍ନାରେ ଅଦୂରରେ ରହିଛି ବଳିସ୍ତମ୍ଭ। ପ୍ରତ୍ୟେକ ଯୋଡ଼ା ସ୍ଥାନରେ ରହିଛନ୍ତି ଦିଗପାଳ, ଦିଗପାଳିକା, ଗଣେଶ, ଗଙ୍ଗା, ଯମୁନା। ପା'ଭାଗର ଖୁରାଗୁଡ଼ିକ ଲତା ଆଚ୍ଛାଦିତ। ଜଗମୋହନର ପ୍ରତ୍ୟେକ ଖୋପ ମଧ୍ୟ ବେଶ୍ କାରୁକାର୍ଯ୍ୟସମ୍ପନ୍ନ। ଦୁଇ ପାଖରେ ନାଗ-ନାଗୁଣୀ ଏବଂ ଦ୍ୱାରବନ୍ଧର ଉପରଭାଗରେ ଖୋଦିତ ନବଗ୍ରହଙ୍କ ପ୍ରତିମା।

ମନ୍ଦିରର ଉଚ୍ଚତା ପ୍ରାୟ ପଚିଶ ମିଟର। ପୀଠର ଉଚ୍ଚତା ପ୍ରାୟ ଅଢ଼େଇ ମିଟର। ପରବର୍ତ୍ତୀ ଅଂଶ ଖୁରା, କୁମ୍ଭ, ମୋହନ୍ତି ଓ ଚୂଡ଼ା- ପଞ୍ଚରଥ ଶୈଳୀ ପରି। ଶୀର୍ଷ ଖାକରା ଶୈଳୀ। ପାଞ୍ଚଟିଯାକ ଭାଗ ବେଶ୍ ସ୍ପଷ୍ଟ ଓ କାରୁକାର୍ଯ୍ୟମଣ୍ଡିତ। ପ୍ରତ୍ୟେକ ଭାଗର ଉପର ଯୋଡ଼ଣ ଜାଗାରେ ରହିଛି ଲତା-ପତ୍ର ଶୋଭିତ ଚିତ୍ରାବଳୀ। ମନ୍ଦିରର ଚିତ୍ରାୟିତ କାନ୍ଥ ଷୋହଳ ଗୋଟି ସ୍ତମ୍ଭ ସହିତ ଯୋଡ଼ି ହୋଇ ରହିଛି। ପ୍ରତ୍ୟେକ ସ୍ତମ୍ଭର ମଝି ଖାଲ ଜାଗାରେ ରହିଛନ୍ତି ନାଗକନ୍ୟା, ସଂଖ୍ୟାରେ ଦଶ। ପ୍ରତ୍ୟେକ ପୁଣି ବିଭିନ୍ନ ମୁଦ୍ରାରେ। କାହା ହାତରେ ପୂଜାସାମଗ୍ରୀ ତ କାହା ହାତରେ ଫୁଲମାଳ। କିଏ ପୁଣି ପ୍ରାର୍ଥନା ମୁଦ୍ରାରେ। ନାଗକନ୍ୟାଙ୍କ ଉପରକୁ ବିଭିନ୍ନ ମୁଦ୍ରାରେ ନର୍ତ୍ତକୀ। ଉପରକୁ ନାରୀପୁରୁଷଙ୍କ

ରତିସୁଖ ବିଭୋର ଯୁଗଳମୂର୍ତ୍ତି। ସ୍ତମ୍ଭଗୁଡ଼ିକ ଅପୂର୍ବ ଶୋଭାରେ ବିମଣ୍ଡିତ। ପ୍ରତ୍ୟେକ ସ୍ତମ୍ଭର ଶୀର୍ଷରେ ଗୋଟିଏ ଗୋଟିଏ କଳସ। ଖାକରା ଗଣ୍ଡିର ଶୀର୍ଷରେ ଚାରି ଦିଗକୁ ମୁହଁକରି ରହିଛନ୍ତି ଚାରୋଟି ଜାଗ୍ରତ ସିଂହ।

ଦକ୍ଷିଣ ପାଖର ପା'ଭାଗର ମଝି ଖୋପରେ ରହିଛନ୍ତି ଗଣେଶ, ଦଣ୍ଡାୟମାନ ମୁଦ୍ରାରେ। ତୃତୀୟ ଭାଗରେ ପଦ୍ମଫୁଲ ଉପରେ ଆସୀନ ବୁଦ୍ଧ, ଚତୁର୍ଥ ମୂର୍ତ୍ତି କୀର୍ତ୍ତିମୁଖ। ଶୀର୍ଷରେ ଜାଗ୍ରତ ସିଂହ। ଦୁଇ ପାର୍ଶ୍ୱରେ ନାୟକ-ନାୟିକାଙ୍କ ଯୁଗଳମୂର୍ତ୍ତି। ପଶ୍ଚିମ ପାଖ ପା'ଭାଗର ଖୋପରେ ସୂର୍ଯ୍ୟ, ଦୁଇ ହାତରେ ନାଡ଼ଯୁକ୍ତ ଫୁଟିଲା ପଦ୍ମ। ଦୁଇ ପାଖରେ ଉଷା ଓ ପ୍ରତ୍ୟୁଷା। ସାତଟି ଘୋଡ଼ା-ଖଞ୍ଜା ରଥ, ସାରଥି ଅରୁଣ- ଠିକ୍ ବୈତାଳ ମନ୍ଦିର ପରି। ଉପରକୁ ତିନୋଟି କୀର୍ତ୍ତିମୁଖ ଓ ଉପରେ ଜାଗ୍ରତ ସିଂହ। ପଶ୍ଚିମ ପାଖର ପା' ଭାଗରେ ପ୍ରତିମା ନାହାନ୍ତି। ସମ୍ଭବତଃ ସ୍ଥାନାନ୍ତରିତ। ଖୋପ ଉପରକୁ ତିନୋଟି କୀର୍ତ୍ତିମୁଖ ଓ ଶୀର୍ଷରେ ସିଂହ। ତଳ ଧାଡ଼ିରେ ନାରୀ-ପୁରୁଷଙ୍କ ଯୁଗଳ ପ୍ରତିମା। ବିଭିନ୍ନ ଖୋପରେ ରହିଛନ୍ତି ଅଳସକନ୍ୟା ଓ ଶାଳଭଂଜିକା ବିଭିନ୍ନ ଭଙ୍ଗୀରେ। ଲତାଡାଳି, ଗଜସିଂହ ଓ ହରିଣଯୂଥରେ ସମଗ୍ର ମନ୍ଦିର ସୁଶୋଭିତ।

ମା' ପରି ତା' ଘରର ରୂପ ମଧ୍ୟ ରୂପାତୀତ; ଦୁର୍ବୋଧ ନୁହେଁ, ଅବୋଧ। ତା' ସୃଷ୍ଟ ବିଚିତ୍ର ପ୍ରକୃତି ଓ ପ୍ରବୃତ୍ତି ପ୍ରତୀକିତ ତା' ପଥର ଘରର ଦେହରେ। ପଥରରେ ଗଢ଼ା ତା' ମହାରୂପକୁ ବର୍ଣ୍ଣିବା ପାଇଁ ଶବ୍ଦ ନିଅଣ୍ଟ ପଡ଼ିବ, ସୁର ବି ନିରବିଯିବ। ଖାଲି ଏତିକି କହିହେବ, ସେ ଅଦୃଶ୍ୟରେ ଥାଇ, ତା' ସନ୍ତାନମାନଙ୍କର ଚେତନାରେ ନିଜକୁ ଉଭାସିତ କରିଛି ଏବଂ ଲେଖି ଦେଇଛି ନିଜକୁ ପଥର ଦେହରେ। ସେ ପଥର ଅରୂପ-ରୂପାନ୍ତରଣର ମାଧ୍ୟମ ମାତ୍ର। ମା'ର ଏଇ ଘର ନିର୍ଜୀବ ନୁହେଁ, ମମତାର ଦିବ୍ୟରୂପ। ଆମ ସ୍ଥାପତ୍ୟ କଥାରେ ସେଇ ମା' ଓ ମମତାର ଅଭିଲେଖ।

ସ୍ଥାପତ୍ୟରେ ସପ୍ତମାତୃକା

।। ଏକ ।।

ବୈତାଳ ମନ୍ଦିରର ଆରାଧ୍ୟା ଚାମୁଣ୍ଡା ଓ ଚଉରାଶିର ବାରାହୀଙ୍କ ବିଚିତ୍ର ମୂର୍ତ୍ତି ଗଢ଼ଣ ସଂପର୍କରେ ଜଣେ ସହୃଦୟ ପାଠକଙ୍କ ମନ୍ତବ୍ୟ ଥିଲା- ଏତେ ଭୟଙ୍କର ଦିଶୁଥିବା ଚାମୁଣ୍ଡା ଓ ବାରାହୀଙ୍କ ମୂର୍ତ୍ତି ପୁଣି କମନୀୟ ଓ ସୁନ୍ଦର ହୋଇପାରିବ କିପରି ? ଉତ୍ତର ଥିଲା- କମନୀୟତା କୌଣସି ପଦାର୍ଥ ଭିତରେ ନୁହେଁ, ଥାଏ ଦେଖୁଥିବା ମଣିଷର ମନ ଓ ଚେତନାରେ। ପଥରକୁ ମୂର୍ତ୍ତିରେ ପ୍ରମୂର୍ତ୍ତ କରିଥିବା ଶିଳ୍ପୀ ହିଁ ଅନୁଭବ କରିପାରେ ପଥର ଦେହରେ ଥିବା ମାତୃତ୍ୱକୁ। ନହେଲେ କ'ଣ ସେ ଲେଖିପାରିଥାନ୍ତା ତା' କମନୀୟତାକୁ ଏଡ଼େ ଟାଣ ପଥର ଦେହରେ ? ପୁଣି ନିହାଣ ମୁନରେ ? ? ସେଇଥିପାଇଁ ବୋଧହୁଏ ସବୁ ପିଲାଙ୍କ ପାଇଁ ତାଙ୍କ ମାଆ ସୁନ୍ଦର।

କଥାରେ ଅଛି- ମା' ନାହିଁ ଯାହାର, ସାହା ନାହିଁ ତାହାର। କଥାରେ ଏତେ ଟିକେ ବି ଖାଦ ନାହିଁ। ଜଗତରେ ଏମିତି ଏକ ଶବ୍ଦ କିଏ ତିଆରି କଲା କେଜାଣି, ତାକୁ ଯେଉଁ ରୂପ, ଯେଉଁ ଭାବ, ଯେଉଁ ଅନୁଭବରେ ଖୋଜ, ସେ ଚାଲିଆସିବ ପାଖକୁ, କହିବ-ଜଗତରେ ମୁଁ ହିଁ କେବଳ ତୋର, କେବଳ ମୁଁ। ଭାରତୀୟ ସଂସ୍କୃତିରେ

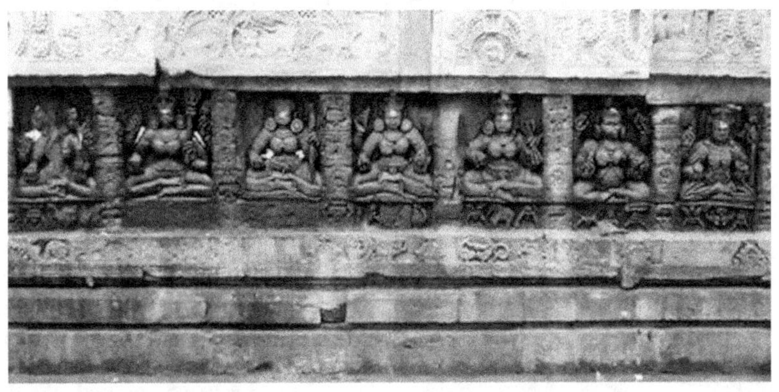

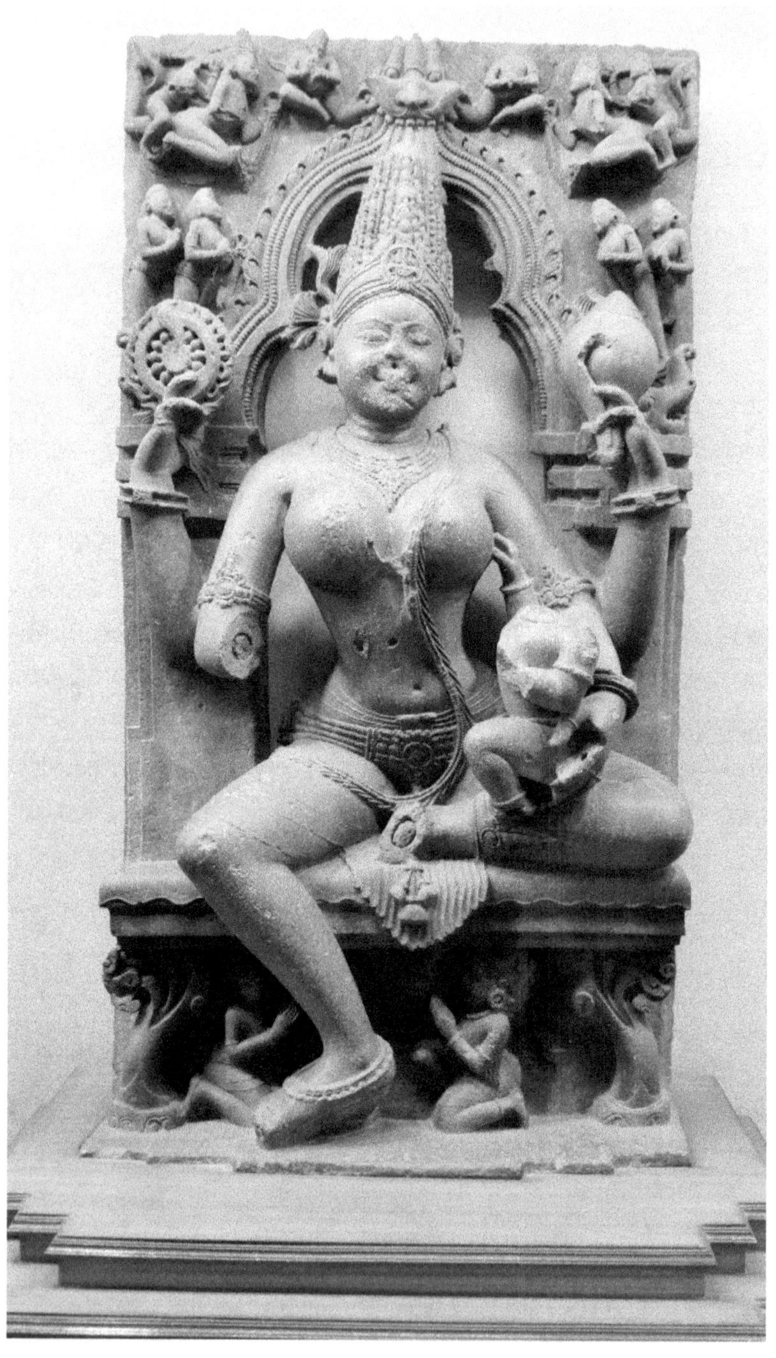

ମାତୃକା ପୂଜନର ପରିକଳ୍ପନା। ସମ୍ଭବତଃ ଏହି ବିଚାରର କଥା। ଆମ ସପ୍ତମାତୃକାମାନେ ସେହି ଭାବର କଳା-ରୂପ।

ଭାରତର ଅନ୍ୟ ଭୂମି ପରି ଓଡ଼ିଶାରେ ମଧ୍ୟ ମାତୃକାମାନେ ରହିଛନ୍ତି। ସେମାନେ କେଉଁଠି ସାତ ତ ଆଉ କେଉଁଠି ଆଠ। ପୂର୍ବରୁ ଆମେ ଦୁଇମାତୃକା ଚାମୁଣ୍ଡା ଓ ବାରାହୀଙ୍କ ସଂପର୍କରେ ଚର୍ଚ୍ଚା କରିଛେ। କାରଣ ସେମାନଙ୍କ ପାଇଁ ଦୁଇଟି ସ୍ୱତନ୍ତ୍ର ମନ୍ଦିର ତିଆରି ହୋଇଛି। ଗୋଟିଏ ବୈତାଳ, ଅନ୍ୟଟି ଚଉରାଶିର ବାରାହୀ ମନ୍ଦିର। ଚଉଷଠିଯୋଗିନୀ ମଧ୍ୟ ଏହି ମାତୃକାପୂଜା ମାନସିକତାର ଚିହ୍ନ। ଏଥର ଅବଶିଷ୍ଟ ମାତୃକାମାନଙ୍କ ପାଖକୁ ଆସିବା। ମାତ୍ର ସେମାନଙ୍କ ପାଖକୁ ଆସିବା ଆଗରୁ ମୂର୍ତ୍ତି ପରିକଳ୍ପନା ମୂଳରେ ଥିବା ଅନ୍ତର୍ବୋଧ ବିଷୟରେ ଆଲୋଚନା କରିବା।

ମାତୃଉପାସନା କହିଲେ, ଶକ୍ତି ଉପାସନା। ସଂସ୍କୃତ ପୁରାଣଗୁଡ଼ିକରେ ଶକ୍ତିଙ୍କୁ ନିୟନ୍ତ୍ରିକା ରୂପେ କଳ୍ପନା କରାଯାଇଛି। ସେ ସକଳ ଭାବର ଗୋଟିଏ ରୂପ। ଭାବଗୁଡ଼ିକର ସଂଖ୍ୟା କେଉଁଠି ସାତ, ତ ଅନ୍ୟ କେଉଁଠି ଆଠ। ସେମାନେ ବ୍ରହ୍ମାଣୀ, ବୈଷ୍ଣବୀ, ମାହେଶ୍ୱରୀ, ଇନ୍ଦ୍ରାଣୀ, କୌମାରୀ, ବାରାହୀ ଓ ନାରସିଂହୀ। ଏହି ନାମଗୁଡ଼ିକର ମଧ୍ୟ ବ୍ୟତିକ୍ରମ ରହିଛି। କେତେକ ପୁରାଣରେ ଚାମୁଣ୍ଡାଙ୍କ ନାମ ରହିଥିବା ଦେଖିବାକୁ ମିଳେ। ମାତ୍ର, ଦେବୀ ଭାଗବତରେ ଚାମୁଣ୍ଡା ଓ ମହାଭାରତରେ ନାରସିଂହୀ ନାହାନ୍ତି। ବରାହପୁରାଣରେ ଯମୀ ଅଛନ୍ତି। ସେ ଯମଙ୍କର ଶକ୍ତିରୂପ। ଅଛନ୍ତି ଯୋଗେଶ୍ୱରୀ- ଯାହାଙ୍କ ଆବିର୍ଭାବ ଶିବଙ୍କ ପାଟିର ଜ୍ୟୋତିରୁ। ମାର୍କଣ୍ଡେୟପୁରାଣ, ବାମନପୁରାଣ, ବରାହପୁରାଣ, ଦେବୀମାହାତ୍ମ୍ୟ, କୂର୍ମପୁରାଣ- ପ୍ରତ୍ୟେକ ଗ୍ରନ୍ଥ ମାତୃଗଣଙ୍କ ସ୍ତୁତିଗାନରେ ମୁଖର। ସ୍ତୁତିରେ କାହାଣୀ ବି ରହିଛି।

ଚଣ୍ଡ ଓ ମୁଣ୍ଡ ଦୁଇ ଭାଇ। ସେମାନଙ୍କ ପରାକ୍ରମରେ ତ୍ରିଭୁବନ ଥରହର। ସବୁଆଡ଼େ ଆତଙ୍କ। କିଏ କରିବ ଜଗତକୁ ଆତଙ୍କମୁକ୍ତ ? ମହାଶକ୍ତି ଏଥର ଆବିର୍ଭୂତ ହୋଇଛନ୍ତି କାଳୀଙ୍କ ରୂପରେ। ଚଣ୍ଡ-ମୁଣ୍ଡଙ୍କୁ ବିନାଶ କରିଛନ୍ତି। ତେଣୁ ତାଙ୍କର ନାଁ ଚାମୁଣ୍ଡା। ଦେବୀମାହାତ୍ମ୍ୟରେ, ମା' ଅମ୍ବିକା ଯୁଦ୍ଧ କରିଛନ୍ତି, ରକ୍ତବୀ ସହିତ। ନିଜ ଦେହରୁ ସୃଷ୍ଟି କରିଛନ୍ତି ମାତୃଗଣଙ୍କୁ। ସଂଖ୍ୟାରେ ସାତ। ଏମାନେ ବ୍ରହ୍ମା, ନାରାୟଣ, କାର୍ତ୍ତିକେୟ, ବରାହ, ଶିବ, ଇନ୍ଦ୍ର ଓ ନରସିଂହଙ୍କ ଶକ୍ତି ରୂପ। ଅସୁର ନିଧନ ପରେ ମିଶିଯାଇଛନ୍ତି ଅମ୍ବିକାଙ୍କ ଦେହରେ।

ବାମନପୁରାଣରେ କେଉଁ ଦେବୀଙ୍କ ଜନ୍ମ ଚଣ୍ଡୀକାଙ୍କ ଦେହର କେଉଁ ଅଂଶରୁ, ତାହା ସ୍ପଷ୍ଟ କରିଦେଇଛନ୍ତି। ଦେବୀଙ୍କ ମୁହଁ, ଦୁଇବାହୁ, ପିଠି, ହୃଦୟ ଓ ସମଗ୍ର ଶରୀରରୁ ସମ୍ଭବିଛନ୍ତି ଯଥାକ୍ରମେ- ବ୍ରହ୍ମାଣୀ, ମାହେଶ୍ୱରୀ ଓ କୌମାରୀ, ବୈଷ୍ଣବୀ,

ନାରସିଂହୀ ଓ ଶିବଦୂତୀ। ବରାହପୁରାଣର ସତେଇଶତମ ଅଧ୍ୟାୟରେ ଶିବ ଓ ଅଷ୍ଟମାତୃକାଙ୍କର ଅନ୍ଧକାସୁର ସହିତ ଯୁଦ୍ଧର ବର୍ଣ୍ଣନା ରହିଛି। ତ୍ରିପୁରବିଜୟୀ ଅନ୍ଧକାରସୁରକୁ ମାରିବାପାଇଁ ମହାଯୋଗୀଙ୍କ କ୍ରୋଧାଗ୍ନିରୁ ଜନ୍ମ ନେଇଛନ୍ତି ଯୋଗେଶ୍ୱରୀ। ଅନ୍ୟ ଦେବତାମାନେ ନିଜ ନିଜ ଶକ୍ତିରୁ ସୃଷ୍ଟି କରିଛନ୍ତି ରଣରଂଗିନୀ କନ୍ୟା। କନ୍ୟାମାନେ କାମ, କ୍ରୋଧ, ଲୋଭ, ମୋହ, ମଦ, ମାଣ୍ଟର୍ଯ୍ୟ, ପୈଶୁନ୍ୟ ଓ ଅସୂୟାର ପ୍ରତୀକ। ସେମାନେ ଏହି ଭାବରେ ବ୍ୟକ୍ତିର ଚେତନାକୁ ବିପଥଗାମୀ କରନ୍ତି, ମୃତ୍ୟୁର କାରଣ ହୁଅନ୍ତି। କୂର୍ମପୂରାଣରେ ରହିଛନ୍ତି ଏକଶହ ମାତୃକା। ଅନ୍ଧକାସୁରର ନିଧନ ପରେ ଯୁଦ୍ଧରେ ପ୍ରମତ୍ତ ଓ ରକ୍ତପାୟୀ ମାତୃକାମାନେ ଅଶାନ୍ତ ହୋଇଉଠିଛନ୍ତି। ସେମାନଙ୍କର ଲୋଡ଼ା ରକ୍ତ ଓ ମାଂସ। ନିଜ ନିଜର ଶକ୍ତିରେ ସେମାନେ ଯେପରି ଧ୍ୱଂସ କରିଦେବେ ସ୍ୱର୍ଗ, ମର୍ତ୍ତ୍ୟ ଓ ପାତାଳ। ଦେବତାମାନେ ଶକ୍ତିମାନଙ୍କର ଏହି ମହାରୂପକୁ ଦେଖି ଆଶ୍ଚର୍ଯ୍ୟ ଓ ଆତଙ୍କିତ। ଏବେ ସେମାନେ ଶିବଙ୍କ ଶରଣାପନ୍ନ। ନରସିଂହ ମାତୃଗଣଙ୍କୁ ପାଖକୁ ଡାକିଛନ୍ତି। ତ୍ରିପୁର ରକ୍ଷାପାଇଁ ଅନୁରୋଧ କରିଛନ୍ତି। ମାତୃଗଣ ନିଜ ନିଜ ଶକ୍ତିକୁ ସମର୍ପି ଦେଇଛନ୍ତି ମହାଭୈରବଙ୍କୁ। ସେମାନେ ଯୁଦ୍ଧ ପାଇଁ ଜଗତରେ ଆବିର୍ଭୂତ ହୋଇଥିବାରୁ ରୂପ ଓ ବେଶରେ ରହିଛି ଶୌର୍ଯ୍ୟ ଓ ଉଦ୍ଦାମତ୍ତା। ତେଣୁ ରକ୍ତମୁଖୀ ଶକ୍ତିମାନଙ୍କୁ ଆମେ ଭୟ କରୁ। ଭୟରୁ ମୁକ୍ତିପାଇଁ ସେମାନଙ୍କୁ ରକ୍ତ ଓ ମାଂସ ଭୋଗ ଦେଉ। ଶାନ୍ତ କରୁ, ଶାନ୍ତି ମାଗୁ।

ପୁରାଣଗୁଡ଼ିକ ବ୍ୟତୀତ ଋଗ୍‌ବେଦ, ମହାଭାରତରେ ମଧ୍ୟ ମାତୃକାଶକ୍ତିର ବର୍ଣ୍ଣନା ରହିଛି। ସିନ୍ଧୁ ସଭ୍ୟତାରେ କେତେକ 'ସିଲ୍'ରେ ସାତଟି ନାରୀଙ୍କର ଚିତ୍ର ଦେଖିବାକୁ ମିଳେ। ମହାଭାରତରେ କାର୍ତ୍ତିକେୟ(ସ୍କନ୍ଦ)ଙ୍କ ବ୍ୟକ୍ତିତ୍ୱ ପ୍ରତିଷ୍ଠାରେ ମାତୃଗଣଙ୍କ କଥା ଲେଖା ହୋଇଛି। ଶିବ-ପାର୍ବତୀଙ୍କ ଅଧ୍ୟାତ୍ମ ପ୍ରସୂତ ସ୍କନ୍ଦଙ୍କୁ ଦେଖି କ୍ଷମତା ଚାଲିଯିବା ଭୟରେ ଇନ୍ଦ୍ର ଆତଙ୍କିତ ହୋଇଛନ୍ତି। ଏହି ଦିବ୍ୟ ଶିଶୁକୁ ହତ୍ୟା କରିବାପାଇଁ ସେ ଅଷ୍ଟମାତୃକାଙ୍କ ସହଯୋଗ ଲୋଡ଼ିଛନ୍ତି। ମାତ୍ର ଆଶ୍ଚର୍ଯ୍ୟ। କୁମାରଙ୍କୁ ଦେଖିବାମାତ୍ରକେ ମାତୃତ୍ୱ ତରଳି ଯାଇଛି। ରାଗ ରୂପାନ୍ତର ହୋଇଛି ମାତୃତ୍ୱରେ। ଶଲ୍ୟପର୍ବରେ ମଧ୍ୟ ମାତୃକାମାନଙ୍କୁ କୁମାରଙ୍କ ସୁରକ୍ଷାଦାତ୍ରୀ ଭାବରେ ସ୍ତୁତି କରାଯାଇଛି। ଯୁଗେ ଯୁଗେ ମା'ମାନେ ଏମିତି। ଅନ୍ୟତ୍ର ସପ୍ତମାତୃକାଙ୍କୁ କୁହାଯାଇଛି ସପ୍ତମହାଋଷିଙ୍କ ପତ୍ନୀ।

କୁଷାଣ ଶାସନ କାଳ(ଖ୍ରୀ. ୧ମରୁ ୩ୟ ଶତାବ୍ଦୀ)ରେ ସପ୍ତମାତୃକା ସ୍ଥାପତ୍ୟରେ ରୂପ ପାଇଛନ୍ତି। ସେମାନେ ଶିଶୁ ରିଷ୍ଟ ଖଣ୍ଡନକାରିଣୀ ଦେବୀ। ହାତରେ ଧରିଛନ୍ତି ପ୍ରତିରୋଧର ଅସ୍ତ୍ର। କୋଳରେ ଶିଶୁ। ଗୁପ୍ତଯୁଗ(୩ୟରୁ ୬ଷ୍ଠ ଶତାବ୍ଦୀ)ରେ ମାତୃକାମାନେ ରାଜଶକ୍ତିର ପ୍ରତୀକ ହୋଇଛନ୍ତି। ସ୍କନ୍ଦଗୁପ୍ତ ଓ କୁମାରଗୁପ୍ତ ରାଜସଂକେତରେ

ମାତୃକାମାନଙ୍କୁ ଚିତ୍ରଣ କରିଛନ୍ତି। ଦକ୍ଷିଣଭାରତର ଗଙ୍ଗ ଓ ଚାଲୁକ୍ୟବଂଶୀ (୩ୟରୁ ଏକାଦଶ ଶତାବ୍ଦୀ) ରାଜାମାନେ ସପ୍ତମାତୃକାଙ୍କୁ ନିଜ ନିଜ ଗୋତ୍ରର ମାନ୍ୟତା ଦେଇଛନ୍ତି। ପାହାଡ଼ର ପଥର ଦେହରେ ସେମାନଙ୍କ ଦ୍ୱାରା ଖୋଦିତ ମୂର୍ତ୍ତିମାନେ ପୂଜା ପାଉଛନ୍ତି। ସେମାନେ ଯେପରି ଜନ୍ମ, ଜୀବନଯାତ୍ରା ଓ ସୁରକ୍ଷାର ମାତୃରୂପା।

ତେଣୁ ଜୀବନର ଜନ୍ମ, ବିକାଶ ଓ ସୁରକ୍ଷା କ୍ଷେତ୍ରରେ ନାରୀ ହିଁ ସର୍ବଶକ୍ତିମୟୀ କର୍ତ୍ତ୍ରୀ। କାହିଁକି ଏପରି ପରିକଳ୍ପନା ? ବୋଧହୁଏ ସପ୍ତମାତୃକା ମଣିଷର ପ୍ରକୃତି-ପୂଜନ ମାନସିକତାର ପ୍ରତୀକ। ବ୍ରହ୍ମା, ନାରାୟଣ, ଇନ୍ଦ୍ର କି ଯମ- କୌଣସି ଦେବତା ସର୍ଜନକ୍ଷମ ନୁହନ୍ତି। ପ୍ରତ୍ୟେକ ଶକ୍ତି ଚାଳିତ ଓ ନିୟନ୍ତ୍ରିତ। ଶକ୍ତିର ସୃଜନ ଏହି ସୁନ୍ଦର ଜଗତ ଓ ଜୀବ। ସେ ହିଁ ମାତୃତ୍ୱ। ତେଣୁ ସେ ନାନା ଭାବର ଏକ ରୂପ। ଭାବ-ରୂପଗୁଡ଼ିକ ମାଧ୍ୟମରେ ସେ ତା'ର ସୃଜନମାନଙ୍କୁ ନିୟନ୍ତ୍ରଣ କରେ। ପ୍ରତ୍ୟେକ ପୁରୁଷ ଭିତରେ ସେ ଥାଏ, ଏବଂ ତା' ଭିତରେ ଥାଏ ପୁରୁଷ। ତେଣୁ ସମ୍ଭବତଃ ଏହି ଭାବାଦର୍ଶରୁ ଅର୍ଦ୍ଧନାରୀଶ୍ୱରଙ୍କର ପରିକଳ୍ପନା।

ଦୁଷ୍ଟମାନଙ୍କର ଦୌରାତ୍ମ୍ୟରେ ଅସହାୟ ପୁରୁଷ ମାତୃତ୍ୱ ପାଖରେ ନିବେଦନ କରେ। କହେ- ହେ ମା'! ତୁ ଦୁଷ୍ଟମାନଙ୍କୁ ଅହଂରୋଷରୁ ମୁକ୍ତ କର, ତାକୁ କ୍ଷମା କରିଦେ, ମାତୃତ୍ୱ ପୌରୁଷର ଅସହାୟତାକୁ ବୁଝିପାରେ। ସନ୍ତାନମାନଙ୍କୁ ସୁଖ ଦେବାପାଇଁ ଦୁଷ୍ଟମାନଙ୍କର ବିନାଶ କରିବାକୁ ଆଗେଇ ଆସେ। ରଣଚଣ୍ଡୀ ବେଶ ଧରେ। ମା'ର କ୍ରୋଧ, ତା'ର ବିଦ୍ରୋହ ଏବେ ଦୁଷ୍ଟପୁଅ ବିରୋଧରେ। ସେ ନିଜର ସମ୍ମୋହନଶକ୍ତିକୁ ଅସ୍ତ୍ର କରେ। ଅହଂକାରକୁ ବିନାଶ କରେ। ମାତ୍ର ଚିରନ୍ତନ ମାତୃତ୍ୱ କ'ଣ କେବେ ବିନାଶକାରିଣୀ ହୋଇପାରେ ? ହାତରୁ ଖସିପଡ଼େ ସକଳ ଅସ୍ତ୍ର। ମୁହଁରେ ଫୁଟିଯାଏ ମମତାର ଫୁଲ। ସ୍ତନରୁ ଝରିପଡ଼େ ଜୀବନୀ ଶକ୍ତି। କ୍ରୋଧ ଏବେ କରୁଣାର ଫଲଗୁ।

ଆମ ମାତୃକାମାନଙ୍କ ନାଁରୁ ବୁଝିହୁଏ, ଯେ ସେମାନେ ପୁରୁଷକୁ ନିୟନ୍ତ୍ରଣ କରୁଥିବା ଏବଂ ପୁରୁଷଦ୍ୱାରା ନିୟନ୍ତ୍ରିତ ହେଉଥିବା ଶକ୍ତି। ଅର୍ଥାତ୍, ପୁରୁଷ ଓ ପ୍ରକୃତିର ଯୁଗ୍ମସତ୍ତା। ଆମେ ସେମାନଙ୍କୁ ଏହି ଭାବ ଓ ରୂପରେ ପୂଜା କରୁଛୁ- ଆମ ଚେତନାରେ ଶକ୍ତି-ଭାବର ଉଦୟନ କାଳରୁ। ସଂଖ୍ୟାର ପରିକଳ୍ପନା କେବଳ ଶକ୍ତିର ନାନା ଭାବ-ଅନୁରୂପ।

ଆମେ ଆମ ଭୂମିରେ ସେହି ମାତୃତ୍ୱର ମହାଭାବକୁ ଅନୁଭବ କରିଛୁ, ସେମାନଙ୍କୁ ଆମ ସ୍ଥାପତ୍ୟରେ ରୂପ ଦେଇଛୁ। ସ୍ଥାପତ୍ୟରେ ରୂପାନ୍ତର ମାତୃତ୍ୱ ଆମର ପରବର୍ତ୍ତୀ ଆଲେଖ୍ୟ।

।। ଦୁଇ ।।

କେଉଁଠି ସଂହାରକାରିଣୀ, ରଣରଙ୍ଗିନୀ ତ କେଉଁଠି ମାତୃରୂପା, ମମତାର ଚିରନ୍ତନ ଉତ୍ସ। କେତେବେଳେ ସମର ପାଇଁ ହାତରେ ଖଡ୍‌ଗ, ତ କେତେବେଳେ ସନ୍ତାନଙ୍କୁ ସେହି ହାତ ଆଉଜାଇନିଏ ଛାତିକୁ। ଆଖିରେ କେତେବେଳେ କ୍ରୋଧ, ଘୃଣା ଓ ପ୍ରତିହିଂସା ତ ଆଉ କେତେବେଳେ ଦୟା, କ୍ଷମା, କରୁଣାର ହସ। ଏହା କେବଳ ସମ୍ଭବ ମା' ପାଖରେ। ହଁ, ଆମେ ସପ୍ତମାତୃକାଙ୍କ ସଂପର୍କରେ କଥା ହେଉଛେ। ସେମାନେ ପ୍ରକୃତି-ଅନୁରୂପା, ବିଚିତ୍ର ଓ କିମ୍ଭୂତ। ସେମାନଙ୍କ ନାମ, ରୂପ, ଗୁଣ, ଆଚରଣ ଓ ସଂଖ୍ୟାକୁ କେନ୍ଦ୍ରକରି ଆମ ଭିତରେ ବହୁ ପ୍ରଶ୍ନ। ପୁରାଣ, ଧର୍ମ ଓ ଦର୍ଶନ ଶାସ୍ତ୍ରଗୁଡ଼ିକରେ ସେମାନଙ୍କର ସଂଖ୍ୟା ଓ ସ୍ୱରୂପ ସଂପର୍କରେ ସ୍ୱତନ୍ତ୍ର ବର୍ଣ୍ଣନା ରହିଛି। ସଂଖ୍ୟାରେ କେଉଁଠି ସାତ, କେଉଁଠି ଆଠ ଓ କେଉଁଠି ଏକଶହ। କେତେକ ଶାସ୍ତ୍ରରେ ସେମାନଙ୍କୁ ଆତଙ୍କ ସୃଷ୍ଟିକାରିଣୀ; ରକ୍ତ, ମାଂସ ଓ ଅସ୍ଥିପ୍ରିୟ ଯୋଗିନୀମାନଙ୍କଠାରୁ ସ୍ୱତନ୍ତ୍ର ବୋଲି କୁହାଯାଇଛି। କୁହାଯାଇଛି, ସହସ୍ର ସଂଖ୍ୟକ ଯୋଗିନୀମାନେ ମହାମାୟାଙ୍କ ସୃଷ୍ଟି। ତେଣୁ ସେମାନେ ମାତୃଶକ୍ତି- ଅନୁରୂପା, ଅଂଶୀ; ପୂର୍ଣ୍ଣ ନୁହନ୍ତି। ମା' ପରି ମମତାମୟୀ, ମାତୃରୂପା।

ମାତ୍ର ଆମେ ଯେଉଁ ଅସୁର ବିନାଶିନୀ ମହାମାୟାଙ୍କୁ ଦେଖୁ, ସେ ସପ୍ତ/ଅଷ୍ଟ ପୁରୁଷାକାରଙ୍କ ସମନ୍ୱିତ ରୂପ। ଅର୍ଥାତ୍ ତାଙ୍କ ଭିତରେ ବିଷ୍ଣୁ, ବ୍ରହ୍ମା, ମହେଶ୍ୱର, ଇନ୍ଦ୍ର, ଯମ, ବରାହ, ନୃସିଂହ ଓ କାର୍ତ୍ତିକେୟ ଅଛନ୍ତି। ସେମାନେ ସ୍ୱତନ୍ତ୍ର ସ୍ୱତନ୍ତ୍ର ଅହଂର ଅଧିକାରୀ ପରି ଦିଶୁଛନ୍ତି, ମାତ୍ର ବାସ୍ତବତଃ ସେମାନଙ୍କୁ ନିୟନ୍ତ୍ରଣ କରୁଛନ୍ତି ସେ। ଏକମାତ୍ର ସେ। ସେ ସୃଜନ, ସେ ପାଳନ, ସେ ମଙ୍ଗଳ ଓ ସେ ବିନାଶ। ସେ ଅନ୍ନ ଓ ଆନନ୍ଦ। ସେ ମହାକାଳ, ସେ ବୀରତ୍ୱ। ସେ ତେଜ ଓ ଆଲୋକ- ସକଳଙ୍କୁ ନିଜ ସତ୍ତାରେ ସଂପାଦି ପାରୁଥିବା ଏବଂ ସୃଷ୍ଟିର ସୁଖ ପାଇଁ ସଂପଦକୁ ଶୂନ୍ୟ କରିପାରୁଥିବା ଏକକ ସତ୍ତା। ତେଣୁ ପୌରୁଷ ତା' ପାଖରେ ଅସହାୟ। ସତେଯେପରି ତା' ଇଚ୍ଛା ନିୟନ୍ତ୍ରିତ। ଯିଏ ନିଜର ସୃଜନମାନଙ୍କ ପାଇଁ ନିଜକୁ ଶୂନ୍ୟ କରିପାରେ, ସେ ଭୟଙ୍କର ତ୍ରାସ ସୃଷ୍ଟିକାରିଣୀ ହେବ କିପରି ? ବେଳେବେଳେ ଅହଂପ୍ରମତ୍ତ ଆତ୍ମଜମାନଙ୍କୁ ସେ ଶାସନ କରେ। ତେଣୁ ସେମିତି ଦିଶେ। ଅବାଧମାନଙ୍କୁ ଆକଟ କରୁଥିବା ମା' ପରି। ସେଥିପାଇଁ ସଂଖ୍ୟାରେ ସେ ସାତ, ଆଠ, ଏକଶହ ଅଥବା ଅସଂଖ୍ୟ ହେଉ, ମାତ୍ର ଗୋଟିଏ। ସେ ମା'।

ତା' ସଂଖ୍ୟାର ନିରୂପଣ ଏବଂ ପ୍ରକୃତି ଜଗତର ପ୍ରତ୍ୟେକ ଅଭିବ୍ୟକ୍ତିରେ ତା'

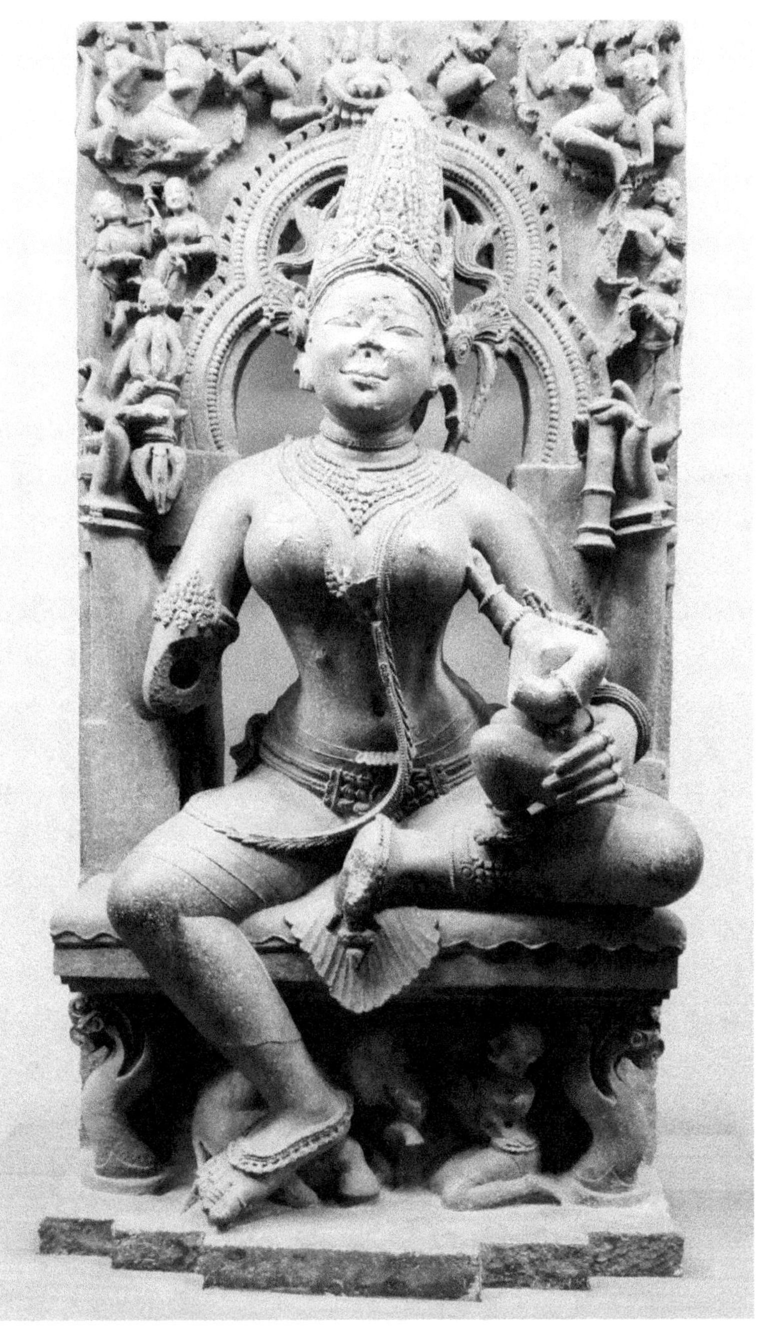

ଉପସ୍ଥିତିରେ ପରିକଳ୍ପନା ମୂଳରେ ଗୋଟିଏ ବିଚାର ସ୍ପଷ୍ଟ ଯେ, ସେ ସୂକ୍ଷ୍ମ ରୂପରେ ସକଳଙ୍କର ନିୟନ୍ତ୍ରିକା, ଶକ୍ତି-ମାତୃପ୍ରତିମା। ଓଡ଼ିଶାର ସ୍ଥାପତ୍ୟରେ ମାତୃପ୍ରତିମାମାନଙ୍କୁ ଦେଖିଲେ ଲାଗେ, ଆମେ ଯେପରି ଜଣେ ଜଣେ ମାତୃପୂଜକ। ଆମ ସ୍ଥାପତ୍ୟରେ ତେଣୁ, ତାଙ୍କ ସ୍ଥିତିର ବହୁଳତା ଅସ୍ୱାଭାବିକ ନୁହେଁ।

ମାତ୍ର ସ୍ଥାପତ୍ୟରେ ମାତୃଗଣଙ୍କର ଜନ୍ମକାଳ ନିରୂପଣ ନିର୍ଦ୍ଦିଷ୍ଟ କରିବା ସମ୍ଭବ ନୁହେଁ। ପୁଣି କେଉଁଠି ଜଣେ ତ, କେଉଁଠି ଏକାଧିକ ରହିଛନ୍ତି। ରହିଛନ୍ତି ମନ୍ଦିର ଭିତରେ, ନଈକୂଳରେ, ଗଛତଳେ, ରାସ୍ତାକଡ଼ରେ, ପୋଖରୀତୁଠରେ। ଯାହା ଜଣାଯାଏ, ସେମାନଙ୍କ ରୂପ ମାଟି ଓ କାଠରୁ ପଥର ଦେହରେ ଜୀବନ୍ତ ହୋଇଛି ଗୁପ୍ତ ଶାସନକାଳ- ଖ୍ରୀ. ଦ୍ୱିତୀୟ/ତୃତୀୟ ଶତାବ୍ଦୀରେ। ଏବଂ, ସ୍ପଷ୍ଟତର ହୋଇଛି ସପ୍ତମ/ ଅଷ୍ଟମ ଶତାବ୍ଦୀରେ। ପ୍ରାୟ ଦଶମ ଶତାବ୍ଦୀ ମଧ୍ୟରେ ଭୁବନେଶ୍ୱର, ଯାଜପୁର, ପାଟଣା(ବଲାଙ୍ଗିର) ଓ ଉପକୂଳରେ ସେମାନଙ୍କ ଗଣ-ମାତୃରୂପ ସ୍ପଷ୍ଟତର ହୋଇଛି। ଯାଜପୁରର ବୈତରଣୀ ନଦୀକୂଳରେ ଦଶାଶ୍ୱମେଧଘାଟ (ବିରଜା କ୍ଷେତ୍ର)ରେ କଳାମୁଗୁନି ପଥରରେ ଉଦ୍‌ଭାସିତ ହୋଇଛନ୍ତି ସପ୍ତମାତୃକା। ସେଥିମଧ୍ୟରୁ ଚାମୁଣ୍ଡା; ଉଚ୍ଚତା ପ୍ରାୟ ଛଅ/ଆଠ ଫୁଟ, ବାରାହୀ; ଆଠ ଫୁଟ, ଇନ୍ଦ୍ରାଣୀ; ଆଠ ଫୁଟ ଏବେ ସୁରକ୍ଷିତ ରହିଛନ୍ତି ସ୍ଥାନୀୟ ଏସ.ଡି.ଓ.ଙ୍କ କୋଠି ଓ ନଈକୂଳରେ। ଅନ୍ୟମାନେ କୌଣସି କାରଣରୁ ଦରଭଙ୍ଗା। ରାଣୀପୁର-ଝରିଆଲରେ ରହିଛନ୍ତି ଚଉଷଠିଯୋଗିନୀଙ୍କ ଗହଣରେ ଚାମୁଣ୍ଡା, ଇନ୍ଦ୍ରାଣୀ, ଶିବଦୂତୀ ଓ ବ୍ରହ୍ମାଣୀ। ବ୍ରହ୍ମାଣୀଙ୍କର ତିନୋଟି ମୁହଁ ଦିଶୁଛି। ଆଉ ଗୋଟିଏ ପଛ ପାଖକୁ। ସେ କାଳର ପାଟଣା, ଆଜିର ବଲାଙ୍ଗିରର ବେଲଖଣ୍ଡୀ(ତେଲନଈ କୂଳସ୍ଥ)ରେ ବି ସେମାନେ। ଓଡ଼ିଶାର ପଶ୍ଚିମାଞ୍ଚଳ ଯେ, ମାତୃକା ପୂଜନ ପରମ୍ପରାର କେନ୍ଦ୍ର ଥିଲା, ପ୍ରତିମାଗୁଡ଼ିକ ଏହାର ପ୍ରମାଣ। ଏହା ସୋମବଂଶୀ ଶାସନ କାଳର କଥା।

ଶୈବକ୍ଷେତ୍ର ନାମରେ ପରିଚିତ ଭୁବନେଶ୍ୱର ବାସ୍ତବତଃ ଶକ୍ତି ଉପାସନାର ଅନ୍ୟତମ ଉର୍ବର ପରିମଣ୍ଡଳ। ହୀରାପୁରର ଚଉଷଠିଯୋଗିନୀ ମନ୍ଦିରରେ ରହିଛନ୍ତି ଚାମୁଣ୍ଡା ଓ ଅନ୍ୟମାନେ। ବୈତାଳ ମନ୍ଦିର, ପର୍ଶୁରାମେଶ୍ୱର ମନ୍ଦିର ଓ ମୁକ୍ତେଶ୍ୱର ମନ୍ଦିରରେ ମଧ୍ୟ ସେମାନଙ୍କର ଉପସ୍ଥିତି। ଖାକରା ଶୈଳୀରେ ତିଆରି ବୈତାଳ ମନ୍ଦିରର ଅଧିଷ୍ଠାତ୍ରୀ ଦେବୀ ଚାମୁଣ୍ଡା। ଦେବୀଙ୍କ ରୂପ ଭୟଙ୍କର। ତାଙ୍କ ଦୁଇ ପାଖରେ ରହିଛନ୍ତି ପଥରରେ ଖୋଦିତ ପନ୍ଦରଟି ମୂର୍ତ୍ତି। ସେମାନଙ୍କ ମଧ୍ୟରେ ସପ୍ତମାତୃକା, ଶିବଦୂତୀ ଓ ବୀରେଶ୍ୱର ବର୍ତ୍ତମାନ। ବୀରେଶ୍ୱର ଯୋଗାରୂଢ଼ ମୁଦ୍ରାରେ ପଦ୍ମ ଉପରେ ବସିଛନ୍ତି।

ପର୍ଶୁରାମେଶ୍ୱର, ମୁକ୍ତେଶ୍ୱର ଶୈବପୀଠ। ମାତ୍ର ସେଠାରେ ମଧ୍ୟ ସପ୍ତମାତୃକା।

ସେମାନେ ପର୍ଶୁରାମେଶ୍ୱର ମନ୍ଦିର ଓ ମୁକ୍ତେଶ୍ୱର ମନ୍ଦିରର ଜଗମୋହନ ଛାତରେ। ମୁକ୍ତେଶ୍ୱରରେ ସେମାନେ ସଂଖ୍ୟାରେ ଆଠ। ଅର୍ଥାତ୍ ଅଷ୍ଟମାତୃକା। ପ୍ରତ୍ୟେକ ବସିଛନ୍ତି ଅଷ୍ଟଦଳ ପଦ୍ମ ଉପରେ। ଗଣେଶ ନାହାନ୍ତି। କାରଣ ବୁଝି ହେଉନାହିଁ। ଅନ୍ୟ ଏକ ପାଖୁଡ଼ାର ଅଭାବ ଏହାର କାରଣ ନୁହେଁ ତ ! ପର୍ଶୁରାମେଶ୍ୱର ମନ୍ଦିରରେ ସେମାନେ ରହିଛନ୍ତି ଗଣେଶ, ଚାମୁଣ୍ଡା, ବାରାହୀ, ଇନ୍ଦ୍ରାଣୀ, ବୈଷ୍ଣବୀ, କୌମାରୀ, ଶିବାନୀ, ବ୍ରହ୍ମାଣୀ ଓ ବୀରଭଦ୍ର କ୍ରମରେ।

ଭୁବନେଶ୍ୱରରୁ ପୁରୀକୁ ଯିବା। ପୁରୀ, ବିଷ୍ଣୁ ପୀଠ। ମାତ୍ର କ୍ଷେତ୍ର ଯେପରି ଶକ୍ତି ନିୟନ୍ତ୍ରିତ। ମାର୍କଣ୍ଡେୟ ପୋଖରୀର ପୂର୍ବ ଦିଗରେ ରହିଛନ୍ତି ସପ୍ତମାତୃକା। ସେମାନେ କାଳେ ସାତ ଭଉଣୀ। ମାଦଳା ପାଞ୍ଜି ଓ ଜନଶ୍ରୁତି କହେ- ଭୀମକେଶରୀ ଏହି ମାତୃକାମାନଙ୍କର ସ୍ଥାପୟିତା। ତେଣୁ ପ୍ରାୟ ଦଶମ ଶତାବ୍ଦୀରେ ସ୍ଥାପତ୍ୟ। ମୁକ୍ତେଶ୍ୱର ମନ୍ଦିର ଓ ମାର୍କଣ୍ଡ ପୋଖରୀ କୂଳର ମୂର୍ତ୍ତି ମଧ୍ୟରେ ଗଢ଼ଣ କଳାର ସାଦୃଶ୍ୟ ରହିଛି। ମାତ୍ର ପୋଖରୀ କୂଳରେ ସ୍ୱତନ୍ତ୍ରଭାବରେ ପୂଜିତ ମାତୃକାପ୍ରତିମା(ଉଭୟ ପାଖରେ ଶିବ ଓ ଗଣେଶ)ଙ୍କ ରୂପ ଅନୁପମ। ପ୍ରାୟ ସାଢ଼େ ଚାରିଫୁଟ ଉଚ୍ଚତାବିଶିଷ୍ଟ ପ୍ରତିମାମାନଙ୍କର ଶରୀରର ବ୍ୟାକରଣ ଓ ଭାବରୂପ, କଳାବୋଧ ଓ ଅଧ୍ୟାତ୍ମବୋଧରେ ବ୍ୟକ୍ତିଚେତନାକୁ ଏକ ଅଚିନ୍ତ୍ୟ ଜଗତକୁ ଉତ୍ତୋଳିତ କରେ। ମାର୍କଣ୍ଡ ପୋଖରୀ ବ୍ୟତୀତ ରାମଚଣ୍ଡୀ ସାହି, ବାରାହୀ ଲେନ୍ ଏବଂ ପୁରୀ ପାଖ ଚନ୍ଦନପୁର ଓ ଅଲଗୁମରେ ମାତୃକାମାନେ ପୂଜା ପାଉଛନ୍ତି।

ମାତୃକାମାନେ ବର୍ତ୍ତମାନ ଅଛନ୍ତି କେନ୍ଦୁଝରର ହାବଲେଶ୍ୱର (ଚାରୋଟି ପ୍ରତିମା), ବାଲେଶ୍ୱରର ଶେରଗଡ଼ (ହର ପାର୍ବତୀଙ୍କ ପ୍ରତିମା ତଳେ), ମୟୂରଭଂଜର କପ୍ତିପଦା ପାଖ ପେଡ଼ାଗଦି, କୋରାପୁଟର ପାଇକପଡ଼ା (ପାତାଳେଶ୍ୱର ଶିବ ମନ୍ଦିର ପରିସରସ୍ଥ ଦୁର୍ଗା ମନ୍ଦିର), କେନ୍ଦ୍ରାପଡ଼ାର ସାତଭାୟା, ବଡ଼ମ୍ବାର ଗୋପୀନାଥପୁର (ସିଂହନାଥ ମନ୍ଦିରର ଦୁଆର ପାଖରେ), ଟିଟିଲାଗଡ଼ର ନିଜଗୁଡ଼ା, ବଉଦ(ଚଣ୍ଡୀତଳ ମନ୍ଦିର; ପଞ୍ଚମାତୃକା) ଏବଂ ଯାଜପୁରର ଧର୍ମଶାଳାରେ। ଧର୍ମଶାଳାର ପାଞ୍ଚଟି ମାତୃକା ମୂର୍ତ୍ତି ଏବେ ଓଡ଼ିଶା ରାଜ୍ୟ ସଂଗ୍ରହାଳୟର ସଂପଦ। ଆକାର ଓ ପ୍ରକାରରେ ଏବେ ସୁରକ୍ଷିତ ପ୍ରତିମାଗୁଡ଼ିକ ଭିତରେ ଅବଶ୍ୟ ବିଶେଷତା ରହିଛି, ମାତ୍ର ରୂପରେ ଶାସ୍ତ୍ରର ବିଚାର ସୁସ୍ପଷ୍ଟ। ବିଶେଷତଃ ପ୍ରତ୍ୟେକଙ୍କ ରୂପ ଓ ଭାବରେ ଚଣ୍ଡୀପୁରାଣର ସ୍ୱର ପ୍ରତିଧ୍ୱନିତ। ପ୍ରତ୍ୟେକ ପ୍ରତିମା ରହିଛନ୍ତି ଗୋଟିଏ ଧାଡ଼ିରେ।

ବାମରେ ଶିବ ଓ ଦକ୍ଷିଣରେ ଗଣେଶ। କେଉଁଠି ଶିବଙ୍କ କୋଳରେ ପାର୍ବତୀ। କେଉଁଠି ଗଣେଶଙ୍କ ପାଖରେ ବାହନ ମୂଷା ଅଛି ତ କେଉଁଠି ନାହିଁ। ସେମାନଙ୍କୁ ଦେଖିଲେ ଲାଗୁଛି, ପ୍ରତ୍ୟେକ ଯେପରି ପୁରୁଷର ନାରୀ ରୂପ। ବ୍ରହ୍ମାଣୀ, ବୈଷ୍ଣବୀ, ମାହେଶ୍ୱରୀ, ଇନ୍ଦ୍ରାଣୀ, କୌମାରୀ, ବାରାହୀ ଓ ନାରସିଂହୀଙ୍କର ବାହନ ଯଥାକ୍ରମେ-

ହଂସ, ଗରୁଡ଼, ବୃଷଭ, ମୟୂର, ମେଣ୍ଢା ଓ ସିଂହ। ଶିବଦୂତୀଙ୍କ ବାହନ ମଇଁଷି। ପ୍ରତ୍ୟେକଙ୍କର ଚାରୋଟି ଲେଖାଏଁ ହାତ। ଉପର ଦୁଇ ହାତରେ ଆୟୁଧ। କାରଣ ସେମାନଙ୍କର ଜଗତରେ ଆବିର୍ଭାବ ଅପଶକ୍ତିର ବିଲୋପନ ପାଇଁ। ତେଣୁ କ୍ରୋଧିତା ଓ ରଣରଂଗିନୀ। ମାତୃକାଙ୍କ ଭିତରେ ସ୍ୱତନ୍ତ୍ର ଚାମୁଣ୍ଡା। ପ୍ରାୟ ସବୁଠାରେ ତାଙ୍କର ଗୋଟିଏ ପ୍ରକାର ରୂପ। ହାତରେ ଡମ୍ବରୁ/ତ୍ରିଶୂଳ, ଖଣ୍ଡା, ବୀଜପୂରକ ଓ ଖପୁରିର ପାନପାତ୍ର। ଖାଙ୍କରା ପେଟ, କଙ୍କାଳସାର ଛାତି, ଛାତିରୁ ଝୁଲିପଡ଼ିଛି ଲୋଳିତ ସ୍ତନ, ମଣିଷ ମୁଣ୍ଡର ମାଳ, ମଥାରେ ଜଟାଭାର ଯେପରି ଅଗଣିତ ସାପଙ୍କର ସମାହାର। କେଉଁଠି ବସିଛନ୍ତି ଶବାସନରେ, ତ କେଉଁଠି ପାଖରେ ବିଲୁଆ, ମୁହଁରେ ଅଟ୍ଟହାସ୍ୟ। ମାତ୍ର ଆଶ୍ଚର୍ଯ୍ୟ! ସକଳଙ୍କ ମୁହଁରେ ଯେପରି ଝଲସି ଉଠୁଛି କରୁଣା, କ୍ଷମା ଓ ବାତ୍ସଲ୍ୟର ମହାଜ୍ୟୋତି। ଓଠରେ ରହସ୍ୟମୟ ହସର ରେଖା। ଚାମୁଣ୍ଡା ଓ ଶିବଦୂତୀଙ୍କ ବ୍ୟତୀତ ଅନ୍ୟମାନଙ୍କ ଡାହାଣ ହାତ ବରଦମୁଦ୍ରା ଓ ବାଁ ଜଙ୍ଘରେ ଶିଶୁ। ଶିଶୁର ପାପୁଲି ମା'ର ସ୍ତନ ଉପରେ। ଶିଶୁ ମୁହଁରେ ଦରୋଟି ହସ। ସେମାନେ ଯେପରି ସମରପ୍ରିୟ ନୁହନ୍ତି, ଚିରନ୍ତନ ମାତୃତ୍ୱର ଉତ୍ସ। ମୂର୍ତ୍ତିରେ ଶିଶୁର ଉପସ୍ଥିତି ସୋମବଂଶୀକାଳୀନ ସ୍ଥାପତ୍ୟରେ ରହିଛି, ଭୌମକର ସ୍ଥାପତ୍ୟରେ ନାହିଁ। ଏଥିରୁ ଏକଥା ସ୍ପଷ୍ଟ ଯେ, ସୋମବଂଶୀ ଶାସକମାନେ ଅବଶ୍ୟ ଶାକ୍ତ, ମାତ୍ର ଶକ୍ତି ମାଧ୍ୟମରେ ଅହିଂସା ପ୍ରଚାର ସେମାନଙ୍କର ଜୀବନ ଧର୍ମ।

କେବଳ ଓଡ଼ିଶା ବା ଭାରତ ନୁହେଁ, ଭାରତ ବାହାରେ ମଧ୍ୟ ମାତୃଶକ୍ତିର ଉପାସନା ଦେଖିବାକୁ ମିଳେ। ମାତୃକା ଉପାସନା ପାଇଁ କାଠମାଣ୍ଡୁ ଏକ ଶକ୍ତିଶାଳୀ ପୀଠ। ନେପାଳର ମଲ୍ଲ ରାଜବଂଶର ରାଜା ଶ୍ରୀନିବାସ ମଲ୍ଲ ୧୬୬୭ ଖ୍ରୀଷ୍ଟାବ୍ଦରେ ତାଙ୍କ ରାଜଦରବାରରେ ନିଶାର୍ଦ୍ଧରେ ନୃତ୍ୟରତା ମାତୃକାମାନଙ୍କୁ କାଳେ ଦେଖିଥିଲେ। ତେଣୁ ଆଶ୍ୱିନ ମାସର ନବରାତ୍ର ଅବସରରେ ଏଠାରେ ଅଷ୍ଟମାତୃକା ଉପାସନା ପାଇଁ ରାଜା ଆଦେଶ ଦେଇଥିଲେ।

ତେବେ ସପ୍ତମାତୃକା ଉପାସନା ପାଇଁ ସ୍ୱତନ୍ତ୍ର ଭାବରେ ମନ୍ଦିର ଗଢ଼ାଯାଇନାହିଁ, ମାତ୍ର ବାରାହୀ ଓ ଚାମୁଣ୍ଡାଙ୍କ ପାଇଁ ଏକାଧିକ ସ୍ୱତନ୍ତ୍ର ମନ୍ଦିର ରହିଛି। ସୂକ୍ଷ୍ମ କାରୁକାର୍ଯ୍ୟସଂପନ୍ନ। ମନ୍ଦିର ଭଳି ମାତୃକା ମୂର୍ତ୍ତିଗୁଡ଼ିକ ସୂକ୍ଷ୍ମତମ ଜୀବନବୋଧର ଅନୁପମ କୀର୍ତ୍ତି। ସ୍ଥାପତ୍ୟର ମହାମନ୍ତ୍ର।

ସ୍ଥାପତ୍ୟରେ ସାରଳାଙ୍କ ଶାରଳା

ଦେବୀ ଶାରଳା

ଆମେ ଦେଖୁଥିଲେ ମାତୃକାଙ୍କ ସ୍ଥାପତ୍ୟରେ ଶକ୍ତିଙ୍କର ରୂପ। ଦେଖୁଥିଲେ ତାଙ୍କ ଭୀତିପ୍ରଦ ଛାତିରେ ମମତାର ଉତ୍ସ। ଏବେ ଆମେ ଦେଖିବା ସେହି ଶକ୍ତିଙ୍କର ଅନ୍ୟ ଏକ ରୂପ। ରୂପ ଭିତରେ କେତେ ଭାବ। ବାତ୍ସଲ୍ୟ, ଅନୁଶାସନ, ଦୟା, କ୍ଷମା ନାନା ରୂପ। ସବୁ ରୂପ ଭିତରେ ସବୁଠାରୁ ଶକ୍ତିଶାଳୀ, ପୁଣି ସବୁଠାରୁ କମନୀୟ ରୂପ- ସେ ବିଦ୍ୟାର ଈଶ୍ୱରୀ। ବିଦ୍ୟାକୁ ବା ବୁଦ୍ଧିକୁ ଯଦି ଆମେ ଶକ୍ତି ଭାବରେ ଗ୍ରହଣ କରିନେବା, ତେବେ ସେ ସକଳ ଶକ୍ତିର ଅଧିଶ୍ୱରୀ। ଆମ ଆଲୋଚ୍ୟ ସ୍ଥାପତ୍ୟରେ ସିଂହବାହିନୀ ଶାରଳା ଏହି ଭାବର ଅନ୍ୟତମ ପରିଚିତ ପ୍ରତୀକ।

ଓଡ଼ିଶାରେ ସାରଳା ନାମରେ ପରିଚିତ ଆମେ ଜଣେ ମଣିଷକୁ ଦେଖୁ। ତାଙ୍କ ମୂଳ ନାଁ ସିଦ୍ଧେଶ୍ୱର ପରିଡ଼ା। ଘର ଜଂକେରପୁର ବା କନକବତୀ ପାଟଣା। କାଳେ ଗଜମୂର୍ଖ। ଚାଷୀ। ଦିନେ ସେ ବିଲରେ ହଳ କରୁଥିଲେ। ବୁଢ଼ୀଟିଏ ସେଇ ବାଟଦେଇ ଯାଉଥିଲା। କହିଲା- ଏ ନଈଟିକୁ ମତେ ଟିକେ ପାରି କରିଦିଅନ୍ତୁନି ପୁଅ ? ସିଦ୍ଧେଶ୍ୱର ନାଆ ସଜ କଲା। ନାଆରେ ବସିପଡ଼ି ବୁଢ଼ୀ କହିଲା- ଗୀତଟିଏ ଗାଇଲୁ ! ସିଦ୍ଧେଶ୍ୱର ହସିଲା। କହିଲା- ମୁଁ ମୂର୍ଖ, ଗୀତ ଜାଣିନି। ଗାଇବି କେମିତି ? ବୁଢ଼ୀ ଏଥର କହିଲା- ଚେଷ୍ଟା କର, ନିଶ୍ଚୟ ପାରିବୁ। ସିଦ୍ଧେଶ୍ୱର ସତକୁ ସତ ଏବେ ଗୀତ ଗାଇବାକୁ ଆରମ୍ଭ କଲା। ତା' ଭିତରର କବିତା ଏବେ ଚେଇଁଉଠିଲା। ସେ ଅନୁଭବ କଲା- ଏ ବୁଢ଼ୀ ଜଣକ ଆଉ କେହି ନୁହେଁ, ଝଙ୍କଡ଼ର ଅଧିଷ୍ଠାତ୍ରୀ ଦେବୀ ଶାରଳା। ନିଜକୁ ମା'ଙ୍କ ଦାସ ବୋଲି ଅନୁଭବ କଲା। ନାଁ ବଦଳେଇ ଦେଲା। ଲେଖିଲା- ସାରଳା ଦାସ।

ଏଇ ମଣିଷଜଣଙ୍କୁ ଆମେ ଆଦିକବି ବୋଲି କହୁ। ଆଦିକବି ସାରଳା ଦାସ। ତାଙ୍କ ଲେଖନୀରୁ ଜନ୍ମ ନେଇଛି କାଳଜୟୀ ସୃଷ୍ଟି ମହାଭାରତ, ବିଚିତ୍ରରାମାୟଣ, ବିଲଙ୍କାରାମାୟଣ। ତିନୋଟିଯାକ ଗ୍ରନ୍ଥରେ ରହିଛି ଦେବୀ ଶାରଳାଙ୍କର ବନ୍ଦନା। ତାଙ୍କ

ରୂପ, ଗୁଣ, ମହିମା- ନାନା କଥା। ବନ୍ଦନାରୁ ଗୋଟିଏ କଥା ସ୍ପଷ୍ଟ ଯେ, ଦ୍ୱାଦଶ/ତ୍ରୟୋଦଶ ଶତାବ୍ଦୀ ବେଳକୁ ମାତୃଶକ୍ତି ଉଡ୍ର ଭୂଖଣ୍ଡରେ ବିଦ୍ୟାର ଅଧିଷ୍ଠାତ୍ରୀ ଦେବୀ ଭାବରେ ପୂଜା ପାଇଲେଣି।

ମାତ୍ର ବାସ୍ତବତଃ ଦେବୀ ଶାରଳାଙ୍କୁ ଶାରଦା ଭାବରେ ନିରାଜନାର ଇତିହାସ ଏଯାବତ୍ ବିତର୍କିତ। ଆମେ ପୁରାଣ ଓ କିମ୍ବଦନ୍ତୀକୁ ଯିବା। କିମ୍ବଦନ୍ତୀ ରହିଛି- ଭଗବାନ ବିଷ୍ଣୁଙ୍କର ଷଷ୍ଠ ଅବତାର ପର୍ଶୁରାମ ମାତୃହତ୍ୟା ପାପରୁ ମୁକ୍ତି ପାଇଁ ମାତୃତୀର୍ଥ ଅନ୍ୱେଷଣରେ ବାହାରିଲେ। ବାଟରେ ଚନ୍ଦ୍ରଭାଗାରେ ବୁଡ଼ ପକାଇସାରିବା ପରେ ଅବଶ ଅନୁଭବ କଲେ। ଶରୀରର କ୍ଳାନ୍ତି ମେଣ୍ଟେଇବା ପାଇଁ ପାଖରେ ଥିବା ଏକ ବରଗଛ ମୂଳେ ଆଉଜି ପଡ଼ିଲେ। ଆଖି ମୁଦି ହୋଇଗଲା। ଧ୍ୟାନସ୍ଥ ପର୍ଶୁରାମ ହଠାତ୍ ଅନୁଭବ କଲେ- ମାଟିତଳୁ ସଂଗୀତର ମୂର୍ଚ୍ଛନା। ନିଜ ଶରରେ ମାଟିକୁ ଖୋଳିଲେ। ମାଟିତଳେ ଖଣ୍ଡେ ପଥର ଚକ୍‌ଚକ୍ କରୁଛି। ସେ ପଥର 'ପରଶମଣି'। ତାକୁ ହାତରେ ଧରିଲେ। ସର୍ବାଙ୍ଗରେ ଖେଳିଗଲା ଏକ ଅପୂର୍ବ ଶିହରଣ। ଧନୁରୁ ଶର କାଢ଼ିଲେ। ଶର ମୁନରେ ପଥର ଦେହରେ ଆଙ୍କିଦେଲେ ମା'ଙ୍କ ଚିତ୍ର। ତେଣୁ ମା'ଙ୍କ ନାଁ ଚିତ୍ରାମାହେଶ୍ୱରୀ। ସେ ବରଗଛର ନାଁ ଲୋକମୁଖରେ 'ଭେଟବର'।

ଅନ୍ୟ ଏକ କିମ୍ବଦନ୍ତୀ କହେ- ସତୀଙ୍କ ସ୍ୱୟମ୍ବର। ସ୍ୱୟମ୍ବରରେ ଶିବଙ୍କର ଉଲଗ୍ନ ରୂପ। ଦକ୍ଷ ପ୍ରଜାପତିଙ୍କର ଶିବଙ୍କୁ ଅପମାନ। ପତିଙ୍କ ଅପମାନ ସହିନପାରି ସତୀଙ୍କର 'ଯଜ୍ଞକୁଣ୍ଡରେ' ଶରୀର ବିସର୍ଜନ। ସତୀଙ୍କ ଶରୀରକୁ କାନ୍ଧରେ ବୋହି ବୋହି କ୍ରୋଧରେ

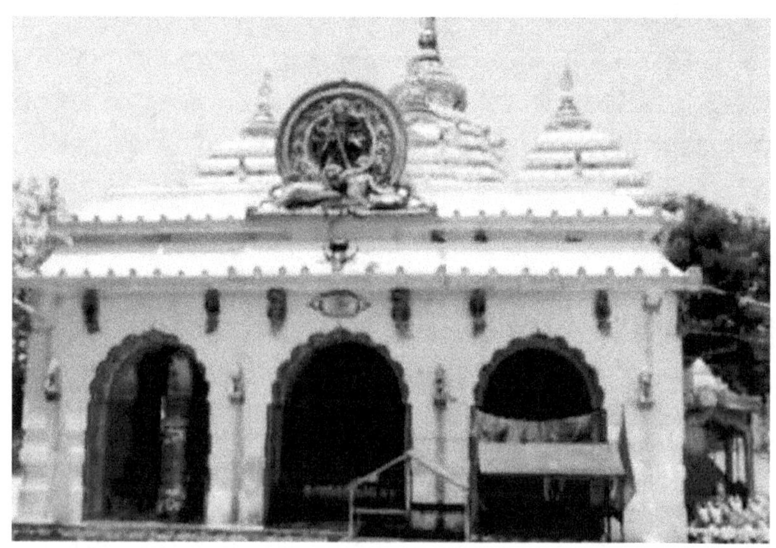

ଶିବଙ୍କର 'ନଟରାଜ' ନୃତ୍ୟ। ଶିବଙ୍କ ଉଗ୍ର ନୃତ୍ୟର ତାଣ୍ଡବରେ ସୃଷ୍ଟି ଧ୍ୱଂସର ଆଶଙ୍କା କରି ବିଷ୍ଣୁ ଚକ୍ରରେ ସତୀଙ୍କର ଶରୀରକୁ ଖଣ୍ଡଖଣ୍ଡ କରିଦିଅନ୍ତି। କ୍ରୋଧ ଏବେ ପ୍ରକୃତିସ୍ଥ। ସତୀଙ୍କର ଶରୀରର ବିଭିନ୍ନ ଅଂଶ ଭିନ୍ନ ଭିନ୍ନ ସ୍ଥାନରେ ପଡ଼ି ଜନ୍ମନିଏ ଏକ ଏକ ଶାକ୍ତପୀଠ। ଝଙ୍କଡ଼ରେ ସତୀଙ୍କର ଜିଭ। ତେଣୁ ପୀଠକୁ 'ବାଣୀପୀଠ' ଓ ଦେବୀଙ୍କୁ ବାକ୍‌ଦେବୀ କୁହାଯାଏ। ମୂର୍ଖ ବି ଏଠି ପଣ୍ଡିତ ହୋଇଯାଏ। ଓଡ଼ିଶାର ସମସ୍ତ ପାଲାଗାୟକ ମା'ଙ୍କ ପାଖରେ ଅଧିଆ ପଡ଼ନ୍ତି। ଆଶୀର୍ବାଦ ଭିକ୍ଷା କରି ମଞ୍ଚ ଉପରକୁ ଯାଆନ୍ତି। ମା'ଙ୍କୁ ନେଇ ଏମିତି କେତେ କାହାଣୀ, କେତେ କିମ୍ବଦନ୍ତୀ। ଏଗୁଡ଼ିକରୁ ସ୍ପଷ୍ଟ ଯେ, ମାତୃପ୍ରତିମା ବିଦ୍ୟାର ଈଶ୍ୱରୀ।

ଏବେ ଦେବୀଙ୍କ ମୂର୍ତ୍ତି ଓ ମନ୍ଦିର ଗଢ଼ଣ ପାଖକୁ ଆସିବା। ଆଜିର ମନ୍ଦିରଟି ବେଶୀଦିନର ନୁହେଁ। ଏହା ବିଭିନ୍ନ ସମୟରେ ବାରମ୍ବାର ଭାଙ୍ଗିଛି ଓ ପୁଣି ଗଢ଼ାଯାଇଛି। କୁହାଯାଏ, ଅଷ୍ଟମ ଶତାବ୍ଦୀରେ ଭୌମକର ରାଜତ୍ୱ ସମୟରେ ମନ୍ଦିର ଓ ମୂର୍ତ୍ତିର ସୃଷ୍ଟି। ମାତ୍ର ଷୋଡ଼ଶ ଶତାବ୍ଦୀରେ ମୁସଲମାନ ଶାସନ କାଳରେ କଳାପାହାଡ଼ ଆକ୍ରମଣରେ ମୂଳ ମନ୍ଦିର ମାଟିରେ ମିଶିଯାଇଛି। ପୁଣି ଗଢ଼ାଯାଇଛି ମରହଟ୍ଟ ଶାସନ କାଳରେ। ପୁଣି ଭାଙ୍ଗିଛି। ଏବଂ, ଏବେ ଯେଉଁ ମନ୍ଦିରଟି ଆମେ ଦେଖୁ ତା'ର ଗଢ଼ଣ କାଳ ୧୯୧୪ ମସିହା।

ମନ୍ଦିର ଅବଶ୍ୟ ଭାଙ୍ଗିଛି, ପୁଣି ଗଢ଼ାହୋଇଛି, ମାତ୍ର ମୂଳ ମୂର୍ତ୍ତି ଅବିକ୍ଷତ, ଅପରିବର୍ତ୍ତିତ ରହିଛି। ମୂର୍ତ୍ତିର ଗଢ଼ଣ କାଳ କାଳେ ଭୌମକର ଶାସନ କାଳରେ। ଅଷ୍ଟମ ଶତାବ୍ଦୀରେ ହୋଇଥାଇପାରେ। କାରଣ, ନବମ ଶତାବ୍ଦୀ ବେଳକୁ କଳିଙ୍ଗରେ ଦେବୀପ୍ରତିମା ଗଢ଼ଣ ପରମ୍ପରା ବିକଶିତ ହୋଇସାରିଲାଣି।

ଦେବୀ ଅଷ୍ଟଭୁଜା। ସମକାଳୀନ ଅନ୍ୟ ଅଷ୍ଟଭୁଜା ପ୍ରତିମାମାନଙ୍କ ମଧ୍ୟରେ ଶାରଳାଙ୍କ ହାତରେ ଶୋଭାପାଉଥିବା ବୀଣା ଓ ପୁସ୍ତକ ସ୍ୱତନ୍ତ୍ର। ଏବଂ, ଅନ୍ୟ ଆୟୁଧ ମଧ୍ୟରେ ଖଡ୍‌ଗ, ତ୍ରିଶୂଳ, ଧନୁ, ଢାଲ, ଘଣ୍ଟି ଅନ୍ୟତମ। ଆଉ ଏକ ହାତରେ ରହିଛି ମହିଷାସୁରର ମୁଣ୍ଡ। ମହିଷାସୁରର ପିଠି ଉପରେ ମା'ଙ୍କର ଡାହାଣ ପାଦ ଓ ବାହନ ସିଂହ ଉପରେ ବାମପାଦ। ସିଂହର ଆକାର ଖୁବ୍ ଛୋଟ। ମହିଷାସୁରର ମୁଣ୍ଡ ମଇଁଷି ଓ ଦେହ ମଣିଷ। ଦେବୀଙ୍କ ଡାହାଣ ହାତର ଶୂଳ ମହିଷାସୁରର ପିଠିକୁ ଭେଦ କରୁଛି। ତେଣୁ ସେ ମହିଷାମର୍ଦ୍ଦିନୀ ଦୁର୍ଗା ଓ ମାତଙ୍ଗୀ ମହାବିଦ୍ୟାଙ୍କ ମିଶ୍ର ରୂପ।

ଦେବୀଙ୍କ ପାଖରେ ରହିଛନ୍ତି ପଥର ତିଆରି ଅନ୍ୟ ଏକ ପ୍ରତିମା। ସେ ଚତୁର୍ଭୁଜା। ହାତରେ ଶଙ୍ଖ, ଚକ୍ର ଏବଂ ବରଦ ଓ ଅଭୟ ମୁଦ୍ରା। ପାଖରେ ଆଉ ଏକ ଛୋଟ ପ୍ରତିମା। ଅଷ୍ଟଧାତୁରେ ତିଆରି। ଦ୍ୱିଭୁଜା। ଏହି ପ୍ରତିମାଦ୍ୱୟ ମା'ଙ୍କର ଚଳନ୍ତିପ୍ରତିମା।

ଉତ୍ସବ କାଳରେ ସେମାନଙ୍କୁ ପୀଠରୁ ବାହାରକୁ ନିଆଯାଏ- ଶୋଭାଯାତ୍ରାରେ, ପାଲିଙ୍କିରେ। ମୂଳ ଦେଉଳ 'ନଣ୍ଡାଦେଉଳ'କୁ ବି ମା' ଯାଆନ୍ତି ପରିକ୍ରମଣରେ।

ଦେବୀଙ୍କୁ ପୂଜା କରାଯାଏ ତାନ୍ତ୍ରିକ ମତରେ। ପୂଜକ ବ୍ରାହ୍ମଣ ଓ ଶୁଦ୍ର। ଦଶହରାରେ ଦେବୀଙ୍କ ଆରାଧନା ପାଇଁ ପଶୁବଳି ଦିଆଯାଉଥିଲା। ଏହା ତାନ୍ତ୍ରିକ ପରମ୍ପରାର ଉଦାହରଣ। ଚଳନ୍ତି ପ୍ରତିମାଙ୍କ ଆୟୁଧ ଶଙ୍ଖ, ଚକ୍ରରୁ ଜଣାଯାଏ ଦେବୀ ପରମ ବୈଷ୍ଣବୀ। ପ୍ରଧାନ ମନ୍ଦିରର ଦୁଆରବନ୍ଧର ଉପରେ ମହାଲକ୍ଷ୍ମୀ ଓ ଦୁଇପାଖରେ ସିଂହ ଓ ବ୍ୟାଘ୍ରମୁଖୀ ଦେବୀ। ମୁଖ୍ୟଦେବୀଙ୍କ ହାତରେ ବୀଣା ଓ ପୁସ୍ତକ। ତେଣୁ ଶାରଳାଙ୍କୁ ମହାଲକ୍ଷ୍ମୀ, ମହାସରସ୍ୱତୀ ଓ ମହାକାଳୀଙ୍କର ଏକ ସମନ୍ୱିତ ରୂପ କହିପାରିବା।

ସରସ୍ୱତୀ ନାମ ଭାରତୀୟ ଧର୍ମ ଓ ଦର୍ଶନରେ ସୁପ୍ରାଚୀନ। ଜୈନଧର୍ମରେ ରହିଛି ଶାରଦାଙ୍କ ନାଁ। ବୌଦ୍ଧତନ୍ତ୍ରରେ ସେ ଶାସନଦେବୀ। ତେଣୁ ଜୈନ ଓ ବୌଦ୍ଧ ପରମ୍ପରାରେ ତାଙ୍କୁ ବିଦ୍ୟାର ପ୍ରତୀକ ଭାବରେ ଗ୍ରହଣ କରାଯାଇଛି। ଲଳିତା ପଞ୍ଚତନ୍ତ୍ର ଓ ସ୍ତୋତ୍ରମରେ ବାଗ୍‌ଦେବୀ ଶାରଳାଙ୍କର ବନ୍ଦନା କରାଯାଇଛି। ତେଣୁ ଶାରଳା ପୀଠ ଓ ପ୍ରତିମା ବୈଦିକ, ବୌଦ୍ଧ, ଜୈନ ଓ ଶାକ୍ତ ବିଶ୍ୱାସର ଏକ ସମନ୍ୱୟ ଅଭିବ୍ୟକ୍ତି। ସାରଳା ଦାସ ମହାଭାରତର ସଭାପର୍ବରେ ଦେବୀଙ୍କ ଦଶ-ଅବତାର ବର୍ଣ୍ଣନା କାଳରେ ତାଙ୍କୁ ସିଦ୍ଧ-ଶାରଳା କହିଛନ୍ତି ଏବଂ ଓଡ଼ିଆର ଆଠଟି ଖଣ୍ଡପୀଠ ମଧ୍ୟରେ ଝଙ୍କଡ଼କୁ ଶାରଳା ଦେବୀପୀଠର ମାନ୍ୟତା ଦେଇଛନ୍ତି। ଦେବୀପୀଠକୁ ସିଦ୍ଧସ୍ଥାନ ଏବଂ ଦେବୀଙ୍କୁ ସିଦ୍ଧଶାରଳା କହିଛନ୍ତି। କେବଳ ଶାରଳା ନୁହନ୍ତି, ପରବର୍ତ୍ତୀକାଳୀନ ଓଡ଼ିଆ ସାହିତ୍ୟ ଓ ସଂସ୍କୃତିରେ ଶାରଳାଙ୍କୁ ତ୍ରିଶକ୍ତି ରୂପରେ ପୂଜା କରାଯାଉଛି।

ମନ୍ଦିରର ସ୍ଥାପତ୍ୟ ପ୍ରସଙ୍ଗ ଚର୍ଚ୍ଚା କରିବା। ଏବେ ପ୍ରାଚୀନ ମନ୍ଦିରର ନାଁ ନଣ୍ଡାଦେଉଳ। ଭଗ୍ନ। ପୂର୍ବରୁ ସୂଚିତ ଯେ, ଦେବୀଙ୍କ ବର୍ତ୍ତମାନର ମନ୍ଦିର ସୁପ୍ରାଚୀନ ନୁହେଁ। ମନ୍ଦିର ରେଖାକୃତି। ପ୍ରାଚୀନତା ଖୋଜିଲେ ଯଦିଓ ନିରାଶ ହେବାକୁ ପଡ଼ିବ, ମାତ୍ର ଅର୍ବାଚୀନ ମନ୍ଦିରରେ ପ୍ରାଚୀନତାର ସ୍ପର୍ଶ ଦେବାକୁ ସକଳ ପ୍ରୟାସ କରାଯାଇଛି। ମନ୍ଦିର ଗଢ଼ାଯାଇଛି ଏକ ଚକଡ଼ା ଉପରେ। ବେଢ଼ା ରହିଛି, ପୂର୍ବ, ପଶ୍ଚିମ, ଦକ୍ଷିଣ ଦ୍ୱାର ବି ରହିଛି। ରହିଛି ନାଟମଣ୍ଡପ, ଜଗମୋହନ ଓ ଗର୍ଭଗୃହ। ଗର୍ଭଗୃହରେ ଗୋଟିଏ ଚୂଡ଼ା, ଜଗମୋହନରେ ତିନୋଟି। ଚାରିପଟର ବାହାର କାନ୍ଥରେ ରହିଛି ଶହେ ତିନୋଟି ଛୋଟ ଛୋଟ ମନ୍ଦିରାକୃତି ଖୋପ। ଖୋପଗୁଡ଼ିକ ଭିତରେ ଅନ୍ୟ ଦେବଦେବୀଙ୍କୁ ଥାପନା କରାଯାଇଛି। ମୁଖଶାଳାର ଚାରିପାଖରେ ରହିଛନ୍ତି କମଳା, ଛିନ୍ନମସ୍ତା, କାଳୀ, ତାରା, ଷୋଡ଼ଶୀ, ଭୁବନେଶ୍ୱରୀ, ଭୈରବୀ ଆଦି ଦଶମହାବିଦ୍ୟା। ଏମାନେ ଚତୁର୍ଭୁଜା। ଏମାନଙ୍କ ସହିତ ଅଛନ୍ତି ବୀଣାହସ୍ତା ମାତଙ୍ଗୀ, ଦ୍ୱିଭୁଜା ମଙ୍ଗଳା

ଓ ଧୂମାବତୀ । ଶିବ, ପାର୍ବତୀ, ଶନିଶ୍ଚର ବି ଅଛନ୍ତି । ମନ୍ଦିରର ଦକ୍ଷିଣପାଖ କାନ୍ଥରେ ଅଛନ୍ତି ଗଣେଶ, ଦକ୍ଷିଣକାଳୀ । ପୁଣି ଅଛନ୍ତି ଜଗନ୍ନାଥ, ବଳଭଦ୍ର ଓ ସୁଭଦ୍ରା । ପଶ୍ଚିମ ପାଖରେ ଅଛନ୍ତି କାର୍ତ୍ତିକେୟ, ଉତ୍ତରରେ ଉତ୍ତରକାଳୀ ଓ ସରସ୍ୱତୀ । ମନ୍ଦିରର ସମ୍ମୁଖ ଭାଗରେ ଉତ୍ତର-ପୂର୍ବ କୋଣକୁ ଅଛନ୍ତି ଏକଚକ୍ର ସୂର୍ଯ୍ୟ ବିଗ୍ରହ । ସାରଥୀ ଅଛନ୍ତି, ସାତଟି ଘୋଡ଼ା ବି । ଅନ୍ୟ ଖୋପଗୁଡ଼ିକରେ କେତେକ ମିଥୁନମୂର୍ତ୍ତି ପ୍ରାଚୀନତାର ସଂକେତ ବହନ କରେ ।

ତେଣୁ ମା'ଙ୍କ ବର୍ତ୍ତମାନର ମନ୍ଦିରକୁ ଯଥାସମ୍ଭବ ଶାସ୍ତ୍ରାନୁମୋଦିତ ରୂପ ଦେବାର ପ୍ରୟାସ କରାଯାଇଛି- ଏହା ନିଃସନ୍ଦେହ । ଅନ୍ୟ ଶକ୍ତିପୀଠଗୁଡ଼ିକ ପରି ଏଠାରେ ମଧ୍ୟ ଝାମୁଯାତ(ଚଡ଼କଯାତ) ଅନୁଷ୍ଠିତ ହୁଏ । ଏହା ଶିବ ଓ ଶକ୍ତିଙ୍କର ନିରାଜନାରେ କାୟାସାଧନାର ପ୍ରତୀକ । ପୂଜକ ରାଉଳମାନେ ତ ଅର୍ଦ୍ଧ ନାରୀ-ପୁରୁଷ ବେଶରେ ନିଜକୁ ସୁସଜ୍ଜିତ କରି ଗାଁ ଗାଁ ବୁଲନ୍ତି । ପାଦରେ ରଣପା ବାନ୍ଧି, ଏକ ରୁଖା ଉପରେ ମା'ଙ୍କ ପ୍ରତିମା ସ୍ଥାପନା କରି ରୁଖାକୁ ମଥାରେ ଥୋଇ ନାନା ଭଙ୍ଗୀରେ ନାଚନ୍ତି । ଏହି ରାଉଳମାନଙ୍କୁ ଲୋକେ କୁହନ୍ତି 'ତାନ୍ତ୍ରିକ' । ମା'ଙ୍କୁ ବର୍ଷରେ ପଇଁତିରିଶ ଦିନ ସ୍ୱତନ୍ତ୍ର ରୀତିରେ ପୂଜା କରାଯାଏ ।

ମନ୍ଦିରରେ ପୂଜା ପାଉଥିବା ଦେବୀ ଶାରଳାଙ୍କ ମୂର୍ତ୍ତିର ଆକାର ବୃହତ୍ ନୁହେଁ । ମାତ୍ର ଅଷ୍ଟମ ଶତାବ୍ଦୀରେ ତିଆରି ଛୋଟିଆ ମୂର୍ତ୍ତିଟି ଭିତରେ ସମୁଦ୍ଭାସିତ ଉତ୍କଳର ସ୍ଥାପତ୍ୟ କଳା । ସେହି ସ୍ଥାପତ୍ୟର ଗର୍ଭ ଭିତରେ ସାଇତା ହୋଇଛି କେତେ କିମ୍ବଦନ୍ତୀ, କେତେ ପୁରାଣ କଥା । ଏସବୁକୁ ଅନୁଧ୍ୟାନ କଲେ ଶୁଣିପାରିବା ଆମ ସମାଜ ଜୀବନ ଓ ସଂସ୍କୃତିର ମହାନାଦ ।

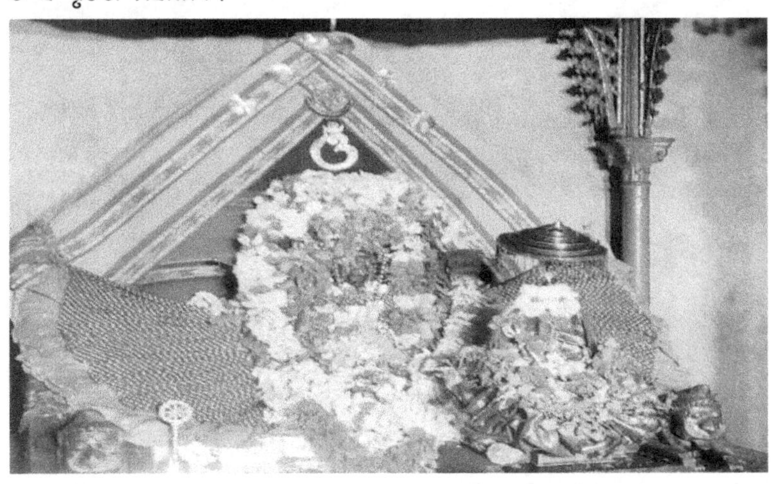

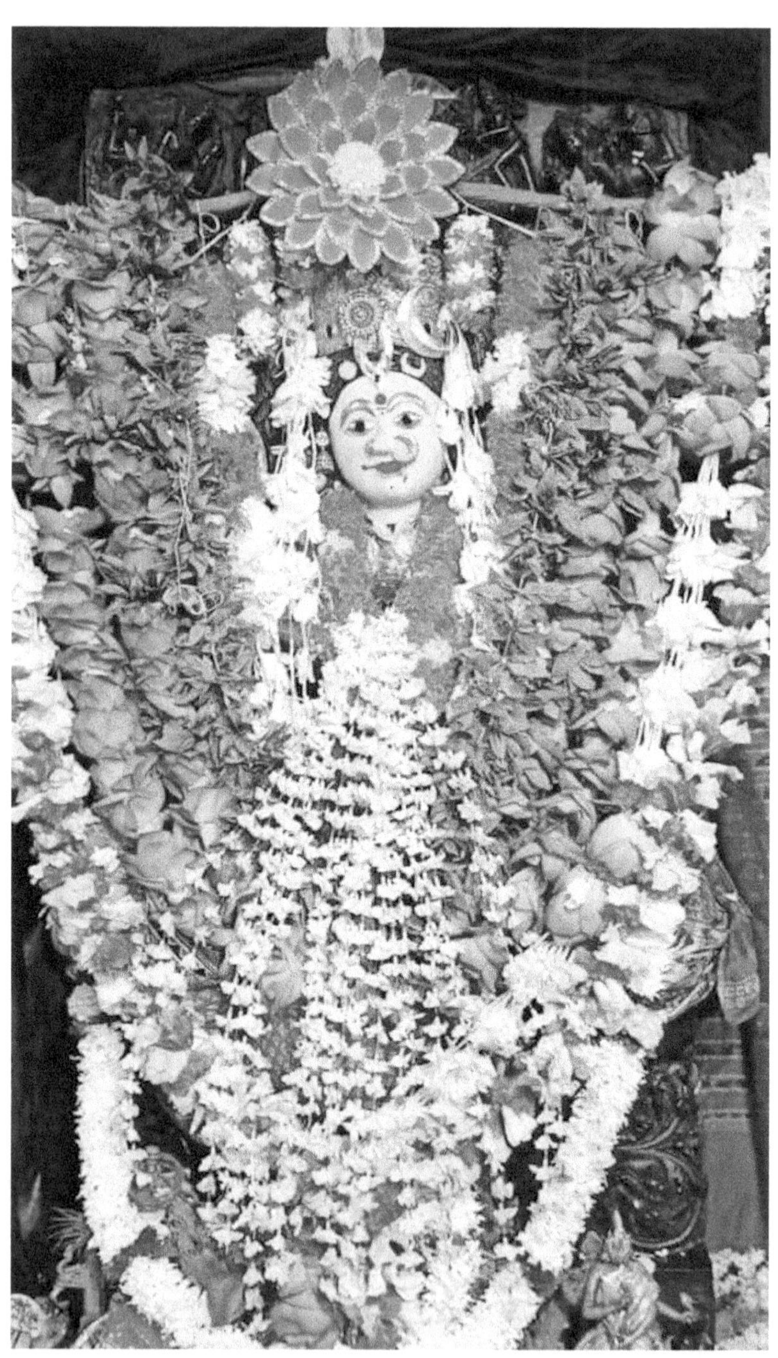

ବୋଇତ ମଙ୍ଗର ମାତଙ୍ଗୀ

କାକଟପୁର ମଙ୍ଗଳା

ନଈର ନାଁ ପ୍ରାଚୀ। ପୁରୀ ଜିଲ୍ଲାର କାକଟପୁର ଦେଇ ମିଶିଯାଇଛି ସମୁଦ୍ର ଦେହରେ। ନଈ କୂଳେ କୂଳେ କେତେ କେତେ ଦେବଦେବୀଙ୍କ ବିଜେସ୍ଥଳୀ, ବିହାରଭୂମି। ସେମାନେ ଦ୍ୱାଦଶ ଶମ୍ଭୁ, ବିଷ୍ଣୁ ଏବଂ ଶକ୍ତି ପ୍ରତିମା। କାହିଁକି ପ୍ରାଚୀ ତୀରରେ ଏତେ ଦେବତା ? କାହିଁକି ପ୍ରାଚୀ ଏତେ ପବିତ୍ର, ଏତେ ପୁଣ୍ୟଗର୍ଭା ? ? ପ୍ରାଚୀର ଗାଥା ରହିଛି ପଦ୍ମପୁରାଣ ଆଧାରିତ ପ୍ରାଚୀମାହାତ୍ମ୍ୟରେ। ଏଥିରେ ଗୋଟିଏ କଥା ସ୍ପଷ୍ଟ ହୋଇଯାଇଛି ଯେ, ପଞ୍ଚଦଶ ଶତାବ୍ଦୀ ବେଳକୁ ପ୍ରାଚୀ ସମକାଳୀନ ଉତ୍ର ଭୂଖଣ୍ଡର ରାଜନୀତିକ, ସାମାଜିକ, ସାଂସ୍କୃତିକ ଏବଂ ବାଣିଜ୍ୟିକ ପରମ୍ପରାର ଉସ୍ତ ପାଲଟି ଯାଇଛି। ମାତ୍ର ପ୍ରାଚୀର ଉତ୍ପତ୍ତି କାଳେ ସତ୍ୟ ଯୁଗରୁ।

ଏହା ପୁରାଣର କଥା। ବ୍ରହ୍ମାଙ୍କ କମଣ୍ଡଳରୁ ନିଗିଡ଼ି ପଡ଼ିଥିବା ପାଣିର ଧାରଟିଏ ନଈ ହୋଇ ବୋହିଯାଇଛି। ନାଁ ସରସ୍ୱତୀ। ଏହାର ଆଉ ତିନୋଟି ନାଁ ମଧ୍ୟ ରହିଛି। ମହାନଦୀ, ଭଦ୍ରା ଓ ଚିତ୍ରୋତ୍ପଳା। ମୁହଁ ପଶ୍ଚିମକୁ। ସବୁ ନଈ ପରି ଶେଷରେ ମିଶିଛି ସାଗର ଦେହରେ। ମାତ୍ର ଏ କ'ଣ ? ସମୁଦ୍ର ଛାତିରେ ହୁତୁହୁତୁ ନିଆଁ ? ବାଡ଼ବାଗ୍ନି ? ? ଜଣାପଡ଼ିଛି, ନଈର ଗର୍ଭରେ ଏବେ ମହାରୁଦ୍ରଙ୍କର ରେତ। ଅଗ୍ନିର ଶିଖାରେ ସକଳ ଜୀବଜଗତ ଆତଙ୍କିତ। ଦେବଲୋକରେ ଚହଳ। ଦେବଗଣ ମହାରୁଦ୍ରଙ୍କୁ ସ୍ତୁତି କରନ୍ତି ଅଗ୍ନିଙ୍କୁ ପ୍ରଶମିତ କରିବାପାଇଁ। କିନ୍ତୁ ସବୁ ଚେଷ୍ଟା ବିଫଳ।

ଏବେ କେବଳ ଭରସା କନକଗିରୀର ପଶ୍ଚିମରେ ଥିବା ସରସ୍ୱତୀ। ସରସ୍ୱତୀ ଦେବତାମାନଙ୍କର ଅନୁରୋଧ ରଖିଛନ୍ତି। ପଶ୍ଚିମ ଦିଗର ପାତାଳ ବାଟେ ପୂର୍ବକୁ ମୁହଁକରି ଆସିଛନ୍ତି। ବାଡ଼ବାଗ୍ନି ନିର୍ବାପିତ ହୋଇଛି। ଏବେ ଶାନ୍ତ ଜୀବଜଗତ। ପୂର୍ବମୁଖୀ ହୋଇ ସରସ୍ୱତୀ ବୋହିଆସିବାରୁ ନଈର ନାଁ ପ୍ରାଚୀ। ମାତ୍ର ପ୍ରତ୍ୟେକ ନଈର ଦୁଇଟି ରୂପ ଥାଏ। ଗୋଟିଏ ଭୂଗୋଳ, ଅନ୍ୟଟି ଅଧ୍ୟାତ୍ମ। ସେମିତି ଏକ ନଈ ପ୍ରାଚୀ। କାହାର ଶାଖା ନଦୀ ନୁହେଁ। ସମୁଦ୍ର ସହିତ ଯେଉଁଠି ମିଶିଯାଇଛି ସେଇଠି ଦେବୀ ମଙ୍ଗଳାଙ୍କର ଆସ୍ଥାନ। ଦେବୀ ମଙ୍ଗଳା, ସର୍ବମଙ୍ଗଳର କାରଣ। ପ୍ରାଚୀ ସହିତ କ'ଣ ସଂପର୍କ ରହିଛି ତାଙ୍କର ? ଦେବୀଙ୍କ ଉତ୍ପତ୍ତିକୁ ନେଇ କେତେ କାହାଣୀ, କେତେ କିମ୍ବଦନ୍ତୀ।

କଳାପାହାଡ଼ର ଦାଉରୁ ବର୍ତ୍ତିବାପାଇଁ ଦେବୀ କାଳେ ପ୍ରାଚୀ ନଈର ଗର୍ଭରେ ଆତ୍ମଗୋପନ କରିଛନ୍ତି। ବିତିଯାଇଛି କେତେ ଦିନ, ମାସ, ବର୍ଷ। ପ୍ରାଚୀ କେବଳ

ଅଧ୍ୟାତ୍ମ ଗାଥାରେ ପରିପୂର୍ଣ୍ଣା ନୁହେଁ, ଥିଲା ସୁନାବ୍ୟା। ସାଧବର ବୋଇତ ପ୍ରାଚୀର ଛାତିରେ ଭାସି ଯାଉଥିଲା ଦୂର ବିଦେଶକୁ। ଏମିତି ଦିନେ ଏକ ବୋଇତ ଦେବୀ ଆତ୍ମଗୋପନ କରିଥିବା ସ୍ଥାନରେ ଅଟକିଯାଇଛି। ସାଧବ ଏବେ ବିବ୍ରତ। ଯେତେ ଚେଷ୍ଟା କଲେ ମଧ୍ୟ ବୋଇତ ଆଗକୁ ଯାଉନି। ଠିକ୍ ଏତିକିବେଳେ ଯେମିତି କେହି ଜଣେ ତା' କାନରେ କହିଦେଉଛି ଦେବୀଙ୍କର ଉପସ୍ଥିତି। ଦେବୀଙ୍କ ପ୍ରତିମାକୁ ସାଧବ ଉଦ୍ଧାର କରିଛି ଏବଂ ପରେ ଗଢ଼ିଉଠିଛି ଦେବୀଙ୍କର ମନ୍ଦିର। ମଙ୍ଗଳା ମନ୍ଦିର। ପ୍ରାଚୀ ତଟର ଅଧିଷ୍ଠାତ୍ରୀ ଦେବୀ।

ନଈ କି ଦରିଆ କଥା ଆସିଲେ, ଆସିଯାଏ ନାଆ ଆଉ ବୋଇତ। ଏମାନେ ଆସିଲେ ଆସନ୍ତି ନାଉରିଆ ନହେଲେ ସାଧବ। ଆଉ ଜଣେ ବି ସ୍ପଷ୍ଟ ଦିଶି ଯାଆନ୍ତି। ମଙ୍ଗ ଉପରେ ବସିଥାନ୍ତି। ଜଣେ ଦିବ୍ୟ ନାରୀ। ଦେହରେ ନାଲି ଶାଢ଼ି, ମନ୍ଦାରର ମାଳା, ନାଲିନାଲି କାଚ, କପାଳରେ ସିନ୍ଦୂର ବିନ୍ଦୁ, ଆଖିରେ କଜ୍ଜଳ, ହଳଦୀମଖା ମୁହଁ। କହୁଥାନ୍ତି- ଡରିବାର ନାହିଁ। ମୁଁ ଅଛି ତୋ ପାଖେ ପାଖେ। ସେ ମା' ମଙ୍ଗଳା। ବୋଇତ ମଙ୍ଗର ମାତଙ୍ଗୀ। ଆମ ଖୁଦୁରୁକୁଣୀ ଓଷା ତ ଏଇ କଥା କହେ।

ଆଉ ଏକ କୌତୁକ କଥା। ଯେଉଁଠୁ ଦେବୀ ପ୍ରତିମାଙ୍କୁ ସାଧବ ଉଦ୍ଧାର କରିଛି ହଠାତ୍ କାଉଟିଏ କେଉଁଠୁ ଉଡ଼ିଆସି ଠିକ୍ ସେଇଠି ବୁଡ଼ ମାରିଛି। ବୁଡ଼ ମାରିଛି ଯେ ମାରିଛି, ଆଉ ଉଠିବାର କେବେ କେହି ଦେଖିନାହାନ୍ତି। ତେଣୁ ଲୋକକଥା ରହିଛି କାଉ ଅର୍ଥାତ୍ କାକ ସେହି ପାଣିରେ ଅଟକି ଯାଇଥିବାରୁ ସ୍ଥାନର ନାଁ କାକ-ଅଟକ ବା 'କାକଟପୁର'। ମାତ୍ର ଏଥିରୁ ଏହା ସ୍ପଷ୍ଟ ଯେ, ପ୍ରାଚୀ ନଦୀରେ ସାଧବମାନେ ବୋଇତ ନେଇ ବାଣିଜ୍ୟ କରିବାକୁ ଯାଉଥିଲେ ଏବଂ ଦେବୀଙ୍କର ଗଠନ ଶୈଳୀରୁ ଐତିହାସିକମାନେ ଏହା ସିଂହଳୀ ମୂର୍ତ୍ତିକଳା ସହିତ ସଂପର୍କିତ ବୋଲି ଅନୁମାନ କରନ୍ତି। ଶୁଣାଯାଏ, ଦଧିବାମନ ସାହୁ ନାମକ ଜଣେ ସାଧବ ନୌବାଣିଜ୍ୟ ସମୟରେ ଦେବୀଙ୍କ ମୂର୍ତ୍ତିକୁ ସିଂହଳରୁ ଆଣି ଏହିଠାରେ ସଂସ୍ଥାପିତ କରିଛନ୍ତି। ତେବେ କିମ୍ବଦନ୍ତୀକୁ ଆଧାର କରି ଗୋଟିଏ କଥାକୁ ସ୍ୱୀକାର କରାଯାଇପାରେ ଯେ, ଦେବୀ ମଙ୍ଗଳାଙ୍କର ମୂର୍ତ୍ତି ଅନ୍ୟ ଦେଶରୁ ହିଁ ଆସିଛି। ଏହା ଉତ୍କଳୀୟ ଶିଳ୍ପୀର କାରୁକଳା ନୁହେଁ।

ଏବେ ଦେବୀଙ୍କ ମୂର୍ତ୍ତି ଗଢ଼ଣ ସଂପର୍କରେ ଚର୍ଚ୍ଚା କରିବା। ପ୍ରାୟ ଷୋଡ଼ଶ ଶତାବ୍ଦୀରେ ମଙ୍ଗଳାଙ୍କୁ 'ପରମବୈଷ୍ଣବୀ' ଭାବରେ ଗ୍ରହଣ କରାଯାଇଛି। ତେଣୁ ପ୍ରାୟ ପଞ୍ଚଦଶ ଶତାବ୍ଦୀ ବା ତାହାର କିଛିବର୍ଷ ପୂର୍ବରୁ ଦେବୀଙ୍କୁ ଏଠାରେ ସ୍ଥାପନା କରାଯାଇଥିବା ଅନୁମାନ କରାଯାଏ। କଳାମୁଗୁନି ପଥରରେ ଗଢ଼ା ଦେହ। ପ୍ରାୟ ଚାରିହାତ ଉଚ୍ଚ ଫୁଟନ୍ତା ପଦ୍ମ ଉପରେ ଦେବୀ ବସିଛନ୍ତି। ଡାହାଣ ପାଦ ତଳକୁ ଲମ୍ବିଯାଇଛି, ବାମ

ଜାନୁକୁ ଅଧା ଭାଙ୍ଗି ଆସନ ଉପରେ ବସିଛନ୍ତି । ଚାରୋଟି ହାତ । ଉପର ଡାହାଣ ହାତରେ ପୂର୍ଣ୍ଣଚନ୍ଦ୍ର, ତଳ ହାତରେ ଜପାମାଳା । ଉପର ବାମ ହାତରେ ପଦ୍ମକଢ଼ି ଓ ତଳ ହାତରେ ଜପମୁଦ୍ରା । ମୂର୍ତ୍ତିର ଉପର ଭାଗରେ ଦୁଇଜଣ ପରୀ ଫୁଲମାଳ ଧରି ଦେବୀଙ୍କୁ ସ୍ୱାଗତ କରୁଛନ୍ତି । ତଳ ପୀଠରେ ଧାଡ଼ିଏ ନାରୀମୂର୍ତ୍ତି ଯୋଡ଼ହସ୍ତରେ ଦେବୀଙ୍କର ସ୍ତୁତିଗାନ କରୁଛନ୍ତି ।

ଦେବୀଙ୍କ ମଥାରେ ପ୍ରାୟ ଏକଫୁଟ ଉଚ୍ଚର କିରୀଟ ଓ କାନରେ ବେଶ୍ ବଡ଼ ବଡ଼ କାନଫୁଲ ପିନ୍ଧିଛନ୍ତି । ସବୁଠୁ ଗୁରୁତ୍ୱପୂର୍ଣ୍ଣ କଥା ଅଙ୍ଗସୌଷ୍ଠବର ଗଠନଶୈଳୀ ଏପରି ହୋଇଛି ଯେ, ଏହାର ପୃଷ୍ଠଭାଗ ସହଜରେ ଦେଖିହେବ, ଯାହା ଉତ୍କଳୀୟ ମୂର୍ତ୍ତିକଳା ଗଠନରେ ଦେଖିବାକୁ ମିଳେନାହିଁ । ଏବଂ, ଦେବୀଙ୍କ ମଥାରେ ଶୋଭାପାଉଥିବା କିରୀଟ-ମୁକୁଟର ଆକାର ଓ କାନଫୁଲ ଗଢ଼ଣ ଉତ୍କଳୀୟ ଶିଳ୍ପୀଙ୍କ ନିହାଣ ମୁନରେ କଥା କୁହେନାହିଁ । ତେଣୁ ସମ୍ଭବତଃ ଦେବୀଙ୍କୁ ଉତ୍କଳୀୟ ମୂର୍ତ୍ତିକଳା ଭାବରେ ଗବେଷକମାନେ ଗ୍ରହଣ କରିପାରିନାହାନ୍ତି । ମୁଖ୍ୟଦେବୀଙ୍କୁ ବାଦ୍ ଦେଇ ଦେବୀଙ୍କର ଆଉ ତିନୋଟି ପିତଳ ତିଆରି ଚଳନ୍ତି ପ୍ରତିମା ରହିଛନ୍ତି । ସେମାନେ ମହିଷାସୁରମର୍ଦ୍ଦିନୀ ଦୁର୍ଗା, ମଙ୍ଗଳାଙ୍କ ଅନ୍ୟ ଏକ ପ୍ରତିମୂର୍ତ୍ତି ଏବଂ କନକଦୁର୍ଗା । ବିଭିନ୍ନ ପର୍ବପର୍ବାଣିରେ ଏହି ଚଳନ୍ତି ପ୍ରତିମାମାନେ ବେଢ଼ା ପରିକ୍ରମା କରିଥାନ୍ତି ।

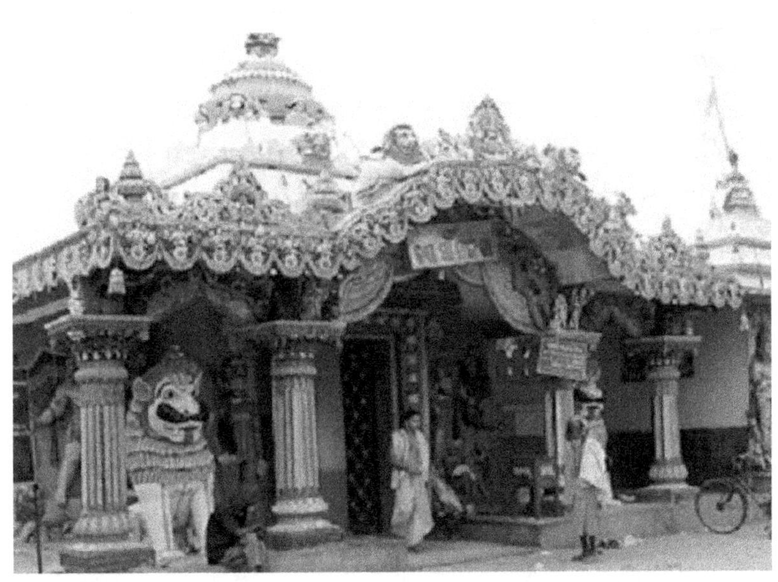

ଏବେ ଚର୍ଚ୍ଚା କରିବା ମନ୍ଦିରର ସ୍ଥାପତ୍ୟ ସଂପର୍କରେ। ମନ୍ଦିରର ଗଢ଼ଣ କାଳ- ଏଯାବତ୍ ବିତର୍କିତ। ମନ୍ଦିର ତିଆରି ଆଗରୁ ଦେବୀ ଗୋଟିଏ କୁଡ଼ିଆରେ ପୂଜା ପାଉଥିଲେ। କ୍ରମେ ପ୍ରାୟ ଊନବିଂଶ ଶତାବ୍ଦୀର ମଧ୍ୟଭାଗରେ ମନ୍ଦିରର ମୁଖଶାଳା ଓ ଜଗମୋହନ ସଂପୂର୍ଣ୍ଣ ହୋଇଛି। ଅବିକଳ କଳିଙ୍ଗ ଶୈଳୀରେ ତିଆରି। ମାଙ୍କଡ଼ା ଓ କନ୍ଦାପଥରରେ ଗଢ଼ା ଦେହ। ମୁଖଶାଳାର ଲମ୍ବ କୋଡ଼ିଏ ହାତ, ଓସାର ଅଠର ହାତ ଓ ଉଚ୍ଚତା ଅଠେଇଶ ହାତ ହୋଇଥିବାବେଳେ ଜଗମୋହନ ଓ ମୁଖଶାଳା ମଧ୍ୟରେ ପ୍ରାୟ ତିନିହାତ ଓସାର ବ୍ୟବଧାନ ରହିଛି। ମୁଖଶାଳାରେ ତିନୋଟି ଦ୍ୱାର। ପଶ୍ଚିମ ଦ୍ୱାର ଦେଇ ଜଗମୋହନ ଭିତରକୁ ଯିବାକୁ ହୁଏ। ଦକ୍ଷିଣ ଦ୍ୱାର ଉପରେ ରହିଛନ୍ତି ନବଗ୍ରହ ମୂର୍ତ୍ତି ଏବଂ ଭାଗବତ ଗାଦି। ପୂର୍ବଦ୍ୱାର ମଣ୍ଡପ ଆଡ଼କୁ ମୁହଁ କରିଛି। ଜଗମୋହନ ଓ ମୁଖଶାଳା- ଉଭୟର ଉତ୍ତର କାନ୍ଥରେ ରହିଛି ପାଦୁକା ନଳା।

ମୁଖଶାଳାକୁ ଲାଗି ଦୁଇଟି ମଣ୍ଡପ। ଗୋଟିଏ ମୁଖଶାଳାକୁ ଲାଗିଛି। ଲମ୍ବ ପ୍ରାୟ ଊଣେଇଶ ହାତ, ଓସାର ସତର ହାତ ଓ ଉଚ୍ଚତା ପ୍ରାୟ ବାର ହାତ। ମଣ୍ଡପରୁ ଦେବୀଙ୍କ ମୂର୍ତ୍ତି ସ୍ପଷ୍ଟ ଦେଖାଯାଏ। ମଣ୍ଡପଟିର ଦକ୍ଷିଣ ଦିଗ ଟିକିଏ ଭିନ୍ନ। କାନ୍ଥକୁ ଲାଗି ରହିଛି ପ୍ରାୟ ତିନିଫୁଟ ଉଚ୍ଚତାର ପୀଠ। ପୀଠ ଉପରେ ରହିଛି ଏକ କଳାମୁଗୁନି ପଥର। ମଝି ଅଂଶ ଟିକିଏ ଖାଲୁଆ। ମା' ମଙ୍ଗଳା କାଳେ ପ୍ରତିଦିନ ଜଗନ୍ନାଥଙ୍କୁ ଦର୍ଶନ କରି ଫେରିବା ପରେ ଏଇଠି ଆଉଜି ପଡ଼ି ଟିକିଏ ବିଶ୍ରାମ ନିଅନ୍ତି। ତେଣୁ ପଥର କ୍ରମେ ଖାଲୁଆ ହୋଇଯାଇଛି। କୁହାଯାଏ- ଏହା ମା'ଙ୍କର ବିଶ୍ରାମ ଶିଳା। ଶ୍ରୀଜଗନ୍ନାଥଙ୍କ ସହିତ ଦେବୀ ମଙ୍ଗଳାଙ୍କର ସଂପର୍କ ଅତି ନିବିଡ଼। ଶ୍ରୀଜୀଉଙ୍କ ନବକଳେବର ବେଳେ ଦେବୀଙ୍କ ସ୍ୱପ୍ନାଦେଶରୁ ହିଁ ଦାରୁ ସଂଗ୍ରହ ହୋଇଥାଏ। ଦ୍ୱିତୀୟ ମଣ୍ଡପ ପ୍ରଥମ ମଣ୍ଡପର ପୂର୍ବକୁ ରହିଛି। ଛାତରୁ ଶିକୁଳିରେ ଝୁଲିପଡ଼ିଛି ଏକ ବଡ଼ ଘଣ୍ଟି। ଘଣ୍ଟିରେ ଲେଖାଯାଇଛି କେତୋଟି ଇଂରାଜୀ ଶବ୍ଦ- Grace 15th M1527। ତେଣୁ ଏହା କୌଣସି ବିଦେଶୀ ବଣିକର ସଂକେତ ବହନ କରେ। ମଙ୍ଗଳାଙ୍କର ମୂର୍ତ୍ତି ସହିତ ତାଙ୍କର ଘଣ୍ଟି ଉତ୍କଳୀୟ ନୌବାଣିଜ୍ୟ ପରମ୍ପରାକୁ ଉଜ୍ଜୀବିତ କରେ।

ଉତ୍କଳୀୟ ମନ୍ଦିର ଶୈଳୀର ସକଳ ବିଭବରେ ପରିପୂର୍ଣ୍ଣ ଦେବୀ ମଙ୍ଗଳାଙ୍କ ମନ୍ଦିରରେ ରହିଛନ୍ତି ବିଭିନ୍ନ ପାର୍ଶ୍ୱଦେବତା। ଜଗମୋହନର କାନ୍ଥରେ ଶୋଭାପାଉଛନ୍ତି ଗଣେଶ ଓ ଦୁଇଟି ବିଷ୍ଣୁ ପ୍ରତିମା। ବିଷ୍ଣୁ ପ୍ରତିମା କଳାମୁଗୁନି ପଥରରେ ତିଆରି। ଚାରି ହାତରେ ରହିଛି ଶଙ୍ଖ, ଚକ୍ର, ଗଦା, ପଦ୍ମ। ମୂର୍ତ୍ତି ଦୁଇଟି ସୂକ୍ଷ୍ମ କାରୁକାର୍ଯ୍ୟରେ ପରିପୂର୍ଣ୍ଣ। ଏମାନଙ୍କ ସହିତ ରହିଛନ୍ତି ଦୁର୍ଗା, ବାମନ, ନୃସିଂହ ଓ ଅଶ୍ୱାରୋହୀ କେତେକ ମୂର୍ତ୍ତି। ମନ୍ଦିର କାନ୍ଥରେ କେତେକ ମିଥୁନମୂର୍ତ୍ତି କଳିଙ୍ଗ ମନ୍ଦିର ସ୍ଥାପତ୍ୟ କଳାର ସଂକେତ

ବହନ କରେ। ମନ୍ଦିରରେ ବେଢ଼ା ରହିଛି, ପାଚେରି ମଧ୍ୟ ରହିଛି। ବେଢ଼ା ଭିତରେ ସ୍ନାନମଣ୍ଡପ। ଜ୍ୟେଷ୍ଠପୂର୍ଣ୍ଣମୀ ଦିନ ପତିତପାବନଙ୍କର ଏହି ସ୍ନାନମଣ୍ଡପରେ ଦେବସ୍ନାନ ସମାପିତ ହୁଏ। ମନ୍ଦିରର ସିଂହଦ୍ୱାର ବେଶ୍ ପ୍ରଶସ୍ତ। ଠିକ୍ ଉପରେ ରହିଛନ୍ତି ନବଗ୍ରହ। ଦୁଇପଟରେ ଦୁଇ ଦ୍ୱାରପାଳ ଓ ଦୁଇଟି ଜାଗ୍ରତ ସିଂହ ଦେବୀଙ୍କ ସେବାରେ ନିୟୋଜିତ।

ଆଲୋଚନା କରିଥିଲେ ଦେବୀ ପରମବୈଷ୍ଣବୀ। ତେଣୁ ଆମିଷ ମା'ଙ୍କୁ ନୈବେଦ୍ୟ ଦିଆଯାଏ ନାହିଁ। ମା'ଙ୍କୁ ଆନନ୍ଦ ଦେବାଲାଗି ଆମେ ଝାମୁଯାତ୍ରା, ବାସନ୍ତୀପୂଜା, ଦୁର୍ଗାପୂଜା, ଚନ୍ଦନଯାତ୍ରା, ଝୁଲଣଯାତ୍ରା କରୁ। ତାଙ୍କୁ ପଣା ଦେଉ। ନିଆଁରେ ଚାଲୁ। ଉତ୍କଳୀୟ ଧାର୍ମିକ ମାନସିକତାରେ ମା' ମଙ୍ଗଳାଙ୍କ ଗୁରୁତ୍ୱ ବିଶେଷ ତାତ୍ପର୍ଯ୍ୟପୂର୍ଣ୍ଣ। ସେ ଶାନ୍ତି, ଶକ୍ତି, ଆନନ୍ଦ, ପ୍ରେମ, ପବିତ୍ର, ସତ୍ୟ ଓ ଜ୍ଞାନର ଅଧିଷ୍ଠାତ୍ରୀ ଦେବୀ। ଗାଁ ଗାଁରେ ପୁଣି ସେ ଗ୍ରାମଦେବତୀ, ବାଟମଙ୍ଗଳା। ତାଙ୍କ ରୂପ, ଭେକ, ଖାଦ୍ୟପେୟ ଯାହା ହେଉନା କାହିଁକି, ଘର ସମୁଦ୍ରକୂଳ, ଘାଟିତଳ, ଗଛମୂଳ, କି କାରୁକାର୍ଯ୍ୟର ଦେଉଳ ହେଉନା କାହିଁକି, ଗୋଟିଏ ମାତ୍ର ସତ୍ୟ- ସେ ତା' ଆତ୍ମଜମାନଙ୍କର ସୁରକ୍ଷାଦାତ୍ରୀ, ପାଳନକର୍ତ୍ତ୍ରୀ। ମଙ୍ଗଳା ସେହି ଭାବାଦର୍ଶର ଏକ ସୁନ୍ଦର ଅଭିବ୍ୟକ୍ତି। ଆମ ଉତ୍କଳୀୟ ସ୍ଥାପତ୍ୟ ଭିତରେ ମଗ୍ନା ଏକ ଅପରୂପା ଦେବୀ ପ୍ରତିମା।

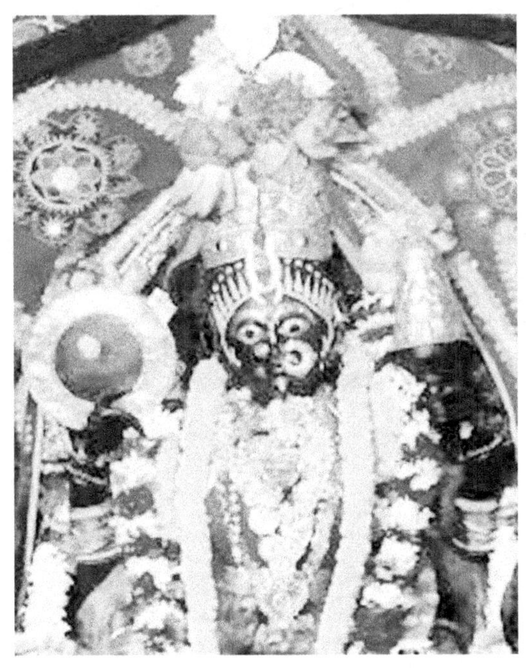

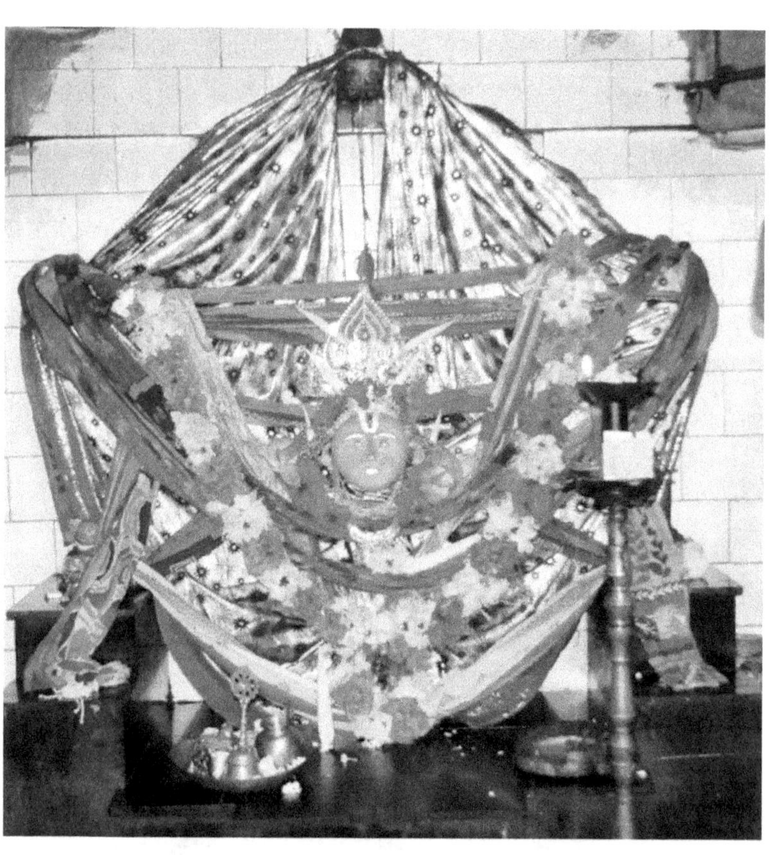

ଭଲା ରାମଚଣ୍ଡୀ ଭଲାରେ...

କୋଣାର୍କର ରାମଚଣ୍ଡୀ

ପ୍ରାଚୀନଦୀ ତୀରର ଅଧିଷ୍ଠାତ୍ରୀ ଦେବୀ ମଙ୍ଗଳାଙ୍କ ସଂପର୍କରେ ଆମେ ଚର୍ଚ୍ଚା କରୁଥିଲେ। ପ୍ରାଚୀ ଯେଉଁଠି ସମୁଦ୍ର ଦେହରେ ମିଶିଯାଇଛି, ସେହି ସମୁଦ୍ର କୂଳେ କୂଳେ ବହିଯାଇଛି ଆଉ ଦୁଇଟି ନଈ। କୁଶଭଦ୍ରା ଓ ଭାର୍ଗବୀ। କୁଶଭଦ୍ରା କୂଳରେ ଦେବୀ ରାମଚଣ୍ଡୀ, ଭାର୍ଗବୀ କୂଳରେ ବାଲିହରଚଣ୍ଡୀଙ୍କ ମନ୍ଦିର। କିଏ ଏହି ଚଣ୍ଡୀ? ତାହା ହିଁ ସବୁଠୁ ଗୁରୁତ୍ୱପୂର୍ଣ୍ଣ। ଚଣ୍ଡୀ, ଦୁର୍ଗାଙ୍କର ଏକ ରୂପ। ଶକ୍ତି। ସେ କେଉଁଠି ରାମଚଣ୍ଡୀ, କେଉଁଠି ହରଚଣ୍ଡୀ, କେଉଁଠି ଗଡ଼ଚଣ୍ଡୀ, କେଉଁଠି ସିଦ୍ଧଚଣ୍ଡୀ ତ କେଉଁଠି ରଣଚଣ୍ଡୀ। ଓଡ଼ିଶାରେ ଅବଶ୍ୟ ରହିଛି ଆଠଟି ପ୍ରାଚୀନ ଅଷ୍ଟଚଣ୍ଡୀ ପୀଠ। ମାତ୍ର କେଉଁଠାରେ ମଧ୍ୟ ସେ ଚଣ୍ଡୀ ନାମରେ ନାମିତ ହୋଇନାହାନ୍ତି। ସେମାନେ- ପୁରୀର ବିମଳା, କାକଟପୁରର ମଙ୍ଗଳା, ତାଳଚେରର ହିଙ୍ଗୁଳା, ବାଙ୍କୀର ଚର୍ଚ୍ଚିକା, ଯାଜପୁରର ବିରଜା, ବାଣପୁରର ଭଗବତୀ, ଝଙ୍କଡ଼ର ଶାରଳା ଓ ସମ୍ବଲପୁରର ସମଲେଶ୍ୱରୀ।

ଦୁର୍ଗା- ଦୁର୍ଗତିନାଶିନୀ। ଦୁର୍ଗ ଶବ୍ଦରୁ ଦୁର୍ଗାଙ୍କର ଉତ୍ପତ୍ତି। ଦୁର୍ଗ ଶବ୍ଦର ଅର୍ଥ- ଦୈତ୍ୟ, ମହବିଘ୍ନ, ଶୋକ, ଦୁଃଖ, ନରକ, ଯମଦଣ୍ଡ, ଜନ୍ମ, ମହାଭୟ, ଦୁଃସାଧ ଓ ଗଡ଼। ପ୍ରାଣୀର ଶରୀର ଦୁଃଖରେ କଟୁଥିବାରୁ ତାହା ଦୁର୍ଗ। ଏହି ଦୁର୍ଗକୁ ହରଣ କରୁଥିବା ଶକ୍ତି ଦୁର୍ଗା। 'ଦୁର୍ଗ' ଅସୁରକୁ ହତ୍ୟା କରିଥିବାରୁ ସେ ଦୁର୍ଗା। 'ଦୁର୍ଗ' ବା ଗଡ଼କୁ ରକ୍ଷା କରୁଥିବାରୁ ସେ ଦୁର୍ଗା। ଏହିଭଳି ଦୁର୍ଗା ନାମର ବହୁ ଅର୍ଥ ରହିଛି। ମାତ୍ର ବିଶେଷକରି ଯେଉଁ ଦୁର୍ଗା ରାଜାଙ୍କ ଗଡ଼କୁ ବା ଦୁର୍ଗକୁ ରକ୍ଷା କରନ୍ତି ସେ ଗଡ଼ଚଣ୍ଡୀ। ରଣକ୍ଷେତ୍ରରେ ଶତ୍ରୁ ସଂହାର କରି ସେ ହୁଅନ୍ତି ରଣଚଣ୍ଡୀ। ସେହି ଗଡ଼ର ଦେବୀ, ରଣର ଦେବୀ କ୍ରମେ ହୋଇଛନ୍ତି ଗଣର ଦେବୀ। ଚଣ୍ଡୀ।

ଓଡ଼ିଶା ରାଜବଂଶର ସୁରକ୍ଷା-ଦେବୀଙ୍କ ଭିନ୍ନ ଭିନ୍ନ ନାଁ ରହିଛି। ନାମରେ ଭିନ୍ନତା ଅବଶ୍ୟ ରହିଛି, ମାତ୍ର ସେମାନେ ଗଡ଼ଚଣ୍ଡୀ ଭାବରେ ପୂଜା ପାଉଛନ୍ତି। ସେମାନେ-

ଖଲିକୋଟ ରାଜବଂଶର ଇଷ୍ଟଦେବୀ ବାହୁତି, ଘୁମୁସର-ବ୍ୟାଘ୍ରଦେବୀ, ଧରାକୋଟ-କୁଠାରୀ, ବଡ଼ଖେମୁଣ୍ଡୀ ଓ ପାରଳାଖେମୁଣ୍ଡୀ-ମାଣିକେଶ୍ୱରୀ, ଆଠଗଡ଼-ଭାରମୁଣ୍ଡୀ, ମହୁରୀ-କାଳୁଆ, ବରଗଡ଼-ବାରାହୀ, ସୁରଙ୍ଗୀ-କୁରେଇସୁଣୀ, ଜଳନ୍ତର-ନିମ୍ବେସୁଣୀ, ମଞ୍ଜୁଷା-ଖିଲମଣ୍ଡା, ବରଡ଼ା-ଫୁଲକେଶ୍ୱରୀ, ଚିକିଟି-କନକଦୁର୍ଗା, ତରଳା-ଅଲାଦେବୀ, ଟିକିଲି-କନକମୁଣ୍ଡି ଓ ଭାରମୁଣ୍ଡି, ସୋନପୁର-ଭଗବତୀ, ସମ୍ବଲପୁର-ସମଲେଶ୍ୱରୀ, ପାଟଣା-ପାଟଣେଶ୍ୱରୀ, କଳାହାଣ୍ଡି-ମାଣିକେଶ୍ୱରୀ, ଶୀତଳା ଏବଂ ନୟାଗଡ଼-ବାଉତି ବା ବାଉରାଣୀ। ଏଗୁଡ଼ିକ ବ୍ୟତୀତ ବହୁ ରାଜବଂଶର ଇଷ୍ଟଦେବୀଙ୍କ ସମେତ କଟକ ବାରବାଟୀ ଦୁର୍ଗର ଅଧିଷ୍ଠାତ୍ରୀ କଟକଚଣ୍ଡୀ ଅନ୍ୟତମା।

ମାର୍କଣ୍ଡେୟ ପୁରାଣର ଦେବୀ ମାହାତ୍ମ୍ୟରେ କୁହାଯାଇଛି- ଦେବୀଙ୍କ ଶ୍ରୀମୁଖରେ ଶିବଙ୍କ ଶକ୍ତି, ଘନକୃଷ୍ଣ କେଶରେ ଯମଙ୍କ ବଳ, ଦୁଇ ଭୁଜରେ ବିଷ୍ଣୁଙ୍କ ଶକ୍ତି, ବକ୍ଷରେ ଚନ୍ଦ୍ରମାର ସୌନ୍ଦର୍ଯ୍ୟ, କଟିରେ ଇନ୍ଦ୍ରଙ୍କ ତେଜ, ଜଘନ ଓ ଆଣ୍ଠୁରେ ବାୟୁର ବେଗ, ଚରଣରେ ବ୍ରହ୍ମା ଓ ପାଦର ଆଙ୍ଗୁଠିଗୁଡ଼ିକ ସୂର୍ଯ୍ୟସମ ଉଜ୍ଜ୍ୱଳ। ଏହିସବୁ ଶକ୍ତିର ଉତ୍ସ ହେଉଛନ୍ତି ଚଣ୍ଡୀ। ଏବେ ଆମେ କଥା ହେବା ରାମଚଣ୍ଡୀଙ୍କ ସଂପର୍କରେ। ସେଦିନର କୋଣାରକ, ଆଜିର କୋଣାର୍କ ପାଖରେ ଅଛନ୍ତି ରାମଚଣ୍ଡୀ। କୁଶଭଦ୍ରା ନଈ ଯେଉଁଠି ମିଶିଯାଇଛି ସମୁଦ୍ରରେ, ସେଇଠି ତାଙ୍କର ଆସ୍ଥାନ। କୋଣାର୍କରୁ ମାତ୍ର ପାଞ୍ଚ କି.ମି. ଦୂର। ଚଣ୍ଡୀଙ୍କର ଭିନ୍ନ ଭିନ୍ନ ନାଁ ସଂପର୍କରେ ଆମେ ଆଲୋଚନା କରୁଥିଲେ। ତେବେ ଦେବୀଙ୍କର ନାଁ ରାମଚଣ୍ଡୀ କାହିଁକି ? ନାଁ ପଛରେ ରହିଛି ଲୋକକଥା। ଦେବୀଙ୍କୁ ରାମଚନ୍ଦ୍ର କାଳେ ଏଇଠି ପୂଜା କରିଥିଲେ। ପୂଜାକରି ସିଦ୍ଧିପ୍ରାପ୍ତ ହୋଇଥିଲେ। ରାମ, ଚଣ୍ଡୀଙ୍କୁ ଏଇ ସ୍ଥାନରେ ପୂଜା କରିଥିବାରୁ ଦେବୀଙ୍କ ନାଁ ରାମଚଣ୍ଡୀ।

ଛୋଟିଆ ମନ୍ଦିରଟିଏ। ଝାଉଁବଣର ପରିବେଷ୍ଟନୀରେ ସୁଶୋଭିତ। ସପ୍ତଦଶ ଶତାବ୍ଦୀର ମନ୍ଦିର। ରେଖଶୈଳୀରେ ତିଆରି। ମୁଖଶାଳା ଭାଙ୍ଗିଯାଇଛି। ସମ୍ଭବତଃ ମୁଖଶାଳା ଭାଙ୍ଗିଯାଇଥିବାରୁ ମନ୍ଦିରକୁ ଲାଗି ଗମ୍ଭୀରାଟିଏ ତିଆରି ହୋଇଛି। ଗମ୍ଭୀରାର ପ୍ରବେଶ ଦ୍ୱାରରେ ରହିଛନ୍ତି ମୁଗୁନି ପଥରରେ ତିଆରି କାର୍ତ୍ତିକେୟ, ବରାହ ଏବଂ ବାମନ। ସାମ୍ନାରେ ବୃଷଭ ଓ ସିଂହ। ଉଭୟ ଭଗ୍ନ। ମନ୍ଦିରର ପଶ୍ଚିମପାଖ ବାହାର କାନ୍ଥରେ ରହିଛନ୍ତି ତ୍ରିମୁଖୀ ଦେବୀ। ଉଚ୍ଚତା ପ୍ରାୟ ଅଢ଼େଇ ଫୁଟ। ଦେବୀ ଏକ ରଥରେ ବସିଛନ୍ତି। ସେ ରଥରେ ଯୋଚା ଯାଇଛନ୍ତି ସାତଟି ଘୋଡ଼ା। ଦେବୀଙ୍କ ପାଦତଳେ ସାରଥୀ। ସାତ ଘୋଡ଼ାରେ ଯୋଚା ରଥରେ ଦେବୀ ବସିଥିବାରୁ କେହି କେହି ଦେବୀଙ୍କୁ ସୂର୍ଯ୍ୟପତ୍ନୀ ମାୟାଦେବୀ କହିଥାନ୍ତି। ଦେବୀଙ୍କ ମୁଖ୍ୟ ମୁହଁର ଦୁଇ ପାଖରେ ଗଣେଶ ଓ ବରାହ। ଦେବୀ ଅଷ୍ଟଭୁଜା। ମହିଷାମର୍ଦ୍ଦିନୀ। ଚାରୋଟି ହାତ ଭାଙ୍ଗିଯାଇଛି। ଆଉ

ଚାରୋଟି ହାତରେ ଅଙ୍କୁଶ, ପାଶ, ଧନୁ ଓ ଶକ୍ତି। ମାତ୍ର ମନ୍ଦିରର ଆରାଧ୍ୟା ନୁହନ୍ତି। ମୁଖ୍ୟ ଆରାଧ୍ୟା ପଦ୍ମଫୁଲ ଉପରେ ବସିଛନ୍ତି। ପ୍ରସନ୍ନ ମୁଦ୍ରା। ଉତ୍ତର ଦିଗକୁ ମୁହଁ। ଗୋଟିଏ ଆଖିରେ କ୍ରୋଧ-ଜଳୁଛି ଯେମିତି, ଅନ୍ୟ ଆଖିରେ ଲୁହ-ଶାସନ କରୁଛି ତା' ରକ୍ତର ଜୀବନମାନଙ୍କୁ। ଓଠରେ କରୁଣାର ହସ। ସତେଯେପରି ସେ ମୁହଁ ଆଲୋକ, ଦୟା, କ୍ଷମା, ପ୍ରେମ, ଲୁହ, ହସ, ବିସ୍ମୟ ଓ ଅଦ୍ଭୁତର ଏକ ମିଶ୍ର ରାଗ। ସକଳ ଭାବ ଓ ଅନୁଭବର ଯୁଗ୍ମରୂପ। ସକଳ ଜୀବଜଗତର ଜନ୍ମ, ଜୀବନ ଓ ମରଣର ଉତ୍ସ।

ରାମଚଣ୍ଡୀଙ୍କ କଥା ଆସିଲେ ଆସେ କଳାପାହାଡ଼ର କଥା। "ଭଲା ରାମଚଣ୍ଡୀ ଭଲାରେ- କଳାପାହାଡ଼କୁ ଦୁଆରେ ବସାଇ ଭଲା ପାଣି ଆଣି ଗଲାରେ।" ଏଇ ଛୋଟିଆ ଢଗଟିରେ ଲୁଚି ରହିଛି ଏକ ବିରାଟ କିମ୍ବଦନ୍ତୀର କଥା। ସେ କିମ୍ବଦନ୍ତୀ କହେ, ଇତିହାସର ଗାଥା।

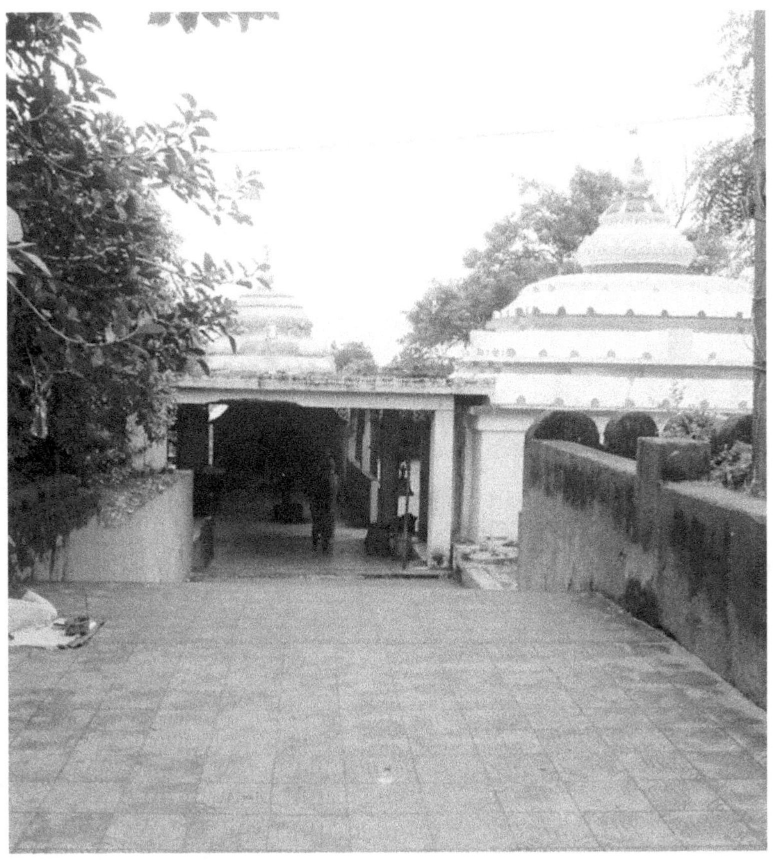

କଳାପାହାଡ଼ର ଆତଙ୍କରେ ଆତଙ୍କିତ ଦେବଦେବୀ। ତା'ର ବଜ୍ର ଶପଥ- ସବୁ ହିନ୍ଦୁ ମନ୍ଦିର ଓ ଦେବଦେବୀଙ୍କୁ ଧ୍ୱଂସ କରିବ। ପହଞ୍ଚିଛି କୁଶଭଦ୍ରା କୂଳରେ। ରାମଚଣ୍ଡୀଙ୍କ ମନ୍ଦିରରେ। ଦେବୀ କଳାପାହାଡ଼ର କବଳରୁ ମୁକ୍ତିପାଇଁ ପଥ ଖୋଜିଛନ୍ତି। ମାଲୁଣୀ ବେଶ ଧାରଣ କରିଛନ୍ତି। କଳାପାହାଡ଼କୁ ପାଣି ଆଣି ଆସିବା ପର୍ଯ୍ୟନ୍ତ ଅପେକ୍ଷା କରିବାକୁ କହି ନଈକୁ ପାଣି ଆଣିବାକୁ ଯାଇଛନ୍ତି। ଯାଇଛନ୍ତି ଯେ ଯାଇଛନ୍ତି। କଳାପାହାଡ଼ର ଅପେକ୍ଷା କ୍ରମେ କ୍ରୋଧରେ ରୂପାନ୍ତର ହୋଇଛି। ମାଲୁଣୀର ପାଣି ଆଣିବା ରହସ୍ୟ ବୁଝିପାରିଛି କଳାପାହାଡ଼। କ୍ରୋଧରେ ଜର୍ଜରିତ କଳାପାହାଡ଼ ମନ୍ଦିରର ଦରଜା ଭାଙ୍ଗି ଭିତରେ ପଶିଛି। ମାତ୍ର ଏ କ'ଣ? ଶୂନ୍ୟ ସିଂହାସନ। କାହାନ୍ତି ରାମଚଣ୍ଡୀ? ଉପାୟଶୂନ୍ୟ କଳାପାହାଡ଼ ଏଣେତେଣେ ଖୋଜି ବୁଲିଛି। କୁଶଭଦ୍ରାର ନୀଳ ଜଳରାଶିରେ ଏ କ'ଣ ଦେଖୁଛି ସେ? ଉଚ୍ଛୁଳା ନଈର ଛାତିରେ ଜଣେ ଦିବ୍ୟ ନାରୀ ଭାସୁଛନ୍ତି। ଇଏ ରାମଚଣ୍ଡୀ ନୁହନ୍ତି ତ! ହତାଶ କଳାପାହାଡ଼ ଫେରିଆସିଛି ପରାଜୟର ଗ୍ଲାନିରେ। ପୂଜକଙ୍କୁ ସ୍ୱପ୍ନାଦେଶ ହୋଇଛି। ଗଢ଼ିଉଠିଛି ଦେବୀଙ୍କ ମନ୍ଦିର କୁଶଭଦ୍ରା କୂଳରେ। ରାମଚଣ୍ଡୀ ଏଇଠି ଆରାଧ୍ୟା ଦେବୀ। ଦେବୀଙ୍କୁ ସନ୍ତୁଷ୍ଟ କରିବା ପାଇଁ ଛାଗବଳିର ପ୍ରଥା ଥିଲା। ଏବେ ତାହା ଅବର୍ତ୍ତମାନ।

କୋଣାର୍କ ପାଖରେ ଥିବା ରାମଚଣ୍ଡୀଙ୍କୁ ପ୍ରାୟ ସମସ୍ତେ ଜାଣନ୍ତି। ମାତ୍ର ଓଡ଼ିଶାରେ ଆଉ ଏକ ରାମଚଣ୍ଡୀ ଅଛନ୍ତି। ନାଁ ସିଦ୍ଧରାମଚଣ୍ଡୀ। ଢେଙ୍କାନାଳରୁ ପ୍ରାୟ ପଚିଶ କି.ମି. ଦୂର କଟକ-ସମ୍ବଲପୁର ରାସ୍ତାର ଡାହାଣ ପାର୍ଶ୍ୱରେ ଥିବା ବ୍ରାହ୍ମଣୀ ନଦୀକୂଳରେ ତାଙ୍କର ଘର। ନାଧେରା ଗ୍ରାମରେ ଅବସ୍ଥିତ। ଇଏ ମଧ୍ୟ ରାମଙ୍କ ସହିତ ସଂପର୍କିତ। ତେଣୁ ବୋଧେ ନାଁ ରାମଚଣ୍ଡୀ। ରାମ, ଲକ୍ଷ୍ମଣ ଓ ସୀତାଙ୍କ ସହ ପଞ୍ଚବଟୀ ଆଶ୍ରମ ପ୍ରତିଷ୍ଠା ପାଇଁ ଜାଗା ଖୋଜି ବୁଲିଛନ୍ତି। ଭାରତର ବିଭିନ୍ନ ପ୍ରାନ୍ତର। ଖୋଜି ଖୋଜି ଶେଷରେ ପହଞ୍ଚିଛନ୍ତି ଏଇଠି। ବ୍ରାହ୍ମଣୀ କୂଳରେ ଶିବଙ୍କୁ ପୂଜା କରିଛନ୍ତି। ଚଣ୍ଡୀମୂର୍ତ୍ତି ପ୍ରତିଷ୍ଠା କରିଛନ୍ତି। ରାମ ସିଦ୍ଧିପ୍ରାପ୍ତ ହୋଇଛନ୍ତି। ତେଣୁ ନାଁ ସିଦ୍ଧରାମଚଣ୍ଡୀ।

କଳାମୁଗୁନି ପଥରରେ ଗଢ଼ା ଦେହ। ଆଠଟି ହାତ। ଅଷ୍ଟଭୁଜା। ଠିଆ ହୋଇଛନ୍ତି। ଗୋଟିଏ ପାଦ ବାହନ ସିଂହ ଉପରେ, ଅନ୍ୟଟି ମହିଷ ଉପରେ। ଡାହାଣ ଚାରୋଟି ହାତରେ ଖଣ୍ଡା, ଶରମୁଣାରୁ ବାହାର କରୁଥିବା ଗୋଟିଏ ଶର, ଚକ୍ର ଓ ତ୍ରିଶୂଳ। ବାମ ଚାରି ହାତରେ ପରଶୁ, ଧନୁ, ନାଗ ଓ ଆତେଣୀ। ମକର ସଂକ୍ରାନ୍ତି ସିଦ୍ଧରାମଚଣ୍ଡୀଙ୍କର ପ୍ରିୟ ପର୍ବ।

ତେବେ ଦୁର୍ଗାଙ୍କ ସହିତ ରାମ ଚିରକାଳ ସଂପର୍କିତ। ଦଶହରା ଦିନ ରାବଣକୁ ବଧ କରି ବିଜୟାଦଶମୀ ପାଳନ କରିଛନ୍ତି ରାମ। ଦୁର୍ଗା ଚଣ୍ଡୀରୂପ ଧାରଣ କରି ରାମଙ୍କର

ରକ୍ଷାକର୍ତ୍ତ୍ରୀ ହୋଇଛନ୍ତି। ବିଜୟୀ କରାଇଛନ୍ତି। ତେଣୁ କିମ୍ବଦନ୍ତୀରେ ରାମ ଭିନ୍ନ ଭିନ୍ନ ସ୍ଥାନରେ ଚଣ୍ଡୀଙ୍କ ସହ ଯୋଡ଼ି ହୋଇଯାଇଛନ୍ତି। କେଉଁଠି ତାଙ୍କ ନାଁ ରାମଚଣ୍ଡୀ ତ କେଉଁଠି ସିଦ୍ଧରାମଚଣ୍ଡୀ।

ରାମ ଆମ ପାଇଁ ଏକ ସାଂସ୍କୃତିକ ଚେତନା, ଯାହା ସକଳ ସଦ୍‌ଗୁଣର ଅନୁଭବ। ରାମକଥାକୁ ଉପଜୀବ୍ୟ କରି ଓଡ଼ିଶାରେ ରାମ, ସଗୁଣ ଓ ନିର୍ଗୁଣ, ଉଭୟ ଭାବର ପ୍ରତୀକ ହୋଇଛନ୍ତି। ଆମ ସାଂସ୍କୃତିକ ପରିମଣ୍ଡଳରେ ରାମ ଏକ ଲୀଳାମୟ କିମ୍ବଦନ୍ତୀରେ ବର୍ତ୍ତମାନ ହୋଇଯାଇଛନ୍ତି। ଏପରିକି ରାମ-ନାମ ପାଲଟି ଯାଇଛି ମୁକ୍ତିର ମନ୍ତ୍ର। ସେଇ ରାମ-କଥାର ଗାଥା ଉତ୍କଳୀୟ ସ୍ଥାପତ୍ୟରେ ଶକ୍ତିଙ୍କ ପୂଜନରେ ଅଭିମନ୍ତ୍ରିତ। କୋଣାର୍କର ରାମଚଣ୍ଡୀ କିମ୍ବା ଢେଙ୍କାନାଳର ନାଧେରାରେ ଥିବା ସିଦ୍ଧରାମଚଣ୍ଡୀ ନିଜ ନିଜର ସ୍ଥାପତ୍ୟ ଶୈଳୀରେ ସ୍ୱତନ୍ତ୍ର। ମାତ୍ର ରାମଚେତନାରେ ସମୁଜ୍ଜ୍ୱଳ।

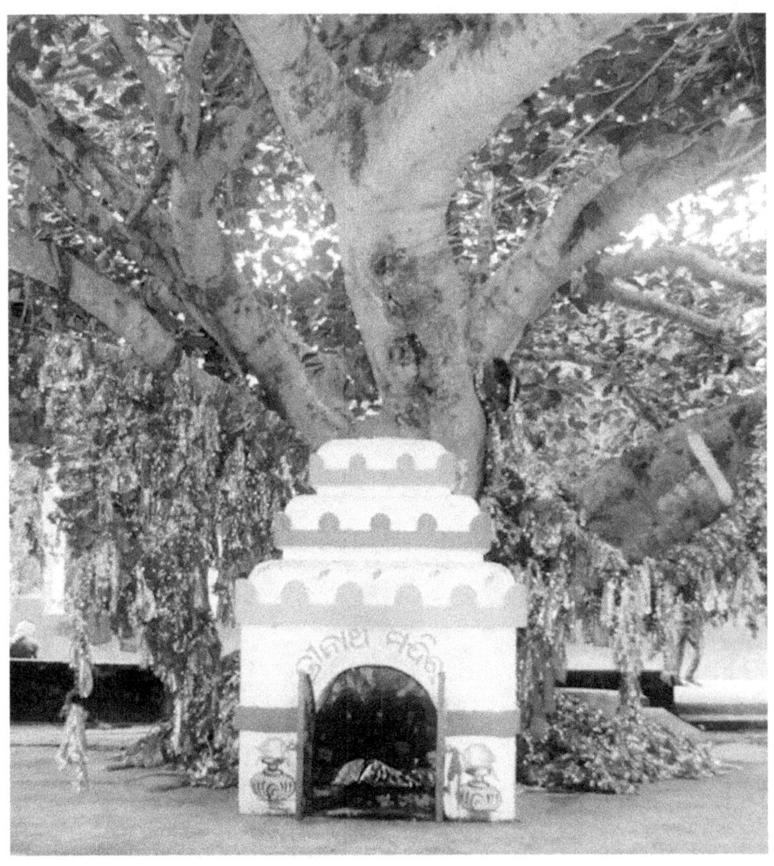

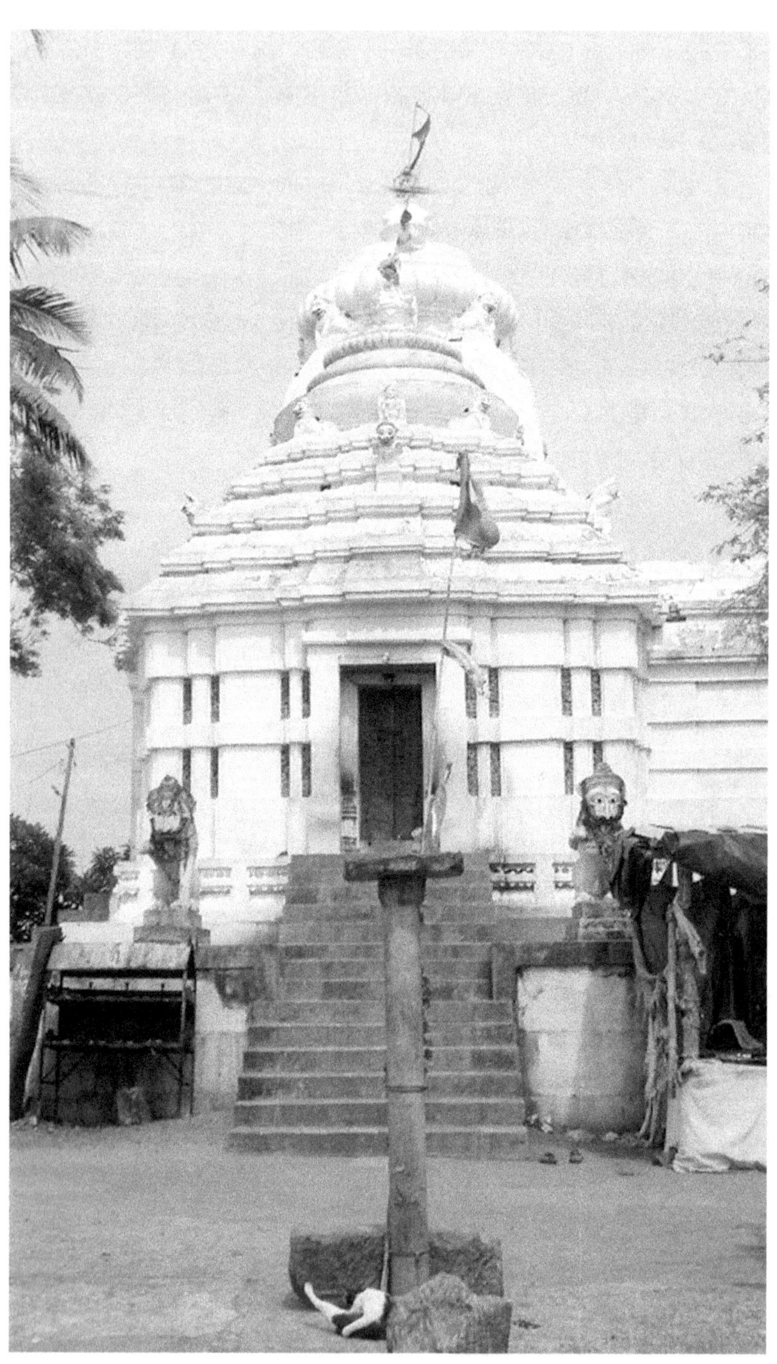

ବାଲୁବନ୍ତର ଦେବୀ

ବାଲି ହରଚଣ୍ଡୀ

ଗତଥର ଆମେ ରାମଚଣ୍ଡୀଙ୍କ ପୀଠକୁ ଯାଇଥିଲେ। ଏଥର ହରଚଣ୍ଡୀଙ୍କ ବିଷୟରେ କଥା ହେବାପାଇଁ କଥା ରଖିଥିଲେ। ମଜା କଥା, ରାମ ଏବଂ ହର- ଏ ଦୁଇଟି ଶବ୍ଦ ସହିତ 'ଚଣ୍ଡୀ' ଶବ୍ଦକୁ ଯୋଡ଼ିଦେଇ ଆମେ ଅନ୍ୟ ଦୁଇଟି ଶବ୍ଦ ତିଆରି କରିଛୁ। ରାମଚଣ୍ଡୀ ଓ ହରଚଣ୍ଡୀ। ଏହି ଶବ୍ଦ ଦୁଇଟିର ଦୁଇଟି ଅର୍ଥ ହୋଇପାରେ। ଅର୍ଥାତ୍, ରାମ କିମ୍ବା ହର ପ୍ରତିଷ୍ଠା କରିଥିବା ଚଣ୍ଡୀ। ଅଥବା ରାମ ଓ ହରଙ୍କର ଶକ୍ତିରୂପ ହେଉଛନ୍ତି ଚଣ୍ଡୀ। ଆମ ସଂସ୍କୃତିରେ ଚଉଷଠିଯୋଗିନୀ ପ୍ରତିମା ପରିକଳ୍ପନାରେ ଏହି ବିଚାର ହିଁ ସ୍ପଷ୍ଟ। ଏଠି ନାରାୟଣୀ, ନାରାୟଣ ଏବଂ ଇନ୍ଦ୍ରାଣୀ, ଇନ୍ଦ୍ରଙ୍କର ଶକ୍ତିରୂପ। ରାମଚଣ୍ଡୀ ଓ ହରଚଣ୍ଡୀଙ୍କ ପ୍ରତିମାରେ ରାମ ଅଥବା ହରଙ୍କ ଶକ୍ତିଭାବର ସଂକେତ ନାହିଁ। କିମ୍ବଦନ୍ତୀ ବି ନାହିଁ। ତେଣୁ ଆମକୁ ଗ୍ରହଣ କରିବାକୁ ପଡ଼ିବ, ରାମଚଣ୍ଡୀ ଓ ହରଚଣ୍ଡୀ- ଦୁଇଟିଯାକ ପ୍ରତିମା ସେମାନଙ୍କ ଦ୍ୱାରା ପ୍ରତିଷ୍ଠିତ ମାତୃରୂପ। ଓଡ଼ିଶାର ଅନେକ ସ୍ଥାନରେ ରାମଚଣ୍ଡୀ ଅଛନ୍ତି। ପୁରୀରେ ତ ରାମଚଣ୍ଡୀ ଓ ହରଚଣ୍ଡୀ ନାଁରେ ସାହି ରହିଛି। କୋଣାର୍କ ଓ ଢେଙ୍କାନାଳକୁ ଛାଡ଼ି ଅନୁଗୋଳ ଜିଲ୍ଲାର କୋଶଳା ନାମକ ଗାଁରେ ଏବଂ ଖୋର୍ଦ୍ଧା ଜିଲ୍ଲା ଟାଙ୍ଗୀ ନିକଟରେ ବି ରାମଚଣ୍ଡୀ ଅଛନ୍ତି। ମାତ୍ର ହରଚଣ୍ଡୀ ପୁରୀର ବ୍ରହ୍ମଗିରି ନିକଟରେ ଥିବା ପାଳଙ୍କ ଗାଁ ପାଖ ସମୁଦ୍ରକୂଳରେ ବାଲିବନ୍ତ ଉପରେ ଅଛନ୍ତି। ଅନ୍ୟ କେଉଁଠି ରହିଥିବେ ନିଶ୍ଚୟ। ମାତ୍ର ଜଣାନାହିଁ।

ହରଚଣ୍ଡୀଙ୍କ ନାଁ ପୂର୍ବରୁ ବାଲି ଶବ୍ଦ ରହିଛି। କାରଣ ଚଣ୍ଡୀଙ୍କ ଅବସ୍ଥିତି। ସେ ବିଜେ କରିଛନ୍ତି, ପୁରୀ ସହରରୁ ବ୍ରହ୍ମଗିରି ଆଡ଼କୁ ପ୍ରାୟ ୨୭ କିଲୋମିଟର ଦୂର ସମୁଦ୍ରକୂଳରେ। ସେଇଠି ଭାର୍ଗବୀ ନଈର ମୁହାଣ, କାଜୁ ଓ ଝାଉଁବଣର ନିଘଞ୍ଚ ଜଙ୍ଗଲ। ବାଲିର ପାହାଡ଼। ତା' ଉପରେ ଦେବୀଙ୍କ ଘର। ସେ ଘରେ କାହାର ଥରେ ପାଦ ପଡ଼ିଗଲେ, ବନ୍ଧା ପଡ଼ିଗଲା ଜାଣ। ମନ କହେ, ଏଇଠି ଚିରକାଳ ରହିଯାଆନ୍ତିନି!

ଏଠି ଅପରୂପା ପ୍ରକୃତି ଓ ମା' ଯେପରି ଏକାକାର। ମାତ୍ର ଏଇ ମା'ଙ୍କୁ ଆମେ ଚଣ୍ଡୀ, ଭୟଙ୍କରା, ରୁଦ୍ରା କାହିଁକି କହୁ? କେତେ ପ୍ରଶାନ୍ତି ସେ କମନୀୟ ମୁହଁରେ! ଏହା ପରସ୍ପରବିରୋଧୀ ଭାବାଦର୍ଶ ନୁହେଁ କି?

ଦେବୀ ସମୁଦ୍ରକୂଳରେ, ନିଛାଟିଆ ନିକାଞ୍ଚନ ଜଙ୍ଗଲ ମଝିର ବାଲୁବନ୍ତ ଉପରେ କାହିଁକି ରହିଲେ? କିମ୍ବଦନ୍ତୀ କୁହେ- ମା' କାଳେ ସମୁଦ୍ରକୂଳର ନୈସର୍ଗିକ ସୁଷମା ଭିତରେ ରହୁଥିଲେ। ସୁରକ୍ଷା ଦେଉଥିଲେ ସମୁଦ୍ରର କ୍ରୋଧରୁ ଅସହାୟ ତାଙ୍କ ଆତ୍ମଜମାନଙ୍କୁ। ଦିନକର କଥା। ମା' ବୁଲୁଥାନ୍ତି ସମୁଦ୍ରକୂଳରେ। ଦେଖିଲେ ସେଇ ବାଟଦେଇ ଯାଉଥିବା ଜଣେ କାଚରାକୁ। ସବୁ ନାରୀଙ୍କ ଭଳି ମା'ଙ୍କର ବି ଶ୍ରଦ୍ଧା ହୋଇଛି ହାତରେ କାଚ ନାଇବାକୁ। ଦେଖାଇ ଦେଇଛନ୍ତି ହାତ କାଚରାକୁ। ମା'ଙ୍କ ହାତରେ ରଙ୍ଗବେରଙ୍ଗର କାଚ ପିନ୍ଧେଇ ଦେଇଛି କାଚରା। ବିନିମୟରେ ମାଗିଛି ଅର୍ଥ। ମାତ୍ର ମା'ଙ୍କ ପାଖରେ ଅର୍ଥ ଆସିବ କେଉଁଠୁ? ମା' କାଚରାକୁ ଦେଇଛନ୍ତି ତାଙ୍କର କିଛି ସନ୍ତକ। କହିଛନ୍ତି- ନେ, ଏଇତକ ଦେଖେଇବୁ ରାଜାଙ୍କୁ। ସେ ତୋ ପାଉଣା ଦେଇଦେବେ। ମା'ଙ୍କ ମୁହଁର ଜ୍ୟୋତିରୁ କାଚରା କ'ଣ ବୁଝିଛି କି ନବୁଝିଛି କେଜାଣି- ଯାଇଛି ଗଜପତିଙ୍କ ପାଖକୁ। ଦେଖାଇଛି ମା'ଙ୍କ ସନ୍ତକ। ହତବାକ୍ ହୋଇଯାଇଛନ୍ତି ଗଜପତି। ମା'ଙ୍କ ଅଭିଳାଷ ବୁଝିପାରିଛନ୍ତି। କାଚରାକୁ ମନଇଚ୍ଛା ପ୍ରାପ୍ୟ ଦେଇଛନ୍ତି। ଏବଂ, ମା' ଯେଉଁଠି କାଚ ପିନ୍ଧିଥିଲେ ଗଜପତି ସେଇଠି ତୋଳେଇ ଦେଇଛନ୍ତି ମା'ଙ୍କ ପାଇଁ ଦେଉଳ। ବାଲି ଉପରେ। ତେଣୁ ନାଁ ବାଲିହରଚଣ୍ଡୀ।

ଏହା ଷୋଡ଼ଶ ଶତାବ୍ଦୀର କଥା। ଗଜପତି ଥିଲେ ମୁକୁନ୍ଦଦେବ (୧୫୬୦-୧୫୬୮), ଓଡ଼ିଶାର ଶେଷ ସ୍ୱାଧୀନ ରାଜା। ପୁଣି, ଏ କଥା ବି କୁହାଯାଏ, ଏବେ ଯେଉଁ ମନ୍ଦିରରେ ହରଚଣ୍ଡୀ ପୂଜା ପାଉଛନ୍ତି, ତାହା ସେହି ପୁରୁଣା ମନ୍ଦିର ନୁହେଁ। ପ୍ରଥମ ମନ୍ଦିର ଭାଙ୍ଗିଯାଇଛି, ଅଥବା ଭାଙ୍ଗିଦେଇଛି କଳାପାହାଡ଼। ଭୋଇବଂଶର ରାଜା ରାମଚନ୍ଦ୍ର ଦେବ ସେଠାରେ ଆଉ ଏକ ସମରୂପ ମନ୍ଦିର ଗଢ଼େଇଛନ୍ତି। ପ୍ରଧାନ ମନ୍ଦିର ଦେହରେ ଏବେ ଖାଲି ବାଲି ଆଉ ଚୂନର ବହଳ ପ୍ରଲେପ। ପ୍ରଲେପ ତଳେ ଲୁଚିଯାଇଛି ମନ୍ଦିରର ସୂକ୍ଷ୍ମ କାରୁକାର୍ଯ୍ୟ। ମାତ୍ର ଜଗମୋହନ ଦେଖିଲେ ଲାଗେ, ଏହା ଷୋଡ଼ଶ ସପ୍ତଦଶ ଶତାବ୍ଦୀର ସ୍ଥାପତ୍ୟ। ଶ୍ରୀମନ୍ଦିର ସହିତ ମା'ଙ୍କର ସଂପର୍କ ନିବିଡ଼। ପୁରୀରେ ରହିଛି ହରଚଣ୍ଡୀ ସାହି। ଆଶ୍ୱିନ ମାସର ଷୋଳପୂଜା ବେଳେ ମା'ଙ୍କ ପୀଠରେ ଗଜପତିଙ୍କ ନାଁରେ ଗୁଆ ଟେକାଯାଏ। ଦେବୀଙ୍କ ରୂପ ଓ ପୂଜାବିଧିକୁ ଆଧାର କରି କୁହାଯାଏ- ଉତ୍କଳ ଭୂମିର ଆଠଟି ପ୍ରାଚୀନ ଶକ୍ତିପୀଠ ମଧ୍ୟରେ ବାଲିହରଚଣ୍ଡୀପୀଠ ଅନ୍ୟତମ। ଏବଂ, ମା'ଙ୍କ ଉଦୟକାଳ ଶାରଳା ଓ ମଙ୍ଗଳାଙ୍କ ସମକାଳୀନ।

ସମୁଦ୍ର ପତନଠାରୁ ପ୍ରାୟ ପଚିଶ ଫୁଟ ଉଚ୍ଚର ବାଲୁକା ସ୍ତୂପ ଉପରେ ମା'ଙ୍କ ଦେଉଳ। ଦେଉଳ, ବିମାନ ଓ ଜଗମୋହନରେ ପରିପୁଷ୍ଟ। ବାଲିପଥରରେ ତିଆରି। ସ୍ଥାନୀୟ ଲୋକଙ୍କ ଭାଷାରେ ପଥରର ନାଁ ବଉଳମାଳା ଓ କଳାପଥର। ଦେଉଳର ମୁହଁ ପଶ୍ଚିମକୁ। ପଞ୍ଚରଥ ଆକୃତି ରେଖଶୈଳୀରେ ତିଆରି। ଉଚ୍ଚତା ପଞ୍ଚସ୍ତରି ଫୁଟ। ପୀଠ, ବାଡ଼, ଗଣ୍ଡୀ ଓ ମସ୍ତକରେ ମନ୍ଦିରର ଦେହ ଗଢ଼ା। ପୁଣି ପୀଠ- ଖୁରା, କୁମ୍ଭ, ପଟ୍ଟ, କଣି ଓ ବସନ୍ତର ସମାହାରରେ ସମୁଜ୍ଜ୍ୱଳ। ମନ୍ଦିରର ବାଡ଼ ନବରଥ ଶୈଳୀରେ ତିଆରି। ପାଭାଗ-

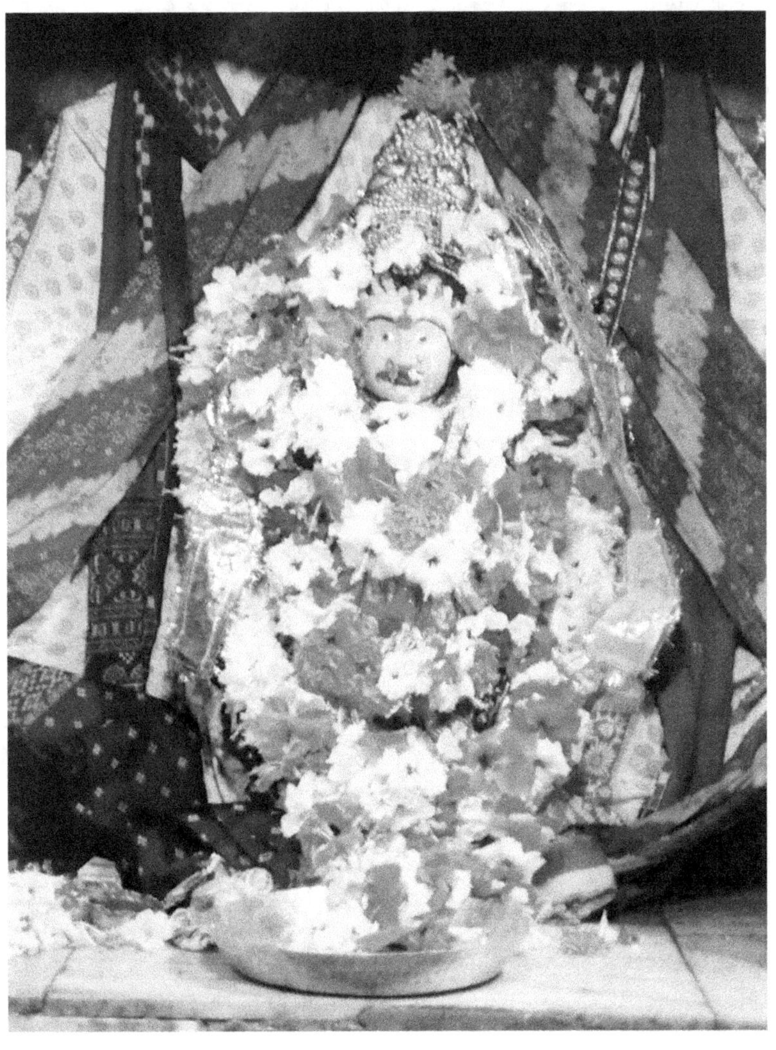

ତଳଜଂଘ, ବନ୍ଧନ, ଉପରଜଂଘ ଓ ବାରଣ୍ଡାରେ ସମୀକୃତ। ବାଡ଼ର ପାଭାଗ ଅନାଳାଙ୍କୃତ। ତଳଜଂଘର ଖୋପଗୁଡ଼ିକ ମିଥୁନ ମୂର୍ତ୍ତିରେ ବିମଣ୍ଡିତ। ପାଭାଗରେ ରହିଛନ୍ତି ସିଂହବିଡାଳ, ଗଜବିଡାଳ ଓ ନରବିଡାଳମୂର୍ତ୍ତି। ବିମାନ ବାଡ଼ର ତିନିପଟ ଖୋପରେ ଶୋଭାପାଉଛନ୍ତି ବାରାହୀ, କରାଳୀ ଓ ଭୈରବୀ। ଉତ୍ତର ବାଡ଼ର ଦେବୀ ବାରାହୀ। ବାମପଟର ଦୁଇହାତରେ ପାନପାତ୍ର ଓ ଶିଶୁ। ଡାହାଣ ଦୁଇହାତରେ ଖଡ୍‌ଗ ଓ ଅକ୍ଷମାଳା। ବୃଷଭ ପିଠି ଉପରେ ବସିଛନ୍ତି। ଦକ୍ଷିଣ ବାଡ଼ର ଦେବୀ କରାଳୀ। ବାମପଟର ଦୁଇହାତରେ ପାନପାତ୍ର ଓ ଢାଲ। ଡାହାଣ ଦୁଇହାତରେ ଖଡ୍‌ଗ ଓ ତ୍ରିଶୂଳ। ପାଦ ତଳେ ମହିଷାସୁର ପଡ଼ିରହିଛି। ଦେବୀଙ୍କ ଗୋଟିଏ ପାଦ ମହିଷର ମୁଣ୍ଡ ଉପରେ। ପୂର୍ବ ଦିଗର ବାଡ଼କୁ ଜଗିଛନ୍ତି ଭୈରବୀ। ତିନି ଦେବୀଙ୍କ ଦେହ କଳାମୁଗୁନି ପଥରରେ ଗଢ଼ା। ଚିକ୍କଣ ଓ ସୂକ୍ଷ୍ମ କାରୁକାର୍ଯ୍ୟରେ ପରିପୂର୍ଣ୍ଣ। ରାହାପାଗର ତିନିପଟରେ ଖଚିତ ବିଭିନ୍ନ ଦେବୀମୂର୍ତ୍ତି ଦେଉଳର ଶ୍ରୀ ମଣ୍ଡନ କରୁଛନ୍ତି। ଏହାର ଦକ୍ଷିଣ ଓ ପଶ୍ଚିମରେ ରହିଛନ୍ତି ଚତୁର୍ଭୁଜା କାଳୀ ଓ ଉତ୍ତରରେ ଦ୍ୱିଭୁଜା ଲକ୍ଷ୍ମୀ। ପୂର୍ବପଟର ରାହାପାଗ ଟିକିଏ ଅଲଗା। ସୁନ୍ଦର କୁନି ଦେଉଳଟିଏ ରହିଛି। ଦେଉଳର ଶୀର୍ଷରେ ଗଜକ୍ରାନ୍ତମୂର୍ତ୍ତି। ଦୁଇପାଖରେ ରାହୁ ମୁଣ୍ଡ- ସକଳ ଅପଶକ୍ତିକୁ ପ୍ରତିରୋଧ କରୁଛି। ବେକୀରେ ଜଗିରହିଛନ୍ତି ଦେଉଳଚାରିଣୀ। ସତେଯେପରି ଦେଉଳ ଶୀର୍ଷର ଅମଳକ ଶିଳାକୁ ଏମାନେ ଭିଡ଼ି ଧରିଛନ୍ତି। ବିମାନର ମସ୍ତକକୁ ଆକର୍ଷଣୀୟ କରୁଛି ବେକୀ, ଅମଳକ ଶିଳା, ଖପୁରି, କଳସ, ଆୟୁଧ ଓ ପତାକା।

କାରୁକାର୍ଯ୍ୟଖଚିତ ବାଲୁକା ସ୍ତୂପ ଉପରେ ଜନ-ମନ ହରଣ କରୁଥିବା ଏହି ଅପରୂପ ମନ୍ଦିର ଭିତରେ ପୂଜା ପାଉଛନ୍ତି ଅଷ୍ଟଭୁଜା ହରଚଣ୍ଡୀ। ଦେବୀ, ମହିଷାମର୍ଦ୍ଦିନୀ ଦୁର୍ଗାଙ୍କର ପ୍ରତିରୂପା। ମଣିଷ ଶରୀର ଓ ମଇଁଷି ମୁଣ୍ଡ ଥିବା ମହିଷାସୁରକୁ ଦେବୀ କରୁଛନ୍ତି। କଳାମୁଗୁନି ପଥରରେ ଗଢ଼ା ମା'ଙ୍କ ଦେହ। ବାମପଟର ଚାରୋଟି ହାତରେ ରହିଛି ଢାଲ, ଧନୁ, ନାଗପାଶ ଓ ଏକ ଦାନବର ମୁଣ୍ଡ। ଡାହାଣ ଚାରିହାତରେ ଧରିଛନ୍ତି ତ୍ରିଶୂଳ, ରତ୍ନମାଳା, ଶର ଓ ଖଡ୍‌ଗ। ଉଚ୍ଚତା ପ୍ରାୟ ଚାରିଫୁଟ। ମା'ଙ୍କ ଗୋଟିଏ ପାଦ ବାହନ ସିଂହର ପିଠି ଉପରେ। ଅନ୍ୟ ପାଦଟି ପଦ୍ମପାଖୁଡ଼ାର ପିଠିକାରେ। ପ୍ରଭାମଣ୍ଡଳରେ ଅପରୂପ କାନ୍ତି।

ଅଷ୍ଟଧାତୁରେ ତିଆରି ଅନ୍ୟ ଏକ ଦେବୀମୂର୍ତ୍ତି। ଅବିକଳ ହରଚଣ୍ଡୀଙ୍କ ପରି। ତାଙ୍କ ବିଜେ ପ୍ରତିମା। ସୁନ୍ଦର କାରୁକାର୍ଯ୍ୟଖଚିତ। ପ୍ରାୟ ଏକଫୁଟ ଉଚ୍ଚତାର ସିଂହାସନରେ ଉଭୟ ଦେବୀ ଆସୀନା। ସିଂହାସନ ଉପରେ କନକମଣ୍ଡପ। ଚାରୋଟି ସ୍ତମ୍ଭ ଏହାକୁ ଶକ୍ତଭାବେ ଧରିରଖିଛି। ଗର୍ଭଗୃହରେ ଦୁଇଟି ମୁଦ। ଗୋଟିଏ ଗର୍ଭମୁଦ, ଅନ୍ୟଟି ରତ୍ନମୁଦ।

ମୁଖ୍ୟ ଦେଉଳର ମୁହଁ ଜଗମୋହନ ଆଡ଼କୁ। କବାଟ ସୂକ୍ଷ୍ମ କାରୁକଳାରେ

ପରିପୂର୍ଣ୍ଣ। ବନ୍ଧରେ ଅଛନ୍ତି ଗଜଲକ୍ଷ୍ମୀ। ଏଠି ନବଗ୍ରହ ମୂର୍ତ୍ତି ଅନୁପସ୍ଥିତ। ଜଗମୋହନ ପୀଢ଼ ଶୈଳୀରେ ତିଆରି। ଉଚ୍ଚତା ପ୍ରାୟ ତିରିଶ ଫୁଟ। ଏଥିରେ ରହିଛି ପୀଠ, ବାଢ଼, ଗଣ୍ଡି ଓ ମସ୍ତକ। ବିମାନର ପୀଠ ଭଳି ଜଗମୋହନ ପୀଠରେ ଖୁରା, କୁମ୍ଭ, ପଞ୍ଚ, କଣି ଓ ବସନ୍ତ। ବାଢ଼ ପଞ୍ଚାଙ୍ଗ ଶୈଳୀରେ ତିଆରି। ପାଭାଗ, ତଳଜଂଘ, ବନ୍ଧନ, ଉପରଜଂଘ ଓ ବାରଣ୍ଡା। ପାଭାଗର କାରୁକାର୍ଯ୍ୟ ବେଶ୍ ଉଚ୍ଚକୋଟୀର। ତଳଜଂଘର ପାଭାଗରେ ମିଥୁନ ମୂର୍ତ୍ତି, ଅଳସକନ୍ୟା, କେତେକ ବିଡାଳ ମୂର୍ତ୍ତି ଓ ନାରୀ ମୂର୍ତ୍ତି। ଗଣ୍ଡିର କନିକା ପାଖରେ ସିଂହମୂର୍ତ୍ତି। ବେକୀ ଚାରିପଟରେ ଦେଉଳଚାରିଣୀ। ଦେଉଳ ବେଢ଼ାରେ ରହିଛି ଏକ ଶିବ ମନ୍ଦିର। ପୂଜା ପାଉଛନ୍ତି ଚନ୍ଦ୍ରଶେଖର। ପ୍ରାୟ ପ୍ରତ୍ୟେକ ଶକ୍ତି ମନ୍ଦିରରେ ଶିବଙ୍କର ଉପସ୍ଥିତି, ପ୍ରକୃତି-ପୁରୁଷଙ୍କ ସର୍ଜନାର କଥା କୁହେ।

ତେବେ ମା'ର ପ୍ରତିରୂପକୁ ଅବଶ୍ୟ ଆମେ ତିଆରି କରିଛୁ। ତା' ରହିବା ପାଇଁ ଘରଟିଏ ବି ତିଆରି କରିଦେଇଛୁ। ମାତ୍ର ସବୁ ତା' ଇଚ୍ଛାମତେ। କାରଣ ସେ କ'ଣ କୌଣସି ନିର୍ଦ୍ଦିଷ୍ଟ ରୂପରେ ସୀମିତ ରହିପାରେ? କୌଣସି ନିର୍ଦ୍ଦିଷ୍ଟ ଘରେ ବନ୍ଦୀହୋଇ ରହିପାରେ?? ତା' ପ୍ରମୂର୍ତ୍ତ ସତ୍ତାକୁ କେହି କ'ଣ ମୂର୍ତ୍ତିମନ୍ତ କରିପାରେ??? ନା, ଆଦୌ ନୁହେଁ। ତା' ଇଚ୍ଛାମତେ ସେ ନାନା ରୂପରେ, ନାନା ଭାବରେ ବିହାର କରିପାରେ, ଯେଣେ ନାହିଁ ତେଣେ। ସେ ହୋଇପାରେ ଝାଡ଼ଁବଣ, ନଈକୂଳ କି ସମୁଦ୍ରକୂଳ, ବାଲୁବନ୍ତ କି ମହାଶୂନ୍ୟ। ସବୁଠି ସେ ରହିପାରେ। ଜଳ, ସ୍ଥଳ, ବନ, ଗିରି, ଆକାଶ- ସବୁଠି।

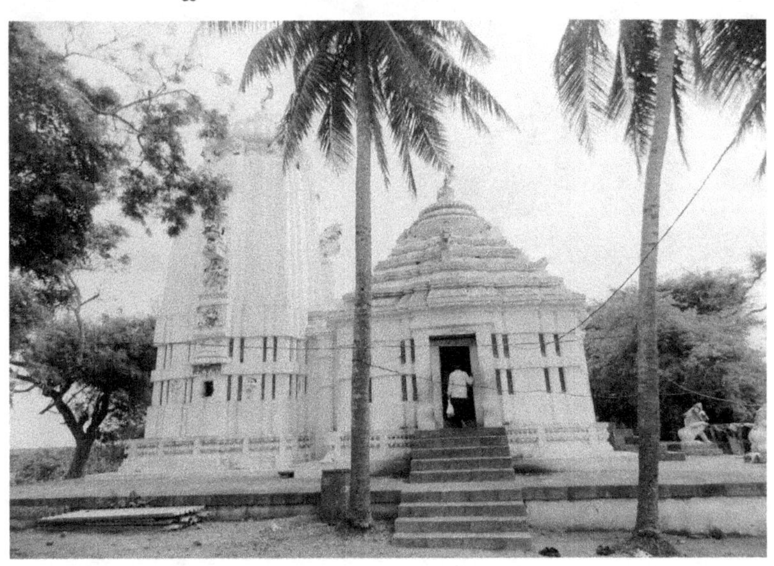

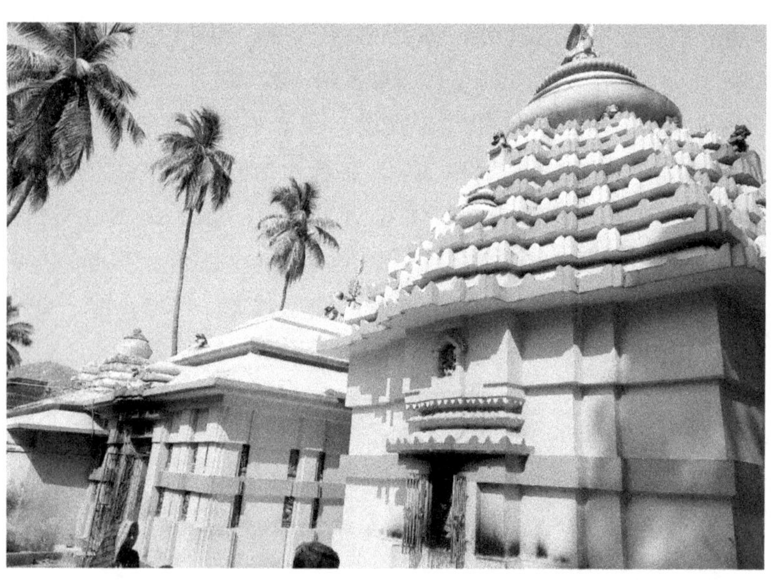

ଭଗବତୀ: ଏକ ଯୌଗିକ ଅଭିବ୍ୟକ୍ତି

ବାଣପୁର ଭଗବତୀ

॥ ଏକ ॥

ଶାଳିଆ ନଈ। ଦୂର ଶାଳବଣ ଭିତରୁ କୁଳୁକୁଳୁ ହୋଇ ବହିଆସୁଛି ବୋଲି କାଳେ ତା' ନାଁ ଶାଳିଆ। ଗତିରେ କେତେ ଛନ୍ଦ, କେତେ ଗୀତ, କେତେ କଥା। ନିଜକୁ ସମାହିତ କରିଦେଇଛି ଚିଲିକାର ନୀଳ ଦେହରେ। ସାପୁଆଧାର ବି ଅଧାବାଟରେ ତା' ସହିତ ମିତ ବସିଛି। ଯେଉଁଠି ସେମାନଙ୍କ ଗୀତର ସୁର ମିଶି ଏକତାନିକ ହୋଇଯାଇଛି, ସେଇଠି ମା' ଭଗବତୀଙ୍କ ଘର, ବାଣପୁର। ଚିଲିକାର ମୁହାଁଣ ପାଖରୁ ପ୍ରାୟ ପାଞ୍ଚ କିଲୋମିଟର ଦୂର। ଲୋକବିଶ୍ୱାସ ରହିଛି ପୁରାଣପ୍ରସିଦ୍ଧ ବାଣାସୁରର ରାଜଧାନୀ କାଳେ ଥିଲା ଏଇ ବାଣପୁର। ଏବଂ, ଏହାର ଅନେକ ପୂର୍ବରୁ ଏଇଠି ଦକ୍ଷପ୍ରଜାପତି ମହାଯଜ୍ଞର ଆୟୋଜନ କରିଥିଲେ। ଏଠାରେ ରହିଛି ସେହି ଦକ୍ଷପ୍ରଜାପତିଙ୍କ ପ୍ରାଚୀନ ମନ୍ଦିର। ଯଜ୍ଞକୁଣ୍ଡ। ପାଖରେ ମା' ଭଗବତୀଙ୍କ ଦେଉଳ। ଦକ୍ଷପ୍ରଜାପତି ମନ୍ଦିର ଏହି କାରଣରୁ ମା'ଙ୍କ ବାପଘର। ବାପଘରୁ ପ୍ରତି ମଙ୍ଗଳବାର ସ୍ୱତନ୍ତ୍ର ପୂଜାବିଧିରେ ମା'ଙ୍କ କାଠି ପ୍ରତିମା ବିଜେ ହୁଅନ୍ତି ଭଗବତୀ ମନ୍ଦିରରେ।

ତେବେ ଏଇ ଶାଳିଆ କୂଳରେ ରହିବାକୁ ମା' କାହିଁକି ମନ କଲେ? ମା'ଙ୍କୁ ନେଇ କେତେ କଥା, କେତେ କାହାଣୀ। ମା' ତ ଇଚ୍ଛାର ଈଶ୍ୱରୀ। ନିଜ ଇଚ୍ଛାମତେ ବୁଲୁଥିଲେ ଏଣେତେଣେ। ପାହାଡ଼, ପର୍ବତ, ଶାଳବଣ, ନଈ-ସମୁଦ୍ରକୂଳ। ସବୁଠି। ଦିନେ ଭାବିଲେ ତାଙ୍କ ସନ୍ତାନମାନଙ୍କ ପାଖରେ ନିଜକୁ ପ୍ରକଟ କରିବେ। ଶାଳିଆର କଳଗୀତ ତାଙ୍କୁ ମୁଗ୍ଧ କଲା। ଭିତରକୁ ଗଲେ। ନିଜକୁ ରୂପାନ୍ତର କଲେ ଦାରୁରେ। ଦାରୁ ଭାସିଚାଲିଲା ଶାଳିଆ ଛାତିରେ। ଶାଳିଆ ଆଉ ସାପୁଆର ମିଳନ ଗୀତ ତାଙ୍କୁ ଚକିତ ଓ ମୁଗ୍ଧ କଲା। ଭାବିଲେ, ଏଇଠି ରହିଗଲେ ହୁଅନ୍ତାନି! ସୂର୍ଯ୍ୟ ଢଳିପଡୁଥାନ୍ତି

ପଶ୍ଚିମ ଦିଗନ୍ତରେ। ଶବର ଜଣେ (କେହିକେହି ରଜକ କୁହନ୍ତି) ଆସିଥାଏ ତୁଠକୁ। କୂଳରେ ଭାସୁଛି କାଠ ଖଣ୍ଡେ। ଜାଳେଣି ପାଇଁ ସଂଗ୍ରହ କରିଛି। ଘରକୁ ଆଣିଛି। ଏଥର କାଠ ଦେହରେ କୁରାଢ଼ିର ଚୋଟ। ମାତ୍ର ଏ କ'ଣ? କୁରାଢ଼ି ଲାଖିଯାଇଛି କାଠର ଗଣ୍ଠିରେ। ଆଉ କାଠ ଦେହରୁ ଉବୁକି ଆସୁଛି ସଜରକତର ଧାର। ଚକିତ ଶବର। କାଠ ଦେହରେ ରକ୍ତ? କୋଉ ଦେବୀ ନୁହନ୍ତି ତ! ଭୟରେ ଥରଥର ଦେହ। କବାଟ କିଳିଦେଇଛି। ମାଟି ଚଟାଣରେ ଚିତ୍‌ହୋଇ ଶୋଇପଡ଼ିଛି। ଜଣାନାହିଁ ଆଖିପତା କେତେବେଳେ ଲାଗିଯାଇଛି। ମା' ସ୍ୱପ୍ନରେ କହୁଛନ୍ତି- ଡରନା, ମୁଁ ତୋର ମା'। ଏଇଠି ରହିବାକୁ ମନ କରିଛି। ରଖିବୁନି?

ନିଦ ଭାଙ୍ଗିଯାଇଛି। ଭୟ ଉତୁରିଯାଇଛି ତା' ଚେତନାରୁ। ସାଇ-ବିରାଦରିରେ କଥା ପଡ଼ିଛି। ଏବେ ମା'ଙ୍କ ପାଇଁ ତିଆରି ହୋଇଯାଇଛି ଆସ୍ଥାନ। ମା' ଏଇଠି ରହିଛନ୍ତି ଦାରୁ ରୂପରେ। ପରେ ପ୍ରମୂର୍ତ୍ତ ହୋଇଛନ୍ତି ପଥରରେ। ମାତ୍ର ଏବେ ବି ମା'ଙ୍କ ଚଳନ୍ତି ବିଗ୍ରହ କାଠି ପ୍ରତିମା ନାଁରେ ନାମିତ।

ଏବେ ତ ମା' ଘର କରି ଏଇଠି ରହିଲେ। ରକ୍ତ-ମାଂସରେ ନିରାଜନା କରି ଶବର ମା'ଙ୍କୁ ତୁଷ୍ଟ କରୁଥିଲା। ତେଣୁ ମା'ର ଶରଧା ରକ୍ତ ଆଉ ମାଂସରେ। ଦିନକର କଥା, ପୂଜକ କାଳେ ମା'ଙ୍କ କବାଟ ଖୋଲିବା ବେଳକୁ ଦେଖିଛନ୍ତି ଏକ ଅଭାବିତ ଦୃଶ୍ୟ। ମା'ଙ୍କ ସାମ୍ନାରେ ଏକ ବିରାଟ ଶାଣଦିଆ ପନିକି (ସେ ପନିକି ଏବେ ବି ପୂଜକ ଭକ୍ତଙ୍କୁ ଦେଖାଇଥାନ୍ତି)। ହାତରେ କଅଁଳିଆ ଶିଶୁ। ମା' କ'ଣ ସତରେ ଏତେ ନିର୍ମମ ହୋଇପାରେ? କ୍ରୋଧ ସମ୍ଭାଳି ପାରିନାହାନ୍ତି ପୂଜକ। ଚାପୁଡ଼ାଏ କଷିଦେଇଛନ୍ତି ଗାଲରେ। ମୁହଁଟା ସାଇଁକରି ବୁଲିଯାଇଛି ପଛକୁ। ସେମିତି ଆଜିପର୍ଯ୍ୟନ୍ତ ରହିଛି ଯେ, ରହିଛି। ମାତ୍ର ଏହା କ'ଣ ସମ୍ଭବ? ତେବେ କିମ୍ବଦନ୍ତୀରେ ମା'ଙ୍କ ମୁହଁ ପୂଜକର ଚାପୁଡ଼ାରେ ପଛକୁ ବୁଲିଯିବା ଘଟଣାର ତାତ୍ପର୍ଯ୍ୟ ରହିଛି। ପ୍ରାୟ ପ୍ରତ୍ୟେକ ପ୍ରାଚୀନଦେବୀ ପୂର୍ବକୁ ମୁହଁ କରିଥିବାବେଳେ ଭଗବତୀ ପୂର୍ବର ପଛ, ଅର୍ଥାତ୍ ପଶ୍ଚିମକୁ ମୁହଁ କରିଛନ୍ତି। କାହିଁକି? କିମ୍ବଦନ୍ତୀର ଯଥାର୍ଥତା ଏଇଠି ପ୍ରତିପାଦିତ ହେଉନାହିଁ ତ? ପଶ୍ଚିମମୁଖୀ ଦେବୀଙ୍କୁ ଦର୍ଶନ କଲେ କୋଟି ପୁଣ୍ୟଫଳ ମିଳିଥାଏ, ବିଶ୍ୱାସ ରହିଛି।

ମା'ର ଆନନ୍ଦ ରକ୍ତ ଆଉ ମାଂସରେ- ଏ କଥା ପ୍ରଘଟ ହୋଇଯାଇଛି ଚାରିଆଡ଼େ। ତେଣୁ ମା'ଙ୍କୁ ପ୍ରୀତ କରିବାପାଇଁ ଆଶ୍ୱିନ ମାସର ଦଶହରା ପୂଜାରେ କାଳେ ସ୍ୱତନ୍ତ୍ର ନିରାଜନାର ବ୍ୟବସ୍ଥା ହୋଇଛି। ଏଥିପାଇଁ ପରମ୍ପରାକ୍ରମେ ନିୟୋଜିତ ରହିଛନ୍ତି 'ବଳିଜେନା' ପରିବାର। ବଳିଜେନା ଏକ ସାଙ୍ଗିଆ। ସେହି ପରିବାରର ଜଣଙ୍କୁ କରାଯାଏ ମା'ଙ୍କୁ ସମର୍ପଣ। ଗଡ଼ିଚାଲିଲା ବିଧି ପିଢ଼ି ପରେ ପିଢ଼ି। ଗୋଟିଏ ପିଢ଼ିରେ,

ବଳିଜେନାର ପତ୍ନୀ ନିଜ ବଂଶର ଏ କରୁଣ ପରିଣତିକୁ ସ୍ୱୀକାର କରିପାରିନାହିଁ। ନିଜର ଏକମାତ୍ର ସନ୍ତାନକୁ ସାଙ୍ଗରେ ଧରି ଲୁଚି ଲୁଚି ଦୂରକୁ ଚାଲିଯିବାକୁ ସିଦ୍ଧାନ୍ତ ନେଇଛି। ଦିନେ କାହାକୁ କିଛି ନକହି ଚାଲିଯାଇଛି। ଚାଲୁ ଚାଲୁ ବାଟରେ ଖଣିହଣା ପାହାଡ଼ ପାଖରେ ସଂଜ ନଇଁଆସିଛି। ଗଛମୂଳେ ଉଭୟେ ଆଶ୍ରୟ ନେଇଛନ୍ତି। ନିରୁଦ୍‌ବିଗ୍ନ ଓ ଅନାତଙ୍କିତ ମନ। ଅନ୍ଧାର ମାଡ଼ିଆସୁଛି। ସେଇ କିଟିମିଟିଆ ଅନ୍ଧାର ଭିତରେ ସେ ସ୍ପଷ୍ଟ ଦେଖିପାରୁଛି ତା' ଆଗରେ ଜଣେ ଦିବ୍ୟ ନାରୀ। ପଚାରିଛି- ଅନ୍ଧାରରେ ପୁଅକୁ ଧରି ଏକୁଟିଆ ଏଠି ବସିଛୁ କାହିଁକି ? ବଳିଜେନାର ପତ୍ନୀ ଆଉ କୋହ ସମ୍ଭାଳି ପାରିନାହିଁ। ଓଗାଳି ପକାଇଛି ତା' ଅନ୍ତରର ବେଦନା ସେହି ନାରୀ ଜଣଙ୍କ ଆଗରେ। ଏଥର ମା'ଙ୍କ ଆଖିରେ ଲୁହ। କହିଲେ- ଯା, ଫେରିଯା ଘରକୁ। ମୁଁ କହିଦେବି ସେମାନଙ୍କୁ, ଭଗବତୀର ମଣିଷ ରକ୍ତ ଲୋଡ଼ା ନାହିଁ। ତା' ସହଚରୀମାନଙ୍କୁ ତୁଷ୍ଟ କରିବାକୁ ଏବେ ସେମାନେ ପଶୁ, ଉପପଶୁ ଓ ମହାପଶୁଙ୍କୁ ସମର୍ପଣ କରିବେ। ଆ- ମୋ ସହିତ ଆ, ମୁଁ ତତେ ଘରେ ଛାଡ଼ିଦେବି। ଏ କଥା ଶୁଣିବା ପରେ ବଳିଜେନାର ପତ୍ନୀକୁ ଆଉ ବୁଝିବାକୁ କିଛି ବାକି ନଥିଲା। ମା'ଙ୍କୁ ପ୍ରଣାମ ଜଣାଇ ଘରକୁ ଫେରିଲା। ସେଇଦିନୁ ମା'ଙ୍କ ପୀଠରେ 'ବଳିଜେନା'ର ପରମ୍ପରା କେବଳ ଏକ ପ୍ରତୀକମାତ୍ର ଭାବେ ପାଳନ କରାଯାଉଛି, ମାତ୍ର ମା'ଙ୍କୁ ସେହିଦିନୁ ସମର୍ପଣ କରାଯାଉଛି ପଶୁ ଭାବେ ଛାଗ, ଉପପଶୁ ଭାବେ ମେଣ୍ଢା ଓ ମହାପଶୁ ଭାବେ ପୋଢ଼/ମଇଁଷି।

ଏ ପରମ୍ପରା ଏବେ ବି ଜୀବନ୍ତ। ଦଶହରା ପର୍ବକାଳରେ ପୀଠରେ ବଳିଭୋଗ ଦୃଶ୍ୟ ବାସ୍ତବତଃ ସୃଷ୍ଟିକରେ ଏକ ଭୌତିକ ପରିମଣ୍ଡଳ। ବଳିଜେନା ଘରୁ ଏବେ ବି ଆସନ୍ତି ତାଙ୍କ ଦାୟାଦ। ମା'ଙ୍କ ଭୋଗମଣ୍ଡପର ଶେଷମୁଣ୍ଡ ଆଡ଼କୁ ମା'ଙ୍କୁ ମୁହଁକରି ବସନ୍ତି ବଳିଜେନା। ଠିକ୍ ପଛରେ ଦେବୀ ପୋଲକାଶୁଣୀ। ବଳିଜେନାର ମଥାରେ ସିନ୍ଦୂର, ବେକରେ ମନ୍ଦାରମାଳ। କାନ ମୂଳରେ ଘଣ୍ଟ- ଘଣ୍ଟାର ମହାନାଦ। ଚାରିପାଖରେ ଢୋଲ, ମହୁରୀ, ହୁଳହୁଳିର ଅପୂର୍ବ ଝଙ୍କାର। ଝୁଣା, ଧୂପ, ଦୀପର ମହକରେ ଚତୁର୍ଦ୍ଦିଗ ମହକିତ। ସେବକ ଯୋଡ଼ହସ୍ତରେ ମା'ଙ୍କ ଆଜ୍ଞାପ୍ରାର୍ଥୀ। ତୁଣ୍ଡରେ 'ମା' ଆଜ୍ଞା ହେଉ', 'ମା' ଆଜ୍ଞା ହେଉ'ର ପ୍ରାର୍ଥନା। ବଳିଜେନାର ହୃଦୟରେ ଭୟ, କମ୍ପନ ଓ ଶିହରଣ। ଆତୁର ଓ କାତର ବଳିଜେନା ଏବେ ଘନଘନ ସଂଜ୍ଞାହୀନ। ଏହା କେବଳ ବଳିଜେନା ବଳିପ୍ରଥାର ପ୍ରତୀକ ମାତ୍ର। ପରେ ପରେ ମା'ଙ୍କୁ ଉତ୍ସର୍ଗ କରାଯାଏ ପଶୁ, ଉପପଶୁ, ମହାପଶୁ। ଏହି ଉତ୍ସର୍ଗ-ରକ୍ତ, ରକ୍ତମାତ୍ର ନୁହେଁ, ଜୀବନୀଶକ୍ତି। ଭକ୍ତମାନଙ୍କର ଆତ୍ମାରେ ମାତୃ-ତୁଷ୍ଟିକରଣର ମନ୍ତ୍ର। ବଳିଜେନା ପରିବାରକୁ ଯୋଗାଇ ଦିଆଯାଇଛି ସେହିଦିନଠୁ କେତେ ଏକର ଜାଗିରି ଜମି।

ଏହିସବୁ ମିଥ୍‌ରୁ ଗୋଟିଏ କଥା ସ୍ପଷ୍ଟ ଯେ, ଦେବୀ ଭଗବତୀ ପ୍ରଥମେ ଥିଲେ ଆଟବିକ ପୂଜିତା ଶକ୍ତି। ତେଣୁ ତାଙ୍କ ତୃପ୍ତିପାଇଁ ପଶୁପକ୍ଷୀଙ୍କ ରକ୍ତରେ ନିରାଜନା ସ୍ୱାଭାବିକ। ପରବର୍ତ୍ତୀ କାଳରେ ସେ ତନ୍ତ୍ର ଓ ଶେଷରେ ବୈଷ୍ଣବୀରେ ରୂପାନ୍ତରିତ ହୋଇଛନ୍ତି। ତନ୍ତ୍ରଦେବୀ କହିବାର କାରଣ, ବଳିଭୋଗରେ ସେ ତୁଷ୍ଟ ହୁଅନ୍ତି। ପଶୁମାନଙ୍କ ମୁଣ୍ଡ ତାଙ୍କୁ ଅର୍ପଣ କରାଯାଏ, ଗଣ୍ଡି ଦେବୀ ପୋଲକାଶୁଣୀଙ୍କୁ। ଦକ୍ଷପ୍ରଜାପତିଙ୍କ ଘରେ କାଠିପ୍ରତିମା ରୂପରେ ମା'ଙ୍କ ଅବସ୍ଥିତି ଆଟବିକ ପୂଜନର ଅନ୍ୟ ଏକ ଉଦାହରଣ। ଏବଂ, ବୈଷ୍ଣବୀ କହିବାର କାରଣ, ମା'ଙ୍କ ସେବାରେ ନିୟୋଜିତ ଛତିଶା ନିଯୋଗ। ମାତ୍ର ମା' ବ୍ରାହ୍ମଣ ପୂଜିତା। ଅନ୍ୟ ଦେବୀପୀଠ ଭଳି ପୂଜକ ଏଠି ଅବ୍ରାହ୍ମଣ ନୁହନ୍ତି।

ମା'ଙ୍କ ଅବସ୍ଥିତିକୁ ନେଇ ସ୍ଥାନୀୟ ପୂଜକ କୁହନ୍ତି- ମା'ଙ୍କୁ କେହି ଥାପନା କରିନାହାନ୍ତି। ନିଜ ଇଚ୍ଛାରେ ସେ ସ୍ୱୟଂ ପ୍ରକଟିତା। ଭୂମି ଭିତରୁ ଆବିର୍ଭୂତା, ଠିକ୍ ସ୍ୱୟମ୍ଭୂଙ୍କ ପରି। ତେଣୁ ସେ ଭଗବତୀ।

ଭଗବତୀ ନାଁର ମଧ୍ୟ ବହୁ ଅର୍ଥ ରହିଛି। ଭଗ- ସୃଜନ, ସମ୍ମୋହନ, ସୌନ୍ଦର୍ଯ୍ୟ ଓ ଐଶ୍ୱର୍ଯ୍ୟର ପ୍ରତୀକ। ତେଣୁ ସେ ସକଳ ଶକ୍ତିର ଈଶ୍ୱରୀ। ଶକ୍ତିମତୀ, ଭାବମତୀ। ଦେଖିଲେ ଲାଗେ ଶାକ୍ତ, ଶୈବ, ବୌଦ୍ଧ, ବୈଷ୍ଣବ ବିଚାରର ଯେମିତି ଏକ ଯୌଗିକ ଅଭିବ୍ୟକ୍ତି। ପୁଣି ତାଙ୍କ ସହିତ ପାଖାପାଖି ରହିଛନ୍ତି ଆଉ ଛଅ ଭଉଣୀ। ସିଦ୍ଧାମ୍ବରୀ, ବିରୀଜାଈ, କାଳୀଜାଈ, ନାରାୟଣୀ, ବୁଢ଼ୀମା ଏବଂ ପୋଲକାଶୁଣୀ। ଏମାନେ ସାତଭଉଣୀ ଭାବରେ ଖ୍ୟାତ। କୁହାଯାଏ, ପୋଲକାଶୁଣୀ, ଭଗବତୀଙ୍କ ପୂର୍ବରୁ ପୂଜା ପାଉଥିଲେ। ଏବେ, ଠିକ୍ ତାଙ୍କ ସାମ୍ନାରେ ତାଙ୍କର ଅବସ୍ଥିତି। ସିଦ୍ଧାମ୍ବରୀ ଓ ବିରୀଜାଈ ରୁହନ୍ତି ଭାଟପଡ଼ାରେ। ଭାଟପଡ଼ା ଦୁଇଟି ସ୍ୱତନ୍ତ୍ର ଗାଁ। କାଳୀଜାଈଙ୍କ ଘର ଚିଲିକା ଭିତରେ। ନାରାୟଣୀ ରୁହନ୍ତି ଦକ୍ଷିଣ ଦିଗସ୍ଥ ଭାଲେରି ପାହାଡ଼ ଉପରେ। ବୁଢ଼ୀମା ଦକ୍ଷପ୍ରଜାପତିଙ୍କ ମନ୍ଦିରବେଢ଼ାସ୍ଥ ସ୍ୱତନ୍ତ୍ର ଏକ କୁନି ମନ୍ଦିରରେ। ଏମାନଙ୍କ ବ୍ୟତୀତ ଶାଳିଆର ଉପରମୁଣ୍ଡରେ ଅଛନ୍ତି ବ୍ୟାଘ୍ରଦେବୀ ଓ ଅନ୍ୟମାନେ। ସେମାନେ ଯେପରି ଦୀର୍ଘ ସମୁଦ୍ରତଟ ଓ ଜଙ୍ଗଲରେ ନିଜ ସନ୍ତାନମାନଙ୍କୁ ବିପଦ-ଆପଦରୁ ରକ୍ଷାକରୁଛନ୍ତି। ସୁଖ-ସମୃଦ୍ଧି ଦେଉଛନ୍ତି। ମା'ର ଆନନ୍ଦ ତ ସନ୍ତାନର ସୁଖରେ।

ତେବେ ବାଣପୁରର ଭୌଗୋଳିକ ଓ ରାଜନୀତିକ ଇତିହାସ ଭଗବତୀଙ୍କ ଉପାସନା ସହିତ ବହୁଭାବରେ ସଂପର୍କିତ। ଭୌମକର, ଶୈଳୋଦ୍ଭବ, ସୋମବଂଶୀ ଓ ଗଙ୍ଗବଂଶୀ ରାଜାମାନଙ୍କର ଏହା ଥିଲା ସାମରିକ ଓ ବାଣିଜ୍ୟିକ ପେଣ୍ଠ। ତେଣୁ ଜୈନ, ବୌଦ୍ଧ, ଶୈବ, ଶାକ୍ତ ଓ ବୈଷ୍ଣବ ଧର୍ମ ଏଠି ବିକଶିତ ଓ ପରିପୁଷ୍ଟ। ନିକଟସ୍ଥ

ଅଚ୍ୟୁତରାଜପୁରରୁ ମାଟିତଳୁ ଭୂଖନନରୁ ଆବିଷ୍କୃତ ହୋଇଥିବା ଗୋଟିଏ ସ୍ଥାନରୁ ଏକଶହ ସତରଟି ବ୍ରୋଞ୍ଜ ପ୍ରତିମା ଓ ବଙ୍କାଡ଼ଗଡ଼ର ସ୍ଥାପତ୍ୟରାଜି ଏହାର ଉଦାହରଣ। ଏବେ ବ୍ରୋଞ୍ଜପ୍ରତିମା(ବାଣପୁର ହୋର୍ଡ)ଗୁଡ଼ିକ ଓଡ଼ିଶା ରାଜ୍ୟ ସଂଗ୍ରହାଳୟରେ ସଂରକ୍ଷିତ। ଏହି ବ୍ରୋଞ୍ଜ ପ୍ରତିମାପୁଞ୍ଜରେ ରହିଛନ୍ତି ବୌଦ୍ଧ, ଜୈନ, ଶୈବ, ଶାକ୍ତ ଓ ବୈଷ୍ଣବ ଧର୍ମର ମୂର୍ତ୍ତିସମୂହ। ଏଗୁଡ଼ିକର ସମୟ କାଳ ପ୍ରାୟ ଅଷ୍ଟମରୁ ଦ୍ୱାଦଶ ଶତାବ୍ଦୀ ମଧ୍ୟରେ ଅନ୍ତର୍ଭୁକ୍ତ। ଏଥିରୁ ସ୍ପଷ୍ଟ ହୋଇଯାଏ ଯେ, ଖ୍ରୀଷ୍ଟୀୟ ଅଷ୍ଟମ ଶତାବ୍ଦୀରୁ ଖ୍ରୀଷ୍ଟୀୟ ତ୍ରୟୋଦଶ/ଚତୁର୍ଦ୍ଦଶ ଶତାବ୍ଦୀ ପର୍ଯ୍ୟନ୍ତ ବାଣପୁର ଓଡ଼ିଶାର ସାଂସ୍କୃତିକ ଇତିହାସରେ ଏକ ସମୃଦ୍ଧ ଭୂମି ଥିଲା। ଏବଂ, ଭଗବତୀ ସେହି ଭୂମିର ସର୍ବମୟୀ କର୍ତ୍ତ୍ରୀ ଓ ସୁରକ୍ଷାଦାତ୍ରୀ।

ଭଗବତୀଙ୍କ ଅନିନ୍ଦ୍ୟ ରୂପ, ତାଙ୍କ କୋଟିକମ ଦେଉଳ, ଦେଉଳବେଢ଼ାର ପ୍ରାଚୀନ ପାର୍ଶ୍ୱଦେବଦେବୀ, ସହଚରୀ- ସବୁକିଛି ଅନନ୍ୟ। ତାଙ୍କ ପ୍ରକଟ ସଂପର୍କରେ କିମ୍ବଦନ୍ତୀ ଓ ଦର୍ଶନ ଆମେ ଆଲୋଚନା କଲେ। ମାତ୍ର ଏସବୁର ସୂକ୍ଷ୍ମ ଐତିହାସିକ ବିବରଣୀ ସହ ଦେଉଳ ଓ ମୂର୍ତ୍ତି ଗଢ଼ଣର ପ୍ରତ୍ନତାତ୍ତ୍ୱିକ ବିଶ୍ଳେଷଣ ହିଁ ଉତ୍କଳୀୟ ସ୍ଥାପତ୍ୟ କଳାର କଥା କହିବ। କଥା ହେବା ଆର ଥରକୁ।

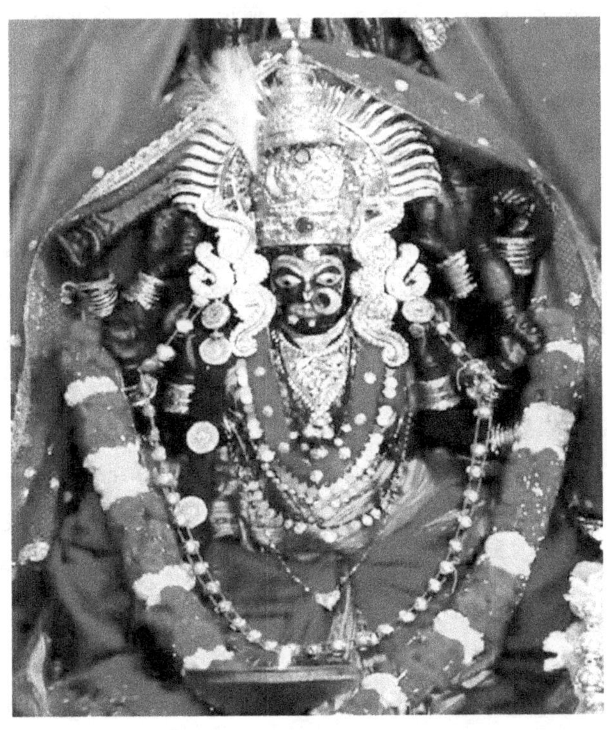

॥ ଦୁଇ ॥

ଆମେ ଶୁଣୁଥିଲେ ଶାଳିଆ ଓ ସାପୁଆର ସମ୍ମିଳିତ ଛନ୍ଦ ଏବଂ ଆଲୋଚନା କରୁଥିଲେ ଦେବୀ ଭଗବତୀଙ୍କ କିମ୍ବଦନ୍ତୀ ଓ ଦର୍ଶନ ସଂପର୍କରେ। ଏଥର ପ୍ରସଙ୍ଗ ଦେବୀଙ୍କ ରୂପ, ତାଙ୍କ ମନ୍ଦିର ଓ ଇତିହାସ ସଂପର୍କିତ। କାରଣ ବାଣପୁରର ଭୌଗୋଳିକ ଓ ରାଜନୀତିକ ଇତିହାସ ଭଗବତୀ ଉପାସନା ସହିତ ବହୁ ଭାବରେ ସଂପର୍କିତ। ବିଭିନ୍ନ ଦିଗରୁ ପର୍ଯ୍ୟାଲୋଚନା କଲେ ମନେହୁଏ, ସୁଦୂର ଅତୀତରେ ଶାଳିଆ ନଈ ଏହିଠାରେ ଚିଲିକା ସହିତ ପରିଣୀତ ହୋଇଥିଲା। ନଈର ମୁହାଁଣ ସୁଗଭୀର ଥିଲା। ପାଲୁର ବନ୍ଦର ଦେଇ ବାଣିଜ୍ୟ ପୋତଗୁଡ଼ିକ ଶାଳିଆ ମୁହାଁଣକୁ ଆସୁଥିଲେ। ଭାରତର ଦୀର୍ଘ ସମୁଦ୍ରତଟ ଓ ସୁଦୂର ଦକ୍ଷିଣ-ପୂର୍ବ ଏସିଆର ଭୂଖଣ୍ଡଗୁଡ଼ିକ ସହିତ କଳିଙ୍ଗର ବାଣିଜ୍ୟିକ ସଂପର୍କ ଥିଲା ଅତି ଅନ୍ତରଙ୍ଗ। ଫଳତଃ ସେକାଳରେ ବାଣପୁର କଳିଙ୍ଗର ଧର୍ମ, ବାଣିଜ୍ୟ, ସଂସ୍କୃତି, ସାମରିକ ତଥା ପ୍ରାଶାସନିକ ଦିଗର ଅନ୍ୟତମ ଆୟତନର ମାନ୍ୟତା ଲାଭ କରିଥିଲା।

ବାଣପୁରର ସଭ୍ୟତା ଓ ସଂସ୍କୃତି ଷଷ୍ଠ-ସପ୍ତମ ଶତାବ୍ଦୀ ବେଳକୁ ଶାଳିଆ କୂଳରେ ବିକାଶ ଲାଭ କରିସାରିଲାଣି। ଶୈଳୋଦ୍‌ଭବମାନଙ୍କ ରାଜତ୍ୱ କାଳରେ ଏହା ଥିଲା କଙ୍ଗୋଦ ରାଜ୍ୟର ବିଭବଶାଳୀ ରାଜଧାନୀ। ଭୌମକରମାନଙ୍କ ସମୟରେ ମଧ୍ୟ ଏହି ଅଞ୍ଚଳର ସମୃଦ୍ଧି ଓ ପ୍ରସିଦ୍ଧି ବହୁ ଧର୍ମଗୁରୁଙ୍କୁ ଆକୃଷ୍ଟ କରିଥିଲା। ତେଣୁ ଧାର୍ମିକ-ସାଂସ୍କୃତିକ ମାନଚିତ୍ରରେ ବାଣପୁରର ଥିଲା ଏକ ସ୍ୱତନ୍ତ୍ର ମାନ୍ୟତା। ଭୌମକରଙ୍କ ପରେ ସୋମବଂଶୀମାନଙ୍କ ରାଜତ୍ୱ କାଳରେ କଙ୍ଗୋଦ ରାଜ୍ୟର ଏହି ସମୃଦ୍ଧ ରାଜଧାନୀ 'ବାଣପୁର' ଥିଲା ଅନୁରୂପ ବିଭବଶାଳୀ। ଏହି ରାଜ୍ୟର ପରିସୀମା ମହେନ୍ଦ୍ରଗିରିଠାରୁ ଚିଲିକାଯାଏ ଥିଲା ବ୍ୟାପ୍ତ। ସୋମବଂଶୀମାନଙ୍କୁ ଗାଦିଚ୍ୟୁତ କରି ଗଙ୍ଗବଂଶୀମାନେ ବାଣପୁରରେ ଶାସନ ଆରମ୍ଭ କଲାବେଳକୁ ଏ ଅଞ୍ଚଳରେ ବ୍ରାହ୍ମଣ୍ୟଧର୍ମର ଉତ୍‌ଥାନ ଘଟିଥିଲା।

ମାତ୍ର ସହଜଯାନ ବୌଦ୍ଧଧର୍ମ, ଶୈବଧର୍ମ ଓ ଶାକ୍ତପୀଠ ଭାବରେ ଇତିହାସରେ ବାଣପୁରର ଗୁରୁତ୍ୱ ଥିଲା ଯଥେଷ୍ଟ ଅଧିକ। ତେଣୁ ବାଣପୁର ଅଞ୍ଚଳରେ ପୂଜା ପାଉଥିବା ଦେବୀମାନଙ୍କ ମଧ୍ୟରେ ଅଧିକାଂଶ ବୌଦ୍ଧତନ୍ତ୍ରଯାନର ଦେବୀ। ଶାଳିଆ ତଟରେ ପୂଜା ପାଉଥିବା ଉତ୍ତରାୟଣୀ ବୌଦ୍ଧତାରା ଏହାର ଉଦାହରଣ। ସମ୍ଭବତଃ ବୌଦ୍ଧଧର୍ମ ସେହି ସମୟରେ ବ୍ରାହ୍ମଣ୍ୟଧର୍ମକୁ କବଳିତ କରିଥିଲା। ଗୋଦାବରୀଶ ମହାବିଦ୍ୟାଳୟ ନିକଟରେ ଅବସ୍ଥିତ ବାଲୁଙ୍କେଶ୍ୱର ମନ୍ଦିର ଏକ ବୌଦ୍ଧସ୍ତୂପ ବା ବିହାର ଉପରେ ନିର୍ମିତ ହୋଇଥିବା

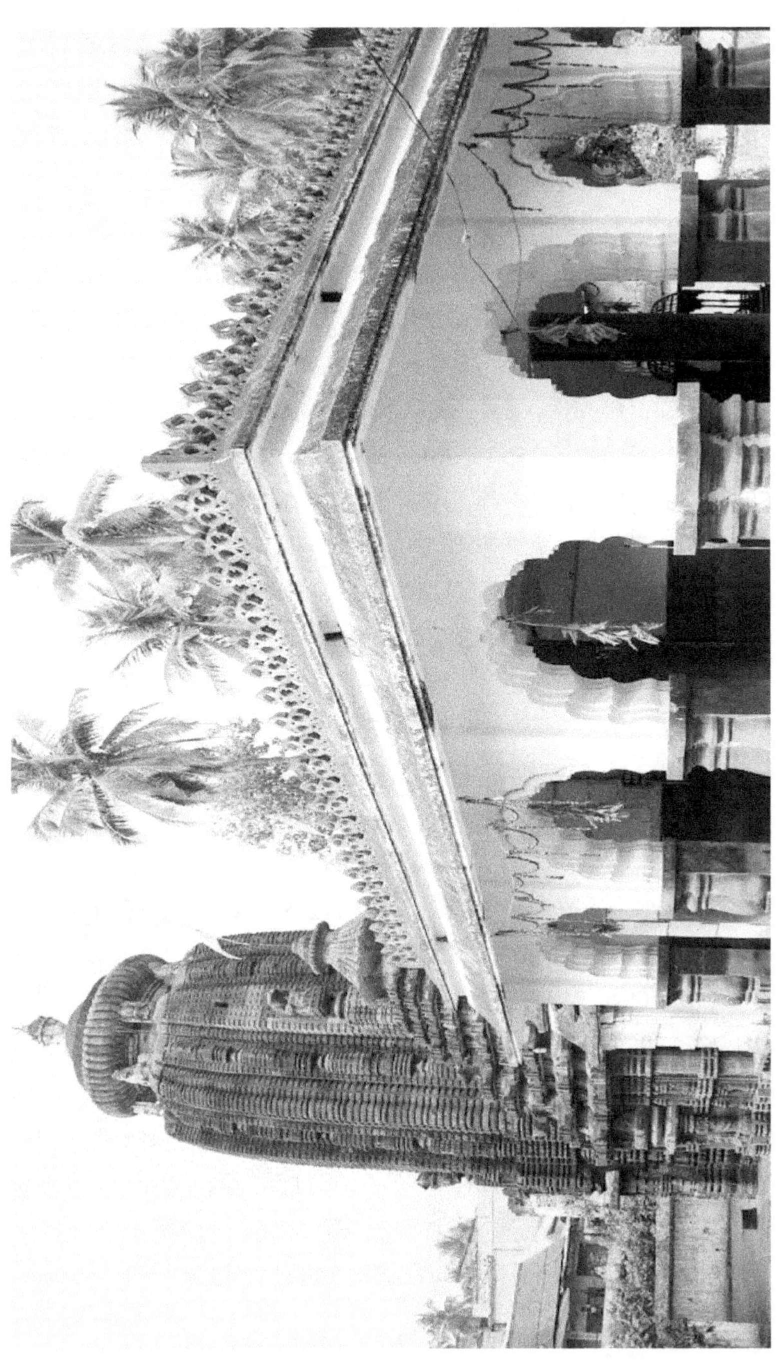

ଐତିହାସିକମାନେ ମନେକରନ୍ତି। ଏପରିକି, ବୌଦ୍ଧଧର୍ମର ପତନ ସମୟରେ ମଧ୍ୟ ଏହାର ପ୍ରଭାବ ଅକ୍ଷୁର୍ଣ୍ଣ ରହିଛି। ସେହିଭଳି ଭଗବତୀଙ୍କ ବାପଘର କୁହାଯାଉଥିବା ଦକ୍ଷପ୍ରଜାପତି ମନ୍ଦିର ଏହାର ନିଦର୍ଶନ। ଏତଦ୍‌ବ୍ୟତୀତ ନିକଟସ୍ଥ ଗୋଦାବରୀଶ ମହାବିଦ୍ୟାଳୟର ଭିତ୍ତିପ୍ରସ୍ତର ସ୍ଥାପନ ସମୟରେ ଅଚ୍ୟୁତରାଜପୁରରୁ ମାଟିତଳୁ ମିଳିଥିଲା ଦୁଇଟି ବଡ଼ ମାଟି ପସରା। ଏଥିରେ ଏକଶହ ସତରଟି ବ୍ରୋଞ୍ଜନିର୍ମିତ ବୌଦ୍ଧ, ଜୈନ ଓ ବ୍ରାହ୍ମଣ୍ୟଧର୍ମର ମୂର୍ତ୍ତି ସମେତ ସୋମବଂଶୀ ରାଜା ଇନ୍ଦ୍ରରଥଙ୍କ ଏକ ତାମ୍ରଫଳକ ଥିଲା। ଏହା ୧୯୭୩ ମସିହାର କଥା। ମାତ୍ର ମୂର୍ତ୍ତି ଗଢ଼ଣର ସମୟ ପ୍ରାୟ ଅଷ୍ଟମରୁ ଦ୍ୱାଦଶ ଶତାବ୍ଦୀ ମଧ୍ୟରେ। ମୂର୍ତ୍ତିଗୁଡ଼ିକ ଭୌମକରମାନଙ୍କର ସର୍ବପ୍ରାଚୀନ ମନ୍ଦିର ଭୁବନେଶ୍ୱରର ବୈତାଳ, ଶିଶିରେଶ୍ୱର ଏବଂ ଲଳିତଗିରି ଓ ରତ୍ନଗିରିରେ ଥିବା ବୌଦ୍ଧକୀର୍ତ୍ତିରାଜିଗୁଡ଼ିକର କଳାକୃତି ସହିତ ସମତା ରହିଛି। ତେଣୁ ବାଣପୁରରେ ବୌଦ୍ଧଧର୍ମର ପ୍ରାଧାନ୍ୟ ଥିବା ଅନୁମାନକୁ ଅସ୍ୱୀକାର କରିହେବନାହିଁ।

ଇତିହାସରୁ ଏକଥା ମଧ୍ୟ ଜଣାଯାଏ, ବାଣପୁରକୁ ଶାସନ କରିଥିବା ରାଜାମାନଙ୍କର ଏକଦା ଏହା ଥିଲା ପ୍ରତିରକ୍ଷା କେନ୍ଦ୍ର। ସହରଠାରୁ ଅଳ୍ପ ଦୂରରେ ଥିବା ବଙ୍କାଡ଼ଗଡ଼ର ଭଗ୍ନାବଶେଷ ଏବଂ ବହୁସଂଖ୍ୟକ ତମ୍ବାପଟା ଏହାର ପ୍ରମାଣ। ବାଣପୁରର ଏହି ଅବସ୍ଥିତି ଏହାର ଅଧ୍ୟାତ୍ମ ପରିମଣ୍ଡଳକୁ ସମୃଦ୍ଧ କରିଛି। ଜୈନ, ଶୈବ, ଶାକ୍ତ ଓ ବୌଦ୍ଧଧର୍ମର ପ୍ରଚାରକମାନେ ଭିନ୍ନ ଭିନ୍ନ ସମୟରେ ବାଣପୁରକୁ ନିଜ ନିଜ ବିଶ୍ୱାସର ଭୂମି କରିଛନ୍ତି। ବହୁସଂଖ୍ୟକ ବୁଦ୍ଧ-ଚେତନାର ପ୍ରତିମାମାନଙ୍କ ମଧ୍ୟରେ ସବୁଠୁ ଆକର୍ଷଣୀୟ ଭୃକୁଟୀ, କୁରୁକୁଲ୍ଲା, ତାରା, ତ୍ରୈଲୋକ୍ୟବିଜୟ ଓ ବହୁସଂଖ୍ୟକ ବୌଦ୍ଧସ୍ତୂପ। ବୌଦ୍ଧଦେବୀ ଆଦିରମଣୀଙ୍କର ବର୍ଣ୍ଣ ନୀଳ, ଚାରି ହାତ(ଦୁଇ ହାତରେ ଅଭୟ ଓ ବରଦମୁଦ୍ରା ଏବଂ ଅନ୍ୟ ଦୁଇ ହାତରେ ପଦ୍ମ), ମସ୍ତକରେ ଧ୍ୟାନୀବୁଦ୍ଧ। ତେଣୁ ଏକଥା ନିଶ୍ଚିତ ଯେ, ଏକଦା ବାଣପୁର ଥିଲା ମହାଯାନୀ ବୌଦ୍ଧଧର୍ମର ପ୍ରଧାନ କେନ୍ଦ୍ର।

ବଙ୍କାଡ଼ଗଡ଼ର ଶିବମନ୍ଦିର ଓ ଭଗବତୀଙ୍କ ନିକଟସ୍ଥ ଦକ୍ଷପ୍ରଜାପତି ମନ୍ଦିର ଯଥାକ୍ରମେ ଶୈଳୋଦ୍ଭବ ଓ ଗଙ୍ଗବଂଶୀ ରାଜାମାନଙ୍କର କଳାକୃତି, ପାଶୁପତ ଶୈବଧର୍ମର ପ୍ରତୀକ। ଦକ୍ଷପ୍ରଜାପତି ମନ୍ଦିରର ପ୍ରତିମାମାନଙ୍କ ମଧ୍ୟରେ ରହିଛନ୍ତି ବିଷ୍ଣୁ, ଗଣେଶ ଓ ଦୁର୍ଗା। ବିଷ୍ଣୁଙ୍କ ମୁହଁ ଜହ୍ନ ପରି। ଓଠରେ ମଧୁର ହସ। ପାଦ ପାଖରୁ ମଥା ପର୍ଯ୍ୟନ୍ତ ନାନା ଅଳଙ୍କାର। ହାତରେ ବଳା। ଗଳାରୁ ଛାତିଯାଏଁ ଲମ୍ବିଆସିଛି ସୁରାସୁରା ମାଳ। ମଥାରେ ମୁକୁଟ, କାନ୍ଧରେ ପଇତା। ମହିଷାମର୍ଦ୍ଦିନୀ ଦୁର୍ଗାଙ୍କର ଚାରି ହାତ। ଉପର ଦୁଇହାତରେ ଶଙ୍ଖ ଓ ଚକ୍ର। ତଳ ଦୁଇ ହାତରେ ମହିଷାସୁରର ଲାଙ୍ଗୁଡ଼ ଓ ତ୍ରିଶୂଳ। ଗଢ଼ଣକାଳ ପ୍ରାୟ ଅଷ୍ଟମରୁ ନବମ ଶତାବ୍ଦୀ।

ପୂର୍ବରୁ କଥା ହୋଇଥିଲେ, ବାଣପୁରର ଅନ୍ୟତମ ବିଭବ ଦକ୍ଷପ୍ରଜାପତି ମନ୍ଦିର। ଏହା କେବଳ ମନ୍ଦିର ମାତ୍ର ନୁହେଁ, ଦେବୀ ଭଗବତୀଙ୍କ ବାପଘର। ମନ୍ଦିରରେ ଦକ୍ଷପ୍ରଜାପତି ଅଛନ୍ତି, ଶିବ ବି ଅଛନ୍ତି। ଶିବଲିଙ୍ଗ ରୂପରେ ଅଛନ୍ତି ଦକ୍ଷପ୍ରଜାପତିଙ୍କ ଛେଳିମୁଣ୍ଡ। ଭିତରେ ଅଛନ୍ତି ଅଷ୍ଟଧାତୁରେ ତିଆରି କନକଦୁର୍ଗା, ଦକ୍ଷିଣକାଳୀ ଓ ଶିବଙ୍କ ପ୍ରତିମା। ବଙ୍କାଡ଼ଗଡ଼ରେ ଦେବୀ କନକଦୁର୍ଗା ଆରାଧ୍ୟା ଦେବୀ। ମନ୍ଦିର ସୂକ୍ଷ୍ମ କାରୁକାର୍ଯ୍ୟରେ ପରିପୂର୍ଣ୍ଣ। ଗଙ୍ଗବଂଶୀମାନଙ୍କ ଶାସନକାଳୀନ କାରୁକଳା। ମନ୍ଦିର ଜଗମୋହନ, ଭୋଗମଣ୍ଡପ ଓ ବିମାନରେ ସୁଶୋଭିତ। ମାଆ ଭଗବତୀଙ୍କ ବାପଘର। ଆକର୍ଷଣୀୟ ଓ ଶୋଭନୀୟ ହେବା ସ୍ୱାଭାବିକ। ମନ୍ଦିରର ଗଢ଼ଣଶୈଳୀ ରେଖ। ଦେହର ପଞ୍ଜର ନାଲି ପଥରରେ ଗଢ଼ା। ସ୍ଥାନୀୟ ଲୋକଙ୍କ ଭାଷାରେ ସାଆଣ ପଥର। ଫଳତଃ ଲୁଣି ପବନ ମନ୍ଦିରକୁ ଏତେ ସଂକ୍ରମିତ କରିପାରିନାହିଁ। ମନ୍ଦିରର ତିନି ଦିଗର ମୁଖ୍ୟ ବାହାରପଟ ଠଣାରେ ରହିଛନ୍ତି କଳାମୁଗୁନି ପଥରରେ ତିଆରି ଗଣେଶ, କାର୍ତ୍ତିକେୟ ଓ ପାର୍ବତୀ। ଖୋଦିତ ହୋଇଛନ୍ତି ବୃଷଭ ପିଠିରେ ଆସୀନ ତ୍ରିଶୂଳ ଓ ଡମ୍ବରୁହସ୍ତ ରୁଦ୍ର, ବ୍ରହ୍ମା, ଇନ୍ଦ୍ର, ସରସ୍ୱତୀ, ରାମ-ଲକ୍ଷ୍ମଣ, ଲକ୍ଷ୍ମୀ, ପାର୍ବତୀ ଆଦି ଦେବ-ଦେବୀ ଏବଂ ନାଗକନ୍ୟା, ଗଜବିଡାଳ, କମନୀୟ ଅଳସକନ୍ୟା ଏବଂ ମୈଥୁନମୂର୍ତ୍ତି। ମୂର୍ତ୍ତିଗୁଡ଼ିକ ଆକାରରେ ଅବଶ୍ୟ ଛୋଟ, ମାତ୍ର ଅନୁପମ।

ମନ୍ଦିରର ଦକ୍ଷିଣ ଦିଗରେ, ଏକ ଛୋଟ ମନ୍ଦିରରେ ଅଛନ୍ତି ବୁଢ଼ୀମା(ଶୀତିଳା)। ଭଗବତୀଙ୍କ ଅନ୍ୟ ଛଅ ଭଉଣୀଙ୍କ ମଧ୍ୟରେ ଅନ୍ୟତମା। ସେ ଶବାସନା। ଖାଙ୍କରା ପେଟ। ବିକଟମୁଖୀ। ସରୁସରୁ ହାତ ଓ ଗୋଡ଼। ଚାମୁଣ୍ଡା ପ୍ରତିମା ଅନୁରୂପା। ନବମ/ ଦଶମ ଶତାବ୍ଦୀର କୁହାଯାଇପାରିବ। ସମ୍ଭବତଃ ଶିବମନ୍ଦିର ଗଢ଼ଣ ପୂର୍ବରୁ ସେ ବିଜେ କରିଥିଲେ, ନିଜର ଗୁମୁଟି ଭିତରେ। ମନ୍ଦିରର ବୃଷଭ ପାଖରେ ଅବସ୍ଥାନ କରିଛନ୍ତି ଦେବୀ ଭଗବତୀଙ୍କ ଚଳନ୍ତି ବିଗ୍ରହ କାଠି-ପ୍ରତିମା। କାଠି-ପ୍ରତିମା ଖୁବ୍ ଉଚ୍ଚ। ନାନା ରଙ୍ଗବେରଙ୍ଗର କପଡ଼ାରେ ସୁସଜ୍ଜିତା।

ଏବେ ମା' ଭଗବତୀଙ୍କ ସ୍ୱୟଂ ପ୍ରତିମା ପାଖକୁ ଆସିବା। ମା'ଙ୍କ ପ୍ରତିମାକୁ ସାଧାରଣ ଭକ୍ତ କିମ୍ବା ଗବେଷକ ପୂର୍ଣ୍ଣଭାବେ ଦେଖିବା ସମ୍ଭବ ନୁହେଁ। ମା'ଙ୍କୁ ବିଚିତ୍ର ରୂପ ଓ ବେଶରେ ପ୍ରମୂର୍ତ୍ତ କରାଯାଇଛି। ଖାଲି ଯାହା ମୁଖମଣ୍ଡଳକୁ ଦେଖିହେବ। ଏବଂ, ହାତର କିଛି ଅଂଶ ଓ ପାଦ ଅଛଟିକେ ଦେଖିବାର ସୁଯୋଗ ରହିଛି। ମୁହଁ ଟହଟହ ଲାଲ। ସୁନାରେ ତିଆରି ଆଖି, ଜଳୁଛି ଯେମିତି। ଜଳୁଛି ମମତା ଓ କରୁଣାର ସ୍ନିଗ୍ଧ ଶୀତଳତାରେ। ପାଟି ଭିତରୁ ପଦାକୁ ବାହାରି ଆସିଛି ଲହଲହ ଜିଭ। ଯେମିତି ରକ୍ତପିପାସୁ। ଦେହରେ ନାଲିରଙ୍ଗର ଶାଢ଼ୀ। ବେକରେ ମନ୍ଦାରଫୁଲର ମାଳା। ମା'ଙ୍କ ଶରଧା କାଳେ ବେଲପତ୍ରର ମାଳା। ବାସ୍ ଏତିକି। ସକାଳେ ମାଜଣା କାଳରେ ମା'ଙ୍କର

ଆବରଣ ଖୋଲି ଦିଆଯାଏ। ଜଣେ ଚାହିଁଲେ ସେତିକିବେଳେ ହିଁ ତାଙ୍କୁ ଆପାଦ-ମସ୍ତକ ଦର୍ଶନ କରିପାରିବ। ମା' ଅଷ୍ଟଭୁଜା। ବିଭିନ୍ନ ହାତରେ ରହିଛି- ଖଣ୍ଡା, ତୂଣୀର, ଗଦା, ଚକ୍ର, ତ୍ରିଶୂଳ, ପାସ, ଶର ଓ ଢାଲ। ବାମପାଦ ସିଂହ ଉପରେ, ଦକ୍ଷିଣ ପାଦ ମହିଷର ଶରୀର ଅନୁରୂପ ଅସୁର ଉପରେ। ସେ ଅସୁରକୁ ନାଗପାସରେ ଧରିଛନ୍ତି ବାମହାତରେ ଏବଂ ଦକ୍ଷିଣ ହାତରୁ ତ୍ରିଶୂଳ ବିଦ୍ଧ କରୁଛି ଅସୁରର ଛାତି। ମା'ଙ୍କ ମୂର୍ତ୍ତି କମନୀୟ; ମା'ର ମମତାରେ ପ୍ରାଣବନ୍ତ। ଉଚ୍ଚତା ପ୍ରାୟ ପାଞ୍ଚଫୁଟ। କଳାମୁଗୁନି ପଥରର ଦେହ। ହଠାତ୍ ଦେଖିଲେ ଆଦୌ ଲାଗିବନି- ମା'ର ଦେହ କ'ଣ ସତରେ କଳା ମୁଗୁନି ପଥରରେ ତିଆରି? ପୁଣି ମୁଣ୍ଡ ପଛପଟରେ କାରୁକାର୍ଯ୍ୟଖଚିତ କଳା ମୁଗୁନି ପଥର ପ୍ରଭା। ଗର୍ଭଗୃହର ଦୁଆର କବାଟ ଅନୁରୂପ ସୁଷମା ମଣ୍ଡିତ। ମୋଟା ଶିଶୁ କବାଟରେ ଖୋଦିତ ଅଠେଇଶଟି ଛୋଟ ଛୋଟ ଆକୃତିର ଦେବଦେବୀ ଚମତ୍କାର!

ମନ୍ଦିରର ମୁହଁ ପଶ୍ଚିମକୁ। ପୂର୍ବ ପାଖରେ ରହିଛନ୍ତି ଦୁର୍ଗା। ସେ ଭଗବତୀଙ୍କ କ୍ଷୁଦ୍ର ପ୍ରତିରୂପା। ଦକ୍ଷିଣରେ ଗଣେଶ ଓ ଉତ୍ତରରେ ଭୁବନେଶ୍ୱରୀ। ଏମାନଙ୍କର ଗଢ଼ଣଶୈଳୀ ନିଖୁଣ। ମିଥୁନରତ ନାୟକ ନାୟିକା ଓ ଦେବଦେବୀଙ୍କ ପ୍ରତିମା ଉତ୍କଳୀୟ କଳାକୌଶଳର ଅନୁପମ ନିଦର୍ଶନ। ବେଢ଼ାରେ ରହିଛନ୍ତି କାର୍ତ୍ତିକେୟ, ଗଣେଶ, ରାମ ଲକ୍ଷ୍ମଣ ସୀତା ଏବଂ ଧାବମାନ ଘୋଡ଼ା ପିଠିରେ ବସିଥିବା ଖଡ୍‌ଗଧାରିଣୀ କାଳରାତ୍ରୀ। ଦ୍ୱାରବନ୍ଧରେ ନବଗ୍ରହ ବିଗ୍ରହ। ମା'ଙ୍କ ମନ୍ଦିର ଠିକ୍ ଆଗରେ ଆଉ ଗୋଟିଏ କୁନି ମନ୍ଦିର। ମନ୍ଦିର ଭିତରେ ମା'ଙ୍କ ଭଉଣୀ ପୋଲକାଶୁଣୀ। ପୋଲକାଶୁଣୀ ଦୁର୍ଗାଙ୍କର ଅନ୍ୟ ନାମ। ସେ ମହିଷାସୁରମର୍ଦ୍ଦିନୀ। ଚତୁର୍ଭୁଜା। ସମଗ୍ର ପୀଠର ସେ କାଳେ ସବୁଠୁ ପ୍ରାଚୀନ। ଲୋକେ କୁହନ୍ତି- ସେ ବାଣାସୁର ପୂଜିତା। ବଳି ସମୟରେ ତାଙ୍କୁ ଗଣ୍ଡି ଓ ଭଗବତୀଙ୍କୁ ମୁଣ୍ଡ ଅର୍ପଣ କରାଯାଏ। ଡାହାଣ ପାଖରେ କୁନି ବୀରଜାଈ। ଦେଖିବାକୁ ଠିକ୍ ଚାମୁଣ୍ଡା ପରି। ଶବ ଉପରେ ଠିଆ ହୋଇଛନ୍ତି। ପେଟ ଲାଖିଯାଇଛି ପିଠିରେ। ଅସ୍ଥି-କଙ୍କାଳସାର। ଭୟଙ୍କରା। ଗଢ଼ଣ କାଳ ପ୍ରାୟ ଅଷ୍ଟମ/ନବମ ଶତାବ୍ଦୀ।

ମନ୍ଦିରର ଗଢ଼ଣ କାଳ ଅଷ୍ଟାଦଶ ଶତାବ୍ଦୀ। ନିର୍ମାତା ରାଠୋର ବଂଶର ରାଜା ଜଗନ୍ନାଥ ହରିଚନ୍ଦନ। ପୀଢ଼ ଶୈଳୀରେ ତିଆରି। ଜଗମୋହନ, ଭୋଗମଣ୍ଡପ, ଗର୍ଭଗୃହ- ସବୁକିଛି ପ୍ରାଚୀନତାର ସ୍ୱାକ୍ଷର ବହନ କରେ। ଚୂନ ଛାଉଣୀ ଯୋଗୁଁ ସ୍ଥାପତ୍ୟର କଳାତ୍ମକତା ଆକଳନ ସମ୍ଭବ ନୁହେଁ। ମନେହୁଏ, ବାଣପୁର ଉତ୍କଳୀୟ ସ୍ଥାପତ୍ୟର ଅନ୍ୟତମ କଳାବିହାର।

ଚାରୁ ଚିଲିକାର ଚିତ୍ରଶାଳା

ମା' କାଳିଜାଈ

ଚିଲିକାର ନୀଳଛାତି। ତା' ଦେହରେ ଛଳଛଳ କଳଗୀତର ରାଗିଣୀ। ନାଆ ଚାଲିଛି। ତୀର ବେଗରେ। ନାଆରେ ତିନିଜଣ। ଜାଈ ଯାଉଛି ଶାଶୂଘର। ସାଙ୍ଗରେ ବାପା ଆଉ ନାଉରୀ। ନାଉରୀ ହାତରେ କେରୁଆଳ। କଣ୍ଠରେ ସଂଗୀତର ମୂର୍ଚ୍ଛନା... ରାମ ଯେ, ଲଇକ୍ଷଣ ଯେ ଗଲେ ମୃଗ ମାରି...। ମାମୁଁ-ଭଣଜା ପାହାଡ଼ ଫାଙ୍କରୁ ବହିଆସୁଛି ସୁଲୁସୁଲିଆ ବାଆ। ନାଆ ଚାଲିଛି ଆଗକୁ ଆଗକୁ। ପାରିକୁଦଗଡ଼ ଆହୁରି ପାଞ୍ଚକୋଶ।

ନାଲି ଗୁଲୁଗୁଲୁ ସାଧବବୋହୂ ପରି ଦିଶୁଛି ଜାଈ। ମଥାରେ ଟୋପି ଟୋପି ଚନ୍ଦନର ବିନ୍ଦୁ। ଆଖିରେ କଜ୍ଜ୍ୱଳରେଖାରେ ଆଙ୍କି ହୋଇଯାଇଚି ସତେକି ଅୟୁତେ ଯୁଗର ସ୍ୱପ୍ନ। ପାଦରେ ସରୁ ଅଳତା, ହାତରେ ଚୂଡ଼ିମାଳର ରୁଣୁଝୁଣୁ ଶବ୍ଦ। ମନରେ ଅଜଣା ପୁଲକ। ଏବେବି ରହି ରହି ତା' କାନରେ ଶୁଭିଯାଉଛି ସାହାନାଈର ସୁର। ନାଆ ଯାଇ ମଝି ଚିଲିକାରେ। ବେଳ ଉଚ୍ଛୁର ହେଇଯାଉଛି। ନାଉରୀକୁ ବାପାର ତାଗିଦ। ବେଗି-ବେଗି ନାଆରେ କାତ ମାରିବାକୁ।

ବେଳ ରତ ରତ। ଆକାଶ ନିର୍ମଳ। ହଠାତ୍ ଆକାଶରେ କଳାହାଣ୍ଡିଆ ମେଘ। ବାଆ-ବତାସର ଝଡ଼। ଘଡ଼ଘଡ଼ି-ବିଜୁଳିର ଅଦଉତି। ସତେ କି ପ୍ରଳୟ। ଚିଲିକା ଜଳରେ ଅମାନିଆ ତରଙ୍ଗ। ଅସହାୟ ନାଉରୀ। କାତ ପାଉନି। ଡଙ୍ଗା ଏପାଖ-ସେପାଖ ଦୋହଲୁଛି। ଯେମିତି ଏଇ ସାଙ୍ଗେ ସାଙ୍ଗେ ଓଲଟି ପଡ଼ିବ। ଜାଈ ଛାତିରେ ଭୟ ଆଉ କୋହ ମିଶି ଏକାକାର। ବାପାଙ୍କ ଗଳାରେ ଜାବ ପଡ଼ିଯାଇଛି ଜାଈର ହାତ। ବାପା ଜାବୁଡ଼ି ଧରିଛନ୍ତି ଜାଈକୁ। ଈଶ୍ୱରଙ୍କୁ ପ୍ରାର୍ଥନା କରୁଛନ୍ତି- ଏ ବିପଦରୁ ରକ୍ଷା କରିଦିଅ ପ୍ରଭୁ! କେହି କିଛି ବୁଝିବା ଆଗରୁ ସବୁ ଅନ୍ଧାର।

ଚିଲିକାର ସୁଗଭୀର ଗର୍ଭରେ ଲୁଚିରହିଥିବା ପାହାଡ଼ ମୁଣ୍ଡିଆରେ ଜାଈର ସ୍ୱପ୍ନ

ଏବେ ଚୂରମାର ! ମାତ୍ର ଟିକିଏ ପରେ ସବୁକିଛି ସ୍ୱାଭାବିକ। ମେଘ ବାଟରେ ଚାଲିଗଲା ମେଘ। ବତାସ ଥିର। ଚିଲିକାର ପାଣିରେ ଅପରାହ୍ଣ ସୂର୍ଯ୍ୟର ଚିକ୍‌ଚିକ୍ ହସ। ତା' ଦେହରେ ପୁଣି ଲେଉଟାଣି କଳଗୀତ। ପାହାଡ଼ର ପଥର ମୁଣ୍ଡିଆ ଉପରେ ଏବେ ବାପା ଆଉ ନାଉରୀ। ଜାଈ ? ବାପା ଅଣ୍ଡାଳିଲେ ନିଜର ଗଳାକୁ। ଜାଈ ହାତର ଜାବ ତାଙ୍କ ଗଳାରେ ପଡ଼ିଥିଲା ତ ! ତାହେଲେ କୁଆଡ଼େ ଗଲା ଜାଈ ?

ମାତ୍ର ଜାଈ ନଥିଲା। କେଉଁଠି ବି ନଥିଲା। ବାପାଙ୍କ ପାଦତଳୁ ଖସିଗଲା ପୃଥିବୀ। ନାଉରୀ ନିରବ। ସବୁ ଶୁନ୍‌ଶାନ୍, ଚୁପ୍‌ଚାପ୍।

ବାପା ଫେରିଲେ ଘରକୁ। ଜାଈ କିନ୍ତୁ ରହିଗଲା ପାହାଡ଼ ଦେହରେ, ଅଶରୀରୀ ରୂପରେ। ସେଇକାଳୁ କାଳେ ସଂଜ ନଇଁଲେ ଜାଈ କାହାକୁ ଖୋଜି ବୁଲୁଥାଏ ପାହାଡ଼ ଉପରେ। ଏକା ଏକା। ମାତ୍ର କାହାକୁ ଖୋଜୁଥାଏ ଜାଈ ? କାହିଁ କେତେ ଦୂରରେ ପାରିକୁଦଗଡ଼ରେ ଥିବା ତା'ର ସ୍ୱପ୍ନ ନା ପଛରେ ଛାଡ଼ି ଆସିଥିବା ତା' ଗାଁ, ମାଟି, ସୀମାହୀନ ଆକାଶ, ସାଙ୍ଗସାଥୀ, ପିଲାଖେଳ, ଧୂଳିଘର ? ନା ଆଉ କିଛି ? ଚିଲିକାର ନୀଳ ତରଙ୍ଗରେ ଆବେଶ। ଏବେ ସବୁ କିଛି, ସବୁ ସ୍ୱପ୍ନ। ସେଇ ଜାଈ ଏବେ ଆଉ ଜାଈ ନୁହେଁ, ଦେବୀ। ଦେବୀ କାଳୀଜାଈ। ଯାହାର ଆଖିରେ ଅନେକ ଆତ୍ମାକୁ ସୁରକ୍ଷା ଦେବାପାଇଁ ପଣ।

କାହାଣୀ କହିଲେ ଏତିକି। ଏ କାହାଣୀ ଗୀତ ହୋଇଛି, ସ୍ଥାପତ୍ୟ ବି ହୋଇଛି। ଜାଈ ପାଲଟିଛି ମା' କାଳୀଙ୍କର ପ୍ରତିରୂପ। ସଂହାରିଣୀ। ସେ ଯେପରି ଅଶାନ୍ତ ଚିଲିକାକୁ କହିଦେଉଛି- ମୁଁ ଆଦୌ ଆଉ କାହାକୁ ମୋ ପରି ତୋ ଦାଢ଼ର ଶିକାର ହେବାକୁ ଦେବିନାହିଁ। ମୁଁ ଏବେ ସେମାନଙ୍କର ଅଭୟଦାୟିନୀ। ସୁରକ୍ଷାଦାତ୍ରୀ। ଏଇ ପାହାଡ଼ ଉପରେ ମୁଁ ରହିଛି ଏବଂ ନିୟନ୍ତ୍ରଣ କରୁଥିବି ନାଆର ମଙ୍ଗକୁ ଚିରକାଳ। ଏ ପାହାଡ଼ ମୋ ଘର। ଆଉ ପାହାଡ଼ର ନାଁ କାଳୀଜାଈ ପାହାଡ଼।

ଠିକ୍ ଏଇ କଥା ସ୍ୱପ୍ନରେ କହିଛନ୍ତି ରାଜାଙ୍କୁ। ବଙ୍କାଡ଼ଗଡ଼ର ରାଜା। ରାଜା ଜଗନ୍ନାଥ ମାନସିଂ। ରାଜା ଦେବୀଙ୍କ ଆଦେଶ ପାଳନ କରିଛନ୍ତି। ଗଢ଼େଇଛନ୍ତି ମନ୍ଦିରଟିଏ। ନାଁ ଦେଇଛନ୍ତି କାଳୀଜାଈ ମନ୍ଦିର। ସମୟ ସପ୍ତଦଶ-ଅଷ୍ଟାଦଶ ଶତାବ୍ଦୀ। ପୀଢ଼ ଶୈଳୀର ମନ୍ଦିର। ମନ୍ଦିର ସାମ୍ନାରେ ଜଗମୋହନ। ମନ୍ଦିରକୁ ନାନା ରଙ୍ଗରେ ରଙ୍ଗେଇ ଦିଆଯାଇଛି। ମୁଖ୍ୟ ମନ୍ଦିରର ନିମ୍ନ ଅଂଶ ନାରଙ୍ଗୀ, ଗଣ୍ଡି- ସବୁଜ ଓ ଚୂଳ ତଳକୁ ପାଞ୍ଚ ଥାକରେ ନୀଳ ରଙ୍ଗର ବେଢ଼ଣ। ଚୂଡ଼ାରେ ନାଲି ପତାକା ଚିଲିକା ମଝିରୁ ମନ୍ଦିରର ବର୍ତ୍ତମାନକୁ ସୂଚେଇଦିଏ। ଖାଲି ମନ୍ଦିର ଚୂଡ଼ାରେ ନୁହେଁ, ମନ୍ଦିର ଚାରିପଟରେ ପାଣିରେ ପୋତା ଯାଇଥିବା ବାଉଁଶ ଅଗରେ ଅସଂଖ୍ୟ ପତାକାର ମେଳଣ। ଲୋକେ

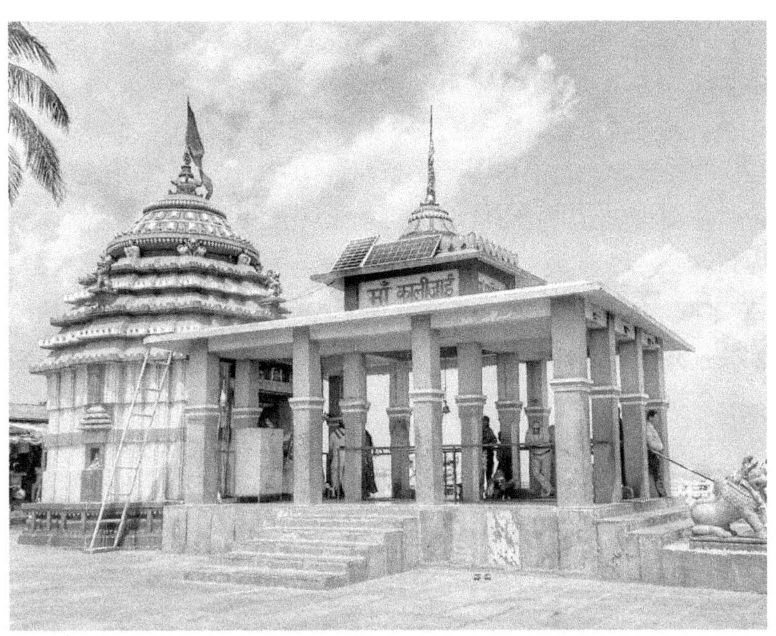

କାଳେ ମାନସିକ କରି ମା'ଙ୍କୁ ପତାକା ଦିଅନ୍ତି। ମନ୍ଦିର ଚାରିପାଖରେ ଛେଳି, କୁକୁଡ଼ାଙ୍କ ଭିଡ଼। ଏମାନଙ୍କୁ ଦେଖିଲେ ଲାଗେ ଦେବୀ ବୋଧହୁଏ ବଳିଭୋଜା। ମାତ୍ର ଏଠାରେ ଦେବୀଙ୍କୁ ବଳି ଦିଆଯାଏନାହିଁ। ମାନସିକ ପୂରା ହେଇଗଲେ ଭକ୍ତ, ଦେବୀଙ୍କୁ ଶ୍ରଦ୍ଧାରେ ଏମାନଙ୍କୁ ଉପହାର ଦିଅନ୍ତି।

ଏବେ ମନ୍ଦିର ଭିତରେ ଦେଖିବା ମା' କାଳୀଜାଈଙ୍କୁ। କାଳୀଙ୍କର ପ୍ରତିରୂପ। ଚାରି ହାତ। ଦୁଇଟି ହାତରେ ତ୍ରିଶୂଳ, ଖଡ୍‌ଗ ଓ ଅନ୍ୟ ଦୁଇ ହାତ ବରଦ ଓ ଅଭୟମୁଦ୍ରା। ଲାଲ ସିନ୍ଦୂରମଖା ମୁହଁ। ଜଳୁଛି ଯେମିତି। ଜଳୁଛି, କରୁଣା ଓ ମମତାର ସ୍ନିଗ୍ଧ ଶୀତଳତାରେ। ଲହଲହ ଜିଭ। ସକଳ ଅପଶକ୍ତିକୁ ସଂସାରରୁ ସତେକି ନିଶ୍ଚିହ୍ନ କରିଦେବ। ଆଖିରୁ ଝଲସୁଛି ତେଜ। ସେ ତେଜରେ ଚତୁର୍ଦ୍ଦିଗ ଆଲୋକିତ। ମଥାରେ ମଥାମଣି। ଫୁଲର ସମ୍ଭାରରେ ସମଗ୍ର ଶରୀର ଆଚ୍ଛାଦିତ। କେବଳ ମୁହଁ ବ୍ୟତୀତ ଶରୀରର ଅନ୍ୟ ଅଂଶ ଦେଖିବା ସମ୍ଭବ ନୁହେଁ। ଦୁଇପାଖରେ ରହିଛନ୍ତି ଗଙ୍ଗାଦେବୀ, ଆଜ୍ଞାଦେବୀ ଓ ଦୁର୍ଗା। ଆଉ କେତୋଟି ଛୋଟ ଛୋଟ ମୂର୍ତ୍ତି ମଧ୍ୟ ରହିଛନ୍ତି। ସେହି ଛୋଟ ମୂର୍ତ୍ତି ଭିତରେ ଗୋଟିଏ ଦେବୀଙ୍କ ପ୍ରତିରୂପ। ସେଥିରେ ଲାଗିଛି ଅସଂଖ୍ୟ ପଇସା। ଲୋକଙ୍କ ମାନସିକ ପୂରଣ ପାଇଁ ପଇସା(ମୁଦ୍ରା) ଦିଅନ୍ତି। ଯାହାର ପଇସା ମୂର୍ତ୍ତିର ଦେହରେ ଲାଗିରହିବ, ତା'ର ମାନସିକ ପୂରଣ ହୁଏ, ବିଶ୍ୱାସ ରହିଛି। ତେଣୁ

କାଳୀଜାଇ କେବଳ ମାତ୍ର ସ୍ଥାପତ୍ୟ ନୁହେଁ କି କାହାଣୀ ନୁହେଁ, ତାହା ଭକ୍ତି, ଆଶା ଓ ବିଶ୍ୱାସର ସଂଗମସ୍ଥଳ।

ଚିଲିକାର ଅଳପ ଦୂରରେ ଭାଲେରୀ ପାହାଡ଼। ପାହାଡ଼ ଖୋଲରେ ଆଉ ଜଣେ ଭଉଣୀଙ୍କର ଘର। ଭଗବତୀଙ୍କ ଭଉଣୀ। ନାଁ- ନାରାୟଣୀ। ନାଁ ଅନୁସାରେ ଖୋଲର ନାଁ ନାରାୟଣୀ ଖୋଲ। ଖୋଲରୁ ଝରିଆସିଛି ଝରଣାଟିଏ। ନାଁ, ଅଶୋକଝର। ସମୁଦ୍ର ପତନଠାରୁ ଏଗାର ଫୁଟ ଉଚ୍ଚ। ପାହାଡ଼ ତଳେ ଖଲ୍ଲିକୋଟ ରାଜାଙ୍କ ଭଗ୍ନ ଗଡ଼। କଳସଗଡ଼। ନାରାୟଣୀ କେବେ ଏଠାରେ ଆବିର୍ଭୂତା ହେଲେ, ଜଣାନାହିଁ। ମାତ୍ର ସେ ଏମିତି, ଏଇଠି ଥିଲେ। ତାଙ୍କ ରହିବାପାଇଁ ଦେଉଳ ତୋଳେଇଦେଲେ ଖଲ୍ଲିକୋଟର ରାଜା ହରିହର ମର୍ଦ୍ଦରାଜ। ସମୟ ପ୍ରାୟ ଅଷ୍ଟାଦଶ ଶତାବ୍ଦୀ। ସମ୍ଭବତଃ ଦ୍ୱାଦଶ ଶତାବ୍ଦୀରେ ଗଢ଼ାଯାଇଥିବା ଦେବୀଙ୍କ ମନ୍ଦିର ଭାଙ୍ଗିଯାଇଥିବା ଦୃଷ୍ଟିରୁ ପୁନର୍ବାର ରାଜା ଅନ୍ୟ ଏକ ମନ୍ଦିର ତିଆରି କରିଛନ୍ତି। ମନ୍ଦିର ଖାଖରା ଶୈଳୀରେ ତିଆରି। ପ୍ରାୟତଃ ଭୁବନେଶ୍ୱରର ବୈତାଳ ମନ୍ଦିର ପରି। ବେଶୀ ବଡ଼ ମନ୍ଦିର ନୁହେଁ। ଛୋଟ ମନ୍ଦିରଟିଏ। ଉଚ୍ଚତା ପ୍ରାୟ ଛଅ ଫୁଟ ପଞ୍ଚସ୍ତରୀ ଇଞ୍ଚ ଏବଂ ଚଉଡ଼ା ପ୍ରାୟ ଚାରିଫୁଟ ପଇଁତିରିଶ ଇଞ୍ଚ। ବାଲିପଥରରେ ତିଆରି। ମାତ୍ର ମା'ଙ୍କ ଦେହ କଳା ମୁଗୁନିପଥରରେ ଜୀବନ୍ତ। କୁନି ଦେହ। ଠିଆହୋଇଛନ୍ତି ସିଂହ ଉପରେ। ଗୋଟିଏ ପାଦ ମଣିଷର ଶବ ଉପରେ। ଅନ୍ୟ ପାଦଟି ମଇଁଷିର ମୁଣ୍ଡ ପାଖରେ। ଦୁଇ ହାତରେ ତ୍ରିଶୂଳ। ମା' ଦଶଭୁଜା। ମାତ୍ର ଆଠଟି ହାତ ଦୃଶ୍ୟମାନ। ଦୁଇଟି ହାତ ଗୋପନୀୟ। ଆଠ ହାତରେ ରହିଛି- ଟୋମର, ଶଙ୍ଖ, ଚକ୍ର, ପଦ୍ମ, ଫାଶ, ତ୍ରିଶୂଳ, ଅଭୟ ଓ ବରଦମୁଦ୍ରା। ଦେଖିଲେ ଲାଗେ ପ୍ରାୟ ଅଷ୍ଟମରୁ ଦ୍ୱାଦଶ ଶତାବ୍ଦୀ ମଧ୍ୟରେ ତିଆରି। ପ୍ରାଚୀନ। ସାମ୍ନାରେ ପୂଜା ପାଉଛନ୍ତି ଭବାନୀଶଙ୍କର। ମା' ଭବାନୀଶଙ୍କର ପ୍ରିୟତମ। ପାଖରେ ଅଛନ୍ତି ବୃଷଭ। ସମ୍ଭବତଃ ଦେବୀ ଥିଲେ ଆଟବିକ ପୂଜିତା, ପରେ ହୋଇଛନ୍ତି ରାଜତନ୍ତ୍ର ନିୟନ୍ତ୍ରିତା।

ତାଙ୍କ ଦୁଇ ପାଖରେ ରୁଦ୍ରାଣୀ ଓ ବ୍ରହ୍ମାଣୀ। ଆକାରରେ ନାରାୟଣୀଙ୍କଠୁ ବି ଛୋଟ। ତିନିଜଣଯାକ ଦେବୀଙ୍କୁ ଦେଖିଲେ ମନେହୁଏ, ଜଗତର ସର୍ଜନ, ପାଳନ ଓ ପ୍ରଳୟ- ଯେମିତି ତିନି ଦେବତା ଶକ୍ତିରେ ରୂପାନ୍ତରିତ। ଶାକ୍ତ ଚେତନାରେ ମଧ୍ୟ ଏହି କଥା। ଭାରତବର୍ଷର ବିଭିନ୍ନ ସ୍ଥାନ ଏବଂ ଓଡ଼ିଶାର ହୀରାପୁର ଓ ରାଣୀପୁର-ଝରିଆଲର ଚଉଷଠିଯୋଗିନୀ ମନ୍ଦିରରେ ରହିଛନ୍ତି ନାରାୟଣୀ, ରୁଦ୍ରାଣୀ ଓ ବ୍ରହ୍ମାଣୀ। ଏମାନେ ନାରାୟଣ, ରୁଦ୍ର ଓ ବ୍ରହ୍ମାଙ୍କର ଶକ୍ତି ରୂପ।

ତେବେ ନାରାୟଣୀଙ୍କ ପୀଠରେ ବ୍ରହ୍ମାଣୀ ଓ ରୁଦ୍ରାଣୀଙ୍କ ସମୀକରଣ ଆମକୁ ଚଉଷଠିଯୋଗିନୀ ପୀଠ ପ୍ରତିଷ୍ଠାର ଭାବାଦର୍ଶ କଥା ମନେ ପକେଇଦିଏ। ବ୍ରହ୍ମାଣୀ ଓ

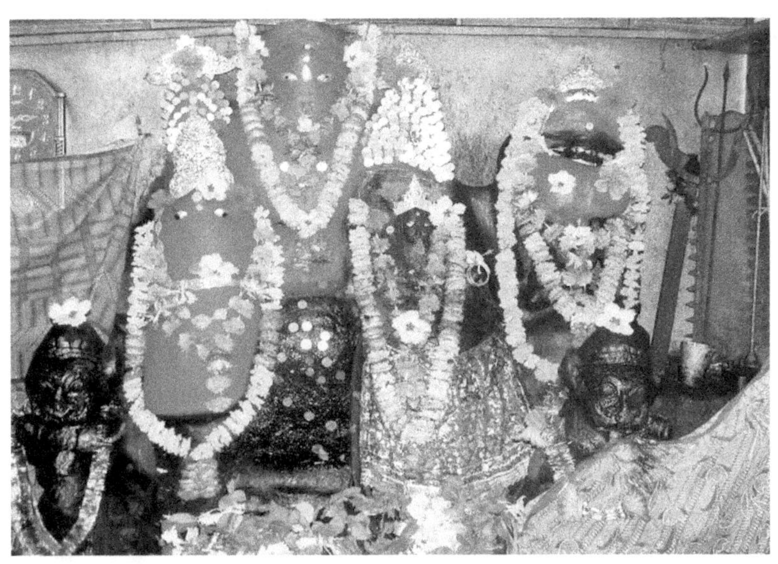

ରୁଦ୍ରାଣୀଙ୍କ ଗଢ଼ଣରେ ଅବଶ୍ୟ ଯୋଗିନୀ ରୂପର ଅନୁରୂପତା ନାହିଁ, ମାତ୍ର ସେମାନଙ୍କୁ ଦେଖିଲେ, ଲାଗେ ସତେଯେପରି ଏମାନେ ବ୍ରାହ୍ମଣାୟିତ ହୋଇଛନ୍ତି। ମୁହଁରେ ମାତୃତ୍ୱର ଦିବ୍ୟହସ ଶୂନ୍ୟକୁ ପ୍ରସରିଯାଉଛି। ଏବଂ, କହୁଛନ୍ତି- ଆମେ ଅଛୁ, ଆମେ ଅଛୁ ଏଇ ପାହାଡ଼ ଟୀଖରେ। ତଳକୁ ଆଖି, ଆକାଶରେ ଆଖି ଏବଂ ଆଖି ଅଳ୍ପଦୂରରେ ଚିଲିକାର ତରଙ୍ଗ ମାଳାରେ। ଭୟ କରିବାର କିଛି ନାହିଁ। ଆମେ ଅଛୁ।

କିନ୍ତୁ ଆଜିର ନାରାୟଣୀ ମନ୍ଦିର ଆଉ କିଛି କଥା କହେ। କଳକଳ ଝରଣା ସିମେଣ୍ଟ, ଗୋଡ଼ି ଓ ବାଲିର ଶୃଙ୍ଖଳରେ ଗାଉଛି କରୁଣ ଗୀତ। ପ୍ରକୃତିର ନୈସର୍ଗିକ ଶୋଭାରେ କୃତ୍ରିମତାର ପରଶ ସବୁଠି। ମା'ଙ୍କ ପାଖରେ ପହଞ୍ଚିବା ପାଇଁ ଭେଟିବାକୁ ହେବ ସିମେଣ୍ଟ ପାହାଚର ଅହଙ୍କାର। ତେବେ ପ୍ରକୃତିକୁ କେମିତି ନିଃସଙ୍ଗ କରାଯାଏ, ନାରାୟଣୀଙ୍କୁ ଦେଖିଲେ ଜାଣିହୁଏ।

ନାରାୟଣୀଙ୍କ ପରି ଭଗବତୀଙ୍କ ସାତଭଉଣୀଙ୍କ ମଧ୍ୟରେ ରହିଛନ୍ତି ପଞ୍ଚମ ଭଉଣୀ ସିଦ୍ଧାମ୍ବରୀ। ସେ ଭାଟପଡ଼ାଗଡ଼ ରାଜାଙ୍କ ଇଷ୍ଟଦେବୀ। ନାରାୟଣୀ ଷଷ୍ଠ ଭଉଣୀ, ଖଲ୍ଲିକୋଟ ରାଜାଙ୍କ ଗୃହଦେବୀ ଏବଂ କାଳୀଜାଈ ପାରିକୁଦଗଡ଼ ରାଜା ପୂଜିତା। ଅନ୍ୟ ଭଉଣୀମାନଙ୍କ ସଂପର୍କରେ ଆମେ କଥା ହୋଇଛେ। ଦଶହରା ସମୟରେ ଏହି ତିନି ଭଉଣୀଙ୍କ ଆଜ୍ଞାମାଳ ମା' ଭଗବତୀଙ୍କ ପାଖକୁ ଆସିଥାଏ।

ତେବେ ଭଗବତୀଙ୍କ ସମେତ ସାତ ଭଉଣୀଯାକ କେବଳ ମୂର୍ତ୍ତି ବା ସ୍ଥାପତ୍ୟ

ନୁହନ୍ତି, ସେମାନଙ୍କ ମନ୍ଦିର ବି ଖାଲି ମନ୍ଦିର କି ବନ୍ଦୀଶାଳା ନୁହେଁ- ସେମାନେ ଯେପରି ଘୂରି ବୁଲୁଛନ୍ତି ମାଟି, ପାଣି, ପବନ, ଖରା, ଆକାଶ, ସମୁଦ୍ର, ପାହାଡ଼-ପର୍ବତ, ଘନଜଙ୍ଗଲ ଭିତରେ । ଏମାନେ ସମସ୍ତେ ଜଣେ ଜଣେ ମୁକ୍ତ ମାତୃତ୍ୱର ମହାରୂପ । ଏମାନଙ୍କ ସ୍ଥାପତ୍ୟ ଭିତରେ ରହିଛି ଜୀବନ ଜିଇଁବାର ଅନୁଭବ ।

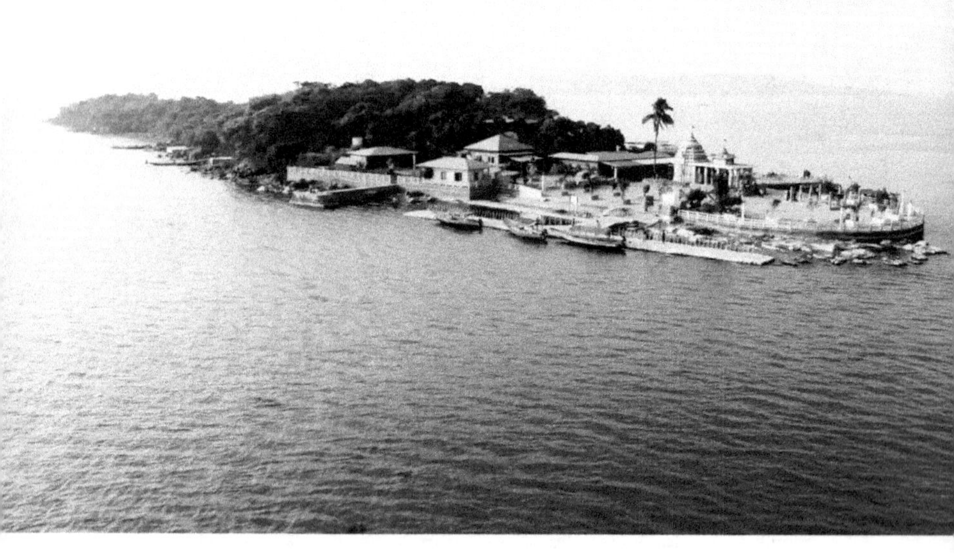

ସ୍ଥାପତ୍ୟରେ ଯୁଗ୍ମଦେବୀ

ତାରାତାରିଣୀ

ନଈର ନାଁ ଋଷିକୂଲ୍ୟା। ଦେଖିଲେ ମନେହୁଏ ସତରେ ଋଷି-ମନ-ଲୋଭା। ଋଷି-ମନ୍ତ୍ର-ସମ୍ଭୂତ ଏକ ମହାସ୍ରୋତ। ନଈକୂଳରେ ପାହାଡ଼ଟିଏ। ସ୍ଥାନୀୟ ମଣିଷମାନେ କେତେ କେତେ ନାଁରେ ତାକୁ କୁହନ୍ତି- ପୂର୍ଣ୍ଣଗିରି, କୁମାରୀଗିରି, ରତ୍ନଗିରି ଓ ତାରିଣୀ ପର୍ବତ। ପାଖରେ ମୁକୁନ୍ଦପୁର ଗାଁ। ବ୍ରହ୍ମପୁର ସହରଠାରୁ ପ୍ରାୟ ପଚିଶ କିଲୋମିଟର ଦୂର। ପାହାଡ଼ ତୀଖରେ ମାଆ ତାରାତାରିଣୀଙ୍କ ପୀଠ। ସେମାନେ ଦୁଇଭଉଣୀ- ତାରା ଆଉ ତାରିଣୀ। ଶାକ୍ତ ଚେତନାରେ ଓଡ଼ିଶାରେ ଏପରି ଦୁଇଭଉଣୀ ପୂଜନ ପରମ୍ପରା ଅନ୍ୟତ୍ର ମଧ୍ୟ ରହିଛି। ଖୋର୍ଦ୍ଧାର ବରୁଣେଇ-କରୁଣେଇ, ଉଗ୍ରତାରା ପୀଠ ନିକଟସ୍ଥ ସୁନେଇ-ରୂପେଇ ଏବଂ ପଶ୍ଚିମ ଓଡ଼ିଶାର ନିତେଇ ଧୋବଣୀ-ପିତେଇ ସଉରୁଣୀ, ଏମିତି ଅନେକ।

ମାତ୍ର ତାରାତାରିଣୀ ଭାରତବର୍ଷର ପ୍ରମୁଖ ଚାରି ପ୍ରାଚୀନ ଶାକ୍ତପୀଠ ମଧ୍ୟରେ ଅନ୍ୟତମ। ଗୋଟିଏ ପୁରୀର ବିମଳା, ଅନ୍ୟ ଦୁଇଟି କଲିକତାର ଦକ୍ଷିଣକାଳୀ ଓ ଗୌହାଟୀର କାମାକ୍ଷାଦେବୀ। ରତ୍ନଗିରିର ଚୂଡ଼ାରେ ଦୁଇଭଉଣୀଙ୍କ ଆବିର୍ଭାବ ସଂପର୍କରେ କେତେ କଥା ରହିଛି।

ପୁରାଣର କଥା। ଦକ୍ଷପ୍ରଜାପତିଙ୍କ ଯଜ୍ଞ। ସକଳ ଦେବ-ଋଷି ନିମନ୍ତ୍ରିତ। କେବଳ ଜଣକ ବ୍ୟତୀତ; ଶିବ। ବଡ଼ ଜୋଇଁ। କନ୍ୟା ସତୀ ଆସିଛନ୍ତି ଯଜ୍ଞଭୂମିକୁ। ବାପା ଦକ୍ଷ ସତୀଙ୍କ ଆଗରେ ଶିବଙ୍କ ଭୟଙ୍କର ବ୍ୟକ୍ତିତ୍ୱ ସଂପର୍କରେ ଅପମାନସୂଚକ ମନ୍ତବ୍ୟ ଦେଇଛନ୍ତି। ଏପରିକି ଝିଙ୍ଗାସିଛନ୍ତି। ସ୍ୱାମୀ ନିନ୍ଦା ସତୀଙ୍କୁ ଅସହ୍ୟ ହୋଇଛି। ଡେଇଁ ପଡ଼ିଛନ୍ତି ଯଜ୍ଞକୁଣ୍ଡକୁ। ଏବଂ, ଠିକ୍ ଏତିକିବେଳେ ପହଞ୍ଚି ଯାଇଛନ୍ତି ମହାଯୋଗୀ ଯଜ୍ଞଶାଳା ନିକଟରେ। ସତୀଙ୍କ ଅଧାପୋଡ଼ା ଦେହ ସାଉଁଟି ଆଣିଛନ୍ତି ଯଜ୍ଞକୁଣ୍ଡ ଭିତରୁ। ସତୀ ରୁଦ୍ରଙ୍କ କାନ୍ଧରେ। ମହାଯୋଗୀ ଏବେ ମହାନର୍ତ୍ତକ। ତାଙ୍କ ପ୍ରୀତି-ନୃତ୍ୟର

ଜ୍ୟୋତିରେ ସଂସାର ଉଚ୍ଛନ୍ନପ୍ରାୟ। ସକଳ ଦେବଲୋକ ଭୟଭୀତ। ବିଷ୍ଣୁ ନିରୁପାୟ। ସୃଷ୍ଟିକୁ ଧ୍ୱଂସଲୀଳାରୁ ରକ୍ଷା କରିବାକୁ ପଡ଼ିବ। ମାତ୍ର ଶିବଙ୍କ ତାଣ୍ଡବ ରୋକିବେ କେମିତି ? ଉପାୟ ପାଞ୍ଚିଲେ। ଚକ୍ରରେ ଖଣ୍ଡ ଖଣ୍ଡ କରିଦେଲେ ସତୀଙ୍କ ଶରୀର। ଶିବ ଏବେ ସ୍ତବ୍ଧ। ଶାନ୍ତ।

ସତୀଙ୍କ ଶରୀରର ଅଂଶମାନ ବିକ୍ଷିପ୍ତ ହୋଇପଡ଼ିଛି ମାଟି ଉପରେ। ଏଣେତେଣେ। ପାଦ ପଡ଼ିଛି ପୁରୀରେ, ବିମଳାଙ୍କ ପାଦପୀଠ। ମୁଖ ପଡ଼ିଛି କଲିକତାରେ, ଦକ୍ଷିଣକାଳୀଙ୍କ ମୁଖପୀଠ। ଯୋନି ପଡ଼ିଛି ଗୌହାଟୀରେ, କାମାକ୍ଷାଙ୍କ ଯୋନିପୀଠ ଏବଂ ସ୍ତନଯୁଗଳ କାଳେ ନିଜର କରିନେଇଛି ରତ୍ନଗିରିର ଚୂଡ଼ାକୁ। ସ୍ତନପୀଠ। ନିଜକୁ ପ୍ରକଟ କରିଛନ୍ତି ତାରା-ତାରିଣୀ ରୂପରେ। ଏହା ଯେପରି ମା'ଙ୍କର ସ୍ତନଯୁଗଳ ନୁହେଁ, ମାତୃତ୍ୱର ପ୍ରମୂର୍ତ୍ତାୟନ। ଜୀବନଦାତ୍ରୀ, ଅମୃତଦାତ୍ରୀ। ସତୀଙ୍କ ଶରୀରର ଅବଶିଷ୍ଟ ଅଂଶଗୁଡ଼ିକ ଅନ୍ୟ ଏକାବନଟି ସ୍ଥାନରେ ପଡ଼ି ସେଠାରେ ଏକ ଏକ ଶାକ୍ତପୀଠରେ ରୂପାନ୍ତରିତ ହୋଇଛି।

କିମ୍ବଦନ୍ତୀ ପୁଣି ଆଉ କିଛି କୁହେ। ଗାଁ ନାଁ ଖରିଡ଼ା(ଜଗନ୍ନାଥପୁର)। ଗାଁର ମଣିଷ ବାସୁ ମହାପାତ୍ର। ବ୍ରାହ୍ମଣ ଓ ସାଧକ। ତାଙ୍କ ଘରେ କାଳେ କନ୍ୟା ରୂପରେ ଆବିର୍ଭୂତା ହେଲେ ଦୁଇଭଉଣୀ। ବାସୁ ତାଙ୍କ ସ୍ନେହଡୋରରେ ବନ୍ଧା। ଦିନେ ରାତିରେ ହଠାତ୍ ସେମାନେ ଅନ୍ତର୍ଦ୍ଧାନ ହୋଇଯାଇଛନ୍ତି। ପହଞ୍ଚିଛନ୍ତି ରାଜଉଆସରେ। ରାଜାଙ୍କର ଆଖି ଏବେ ସେମାନଙ୍କ ଅପରୂପ ଲାବଣ୍ୟ ଉପରେ। ଜଣଙ୍କୁ ରାଜକୁମାର ଓ ଅନ୍ୟ ଜଣଙ୍କୁ ମନ୍ତ୍ରୀ ପୁଅ ସହ ସାଥୀ କରିନେବାର ଇଚ୍ଛା ପ୍ରବଣ ହୋଇଉଠିଛି। ଦୁଇଭଉଣୀ ସମ୍ମତି ଦେଇଛନ୍ତି। ମାତ୍ର ଏକ ସର୍ତ୍ତ। ସର୍ତ୍ତ- ସେମାନେ ଆଗେ ଆଗେ ଦଉଡ଼ିବେ, ପଛରେ ଘୋଡ଼ା ପିଠିରେ ଦୁଇ କୁମାର। ଯେଉଁଠି ଭେଟ ହେବ, ସେଇଠି ହାତଗଣ୍ଠି। ସର୍ତ୍ତ ସ୍ୱୀକୃତି ପାଇଛି। ଦୁଇ ଦିବ୍ୟରୂପାଙ୍କ ପଛେ ପଛେ ଦୁଇ କୁମାର। ଋଷିକୂଲ୍ୟାର ଗଭୀର ଗଣ୍ଡ ପାଖରେ ପହଞ୍ଚି ଯାଇଛନ୍ତି ଦୁଇଭଉଣୀ। ଡେଇଁ ପଡ଼ିଛନ୍ତି ଗଣ୍ଡକୁ। ଆଶ୍ଚର୍ଯ୍ୟ ଓ ଅସହାୟ ରାଜକୁମାର।

ପାଖରେ ଥିବା ବିଶାଳ ବରଗଛର ଗଣ୍ଡିରେ ଘୋଡ଼ାକୁ ବାନ୍ଧି ପକାଇଛନ୍ତି। ଋଷିକୂଲ୍ୟାର ଗଣ୍ଡ ଭିତରେ ତାଙ୍କ ପାର୍ଥିବ ସତ୍ତା ପ୍ରେମକୁ ଖୋଜି ବୁଲିଛି। ଏବଂ, ତତ୍‌କ୍ଷଣାତ୍ ରାଜଉଆସରେ ଘୋଟିଆସିଛି ପ୍ରଳୟ। ହାତୀ, ଘୋଡ଼ା, ରାଜନଅର ସବୁ ପଥରପ୍ରାୟ। ମନ୍ତ୍ରୀପୁଅ କିନ୍ତୁ ଚତୁର। ଘୋଡ଼ା ଧରି ସେମିତି ଠିଆ ହୋଇଛି। ସବୁ ଅସହାୟତାକୁ ପରଖିଛି ନିଜ ଆଖିରେ। ଫେରିଆସିଛି ଉଆସକୁ। ମାତ୍ର ଦୁରାରୋଗ୍ୟରେ ଆକ୍ରାନ୍ତ ହୋଇ ଅବଶିଷ୍ଟ ଜୀବନ ଅନୁତାପରେ କାଟିଛି। ଆଜି ବି ଲୋକେ ପାହାଡ଼ ପାଖର ଗୋଟିଏ ଜାଗାକୁ ହାତ ବଢ଼େଇ କୁହନ୍ତି- ଏଇ ଦେଖ ଘୋଡ଼ାବନ୍ଧା ବରଗଛ।

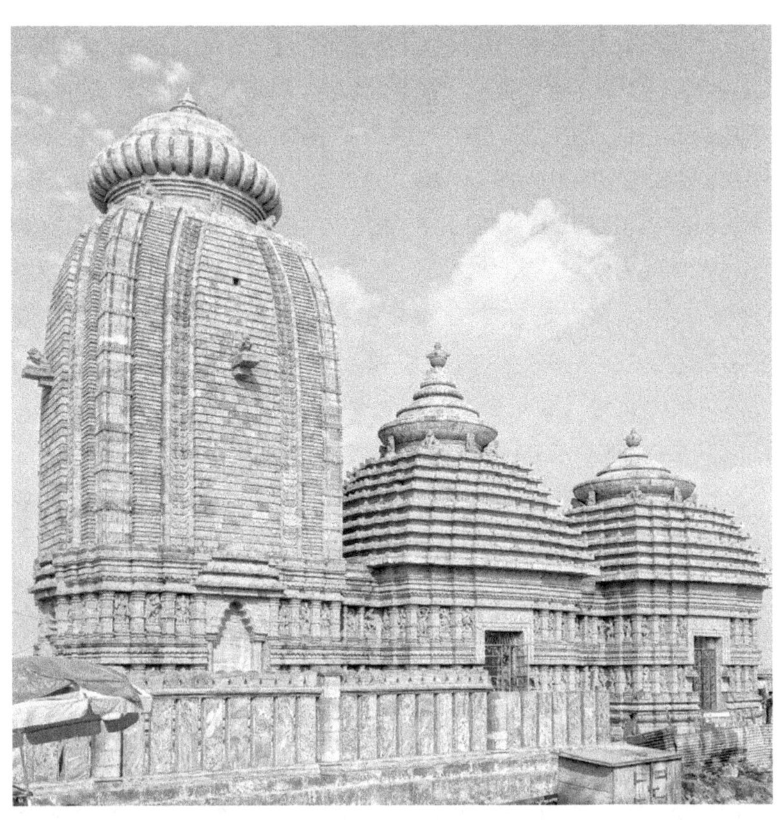

ଏଥର ସେଇ ଦିବ୍ୟସ୍ୱରୂପା ଦୁଇଭଉଣୀ ସପନରେ ଉଭା ହୁଅନ୍ତି ପାଳିତ ପିତା ବାସୁଙ୍କ ପାଖରେ। କୁହନ୍ତି- ବାପା, ତୁମ ଦୁଇ ଝିଅ ଏବେ ଏଇଠି ଅଛନ୍ତି, ରହିବେ ଯାବତ୍‌ଚନ୍ଦ୍ରାର୍କ। ଦେବୀ ପାର୍ବତୀଙ୍କର ଆମେ ଦୁଇ ପ୍ରତିରୂପା। ଆମ ପାଇଁ ଏଇଠି ଘର କରିଦିଅ। ଥାପନା କର। କନ୍ୟାମାନଙ୍କ ଅଳିକୁ ମାନି ନିଅନ୍ତି ବାସୁ। ସ୍ତନଦେବୀ ରୂପରେ ଏମାନେ ପୂଜା ପାଆନ୍ତି କୁମାରୀଗିରିର ଚୂଡ଼ାରେ। ମୁକ୍ତି ଓ ଅଭୟଦାତ୍ରୀ ରୂପରେ।

କେଉଁ ପ୍ରାଚୀନକାଳରୁ ଏମାନେ ଏହି ପାହାଡ଼ ଉପରେ ପୂଜା ପାଉଛନ୍ତି, ଇତିହାସ ନିରବ। ପୁରୁଣା ମନ୍ଦିର କାଳେ ଖୁବ୍ ଛୋଟ ଥିଲା। ଏବେ ନାଲି ବାଲିପଥରରେ ବିଶାଳ ମନ୍ଦିର ନିର୍ମିତ। ନୂଆ ମନ୍ଦିର। ମନ୍ଦିର ଚାରିପାଖରେ ସୁଦୃଶ୍ୟ ପାଚେରି। ଭିତରେ ଦେବୀ ତାରା-ତାରିଣୀ। ଏମାନେ ମୂର୍ତ୍ତି ନୁହନ୍ତି। ସ୍ତନାକୃତିର ଦୁଇ କଳାମୁଗୁନି ପଥର। ଗୋଲ୍ ଗୋଲ୍। ସଜେଇ ଦିଆଯାଇଛି ଦେବୀଙ୍କ ମୁହଁ ଭଳି। ସୁନା-ରୁପାରେ ଆଖି, ନାକ, ପାଟି ଓ ମୁକୁଟ। ଦୁହିଁଙ୍କ ଚଳନ୍ତିପ୍ରତିମା କିନ୍ତୁ ମୂର୍ତ୍ତିରେ ତିଆରି। ଧାତବ ମୂର୍ତ୍ତି।

ଦୁଇଭଉଣୀଙ୍କ ଜୀବନଗାଥାକୁ ନେଇ ପରିପୁଷ୍ଟ ଅନ୍ୟ ଏକ ପୀଠ- ବରୁଣେଇ-କରୁଣେଇ। ପୀଠ ନଈକୂଳରେ ନୁହେଁ, ଝରଣାକୂଳରେ, ପାହାଡ଼ ଛାତିରେ। ବଡ଼ଭଉଣୀଙ୍କ ନାଁ ଅନୁସାରେ ପାହାଡ଼ର ନାଁ ବରୁଣେଇ। ଖୋର୍ଦ୍ଧା ସହର ପାଖରେ। ଏକଦା ଥିଲା ରାଜା ରାମଚନ୍ଦ୍ର ଦେବଙ୍କ ପ୍ରଥମ ଗଡ଼। ୧୫୯୦ ଖ୍ରୀଷ୍ଟାବ୍ଦର କଥା। ବରୁଣେଇ-କରୁଣେଇ ଥିଲେ ରାଜାଙ୍କ ଗଡ଼ଦେବୀ। ରାଜା କାଳେ ଗଢ଼େଇଥିଲେ ଏଇ ପାହାଡ଼ ଛାତିରେ ଦି'ଭଉଣୀଙ୍କ ପାଇଁ ମନ୍ଦିର। ପ୍ରଥମେ ଗଛମୂଳେ କୁଡ଼ିଆ, ପରେ ପଥରର ମନ୍ଦିର। ମନ୍ଦିର ପୀଢ଼ଶୈଳୀରେ ତିଆରି। ଆକାରରେ କ୍ଷୁଦ୍ର ହେଲେ ବି ଜଗମୋହନ, ଭୋଗମଣ୍ଡପ ଓ ମୁଖ୍ୟ ଦେଉଳ- ତିନିଟି ସୋପାନ ରହିଛି। କାରୁକାର୍ଯ୍ୟ ଅବର୍ତ୍ତମାନ। ପୀଠର ଟିକିଏ ଉପରକୁ ସୀତାକୁଣ୍ଡ-କଳାମୁଗୁନି ପଥରର ଏକ ପାତ୍ର, ଚିରନ୍ତନ ଜଳସ୍ରୋତର ଉତ୍ସ। ପାଖରେ ପାଣ୍ଡହରା ଗୁମ୍ଫା।

ଦେଉଳ ଭିତରେ ଦେବୀ ବରୁଣେଇ ଓ କରୁଣେଇ। ଉଭୟଙ୍କ ଉଚ୍ଚତା ପ୍ରାୟ ଅଠର ଇଞ୍ଚ। ଚିକ୍କଣ କଳାମୁଗୁନି ପଥରରେ ତିଆରି। ତୀଖ ନାକ, ପାନପତ୍ର ପରି ମୁହଁ, ସରୁ ଓଠ, ଲମ୍ବା ବେକ, ଆଖିରେ ଅଭୟ ଓ କରୁଣାର ମିଶ୍ର ରୂପ। ନାନା ଅଳଙ୍କାରରେ ସୁଶୋଭିତା। ଗଳାର ମାଳା ଲମ୍ବି ଆସିଛି ଆଣ୍ଠୁଯାଏ। ପାଦରେ ପାହୁଡ଼। କାନରେ କୁଣ୍ଡଳ, ମଥାରେ କିରୀଟ, ସୁସଞ୍ଚ ବକ୍ଷୋଜ। ଗୋଟିଏ ଶବ୍ଦରେ କହିଲେ, କମନୀୟ। ଅଥଚ ରଣରଂଗିନୀ। ସମର ପୋଷାକ ପରିହିତା। ପାଇକମାନଙ୍କ ଇଷ୍ଟଦେବୀ। ଖୋର୍ଦ୍ଧାଗଡ଼ର କ୍ଷେତ୍ରେଶ୍ୱରୀ। ଭୋଇବଂଶର ଆରାଧ୍ୟା। ରାଜପ୍ରାସାଦ ଭିତରେ ଏମାନଙ୍କ ପ୍ରତିରୂପା ଜୟଦୁର୍ଗା ଓ କନକଦୁର୍ଗା। ଦଶହରାରେ ବୁଲିଆସନ୍ତି ବରୁଣେଇ ପୀଠ। ମୂର୍ତ୍ତିକଳା ଦୃଷ୍ଟିରୁ ଜଣଙ୍କୁ ରୁଦ୍ରାଣୀ ଅନ୍ୟ ଜଣଙ୍କୁ ନାରାୟଣୀ କୁହାଯାଇପାରିବ। କୁହାଯାଇପାରିବ ଏହା ବୈଷ୍ଣବ ଓ ଶାକ୍ତ ଉପାସନାର ମିଳନ କ୍ଷେତ୍ର।

ପଦ୍ମଉପରେ ଠିଆ ହୋଇଛନ୍ତି। ଚାରୋଟି ଲେଖାଏଁ ହାତ। ମାତ୍ର ଦୁଇଜଣଯାକଙ୍କ ତଳ ଦୁଇହାତ ଭାଙ୍ଗିଯାଇଛି। ବରୁଣେଇଙ୍କ ଉପର ଦୁଇହାତରେ ତ୍ରିଶୂଳ ଓ ଡମ୍ବରୁ। କରୁଣେଇଙ୍କ ଉପର ଦୁଇହାତରେ ଗଦା ଓ ପାନପାତ୍ର। ଦୁହିଁଙ୍କ ବାମପଟରେ ପରିଚାରିକା। ଜଣଙ୍କ ହାତରେ ଗଦା। ଜଣଙ୍କ ବାହନ ସିଂହ, ଅନ୍ୟ ଜଣଙ୍କ ବାହନ ଭଗ୍ନ। ପାଦତଳେ ଜଳଉତ୍ସ- ଯେପରି ଧୋଇଦେଉଛି ସେମାନଙ୍କ ସୁକୋମଳ ପାଦ। କେମିତି ଉଦୟ ହେଲେ ଏମାନେ ଏଇ ଜଙ୍ଗଲ ଭୂମିରେ ? ଲୋକେ କହନ୍ତି, ଏମାନେ କାଳେ ମହାଶକ୍ତିଙ୍କ ଯୁଗ୍ମସତ୍ତା। ପ୍ରକୃତିର ଅପରୂପ ଶୋଭାରେ ଅଭିଭୂତ ହୋଇ ମନ କରନ୍ତି, ଏଇଠି ରହିବେ। ପ୍ରଥମେ ଦେଖାଦିଅନ୍ତି ରାଣୀଙ୍କୁ। ରୂପରେ ନୁହେଁ, ନାଦରେ। ଦିନେ ଗଭୀର ରାତିରେ ରାଣୀଙ୍କ ନିଦ ଭାଙ୍ଗିଯାଏ। କାନରେ

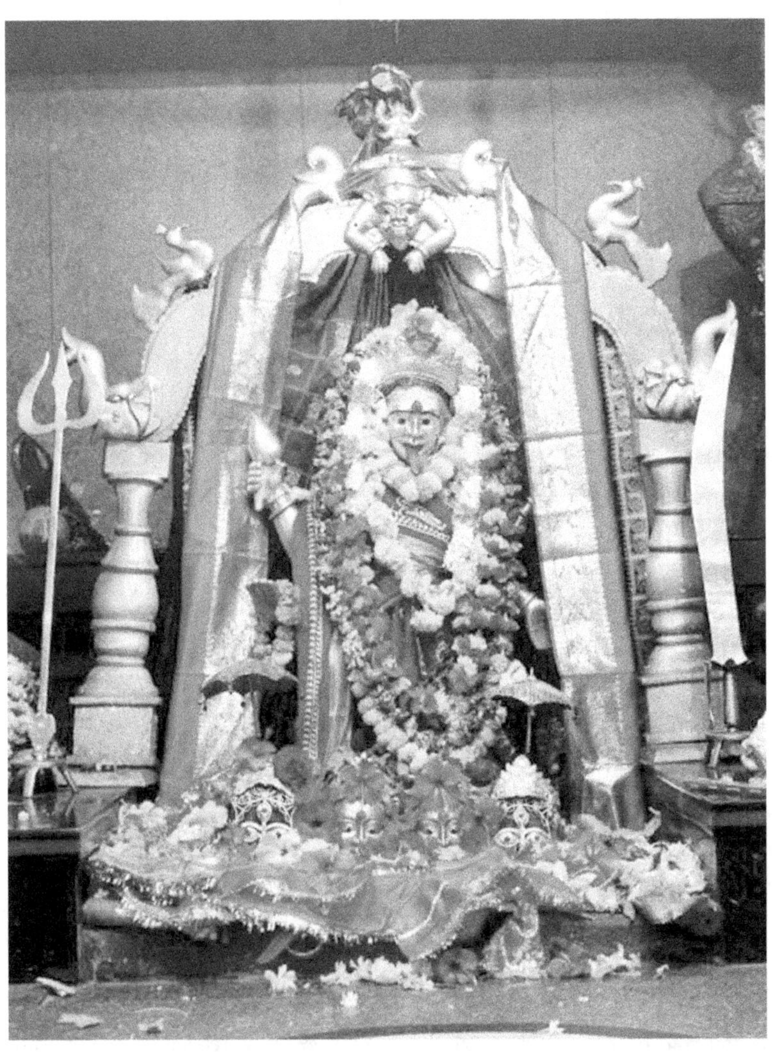

ଶୁଭିଯାଏ ମହଲର ଚାରିପାଖରେ ରୁଣୁଝୁଣୁ ପାଉଁଜିର ଶବ୍ଦ। ଛାତିରେ ଛନକା। ସକାଳ ଆସେ। ରାଣୀ, ରାଜାଙ୍କୁ କୁହନ୍ତି ରାତିର ଅନୁଭବ। ରାଜା କୁହନ୍ତି- ସ୍ୱପ୍ନ, ପାଗଳାମି। ମାତ୍ର ଆଶ୍ଚର୍ଯ୍ୟ! ସେହିଦିନ ରାତିରେ ରାଜା ବି ଅନୁଭବ କରନ୍ତି ନାଦର ତାନ। ଡକା ହୁଅନ୍ତି ବ୍ରାହ୍ମଣ, ଜ୍ୟୋତିଷ। ଆୟୋଜନ ହୁଏ ଯଜ୍ଞର। ଧାନ କିଛି ବୁଣିଦିଆଯାଏ ପାହାଡ଼ ଦେହରେ। ବରଷା ଆସେ। ଧାନ ଗଜା ବାହାରେନି କେଉଁଠି। ଅସମ୍ଭବ କଥା ଇଏ। ଦେବୀଙ୍କ କୋପ ନୁହେଁ ତ? ମାତ୍ର ଏକ ତ୍ରିଶାଖା- ଆମ୍ବଗଛ ମୂଳରେ ଆବିଷ୍କୃତ

ହୁଏ ତିନୋଟି ଧାନଗଛ। ମାତ୍ର ତିନୋଟି। ମାଟି ଖୋଳାହୁଏ। ଖୋଳୁଖୋଳୁ ଶାବଳ ବାଜେ ଏକ ଢାଙ୍କୁଣିଦିଆ ମାଟିପାତ୍ରରେ। ଢାଙ୍କୁଣି ଭିତରେ କିଛି ଖପରା। ହାତ ଯାଏ ଭିତରକୁ। ଏବଂ, ଭିତରୁ ବାହାରି ଆସନ୍ତି ଦୁଇ ଦିବ୍ୟ ଦେବୀ ପ୍ରତିମା। ପ୍ରଥମ ବରୁଣେଇ, ଦ୍ୱିତୀୟ କରୁଣେଇ। କାହା ପାଉଁଜିର ଗୀତରେ ମୁଖରିତ ହେଉଥିଲା ବନଭୂମି, ଏଥର ସ୍ପଷ୍ଟ ହୋଇଯାଏ।

ପୁଣି କୁହାଯାଏ, ଗଜପତି ପୁରୁଷୋତ୍ତମ ଦେବ କାଞ୍ଚି ବିଜୟ ପରେ, ଭଣ୍ଡ ଗଣେଶ, ସାକ୍ଷୀଗୋପାଳ ଓ ବରୁଣେଇ-କରୁଣେଇଙ୍କୁ ନିଜ ରାଜ୍ୟକୁ ଘେନି ଆଣିଥିଲେ। କଳାପାହାଡ଼ର ଆକ୍ରମଣ ପରେ, ରାଜା ରାମଚନ୍ଦ୍ରଦେବ ଶ୍ରୀଜଗନ୍ନାଥଙ୍କ ନାମ ଅନୁସାରେ ରାଜଧାନୀର ନାଁ ରଖିଲେ ଜଗନ୍ନାଥପୁର କଟକ ଏବଂ ଦେବୀ ବରୁଣେଇ ଓ କରୁଣେଇଙ୍କୁ ବରୁଣେଇ ତୀଖରେ ସଂସ୍ଥାପିତ କଲେ। ବଳରାମ ଦାସଙ୍କ ବଟ ଅବକାଶରେ ଏହାର ସୁବିସ୍ତୃତ ବର୍ଣ୍ଣନା ରହିଛି। ବରୁଣେଇ ପାହାଡ଼ ନାନା କାହାଣୀରେ ବିଚିତ୍ରବର୍ଣ୍ଣା। ରାଜା ରାମଚନ୍ଦ୍ରଙ୍କଠାରୁ ପାଣ୍ଡବ ପର୍ଯ୍ୟନ୍ତ- ସକଳଙ୍କର ପ୍ରିୟ ଭୂମି ଥିଲା ଏଇ ବରୁଣେଇ।

ତେବେ ଯୁଗ୍ମଦେବୀ ପୂଜନର ପରମ୍ପରାକୁ ଆଳ କରି ଇଏ ଦୁଇଟି କାହାଣୀ ମାତ୍ର। କାହାଣୀ ଭିତରେ ବାସ୍ତବତା ଅନ୍ୟ ପ୍ରକାର। ତାରା ତାରିଣୀଙ୍କୁ ଆମେ ଶକ୍ତି ଉପାସନାର ପ୍ରାଚୀନତମ ରୂପ ଭାବରେ ଗ୍ରହଣ କରିପାରିବା। ସେଠାରେ ପ୍ରତିମା ପୂଜା ପାଉନାହାନ୍ତି, ସେମାନେ ପ୍ରତୀକ। ସ୍ତନର ପ୍ରତୀକ। ମାତୃତ୍ୱର ସଂକେତ। ମଣିଷ ବିଶ୍ୱାସ, ଅଦୃଷ୍ଟ ଶକ୍ତିକୁ ପ୍ରତିମାୟିତ କରିବାର ବହୁ ପୂର୍ବରୁ ପ୍ରତୀକ ରୂପରେ ପରିକଳ୍ପନା କରିଥିଲା। ପ୍ରତୀକମାନେ ଥିଲେ ପ୍ରକୃତିର ବିଭିନ୍ନ ରୂପ-ଜୀବନ୍ତ। ଆମ ତାରାତାରିଣୀ ନାରୀର ମାତୃତ୍ୱ। ତେଣୁ ପୂଜନୀୟା।

ଐତିହାସିକମାନେ ପୀଠର ପ୍ରାଚୀନତା ପ୍ରମାଣ କରିବାକୁ ଯାଇ କୁହନ୍ତି- କଳିଙ୍ଗର ନୌବାଣିଜ୍ୟ ପରମ୍ପରା ସହିତ ଦେବୀଙ୍କର ସଂପର୍କ ରହିଛି। ପାହାଡ଼ ଚୂଡ଼ାରେ ଥାଇ ଦେବୀ ବନ୍ଦରଗୁଡ଼ିକର ସୁରକ୍ଷାଦାତ୍ରୀ ଥିଲେ। ପାହାଡ଼ରୁ ଟିକିଏ ଦୂରରେ ଜଉଗଡ଼ ମାତ୍ର ଚାରି କିଲୋମିଟର। ଅଶୋକଙ୍କ ଶେଷ ଶିଳାଲିପିର ଭୂମି-ସମାପା। ତେଣୁ ଅଶୋକ ନଦୀ ମୁହାଣ ବାଟଦେଇ ଏଇ ପର୍ଯ୍ୟନ୍ତ ଆସିଛନ୍ତି। ବୌଦ୍ଧଧର୍ମର ପ୍ରଚାର କରିଛନ୍ତି। ତାରା ନାଁ ମଧ୍ୟ ଆମକୁ ମହାଯାନି ବୌଦ୍ଧ ଦର୍ଶନ ସଂପର୍କରେ ସୂଚନା ଦିଏ। କାରଣ ତାରା ସହଜଯାନି ବୌଦ୍ଧଧର୍ମ ଶାଖାର ପ୍ରମୁଖ ଦେବୀ। ସମ୍ମୋହନ, ସୃଜନ ଓ ମହାନିର୍ବାଣର ପ୍ରତୀକ। ସମ୍ଭବତଃ ତାରାଙ୍କ ସହ ତାରିଣୀଙ୍କୁ ଯୋଡ଼ି ଦିଆଯାଇଛି। ପୀଠରେ ପୁଣି ରହିଛନ୍ତି ଧ୍ୟାନୀବୁଦ୍ଧ। ତେଣୁ ପୀଠକୁ ତନ୍ତ୍ର ଓ ବୌଦ୍ଧ ସହଜଯାନ ପରମ୍ପରାର

ସ୍ମୃତିଲିପି କହିପାରିବା। ମନ୍ଦିର ସମ୍ମୁଖରେ ଥିବା ପାଦୁକାକୁଣ୍ଡ ଓ ଗଜସିଂହ ମୂର୍ତ୍ତି ସୁପ୍ରାଚୀନ।

ତେବେ ଉଭୟ ପୀଠ ଆଟବିକ-ବିଶ୍ୱାସବୋଧର ଆର୍ଯ୍ୟାୟନ କହିଲେ ଭୁଲ୍ ହେବନି। ଅନୁରୂପ ଭାବରେ ଖୋର୍ଦ୍ଧାଠାରୁ ଅଳ୍ପ ଦୂରସ୍ଥ ଉଗ୍ରତାରା ନିକଟରେ ପୂଜା ପାଉଥିବା ସୁନେଇ-ରୂପେଇ ଏବଂ ପଶ୍ଚିମ ଓଡ଼ିଶାର ତନ୍ତ୍ରଦେବୀ ନିତେଇଧୋବଣୀ ଓ ପିତେଇ ସଉରୁଣୀ ଶାକ୍ତ ଚେତନାର ଯୁଗ୍ମଦେବୀ ଭାବେ ପୂଜା ପାଉଛନ୍ତି। ଏମାନେ ସମସ୍ତେ ତନ୍ତ୍ରଦେବୀ। ଏମାନଙ୍କର ଘର, ମନ୍ଦିର ଗଢ଼ଣକଳା ଦୃଷ୍ଟିରୁ ଚମକପ୍ରଦ ନୁହେଁ, ମାତ୍ର ସରଳତମ। ଆମ ସ୍ଥାପତ୍ୟରେ ଏହି ଯୁଗ୍ମ ଦେବୀ ପୂଜନର ଦର୍ଶନ ଏକ ଚିରନ୍ତନ ଅନୁଭବ।

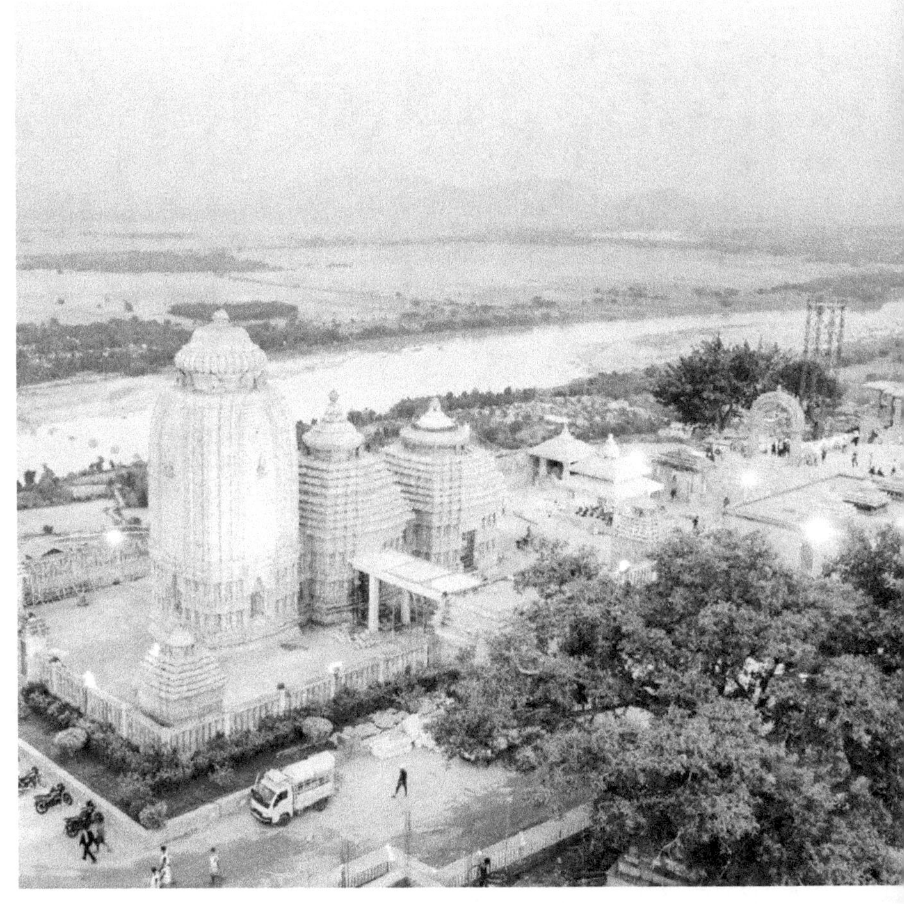

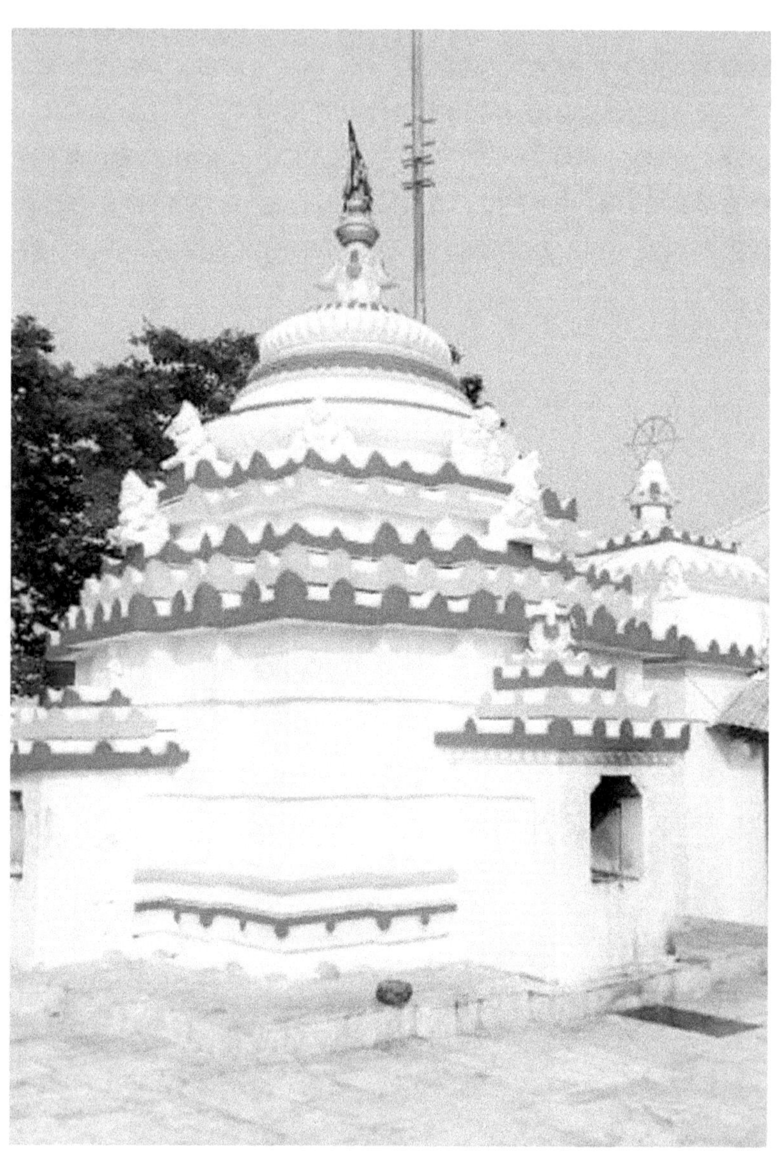

ଚର୍ଚ୍ଚାରେ ଚର୍ଚ୍ଚିକା

ବାଙ୍କୀର ଚର୍ଚ୍ଚିକା

ସେମାନେ ତାଙ୍କ ଆବିର୍ଭାବ ସଂପର୍କରେ କେତେ କଥା କୁହନ୍ତି। କିଛି ରାମାୟଣର କଥା, କିଛି କଳ୍ପନାର କଥା।

ତ୍ରେତୟା ଯୁଗ। ଋଷି ଯମଦଗ୍ନି ଓ ରେଣୁକାଙ୍କ ଚାରି ପୁଅ। ସାନପୁଅ ପର୍ଶୁରାମ। ବିଷ୍ଣୁଙ୍କର ଅବତାର। କ୍ଷତ୍ରିୟମାନେ ବ୍ରାହ୍ମଣ ଯମଦଗ୍ନିଙ୍କ ଉପରେ ନିଜର ଅଧିକାର ସାବ୍ୟସ୍ତ କରନ୍ତି। ବିପନ୍ନ ସ୍ୱାଧୀନତା। ଅସହାୟ ଯମଦଗ୍ନି। ପିତାଙ୍କର ଏହି ଅସହାୟତାକୁ ସହଜରେ ଗ୍ରହଣ କରିପାରିନାହାନ୍ତି ପର୍ଶୁରାମ। ପ୍ରତିକ୍ରିୟାଶୀଳ ହୁଅନ୍ତି। ଅନ୍ଧପ୍ରାୟ। ଏଣେ ସହସ୍ରାର୍ଜୁନ ସହିତ ଯୁଦ୍ଧରେ ପରାଜୟଜନିତ କ୍ଷୋଭ। ପ୍ରତିଜ୍ଞା କରନ୍ତି, ନିକ୍ଷେତ୍ରୀ କରିବେ ବସୁନ୍ଧରା। ଜାନୁରେ ବାନ୍ଧନ୍ତି ପ୍ରତିଜ୍ଞା ଘଣ୍ଟି। ହାତରେ ଚମକିଉଠେ ପରଶୁ। ଘଣ୍ଟନାଦ ଶୁଣି ଆତଙ୍କିତ କ୍ଷତ୍ରିୟମାନେ ଆତ୍ମଗୋପନ କରନ୍ତି। ଶରଣାପନ୍ନମାନେ ରକ୍ଷା ପାଇଯାଆନ୍ତି ବ୍ରହ୍ମକ୍ରୋଧରୁ। ମାତ୍ର ଟଳିପଡ଼ନ୍ତି ଅସଂଖ୍ୟ ଅହଂକାର। ସେଦିନ ରାଜପଥରେ ବୁଲୁବୁଲୁ ଭେଟହୁଏ ଶ୍ରୀରାମଙ୍କ ସହିତ। ଏକସମୟରେ ପରମଙ୍କର ଦୁଇ ଅବତାର, ପୁଣି ଧରିତ୍ରୀ ଛାତିରେ। ଜଣେ କ୍ଷତ୍ରିୟ, ତରୁଣ। ଅନ୍ୟ ଜଣେ ବୟସ୍କ ବ୍ରାହ୍ମଣ। ପର୍ଶୁରାମ ଅନୁଭବ କରିଛନ୍ତି, ତାଙ୍କୁ ଫେରିଯିବାକୁ ହେବ ନିଜ ଭୂମିକୁ। ପରଶୁକୁ ଉଜେଇଦିଅନ୍ତି ପାଣିରେ। ଘଣ୍ଟି ଖୋଲିଯାଏ ଆଣ୍ଠୁରୁ। ସନ୍ନ୍ୟାସକୁ ବ୍ରତ କରନ୍ତି। ଆରମ୍ଭ ହୁଏ ପାପମୋଚନ ପରିବ୍ରାଜନ। ତପସ୍ୟା ଓ ତୀର୍ଥଭୂମିରେ କ୍ଷତ୍ରିୟ ନିଧନଜନିତ ପାପମୁକ୍ତିର ପର୍ବ।

ତୀର୍ଥଯାତ୍ରା କାଳରେ ତାଙ୍କ ପାଦ ପଡ଼େ ଉତ୍କଳ ଭୂମିରେ। ଯାତ୍ରାର ଆରମ୍ଭ ମହୋଦଧି କୂଳରୁ। ଚିତ୍ରିତ ଉପଳରେ ଚମତ୍କାର ଚିତ୍ରୋତ୍ପଳା। ତା'ରି କୂଳରେ ଜଂଖେରପୁରରେ ତାଙ୍କ ଚେତନାରୁ ଆବିର୍ଭୂତା ହୁଅନ୍ତି ବାକ୍‌ଦେବୀ ଶାରଳା। ଉପକୂଳରୁ ପାଦ ଏବେ ମାଳଭୂମିକୁ। ଦିନକର କଥା। କ୍ଲାନ୍ତ ପାଦ ଅଟକିଯାଇଚି ଚିତ୍ରୋତ୍ପଳା

କୂଳରେ ଏକ ପାହାଡ଼ କୋଳରେ। ଘନଘୋର ଜଙ୍ଗଲ। ବାଙ୍କିଯାଇଛି ଚିତ୍ରୋତ୍ପଳାର ମୁନି-ଜନ-ଲୋଭା ଦିବ୍ୟଦେହ। ଏବଂ, ସେହି ତୀରରୁ ଜନ୍ମ ନେଇଛି ଚିତ୍ରୋତ୍ପଳାର ପ୍ରଥମ କନ୍ୟା। ଶାନ୍ତ, ସୌମ୍ୟା। ସଂଗୀତମୁଖର। ମିଶିଯାଇଛି ପ୍ରାୟ ଦଶ କୋଶ ଦୂରରେ। ପର୍ଶୁରାମ ଅନୁଭବ କରନ୍ତି ଏଇ ସ୍ରୋତ ଯେପରି ତାଙ୍କ ସ୍ନେହମୟୀ ମା'। ନାଁ ଦିଅନ୍ତି ରେଣୁକା।

ଆଉ ପାହାଡ଼? ରୁଚିକା। ରୁଚିକା କାଳେ ପର୍ଶୁରାମଙ୍କ ପିତାମହଙ୍କ ନାମ। ସେଇ ରୁଚିକା ପାହାଡ଼ ତଳେ ବହିଯାଉଥିବା ରେଣୁକା ନଈର କୂଳରେ ବିଶ୍ରାମ ନେଇଥାନ୍ତି ପର୍ଶୁରାମ। ଋଷିଙ୍କ ବର୍ତ୍ତମାନରେ ଅଭିମନ୍ତ୍ରିତ ହୋଇଉଠେ ବନଭୂମି। ଦିନକର କଥା। ପର୍ଶୁରାମଙ୍କୁ ସମ୍ମୋହିତ କରେ ଏକ ବିଚିତ୍ର ଦୃଶ୍ୟ। ପଥର ଖଣ୍ଡିଏ ଯେପରି ଦୋଳି ଖେଳୁଛି ପାଣି ଉପରେ। ଆଖି ଲାଖିଯାଏ ପଥର ଉପରେ। ପଥର ନୁହେଁ ତ! ଏକ ଦିବ୍ୟ ନାରୀର ଅନିନ୍ଦ୍ୟ ମୁଖମଣ୍ଡଳ। କୋଳରେ ଧରି କୂଳକୁ ଆସନ୍ତି। ମହାରୂପା ଏବେ ଖୋଲିଦିଅନ୍ତି ନିଜର ପରିଚୟ। ସେ ଆଉ କେହି ନୁହନ୍ତି, ସ୍ୱୟଂ ଯୋଗମାୟା, ମହାରୂପା, ଆଦିଶକ୍ତି। ଏଥର ପର୍ଶୁରାମଙ୍କ କଣ୍ଠରୁ ସ୍ୱତଃ ଉଚ୍ଚାରିତ ହୁଏ- ମା' ଚର୍ଚ୍ଚିକା! ମା'ଙ୍କୁ ସଂସ୍ଥାପିତ କରନ୍ତି ସେହି ଆଙ୍କୁଲ ଗଛତଳେ ଥିବା ଚଟାଣ ଦେହରେ।

ଅନେକ କାଳ ପରେ ବାଙ୍କୀର ରାଜାଙ୍କୁ ସ୍ୱପ୍ନାଦେଶ ହୁଏ, ଏଥର ପାହାଡ଼ ଉପରେ ଗଢ଼ା ହୋଇଯାଏ ସୁନ୍ଦର ମନ୍ଦିର। ମା'ର ଘର। ସୁରକ୍ଷିତ ଏବେ ବନଭୂମି, କ୍ଷମତା ଏବଂ ମନ୍ଦ୍ରନାଦିନୀ ମହାନଦୀର କରାଳ ରୂପରେ ଆତଙ୍କିତ ତାଙ୍କ ସନ୍ତାନମାନେ। ମାତ୍ର କାହାଣୀର ମଞ୍ଜି କଥା ଟିକିଏ ନିଆରା। ଅର୍ଥାତ୍ ବ୍ରାହ୍ମଣ ହାତରେ ଶକ୍ତିଙ୍କ ସଂସ୍ଥାପନ। ଆମେ କହିପାରିବା, ଏହା ବୈଷ୍ଣବ ଚେତନା ଓ ଶାକ୍ତ ଚେତନାର ପୁନର୍ବିନ୍ୟାସ। ତେଣୁ ରୁଚିକା, ରେଣୁକା ଓ ଚର୍ଚ୍ଚିକା- ଲୋକତୁଣ୍ଡରେ ପର୍ଶୁରାମ ପୀଠ।

ଅନ୍ୟ ଏକ ଲୋକକଥା- ବର୍ଷା ଋତୁ। ମହାନଦୀର ପାଣି ଏ କୂଳ ସେ କୂଳ ଖାଉଛି। ଦିନକର କଥା। ସଞ୍ଜ ନଇଁଆସୁଛି। ଉଛୁଳା ନଈର ଢେଉରେ ନାଉରିଆର ନାଆ ଭାସିଚାଲିଛି ଆଗକୁ। ଆରପାରିକୁ ପାରିକରି ଦେବାପାଇଁ ଜଣେ ନାରୀର ଅନୁରୋଧ ନାଉରିଆକୁ। ସଞ୍ଜବେଳେ କେମିତି ଜଣେ ନାରୀକୁ ନେବି? ନାଉରିଆ କହିଛି। ନାଆ ଚାଲିଛି ଆଗକୁ ଆଗକୁ। ମାତ୍ର ନାଆ ସହିତ ସମତାଳ ଦେଇ ଭାସିଚାଲିଛି ମନ୍ଦାରଫୁଲର ମାଳଟିଏ। ଡଙ୍ଗା ଲାଗିଛି ରଣପୁର ଘାଟରେ। ଡଙ୍ଗା ସହିତ ଭାସି ଭାସି ଆସୁଥିବା ମନ୍ଦାରମାଳଟି ଆଖିପିଛୁଳାକେ କୁଆଡ଼େ

ଉଭେଇଯାଇଛି । ଏଣେତେଣେ ଚାହିଁଛି ନାଉରିଆ । ନାଃ ! ଯୁଆଡ଼େ ଯାଉଛି ଯାଉ । ମଙ୍ଗ ଭିଡ଼ିଛି । ରୁଚିକା ଉପରକୁ ଧୀରେ ଧୀରେ ପାଦ ପକାଇଛି । ଶ୍ରମ ଲାଘବ ପାଇଁ ଆଶ୍ରୟ ନେଇଛି ଏକ ଆଙ୍କୁଲ ଗଛମୂଳରେ । ମାତ୍ର ଏ କ'ଣ ? ଡଙ୍ଗା ସହ ନାଚି ନାଚି ଆସୁଥିବା ମନ୍ଦାରମାଳ ତ ଝୁଲୁଛି ଆଙ୍କୁଲ ଡାଳରେ ! ଆଉ ଡେରି ନୁହେଁ- ଏବେ ରାଜାଙ୍କୁ ସ୍ୱପ୍ନାଦେଶ । ମା' ଏଇଠି ରହିବାକୁ ମନ କରିଛନ୍ତି । ତିଆରି ହୋଇଛି ସୁନ୍ଦର ମନ୍ଦିରଟିଏ । ଶୁଣାଯାଏ, ଏହା ଧଳବଂଶୀୟ ରାଜାମାନଙ୍କ ଶାସନ କାଳର କଥା ।

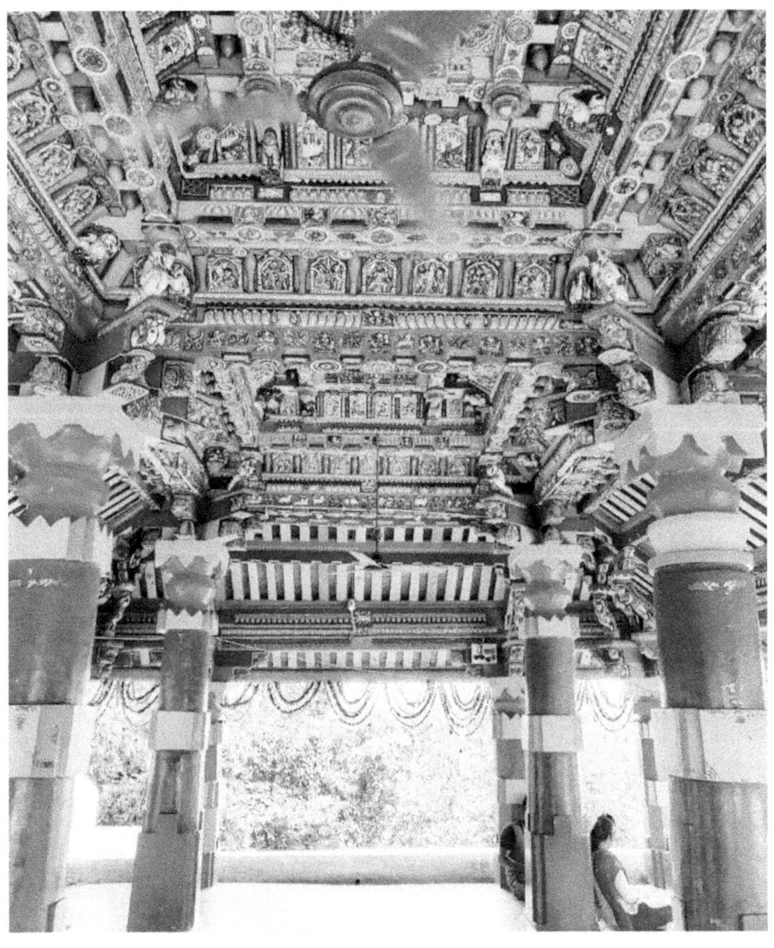

॥ ଦୁଇ ॥

କିମ୍ବଦନ୍ତୀର କଳ୍ପଲୋକରୁ ଏଥର ଆସିବା ଇତିହାସର ପୃଷ୍ଠା ଭିତରକୁ । ବାଙ୍କୀ, ଓଡ଼ିଶାର ଏକଦା ଚବିଶ ଗଡ଼ଜାତ ମଧ୍ୟରେ ଅନ୍ୟତମ । ମା'ଙ୍କ ମନ୍ଦିର ପାହାଡ଼ ଉପରେ । ରୁଚିକା ଛାତିରେ ଖୋଳି ଦିଆଯାଇଛି ପାହାଚ ପରେ ପାହାଚ । ମା'ଙ୍କ ପାଖକୁ ସହଜରେ ଯିବାପାଇଁ ବାଟ । ମନ୍ଦିର, ଅନ୍ୟ ଦେବୀ ମନ୍ଦିରମାନଙ୍କଠୁ ଭିନ୍ନ । ରହିଛି ମୁଖଶାଳା, ନାଟମଣ୍ଡପ ଓ ମୁଖ୍ୟ ମନ୍ଦିର । ମାତ୍ର ମୁଖଶାଳା ଓ ନାଟମଣ୍ଡପ ସ୍ୱତନ୍ତ୍ର । ଅପୂର୍ବ କାରୁକାର୍ଯ୍ୟରେ ଶ୍ରୀମନ୍ତ ଦୁଇଟି ଶୂନ୍ୟମଣ୍ଡପ । ମଣ୍ଡପର ନାଁ ଶୂନ୍ୟବାହିନୀ ମଣ୍ଡପ । କୋଣାର୍କର ମୁଖଶାଳା ପରି କାଠରେ ତିଆରି । ସୂକ୍ଷ୍ମ କଳା । ପଥରର ଖୁଣ୍ଟିଭାରରେ କେଉଁକାଳରୁ ଠିଆହୋଇ ରହିଛି । ମୁଖଶାଳା ଓ ନାଟମଣ୍ଡପର ଖୁଣ୍ଟ ସଂଖ୍ୟା ଯଥାକ୍ରମେ ଚଉଦ ଓ ବାର । ଏକ ଆୟତାକାର ଭୂମି ଉପରେ ଭିତର ଓ ବାହାର ହୋଇ ଏମିତି ଯୋଡ଼ାଯାଇଛି ଯେ, ଲମ୍ବ ଓ ପ୍ରସ୍ଥରେ ଯେପରି ଦୁଇଟି ଧାଡ଼ି । ମୁଖଶାଳା ଓ ନାଟମଣ୍ଡପର ବାହାର ଓ ଭିତର ଧାଡ଼ିରେ ରହିଛି ଯଥାକ୍ରମେ ଆଠ ଓ ଛଅ ଏବଂ ଛଅ ଓ ଚାରି ସଂଖ୍ୟକ ଖୁଣ୍ଟ । ଖୁଣ୍ଟ ଉପରେ ଶାଳକାଠର ମୋଟା ଶେଣି । ଚାରିକୋଣରେ ରହିଛି ଚାରୋଟି ମୋଟା କୋଣକାଣ୍ଡ, ଉପରେ ଶେଣି । ଶେଣିର ମଥାରେ କାଣ୍ଡଗୁଡ଼ିକ ତଳକୁ ଧରିଛନ୍ତି ଏବଂ ଆଶ୍ରା କରି ରହିଛନ୍ତି କାନ୍ଥର ଶେଣିରେ । ମଣ୍ଡପର ମଝିରେ ଆଦୌ ଖୁଣ୍ଟ ନାହିଁ । ସମଗ୍ର ଛାତରେ କାଠଖଣ୍ଡଗୁଡ଼ିକୁ ପରସ୍ପର ସହିତ ଗାଣିତିକ ସୂତ୍ରରେ ତଳକୁ ଖସି ନପଡ଼ିବା ପରି ଖଞ୍ଜି ଦିଆଯାଇଛି । ଏବଂ, ସମଗ୍ର ଛାତ ତଳେ ରହିଛି ପଟାର ପ୍ରସ୍ଥ । ପଟା ତଳେ ତଳେ ସ୍ୱତନ୍ତ୍ର ଖୋପରେ ରାମ ଓ କୃଷ୍ଣଙ୍କ ଜୀବନ ଆଧାରିତ ଘଟଣାଗୁଡ଼ିକର ପ୍ରତିରୂପ, କାଠପ୍ରତିମା । ପ୍ରତ୍ୟେକ ଖୁଣ୍ଟରେ ପୁଣି ଶୋଭା ପାଉଛନ୍ତି ଚାରୁଲତିକା ନାୟିକାମାନେ । ରୂପ ଓ ଭଙ୍ଗୀରେ ନାନା ମୁଦ୍ରା ଓ ନାନା ରସର ସମ୍ମୋହନ । ପଟା ଉପରେ ପୁଣି ନାନା ଜାତିର ଫୁଲ, ପତ୍ର ଓ ପଶୁପକ୍ଷୀମାନଙ୍କର ଚିତ୍ର, ମୋଟିଫ୍ । ପ୍ରତ୍ୟେକ ଚିତ୍ରିତ ନାନା ରଙ୍ଗରେ । ଲାଗିବ, ଦେବଶିଳ୍ପୀ ବିଶ୍ୱକର୍ମା ଉତ୍କଳୀୟ ଶିଳ୍ପୀର

ଚେତନାରେ ଯେମିତି ଅବତରି ଆସିଛନ୍ତି। ଗଣିତ ବିଦ୍ୟା ଓ କାଠର କବିତାର ଏଗୁଡ଼ିକ ଯେପରି ଅପୂର୍ବ ସମୀକରଣ। ଏହି କବିତାର ଘରକୁ ଏବେ ସୁରକ୍ଷିତ କରି ରଖିଛି ଦସ୍ତାର ଚଦର।

ମା' ରହୁଥିବା ଘର(ମନ୍ଦିର) କିନ୍ତୁ ପଥରରେ ତିଆରି। ପୀଢ଼ ଶୈଳୀରେ ତିଆରି। ବେଶି ବଡ଼ ନୁହେଁ। କାନ୍ଥରେ ଚୂନ ଓ ବାଲିର ବହଳ ପ୍ରଲେପ। କାଚ ପରି ଚିକ୍କଣ। ଲାଗିବ, ଶଙ୍ଖରେ ତିଆରି କି? ମନ୍ଦିରର ତିନି ବାଡ଼ର ଠଣାରେ ଅଛନ୍ତି ତିନି ଦେବୀ। ଦକ୍ଷିଣ ଓ ଉତ୍ତରରେ ଚାମୁଣ୍ଡା ଓ ପଶ୍ଚିମରେ ମହିଷାମର୍ଦ୍ଦିନୀ ଦୁର୍ଗା। ଦୁଇ ଚାମୁଣ୍ଡାଙ୍କ ମୂର୍ତ୍ତି ଅଲଗା ଅଲଗା। ଦକ୍ଷିଣ ବାଡ଼ର ମା' ଅଷ୍ଟଭୁଜା। ଉଚ୍ଚତା ପ୍ରାୟ ଦେଢ଼ଫୁଟ। ରଣାସୁର ଅଣେଇହେବା ଭଳି ଶୋଇଛି। ଏଇ ରଣାସୁର କାଳେ ମହିଷାସୁରର ଅନ୍ୟତମ ସେନାପତି। ତା' ଉପରେ ଆଣ୍ଠୁମାଡ଼ି ବସିଛନ୍ତି ମା'। ଯେମିତି କହୁଛନ୍ତି- ମୁଁ ତତେ ଆଉ ଉଠିବାକୁ ବଳ ଦେବିନାହିଁ। ଖାଙ୍କରା ପେଟ। ଗଳାରେ ରୁଦ୍ରାକ୍ଷ, ପୁଣି ମଣିଷମୁଣ୍ଡର ମାଳ। ସରୁ କଟି। ଲୋଳିତ ସ୍ତନ। ଦେହରେ କେତେ କେତେ ଅଳଙ୍କାର। ପାଦରେ ପାହୁଡ଼, ହାତରେ ତାଇତ, ମଥାରେ ମୁକୁଟ। ଦେବୀ ଅଷ୍ଟଭୁଜା। ଡାହାଣ ଚାରି ହାତରେ

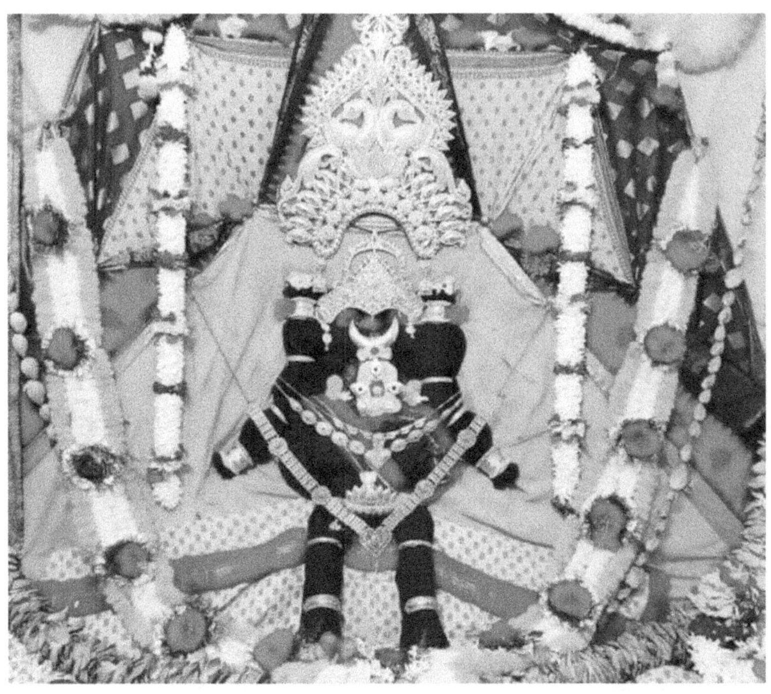

ରହିଛି ତ୍ରିଶୂଳ, ସର୍ପ, ଖଡ୍‌ଗ ଓ ଅକ୍ଷମାଳା ଏବଂ ବାମ ଚାରି ହାତରେ ନରମୁଣ୍ଡ, ଡମ୍ବରୁ, ପାନପାତ୍ର ଏବଂ କାଣିଆଙ୍ଗୁଠି ଛୁଇଁଛି ଓଠକୁ। ରକ୍ତ ଚାଖୁନାହାନ୍ତି ତ !

ମାତ୍ର ଗୁରୁତ୍ୱପୂର୍ଣ୍ଣ କଥା- ଦେବୀ ଚର୍ଚ୍ଚିକାଙ୍କୁ ମାଜଣା କରୁଥିବା ପୂଜକଙ୍କ ମତରେ, ମା'ଙ୍କ ପ୍ରତିରୂପା ଯଦି ଦକ୍ଷିଣବାଡ଼ର ଠଣାରେ ଅବସ୍ଥାପିତ ହୋଇଥିବା ଚାମୁଣ୍ଡା, ତେବେ ଭିତରେ ଆସ୍ଥାନରେ ପୂଜା ପାଉଥିବା ଦେବୀଙ୍କ ହାତ ସଂଖ୍ୟା ଚାରି ହେବ କିପରି ? କେବଳ ହାତର ଅସାମଞ୍ଜସ୍ୟତାକୁ ବାଦ୍ ଦେଇ ଆଉ ସବୁ କିପରି ସମ୍ଭବ ହେବ ? ମା'ଙ୍କୁ ସଂପୂର୍ଣ୍ଣ ଦେଖିବା ସମ୍ଭବ ନୁହେଁ। ତେଣୁ ବହୁ ଗବେଷକଙ୍କ ମତରେ ଆସ୍ଥାନରେ ପୂଜା ପାଉଥିବା ମା'ଙ୍କର ହାତ ସଂଖ୍ୟା ଆଠ। ଅର୍ଥାତ୍ ସେ ଅଷ୍ଟଭୁଜା ଏବଂ ସମୟ ପ୍ରାୟତଃ ଭୌମକର ବଂଶ। ନବମ-ଦଶମ ଶତାବ୍ଦୀ। ପ୍ରାଚୀନ ଶାକ୍ତପୀଠ ମଧ୍ୟରେ ଅନ୍ୟତମ। ଦକ୍ଷଯଜ୍ଞ କାଳରେ ସତୀଙ୍କର ବାହୁ ଚର୍ଚ୍ଚିକା ପୀଠରେ ପଡ଼ିଥିବା ପୁରାଣରୁ ଜଣାଯାଏ।

ରୂପ ବି ସେମିତି। କ୍ରୋଧ ଓ କୋମଳତାର ଦିବ୍ୟରୂପ। ପୂଜକମାନେ କୁହନ୍ତି, ଏଇ ଚାମୁଣ୍ଡା କାଳେ ଚର୍ଚ୍ଚିକାଙ୍କ ପ୍ରତିରୂପା। ପୁଣି କୁହନ୍ତି- ମା'ଙ୍କର ଚାରି ହାତ। ମହାଷ୍ଟମୀ ପୂଜାବେଳେ ତାଙ୍କୁ ଅଷ୍ଟଭୁଜରେ ରୂପାନ୍ତରିତ କରାଯାଏ। ଏବଂ, ସେ ବାସ୍ତବତଃ ବନଦୁର୍ଗା, ବାଣପୁରର ମା' ଭଗବତୀଙ୍କ ପରି।

ପଶ୍ଚିମ ବାଡ଼ର ଠଣାଦେବୀ ଦୁର୍ଗାଙ୍କ ଆସ୍ଥାନ। ଚାରି ହାତ। ଦୁଇ ହାତରେ ତ୍ରିଶୂଳ ବିଦ୍ଧ କରୁଛି ମହିଷାସୁରର ଛାତି। ଅନ୍ୟ ଦୁଇ ହାତରେ ଶଙ୍ଖ ଓ ଗଦା। ଗୋଟିଏ ପାଦ ମହିଷର ଛାତି ଓ ଅନ୍ୟ ପାଦ ଜଙ୍ଘ ଉପରେ। ଡାହାଣ ପାଖରେ ସିଂହ। ରଣରଙ୍ଗିନୀ ଯେପରି ଠିଆ ହୋଇଛନ୍ତି ତ୍ରିଭଙ୍ଗୀ ଠାଣିରେ। ଉତ୍ତର ବାଡ଼ ଠଣାରେ ବିରାଜିତ ଚାମୁଣ୍ଡାଙ୍କ ପ୍ରତିମା ଓଡ଼ିଶାର ଅନ୍ୟ ଚାମୁଣ୍ଡାମାନଙ୍କ ମଧ୍ୟରେ ସଂପୂର୍ଣ୍ଣ ସ୍ୱତନ୍ତ୍ର। ପଦ୍ମପାଖୁଡ଼ାର ପୀଠିକା ଉପରେ ସେ ବସିଛନ୍ତି ଆଣ୍ଠୁମାଡ଼ି। ବାମ ହାତ ଜଙ୍ଘ ଓ ଡାହାଣ ହାତ ଗାଲରେ। ମୁହଁରେ ବୟସର ଛାପ। ଯେପରି ବୁଢ଼ୀମା'। ଗଭୀର ଭାବରେ ଚିନ୍ତାରେ ଯେମିତି କେଉଁଠି ହଜିଯାଇଛନ୍ତି। ମାତ୍ର ଓଠରେ ହସ, ମାତୃତ୍ୱର ହସ। କାହା କଥା ଏତେ ଭାବୁଛନ୍ତି ସେ ? ପିଲାମାନଙ୍କ କଥା ନିଶ୍ଚୟ। ପେଟ ଲାଗିଯାଇଛି ପିଠିରେ। ଚାରି ହାତ। ଉପର ଦୁଇ ହାତର ଆୟୁଧ ସ୍ପଷ୍ଟ ହେଉନାହିଁ। ସମ୍ଭବତଃ ଶଙ୍ଖ ଓ ଗଦା।

ଦକ୍ଷିଣ ବାଡ଼ରେ ରହିଛି କୁନି ଠଣାଟିଏ। ଗୋଲାକାର। ପୂଜା ପାଉଛନ୍ତି ମା' ଚଣ୍ଡିକା। ଅସ୍ପଷ୍ଟ ଦିଶୁଛି ତାଙ୍କ ରୂପ। କାରୁକାର୍ଯ୍ୟବିହୀନ, ମାତ୍ର ପ୍ରତୀକାତ୍ମକ। ତାଙ୍କୁ ଦେଖିଲେ ଲାଗୁଛି ସେ ସମ୍ଭବତଃ ପୀଠର ଆଦି ପ୍ରତିମା। ଆଟବିକ ବିଶ୍ୱାସର ପ୍ରତୀକ। ସେଇ ହିଁ ରାଜାଙ୍କୁ ସ୍ୱପ୍ନାଦେଶ କରିଛନ୍ତି, ତାଙ୍କୁ ଲୋକାୟିତ କରିବାପାଇଁ। ଅନ୍ୟ

ପ୍ରତିମାମାନଙ୍କର ପରବର୍ତ୍ତୀ କାଳରେ ସଂସ୍ଥାପନ। ତେବେ ଆୟୁଧ, ହାତର ସଂଖ୍ୟା, ଅଳଙ୍କାର, ଗଢ଼ଣଶୈଳୀ ଆଧାରରେ ସେମାନଙ୍କୁ ଦ୍ୱାଦଶ ଶତାବ୍ଦୀର ପୂର୍ବବର୍ତ୍ତୀ କୁହାଯାଇପାରିବ।

ପାହାଡ଼ ତୀଖରେ ମା'ଙ୍କୁ ଆମେ ଏକୁଟିଆ ରଖିନୁ। ରଖିଛୁ କେତେ ଶିବଲିଙ୍ଗ, ତ୍ରିନାଥ, ରାମଚନ୍ଦ୍ର, ଜଗନ୍ନାଥ ଏବଂ ଅନ୍ୟ ଦେବଦେବୀଙ୍କୁ। ପୁଣି ଘରର ଦୁଆରମୁହଁରେ ମା'ଙ୍କୁ ଜଗିରହିଛନ୍ତି ଦଶ ମହାବିଦ୍ୟା।

ମା' ଚର୍ଚ୍ଚିକା ଅବିଦ୍ୟା ନୁହନ୍ତି, ସକଳ ବିଦ୍ୟାର ଠୁଳରୂପ। ଆଟବିକ ବିଶ୍ୱାସର ସନାତନାୟନ। ଆମ ସ୍ଥାପତ୍ୟରେ ମା' ଚର୍ଚ୍ଚିକାଙ୍କ କଥାର ଯୋଡ଼ଣ ଏତେ ଶକ୍ତିଶାଳୀ ଯେ, ଭାବିହୁଏନି, ତାଙ୍କ ଆବିର୍ଭାବରେ କିମ୍ବଦନ୍ତୀ ଯୋଡ଼ି ହୋଇଯାଇଛି, ନା ଯୋଡ଼ି ହୋଇଯାଇଛି କିମ୍ବଦନ୍ତୀରେ ସ୍ଥାପତ୍ୟ ? ଉଭୟ ପରସ୍ପରର ପରିପୂରକ ନୁହନ୍ତି ତ ?

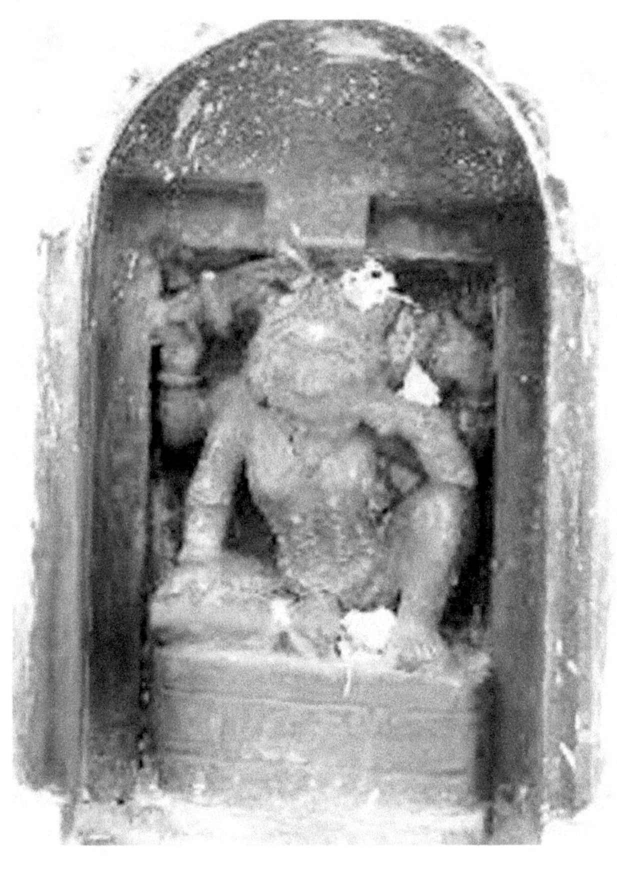

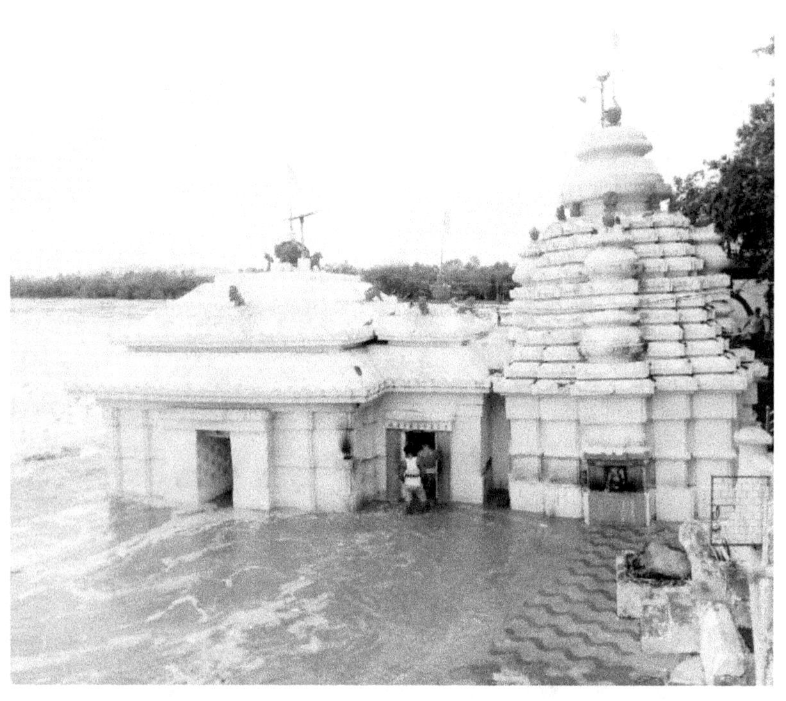

ସୁନ୍ଦରୀ ନୁହେଁ : ତ୍ରିପୁର ସୁନ୍ଦରୀ

ଭଟ୍ଟାରିକା

ମହାନଦୀର ଏ କୂଳ, ସେ କୂଳ। ଗୋଟିଏ କୂଳରେ ବାଙ୍କୀ, ଆର କୂଳରେ ବଡ଼ମ୍ବା। ମଝିରେ ଢେଉଢେଉକା ପାହାଡ଼ଟିଏ। ବାଙ୍କୀର ଈଶ୍ୱରୀ ଚର୍ଚ୍ଚିକା, ବଡ଼ମ୍ବାର ଭଟ୍ଟାରିକା। କୂଳରେ ଶଶାଙ୍ଗ ଗାଁ। ମହାନଦୀର କଳନାଦରେ ଜୀବନ୍ତ। ଗାଁକୁ ଲାଗି ଭଟ୍ଟାରିକାଙ୍କ ଘର। ସେ ବଡ଼ମ୍ବା ରାଇଜର ଅଧିଷ୍ଠାତ୍ରୀ ଦେବୀ। ଲୋକତୁଣ୍ଡରେ ବୃହଦମ୍ବା। ବୃହତ୍ ଅମ୍ବା, ବଡ଼ ମା'। ତାଙ୍କ ନାଁ ଅନୁସାରେ ରାଇଜର ନାଁ ବଡ଼ମ୍ବା।

କୁହାଯାଏ, ପ୍ରାୟ ତ୍ରୟୋଦଶ ଶତାବ୍ଦୀର କଥା। ନଈ, ପାହାଡ଼, ପର୍ବତ ଓ ଘନଜଙ୍ଗଲ ସମାକୀର୍ଣ୍ଣ ଏହି ଅଞ୍ଚଳ ଥିଲା ନିଷାଦମାନଙ୍କର ଭୂମି। ଉତ୍କଳର ରାଜା ନରସିଂହ ଦେବ। ରାଜବଂଶର ଦୁଇ ଦାୟାଦ ହଟ୍ଟକିଶୋର ଓ ମଲ୍ଲକିଶୋରଙ୍କ ଉପରେ ରାଜା ତୁଷ୍ଟ ହୁଅନ୍ତି। ଶଙ୍ଖ(ମାଛ) ଓ ମହୁରୀ ନାମକ ଦୁଇଟି ଗାଁ ଭୋଗ କରିବାପାଇଁ ସେମାନଙ୍କୁ ସୁଯୋଗ ଦିଅନ୍ତି। ଦୁଇଭାଇ ଜଙ୍ଗଲକୁ ଆସନ୍ତି। କନ୍ଧ ସର୍ଦ୍ଦାରଙ୍କୁ ପରାସ୍ତ କରନ୍ତି। କାଳକ୍ରମେ ନୂଆ ଗଡ଼ଜାତ ରାଜ୍ୟଟିଏ ଜନ୍ମ ନିଏ। କନ୍ଧପୂଜିତ ଶକ୍ତିଙ୍କର ଆରମ୍ଭ ହୁଏ ଆର୍ଯ୍ୟାୟନ ପରମ୍ପରା।

ପୁରାଣ ଓ କିମ୍ବଦନ୍ତୀରେ ଦେବୀଙ୍କ ଆଚରଣ ଓ ଶକ୍ତିକୁ କେନ୍ଦ୍ରକରି କେତେ କଥା ଜୀବନ୍ତ। ତ୍ରେତୟା ଯୁଗ। ବାଙ୍କୀରୁ ମହାନଦୀ ପାରି ହୋଇ ପର୍ଶୁରାମଙ୍କ ପାଦ ପଡ଼େ ଏ କୂଳରେ। କୂଳରେ ବସନ୍ତି। ଆଗରେ କଳନାଦିନୀ ଚିତ୍ରୋତ୍ପଳା। ଜାଙ୍ଗଲିକ ସୁଷମା। ଧନୁକୁ ବାଲି ଉପରେ ଥୁଅନ୍ତି। ଶର ପୋତି ଦିଅନ୍ତି ବାଲିରେ। ମାତ୍ର ଆଶ୍ଚର୍ଯ୍ୟ। ଶର ଭେଦ କରୁନି ବାଲିର ଦେହକୁ। ବ୍ରହ୍ମଙ୍କ ଶକ୍ତିକୁ ପ୍ରତିହତ କରିବାର ସାମର୍ଥ୍ୟ କାହାର ବା ହୋଇପାରେ? ରହସ୍ୟ ଖୋଲିଯାଏ। ଦେଖନ୍ତି- ତଳେ ପଥର ଖଣ୍ଡେ। ଦିବ୍ୟପୁରୁଷଙ୍କ ଶରମୁନ ପଥର ଦେହରେ କଥା କୁହେ। କଥା ରୂପାନ୍ତରିତ ହୁଏ ପ୍ରତିମାରେ। ତ୍ରିଭୁବନକୁ ଭାବମାୟାରେ ଅଭିଭୂତ କରୁଥିବା ଏକ ଅନିନ୍ଦ୍ୟ ରୂପ।

ତ୍ରିପୁରମୋହିନୀ। ସ୍ୱୟଂ ବ୍ରହ୍ମ ଏଥର ସମାହିତ ନିଜ ସୃଷ୍ଟିର ମାୟାରେ। କୁଚ୍ଛ ତପସ୍ୟାରେ ଅଭିନିମଗ୍ନ ରୁହନ୍ତି। କ୍ଷତ୍ରିୟ(ଭଙ୍ଗ) ନିସୂଦନପାଇଁ ପ୍ରାର୍ଥନା। ମହାଶୂନ୍ୟରୁ ନୀରବତା ଶବ୍ଦାୟିତ ହୁଏ- ତଥାସ୍ତୁ। ପୀଠର ଇତିହାସ ଲେଖାଯାଏ ପର୍ଶୁରାମକ୍ଷେତ୍ର। ମା'ଙ୍କ ନାଁ ହୋଇଯାଏ ଭଙ୍ଗାରିକା। ନିଷାଦର ପଥରରୂପୀ ଦେବୀ ହୁଅନ୍ତି ତ୍ରିପୁରମୋହିନୀ।

ଅନ୍ୟ ଏକ କାହାଣୀ- ରାମ, ଲକ୍ଷ୍ମଣ, ସୀତା ପଞ୍ଚବଟୀ ଯିବା ବାଟରେ ଦେବୀଙ୍କ ପାଖରେ ଅଟକି ଯାଇଛନ୍ତି। ନିକଟସ୍ଥ ମାଙ୍କଡ଼ଗାଡ଼ିଆ ପାହାଡ଼ ଛାତିରେ ଲେଖି ହୋଇଯାଇଛି ସେମାନଙ୍କ ପାଦଚିହ୍ନ। ଲୋକେ ଏବେ ବି ପାଦଚିହ୍ନକୁ ପୂଜା କରନ୍ତି।

ସେହିଭଳି ଆଉ ଏକ କଥା। ପାଣ୍ଡବମାନଙ୍କ ଅଜ୍ଞାତବାସ। ଶ୍ରୀକୃଷ୍ଣ, ଅର୍ଜୁନ ଓ ସତ୍ୟଭାମା ଏହି ବାଟଦେଇ ଯାଉଥାନ୍ତି ଦୂରକୁ। ଦେବୀ ଭଙ୍ଗାରିକାଙ୍କୁ ଦର୍ଶନ କାଳରେ ଗୋସିଂଘା ରାକ୍ଷସର ଆଖିପଡ଼େ ସତ୍ୟଭାମାଙ୍କ ରୂପଲାବଣ୍ୟରେ। ସତ୍ୟଭାମା ତା' ପ୍ରବୃତ୍ତିର ଶିକାର ହୁଅନ୍ତି ଏବଂ ଅର୍ଜୁନ ହାତର ପରାଭବ ପାଏ ଗୋସିଂଘା।

ଅନ୍ୟ ଏକ କାହାଣୀ, ପୁରୁଣା ନୁହେଁ। ମା'ଙ୍କ ମହିମା ଦିଗବିଦିଗରେ ପ୍ରସାରିତ। ଖଣ୍ଡପଡ଼ାର ରାଜା ମା'ଙ୍କୁ ନିଜ ରାଜ୍ୟକୁ ନେଇଯିବାପାଇଁ ସୈନ୍ୟ ପଠାନ୍ତି। ପୂଜା କରିବେ। ସୈନ୍ୟମାନେ ମା'ଙ୍କୁ ନେଇ ମଝିନଈରେ। ମାତ୍ର ହଠାତ୍ ସେମାନଙ୍କ ଆଖିରେ ଅନ୍ଧାର ଘୋଟିଯାଇଛି। ବଡ଼ମ୍ବା ରାଜାଙ୍କୁ ମା' ସପନେଇଛନ୍ତି। ସବୁ କଥା କହିଛନ୍ତି। କହିଛନ୍ତି- ମୁଁ ତୋ ପାଖରେ ହିଁ ରହିବି। ରାଜା ମା'ଙ୍କୁ ଉଦ୍ଧାର କରିଛନ୍ତି ଖଣ୍ଡପଡ଼ାର ଅହଂକାରରୁ। ମା'ଙ୍କର ସୁନାର ପ୍ରତିମାଟିଏ ତିଆରି କରିଛନ୍ତି। ଗଡ଼ରେ ରଖିଛନ୍ତି। ସେ ମା'ଙ୍କର ବିଜେପ୍ରତିମା।

ମା'ଙ୍କର ଜୀବନଚର୍ଯ୍ୟାକୁ କେନ୍ଦ୍ରକରି କୁହାଯାଏ- ତାଙ୍କର କାଳେ ରକ୍ତ-ମାଂସରେ ଶ୍ରଦ୍ଧା। ବାରବର୍ଷର ବାଳକର ଜୀବନ। ପିଲାଟି ହୋଇଥିବ ବାପ-ମା'ଙ୍କର ଗୋଟିଏ ବୋଲି ସନ୍ତାନ। ମା'ଙ୍କ ବାହନ କୁମ୍ଭୀର ନଈ ଭିତରେ ସେମିତି ପିଲାଟିଏ ଖୋଜିବ। ପିଠିରେ ବସେଇ ଆଣିବ ପୀଠକୁ। ପୀଠ ତଳେ କାଳେ ଷୋଳଟି ଗମ୍ଭୀରା। ଗମ୍ଭୀରା ଭିତରେ ପିଲାଟିକୁ ଛାଡ଼ିଦେବ। ପୂଜକମାନେ ସବୁଦିନେ ପିଲାକୁ ପ୍ରସାଦ ଦେଇଆସୁଥିବେ ଗମ୍ଭୀରା ପାଖରେ। ମହାଷ୍ଟମୀ ଦିନ ଅଧରାତିରେ କାଳିସୀ ହାତରେ ପିଲାଟିର ଜୀବନକୁ ସମର୍ପଣ କରିଦିଆଯିବ ଷୋଳଭଉଣୀଙ୍କ ପାଖରେ। ଏହା କାଳେ ଗୁପ୍ତପୂଜା। କେହିକେହି କୁହନ୍ତି, ପିଲାଟିର ଦେହର ସନ୍ତକ କାଳେ ପଡ଼ିଥାଏ ଗମ୍ଭୀରା ଦୁଆର ମୁହଁରେ। ଏସବୁ ଶୁଣାକଥା।

ମାତ୍ର ମା' ଯେ ଜୀବନଦାତ୍ରୀ- କିମ୍ବଦନ୍ତୀ ଏ କଥା ବି କୁହେ। ଦିନକର କଥା। ବାରବର୍ଷର ପୁଅକୁ ଧରି ଡଙ୍ଗାରେ ଆରକୂଳକୁ ଯାଉଛି ମା'ଟିଏ। ମଝିନଈରେ ଡଙ୍ଗା ବୁଡ଼ିଯାଇଛି। କାତର ସ୍ୱରରେ ମା' ଡାକିଛି ଭଙ୍ଗାରିକାଙ୍କୁ। ମା'! ମୋର ସବୁ ଅଳଙ୍କାର

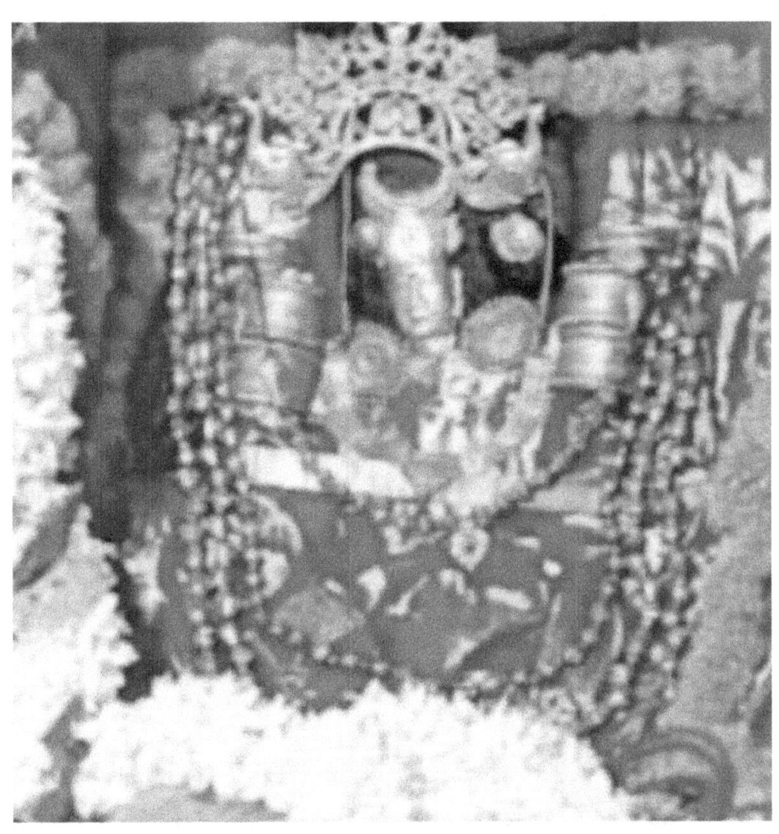

ନେ- ମୋ ପୁଅକୁ ଫେରେଇ ଦେ। ଶୂନ୍ୟରୁ ତାକୁ କେହି କହୁଥିବାର ସେ ଶୁଣିପାରିଲା- ତୁ କାନ୍ଦନା, ମା' ଯେତିକି ନିଏ, ଦି'ଗୁଣ କରି ଫେରେଇଦିଏ। ତହିଁ ଆରସନକୁ ମା'ର କୋଳରେ ହସିଉଠିଲା ଆଉ ଏକ ଭବିଷ୍ୟତ। ମା'ର ମହିମା ଏମିତି।

ଏସବୁ କିମ୍ବଦନ୍ତୀ। ଏବେ ଇତିହାସ ପାଖକୁ ଆସିବା। ମା'ଙ୍କର ଇତିହାସ ତିଆରି କରିବା- ତାଙ୍କ ମନ୍ଦିର, ଶରୀର ଓ ତାଙ୍କ ପାର୍ଶ୍ୱଦେବଦେବୀଙ୍କ ଗଢ଼ଣ ଆଧାରରେ। ପ୍ରଥମେ ମନ୍ଦିର। ଆଜି ମା'ଙ୍କର ଯେଉଁ ମନ୍ଦିରଟି ଆମେ ଦେଖୁ, ତାହା ବେଶିଦିନର ନୁହେଁ। ଏହାର ତିନୋଟି ଅଂଶ ରହିଛି- ମୁଖଶାଳା, ଜଗମୋହନ ଓ ମୁଖ୍ୟ ମନ୍ଦିର। ଏଗୁଡ଼ିକର ନିର୍ମାତା ଯଥାକ୍ରମେ ଫକୀର, ପଦ୍ମନାଭ ଓ ଦାଶରଥି ମଙ୍ଗରାଜ। ପୀଢ଼ଶୈଳୀରେ ତିଆରି। ଦେହରେ ଚୂନର ପ୍ରଲେପ। ଦୂରରୁ ଲାଗିବ, ନଈପଠାରେ ଚିକ୍କଣ ଶଙ୍ଖଟିଏ ଯେପରି। ପରିପାର୍ଶ୍ୱକୁ ଦେଖିଲେ ଗୋଟିଏ କଥା ସ୍ପଷ୍ଟ ହୋଇଯାଏ ଯେ, ନଈକୁ ଲମ୍ବିଯାଇଥିବା

ପାହାଚଗୁଡ଼ିକରେ ପ୍ରାଚୀନ ସୂକ୍ଷ୍ମ କାରୁକଳାରେ ଜୀବନ୍ତ ପଥରଖଣ୍ଡମାନ ଯୋଡ଼ା ଯାଇଛି। ଏଗୁଡ଼ିକ ସମ୍ଭବତଃ ଦୂର ଅତୀତର କାରୁକାର୍ଯ୍ୟସଂପନ୍ନ ପଥରଖଣ୍ଡମାନଙ୍କର ଯୋଡ଼ଣ। ଜଗମୋହନର ବାଡ଼ରେ ରହିଛନ୍ତି ଗଜସିଂହ ମୂର୍ତ୍ତି। ମନ୍ଦିର ବାଡ଼ରେ ସୂର୍ଯ୍ୟ, ଦୁର୍ଗା, କାର୍ତ୍ତିକେୟ, ଗଣେଶ ଏବଂ କୁବେର। ଦକ୍ଷିଣ ବାଡ଼ରେ ସାତଟି ଘୋଡ଼ାଯୁକ୍ତ ରଥରେ ବିଜେ କରିଥିବା ସୂର୍ଯ୍ୟ ଯେପରି ଉଡ଼ିଯାଉଛନ୍ତି ଆକାଶରେ। ଅନ୍ୟ ଏକ ପାର୍ଶ୍ୱରେ ରହିଛନ୍ତି ଷଡ଼ଭୁଜା, ମହିଷାମର୍ଦ୍ଦିନୀ ଦୁର୍ଗା। ଡାଳିମ୍ବ ପଥରରେ ତିଆରି ତାଙ୍କ ଦେହ। ସିଂହ ମହିଷାକୁ ଆକ୍ରମଣ ପାଇଁ ଉଦ୍ୟତ। ଦେବୀଙ୍କ ହାତର ଶୂଳ ମହିଷାର ବକ୍ଷଭେଦ କରୁଛି। ପଦ୍ମପୀଠର ମଝିରେ ରହିଛି ମହିଷର କଟାମୁଣ୍ଡ। ମୂର୍ତ୍ତି ଅକ୍ଷତ ନୁହେଁ, ମାତ୍ର ମୁଖମଣ୍ଡଳରେ ଦିବ୍ୟଜ୍ୟୋତି। ଦେବୀଙ୍କ ପଛରେ କୁମାର କାର୍ତ୍ତିକେୟ। ଦୁଇପାଖରେ ଉଡ଼ନ୍ତା ପରୀ।

ଦେବୀଙ୍କ ପାଦୁକାକୁଣ୍ଡ ଉପରେ ଅଛନ୍ତି ମହିଷାମର୍ଦ୍ଦିନୀ ଦୁର୍ଗା। ତଳକୁ କଙ୍କାଳସାର ପ୍ରତିମା। ବାହନ ଶୃଗାଳ। ଶୃଗାଳର ମୁଣ୍ଡ ଉପରେ ଦେବୀ। କୁହାଯାଏ, ଦେବୀଙ୍କ ପାଖରେ ହିଁ ଜୀବମାନଙ୍କୁ ସମର୍ପଣ କରାଯାଏ। ତାଙ୍କ ଆଗରେ ବଳିସ୍ତମ୍ଭ। ସ୍ତମ୍ଭ ପାଖ ପଥର ଉପରେ ଦୁଇଟି ହାତର ଛାପ। ଫସିଲର ଭ୍ରମ ସୃଷ୍ଟିକରେ। ଦେବୀଙ୍କ ପ୍ରତିମାକୁ ଆମେ ସପ୍ତମ-ଅଷ୍ଟମ ଶତାବ୍ଦୀର ଯୋଗିନୀ ପ୍ରତିମା ସହିତ ତୁଳନା କରିପାରିବା। ସ୍ତମ୍ଭର ଅନତିଦୂରରେ ଅଛନ୍ତି ଦୁଇଜଣ ବୌଦ୍ଧ ସନ୍ନ୍ୟାସୀ ଏବଂ ଉତ୍ତରରେ ଏକ ପଥର ଖୋପରେ ସପ୍ତମାତୃକା।

ମନ୍ଦିର ଚାରିପାଖରୁ ଏଥର ଭିତରକୁ ଆସିବା। ଭିତରେ ମା' ଭଟ୍ଟାରିକା ବସିଛନ୍ତି ଲଳିତାସନରେ। ଦ୍ୱିଭୁଜା। ଗୋଟିଏ ହାତରେ ପଦ୍ମ, ଅନ୍ୟ ହାତ ବରଦମୁଦ୍ରା। ନାନା ଅଳଙ୍କାରରେ ଭୂଷିତା। ପାଦରେ ନୂପୁର, ଅଣ୍ଟାରେ ଅଣ୍ଟାସୂତା, ବାହୁରେ ତାଇତ, କଣ୍ଠରେ ସରିସରିମାଳ, କାନରେ ତାଟଙ୍କ। ସ୍ତନ ସୁସଜ୍ଜ। କେଶସଜ୍ଜା ମୁକୁଟର ଭ୍ରମ ସୃଷ୍ଟିକରେ। ମୁଖମଣ୍ଡଳର ଜ୍ୟୋତିରେ ଚତୁର୍ଦ୍ଦିଗ ଉଦ୍‌ଭାସିତ। ଅନିନ୍ଦ୍ୟସୁନ୍ଦରୀ। ଲାଗେ ଯେପରି ରାଜରାଜେଶ୍ୱରୀ, ମହାମାୟା, ଷୋଡ଼ଶୀ। ତ୍ରିପୁରସୁନ୍ଦରୀ। ପାଖରେ ଆଉ ଜଣେ ଦେବୀ। ଆକାରରେ ସାନ, ଲଳିତାସନରେ। ତାଙ୍କର ଚାରୋଟି ହାତ। ହାତରେ ରହିଛି, ପାଶ, ଅଙ୍କୁଶ, ଧନୁ ଓ ତୀର। ତାଙ୍କର ଦୁଇଟି ନାଁ। ପରାଭଟ୍ଟାରିକା ଏବଂ ସୂର୍ଯ୍ୟପ୍ରସନ୍ନତତ୍ପରା।

ମା'ଙ୍କ ପ୍ରତିମାର ଗଢ଼ଣଶୈଳୀକୁ ବିଶ୍ଳେଷଣ କଲେ ଆମକୁ ଗୁପ୍ତ ଶାସନ କାଳକୁ ଫେରିଯିବାକୁ ପଡ଼ିବ। କାରଣ ଏହି କାଳଖଣ୍ଡରେ ପ୍ରତିମାମାନେ ଦ୍ୱିଭୁଜା। ଆମେ ଯାଜପୁରର ବିରଜାଙ୍କୁ ଭଟ୍ଟାରିକାଙ୍କ ସହିତ ତୁଳନା କରିପାରିବା। ମାତ୍ର ଉଭୟଙ୍କ ମଧ୍ୟରେ ଭିନ୍ନତା ହେଉଛି- ଭଟ୍ଟାରିକାଙ୍କ ଦେହ ଚିକ୍କଣ ନୁହେଁ। ମୁଣ୍ଡ ପଛପାଖ ପ୍ରଭାହୀନ।

ବିରଜା ମହିଷାମର୍ଦ୍ଦିନୀ, ଭଟ୍ଟାରିକା ଚିରଯୌବନା। ବିରଜାଙ୍କ ଆଖିରେ କ୍ରୋଧ, ଭଟ୍ଟାରିକାଙ୍କ ଆଖିରେ ସମ୍ମୋହନ। ପୁଣି ମୂର୍ତ୍ତିକଳା ଦୃଷ୍ଟିରୁ ଭଟ୍ଟାରିକାଙ୍କ ପୀଠକୁ ସୋମବଂଶୀ ଶାସନକାଳୀନ କୁହାଯାଇପାରିବ। କୁହାଯାଇପାରିବ- ଏହା ବୌଦ୍ଧ ଓ ଶାକ୍ତଚେତନାର ଏକ ମିଶ୍ରକ୍ଷେତ୍ର। ମନ୍ଦିରର ମଝି ଠଣାରେ ରହିଛନ୍ତି- ଏକ ବୁଦ୍ଧ ମୂର୍ତ୍ତି। ପଦ୍ମ ବୌଦ୍ଧଧର୍ମର ଏକ ପ୍ରମୁଖ ପ୍ରତୀକ। ବୌଦ୍ଧ ବିଚାରରେ ମୁଖ୍ୟଦେବୀ ଅଷ୍ଟାଦଳ ପଦ୍ମର କେନ୍ଦ୍ରରେ ଅଧିଷ୍ଠିତା। ଭଟ୍ଟାରିକା ବିଜେ କରିଛନ୍ତି ଅନ୍ୟ ଅଷ୍ଟଦେବୀଙ୍କ ଗହଣରେ। ସେମାନେ ପାଞ୍ଚଜଣ ପଦ୍ମାସନା, ତିନିଜଣ ଲଳିତାସନା। ଆକାରରେ ଛୋଟ। ମଝିରେ ଦେବୀ ଭଟ୍ଟାରିକା। ତେଣୁ ଦେବୀଙ୍କୁ ବୌଦ୍ଧ ସହଜଯାନର ପ୍ରଜ୍ଞାପ୍ରତିମା ଭାବରେ ଗ୍ରହଣ କରିବା ଅସମୀଚୀନ ନୁହେଁ। ଏବଂ, ସମ୍ଭବତଃ ଏହିମାନେ ପର୍ଶୁରାମଙ୍କ ଶରମୁନରେ ଖୋଦିତ ନବଦୁର୍ଗା ମୂର୍ତ୍ତି।

କୁହାଯାଏ, ସେ କାଳେ ଉଡ୍ଡୀୟାନ ପୀଠର ଦେବୀ। ଆତ୍ମାରେ ସହଜା। ତେଣୁ ପୀଠର ଅନ୍ୟ ଏକ ନାଁ ଯୋଗୀପୀଠ। ପୁଣି କୁହାଯାଏ, ଦକ୍ଷଯଜ୍ଞ କାଳରେ ସତୀଙ୍କ ଶରୀରର ଖଣ୍ଡବିଖଣ୍ଡିତ ଅଂଶ ଭିନ୍ନଭିନ୍ନ ସ୍ଥାନରେ ପଡ଼ି ତାହା ଏକଏକ ଶାକ୍ତପୀଠରେ ପରିଣତ ହୋଇଛି। ଓଡ଼ିଶାର ତିନୋଟି ପ୍ରମୁଖ ପ୍ରାଚୀନ ଶାକ୍ତପୀଠ ମଧ୍ୟରେ ନାଭିକ୍ଷେତ୍ର ବିରଜା, ଶ୍ରୀକ୍ଷେତ୍ର ବିମଳା ଏବଂ ଉଡ୍ଡୀୟାନ କ୍ଷେତ୍ର ଭଟ୍ଟାରିକା ଅନ୍ୟତମ। ଅନ୍ୟ କ୍ଷେତ୍ରଗୁଡ଼ିକରେ ସତୀଙ୍କ ଶରୀରର ବିଭିନ୍ନ ଅଂଶ ପଡ଼ିଛି, ମାତ୍ର ଏଠାରେ ରହିଛି ମା'ଙ୍କ ଆତ୍ମା। ତେଣୁ ସ୍ୱତନ୍ତ୍ର। ଯେଉଁଠି ମା'ଙ୍କ ଆତ୍ମା ବିରାଜିତ, ତାହା ତ ସବୁଠୁ ସୁନ୍ଦର ! ସବୁଠୁ ମନୋରମ। ଆତ୍ମା ଚିରକାଳ ଅଜର, ଅମର। ଆତ୍ମାର ଜନ୍ମ ନାହିଁ, କି ମୃତ୍ୟୁ ବି ନାହିଁ। ତେଣୁ ମା' ଚିରଯୌବନା। ଚିରସୁନ୍ଦରୀ। ଖାଲି ସୁନ୍ଦରୀ ନୁହେଁ, ତ୍ରିପୁରସୁନ୍ଦରୀ। ଆମ ସ୍ଥାପତ୍ୟରେ ଦେବୀ ଭଟ୍ଟାରିକା ସୌନ୍ଦର୍ଯ୍ୟର ଏକ ଚିରନ୍ତନ ଉତ୍ସ।

ସୁବର୍ଣ୍ଣପୁରର ସ୍ୱର୍ଣ୍ଣାଭ ଐତିହ୍ୟ

॥ ଏକ ॥

ତ୍ରିପୁରସୁନ୍ଦରୀଙ୍କ ପାଖରୁ ମହାଯୋଗୀ ଏବଂ ମହାବୀର ପର୍ଶୁରାମଙ୍କ ପାଦ ଏବେ ଚିତ୍ରୋତ୍ପଳାର ତୀରେ ତୀରେ। ପଶ୍ଚିମକୁ। ପାହାଡ଼, ପର୍ବତ, ଘନଜଙ୍ଗଲ, ପଶୁ, ପକ୍ଷୀ, ସରୀସୃପମାନଙ୍କର ଅବାଧ ବିହାର- ସକଳ ଦୃଶ୍ୟରେ ଆବିଷ୍ଟ ସେହି ପରମପୁରୁଷ। ଚାଲିଛନ୍ତି ତ ଚାଲିଛନ୍ତି। ଗୋଟିଏ ଜାଗାରେ ଅଟକିଯାଇଛି ପାଦ। ତିନୋଟି ନଈର ମହାମିଳନର ଦୃଶ୍ୟ। ତେଲ, କର୍ପୂର ଓ ଚିତ୍ରୋତ୍ପଳା। ବାରି ହେଉନାହାନ୍ତି କେହି। ତଟସ୍ଥ ନୁହନ୍ତି। ସମାହିତ ତାଙ୍କ ଅହଙ୍କାର। ପର୍ଶୁରାମ ଏବେ ଯୋଗାରୂଢ଼। ପୁଣି କମ୍ପିଉଠିଛି ପରଶୁ। କ୍ଷତ୍ରିୟ ନିଧନ ପାଇଁ ପ୍ରତିଶ୍ରୁତିବଦ୍ଧତାର ମନ୍ତ୍ର। ଶ୍ରୁବ ଏବଂ ଶ୍ରୁଚରେ ଏଥର ରୁଧିର, ଘିଅ ନୁହେଁ। ତାହା ପୁଣି ଯଜ୍ଞକୁଣ୍ଡରେ, ଅଗ୍ନିତୁଣ୍ଡରେ। ମା' ରେଣୁକାଙ୍କ ଅଭିଳାଷ ଏବେ ପୂର୍ଣ୍ଣ। କ୍ଷତ୍ରିୟ ରକ୍ତରେ ଯଜ୍ଞକୁଣ୍ଡରେ ପୂର୍ଣ୍ଣାହୁତି।

ସେଦିନ ଏକ ରକ୍ତିମ ସକାଳ। ଚିତ୍ରୋତ୍ପଳାର ପବିତ୍ର ଜଳବେଣୀରେ କ୍ଳାନ୍ତି ଧୋଉ ଧୋଉ ଏକ ଆଙ୍କୁଲାଗଛ ମୂଳରେ ଲାଖିଯାଇଛି ତାଙ୍କ ଆଖି। ଏକ ଦିବ୍ୟ ପ୍ରତିମାର ଛାଇ। ଚେତନା ଆକର୍ଷିତ ହୋଇଯାଇଛି ଶିଳାଖଣ୍ଡ ପାଖରେ ଏବଂ ଅନୁଭବ କରିଛନ୍ତି ଏଇ ଶିଳାଖଣ୍ଡଟି ଯେପରି ଆଉ କେହି ନୁହନ୍ତି, ମା' ରେଣୁକା। ସେଇ ଆଙ୍କୁଲାଗଛ ମୂଳରେ ମା'ଙ୍କୁ ସ୍ଥାପନା କରିଛନ୍ତି। ଏବଂ, ମା' ଏବେ ଏକ ନୂଆ ନାଁରେ ପରିଚିତା, ସୁରେଶ୍ୱରୀ। ସ୍ଥାନର ନାଁ ହୋଇଛି ପର୍ଶୁରାମ କ୍ଷେତ୍ର। ଏହା ସୋନପୁର ସଂକ୍ରାନ୍ତରେ ଏକ ବହୁପ୍ରଚଳିତ ପୌରାଣିକ କିମ୍ବଦନ୍ତୀ।

ଅନ୍ୟ ଏକ କିମ୍ବଦନ୍ତୀ ସୋନପୁରର ପରିଚୟ ତିଆରିରେ ବେଶ୍ ଗୁରୁତ୍ୱପୂର୍ଣ୍ଣ। ସେଥିରେ କେବଳ କଳ୍ପନା ନାହିଁ, ଅଛି ମଣିଷ। କିମଦନ୍ତୀଟି ଏମିତି- ନେଉଳି ନାମକ ଜଣେ ତେଲୀ ଥିଲେ। ଘର ତେଲ ନଈକୂଳରେ, ଯେଉଁଠି ମିଶିଯାଇଛି ଚିତ୍ରୋତ୍ପଳା ଦେହରେ। ଦିନକର କଥା- ନଈକୂଳରେ ଖଣ୍ଡେ ପଥର ଦେହରେ କୁରାଢ଼ିକୁ ଶାଣ

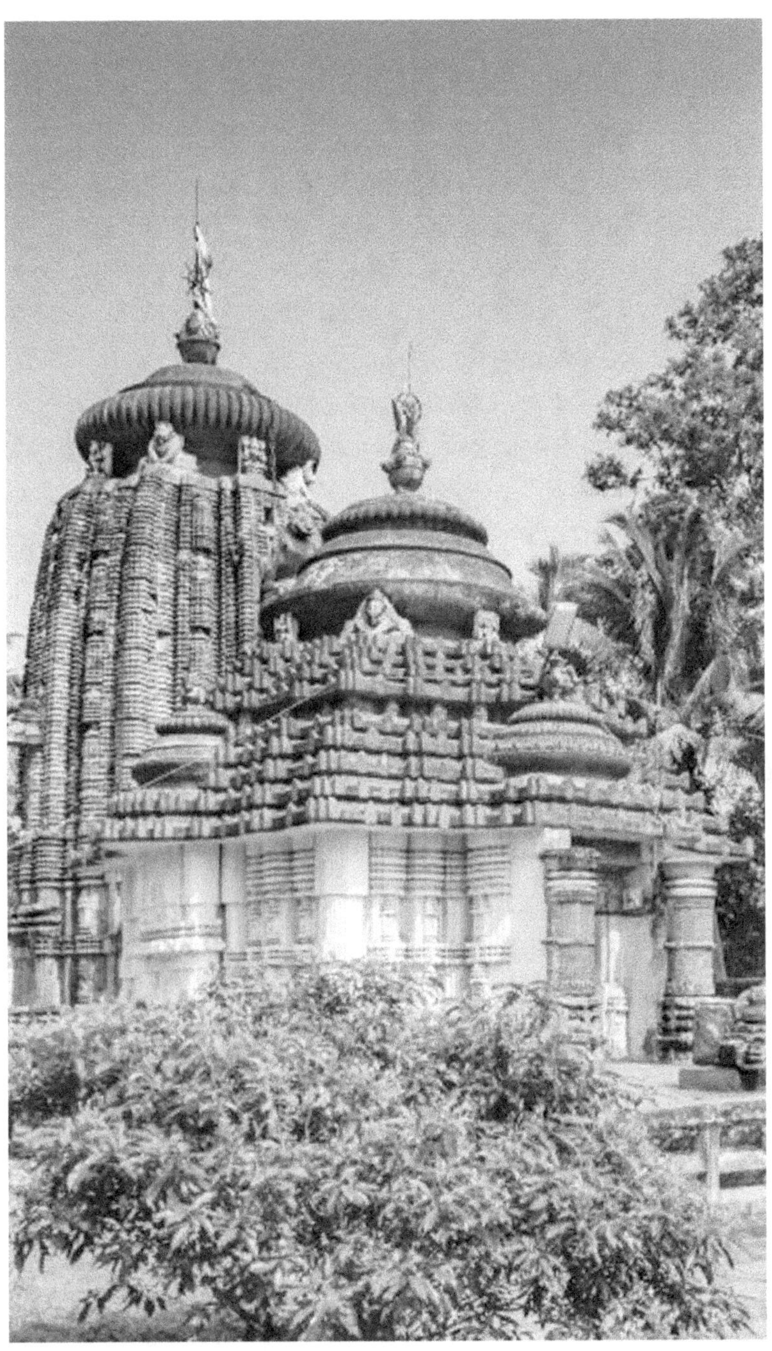

ଦେଉଥାନ୍ତି। ଅକସ୍ମାତ କୁରାଢ଼ି ରୂପାନ୍ତରିତ ହୋଇଯାଏ ସୁବର୍ଣ୍ଣରେ। ନେଉଳିଙ୍କ ମନ କୁଣ୍ଢେମୋଟ। ଆଉ ତେଲ ବିକିବାକୁ ପଡ଼ିବନି। ଏଥର ସୁନାରେ ଜୀବନ। ସଂପଦ ବଢ଼ିଚାଲିଲା। ଲୁହାର କୁରାଢ଼ି ବାରମ୍ବାର ସୁନା ପାଲଟିଯାଉଥିଲା। ଦିନେ ରାତିରେ ଏକ ଅଦ୍ଭୁତ ସ୍ୱପ୍ନରେ ନିଜକୁ ଫେରିପାଇଲା ନେଉଳି। କେହି ଜଣେ ତା' ପାଖରେ ଠିଆହୋଇ କହୁଥିଲେ- ଈଶ୍ୱରଙ୍କୁ ପାଇବା ଯେତିକି ସହଜ, ହରେଇଦେବା ତା'ଠାରୁ ଅଧିକ ସହଜ। ମାତ୍ର ହଜେଇଦେବାର କଷ୍ଟ ପାଇବାର ଆନନ୍ଦଠାରୁ କେତେ ଅଧିକ ଆନନ୍ଦଦାୟକ ତାହା ତୁ ବୁଝିପାରିବୁନାହିଁ। ଯାହା ପାଇଛୁ, ଯଦି ଆନନ୍ଦ ପାଇବାକୁ ଚାହୁଁଥାଉ ମୋତେ ସେଇଠି ପ୍ରତିଷ୍ଠା କର। ମୁଁ ଶିଳାମାତ୍ର ନୁହେଁ, ସ୍ୱୟମ୍ଭୁ।

ନେଉଳି ନିଜକୁ ବୁଝିପାରିଛି। ଶିଳାଖଣ୍ଡର ପରିଚୟ ପାଇଛି। ଏବେ ମନ୍ଦିର ତିଆରି ହୋଇଛି। ମାତ୍ର ଦିଅଁଙ୍କୁ କାହିଁ ଅନୁଭବ କରିପାରୁନି ତ ! ଦିନେ ରାତିରେ ଆଉ ଏକ ସ୍ୱପ୍ନ ତାକୁ ବିଚଳିତ କରିଛି। ସେହି ଅଦୃଶ୍ୟସତ୍ତା ତାଙ୍କୁ କହୁଥାନ୍ତି- ଯେବେ ଏଇଠି ଅଢ଼େଇଦଣ୍ଡ ସୁବର୍ଣ୍ଣ ବର୍ଷା ହେବ, ସେହିଦିନ ସେହି ମୁହୂର୍ତ୍ତରେ ମୋତେ ପ୍ରତିଷ୍ଠା କରିବୁ। ତାହା ହିଁ ହୋଇଛି। ସୁନାର ବର୍ଷା ଚାରିଆଡ଼େ। ନେଉଳି ପ୍ରତିଷ୍ଠା କରିଛନ୍ତି ସେହି ମହାମେରୁଙ୍କୁ। ନାଁ ରଖିଛନ୍ତି ସୁବର୍ଣ୍ଣମେରୁ। ଏବେ ବର ମାଗିବାକୁ ନେଉଳିଙ୍କୁ ନିର୍ଦ୍ଦେଶ। ନେଉଳିର ପ୍ରାର୍ଥନା- ମୋତେ ନିର୍ବଂଶ କରିଦିଅ ପ୍ରଭୁ ଏବଂ ତୁମ ପାଦ ପାଖରେ ମୋତେ ରହିବାର ସୌଭାଗ୍ୟ ଦିଅ। ଠିକ୍ ଶ୍ରୀଜଗନ୍ନାଥଙ୍କୁ ରାଜା ଇନ୍ଦ୍ରଦ୍ୟୁମ୍ନ ମାଗିଥିବା ବର ପରି। ଉତ୍ତର ଥିଲା- ତଥାସ୍ତୁ। ଅଦୃଶ୍ୟ ଏବେ ସେହି ଦିବ୍ୟ ଚେତନା। ନେଉଳି ରୂପାନ୍ତରିତ ହୋଇଛନ୍ତି ନେଉଳିବାବାରେ ଏବଂ ତାଙ୍କ ସ୍ଥାନ ନିରୂପିତ ହୋଇଛି ସୁବର୍ଣ୍ଣମେରୁଙ୍କ ପୀଠ ତଳେ। ତେଣୁ ସୁବର୍ଣ୍ଣମେରୁ ଅଧିଷ୍ଠିତ ଭୂମିର ନାଁ ସୁବର୍ଣ୍ଣପୁର। ଲୋକେ ପୁଣି କୁହନ୍ତି- ଏବେ ମଧ ତେଲ ନଈର ଆଖପାଖର ମାଟିତଳୁ କେବେକେବେ ମିଳିଥାଏ ସୁନା ପାତିଆ/ଗୁଣ୍ଡ। ସେଥିରେ ବେଲପତ୍ର, ସାପ, ଡମ୍ବରୁ ଓ ତ୍ରିଶୂଳ ଚିହ୍ନ ବି ଦେଖିବାକୁ ମିଳେ। ଏସବୁ କିମ୍ବଦନ୍ତୀ।

ଇତିହାସ ଏଇ ନାଁକୁ ନେଇ ଅନ୍ୟ କଥା କୁହେ, ଖ୍ରୀ.ପୂ. ଦ୍ୱିତୀୟରୁ ଏହାର ରାଜନୀତିକ ଇତିହାସ ତିଆରି କରାଯାଇଛି। ଚେଦି(ଖ୍ରୀ.ପୂ. ୩ୟ ଶତାବ୍ଦୀ), ଗୁପ୍ତ(ଖ୍ରୀଷ୍ଟୀୟ ୩ୟ-୪ର୍ଥ ଶତାବ୍ଦୀ), ଭୌମକର(ଖ୍ରୀଷ୍ଟୀୟ ୭ମ-୮ମ ଶତାବ୍ଦୀ), ସୋମବଂଶୀ(ଖ୍ରୀଷ୍ଟୀୟ ୯ମ-୧୧ଦଶ ଶତାବ୍ଦୀ), କାଳଚୁରୀ(ଖ୍ରୀଷ୍ଟୀୟ ୧୧ଦଶ-୧୨ଦଶ ଶତାବ୍ଦୀ), ତେଲୁଗୁଚୋଡ଼(ଖ୍ରୀଷ୍ଟୀୟ ୧୨ଦଶ-୧୩ଦଶ ଶତାବ୍ଦୀ), ଗଙ୍ଗ(ଖ୍ରୀଷ୍ଟୀୟ ୧୩ଦଶ-୧୪ଦଶ ଶତାବ୍ଦୀ ଓ ଚୌହାନ(୧୬୩୫-୧୯୪୮ ଶତାବ୍ଦୀ) ବଂଶର ପ୍ରଥମ ରାଜା ମଦନଗୋପାଳ ସିଂହଦେଓ ଏହି ଭୂମିର ଶାସକ ହୋଇଛନ୍ତି। ୧୯୪୮ ମସିହାରେ

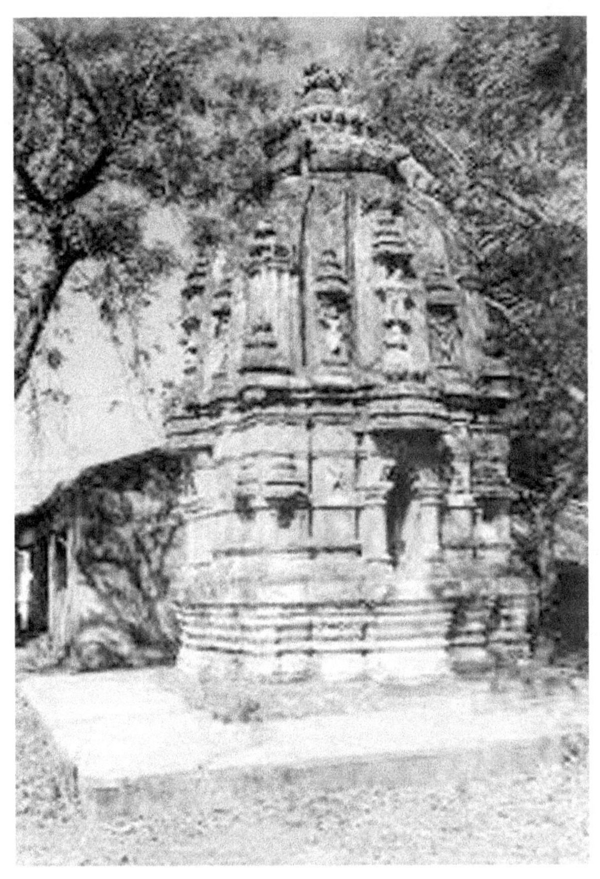

ସୁବର୍ଣ୍ଣପୁର ଓଡ଼ିଶାର ରାଜନୀତିକ ଭୂଗୋଳ ସହିତ ଯୋଡ଼ି ହୋଇଯାଇଛି। ବାସ୍ତବତଃ ସୋମବଂଶୀ ରାଜା ଜନ୍ମେଜୟଙ୍କ ଶାସନ କାଳରେ ଏହା ସୁବର୍ଣ୍ଣପୁର ନାଁକୁ ନିଜର କରିଛି। ଏହା ନବମ ଶତାବ୍ଦୀର କଥା।

ଇତିହାସକୁ ଫେରିବା। କାରଣ ସୋନପୁରର ଇତିହାସ ସହିତ ଐତିହ୍ୟ ଏବଂ ଐତିହ୍ୟ ସହିତ ଇତିହାସ ପୂରାପୂରି ସଂଯୋଜିତ। ଯେଉଁ ଐତିହାସିକ ଓ ଗବେଷକମାନେ ସୋନପୁରର ରାଜନୀତିକ ଓ ସାଂସ୍କୃତିକ ଇତିହାସ ଗଢ଼ଣରେ ନିଜର ଚିହ୍ନ ରଖିଯାଇଛନ୍ତି ସେମାନେ- ବିଜୟ ଚନ୍ଦ୍ର ମଜୁମଦାର, ଯଜ୍ଞ କୁମାର ସାହୁ, ଗଙ୍ଗାଧର ମିଶ୍ର (କୋଶଳାନନ୍ଦ କାବ୍ୟ), ଦାମୋଦର ମିଶ୍ର (ସ୍ୱର୍ଣ୍ଣପୁର ଗୁଣାଦର୍ଶ), ସଦାନନ୍ଦ ଅଗ୍ରୱାଲ, ନବୀନ କୁମାର ସାହୁ, ପବିତ୍ର ମୋହନ ନାୟକ, କେଦାର ମିଶ୍ର, ସୁଦାମ ନାଏକ ଏବଂ ଅନ୍ୟମାନେ। ନବୀନ କୁମାର ସାହୁ ଏକ ଭିନ୍ନ ବିଚାର ରଖନ୍ତି। କୁହନ୍ତି, ଏହା କାଳେ ଥିଲା ରାମାୟଣ

ଯୁଗର ସୁବର୍ଣ୍ଣପୁରୀ ଲଙ୍କା। ଏହି ସୁବର୍ଣ୍ଣପୁରୀ ଲଙ୍କାରୁ ଲଙ୍କା ଶବ୍ଦ ବିଯୁକ୍ତ ହୋଇ ରହିଯାଇଛି କେବଳ ସୁବର୍ଣ୍ଣପୁର ଏବଂ ଏ ରାଜ୍ୟର ଅଧିଷ୍ଠାତ୍ରୀ ଦେବୀ ଲଙ୍କେଶ୍ୱରୀ। ମାତ୍ର ଗୋଟିଏ କଥା ସେମାନେ କୁହନ୍ତି, ଯେ ମହାନଦୀ କୂଳରୁ ରାୟପୁର(ଆଧୁନିକ) ପର୍ଯ୍ୟନ୍ତ- ଏହି ବିସ୍ତୃତ ଅଞ୍ଚଳ ଥିଲା ଭୌମକର ଶାସନକାଳର ଖିଞ୍ଜାଲିମଣ୍ଡଳ ଏବଂ ସୋନପୁର ଥିଲା ଏହି ମଣ୍ଡଳର ଅନ୍ୟତମ ବାଣିଜ୍ୟ, ସଂସ୍କୃତି ଓ ଶାସନ କେନ୍ଦ୍ର। ଯାହାକୁ ପରବର୍ତ୍ତୀ କାଳରେ ସୁନୁପୁର, ସୋନପୁର ବି କୁହାଯାଇଛି। ଏବଂ, ଏହି ବିସ୍ତୃତ ଭୂଖଣ୍ଡ ବିଭିନ୍ନ ସମୟରେ ବୌଦ୍ଧ ସହଜଯାନର ପ୍ରୟୋଗଶାଳା ହୋଇଛି। ଲକ୍ଷ୍ମୀଙ୍କରାଙ୍କ ଏହା କାଳେ ଶ୍ୱଶୁରଘର, ସାଧନା ଭୂମି। ଲକ୍ଷ୍ମୀଙ୍କରା- ସମ୍ବଲର ରାଜକୁମାରୀ, ଜ୍ଞାନସିଦ୍ଧିଗ୍ରନ୍ଥର ପ୍ରଣେତା ଇନ୍ଦ୍ରଭୂତିଙ୍କ ଭଉଣୀ, ସୋନପୁରର ରାଜବଧୂ, ଅଦ୍ୱୟସିଦ୍ଧିଗ୍ରନ୍ଥର ପ୍ରଣେତା ଓ ବୌଦ୍ଧ ସହଜଯାନର ପ୍ରବର୍ତ୍ତିକା। ପୁଣି ଶାକ୍ତ, ଶୈବ ଓ ବୈଷ୍ଣବ ଚେତନାର ଭୂମି ହୋଇଛି। ଏହି ସକଳ ସଙ୍କେତ ଅଭିବ୍ୟକ୍ତ ହୋଇଛି ସ୍ଥାପତ୍ୟ ଓ ମୂର୍ତ୍ତିକଳାରେ। ସେକାଳର ମନ୍ଦିର ଆଜି ବିଲୁପ୍ତପ୍ରାୟ। ମାତ୍ର ମନ୍ଦିରର ଶିଳାଖଣ୍ଡ ଓ ଭିତ୍ତିଭୂମି ଉପରେ ନୂଆ ମନ୍ଦିରମାନ ତିଆରି ହୋଇଛି। କେଉଁଠି କେଉଁଠି ପୁରୁଣା ମନ୍ଦିର ଏବେବି ବର୍ତ୍ତମାନ। ମନ୍ଦିରରେ ପୂଜା ପାଉଥିବା ପ୍ରତିମାମାନେ ସ୍ଥାନାନ୍ତର ହୋଇଛନ୍ତି। ତଥାପି ଯେଉଁ କେତେକ ରହିଯାଇଛନ୍ତି ସେମାନଙ୍କୁ ମନ୍ଦିର ବେଢ଼ାରେ ଅସୁରକ୍ଷିତ ଅବସ୍ଥାରେ ସୁରକ୍ଷିତ ରଖାଯାଇଛି। ଏହି ପ୍ରତିମାମାନଙ୍କ ଗଠନକୁ ଆଧାର କରି ଲେଖାଯାଇଛି ସୁବର୍ଣ୍ଣପୁରର ଇତିହାସ।

ଏ ଇତିହାସ କେବଳ ରାଜନୀତିକ ଇତିହାସ ନୁହେଁ, ସୁବର୍ଣ୍ଣପୁରର ଇତିହାସ ନୁହେଁ, ଏ ଇତିହାସ ଭାରତବର୍ଷର ଧର୍ମ, ସଂସ୍କୃତି, ସ୍ଥାପତ୍ୟ ଓ ମୂର୍ତ୍ତିକଳାର ଇତିହାସ। ସ୍ୱର୍ଣ୍ଣାଭ ଇତିହାସ। ସୁବର୍ଣ୍ଣପୁରକୁ ଐତିହାସିକମାନେ କୁହନ୍ତି- ଏହା ଦ୍ୱିତୀୟ ବାରାଣସୀ ଏବଂ ଅନ୍ୟତମ ପ୍ରୟାଗତୀର୍ଥ। କହିବାର କାରଣ ରହିଛି। ଏଠାରେ କାଳେ ବର୍ତ୍ତମାନ ରହିଛି ଛୋଟବଡ଼ କରି ଶହେ ଆଠଟି ମନ୍ଦିର। ଅଷ୍ଟଚଣ୍ଡୀ, ଅଷ୍ଟଶମ୍ଭୁ ଓ ଅଷ୍ଟବିଷ୍ଣୁଙ୍କର ଏହା କାଳେ ବିହାର ଭୂମି। ଏଗୁଡ଼ିକ ମଧ୍ୟରେ ପ୍ରମୁଖ ଖମ୍ଭେଶ୍ୱରୀ, ଦଶମତି, ସୁରେଶ୍ୱରୀ, ଭଗବତୀ, ସମଲେଶ୍ୱରୀ, ନାରାୟଣୀ, ଲଙ୍କେଶ୍ୱରୀ, ବୁଢ଼ୀ ସମଲେଇ, ମାଣିକେଶ୍ୱରୀ, ବୁଢ଼ାରାଜା ଆଦି ଶକ୍ତିମନ୍ଦିର; ସୁବର୍ଣ୍ଣମେରୁ, ରାମେଶ୍ୱର, ସୋମନାଥ, ଗୋକର୍ଣ୍ଣେଶ୍ୱର, ସିଦ୍ଧେଶ୍ୱର, ଲୋକନାଥ, ରୁଦ୍ରନାଥ, ବାଲୁଙ୍କେଶ୍ୱର, ଚନ୍ଦ୍ରଶେଖର ଓ ଚମ୍ପେଶ୍ୱର ଆଦି ଶିବମନ୍ଦିର; ଗୋପାଳଜୀଉ, ଜଗନ୍ନାଥ, ଦଧିବାମନ, ଗୋପୀନାଥ, ଗୁଣ୍ଡିଚାମନ୍ଦିର ଆଦି ବିଷ୍ଣୁମନ୍ଦିର। ପଞ୍ଚରଥ ମନ୍ଦିର ଏକ ସ୍ୱତନ୍ତ୍ର ଶ୍ରେଣୀର ମନ୍ଦିର। ପୁଣି ରାଜଧାନୀର ଚାରିପଟରେ ଚାରୋଟି ହନୁମାନ ମନ୍ଦିର। ଏଠାରେ ପୂଜିତ ମୂର୍ତ୍ତିମାନେ ସତେଯେପରି

ଗଡ଼ର ସୁରକ୍ଷାଦାତା । ଏତଦ୍‌ବ୍ୟତୀତ ଅନ୍ୟ ଦେବଦେବୀଙ୍କ ମନ୍ଦିର ବି ରହିଛି । ଏଗୁଡ଼ିକ ମଧ୍ୟରେ ସ୍ୱତନ୍ତ୍ର ଦୁଆରମୁହଁ ନଥିବା ଅମୁହାଁ ଶଶୀସେଣା ମନ୍ଦିର ।

ସୋନପୁର ରାଜ୍ୟର ଯେଉଁ ଦୁଇଟି ଶୈବପୀଠ ଭାରତର ସ୍ଥାପତ୍ୟ ଇତିହାସରେ ସ୍ୱତନ୍ତ୍ରତା ଦାବି କରେ ତାହା, ଚରଦାର କପିଳେଶ୍ୱର ମନ୍ଦିର ଏବଂ ବୈଦ୍ୟନାଥ ଗ୍ରାମର କୁଶଳେଶ୍ୱର ମନ୍ଦିର । ମନ୍ଦିରଗୁଡ଼ିକର ଗଠନଶୈଳୀକୁ ଦେଖିଲେ ଗୋଟିଏ କଥା ସ୍ପଷ୍ଟ ହୋଇଯାଏ ଯେ, ଚୌହାନ ବଂଶର ଶାସନକାଳ (୧୬୩୫-୧୯୪୮)ରେ ଏହି ମନ୍ଦିରଗୁଡ଼ିକର ନବୀକରଣ, ସଂପ୍ରସାରଣ ଓ ପୁନର୍ଗଠନ ସମ୍ଭବ ହୋଇଛି । ଚୌହାନମାନେ ପାଟଣାରୁ ସମ୍ବଲପୁର ଓ ସମ୍ବଲପୁରରୁ ସୋନପୁରକୁ ନିଜର ଶାସନାଧୀନ କରିଛନ୍ତି । ତେଣୁ ମନ୍ଦିର ଗଢ଼ଣ ଶୈଳୀରେ ପାଟଣା(ଆଧୁନିକ ପାଟଣାଗଡ଼), ସମ୍ବଲପୁର ଓ ସୁବର୍ଣ୍ଣପୁରର ସାଦୃଶ୍ୟ ସ୍ପଷ୍ଟ । ମାତ୍ର ଭିନ୍ନତା ରହିଛି ମୂର୍ତ୍ତିମାନଙ୍କ ରୂପ ଓ ଭାବରେ ।

ସୋନପୁର ବା ସୁବର୍ଣ୍ଣପୁର ଏହି ରୂପ ଓ ଭାବଗତ ବୈଚିତ୍ର୍ୟର ସ୍ୱର୍ଣ୍ଣାଭ ଉଦାହରଣ । ଏବଂ, ଏଠାରେ ବର୍ତ୍ତମାନ ମାଳମାଳ ସୁଦୃଶ୍ୟ ମନ୍ଦିର ଓ ମୂର୍ତ୍ତି- ଆମ ସ୍ଥାପତ୍ୟ କଥାର ପରବର୍ତ୍ତୀ ଆଲେଖ୍ୟ ।

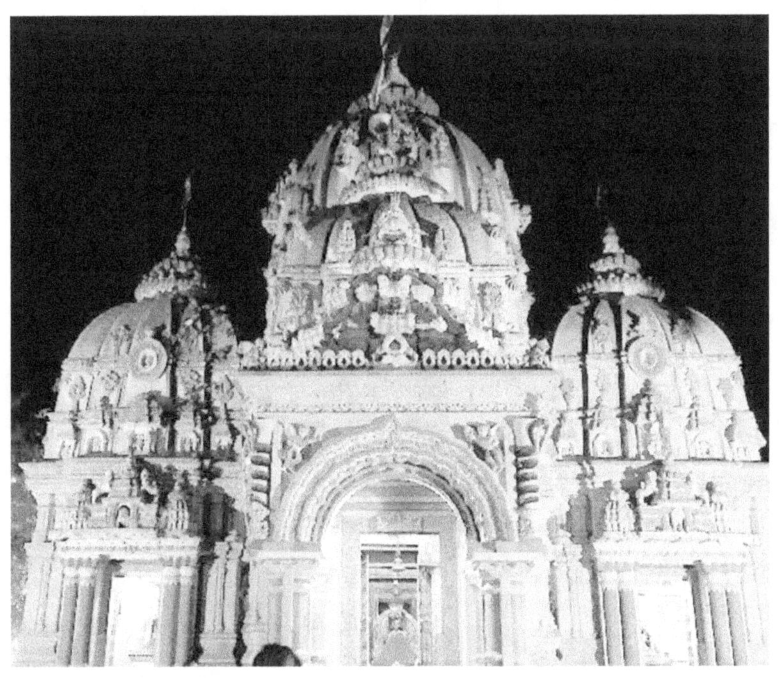

ଲଙ୍କାର ଈଶ୍ୱରୀ : ଲଙ୍କେଶ୍ୱରୀ

ଲଙ୍କେଶ୍ୱରୀ। ସୁବର୍ଣ୍ଣ ଲଙ୍କାର ଈଶ୍ୱରୀ। ଗଡ଼ର ଅଭୟଦାତ୍ରୀ। ପ୍ରବଳପ୍ରତାପୀ ରାବଣର ଗଡ଼।

ରାମାୟଣର କଥା। ସେଦିନ ଗୋଧୂଳିବେଳା। ହନୁମାନ ସୀତାଙ୍କୁ ଖୋଜିଖୋଜି ନୟାନ୍ତ। ଯେମିତିହେଉ ଠାବ କରିବାକୁ ହେବ। ଏବେ ମାର୍ଜାର ବେଶରେ ହନୁମାନ। ଧେନୁପଲଙ୍କ ସହ ଗଡ଼ ଭିତରକୁ ପଶିବାକୁ ଉଦ୍ୟମ। ମାତ୍ର ଅସଫଳ। ଲଙ୍କାଗଡ଼ର ଦେବୀ ଲଙ୍କେଶ୍ୱରୀଙ୍କ ଆଖିରେ ଧରାପଡ଼ିଯାଇଛି ଛଦ୍ମବେଶ। ମା' ସବୁବେଳେ ଏମିତି। ତା' ସନ୍ତାନର ସୁରକ୍ଷାଦାତ୍ରୀ।

ଲଙ୍କାର ଏଇ ଗଡ଼ଦେବୀ ଏବେ ଆମ ଭୂମିରେ। ସୁଦୂର ଲଙ୍କାରୁ ରାଜା ତ୍ରିଭୁବନ ବିଜୟୀ ରାବଣ କାଳେ ପ୍ରତିଷ୍ଠା କରିଛନ୍ତି ଦେବୀଙ୍କୁ, ପଶ୍ଚିମ ଲଙ୍କାରେ। ସେଦିନର ପଶ୍ଚିମଲଙ୍କା ଆଜିର ସୁବର୍ଣ୍ଣପୁର ବା ସୋନପୁର। ଏହା ବିଶିଷ୍ଟ ଗବେଷକ ନବୀନ ସାହୁ ସପ୍ରମାଣ ପ୍ରତିଷ୍ଠା କରିଛନ୍ତି ତାଙ୍କ ଚର୍ଚ୍ଚାଗ୍ରନ୍ଥରେ। ସେଇକାଳୁ ମା' ଲଙ୍କେଶ୍ୱରୀ ସୋନପୁରର ସୁରକ୍ଷାଦାତ୍ରୀ, ମହାମାୟା। କାଳ୍ପନିକ ଏଇ ପଶ୍ଚିମ ଲଙ୍କା, ରୂପାନ୍ତରିତ ହୋଇଛି ଇତିହାସର ଲଙ୍କାରେ।

ଏ ସଂପର୍କରେ ଅନ୍ୟ ଐତିହାସିକମାନଙ୍କର ଭିନ୍ନ ମତ ରହିଛି। ସୋମବଂଶୀ ଶାସକ ସୋମେଶ୍ୱରଦେବଙ୍କ ଶାସନ କାଳ (ଏକାଦଶ ଶତାବ୍ଦୀର ମଧ୍ୟଭାଗ)ରେ ଦେବୀ ଲଙ୍କେଶ୍ୱରୀଙ୍କର କାଳେ ପ୍ରତିଷ୍ଠା। ଏବଂ, ବୌଦ୍ଧ-ସାଧନାମାଳାରେ ସେ ଅନ୍ୟତମ ତନ୍ତ୍ରଦେବୀ। କେବଳ ସୋନପୁର ନୁହେଁ, ଦେବୀ ଲଙ୍କେଶ୍ୱରୀ ଜୁନାଗଡ଼ର ମଧ୍ୟ ଅଧିଷ୍ଠାତ୍ରୀ ଦେବୀ।

ସୋନପୁରରେ ଦେବୀଙ୍କ ଘର ଚିତ୍ରୋତ୍ପଳା ଛାତିର ଶିଳାଖଣ୍ଡ ଉପରେ। ମୁହଁ ରାଜପ୍ରାସାଦ ଆଡ଼କୁ। ପଲକହୀନ ଆଖିରେ ଚାହିଁରହିଛନ୍ତି ରାଜଉଆସକୁ। କହୁଛନ୍ତି ଯେମିତି, ମୁଁ ଜାଗ୍ରତ। ମୁଁ ଥିବାଯାଏ ତୁମର ଭୟ କାହାକୁ?

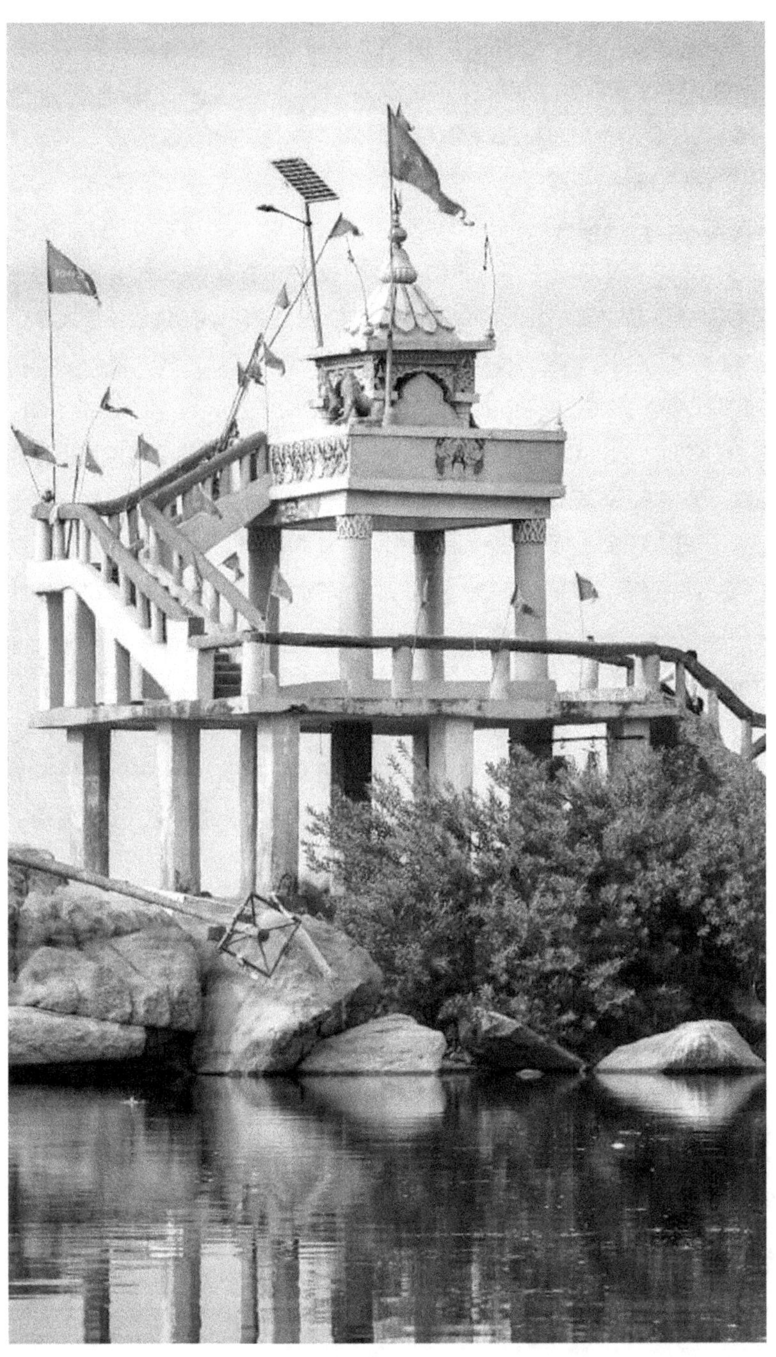

ପ୍ରଥମେ ସେଇ ପଥରମୁଣ୍ଡିଆ ଥିଲା ତାଙ୍କ ଘର। ପରେ ସମ୍ଭବତଃ ଏକ କୁନିମନ୍ଦିରରେ, ନଈ ମଝିଟାରେ ମା' ରହୁଥିଲେ। ମନ୍ଦିର ଚାରିକଡ଼ରେ ଗଭୀର ଦରହା। ଗଣ୍ଡ। ଅକାତକାତ ପାଣି। ଲୋକେ କୁହନ୍ତି ଲଙ୍କେଶ୍ୱରୀ ଦୋରୁହା। ତାଙ୍କ ଘରଛାତ ଥିଲା ନୀଳଆକାଶ। ପରିପାର୍ଶ୍ୱ ନୀଳଜଳବେଣୀ। ଖରା, ବର୍ଷା, ଶୀତ, କାକର- ସବୁ ତାଙ୍କର ପ୍ରିୟ। ମା'ଙ୍କ ପାଇଁ ପରେ ତିଆରି ହୋଇଗଲା କୁନିମନ୍ଦିରଟିଏ। ବର୍ଷାଦିନର ଅଦଉତିରୁ ହୁଏତ ମନ୍ଦିରକୁ ସୁରକ୍ଷା ଦେବାପାଇଁ ଏବେ ତିଆରି ହୋଇଛି ସେହି ପଥର ପୀଠିକା ଉପରେ ସୁଉଚ୍ଚ ଘର। କଂକ୍ରିଟ ତିଆରି କେତେକ ଖମ୍ବ ଉପରେ ଆଉ କେତୋଟି ଖମ୍ବ। ସବା ଉପରେ ସେଇ କୁନିମନ୍ଦିର। ଯେମିତି ଦୁଇମହଲା ସୁନ୍ଦର ଘରଟିଏ। ଖୋଲା ଖୋଲା। ଘର ଉପରେ ସୁଶୋଭିତ ନାଲିରଙ୍ଗର ପତାକା। ଭିତରେ ମା' ଲଙ୍କେଶ୍ୱରୀ। ପାଣି, ଖରା, ବର୍ଷାରେ ଏବେ ଆଉ ଭିଜୁ ନାହାନ୍ତି। ମା'ଙ୍କ ପାଖକୁ ଯିବାକୁହେଲେ ଡଙ୍ଗା ଏକମାତ୍ର ଭରସା। ମଙ୍ଗରେ ମା'।

କ୍ଷମତାକେନ୍ଦ୍ର ପ୍ରାସାଦ ପାଖରେ ପଶ୍ଚିମ ଦିଗକୁ ମୁହଁକରି ବସିଛନ୍ତି। ଦୂରରେ ଦିଶେ ନୀଳମଣିର ବିଶାଳ ସ୍ତୂପ ପରି ପାହାଡ଼, ପାଦଦେଶରେ ଅଭିଭୂତ କରେ ସବୁଜିମା। ସୁନାରଙ୍ଗର ବାଲିଶେଯରେ ଯେମିତି ନାନାବାୟା ଗୀତ ଗାଉଛି ମାତୃରୂପା ଚିତ୍ରୋତ୍ପଳାର ନୀଳଦେହ। ଏବଂ, ଦେହକୁ ଦୀପ୍ତ କରୁଛି ମଝିରେ ମଝିରେ ମୁଣ୍ଡିଆ ଶିଳାଖଣ୍ଡ, ଯେପରି ମାତୃତ୍ୱର ମହାଉତ୍ସ। ଏବଂ, କହୁଛି ଯେମିତି, ଆସ! ଏ କୋଳ ତୁମର, ଏ ମମତ୍ୱ ତୁମର। ସବୁ ତୁମର। ତୁମ ଆନନ୍ଦର ମହାରାସ। ତୁମ ସକଳ ଗ୍ଲାନି, ଅବସାଦକୁ ରୂପାନ୍ତର କରିଦେବ ମହାନନ୍ଦରେ। ମୋ କୋଳରେ ଖେଳିବ ଆସ, ଜୀବନକୁ ପୂର୍ଣ୍ଣ କରିବ ଆସ।

ମା'ଙ୍କର ମାଛରେ ଶରଧା। ପୂଜକ କୈବର୍ତ୍ତ। ଦିନେ ପୂଜକ ପୂଜା ସାରି ପାଣିଗଡ୍ଡୁ ଛାଡ଼ିଦେଇ ଆସିଛି ପଥରମୁଣ୍ଡିଆ ଉପରେ। ହଠାତ୍ ଅଧାବାଟରେ ମନେପଡ଼ିଛି ଗଡ୍ଡୁ କଥା। ଫେରିଛି। ସେତେବେଳକୁ ସାତଭଉଣୀଙ୍କ ସହ ମା' ପରମ ଆନନ୍ଦରେ ଖାଦ୍ୟପାତ୍ର ପାଖରେ। ପୂଜକର ଅସ୍ୱାଭାବିକ ଉପସ୍ଥିତି ମା'ଙ୍କୁ କ୍ରୋଧିତ କରିଛି। ଏବଂ, ପୂଜକକୁ ସେଇଦିନୁ ନିର୍ଦ୍ଦେଶ-ତୁ ଆଉ ପାଖକୁ ଆସିବୁନି, ସେଇ ପଥରଖଣ୍ଡ ପାଖରେ ମୋତେ ପ୍ରସାଦ ଲଗେଇ ଚାଲିଯିବୁ।

ଏସବୁ କିମ୍ବଦନ୍ତୀର କଥା। ମା'ଙ୍କ ରୂପ କିନ୍ତୁ ଅଲଗା। ତାଙ୍କ ଦେହ ଖଣ୍ଡିଏ ଶିଳାରେ ତିଆରି। ତାଙ୍କ ଉଚ୍ଚତା ପ୍ରାୟ ଅଢ଼େଇ ଫୁଟ। ସିଂହ ଉପରେ ବସିଛନ୍ତି। ମୁକ୍ତକେଶା। ଚାରୋଟି ହାତ। ହାତରେ ଖଡ୍ଗ, ତ୍ରିଶୂଳ, ଶଂଖ ଓ ଗୋଟିଏ ହାତ ବରଦମୁଦ୍ରା। ତ୍ରିଶୂଳ ଭେଦ କରୁଛି ଅସୁରର ଛାତିକୁ। ବେକରେ ଅକ୍ଷମାଳ, କାନରେ

କୁଣ୍ଡଳ, ମଥାରେ ମୁକୁଟ। ମା' ଲଙ୍କେଶ୍ୱରୀ ତ୍ରିନୟନା। ତିନୋଟିଯାକ ଆଖିରୁ ଯେମିତି ଝରିପଡୁଛି କରୁଣାର ଉତ୍ସ। ଭୟଙ୍କରା ନୁହନ୍ତି, ଓଠଧାରରେ ସ୍ମିତ ହସ, ମୁହଁରେ ଦୟାର ଦୀପ୍ତି। ଦେବୀ, ଦୁର୍ଗାଙ୍କର ପ୍ରତିରୂପା। ପ୍ରତିମା ଗଢ଼ଣ କଳା ଦୃଷ୍ଟିରୁ ତାଙ୍କୁ ନବମ ଶତାବ୍ଦୀର କୁହାଯାଇପାରିବ।

ଲଙ୍କେଶ୍ୱରୀ କେବଳମାତ୍ର ପଶ୍ଚିମ ଲଙ୍କାର ଈଶ୍ୱରୀ ନୁହନ୍ତି, ସେ ମହାକାନ୍ତାରର ମହାମାୟା। ସର୍ବବ୍ୟାପ୍ତ, ଶକ୍ତିସତ୍ତା। ସୁବର୍ଣ୍ଣପୁରରେ ସେ ଚିତ୍ରୋତ୍ପଳାରେ ଜଳ-ବିହାରିଣୀ। ମାତ୍ର ମହାକାନ୍ତାରରେ ହାତୀନଈ ତୀରରେ ସେ ବନଚାରିଣୀ। ତେଲ ଉପତ୍ୟକାର ଅନ୍ୟତମ ଶାସନକେନ୍ଦ୍ର, ଜୁନାଗଡ଼। ସୋମ, କାଳଚୂରୀ, ତେଲୁଗୁଚୋଡ଼, ଗଙ୍ଗ, ସୂର୍ଯ୍ୟ, ଚୌହାନ ଆଦି ରାଜବଂଶର ଶାସନକାଳରେ ଜୁନାଗଡ଼, ଶାସନର ମୁଖ୍ୟଗଡ଼। ଏହାର ପ୍ରାଚୀନ ନାଁ କାଳେ ଥିଲା ଜେନାବଳୀପାଟଣା, କୋଇଲାବତୀପାଟଣା। ପ୍ରାୟ ଦେଢ଼ହଜାର ବର୍ଷ ଧରି, ବିଭିନ୍ନ ରାଜବଂଶ ମଧ୍ୟରେ କ୍ଷମତା କନ୍ଦଳର ଏହା ଭୂମି ହୋଇଛି। ଏବଂ, ଶେଷରେ ରାଜଧାନୀ, ଜୁନାଗଡ଼ରୁ ସ୍ଥାନାନ୍ତର ହୋଇଛି ଭବାନୀପାଟଣାକୁ; ୧୮୪୯ ମସିହାରେ। ଭବାନୀପାଟଣାର ଇଷ୍ଟଦେବୀ ଭାବରେ ସ୍ୱୀକୃତି ପାଇଛନ୍ତି ମାଣିକେଶ୍ୱରୀ। ଲଙ୍କେଶ୍ୱରୀ ରହିଯାଇଛନ୍ତି ଜୁନାଗଡ଼, ପୁରୁଣାଗଡ଼ରେ। ଦେବୀ ନାଗ ରାଜବଂଶର ଇଷ୍ଟଦେବୀ।

ମହାକାନ୍ତାରର ରାଜନୀତିକ ଇତିହାସ ସହିତ ଲଙ୍କେଶ୍ୱରୀ ଯୋଡ଼ିହୋଇ ରହିଛନ୍ତି। ସୈନ୍ୟବାହିନୀର ମୁଖିଆ ମା'ଙ୍କ ପାଇକ। ସେ ଦକ୍ଷିଣକୁ ସୈନ୍ୟଚାଳନା କରିଛନ୍ତି। ଜିତିଛନ୍ତି। ପରାଜିତ ରାଜ୍ୟର ଅଧୀଶ୍ୱରୀଙ୍କୁ ମହାସମାରୋହରେ ଆମନ୍ତ୍ରି ଆଣିଛନ୍ତି ନିଜ ରାଜ୍ୟକୁ। ସମାରୋହର ପ୍ରଧାନ ବାଦ୍ୟ ହୋଇଛି ଘୁମୁରା। ବୀର ଓ ଉତ୍ସାହର ବାଦ୍ୟ। ଏକ ପାରମ୍ପରିକ ବାଦ୍ୟର ବିକାଶ ସହିତ ଲଙ୍କେଶ୍ୱରୀଙ୍କ ଇତିହାସ ଯୋଡ଼ି ହୋଇଯାଇଛି।

ତାଙ୍କ ପାଇକଙ୍କ ପରିଚୟ ମିଳେନି। ସମ୍ଭବତଃ, ଏହା ସୋମବଂଶୀ ଶାସନକାଳର କଥା। ପୁଣି ଏ କଥା ବି କୁହାଯାଏ, ଦେବୀ ଥିଲେ ପ୍ରଚଣ୍ଡା, ଉଗ୍ରା, ମାଂସ ଓ ରକ୍ତପାୟୀ। ତାଙ୍କ କ୍ରୋଧର ଶିକାର ହୁଅନ୍ତି ପ୍ରତିବାଦୀମାନେ। ସମ୍ଭବତଃ ପ୍ରତିବାଦୀ ସଂହାରର ଇତିହାସ ସହିତ କ୍ଷମତାର ଇତିହାସ ଯୋଡ଼ାହୋଇ ରହିଛି। କ୍ଷମତାର ପ୍ରତିବାଦୀମାନଙ୍କୁ ଦେବୀଙ୍କ ପୀଠରେ ହତ୍ୟା କରାଯାଇଛି। କୁହାଯାଇଛି- ସେ ରକ୍ତପାୟୀ। ପ୍ରତିବାଦୀମାନେ ତାଙ୍କ ମୂର୍ତ୍ତିକୁ ବିସର୍ଜନ କରିଦେଇଛନ୍ତି ଭାତ୍ରଯୋର ଓ ହାତୀନଈର ସଂଗମସ୍ଥଳରେ। ପୁଣି ପରବର୍ତ୍ତୀକାଳରେ ନୂଆ ମୂର୍ତ୍ତି ସ୍ଥାପନ କରାଯାଇଛି।

ପୀଠରେ ମୂଳାଷ୍ଟମୀ ଦିନ ଖଣ୍ଡା ବସେ। ଖଣ୍ଡାବସାର ନେତୃତ୍ୱ ନିଅନ୍ତି ରାଜା।

ପ୍ରଜାମାନେ ରାଜା ଓ ରାଜ୍ୟର ସୁଖ କାମନା କରନ୍ତି। ମା'ଙ୍କୁ ଶାନ୍ତ ଓ ପ୍ରୀତ କରାନ୍ତି ରକ୍ତ- ଜୀବନୀଶକ୍ତିରେ।

ମା'ଙ୍କ ଜୀବନକୁ ଆଧାର କରି କେତେ କଥା। ସେ କାଳେ ଭାରି ପ୍ରତ୍ୟକ୍ଷ। ନାନା ଭାବର ରୂପ। କେତେବେଳେ ରଣରଂଗିନୀ ତ, କେତେବେଳେ କଳାନୁରାଗିଣୀ। ବରିଆ ନାଚ ଓ ଗୀତରେ ବିଭୋର ହୁଅନ୍ତି। ସମବୟସୀଙ୍କ ଗହଣରେ ଜଣେ ହୋଇଯାଆନ୍ତି। ଗୀତ ଗାଆନ୍ତି। ନାଚନ୍ତି। ତାହା ପୁଣି ବିନା ବାଦ୍ୟରେ। ଏବଂ, ଅଦୃଶ୍ୟ ହୋଇଯାଆନ୍ତି ଇଚ୍ଛାମତେ। ପୁଣି ଭଳି ଭଳି କାଚ ନାଇବାରେ ତାଙ୍କର କାଳେ ଭାରି ଶ୍ରଦ୍ଧା।

ଦିନକର କଥା। ତାଙ୍କ ପୀଠ ବାଟଦେଇ ଯାଉଥାଏ ଜଣେ କାଚରା। ସେ ନିଜକୁ ଝିଅଟିଏ କରିଦେଲେ। କାଚରା ପାଖରେ ବସିପଡ଼ିଲେ କାଚ ନାଇବାକୁ। ହାତ ଲମ୍ବେଇ ଦେଲେ। କାଚରାର କାଚ ଏବେ ତାଙ୍କ ହାତରେ। କାଚରା ପାଉଣା ମାଗିଲା। ଝିଅଟି କହିଲା- ବାପା ଆସୁଛନ୍ତି, ଦେବେ। ନିମିଷକରେ ଅନ୍ତର୍ଦ୍ଧାନ। ଦୂରରୁ ଆସୁଥିଲେ ପୂଜକ। କାଚରା ପୂଜକଙ୍କୁ ମୂଲ ମାଗିଲା। ଚକିତ ସେ। ମାତ୍ର ବୁଝିପାରିଲେ ଦେବୀଙ୍କ ଚାତୁରୀ। କାଚରାକୁ ପାଉଣା ବଢ଼େଇଦେଲେ। ଏବେ ମନ୍ଦିର ଭିତରକୁ ଗଲେ। ମୁହଁରେ ମିଛ ଅଭିମାନ। କହିଲେ- ତୁ କାହିଁକି ମତେ ହଇରାଣ କଲୁ? ବାସ୍, ଏବେ ମା'ଙ୍କର ବି ପ୍ରତି-ଅଭିମାନ। ଝଣ୍‌ଝାଣ୍! ଚାହୁଁ ଚାହୁଁ ଚଟାଣ ଉପରେ ଗଦେଇ ହୋଇପଡ଼ିଲା ଭଙ୍ଗାକାଚର ଖଣ୍ଡଖଣ୍ଡ ଟୁକୁଡ଼ାମାନ। ଏକ ଅଭାବିତ ଦୃଶ୍ୟରେ ଏବେ ଅସହାୟ ପିତୃତ୍ୱ।

ଏଇ ଅଭିମାନୀ ମା'ର ପ୍ରତିମାକୁ ଦେଖିଲେ, ଲାଗେ, ସେ ଯେପରି ଆଟବିକ ଚେତନାର ଆର୍ଯ୍ୟାୟନ। ପଦ୍ମଫୁଲର ପୀଠ ଉପରେ ବସିଛନ୍ତି ବଜ୍ରପର୍ଯ୍ୟଙ୍କ ଭଙ୍ଗୀରେ। ଚତୁର୍ଭୁଜା। ଦୁଇଟି ହାତରେ ରହିଛି ଶଂଖ, ଚକ୍ର ଏବଂ ଅନ୍ୟ ଦୁଇଟି ହାତରେ ବରଦ ଓ ଅଭୟମୁଦ୍ରା। କଳାମୁଗୁନି ପଥରରେ ପ୍ରମୂର୍ତ୍ତ ତାଙ୍କର ଦେହ। ଆକାର ପ୍ରାୟ ୩୫ଇଞ୍ଚ ଉଚ୍ଚ, ୨୦ଇଞ୍ଚ ଚଉଡ଼ା। ଲୋଳଜିହ୍ୱା, ତୀଖ ନାକ। ମାତ୍ର ଆଖିରେ କ୍ରୋଧ ଓ କରୁଣାର ମିଶ୍ରରାଗ। ବୈଷ୍ଣବ ଓ ଶାକ୍ତ ଉପାସନା ପରମ୍ପରାର ଯୁଗ୍ମାୟନ। ଦେବୀଙ୍କ ସମ୍ମୁଖରେ ଅଛନ୍ତି ମହାକାଳୀ। ତାଙ୍କର ବି ଚାରିହାତ। ଭୟଙ୍କରା। ହାତରେ ଖଡ୍‌ଗ, ନରମୁଣ୍ଡ, ଖର୍ପର ଓ ଖପୁରିର ପାନପାତ୍ର। ଶବ ଉପରେ ନୃତ୍ୟରତା। ସମ୍ଭବତଃ ଏକାଦଶ ଶତାବ୍ଦୀର ପରବର୍ତ୍ତୀ ଗଢ଼ଣ।

ଜୁନାଗଡ଼ ଲଙ୍କେଶ୍ୱରୀଙ୍କ ମନ୍ଦିର, ସୋନପୁରର ଲଙ୍କେଶ୍ୱରୀ ମନ୍ଦିରଠୁ ଅଲଗା।

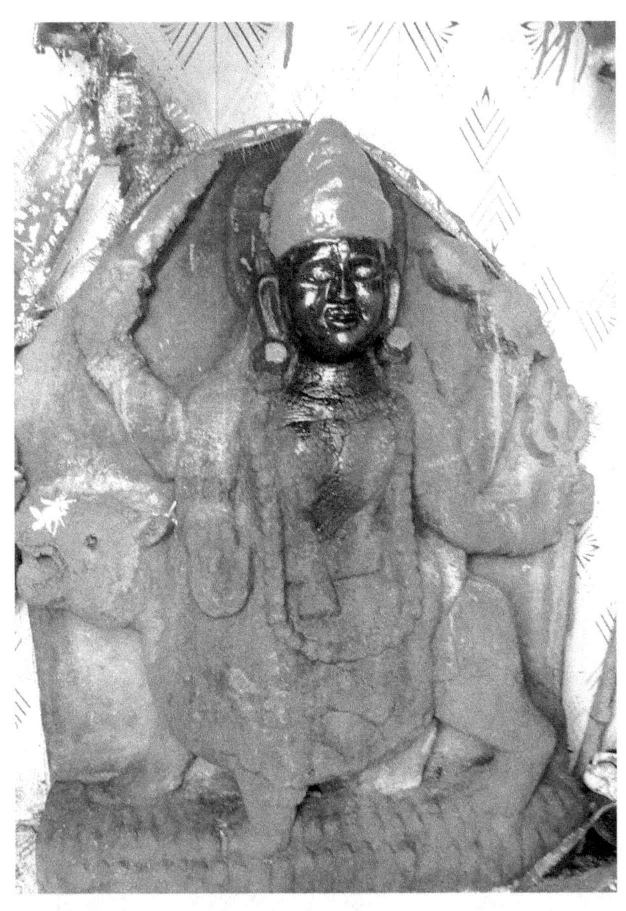

ଇଟା ରଙ୍ଗର ମନ୍ଦିର। ପୀଢ଼ ଶୈଳୀରେ ତିଆରି। ମୁଖ୍ୟ ମନ୍ଦିର ସହିତ ଜଗମୋହନ ସଂଯୋଜିତ। ସାମ୍ନାରେ ଭୋଗମଣ୍ଡପ। ପ୍ରାଚୀନ ନୁହେଁ, ମାତ୍ର ସୁଦୃଶ୍ୟ।

ଲଙ୍କେଶ୍ୱରୀଙ୍କ ବ୍ୟତୀତ ଜୁନାଗଡ଼ ଅଞ୍ଚଳର ନାନା ସ୍ଥାନରେ ରହିଛନ୍ତି ଭୈରବ, କନକଦୁର୍ଗା ଏବଂ ବହୁ ଶିବ ମନ୍ଦିର। ସୁବର୍ଣ୍ଣପୁର ଓ ଜୁନାଗଡ଼ର ଲଙ୍କେଶ୍ୱରୀ ପ୍ରତିମା ପରିକଳ୍ପନାରେ ସାଦୃଶ୍ୟ ଓ ବୈଶାଦୃଶ୍ୟ ତ ଅବଶ୍ୟ ରହିଛି; ମାତ୍ର ଯେଉଁ ସାଦୃଶ୍ୟ ଆମକୁ ଆବିଷ୍ଟ କରେ ତାହା ସେମାନଙ୍କର ମାତୃରୂପ। କ୍ଷମତା ଓ ପ୍ରଜାମାନଙ୍କର ସୁରକ୍ଷାଦାତ୍ରୀ। ସେ ଗଡ଼ଦେବୀ, ପୁଣି ଜନଦେବୀ। ତେବେ କ୍ଷମତା ଓ ମାତୃତ୍ୱର ଜୈବିକ ଅନୁଭବ ବାସ୍ତବତଃ କେତେ ସୁଖଦ ଓ ପ୍ରୀତିପଦ, ଲଙ୍କେଶ୍ୱରୀ ତାହାର ଅନ୍ୟତମ ଚାରୁଚିତ୍ରପଟ।

ସ୍ଥାପତ୍ୟରେ ଆଟବିକ ବିଶ୍ୱାସର ସଙ୍କେତ

ଖମ୍ବେଶ୍ୱରୀ

ଆମେ ସୁବର୍ଣ୍ଣପୁର ଇତିହାସ ଓ ସଂସ୍କୃତି ବିଷୟରେ କଥା ହେଉଥିଲେ। ସେହି କଥାକୁ ଏବେ ଆଗକୁ ନେବା। କଥାର କେନ୍ଦ୍ରରେ ଥିଲା ଏହି ଭୂମିର ଶକ୍ତି-ଚେତନା। ଏହା ଏମିତି ଏକ ଭୂମି, ଯେଉଁଠି ଇତିହାସ, ସଂସ୍କୃତି ଓ ପରମ୍ପରା ପରସ୍ପର ହାତ ଧରାଧରି ହୋଇ ରହିଛନ୍ତି କାହିଁ କେତେ କାଳରୁ।

ସେହି ସୁବର୍ଣ୍ଣପୁର ଆଜି ଏମିତି, ସବୁଠି ପ୍ରକୃତିର ଗୀତ। ନଈ, ପାହାଡ଼, ଝରଣା, ଘନଜଙ୍ଗଲ- ସବୁଠି ସମ୍ମୋହନ। ସମ୍ମୋହନ, ଜୀବନଯାତ୍ରା ଭିତରେ ଓ ଅଧ୍ୟାତ୍ମରେ। ମାତ୍ର ସେଦିନ ପ୍ରାୟ ଅଢ଼େଇ ହଜାର ବର୍ଷ ତଳେ କେମିତି ଥିବ ଏଇ ଭୂମିର ଭୂଗୋଳ ଓ ଜୀବନ ?

ପ୍ରକୃତି ଥିବ ପ୍ରାଣମୟ। ତେଲ ଆଉ ଚିତ୍ରୋତ୍ପଳା ଥିବେ କେବେ ମୁଖରା, କେବେ ଶାନ୍ତା। ମଣିଷମାନେ ଥିବେ ଆଟବିକ। ଏବଂ, ସେମାନଙ୍କ ଜୀବନଯାତ୍ରା ଥିବ ଗୋଷ୍ଠୀଗତ, ଅଛନ୍ଦ ଓ କେତେକେତେ ଦେବଦେବୀ ଓ ଅଶରୀରୀମାନଙ୍କ ପ୍ରତି ବିଶ୍ୱାସ-ବିଶ୍ୱସ୍ତ। ପ୍ରାୟ ଚତୁର୍ଥ-ପଞ୍ଚମ ଶତାବ୍ଦୀ ବେଳକୁ(?) ଏଇ ଭୂମିର ନାଁଟିଏ ବି ଲେଖାଯାଇଛି- ଖିଂଜିଲିମଣ୍ଡଳ। ଏକଥା ଅନୁମାନ, ମାତ୍ର ଗ୍ରହଣ କରାଯାଇପାରିବ।

ଆମେ ଜାଣୁ, ଆଟବିକମାନେ ଥିଲେ ପ୍ରକୃତି ଓ ପ୍ରେତପୂଜକ। ପ୍ରକୃତି କହିଲେ- ଗଛ, ପାଣି, ପାହାଡ଼, ପଶୁ, ପକ୍ଷୀ ଇତ୍ୟାଦି। ପ୍ରେତ କହିଲେ- ମଲାମଣିଷର ଆତ୍ମା, ଅଶରୀରୀ, ଅଦୃଶ୍ୟ। ଏଇ ଆତ୍ମା କାଳେ ପୂରି ରହିଥାନ୍ତି ପ୍ରକୃତି ଜଗତରେ। ମନଲାଖି ଦେହଟିଏ ପାଇଲେ, ଉଦେ ହୁଅନ୍ତି। ଏମାନେ ଗ୍ରହଣ କରିନେଇଥାନ୍ତି, ସେହିମାନେ ହିଁ ସେମାନଙ୍କର ଜନ୍ମ, ମୃତ୍ୟୁ, ସୁଖ, ଦୁଃଖ ଓ ଜୀବନଯାତ୍ରାର ନିୟନ୍ତ୍ରକ। ତେଣୁ ଆରାଧ୍ୟ। ସେହିମାନଙ୍କୁ, ଅର୍ଥାତ୍ ବିଶ୍ୱାସମାନଙ୍କୁ ତୁଷ୍ଟ କରିପାରିଲେ, ଜୀବନ ସୁଖ ଓ ଆନନ୍ଦର ଘର ହୋଇଯିବ। ସୋନପୁରର ପ୍ରାଚୀନ ଦେବୀ ଖମ୍ବେଶ୍ୱରୀ ଓ ଦଶମତୀଙ୍କ ଉପାସନା ଏହି ବିଶ୍ୱାସର ମୂଳ ରୂପ।

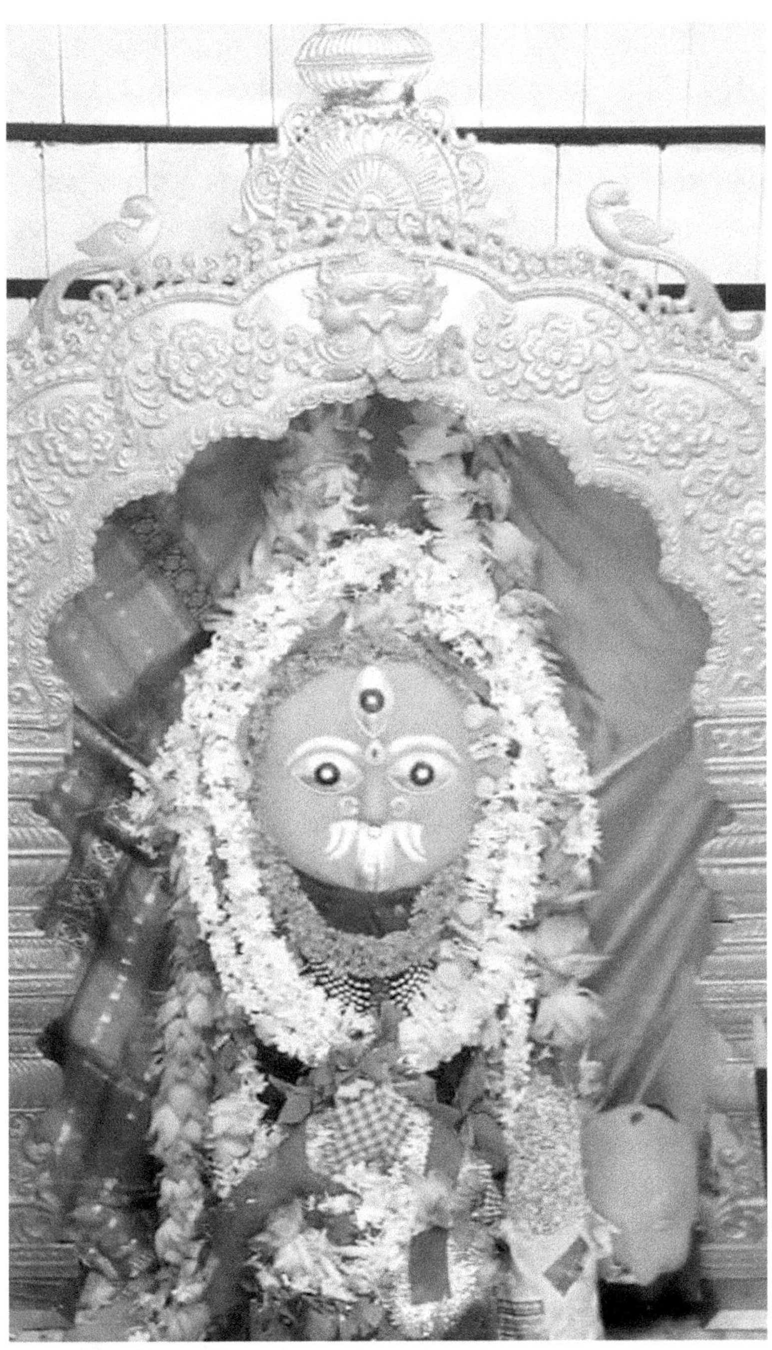

ଖମ୍ବେଶ୍ୱରୀ ଥିଲେ ଏକଦା ଡୋମାଲ ଜନଜାତି ପୂଜିତା ଶକ୍ତିରୂପା। ରୂପ କହିଲେ, ତିନିଖଣ୍ଡ କାଠର ଗଣ୍ଡି। ବାମ ଓ ଦକ୍ଷିଣ ପାଖର ଗଣ୍ଡି ମହୁଲଗଛର କାଠ। ମଝିରେ ରୋହିଣି ଖମ୍ବ। ଡୋମାଲଙ୍କ ବିଚାରରେ ଜଣେ ଭୀମରାଜା, ଅନ୍ୟ ଜଣେ ଭୀମରାଣୀ। ଏବଂ, ମଝିରେ ଦେବୀ ଖମ୍ବେଶ୍ୱରୀ। ତିନି ଖମ୍ବକୁ ବାରବର୍ଷ ପର୍ଯ୍ୟନ୍ତ ପୋତା ଅବସ୍ଥାରେ ରଖାଯାଉଥିଲା। କୁହାଯାଏ, ଏହି ଅବଧିରେ ମଝି କାଠଗଣ୍ଡି ସହିତ ଦୁଇଖଣ୍ଡ କାଠଗଣ୍ଡି ପରସ୍ପର ସହିତ ଲାଗିଯାଉଥିଲା। ଏବଂ, ବାରବର୍ଷ ପରେ ନୂଆ କାଠଗଣ୍ଡି ସେମାନଙ୍କ ସ୍ଥାନରେ ବିଜେ ହେଉଥିଲେ। ତେବେ ସେମାନଙ୍କ ନାଁ ପ୍ରଥମେ ଭୀମରାଜା କି ଭୀମରାଣୀ ନଥିବ। ଆର୍ଯ୍ୟାୟନର ପରବର୍ତ୍ତୀ କାଳରେ ଏପରି ନାମକରଣ। ଏହି ଘଟଣା ଘଟିଥିବ ପ୍ରାୟ ଅଷ୍ଟମ-ନବମ ଶତାବ୍ଦୀରେ।

ଶିଳାଲେଖଗୁଡ଼ିକରେ ଖମ୍ବେଶ୍ୱରୀଙ୍କ କଥା ରହିଛି। ନବମ ଶତାବ୍ଦୀରେ, ସୋମବଂଶୀ ଶାସନ କାଳରେ ରାଜାମାନେ ନିଜକୁ 'ଖମ୍ବେଶ୍ୱରୀ ବରଲବ୍ଧ ପ୍ରସାଦ', 'ସ୍ତମ୍ଭେଶ୍ୱରୀ ପାଦଭକ୍ତ' ଇତ୍ୟାଦି କହିଛନ୍ତି। ମନ୍ଦିର ପାଖରୁ ଓଡ଼ିଆ ଭାଷାର ଶିଳାଲେଖ ମିଳିଛି। ଏହା ଗଙ୍ଗବଂଶ ରାଜା ଭାନୁଦେବ(୭.୩.୧୨୬୮)ଙ୍କ ଦ୍ୱାରା ଖୋଦିତ। ବିଶିଷ୍ଟ ଲିପିତତ୍ତ୍ୱବିତ୍ ସତ୍ୟନାରାୟଣ ରାଜଗୁରୁ ଏହାର ପାଠ ନିରୂପଣ କରିଛନ୍ତି। ଏଥିରୁ ଗୋଟିଏ କଥା ସ୍ପଷ୍ଟ ଯେ, ଆଟବିକ ଦେବୀ, ଭଂଜବଂଶୀ ଶାସନକାଳରେ କ୍ଷମତାର ଦେବୀରେ ରୂପାନ୍ତରିତ ହୋଇଛନ୍ତି ଏବଂ ଏହି ପ୍ରକ୍ରିୟା ତାଙ୍କ ରୂପଗତ ବିବର୍ତ୍ତନର କାରଣ ହୋଇଛି। କାଠ କାଳକ୍ରମେ ଶିଳାରେ ରୂପାନ୍ତରିତ ହୋଇଛି। ପ୍ରାୟ ପ୍ରତ୍ୟେକ ଆଟବିକ ବସତିରେ ଆମେ ବିଶ୍ୱାସମାନଙ୍କର କାଠରୂପକୁ ହିଁ ଦେଖିବା। ସେମାନଙ୍କ ନାଁ ସହିତ ଈଶ୍ୱର ବା ଈଶ୍ୱରୀ ଶବ୍ଦ ଯୋଡ଼ିଦିଆଯାଇଛି। ଏବଂ, ଶେଷରେ ପ୍ରତୀକମାନେ ଶ୍ରୀମନ୍ଦିର ଭିତରକୁ ଆସିଛନ୍ତି। (ଆମ ଚତୁର୍ଦ୍ଧାମୂର୍ତ୍ତି ସେହି ପ୍ରତୀକର ରୂପାନ୍ତର ଏବଂ ପ୍ରଥମ ଆଟବିକ ପୂଜକ ବିଶ୍ୱାବସୁ)। କାରଣ, ସବୁକାଳରେ କ୍ଷମତା, କୌଣସି ଶକ୍ତିଶାଳୀ ଜନଗୋଷ୍ଠୀକୁ ନିଜ ଅଧୀନକୁ ଆଣିବା ଲାଗି ପ୍ରଥମେ ତା'ର ବିଶ୍ୱାସକୁ ନିଜର କରିନିଏ। ତା'ପରେ ସେ ଆପେ ଆପେ ତା'ର ନିଜର ହୋଇଯିବ। କ୍ଷମତାର ଆଧିପତ୍ୟକୁ ସ୍ୱୀକାର କରିବ। ଖିଂଜିଳିମଣ୍ଡଳର ଖମ୍ବେଶ୍ୱରୀ ଏହି ବିଚାରର ଉଦାହରଣ। କାରଣ, ଖମ୍ବେଶ୍ୱରୀଙ୍କ ରୂପାନ୍ତରଣ ସଂପର୍କରେ କେତେ କଥା ଶୁଣାଯାଏ।

କୁହାଯାଏ- ଦକ୍ଷିଣର ବଡ଼ଖେମୁଣ୍ଡିର ରାଜକୁମାରୀଙ୍କୁ ବିବାହ କରିଛନ୍ତି ସୁବର୍ଣ୍ଣପୁରର ରାଜକୁମାର ରାଜସିଂହଦେବ। ରାଜଜେମା ଶକ୍ତି ଉପାସିକା। ପତିଗୃହ ଆସିବା କାଳରେ ନିଜ ସାଙ୍ଗରେ ଆଣିଛନ୍ତି ଦୁର୍ଗାଙ୍କର ସୁବର୍ଣ୍ଣ ପ୍ରତିମା। ଉଆସରେ ସ୍ଥାପନା କରିଛନ୍ତି। ମାତ୍ର କୌଣସି କାରଣରୁ ମା' ଉଆସରେ ଆନନ୍ଦ ଅନୁଭବ

କରିପାରିନାହାନ୍ତି । ତାଙ୍କ ଅସନ୍ତୋଷ, ଉଆସ ଓ ରାଜ୍ୟରେ ନାନା ଉପଦ୍ରବର କାରଣ ହୋଇଛି । ରାଜଗୁରୁଙ୍କ ପରାମର୍ଶ ନିଆଯାଇଛି ସମସ୍ୟା ସମାଧାନର । ନିଷ୍ପତ୍ତି ନିଆଯାଇଛି, ଦେବୀଙ୍କୁ ସ୍ତମ୍ଭେଶ୍ୱରୀଙ୍କ ପୀଠରେ ସ୍ଥାପନା କରିବାପାଇଁ । ରାଜଇଚ୍ଛାରେ ସ୍ତମ୍ଭେଶ୍ୱରୀ କାଠରୁ ପାଷାଣାୟିତ ହୋଇଛନ୍ତି । ପୀଠ ତଳେ ସୁବର୍ଣ୍ଣ ପ୍ରତିମାକୁ ରଖାଯାଇଛି । ଉପରେ ତିଆରି ହୋଇଛି ମନ୍ଦିର । ଏହା ପ୍ରାୟ ୧୭୦୦ରୁ ୧୭୨୫ ମସିହା ଅବଧିର କଥା । କେବଳ ସୁବର୍ଣ୍ଣ ପ୍ରତିମା ନୁହନ୍ତି, ଦୁଇଟି ଲୁହାର ନିଷାଣ ମଧ୍ୟ ମାଟିତଳେ ରଖାଯାଇଛି ଦେବୀଙ୍କ ଆନନ୍ଦ ପାଇଁ ।

ଖମ୍ଭେଶ୍ୱରୀଙ୍କୁ ନେଇ ଆଉ ଏକ କାହାଣୀ । ଲାଲସାହା ସିଂହଙ୍କ ଶାସନ କାଳର କଥା । ରାଜା ଦେବୀପ୍ରତିମା ଆଣି ଗଡ଼ରେ ପ୍ରତିଷ୍ଠା କରିଛନ୍ତି । ମାତ୍ର ଦେବୀ କାହିଁକି କେଜାଣି ରୁଷ୍ଟା ହୋଇଛନ୍ତି । ନାନ ଉତ୍ପାତ ଉଆସରେ ।

ଦିନକର କଥା । ପୂଜକ ଦେବୀଙ୍କୁ ନୈବେଦ୍ୟ ଅର୍ପଣ କାଳରେ ମା' ସ୍ତମ୍ଭ ରୂପରେ ଆବିର୍ଭୂତା ହୋଇଛନ୍ତି । ଉଗ୍ରା, ଭୟଙ୍କରା । ଅସହାୟ ପୂଜକ । ରାଜାଙ୍କ ପାଖରେ ଦେବୀଙ୍କ ଅସନ୍ତୋଷର କଥା ପ୍ରକାଶ କରିଛନ୍ତି । ଏଥର ସ୍ୱୟଂ ରାଜା ଦେବୀଙ୍କ ପୂଜା ଅର୍ଚ୍ଚନାର ଦାୟିତ୍ୱ ନେଇଛନ୍ତି । ରାତିରେ, ସ୍ୱପ୍ନରେ ଦେବୀ ନିର୍ଦ୍ଦେଶ ଦେଇଛନ୍ତି, ମୋତେ ଗଡ଼ର ମଝିରେ ସ୍ଥାପନା କର, ରାଜ୍ୟର ମଙ୍ଗଳ ହେବ । ରାଜଉଆସରୁ ଦେବୀ ସ୍ଥାନାନ୍ତର ହୋଇଛନ୍ତି ତାଙ୍କ ନିରୂପିତ ପୀଠକୁ । ଦେବୀ ଉଗ୍ରା । ପୂଜା ପାଆନ୍ତି ବନଦୁର୍ଗା ମନ୍ତ୍ରରେ । ବଳିଭୋଜା । ପୂଜକ ମାଳୀ ସଂପ୍ରଦାୟର । ଆଶ୍ୱିନ ଦଶହରା ପର୍ବ ଅବକାଶରେ, ନବମୀ ଦିନ ପୀଠରେ ମା'ଙ୍କ ପାଖରେ ପଶୁବଳି ଅର୍ପଣ କରାଯାଏ ।

ଏବେ ମା'ଙ୍କ ପ୍ରତିମା ଓ ମନ୍ଦିର ପାଖକୁ ଆସିବା । ଐତିହାସିକମାନେ କୁହନ୍ତି, ମନ୍ଦିରର ଗଢ଼ଣ କାଳ ଅଷ୍ଟାଦଶ ଶତାବ୍ଦୀର ତୃତୀୟ ଦଶକ ମଧ୍ୟରେ । ତେବେ ପ୍ରଶ୍ନ, ତାହାହେଲେ ଏଠାରେ କ'ଣ ପୂର୍ବରୁ ମନ୍ଦିର ନଥିଲା ? ଭଞ୍ଜ, ସୋମ ଓ ଗଙ୍ଗବଂଶୀମାନେ ସେମାନଙ୍କ ରାଜଦେବୀଙ୍କ ପାଇଁ ଭବ୍ୟ ଘରଟିଏ ଗଢ଼ିଦେଇନଥିବେ ? ସମ୍ଭବତଃ ନିଶ୍ଚୟ ଥିବ । ଭାଙ୍ଗିଯାଇଛି । ଏବଂ, ତାହା ପୁନର୍ଗଠିତ ହୋଇଛି ଚୌହାନ ଶାସନ କାଳରେ । ବୀରମିତ୍ରୋଦୟ ସିଂଦେଓ ଏହାର ମୁଖଶାଳା ତିଆରି କରିଛନ୍ତି । ୧୯୦୨ରୁ ୧୯୩୭ ମସିହା ମଧ୍ୟରେ । ମାତ୍ର ଦେବୀଙ୍କ ମୂର୍ତ୍ତିକୁ ଦେଖିଲେ ଏତେ ପ୍ରାଚୀନ ମନେ ହେଉନାହାନ୍ତି । ସୁନ୍ଦର ସିନ୍ଦୂରମଖା ମୁହଁଟିଏ । ହସ ହସ । ଚାହାଣୀରେ କ୍ରୋଧ ନାହିଁ, ଅଛି କୋମଳତା । ମୁଣ୍ଡରେ ମୁକୁଟ । ଗଳାରେ ମନ୍ଦାରର ମାଳ । କାନରେ ମକରକୁଣ୍ଡଳ । ବେକତଳକୁ ବସ୍ତ୍ରର ବେହରଣ । କାଠରୁ ଶିଳାରେ ପ୍ରମୂର୍ତ୍ତ ଦେବୀ ଖମ୍ଭେଶ୍ୱରୀ ବସିଛନ୍ତି ଶାନ୍ତ ମୁଦ୍ରାରେ । ଦେବୀଙ୍କ ମନ୍ଦିର ତିନିପଟରେ ତିନୋଟି ଠଣା । ଠଣାରେ ଅଛନ୍ତି ରୁଦ୍ରଭୈରବ, ଚତୁର୍ଭୁଜ

ନୃତ୍ୟରତ ଗଣେଶ ଓ ଷୋଳଭୁଜା ଦୁର୍ଗା। କଳାମୁଗୁନି ପଥରରେ ଗଢ଼ା ଦୁର୍ଗାଙ୍କର ଦୁଇପାଖରେ ଖଡ୍‌ଗ ଓ ଚାମରଧାରିଣୀ ଦୁଇ ସହଚରୀ। ଦେବୀଙ୍କର ଦୁଇଟି ହାତ ଭାଙ୍ଗିଯାଇଛି। ଅନ୍ୟ ହାତରେ ପାଠ, ଅଙ୍କୁଶ, ଧନୁଶର, ଶଂଖ, ଚକ୍ର, ଗଦା, ପଦ୍ମ, ପାନପାତ୍ର ଇତ୍ୟାଦି। ବାହନ ସିଂହର ପିଠିରେ ଏକ ପିଠିକା। ପିଠିକା ଉପରେ ଦେବୀ ଦଣ୍ଡାୟମାନା। ଚତୁର୍ଭୁଜ ନୃତ୍ୟରତ ଗଣେଶ ପୀଢ଼ା ଉପରେ ଠିଆ ହୋଇଛନ୍ତି। ପୀଢ଼ା ତଳେ ବାହନ ମୂଷା। ରୁଦ୍ରଭୈରବଙ୍କର ମୂର୍ତ୍ତି ଜୀବନ୍ତ ଓ କମନୀୟ। ମନ୍ଦିରର ନିନ୍‌ଟାଲରେ ପ୍ରାଚୀନ ନବଗ୍ରହ ପ୍ୟାନେଲ। ମଝିରେ ଗଜଲକ୍ଷ୍ମୀ। ମନ୍ଦିର ଆଗରେ ଏକ ବିରାଟ ବରଗଛ। ଗଛ ଚାରିପଟରେ ମୁଗୁନି ପଥରରେ ତିଆରି ଶିବ, ପାର୍ବତୀ, କାର୍ତ୍ତିକେୟ ଓ ଗଣେଶଙ୍କ ସୁନ୍ଦର ମୂର୍ତ୍ତି। ସବୁଠୁ ଆକର୍ଷଣୀୟ କାର୍ତ୍ତିକେୟ। ମୟୂର ବାହନରେ ବସି ଯେପରି ଉଡ଼ିଯାଉଛନ୍ତି ଆକାଶକୁ। ଏହି ପ୍ରାଚୀନ ମୂର୍ତ୍ତିଗୁଡ଼ିକୁ ଦେଖିଲେ ଅତୀତରେ ଏଠାରେ ବହୁ ପୁରୁଣା ମନ୍ଦିର ଥିବାର ସୂଚନା ମିଳେ।

ସୋନପୁରରେ ବିରାଜିତା ଆଟବିକ ବିଶ୍ୱାସର ଅନ୍ୟତମ ପ୍ରାଚୀନ ଦେବୀ ଦଶମତୀ। କେହି କେହି ତାଙ୍କୁ ଯଶମତୀ ବି କୁହନ୍ତି। ମହାନଦୀରେ, ଦେବୀଙ୍କ ନାଁରେ ଘାଟଟିଏ ଅଛି। ଦଶମତୀ ଘାଟ। ସମ୍ଭବତଃ, ଦେବୀ ପ୍ରଥମେ ନଈକୂଳରେ ଥିଲେ। ସେ କାଳେ ଥିଲେ ତେଲୁଗୁ ଚୋଡ଼ଗଙ୍ଗଙ୍କର ଆରାଧ୍ୟା ଦେବୀ। ତାଙ୍କ ପାଇଁ ମନ୍ଦିର ତିଆରି ହୋଇଥିଲା ଏକାଦଶ ଶତାବ୍ଦୀରେ। ମନ୍ଦିର ଭାଙ୍ଗିଯାଇଛି। ତାଙ୍କୁ ଟିକିଏ ଦୂରକୁ ଅନ୍ତର କରାଯାଇଛି। ତାଙ୍କ ମନ୍ଦିର ଭାରି ଛୋଟ ମନ୍ଦିରଟିଏ। ଭିତରକୁ ସହଜରେ ଯିବା କଷ୍ଟ। ମନ୍ଦିରରେ ପ୍ରତିମା ନାହାନ୍ତି। ଭୂମି ପତନଠାରୁ ତଳେ ଆୟତାକାର ଜାଗାଟିଏ। ସେଇଠି ଖଣ୍ଡିଏ ପଥର ଦେହରେ ଦେବୀ ଦଶମତୀ ପ୍ରମୂର୍ତ୍ତା। ବର୍ଷାଦିନେ ତାଙ୍କ ଆସ୍ଥାନ ପାଣିରେ ବୁଡ଼ିଯାଏ। ଦେବୀ ଦେଖିବା ସମ୍ଭବ ହୁଏନି। ତାଙ୍କ ପଥର ରୂପକୁ ଦେଖି ଅନୁମାନ କରାଯାଇପାରେ ଯେ, ସେ ଆଟବିକ ପୂଜିତା ହୋଇଥିବେ। କାରଣ ଆଟବିକମାନେ କାଠ ଓ ପଥର ଦେହରେ ଶକ୍ତି ଚେତନାକୁ ଅନୁଭବ କରନ୍ତି। ପୂଜା କରନ୍ତି। ରକ୍ତରେ ନିରାଜନା କରନ୍ତି।

ମାତ୍ର ଦେବୀଙ୍କର ଏଇ ଗୋପନ ରୂପ କ'ଣ ପାଇଁ? କିମ୍ବଦନ୍ତୀ କୁହେ- ଦେବୀ କାଳେ ଭାରି ପ୍ରତ୍ୟକ୍ଷ ଥିଲେ। ଥିଲେ ଭୟଙ୍କରା। ଏତେ ଉଗ୍ରା ଯେ, ତାଙ୍କ ତାପରେ ମଣିଷ ସେଇ ବାଟଦେଇ ଯିବା-ଆସିବା କରୁନଥିଲେ। ଦିନକର କଥା- ଜଣେ ଗର୍ଭବତୀ ତାଙ୍କ ତାପର ଶିକାର ହେଲା। ଦେବୀଙ୍କୁ ତୁଷ୍ଟ କରିବାପାଇଁ ଉପାୟ ଖୋଜାଗଲା। ତାନ୍ତ୍ରିକଙ୍କୁ ଡକାଗଲା। ତାନ୍ତ୍ରିକ ମନ୍ତ୍ରବଳରେ ତାଙ୍କୁ ଓବୁଡ଼(ତଳକୁ ମୁହଁକରି) ଭାବରେ ସ୍ଥାପନା କରିଦେଲେ। ପୀଠରେ ସେ ନା ଦେଖିପାରିବେ ଅନ୍ୟ କାହାକୁ, ନା

ଅନ୍ୟ କେହି ତାଙ୍କୁ ପ୍ରତ୍ୟକ୍ଷ ଭାବରେ ପୂଜା କରିପାରିବେ। ମାତ୍ର ବାସ୍ତବତା ହେଉଛି, ଦେବୀ ବିଶ୍ୱାସର ଏକ ସଂକେତ। ପଥର ଖଣ୍ଡରେ ତାହାର ଚିହ୍ନ ରହିଛି। ଏହାକୁ ଆମେ ମୂର୍ତ୍ତିଗଢ଼ଣର ଆଦ୍ୟରୂପ କହିପାରିବା, ଠିକ୍ ଖମ୍ଭେଶ୍ୱରୀଙ୍କ କାଠ ରୂପ ପରି।

ତେବେ ବାସ୍ତବତଃ, କାଠ ଖଣ୍ଡିଏ ମାତ୍ର କାଠ ନୁହେଁ, କି ନୁହେଁ ଖଣ୍ଡିଏ ମାତ୍ର ପଥର। ସେମାନେ ବି ମନକଥା ବୁଝନ୍ତି, କଥା କୁହନ୍ତି। ଯେମିତି ସେଦିନ ଖମ୍ଭ ଭିତରୁ ନୃସିଂହ, ପ୍ରହ୍ଲାଦର ଡାକ ଶୁଣି ପଦାକୁ ବାହାରି ଆସିଥିଲେ। ମାତ୍ର ଆମକୁ ଏହି ପଦାର୍ଥତୁଲ୍ୟମାନଙ୍କୁ ଭାବରେ ଅନୁଭବ କରିବାକୁ ପଡ଼ିବ। ଅନୁଭବ କରିପାରିଲେ ହିଁ କାଠ ଆଉ ପଥର ଦେହରେ ଦୃଶ୍ୟମାନ ହୋଇଉଠିବ ସେମାନଙ୍କର ସୂକ୍ଷ୍ମ ରୂପ। ତେଣୁ ଦର୍ଶନରେ କୁହାଯାଇଛି, ରୂପ ଅନ୍ୟ କିଛି ନୁହେଁ, ଭାବ ଓ ଅନୁଭବର ଛାୟା ରୂପ। ଆମ ଖମ୍ଭେଶ୍ୱରୀ ଓ ଦଶମତୀ, ଚେତନାରେ କ୍ରିୟାଶୀଳ ଭାବର ରମ୍ୟ ରୂପ। ସେହି ରୂପର ସଂକେତ ଆଜି ଆମ ସ୍ଥାପତ୍ୟରେ ରୂପାନ୍ତରିତ।

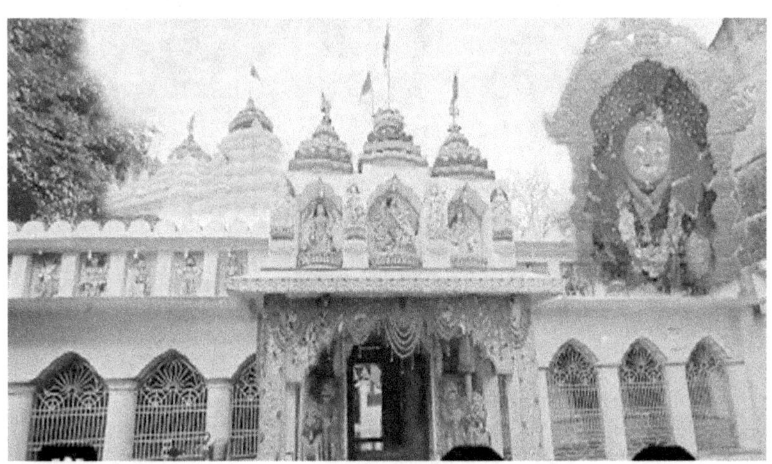

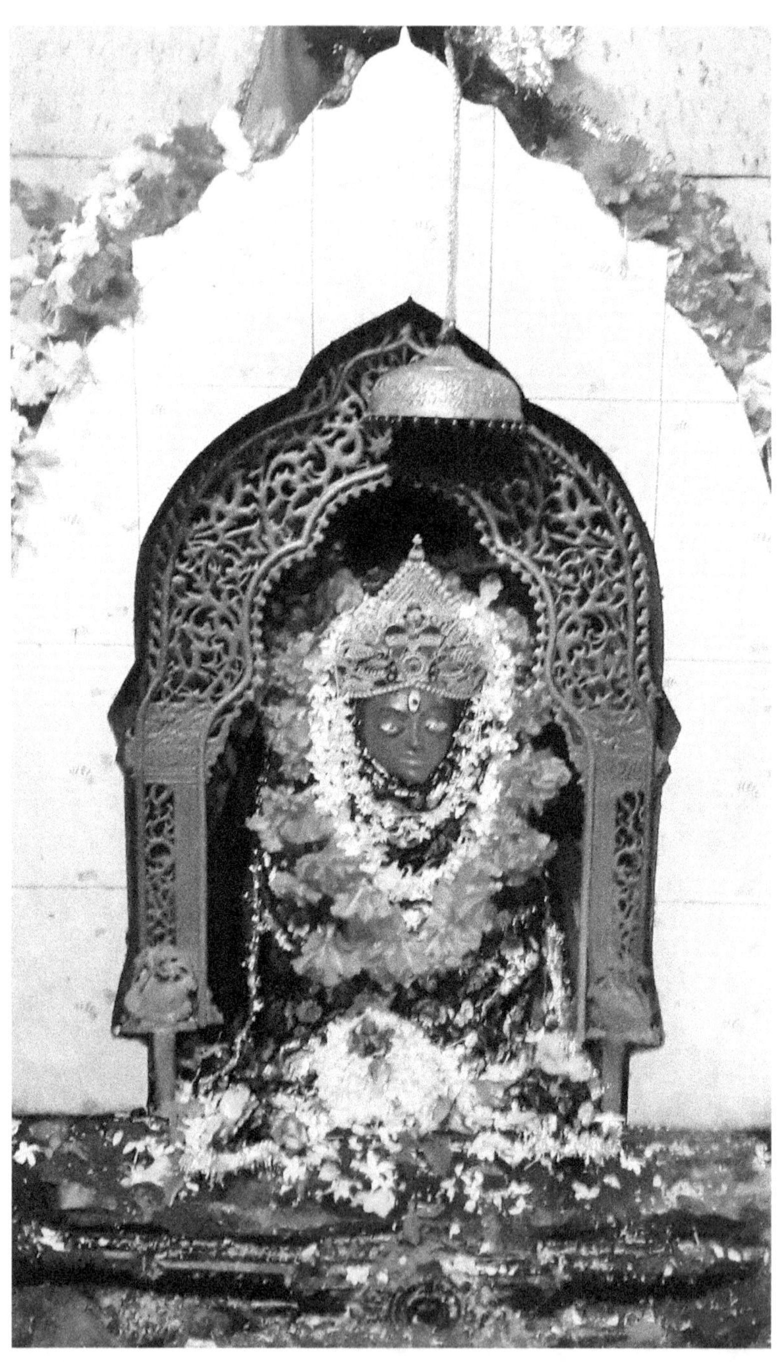

ସକଳ ବିଶ୍ୱାସର ସୂକ୍ଷ୍ମରୂପ : ସୁରେଶ୍ୱରୀ

କାଳକୁ ନ ଜାଣିଲେ କଳାକୁ ଜାଣିବା ସମ୍ଭବ ନୁହେଁ। ତେଣୁ ସୁବର୍ଣ୍ଣପୁର ବା ସୋନପୁରର କାଳ ସଂପର୍କରେ ଆମେ ଚର୍ଚ୍ଚା କରୁଥିଲେ। ପ୍ରଥମେ ଖିଞ୍ଜିଳିମଣ୍ଡଳର ସୁରକ୍ଷାଦାତ୍ରୀ ଥିଲେ କାଠ ଓ ପଥରରୂପୀ ପ୍ରତୀକ ଖମ୍ଭେଶ୍ୱରୀ ଓ ଦଶମତୀ। କ୍ଷେତ୍ରରେ ଏଥର ଉଭା ହେଉଛନ୍ତି ସୁରେଶ୍ୱରୀ, ସ୍ଥାନୀୟ ଭାଷାରେ ସୁର୍‌ସୁରୀ। ପ୍ରତ୍ୟକ୍ଷ ଓ ଶକ୍ତିରୂପା। କେବେ ଓ କାହିଁକି ମହାମାୟା ଆବିର୍ଭୂତା ହେଲେ ମହାନଦୀର ଏଇ ମୁହାଁଣ ତୀରରେ, ତାହା ଏକ ବିସ୍ମୟ। କିମ୍ବଦନ୍ତୀ କୁହେ- ବ୍ରହ୍ମଙ୍କର ଅବତାରପୁରୁଷ ପର୍ଶୁରାମଙ୍କର ପୃଥିବୀରେ କ୍ଷତ୍ରିୟ ନିଧନ ଯଜ୍ଞର ଏହା ଅନ୍ୟତମ ପୀଠ। ଏକ ମହାକୁଣ୍ଡରେ ଅଶ୍ୱ ଓ କ୍ଷତ୍ରିୟମାନଙ୍କ ରକ୍ତକୁ ଏଇଠି ଅଗ୍ନିଙ୍କ ଆନନ୍ଦ ପାଇଁ ଆହୁତି ଦେଉଥିଲେ। ଦିନେ ପ୍ରାତଃକାଳରେ, ଏକ ଆଙ୍କୁଲା ଗଛ ତଳେ ପଡ଼ିଥିବା ଖଣ୍ଡିଏ ଶିଳାଦେହରେ ଅନୁଭବ କଲେ ଶକ୍ତିର ତେଜ। ଦେହରେ ସଂଚରିଗଲା ଦିବ୍ୟଚେତନା। ସେହି ଚେତନାରେ ଏବେ ଉଦ୍‌ଭାସିତ ହୋଇଉଠିଲା ନିଜ ମା' ରେଣୁକାଙ୍କ ମୁହଁ ଏବଂ ଶିଳାଖଣ୍ଡରୁ ପ୍ରତୀକିତ ହେଲା ମାତୃରୂପ। ଏହା ଯେପରି ବ୍ରାହ୍ମଣର ଅନ୍ତର୍ଲୋକରେ ଶକ୍ତିର ଉଦୟନ। ତେଣୁ ପୀଠର ନାଁ ରେଣୁକା ପୀଠ, ପର୍ଶୁରାମ କ୍ଷେତ୍ର।

ଐତିହାସିକମାନେ କିନ୍ତୁ ଅନ୍ୟ କଥା କୁହନ୍ତି। ପ୍ରାୟ ନବମ-ଦଶମ ଶତାବ୍ଦୀର କଥା। ମଣ୍ଡଳର ଶାସକ ସୋମବଂଶୀ, ମହାଶିବଗୁପ୍ତ ଧର୍ମରଥ। ସେ ସୁବର୍ଣ୍ଣପୁରକୁ ନୂଆରୂପରେ ଗଢ଼ିଛନ୍ତି। ଗଡ଼କୁ ସୁରକ୍ଷା ଦେବାପାଇଁ ବିଶ୍ୱାସର ପ୍ରତୀକମାନଙ୍କୁ ପ୍ରତିଷ୍ଠା କରିଛନ୍ତି। ଚାରିପାଖରେ ସ୍ଥାପନା କରିଛନ୍ତି ମହାବଳୀ ହନୁମାନଙ୍କ ପ୍ରତିମା। ସେମାନେ ଘାଟହନୁମାନ, ବାଟହନୁମାନ, ଗଡ଼ହନୁମାନ ଓ ବଡ଼ହନୁମାନ। ସାତଟି ବନ୍ଧ ଖୋଳାଯାଇଛି। ଏବଂ, ଗଡ଼ର କେନ୍ଦ୍ରରେ ବିଜେ କରିଛନ୍ତି ମା' ସୁରେଶ୍ୱରୀ। ସୁର, ଅର୍ଥାତ୍ କ୍ଷମତାପୂଜିତ ଈଶ୍ୱରୀ। ଶକ୍ତି। ରାଜଦେବୀ। ରାଜଶକ୍ତିରେ ତେଜୋଦୀପ୍ତ ମାତୃଶକ୍ତି କାଳକ୍ରମେ ସୁବର୍ଣ୍ଣପୁରର ଜନଶକ୍ତିରେ ରୂପାନ୍ତରିତ ହୋଇଛନ୍ତି। ରାଜଧାନୀରେ ଅନ୍ୟ

ଦେବୀମାନେ ଥିଲେ। ଅଛନ୍ତି। ମାତ୍ର ସକଳ ଶକ୍ତିରୂପା ଏକାଠି ହୁଅନ୍ତି ମା' ସୁରେଶ୍ୱରୀଙ୍କ ପୀଠରେ। ଦଶହରା ପୂଜା ଅବସରରେ। ଏଇଠି ସହ-ଆହାର, ବିହାର ଓ ବିଚାର। ଏବଂ, ଭକ୍ତଜନଙ୍କର ପାଦ, ସୁଖ ହେଉ କି ଦୁଃଖ ସ୍ୱତଃ ଚାଲିଆସେ ସୁରସୁରୀ ମା' ପାଖକୁ।

ବାସ୍ତବତଃ, ସୁରେଶ୍ୱରୀ ଏକ ମହାବିସ୍ମୟ। କାରଣ ସୂକ୍ଷ୍ମଭାବରେ ବିଚାର କଲେ ପ୍ରକୃତରେ କାହାର ସେ ମା'? କ୍ଷମତାର ନା ଜନର? କେଉଁ ବିଚାରର ଈଶ୍ୱରୀ? ଶାକ୍ତ, ଶୈବ, ବୌଦ୍ଧ- ସହଜଯାନ ନା ସନାତନ? ସକଳ ବିଶ୍ୱାସ ଓ ବିଚାରର ସମୀକରଣ ବି ହୋଇପାରେ!

ପ୍ରଥମେ ମା'ଙ୍କ ରୂପକୁ ଦେଖିବା। ଅର୍ଥାତ୍ ଆମେ ତାଙ୍କୁ କେଉଁ ଭାବ ଓ ଅନୁଭବରେ ତିଆରି କରିଛେ, ସେହି ବିଷୟରେ କଥା ହେବା। ସେ ବିଜେ କରିଛନ୍ତି ଏକ ଯନ୍ତ୍ର ଉପରେ। କୁଣ୍ଡଳିନୀ ଯନ୍ତ୍ର। ଯନ୍ତ୍ରାସୀନ ହେଲେ ଶକ୍ତି କାଳେ ଜାଗ୍ରତ ହୁଏ ଚେତନାରେ। ଜୀବନର ମହାନାଦ ପ୍ରଥମେ ନିନାଦିତ ହୁଏ ଗୁହ୍ୟରୁ। ଗୁହ୍ୟରୁ ନାଭି, ବକ୍ଷ, କଣ୍ଠ- ଏବଂ ଶେଷରେ ଶୀର୍ଷ। ସହସ୍ରାର। ଶକ୍ତି ଶରୀରର ଷଡ଼ଚକ୍ରରେ କ୍ରମ କୁଣ୍ଡଳାୟିତ ହେଉଥାଏ। ଯନ୍ତ୍ର ଏଥର ସହସ୍ରାରରୁ ଶୂନ୍ୟକୁ, ଶୂନ୍ୟରୁ ମହାଶୂନ୍ୟକୁ। ଅସ୍ତିତ୍ୱର ଜାଗତିକତା ଏକ ମହାସ୍ଥିତି, ଅର୍ଥାତ୍ ସ୍ଥିତିହୀନତାରେ ରୂପାନ୍ତରିତ ହୋଇଯାଏ। ବ୍ୟକ୍ତି, ବ୍ୟକ୍ତି ନୁହେଁ, ଶକ୍ତି ନିୟନ୍ତ୍ରିତ ସୂକ୍ଷ୍ମତମ ଚେତନା। ମୁକ୍ତଚେତନା। ମାୟା ଓ ସତ୍ୟ ଉର୍ଦ୍ଧ୍ୱସ୍ଥ ମହାଜୀବନର ଗତିଶୀଳତା। ଦେବୀ ସୁରେଶ୍ୱରୀ, ସେହି ମହାଶୂନ୍ୟର ଈଶ୍ୱରୀ, ଏକ ଦୃଶ୍ୟମାନ ଅସ୍ତିତ୍ୱ ଭିତରେ ଅଦୃଶ୍ୟ ପରମେଶ୍ୱରୀ। ବୌଦ୍ଧ ସହଜଯାନର ସେ ସ୍ୱୟଂସିଦ୍ଧା ନୁହନ୍ତି ତ?

ଯନ୍ତ୍ର ଉପରେ ଦେବୀଙ୍କ ପାଖରେ ରହିଛନ୍ତି ପିତ୍ତଳ ତିଆରି ପ୍ରତିରୂପା। ବିଜେପ୍ରତିମା। ରାଜାଙ୍କ ଘରେ ପୂଜା ପାଉଥିଲେ ପ୍ରଥମେ, ବର୍ତ୍ତମାନ ପୀଠରେ। ଯନ୍ତ୍ର ଉପରେ ଶୋଇଛି ଜଣେ ରାକ୍ଷସ। ରାକ୍ଷସ ଉପରେ ଦେବୀ ସୁରେଶ୍ୱରୀ। ମୁହଁରେ ଆଖି ପଡ଼ିଗଲେ ଲାଖିଯିବ ନିଶ୍ଚୟ। ଯେମିତି ସୃଷ୍ଟିର ସକଳ ସୌନ୍ଦର୍ଯ୍ୟ ଦେବୀଙ୍କ ସ୍ତୁତିଗାନ କରୁଛନ୍ତି। ବାଁପଟକୁ ଟିକିଏ ଢଳିଯାଇଛି ଓଠ। ଓଠରେ ମୃଦୁ ସ୍ମିତ ହସ। ହସର ଆକର୍ଷଣରେ ବିମୋହିତ ସୃଷ୍ଟି। ତୀଖ ନାକ। ଧନୁ ପରି ଭ୍ରୂଲତା। ଆଖିରେ ଅଭୟ ଓ ଆଶିଷର ଛଟା। କପାଳର ତୃତୀୟ ଆଖି ଯେମିତି ଦେଖିପାରୁଛି ତା' ସନ୍ତାନର ହସ, ଲୁହର ଗାଥା। ନାନା ଅଳଙ୍କାରରେ ବିଭୂଷିତା। ଉଚ୍ଚତା ପ୍ରାୟ ଅଢ଼େଇ ଫୁଟ। ଅଷ୍ଟଭୁଜା। ହାତରେ ରହିଛି- ଖଣ୍ଡା, ଖର୍ପର, ତ୍ରିଶୂଳ, ଜପାମାଳା, ପାନପାତ୍ର, ଖଡ୍ଗ, ଖେଟକ, ଅନ୍ୟଟି ଅସ୍ପଷ୍ଟ।

କେହି କେହି କୁହନ୍ତି ସେ ଚଉଷଠିଯୋଗିନୀଙ୍କ ମଧ୍ୟରୁ ଅନ୍ୟତମା। ଅନ୍ୟ

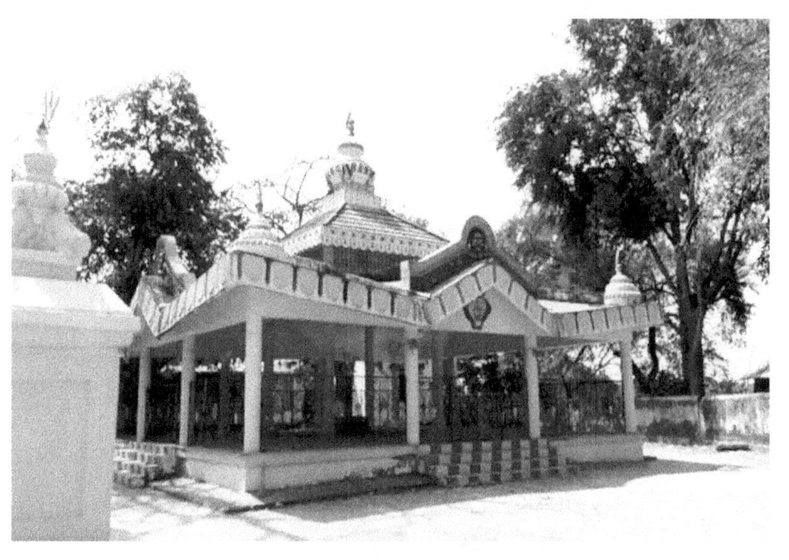

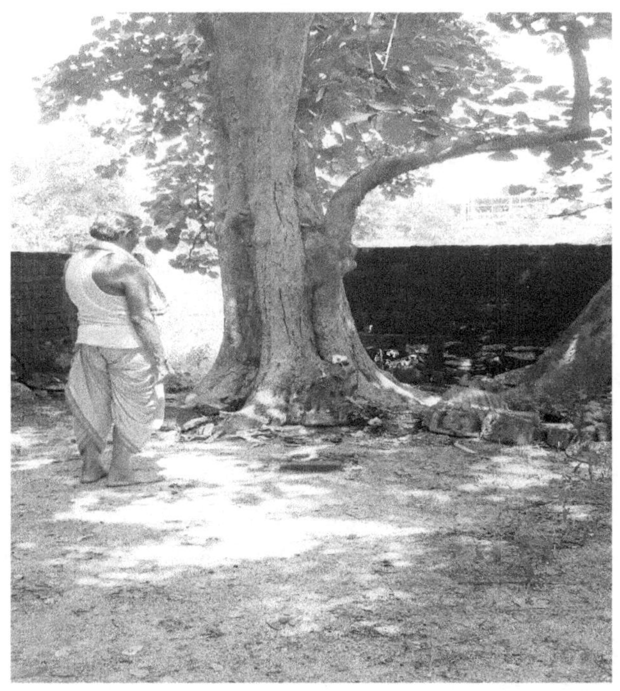

କାହା ଆଖିରେ ଚାମୁଣ୍ଡା, ପୁଣି ଦକ୍ଷିଣକାଳୀ। ଅବଶ୍ୟ ଦେବୀଙ୍କୁ ଚାମୁଣ୍ଡା ମନ୍ତ୍ରରେ ପୂଜା କରାଯାଏ। ମାତ୍ର ତାଙ୍କୁ ମହାକାଳୀ, ମହାସରସ୍ୱତୀ ଓ ମହାଲକ୍ଷ୍ମୀଙ୍କ ଯୌଗିକସତ୍ତା ମଧ୍ୟ କୁହାଯାଏ। ବେଶପରିପାଟୀ ଓ ସିନ୍ଦୂର ବୋଳରେ ଲୁଚିରହିଥିବା ତାଙ୍କ ପ୍ରତିମାକୁ ଦେଖିଲେ ଲାଗେ, ସେ ଯେପରି ଅଭୟଦାତ୍ରୀ ଓ ନିଜ ଭିତରେ ଜଗତର ସୁଖ ସଂପାଦୁଥିବା ମାତୃରୂପା। ବିଜେ କରିଛନ୍ତି ଏକ କୁନି ଗୁମୁଟି ଭିତରେ।

ଏବେ ତାଙ୍କ ଘର ବାହାରକୁ ଆସିବା। ଘର ବେଶୀ ବଡ଼ ନୁହେଁ। ପଶ୍ଚିମରେ ବଗଳା। ଶତ୍ରୁସଂହାରିଣୀ ରୂପ। ତାଙ୍କର ଚାରି ହାତ। ହାତରେ ଗଦା, ମୂଷଳ, ଶର, ମଣିଷର କଟାମୁଣ୍ଡ ଓ ଗଳାରେ ଅକ୍ଷମାଳା। ଦକ୍ଷିଣରେ ଅଷ୍ଟଭୁଜ ଗଣେଶ। ହାତରେ ଗଦା, ଅଂକୁଶ, ପାଶ, ଧନୁ, ଶଙ୍ଖ, ସାପ ଓ କମଣ୍ଡଳୁ। ଏକ ବିରଳ ପ୍ରତିମା। ଦୁଇପାଖରେ ପାର୍ଶ୍ୱଦେବୀ। ଅନ୍ୟ ଏକ ପାଖରେ ଠିଆ ହୋଇଛନ୍ତି ଦଶଭୁଜା ଦୁର୍ଗା। ଯେପରି ନୃତ୍ୟରତା। କ୍ଷୀଣକଟି, ଉନ୍ନତ ବକ୍ଷୋଜ, ଗଳାରେ ଅକ୍ଷମାଳ ଓ ସର୍ବାଙ୍ଗରେ ଅଳଙ୍କାର। ହାତରେ ଧନୁ, ସାପ, ଶଙ୍ଖ, ଗଦା, ଚକ୍ର, ପାଶ, ଅଙ୍କୁଶ, ମଣିଷର ମୁଣ୍ଡ। ଦୁଇଟି ହାତ ଭଙ୍ଗା। ଅଭୟମୁଦ୍ରା ହୋଇଥିବା ଅସମ୍ଭବ ନୁହେଁ। ସେମାନଙ୍କର ଆକାର ପ୍ରାୟ ଦେଢ଼ଫୁଟ ଉଚ୍ଚତା ଓ ଏକଫୁଟ ଓସାର।

ତାଙ୍କ ମନ୍ଦିର ସାମ୍ନାରେ ଯୁଗ୍ମଲିଙ୍ଗ ପୂଜିତ ଛୋଟ ମନ୍ଦିର। ସେମାନେ କାଳେ ଯମଜ। ଏକସମୟରେ ସେମାନଙ୍କର ଆବିର୍ଭାବ। ପରିଚିତ ଅମ୍ବେଶ୍ୱର ଓ ଯମ୍ବେଶ୍ୱର ନାମରେ। ମନ୍ଦିର ତିନି ପାଖରେ, ଠଣା ଭିତରେ ବିଜେ କରିଛନ୍ତି କାର୍ତ୍ତିକ, ଗଣେଶ ଓ ପାର୍ବତୀ। ମହାଯୋଗୀଙ୍କ ପରିବାର। ଆକାରରେ ଛୋଟ। ପ୍ରାୟ ନଅ ଇଞ୍ଚ ଉଚ୍ଚତାବିଶିଷ୍ଟ। ମାତ୍ର ପ୍ରାଚୀନତାର ସ୍ପଷ୍ଟ ସଙ୍କେତ ସେମାନଙ୍କ ଗଢ଼ଣରେ। ଅଷ୍ଟମ-ନବମ ଶତାବ୍ଦୀର ହୋଇଥିବେ। ଗଣେଶ ଓ ପାର୍ବତୀ- ଉଭୟଙ୍କର ଚାରି ଚାରି ହାତ। ଦେବୀ ପୁଣି ପଦ୍ମାସନା। ମଥାରେ ମୁକୁଟ, ଦୁଇ ହାତରେ ପାଶ, ଅଙ୍କୁଶ ଓ ଅନ୍ୟ ଦୁଇହାତ ଅଭୟ ଓ ବରଦମୁଦ୍ରା। କାର୍ତ୍ତିକେୟ କିନ୍ତୁ ଷଡ଼ଭୁଜ। ପାଖରେ ବାହନ ମୟୂର। ନୀଳ ଆକାଶକୁ ଉଡ଼ିଯିବ କି ଏବେ ? ମନ୍ଦିର ଓ ପ୍ରତିମାମାନଙ୍କୁ ଦେଖିଲେ ଲାଗିବ, ଏହା ସୁରେଶ୍ୱରୀଙ୍କଠୁ ପ୍ରାଚୀନ ନୁହେଁ ତ ? ମୁଖଶାଳାରେ ଚିତ୍ରିତ ଦଶମହାବିଦ୍ୟା। ଚୂନର ପ୍ରତିମା ଉପରେ ନାନା ରଙ୍ଗର ପ୍ରଲେପ। ଏବଂ, ମୁଖଶାଳା ଆଗରେ ଛୋଟ ଭୈରବ ମନ୍ଦିର ଓ ପ୍ରତିମା।

ମନ୍ଦିର ବାହାରେ ରହିଛନ୍ତି ଆଉ କେତେକେତେ ପ୍ରତିମା। ଏକ ବିଶାଳ ସାହାଡ଼ାଗଛ ତଳେ ଜାଗ୍ରତ ନରସିଂହ। ବସିଛନ୍ତି ଓ ଦୁଇ ପ୍ରସାରିତ ହାତରେ ବିଦାରଣ କରୁଛନ୍ତି ହିରଣ୍ୟକଶିପୁର ଛାତିକୁ। ମୂର୍ତ୍ତି, ସୂକ୍ଷ୍ମ କାରୁକଳାରେ ବିଚିତ୍ର ନୁହେଁ, ମାତ୍ର ଖଣ୍ଡିଏ ଶିଳାରେ ସରଳରେଖାରେ ଖୋଦିତ ପ୍ରତିମା କେତେ ଜୀବନ୍ତ ହୋଇପାରେ

ତାହାହିଁ ଉତ୍କଳୀୟ ଭାସ୍କର୍ଯ୍ୟର ଉଦାହରଣ। ତାଙ୍କ ପାଖରେ ସାଧନାମଗ୍ନ ପଦ୍ମପୀଠିକାରେ ଆସୀନ ବୌଦ୍ଧଧର୍ମର ତନ୍ତ୍ରଦେବୀ ତାରା। ଧ୍ୟାନମୁଦ୍ରାରେ ମହାଶୂନ୍ୟ-ବିହାରର ଅନୁଭବ। ପାଖରେ ପୁଣି କାଳଭୈରବୀ। ଦୁଇ ହାତ। ଗୋଟିଏ ହାତରେ ଖଣ୍ଡା, ଅନ୍ୟ ହାତରେ ଖର୍ପର। ଭୟଙ୍କରା। ବସିଛନ୍ତି। ପାଦତଳେ ବିଲୁଆ, ମୁଣ୍ଡ ଉପରେ ସାପ। ଚଉଷଠିଯୋଗିନୀ ମନ୍ଦିରର ପ୍ରତିମା ଅନୁରୂପ।

ମନ୍ଦିର ପାଖରେ ବଡ଼ ପୋଖରୀ। ପୋଖରୀ କୂଳରେ ନାନା ଜାତିର ଗଛ ଗହଳରେ ରହିଛି ଶିମୂଳି ଗଛ। ଗଛମୂଳରେ ଏକ ଛୋଟ ଗାଡ଼। ଲୋକେ କୁହନ୍ତି, ଖଉଳଗାଡ଼। ଗାଡ଼ ପାଖରେ ରହିଛନ୍ତି ବହୁ ପ୍ରତିମା। ସେମାନଙ୍କୁ ଚିହ୍ନିହେଉନି। ସମୟ ସୁଅରେ ଜୀର୍ଣ୍ଣ ହୋଇଛନ୍ତି। ତେବେ ମନେହୁଏ, ପ୍ରାୟ ସପ୍ତମ-ଅଷ୍ଟମ ଶତାବ୍ଦୀର ହୋଇଥିବେ।

ପୁଣି ଯଜ୍ଞକୁଣ୍ଡ ପାଖରେ ସୁରକ୍ଷିତ ପାଞ୍ଚ-ଛଅଟି ପ୍ରତିମାଙ୍କ ରୂପ ଖଣ୍ଡିତ। ସେମାନେ ଚତୁର୍ଭୁଜା ଓ ଦ୍ୱିଭୁଜା। ଏତେସଂଖ୍ୟକ ପ୍ରତିମାଙ୍କୁ ସେମାନଙ୍କ ପରିଚୟ ପଚାରିଲେ- ସେମାନେ କପଟ ନରଖି କହିବେ- ଆମର ଉଦେ କାଳ ପ୍ରାୟ ବାର-ତେରଶହ ବର୍ଷ ଅତୀତରେ। ଏଇଠି ମନ୍ଦିର ଥିଲା। ମନ୍ଦିରରେ ଆମେ ଥିଲୁ। ଆମେ ଶୈବ, ଶାକ୍ତ, ନରସିଂହ, ବୌଦ୍ଧ ଓ ବୈଷ୍ଣବ ଚେତନାର ପ୍ରତୀକ। ଏକାଠି ରହିଆସିଛୁ କେତେବର୍ଷ ଧରି। ମୂଳ ମନ୍ଦିର ଭାଙ୍ଗିଯାଇଛି। ଆମ ଗହଣରୁ ଅନେକଙ୍କୁ ସ୍ଥାନାନ୍ତର କରିଦିଆଯାଇଛି। ଏବେ ଆମେ ସଂଖ୍ୟାରେ ଏତିକି।

ସୁରେଶ୍ୱରୀଙ୍କ ପାଇଁ ନୂଆ ମନ୍ଦିର ତିଆରି କରିଛନ୍ତି ଚୌହାନବଂଶୀ ରାଜା ଅଚଳ ସିଂଦେଓ(୧୬୨୮-୧୬୫୦)ରେ। ଏବଂ, ମୁଖଶାଳା ତିଆରି କରିଛନ୍ତି ମହାରାଜା ବୀରମିତ୍ରୋଦୟ ସିଂହଦେଓ ତାଙ୍କ ଶାସନ କାଳ(୧୯୦୨-୧୯୩୭)ରେ। ଚୂନ, ଇଟା ଓ ପଥରରେ ମନ୍ଦିର ଚାରିପାଖର ଠଣାଗୁଡ଼ିକରେ ବିଧିମତେ ପ୍ରତିମାଗୁଡ଼ିକୁ ଖଞ୍ଜି ଦିଆଯାଇଛି। ଏବଂ, ମା'ଙ୍କ ଆନନ୍ଦ ପାଇଁ ସୁନାର ଅଳଙ୍କାରମାନ ଗଢ଼େଇ ଦିଆଯାଇଛି। ପାର୍ବଣ ଅବକାଶରେ ମା' ଅଳଙ୍କାରଗୁଡ଼ିକରେ ଦେହମଣ୍ଡଣି କରନ୍ତି। ତାଙ୍କ ସାନ୍ନିଧ୍ୟ ପାଇଁ ଗଡ଼ର ଅନ୍ୟ ଦେବୀମାନେ ତାଙ୍କ ପାଖକୁ ଆସନ୍ତି। ରକ୍ତରୂପକ ଜୀବନୀଶକ୍ତିରେ ମା'ଙ୍କୁ ନିରାଜନା କରାଯାଏ। ଲୋକତୁଣ୍ଡରେ ଏହା ବଳିଯାତ୍ରା।

ମାତ୍ର ଅଭୟଦାତ୍ରୀ, ବରଦା ମା' କ'ଣ ସତରେ ପ୍ରତ୍ୟେକ ବର୍ଷ ଏମିତି ଏକ ମୁହୂର୍ତ୍ତର ଅପେକ୍ଷା ରଖିଥାଏ ? ତା' ହସହସ ମୁହଁ ଯେପରି କହୁଥାଏ, ସେ ସକଳ ଭାବର ଏକ ମହାଭାବ, ମହାରୂପ। ଅବୋଧ ଓ ବିସ୍ମୟ। ସୁରସୁରୀ, ସୁଖ ଓ ସୌଭାଗ୍ୟର ଈଶ୍ୱରୀ। ଏବଂ, ସକଳ ବିଚାର ଓ ବିଶ୍ୱାସର ସୂକ୍ଷ୍ମରୂପ।

ମାତୃତ୍ୱର ମୁଗ୍ଧମନ୍ତ୍ରଃ ସୋନପୁର ବଳିଯାତ୍ରା

ଲାଗେ, ସୁବର୍ଣ୍ଣପୁର ଯେପରି ଶକ୍ତିମାନଙ୍କର ସୁବର୍ଣ୍ଣଭୂମି। ଦଶହରା ଅବସରରେ ସୁରେଶ୍ୱରୀଙ୍କ ସହ ଅନ୍ୟ ଅନୁରୂପାମାନେ ଏକାଠି ବସନ୍ତି। ସେମାନେ ଭଗବତୀ, ବୁଢ଼ୀ ସମଲେଇ, ବୁଢ଼ାରାଜା, ଖମ୍ଭେଶ୍ୱରୀ, ସମଲେଶ୍ୱରୀ ଓ ଅନ୍ୟମାନେ। ମାତ୍ର ଜନତୁଣ୍ଡରେ ସୁରେଶ୍ୱରୀ, ଖମ୍ଭେଶ୍ୱରୀ ଓ ସମଲେଶ୍ୱରୀ ହେଉଛନ୍ତି ତ୍ରିଚଣ୍ଡୀ। ଦଶହରାରେ ଏହି ତ୍ରିଚଣ୍ଡୀଙ୍କ ବଳିଯାତ୍ରାର ରୋଷଣି ସମଗ୍ର ସୁବର୍ଣ୍ଣପୁରକୁ ଚଳଚଞ୍ଚଳ କରିଦିଏ। ସକଳ ଚେତନାକୁ ଆଚ୍ଛନ୍ନ କରିଦିଏ।

ଏମାନଙ୍କ ଭିତରୁ ଭଗବତୀଙ୍କ ବିଜେସ୍ଥଳୀ ଥାନପତି ପଡ଼ାର ପୂର୍ବଦିଗରେ। ପାଖରେ ପାନ ପୋଖରୀ। ସେ କାଳେ ସୋମବଂଶୀ ରାଜା ଚଣ୍ଡୀହାର ଦେବ(ଏକାଦଶ ଶତାବ୍ଦୀର ପ୍ରଥମାର୍ଦ୍ଧ)ଙ୍କ ଆରାଧ୍ୟା। ମରଞ୍ଜମୁରା ତାମ୍ରଶାସନରେ ଏହାର ପ୍ରମାଣ ରହିଛି। ରାଜା ଦେବୀଙ୍କ ପାଇଁ ମନ୍ଦିର ତିଆରି କରିଛନ୍ତି, ଭାଙ୍ଗିଯାଇଛି। ଚୌହାନ ବଂଶର ଶାସନ କାଳରେ ତାହା ନୂଆ ରୂପ ନେଇଛି। ଲୋକତୁଣ୍ଡରେ ଦେବୀଙ୍କ ମହିମା ସଂପର୍କରେ କେତେ କଥା ଜୀବନ୍ତ। ସେ କାଳେ ଅସମ୍ଭବ ଭାବରେ ପ୍ରଚଣ୍ଡା। ଏମିତିକି, ଛୋଟ ଛୋଟ ପିଲା କି ଗର୍ଭବତୀ ନାରୀ ମଧ୍ୟ ବେଳ ଅବେଳରେ ତାଙ୍କ ଆଗଦେଇ ଯାଇପାରନ୍ତିନାହିଁ। ଥରେ କେଜାଣି କାହିଁକି ସେ ପୂଜକଙ୍କ ଉପରେ ଅଭିମାନ କରନ୍ତି। ଅଭିମାନ ରାଗରେ ରୂପାନ୍ତରିତ ହୋଇଯାଏ। ପୂଜକ ଉପରକୁ ସୁଉସି ଆସନ୍ତି। ଆଉ ବିଚରା ପୂଜକ ତାଙ୍କ ଉପରକୁ ଭୋଗଥାଳି ଫିଙ୍ଗିଦିଏ। ବାହାରକୁ ଜୀବନ ବଞ୍ଚାଇବା ପାଇଁ ଚାଲିଆସେ।

ଅନ୍ୟ ଏକ କାହାଣୀ- ଷୋଡ଼ଶ ଶତାବ୍ଦୀର କବି ପ୍ରତାପ ରାୟ 'ଶଶିସେଣା' ନାମରେ କାବ୍ୟଟିଏ ଲେଖିଛନ୍ତି। କାବ୍ୟନାୟକ ଅହିମାଣିକ୍ୟ ଓ ନାୟିକା ଶଶିସେଣା କାମନ୍ତାପୁର ନାମକ ସ୍ଥାନରେ କିଛିଦିନ ରହିଛନ୍ତି। ଦେବୀ ଭଗବତୀଙ୍କର ଆଶୀର୍ବାଦ ଭିକ୍ଷା କରିଛନ୍ତି। ଦେବୀଙ୍କ ଶୁଭଦୃଷ୍ଟି ସେମାନଙ୍କ ଜୀବନରେ ହସ ଫୁଟେଇଛି।

କାବ୍ୟବର୍ଣ୍ଣିତ କାମନ୍ତାପୁର କାଳେ ଭୂଗୋଳର ସୁବର୍ଣ୍ଣପୁର, ଆଉ ଦେବୀ ଭଗବତୀ ଦୁର୍ଗାଙ୍କର ପ୍ରତିରୂପ। ମନ୍ଦିରର ତିନିପାଖରେ ଅଛନ୍ତି ଗଣେଶ, ବଟୁକଭୈରବ ଓ ଭୈରବୀ। ପ୍ରତ୍ୟେକଙ୍କର ଚାରି ଚାରି ହାତ। ଗଣେଶଙ୍କ ହାତରେ ଲଡୁ। ତେଣୁ ଲୋକେ କୁହନ୍ତି- ଲଡୁଖିଆ ଗଣେଶ। ପ୍ରତ୍ୟେକ ପ୍ରତିମାରେ ପ୍ରାଚୀନତାର ସଂକେତ ଏବଂ ଗୁରୁତ୍ୱପୂର୍ଣ୍ଣ, ମନ୍ଦିରର ମୁଖଶାଳାରେ ଶୋଭାପାଉଛନ୍ତି ନାରାୟଣୀ, ଧୂମାବତୀ, ଦୁର୍ଗା, କାଳୀ, ସମଲାଇ, ସୁରେଶ୍ୱରୀ ଓ ବଗଳା। ଏମାନେ ସୋନପୁରର ସୁରକ୍ଷାଦାତ୍ରୀ।

ସୋନପୁରକୁ ସମଲାଇଙ୍କ ବିଜୟକାଳକୁ କେନ୍ଦ୍ରକରି ଗବେଷକମାନଙ୍କ ଭିତରେ ମତଭେଦ ରହିଛି। ସେ ଅଛନ୍ତି ପାଟଣାଗଡ଼, ସମ୍ବଲପୁର, ବରପାଲୀ, ସୋନପୁର ଓ ଅନ୍ୟ ଅନେକ ଭୂମିରେ। ତାଙ୍କ ଆବିର୍ଭାବ ସଂପର୍କରେ ଲୋକତୁଣ୍ଡ, ଇତିହାସ ଓ ଶାସ୍ତ୍ର ମୁଖର। ସୋନପୁରରେ ତାଙ୍କ ପ୍ରଥମ ପରିଚୟ- ସେ କାଳେ ସଲକାଇ ସଂପ୍ରଦାୟ ପୂଜିତ ବିଶ୍ୱାସ। ସଲକାଇର ନାମାନ୍ତର ସମଲାଈ। ପୁଣି କେହି କୁହନ୍ତି, ସେ ସୋମବଂଶର ଇଷ୍ଟଦେବୀ। ତେଣୁ ସମଲାଇ। ସେ ପାର୍ବତୀ, ଅର୍ଥାତ୍ ଶିବପତ୍ନୀ। ଇତିହାସ କୁହେ, ଦେବୀଙ୍କର ଆଦିପୀଠ ସମ୍ବଲପୁର। ପାଟଣାରୁ ରାଜା ବଳରାମ ଦେବ ସମଳ ଅଧିକାର କରନ୍ତି। ସେ ଚୌହାନ ବଂଶୀ। ଦିନକର କଥା। ରାଜା ମହାନଦୀ କୂଳର ଜଙ୍ଗଲରେ ବୁଲୁଥାନ୍ତି। ସାଙ୍ଗରେ ବିଶ୍ୱସ୍ତ ଶିକାରୀ କୁକୁର। ବୁଲୁବୁଲୁ ଏକ ଅସ୍ୱାଭାବିକ ଦୃଶ୍ୟ ରାଜାଙ୍କୁ କିମ୍ଭୂତ ଲାଗିଛି। କୁକୁରମାନଙ୍କୁ ଆକ୍ରମଣ କରୁଛି ଗୋଟିଏ ଠେକୁଆ। ଲହୁଲୁହାଣ କୁକୁରମାନେ। ବିସ୍ମୟଚକିତ ରାଜା କାରଣ ଖୋଜିଛନ୍ତି। ଦେଖିଛନ୍ତି ଠେକୁଆ ବସିଛି ଏକ ଶିମୂଳିଗଛ ତଳେ। ପାଖରେ ଦେବୀ ପ୍ରତିମା। ରାଜା ପ୍ରତିମାଙ୍କ ପାଖରେ

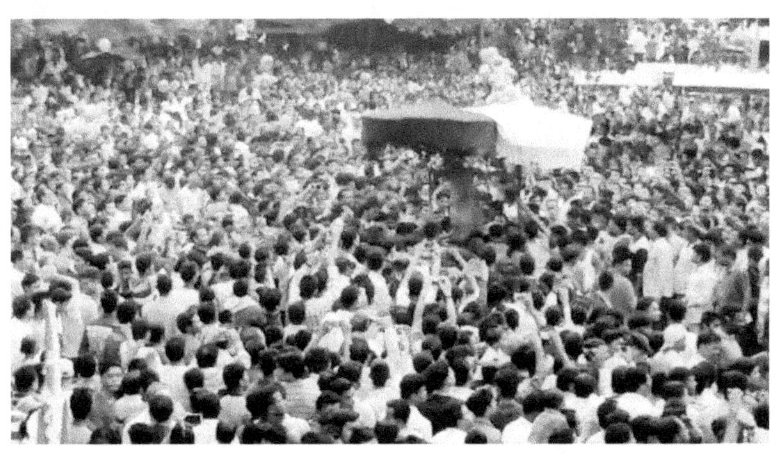

ଏବେ ନତଜାନୁ। ଅନୁଭବ କରିଛନ୍ତି, ଦେବୀ ହିଁ ତାଙ୍କ ସୁରକ୍ଷାଦାତ୍ରୀ। ଦେବୀ ଏବେଠୁ ଚୌହାନ ବଂଶର ଇଷ୍ଟଦେବୀ ଏବଂ ଶିମୂଳିଗଛ ତଳେ ବିଜେ କରିଥିବାରୁ ସେ ସମଲାଇ।

ସମୟକ୍ରମେ ଚୌହାନ ବଂଶ ତିନି ଭାଇଙ୍କ ଭିତରେ ଭାଗ ଭାଗ ହୋଇଛି। ଗୋଟିଏ ଭାଗ ସମ୍ବଲ, ଦ୍ୱିତୀୟ ଭାଗ ବରପାଲୀ ଓ ତୃତୀୟ ଭାଗ ସୋନପୁର। ରାଜ୍ୟ ପରି ଦେବୀ ବି ବିଭକ୍ତ ହୋଇଛନ୍ତି ତିନି ଭାଗରେ। ସମ୍ବଲ, ବରପାଲୀ ଓ ସୋନପୁର ରାଜ୍ୟରେ ପୂଜା ପାଇଛନ୍ତି ଯଥାକ୍ରମେ ତାଙ୍କ ମୁଣ୍ଡ, ଗଣ୍ଡି ଓ ପାଦ। ସୋନପୁରରେ ଚୌହାନ ବଂଶର ପ୍ରଥମ ରାଜା ଶୋଭାକର ସିଂହଦେଓ(୧୭୮୧-୧୭୮୬)। ସେ ହିଁ ପ୍ରତିଷ୍ଠା କରିଛନ୍ତି ସମଲେଇଙ୍କୁ ରାଜ୍ୟରେ। ମନ୍ଦିର ତୋଳିଛନ୍ତି, ମନ୍ଦିରର ମୁଖଶାଳା ଓ କଳାତ୍ମକ ବଳିଯାତ୍ରା ମଣ୍ଡପ ତିଆରି କରିଛନ୍ତି ଯଥାକ୍ରମେ ପ୍ରତାପ ରୁଦ୍ରଦେବ ଓ ବୀର ମିତ୍ରୋଦୟ(୧୯୦୨-୧୯୩୭)। ତେଣୁ ସମଲାଇଙ୍କ ମନ୍ଦିରକୁ ଆମେ ଆଧୁନିକ କହିପାରିବା।

ଦେବୀଙ୍କର ପ୍ରତିମା ଅନ୍ୟ ପ୍ରତିମାମାନଙ୍କ ପରି ପ୍ରାଚୀନ ନୁହନ୍ତି; ମାତ୍ର କମନୀୟ। ଉଚ୍ଚତା ପ୍ରାୟ ଚାରି ଫୁଟ। ବସାଶଙ୍କର ପଥରରେ ତିଆରି। ଚାରି ହାତ। ଆୟୁଧ କହିଲେ ଖଣ୍ଡା, ପଦ୍ମ, ଅଙ୍କୁଶ ଓ ବରଦମୁଦ୍ରା। ବେକରେ ମଣିଷମୁଣ୍ଡର ମାଳ। ସିଂହବାହିନୀ। ପାଦପୀଠିକା ତଳେ ରହିଛି ଦୁଇଟି ପାଦ। ପାଦଦୁଇଟି ସମଲାଇଙ୍କ ପ୍ରତୀକ। ଦେବୀଙ୍କୁ ପ୍ରତ୍ୟେକ ଦିନ ନୂଆ ନୂଆ ଭାବରେ ବେଶ କରାଯାଏ। ମୁଖଶାଳାର ଭିତର କାନ୍ଥରେ ରହିଛି ବାରଟି ଖୋପ। ଏଗାରଟି ଖୋପରେ ଜଣେ ଜଣେ ଦେବୀ ଓ ଅନ୍ୟଟିରେ ହନୁମାନ। ଦେବୀମାନେ- ଜୟା, ରୁଦ୍ରାଣୀ, ବ୍ରହ୍ମାଣୀ, ଇନ୍ଦ୍ରାଣୀ, ବନଦୁର୍ଗା, ସୁରେଶ୍ୱରୀ, ବାରାହୀ, ନାରାୟଣୀ, ସଙ୍କଟତାରିଣୀ, କାଳୀ ଓ ବିଜୟା। ପ୍ରତ୍ୟେକଙ୍କର ଉଚ୍ଚତା ପ୍ରାୟ ଦେଢ଼ଫୁଟ। ସେମାନେ ପ୍ରାଚୀନ ନୁହନ୍ତି, ମାତ୍ର ଅପରୂପା ଓ ଆୟୁଧହସ୍ତା। ମୂଳ ମନ୍ଦିରର ବାହାର କାନ୍ଥର ଖୋପରେ ମଧ୍ୟ ବିଜେ କରିଛନ୍ତି ବାରାହୀ, କାଳୀ, ଗଣେଶ ଓ ଭୈରବ। ଏବଂ, କାନ୍ଥରେ ନର୍ତ୍ତକୀ। ଅନ୍ୟ ଶକ୍ତିପୀଠଗୁଡ଼ିକ ତୁଳନାରେ ସମଲାଇଙ୍କ ମନ୍ଦିରକୁ ସ୍ୱତନ୍ତ୍ର କୁହାଯାଇପାରିବ।

ଅନ୍ୟ ଯେଉଁ ଦେବୀମାନେ ଆମକୁ ସୋନପୁରର ପ୍ରାଚୀନତା ସଂପର୍କରେ ସଚେତନ କରେଇଦିଅନ୍ତି ସେମାନେ ବୁଢ଼ୀସମଲାଇ ଓ ବୁଢ଼ୀମା'। ବୁଢ଼ୀସମଲାଇଙ୍କ ପୀଠ ଘୋଡ଼ାପାଦ ପଡ଼ାର ଦଧିବାବନ ମନ୍ଦିରର ଉତ୍ତର ଦିଗରେ। ପ୍ରତିମା ବେଶ୍ ପୁରୁଣା। ପ୍ରାୟ ଅଷ୍ଟମ-ନବମ ଶତାବ୍ଦୀର। ସେ ନାରୀ ନୁହନ୍ତି, ପୁରୁଷ। ବୁଦ୍ଧ। କୋଟସମଲାଇ ପାହାଡ଼ରେ ପୂଜା ପାଉଥିଲେ। ଜରାବର ସିଂହଦେବ (୧୭୭୦) ତାଙ୍କୁ ସୋନପୁରରେ ପ୍ରତିଷ୍ଠା କରିଛନ୍ତି। ମନ୍ଦିରର ଅନ୍ୟ ପ୍ରତିମାମାନଙ୍କର ରୂପ ବିଚିତ୍ର। ପାର୍ଶ୍ୱଦେବତା କାଳୀ,

ଅଶ୍ୱବାହିନୀ ଓ ଗଣେଶ। ଦୁଆରମୁହଁରେ ଅଛନ୍ତି ଅଷ୍ଟଭୁଜ ଗଣେଶ। କୋଳରେ ଜଣେ ନାରୀ। ଦୁଇଟି ଦେବୀ ପ୍ରତିମା, ସେମାନେ ଚତୁର୍ଭୁଜା, ପଦ୍ମାସନା, ତାରାଙ୍କ ପ୍ରତିମା। ଚଟାଣରେ ଭୈରବ। ତାଙ୍କୁ ତାନ୍ତ୍ରିକରୀତିରେ ପୂଜା କରାଯାଏ। ସମ୍ଭବତଃ ପ୍ରତିମାମାନଙ୍କୁ ମନ୍ଦିର ଗଢ଼ଣ ପରେ ଥାପନା କରାଯାଇଛି। ଅନ୍ୟପକ୍ଷରେ ବୁଢ଼ୀମା ବ୍ରହ୍ମପୁରରୁ ଆସିଛନ୍ତି ସୋନପୁର, ପ୍ରତାପରୁଦ୍ରଙ୍କ ଶାସନ କାଳରେ। ସେ ତେଲୁଗୁ ଡେରା ସମ୍ପ୍ରଦାୟର ଇଷ୍ଟଦେବୀ।

ଏତେସଂଖ୍ୟକ ଦେବୀ, ପୁଣି ଗୋଟିଏ ଭୂମିରେ, ଅନ୍ୟତ୍ର ବିରଳ। ମାତ୍ର ସେମାନଙ୍କ ମଧ୍ୟରେ ସଂପର୍କ କେତେ ନିବିଡ଼, ତାହାର ପ୍ରମାଣ ବଳିଯାତ୍ରା। ବଳିଯାତ୍ରାର ଇତିହାସ ବିତର୍କିତ। ତେବେ ଯାତ୍ରାର ଶୁଭାରମ୍ଭ ସମଲେଶ୍ୱରୀ ମନ୍ଦିରରୁ। ସେହି ନ୍ୟାୟରେ ସମଲେଶ୍ୱରୀଙ୍କ ପ୍ରତିଷ୍ଠା କାଳରୁ ରାଜପୃଷ୍ଠପୋଷକତା କାଳରୁ ଏହାର ଯେ ଆରମ୍ଭ ଏପରି ଅନୁମାନ କରାଯାଇପାରେ। ଆଶ୍ୱିନ ଅମାବାସ୍ୟା ଦିନ, ସମଲେଶ୍ୱରୀଙ୍କ ପୀଠରୁ ଦୁଇଜଣ ବରୁଆ (ଦେବୀ ପ୍ରସନ୍ନ ହୋଇଥିବା ବ୍ୟକ୍ତିବିଶେଷ) ନିମନ୍ତ୍ରଣପତ୍ର ନେଇଯାଆନ୍ତି ବୁଢ଼ାରାଜା ଓ ବୁଢ଼ୀସମଲାଇଙ୍କ ପାଖକୁ। ଚତୁର୍ଥଦିନ ନିମନ୍ତ୍ରିତ ହୁଅନ୍ତି ଖମ୍ଭେଶ୍ୱରୀ ଓ ସୁରେଶ୍ୱରୀ। ଅଷ୍ଟମ ଦିନ ଅଷ୍ଟଚଣ୍ଡୀ। ପ୍ରତ୍ୟେକଦିନ ପୀଠଗୁଡ଼ିକରେ ବରୁଆମାନଙ୍କ ମାଧ୍ୟମରେ ଦେବୀମାନଙ୍କୁ ବଳିଭୋଗ ଅର୍ପଣ କରାଯାଏ। ଏବଂ, ମହାନବମୀ ଦିନ ଶେଷହୁଏ ବଳିଯାତ୍ରା- ସୁରେଶ୍ୱରୀଙ୍କ ପୀଠରେ।

ସମଗ୍ର ସୋନପୁର ସହରରେ ବଳିଯାତ୍ରାର ଦୃଶ୍ୟ ଓ ଦୃଶ୍ୟର ଅନୁଭବ ସ୍ୱତନ୍ତ୍ର। ଅହଂ ସମର୍ପଣ ଅନୁଭବ ସବୁକାଳରେ ଏମିତି। ପନ୍ଦରଦିନ ଧରି ଦେବୀମାନଙ୍କ ଘରେ ସମର୍ପଣର ସ୍ୱର ଶୁଭୁଥାଏ। ଢୋଲ, ନିଶାନ୍, ମହୁରୀ ଓ ରାଗ-ମାଲେଶ୍ୱରୀର ତାଳ। କଳା/ନାଲି ରଙ୍ଗର ଲୁଗା, ମଥାରେ ସିନ୍ଦୂର, କଣ୍ଠରେ ମନ୍ଦାରଫୁଲର ମାଳ, ଚିକ୍କଣ ଖୋଲା ଦେହ, ମୁଣ୍ଡରେ ଲମ୍ବା କେଶଗୁଚ୍ଛ, କଳାଧଳା ଛତ୍ର ଓ ଦେବୀଙ୍କ ବିଜେପ୍ରତିମାଙ୍କ ଗହଣରେ ବରୁଆ(ଡାଙ୍ଗୁଆ) ନାଚୁଥାନ୍ତି। ପ୍ରମତ୍ତ ପାଦ। ସୁରେଶ୍ୱରୀଙ୍କ ମନ୍ଦିରରେ ଯାତ୍ରାର ଶେଷ ଛନ୍ଦ। ତିନିଜଣ ଡାଙ୍ଗୁଆ ଆସନ୍ତି, ପୋଖରୀ ପାଖର ଗଛତଳେ ଠିଆ ହୁଅନ୍ତି। ଗଛମୂଳରେ ଗାଡ଼। ନାଁ- ଖଉଳଗାଡ଼। ଏହା କାଳେ ପର୍ଶୁରାମଙ୍କ ଯଜ୍ଞକୁଣ୍ଡ।

ସେତେବେଳକୁ ଅଧରାତି। ଜଣେ ଗାଡ଼ ଭିତରେ ହାତ ପୂରେଇ ମାଟି ଆଣନ୍ତି। ବୀରତ୍ୱରେ ପବିତ୍ରାୟିତ ମାଟି। ତିନୋଟି କଞ୍ଚାମାଟି ପାତ୍ରରେ ତାହା ରଖାଯାଏ। ଭଲ-ମନ୍ଦ କଥା। ଡାଙ୍ଗୁଆ ଏଥର ମନ୍ଦିର ପାଖକୁ ଆସନ୍ତି। ପାପୁଲି ତଳକୁ କରନ୍ତି। ଏହା ମା'ଙ୍କ ବଳି ଗ୍ରହଣ ପାଇଁ ନିର୍ଦ୍ଦେଶ। ଛେଳି/ବୋଦା ଆସେ। ମଲ୍ଲିକଙ୍କ ହାତରେ କଟୁରି ଚମକେ। ଗୋଟିଏ ଚୋଟରେ ଅଲଗା ହୋଇଯାଏ ଗଣ୍ଡିରୁ ମୁଣ୍ଡ। ବରୁଆଙ୍କ

ଆଁରେ ବଳିର ତାଜାରକ୍ତ । ଦେହସାରା ଦହି ଡଳା ଯାଉଥାଏ । ବରୁଆ ଏବେ ଭିନ୍ନଜଗତର ମଣିଷ । ସମର୍ପିତ ଅନୁଭବରୁ ଫେରିଆସିବାକୁ ପଡ଼ିବ ନିଜ ପାଖକୁ, ଜଗତ ପାଖକୁ ।

ମା' ଶାନ୍ତ । ଅପଶକ୍ତିମାନଙ୍କର ଆକ୍ରୋଶ ଅପସରିଯାଉଛି ଦୂରରୁ ଦୂରକୁ ।

ବରୁଆ ବ୍ୟକ୍ତି ନୁହନ୍ତି, ସ୍ୱୟଂ ଦେବୀ । ତାଙ୍କ ମଥାରୁ ଓଠଧାର ଦେଇ ଝରିପଡୁଥିବା ସଜରକ୍ତର ସ୍ରୋତ ରକ୍ତ ନୁହେଁ, ଜୀବନୀଶକ୍ତି । ତେଣୁ ଦେବୀମାନଙ୍କର ଏ ଯାତ୍ରା ଅଭେଦ ମାତୃତ୍ୱ ଓ ସନ୍ତାନତ୍ୱର ମୁଗ୍ଧଯାତ୍ରା । ସକଳ ଧର୍ମ ବିଶ୍ୱାସର ସମୀକୃତ ଯାତ୍ରା । ସୁବର୍ଣ୍ଣପୁରର ସ୍ଥାପତ୍ୟରେ ସମୃଦ୍ଧ ମାତୃପ୍ରତିମାମାନେ ଯେପରି ଏହି ବାସ୍ତବତାର ମହାଗାଥା ।

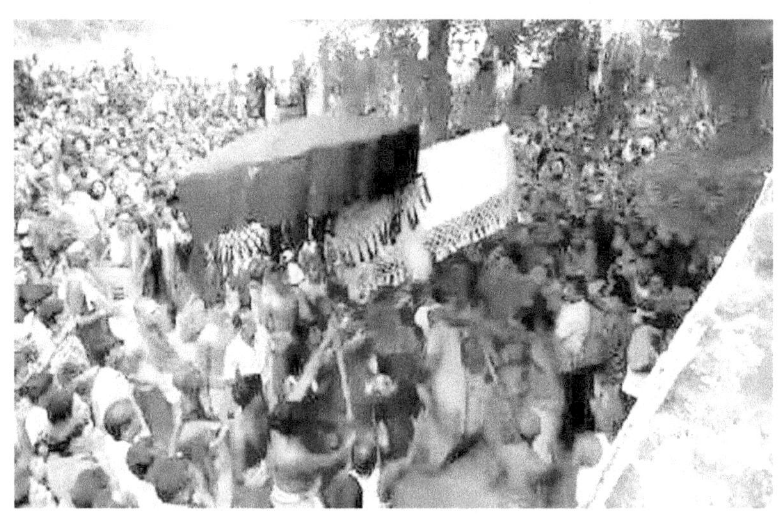

ପାତନେଶ୍ୱରୀରୁ ପାଟଣେଶ୍ୱରୀ

ସେ ସୁବର୍ଣ୍ଣପୁରରେ ସୁରେଶ୍ୱରୀ। ସମ୍ବଲପୁରରେ ସମଲେଶ୍ୱରୀ, ପାଟଣାରେ ପାଟଣେଶ୍ୱରୀ। ଈଶ୍ୱରୀ ଶବ୍ଦ ଯୋଡ଼ି ହୋଇଯାଇଛି ସ୍ଥାନର ନାଁ ସହିତ। ସ୍ଥାନଠାରୁ ଆଉ ଈଶ୍ୱରୀଙ୍କୁ ବିଯୁକ୍ତ କରିହେଉନାହିଁ। ନୂଆ ଶବ୍ଦ ଏବେ ଚେତନାରେ ରୂପାନ୍ତର ହୋଇଯାଉଛି। କାଳ ଓ କାଳ ଭିତରେ ବଂଚୁଥିବା ଆମେମାନେ ଏଇ ଚେତନା ମାଧ୍ୟମରେ ନିଜ ନିଜର ପରିଚୟ ଲେଖିଦେଉଛୁ। ଆମ ପାଟେଣେଶ୍ୱରୀ ଏଇ ଚେତନାର ଅନ୍ୟତମ ପ୍ରତୀକ।

ସେ ଆମ ଈଶ୍ୱରୀ, ଆମ ଜୀବନଦାତ୍ରୀ, ଜୀବନଯାତ୍ରାର ଯାତ୍ରାକାରିଣୀ। ନିଜକୁ ପ୍ରକଟ କରିଛନ୍ତି ପ୍ରାୟ ପାଞ୍ଚଫୁଟ ଲମ୍ବା ଓ ଚାରିଫୁଟ ଓସାର ଖଣ୍ଡିଏ ପଥର ଦେହରେ। ନା ଗୋଲ ମୁହଁ, ନା ପାନପତରୀ। ଉଭୟ ଆକାରର ମିଶ୍ରରୂପ। ଓଠରେ ସୁନ୍ଦର ହସ। ମାତ୍ର ରହସ୍ୟମୟ। ତିନୋଟି ଆଖି। ଗୋଟିଏ କପାଳରେ। ତ୍ରିନେତ୍ରୀ। ଦଶଟି ହାତ। ହାତଗୁଡ଼ିକରେ ତ୍ରିଶୂଳ, ଧନୁ, ଅଙ୍କୁଶ, ଗଦା, ପାଶ, ଢାଲ, ଚକ୍ର, ଶର ଓ ଖଡ୍‌ଗ। ଢାଲ ଆଉ ଖଡ୍ଗ ସ୍ୱତନ୍ତ୍ର। ମାତ୍ର ଦେଖିଲେ ଲାଗୁଛି, ଢାଲରୁ ଖଡ୍‌ଗ ବାହାରି ନିଜର ଶକ୍ତି ଘୋଷଣା କରୁଛି ଶୂନ୍ୟରେ। ତ୍ରିଶୂଳ ଓ ଶର ପଥର ଦେହରେ ହିଁ ଥିଲା। ଭାଙ୍ଗିଯାଇଚି। ଏବେ ଲୁହାରେ। ଠିଆ ହୋଇଛନ୍ତି। ମହିଷର ଦେହ ଉପରେ ଗୋଟିଏ ପାଦ। ଅନ୍ୟ ପାଦଟି ସିଂହ ଉପରେ। ଏବଂ, ସିଂହର ପାଦ ମଧ୍ୟ ଶକ୍ତି ପ୍ରତିଷ୍ଠା କରୁଛି ମହିଷର ଦେହରେ। ମହିଷର ମୁଣ୍ଡ ଓ ଦେହ ପରସ୍ପରଠାରୁ ଅଲଗା ହୋଇଯାଇଚି। ବେକ ଭିତରୁ ବାହାରି ଆସୁଛି ମଣିଷମୁଣ୍ଡ ଥିବା ରାକ୍ଷସ। ଏବଂ, ତ୍ରିଶୂଳ ବିଦ୍ଧ କରୁଛି ଅସୁରର ଛାତିକୁ। ବେକରେ ହାତ। ହାତରେ ଅହଂକାର। ଯେପରି ଏକ ପଥରର ପ୍ରତିମା ଭିତରେ ଜୀବନ୍ତ ମାତୃଶକ୍ତି।

ଏହି ଚେତନା ଏକ ପ୍ରତିମା ଦେହରେ କେବେ ପ୍ରତୀକିତ ହେଲା, ତାହାର ଇତିହାସ ବିତର୍କିତ। ବିଦେଶୀ ଗବେଷକମାନେ ରୂପ ଆଧାରରେ ତାଙ୍କୁ ଅଷ୍ଟମ/ନବମ

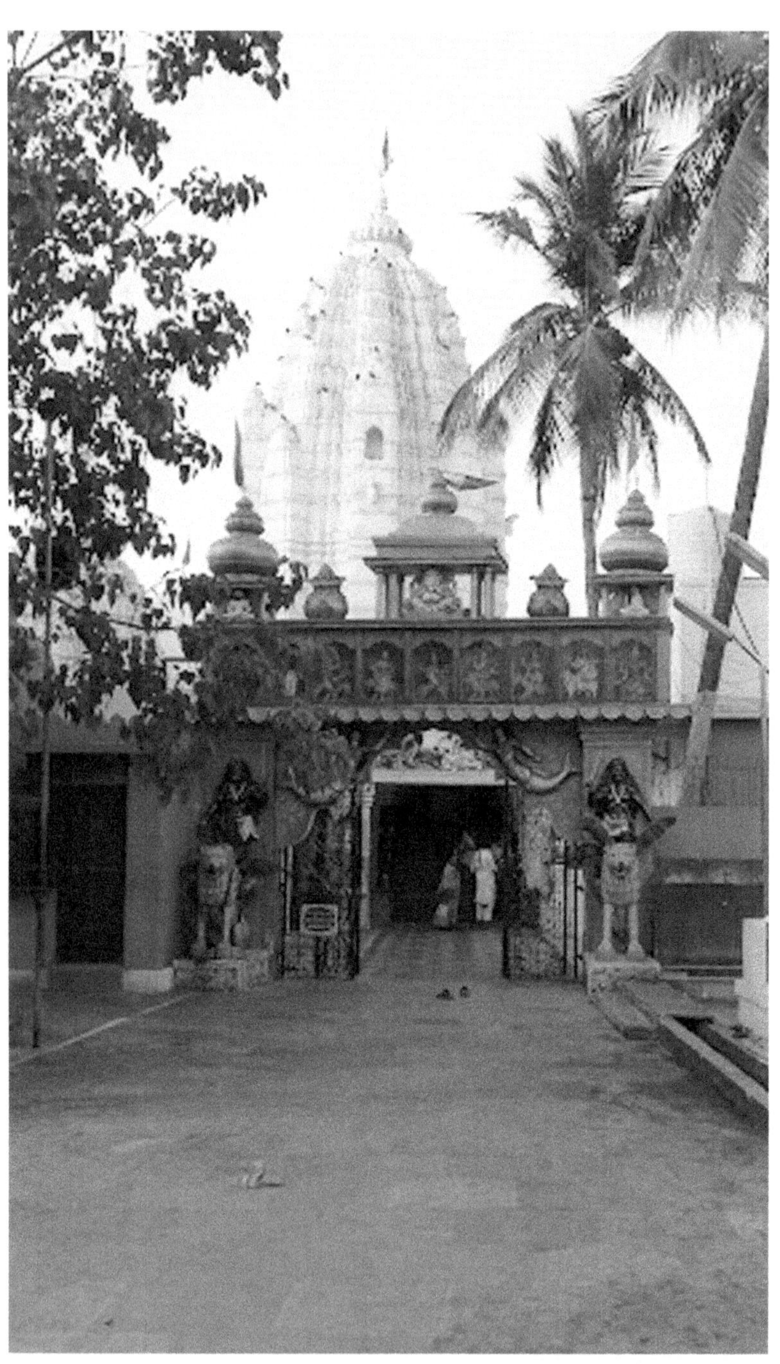

ଶତାବ୍ଦୀର ବୋଲି କୁହନ୍ତି। ସମଗ୍ର ପାଟଣାଗଡ଼ରେ ଏବେ ଜୀବିତ ପ୍ରତିମାମାନଙ୍କ ମଧ୍ୟରେ ଅନେକଙ୍କ ଜନ୍ମ ସମକାଳର କୁହାଯାଇପାରିବ।

ଦେବୀଙ୍କ ଜାତକ ସଂପର୍କରେ କେତେ କଥା ରହିଛି। ଅତୀତରେ ତାଙ୍କ ମୂର୍ତ୍ତି କି ମନ୍ଦିର ନଥିଲା। ପଥର ଦେହରେ ଖୋଳି ଦିଆଯାଇଥିଲା ଏକ ପାପୁଲିର ଚିହ୍ନ। ସେତେବେଳେ ସେ ଥିଲେ ଆଟବିକ ପୂଜିତା। ଏବଂ, ନାଁ ଥିଲା ପତନେଶ୍ୱରୀ/ ପାତନେଶ୍ୱରୀ। ପାତନେଶ୍ୱରୀ କହିବାର କାରଣ, ବିଜିତ ଦଳପତି ବା ରାଜା, ପରାଜିତ ରାଜା ଓ ସେମାନଙ୍କ ସୈନ୍ୟମାନଙ୍କୁ ଏଇଠି ପତନ କରିଥିଲେ। ପତନ ପରେ ନିପାତ କରି ଆରାଧ୍ୟା ଦେବୀଙ୍କୁ ସମର୍ପଣ କରୁଥିଲେ। କେବଳ ପରାଜିତ ରାଜା ନୁହନ୍ତି, କ୍ଷମତାର ପ୍ରତିବାଦୀମାନଙ୍କୁ ଦେବୀଙ୍କ ପ୍ରସାଦ ହେବାକୁ ପଡୁଥିଲା। କୁହାଯାଏ, ପାଟଣେଶ୍ୱରୀ ନାଁ ପତନର ଈଶ୍ୱରୀ, ପାତନେଶ୍ୱରୀରୁ ଉଦ୍‌ଭବ। ଅତୀତରେ ସ୍ଥାନର ନାଁ ଥିଲା କୁଶଳଗଡ଼, ବିକ୍ରମଗଡ଼। ସୋମବଂଶୀ ଓ ଗଙ୍ଗବଂଶୀ ରାଜତ୍ୱ କାଳରେ ଏକ ଆଟବିକ ଶାସିତ ଭୂମି ସଂପ୍ରସାରିତ ଓ ଆର୍ଯ୍ୟାୟିତ ହୋଇଛି। ଅଥବା, ବିଶାଳ କୋଶଳ ମଣ୍ଡଳରେ ଏକ ସ୍ୱତନ୍ତ୍ର ଆୟତନ ଜନ୍ମନେଇଛି- ପାଟଣା।

ଈଶ୍ୱରୀଙ୍କ ଗୋପନ ଇଚ୍ଛା ସଂପର୍କରେ ପୁଣି କେତେ କଥା। ସେ ପିଲା, ବିଶେଷତଃ ଝିଅମାନଙ୍କ ସହିତ ଖେଳିବାକୁ ଭଲ ପାଉଥିଲେ। ଏବଂ, ଖେଳେଇ କୋଳେଇ ସେମାନଙ୍କୁ ଏମିତି ଜାଗାରେ ଲୁଚେଇ ଦେଉଥିଲେ ଯେ, ଯେତେ ଖୋଜିଲେ, ଆଉ ସେମାନଙ୍କର ପତ୍ତା ମିଳୁନଥିଲା। ଲୋକେ କହୁଥିଲେ, ବିଚାରୀମାନଙ୍କର କାଳେ ଦେବୀଙ୍କ ଆହାର ହେବାର ସୌଭାଗ୍ୟ ଥିଲା। ଦେବୀଙ୍କ ପ୍ରକୋପ ଓ ଚତୁରତାରୁ ସାଧାରଣ ମଣିଷମାନଙ୍କୁ ନିରାପଦ ରଖିବା ପାଇଁ କ୍ଷମତା ଜଣେ ତାନ୍ତ୍ରିକର ସାହାଯ୍ୟ ନେଲେ। ମହମର ମୁଖା ତିଆରି କରି ମୁହଁ ଉପରେ ଖଞ୍ଜିଦେଲେ। ଢାଙ୍କି ହେଇଗଲା ମା'ଙ୍କ ମୋହିନୀ ମୁହଁ। ସେ ନାରୀ, କି ପୁରୁଷ ଚିହ୍ନିବା ସମ୍ଭବ ହେଲାନାହିଁ। ମାତ୍ର ମହମ ମୁଖା ବେଶୀଦିନ ରହିଲାନାହିଁ। ଭିତର ମୂଷାମାନଙ୍କ ଘର ହେଲା। ଭକ୍ତମାନେ ଏଥର ଦେବୀଙ୍କୁ ମୁଖାମୁକ୍ତ କଲେ। ପିତ୍ତଳର ମୁଖାଟିଏ ତିଆରି କରି ଖଞ୍ଜିଦେଲେ ମୁହଁରେ। ଇଚ୍ଛା ଓ ସମୟ ଅନୁସାରେ, ମୁଖାକୁ ବ୍ୟବହାର କରାଯାଇ ପାରିବ। ଦେବୀ ପୁଣି ଯନ୍ତ୍ରାସୀନ। ପ୍ରତ୍ୟେକ ଦିନ ନୂଆ ନୂଆ ପ୍ରତୀକର ମୁରୁଜ ପକାଯାଏ ତାଙ୍କ ପାଦ ତଳେ। ମୁରୁଜରୁ ଚିହ୍ନିହୁଏ ତାଙ୍କ ସ୍ୱରୂପ।

ମାତ୍ର ଏହା ସତ ଯେ, ଦେବୀ ସେଦିନର ପାଟଣାଗଡ଼ର ଇଷ୍ଟଦେବୀ। ଗଡ଼ ଥିଲା ବେଶ୍ ପ୍ରଶସ୍ତ। ଚାରି ପାଖରେ କଣ୍ଟାବାଉଁଶର ଝାଡ଼। ଶତ୍ରୁ ତ ଦୂରର କଥା, ପବନ ବି ପରାସ୍ତ ହେବ ଭିତରକୁ ପ୍ରବେଶ ପାଇଁ। ଝାଡ଼ ଭିତରେ ପୁଣି ଗଡ଼ଖାଇ।

ସ୍ଥାନୀୟ ଭାଷାରେ ଘଷନ୍‌ଖାଇ। ଭିତରେ ଏକ ଉଚ୍ଚା ଭୂମି ଉପରେ ଦୁର୍ଗ। ଦୁର୍ଗର ଥିଲା ଚାରୋଟି ଦ୍ୱାର। ଦକ୍ଷିଣ, ପଶ୍ଚିମ, ଉତ୍ତର ଓ ପୂର୍ବ ଦିଗକୁ ସୁରକ୍ଷା ଦେଉଥିଲେ- ଯଥାକ୍ରମେ ଗଣେଶ, ଗଙ୍ଗାଦେବୀ, ସରସ୍ୱତୀ ଓ ଭୈରବୀ।

ଭୈରବୀଙ୍କର ଆସ୍ଥାନ ମଶାଣିପଦା ପାଖରେ। ତାଙ୍କର ଆଠଟି ହାତ। ଠିଆ ହୋଇଛନ୍ତି ମହାଭୈରବ ଶିବଙ୍କ ଉପରେ। ହାତରେ ନାନା ଆୟୁଧ। ଉତ୍ତୋଳିତ ଖଣ୍ଡା, ଲହଲହ ଜିଭ। ବେକରେ ମଣିଷମୁଣ୍ଡର ମାଳ। ଭୟଙ୍କରା। ପାଖରେ ସାତଜଣ ସହଚରୀ ଜଗି ରହିଛନ୍ତି। ଉଚ୍ଚତା ପ୍ରାୟ ଅଢ଼େଇ ଫୁଟ। ଘର ଏତେ ପୁରୁଣା ନୁହେଁ। ଉତ୍ତର ଦିଗର ଈଶ୍ୱରୀ ସରସ୍ୱତୀ। ରୂପ କମନୀୟ। ପ୍ରାୟ ଅଢ଼େଇ ଫୁଟ ଉଚ୍ଚତା ଓ ଦେଢ଼ଫୁଟ ଚଉଡ଼ା ପଥରରେ ଗଢ଼ା ତାଙ୍କ ଦେହ। ହାତରେ ବୀଣା, ପାଦରେ ଛନ୍ଦ। ମୁହଁରେ ରାଗାଙ୍କିତ ଅନୁଭବ। ମାତ୍ର ଖାଇ ପାଖର ଏକ ଗଛ ତଳେ ଖରା-ବର୍ଷାର ତାପକୁ ଆନନ୍ଦରେ ଉପଭୋଗ କରୁଛନ୍ତି ଏହି ସଂଗୀତପ୍ରବୀଣା ଓ ବିଦ୍ୟାଦାତ୍ରୀ ଦେବୀ। ଦକ୍ଷିଣରେ ଗଣେଶ ବି ସେମିତି ଖରାରେ ସିଝୁଛନ୍ତି। ବର୍ଷାରେ ଭିଜୁଛନ୍ତି। ବସିଛନ୍ତି, ପାଖରେ ମୂଷା। ଗଙ୍ଗାଦେବୀ ଅବର୍ତ୍ତମାନ। ପାଟଣାରୁ ସ୍ଥାନାନ୍ତରିତ ହୋଇଛନ୍ତି ସମ୍ବଲପୁର। ବିଶ୍ୱବିଦ୍ୟାଳୟର ସଂଗ୍ରହାଳୟକୁ ପବିତ୍ର କରୁଛନ୍ତି। ଏମାନଙ୍କ ବ୍ୟତୀତ ରାଜଧାନୀରେ ପୁଣି ବର୍ତ୍ତମାନ ଅଛନ୍ତି ଦୁର୍ଗା, ସମଲେଶ୍ୱରୀ ଓ ଦଶମତୀ। ଏବଂ, ଛୋଟ ବଡ଼ ଅନେକ ପ୍ରତିମା। ସେମାନେ ମଧ୍ୟ ଅଛନ୍ତି ସୁବର୍ଣ୍ଣପୁରରେ। ତେଣୁ ସୁବର୍ଣ୍ଣପୁର ଓ ପାଟଣାର ସଂପର୍କ ଯେ ନିବିଡ଼, ପ୍ରତିମାମାନଙ୍କ ପରିଚୟ ତାହାର ଉଦାହରଣ।

ପାଟଣେଶ୍ୱରୀଙ୍କ ଆହାର, ବିହାର ଓ ବେଶଭୂଷା ଅନ୍ୟ ଦେବୀମାନଙ୍କ ଅନୁରୂପ। ଏଠାରେ ବି, ଦଶହରା ଅବକାଶରେ ମା'ଙ୍କୁ ରକ୍ତ(ଜୀନୀଶକ୍ତି)ରେ ତୁଷ୍ଟ କରାଯାଏ। ଏଠି ବି ବରୁଆ ଅଛନ୍ତି। ତାଙ୍କ ଦେହରେ ଦେବୀ ପ୍ରବେଶ ହୁଅନ୍ତି। ମନ୍ଦିର ପାଖ ପୋଖରୀରେ ଓ ଦେବୀଙ୍କ ପୀଠରେ ନାନାପ୍ରକାର ବିଧି ପାଳିତ ହୁଏ। ଦେବୀଙ୍କର ବିଜେପ୍ରତିମା ନାହାନ୍ତି। ଛତ୍ର ଅଛି। ପୂଜା ପାଉଛି ତାଙ୍କ ପ୍ରତିମା ପାଖରେ। ତାଙ୍କ ପ୍ରତୀକ ଛତ୍ର ପାଖକୁ ଆସେ। ଗଡ଼ ପରିକ୍ରମା କରେ। ସନ୍ତାନମାନଙ୍କ ପାଖରେ ନିଜର ଉପସ୍ଥିତି ଘୋଷଣା କରେ। ମାତ୍ର ଗୁରୁତ୍ୱପୂର୍ଣ୍ଣ, ଦେବୀଙ୍କ ପୂଜକ ନା ଆଟବିକ, ମାଳୀ; କ୍ଷତ୍ରିୟ। ଏବଂ, ସେମାନେ ପରିଚୟ ଦିଅନ୍ତି ତାନ୍ତ୍ରିକ, ମହାତାନ୍ତ୍ରିକ। ଦେବୀଙ୍କ ପାଖରେ ଶିବ ବି ଅଛନ୍ତି। ସୁନ୍ଦର ମନ୍ଦିରରେ ରହନ୍ତି। ଟିକିଏ ଦୂରରେ ଶ୍ରୀଜଗନ୍ନାଥ। ମନ୍ଦିରଗୁଡ଼ିକ ଏତେ ପୁରୁଣା ନୁହନ୍ତି। ପ୍ରାୟ ଅଷ୍ଟାଦଶ ଶତାବ୍ଦୀର ଗଢ଼ଣ। ଉପାଦାନ- ଚୂନ, ଇଟା ଓ ଉପର ଚିକ୍କଣ।

ତେବେ ପାଟଣାର ଈଶ୍ୱରୀଙ୍କୁ ଦେଖିଲେ, ଅନୁଭବ କରିହୁଏ, ଅଳ୍ପ ଦୂରରେ

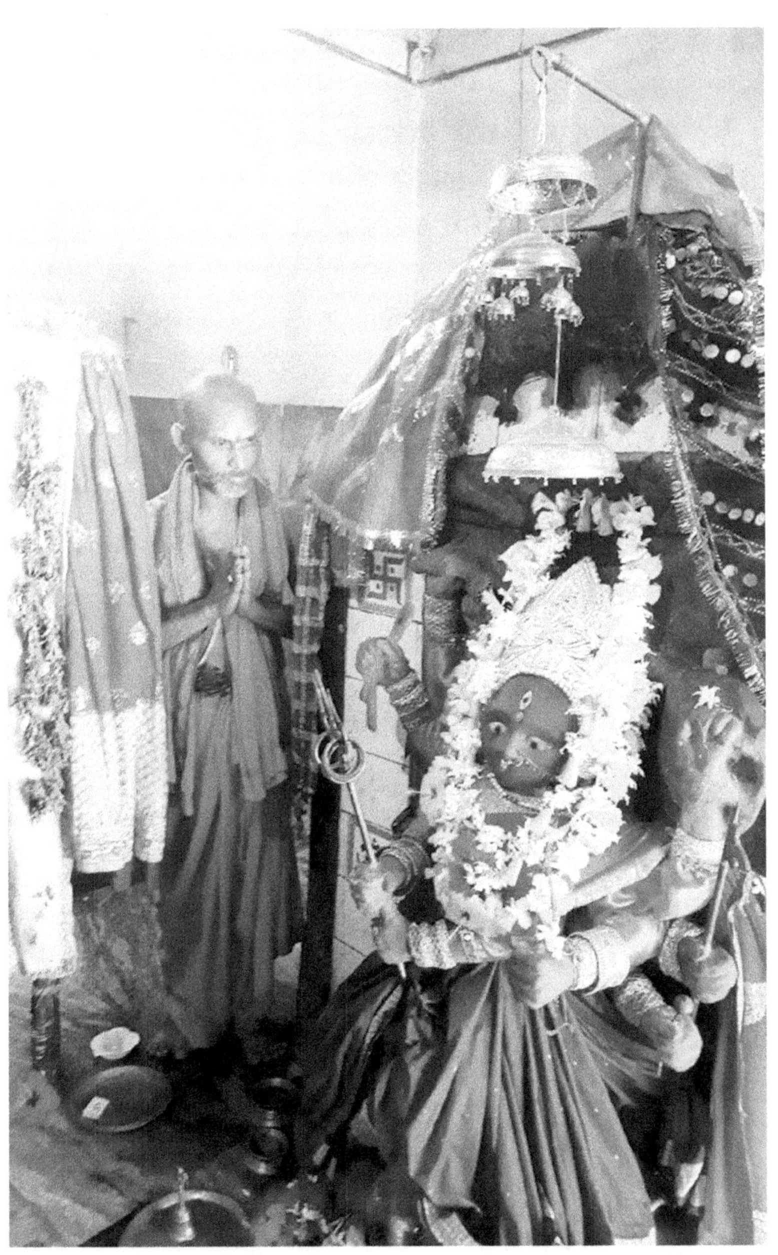

ଥିବା ରାଣୀପୁର ଝରିଆଲ ଓ ଦୂରସ୍ଥ ସୋନପୁର ଶକ୍ତିରୂପାମାନଙ୍କୁ। ଏମାନଙ୍କୁ ଦେଖିଲେ କହିବାକୁ ଆଦୌ କୁଣ୍ଠିତ ଲାଗିବନାହିଁ ଯେ, ପ୍ରତିମାମାନେ ଆଟବିକ, ଶୈବ, ତନ୍ତ୍ର ଓ ବୌଦ୍ଧ ସହଜଯାନର ବିଶ୍ୱାସର ପ୍ରତୀକ।

ବଡ଼ କଥା ହେଲା- ଆଜି ପାଟଣାଗଡ଼ ଅଛି। ପାଟଣାଗଡ଼ର ଅଧୀଶ୍ୱରୀ ବି ଅଛନ୍ତି। ଗଡ଼ର ଆବଶେଷକୁ ବି ଅନୁଭବ କରିହେଉଛି। ମାତ୍ର ସେଦିନର ରାଜଧାନୀ ପାଟଣାଗଡ଼ର ରୂପ ଏବେ ଫିକା। ରାଜଧାନୀ ସ୍ଥାନାନ୍ତର ହୋଇଛି ବଲାଙ୍ଗିରକୁ। ୧୮୭୨ ମସିହାରେ ବ୍ରିଟିଶ ସରକାର ବଲାଙ୍ଗିରରେ ପ୍ରତିଷ୍ଠା କରିଛନ୍ତି ନୂଆ ରାଜଧାନୀ ବଲାଙ୍ଗିର। ରାଜଧାନୀ ତ ଆସିଲା, ମାତ୍ର ଇଷ୍ଟଦେବୀ? ଇଷ୍ଟଦେବୀ ବି ଆସିଲେ, ମାତ୍ର ସେହି ପ୍ରାଚୀନ ଦେବୀ ପତନେଶ୍ୱରୀ ବା ପାତନେଶ୍ୱରୀ ନୁହନ୍ତି। ରାଜା ପ୍ରତିଷ୍ଠା କରିଛନ୍ତି ନୂଆ ରାଜଧାନୀରେ ଦେବୀଙ୍କ ଅନୁରୂପା ଆଉ ଏକ ପାଟଣେଶ୍ୱରୀ। ନୂଆ ରାଜଧାନୀର ଈଶ୍ୱରୀ ନୂଆ ତ ଲାଗିବା ସ୍ୱାଭାବିକ। ମାତ୍ର ପ୍ରାଚୀନତାର ଐଶ୍ୱର୍ଯ୍ୟମୟ ଅନୁଭବ ଏଠି ଅନୁପସ୍ଥିତ। ତଥାପି ପାଟଣେଶ୍ୱରୀଙ୍କ ଚେତନା ସ୍ଥାନୀୟ ଜନମାନସରେ ସଦା କ୍ରିୟାଶୀଳ। ଏବଂ, ଆମ ସ୍ଥାପତ୍ୟରେ ପାଟଣେଶ୍ୱରୀଙ୍କ ଉପସ୍ଥିତି ଏକ ଚିରନ୍ତନ ଅଭିବ୍ୟକ୍ତି।

କଳାର ଭୂମି କଳାହାଣ୍ଡି

ମାଣିକେଶ୍ୱରୀ

ଯିଏ ମାଣିକ୍ୟର ଈଶ୍ୱରୀ, କେଉଁ ଉପାଦାନରେ ଗଢ଼ା ଯାଇଥିବ ତାଙ୍କ ଦେହ ? କେତେ ସ୍ୱତନ୍ତ୍ର ଦିଶୁଥିବେ ସେ ? ଚାହିଁ ହେଉନଥିବେ ନିଶ୍ଚେ । ଚେତନା ଚକିତ ହୋଇଯାଇଥିବ । ତାଙ୍କୁ ଖୋଜୁଥିବ । ଏବଂ, ତାଙ୍କର ଯେଉଁ ରୂପ ତିଆରି ହେଉଥିବ, ତାହା କେଉଁ ଅନନ୍ତ କାଳରୁ ତିଆରି ହୋଇଚାଲୁଥିବା ରୂପ । ସର୍ଜନ ସ୍ୱପ୍ନ ଭିତରେ ସମାଚ୍ଛନ୍ନ ରୂପ । ମା'ର ରୂପ ।

ମା' ମାଣିକେଶ୍ୱରୀଙ୍କ ଆବିର୍ଭାବ ଓଡ଼ିଶାର କେଉଁ ଗୋଟିଏ ଜାଗାରେ ନୁହେଁ । ସେ ପାରଳାଖେମୁଣ୍ଡି, ସାନଖେମୁଣ୍ଡି, ବଡ଼ଖେମୁଣ୍ଡି, କଳାହାଣ୍ଡି ଓ ସୋନପୁର- ନାନା ରାଜ୍ୟର ଇଷ୍ଟଦେବୀ ଅଥବା ରାଜପୂଜିତା । ଆଧୁନିକ କଳାହାଣ୍ଡିର ରାଜଧାନୀ ଭବାନୀପାଟଣାର ଭବାନୀ । ସେ ଏମିତି- ପଥର ଉପରେ ଗୋଟିଏ ଯନ୍ତ୍ର । ଶକ୍ତିଙ୍କ ପ୍ରତୀକ । ଉପରେ କାଠର ସ୍ତମ୍ଭ । ସ୍ତମ୍ଭ ଦେହରେ ନାଲି/କଳା ରଙ୍ଗର ବସ୍ତ୍ରର ବେଢ଼ଣ । ଉପରେ ମାଟିରେ ତିଆରି ଦେବୀଙ୍କର ଏକ ମସ୍ତକ । ମଣି-ମାଣିକ୍ୟରେ ବିଭୂଷିତା । ମଥା ନଥିବାରୁ ଆମ ଶାସ୍ତ୍ରକାରମାନେ କୁହନ୍ତି, ସେ ଛିନ୍ନମସ୍ତା । ପ୍ରତ୍ୟେକ ବର୍ଷ ମୂଳାଷ୍ଟମୀ ରାତିରେ ମା'ଙ୍କ ମାଟିମୁଣ୍ଡକୁ ବିସର୍ଜନ କରିଦିଆଯାଏ । ଖମ୍ଭ ଉପରେ ଖଞ୍ଜିଦିଆଯାଏ ନୂଆ ଏକ ମୁଣ୍ଡ । ଖମ୍ଭ ଶାଳଗଛର ମଞ୍ଜକାଠ । ସେ ବି ବଦଳନ୍ତି । ମାତ୍ର ପ୍ରତ୍ୟେକ ବର୍ଷ ନୁହେଁ, ଏବଂ ଯେଉଁ ଗଛ ମାତୃରୂପରେ ରୂପାନ୍ତରିତ ହେବେ, ସେ ସାଧାରଣ ଗଛ ନୁହେଁ । ତା' ମୂଳରେ ଅନ୍ୟ ଗଛ ନଥିବ, ଦେହରେ ବସା ବାନ୍ଧିନଥିବେ ପକ୍ଷୀ, ଘଡ଼ଘଡ଼ି/ଚଡ଼ଚଡ଼ି ଆହତ କରିନଥିବ ଦେହ । ଗଛ ବାଛିବା, କାଟିବା ଓ ପୀଠରେ ଥାପନା କରିବା- ନାନା ବିଧିବିଧାନରେ ପାଳିତ ହେବ । ସେ କାଠଖଣ୍ଡ ନୁହନ୍ତି, ବିଶ୍ୱାସ । ଏହି ସକଳ ବିଶ୍ୱାସ କାର୍ଯ୍ୟକାରୀ ହୁଏ ଜାନି, ଶକ୍ତିଙ୍କ ପ୍ରତିନିଧି ମାଧ୍ୟମରେ ।

କାଠ ଅଥବା ପଥରଖଣ୍ଡ ଭିତରେ ଅଦୃଶ୍ୟ ଶକ୍ତିର ଅନୁଭବ, ଜନଜାତିର ବିଶ୍ୱାସ। ଏହି ଅଦୃଶ୍ୟ ଶକ୍ତି, ବ୍ୟକ୍ତି ଅଥବା ଗୋଷ୍ଠୀର ସୁଖକର ଓ ଆପଦମୁକ୍ତ ଜୀବନଯାତ୍ରାର କାରଣ। କ୍ଷମତା ଏହି ମୂଳ ବିଶ୍ୱାସକୁ ସମୟକ୍ରମେ ସ୍ତମ୍ଭ କରିଛି, ପ୍ରତିମାୟିତ କରିଛି, ବିଶ୍ୱାସକୁ ଖୁସି କରିବାପାଇଁ ବିଧିବିଧାନମାନ ତିଆରି କରିଛି। ତେଣୁ ଭବାନୀପାଟଣାର ମାଣିକେଶ୍ୱରୀ ହେଉଛନ୍ତି ସ୍ତମ୍ଭେଶ୍ୱରୀ, କନ୍ଧ ଜନଜାତିର ବିଶ୍ୱାସର ଆର୍ଯ୍ୟାୟନ। ଆମେ ଏହି ପ୍ରକ୍ରିୟାକୁ ଜଗନ୍ନାଥଙ୍କ ନବକଳେବର ପରମ୍ପରା ସହିତ ତୁଳନା କରିପାରିବା।

କନ୍ଧ-କୁଇ ଭାଷାରେ ଶବ୍ଦଟିଏ ଅଛି 'ମାନିକସାଇରୋ'। ମାଣିକେଶ୍ୱରୀ ଏହି ଶବ୍ଦର ରୂପାନ୍ତର ହୋଇଥିବା ସମ୍ଭବ। ନାରୀ ପାଖରେ ପୁରୁଷ ପରି, ଦେବୀଙ୍କ ପାଖରେ ଦେବତା ଥାଆନ୍ତି। ମାଣିକେଶ୍ୱରୀଙ୍କ ପାଖରେ ଅଛନ୍ତି ବୁଢ଼ାରାଜା(ବୁଢ଼ା ଦେଓ)। ତାଙ୍କ ପାଇଁ ଆମେ ନୂଆ ଶାସ୍ତ୍ରୀୟ ନାଁ ତିଆରି କରିଛୁ। ମହାକାଳ, ଭୈରବ। ଅର୍ଥାତ୍ ଶିବ। ମାଣିକେଶ୍ୱରୀ ଶକ୍ତି ହେଲେ ବୁଢ଼ାରାଜା ଶିବ ହେବା ଅସ୍ୱାଭାବିକ ନୁହେଁ।

କନ୍ଧଦେବୀ 'ମାନିକସାଇରୋ'ଙ୍କ ଆଦିପୀଠ କାଳେ ଥିଲା 'ଉଣ୍ଡେଶିରି'। 'ଉଣ୍ଡେଶିରି'ର ରୂପାନ୍ତର ଭବାନୀପାଟଣା। ଦେବୀ ପ୍ରଥମେ ଏଠାରେ ଏକ ମୁକ୍ତ ପରିମଣ୍ଡଳରେ ବିହାର କରୁଥିଲେ। ମୁକ୍ତ ପରିମଣ୍ଡଳ କହିଲେ ପ୍ରକୃତିର ଘର। ପରେ ତାଙ୍କ ପାଇଁ ସାନ ଗୁଡ଼ିଟିଏ ତିଆରି ହୋଇଛି। ସିଏ ଆଉ ଖରା, ବର୍ଷା, ଶୀତରେ କଷ୍ଟ ପାଇବେନି। ପରେ ତାଙ୍କପାଇଁ ବଡ଼ ମନ୍ଦିରଟିଏ ତିଆରି ହୋଇଛି ୧୮୫୧ରୁ ୧୯୩୫ ମସିହା ମଧ୍ୟରେ। ଏକ ଜନଜାତିର ବିଶ୍ୱାସ, କ୍ଷମତା ବିଶ୍ୱାସରେ ରୂପାନ୍ତରଣ ପରେ।

ଏହା ୧୮୫୦ ମସିହାର କଥା। ରାଜା ଫତେ ନାରାୟଣଦେଓ ଏହି ଭୂଖଣ୍ଡର ଅଧୀଶ୍ୱର। ସେ ନାଗବଂଶୀ। ସେତେବେଳର ରାଜଧାନୀ ଜୁନାଗଡ଼ ବା ଜେନାମଣିପାଟଣା। ଜୁନାଗଡ଼ର ଇଷ୍ଟଦେବୀ ଲଙ୍କେଶ୍ୱରୀ। ଗଡ଼ରେ ମହାମାରୀର ପ୍ରକୋପ ପ୍ରବଳତର। ରାଜାଙ୍କର ଦ୍ୱିତୀୟ ସନ୍ତାନ ମହାମାରୀର ଆଁ'ରେ। ରାଜା ବଂଶ ବଞ୍ଚାଇବାପାଇଁ ବଡ଼ପୁଅ ଉଦିତପ୍ରତାପକୁ ଧରି ଉଣ୍ଡେଶିରି ଚାଲିଆସିଛନ୍ତି। ମାନିକସାଇରୋଙ୍କ ଶରଣ ପଶିଛନ୍ତି। ମା' ଏବେ ତୁଷ୍ଟ। ବଂଶର ଉତ୍ତରାଧିକାରୀ ବିପଦମୁକ୍ତ। ସେ ଜୁନାଗଡ଼ରୁ ଉଠିଆସିଛନ୍ତି ଉଣ୍ଡେଶିରି। ଉଣ୍ଡେଶିରି ଭବାନୀପାଟଣା ନାଁରେ ନୂଆ ରାଜଧାନୀ ହେଉଛି। ମାନିକସାଇରୋ ଇଷ୍ଟଦେବୀ ରାଜାଙ୍କ ଇଷ୍ଟଦେବୀର ମାନ୍ୟତା ପାଉଛନ୍ତି। 'ଗୁଡ଼ି' ମନ୍ଦିରର ରୂପ ନେଇଛି। ଉଚ୍ଚତା ପ୍ରାୟ ଷାଠିଏ ଫୁଟ। ପଥର ପୀଠ। ଇଟା ତିଆରି। ରେଖାକୃତି। କୋଟିକମ ନୁହେଁ, ମାତ୍ର କମନୀୟ। ଆଗରେ ମଣ୍ଡପ। ମୁଖ୍ୟ ମନ୍ଦିରର ଉତ୍ତର, ପଶ୍ଚିମ ଓ ଦକ୍ଷିଣ ଦିଗରେ ତିନୋଟି ଛୋଟ ଛୋଟ ରେଖା ଦେଉଳ। ଦେଉଳ ଭିତରେ ବିଜେ କରିଛନ୍ତି ଯଥାକ୍ରମେ ବୈଷ୍ଣବୀ, ନାରସିଂହୀ

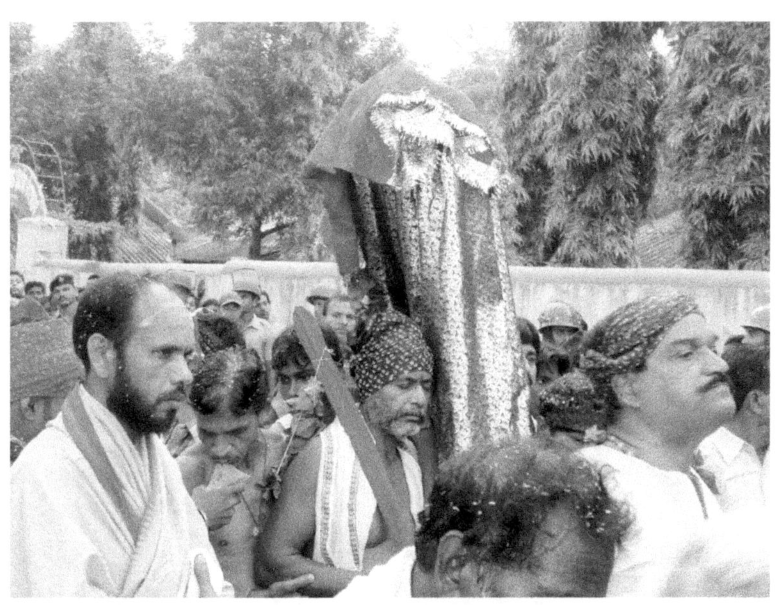

ଓ ବାରାହୀ। ପ୍ରତ୍ୟେକ ସୁଗଠିତ ଓ ସୁସଜ୍ଜ। କଳାମୁଗୁନି ପଥରର ଦେହ। ପ୍ରାଚୀନ ନୁହନ୍ତି, ମାତ୍ର ପାରମ୍ପରିକ ଏବଂ ଯାହା ଗୁରୁତ୍ୱପୂର୍ଣ୍ଣ, ମା'ଙ୍କ ବିଜେସ୍ଥଳୀ ରାଜପ୍ରାସାଦ ପାଖରେ। ଯେପରି କ୍ଷମତାକୁ ନିରାପତ୍ତା ଦେଉଛନ୍ତି। ପ୍ରଜାକୁଳକୁ ବି।

ଜନଜାତି ବିଶ୍ୱାସର ନାଁ ମାଣିକେଶ୍ୱରୀରର କାରଣ କ'ଣ ବା ହୋଇପାରେ? ପ୍ରଶ୍ନର ଉତ୍ତର ବିତର୍କିତ। ତେବେ 'ମାଣିକ୍ୟ' ଶବ୍ଦର ଅର୍ଥରୁ ବୁଝିହେଉଛି, ଏହା ମୂଲ୍ୟବାନ ଧାତୁଦ୍ରବ୍ୟ। ଦୁର୍ଲଭ କୁହାଯାଇପାରିବ। ଏହି ମୂଲ୍ୟବାନ ଧାତୁ ଦ୍ରବ୍ୟ ପ୍ରତି କ୍ଷମତାର ଅତୃପ୍ତ ଓ ଅତୁଟ ମୋହ। ମାତ୍ର ଜନଜାତିର ସରଳ ମଣିଷମାନଙ୍କର ଆବଶ୍ୟକତା ମାଣିକ୍ୟ ନୁହେଁ, ଖାଦ୍ୟ ଓ ଆପଦମୁକ୍ତ ମୁକ୍ତଜୀବନ। ଭାରତବର୍ଷର ମଧଖଣ୍ଡର ଏହି ଅଞ୍ଚଳ ମୂଲ୍ୟବାନ ରତ୍ନପଥରର ଭଣ୍ଡାର ଥିଲା। ଅନ୍ୟମାନଙ୍କ ଭାଷାରେ, ତେଣୁ, ଅଞ୍ଚଳର ନାଁ ଥିଲା 'କୁରୁନ୍ଦମ୍'। ଅଥବା 'କାରୁଣ୍ଡ'। କୁରୁନ୍ଦମକୁ ନିରାପତ୍ତା ଦେଉଥିଲେ ଜଣେ ଶକ୍ତି, ସେ ମାନିକସାଇରୋ। ସେ ପୁଣି ଜନଜାତି ପୂଜିତା। ତେଣୁ ବିଭିନ୍ନ ରାଜବଂଶ ଭିନ୍ନ ଭିନ୍ନ କାଳଖଣ୍ଡରେ ଏହି ବିସ୍ତୃତ ଅଞ୍ଚଳକୁ ନିଜର ଅଧିକାରମୁକ୍ତ କରିବାପାଇଁ ଲଢ଼େଇ କରିଛନ୍ତି। ସେମାନେ ଚିନ୍ଦକନାଗ, କାଳଚୁରୀ, ଚୋଳ, ସୋମ, ଗଙ୍ଗ, ସୂର୍ଯ୍ୟ, ଚୌହାନ ଓ ଅନ୍ୟମାନେ। ଲଢ଼େଇ କାଳରେ କ୍ଷମତା ସହିତ ଦିଅଁମାନେ ବି ଆସିଥାନ୍ତି। ମାତ୍ର ବହିରାଗତମାନେ ସ୍ଥାନୀୟମାନଙ୍କ ତୁଷ୍ଟୀକରଣ ପାଇଁ ସେମାନଙ୍କ

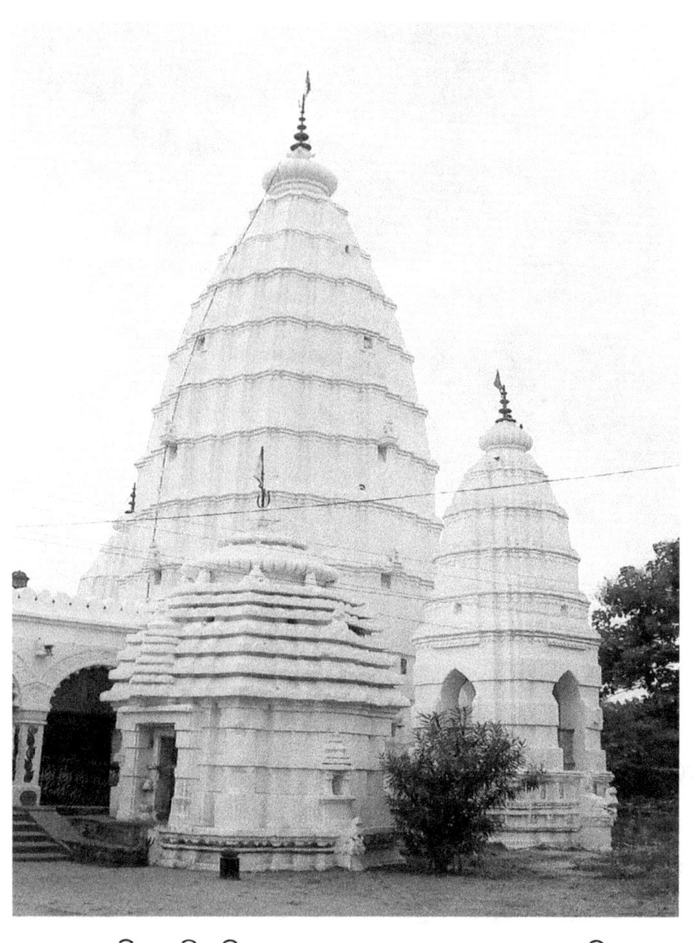

ବିଶ୍ୱାସକୁ ମନ୍ତ୍ର କରିଥାଆନ୍ତି। ଚିନ୍ଦକନାଗ, କାଳଚୁରୀ ଓ ଗଙ୍ଗମାନେ ମାନିକସାଇରୋଙ୍କୁ ଇଷ୍ଟଦେବୀ ଭାବରେ ସ୍ୱୀକାର କରିଛନ୍ତି। ଯୁଦ୍ଧଯାତ୍ରା, ଶାନ୍ତିଯାତ୍ରା, ବିନୋଦ ଯାତ୍ରା କାଳରେ ଇଷ୍ଟଦେବୀ ଆଗରେ ରହିଛନ୍ତି। ଘୁମୁରା, ଢୋଲ, ନିଶାନ୍, ତୂରୀ ଆଦି ବୀରବାଜା ବାଜୁଥାଏ। ଗହ ଗହ ନାଦ। ବାଜା ସହିତ ଗୀତ ଓ ନାଚ। ପ୍ରତି ପ୍ରାଣରେ ଉନ୍ମାଦନା। ଉଦ୍ଦାମତା। ମା' ଯାଉଛି। ଆମେ ବିପଦମୁକ୍ତ, ମା'ଙ୍କୁ ତୁଷ୍ଟ କରିବାକୁ ପଡ଼ିବ। ସକଳ ପର୍ବ, ସକଳ ଯାତ୍ରା, ସକଳ ମାଙ୍ଗଳିକ କାର୍ଯ୍ୟର ଆରମ୍ଭ ତା' ନାଁରେ। ଦିନ, ମାସ, ବାର ବି ଧାର୍ଯ୍ୟ କରାଯାଇଥାଏ। ଦଶହରା ଅବକାଶରେ ମା' ମାଣିକେଶ୍ୱରୀଙ୍କ ସୁଖ ପାଇଁ ଆୟୋଜିତ 'ଛତର ଯାତରା'ରେ ଭକ୍ତମାନଙ୍କ ଦ୍ୱାରା ସମର୍ପିତ ପୋଷାଜୀବମାନଙ୍କ ରକ୍ତ ଏହି ତୁଷ୍ଟୀକରଣ ମାନସିକତାର ପ୍ରତୀକ। ତେଣୁ

ମାଣିକେଶ୍ୱରୀ ଖଣ୍ଡିଏ କାଠ ମାତ୍ର, ମାତ୍ର ଜନବିଶ୍ୱାସର ପ୍ରତୀକ, କଳାବୋଧର ସରଳତମ ଅଥଚ ସୂକ୍ଷ୍ମ ଅଭିବ୍ୟକ୍ତି।

ଏହି ଅଭିବ୍ୟକ୍ତିର ବହୁ ପ୍ରତୀକ ସ୍ଥାପତ୍ୟ ରୂପରେ କଳାହାଣ୍ଡିରେ ଆଜି ମଧ୍ୟ ଜୀବନ୍ତ। ୧୯୯୪ ମସିହାରେ ଭବାନୀପାଟଣା ସହରରେ ମାଣିକେଶ୍ୱରୀ ସଂଗ୍ରହାଳୟର ଜନ୍ମ। ସେଠାରେ ରହିଛନ୍ତି ନରଲାର ବିଷ୍ଣୁପ୍ରତିମା(ଏକାଦଶ ଶତାବ୍ଦୀ), ରକ୍ଷିତାର ଅଶ୍ୱାରୋହୀ, ଗଜାରୋହୀ, ମହୁଲପାଟଣାର ଗଜଲକ୍ଷ୍ମୀ ଓ ସିଂହବାହିନୀ 'ଦୁର୍ଗା'(ପ୍ରାୟ ଏକାଦଶ ଶତାବ୍ଦୀ), ସଂଗ୍ରହାଳୟର ଆକର୍ଷଣ ତେଲ ଓ ଉତଲୀ ନଈର ସଙ୍ଗମ ଭୂମିରେ ଅବସ୍ଥିତ ବେଲଖଣ୍ଡୀରୁ ସଂଗୃହୀତ ସ୍ଥାପତ୍ୟ। ଆକର୍ଷଣୀୟ ପ୍ରତିମାମାନଙ୍କ ମଧ୍ୟରେ ଉମା-ମହେଶ୍ୱରଙ୍କ ଊର୍ଦ୍ଧ୍ୱଲିଙ୍ଗ ପ୍ରତିମା ସ୍ୱତନ୍ତ୍ର। ତନ୍ତ୍ର ସାଧନାର ଏହା ଦୃଶ୍ୟମାତ୍ର। ଉତ୍ଥିତଲିଙ୍ଗ ଶିବଙ୍କ ବାମ ଜାନୁରେ ବସିଛନ୍ତି ପାର୍ବତୀ, ତାଙ୍କ ଦକ୍ଷିଣ ହାତରେ ମହାଯୋଗୀଙ୍କ ମହାଲିଙ୍ଗ। ଏବଂ, ମହାଯୋଗୀଙ୍କ ବାମ ପାପୁଲିରେ ମହାମାୟାଙ୍କ ବାମ ସ୍ତନ। ଯୋଗଶାସ୍ତ୍ରରେ ଏହା ଶିବଲତା ମୁଦ୍ରାର ଜାଗତିକ ରୂପ। ମହାଭୈରବ ଓ ମହାଭୈରବୀଙ୍କ ଇନ୍ଦ୍ରିୟଯାତ୍ରାରୁ ଏକ ଅର୍ଦ୍ଧ-ଜାଗତିକ ମହାସମାଧିସ୍ଥ ଅନୁଭବ। ଅନ୍ୟ ଏକ ଚିତ୍ତଚିଆଁ ପ୍ରତିମା ଆଲିଙ୍ଗନ, ଚୁମ୍ବନ ଓ ସମ୍ଭୋଗ ସମାହିତ ପୁରୁଷ ଓ ନାରୀ। ଏସବୁ ସଂପଦକୁ ଦେଖିଲେ ଲାଗିବ, କଳାହାଣ୍ଡି କେବଳ ନାନା ଜାତିର ମାଣିକ୍ୟର ଭଣ୍ଡାର ନୁହେଁ, ଯାହା, ପ୍ରାୟ ତିନିହଜାର ବର୍ଷ ଧରି ସଂପଦ ମୋହଗ୍ରସ୍ତମାନଙ୍କ ସମର ଭୂମି ହୋଇଛି। ବରଂ କଳାହାଣ୍ଡି ଆମ ସୂକ୍ଷ୍ମ ନନ୍ଦନବୋଧ ଓ ଅଧ୍ୟାତ୍ମର କଳାଭୂମି। ଓଡ଼ିଶା ଇତିହାସ ରଚନାର ଓ ସ୍ଥାପତ୍ୟ ସଂରଚନାର ଅନ୍ୟତମ ଉର୍ବର ଆୟତନ।

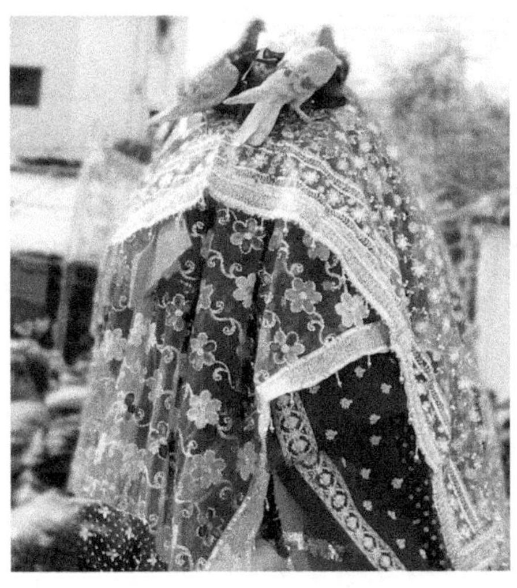

ସ୍ଥାପତ୍ୟରେ ଶକ୍ତିଙ୍କ ଆଦିରୂପ

ସ୍ତମ୍ଭେଶ୍ୱରୀ

ଜଣଙ୍କ ସଂପର୍କରେ ଆମେ ଏମିତି ପ୍ରଶ୍ନସବୁ ପଚାରିଥାଉ: ତା' ନାଁ କ'ଣ, ତା' ରୂପ କେମିତି, ତା' ଘର କେଉଁଠି ଏବଂ ସେ କ'ଣ କହିଲା ଇତ୍ୟାଦି। ବେଳେବେଳେ ତାକୁ ଦେଖିଦେଲେ, ଅନ୍ୟ ତିନୋଟିଯାକ ପ୍ରଶ୍ନ ସଂପର୍କିତ ସକଳ ଉତ୍ସୁକତା ସହଜରେ ପୂରଣ ହୋଇଯାଏ। ତା'ର ସମଗ୍ରକୁ ନିଜ ଭିତରେ ଅନୁଭବ କରିହୁଏ ତେଣୁ କୁହାଯାଏ, ଆମ ସାର୍ବକାଳିକ ସର୍ଜନଶୀଳତାର ମୂଳରେ ରହିଛି ଜଣଙ୍କର ରୂପ। ସେ କେତେ କଥା କହୁଛି, କେଉଁଠି ତା' ଘର, କେମିତି ତା' ରୂପ, ତା' ଆଚାର ଓ ବିଚାର - ପ୍ରତ୍ୟେକ ମଣିଷ ନିଜ ନିଜ ଭାବରେ ତାକୁ ଅନୁଭବ କରେ। ଦେଖେ, ଶୁଣେ ଏବଂ କଥା ହୁଏ। ବାସ୍ତବତଃ ସେ ଥାଏ, ଅଦୃଶ୍ୟରେ ଓ ବହୁ ରୂପରେ। ଆମ ଭିତରେ ଓ ଚେତନାରେ। ଆମ ସର୍ଜନଶୀଳତାର ଏମିତି ଏକ କଳାତ୍ମକ ଓ ଅଧ୍ୟାତ୍ମ ପ୍ରତୀକ ଖମ୍ଭେଶ୍ୱରୀ ବା ସ୍ତମ୍ଭେଶ୍ୱରୀ।

ଆମେ ଆଗରୁ ସୋନପୁର ଓ ଭବାନୀପାଟଣାର ସ୍ତମ୍ଭେଶ୍ୱରୀ(ମାଣିକେଶ୍ୱରୀ)ଙ୍କ ସଂପର୍କରେ ସଂକ୍ଷିପ୍ତ ଆଲୋଚନା କରିଛେ। ଏବେ ସେହି ସ୍ତମ୍ଭେଶ୍ୱରୀଙ୍କ ସଂପର୍କରେ ବିସ୍ତୃତ ଆଲୋଚନା କରିବା। ସେ ଈଶ୍ୱରୀ ଅର୍ଥାତ୍ ଶକ୍ତିରୂପା। ସକଳ ବ୍ରହ୍ମାଣ୍ଡ ତା' ଇଚ୍ଛା ନିୟନ୍ତ୍ରିତ ଏବଂ ତା' ଦେହସମ୍ଭୂତ। ତେଣୁ ପ୍ରତ୍ୟେକ ତା' ନିୟନ୍ତ୍ରିତ ହେବାକୁ ବାଧ୍ୟ। ମାତ୍ର ତା' ରୂପ କେମିତି ? ଆମ ଦ୍ୱିତୀୟ ପ୍ରଶ୍ନ। ସେ ଏମିତି ଯେ, କେମିତି କହିହେବନି। ମାତ୍ର ତା'ର ଅସ୍ତିତ୍ୱ ଅଛି। ଆମ ପରି ତା' ଦେହ ମଧ୍ୟ ପଦାର୍ଥରେ ଗଢ଼ା। ତାକୁ ଯିଏ ଯେମିତି ଦେଖୁଛି, ସେଇ ରୂପରେ ତିଆରି କରିପାର ମନାନାହିଁ।

ଆମ ସର୍ଜନଶୀଳତା ତା' ବିଚିତ୍ର ରୂପକୁ ଗଢ଼ିବାପାଇଁ ଯେଉଁ ପଦାର୍ଥ ବା ଉପାଦନା ବାଛିଲା, ତାହା କାଠ ଅଥବା ପଥର। ନିଅ, କାଠ କି ପଥର ଖଣ୍ଡେ ପାଖରେ ରଖ। ଅସ୍ତ୍ର ନିଅ, ରଙ୍ଗ ନିଅ, ଇଚ୍ଛାମତେ ତିଆରି କରିଦିଅ। ସେ କିପରି,

ଆମର ଏତେ କଥା କହିବା ଦରକାର ନାହିଁ। 'ଜଣ ଜଣକୁ ଆନ, ନିଜେ ନିଜମତେ କର ଜ୍ଞାନ'। ତେଣୁ ଆମ ଈଶ୍ୱରୀଙ୍କ ରୂପ ପ୍ରତୀକିତ ହେଉଛି ଖଣ୍ଡିଏମାତ୍ର କାଠ ଅଥବା ପଥର ମାଧ୍ୟମରେ, ଆମ ଦେହର ହାଡ଼ ଓ ମାଂସ ପରି। ପରବର୍ତ୍ତୀ କାଳରେ ଆମେ ଆମ ପରି ତାକୁ ତିଆରି କରିଛୁ, କରି ଚାଲିଛୁ ଏବଂ କରି ଚାଲିଥିବୁ।

ତା'ର ଆଦିରୂପ ହେଉଛି ଖଣ୍ଡିଏ ପଥର ଅଥବା କାଠ। ତା'ର ମୁଣ୍ଡ ଅଛି ଉପରେ। ତାହା ଗୋଲାକାର ହେବ ହିଁ ହେବ। ତେଣୁ ଅଠାଳିଆ ପଦାର୍ଥ ଓ ସିନ୍ଦୂରର ଲେପ ଦେଇ ଗୋଲ ମୁଣ୍ଡଟିଏ ତିଆରି କରିଦେଲୁ। ମୁଣ୍ଡର ଯଥା ଯଥା ସ୍ଥାନରେ ତିଆରି କରିଦେଲୁ ନାକ, ଆଖି, ଭ୍ରୂଲତା, କାନ, ପାଟି, ଜିଭ। ମାତ୍ର ତାକୁ ଆମଠାରୁ ଅଲଗା କରି ଚିହ୍ନେଇବା ପାଇଁ କପାଳରେ ଆଉ ଗୋଟିଏ ଆଖି ଆଙ୍କିଦେଲୁ। କହିଲୁ ସେ ତ୍ରିନେତ୍ରୀ। ଅଙ୍ଗରେ ଅଙ୍ଗରେ ଖଞ୍ଜିଦେଲୁ ନାନା ଅଳଙ୍କାର। ଆମେ ନାଉଥିବା ଅଳଙ୍କାର ପରି। ଶେଷରେ ବସ୍ତ୍ର ଖଣ୍ଡିଏ ଢାଙ୍କିଦେଲୁ ତା' ଦେହରେ। ସେ କାହିଁକି ଫୁଙ୍ଗୁଳା ରହିବ। ଆମ ପରି, ସବୁଦିନେ, ତାକୁ ବି ଫୁଙ୍ଗୁଳା କଲୁ। ଗାଧେଇ ପାଧେଇ ସଫା ଓ ଚିକ୍କଣ କରିଦେଲୁ ଦେହକୁ। ବେଶ କରିଦେଲୁ। ତା'ର ସେ ଆଦିରୂପ ବଦଳି ବଦଳି ଚାଲିଲା। ପତ୍ର ଓ ଫୁଲର ମାଳ ନାନା ମୂଲ୍ୟବାନ ଧାତୁରେ ଗଢ଼ାହେଲା। ସନ୍ତାନମାନେ ଗଢ଼ିଦେଲେ। କେହି କେହି ତାଙ୍କ ଦେହକୁ ସ୍ପଷ୍ଟ କରିଦେବା ପାଇଁ ହାତ, ପାଦ ରୁପା ଅଥବା ପିତଳରେ ତିଆରି କରି ଖଞ୍ଜିଦେଲେ ଯଥା ଜାଗାରେ।

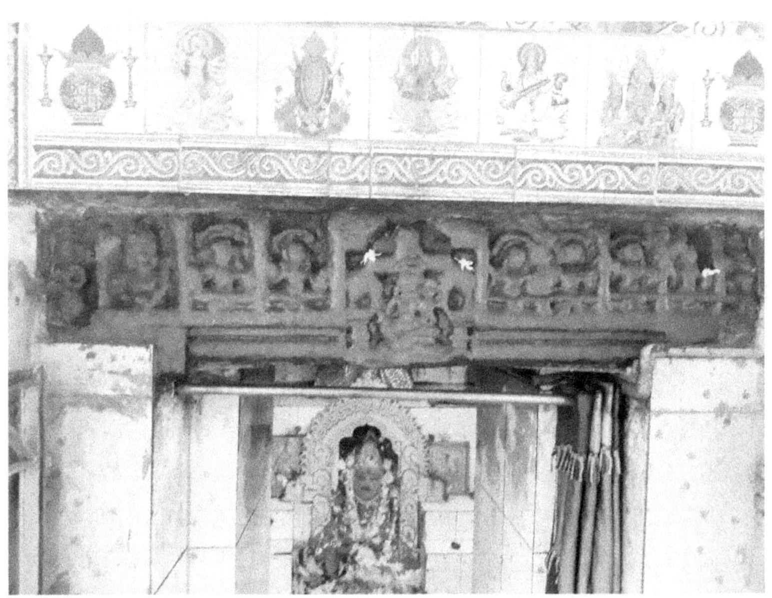

ପ୍ରଥମେ ଦୁଇ ହାତ, ତା' ପରେ ଚାରି। ତିନି ହାତରେ ଧରେଇ ଦିଆଗଲା ତ୍ରିଶୂଳ, ଗଦା ଓ ପଦ୍ମ ଏବଂ ଅନ୍ୟ ହାତଟି ବରଦମୁଦ୍ରା।

ତାକୁ ପ୍ରଥମେ ଆମେ ଆମ ଭାବରେ ଡାକୁଥିଲୁ। ଆମ ଶବ୍ଦରେ ମନକଥା କହୁଥିଲୁ। ଜଣଙ୍କୁ ଶୁଭୁନଥିଲା ଅନ୍ୟ ଜଣଙ୍କ କଥା। ସମସ୍ତଙ୍କ ଭାବ, ସୁର ଓ ଶବ୍ଦ ଗୋଟିଏ କାହିଁକି ହେବ ? ଅଲଗା ହେବା ସ୍ୱାଭାବିକ। ମାତ୍ର ଗୋଟିଏ ପ୍ରକାର କରିଦେଲୁ ଶେଷକୁ। ଗୋଟିଏ ମନ୍ତ୍ରରେ ତାକୁ ଡାକିଲୁ। କାଳକ୍ରମେ ତା' ଖାଦ୍ୟ, ପାନୀୟ, ଆୟୁଧ, ଅଳଙ୍କାର, ବସନ ଓ ଆସନ- ସକଳକୁ ନିର୍ଦ୍ଦିଷ୍ଟ କରିଦେଲୁ। ଆମେ ଆଜି ଦେଖୁଥିବା ଖମ୍ଭେଶ୍ୱରୀଙ୍କ ପ୍ରତିମାର ଏହା ଗଠନଗତ ରୂପାନ୍ତରଣ। ଇତିହାସ। ଏକ ଚେତନା, ଏକ ବିଶ୍ୱାସର ଏହାହିଁ ଭାଗ୍ୟ ଏବଂ ବର୍ତ୍ତମାନ।

ଏବେ, ଖୋଜିବା ତାଙ୍କ ଘରର ଠିକଣା। ପ୍ରଥମେ ତାଙ୍କ ଘରର କିଛି ବୋଲି କିଛି ଠିକଣା ନଥିଲା। ମଣିଷର ଘରର ଠିକଣା ନଥିଲା ପରି। ମଣିଷ ଯେଉଁଠିକି ଯାଉଥିଲା, ତା' ବିଶ୍ୱାସ(ଶକ୍ତି)କୁ ତା' ସହ ନେଉଥିଲା। ତାକୁ ତିଆରି କରିଚାଲିଥିଲା। ପରେ ଯେଉଁଠି ସ୍ଥାୟୀଭାବରେ ରହିଲା, ଅନ୍ୟମାନଙ୍କ ସହିତ ବଞ୍ଚିଲା, ସେଇଠି ତାକୁ ପାଖରେ ରଖିଲା। ସେ ଗାଁର ପୀଢ଼ ଅଥବା ମନ୍ଦିରରେ। କହିଲା- ତୁ' ମୋର।

ପରବର୍ତ୍ତୀ କାଳରେ କ୍ଷମତା ଶକ୍ତିକୁ ନିଜର ସାମର୍ଥ୍ୟ ପ୍ରତିଷ୍ଠା ପାଇଁ ବ୍ୟବହାର କଲା। ଏବଂ, କ୍ଷମତାପୂଜିତ ଈଶ୍ୱରୀମାନେ ହେଲେ ଗଣର ଈଶ୍ୱରୀ।

ଏହି ଭାବାଦର୍ଶ ଆଧାରରେ ଏବେ ଖମ୍ଭେଶ୍ୱରୀ ପୀଠ ପାଖକୁ ଆସିବା। ଏବଂ, ଭାରତ ଏବଂ ପୃଥିବୀର ଅନ୍ୟ ଖମ୍ଭେଶ୍ୱରୀମାନଙ୍କୁ ମନ ଭିତରେ ରଖିବା। ଓଡ଼ିଶା କଥା କୁହାଯାଉ। ଓଡ଼ିଶାରେ ଖମ୍ଭେଶ୍ୱରୀଙ୍କ ପୀଠ ବହୁ ଭୂମିରେ। ସେହି ପୀଠଗୁଡ଼ିକୁ ସବୁଦିନେ ତାଙ୍କ ବିଶ୍ୱାସୀମାନେ ଯାଆନ୍ତି ଏବଂ ବିଶେଷ ବିଶେଷ ଦିନଗୁଡ଼ିକରେ ସେମାନଙ୍କ ସଂଖ୍ୟା ବଢ଼ିଯାଏ। ଓଡ଼ିଶାରେ ବର୍ତ୍ତମାନ ପରିଚିତ ଖମ୍ଭେଶ୍ୱରୀପୀଠଗୁଡ଼ିକ ଆଧୁନିକ ବଲାଙ୍ଗିରର ରାଜପଦର, ସୋନପୁର, ଭବାନୀପାଟଣା; ଢେଙ୍କାନାଳ ଜିଲ୍ଲାର ସୁଲୁକୀ, ଅନୁଗୁଳର ବାମୁର ଓ ତରାସ, ବଡ଼ମ୍ବାର ବରମ୍ଭୂଳ, ଚିତଳପୁର; ଫୁଲବାଣୀର ମହାସିଂଘି, ବଲ୍‌ସଫୁସା; ଭଂଜନଗରର ବରାଳିନୀ ଓ ବିଂଝାରଗୁଡ଼ା; ମୟୂରଭଂଜର ଖିଚିଂ, ଦକ୍ଷିଣ ଓଡ଼ିଶାର ବଡ଼ଖେମୁଣ୍ଡି, ସାନଖେମୁଣ୍ଡି, ପାରଳାଖେମୁଣ୍ଡି, ବୁଢ଼ାକେନ୍ଦୁ, କରସିଂ, ମଂଜୁସା, କଇଁଫୁଲ, ଘୋରୀ, ସୋରଡ଼ା, ଖଲ୍ଲିକୋଟ, ସୋରିଷଗଡ଼, ମହୁରୀ, ମାଳତୀଗଡ଼, ଜଳନ୍ତର, ଚିକିଟୀ, ଶେରଗଡ଼ ଓ ଆସିକା ଇତ୍ୟାଦି।

ଉପର୍ଯ୍ୟୁକ୍ତ ସ୍ଥାନଗୁଡ଼ିକର ପ୍ରତିଷ୍ଠିତ ପ୍ରାୟ ପ୍ରତ୍ୟେକ ଦେବୀ କ୍ଷମତାପୂଜିତ ଓ ନିୟନ୍ତ୍ରିତ। ସେମାନଙ୍କ ଇତିହାସ ପ୍ରାୟ ଗୋଟିଏ ପ୍ରକାରର।

ଆମେ ଏବେ ଦକ୍ଷିଣ ଓଡ଼ିଶାର ବିଖ୍ୟାତ ଖମ୍ବେଶ୍ୱରୀ ପୀଠ ଆସିକା ପାଖକୁ ଆସିବା। କାରଣ ଏହାର ପ୍ରାଚୀନତା ରହିଛି। ଦେବୀ ପ୍ରଥମେ ଗଛମୂଳରେ ଥିଲେ। ତାଙ୍କ ପାଇଁ ଇଟା, ପଥରରେ ଘରଟିଏ ତିଆରି ହୋଇଛି। ପୁରୁଣା ନୁହେଁ। ଉଚ୍ଚତା ପ୍ରାୟ କୋଡ଼ିଏ ଫୁଟ। ମୁଖଶାଳା ତିନିମୁଣ୍ଡିଆ। ମନ୍ଦିର ପୀଢ଼ ଶୈଳୀରେ ତିଆରି। ସାମ୍ନାରେ ଭୋଗମଣ୍ଡପ। ପ୍ରବେଶ ପାଖର ଦୁଇ ପାଖରେ ଦ୍ୱାରପାଳ ଓ ସିଂହ। ବାମ ଓ ଡାହାଣ ପାଖରେ ରହିଛନ୍ତି ଯଥାକ୍ରମେ ଦଶାବତାର ଓ ନବଗ୍ରହ ବିଗ୍ରହ। ମନ୍ଦିରସ୍ଥ ଏକ ବଖରାରେ ଅଛନ୍ତି ବନଦୁର୍ଗା- ଯନ୍ତ୍ର ଉପରେ ସ୍ତମ୍ଭେଶ୍ୱରୀ। ଏହା କାଳେ ମା'ଙ୍କର ପ୍ରାଚୀନ ରୂପ। ଅନ୍ୟ ମନ୍ଦିରମାନଙ୍କ ପରି ଏଠାରେ ବର୍ତ୍ତମାନ ଶୋଭାପାଉଛନ୍ତି ଗଙ୍ଗା, ଯମୁନା, ବାରାହୀ, ଲକ୍ଷ୍ମୀ, ବିମଳା, କାଳରାତ୍ରୀ ଓ ହନୁମାନ। ରହିଛନ୍ତି ଶିଳା ତିଆରି ଗଣେଶ, ଦୁର୍ଗା; ପିତଳ ତିଆରି ମଙ୍ଗଳା ଏବଂ ଅନ୍ୟ କେତେକ ପ୍ରାଚୀନ ପଥର ମୂର୍ତ୍ତି। ମା'ଙ୍କର ଏକ ଶିଳାପ୍ରତିମା ରହିଛନ୍ତି ଯନ୍ତ୍ର ଉପରେ। ପାଖରେ ବିଜେପ୍ରତିମା ମଧ୍ୟ। ପ୍ରତିମାମାନେ ପ୍ରାଚୀନ ନୁହନ୍ତି, ନୂଆ ଗଢ଼ା।

ଖମ୍ବେଶ୍ୱରୀଙ୍କ ଆବିର୍ଭାବ ସଂପର୍କରେ ଦୁଇଟି କିମ୍ବଦନ୍ତୀ ରହିଛି। ପ୍ରଥମ- ଦକ୍ଷ ଯଜ୍ଞକାଳରେ ମତ୍ତପ୍ରାୟ ଶିବଙ୍କ କାନ୍ଧରେ ରହିଥିବା ଦେବୀଙ୍କ ଦଗ୍ଧ ଶରୀର, ଏହା କାଳେ ଗୋଡ଼। ଦ୍ୱିତୀୟ- ଶାକ୍ତଧର୍ମର ଏକ କଳାତ୍ମକ ଗଢ଼ଣ।

କାହିଁ କେତେ କାଳର କଥା। ଋଷିକୂଲ୍ୟା ନଈକୂଳ। ଘନ ଅରଣ୍ୟ। ଆଶ୍ରମଟିଏ। ଥିଲେ ଜଣେ ସାଧକ ଓ ପଣ୍ଡିତ। ନାଁ- ଖମାମୁନୀ। ସଂସାରର ମଙ୍ଗଳ ପାଇଁ ତାଙ୍କର ସାଧନା। ତାଙ୍କ ସାଧନାରେ ତୁଷ୍ଟ ହୋଇଛନ୍ତି ମା' ଏବଂ ଆବିର୍ଭୂତା ହୋଇଛନ୍ତି ତାଙ୍କ କନ୍ୟା ରୂପରେ। ଅନିନ୍ଦ୍ୟ ସୁନ୍ଦରୀ। ସାଧକଙ୍କ ଘରେ ଜଣେ ଅପରୂପା ନବ ତରୁଣୀଙ୍କ ଉପସ୍ଥିତିକୁ ଅନ୍ୟମାନେ ସହଜରେ ଗ୍ରହଣ କରିପାରିନାହାନ୍ତି। ଅପବାଦର ନାଗରା ବାଜିଛି। ଏଣେ, ନବ ତରୁଣୀ ଘୂରି ବୁଲୁଛନ୍ତି ଯେଣେ ଇଚ୍ଛା ତେଣେ। ଜଙ୍ଗଲ, ନଈପଠା, ଗାଁ- ସବୁଠି। କାହା ପାଖରୁ ଖାଉଛନ୍ତି ମୁଢ଼ି, ମୁଆଁ, ଲିଆ ଓ କାହା ପାଖରୁ ଆଣୁଛନ୍ତି ଲୁଗା ଓ କାଚ। ପାଉଣା ମାଗିଲେ ବିଜୁଳି ବେଗରେ ଅଦୃଶ୍ୟ ହୋଇଯାଉଛି ତାଙ୍କ ଛାଇ। ପୁଣି କେତେବେଳେ କହୁଛନ୍ତି, ଯା- ଖମାଙ୍କ ପାଖରୁ ନେଇଯିବୁ। ଅସହାୟ ସାଧକ-ପିତା-ଖମା। ଶକ୍ତିରୂପାଙ୍କ ଆଚରଣରେ ଏବେ ଅତିଷ୍ଠ ଖମାମୁନୀ, ଅତିଷ୍ଠ ଅନ୍ୟମାନେ।

ଦିନେ ସେମାନେ ଖମାଙ୍କୁ ଅପମାନିତ କରିଛନ୍ତି। ଏବଂ, ତତ୍କାଳ ସମସ୍ତଙ୍କ ଗହଣରେ ଆବିର୍ଭୂତା ହୋଇ ନିଜର ଅଲୌକିକତାକୁ ପ୍ରତିଷ୍ଠା କରିଛନ୍ତି। ଦେବୀଙ୍କର କଟାଳକୁ ଖମା ମଧ୍ୟ ସହଜରେ ଗ୍ରହଣ କରିପାରିନାହାନ୍ତି।

ଦିନକର କଥା। ଝିଅ ହାତରେ ସେ ଦେଖିଛନ୍ତି, ଶିଶୁର କଟା ହାତ। ରାଗରେ ତାଙ୍କ ଅସ୍ତିତ୍ୱ ଚମକି ଉଠିଛି। ଚାପୁଡ଼ାଟିଏ କଷି ଦେଇଛନ୍ତି ଝିଅର ଗାଲରେ। ବଙ୍କା ହୋଇଯାଇଛି ମୁହଁ। ଏବଂ, ଶୂନ୍ୟବାଣୀ ହୋଇଛି, ମୋର ବାଲ୍ୟଲୀଳା ଏବେ ଶେଷ ହୋଇଛି। ଖମ୍ଭେଶ୍ୱରୀ ରୂପରେ ଆବିର୍ଭୂତା ହେବି ଆଶ୍ରମରେ। ମୋତେ ପୂଜା କରିବେ ଜଗତଜନ ନିଜ ହିତ ପାଇଁ, ସୁଖ ପାଇଁ।

ଆଜି ଏବେ ଆମେ ଦେଖୁଥିବା ଆସିକାର ସ୍ତମ୍ଭେଶ୍ୱରୀ ଏବଂ ତାଙ୍କ ମନ୍ଦିର ସେହି କିମ୍ବଦନ୍ତୀର ସ୍ଥାପତ୍ୟ ରୂପ। କୁହାଯାଏ, ଏହା ଖମ୍ଭେଶ୍ୱରୀ ଆରାଧନାର ଆଦି ପୀଠ।

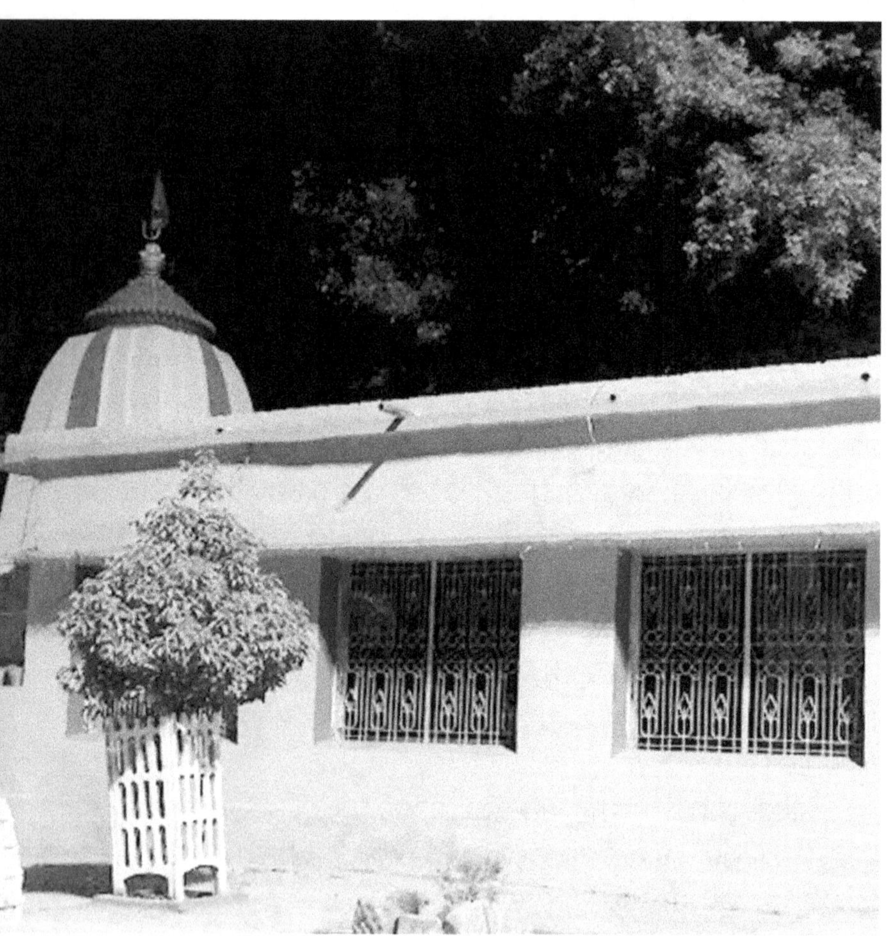

ସ୍ଥାପତ୍ୟରେ ଆଦିରୂପର ପ୍ରତିଲିପି

ବ୍ୟାଘ୍ରଦେବୀ

ଓଡ଼ିଶାର ସ୍ତମ୍ଭେଶ୍ୱରୀ ଓ ଅନ୍ୟ ଦେବୀମାନଙ୍କ ଜାତକ ପ୍ରାୟ ଏକ ପ୍ରକାରର। ପ୍ରଥମେ ସେମାନେ ପଦର, ପଲ୍ଲୀ, ଗୁଡ଼ି, ଗୁମା, ପାଲି ଓ ଗାଁର ଆତଙ୍କଦାୟିନୀ, ସୁଖଦାୟିନୀ, ଜନ୍ମ ଓ ପାଳନକର୍ତ୍ତ୍ରୀ ମା' ଏବଂ ପରେ ଗଡ଼ର ସୁରକ୍ଷାଦାତ୍ରୀ ଓ ଗଡ଼ଦେବୀ। କ୍ଷମତା ପୂଜିତା ରୂପ ତାଙ୍କର ଖଣ୍ଡିଏ କାଠ, ପଥର, ଗଛଡାଳ, ଯେକୌଣସି ପଦାର୍ଥ ଏବଂ ପରେ ପ୍ରତିମା। ଘର ତାଙ୍କର ପାହାଡ଼ ତଳ ଅଥବା ଉପର। ଗୁମ୍ଫା, ଗଛମୂଳ, ନଈ ଏବଂ ପୋଖରୀକୂଳ, ପରେ ମନ୍ଦିର- ନାନା ଆକାର ଓ ପ୍ରକାର। ଏହି ବାସ୍ତବତାକୁ ସ୍ପଷ୍ଟତର କରିବାପାଇଁ ସେ କାଳର ଘୁମୁସର, ଆଜିର ଭଂଜନଗରର ଦେବଦେବୀଙ୍କୁ ଉଦାହରଣ କରାଯାଇ ପାରିବ।

ଘୁମୁସର ବହୁ ଜନଜାତିଙ୍କ ବିଚରଣ ଭୂମି। ଗୁମା ଆଉ ସର ନାମକ ଦୁଇ ଶବ୍ଦର ଯୋଡ଼ଣରୁ କାଳେ ଘୁମୁସରର ଜନ୍ମ। ବନଚରମାନଙ୍କୁ ଏକାଠି କରି ଏଠି ପ୍ରଥମେ ରାଜ୍ୟଟିଏ ପ୍ରତିଷ୍ଠା କରନ୍ତି ଭଂଜବଂଶୀ ରାଜା ରଘୁନାଥ, ପ୍ରାୟ ନବମ ଶତାବ୍ଦୀର ତୃତୀୟ ଦଶକରେ। ଏହା ଖିଂଜିଳିମଣ୍ଡଳର ହୁଏ ଅଂଶବିଶେଷ। ପ୍ରାୟ ଏକହଜାର ବର୍ଷ କାଳଖଣ୍ଡରେ ଏହି ଭୂମି କେତେ ପତିଙ୍କ ପରାକ୍ରମକୁ ସ୍ୱୀକାର କରିଛି। ରାଜ୍ୟର ସୁଶାସନ ପାଇଁ ଏହାକୁ ଚବିଶ ମୁଠାରେ ଭାଗ ଭାଗ କରିଦିଆଯାଇଛି। ଏବଂ, ପ୍ରତ୍ୟେକ ମୁଠାରେ ଗଡ଼ମାନ ଗଢ଼ିଉଠିଛି। ଯେପରି କୁଲାଡ଼ଗଡ଼, ପୋଡ଼ାଗଡ଼, ବରପଲ୍ଲୀଗଡ଼, କଦଳୀଗଡ଼, ମୁଜାଗଡ଼, ଲଙ୍କାଗଡ଼, ବିଷ୍ଣୁଚକ୍ରଗଡ଼, ବାଦଗଡ଼ ଇତ୍ୟାଦି। ଗଡ଼ର ଈଶ୍ୱରୀ ହୁଅନ୍ତି ଜଣେ ଜଣେ ସ୍ଥାନୀୟ ଦେବୀ। ପ୍ରତ୍ୟେକ ନିଜ ନିଜ ରୂପ ଓ ଗୁଣରେ ଏକକୁ ଆରେକ ସ୍ୱତନ୍ତ୍ର। ଗଡ଼ଗୁଡ଼ିକ ମଧ୍ୟରେ ପ୍ରଧାନ କୁଲାଡ଼ଗଡ଼। ଏକଦା ଭଂଜବଂଶୀମାନଙ୍କର ରାଜଧାନୀ।

ଏହି କୁଲାଡ଼ଗଡ଼ ଥିଲା ଭଞ୍ଜବଂଶୀ ରାଜାଙ୍କ ପ୍ରାଚୀନ ଗଡ଼। ଏହା ଦ୍ୱାଦଶ ଶତାବ୍ଦୀର କଥା। ଏହି ଅଞ୍ଚଳ ଥିଲା କନ୍ଧମାନଙ୍କ ବିଚରଣ ଭୂମି। ସର୍ଦ୍ଦାରଙ୍କ ନାଁ 'କୁଲାଡହ'। ରାଜା ପ୍ରତାପ ଭଂଜ କନ୍ଧଭୂମିକୁ ଆକ୍ରମଣ କରିଛନ୍ତି। ଯୁଦ୍ଧରେ ପରାସ୍ତ ହୋଇଛନ୍ତି କନ୍ଧ ସର୍ଦ୍ଦାର। ଏବଂ, ଚତୁର ରାଜା ସର୍ଦ୍ଦାରଙ୍କୁ ସନ୍ତୁଷ୍ଟ କରିବାଲାଗି ଏହିଠାରେ ଗଡ଼ ପ୍ରତିଷ୍ଠା କରିଛନ୍ତି। ଗଡ଼ର ନାଁ ରଖିଛନ୍ତି କୁଲାଡ଼ଗଡ଼। ଏବଂ କୁଲାଡହଙ୍କ ପୂଜିତ ଶକ୍ତି ବ୍ୟାଘ୍ରଦେବୀଙ୍କୁ ନିଜର ଇଷ୍ଟ କରିଛନ୍ତି। ଏଥିରେ ସନ୍ତୁଷ୍ଟ ହୋଇଛନ୍ତି କୁଲାଡହ।

ମାତ୍ର ଦେବୀ ଆବିର୍ଭୂତା ହେଲେ କିପରି ? କେଉଁଠି ଥିଲେ ସେ ? କିମ୍ବଦନ୍ତୀ କୁହେ, ସେଦିନ ଏହି ଭୂମିରେ ହିଂସ୍ର ପଶୁପକ୍ଷୀ, ସରୀସୃପମାନଙ୍କ ପ୍ରାଦୁର୍ଭାବରେ ଅସହାୟ ହୁଅନ୍ତି ବନଚରମାନେ। କିପରି ସେମାନେ ପ୍ରତିହତ କରିବେ ପଶୁମାନଙ୍କର ପରାକ୍ରମକୁ ? ସେମାନଙ୍କୁ ଏକ ବାଘୁଣୀର ପରାକ୍ରମ ଚକିତ କରିଛି। ସତସତିକା ବାଘୁଣୀ ମାଧମରେ ଏକ ଶକ୍ତିଶାଳୀ ମହାବାଘୁଣୀର ପରିକଳ୍ପନା କରିଛନ୍ତି। ତା'ର ମୂର୍ତ୍ତିଟିଏ ଗଢ଼ିଛନ୍ତି ନିଜ ଚେତନାରେ, ଖଣ୍ଡିଏ ପଥରରେ। ତାକୁ ପାହାଡ଼ ଚୀଖରେ ଏକ କନ୍ଦରରେ ଥାପନା କରିଛନ୍ତି। ସେହି ଉଚ୍ଚତାରେ ଥାଇ ସେ ତଳର ପରିବ୍ୟାପ୍ତ ଭୂମିକୁ ଦେଖିପାରିବ। ବିଶ୍ୱାସୀମାନଙ୍କୁ ସୁରକ୍ଷା ଦେବ।

କାଳକ୍ରମେ ଜଣେ ତିନିଜଣରେ ବିଭକ୍ତ ହୋଇଛନ୍ତି। ସମଗ୍ର ଜଙ୍ଗଲରେ ଏବେ ସେମାନଙ୍କର ଖେଳ, ରାଜୁତି। ଜଣେ ପାହାଡ଼ ଚୀଖରେ, ଜଣେ ମଝିରେ, ଆଉ ଜଣେ ତଳେ। ତଳ ଦୁଇଜଣଙ୍କ ପାଇଁ ମନ୍ଦିର ଗଢ଼ା ହୋଇଛି। ମାତ୍ର ଉପରେ ଏବେବି ପଥର ମୁଣ୍ଡିଆ ଉପରେ ଏକ ନାଲି ରଙ୍ଗର ପତାକା ଉଡ଼ାଇ ଦେବୀ ତାଙ୍କର ବର୍ତ୍ତମାନକୁ ଜାହିର କରୁଛନ୍ତି। କାହିଁକି ସେମାନେ ତିନିଜଣରେ ବିଭକ୍ତ ହୋଇଛନ୍ତି, ମୂଳରେ କାହାଣୀ ଅଛି। ଦିନକର କଥା, ସେମାନେ ଖେଳୁଥାନ୍ତି। ଆଖିରେ ପଡ଼ିଛି ନଡ଼ିଆଟିଏ। ତଳୁ ଉପରକୁ ଆସିଛି। କିଏ ଖାଇବ ତାକୁ ? ତିନି ଭଉଣୀଙ୍କ ଭିତରେ ଆରମ୍ଭ ହୋଇଯାଇଛି କଳି। କେମିତି ହେବ ସମାଧାନ। ଶେଷରେ ତିନିଗୋଟି ପାଣି ନୋଟା ଫିଙ୍ଗିଛନ୍ତି ତଳକୁ। ନୋଟା ଯାହାର ଯେଉଁଠି ଅଟକି ରହିଲା, ସେହି ସେହି ଜାଗାର ଥାନପତି ହୋଇଛନ୍ତି ତିନି ଭଉଣୀ। ବଡ଼ଭଉଣୀ ବଡ଼ ରାଉଳ, ସେ ଏମିତି ଏକ ଥାନରେ ଘର କରିଛନ୍ତି ଯେ ସେଠାକୁ ଯିବା ଏତେ ସହଜ ନୁହେଁ। ପାହାଡ଼ ମୁଣ୍ଡିଆରେ। ପଥର ଖୋଲ। ଦୂରରୁ ମୁନିଆଁ ଦିଶେ। ଭିତର ଅନ୍ଧାର। ଇଚ୍ଛା ହେଲେ ଯାଅ। ରୂପକୁ ତ ସହଜରେ ଦେଖିହେବନାହିଁ। ସବା ସାନଭଉଣୀ ପାଖରେ ନିଜ କଥା କହିଦିଅ। ସେ ଶୁଣିବ। ପ୍ରସନ୍ନ ହେବ।

ଏବେ ସାନଭଉଣୀଙ୍କ ମନ୍ଦିର ପାଖକୁ ଯିବା। ମନ୍ଦିରର ଗଢ଼ଣ ବେଶୀ ଦିନର

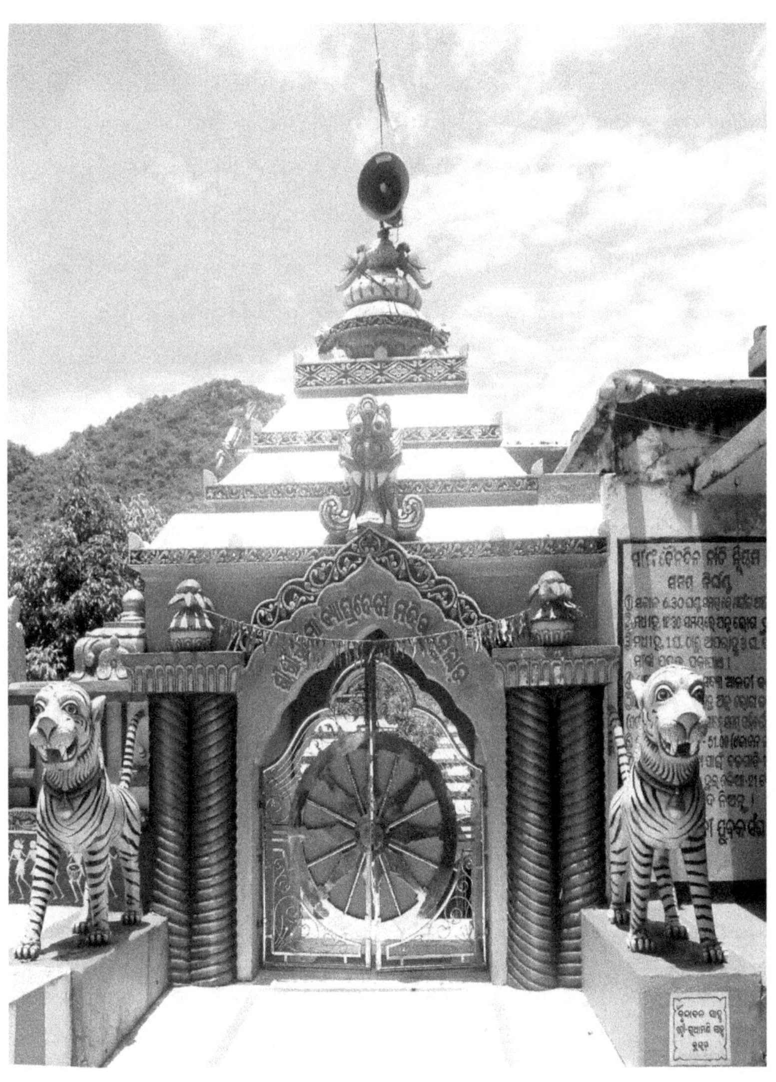

ନୁହେଁ। ଜଗମୋହନ ଅଛି, ଆସ୍ଥାନ ବି ଅଛି। ପାଖରେ ପୁରୁଣା ଜଗନ୍ନାଥ ମନ୍ଦିର। କାରୁକାର୍ଯ୍ୟ ଖଚିତ। କାନ୍ଥର ପ୍ରତିମାମାନଙ୍କରେ ସୂକ୍ଷ୍ମକଳାର ନୈପୁଣ୍ୟ। ମା'ଙ୍କ ମନ୍ଦିର ବଡ଼ ନୁହେଁ। ଭୂମି ପତନ ତଳକୁ ଠିଆ ହୋଇଛି। ପାହାଚ ପାହାଚ ଦେଇ ତଳକୁ ଯିବାକୁ ପଡ଼େ। ଜଗମୋହନରେ ଥାଇ ମା'ଙ୍କୁ ଦେଖିହୁଏ। ତାଙ୍କ ମୂର୍ତ୍ତି ତିନି ଭାଗରେ ବିଭକ୍ତ। ମୁଣ୍ଡ ପାଖରୁ ତଳକୁ ବାଘର ରୂପ। ମଝିଅଂଶ ମା'ଙ୍କ ମୁଣ୍ଡ। ଉପରେ କିରୀଟ। ପ୍ରତିମା କଳା ମୁଗୁନି ପଥରରେ ତିଆରି। ଉଚ୍ଚତା ପ୍ରାୟ ପାଞ୍ଚ ଫୁଟ। କିରୀଟ ଅମସୃଣ। ଚିକ୍କଣ ନୁହେଁ। ଆବଡ଼ା ଖାବଡ଼ା। ମଝିରେ ମା'ଙ୍କ ମୁଖମଣ୍ଡଳ। ସିନ୍ଦୂର ଲେପିତ। ତଳୁ ଉପରଯାଏ ରୁପାରେ ତିଆରି ଆଖି, ଭ୍ରୂଲତା, ଚିତା, ନାକଫୁଲ ଓ ଜିଭ। ଜିଭ ତଳକୁ ଲମ୍ବିଆସିଛି। ଅର୍ଥାତ୍, ଲୋଳଜିହ୍ୱ। ମା'ଙ୍କ ମୁଣ୍ଡ ତଳକୁ ବାଘର ମୁଣ୍ଡ। ବାଘ ଜିଭ ବି ମା'ଙ୍କ ଜିଭ ପରି। ବାଘର ପଞ୍ଜରା ତଳେ ଶୋଇଛି ରାକ୍ଷସ। ମୂର୍ତ୍ତିଙ୍କର ଦୁଇ ପାଖରେ ରହିଛନ୍ତି ଦୁଇଟି ଜାଗ୍ରତ ବାଘ। ପାଖରେ ତ୍ରିଶୂଳ। ତ୍ରିଶୂଳ ପରବର୍ତ୍ତୀ କାଳର ସଂଯୋଜନା। ଦେବୀଙ୍କର ତାହା ଦୁର୍ଗା ରୂପ।

ମା'ଙ୍କର ଠିକ୍ ପଛକୁ ପଶ୍ଚିମ ଆଡ଼ରେ ଥିବା ପାହାଡ଼ର ନାଁ ବ୍ୟାଘ୍ରଦେବୀ ପାହାଡ଼। ସେଇ ପାହାଡ଼ରେ ମଝିଆଁ ଓ ବଡ଼ ଭଉଣୀଙ୍କ ଘର। ତଳୁ ଉପରକୁ ଶତାଧିକ ପାହାଡ଼ ଅତିକ୍ରମ କଲାପରେ ତୀଖର ତଳେ ରହିଛି ଏକ ବିରାଟକାୟ ପଥର। ପଥର ତଳେ ମା'। ସେଇ ତାଙ୍କର ଘର। ଘରର ଛାତ ପଥର। ଏହାକୁ ଗୁମ୍ଫା କୁହାଯାଇପାରିବ। ସେ ଚତୁର୍ଭୁଜା। ହାତରେ ଶଙ୍ଖ, ଚକ୍ର, ଅଭୟ ଓ ବରଦମୁଦ୍ରା। ମୁହଁରେ ସିନ୍ଦୂରର ଘନବୋଳ। ଚିତା, ଆଖି, ଭ୍ରୂଲତା, ନୋଥ- ସବୁ ସୁନାରେ ତିଆରି। ଦୁଇପାଖରେ ଥୁଆ ହୋଇଛି ଦୁଇଟି ଖଡ୍‌ଗ। ସେ ଟିକିଏ ବାମକୁ କଣେଇ ଚାହିଁଛନ୍ତି। ବାହନ ତାଙ୍କର ବାଘ।

ପାଖରେ ଅନ୍ୟ ଏକ ପଥର ମୁଣ୍ଡିଆ ତଳେ ରହିଛନ୍ତି ଉପେନ୍ଦ୍ର ଭଂଜ। ତାଙ୍କର ଦୁଇପାଖରେ ବିଦ୍ୟାର ପ୍ରତିଭୂ। ସରସ୍ୱତୀ ଓ ଗଣେଶ। ସେ କାଳେ ଏଇଠି ବସି ମା'ଙ୍କର ସାଧନା କରୁଥିଲେ। ହାତରେ ସିନା ଖଣ୍ଡା ଧରିପାରିଲେନି, କଲମ ଧରିଲେ। କଲମ ଖଣ୍ଡାରେ ରୂପାନ୍ତରିତ ହୋଇଗଲା। ଏହି ଅସ୍ତ୍ରର ଦେହସାରା ଅକ୍ଷର ଆଉ ଶବ୍ଦ। ତାଙ୍କ ତପସ୍ୟାରେ ମୁଗ୍ଧ ହେଲେ ଦେବୀ। ବର ଦେଲେ। ତାଙ୍କୁ କବିମାନଙ୍କ ମଧ୍ୟରେ ମଉଡ଼ମଣି, ସମ୍ରାଟ କରିଦେଲେ। ତାଙ୍କ କାଳରେ ବ୍ୟାଘ୍ରଦେବୀଙ୍କ ପରିଚୟ ବି ବଦଳିଗଲା। ସେ ହେଲେ ବାଗ୍‌ଦେବୀ। ଏକ ଜନଜାତିର ଦେବୀ ଶାସ୍ତ୍ରୀୟ ରୂପରେ ଭାରି ଉଜ୍ଜ୍ୱଳ ଦିଶିଲେ।

ବ୍ୟାଘ୍ରଦେବୀ କେବେ ଗଡ଼ଦେବୀରେ ରୂପାନ୍ତର ହେଲେ ତାହାର ଇତିହାସ

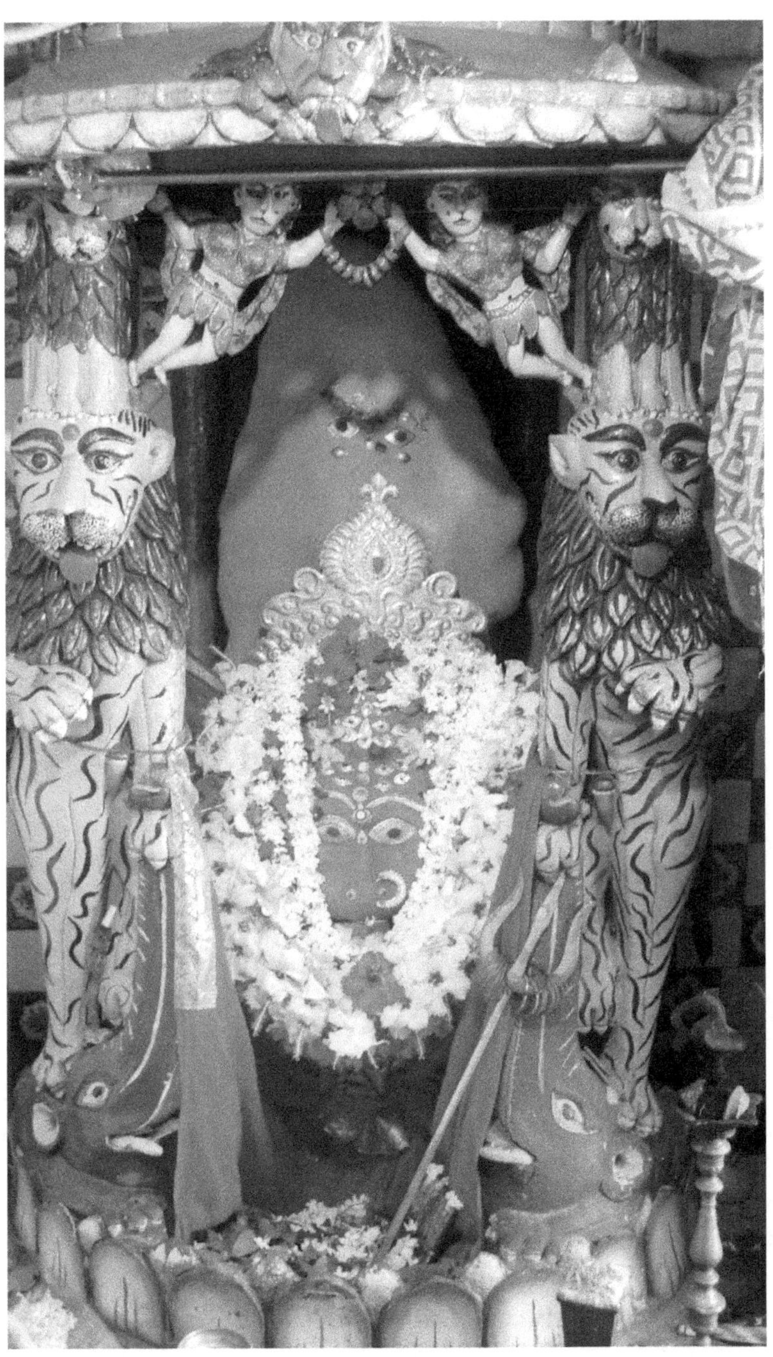

ଅବଶ୍ୟ ଲେଖାଯାଇଛି। ମାତ୍ର ସେଦିନର ଗଡ଼ ସ୍ୱତନ୍ତ୍ର ଥିଲା। କାନ୍ଥର ଉପାଦାନ ଥିଲା ମାଟି। ଚାରି ଦିଗରେ ଥିଲେ ଚାରିଜଣ ଦେବୀ। ପଶ୍ଚିମରେ ବ୍ୟାଘ୍ରଦେବୀ ପାହାଡ଼, ଅନ୍ୟ ତିନି ପାଖରେ ଗଡ଼ଖାଇ। ଚାରି ଦିଗରେ ଚାରୋଟି ଦୁଆର। ପ୍ରତ୍ୟେକ ଦୁଆର ମୁହଁରେ ଜଣେ ଜଣେ ଠାକୁରାଣୀ। ପଶ୍ଚିମରେ ପିଟାଦେଈ, ଉତ୍ତରରେ କାଙ୍କଣଦେଈ, ପୂର୍ବରେ କନ୍ଧୁଣୀଦେଈ, ଦକ୍ଷିଣରେ ଦୁର୍ଗାଦେଈ ଏବଂ ମଝିରେ ବ୍ୟାଘ୍ରଦେବୀ। କ୍ଷମତାର ସର୍ବଶକ୍ତିମୟୀ ଈଶ୍ୱରୀ। ଏମାନଙ୍କର ପରାକ୍ରମ ଓ ଆଚରଣ ବି ସ୍ୱତନ୍ତ୍ର। ଦକ୍ଷିଣର ଦୁର୍ଗାଦେଈ ବା ଚହ୍ଲାଖାଇ ରାଜାଙ୍କୁ ସ୍ୱପ୍ନରେ ବାରତା ଦିଅନ୍ତି। କନ୍ଧୁଣୀଦେଈ ସିନ୍ଦୂରମଖା ଶରମୁନରେ, ଘୋଡ଼େଇଗୁଣୀ ଘୋଡ଼ାରେ, କାଙ୍କଣଦେଈ କାଚର ରୁଣୁଝୁଣୁ ନାଦରେ ରାଜାଙ୍କୁ ଶତ୍ରୁମାନଙ୍କ ଉପସ୍ଥିତିର ବାର୍ତ୍ତା ଦେଉଥିଲେ। ପୁଣି ତାରସିଙ୍ଗରେ ଅଛନ୍ତି ରଣଘଣ୍ଟାଦେଈ। ଶତ୍ରୁର ସଂକେତ ପାଇଲାମାତ୍ରକେ ରାଜଧାନୀରେ ଘଣ୍ଟାନାଦ ପ୍ରଖର ହେଉଥିଲା। ନିକଟରେ ବାଲିପଦରରେ ଅଛନ୍ତି ସାଙ୍କୁଲେଇ। ସେ ଶ୍ରୀକର ଭଂଜଙ୍କ ଆରାଧ୍ୟା। ଶୁଣାଯାଏ, ବେଳେବେଳେ ଦେଈମାନେ ନିଜ ଅସ୍ତ୍ରରେ ସୁସଜ୍ଜିତ ହୋଇ ଶତ୍ରୁ ନିପାତ ପାଇଁ ସମର ଭୂମିକୁ ଡେଇଁପଡୁଥିଲେ। ଶତ୍ରୁମାନଙ୍କ ଓଜକୁ ଲିଭେଇ ଦେଉଥିଲେ।

କୋକଲବାରେ ଅଛନ୍ତି ଭରାଣ୍ଡୀ ଠାକୁରାଣୀ। ମା' ଭରାଣ୍ଡୀ ଭାରି ପ୍ରତ୍ୟକ୍ଷ। ଦିନେ ସେ ପିଲାମାନଙ୍କ ସହିତ ଧାନକୁଟା ଖେଳ ଖେଳୁଥିଲେ। ଜଣେ ପିଲା ବୋଦା ହୋଇଗଲା, ଆଉ ଜଣେ ତାକୁ ଢିଙ୍କି ପାଖକୁ ଟାଣିନେଇ ସତକୁ ସତ ତା' ତଣ୍ଟି କାଟିଦେଲା। ଉପାୟଶୂନ୍ୟ ପିଲାମାନେ ଏଥର ମା'ଙ୍କୁ ଡାକିଲେ ଏବଂ ଢିଙ୍କିର ଭରାଣ୍ଡୀ ଭିତରୁ ଉଦୟ ହେଲେ ସ୍ୱୟଂ ଦେବୀ। ପିଲା ବଂଚିଉଠିଲା। ଏଥର ଭରାଣ୍ଡୀଙ୍କ ମହିମା ଚାରିଆଡ଼େ ରାଷ୍ଟ୍ର ହୋଇଗଲା। ଏବେ ସେଠି ଭରାଣ୍ଡୀ ପୂଜା ପାଉଛନ୍ତି ଏବଂ ତାଙ୍କ ପାଖରେ ତିଆରି ହୋଇଛି ମା' ଭରାଣ୍ଡୀଙ୍କ ପ୍ରତିମା।

ଦେବୀମାନଙ୍କ ନାଁ, ରୂପ ଓ ଆଚରଣକୁ ଅନୁଶୀଳନ କଲେ ଏକଥା ସ୍ପଷ୍ଟ ହୋଇଯାଏ ଯେ, ସେମାନେ ପ୍ରତ୍ୟେକ ଏକ ଏକ ବିଶ୍ୱାସର ପ୍ରତୀକମାତ୍ର। ଏବଂ, ସେମାନଙ୍କ ଆଧୁନିକ ରୂପ ସଭ୍ୟ ସମାଜର ଆର୍ଯ୍ୟାୟନ ମାନସିକତାର ପ୍ରତିଛାୟା। ପରବର୍ତ୍ତୀ କାଳରେ ଏମାନେ ହୋଇଛନ୍ତି ଆମ ସ୍ଥାପତ୍ୟରେ ଆଦିରୂପର ପ୍ରତିଲିପି।

ବିଶ୍ୱାସର କଳାରୂପ : ସମଲେଶ୍ୱରୀ

ଦିଅଁଦେବତାଙ୍କ ନାଁ ଅନୁସାରେ ରାଇଜର ନାଁ ତିଆରି ହୁଏ, କି ରାଇଜର ନାଁ ଅନୁସାରେ ଦିଅଁଦେବତାଙ୍କ ନାଁ ତିଆରି ହୁଏ, ଏକଥା ନିରାଧାର କରି କହିବା ସହଜ ନୁହେଁ। ସବୁ କେବଳ ସମ୍ଭାବନା। ଆମେ ଅତୀତର ସମ୍ବଲପୁର ରାଜ୍ୟକୁ ଏହାର ଉଦାହରଣ କରିପାରିବା। ପ୍ରାୟ ସପ୍ତମ/ଅଷ୍ଟମ ଶତାବ୍ଦୀ ବେଳକୁ ସମ୍ବଲ ନାମକ ରାଇଜଟିଏ ଥିଲା। ଏହି ଭୂମିର ଅଧୀଶ୍ୱର ଥିଲେ ଜଣେ ବିଖ୍ୟାତ ରାଜା। ତାଙ୍କ ନାଁ ଇନ୍ଦ୍ରଭୂତି। ସେ ବୌଦ୍ଧ ସହଜଯାନର ଅନ୍ୟତମ ପ୍ରବକ୍ତା। 'ଜ୍ଞାନସିଦ୍ଧି' ନାମରେ ବହିଟିଏ ଲେଖିଛନ୍ତି। ତାଙ୍କ ଭଉଣୀ ଲକ୍ଷ୍ମୀଙ୍କରା। ସେ ବି ଜଣେ କବି ଓ ସାଧିକା। ତାଙ୍କ ଶାଶୂଘର ସୁବର୍ଣ୍ଣପୁର। ସେହି କାଳରେ ଏ ଅଞ୍ଚଳ ଥିଲା ଗଣ୍ଡ, ବିଂଝାଲ, ଶବର ଆଦି ଆଟବିକଙ୍କର ଘର। ପ୍ରତ୍ୟେକ ଆଟବିକପଲ୍ଲୀରେ ଦେବୀମାନେ ଥିଲେ ସେମାନଙ୍କର ସୁଖଦୁଃଖର ସାଥୀ। ସେମାନଙ୍କ ଭିତରେ ସମଲାଇ ଅନ୍ୟତମ। ସମ୍ଭବତଃ ବହୁ-ପାଲୀର ଈଶ୍ୱରୀ। ଏବଂ, ଆଟବିକ ମୁଖିଆଙ୍କ ଈଶ୍ୱରୀ ମଧ୍ୟ। କ୍ଷମତା ତାଙ୍କରି ନାଁ ଅନୁସାରେ ଏହି ରାଇଜର ନାଁ ସମ୍ବଲ ଓ ପରେ ସମ୍ବଲପୁର ନାଁରେ ପରିଚିତ କରାଇଛି।

ମା' ସମଲାଇଙ୍କ ଆବିର୍ଭାବ ସଂପର୍କରେ ଦୁଇଗୋଟି ବିଶ୍ୱାସ ଆମ ପାଖରେ। ଉଭୟ ତାଙ୍କ ଆର୍ଯ୍ୟାୟନର କଥା କୁହେ। ପ୍ରଥମଟି ପୁରାଣର। ରାବଣ ପୁଅ ମହୀରାବଣ। ବାପାଙ୍କ ଆଦେଶ ଅନୁସାରେ ସେ ରାମ ଲକ୍ଷ୍ମଣଙ୍କ ସହିତ ଯୁଦ୍ଧ କରିଛି। ତା' ମାୟାଯୁଦ୍ଧରେ ପରାସ୍ତ ହୋଇଛନ୍ତି ଦୁଇ ଭାଇ। ସେ ସେମାନଙ୍କୁ ରାଜ୍ୟର ଇଷ୍ଟଦେବୀ ଲଙ୍କେଶ୍ୱରୀଙ୍କ ପାଖକୁ ନେଇଛନ୍ତି, ବଳି ଦେବେ। ସୁବର୍ଣ୍ଣଭୂମି ଶତ୍ରୁ ଆକ୍ରମଣରୁ ମୁକ୍ତ ହେବ। ଏଣେ ରାମ ଲକ୍ଷ୍ମଣଙ୍କୁ ନଦେଖି ହନୁମାନଙ୍କର ଚିନ୍ତା ବଢ଼ିଯାଇଛି। ବିକଳ ହୋଇ ସେମାନଙ୍କୁ ଖୋଜିଛି ଲଙ୍କାର ଗଳିକନ୍ଦିରେ। ଶେଷରେ ସେମାନଙ୍କୁ ଅସହାୟ ଅବସ୍ଥାରେ ଠାବ କରିଛି ଲଙ୍କଦେବୀଙ୍କ ପାଖରେ। ଏବେ ମହୀରାବଣର ହାତରେ ଖଣ୍ଡା। ମହାବଳୀ ହନୁମାନ ମହୀରାବଣ ସହିତ ଯୁଦ୍ଧ କରିଛନ୍ତି, ପରାସ୍ତ ହୋଇଛି ରାବଣପୁତ୍ର। ଏବଂ, ଜୀବନ ବଞ୍ଚାଇବା ପାଇଁ ଲାଜ ଓ ଭୟରେ ଲଙ୍କଦେବୀ ସମଲାଇ

ରୂପ ଧରି ଅଦୃଶ୍ୟ ହୋଇଯାଇଛନ୍ତି। ସତରେ କ'ଣ ଦେବୀ ଲାଜ ଓ ଭୟରେ ଅଦୃଶ୍ୟ ହୋଇଛନ୍ତି? ନାଁ ତାଙ୍କ ନିଜ ଇଚ୍ଛାରେ? ସେ ତ ଇଚ୍ଛାର ଈଶ୍ୱରୀ। ଯେତେବେଳେ ଯାହା ତାଙ୍କର ଇଚ୍ଛା, ସେ ତାହା ହିଁ କରନ୍ତି। ସେ କେଉଁଠି ରହିବେ, କେମିତି ରହିବେ ସବୁ ତାଙ୍କର ଇଚ୍ଛାଧୀନ। ତେଣୁ ସେ ନିଜେ ନିଜ ପାଇଁ ଆସ୍ଥାନଟିଏ ଖୋଜିଛନ୍ତି, ପହଞ୍ଚିଯାଇଛନ୍ତି ମହାନଦୀ କୂଳର ଏଇ ଘନଅରଣ୍ୟ ଭିତରେ। ନିଜକୁ ନିରାପଦ ମଣିଛନ୍ତି। ରହିଯାଇଛନ୍ତି। ଆଟବିକମାନଙ୍କୁ ନିଜ ଶକ୍ତିରେ ଅଭିଭୂତ କରିଛନ୍ତି। ସେମାନଙ୍କର ଇଷ୍ଟଦେବୀ ହୋଇଛନ୍ତି। ସେ ଲଙ୍କଦେବୀ ଏବେ ମା' ସମଲାଇ। ସମଲାଇଙ୍କ ନାଁରେ ରାଇଜ ପରିଚିତ ହୋଇଛି। ସମ୍ବଲ ବା ସମ୍ବଲପୁର।

ଦ୍ୱିତୀୟ ବିଶ୍ୱାସର ସ୍ରଷ୍ଟା କ୍ଷମତା। ପାଟଣାର ରାଜା ସମ୍ବଲ ଅଧିକାର କରିଛନ୍ତି। ସେ ଚୌହାନବଂଶୀ ବଳରାମ ଦେବ। ସପ୍ତଦଶ ଶତାବ୍ଦୀ। ମହାନଦୀର ଚୌରପୁରରେ ନିଜ ରାଜଧାନୀ ପ୍ରତିଷ୍ଠା କରିଛନ୍ତି। ଦିନକର କଥା। ରାଜା ନଈ ଆରପାରି ଜଙ୍ଗଲକୁ ଯାଇଛନ୍ତି, ସାଙ୍ଗରେ କୁକୁର। ମହାପରାକ୍ରମୀ। ଗୋଟିଏ ଶିମୂଳୀଗଛ ପାଖରେ କଉଡ଼ୁକିଆ ଠେକୁଆଟିଏ ରାଜାଙ୍କ ଆଖିକୁ ବାନ୍ଧି ପକେଇଛି। ତାକୁ ଧରିବା ପାଇଁ କୁକୁରକୁ ନିର୍ଦ୍ଦେଶ ଦେଇଛନ୍ତି। ପ୍ରଭୁଭକ୍ତ ଆଦେଶ ପାଳନ କରିଛି ତତ୍‌କ୍ଷଣାତ୍। ମାତ୍ର ପରବର୍ତ୍ତୀ ଦୃଶ୍ୟରେ ଅଭିଭୂତ ରାଜା। ସେ ଦେଖୁଛନ୍ତି ସାମାନ୍ୟ ଠେକୁଆର ଆକ୍ରମଣରେ ଆତଙ୍କିତ ତାଙ୍କ ପରାକ୍ରମୀ କୁକୁର। ଯେପରି ଆତ୍ମରକ୍ଷା ପାଇଁ ବିକଳ ହେଉଛି। ରାଜା ଅନୁଭବ କରୁଛନ୍ତି ଏହା ଠେକୁଆର ସାମର୍ଥ୍ୟ ନୁହେଁ। କୌଣସି ଦୈବୀଶକ୍ତିଙ୍କ ଲୀଳା। ସେ ଶିମୂଳୀଗଛ ପାଖକୁ ଆସୁଛନ୍ତି। ଆଖିଆଗରେ ତାଙ୍କର ଶିଳା ଖଣ୍ଡେ। ଶିଳାରେ ଅପୂର୍ବ ଚମକ। ରାଜା ବିସ୍ମିତ ଓ ପୁଲକିତ। ଅନୁଭବ କରିଛନ୍ତି ସେ ଶିଳା ନୁହନ୍ତି, ସ୍ୱୟଂ ଦେବୀ, ତାଙ୍କ ପାଇଁ। ଶିମୂଳୀଗଛ ମୂଳରେ ଦେବୀ ବିଜେ କରିଥିବାରୁ ରାଜା ତାଙ୍କ ନାଁ ରଖିଛନ୍ତି ସମଲାଇ। ଭୂମିକୁ ପବିତ୍ର ଓ ନିରୁପଦ୍ରୁତ ମଣିଛନ୍ତି। ମା'ଙ୍କ ପାଇଁ ଆସ୍ଥାନ ତିଆରି କରିଛନ୍ତି। ତିଆରି କରିଛନ୍ତି ରାଜଧାନୀ। ନୂଆ ରାଜଧାନୀ। ନାଁ ରଖିଛନ୍ତି ସମ୍ବଲପୁର।

ଏହି କାହାଣୀ ଭିତରେ ଅନ୍ୟ ଏକ ସତ୍ୟ ଲୁଚି ରହିଛି। ଆମେ ଜାଣୁ କ୍ଷମତା ଯେଉଁଆଡ଼େ ଯାଏ, ସାଥୀରେ ନେଇଥାଏ ତା' ଇଷ୍ଟଦେବୀଙ୍କୁ। ବଳରାମ ଦେବଙ୍କ ଇଷ୍ଟଦେବୀ ପାଟଣେଶ୍ୱରୀ। ସେ ପାଟଣାଗଡ଼ରୁ ଦେବୀଙ୍କୁ ଆଣିଛନ୍ତି। ତାଙ୍କ ପାଇଁ ମନ୍ଦିର ତିଆରି କରିଛନ୍ତି। ସମ୍ବଲପୁରରେ ପୂଜା ପାଉଛନ୍ତି। ମାତ୍ର ରାଇଜର ପ୍ରମୁଖ ଜନଗୋଷ୍ଠୀଙ୍କୁ ସନ୍ତୁଷ୍ଟ କରିବାପାଇଁ ସେମାନଙ୍କର ଇଷ୍ଟଦେବୀଙ୍କୁ ନିଜର କରିଛନ୍ତି। କାରଣ ଚତୁର କ୍ଷମତା ଜାଣିଥାଏ, ଜନଗୋଷ୍ଠୀର ବିଶ୍ୱାସ ହିଁ ସେମାନଙ୍କର ପ୍ରକୃତ ଶକ୍ତି। ରାଜା ବଳରାମ ଦେବ ମା' ସମଲାଇଙ୍କୁ ଇଷ୍ଟ ମଣିବାର ଏହା ହିଁ ଗୁମର କଥା।

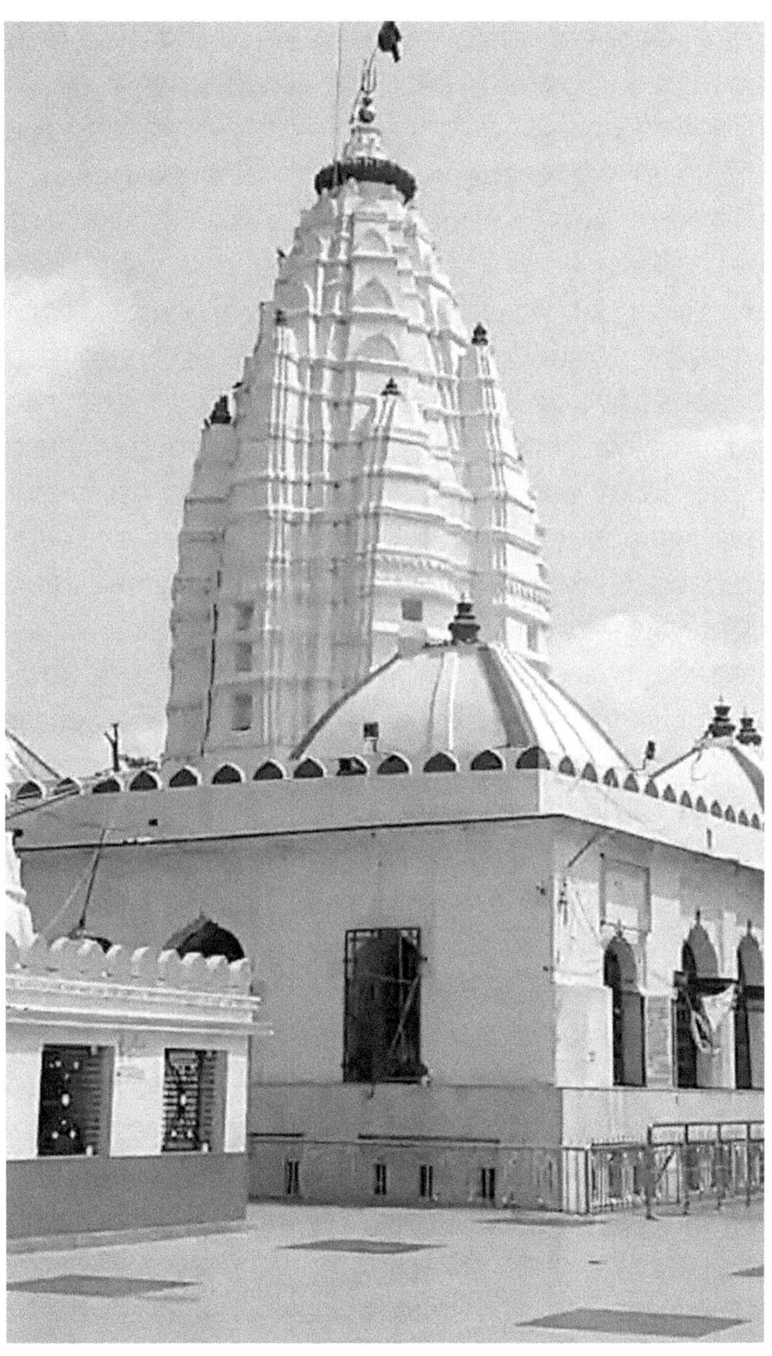

ବଳରାମ ଦେବ ପ୍ରଥମେ ସମ୍ବଲପୁରରେ ପାଟଣେଶ୍ୱରୀଙ୍କ ମନ୍ଦିର ତିଆରି କରିଛନ୍ତି, ସପ୍ତଦଶ ଶତାବ୍ଦୀରେ। ଦେବୀ ପାଟଣାଗଡ଼ର ପାଟଣେଶ୍ୱରୀଙ୍କ ପ୍ରତିରୂପ। ମହିଷମର୍ଦ୍ଦିନୀ। ଲୋକତୁଣ୍ଡରେ ସେ କାଳେ ଦେବୀ ସମଲେଶ୍ୱରୀଙ୍କ ସାନଭଉଣୀ। ଭାରି ପ୍ରତକ୍ଷ। ମାତ୍ର ସମଲେଶ୍ୱରୀଙ୍କ ମନ୍ଦିରର ଗଠନକାଳ ଅଷ୍ଟାଦଶ ଶତାବ୍ଦୀ। ଚୌହାନବଂଶର ସପ୍ତମ ରାଜା ଛତ୍ରଶାୟୀ ସମଲେଶ୍ୱରୀ ମନ୍ଦିରର ପ୍ରତିଷ୍ଠାତା। ମନ୍ଦିର ସନ୍ଧାର ଶୈଳୀରେ ତିଆରି। ଦୀର୍ଘକାଳସ୍ଥାୟୀ ଗ୍ରାନାଇଟ ପଥରରେ ତିଆରି। ଚୂନ ଯୋଡ଼େଇ କାନ୍ଥ ସିମେଣ୍ଟରେ ପଲସ୍ତରା ହୋଇଛି। ମନ୍ଦିର ଦୁଇଭାଗରେ ବିଭକ୍ତ। ବାହାର ଅଂଶ ଚାରିକୋଣିଆ। ଗୋଟିଏ ପ୍ରଦକ୍ଷଣ ମଣ୍ଡପ, ଅନ୍ୟଟି ଦେବୀ ବିଜେ କରିଥିବା ଗର୍ଭଗୃହ। ଦୂରରୁ ଦେଖିଲେ ଲାଗେ, ଚାରିକୋଣିଆ ପ୍ରଦକ୍ଷଣ ମଣ୍ଡପ ଉପରେ ଦେବୀଙ୍କ ମନ୍ଦିର ଠିଆ ହୋଇଛି। ସୁନ୍ଦର ଧଳାରଙ୍ଗର ରେଖଶୈଳୀରେ ମନ୍ଦିରଟିଏ। ବାରଟି ସ୍ତମ୍ଭକୁ ଆଶ୍ରା କରି ତା' ଦେହ ଗଢ଼ା। ଚଟାଣରୁ ତଳକୁ ଚାରୋଟି ପଥର ପାହାଚ ଅତିକ୍ରମ କଲେ ଦେବୀଙ୍କ ଆସ୍ଥାନ। ମନ୍ଦିର ବାହାର କାନ୍ଥର ଖୋପଗୁଡ଼ିକରେ ଏଗାର ଜଣ ପାର୍ଶ୍ୱଦେବଦେବୀ ଅଧିଷ୍ଠିତ। ପ୍ରତ୍ୟେକ ଯେପରି ଦେବୀଙ୍କର ସ୍ତୁତିଗାନରେ ମଗ୍ନ। ଭିତରେ ପୁଣି ମା'ଙ୍କୁ ନିରାଜନା କରୁଛନ୍ତି ଦଶମହାବିଦ୍ୟା। ସେମାନେ- ଚଣ୍ଡୀ, ଚାମୁଣ୍ଡା, ଛତ୍ରବାଉତି, ଉଗ୍ରତାରା, ଦୁର୍ଗା, ମଙ୍ଗଳା, ଜ୍ୱଳାମୁଖୀ, ବନଦୁର୍ଗା, ବାରାହୀ, ଛିନ୍ନମସ୍ତା, ରାମଚଣ୍ଡୀ ଓ କାଳୀ। ମନ୍ଦିରର ପରିକ୍ରମା ଗୃହର ଚାରିକୋଣରେ ରହିଛି ଚାରୋଟି ଗମ୍ବୁଜ; ଯାହା ତା'ର ସୌନ୍ଦର୍ଯ୍ୟକୁ ବହୁଗୁଣିତ କରିଦିଏ। ସ୍ୱତନ୍ତ୍ର ଲାଗେ। ଏଗୁଡ଼ିକ ସବୁ ପଥରରେ ତିଆରି।

ମା' ସମଲେଶ୍ୱରୀଙ୍କ ପ୍ରତିମା ବହୁଭାବରେ ସ୍ୱତନ୍ତ୍ର। ଏକ ବଡ଼ ଶିଳାଖଣ୍ଡ। ଉପର ଭାଗରେ କେତେକ ଅଂଶ ଖୋଦିତ ହୋଇଛି, ଯାହା ଏକ ବାରାହୀ ମୁହଁର ଭ୍ରମ ସୃଷ୍ଟି କରେ। ପାଟି ତଳକୁ ଲମ୍ବିଯାଇଛି ଶୁଣ୍ଢ ପରି। ନାକରେ ସୁନାର ନୋଥ। ସୁନାରେ ତିଆରି ନାକ, ଆଖି, ଓଠକୁ ଯଥାସ୍ଥାନରେ ଖଞ୍ଜିଦେଇ ମା'ଙ୍କର ମୁହଁଟିଏ ତିଆରି କରିଦିଆଯାଇଛି। ମୁହଁଟି ଏତେ କମନୀୟ ଯେ, ଦେଖିଲେ ଲାଗୁଛି ସତେଯେପରି ଦୟା, କ୍ଷମା, କରୁଣା, ମମତା, ପ୍ରେମ, ଶ୍ରଦ୍ଧାର ଜୀବନ୍ତ ଦେବୀ ସେ। ସୁନାପତ୍ରରେ ତିଆରି ଏତେ କଳାତ୍ମକ ମା'ଙ୍କ ମୁହଁ ଅନ୍ୟତ୍ର ଦୁର୍ଲ୍ଲଭ। ବିଭିନ୍ନ ସମୟରେ ମା' ନାନା ବେଶରେ ଉଭା ହୁଅନ୍ତି। ଆଶ୍ୱିନ ମାସର ଅମାବାସ୍ୟା, ମହାଳୟା ଦିନ ସେ ହୁଅନ୍ତି ଧବଳମୁଖୀ। ଏହି ବେଶର ନାଁ 'ଗଙ୍ଗାଦର୍ଶନ'। ମା'ଙ୍କର ସକଳ ବିନ୍ୟାସ ଗଙ୍ଗା ପରି ଧବଳ, ଉଜ୍ଜ୍ୱଳ। ବସ୍ତ୍ରଠୁ ଆରମ୍ଭକରି ଫୁଲ ପର୍ଯ୍ୟନ୍ତ। ସବୁଠି ଶୁଭ୍ରତାର ଉଦ୍‌ଭାସନ। ଏହି ବେଶ ରଚନାରେ ପୂଜକମାନଙ୍କର କଳାବୋଧକୁ ମଧ୍ୟ ଅନୁଭବ କରିହୁଏ।

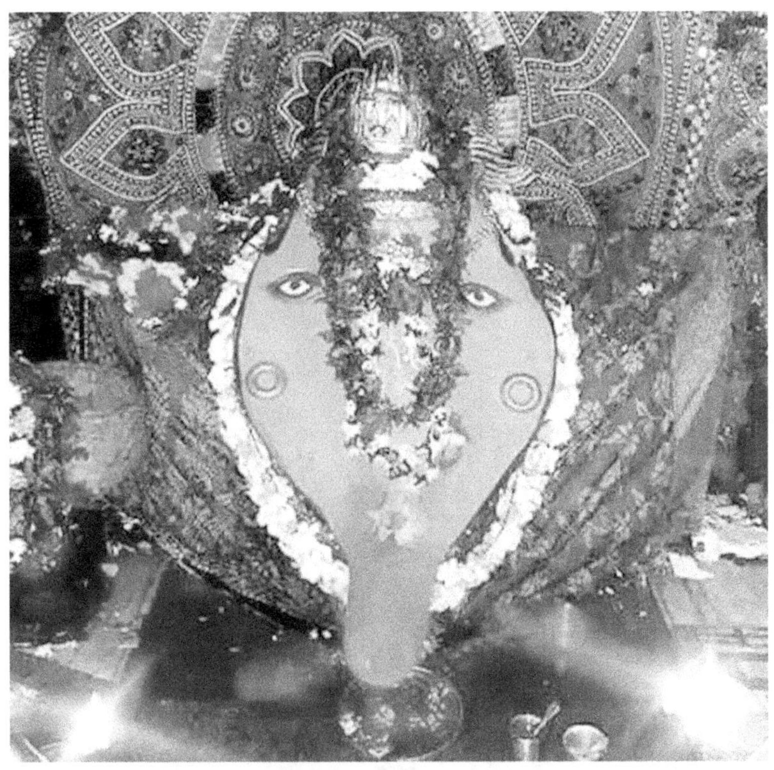

ଏବଂ, ଯାହା ସବୁଠାରୁ ଗୁରୁତ୍ୱପୂର୍ଣ୍ଣ, ପଶ୍ଚିମ ଓଡ଼ିଶାର ଯେକୌଣସି ମାଙ୍ଗଳିକ କାର୍ଯ୍ୟ ଓ ଆପଦ ବିପଦରେ ମା'ଙ୍କ ନାଁ ହିଁ ଉଚ୍ଚାରଣ କରାଯାଏ। ତାଙ୍କ ପ୍ରତୀକକୁ ଆନନ୍ଦର ମନ୍ତ୍ର ଭାବରେ ଗ୍ରହଣ କରାଯାଏ ଏବଂ ନୂଆଖାଇ ଗଣପର୍ବରେ ସେ ହେଉଛନ୍ତି ପ୍ରମୁଖ ଈଶ୍ୱରୀ। କୃଷିଭିତ୍ତିକ ସଭ୍ୟତାର ପ୍ରତୀକ, ମା' ଶାକାମ୍ବରୀ।

ଖଣ୍ଡିଏ ମୁଗୁନି ପଥରରେ ଗଠିତ ଏକ ପ୍ରତିମାରେ ବିଶ୍ୱାସ କିପରି ଜୀବନ୍ତ ରୂପ ନିଏ, ସମଲେଶ୍ୱରୀ ତାହାର ସ୍ପଷ୍ଟ ଉଦାହରଣ। ପ୍ରଜନନର ଦେବୀ, ଅନ୍ନର ଦେବୀ, ଆନନ୍ଦର ଦେବୀ, ମା' ସମଲେଶ୍ୱରୀ ପଶ୍ଚିମ ଓଡ଼ିଶାର ଏବେ ଜୀବନ ଦେବୀରେ ରୂପାନ୍ତରିତ। ମା' ସମଲେଶ୍ୱରୀ ବିଶ୍ୱାସ ଭିତରେ ସ୍ଥାପତ୍ୟ ନା ସ୍ଥାପତ୍ୟ ଭିତରେ ବିଶ୍ୱାସ, କଳନା କରିବା ଏତେ ସହଜ ନୁହେଁ। ସେ ଯେପରି ବିଶ୍ୱାସର କଳାରୂପ।

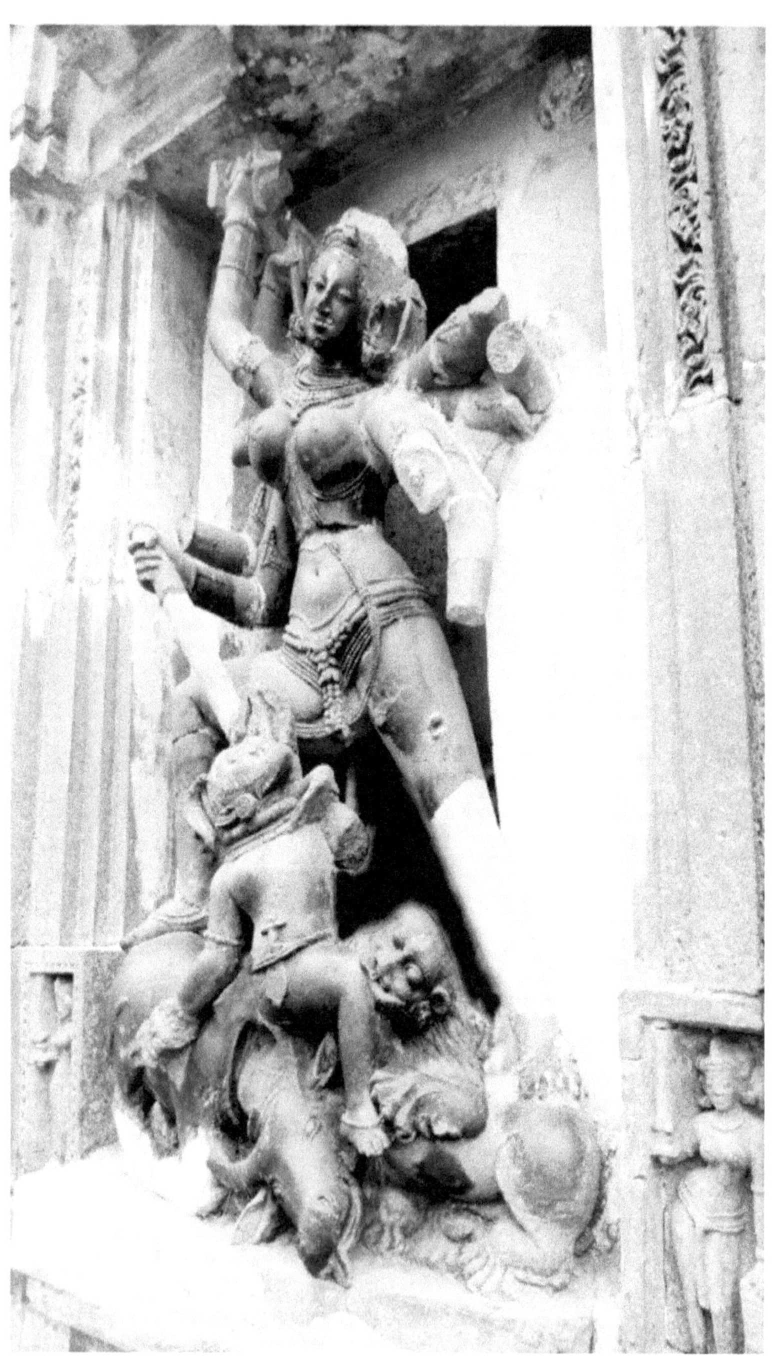

କୀଚକେଶ୍ୱରୀ: ଅନ୍ୟ ପରି ନୁହେଁ, ନିଜ ପରି

ଖିଚିଂର କୀଚକେଶ୍ୱରୀ

ଇତିହାସ ତିଆରି କରାଯାଏ। ମୂଳ ଉପାଦାନ- ପ୍ରମାଣସିଦ୍ଧ ତଥ୍ୟ। ତଥ୍ୟ ଥିଲେ ମଧ୍ୟ ଇତିହାସ ଗଢ଼ଣର ଶକ୍ତି ସମସ୍ତଙ୍କର ସମାନ ନୁହେଁ। ଉପଲବ୍ଧ ତଥ୍ୟ ବିଶ୍ଳେଷଣ ମାଧ୍ୟମରେ ଏକ ବା ଅନେକ ସମ୍ଭାବ୍ୟ ସତ୍ୟର ଅନୁଭବ ଏବଂ ସତ୍ୟକୁ ନିଜ ସର୍ଜନଶୀଳତାରେ ପରିସିଦ୍ଧିକରଣ ଲୋଡ଼ା। ଏଥିପାଇଁ ବ୍ୟକ୍ତିକୁ ସାଧନା କରିବାକୁ ପଡ଼େ। ତଥ୍ୟ ବିଶ୍ଳେଷଣ, ଅନୁଭବ ସର୍ଜନଶୀଳତାର ଭୂମି ଉପରେ ଯଉଁ ଇତିହାସ ସୌଧ ଜନ୍ମ ନିଏ, ତାହା ଇତିହାସ ହୋଇ ରହେନାହିଁ। ବର୍ତ୍ତମାନର ପ୍ରେରଣାରେ ଭବିଷ୍ୟତ ତିଆରି ହୋଇଯାଏ। ଆମେ ଆଜି ଅନ୍ୟ ଏକ କୋଣାର୍କ ମନ୍ଦିର ଗଢ଼ଣର କଥା କହୁଛୁ। ଗଢ଼ା ହେଲେ, ଏଇ ସୂତ୍ରକୁ ନିଜର କରିବାକୁ ପଡ଼ିବ। 'ଯାହା ଥିଲା', ତାକୁ 'ଅଛି' ଏବଂ 'ହେବ' କହିବାକୁ ପଡ଼ିବ। ଏହି ବାସ୍ତବତାକୁ ବୁଝିବାପାଇଁ ଆମ ପାଖରେ ଉଦାହରଣଟିଏ ଅଛି। ତାହା ଖିଚିଂର କୀଚକେଶ୍ୱରୀ ମନ୍ଦିର ଏବଂ ମନ୍ଦିର ପୂଜିତା ଦେବୀ।

ଖିଚିଂ ଆଧୁନିକ ମୟୂରଭଞ୍ଜ ଜିଲ୍ଲାର ଏକ ପରିଚିତ ଭୂମି। ତା'ର ଏକ ସ୍ୱତନ୍ତ୍ର ରାଜନୀତିକ ପରିଚୟ ତିଆରି ହୋଇଛି ଓ ବଦଳି ଚାଲିଛି। ଘଞ୍ଚ ଜଙ୍ଗଲ। ଦୁଇପାଖରୁ ଦୁଇଟି ପାହାଡ଼ି ନଈ- ଖଇରୀ ବନ୍ଦନା ଓ କାନ୍ତ ଖଇରୀ। ଏମାନେ ପ୍ରାୟ ଚାରି-ପାଞ୍ଚ କିଲୋମିଟର ତଳଭୂମିରେ ବୈତରଣୀନଈକୁ ସାଥୀ କରିଛନ୍ତି। ପରିଚୟ ହରେଇ ମିଶିଯାଇଛନ୍ତି ସମୁଦ୍ରରେ। ଏହି ଦୁଇ ପାହାଡ଼ିକନ୍ୟା ତିଆରି କରିଥିବା ଭୂଇଁକୁ କାଳେ ଦିନେ ମହାଭାରତ ବର୍ଣ୍ଣିତ ବିରାଟ ଦେଶର ରାଜା ନିଜର କରିଥିଲା। ଗଡ଼ ତିଆରି କରିଥିଲା।

ଇତିହାସ ଅନ୍ୟ ପ୍ରକାର କଥା କୁହେ। ଏକ ବିସ୍ମୃତିର ନାଁ ଖିଚିଂମଣ୍ଡଳ। କେତେ କେତେ ସ୍ଥାନୀୟ ବୀର-ଜନଗୋଷ୍ଠୀ ଏଠାରେ ଗଢ଼ି ଉଠିଛି। ଗୋଷ୍ଠୀରେ ସର୍ଦ୍ଦାର ସୃଷ୍ଟି ହୋଇଛନ୍ତି, ସର୍ଦ୍ଦାରମାନେ ରାଜା ବି ତିଆରି କରିଛନ୍ତି। ସେମାନଙ୍କ

ଅନୁରୂପ ଭୂମିଲୋଭୀ ବୀରମାନଙ୍କର ଆଖି ମଧ୍ୟ ସ୍ଥାନୀୟମାନଙ୍କୁ ଆତଙ୍କିତ କରିଛି। କାହାର ମିତ୍ର ତ କାହାର ଶତ୍ରୁ ହୋଇଛନ୍ତି। ପ୍ରମାଣ ଆଧାରରେ ଅନୁମାନ କରାଯାଉଛି, ଏହି ବିସ୍ତୃତ ଭୂମି ବିଭିନ୍ନ କାଳଖଣ୍ଡରେ ମୌର୍ଯ୍ୟ, କୁଶାଣ, ଗୁପ୍ତ, ସାତବାହନ ଏବଂ ଭଞ୍ଜବଂଶୀ ରାଜାମାନଙ୍କର ଭୋଗ୍ୟା ହୋଇଛି। ଖିଚିଂକୋଟାରେ ରାଜଧାନୀ ବସିଛି। ପ୍ରାୟ ଖ୍ରୀଷ୍ଟୀୟ ତୃତୀୟ/ଚତୁର୍ଥ ଶତାବ୍ଦୀ ବେଳକୁ ଏହାର ରାଜନୀତିକ ପରିଚିତି ସ୍ପଷ୍ଟ ହୋଇଯାଉଛି। ଖିଚିଂର ସ୍ଥାପତ୍ୟ ସମୂହ ଏହି ସ୍ପଷ୍ଟତାର ପ୍ରମାଣ।

ସ୍ଥାପତ୍ୟ ଆଧାରରେ ଖିଚିଂର ପରିଚୟ ଗଠନ ପର୍ବର ଆରମ୍ଭ ୧୮୩୭ ମସିହା। ନାୟକ ହେଉଛନ୍ତି ଲେଫ୍ଟନାଣ୍ଟ ଟିକେଲ। ଖିଚିଂ ଆସିଛନ୍ତି ୧୮୪୦ ମସିହାରେ। ଏସିଆଟିକ ସୋସାଇଟ୍ ଅଫ୍ ବେଙ୍ଗଲ ପତ୍ରିକାରେ ନିଜ ଅନୁଭବ ଲେଖିଛନ୍ତି। ୧୮୭୫-୭୬ ମସିହାରେ ଆସିଛନ୍ତି ବେଗଲାର ସାହେବ। ସେ ଖିଚିଂର କଥା କହିଛନ୍ତି, ମାତ୍ର ବହୁଭାବରେ ଅସ୍ପଷ୍ଟ। ଖିଚିଂ ଆତ୍ମାର ପ୍ରଥମ ଅନୁଭବୀ ନଗେନ୍ଦ୍ର ନାଥ ବସୁ। ୧୯୦୫ ମସିହାରେ ସେ ଖିଚିଂ ଆସନ୍ତି, ସାଙ୍ଗରେ କାମାକ୍ଷା ପ୍ରସାଦ ବୋଷ। ମାଟିଗଦା ଭିତରୁ ଶୁଣିପାରନ୍ତି ଇତିହାସର କାନ୍ଦ। ମୁକ୍ତିପାଇଁ ଆକୁଳତା ଓ ଆହ୍ୱାନ। ସ୍ଥାନୀୟ ଲୋକେ କହୁଥିବା ଠାକୁରାଣୀମୁଣ୍ଡିଆ ପାଖରେ ଠିଆ ହୁଅନ୍ତି। କୋଦାଳ ଓ ଶାବଳର ସଶ୍ରଦ୍ଧ ସ୍ପର୍ଶରେ ମୁଣ୍ଡିଆର ଆବରଣ ଖୋଲିଯାଏ। ମାଟି ଭିତରୁ ସ୍ପଷ୍ଟତର ହୁଅନ୍ତି ଶିଳାର ପ୍ରତିମାମାନେ। ଦୁଇଟି ମନ୍ଦିରର ଭଗ୍ନାବଶେଷ ତାଙ୍କୁ ସମ୍ମୋହିତ କରେ। ବିସ୍ମିତ କରେ ପ୍ରତିମାମାନଙ୍କର ବିଶାଳତା। ଶିବ ଓ ଚଣ୍ଡୀଙ୍କ ପ୍ରତିମା। ଚଣ୍ଡୀଙ୍କ ପ୍ରତିମାକୁ ସେ କୁହନ୍ତି- ଏ ଭୀମଙ୍କର ଭୟଙ୍କର କଙ୍କାଳସାର ରୂପ। ଠାକୁରାଣୀମୁଣ୍ଡିଆର ଏହି ବୈଚିତ୍ର୍ୟ ଭଞ୍ଜ ପ୍ରଶାସନର ନୂଆ ରାଜଧାନୀ ବାରିପଦାକୁ ଆଶ୍ଚର୍ଯ୍ୟ କରେ। ରାମଚନ୍ଦ୍ର ଭଞ୍ଜଦେବ, ପୂର୍ଣ୍ଣଚନ୍ଦ୍ର ଭଞ୍ଜଦେବ ଓ ଅନ୍ୟମାନେ ନିଜ ବଂଶ ଇତିହାସ ଜାଣିବାପାଇଁ ପ୍ରତିଶ୍ରୁତିବଦ୍ଧ ହୁଅନ୍ତି। କଲିକତାସ୍ଥ ପ୍ରତ୍ନତାତ୍ତ୍ୱିକ ସର୍ବେକ୍ଷଣ ସଂସ୍ଥାର ବିଶେଷଜ୍ଞମାନେ ଖିଚିଂକୋଟାକୁ ଅଧ୍ୟୟନର କ୍ଷେତ୍ର କରନ୍ତି। ଜନ୍ ମାର୍ସାଲ, ରମାପ୍ରସାଦ ଚନ୍ଦ୍ ଅଧ୍ୟୟନର ନେତୃତ୍ୱ ନିଅନ୍ତି। ପରେ ତାଙ୍କ ସହିତ ଯୋଗଦିଅନ୍ତି ପରମାନନ୍ଦ ଆଚାର୍ଯ୍ୟ। ୧୯୨୨ରୁ ୨୪ ମସିହା ମଧ୍ୟରେ ଠାକୁରାଣୀମୁଣ୍ଡିଆ ଭିତରୁ ଆଲୋକିତ ହୁଏ ସଂପୃକ୍ତ ଭୂମିର କଳାବିଭବ। ଦୁଇଟି ମନ୍ଦିର ସ୍ପଷ୍ଟ ହୋଇଯାଏ ଆଖିଆଗରେ। ପ୍ରଥମର ପ୍ରଭୁ ଚନ୍ଦ୍ରଶେଖର ଓ ଅନ୍ୟଟିର ଈଶ୍ୱରୀ କୁଟାବରଚଣ୍ଡୀ। ପ୍ରଥମ ମନ୍ଦିର ପଥର ଏବଂ ଦ୍ୱିତୀୟ ଇଟାରେ ତିଆରି।

ବିବରଣୀରୁ ଜଣାଯାଏ, ମନ୍ଦିର ଭାଙ୍ଗିପଡ଼ିବାର କାରଣ ଏହାର ଦୁର୍ବଳ ଭିତ୍ତି। ସ୍ଥାନୀୟ ଭକ୍ତ ଓ ବିଶେଷଜ୍ଞମାନେ ଦେବୀଙ୍କ ଘର ତିଆରି କରିବାପାଇଁ କ୍ଷମତାକୁ

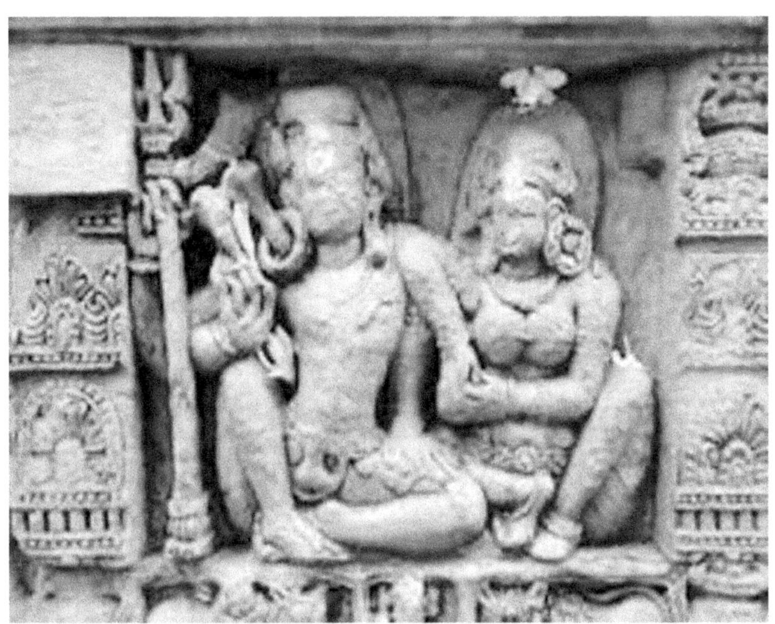

ଅନୁରୋଧ କରନ୍ତି। କ୍ଷମତା ହଁ କୁହେ। ଜେ.ଏ. ପେଗ୍ ଓ ଶୈଳେନ୍ଦ୍ର ପ୍ରସାଦ ବୋଷଙ୍କୁ ମନ୍ଦିରର ଭିତ୍ତିଭୂମି ଉପରେ ନୂଆ ମନ୍ଦିର ଗଢ଼ିବାପାଇଁ ନକ୍ସା ପ୍ରସ୍ତୁତ ପାଇଁ କୁହାଯାଏ। ନୂଆମନ୍ଦିର ପୁରୁଣା ପରି ତିଆରି ହେବ। ଆତ୍ମାର ଘଟାନ୍ତର ମାତ୍ର। ପ୍ରାଚୀନ ପ୍ରତିମା ଓ ଅନ୍ୟ ଅଂଶଗୁଡ଼ିକୁ ଯଥା ଯଥା ସ୍ଥାନରେ ଯଥାସମ୍ଭବ ଖଞ୍ଜି ଦିଆଯିବ। ସ୍ଥାନୀୟ ଶିଳାଖଣ୍ଡ ବ୍ୟବହାର କରାଯିବ, ସ୍ଥାନୀୟ ସଂପତ୍ତିଙ୍କ କଳାବୋଧରେ। କାରଣ ମନ୍ଦିରର ଭିତ୍ତି ଓ ପ୍ରତିମାମାନଙ୍କର ରୂପ ଓ ଆତ୍ମା ସ୍ୱତନ୍ତ୍ର। କଳିଙ୍ଗର ଅନ୍ୟ କ୍ଷେତ୍ରର ଶୈଳୀ ଅନୁରୂପ ନୁହେଁ। ୧୯୩୩/୩୪ ମସିହାରେ ନବନିର୍ମାଣ କାର୍ଯ୍ୟ ଆରମ୍ଭ ହୁଏ, ଶେଷ ହୁଏ ୧୯୪୧-୪୨ ମସିହାରେ। ବାହାରେ ଏକ ଅସ୍ଥାୟୀ ଘରେ ରହୁଥିବା ଦେବୀଙ୍କୁ ନୂଆ ମନ୍ଦିରରେ ପ୍ରତିଷ୍ଠା କରାଯାଏ। ନୂଆ ମନ୍ଦିରକୁ କୁହାଯାଏ, ପୁରୁଣା ମନ୍ଦିରର ପ୍ରତିରୂପ। ମାତ୍ର ଏହାକୁ କ'ଣ ସୁଦୂର ପ୍ରାୟ ଏକହଜାର ବର୍ଷର ଅତୀତ ଅର୍ଥାତ୍ ନବମ-ଦଶମ ଶତାବ୍ଦୀର କଳାରୂପ କୁହାଯାଇ ପାରିବ ?

ନୂଆ ମନ୍ଦିର ଭିତ୍ତିଭୂମିର ଆୟତନ ପ୍ରାୟ ଏକହଜାର ସାତଶହ ବର୍ଗଫୁଟ। ଉଚ୍ଚତା ପ୍ରାୟ ଏକଶହ ଫୁଟ। ନିଅଁର ପତନ ୧.୨୦ ମିଟର। ଦେହ କଳାମୁଗୁନି ପଥର। ବଖୁରୀକିଆ। ଆକାର- ରେଖଶୈଳୀ, ବିମାନ ପରି। ମୁଖଶାଳା ଅନୁପସ୍ଥିତ। ଶିଳ୍ପଶାସ୍ତ୍ର ଅନୁମୋଦିତ ଦେବଦେବୀ ପ୍ରତିମାମାନ ବାହାର କାନ୍ଥର ଖୋପରେ। ଭିତରେ

ଏକ ପିଠିକା ଉପରେ ମା' କୀଚକେଶ୍ୱରୀ-ଚାମୁଣ୍ଡା। ଠାକୁରାଣୀମୁଣ୍ଡିଆ ଖନନ କାଳରେ ତାଙ୍କ ଦେହ ଭାଙ୍ଗି ତିନିଖଣ୍ଡ ହୋଇଯାଇଥିଲା। ଖଣ୍ଡଗୁଡ଼ିକ ଯୋଡ଼ାଯୋଡ଼ି କରି ତାଙ୍କୁ ପୂର୍ଣ୍ଣ ରୂପ ଦିଆଯାଇଛି। ତଥାପି ଦୁଇଟି ହାତ ଅନୁପସ୍ଥିତ। ତେଣୁ ଏବେ କେହି କେହି ଗବେଷକ କୁହନ୍ତି- ମା' ଅଷ୍ଟଭୁଜା। ବସିଛନ୍ତି ଏକ ଶବର ନାଭିରୁ-ଉତ୍‌ଥିତ ପଦ୍ମ ଉପରେ। ବେକରେ ଖପୁରିର ମାଳ। ମୁହଁରେ ମାତୃତ୍ୱ ଓ କରୁଣାର ଅଭିବ୍ୟକ୍ତି। ଆଖି ଜଳୁଛି ଯେମିତି, ମାତ୍ର ବର୍ଷୁଛି ମମତା ଆଉ କରୁଣା। ପଛରେ ଐରାବତ ମା'ଙ୍କୁ ଜଗି ରହିଛି।

ମନ୍ଦିରର ତିନି ପାଖରେ ତଳ-ଉପର ହୋଇ ତିନୋଟି ଲେଖାଏଁ ଖୋପ। ଦକ୍ଷିଣ ଓ ଉତ୍ତରପଟ କାନ୍ଥର ତଳ ଓ ମଝି ଖୋପରେ ରହିଛନ୍ତି ଯଥାକ୍ରମେ ଗଣେଶ ଓ ମହିଷାମର୍ଦ୍ଦିନୀ ଦୁର୍ଗା ପ୍ରତିମା। ପ୍ରତିମାମାନଙ୍କ ଗଢ଼ଣ ଗୋଟିଏ ପ୍ରକାରର, ଖାଲି ଆକାରରେ ଯାହା ସାନ ବଡ଼। ସବା ଉପର ଖୋପରେ ଏକପ୍ରକାରର ଆବକ୍ଷ ପୁରୁଷପ୍ରତିମା। ମନେହୁଏ ରାହୁ, କେତୁ। ପୂର୍ବ ଓ ପଶ୍ଚିମର ଦୁଇଟି ଲେଖାଏଁ ଖୋପ ଶୂନ୍ୟ। ଅନ୍ୟ ଖୋପ ଦୁଇଟିରେ ଦୁଇଟି ପ୍ରତିମା। ଜୀର୍ଣ୍ଣ। ଗଣେଶ ଅର୍ଦ୍ଧାସନ। ଦେଖିଲେ ଲାଗିବ ନାଚିବା ପାଇଁ ସଜ ହେଉଛନ୍ତି କି ? ଦୁର୍ଗା ମହିଷାସୁରକୁ ବଧ କରୁଛନ୍ତି ତ୍ରିଶୂଳରେ ଏବଂ ପାଦ ତଳେ ମହିଷର ମୁଣ୍ଡ ଅଧାକଟା। ମନ୍ଦିରର ଦୁଇ ସ୍ତମ୍ଭ ମଝିରେ ନାଗକନ୍ୟାମାନଙ୍କର କମନୀୟ ରୂପ ସମଗ୍ର ମନ୍ଦିରର ଶୋଭାକୁ କରିଛି ଅନୁପମ। ଓଡ଼ିଶାର ଅନ୍ୟ ମନ୍ଦିରମାନଙ୍କରେ ଶୋଭିତ ନାଗକନ୍ୟାମାନଙ୍କଠାରୁ ଏମାନେ ଯେ ବହୁ ଭାବରେ ସ୍ୱତନ୍ତ୍ର, ଦେଖିଲେ ସ୍ପଷ୍ଟ ହୋଇଯାଏ। କଳାମୁଗୁନି ପଥରରେ କେତେ ଚିକ୍କଣ କାରୁକାର୍ଯ୍ୟସମ୍ପନ୍ନ ସ୍ଥାପତ୍ୟ ଉତ୍‌କୀର୍ଣ୍ଣ ହୋଇପାରେ କୀଚକେଶ୍ୱରୀଙ୍କ ମନ୍ଦିର ଏହାର ଉଦାହରଣ।

ଖିଚିଂର ବାସ୍ତବ ବିଭବ ଏହାର ସଂଗ୍ରହାଳୟ। ଠାକୁରାଣୀ ପୀଠ ପରିସର ବିରାଟଗଡ଼, ଆଦିପୁର ଓ ବେଶିନଗର ଅଞ୍ଚଳରୁ ପ୍ରତିମାମାନ ଏଠି ଶୋଭା ପାଉଛନ୍ତି ୧୯୨୮ ମସିହାରୁ। ଏବେ ସେମାନେ ସଂଖ୍ୟାରେ ବାଅସ୍ତରୀ। ସେମାନେ ଉମା-ମହେଶ୍ୱର, ଗଣେଶ, କାର୍ତ୍ତିକେୟ, ବିଷ୍ଣୁ, ଶିବ, ମହିଷାମର୍ଦ୍ଦିନୀ ଦୁର୍ଗା, ପାର୍ବତୀ, ସୂର୍ଯ୍ୟ, ଚଣ୍ଡ-ପ୍ରଚଣ୍ଡ, ନୃସିଂହ, ବ୍ରହ୍ମାଣୀ, ସୁଦର୍ଶନଚକ୍ର ଆଦି ହିନ୍ଦୁ ଉପାସିତ ଦେବଦେବୀ। ଛଅଗୋଟି ବୁଦ୍ଧଙ୍କ ପ୍ରତିମା ଏଠାରେ ସ୍ଥାନିତ। ଅବଲୋକିତେଶ୍ୱର, ଧ୍ୟାନୀବୁଦ୍ଧ, ପଦ୍ମପାଣି, ଶାନ୍ତିନାଥ, ଋଷଭନାଥ, ସିଂହନାଥ ପରି ଜୈନ ପ୍ରତିମାମାନେ ମଧ୍ୟ ଅଛନ୍ତି। ଅଛନ୍ତି ବୌଦ୍ଧ ସହଜଯାନ ପରମ୍ପରାର ଦେବୀ ତିନିସଂଖ୍ୟକ ତାରା। ଅନ୍ୟମାନଙ୍କ ମଧ୍ୟରେ ଦ୍ୱାରପାଳ, ଶାଳଭଞ୍ଜିକା, ନାଗକନ୍ୟାଙ୍କ ପ୍ରତିମାମାନେ ଆମ ସ୍ଥାପତ୍ୟର ଯେ

ଏକ ଏକ ବିଶେଷ ଅଙ୍ଗ ଥିଲେ, ତାହା ସ୍ପଷ୍ଟ ହୋଇଯାଏ। ଏବଂ, ଏତଦ୍‌ବ୍ୟତୀତ ସଂଗ୍ରହାଳୟରେ ରହିଛି ସୂକ୍ଷ୍ମ କାରୁକାର୍ଯ୍ୟଖଚିତ ଦ୍ୱାରବନ୍ଧ, ସ୍ତମ୍ଭ, ଅଷ୍ଟଦଳବିଶିଷ୍ଟ ପଦ୍ମ।

ବାସ୍ତବତଃ ଉମା-ମହେଶ୍ୱର ଓ ଗଣେଶଙ୍କ ପ୍ରତିମା ଖିଚିଂ କଳାବୋଧର ସ୍ୱାତନ୍ତ୍ର୍ୟ। ଉମା-ମହେଶ୍ୱରଙ୍କ କଳାନୈପୁଣ୍ୟ ବିସ୍ମୟଭରା। ଶକ୍ତି ବସିଛନ୍ତି ମହାଯୋଗୀଙ୍କ ବାମ ଜଙ୍ଘରେ। ଚତୁର୍ଭୁଜ ଯୋଗୀଙ୍କ ବାମହାତ ଦେବୀଙ୍କ ବାଁ କାନ୍ଧଦେଇ ଛାତିକୁ ଛୁଇଁଛି। ଡାହାଣ ହାତପାପୁଲି ଦେବୀଙ୍କ ଓଠ ପାଖରେ। ଦୁହେଁ ଦୁହିଁଙ୍କୁ ଚାହିଁ ରହିଛନ୍ତି। କ'ଣ ଦେଖୁଛନ୍ତି ? କେଉଁ ଭାବରେ ସେମାନେ ଆବିଷ୍ଟ କେଜାଣି ? ସତେଯେପରି ଚିରନ୍ତନ ସୃଜନ ଭାବର ଆଦିରୂପ। ଦେହରେ ପୁଣି ନାନା ଅଳଙ୍କାର। ଗଣେଶ ଠିଆ ହୋଇଛନ୍ତି ଅଭଙ୍ଗ ମୁଦ୍ରାରେ। ଧ୍ୟାନୀବୁଦ୍ଧଙ୍କ ଭୂମିସ୍ପର୍ଶୀ ମୁଦ୍ରା ସ୍ୱତନ୍ତ୍ର। ଏକ ବିଶାଳକାୟ ବୃଷଭ ବି ଅଛନ୍ତି। ଅଛି ଚଣ୍ଡ-ପ୍ରଚଣ୍ଡଙ୍କ ଓଠରେ ରହସ୍ୟମୟ ହସ। ନୃସିଂହଙ୍କ ହିରଣ୍ୟକଶିପୁ ବିଦାରଣ ରୂପ ମନରେ ଭୟ ସୃଷ୍ଟି କରେ। ସଂଗ୍ରହାଳୟର ଏହି ପ୍ରତିମାଗୁଡ଼ିକୁ ଦେଖିଲେ ଲାଗେ, ଖିଚିଂ ବିଭିନ୍ନ ସମୟରେ ଜୈନ, ବୌଦ୍ଧ, ବୌଦ୍ଧତନ୍ତ୍ରଯାନ ଓ ବ୍ରାହ୍ମଣ୍ୟବାଦକୁ ଯେପରି ଅଙ୍ଗୀକୃତ କରିଛି।

ତେବେ ଦେବୀଙ୍କ ନାଁ କୀଚକେଶ୍ୱରୀ କାହିଁକି ? ସେ କ'ଣ ମହାଭାରତ ବର୍ଣ୍ଣିତ ବିରାଟ ରାଜାଙ୍କର ପରାକ୍ରମୀ ଶାଳକ କୀଚକଙ୍କ ପୂଜିତ ଶକ୍ତି- ଯିଏ କୀଚକଙ୍କ ଅପକର୍ମ ପାଇଁ ତାଙ୍କୁ ସୁରକ୍ଷା ଦେଇନଥିଲେ ? ମହାମାତୃତ୍ୱ ବି ହୋଇପାରନ୍ତି ! ଅନ୍ୟ ଏକ ସମ୍ଭାବନା, ଦେବୀ ଭୀମ ମାଧ୍ୟମରେ କୀଚକର ମହାପରାଭବ ଭୋଗିବାର କ'ଣ କାରଣ ହୋଇଥିଲେ ? ଏକଥା ବି କୁହାଯାଏ, ସେ ମହାଶକ୍ତି, ତନ୍ତ୍ରଦେବୀ ଏବଂ ଖିଞ୍ଜିର ବା ଖିଚିଂମଣ୍ଡଳର ସୁରକ୍ଷାଦାତ୍ରୀ। ଖଞ୍ଜଳର ରୂପାନ୍ତର ଖିଚିଂ। ତେଣୁ ଖିଚିଂର ରୂପାନ୍ତର କୀଚକ ହେବା ମଧ୍ୟ ଅସମ୍ଭବ ନୁହେଁ। ତେଣୁ କୀଚକେଶ୍ୱରୀ, ଖିଚିଂର ଈଶ୍ୱରୀ। ମାତ୍ର ତାଙ୍କ ଦଶଭୁଜ, ଆୟୁଧ, ମୁଦ୍ରା ଓ ଭାବକୁ ମନ୍ତ୍ର କରି କୁହାଯାଇପାରିବ, ସେ ଜନ୍ମ ଓ ମୃତ୍ୟୁର ଏକ ଉତ୍ତୀର୍ଣ୍ଣ ଅଧ୍ୟାତ୍ମ ମାତୃଶକ୍ତି। ଡ. ଷ୍ଟେଲାଙ୍କ ମତରେ- କୀଚକେଶ୍ୱରୀ, ତାଙ୍କ ମନ୍ଦିର ଓ ମନ୍ଦିର ଦେହରେ ଖୋଦିତ ସ୍ଥାପତ୍ୟଗୁଡ଼ିକ ଅନ୍ୟ କାହା ପରି ନୁହନ୍ତି, ନିଜ ପରି ସ୍ୱତନ୍ତ୍ର।

ଗତ ପାଞ୍ଚବର୍ଷ ଧରି ଆମ ସମ୍ବାଦପତ୍ର ସଂସ୍କୃତି ଓ ଐତିହ୍ୟର ବିଭିନ୍ନ ପ୍ରସଙ୍ଗର ତଥ୍ୟ ଆଧାରିତ ବ୍ୟାଖ୍ୟାନ ପ୍ରକାଶ କରିଆସୁଛି। ଓଡ଼ିଶାର ଅଗଣିତ ପାଠକ ଆମକୁ ଶ୍ରଦ୍ଧାର ସହ ସ୍ୱୀକାର କରିଛନ୍ତି। ଆଜି ଆମ ସ୍ଥାପତ୍ୟରେ ଶକ୍ତିଗାଥାର ପଚାଶତମ ଆଲେଖ୍ୟ। ଏହି ଅବକାଶରେ 'ପ୍ରମେୟ' ପରିବାର ପାଠକମାନଙ୍କ ସ୍ୱୀକୃତିକୁ ସମ୍ମାନ ଜଣାଉଛି।

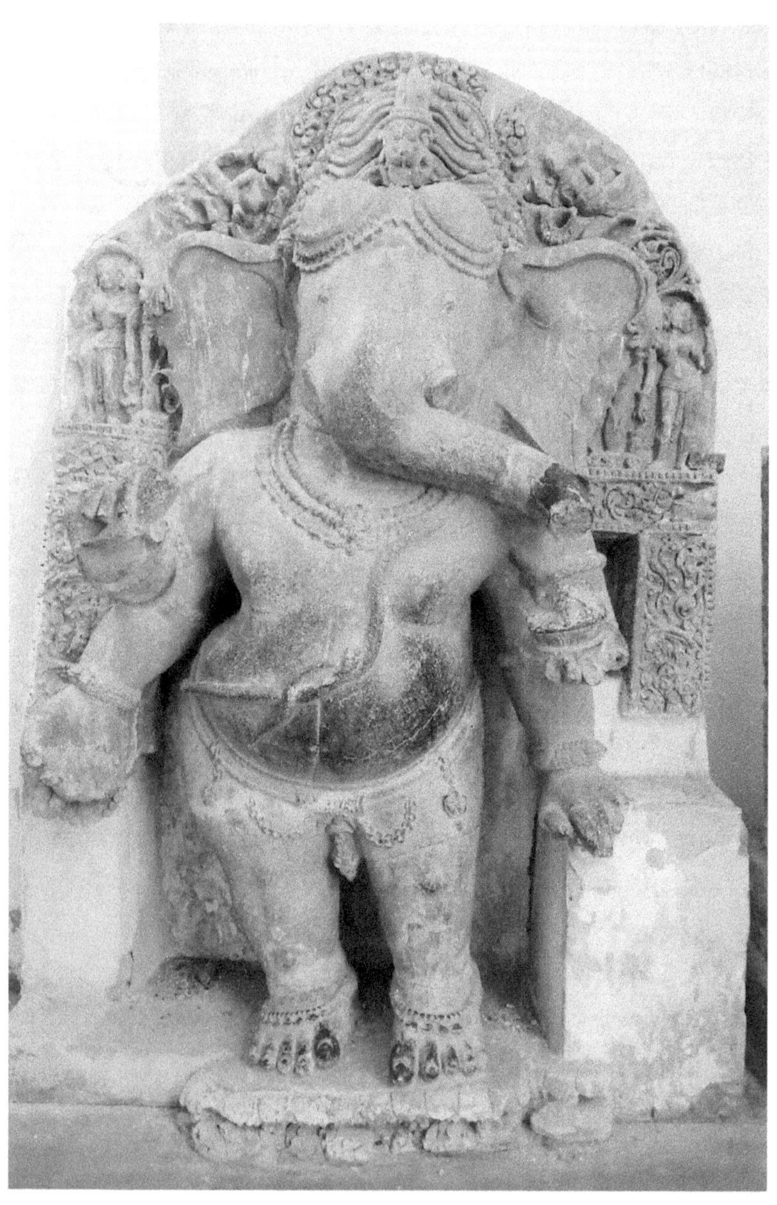

ଧବଳ ଟଗରର ଧାତ୍ରୀ

କଟକଚଣ୍ଡୀ

"ମୋହନ-ମୁଗୁନି-ଅକର୍ମ-ଶିଳା କି ଅସ୍ତ୍ର ଧରି... ମୂର୍ତ୍ତି ଗଢ଼ିଥିଲେ କିଏ ସେ ଏତେ ଜୀବନ୍ତ କରି... ଯୁଗ ପରିତ୍ୟାଗ ଭୀଷଣ ସିନ୍ଧୁ-ପବନ-ଘାତେ... ପଥର ମୂରତି ଦିଶନ୍ତି ଯଥା ନୂତନ ସତେ"। ସେଦିନ ଏକଥା କହିଥିଲେ ପଣ୍ଡିତ ନୀଳକଣ୍ଠ ଦାସ। ଆମ ପ୍ରାଚୀନ ପ୍ରତିମାଗୁଡ଼ିକୁ ଦେଖିଲେ ଠିକ୍ ଏମିତି ଲାଗେନି କି? କଟକର ବାରବାଟୀ ଦୁର୍ଗ ପରିସୀମା ଭିତରେ ପୂଜା ପାଉଥିବା ଗଡ଼ଚଣ୍ଡୀ ଓ ଚଣ୍ଡୀଛକର ମା' କଟକଚଣ୍ଡୀ ସେହି ଅନୁପମ ଆଲେଖ୍ୟର ସୁନ୍ଦରତମ ଅଭିଲେଖ।

ଗଡ଼ଚଣ୍ଡୀଙ୍କ ପ୍ରତିମା ସିଂହବାହିନୀ ଦୁର୍ଗା। ସିଂହ ଉପରେ ବସିଛନ୍ତି। ଗୋଟିଏ ପାଦ ଲମ୍ବିଯାଇଛି ତଳକୁ। ଅନ୍ୟ ପାଦଟି ଆଣ୍ଠୁ ଉପରେ। ଏହା ଦେବୀଙ୍କର ସ୍ୱସ୍ତିକ ମୁଦ୍ରା। ହାତରେ ଶଙ୍ଖ, ଚକ୍ର, ପାନପାତ୍ର ଓ ବରଦମୁଦ୍ରା। ଗୋଲ୍ ମୁହଁ। ମୁହଁର ସୌନ୍ଦର୍ଯ୍ୟ ପ୍ରସ୍ତରୀଭୂତ ଚୁଆର ପ୍ରଲେପ ତଳେ ତଥାପି ଝଲସୁଛି। ଆଖି ଦୁଇଟି ରୁପାରେ ତିଆରି। କଳା ମୁଗୁନି ପଥରରେ ଗଢ଼ା ଦେହର ଉଚ୍ଚତା ପ୍ରାୟ ଚାରିଫୁଟ। ମନ୍ଦିରର କାନ୍ଥ ପଥର ଓ ଚୂନରେ ଯୋଡ଼େଇ। ଯୋଡ଼େଇ ଏତେ ମୋଟା ଯେ, ସେ ମୋଟେଇ ଭିତରୁ ପ୍ରାଚୀନତାର ସଂକେତ ଯେମିତି ମୁକ୍ତି ଖୋଜୁଛି। ମନ୍ଦିର ପୂର୍ବକୁ ମୁହଁ କରିଛି। ଅନ୍ୟ ତିନିପାଖର ବାହାର କାନ୍ଥର ଠଣାରେ ଚମତ୍କାର ପ୍ରାଚୀନ ମୂର୍ତ୍ତି। ଉପାଦାନ- କଳା ମୁଗୁନି ପଥର। ଦେହରୁ ଚିକ୍କଣ ବୋହିପଡୁଛି। ଗଢ଼ଣ ଶୈଳୀରେ ପ୍ରାଚୀନତା ସୁସ୍ପଷ୍ଟ, ପ୍ରାୟ ଅଷ୍ଟମ/ନବମ ଶତାବ୍ଦୀ।

ମନ୍ଦିରର ଦକ୍ଷିଣ ପାଖର କାନ୍ଥରେ ଅଛନ୍ତି ଗଣେଶ। ଉଚ୍ଚତା ପ୍ରାୟ ଦେଢ଼ଫୁଟ। ଫୁଟନ୍ତା ପଦ୍ମର ଆସନ ଉପରେ ଆଣ୍ଠୁ ଭାଙ୍ଗି ବସିଛନ୍ତି। ମଥାରେ ମୁକୁଟ, ହାତୀର ମଥା ପରି। ବେକରେ ହାର ଓ କାନ୍ଧରେ ସାପର ପଇତା। ଶୁଣ୍ଢର ଅଗ ଛୁଉଁଛି ବାମହାତରେ ଧରିଥିବା ଲଡୁ। ବାହାନ ମୂଷା ଅନୁପସ୍ଥିତ। ଉତ୍ତରପାଖର ଅଧିପତି ବିଷ୍ଣୁ। ମତ୍ସ୍ୟ ଅବତାର

ରୂପରେ ଦଣ୍ଡାୟମାନ। ହାତର ଆୟୁଧ- ଶଙ୍ଖ, ଚକ୍ର, ଗଦା ଓ ବରଦମୁଦ୍ରା। ଉଚ୍ଚତା ଗଣେଶଙ୍କ ଅନୁରୂପ ପ୍ରାୟ ଦେଢ଼ଫୁଟ। ଅଣ୍ଟାରୁ ତଳକୁ ମାଛର ଆକୃତି। ପାଦ ମାଛର ଲାଞ୍ଜ। ଏବଂ, ପଶ୍ଚିମ କାନ୍ଥର ଖୋପରେ ରହିଛନ୍ତି ଗମ୍ଭୀରା ଭିତରେ ପୂଜାପାଉଥିବା ଦେବୀଙ୍କ ପ୍ରତିରୂପା। ଆକାର ଛୋଟ। ପ୍ରାୟ ଦେଢ଼ଫୁଟ। ମନ୍ଦିରରେ ପୂଜା ପାଉଥିବା ଦେବୀ ଫୁଲ, ଅଳଙ୍କାର ଓ ବସ୍ତ୍ରର ସମ୍ଭାରରେ ଆଚ୍ଛାଦିତା। ତେଣୁ ପୂର୍ଣ୍ଣାଙ୍ଗ ମୂର୍ତ୍ତିର ଧାରଣା ଏହି ପ୍ରତିରୂପାଙ୍କୁ ଦେଖିଲେ ଅନୁମାନ କରିହୁଏ। ବହୁ ଶକ୍ତିପୀଠରେ ଏହା ପ୍ରାଚୀନ ପରମ୍ପରା।

ମନ୍ଦିରର ଭୋଗମଣ୍ଡପରେ ଦଶମହାବିଦ୍ୟାଙ୍କର ଛୋଟ ଛୋଟ ଦଶଟି ମୂର୍ତ୍ତି। ଖୁବ୍ ସାନ ସାନ। କାନ୍ଥର ଉପରକୁ ବିଭିନ୍ନ ସ୍ଥାନରେ ଏଣେତେଣେ ରହିଛନ୍ତି। ମୁଗୁନି ପଥରରେ ତିଆରି। କମନୀୟ। ବେଶୀ ପ୍ରାଚୀନ ମନେ ହେଉନାହାନ୍ତି।

ବାରବାଟୀଗଡ଼ ଭିତରେ ପୂଜା ପାଉଥିବା ଦେବୀ ଗଡ଼ଚଣ୍ଡୀ। ମାତ୍ର କଟକର ଚଣ୍ଡୀଛକରେ ପୂଜିତା ଦେବୀଙ୍କ ନାଁ କଟକଚଣ୍ଡୀ। ପରମବୈଷ୍ଣବୀ, ଭୁବନେଶ୍ୱରୀ। ଦେହ ମୁଗୁନି ପଥରରେ ଗଢ଼ା। ଉଚ୍ଚତା ପ୍ରାୟ ତିନିଫୁଟ। ଚାରିହାତ। ହାତରେ ପାଶ, ଅଙ୍କୁଶ। ଅନ୍ୟ ଦୁଇ ହାତ ଅଭୟ ଓ ବରଦମୁଦ୍ରା। ପୂଜା ପାଉଛନ୍ତି ଗଡ଼ଚଣ୍ଡୀଙ୍କ ଭଳି ସେହି ଏକା ଭୁବନେଶ୍ୱରୀ ମନ୍ତ୍ରରେ। ଆଖି ଗୋଲ ଗୋଲ। ଲାଗେ ଜଗନ୍ନାଥଙ୍କ ଆଖି ପରି। ମୁହଁ ବି ସେମିତି। କେତେବେଳେ ଅଗ୍ନିବର୍ଷୀ ତ କେତେବେଳେ କରୁଣା ଓ ମମତାର ମୂର୍ତ୍ତିମନ୍ତ ଦେବୀଟିଏ। ଭିନ୍ନ ଭିନ୍ନ ସମୟରେ ଭିନ୍ନ ଭିନ୍ନ ବେଶ ଧାରଣ କରନ୍ତି। କିଏ ସେ ? ସେ କ'ଣ ତ୍ରିମୂର୍ତ୍ତିଙ୍କ ପ୍ରତିରୂପ ?

ତାଙ୍କ ମନ୍ଦିର ବି ଠିକ୍ ସେମିତି ପୂର୍ବକୁ ମୁହଁ କରିଛି। ବାହାର କାନ୍ଥର ଖୋପ ଓ ପରିପାର୍ଶ୍ୱରେ ଦେବଦେବୀଙ୍କ ପ୍ରତିମା। ଦକ୍ଷିଣରେ ଗଣେଶ। ପଶ୍ଚିମରେ ମନ୍ତ୍ରଣୀ। ଉଚ୍ଚତା ପ୍ରାୟ ଦେଢ଼ଫୁଟ। ଗୋଲ ମୁହଁ। ଦଶଭୁଜା। ପଦ୍ମାସନା। ହାତରେ ବୀଣା, ଯେପରି ବାଦନରତା। ବୀଣାର ଉପରଅଂଶ ହଂସର ମୁହଁ ପରି। ହାତରେ ତାରମାନଙ୍କର ଛନ୍ଦ। ସରସ୍ୱତୀ ନିଶ୍ଚୟ। ସ୍ୱତନ୍ତ୍ର। ଉତ୍ତର ଅଂଶର ଖୋପରେ ଦଣ୍ଡିନୀ। ଷଡ଼ଭୁଜା। ଶଙ୍ଖ, ଚକ୍ର, ତ୍ରିଶୂଳ, ପାଶ ଓ ଅଭୟମୁଦ୍ରା। ଠିଆ ହୋଇଛନ୍ତି ଗୋଟିଏ ଗୋଡ଼ରେ। ଡାହାଣ ଆଣ୍ଠୁ ପାଖରୁ ଭାଙ୍ଗି ବାମ ଗୋଡ଼ର ଆଣ୍ଠୁକୁ ଛୁଉଁଛି। ସାଳଂକୃତା। ପାନପତରି ମୁହଁ। ଶାଢ଼ିର କୁଞ୍ଚ ଭାଙ୍ଗଭାଙ୍ଗ ହୋଇ ଭୂମି ଛୁଉଁଛି, ନର୍ତ୍ତକୀର ଶାଢ଼ି ପରି। ପାର୍ଶ୍ୱଦେବଦେବୀଙ୍କ ଗହଣରେ ଦେବୀ ସୁରକ୍ଷା ଦେଉଛନ୍ତି ତାଙ୍କ ସନ୍ତାନଗଣଙ୍କୁ।

ସେ ଅଛନ୍ତି ଆମ ଚେତନାରେ, ବିଚାରରେ ଓ ବିଶ୍ୱାସରେ। ସେ ଆମ ବାରବାଟୀ ଗଡ଼/ଦୁର୍ଗ, ଆଗର ରାଜଧାନୀ କଟକ ଏବଂ ସର୍ବୋପରି ରାଇଜର ଈଶ୍ୱରୀ କଟକଚଣ୍ଡୀ।

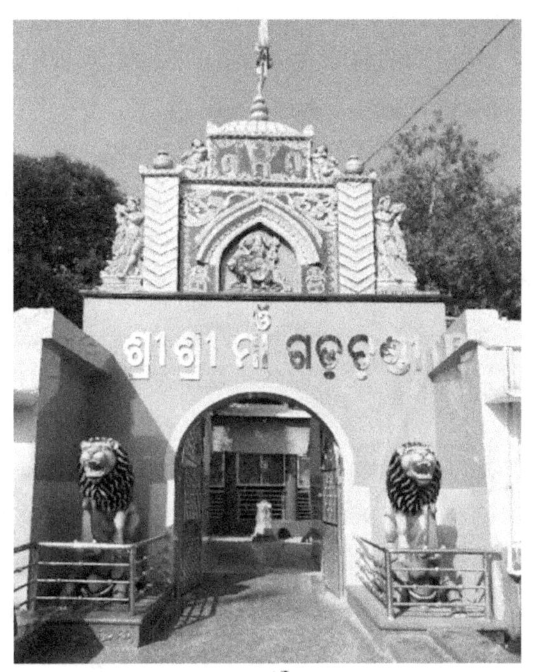
ଓଁ
ଶ୍ରୀଶ୍ରୀ ମାଁ

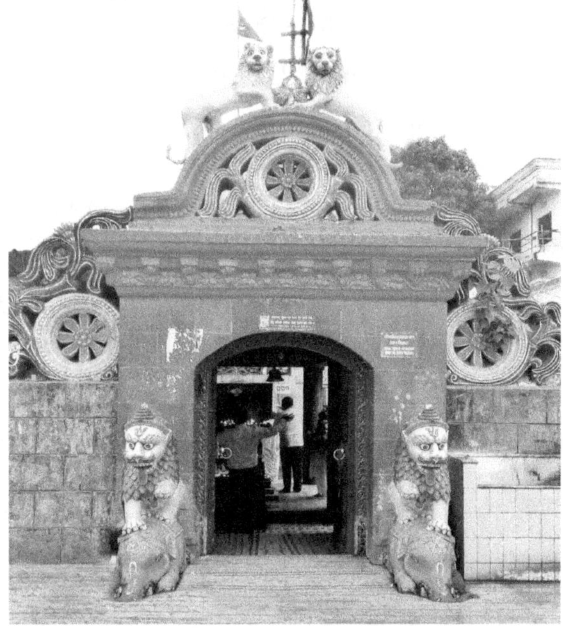

ପ୍ରୀତିର ପ୍ରତୀକ। ଆଜି କଟକରେ ତାଙ୍କ ନାଁରେ ଦୁଇଟି ପୀଠ। ଗଡ଼ଚଣ୍ଡୀ ଓ କଟକଚଣ୍ଡୀ। ଅଧିକ ସଂଖ୍ୟକ ଭକ୍ତ କଟକଚଣ୍ଡୀଙ୍କ କୃପାପ୍ରାର୍ଥୀ। ଗଡ଼ଚଣ୍ଡୀଙ୍କୁ ଅଳ୍ପ ଜାଣନ୍ତି। ମାତ୍ର ସେମାନେ ଦୁଇ ଆଦୌ ନୁହନ୍ତି। ଗୋଟିଏ। ଦୁଇ ସ୍ଥାନରେ ଦୁଇ ରୂପାନ୍ତର ଯାହା। ତେବେ ପ୍ରଥମ ଗଡ଼ଚଣ୍ଡୀ ନିଶ୍ଚୟ। ଆମେ ଏଯାବତ୍ ସେମାନଙ୍କ ପ୍ରମାଦମୁକ୍ତ (ଇତିହାସ ପ୍ରମାଦମୁକ୍ତ କି ?) ଇତିହାସ ତିଆରି କରିପାରିନାହୁଁ। ଏତିକିମାତ୍ର ସତ୍ୟ ସ୍ପଷ୍ଟ ହୋଇଛି।

ଆମେ ସବୁକାଳରେ କ୍ଷମତା ସହିତ ଦେବତାଙ୍କ ସଂପର୍କକୁ ଗୋଟିଏ କରି ଦେଇଛୁ। ସେହି ବିଚାରରେ ମା' କଟକଚଣ୍ଡୀଙ୍କ ପୀଠାୟନର ଇତିହାସକୁ ଆମେ ସୋମବଂଶୀ ରାଜାମାନଙ୍କର ବିଡ଼ାନାସୀ କଟକରେ ରାଜଧାନୀ (ଗଡ଼ ପ୍ରତିଷ୍ଠା) କାଳକୁ ଗ୍ରହଣ କରିପାରିବା। ପ୍ରାୟ ଅଷ୍ଟମ ଶତାବ୍ଦୀ। ସେମାନେ ଯାଜପୁରରୁ ଚୌଦ୍ୱାର ବାଟଦେଇ ମହାନଦୀ ଓ କାଠଯୋଡ଼ିର ଏହି ତ୍ରିକୋଣଭୂମିକୁ ଆସିଛନ୍ତି। ଭୂମିକୁ ଆପଦମୁକ୍ତ ମନେ କରିଛନ୍ତି। ଗଡ଼ ଗଢୁଛନ୍ତି। ପରବର୍ତ୍ତୀ କାଳରେ ଗଙ୍ଗବଂଶୀ ଓ ସୂର୍ଯ୍ୟବଂଶୀ ଶାସନ କାଳରେ ଗଡ଼ ହୋଇଛି ନବତଳ ପ୍ରାସାଦ। ଗଡ଼ ଚାରିପାଖରେ ଖାଇ ଓ ପାଚେରି, ଭିତରେ କ୍ଷମତା। ଏବଂ, ଗଡ଼ ଦୁଆରମୁହଁରେ ଜଗି ବସିଛନ୍ତି ମା' ଶକ୍ତି ସ୍ୱରୂପିଣୀ, ସିଂହବାହିନୀ ଚଣ୍ଡୀ। ମାତୃଶକ୍ତି ବ୍ୟତୀତ କ୍ଷମତାକୁ ଅନ୍ୟ କେହି କ'ଣ ନିରାପତ୍ତା ଦେଇପାରେ ? ମାତୃଶକ୍ତିକୁ ପରାସ୍ତ କରିପାରିଲେ, କ୍ଷମତା ସମଦଶା ଭୋଗ କରେ। ବାରବାଟୀ କଟକରେ ତାହା ହିଁ ହୋଇଛି। ଶତ୍ରୁମାନଙ୍କ ହାତରେ ଚଣ୍ଡୀ ପରାଭବ ପାଇଛନ୍ତି। ପ୍ରତିମା ଭାଙ୍ଗି ଖଣ୍ଡ ଖଣ୍ଡ ହୋଇଛି। ମାଟି ଆଉ ପଥର ସ୍ତୂପତଳେ ଶକ୍ତି ନିଜର ଅସହାୟତାକୁ ସ୍ୱୀକାର କରିଛନ୍ତି। ଏବଂ, ଉଦୟ ହୋଇଛନ୍ତି ପରବର୍ତ୍ତୀ କାଳରେ। ଏହିସବୁ କଥା କିମ୍ବଦନ୍ତୀରେ ରହିଛି।

ଏହା ଷୋଡ଼ଶ ଶତାବ୍ଦୀର କଥା। ଓଡ଼ିଶାର ଗଜପତି ମୁକୁନ୍ଦ ଦେବ। ଗଜପତିଙ୍କୁ ପରାସ୍ତ କରି କଳାପାହାଡ଼ ଆକ୍ରମଣ କରେ ବାରବାଟୀ ଦୁର୍ଗ। ମାତ୍ର ଗଡ଼ ଭିତରେ ପ୍ରବେଶ କରିପାରୁନି ତା'ର ଅହଙ୍କାର। କାରଣ ଖୋଜୁଛି। ଅନୁଭବ କରୁଛି, ଏହା ଚଣ୍ଡୀଙ୍କର ଦର୍ପ। ତେଣୁ ଭିତରକୁ ଯିବା ଅସମ୍ଭବ। ଉପାୟ ପାଞ୍ଚୁଛି। ପ୍ରତ୍ୟକ୍ଷ ସମରରେ ନୁହେଁ, ଛଳ ଅସ୍ତ୍ରରେ ପରାସ୍ତ କରିବାକୁ ମାତୃଶକ୍ତିକୁ। ବୃଷଭଟିଏ ଆଣୁଛି। ବଳି ଦେଉଛି ଗଡ଼ଦ୍ୱାରରେ। ଏ ବୀଭତ୍ସତା ଓ ମହାପାପକୁ ସ୍ୱୀକାର କରିପାରୁନାହାନ୍ତି ମାତୃଶକ୍ତି। ଆତ୍ମଗୋପନ କରୁଛନ୍ତି। ଛତ୍ରଭଙ୍ଗ ଦେଉଛନ୍ତି ଶକ୍ତିସେନା। କଳାପାହାଡ଼ ଏଥର ଗଡ଼ ଭିତରେ। ପ୍ରଥମ ଶିକାର ମାତୃପ୍ରତିମା ଓ ତାଙ୍କ ମନ୍ଦିର। ଦୁର୍ଗ। ବାରବାଟୀ ମୁସଲମାନ ଶାସନାଧୀନ। ଦୁର୍ଗର ପଥରରେ ମସଜିଦ୍, ପ୍ରାସାଦ ତିଆରି ହେଉଛି। ହିନ୍ଦୁ ଦେବଦେବୀଙ୍କର ପୁନର୍ଜୀବନାୟନ ସମ୍ଭବ ହେଉନାହିଁ। ଓଡ଼ିଶାର ଶାସନଗାଦିରୁ କ୍ରମେ ମୋଗଲ ଅପସରି ଯାଉଛନ୍ତି। ଶାସନ ମରହଟ୍ଟା ଅଧୀନରେ। ମାତ୍ର ବିଶେଷକିଛି ପରିବର୍ତ୍ତନ ଘଟୁନି ଧର୍ମ ଭୂମିରେ।

ଶୁଣାଯାଏ, ମରହଟ୍ଟା ଶାସକ ରାଜାରାମ ନାଗପୁରରୁ କାଳୀପ୍ରତିମା ଆଣି ଗଡ଼ର ଦକ୍ଷିଣଦ୍ୱାରରେ ସ୍ଥାପନ କରିଛନ୍ତି। ମାତ୍ର କାଳକ୍ରମେ ସେ ମଧ୍ୟ ସ୍ଥାନାନ୍ତରୀ ହୋଇଛନ୍ତି ଅନ୍ୟତ୍ର। ନବତଳ ପ୍ରାସାଦ, ପୁନର୍ବାର ୧୯୦୩ ମସିହାରେ ଇଂରେଜମାନଙ୍କ ତୋପର ପରାକ୍ରମରେ ଆହତ ହୋଇଛି। ଜୀର୍ଣ୍ଣ ଦୁର୍ଗ ଏବେ ବିଶାଳକାୟ ସ୍ତୂପ। ମାଟି ଆଉ ପଥରର ଆସ୍ତରଣ। ପଥରଖଣ୍ଡରେ ସାହେବମାନଙ୍କର କୋଠି ଓ ଶାସନ ଘରମାନ ତିଆରି ହୋଇଛି। ମନ୍ଦିର ଅନୁପସ୍ଥିତ। ପ୍ରତିମାମାନେ ବି। ତେଣୁ ଇତିହାସର ପୃଷ୍ଠଭୂମିରେ, ଗଡ଼ଚଣ୍ଡୀଙ୍କ ପ୍ରକୃତ ବିଜେସ୍ଥଳୀ, ଏଯାବତ୍ ଅନୁପସ୍ଥିତ। ମାତ୍ର ଥିଲା। ବିଂଶ ଶତାବ୍ଦୀର ମଧ୍ୟଭାଗରେ ରାମଦାସ ରାଜାଜୀଙ୍କ ଉଦ୍ୟମରେ ଆଜିର ମନ୍ଦିର ତିଆରି ହୋଇଛି।

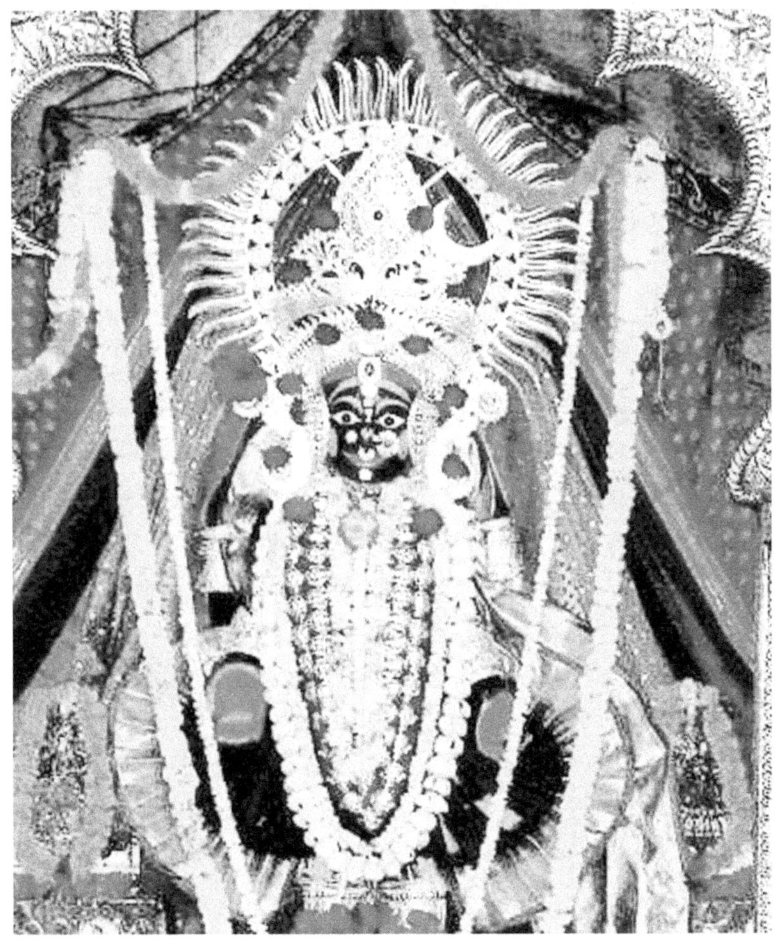

ପ୍ରତିମାମାନଙ୍କୁ ପ୍ରତିଷ୍ଠା କରାଯାଇଛି। ପ୍ରତିମାମାନଙ୍କ ଦେହରେ ପ୍ରାଚୀନତାର ସଂକେତ ସ୍ପଷ୍ଟ। ଏମାନେ କେଉଁଠି ଥିଲେ, ନିରାଧାର କହିହେଉନାହିଁ। ଗଢ଼ଣକଳା ଦୃଷ୍ଟିରୁ ହଜାର ବର୍ଷର ଅତୀତର ବୋଲି ଅନୁମାନ କରାଯାଇପାରିବ।

ଗଡ଼ଚଣ୍ଡୀଙ୍କ ମନ୍ଦିର ପାଖରୁ ଏଥର କଟକଚଣ୍ଡୀଙ୍କ ପାଖକୁ ଆସିବା। ମା' ଯଦି ପ୍ରଥମେ ଗଡ଼ ଭିତରେ ଥିଲେ, ଏତେ ଦୂରକୁ ଆସିଲେ କିପରି ? ଏ ସଂପର୍କରେ ଦୁଇଟି କଥା ରହିଛି। ପ୍ରଥମ- ଏହା ପ୍ରାୟ ଦେଢ଼ଶହ ବର୍ଷ ତଳର ଘଟଣା। କଟକ ସହରର ଏହି ଅଞ୍ଚଳ ଥିଲା ଜଙ୍ଗଲରେ ପରିପୂର୍ଣ୍ଣ। ଶେଖବଜାରରେ ଜନୈକ ଗୋବିନ୍ଦଙ୍କ ଘର। ଜାତିରେ ଗଉଡ଼। ଗାଈ ଚରାନ୍ତି ଦୁର୍ଗ ଭିତରେ, ବାହାରେ। ଦିନକର କଥା। ଖରାବେଳ। ଗାଈମାନେ ଦୁର୍ଗ ଭିତରେ ଚରୁଥାନ୍ତି। ଗୋବିନ୍ଦ ଏକ ମାଟିପଥରର ମୁଣ୍ଡିଆ ଉପରେ। ମାତ୍ର ହଠାତ୍ ସେ ଅନୁଭବ କରିଛି, ମୁଣ୍ଡିଆ ଭିତର ଯେପରି ଚହଲି ଯାଉଛି। ଥରି ଉଠିଛି ତା' ଛାତି। ଆଗ-ପଛକୁ ଚାହିଁଛି। ମନରେ ଅହେତୁକ ଭୟ। ଭୟକୁ ଛାତିରେ ଧରି ଘରକୁ ଫେରିଆସିଛି ସହଳ ସହଳ। ସହଳ ବି ବିଛଣା ଧରିଛି। ରାତିରେ, ସପନ ଛାଇଯାଇଛି ତା' ଚେତନାକୁ। ତା' ଆଗରେ ଜଣେ ଦିବ୍ୟନାରୀ ଠିଆ ହୋଇଛନ୍ତି। କହୁଛନ୍ତି- ଗୋବିନ୍ଦ, ମୁଁ ତୋ ମା'। ସେଇ ପଥରମୁଣ୍ଡିଆ ତଳେ। ମୋତେ ଉଦ୍ଧାର କର। ମୁଣ୍ଡିଆ ଖୋଳିବୁ। ମୋତେ ପାଇବୁ ପଥର ରୂପରେ। ପଥରକୁ କାନ୍ଧରେ ଥୋଇ ଚାଲିବୁ। ଯେଉଁଠି ଭାରି ଲାଗିବ, ସେଇଠି ମୋତେ ରଖିଦେବୁ। ଥାପନା କରିବୁ। ପୂଜା କରିବୁ, ତୋ ଶକ୍ତିମତେ।

ମା'ର କଥା ନସରୁଣୁ ଗୋବିନ୍ଦର ନିଦ ଭାଙ୍ଗିଯାଇଛି। ଚେତନା ଜାଗି ଉଠିଛି। ସକାଳୁ ସକାଳୁ ମା'ଙ୍କର ଭେଟ ପାଇଛି ପଥର ମୁଣ୍ଡିଆ ତଳୁ। ତାଙ୍କୁ କାନ୍ଧରେ ରଖି ଆଗକୁ ଚାଲିଛି। ଆଖି ଯୁଆଡ଼େ... ସେଇଆଡ଼େ। ନା, ଆଉ ଆଗକୁ ଯାଇ ହେଉନି। କାନ୍ଧ ଖୁବ୍ ଭାରି ଲାଗୁଛି। ସେଇଠି ଥୋଇଛି, ଏକ ବିଶାଳ ବରଗଛ ମୂଳରେ। ମା' ସେଇଠି ରହିଛନ୍ତି, କଟକଚଣ୍ଡୀ ରୂପରେ। ଜାଗାର ନାଁ ବି ହୋଇଛି ଚଣ୍ଡୀଛକ। ଏବଂ, କାଳକ୍ରମେ ତାଙ୍କ ମାତୃତ୍ୱର ମହାରୂପରେ ଆଲୋକିତ ହୋଇଉଠିଛି ଦିଗବିଦିଗ।

ଅନ୍ୟ କଥାଟି ଏହିପରି। ମା' କାଳେ ବହୁଦିନରୁ ଏଇଠୁ ଉଦିତ ହୋଇଥିଲେ। ପୀଠଟିଏ ଥିଲା। ୧୮୩୫ ମସିହା ବେଳକୁ ମଇନା ଦେଈ ନାମ୍ନୀ ଜଣେ ମହିଳା ମା'ଙ୍କୁ ପୂଜା କରୁଥିଲା। ଭକ୍ତମାନେ ମଧ୍ୟ ଆସୁଥିଲେ। ମଇନା ଏଇଠି, ବରଗଛ ତଳେ କୁନି ମନ୍ଦିରଟିଏ ଗଢ଼ିଦେଲେ। କେହି କେହି କୁହନ୍ତି, ସେ ମଇନା ନୁହନ୍ତି, ଶୁକ ବେଉଆ। ବ୍ରାହ୍ମଣୀ, ବିଧବା। ୧୮୩୫ ମସିହା ବେଳକୁ ଏହି ଅଞ୍ଚଳରେ ଅଧିକାରୀ ହୁଅନ୍ତି କନିକାରାଜା। ରାଜାଙ୍କ ଉଦ୍ୟମରେ ମା'ଙ୍କ ପାଇଁ ଭବ୍ୟ ମନ୍ଦିର ଗଢ଼ଣ ଆରମ୍ଭ

ହୋଇଯାଏ। ପରେ ପରେ କଟକର ବଦାନ୍ୟ ବ୍ୟକ୍ତିମାନେ ମନ୍ଦିର ସହିତ ଯୋଡ଼ି ହୋଇଛନ୍ତି। ପ୍ରଚାର ପ୍ରସାରିତ ହୁଏ। ନୂଆ ମନ୍ଦିର, ନୂଆ ଭିଆଣ। ତେଣୁ ଆଜି ଆମେ ଦେଖୁଥିବା ମା'ଙ୍କ ମୂଳ ମନ୍ଦିରର ଇତିହାସ ପ୍ରାୟ ଦେଢ଼ଶହ ବର୍ଷର।

ଉଭୟ ଗଡ଼ଚଣ୍ଡୀ ଓ କଟକଚଣ୍ଡୀଙ୍କ ପ୍ରତିମା ଗଢ଼ଣରେ ଭିନ୍ନତା ରହିଛି। ମାତ୍ର ସମତା- ଉଭୟ ଭୁବନେଶ୍ୱରୀ ମନ୍ତ୍ରରେ ପୂଜିତା। ତେବେ ସମୟ, ସିନ୍ଧୁ ଓ ପବନ ଆଘାତରେ ବି ମୁଗୁନି ପଥରରେ ତିଆରି ଏହି ଦୁଇ ଚଣ୍ଡୀପ୍ରତିମା ଚିରକାଳ ନିତ୍ୟନୂତନ ଓ ଜୀବନ୍ତ ଏବଂ ଆମ ଉତ୍କଳୀୟ ସ୍ଥାପତ୍ୟର ଚିରନ୍ତନ ଉତ୍ସ।

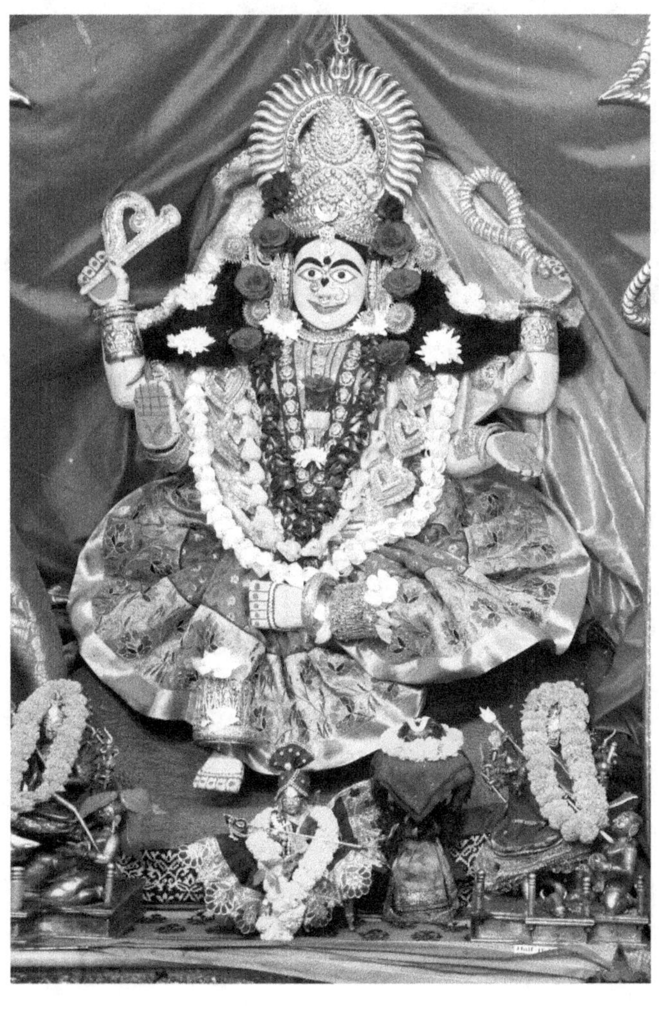

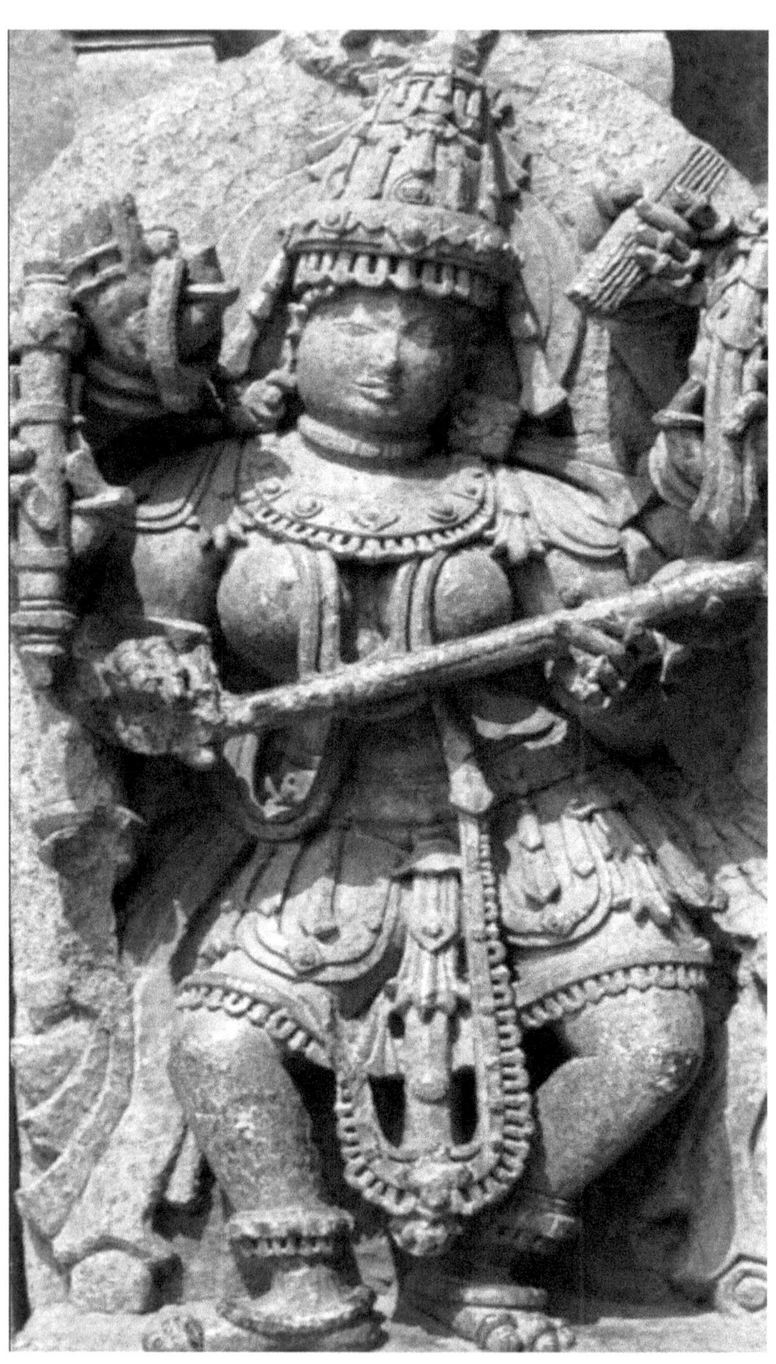

ବିଦ୍ୟାର ଭୂତିः ଭାରତୀ

ସରସ୍ୱତୀ

ସେ ଭାରତୀୟ ମନୀଷାର ଆଉ ଏକ ଦିବ୍ୟ ରୂପ। ବିଦ୍ୟା ଓ ଜ୍ଞାନର ପ୍ରତୀକ। ସରସ୍ୱତୀ। ସରସବତ୍। ତାଙ୍କର ପୁଣି ଆଉ କେତେ କେତେ ନାଁ ରହିଛି। ଶାରଦା, ଭାରତୀ, ବାଗ୍‌ଦେବୀ, ବାଣୀ, ବୀଣାପାଣି, ମହାଶ୍ୱେତା, ବାଗ୍-ବାଦିନୀ ଇତ୍ୟାଦି। ତାଙ୍କ ଉଜ୍ଜ୍ୱଳକାନ୍ତିର ଉଦ୍‌ଭାସନ ସବୁଠି, ଦେହ ଓ ବିଦେହରେ। ଦେହର ରଙ୍ଗ ତୁଷାର ପରି ଧବଳ। ପହରଣ ବି ଧବଳ। ଆସନ ଶ୍ୱେତପଦ୍ମ, ବାହନ ଶ୍ୱେତହଂସ। ଗଳାରେ କୁନ୍ଦଫୁଲର ମାଳ। ଅଙ୍ଗରେ ଅଳଙ୍କାରର ଆଭା। ଗୋଟିଏ ହାତରେ ସୁରର ତାର-ବୀଣା। ଅନ୍ୟ ହାତରେ ବିଦ୍ୟାର ଭଣ୍ଡାର ପୁସ୍ତକ। ଏବଂ, ଦେହରେ, ସମଗ୍ର ସଂସାରକୁ ଜ୍ଞାନ-ଧନରେ ସମୁଦ୍‌ଭାସିତ କରିବାପାଇଁ ପ୍ରତିଶ୍ରୁତି, ଅଙ୍ଗୀକାରବଦ୍ଧତା। ତାଙ୍କୁ ଭାରତୀୟ ଦର୍ଶନ ତିନୋଟି ରୂପରେ ପରିକଳ୍ପନା କରିଛି। ମହାଲକ୍ଷ୍ମୀ, ମହାକାଳୀ, ମହାସରସ୍ୱତୀ। ଏହି ତିନୋଟି ମହାଶକ୍ତି ତିନୋଟି ମହାଜଳଧାରା ସହିତ ମଧ୍ୟ ସଂଯୋଜିତ। ଗଙ୍ଗା- ଅନ୍ନଦାତ୍ରୀ, ଯମୁନା- ଅନନ୍ତ କାଳର ଈଶ୍ୱରୀ ଏବଂ ସରସ୍ୱତୀ, ଜ୍ଞାନର ଆକାଶ।

ସରସ୍ୱତୀ ଅବଶ୍ୟ ଏବେ ଗୋପ୍ୟ। କାଳେ ସୁଦୂର ଅତୀତରେ ସରସ୍ୱତୀଙ୍କ କୋଳରେ ବିଦ୍ୟା, ଜ୍ଞାନ, ଶବ୍ଦ, ସୁରର ଉଦୟ ହୋଇଥିଲା। ଉଦୟ ହୋଇଥିଲା ଋଷି ଚେତନାରେ। ସ୍ତୋତ୍ର ରୂପରେ। ନାଁ- ବେଦ। ତେଣୁ ଆମେ କହିପାରିବା ସରସ୍ୱତୀ, ଅନ୍ୟ ଦୁଇ ମହାଶକ୍ତି, ଅର୍ଥାତ୍ ଅନ୍ନଦାୟୀ ଓ କାଳକବଳିତ ପିଣ୍ଡକୁ ନିୟନ୍ତ୍ରିତ କରୁଥିବା ଆନନ୍ଦମୟ ସୂତ୍ର, ଜ୍ଞାନ ଓ ବିଦ୍ୟାର ସୂତ୍ର। ଏହା ଏମିତି ଏକ ସୂତ୍ର, ଯାହା ଭୋକ ଓ ମରଣର କାରୁଣ୍ୟଠାରୁ ବ୍ୟକ୍ତିପ୍ରାଣକୁ ବିଯୁକ୍ତ କରିଦିଏ। ତେଣୁ ସେ ସରସବତ୍।

ମାତ୍ର ଭାରତୀୟ ଦର୍ଶନରେ ଆମେ ଆଉ ଜଣେ ସରସ୍ୱତୀଙ୍କୁ ଦେଖୁ। ସେ ମଧ୍ୟ ପ୍ରଜ୍ଞାର ପ୍ରତୀକ। ମାତ୍ର ତାଙ୍କ ରୂପ ପ୍ରଥମଙ୍କ ପରି ନୁହେଁ। ସୂତସଂହିତାରେ ସେ ଏହିପରି।

ତାଙ୍କ ଗଳାର ରଙ୍ଗ କାଳେ ନୀଳ। ମୁଣ୍ଡରେ ଜଟାମୁକୁଟ, ଜଟାମୁକୁଟରେ କ୍ରମବର୍ଦ୍ଧିଷ୍ଣୁ ଚନ୍ଦ୍ର, ତିନୋଟି ଆଖି, ଚାରି ହାତ। ଦୁଇ ହାତରେ ବୀଣା, ପୁସ୍ତକ, ଅନ୍ୟ ଦୁଇ ହାତରେ ତ୍ରିଶୂଳ ଓ ଅଙ୍କୁଶ। ବାହନ- ସିଂହ। ତାଙ୍କ ପାଇଁ ସ୍ୱତନ୍ତ୍ର ମନ୍ତ୍ର ବି ଲେଖାଯାଇଛି। ତନ୍ତ୍ରବିଦ୍ୟାରେ ଆରାଧ୍ୟା ଦେବୀଙ୍କ ନାଁ ନୀଳସରସ୍ୱତୀ। ତେଣୁ ଆମେ ଏହିପରି ସରସ୍ୱତୀଙ୍କୁ ନୀଳସରସ୍ୱତୀ କହିପାରିବା। ମାତ୍ର ଉଭୟଙ୍କ ମଧ୍ୟରେ ସାଦୃଶ୍ୟ ହେଉଛି, ସେମାନେ ଜ୍ଞାନର, ବିଦ୍ୟାର ଓ ସ୍ୱରର ଅଧିଶ୍ୱରୀ ଏବଂ ଜଗତର ସକଳ ଜଡ଼ତାରୂପୀ ଅନ୍ଧକାରର ବିନାଶକାରିଣୀ। ଉଭୟଙ୍କୁ ତୁଷ୍ଟ କରିବାଲାଗି ମାର୍ଗରେ ଯାହା ଭିନ୍ନତା।

ତେବେ ଭାରତୀୟ ଦର୍ଶନରେ ବର୍ଣ୍ଣିତ ଏହି ମହାଶକ୍ତିଙ୍କର ତିନିଗୋଟି ସ୍ୱତନ୍ତ୍ର ପ୍ରକ୍ରିୟା ବିଷୟରେ ଚର୍ଚ୍ଚା କରିବା। ଆଲୋଚନା ପୂର୍ବରୁ ପ୍ରଥମେ ଆମକୁ ଗ୍ରହଣ କରିବାନେବାକୁ ପଡ଼ିବ ଯେ, ଏମାନେ ସମସ୍ତେ ଅବଶ୍ୟ ସ୍ୱତନ୍ତ୍ର ପରି ବୋଧ ହୁଅନ୍ତି, ମାତ୍ର ଯଥାର୍ଥତଃ, ପରସ୍ପର ସହିତ ଅବିଚ୍ଛିନ୍ନ ଭାବରେ ସମ୍ବନ୍ଧିତ। ସୃଷ୍ଟିର ସର୍ଜନାରୁ ଆମେ ଜାଣୁ, ପୁରୁଷ ନିଷ୍କ୍ରିୟ। ତାଙ୍କୁ କ୍ରିୟାଶୀଳ କରେ ପ୍ରକୃତି, ଶକ୍ତି। ତେଣୁ ଶକ୍ତି ହିଁ ସଂସାର ସୃଜନର ଚିରନ୍ତନ ଉତ୍ସ। ସେହି ଅଣାକାରପୁରୁଷ କ୍ଷୀରସମୁଦ୍ରରେ ସପ୍ତଫଣା ବିଶିଷ୍ଟ କାଳଶେଜ ଉପରେ ଯୋଗନିଦ୍ରାରେ ସମାଚ୍ଛନ୍ନ ଥାଆନ୍ତି। କାଳ ହିଁ ଜନ୍ମ-ମୃତ୍ୟୁ ଊର୍ଦ୍ଧ୍ୱସ୍ଥ ଜୀବନୀଶକ୍ତି। ସେ କହିଦିଏ, ମୁଁ ହିଁ ଚିରନ୍ତନ ସତ୍ୟ, ଏକ ଅଧ୍ୟାତ୍ମ ଅସ୍ତିତ୍ୱ। ସେ ମହାକାଳୀ। ଅନାବୃତ, ମୁକ୍ତ ଓ ସ୍ୱାଧୀନ। ନିଜର ସମର୍ପିତ କୋଳରେ ମହାଆନନ୍ଦରେ ତାଙ୍କୁ ବିଭୋର କରି ରଖିଛି। ପୁରୁଷର ପାଦ ପାଖରେ ଲକ୍ଷ୍ମୀ। ସେ ଅନ୍ନ ଓ ଗତିର କାରଣ। ଆନନ୍ଦର ଉତ୍ସ। ଜାଗ୍ରତ ମୁହୂର୍ତ୍ତରେ ହିଁ ଆଖି ପ୍ରଥମେ ପଡ଼େ ତାଙ୍କ ପାଦ ପାଖରେ। ସେ ଶୁଦ୍ଧ ସୁବର୍ଣ୍ଣବର୍ଣ୍ଣା। ହାତରେ ପଦ୍ମଫୁଲ ଓ ଶସ୍ୟକେଣ୍ଡା। ରତ୍ନଅଳଙ୍କାରରେ ବିଭୂଷିତା। ମାତ୍ର ମଥା ଉପରେ? କିଏ ସେ? ସେ ଜ୍ୟୋତିରୂପା ଶୁଭ୍ରତା। ସକଳ ବିଦ୍ୟା ଓ ଜ୍ଞାନର ଆକାଶ। ତା' ହାତରେ ଅକ୍ଷର, କଣ୍ଠରେ ବାଣୀ ଓ ହାତରେ ବୀଣା। କିଏ ସେ? ସେ କ'ଣ କହିଦେଉଥାଏ- ତୁମେ ଏବେ କ୍ଳାନ୍ତ।

ମହାନାଦର ନିନାଦରେ ମୁଁ ଶାନ୍ତ କରିଦିଏ ତୁମର କ୍ଳାନ୍ତ ଜୀବନଯାତ୍ରା। ମୋ ଆସନ ଓ ବାହନ ମାଧ୍ୟମରେ କହିଦିଏ ହେ ଶକ୍ତିମନ୍ତ! ତୁମ ନିଜକୁ ପଚାର ମୁଁ କିଏ? କୋ ଅହମ୍? ଉତ୍ତର କ'ଣ ଅଛି ଜାଣିଛ? ମୁଁ ସେହି। ସ୍ୱ ଅହମ୍। ମୋ ବାହନ ହଂସ। କିଏ ସେହି ହଂସ? ଏକ ପକ୍ଷୀ ମାତ୍ର। ସଦା ଉତ୍ତାନପାଦ। ଗୋଟିଏ ପାଦ ମାଟି ଉପରେ, ଆର ପାଦରେ ଉଡ଼ିଯିବ କି ଅନନ୍ତ ଆକାଶକୁ? ଉଡ଼ିପାରୁନି। ମାତ୍ର ଉଡ଼ିଯିବାପାଇଁ ଉଦ୍ୟତ ପାଦ। ଏହା ହିଁ ଜୀବନ। ଏବଂ ଏହା ହିଁ ଜୀବନର ଯଥାର୍ଥ ଜ୍ଞାନ।

ସରସ୍ୱତୀ ସେହି ପଦ୍ମାସନରେ ବସି ଉତ୍ତରଣ ଯାତ୍ରାର କଥା ହିଁ କହୁଛନ୍ତି। କହୁଛନ୍ତି, ଜ୍ଞାନର କଥା। ଜ୍ଞାନ ହିଁ ଯଥାର୍ଥ ପ୍ରେମ ଓ ଶୁଦ୍ଧତା। ଜଡ଼ତାମୁକ୍ତ ତମ ବିନାଶକାରୀ ଶକ୍ତି। ତାଙ୍କର ଏହି ଅବିମିଶ୍ର ବିଶୁଦ୍ଧ ପ୍ରଜ୍ଞା, ନାନା ଭାବ, ନାନା ରୂପ, ନାନା ରେଖା ଓ ରଙ୍ଗ, ନାନା ଅନୁଭବ, ନାନା ରାଗ ଏବଂ ସର୍ବୋପରି ସକଳ ଉପାଦାନ ମାଧ୍ୟମରେ ପ୍ରକାଶିତ ହୋଇଛି। ଗୋଟିଏ ଉଦ୍ଦେଶ୍ୟ, ଉପଭୋଗ। ମାତ୍ର କେବଳ ଉପଭୋଗ ମନସ୍କତା ଯଥାର୍ଥ ଜୀବନ ନୁହେଁ। ତାହା ଅହଂମୟ। ଏବଂ, ଅହଂବୋଧରୁ ମୁକ୍ତି ହିଁ ଜ୍ଞାନଯାତ୍ରାର ମହାସଂଗୀତ।

ସରସ୍ୱତୀଙ୍କୁ ଯେଉଁ ଆତ୍ମା, ଶୁଦ୍ଧ ହୃଦୟରେ ଆବାହନ କରିଛି; ସେ ତାକୁ ଅସ୍ୱୀକାର କରିନାହାନ୍ତି। ବୈଦିକ ଋଷି, ବ୍ୟାସ, ବାଲ୍ମୀକି, କାଳିଦାସ, ମାଘ ଏବଂ ଅନ୍ୟ ଅନେକଙ୍କ ମାଧ୍ୟମରେ ସେ ନିଜକୁ ପ୍ରକଟିତ କରିଛନ୍ତି। କାଳିଦାସଙ୍କୁ ଟିକିଏ ଅହଂକାର ଘାରିଲା ଯେ, ସେ ତାଙ୍କୁ ମନା କରିଦେଇଛନ୍ତି ବିଦ୍ୟା ନଗରୀ ବାରାଣାସୀ ଯିବାପାଇଁ। ଶିଶୁପାଳବଧର କବି ମାଘ ବାଳୁତ ବୟସରେ ଏକ ଶବ ଉପରେ ବସି ନୀଳସରସ୍ୱତୀଙ୍କୁ ଶ୍ରଦ୍ଧାରେ ଡାକିଛନ୍ତି। ତାଙ୍କ ଶୁଭ୍ରତା ଭିତରେ ଅନୁଭବ କରିଛନ୍ତି ସେ ନୀଳତାକୁ।

ଏବେ ଆମେ ଓଡ଼ିଶାକୁ ଆସିବା। ଜଣେ ସିଦ୍ଧେଶ୍ୱର, ଶାରଳା(ବାଗ୍‌ଦେବୀ, ହାତରେ ପୁସ୍ତକ ଓ ବୀଣା, ନୀଳସରସ୍ୱତୀ)ଙ୍କୁ ପୂଜା କରି ଆଦିକବି ସାରଳା ହୋଇଛନ୍ତି। ମାତୃହୀନ ବଳଦେବ ନୀଳସରସ୍ୱତୀଙ୍କ ସ୍ତନ୍ୟପାନ କରି କବିସୂର୍ଯ୍ୟ ହୋଇଛନ୍ତି। ସରସ୍ୱତୀଙ୍କର ଜାତି ନାହିଁ, ବର୍ଣ୍ଣ ନାହିଁ, ଭାଷା ନାହିଁ, ଧର୍ମ ବି ନାହିଁ। ପୃଥିବୀର ସବୁ ଭୂମି ଓ ସକଳ କାଳରେ ସେ ଏକ ଚିରନ୍ତନ ଅଧ୍ୟାତ୍ମ ସତ୍ତା। ଲକ୍ଷ୍ମୀ ଓ ମହାକାଳୀଙ୍କ ଶକ୍ତିର ଅବଶ୍ୟ ଏକ ଅଂଶମାତ୍ର, ମାତ୍ର ଦେହ ଓ ମନରେ ଅଧ୍ୟାତ୍ମଭାବ ସଂଚରଣଶକ୍ତି, ତାଙ୍କ ଅନୁପସ୍ଥିତିରେ ଅନ୍ୟଦୁହିଁଙ୍କୁ ଅନୁଭବ କରିହେବନାହିଁ। ତେବେ କାଳର କ'ଣ ମରଣ ଥାଏ ? ତେଣୁ ମଣିଷର ସରସ୍ୱତୀ ସର୍ଜନ ମୂଳରେ ଏହି ବିଚାର ହିଁ କ୍ରିୟାଶୀଳ।

ସବୁଠାରୁ ଗୁରୁତ୍ୱପୂର୍ଣ୍ଣ କଥା, ପୃଥିବୀର ସକଳ ପ୍ରାଚୀନ ସଭ୍ୟତାର ବିଦ୍ୟାଦାତ୍ରୀ, ଠିକ୍ ଆମ ସରସ୍ୱତୀଙ୍କ ପରି। ଗ୍ରୀସରେ ସେ ଏଥେନା, ଶୁଦ୍ଧ ହୃଦୟା ଓ ସଂଗୀତପ୍ରବୀଣା। ମିଶରରେ ସେ ଏନ୍‌କି। ଘର ତାଙ୍କର ମିଠାପାଣିର ସମୁଦ୍ର।

ଆମ ଓଡ଼ିଶାର ମନ୍ଦିରଗାତ୍ରରେ ବି ତାଙ୍କର ବର୍ତ୍ତମାନ, ମାତ୍ର ସଂଖ୍ୟାରେ ଅଧିକ ନୁହନ୍ତି। ପାଟଣାଗଡ଼ର ସରସ୍ୱତୀ, ପାଟଣେଶ୍ୱରୀଙ୍କ ମନ୍ଦିରଠାରୁ ଟିକିଏ ଦୂରରେ। ଗଡ଼ର ପୂର୍ବଦ୍ୱାରକୁ ଜଗି ରହିଛନ୍ତି। ଉଚ୍ଚତା ପ୍ରାୟ ଦେଢ଼ଫୁଟ। ଠିଆ ହୋଇଛନ୍ତି। ମୁଗୁନି ପଥରରେ ଗଢ଼ା ଦେହ। ପ୍ରାୟ ନବମ ଶତାବ୍ଦୀର କୁହାଯାଇପାରିବ। ମାତ୍ର ଘୋରଡିଆ

ଏବଂ ବାଣପୁରର ଦକ୍ଷପ୍ରଜାପତି ମନ୍ଦିରରେ ଥିବା ସରସ୍ୱତୀ ସବୁଠୁ ପ୍ରାଚୀନ ବୋଲି ଡୋନାଲଡସନ କହିଛନ୍ତି। ଦକ୍ଷପ୍ରଜାପତି ମନ୍ଦିର ଖୋପରେ ତାଙ୍କର ଆସ୍ଥାନ। ଅର୍ଦ୍ଧପର୍ଯ୍ୟଙ୍କ ମୁଦ୍ରା। ଦୁଇ ହାତରେ ବୀଣା। ସତେକି ବୀଣାର ନାଦ ପବନରେ ପହଁରି ଯାଉଛି। ଡାହାଣ ହାତ ପାପୁଲିକୁ କାଳ ଗ୍ରାସ କରିଛି। ଦୁଇ ହାତର ବାଜୁବନ୍ଧ ଓ ମଣିବନ୍ଧରେ ତାଇତ ଓ ଖଡୁ। ବେକରେ କଣ୍ଠିମାଳ, ଅଣ୍ଟାରେ ଅଣ୍ଟାସୂତା। କାନରେ କୁଣ୍ଡଳ। ମାତ୍ର ମୁହଁର କିଛି ଅଂଶ, ବୀଣାର ଦୁଇ କୁଣ୍ଡ ନଷ୍ଟ ହୋଇଆସିଲାଣି। ତଥାପି ମଥାର କେଶସଜ୍ଜା ଏବେ ମଧ୍ୟ ଆକର୍ଷଣୀୟ।

ମୁଖଲିଙ୍ଗମଠାରେ ଥିବା ସୋମେଶ୍ୱର ମନ୍ଦିରର ସରସ୍ୱତୀ ସ୍ୱତନ୍ତ୍ର। ମନ୍ଦିରର ଦ୍ୱାର-ଲଲାଟ-ବିମ୍ବ ପ୍ୟାନେଲର ଉପରଭାଗ ରାହାର ଦକ୍ଷିଣପଟରେ ଗଣେଶଙ୍କ ସହ ସରସ୍ୱତୀ ରହିଛନ୍ତି। ଅଷ୍ଟଭୁଜା ଏବଂ ଅର୍ଦ୍ଧପର୍ଯ୍ୟଙ୍କ ମୁଦ୍ରାରେ ଆସୀନ। ଆଠଟି ହାତରେ ରହିଛି ବୀଣା, ପୁସ୍ତକ, ଖଡ୍‌ଗ, ଢାଲ, ତ୍ରିଶୂଳ, ଏକ ପାନପାତ୍ର ଓ ଅନ୍ୟଟି ବରଦମୁଦ୍ରା। ଏବଂ ବାହନ, ଏଠି ହଂସ ନୁହେଁ ସିଂହ। ଏହି ସରସ୍ୱତୀଙ୍କୁ ମଧ୍ୟ ଆମେ ନୀଳସରସ୍ୱତୀ କହିପାରିବା। ଅନୁରୂପ ନୀଳସରସ୍ୱତୀ ଅଛନ୍ତି କଟକଚଣ୍ଡୀଙ୍କ ମନ୍ଦିରର ପାର୍ଶ୍ୱଦେବୀ ଭାବରେ। ଏଠି ତାଙ୍କ ନାଁ ମନ୍ତ୍ରଣୀ। ଦଶଭୁଜା। ତନ୍ତ୍ରର ସମସ୍ତ ଆୟୁଧ ସହ ହାତରେ ଧରିଛନ୍ତି ସାପ ଓ ଚମତ୍କାର ବୃହତ୍ ବୀଣା। ବୀଣାର ମୁହଁ ହଂସ ପରି। ଯେପରି ବାଦନରତା। ଦେବୀ କଳାମୁଗୁନି ପଥରରେ ତିଆରି। ଗୋଲ ମୁହଁ। ପଦ୍ମାସନା। ଉଚ୍ଚତା ପ୍ରାୟ ଦେଢ଼ଫୁଟ। ବହୁ ଅଳଙ୍କାର ବିଭୂଷିତା। ଗୋଟିଏ ହାତ ବରଦମୁଦ୍ରା ଓ ଆଉ ଗୋଟିଏ ହାତରେ ଅକ୍ଷମାଳା। ଆଖି ଜଳୁଛି ଯେମିତି। ଯଦି ତନ୍ତ୍ରର ମନ୍ତ୍ରରେ ନୀଳସରସ୍ୱତୀଙ୍କୁ ଆବାହନ କରାଯାଏ, ତେବେ ଇଏ ନୀଳସରସ୍ୱତୀ ନିଶ୍ଚୟ।

ଶ୍ରୀମନ୍ଦିରରେ ସରସ୍ୱତୀ, ଲକ୍ଷ୍ମୀଙ୍କଠାରୁ ଅଦୂରରେ ଅଛନ୍ତି। ପଶ୍ଚିମଦ୍ୱାର ପଟୁ ଆସିଲେ ପ୍ରଥମେ ସରସ୍ୱତୀ। କୁନି ମନ୍ଦିରରେ ତାଙ୍କର ଆସ୍ଥାନ। ଶାନ୍ତ, କାନ୍ତ, କମନୀୟ। ସମୟ ସେହି ତ୍ରୟୋଦଶ ଶତାବ୍ଦୀ। ଲିଙ୍ଗରାଜ ମନ୍ଦିରର ମୁଣ୍ଡିରେ ଥିବା ଅନର୍ଥ-ପାଗର ପ୍ରଥମ ଲିନ୍‌ଟେଲରେ ଦୁଇଟି ସରସ୍ୱତୀ ମୂର୍ତ୍ତି ଅଛନ୍ତି। ଗୋଟିଏ ପାଖରେ ଗଣେଶଙ୍କ ସହ ଥିବାବେଳେ, ଅନ୍ୟପାଖରେ ମଝିରେ ଶିବ ଓ ଦୁଇପଟରେ ଗଣେଶ ଓ ସରସ୍ୱତୀ। ଗଣେଶଙ୍କ ସହ ସରସ୍ୱତୀଙ୍କର ପ୍ରାୟତଃ ଏକତ୍ର ଅବସ୍ଥାନର କାରଣ- ଉଭୟେ ଜ୍ଞାନ, ବୁଦ୍ଧି, ପ୍ରଜ୍ଞା ଓ କଳାର ଦେବତା। କଳାରାହାଙ୍ଗର ଜଗମୋହନ ଦ୍ୱାରବନ୍ଧରେ ଲଳିତାସନରେ ଦୁଇହାତରେ ଦେବୀ ବୀଣା ଧରି ବସିଛନ୍ତି। ଅନ୍ୟ ଦୁଇହାତରେ ପଦ୍ମ ଓ ପୁସ୍ତକ। ପୁସ୍ତକ ଧରିଥିବା ହାତଟି ଆଣ୍ଠୁକୁ ସ୍ପର୍ଶ କରୁଛି। କିସନପୁରରେ ଦୁଇ ଗଣେଶଙ୍କ ସହ ଛୋଟ ସରସ୍ୱତୀ ମୂର୍ତ୍ତିଟିଏ ରହିଛି। ଭାରି କମନୀୟ। ଠିଆ ହୋଇଛନ୍ତି। ଦୁଇହାତରେ

ବୀଣା । ଅନ୍ୟ ଦୁଇହାତରେ ପଦ୍ମ ଓ ଏକ ପାତ୍ର । ପାଦ ପାଖରେ ହଂସ ଓ ଜଣେ ପରିଚାରିକା । ହାତରେ ପାତ୍ର ଥିବାରୁ, ବୈଦିକ ସରସ୍ୱତୀ ଓ ନୀଳସରସ୍ୱତୀଙ୍କର ଏହା ମିଶ୍ରରୂପ କୁହାଯାଇପାରିବ । ମୟୂରଭଂଜର ଖିଚିଂରେ ସରସ୍ୱତୀ ସପ୍ତଫେଣୀ ସର୍ପ ଉପରେ ବୀଣା ବାଦନ କରୁଛନ୍ତି । ବହୁ ଅଳଙ୍କାର ବିମଣ୍ଡିତା । ସମୟ ପ୍ରାୟ ଦଶମ ଶତାବ୍ଦୀ । ତନ୍ତ୍ରଦେବୀ ସର୍ପ ସହ ସଂପର୍କିତା । ତେଣୁ ଏହି ସରସ୍ୱତୀଙ୍କୁ ମଧ୍ୟ ନୀଳସରସ୍ୱତୀ ଭାବରେ ଗ୍ରହଣ କରାଯାଇପାରେ । ମାତ୍ର ପରବର୍ତ୍ତୀ ସମୟରେ ଅର୍ବାଚୀନ ମନ୍ଦିରଗୁଡ଼ିକରେ ବୀଣା ଧରିଥିବା ବହୁ ନାରୀମୂର୍ତ୍ତି ଦେଖିବାକୁ ମିଳନ୍ତି । ସେମାନଙ୍କୁ ଗାୟିକା କୁହାଯାଇପାରେ, ମାତ ସେମାନେ ସରସତୀ ନହନ୍ତି ।

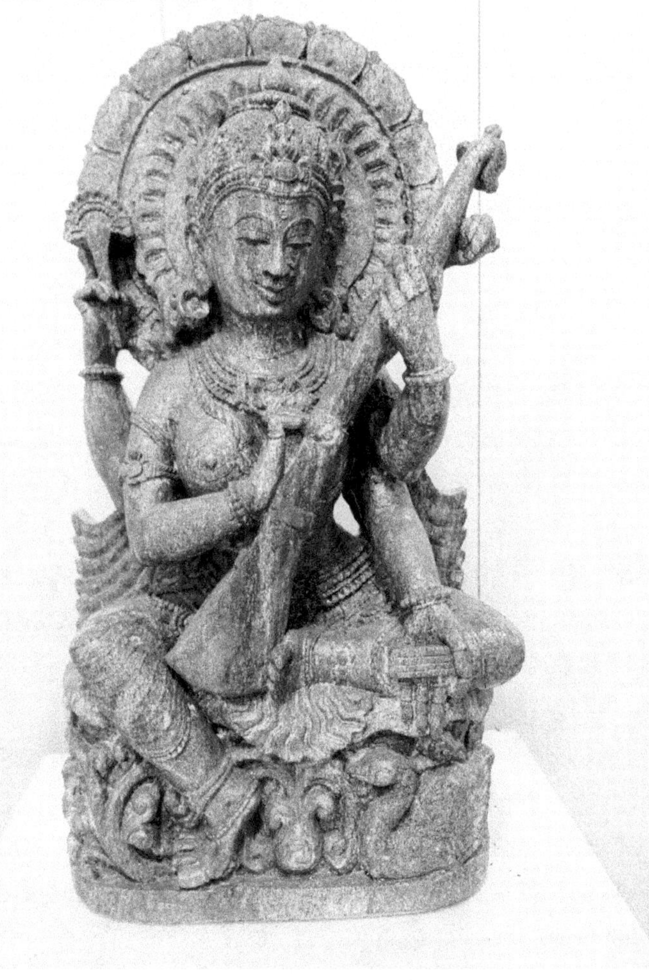

ଚିରନ୍ତନ ନାରୀତ୍ୱର ପ୍ରତିବେଦନ

ଲକ୍ଷ୍ମୀ

ନାରୀତ୍ୱର ପରିଚୟ ପ୍ରସଙ୍ଗରେ ବହୁପ୍ରଚଳିତ ବିଶେଷଣ ସହ ଆମେ ପରିଚିତ। ଯେପରି ଅବଳା, ଦୁର୍ବଳା, ଅସହାୟା, ଏସବୁ ସତ୍ୟ ନା ପରିକଳ୍ପନା? ଏହା ଯେ ଅର୍ଥହୀନ, ଶକ୍ତିଙ୍କର ଏକ ରୂପ ହିଁ ତାହା ପ୍ରମାଣ କରିଛି। ସେ ମହାଲକ୍ଷ୍ମୀ। ତାଙ୍କର ଆଉ କେତେକେତେ ନାଁ ରହିଛି। ଶ୍ରୀ, ରମା, ଲୋକମାତା, ପଦ୍ମାଳୟା, ଗଜଲକ୍ଷ୍ମୀ ଇତ୍ୟାଦି। ଜଣେ ନାରୀ, ଯେ କେତେ ଶକ୍ତିଶାଳୀ, ସେ ହିଁ ତାହାର ଉଦାହରଣ। କିଏ ଏଇ ଲକ୍ଷ୍ମୀ? କାହିଁକି ସେ ହେଲେ ଏତେ ଶକ୍ତିଶାଳୀ? କେଉଁଠୁ ତାଙ୍କର ଜନ୍ମ?

ତାଙ୍କର ଜନ୍ମ ଏକ କିମ୍ବଦନ୍ତୀ। ସେ ସମୁଦ୍ର ମନ୍ଥନ-ସମ୍ଭୂତା। ଅନନ୍ତ ସମୁଦ୍ର। ମଝିରେ ମେରୁ, ଖୁଆଦଣ୍ଡ। ଖୁଆଦଣ୍ଡକୁ ଗୁଡ଼େଇ ହୋଇ ରହିଛି ବାସୁକୀ, ମହାକାଳ। ଗୋଟିଏପଟେ ଦେବ, ଆରପଟେ ଦାନବ। କାଳସର୍ପକୁ ରଜ୍ଜୁ କରି ଖୁଆଦଣ୍ଡରେ ସେମାନେ ମନ୍ଥନ କରୁଛନ୍ତି କ୍ଷୀର ସମୁଦ୍ର। ମନ୍ଥନରୁ ପ୍ରକାଶିତ ହେଉଛି ଗୋଟିଏ ପରେ ଗୋଟିଏ ଦୁର୍ଲ୍ଲଭ ସଂପଦ। ଶେଷରେ ସମୁଦ୍‌ଭାସିତ ହେଉଛନ୍ତି ଜଣେ ଦିବ୍ୟ ନାରୀ। ଆଉଟା ସୁନା ପରି ଦେହର ରଙ୍ଗ। ଗୋଟିଏ ହାତରେ ପଦ୍ମ, ଆର ହାତରେ ଶସ୍ୟକେଣ୍ଡା। ରୂପେ ଅପରୂପା। ତାଙ୍କ ଶରୀରର କାନ୍ତିରେ ଆଲୋକିତ ସକଳ ଚେତନା। ମଣିଷର ବିଶ୍ୱାସ ଓ ଚେତନା-ପ୍ରସୂତ ଜୀବନୀଶକ୍ତିର ଅନ୍ୟତମ ରୂପ। ଏହି ଜୀବନୀଶକ୍ତି ଜଗତ ଓ ଜଗତସୃଷ୍ଟ ପ୍ରତ୍ୟେକ ସଂପଦର ଜନ୍ମ, ଜୀବନ ଓ ମୃତ୍ୟୁର କାରଣ।

ସେ ଅନ୍ନ ଓ ଆନନ୍ଦର ଦେବୀ। ଅନ୍ନ- ଜୀବନର ସର୍ବମୂଳ ଆବଶ୍ୟକତା। ଆମେ କହୁ- ଅନ୍ନ ବିହୁନେ ହଂସ ହାନି। ଲକ୍ଷ୍ମୀ ସକଳ ଆନନ୍ଦର କାରଣ। ଅନ୍ନଦାତ୍ରୀ ଓ ଧନଦାତ୍ରୀ। ତାଙ୍କ ରୂପ ବି ସେମିତି। ଆନନ୍ଦ ପ୍ରଦାୟିନୀ। କୋମଳ, ସର୍ଜନଶୀଳ ଓ ହୃଦୟବତୀ। ସେ ଚାହିଁଲେ ବର୍ଷା ଆସେ। ତେଣୁ ତାଙ୍କ ପାଖରେ ଥାଆନ୍ତି ଶ୍ୱେତହସ୍ତୀ, ବର୍ଷାର ବାହକ। ସେ ଚାହିଁଲେ ମାଟିରେ ଶସ୍ୟ ଉପୁଜେ; ତେଣୁ ତାଙ୍କ ହାତରେ

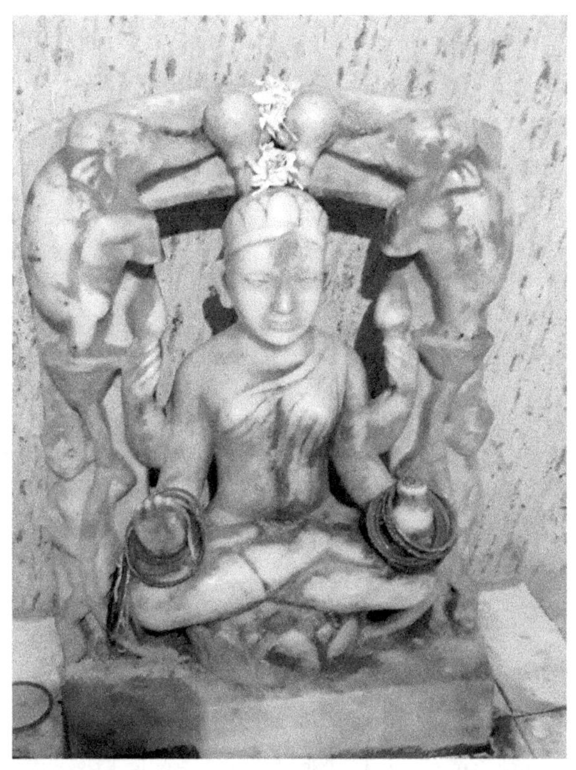

ଶସ୍ୟକେଣ୍ଡା। ସେ ପଦ୍ମହସ୍ତା। ପଦ୍ମ ପଙ୍କରୁ ଜାତ; ପାଣିକୁ ନିର୍ମଳ କରେ, ମାତ୍ର ପତ୍ରରେ ପାଣି ଲାଗେନାହିଁ। ଜଗତକୁ ଏହି ସଙ୍କେତ ଦେବାପାଇଁ ଯେପରି ହାତରେ ଧରିଛନ୍ତି ପଦ୍ମ।

ସେ ଶ୍ରୀ। 'ଶ୍ରୀ' ଜୀବନୀଶକ୍ତି। ପରମପୁରୁଷଙ୍କ ଚେତନା ଉନ୍ମୀଳନ ଓ ଗତିଶୀଳତାର କାରଣ। ଘର ଶ୍ରୀମନ୍ଦିର। କ୍ଷେତ୍ର- ଶ୍ରୀକ୍ଷେତ୍ର। ତାଙ୍କ ନାମରେ ମନ୍ଦିର ଓ କ୍ଷେତ୍ରର ନାମରୁ ସ୍ପଷ୍ଟ ବୁଝିହେଉଛି ଯେ ସମଗ୍ର କ୍ଷେତ୍ରର ସେ ଅଧିଶ୍ୱରୀ, ନିୟନ୍ତ୍ରିକା। ତାଙ୍କ ହାତରେ ରୋଷଘରର ଚାବି। ଅର୍ଥାତ୍ ସେ ନିଜ ଶକ୍ତିରେ ହିଁ ଜଗତକୁ ନିୟନ୍ତ୍ରଣ କରିବେ। ଶ୍ରୀକ୍ଷେତ୍ରକୁ ଯଦି ଆମେ ଜଗତର ପ୍ରତୀକ ଭାବରେ ଗ୍ରହଣ କରିବା, ତେବେ ଆମକୁ ସ୍ୱୀକାର କରିବାକୁ ପଡ଼ିବ, ଯେ ସମଗ୍ର ବ୍ରହ୍ମାଣ୍ଡ ଶକ୍ତି ନିୟନ୍ତ୍ରିତ। ଏଥିପାଇଁ ଓଡ଼ିଶାରେ ଗୃହବଧୂକୁ କୁହାଯାଏ ଗୃହଲକ୍ଷ୍ମୀ। ତେଣୁ ଗୃହଲକ୍ଷ୍ମୀ କେମିତି ଅବଳା କି ଦୁର୍ବଳା ହେବ ? ବରଂ, ସେ ସଦା ସଚଳା ଓ କ୍ରିୟଶୀଳା। ବଳରାମ ଦାସଙ୍କ ଲକ୍ଷ୍ମୀପୁରାଣର ଲକ୍ଷ୍ମୀ ଏହି ଭାବାଦର୍ଶର ପ୍ରତୀକ। କେବଳ ଓଡ଼ିଶା ନୁହେଁ, ଭାରତବର୍ଷ ଓ ମଧ୍ୟପ୍ରାଚ୍ୟରେ

ମଧ୍ୟ ସେ ବର୍ତ୍ତମାନ। ସାହିତ୍ୟ, ଧର୍ମ, ଚିତ୍ର ଓ ଦର୍ଶନ ସବୁଠି ଲକ୍ଷ୍ମୀ ଅବଶ୍ୟ ଅଛନ୍ତି, ମାତ୍ର ସ୍ଥାପତ୍ୟରେ ତାଙ୍କ ସତ୍ତାର ସ୍ୱାକ୍ଷର ଅଧିକ ସ୍ପଷ୍ଟ, ସମୁଦ୍‌ଭାସିତ।

ମଧ୍ୟପ୍ରାଚ୍ୟ, ଗ୍ରୀସ୍, ଶ୍ରୀଲଙ୍କା, ଦକ୍ଷିଣ-ପୂର୍ବ ଏସିଆର ସ୍ଥାପତ୍ୟରେ ସେ ଉଜ୍ଜ୍ୱଳ। ପୃଥିବୀମାତା ରୂପରେ ପୂଜିତା। ମହେଞ୍ଜୋଦାରୋ-ହରପ୍ପାରୁ ମିଳିଥିବା ଏକ ମୁଦ୍ରାରେ ଗଜଲକ୍ଷ୍ମୀଙ୍କ ରୂପର ସୌନ୍ଦର୍ଯ୍ୟ ଅଭିଭୂତ କରେ। ଦୁଇଟି ପଦ୍ମଫୁଲ ପଙ୍କରୁ ପାଣି ଉପରକୁ ବାହାରି ଆସିଛନ୍ତି। ପୂର୍ଣ୍ଣ ବିକଶିତ। ପଦ୍ମପିଠିକାରେ ଠିଆ ହୋଇଛନ୍ତି। ଦୁଇ ପଦ୍ମନାଡ଼ ଲମ୍ବିଆସିଛି ତାଙ୍କ ଅଣ୍ଟା ପର୍ଯ୍ୟନ୍ତ। ବାମହାତ ଅଣ୍ଟାରେ, ଡାହାଣ ହାତ ପ୍ରସନ୍ନ ମୁଦ୍ରା। ସମଗ୍ର ଦେହରେ ଆନନ୍ଦ ଓ ସୌନ୍ଦର୍ଯ୍ୟର ସମାରୋହ। ଗ୍ରୀସରେ, ତାଙ୍କ ହାତରେ ଶସ୍ୟକେଣ୍ଡା। ଶ୍ରୀଲଙ୍କାର ପୋଲାନାରୁଆ ମନ୍ଦିରରେ ସେ ଦ୍ୱିଭୁଜା। ପଦ୍ମଫୁଲ ଉପରେ ଆସୀନା। ଗୋଟିଏ ହାତରେ ପଦ୍ମ, ଅନ୍ୟ ହାତ ବରଦମୁଦ୍ରା। ଦୁଇପାଖରେ ଦୁଇଟି ହାତୀ, ତାଙ୍କ ମଥା ଉପରେ ଜଳ ଛିଞ୍ଚୁଛନ୍ତି।

ଅବଶିଷ୍ଟ ପୃଥିବୀରୁ ଏବେ ଭାରତର କଳାଭୂମିକୁ ଆସିବା। ଗୁପ୍ତ-ଶାସନ କାଳରେ ସ୍ଥାପତ୍ୟରେ ତାଙ୍କର ଆବିର୍ଭାବ। ଏଲୋରାର ଷୋହଳ ନମ୍ବର, କୈଳାଶ ଗୁମ୍ଫାରେ ସେ ପଦ୍ମାସନରେ ଆସୀନା। ତଳ-ଉପର ହୋଇ ଉଭୟପାଖରେ ରହିଛନ୍ତି ଚାରୋଟି ହାତୀ। ମହାବଳୀପୁରମର ଲକ୍ଷ୍ମୀ ଅନ୍ୟ ଅଞ୍ଚଳଠାରୁ ଅଲଗା। ସେ ପଦ୍ମପିଠିକା ଉପରେ ବସିଛନ୍ତି। ପାଦ ଦୁଇଟି ଝୁଲିପଡ଼ିଛି ତଳକୁ। ଉଭୟ ପାଖରେ ଠିଆ ହୋଇଛନ୍ତି ଚାରିଜଣ ଅପରୂପା ପରିଚାରିକା। ଉପରେ ଦୁଇଟି ହାତୀଙ୍କ ଶୁଣ୍ଢ ମଥା ଉପରେ। ସାଞ୍ଚିସ୍ତୂପର ଲକ୍ଷ୍ମୀ ପଦ୍ମଫୁଲ ଆସୀନା, ଫୁଲକୁ ବେଢ଼ି ରହିଛି ପଦ୍ମପତ୍ର। ଉପରେ ଦୁଇଟି ହାତୀ। ଡାହାଣ ହାତରେ ପଦ୍ମଫୁଲ, ବାମହାତ ଜଂଘ ଉପରେ। ଦେହରେ ଐଶ୍ୱର୍ଯ୍ୟର ଅଳଙ୍କାର। କାକତୀୟ ରାଜବଂଶର ଶାସନ କାଳରେ କାଞ୍ଚିପୁରମର ବରବାରାଜ ମନ୍ଦିର ଓ ତାଞ୍ଜାଭୁରର ବିଷ୍ଣୁମନ୍ଦିରରେ ଅମୃତମନ୍ଥନ ଦୃଶ୍ୟରେ ସେ ବିଷ୍ଣୁଙ୍କ ପାଖରେ ରହିଛନ୍ତି। ସେଠାରେ ଲକ୍ଷ୍ମୀଙ୍କ ନାଁ ତିରୁମଙ୍ଗଳ। ଦୁଇଟି ହାତ। ଗୋଟିଏ ହାତରେ ପଦ୍ମ, ଅନ୍ୟ ହାତ ବରଦମୁଦ୍ରା। ତ୍ରିଭାଙ୍କୋରର ଏଟୁମାନୁର ମନ୍ଦିରରେ ଲକ୍ଷ୍ମୀ, ସରସ୍ୱତୀ ଓ ପାର୍ବତୀ- ତ୍ରିଶକ୍ତି, ନଟରାଜ ଶିବଙ୍କ ତାଣ୍ଡବ ନୃତ୍ୟ ଉପଭୋଗ କରୁଛନ୍ତି। ଏହି ସ୍ଥାପତ୍ୟ ଆମକୁ, ତ୍ରିଶକ୍ତି- ମହାଲକ୍ଷ୍ମୀ, ମହାକାଳୀ ଓ ମହାସରସ୍ୱତୀ ଯେ ଏକରୂପା, ଏହା ସ୍ପଷ୍ଟ କରିଦିଏ। ଏତଦ୍‌ବ୍ୟତୀତ ଭାରତର ଅନ୍ୟତ୍ର ମଧ୍ୟ ଲକ୍ଷ୍ମୀ ପଦ୍ମହସ୍ତା ଓ ଗଜସଂଯୁକ୍ତା।। ତେଣୁ ତାଙ୍କ ନାଁ ଗଜଲକ୍ଷ୍ମୀ। ବୌଦ୍ଧଧର୍ମରେ ସେ ପଦ୍ମଫୁଲରେ ଆସୀନା, ପ୍ରଜ୍ଞା-ପାରମିତା। ସାଞ୍ଚି ଓ ଭାରହୁତ ସ୍ତୂପରେ ତାଙ୍କ ମୂର୍ତ୍ତି ଦେଖିଲେ ଲାଗେ, ସେ ଯେପରି ପରିପୂର୍ଣ୍ଣ ମାତୃତ୍ୱ। ଖ୍ରୀଷ୍ଟୀୟ ତୃତୀୟ ଶତାବ୍ଦୀରେ ଆବିଷ୍କୃତ ବାସ୍ରାର ମାଟିପାତ୍ରରେ ମଧ୍ୟ ତାଙ୍କର ରୂପ।

ଏବେ ଓଡ଼ିଶାର ସ୍ଥାପତ୍ୟରେ ଲକ୍ଷ୍ମୀଙ୍କୁ ଦେଖିବା। ପ୍ରାୟତଃ ସେ ଗଜଲକ୍ଷ୍ମୀ। ସେ ଅଛନ୍ତି ଖଣ୍ଡଗିରି(ଖ୍ରୀ.ପୂ. ତୃତୀୟ ଶତାବ୍ଦୀ)ର ତୃତୀୟ ଗୁମ୍ଫାର ନିନ୍‌ଟାଲର ଉପର ଅଂଶରେ। ଭୁବନେଶ୍ୱରର ତିନିମୁଣ୍ଡିଆ/ବୈତାଳ ମନ୍ଦିର(ଅଷ୍ଟମ/ନବମ ଶତାବ୍ଦୀ), ଚଉରାଶିଆର ବାରାହୀ(ଅଷ୍ଟମ/ନବମ ଶତାବ୍ଦୀ), ବଲାଙ୍ଗିରର ରାଣୀପୁର ଝରିଆଲର ଇଟା ତିଆରି ସୋମେଶ୍ୱର ମନ୍ଦିରର ଗର୍ଭଗୃହ ନିନ୍‌ଟାଲ(ନବମ ଶତାବ୍ଦୀ), ସୋନପୁର ବୈଦ୍ୟନାଥପୁରର କପିଳେଶ୍ୱ ମନ୍ଦିର(ନବମ ଶତାବ୍ଦୀ)ର ପ୍ରବେଶଦ୍ୱାରର ଉପର ଭାଗ, ଲିଙ୍ଗରାଜ ମନ୍ଦିର(ଦଶମ ଶତାବ୍ଦୀ) ଭୋଗମଣ୍ଡପର ଉତ୍ତର ପାଖ, ମୁକ୍ତେଶ୍ୱର(ଏକାଦଶ ଶତାବ୍ଦୀ)ର ଜଗମୋହନ କବାଟର ନିନ୍‌ଟାଲ, ଅନନ୍ତବାସୁଦେବ ମନ୍ଦିର(ତ୍ରୟୋଦଶ ଶତାବ୍ଦୀ)ର ଜଗମୋହନ, ଭୁବନେଶ୍ୱରର ତୀର୍ଥେଶ୍ୱର(ଦଶମ ଶତାବ୍ଦୀ), ପର୍ଶୁରାମେଶ୍ୱର, ସୋମେଶ୍ୱର, ସ୍ୱର୍ଣ୍ଣ ଜଳେଶ୍ୱର(୮ମ, ୯ମ, ୧୦ମ ଶତାବ୍ଦୀ)ରେ ଐଶ୍ୱର୍ଯ୍ୟର ଠାକୁରାଣୀ ପ୍ରତୀକିତ।

ଶାକ୍ତ, ଶୈବ ଓ ବିଷ୍ଣୁ- ସବୁ ମନ୍ଦିରରେ ତାଙ୍କର ଉପସ୍ଥିତି। ଅଧିକ ଗୁରୁତ୍ୱପୂର୍ଣ୍ଣ କଥା, ଚଉରାଶିଆର (ଦ୍ୱାଦଶ ଶତାବ୍ଦୀ) ଏକ ମନ୍ଦିରରେ ନାରାୟଣଙ୍କ ଜାନୁରେ ଲକ୍ଷ୍ମୀ, ଯେପରି ଚିରନ୍ତନ ପ୍ରେମିକାର ପ୍ରତିରୂପ। ସୋନପୁରରୁ ମିଳିଥିବା ଏକ ସିଲ୍‌ରେ (ଦଶମ/ଏକାଦଶ ଶତାବ୍ଦୀ) ମାତଙ୍ଗୀ ଗଜଲକ୍ଷ୍ମୀ ଖୋଦିତ ହୋଇଛନ୍ତି। ମାତ୍ର ମୁକ୍ତେଶ୍ୱର ମନ୍ଦିର ବ୍ୟତୀତ, ଅନ୍ୟ ସବୁ ମନ୍ଦିରରେ ସେ ଦ୍ୱିଭୁଜା। ସ୍ୱର୍ଣ୍ଣ-ଜଳେଶ୍ୱର, ମୁକ୍ତେଶ୍ୱର,

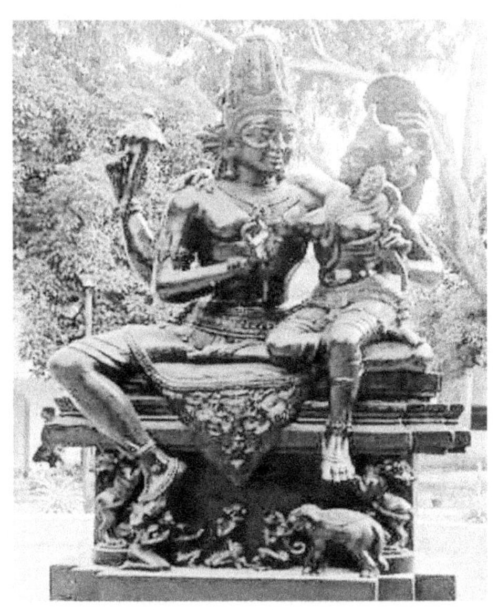

ସୋମେଶ୍ୱର, ପର୍ଶୁରାମେଶ୍ୱର ମନ୍ଦିରରେ ସେ ପଦ୍ମଫୁଲ ଉପରେ ପଦ୍ମାସନା ଏବଂ ଅନ୍ୟତ୍ର ଲଳିତାସନା। ଲିଙ୍ଗରାଜ ମନ୍ଦିରର ଦୁଇପାର୍ଶ୍ୱରେ ହାତୀମାନେ ଶୋଭା ପାଉଛନ୍ତି। ଅନ୍ୟ ସବୁଠି ହାତୀମାନଙ୍କର ଶୁଣ୍ଢ ତାଙ୍କ ମଥା ଉପରେ। ଲଳିତାସନରେ ଆସୀନା ଲକ୍ଷ୍ମୀଙ୍କର ଦକ୍ଷିଣ ହାତ ଦକ୍ଷିଣ ଜାନୁ ଉପରେ। ଅନ୍ୟତ୍ର ବରଦମୁଦ୍ରା। ପର୍ଶୁରାମେଶ୍ୱର ଓ ମୁକ୍ତେଶ୍ୱରର ଲକ୍ଷ୍ମୀଙ୍କୁ ଦେଖିଲେ ଲାଗିବ, ସେ ଯେପରି ଧ୍ୟାନସ୍ଥ- ଜଗତର ମଙ୍ଗଳ ପାଇଁ। ଖଣ୍ଡଗିରିର ଲକ୍ଷ୍ମୀ ହାତୀ, ସିଂହ ଓ ଅନ୍ୟ ଜୀବମାନଙ୍କ ସହ ଦଣ୍ଡାୟମାନ। ପ୍ରତ୍ୟେକ ସ୍ଥାପତ୍ୟରେ ସେ ପଦ୍ମହସ୍ତା ଓ ସାଳଂକୃତ।

ପ୍ରତ୍ୟେକ ମନ୍ଦିରରେ ଲକ୍ଷ୍ମୀ, ଅନ୍ୟତମ ପ୍ରମୁଖ ଶକ୍ତି, ଅନ୍ନଦାତ୍ରୀ। ତେଣୁ ପ୍ରାୟ ଦ୍ୱାରବନ୍ଧରେ ତାଙ୍କର ଅବସ୍ଥିତି। ମାତ୍ର ଶ୍ରୀମନ୍ଦିରରେ ତାଙ୍କର ବ୍ୟକ୍ତିତ୍ୱ ସ୍ୱତନ୍ତ୍ର। ଯଦି ଆମେ ଶ୍ରୀକ୍ଷେତ୍ରକୁ ସମଗ୍ର ବ୍ରହ୍ମାଣ୍ଡର ଏକ ପ୍ରତୀକ ଭାବରେ ଗ୍ରହଣ କରିବା, ଏହି କ୍ଷେତ୍ରର ନାମ ଲକ୍ଷ୍ମୀଙ୍କ ନାମରେ ହିଁ ପରିଚିତ। ଘରର ନାଁ ଶ୍ରୀମନ୍ଦିର ଏବଂ ତାଙ୍କ ନାଁ ବି ଶ୍ରୀ। ସେ ଅଣାକାର ବ୍ରହ୍ମ ଜଗନ୍ନାଥଙ୍କ ପାଖରେ ଭୂଦେବୀ ଓ ଶ୍ରୀଦେବୀ ରୂପରେ ବର୍ତ୍ତମାନ। ମାତ୍ର ତାଙ୍କୁ ପରବର୍ତ୍ତୀ କାଳରେ ସ୍ୱତନ୍ତ୍ର କରିଦିଆଯାଇଛି। ତାଙ୍କ ସ୍ୱତନ୍ତ୍ରତାକୁ ପ୍ରତିଷ୍ଠା କରିଛନ୍ତି ଶ୍ରୀ-ସଂପ୍ରଦାୟର ପ୍ରବର୍ତ୍ତକ ରାମାନୁଜ, ଦ୍ୱାଦଶ ଶତାବ୍ଦୀରେ। ତାଙ୍କ ପାଇଁ ତିଆରି ହୋଇଛି ସ୍ୱତନ୍ତ୍ର ମନ୍ଦିର। ମନ୍ଦିରରେ ତାଙ୍କୁ ଜଗନ୍ନାଥ-ବିଯୁକ୍ତ କରି ରଖାଯାଇଛି। ତାଙ୍କ ପୂର୍ଣ୍ଣ ମାତୃତ୍ୱ ପ୍ରତିଷ୍ଠାପାଇଁ ଏହା ଯେପରି ଏକ ସୁଚିନ୍ତିତ ଗଢ଼ଣ। ସତେଯେପରି କହିଦିଆଯାଇଛି ତମେ ଅବଶ୍ୟ ପୁରୁଷଙ୍କର ମନୋହାରିଣୀ, ଗୃହିଣୀ, ନିୟନ୍ତ୍ରିଣୀ, ମାତ୍ର, ତମେ କେବଳ ଜଗନ୍ନାଥଙ୍କର ନୁହଁ, ତମେ ସକଳଙ୍କର। ଏବଂ, ସେ କେତେମାତ୍ରାରେ ପତି-ଅନୁରକ୍ତା ଓ ସନ୍ତାନ-ଅନୁରକ୍ତା, ତାହା ପ୍ରମାଣ କରିବା ଲାଗି ଶାସ୍ତ୍ର ଓ ସାହିତ୍ୟ ବି ଲେଖାଯାଇଛି। ଏବଂ, ଓଡ଼ିଶାରେ ସାହିତ୍ୟ କୃତିଟିର ନାଁ ଲକ୍ଷ୍ମୀପୁରାଣ, ପଞ୍ଚଦଶ ଶତାବ୍ଦୀର ସନ୍ଥକବି ବଳରାମ ଦାସଙ୍କ ରଚନା। ଏହି ବହିଖଣ୍ଡିକ ପଢ଼ିଲେ, ଲକ୍ଷ୍ମୀ ଯେ ଓଡ଼ିଶାରେ କେତେ ଭାବରେ ଜୀବନ୍ତ ତାହା ଅନୁଭବ କରିହୁଏ।

ଦିନେ ଶ୍ରୀୟା ଚଣ୍ଡାଳୁଣୀ ଘରେ ପାଦ ପକେଇବାର ଅପରାଧରେ ସ୍ୱାମୀ ଓ ଦେଢ଼ଶୁର ଘରୁ ତଡ଼ିଦେଲେ। ମାତ୍ର ପରିଣତିର ଭୟାବହତା ଭୋଗିବାକୁ ପଡ଼ିଲା ଉଭୟଙ୍କୁ। ପୁରୁଷର ଅହଂକାର ଭାଙ୍ଗିଲା। ବିଜୟ ହେଲା ପତ୍ନୀତ୍ୱ, ମାତୃତ୍ୱ ଓ ନାରୀତ୍ୱର।

ସେ ଅନ୍ନ ଓ ଆନନ୍ଦ, ସେ ପ୍ରତିବାଦ ଓ ପ୍ରେମ, ସେ ଅହଂକାର ଓ ସମର୍ପଣର ଏକ ପ୍ରୀତିପଦ ସାଂସ୍କୃତିକ ସର୍ଜନ। ସେ ଆଦୌ ଦୁର୍ବଳା ନୁହନ୍ତି, ଅବଳା ବି ନୁହନ୍ତି, ସେ ବିଦ୍ୟା-ବିଯୁକ୍ତ ନୁହନ୍ତି। ବିଦ୍ୟା ଓ ଆନନ୍ଦର ମିଶ୍ରରୂପ, ଏକ ଚିରନ୍ତନ ନାରୀତ୍ୱ।

ମଳୟାନଳା ହିଙ୍ଗୁଳା

ସ୍ଥାପତ୍ୟ କଥାର ଏଥର ଏକ ବ୍ୟତିକ୍ରମ। ସବୁଥର ସ୍ଥାପତ୍ୟରେ ପ୍ରତିମା ଥାଆନ୍ତି। ଏଥର ପ୍ରତିମା ନୁହେଁ ପ୍ରତୀକ। ପ୍ରତୀକ-ଅନନ୍ତ ବ୍ରହ୍ମାଣ୍ଡର, ପ୍ରତୀକ- ଅନନ୍ତ ମାତୃତ୍ୱର ଏବଂ ପ୍ରତୀକ- ଅଖଣ୍ଡ ପବିତ୍ରତାର। ସେଇ ପବିତ୍ରତା, ଯିଏ ସକଳ ପାପକୁ ଗର୍ଭସ୍ଥ କରି ବିଶ୍ୱର କଲ୍ୟାଣ ସାଧନ କରୁଥାଏ। ପବିତ୍ରତାର ପ୍ରତୀକ ଅଗ୍ନି, ସଭ୍ୟତାର ପ୍ରତୀକ ଅଗ୍ନି। ଆମେ ଆଜି ସେହି ଅଗ୍ନିରୂପା ସ୍ଥାପତ୍ୟ ସଂପର୍କରେ କଥା ହେବା।

ପ୍ରାୟ ଦୁଇବର୍ଷରୁ ଅଧିକ କାଳ ଅତୀତ ହୋଇଗଲାଣି ଯା' ଭିତରେ। ଆମେ ଶକ୍ତିଙ୍କ ସ୍ୱରୂପ, ଶରୀର ଓ ମନ୍ଦିର ସଂପର୍କରେ ଆଲୋଚନା କରୁଛେ। ଲାଗୁଚି, ଏହା ଯେମିତି ଶେଷହୀନ କଥା। ଶେଷ କରିବାକୁ ମନ କଲା ମାତ୍ରକେ, ତାହା ପୁଣି ଆରମ୍ଭ ହୋଇଯାଉଛି। ଏପରି କାହିଁକି ହୁଏ ? ମୋ' ଜାଣିବାରେ, ଏହାର ଏକମାତ୍ର କାରଣ, କାଳର ଆରମ୍ଭ କି ଅନ୍ତ ନାହିଁ। ଏଇ ଶେଷହୀନ କାଳର ଜନ୍ମଦାତ୍ରୀ ଓ ନିୟନ୍ତ୍ରିକା ମାତ୍ର

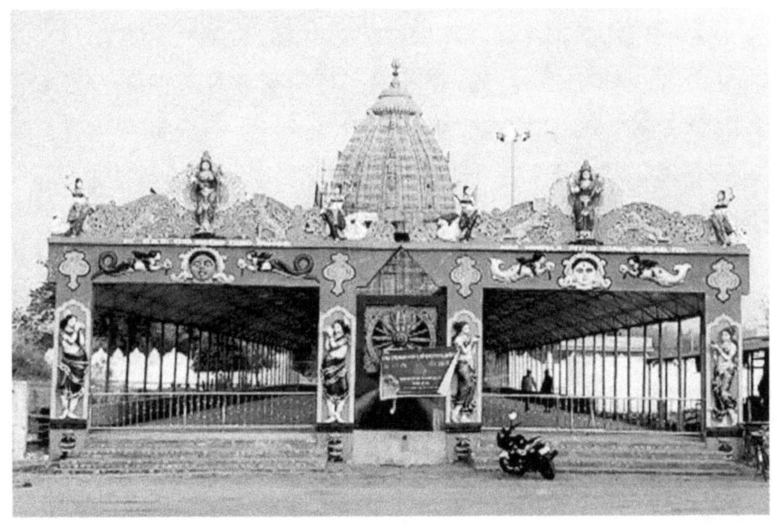

ଜଣେ। ସେ ମହାଶକ୍ତି। ତେଣୁ ଯିଏ କାଳର ସ୍ରଷ୍ଟା ଓ ନିୟନ୍ତ୍ରିକା, ତା'ର ପରିଚୟ ତିଆରି କରିବା, ଲେଖିବା- ଏକ ନିମିତ୍ତ ପ୍ରୟାସ ମାତ୍ର। ତଥାପି ତା' ବିଷୟରେ କହିବାକୁ ପଡ଼ିବ, ଲେଖିବାକୁ ପଡ଼ିବ। କହିବା ପୂର୍ବରୁ, ମନରେ ରଖିବାକୁ ହେବ ଯେ, ମୁଁ ଯାହା କହୁଚି, ତାହା ମୋ କଥା ନୁହେଁ, ତା'ରି କଥା କହୁଚି, ମୋ ମାଧ୍ୟମରେ। କହିଦେଉଚି, ତୁ ଅନ୍ୟ କେହି ନୁହେଁ, ମୋର ଅଂଶବିଶେଷ। ତୁ ମୋତେ କହିବୁନି ତ ଆଉ କିଏ କହିବ ? ମାତ୍ର ତା'ର ସ୍ୱରୂପ ବର୍ଣ୍ଣିବାକୁ ଯେତେ ଚେଷ୍ଟା କରୁଛି, ହାରିଯାଉଛି। ଲାଗୁଛି, ନା ତାକୁ କହି ହେବନି। ସେ ଅମୂର୍ତ୍ତ, ସେ ଅଦୃଶ୍ୟ, ସେ ଅଶ୍ରୁତ। ସେ ପ୍ରତ୍ୟେକ ମୁହୂର୍ତ୍ତରେ ବଦଳି ଯାଉଛି। ଏଇ ମୁହୂର୍ତ୍ତକ ଅନୁଭବର ବିଚିତ୍ର ରୂପ ହିଁ ତାର ସ୍ୱରୂପ। ମାତୃଶକ୍ତିର ସ୍ୱରୂପ।

ମାତୃଶକ୍ତିର ଏଇ ବିଚିତ୍ରତା ସଂପର୍କରେ ମୁଁ କହୁନି। ଚେତନାର ଉଦୟନ କାଳରୁ, ଜଗତର ସବୁ ଭୂମିର ସବୁ ମଣିଷ ଏଇ କଥା ଇ କହି ଆସୁଛନ୍ତି। ଆମ ଭୂମି ଓ ଆମ ଭାଷାରେ ଏଇ କଥା ବିଶଦ ଭାବରେ କହିଛନ୍ତି, ଆଦିକବି ଭାବରେ ପରିଚିତ ଶୂଦ୍ରମୂନି ସାରଳା ଦାସ। ତାଙ୍କ ଭାଷାରେ ସେଇ ମାତୃଶକ୍ତି ହେଉଛନ୍ତି 'ହିଙ୍ଗୁଳା'। ସେ ଜ୍ୟୋତିରୂପା। "ତୁ ଗୋ ପରମ ଯୋଗେଶ୍ୱରୀ ସ୍ୱରୂପେ ଲୋ ହିତାକ୍ଷୀ, ଅଜୟପୁର ମଣ୍ଡଳୀ ସ୍ୱରୂପ ପିଙ୍ଗଳାକ୍ଷୀ। ଜାତ କାଳେଣ ମାତା ରେତ କାଳେଣ ଭାରିଜା, ଅନ୍ତକାଳେ କାଳିକା ସେ ଅନଳ ହିଙ୍ଗୁଳା ପ୍ରାଣତେଜ୍ୟା"। ସେ ଅଗତିର ଗତି, ଅକାରଣର କାରଣ। ତା'ର ଭୁଜ ଦିଗନ୍ତ ବିସ୍ତାରି। ସେ ମଳୟାନଳା, ଦହନକାରୀ, ଜ୍ୱାଳାମୁଖୀ। ସେ ଆକାଶରେ, ପୃଥିବୀରେ, ପାତାଳରେ। ସେ ପଞ୍ଚଭୂତର ଈଶ୍ୱରୀ। ସେ ପୁଣି ରୁଦ୍ରଙ୍କର କୋଟି କୋଟି ଅବତାର। ସେ ଗଗନକ୍ଷେପୀ, କାମରୂପୀ, ରକ୍ତବସ୍ତ୍ର ପରିହିତା, ସକଳ ବିଦ୍ୟା ନିର୍ଜିତା, ସର୍ବମଙ୍ଗଳା, ପରମବୈଷ୍ଣବୀ, ଚିରତରୁଣୀ। ଦେବୀଙ୍କର ଏତେ ରୂପ ଓ ଗୁଣର ବର୍ଣ୍ଣନା କରିଥିବା କବି, ଏ କଥା ମଧ୍ୟ କହିଛନ୍ତି, ଚିହ୍ନବର୍ଣ୍ଣହୀନ ଏଇ ସତ୍ତା ବେଳେବେଳେ ଦୃଶ୍ୟ ହୁଏ। ନିଜକୁ ପ୍ରକଟ କରେ। ମାତ୍ର ସବୁ ମଣିଷ ଆଖିରେ ତା' ପ୍ରକଟନ ଧରାପଡ଼େନାହିଁ। ଦେଖନ୍ତି କେବଳ ସମର୍ପିତମାନେ।

ମାତ୍ର ଏଇ ସର୍ବବ୍ୟାପ୍ତା, ଜ୍ୟୋତିରୂପା ହିଙ୍ଗୁଳାଙ୍କର ଆବିର୍ଭାବ କେଉଁ ଭୂମିରେ ? କିମ୍ବଦନ୍ତୀ, ପୁରାଣ ଓ ଇତିହାସରେ ଏହାର ଉଦାହରଣ ରହିଛି। ପୁରାଣ ଭିତରକୁ ଯିବା। ସାରଳା ଦାସଙ୍କ ମହାଭାରତର ମହାପର୍ବରେ ବର୍ଣ୍ଣନା। ରାଇଜର ନାଁ ରଣସ୍ତମ୍ଭ। କୌଶିକୀ ନଦୀ କୂଳରେ ଏହାର ରାଜଧାନୀ। ଆର ପାଖରେ ଘଞ୍ଚ ଜଙ୍ଗଲ ଓ ପର୍ବତ। ରାଜାଙ୍କ ନାଁ ବୀରବର ଚକ୍ରବର୍ତ୍ତୀ। ପରାକ୍ରମଶାଳୀ ରାଜା। କାରଣ ସେ ମା' ହିଙ୍ଗୁଳାଙ୍କ ଆଶ୍ରିତ। ପାଣ୍ଡବମାନେ ରାଜସୂୟ ଯଜ୍ଞର ଆୟୋଜନ କରୁଥାନ୍ତି। ବହୁ ରାଜାଙ୍କୁ ନିମନ୍ତ୍ରଣ

କରିବାକୁ ହେବ। ଅର୍ଜୁନ ପହଞ୍ଚିଛନ୍ତି ରଣସ୍ତମ୍ଭ ରାଜ୍ୟରେ। ରାଜା ବୀରବରଙ୍କ ପାଖକୁ ଦୂତ ହାତରେ ପତ୍ର ପଠାଇଛନ୍ତି। ପତ୍ରକୁ ସ୍ୱୀକାର କରିବାର ଅର୍ଥ ପାଣ୍ଡବମାନଙ୍କ ପ୍ରତି ବିଶ୍ୱସ୍ତତା, ପରାଧୀନତା। ବୀରବର, ଅର୍ଜୁନଙ୍କ ଅହଂକାରକୁ ମାନିନେଇ ନାହାନ୍ତି। ଯୁଦ୍ଧ ପାଇଁ ଆହ୍ୱାନ ଦେଇଛନ୍ତି। ମହାଯୁଦ୍ଧ ଭୂମିକୁ ଡେଇଁ ପଡ଼ିଛନ୍ତି ସୈନ୍ୟମାନେ। ମାତ୍ର ଅର୍ଜୁନଙ୍କ ହାତରେ ପରାସ୍ତ ହୋଇଛନ୍ତି ବୀରବର। ମାଆଙ୍କ ପାଖକୁ ଯାଇଛନ୍ତି। ମନରେ ଅବସାଦ। ପ୍ରାର୍ଥନା କରୁଛନ୍ତି ସାମର୍ଥ୍ୟ ପାଇଁ। ଏବେ ଦେବୀ ତୁଷ୍ଟ। ବିମାନରେ ବସି ଉଭା ହୋଇଛନ୍ତି ଅର୍ଜୁନ ଆଗରେ।

ଅଗ୍ନିବର୍ଣ୍ଣା ଶକ୍ତିଙ୍କୁ ଦେଖି ଚକିତ ଅର୍ଜୁନ। ହିଙ୍ଗୁଳା ନିଜର ପରିଚୟ ଦେଇଛନ୍ତି। କହିଛନ୍ତି, ସେ ସ୍ୱୟଂ ପାର୍ବତୀ। ତାଙ୍କରି କରୁଣାରୁ ସେ ଶିବଙ୍କ ପାଶୁପତ ଅସ୍ତ୍ର ଓ ଅକ୍ଷୟ ତୁଣୀରର ଅଧିକାରୀ। କହିଛନ୍ତି- ତୁ ମୋର ପୁତ୍ର ବୀରବରର ଶତ୍ରୁ। ଦୁଇ ଭାଇଙ୍କ ଭିତରେ ଯୁଦ୍ଧ। ଭଲ ନୁହେଁ। ଅର୍ଜୁନ ଏବେ ନତଜାନୁ ମା'ଙ୍କ ପାଖରେ। ଦେବୀଙ୍କ କରୁଣା ଭିକ୍ଷୁ। ଦେବୀ ପ୍ରସନ୍ନ ହୋଇଛନ୍ତି ଉଭୟଙ୍କ ଉପରେ। ଦୁଇ ମହାବୀର ଅର୍ଜୁନ ଓ ବୀରବର ପରସ୍ପରକୁ ଗ୍ରହଣ କରିଛନ୍ତି। ଶତ୍ରୁତା ରୂପାନ୍ତରିତ ହୋଇଛି ମିତ୍ରତାରେ।

ଏବେ ଆମେ ଭାରତବର୍ଷର ନାନା ଭୂମିରେ ଶକ୍ତିପୀଠ ସୃଷ୍ଟିର ଏକ ବହୁ ପରିଚିତ ପ୍ରସଙ୍ଗକୁ ଆସିବା। ତାହା ଦକ୍ଷଯଜ୍ଞ କାଳର କଥା। ସତୀଙ୍କ ଅର୍ଦ୍ଧଦଗ୍ଧ ଶରୀରକୁ କାନ୍ଧରେ ବୋହି ଶିବ ପାଗଳପ୍ରାୟ ନାଚୁଥିବା କାଳରେ, ଦେବୀଙ୍କ ଶରୀରର ଏକ ଅଙ୍ଗ 'ବ୍ରହ୍ମରନ୍ଧ୍ର' ପତିତ ହୋଇଛି ବେଲୁଚିସ୍ତାନର କରାଚି ଭୂମିରେ। ସିନ୍ଧୁନଦୀ ମୁହାଣରେ ମକରମ ପାହାଡ଼ର ପାଦଦେଶରେ। ଏକ ଭୂମି, ତୀର୍ଥରେ ପରିଣତ ହୋଇଛି। ଦେବୀ ପରିଚିତ ହୋଇଛନ୍ତି ହିଙ୍ଗୁଳା ନାମରେ। ତାଙ୍କ ପାଇଁ ମନ୍ଦିର ବି ତିଆରି ହୋଇଛି। ନାଁ ମନୀକା ମନ୍ଦିର।

ଦେବୀଙ୍କ ଶକ୍ତି ଲୋକତୁଣ୍ଡରେ ପ୍ରସାରିତ ହୋଇଛି। ସମୟକ୍ରମେ 'ଅଗ୍ନିମାତା' ନାମରେ ମହାରାଷ୍ଟ୍ର, ଗୁଜରାଟ, ରାଜସ୍ଥାନ, ଆସାମ, ହିମାଚଳପ୍ରଦେଶ ଓ ଓଡ଼ିଶାର ନାନା ଭୂଖଣ୍ଡରେ ତାଙ୍କ ପୀଠମାନ ଗଢ଼ିଉଠିଛି। ଓଡ଼ିଶାରେ ତାଙ୍କ ପରିଚିତ ପୀଠ ଅନୁଗୋଳ ଜିଲ୍ଲାର ସିଙ୍ଗଡ଼ା ନଈକୂଳର ଗୋପାଳପ୍ରସାଦ ଗାଁରେ।

ତେବେ ଦେବୀଙ୍କର ଓଡ଼ିଶା ଯାତ୍ରା କାହିଁକି ? ପୁରାଣର କିମ୍ବଦନ୍ତୀ ପାଖକୁ ଆସିବା। ଶ୍ରୀକ୍ଷେତ୍ରରେ ଶ୍ରୀଜଗନ୍ନାଥଙ୍କ ମନ୍ଦିର ପ୍ରତିଷ୍ଠା ସରିଛି। ଦିଅଁଙ୍କ ଅନ୍ନ ରାନ୍ଧଣା ପାଇଁ ତିଆରି ହୋଇଛି ରୋଷଘର। ମାତ୍ର ରନ୍ଧନ କାର୍ଯ୍ୟ କରିବ କିଏ ? ରାଜା ପ୍ରଭୁଙ୍କ ଶରଣ ପଶନ୍ତି। ସ୍ୱପ୍ନାଦେଶ ହୁଏ- ମା' ହିଙ୍ଗୁଳା ହେବେ ରୋଷକର୍ମର ଅଧିକାରିଣୀ। ସେ ଅଛନ୍ତି ନଳବଂଶୀ ରାଜା ପୂଜିତ ବିଦର୍ଭ ଦେଶରେ। ରାଜ୍ୟର ଇଷ୍ଟଦେବୀ। ତାଙ୍କୁ ଶ୍ରୀକ୍ଷେତ୍ର ଆଣିବାକୁ ହେବ। ରାଜା ନଳରାଜ୍ୟକୁ ଯାଆନ୍ତି। ହିଙ୍ଗୁଳାଙ୍କୁ ତୁଷ୍ଟ କରନ୍ତି,

ନଳଙ୍କୁ ବି। ଦେବୀ ନଳରାଜାଙ୍କ ଉତ୍ତରୀୟ ମାଧ୍ୟମରେ ଆସନ୍ତି ଉତ୍କଳ ଦେଶକୁ। ଉତ୍କଳ ଯାତ୍ରା କାଳରେ, ଦିନେ ସେ ବିଶ୍ରାମ ନେଇଛନ୍ତି ସିଙ୍ଗଡ଼ା ନଈକୂଳରେ ଗୋପାଳପ୍ରସାଦ ଗଡ଼ ପାଖରେ। ସ୍ଥାନୀୟ ପରିମଣ୍ଡଳ ଦେବୀଙ୍କୁ ମୁଗ୍ଧ କରିଛି। ରହିଯିବା ପାଇଁ ମନ ବଳେଇଚନ୍ତି। ନିମିଷକେ ଅନ୍ତର୍ଦ୍ଧାନ ହୋଇଯାଇଛି ରଜାଙ୍କ ଉତ୍ତରୀୟ। ସ୍ୱପ୍ନାଦେଶ ହୋଇଚି- ସେ ଏଇଠି ରହିବେ। ରହିଲେ, ତାଙ୍କ ଦୁଇ ସହଚରୀ କୁଟେଇଶୁଣୀ ଓ କରଡେଇଙ୍କ ସହିତ। ଆବିର୍ଭୂତା ହେବେ ଅଗ୍ନି ରୂପରେ, ଅଗ୍ନି କୋଣରେ। ମାତ୍ର ସେ ଶ୍ରୀମନ୍ଦିର ଅବଶ୍ୟ ଯିବେ, ହେବେ ରୋଷଶାଳାର ଈଶ୍ୱରୀ। ତାଙ୍କରି ନାମ ନେଇ ମନ୍ଦିରସ୍ଥ ରୋଷଘର ଚୁଲିରେ ଅଗ୍ନି ସଂଯୋଗ କରାଯିବ।। ଦେବୀଙ୍କର ଇଚ୍ଛା ପୂରଣ ହେଲା। ଗୋପାଳପ୍ରସାଦ ଓ ଶ୍ରୀକ୍ଷେତ୍ର ପରିଣତ ହେଲା ଯଥାକ୍ରମେ ପୀଠ ଓ କର୍ମକ୍ଷେତ୍ର ଭାବରେ।

ପୁରାଣ ଓ କିମ୍ବଦନ୍ତୀ ପାଖରୁ ଏବେ ଇତିହାସ। ତାଳଚେର ରାଜବଂଶ ସହିତ ହିଙ୍ଗୁଳାଙ୍କ ସଂପର୍କ ନିବିଡ଼। ରାଜା ପଦ୍ମନାଭ ମା' ହିଙ୍ଗୁଳାଙ୍କୁ ନିଜର ଇଷ୍ଟଦେବୀ ଭାବରେ ଗ୍ରହଣ କରିଛନ୍ତି। ଏକଦା ଶତ୍ରୁ ଭୟରେ ଆତଙ୍କିତ ହୋଇଛନ୍ତି ରାଜା। ଅନୁଭବ କରିଛନ୍ତି ଏକ ବ୍ୟାଘ୍ରରୂପିଣୀ ଶକ୍ତିଙ୍କର କରୁଣାରେ ଅପରାଜେୟ ଶତ୍ରୁରାଜା। ଏ ବ୍ୟାଘ୍ରରୂପିଣୀ ଅନ୍ୟ କେହି ନୁହନ୍ତି, ହିଙ୍ଗୁଳା। ଦେବୀଙ୍କୁ ତୁଷ୍ଟ କରିଛନ୍ତି। ବାଘମୁଣ୍ଡକୁ ନିଜ ବଂଶର ପ୍ରତୀକ ରୂପରେ ଗ୍ରହଣ କରିଛନ୍ତି। ପତାକାର ଚିହ୍ନ ବି କରିଛନ୍ତି। ମା'ଙ୍କ ଆଶୀର୍ବାଦ ପାଇଛନ୍ତି। ଶତ୍ରୁ ଏବେ ପରାଜିତ। ଗୋଟିଏ ନୁହେଁ, ଅନେକ କିମ୍ବଦନ୍ତୀ ମା'ଙ୍କ ଆବିର୍ଭାବ ସଂପର୍କରେ। ତେବେ ଏ କଥା ଆମେ ଅବଶ୍ୟ ଗ୍ରହଣ କରିବା ଯେ, ହିଙ୍ଗୁଳା ଆଟବିକ ପୂଜିତା ଦେବୀ, ପରବର୍ତ୍ତୀ କାଳରେ ରାଜଦେବୀରେ ରୂପାନ୍ତରିତ ହୋଇଛନ୍ତି ଏବଂ ହୋଇଛନ୍ତି ଅଗ୍ନିପୂଜନ ପରମ୍ପରାର ପ୍ରତୀକ।

ହିଙ୍ଗୁଳାଙ୍କ ପ୍ରଧାନ ପୂଜା ଅନୁଷ୍ଠିତ ହୁଏ ଚୈତ୍ର ମାସ, ଶୁକ୍ଳପକ୍ଷ, ଚତୁର୍ଦ୍ଦଶୀ ତିଥିରେ। ଦୁଇ ସହଚରୀଙ୍କ ପୀଠ ପାଖରେ। ସେମାନେ ସ୍ତମ୍ଭରୂପୀ। ଦେହୁରୀ ପୂଜିତା। ଦେବୀ ଅଗ୍ନି ରୂପରେ ଆବିର୍ଭୂତା ହୁଅନ୍ତି, ଶେଷ ପୂଜାର ସାତଦିନ ଆଗରୁ ଦେହୁରୀଙ୍କ ମାଧ୍ୟମରେ ସେ କହିଦିଅନ୍ତି- କେଉଁଠି ଅଗ୍ନି ରୂପରେ ସେ ବିଜେ କରିବେ। ବିଜେ କରନ୍ତି। ଭକ୍ତମାନଙ୍କର ସମର୍ପଣକୁ ସ୍ୱୀକାର କରନ୍ତି। ଏଠି ଜାତିପାଟକର ଭେଦ ନଥାଏ, ମାଧ୍ୟମ ବି ନଥାଏ। ପ୍ରତ୍ୟେକ ନିଜ ନିଜର ପଦାର୍ଥ, ନିଜ ହାତରେ ମା'ଙ୍କୁ ସମର୍ପଣ କରନ୍ତି। ରକ୍ତ ବି। ଏକ ଅଦ୍‌ଭୁତ ପରମ୍ପରା। ମା'ଙ୍କ ଚଳନ୍ତି ପ୍ରତିମା ବିଭିନ୍ନ ସ୍ଥାନ ପରିକ୍ରମା କରନ୍ତି। କାଳିସୀ ଦେହରେ ମଧ୍ୟ ସେ ପ୍ରକଟ କରନ୍ତି ନିଜକୁ। ଶକ୍ତି ଉପାସନା ପରମ୍ପରାର ଏହା ହିଁ ବିଶେଷତା।

ସ୍ଥାପତ୍ୟ ପ୍ରସଙ୍ଗ ଚର୍ଚ୍ଚାକାଳରେ ହିଙ୍ଗୁଳାଙ୍କୁ ଉଦାହରଣ କରିବା । ଏକ ପ୍ରଶ୍ନ ହୋଇପାରେ । ହେବା ସ୍ୱାଭାବିକ । ଉତ୍ତରରେ ଏତିକି କୁହାଯାଇପାରିବ, ଅଗ୍ନି ଆମ ସଭ୍ୟତା ଓ ସଂସ୍କୃତି ଗଢ଼ଣର ଯେ ସର୍ବମୂଳ ପ୍ରତୀକ, ଏକଥା ଅବଶ୍ୟ ସ୍ୱୀକାର୍ଯ୍ୟ । ଅଗ୍ନି ହିଁ ଶକ୍ତି, ତେଜ । ଆମ ଜୀବନର ଗତିଶୀଳତାର କାରଣ । ଶକ୍ତିର ପ୍ରଚଣ୍ଡ ଦାହିକା ଶକ୍ତିକୁ ମାନବ ଏଠାରେ ଅନୁଭବ କରିଚି । ଚକିତ ହୋଇଚି । ଗ୍ରୀଷ୍ମ ଋତୁରେ ଦେଖୁଛି, ଉପରେ ସୂର୍ଯ୍ୟଙ୍କର ତାପ, ତଳେ ମାଟି ଉପରେ ଅକସ୍ମାତ ଜଳିଉଠୁଛି ନିଆଁ । ନିଜକୁ କାରଣ ପଚାରୁଛି । ସେ ଜାଣିପାରୁନି, କୋଇଲା ଭିତରେ ଥିବା ଶକ୍ତିର ଏହା ପ୍ରମୂର୍ତ୍ତାୟନ । ତା' ଭିତରେ ଅଗ୍ନି ଘନୀଭୂତ ହେଉଛି । ଏହା ଦୈବୀଶକ୍ତିର କରଣି । ପ୍ରଚଣ୍ଡ ଶକ୍ତିର ତୁଷ୍ଟୀକରଣ ପାଇଁ ପଶୁପକ୍ଷୀମାନଙ୍କୁ ସମର୍ପଣ କରୁଛି ଏବଂ, ସେମାନଙ୍କ ଦେହକୁ ପ୍ରସାଦ ରୂପରେ ଗ୍ରହଣ କରୁଛି । କୋଇଲାର ଭଣ୍ଡାର ତାଳଚେରରେ । ତେଣୁ, ଅଗ୍ନିରୂପିଣୀ ହିଙ୍ଗୁଳାଙ୍କୁ, ତୁଷ୍ଟ କରିବାର ଏକ ପରମ୍ପରା ଆଟବିକ ବିଶ୍ୱାସରୁ ଜନ୍ମ ନେଉଛି । ଏହା ସ୍ତମ୍ଭ(କାଠ) ପୂଜନ ସହିତ ଯୋଡ଼ି ହୋଇଯାଉଛି । ହିଙ୍ଗୁଳାଙ୍କର ଦୁଇ ସହଚରୀଙ୍କ ପୂଜନ ଏହି ବିଚାରର ଉଦାହରଣ ।

ଆମେ, ଗ୍ରହଣ କରିନେଇଛୁ, ଆମ ସୃଷ୍ଟ ପ୍ରତିମାମାନେ ବିଶ୍ୱାସ ଓ ବିଚାରର ଦୃଶ୍ୟରୂପ । ମାତ୍ର ଗୁରୁତ୍ୱପୂର୍ଣ୍ଣ କଥା, ଆମେ ଅଗ୍ନିଦେବତାଙ୍କୁ ପ୍ରତିମାୟନ କରିଛୁ, ମାତ୍ର ହିଙ୍ଗୁଳାଙ୍କୁ ସେପରି କରିନାହୁଁ । ତାଙ୍କୁ ତାଙ୍କ ପରି ହିଁ ପୂଜା କରୁଚୁ । ସେ ଆମ ଚେତନାରେ ଯେପରି ସର୍ବବ୍ୟାପ୍ତ, ଜ୍ୟୋତି ରୂପରେ । ଯିଏ ବ୍ରହ୍ମାଣ୍ଡ ସୃଷ୍ଟିର ମହାଉତ୍ସ, ତାକୁ କ'ଣ କେବେ ମୂର୍ତ୍ତିମନ୍ତ କରିବା ସମ୍ଭବ ? ଯାହାର ସ୍ଥିତି, ସର୍ବବ୍ୟାପ୍ତ, ତାକୁ ଏକ ଘର ଭିତରେ ବନ୍ଦୀ କରି ରଖିବା ଆମ ସର୍ଜନଶୀଳତାର ନିର୍ବୋଧତା ନୁହେଁ ତ ?

ତେଣୁ ହିଙ୍ଗୁଳା, ସକଳ ସ୍ଥାପତ୍ୟର ଊର୍ଦ୍ଧ୍ୱରେ, ଏକ ମହାସ୍ଥାପତ୍ୟର ପ୍ରତୀକ ।

ପର୍ବତପୁତ୍ରୀ ପାର୍ବତୀ

॥ ଏକ ॥

ସେମାନେ ଦି'ଜଣ, ମାତ୍ର ଜଣେ। ଜଣେ ପାଖରେ ଥାଉ କି ଦୂରରେ, ଅନ୍ୟ ଜଣକ ଭିତରେ ସେ ଗୋଟାପଣେ ବର୍ତ୍ତମାନ ଥାଏ।

ଦିନକର କଥା- ଦୁହେଁ ଏକାଠି ବସି କଥା ହେଉଥାନ୍ତି। ଜଣେ ଅନ୍ୟ ଜଣକୁ ଚାହିଁଲା- ସିଏ କାଦୁଅରେ କ'ଣ ଗୋଟାଏ ଗଢୁଛି, ଏକ ଲୟରେ। ହସିଦେଲା। ମନେ ମନେ ଭାବିଲା, ତୁ ଗଢୁଛୁ ସିନା, ମାତ୍ର ତୋ ଗଢ଼ଣର କାରଣ ମୁଁ। ମୁଁ- ଅଧ୍ୟାତ୍ମ, ମୁଁ- ତ୍ୟାଗ, ମୁଁ- ଭୋଗ, ମୁଁ- ପରାକ୍ରମୀ, ମୁଁ- ସୃଜନ, ମୁଁ- ସଂସାର, ମୁଁ- ପରମାଣୁ, ପୁଣି ମହାରେଣୁ। ମାଟିରେ କୁନିକଣ୍ଢେଇ ଘରଟିଏ ଗଢୁଥିବା ଜଣକୁ ଅନ୍ୟଜଣକର କଥା ଶୁଭିଗଲା। ସିଏ ବି ହସିଦେଲା। ତିଆରି କରୁଥିବା ଘରଟିକୁ ଧରେଇଦେଲା ଅନ୍ୟ ଜଣକ ହାତରେ। ଘରଟି ଏତେ ସୁନ୍ଦର ଥିଲା ଯେ, ତା' ଉପରେ ଆଖି ପଡୁ ପଡୁ ମୋହଗ୍ରସ୍ତ ହୋଇଗଲେ ଅନ୍ୟ ଜଣକ। ଦେଖିଲେ ଭାରି ସୁନ୍ଦର ଘରଟିଏ। ମଣି-ମାଣିକ୍ୟରେ ଝଲମଲ। କବାଟଟିଏ ବି ଲାଗିଛି। ସେ କବାଟ ଖୋଲି ଭିତରକୁ ଗଲେ, ଦେଖିଲେ, ସୁନ୍ଦର ସବୁଜ ଖେତ। ଖେତରେ ନାନା ଜାତିର ଗଛ, ଲତା, ଫୁଲ, ଫଳ। ଆଉ ତା'ରି ଭିତରେ ତାଙ୍କରି ପରି ଆଉ ଜଣେ। ନିଜକୁ ଦେଖି ଆଶ୍ଚର୍ଯ୍ୟ ହେଲେ ସେ। କିଛିବାଟ ଗଲାପରେ ଦେଖିଲେ, ଆଉ ଗୋଟିଏ କବାଟ। କବାଟ ଖୋଲି ଭିତରକୁ ଗଲେ। ଭିତରର ଦୃଶ୍ୟ ତାଙ୍କୁ ଅଧିକ ଚକିତ କଲା। ସେଠି ପ୍ରକୃତିର ଉଲ୍ଲାସ। ବ୍ରହ୍ମା, ବିଷ୍ଣୁ, କୁବେର, ଇନ୍ଦ୍ର, ସକଳ ଦେବତା, ଋଷି ଓ ଅପ୍‌ସରାମାନେ ନୃତ୍ୟରତ। ଆଉ ସେମାନଙ୍କ ଗହଣରେ ସେ ନିଜେ ବି। ସେ ନିଜକୁ ଚାହିଁଲେ, ଏବଂ ତାଙ୍କଠାରୁ ଦୂରରେ ନାଚୁଥିବା ଆର ଜଣକୁ ବି ଚାହିଁଲେ। କିଛି ବୁଝି ପାରିଲେନି।

ଆଗରେ ଦେଖିଲେ ଆଉ ଗୋଟିଏ କବାଟ। କବାଟ ଖୋଲି ଭିତରକୁ ଗଲେ। ଏଥର ଭିତରର ଦୃଶ୍ୟ ତାଙ୍କ ଅସ୍ତିତ୍ୱକୁ କିମ୍ଭୂତ ଲାଗିଲା। ଦେଖିଲେ, ଜଣେ ଜ୍ୟୋତିର୍ମୟୀ

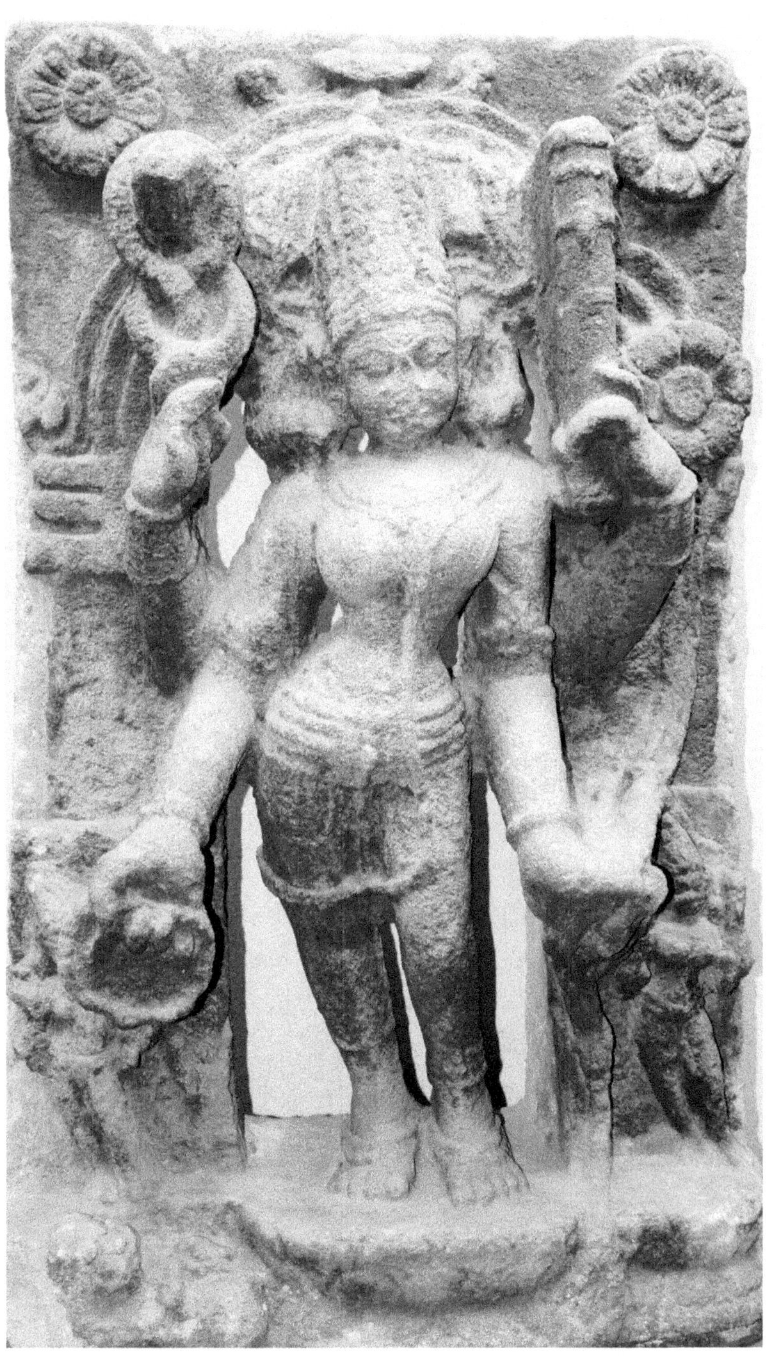

ନାରୀ, ପଲଙ୍କ ଉପରେ ଶୋଇଛନ୍ତି ଏବଂ ତାଙ୍କ ଚାରିପାଖରେ ସମାହିତ ମୁଦ୍ରାରେ ସେବା କରୁଛନ୍ତି ବହୁ ହାତ, ବହୁ ମଥାବିଶିଷ୍ଟ ବ୍ରହ୍ମା, ବିଷ୍ଣୁ ଓ ଶିବ। ସେ ନିଜକୁ ଚାହିଁଲେ, ଚାହିଁଲେ ସେଇ ଜ୍ୟୋତିର୍ମୟୀ ପାଖରେ ନାଚୁଥିବା ତାଙ୍କ ଅନ୍ୟ ଏକ ଅସ୍ତିତ୍ୱକୁ। ଇଏ ତାହେଲେ କିଏ ? ଏବଂ, କିଏ ସେହି ଦିବ୍ୟ ପଲଙ୍କରେ ଶୋଇଥିବା ଦିପ୍ତୀମୟୀ ?

ରହସ୍ୟ ଖୋଲିଗଲା। ସେ ପୁଣି ନିଜକୁ ଚାହିଁଲେ। ଏବଂ, ଚାହିଁଲେ ତାଙ୍କ ପାଖରେ ବସିଥିବା ସେଇ ଅନ୍ୟ ଜଣକୁ। ଏଥର ଦୁହେଁ ଦୁହିଁଙ୍କୁ ବୁଝିପାରିଲେ। ପଲଙ୍କ ଉପରେ ଶୋଇଥିବା ସେଇ ଦିବ୍ୟସତ୍ତା ଜଣକ- ପ୍ରକୃତି, ପାର୍ବତୀ। ଆଉ ସେ ଅନ୍ୟ ଜଣକ- ପୁରୁଷ, ଶିବ।

ଏହା ଶିବପୁରାଣର କାହାଣୀ। ଶିବପୁରାଣ ପଢ଼ିଲେ ଲାଗିବ, ସତେଯେପରି ତାହା ଶିବଙ୍କ ଗାଥା। ମାତ୍ର ବାସ୍ତବତଃ ଶିବ ନୁହନ୍ତି, ତାହା ପାର୍ବତୀଙ୍କ କଥା। ପ୍ରକୃତିର କଥା। ନାରୀତ୍ୱର ମର୍ମଗାଥା। ସେହି ନାରୀ ଜଣକ ଜଣେ ପୁରୁଷର କୋଳରେ ବସି ସମଗ୍ର ଜଗତରେ ପୌରୁଷ ଏବଂ ନାରୀତ୍ୱକୁ ମୁକ୍ତଭାବରେ ଅନୁଭବ କରୁଥିବା ଏକମାତ୍ର ପ୍ରତୀକ। ଜଣେ ନାରୀ ନିଜ ପ୍ରତି ସେତିକି ସମର୍ପିତା ନଥିଲେ, ଏକ ଭବଘୂରା ସହିତ ଆଦୌ ସଂସାର ବାନ୍ଧି ପାରିନଥାନ୍ତା। ଏବଂ, ନିଜର ସ୍ୱାଧୀନତାକୁ ପରିପୂର୍ଣ୍ଣ ଭାବରେ ଉପଭୋଗ କରିବାରେ ସମର୍ଥ ହେଉନଥାନ୍ତା। ଭାରତୀୟ ମନୀଷାରେ ସ୍ୱତନ୍ତ୍ର ସୃଜନ, ଶିବ ଓ ପାର୍ବତୀ, ଯେଉଁମାନେ ପରସ୍ପର ଭିନ୍ନ ଅନ୍ୟ ସହିତ ଶାରୀରିକ, ମାନସିକ ସ୍ତରରେ ସମାହିତ ହେବାର ଉଦାହରଣ ନାହିଁ। ଏବଂ, ଯାହା ସବୁଠାରୁ ଗୁରୁତ୍ୱପୂର୍ଣ୍ଣ, ଜଣେ ଯୋଗାବିଷ୍ଟ ଥିବାବେଳେ ଅନ୍ୟ ଜଣେ ତା' ଭିତରେ କୁଣ୍ଡଳିନୀ ହୋଇ ତାକୁ ଜାଗ୍ରତ କରୁଥାଏ, ଏବଂ କହୁଥାଏ, ମୁଁ ଜାଣେ, ତୁମେ ମୋରିପାଇଁ ତପସ୍ୟା କରୁଛ। ଆଉ ଦେଖ, ମୁଁ ତମରି ଭିତରେ କେତେ ଆନନ୍ଦରେ ବଞ୍ଚିଛି।

ମାତ୍ର ସେହି ଆନନ୍ଦ ବେଳେବେଳେ ଅଭିମାନରେ ରୂପାନ୍ତର ହୋଇଯାଏ, ପୁଣି ଅଭିମାନ ପ୍ରେମରେ। ସେମାନଙ୍କ ପ୍ରେମକୁ ନେଇ କେତେ କଥା, କେତେ ଚର୍ଚ୍ଚା। ପାର୍ବତୀଙ୍କର ମୁହଁ ଟିକିଏ ଶୁଖିଯାଇଥିଲେ, କାଳେ ଶିବ ବିବ୍ରତ ହୋଇପଡ଼ନ୍ତି। ଦିନକର କଥା। ମୁହଁ ଶୁଖେଇ ବସିଥାନ୍ତି ପାର୍ବତୀ। ପାଖରେ ପହଞ୍ଚିଛନ୍ତି ପରମଯୋଗୀ। କାରଣ ଖୋଜିଛନ୍ତି। ପାର୍ବତୀ କହିଛନ୍ତି- ଦେଖ ! ତୁମେ ସକଳ ବ୍ରହ୍ମାଣ୍ଡର ଈଶ୍ୱର। ସକଳ ଐଶ୍ୱର୍ଯ୍ୟର ଅଧିକାରୀ, ପୁଣି ସକଳ ସୌନ୍ଦର୍ଯ୍ୟର ମୂର୍ତ୍ତିମନ୍ତ ପ୍ରତୀକ। ମାତ୍ର କାହିଁକି ତୁମର ଏ ବିଚିତ୍ର ରୂପ ? ଯେଉଁଥିପାଇଁ ସବୁଠି, ଏପରିକି ପିତୃଗୃହରେ ମଧ୍ୟ ମୋତେ ଲାଞ୍ଛନା ସହିବାକୁ

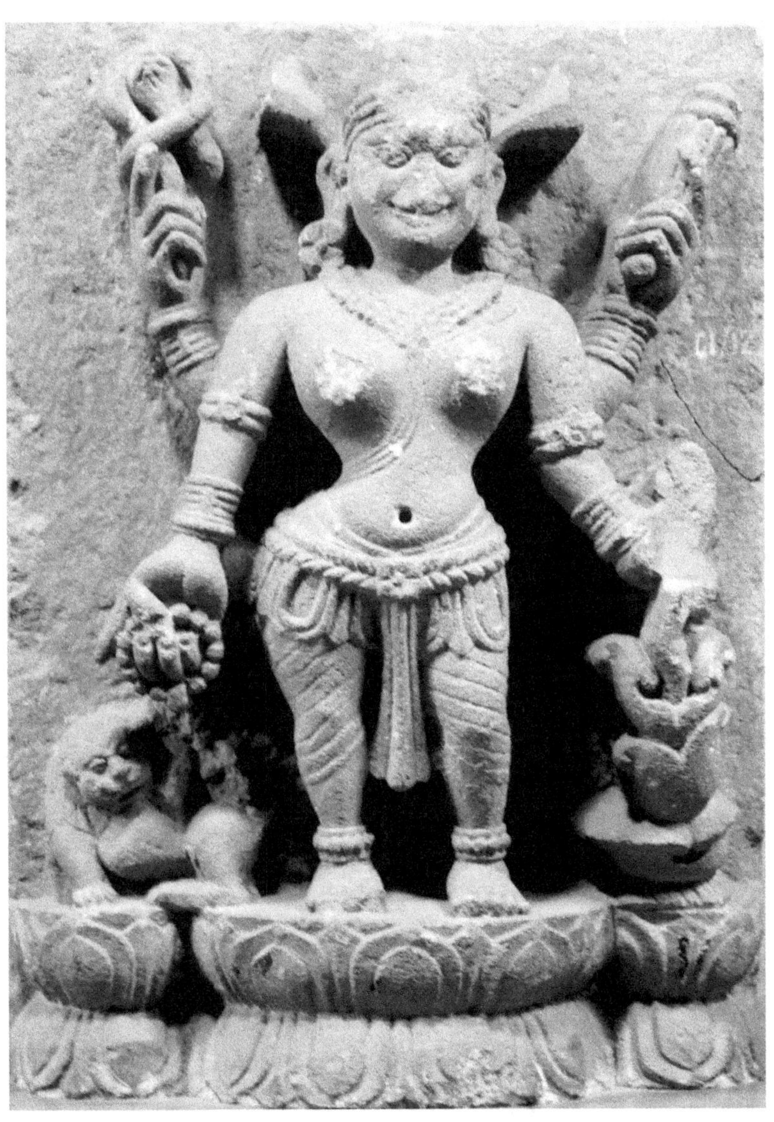

ପଡ଼ିଲା ? ଦେହରେ ଛିଣ୍ଡା କନାର ବସ୍ତ୍ର, ଗଳାରେ ହାଡ଼-ଖପୁରିର ମାଳ, ପୁଣି ସମଗ୍ର ଶରୀରରେ ପାଉଁଶର ପ୍ରଲେପ। ଏପରି କିମ୍ଭୂତ ବେଶର କାରଣ କ'ଣ ହୋଇପାରେ ?

ମହାଯୋଗୀ ଏବେ ଅଳ୍ପ ହସିଦେଲେ। ଦେବୀଙ୍କ ମୁଣ୍ଡର କେଶକୁ ଧୀରେ ସାଉଁଳେଇ ଦେଲେ। ସେଇ ପରମ-ପ୍ରେମିକ ଜଣକ ଏବେ କହିଲେ- ସଂସାରର ସର୍ଜନା ପାଇଁ ତୁମେ ସିନା ବାରମ୍ବାର ଜନ୍ମ ନିଅ, ମୃତ୍ୟୁ ନିଅ ? ହେଲେ ମୋର ନା ଅଛି ଜନ୍ମ, ନା ମୃତ୍ୟୁ। ମୁଁ ଅଜନ୍ମା, ପୁଣି ମୃତ୍ୟୁଞ୍ଜୟୀ। ତେଣୁ ତୁମର ମୃତ୍ୟୁ ପରେ, ପୁଣି ଜନ୍ମ ପର୍ଯ୍ୟନ୍ତ- ତୁମ ବିଚ୍ଛେଦ ସହିବା କ'ଣ ଏତେ ସହଜ ! ତେଣୁ ହେ ଦେବି ! ମୋ ଦେହରେ ଯେଉଁ ମ୍ଳାନ ବସ୍ତ୍ର ଦେଖୁଛ, ତାହା ତୁମର ହିଁ ଜନ୍ମଜନ୍ମର ବସ୍ତ୍ର, ମୋ ଗଳାରେ ଯେଉଁ ହାଡ଼ମାଳ ଦେଖୁଛ, ତାହା ତୁମ ସବୁଜନ୍ମର ଅସ୍ଥି, ଆଉ, ମୋ ଶରୀରରେ ଯେଉଁ ଭସ୍ମ ପ୍ରଲେପନ ଦେଖୁଛ, ତାହା ତୁମ ଶରୀରର ହିଁ ଭସ୍ମାବଶେଷ। ଏ ସକଳ ମୋର ପ୍ରିୟ ଅଳଙ୍କାର, ମୋ ନିଜଠାରୁ ବି ଅଧିକ ପ୍ରିୟ। ତେଣୁ ଏସବୁ ପରିତ୍ୟାଗ କରିବାପାଇଁ ଆଉ କେବେହେଲେ ତୁଣ୍ଡରେ ଧରିବନାହିଁ। ଏତେବେଳକୁ ପାର୍ବତୀଙ୍କ ଆଖି ସିକ୍ତ ହୋଇସାରିଥିଲା ଅନୁରାଗର ଅଶ୍ରୁରେ।

ଏଇ ଶିବ-ଅନୁରକ୍ତା ଶକ୍ତିରୂପାଜଣକ ବହୁ ନାଁରେ ପରିଚିତ। କେଉଁଠି ଦକ୍ଷକନ୍ୟା ସତୀ ତ, କେଉଁଠି ପର୍ବତ(ହିମାଳୟ) ପୁତ୍ରୀ ପାର୍ବତୀ। ପୁଣି କେଉଁଠି ମାହେଶ୍ୱରୀ, ଶାକମ୍ଭରୀ, ନହେଲେ ଗୌରୀ। କେତେ କେତେ ନାଁ ତାଙ୍କର। ଭାରତୀୟ ଦର୍ଶନରେ ତ୍ରିଶକ୍ତିଙ୍କ ମଧ୍ୟରେ ସେ ଆଦିଶକ୍ତି। ଏବଂ, ଦଶମହାବିଦ୍ୟା ତାଙ୍କ ଶକ୍ତିର ଏକ ଏକ ଅଂଶବିଶେଷ।

ଶାସ୍ତ୍ରରୁ ଆମେ ଏଥର ଜନପଦକୁ ଯିବା। ଭାରତବର୍ଷର ପ୍ରାୟ ପ୍ରତ୍ୟେକ ଜନପଦରେ ତାଙ୍କର ସ୍ଥିତି। କେଉଁଠି କାଠ ତ, କେଉଁଠି ପଥରରେ ତାଙ୍କର ପ୍ରତିମା। କେଉଁଠି ବର୍ଷକୁ ଥରେ ତ, କେଉଁଠି ସବୁଦିନେ ତାଙ୍କର ନିରାଜନା। କେଉଁଠି ସନ୍ନ୍ୟାସିନୀ ତ, କେଉଁଠି ଦିବ୍ୟଭୂଷା। ସବୁକାଳରେ ସେ ପୁଣି ପୁରୁଷସଂଲଗ୍ନା। ଯୁଗନଦ୍ଧ ସତ୍ତା। କେଉଁଠି ଅପେକ୍ଷମାଣା ତ, କେଉଁଠି ପ୍ରୀତିଲଗ୍ନା। କେଉଁଠି ସେ ଯୋଗୀଆଣୀ ତ, କେଉଁଠି କୃଷିକାରିଣୀ। ପୁଣି କେଉଁଠି ସେ ସଂହାରିଣୀ ତ, କେଉଁଠି ସୃଜନ- ସ୍ୱରୂପିଣୀ। କାରଣ ସେ ଆଦିଶକ୍ତି।

ଏଇ ଆଦିଶକ୍ତିଙ୍କର ଉତ୍ପତ୍ତି ସଂପର୍କରେ କେତେ କଥା, କେତେ କାହାଣୀ। ପ୍ରଥମେ ସେ ଥିଲେ ଦକ୍ଷକନ୍ୟା ସତୀ। ଶିବପତ୍ନୀ। ପୁଣି ପର୍ବତପୁତ୍ରୀ ପାର୍ବତୀ ହେଲେ କିପରି ? କେବଳ ଓଡ଼ିଶା ନୁହେଁ, ଭାରତୀୟ ମନୀଷାର ପ୍ରାୟ ସବୁ ମନ୍ଦିରରେ ତାଙ୍କର ଆବିର୍ଭାବ। କାହିଁକି ? ଏପରି ନାନା ପ୍ରଶ୍ନ।

ଏସବୁ ପ୍ରଶ୍ନର ଗ୍ରନ୍ଥି ଖୋଲି ଦେବାବେଳେ ଦକ୍ଷଯଜ୍ଞର ପ୍ରସଙ୍ଗ ନିଶ୍ଚୟ ଆଲୋଚନାକୁ ଆସିବ। ଦକ୍ଷଯଜ୍ଞରେ ଶିବଙ୍କୁ ଉପେକ୍ଷା, ଦକ୍ଷକନ୍ୟା ସତୀଙ୍କର ବିନା

ନିମନ୍ତ୍ରଣରେ ଯଜ୍ଞୋତ୍ସବରେ ଉପସ୍ଥିତି ଏବଂ ଶିବଙ୍କ ଯୋଗୀବେଶର ଅବମାନନା ସହି ନପାରି ସତୀଙ୍କ ଆତ୍ମାହୂତି ପରର ଘଟଣା ହିଁ ସବୁଠୁ କୌତୁହଳପ୍ରଦ। ସତୀଙ୍କ ଅର୍ଦ୍ଧଦଗ୍ଧ ଶରୀରକୁ କାନ୍ଧରେ ବୋହି ପାଗଳପ୍ରାୟ ହରହର ମହାଦେବ ତାଣ୍ଡବ ନାଚି ନାଚି ସମଗ୍ର ସୃଷ୍ଟିକୁ ଥରହର କରିଛନ୍ତି। ବିଷ୍ଣୁଙ୍କ ସହାୟତାରେ ସତୀଙ୍କ ଶରୀରର ବିଭିନ୍ନ ଅଂଶ ଏଣେତେଣେ ବିଛାଡ଼ିହୋଇ ପଡ଼ି ଏକ ଏକ ଶାକ୍ତପୀଠରେ ରୂପାନ୍ତର ହୋଇଛି। ମାତ୍ର ଶିବ? ଶିବ ତାଣ୍ଡବ ନାଚି ନାଚି ଦିନେ ସ୍ଥିର ହୋଇଯାଇଛନ୍ତି। ହୋଇଛନ୍ତି ଯୋଗମଗ୍ନ। କିଏ ଭାଙ୍ଗିବ ମହାଯୋଗୀଙ୍କର ଏ ଯୋଗନିଦ୍ରା? କିଏ?

ଏଣେ ତାରକାସୁରର ଦୌରାତ୍ମ୍ୟରେ ସକଳ ସୃଷ୍ଟି ଆତଙ୍କିତ। ତାକୁ ଶିବପୁତ୍ର ହିଁ ଯୁଦ୍ଧରେ ପରାସ୍ତ କରିପାରିବ। ଦେବଲୋକରେ ଭାଳେଣି। ଶିବପୁତ୍ର? ଶିବପୁତ୍ର ଆସିବ କେଉଁଠୁ? ସତୀ ତ ଏବେ ନାହାନ୍ତି, ଶିବ ଯୋଗନିଦ୍ରାରେ ମଗ୍ନ। କେମିତି ସମ୍ଭବ ହେବ ତାରକାସୁରର ନିଧନ?

ଆଦିଶକ୍ତିଙ୍କ ପାଖରେ ଦେବଗଣଙ୍କ ସ୍ତୁତି। ହିମାଳୟଙ୍କ ଔରସରୁ, ମେନାଙ୍କ ଗର୍ଭରେ ଜନ୍ମନେବାପାଇଁ ଆଦିଶକ୍ତିଙ୍କ ସ୍ୱୀକାରୋକ୍ତି। ସତୀ ଏବେ ପର୍ବତପୁତ୍ରୀ ପାର୍ବତୀ। ଶିବଙ୍କ ଧ୍ୟାନଭଗ୍ନପାଇଁ ତାଙ୍କର ତପସ୍ୟା। କଠୋର ତପସ୍ୟା। ପ୍ରଚଣ୍ଡ ଶୀତରେ ବରଫଗଦାରେ ତପସ୍ୟା; ପ୍ରବଳ ଗ୍ରୀଷ୍ମରେ ପଞ୍ଚାଗ୍ନି ଭିତରେ ଶିବମନସ୍କା।

ତଥାପି ବିଫଳ। ଦେବଲୋକରେ ହତାଶା। ଶେଷରେ ଶରଣାପନ୍ନ ହୋଇଛନ୍ତି ରତିପତି କନ୍ଦର୍ପଙ୍କ ନିକଟରେ। ଶିବଙ୍କ ଧ୍ୟାନଭଙ୍ଗ କେବଳ କନ୍ଦର୍ପଙ୍କ ଦ୍ୱାରା ହିଁ ସମ୍ଭବ। ଦେବକୁଳର ରକ୍ଷାପାଇଁ ନିଶ୍ଚିତ ମୃତ୍ୟୁକୁ ସାମ୍ନା କରିଛନ୍ତି କନ୍ଦର୍ପ। ଏବେ ଧ୍ୟାନମୁଦ୍ରାର ଚକ୍ଷୁ ଉନ୍ମୀଳିତ। ଆଗରେ ପୁଷ୍ପଧନୁ ସହ ନୃତ୍ୟରତ କନ୍ଦର୍ପ। କାମଶରରେ ବିଦ୍ଧ ମହଯୋଗୀଙ୍କ ଆଖିର ସ୍ଫୁଲିଙ୍ଗରେ ଏବେ ଭସ୍ମୀଭୂତ କନ୍ଦର୍ପ। ଧ୍ୟାନ ଭାଙ୍ଗିଯାଇଛି। ସାମ୍ନାରେ ଅପରୂପା ପାର୍ବତୀ। ପାର୍ବତୀଙ୍କ ଭିତରେ ଏବେ ଭସ୍ମୀଭୂତ କନ୍ଦର୍ପଙ୍କ ବର୍ତ୍ତମାନ।

ଶେଷରେ ଯୋଗନିଦ୍ରାରୁ ଉଠିଛନ୍ତି ମହାଯୋଗୀ। ପାର୍ବତୀଙ୍କ ଭିତରେ ଦେଖିଛନ୍ତି ପ୍ରାଣପ୍ରିୟା ସତୀଙ୍କୁ। କ୍ରୋଧ ଏବେ ପ୍ରେମରେ ରୂପାନ୍ତର। ସେମାନେ ଶିବ ଆଉ ପାର୍ବତୀ। ପାର୍ବତୀ, ଶିବଙ୍କର ସକଳ ଶକ୍ତିର ଉତ୍ସ। ସେ ନଥିଲେ କାଳେ ଶିବ, ଶିବ ନୁହନ୍ତି ଶବ। ଦର୍ଶନ ଓ ଜନପଦରେ ନାନା ଭାବ ଓ ରୂପରେ ଜୀବନ୍ତ ଏଇ ପ୍ରକୃତିସ୍ୱରୂପିଣୀ ଶକ୍ତି, ଆମ ସକଳ ସର୍ଜନରେ ପ୍ରତୀକିତ। ଓଡ଼ିଶାର ପ୍ରାଚୀନ ମନ୍ଦିରଗୁଡ଼ିକରେ ତାଙ୍କ ଉପସ୍ଥିତି ଏହି ବାସ୍ତବତାର ଉଜ୍ଜ୍ୱଳ ଉଦାହରଣ।

ତେବେ ଓଡ଼ିଶାର କେଉଁ ମନ୍ଦିରରେ ପାର୍ବତୀ, କେବେଠୁ ଓ କେଉଁ ରୂପରେ ବିରାଜିତା ଏବଂ ଆମ ସ୍ଥାପତ୍ୟକୁ କିପରି ଋଦ୍ଧିମନ୍ତ କରିଛନ୍ତି, କଥା ହେବା ଆର ଥରକୁ।

॥ ଦୁଇ ॥

ପାର୍ବତୀ, ପର୍ବତ କନ୍ୟା। ଅପର୍ଣ୍ଣା। ପ୍ରକୃତିର ପ୍ରତୀକ। ବିଶ୍ୱ ପ୍ରକୃତି ଓ ପ୍ରାଣ ପ୍ରକୃତି- ଉଭୟ ସକଳ ସର୍ଜନର ଆଦି ଉତ୍ସ। ଏକ ସର୍ବବ୍ୟାପ୍ତ ସତ୍ତା। ସେ ମହାରୂପା। ଅପରୂପା ଓ ରୂପାତୀତ। ସେଥିପାଇଁ ଭାରତୀୟ ଦର୍ଶନରେ ଆଦିଶକ୍ତିଙ୍କର ରୂପ ସକଳ ବିଚିତ୍ରତାର ଉଦ୍‌ଭାସନ। ଗୋଟିଏ ଶବ୍ଦରେ କହିଲେ, ବିରୋଧାଭାଷ। ଶାନ୍ତ ଓ ସନ୍ତ୍ରାସ। ଆନନ୍ଦ ଓ ଅଶ୍ରୁ, କାମ ଓ ନିଷ୍କାମ, ଧର୍ମ ଓ ଅଧ୍ୟାତ୍ମ, ମାତୃତ୍ୱ ଓ ସଂହାର, ବିଦ୍ୟା ଓ ଅବିଦ୍ୟା ଏବଂ ଅଧ୍ୟାତ୍ମ ଓ ପ୍ରପଞ୍ଚର ଏକ ସ୍ଥୂଳୀଭୂତ ଅସ୍ତିତ୍ୱ। ଏକଥା ବି କୁହାଯାଏ ଯେ, ସେ ସଂଗୀତ, ନୃତ୍ୟ, ଅଭିନୟ ପ୍ରବୀଣା ସକଳ ବିଦ୍ୟାର ଅଧିଶ୍ୱରୀ। ଦିବ୍ୟଦୃଷ୍ଟି ସଂପନ୍ନା ଓ ମହାକାଳର ନିୟନ୍ତ୍ରିକା। ସର୍ବରୂପା। ସେ ମାତୃ ରୂପରେ ସ୍ତନ୍ୟଦାନ କରିପାରେ, କ୍ରୋଧ ରୂପରେ ପୁରୁଷର ଛାତି ଉପରେ ଠିଆହୋଇ ନିଜ ଅହଂକୁ ଆଲୋକିତ କରିପାରେ। ଲଜ୍ଜା ରୂପରେ ବିକାରରୁ ମୁକ୍ତି ବି ଦେଇପାରେ। କାମ ରୂପରେ କାଳ କାଳ ଧରି ସର୍ଜନ ଲିପ୍ତ ରହିପାରେ। ତେଣୁ କୁହାଯାଏ, ପାର୍ବତୀ ସକଳ ଭାବ ଓ ରସର ମହିମ୍ନ ଅଭିପ୍ରକାଶ।

ପାର୍ବତୀଙ୍କ ରୂପ ଓ ଗୁଣ ସଂପର୍କରେ ଏହା ଦର୍ଶନର କଥା। ଆମ ସାଂସାରିକ ଜୀବନଯାତ୍ରାରେ ସେ ସତେଯେପରି ଆମ ପରି। ନାରୀତ୍ୱର ସ୍ୱାଭାବିକ ପ୍ରତିରୂପ। କେତେବେଳେ କୃଷିକାରିଣୀ, କେତେବେଳେ ଗୋପାଳୁଣୀ, କେତେବେଳେ ଶବରୁଣୀ, କେତେବେଳେ ଯୋଗିଆଣୀ, କେତେବେଳେ ସନ୍ନ୍ୟାସିନୀ, ଆଉ କେତେବେଳେ ବ୍ରତଚାରିଣୀ। ତାଙ୍କ ପରି କରୁଣାମୟୀ ଆଉ ଜଣେ ଦେବୀ ଆମ ସଂସ୍କୃତିରେ ଅନୁପସ୍ଥିତ। ସେ ସବୁବେଳେ ନିଜେ ଭବଘୂରା ପତିଙ୍କ ସହିତ ବଞ୍ଚୁଥାନ୍ତି ଏବଂ ଅଭାବ, ରୋଗ ଓ ଯନ୍ତ୍ରଣାସିକ୍ତମାନଙ୍କୁ ଆନନ୍ଦ ଦେବାପାଇଁ ତାଙ୍କୁ ପ୍ରାର୍ଥନା କରୁଥାନ୍ତି। କାହାରି ଆଖିରେ ଏତେ ଟିକିଏ ଲୁହ, କି ପେଟରେ ଭୋକ ଆଦୌ ଦେଖିପାରନ୍ତି ନାହିଁ।

ରାଗର ନିଆଁରେ ଜଳୁଥିବେ, ମା' ବୋଲି କଅଁଳେଇ ଡାକିଦେଲେ ମମତାର ପଣତରେ ପୋଛି ପକେଇବେ ମନ ତଳର ଯୁଗ ଯୁଗର ଅବସାଦ। ସକଳ ବିପଦକୁ ଆଖି ମିଟିକାରେ ଟାଳିଦେବେ। ସେଥିପାଇଁ ଆମ ପ୍ରତ୍ୟେକ ଗାଁରେ ସେ। ଏବଂ, ତାଙ୍କ ସହିତ ତାଙ୍କ ସହଯାତ୍ରୀ ପରମଯୋଗୀ ଶିବ। କେଉଁଠି ଏକା, ଏବଂ କେଉଁଠି ସ୍ୱାମୀ ସହିତ। ଆମ ସ୍ଥାପତ୍ୟରେ ପାର୍ବତୀଙ୍କ ପ୍ରତିମା ଗଢ଼ଣରେ ରହିଛି ସେହି ସକଳ

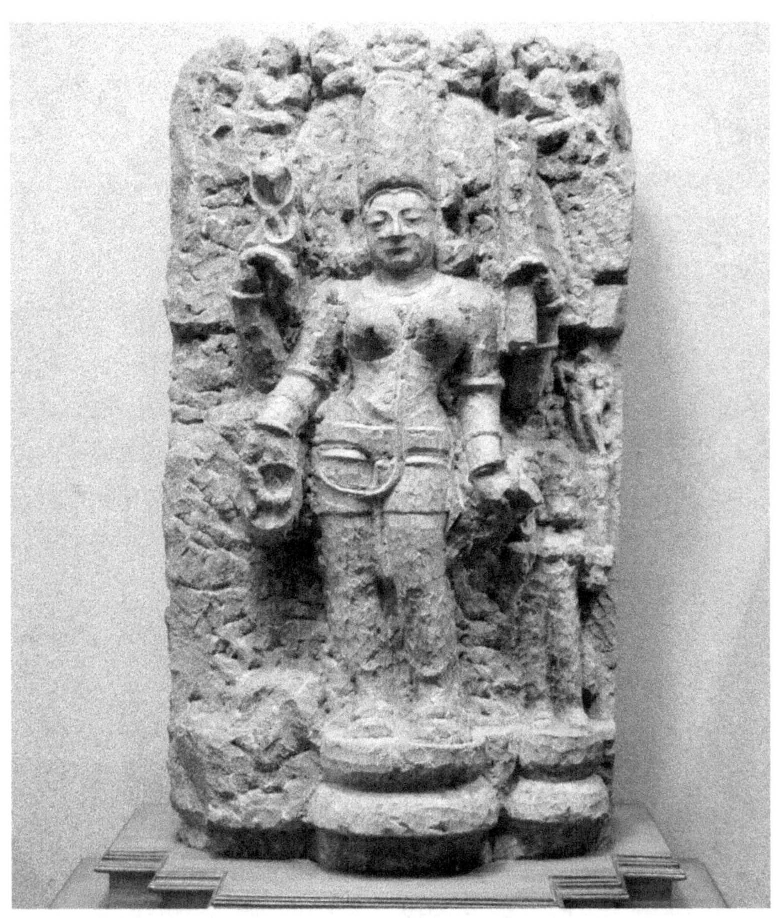

ଭାବର କଳାତ୍ମକ ଅଭିବ୍ୟକ୍ତି ଏବଂ ନାନା ରୂପ ଓ ଭାବରେ ବିରାଜିତ ଶକ୍ତିପ୍ରତିମାଗୁଡ଼ିକ ସେହି ଆଦିଶକ୍ତି ବା ମହାଶକ୍ତିଙ୍କର ଗୋଟିଏ ଗୋଟିଏ ରୂପାନ୍ତରଣ ମାତ୍ର ।

ପାର୍ବତୀ ଅଛନ୍ତି, କେଉଁଠି ଶିଳା ତ କେଉଁଠି କାଠ ରୂପରେ । ମାତ୍ର ପ୍ରତ୍ୟେକ ଶିବ ମନ୍ଦିରରେ ତାଙ୍କ ବର୍ତ୍ତମାନ ପ୍ରତୀକାତ୍ମକ । ଶିବ ଓ ପାର୍ବତୀ ଯଥାକ୍ରମେ ଲିଙ୍ଗ ଓ ଶକ୍ତିର ପ୍ରତୀକ । ଶକ୍ତି ଭୂମିରୂପା, ଶିବ ଭୂମିସଂଲଗ୍ନ । ଶକ୍ତି, ଶିବ ଓ ଜ୍ୟୋତି; ଶକ୍ତି ସୃଜନ ଓ ସମ୍ମୋହନ । ମାତ୍ର ଶିବ ବୀଜ ଓ ସମର୍ପଣ । ଶିବଙ୍କର ସକଳ ଉତ୍ପାତ ଓ ଆନନ୍ଦକୁ ଶକ୍ତି କେବଳ ମୁକ୍ତଭାବରେ ସ୍ୱୀକାର କରିପାରନ୍ତି । ମନ୍ଦିରରେ ଶିବ ଓ ଶକ୍ତିଙ୍କର ମହାମିଳନର ସେହି ପ୍ରତୀକାତ୍ମକ ଅଭିବ୍ୟକ୍ତିକୁ ଭାରତୀୟ ଦର୍ଶନ ପ୍ରକୃତି ଓ ପୁରୁଷର ସଜର୍ନଶୀଳ ପ୍ରବୃତ୍ତି ଭାବରେ ଗ୍ରହଣ କରିଛି । କେତେକ ପାଶ୍ଚାତ୍ୟ ଦାର୍ଶନିକ ଲିଙ୍ଗ-

ଶକ୍ତି ପୂଜନର ଏହି କାଳାତୀକ ଅବସ୍ଥାନକୁ ଅଶ୍ଳୀଳତା ବୋଲି କହିଛନ୍ତି। ମାତ୍ର ଆମ ପାଇଁ ସର୍ଜନଶୀଳତା, ଅଶ୍ଳୀଳତା ନୁହେଁ। ନୁହେଁ ପରିରମ୍ଭଣ ମାତ୍ର, ଏହା ଜନ୍ମ ଓ ମୃତ୍ୟୁ ଊର୍ଦ୍ଧ୍ୱସ୍ଥ ମହାକାଳର ଏକ ଦିବ୍ୟ ଯୁଗ୍ମଯାତ୍ରା। ସମର୍ପିତ ଦେହର ଅନୁଭବ ସବୁ କାଳରେ ପବିତ୍ର ଓ ଅଧ୍ୟାତ୍ମ। ତେଣୁ ଆମ ପାଇଁ ଶିବମନ୍ଦିରରେ ପାର୍ବତୀଙ୍କ ଏହି ପ୍ରତୀକାତ୍ମକ ଉପାସନାକୁ ଭାରତୀୟ ମନୀଷାରେ ଆଦିଶକ୍ତି ପ୍ରତି ସମର୍ପିତ ମାନସିକତା ବୋଲି କୁହାଯାଇଛି।

ଶିବ ମନ୍ଦିରରେ ଏହି ମହାରୂପାଙ୍କର ପ୍ରତିମା ମଧ୍ୟ ରହିଛି। ପ୍ରତିମାଗୁଡ଼ିକ ନାନା ରୂପ ଓ ଭାବରେ ସମାହିତ। କେଉଁଠି ଗର୍ଭଗୃହରେ ତ କେଉଁଠି ଶିବସଂଯୁକ୍ତ। କେଉଁଠି ମନ୍ଦିରବାଡ଼ରେ ତ, କେଉଁଠି କାନ୍ଥର ଖୋପରେ, ପୁଣି କେଉଁଠି ତାଙ୍କ ପାଇଁ ତିଆରି ସ୍ୱତନ୍ତ୍ର ମନ୍ଦିରରେ ସ୍ୱତନ୍ତ୍ର ରୂପରେ, ପୁଣି ସ୍ୱତନ୍ତ୍ର ଭଙ୍ଗୀରେ। ଓଡ଼ିଶାର ପାର୍ବତୀପ୍ରତିମାମାନଙ୍କୁ ଦେଖିଲେ ଲାଗିବ, ସେମାନେ ଯେପରି ଦର୍ଶନର ଦୃଶ୍ୟରୂପା। ସେମାନେ ଶିବମନ୍ଦିରରେ ଅଛନ୍ତି, ଶକ୍ତିମନ୍ଦିରରେ ବି ଅଛନ୍ତି। ଖ୍ରୀଷ୍ଟୀୟ ଅଷ୍ଟମରୁ ପ୍ରାୟ ଅଷ୍ଟାଦଶ ଶତାବ୍ଦୀ ମଧ୍ୟରେ ତାଙ୍କ ରୂପର ବହୁ ଭାବରୂପ ପ୍ରତୀକାୟିତ।

ଏକାମ୍ର କ୍ଷେତ୍ରରେ, ଲିଙ୍ଗରାଜ ମନ୍ଦିର ବେଢ଼ା ଭିତରେ ପାର୍ବତୀଙ୍କ ପାଇଁ ଏକ ମନ୍ଦିର ଗଢ଼ାଯାଇଛି, ଶ୍ରୀକ୍ଷେତ୍ରର ମହାଲକ୍ଷ୍ମୀଙ୍କ ମନ୍ଦିର ପରି। ଏହା ରେଖଶୈଳୀର, କାରୁକାର୍ଯ୍ୟବିମଣ୍ଡିତ। ଗର୍ଭଗୃହରେ ଦେବୀଙ୍କ ପ୍ରତିମା। କଳାମୁଗୁନି ପଥରର ଦେହ। ପଦ୍ମଫୁଲର ପୀଠିକା ଉପରେ ବସିଛନ୍ତି, ଲଳିତାସନରେ। ଡାହାଣ ପାଦ ଝୁଲିପଡ଼ିଛି ତଳକୁ। ଦୁଇଟି ହାତ। ବାମ ହାତରେ ଅମୃତପାତ୍ର। ଡାହାଣ ହାତରେ ଲମ୍ବା ନାଡ଼ଯୁକ୍ତ ପଦ୍ମ। ଟଣାଟଣା ଆଖି। ଧନୁ ପରି ଭ୍ରୂଲତା। ନାକରେ ନୋଥ, ସରୁ ଓଠରେ ସ୍ମିତହସର ରେଖା, ମୁହଁରେ ଚନ୍ଦନ, କସ୍ତୁରୀ, ସିନ୍ଦୂର ଓ ହଳଦୀର ଘନ ପ୍ରଲେପ। ଦୁଇପାଖରେ ଦୁଇଜଣ ପରିଚାରିକା। ହାତରେ ଶଙ୍ଖ ଓ ତୂରୀ। ଯେପରି ବାଦନରତା।

ମନ୍ଦିର ବେଢ଼ାରେ ଥିବା କାର୍ତ୍ତିକେଶ୍ୱର ମନ୍ଦିରର ରାହା ଖୋପରେ ଅଛନ୍ତି ଦେବୀ ପାର୍ବତୀ। ପୁଅ ପାଖରେ ମା'। ମାତ୍ର ତାଙ୍କ ଭଗ୍ନଦେହ ଏତେ ଅସହାୟ ଯେ, ମାତୃତ୍ୱର ଭାବରୂପକୁ ପୂର୍ଣ୍ଣତଃ ଅନୁଭବ କରି ହେଉନାହିଁ। ଏକାମ୍ର କ୍ଷେତ୍ରର ଅନ୍ୟତମ ପରିଚିତ ମନ୍ଦିର କେଦାରଗୌରୀ। ଦେବୀ ଗୌରୀ ପୂଜା ପାଉଛନ୍ତି ବେଢ଼ା ଭିତରେ, ଏକ ସ୍ୱତନ୍ତ୍ର ମନ୍ଦିରରେ। ଢାଉ ରଙ୍ଗର ମନ୍ଦିରଟିଏ। ପଥରରେ ସତେକି କଳାର କିମିଆ। ଭିତରେ ମାଆ ପାର୍ବତୀ। କଳାମୁଗୁନି ପଥରରେ ଗଢ଼ା ତାଙ୍କ ଶରୀର। ଉଚ୍ଚତା ପ୍ରାୟ ଚାରିଫୁଟ। ଏଠି ମା' ଠିଆ ହୋଇଛନ୍ତି। ଚାରି ହାତ। ଉପର ବାମ ହାତରେ ଫାର୍ସା, ଡାହାଣ ହାତରେ ନାଗପାଶ। ତଳ ବାମ ହାତର ପାପୁଲି ଅଧାମୁଦା। ଡାହାଣ ହାତରେ

ମୁଦ୍ରା । ସ୍ୱତନ୍ତ୍ର । ସତେଯେପରି ଛୁଇଁଯିବ ବାମ ହାତର ପାପୁଲିକୁ । ପାପୁଲିରେ ସଂଚିତ ପ୍ରସାଧନ ସାମଗ୍ରୀରେ ଉଜ୍ଜ୍ୱଳତମ କରିଦେବ ନିଜ ମୁହଁ, ସମସ୍ତଙ୍କୁ ପୂର୍ଣ୍ଣ କରିଦବ ତା' ସିନ୍ଦୂର ବିନ୍ଦୁରେ । ସରୁ ସରୁ ଅଧର ଓ ଟଣାଟଣା ଆଖିରେ ବିଶ୍ୱକୁ ବଶ କରିବାର ମନ୍ତ୍ର । ଗୌରୀ ମନ୍ତ୍ର । ତାଙ୍କୁ ଦେଖିଲେ ଲାଗିବ, ତାଙ୍କପରି କମନୀୟ ପ୍ରତିମା, ଏକାମ୍ରକ୍ଷେତ୍ରରେ ଅଦ୍ୱିତୀୟ । ପୁଣି ତାଙ୍କ ଦୁଇପାଖରେ ଅଛନ୍ତି ଦୁଇ ସହଚରୀ, ବାମ ପାଖରେ ବାହନ ସିଂହ ଓ ଡାହାଣ ପାଖରେ ହରିଣ । ଶକ୍ତି ହିଁ କେବଳ ଖାଦ୍ୟ ଓ ଖାଦକକୁ ମିତ୍ରମନ୍ତ୍ରରେ ମୁଗ୍ଧ କରିପାରେ ।

ଏବେ ଅନ୍ୟ ଶକ୍ତି ମନ୍ଦିରଗୁଡ଼ିକରେ ପାର୍ବତୀଙ୍କ ସ୍ୱରୂପକୁ ସ୍ଥାପତ୍ୟ ମାଧ୍ୟମରେ ଅନୁଭବ କରାଯାଇପାରେ । ଭୁବନେଶ୍ୱରର ବୈତାଳ ମନ୍ଦିରର ଦକ୍ଷିଣପାଖ ରାହାରେ ସେ । ଡାହାଣ ହାତରେ ତ୍ରିଶୂଳ, ନିମ୍ନଭାଗ ପାଦ ଛୁଉଁଛି । ରଣରଂଗିନୀ ରୂପ । ଗୋପାଳିଣୀ ମନ୍ଦିରର ପଶ୍ଚିମ ରାହାରେ ଥିବା ତାଙ୍କ ପ୍ରତିମାର ଡାହାଣ ହାତରେ ଅଙ୍କୁଶ ଓ ବାମ ହାତରେ ନାଗପାଶ । ପାର୍ବତୀମନ୍ଦିରର ଉତ୍ତର ରାହାରେ, ଦେବୀଙ୍କ ହାତରେ ଅଂକୁଶ ଓ କମଣ୍ଡଳୁ । ପାଟଣାଗଡ଼ର ପାଟଣେଶ୍ୱରୀଙ୍କ ବେଢ଼ାର ପାର୍ବତୀ ତପସ୍ୱିନୀ । ଜନ୍ମ ପ୍ରାୟ ଦଶମ ଶତାବ୍ଦୀ । ସେ ଠିଆ ହୋଇଛନ୍ତି ବାମ ଗୋଡ଼ରେ । ପ୍ରିୟତମଙ୍କୁ ପାଇବା ପାଇଁ ତାଙ୍କର ଏ କୃଚ୍ଛ୍ର ସାଧନା । ସମକାଳରେ, ପାର୍ବତୀଙ୍କ ପଞ୍ଚାଗ୍ନି ତପସ୍ୟା ପ୍ରତିମା ଭାରତର ବହୁ ସ୍ଥାନରେ ପୂଜା ପାଉଛନ୍ତି । ପାଟଣାଗଡ଼ର ପାର୍ବତୀ, ଏହି ଭାବାଦର୍ଶର ଏକ ଉଦାହରଣ । ଦେବୀଙ୍କ ଦକ୍ଷିଣ ପାଖରେ ରହିଛନ୍ତି ଶିବ, ଲିଙ୍ଗ ରୂପରେ । ପାଖରେ ସମ୍ଭବତଃ ଅଦୃଶ୍ୟ ଗଣେଶ । ଚିହ୍ନି ହେଉନାହାନ୍ତି । ଉପରେ ନବଗ୍ରହ ପ୍ୟାନେଲ ।

ବହୁ ମନ୍ଦିରରେ ପାର୍ବତୀଙ୍କ ପ୍ରତିମା ବହୁଭୁଜ ବିଶିଷ୍ଟ- ସଂଖ୍ୟାରେ ଦୁଇରୁ ଅଠର । ବାଣପୁରର ଦକ୍ଷପ୍ରଜାପତିମନ୍ଦିର ଓ ମେଘେଶ୍ୱରମନ୍ଦିରରେ ଦେବୀଙ୍କର ବନଦୁର୍ଗା ରୂପ । ଚାରି ହାତରେ ଶଙ୍ଖ, ଚକ୍ର, ଖଡ୍‌ଗ ଓ ଗଦା । ଖିଚିଂର ପାର୍ବତୀ ଷଡ଼ଭୁଜା । ଅନ୍ୟ ଅସ୍ତ୍ର ସହିତ ହାତରେ ରହିଛି କମଣ୍ଡଳୁ ଓ ଅକ୍ଷମାଳ । ଖିଚିଂ ସଂଗ୍ରହାଳୟରେ ଥିବା ଶିବ-ପାର୍ବତୀଙ୍କର ଯୁଗଳ ପ୍ରତିମା ଉତ୍କଳୀୟ କଳାବୋଧର ଅନୁପମ ଉଦାହରଣ । ଏହି ଯୁଗ୍ମପ୍ରତିମା ଆକାରରେ ବିଶାଳ । ସେମାନଙ୍କ ଅଙ୍ଗର ଭଙ୍ଗୀକୁ ଦେଖିଲେ, ଶୃଙ୍ଗାର ଭାବ-ସମାହିତ ମୁଦ୍ରାର ପ୍ରସ୍ତରାୟନ ଯେ ଏତେ ଚିତ୍ତପ୍ରସାଦକ ହୋଇପାରେ, ସହଜରେ ବିଶ୍ୱାସ କରିହୁଏନାହିଁ ।

ମଧୁକେଶ୍ୱର ମନ୍ଦିରର ଦକ୍ଷିଣ କାନ୍ଥର ଖୋପର ପାର୍ବତୀ ଅଷ୍ଟଭୁଜା । ଠିଆ ହୋଇଛନ୍ତି ସମଭଙ୍ଗ ମୁଦ୍ରାରେ । ଦୁଇପାଖରେ ପରିଚାରିକା । ପାଦ ତଳେ ବାହନ ସିଂହ । ଦୁର୍ଗାରୂପା କହିହେବ । କଲିକତାର ଇଣ୍ଡିଆନ ମ୍ୟୁଜିୟମରେ ଏହିପରି ପ୍ରତିମାଟିଏ

ଅଛନ୍ତି । ସୋନପୁରର ଖମ୍ଭେଶ୍ୱରୀ ଓ ମଣି ନାଗେଶ୍ୱର ମନ୍ଦିରର ଜଗମୋହନର ପାର୍ବତୀଙ୍କ ହାତସଂଖ୍ୟା ଯଥାକ୍ରମେ ଚଉଦ ଓ ଅଠର । ପ୍ରତିମାମାନେ ବିଶାଳ ନୁହନ୍ତି, ପ୍ରାୟ ଦୁଇଫୁଟ ଉଚ୍ଚତାବିଶିଷ୍ଟ । କଳାମୁଗୁନି ପଥରରେ ଗଢ଼ା । କମନୀୟ । ଏତେ ପ୍ରାଚୀନ ପରି ଲାଗନ୍ତି ନାହିଁ । ପ୍ରାୟ ଅଷ୍ଟାଦଶ/ଊନବିଂଶ ଶତାବ୍ଦୀର କଳାକର୍ମ ।

ଓଡ଼ିଶାର ପ୍ରାଚୀନ ମନ୍ଦିରରେ ପାର୍ବତୀଙ୍କ ପ୍ରତିମା ସଂପର୍କରେ ସଂକ୍ଷେପରେ ଏତିକିମାତ୍ର କୁହାଯାଇପାରିବ, ସେ କେଉଁଠି ଆସୀନା ତ, କେଉଁଠି ଦଣ୍ଡାୟମାନା, କେଉଁଠି ତପସ୍ୱିନୀ, କେଉଁଠି ସୁହାସିନୀ, ତ କେଉଁଠି ସଂହାରିଣୀ । କେଉଁଠି ଅଭିସାରିକା, କେଉଁଠି ବୈଷ୍ଣବୀ । କେଉଁଠି ହାତରେ ପାଶ, ଅଂକୁଶ, ତ୍ରିଶୂଳ, ଖଡଗ, କମଣ୍ଡଳୁ ଓ ଅକ୍ଷମାଳା, ପୁଣି କେଉଁଠି ପଦ୍ମ ତ କେଉଁଠି ଶୃଙ୍ଗାର ପାଇଁ ହାତରେ ଦର୍ପଣ । କେଉଁଠି ନିଜ ସୃଷ୍ଟ ଶକ୍ତିରୂପାମାନଙ୍କ ମନ୍ଦିରର କାନ୍ଥର ଖୋପରେ ତ, କେଉଁଠି ନିଜ ପାଇଁ ସ୍ୱତନ୍ତ୍ର ମନ୍ଦିରରେ ଅଭିଷିକ୍ତା । କେଉଁଠି ସାଳଂକୃତା, ପୁଣି କେଉଁଠି ସ୍ୱଚ୍ଛଭୂଷା । ସବୁପ୍ରତିମାର ଗଢ଼ଣ ସ୍ୱତନ୍ତ୍ର । ବେଶ ବି ଭାବ ଅନୁରୂପ । ମାତ୍ର ପ୍ରତ୍ୟେକଙ୍କ ମୁଖମଣ୍ଡଳରେ ବାତ୍ସଲ୍ୟ, ପ୍ରେମ, ସଂହାର, ସନ୍ନ୍ୟାସ ଓ ସହୃଦୟତାବୋଧର ଯେପରି ଏହା ସାମସଂଗୀତ । ଏହି ସାମସଂଗୀତର ସ୍ୱରରେ ଦେବୀ ପାର୍ବତୀ ଚିର ସ୍ପନ୍ଦିତା, ଅଭିମନ୍ତ୍ରିତା ।

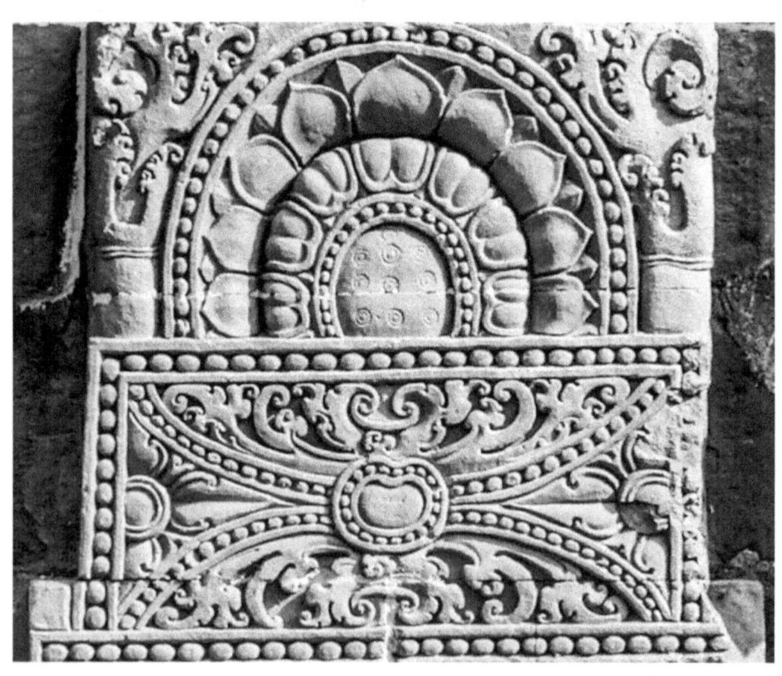

ମହାମାତୃତ୍ୱର ମହାରୂପ

ଦୁର୍ଗା

॥ ଏକ ॥

ପ୍ରକୃତିରୂପିଣୀ ଶକ୍ତିଙ୍କୁ ଆମେ ପ୍ରଥମେ 'ସତୀ' ରୂପରେ ଭେଟିଥିଲେ। ସତୀ, ପରେ 'ପାର୍ବତୀ'ରେ ରୂପାନ୍ତର ହେଲେ। ଏବେ ପାର୍ବତୀଙ୍କ 'ଦୁର୍ଗା' ରୂପର ଅବତାରଣା। କାହିଁକି ତାଙ୍କର ଏତେ ରୂପର ଅଭିସାର? ପୁଣି ଏ ଅଭିସାର କେବେ ଦର୍ଶନରେ ତ, କେବେ ସାହିତ୍ୟରେ, ପୁଣି କେବେ କଳାରେ ତ କେବେ ପ୍ରତିମାରେ। ତାଙ୍କୁ କହୁଛୁ ଦୁର୍ଗତିନାଶିନୀ। ଶକ୍ତି ଓ ମୁକ୍ତିପ୍ରଦାୟିନୀ। ମାତ୍ର ପ୍ରକୃତିର ଏମିତି ନାନା ରୂପ ଆମେ କାହିଁକି ତିଆରି କରିଛୁ ଆମ ଚେତନା ଜଗତରେ? ପୁଣି ନାନା ଭୂମିରେ, ନାନା ମାନସିକତାର ସର୍ଜନା। ମାତ୍ର ଏଇ ପ୍ରତିମା ମାନସିକତା ପଛର କାହାଣୀ ସେଇ ଗୋଟିଏ।

ଜଣେ ଅ-ସୁର ଥିଲା। ନାଁ ମହିଷାସୁର। ଅ-ସୁର ଅସୁନ୍ଦର ହେବାକୁ ବାଧ୍ୟ। ରୂପ ମଇଁଷି ପରି। ରଙ୍ଗ କଳା, ଆଖିର ଡୋଳା ଲାଲ ଲାଲ, ଜଳନ୍ତା ନିଆଁ ପରି। ସଦା କ୍ରୋଧିତ। ପେଟରେ ଅତୃପ୍ତ ଭୋକ। ଯାହା ଦିଅ, ଖାଇଯିବ। ଦେହରେ ପ୍ରବଳ ବଳ। ତେଣୁ ପ୍ରଚଣ୍ଡ। ଏତେ ପ୍ରଚଣ୍ଡ ଯେ, ଯାହା ଇଚ୍ଛା, ତାହା ନିଶ୍ଚୟ କରିବ। ଦିନେ ଅନୁଭବ କଲା ସୁରମାନେ ହିଁ ତା'ର ପ୍ରବୃତ୍ତି ପରିତୃପ୍ତିର ପ୍ରଧାନ ଅନ୍ତରାୟ। ସକଳ ଦୁଃଖର କାରଣ। ସେମାନଙ୍କୁ ପରାଭବ ଦେବାକୁ ପଡ଼ିବ। ମାତ୍ର ସୁରମାନଙ୍କୁ ଦମନ କରିବା କ'ଣ ଏତେ ସହଜ?

ମହିଷାସୁର ମନେମନେ ଭାବିଲା- ଅସମ୍ଭବ ନୁହେଁ ଆଦୌ। ସେ ନିଜର ଅନ୍ତଃପ୍ରକୃତିକୁ ଆକଳନ କଲା। ଭିତରୁ ଯେମିତି କେହି ଜଣେ କହୁଥିବାର ସେ ଶୁଣିଲା "ମୁଁ ତ ତୋରି ଭିତରେ ଅଛି। ମୁଁ ହିଁ ତୁ, ଆଉ ତୁ ହିଁ ମୁଁ। ଆମେ ଏକ ଓ ଅଭିନ୍ନ। ତୁ

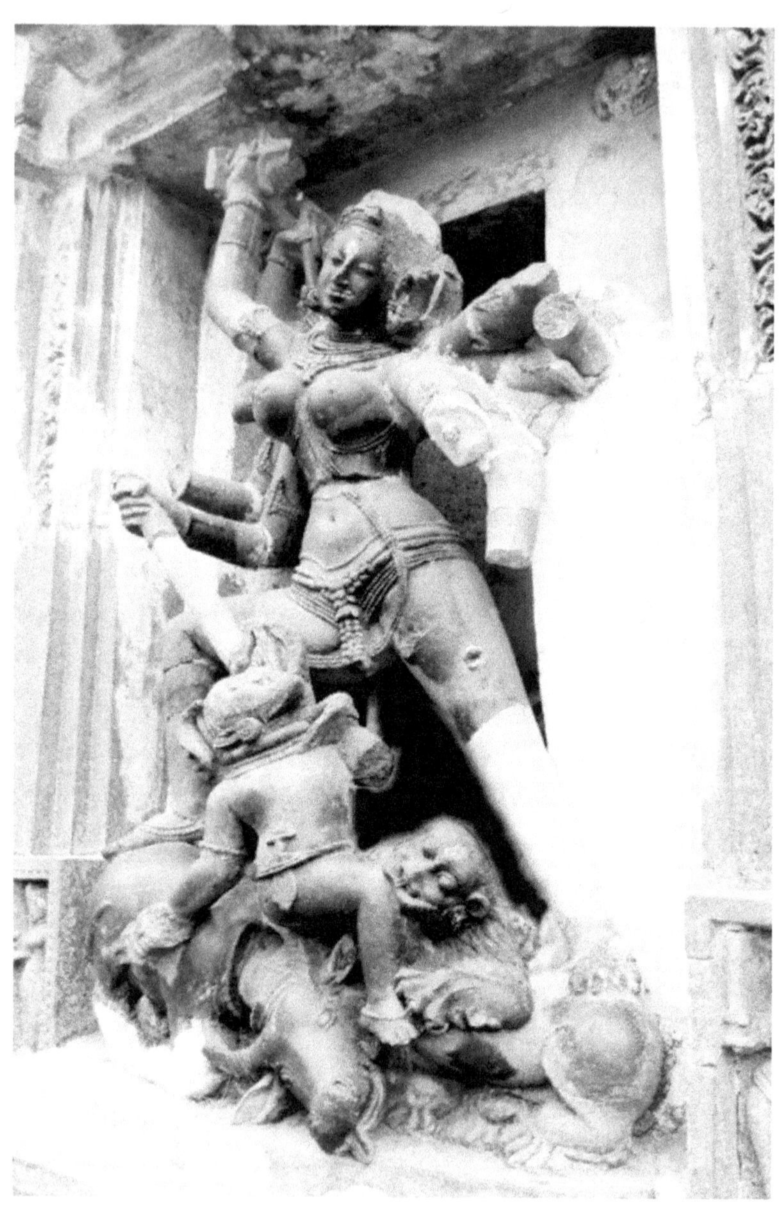

ମୋତେ ଜାଗ୍ରତ କରିଦେ। ମୋ ପ୍ରାଣସତ୍ତାକୁ ତୋ ଚେତନାରେ ସଂଚରି ଦେ, ନିଜକୁ ଆବିଷ୍କାର କରିପାରିବୁ। ଆତ୍ମଶକ୍ତିର ଆବିଷ୍କରଣରେ ସମର୍ଥ ହେଲେ। ଆପେ ଏକ ଅପରାହତ, ଅପରାଜିତ ଶକ୍ତିରେ ରୂପାନ୍ତର ହୋଇପାରିବୁ।"

ଅ-ସୁର ମହିଷାସୁର ନିଜ ଆତ୍ମାରେ କ୍ରିୟାଶୀଳ ଆଦ୍ୟାଶକ୍ତିଙ୍କ ଆହ୍ୱାନକୁ ଶୁଣିପାରିଲା। ଆତ୍ମାର ଅନୁଭବ ତାକୁ ଯେମିତି ଉଚ୍ଚାଟ କଲା। ନିଜକୁ ପ୍ରକୃତିରେ ରୂପାନ୍ତରଣ ପାଇଁ ସାଧନା ଆରମ୍ଭ କରିଦେଲା। ସାଧନା, ଅର୍ଥାତ୍ ତପସ୍ୟା। ମାତ୍ର କାହାକୁ ତୁଷ୍ଟ କରିବ ସେ? କାହାକୁ ତୁଷ୍ଟ କଲେ 'ଶକ୍ତି' ପ୍ରସନ୍ନ ହେବେ? କିଏ ସେ?

ତତ୍‌କ୍ଷଣାତ୍ ସବୁ ପ୍ରଶ୍ନର ସମାଧାନ ମିଳିଗଲା ତାକୁ। ମହିଷା ଅନୁଭବ କଲା, ସେ ଜଣକ ଅନ୍ୟ କେହି ନୁହନ୍ତି, ସ୍ୱୟଂ ଶିବ। ଶକ୍ତି-ନିୟନ୍ତ୍ରିତ, ପୁଣି ଶକ୍ତିକୁ ନିୟନ୍ତ୍ରଣ କରୁଥିବା ଏକ ସର୍ବତ୍ୟାଗୀ ସତ୍ତା। ସେହି ସଂସାରୀ-ସନ୍ନ୍ୟାସୀଙ୍କୁ ତୁଷ୍ଟ କରିପାରିଲେ, ଶକ୍ତିକୁ ଜାଗ୍ରତ କରିହେବ। ସେ ହିଁ ଏକମାତ୍ର ପୁରୁଷ। ମାତ୍ର ଶକ୍ତି-ନିୟନ୍ତ୍ରିତ ଶିବ ନାମକ ଏକ ମହାଚେତନାର ପ୍ରାଣସତ୍ତାକୁ ଆନ୍ଦୋଳିତ ଓ ତୁଷ୍ଟ କରିବା କ'ଣ ସମ୍ଭବ? ହଁ, ଅସମ୍ଭବ ଆଦୌ ନୁହେଁ! ସମ୍ଭବ- ଯଦି ନିଜ ପୌରୁଷକୁ ତାଙ୍କୁ ସମର୍ପଣ କରାଯାଇପାରିବ।

ମହିଷାକୁ ଏଥର ଉପାୟ ମିଳିଗଲା। ଶକ୍ତିଲାଭ ପାଇଁ ଶିବ-ତୁଷ୍ଟିକରଣରେ ନିଜ ପ୍ରବୃତ୍ତିକୁ ବିନିଯୋଗ କଲା। ପ୍ରତିଜ୍ଞା କଲା, ସମର୍ପଣ କରିଦେବ ନିଜ ପ୍ରାଣଶକ୍ତିକୁ। ଆରମ୍ଭ ହେଲା ଯାତ୍ରା। ଦିନ ପରେ ଦିନ, ମାସ ପରେ ମାସ, ବର୍ଷ ପରେ ବର୍ଷ- ଅନାହତ ଯାତ୍ରା। ଅନ୍ନ ଛାଡ଼ିଲା, ଜଳ ବି। ଜଳନ୍ତା ନିଆଁରେ ପଶିଲା, ଅଗାଧ ଜଳରେ ବି। ତୁଣ୍ଡରେ ଏକମାତ୍ର ନାଦ- ଶିବ, ଶିବ, ଶିବ। ନାଦ କ୍ରମଶଃ ରୂପାନ୍ତରିତ ହେଲା ମହନାଦରେ। ଶେଷକୁ ନିଜର ଅସ୍ତିତ୍ୱକୁ ମହାରୂପ ଭିତରେ ଏକାକାର କରିଦେବା ପାଇଁ ପ୍ରଚଣ୍ଡ ଇଚ୍ଛାଶକ୍ତି ଜାଗ୍ରତ ହେଲା ତା' ଚେତନାରେ। ମୃତ୍ୟୁଞ୍ଜୟୀ ଶିବ ଏବେ ଅନୁଭବ କଲେ କେହି ଜଣକର ଆତ୍ମଶକ୍ତି ଓ ଏକାଗ୍ରତାକୁ। ସ୍ୱୟଂ ଆବିର୍ଭୂତ ହେଲେ। ମୁହଁରେ ପ୍ରସନ୍ନ ଜ୍ୟୋତି। କହିଲେ, ମୁଁ ପ୍ରସନ୍ନ, ତୋର ଯାହା ଇଚ୍ଛା ମାଗିନେ, ମାତ୍ର ଅମର ବର ବ୍ୟତୀତ।

ମହିଷାସୁରର ପ୍ରସ୍ତାବ- ମୋର ଅନ୍ୟ କିଛି ଲୋଡ଼ା ନାହିଁ, କେବଳ ଶକ୍ତିଙ୍କର କରୁଣା। ଉତ୍ତର- ତଥାସ୍ତୁ। ମାତ୍ର ସର୍ତ୍ତ ଥିଲା- ଇଚ୍ଛାଶକ୍ତି ଏବେ ତୋ'ଠାରୁ ଦୂରସ୍ଥ ନୁହେଁ, ପ୍ରୟୋଗ କରିପାରୁ। ମାତ୍ର ଯେଉଁ ମୁହୂର୍ତ୍ତରେ ତୁ ଶକ୍ତିକୁ ଅମର୍ଯ୍ୟାଦା କରିବୁ, ଶକ୍ତିର ଶକ୍ତିକୁ ଅସ୍ୱୀକାର କରିବୁ, ଶକ୍ତି ଉପଭୋଗ ମନସ୍କ ହେବୁ- ସେହି ମୁହୂର୍ତ୍ତରେ

ହିଁ ତୁ ଶକ୍ତିହୀନ ହୋଇଯିବୁ। ଶକ୍ତିଙ୍କର ଅମର୍ଯ୍ୟାଦା ହିଁ ଶକ୍ତିହୀନତା, ପ୍ରାଣସତ୍ତାର କରୁଣ ଶେଷ କଥା।

ମହିଷା ହଁ କହିଲା। ପ୍ରଣିପାତ କଲା ମହାଯୋଗୀଙ୍କୁ। ଏବେ ପ୍ରକୃତି ଜଗତକୁ ଫେରିଲା ଏକ ଅତିପ୍ରାକୃତିକ ଜଗତରୁ। ଆରମ୍ଭ ହୋଇଗଲା ସୁର-ନିସୋଦନ ଯାତ୍ରା, ଅପ୍ରତିହତ ଯାତ୍ରା। ଶକ୍ତି-ସଂଯୁକ୍ତ ଯାତ୍ରା। ଏକମାତ୍ର ଲକ୍ଷ୍ୟ, ସୁର ନିସୋଦନ।

ଶକ୍ତିଦୀପ୍ତ ମହିଷାସୁରର ଏବେ ସମର ଯାତ୍ରା। ଏକା ଏକା। ଯାତ୍ରାର ଆରମ୍ଭ ପୃଥିବୀରୁ ଅମରାବତୀ, ଅ-ମରମାନଙ୍କର ଭୂମି। ଅମର ହେବାକୁ ପ୍ରାର୍ଥନା କରୁଥିଲା, ଅମର ବରଦାନରୁ ବଂଚିତ ହେଲା ସତ, ମାତ୍ର ଅମରମାନଙ୍କୁ ତ ଦାସ କରାଯାଇପାରିବ ? କାଳ କାଳ ଧରି ଏଇ ଅମରମାନେ ଇ ତାର ବଂଶଧରମାନଙ୍କୁ ଶୋଷଣ କରିଆସିଛନ୍ତି। ସେ ସେମାନଙ୍କୁ ପରାଭବ ଅବଶ୍ୟ ଦେବ।

ମହିଷାର ଶକ୍ତି ଏତେ ଅମିତ ଓ ଅପ୍ରତିହତ ଥିଲା ଯେ, ତା'ର ଉପସ୍ଥିତି ମାତ୍ରକେ ହିଁ ସକଳ ଅମର, ଶକ୍ତିହୀନତାକୁ ସ୍ୱୀକାର କରିବାକୁ ବାଧ ହେଉଥିଲେ। କିଏ ବନ୍ଦୀ ତ କିଏ ପଳାତକ। ମାତ୍ର ପ୍ରତ୍ୟେକ ମହିଷାର ସେବକମାତ୍ର। କିଏ ପାଦ ମଞ୍ଚାଳୁଛି, କିଏ ଆଲଟ ଚାମର କରୁଛି ତ, କିଏ ଭୋଜନ ପ୍ରସ୍ତୁତ କରୁଛି, ପୁଣି କିଏ ଭଣ୍ଡାର ଘରର ରକ୍ଷକ। କିଏ ମନୋରଂଜନ ପାଇଁ ହାତରେ ଧରିଛି ପାନପାତ୍ର, କାହା ପାଦରେ ଛନ୍ଦ ତ, କାହା କଣ୍ଠରେ ସୁର। ଇଚ୍ଛାମାତ୍ରକେ, ମୁହୂର୍ତ୍ତକରେ ସେ ପରିକ୍ରମଣ କରିପାରୁଛି ତ୍ରିଭୁବନ। ପୂରଣ କରିପାରୁଛି ଯାବତୀୟ ଆବଶ୍ୟକତା। ସେ ବିତ୍ତର କ୍ଷମତା, ବିଦ୍ୟାର କ୍ଷମତା, ନିରଙ୍କୁଶ କ୍ଷମତା। ଗୋଟିଏ ଶବ୍ଦରେ କହିଲେ, ସେ ଏବେ ବିକଳ୍ପହୀନ କ୍ଷମତା।

କ୍ଷମତାମତ୍ତ ମହିଷାସୁର ଏବେ ଭୁଲିଗଲା ଯେ ନିରଙ୍କୁଶବୋଧ ହିଁ ଜଣକର ବିପତ୍ତି ଓ ବିପର୍ଯ୍ୟୟର କାରଣ। ଦେବତାମାନଙ୍କ ଅସହାୟତା ତାକୁ ହସାଉଥିଲା। ସେ ହସୁଥିଲା ବିକଟାଳ ହସ- ହାଃ... ହାଃ... ହାଃ...। ହସର ଶବ୍ଦରେ ସେ ପୁଲକିତ ହେଉଥିଲା। ପୁଲକ ତାକୁ କ୍ରମଶଃ ରୂପାନ୍ତର କରିଥିଲା ଉପଭୋକ୍ତାରେ। ଆଖି ବିସ୍ଫାରିତ ହେବାକୁ ଲାଗିଲା। ସେ ଆଖି ପଡ଼ିଲା ସୁର-ତରୁଣୀଙ୍କ ଉପରେ। ଲାଖିଗଲା ଚେତନା। ଚହଲିଗଲା ଏକାଗ୍ରତା। ଚମକି ପଡ଼ିଲା। ଚେଇଁଉଠିଲା ଆସୁରିକ ପ୍ରବୃତ୍ତି। ଅନୁଭବ କଲା, ଏଇମାନେ ହିଁ ସୁରମାନଙ୍କର ପ୍ରୀତିପଦ, ଚିତ୍ତପ୍ରସାଦକ ଖାଦ୍ୟ।

ମହିଷାର ଏପରି ଏକ କ୍ଷମତା-ପ୍ରମତ୍ତ ଅସହାୟ ମୁହୂର୍ତ୍ତକୁ ସମ୍ଭବତଃ ଅପେକ୍ଷା କରିଥିଲେ ସୁରଗଣ। ପ୍ରାର୍ଥନା କଲେ ମହାଯୋଗୀଙ୍କୁ। ପ୍ରାର୍ଥନା ଥିଲା ଏମିତି- ହେ

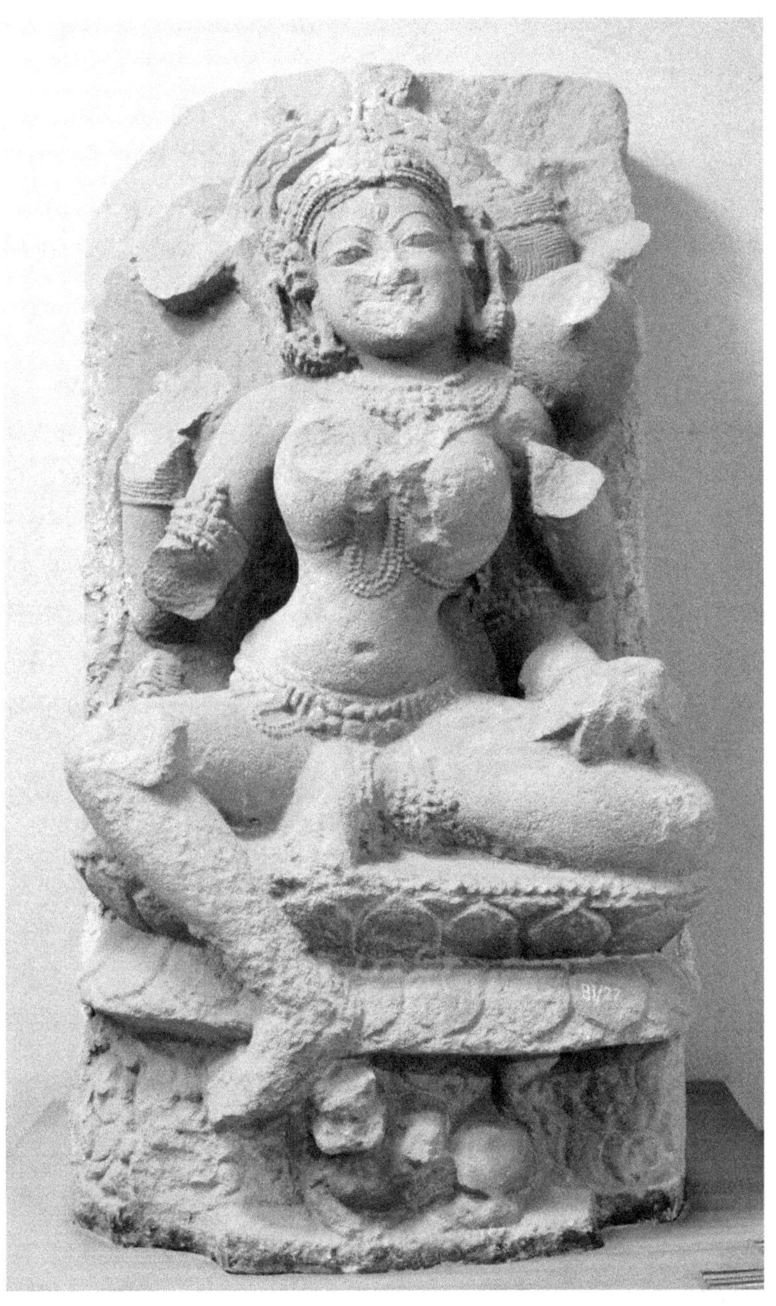

ଦେବ ! ତୁମ ପ୍ରକୃତିର ସତ୍ତା ଏବେ ବିପନ୍ନ । ତୁମେ, ତୁମେ ହିଁ କେବଳ ତାକୁ ରକ୍ଷା କରିପାରିବ ।

ମହାଯୋଗୀଙ୍କ ଉତ୍ତର ଥିଲା, ମୁଁ ନିମିତ୍ତ ମାତ୍ର । ମୁଁ ଶକ୍ତି-ନିୟନ୍ତ୍ରିତ । ସେଇ ଶକ୍ତି ହିଁ ତୁମମାନଙ୍କୁ କେବଳ ନିରାପତ୍ତା ଦେଇପାରିବ । ଶକ୍ତିଙ୍କର ଶରଣାପନ୍ନ ହୁଅ ।

ଅସହାୟ ଦେବଗଣ ଏଥର ଶକ୍ତିଙ୍କ ପାଦ ପାଖରେ । ନତଜାନୁ, ଯୋଡ଼ହସ୍ତ । ଶବ୍ଦ ଥିଲା ଏତିକି ମାତ୍ର: ତୁମେ ଏବେ ବିପନ୍ନ ମା' । ତୁମେ ହିଁ ନିଜେ ନିଜକୁ ସୁରକ୍ଷା ଦେଇପାରିବ ।

ଦେବତାଙ୍କ ପ୍ରାର୍ଥନାକୁ ଅନୁଭବ କଲେ ମହାମାୟା । ଉତ୍ତର ଥିଲା, ମୋ ଶକ୍ତି ତ ତୁମମାନଙ୍କ ପାଖରେ । ଅସ୍ତ୍ର ରୂପରେ । କାହା ହାତରେ ଖଣ୍ଡା, କାହା ହାତରେ ଧନୁଶର, ଗଦା, ପାସ, ଅଙ୍କୁଶ, ତ୍ରିଶୂଳ, ବଜ୍ର, ଖଡ୍‌ଗ, ତ କାହା ହାତରେ ଅକ୍ଷମାଳ । ଅସ୍ତ୍ରଗୁଡ଼ିକ ପ୍ରୟୋଗ କରିବା ପାଇଁ ମନ୍ତ୍ର ମଧ୍ୟ ତୁମ ପାଖରେ । ସମ୍ମିଳିତ ଭାବରେ ପ୍ରୟୋଗ କରିପାର ।

ଉତ୍ତର ଥିଲା- ଆମେ ତ ତୁମ ମହାଶକ୍ତିର ଅଂଶମାତ୍ର । ତୁମେ ସଂପୂର୍ଣ୍ଣ । ପୂର୍ଣ୍ଣତମା । ଆମେ କାର୍ଯ୍ୟ, ତୁମେ କାରଣ । ଆମେ ନାଦ, ତୁମେ ବ୍ରହ୍ମ । ଆମେ ମୂର୍ତ୍ତ, ତୁମେ ଅମୂର୍ତ୍ତ । ଆମେ ଯନ୍ତ୍ର, ତୁମେ ଯନ୍ତ୍ରୀ । ଆମେ ତୁମ ହାତରେ, ତୁମ ପ୍ରଦତ୍ତ ଶକ୍ତିଙ୍କୁ ସମର୍ପଣ କରିଦେଉଛୁ ମା' ! ତୁମେ ତୁମ ବିପନ୍ନ ସତ୍ତାକୁ ସକଳ ସନ୍ତାପରୁ ମୁକ୍ତ କର । ମହିଷାକୁ ମୁକ୍ତ କର ।

ଏବେ ସକଳ ଅସ୍ତ୍ର, ସକଳ ସଂପଦ ମା'ଙ୍କ ପାଦତଳେ । ସେ ସକଳ ଶକ୍ତିର ସାର୍ବଭୌମ ଅସ୍ତିତ୍ୱ । ସେ ଦୁର୍ଗା, ଦୁର୍ଗତିନାଶିନୀ, କଲ୍ୟାଣମୟୀ ।

ମା' ଆବିର୍ଭୂତା ହେଲେ ମହିଷା ଆଗରେ । ମୋହିନୀ ରୂପ । ସେ ରୂପର ଜ୍ୟୋତିରେ ମୋହଗ୍ରସ୍ତ ଚରାଚର । ସେ ତେଜ ପାଖରେ ମହିଷା ତ ନିମିତ୍ତମାତ୍ର । ଏମିତି ରୂପ କ'ଣ ଜଗତରେ ସମ୍ଭବ ? ମହିଷା ମନରେ କାମନାର ନିଆଁ । ଏ ଅପୂର୍ବ ରୂପକୁ ଭୋଗ କରିବା ପାଇଁ କେବଳ ଜଣେମାତ୍ର ଯୋଗ୍ୟ । ସ୍ୱୟଂ ସେ । କେବଳ ସେ । ଅପ୍ରତିହତ କ୍ଷମତା ।

ଏବେ ଉତ୍ତେଜିତ ମହିଷାର ପ୍ରବୃତ୍ତି । ନିକଟତର ହୁଏ ପ୍ରକୃତିଙ୍କର । ଦିବ୍ୟତେଜର ଜ୍ୟୋତିରେ ବିମୂଢ଼ ଅ-ସୁର । ଉଚ୍ଚାଟିତ ପ୍ରବୃତ୍ତି । ଉଦଣ୍ଡ ନାଚ, ହସ, ଗୀତ । ଅଙ୍ଗ-ଅଙ୍ଗରେ ଛଟକ । ପଦପାତରେ ଅହଂକାର । ମାତ୍ର କାହିଁ ସେ ମୋହିନୀ ? କାହିଁକି ଧରା ଦେଉନି ? କେତେବେଳେ ଦୃଶ୍ୟ, ପୁଣି କେତେବେଳେ ଅଦୃଶ୍ୟ । ଦୂରତା ଓ ନୈକଟ୍ୟର ଖେଳ ।

ନିଜ ସହିତ ଖେଳି ଖେଳି ଥକି ପଡ଼ିଲାଣି ମହିଷା। କ୍ଷମତାର କୋହ ଉଛୁଳେ। ପ୍ରଚଣ୍ଡ ହୁଏ। ହାତକୁ ଆସେ ଅସ୍ତ୍ର। ଯେମିତି ହେଉ ଏହି ମହାରୂପକୁ ଭୋଗ କରିବ। ମାତ୍ର ହଠାତ୍ ବଦଳିଯାଏ ଦୃଶ୍ୟପଟ୍ଟ। ଦେଖେ ଅପରୂପାର ହାତରେ ବି ଅସ୍ତ୍ର। ଗୋଟିଏ ନୁହେଁ, ସକଳ ଦେବତାଙ୍କର। ସମର ଆରମ୍ଭ ହୋଇଯାଏ। ମହିଷାର ଅହଂକାରରେ ମୁଗ୍ଧ, ପୁଣି ଚକିତ ହୁଅନ୍ତି ମହାମାୟା। ପୁଅର ଅହଂକାର। ମା' ମୁଗ୍ଧ ହେବାପାଇଁ ବାଧ୍ୟ। ମାତ୍ର କ୍ଷମତା ଓ ପ୍ରବୃତ୍ତିର ମତ୍ତରେ ଅବାଧ୍ୟ ହେଉଛି ବିଚରା ପୁଅ। ମା' ଓ ପୁଅ ଭିତରେ ଲଢ଼େଇ। ସାରା ବ୍ରହ୍ମାଣ୍ଡ ଦେଖୁଛି ଲଢ଼େଇର ଦୃଶ୍ୟ। ଲଢ଼େଇ ନୁହେଁ ତ, ଖେଳ। ଏବଂ, ଖେଳରେ ହାରିଯାଉଛି ମା'।

ମାତ୍ର ପୁଅ ଆଖିରେ କାମନାର ଇଚ୍ଛାକୁ ସ୍ୱୀକାର କରିପାରୁନି ମା'। ଆଖିରେ କ୍ରୋଧ ଓ କରୁଣାର ମିଶ୍ର ଭାବ। ମାତୃତ୍ୱର ମହାଭାବ। ଅବଲୀଳା କ୍ରମେ ଖୋଲିଯାଉଛି। ମାତୃତ୍ୱ ସତେଯେପରି କହୁଛି- ଯେଉଁ ମହାସ୍ରୋତରୁ ତୋର ଜନ୍ମ, ସେହି ମହାସ୍ରୋତକୁ ଭୋଗ କରିବାର ଅହଂକାର ଗ୍ରହଣୀୟ ନୁହେଁ ମହିଷା ! ତୁ ନିଜକୁ ଏବେ ଦେଖିପାରୁ, ଦେଖ୍ ! ମହିଷାର ଆଖି ଆଗରେ ଏବେ ଉଦ୍‌ଭାସିତ ମାତୃତ୍ୱର ମହାରୂପ। ପୁତ୍ରତ୍ୱର ସତ୍ତା ମୁହୂର୍ତ୍ତକରେ ନିଶ୍ଚିହ୍ନ ହୋଇଯାଉଛି ମହାମାୟାଙ୍କ ମାତୃତ୍ୱରେ।

ଆମ ସ୍ଥାପତ୍ୟରେ ମହାମାୟା ଦୁର୍ଗାଙ୍କର ନାନା ରୂପର ପ୍ରତିମା ଏହି ମହାମାତୃତ୍ୱର ପ୍ରତୀକ। କଥା ହେବା ଆରଥରକୁ।

।। ଦୁଇ ।।

ସେଦିନ ଏକ ଅଭାବିତ ମୁହୂର୍ତ୍ତରେ ସତୀଙ୍କୁ ଅଗ୍ନିରେ ଝାସଦେବାକୁ ପଡ଼ିଥିଲା । ପ୍ରକୃତି ସ୍ୱରୂପିଣୀ ସତୀ, ପାର୍ବତୀରେ ରୂପାନ୍ତର ହୋଇ ସୃଷ୍ଟି ସର୍ଜନମନସ୍କା ହେଲେ । ତାଙ୍କ ହାତଗଢ଼ା ସୃଷ୍ଟିରେ ଶାନ୍ତି ପ୍ରତିଷ୍ଠା ପାଇଁ ତାଙ୍କୁ ପୁଣି ଦୁର୍ଗତିନାଶିନୀ 'ଦୁର୍ଗା' ଏବଂ ପରେ କାଳୀ ରୂପ ଧାରଣ କରିବାକୁ ପଡ଼ିଲା । ମାତ୍ର କେଉଁ କାଳରେ ସେ ଦୁର୍ଗତିନାଶିନୀ ଦୁର୍ଗାରେ ରୂପାନ୍ତରିତ ହୋଇଛନ୍ତି, ଏହାର ନିର୍ଦ୍ଦିଷ୍ଟ ସମୟ ଆଜି ମଧ୍ୟ ବିତର୍କିତ । ସ୍ଥାପତ୍ୟରେ, ଉତ୍କଳ ଭୂମିରେ ତାଙ୍କ ଉଦୟନ କାଳକୁ ଆଳ କରି ଇତିହାସ ଗଢ଼ଣର ଉଦ୍ୟମ କରାଯାଇପାରେ ।

ଦେବୀ ଦୁର୍ଗାଙ୍କ ପାଇଁ ଆମେ କେତେ ମନ୍ଦିର, କେତେ ପୀଠ ତିଆରି କରିଛୁ । ସବୁଠୁ ପ୍ରାଚୀନ କ୍ଷେତ୍ର ଯାଜପୁରସ୍ଥ ବିରଜାକ୍ଷେତ୍ର । ପୀଠର ଅଧିଷ୍ଠାତ୍ରୀ ଦେବୀ ବିରଜା । ସେ ଅଛନ୍ତି ଓଡ଼ିଶାର ବହୁ ପ୍ରାଚୀନ ପୀଠରେ । ଅଛନ୍ତି ବଲାଙ୍ଗିରର ସମଲେଇ ମନ୍ଦିରରେ, ପାଟଣାଗଡ଼ରେ ପାଟଣେଶ୍ୱରୀ ରୂପରେ, ବୈଦେଶ୍ୱରର ଦୁର୍ଗା ମନ୍ଦିରରେ ଏବଂ ଅନ୍ୟ ଅନେକ ସ୍ଥାନରେ । ଭୁବନେଶ୍ୱରର ମୋହିନୀ ମନ୍ଦିରରେ ବି ତାଙ୍କ ଉପସ୍ଥିତି, ଜଗମୋହନରେ । ତାଙ୍କ ସହିତ ଅଛନ୍ତି ମୋହିନୀ ଓ ମହାଲକ୍ଷ୍ମୀ । ବହୁ ଶିବମନ୍ଦିର ଭିତରେ ଓ ମନ୍ଦିର ଦେହରେ ତାଙ୍କ ମହାଭାବ ଓ ରୂପକୁ ଅନୁଭବ କରିହୁଏ । ଅନେକ ଶିବମନ୍ଦିର ଉପର ପାଖର ରାହା ଖୋପରେ ସେ ପାର୍ଶ୍ୱଦେବୀ । କେଉଁଠି ଗଣ୍ଡିର ଠଣା (ବଜ୍ର ମସ୍ତକ ରୂପ: ଲକ୍ଷ୍ମଣେଶ୍ୱର, ପର୍ଶୁରାମେଶ୍ୱର), କେଉଁଠି ବଜ୍ରମୁଣ୍ଡି, କେଉଁଠି ପା'ଭାଗ ଏବଂ କେଉଁଠି ଜଂଘାରେ । ଦୁର୍ଗାଙ୍କର ଏହି ପ୍ରମୂର୍ତ୍ତାୟନ କାଳର ଆରମ୍ଭ ପ୍ରାୟ ଭୌମକର (୭ମ/୮ମ ଶତାବ୍ଦୀ) ବଂଶରୁ । ସୋମବଂଶୀ ଓ ଗଙ୍ଗବଂଶୀ ଶାସନକାଳ କାଳେ ତାଙ୍କ ଅସ୍ତିତ୍ୱ ଉଦ୍‌ଭାସନର ସୁବର୍ଣ୍ଣ କାଳ । ସେଦିନ ପାର୍ଶ୍ୱଦେବୀ ରୂପରେ ତାଙ୍କ ଦେହର ଉଚ୍ଚତା ପ୍ରାୟ ଚାରିଫୁଟ ବିଶିଷ୍ଟ ଥିଲା । ମାତ୍ର ପରବର୍ତ୍ତୀ କାଳରେ ମନ୍ଦିରର ଅଧିଷ୍ଠାତ୍ରୀ ଦେବୀ ରୂପରେ ସେ ଅଧିକ ସ୍ପଷ୍ଟ ଦିଶିଛନ୍ତି । ଉଚ୍ଚତା ପ୍ରାୟ ପାଞ୍ଚଫୁଟରୁ ଆଠଫୁଟ । ଶୁକଳେଶ୍ୱର, ଚାଟେଶ୍ୱର ଓ ଅମଳକୁଦାଗଡ଼ର ପ୍ରତିମାମାନେ ଏହି ଶ୍ରେଣୀର । ଏମାନେ କେବଳ ବିଶାଳ ନୁହନ୍ତି, କମନୀୟ । ମାତ୍ର ମହିଷାମର୍ଦ୍ଦିନୀଙ୍କ ପ୍ରତିମାୟନର ଯାହା ଗୁରୁତ୍ୱପୂର୍ଣ୍ଣ ବିଭାବ, ତାହା ହେଲା, ସେ କୌଣସି ନିର୍ଦ୍ଦିଷ୍ଟ ଶାସ୍ତ୍ରର ଅନୁବନ୍ଧ ନୁହନ୍ତି । ବହୁ ଶାକ୍ତଗ୍ରନ୍ଥ ବର୍ଣ୍ଣିତ ରୂପର ସେ ସମନ୍ୱିତ ସଂପଦ । ବିଶେଷତଃ ତାଙ୍କ ହାତର ସଂଖ୍ୟା ଦୁଇରୁ କୋଡ଼ିଏ । ଆୟୁଧ ସଂଖ୍ୟା ହାତସଂଖ୍ୟା ଅନୁରୂପ । ତାଙ୍କ ହାତ ପରି ଦେହର ଗଢ଼ଣ ମଧ୍ୟ ବିଚିତ୍ର । ମାତ୍ର ଆହୁରି ବିଚିତ୍ର ଦେବୀ ବଧ କରୁଥିବା

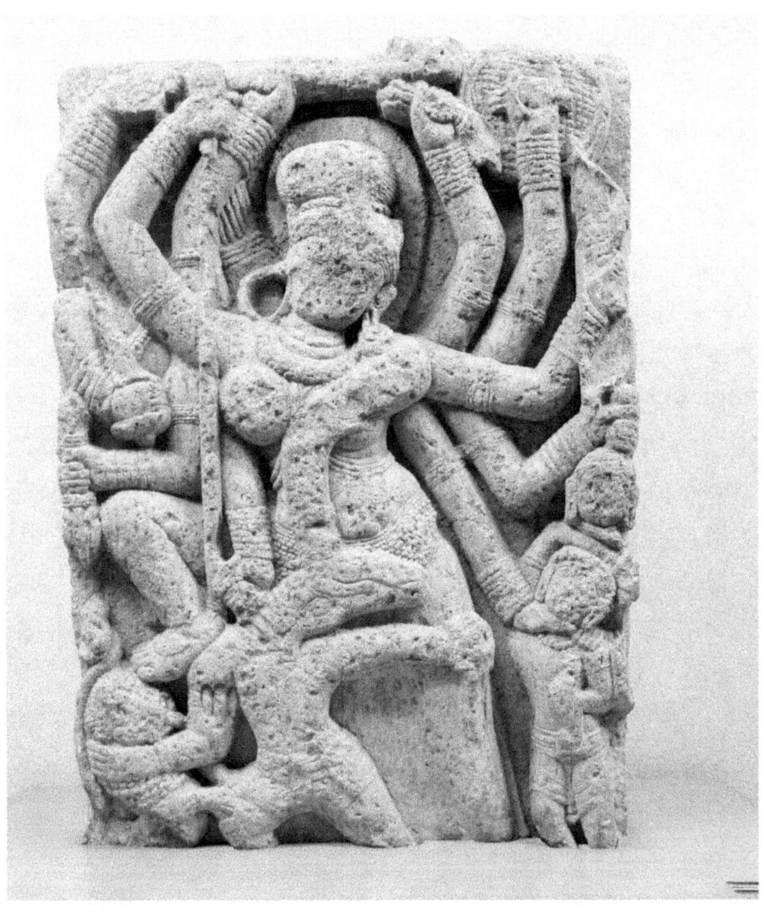

ମହିଷାସୁରର ଗଢ଼ଣ। ଏତେ ବିଚିତ୍ର ଯେ, ବିଭିନ୍ନ ସ୍ଥାନରେ ଦେବୀଙ୍କ ପାଦତଳେ ପଡ଼ିଥିବା ଅଥବା କେଉଁଠି ଉହୁଙ୍କି ଆସୁଥିବା ମହିଷାକୁ ନିରେଖି ଦେଖିବାକୁ ଇଚ୍ଛା ହୁଏ। ମହିଷା-ଗଢ଼ଣର ଏହି ବିଚିତ୍ରତାକୁ ତିନି ଭାଗରେ ବିଭକ୍ତ କରାଯାଇପାରେ। ସେଗୁଡ଼ିକ: ୧- ମହିଷାସୁରର ମିଶ୍ର(ସଂକର) ରୂପ, ୨- ମହିଷାର ଦେହ ଭିତରୁ ଆବିର୍ଭୂତ ଅସୁର ଏବଂ ୩- ମହିଷରୂପୀ ଅସୁର। ଓଡ଼ିଶାରେ ମହିଷର ମିଶ୍ରରୂପର ସଂଖ୍ୟା ସର୍ବାଧିକ ଓ ମହିଷରୂପୀ ଅସୁରର ସଂଖ୍ୟା ଏତେ ବେଶୀ ନୁହେଁ।

ମହିଷାସୁରର ମିଶ୍ରରୂପ କହିଲେ, ଅସୁରର ମୁଣ୍ଡ ମଇଁଷି ଓ ଦେହର ଅବିଶିଷ୍ଟ ଅଂଶ ମଣିଷ ପରି। ଅସୁର ପଡ଼ିରହିଥାଏ ଭୂମି ଉପରେ, ହାତ ଓ ଗୋଡ଼ ନିସ୍ତେଜ ଓ ପ୍ରସାରିତ। ଏଠାରେ ବିଭିନ୍ନ ପ୍ରତିମାରେ ଦେବୀଙ୍କ ହାତର ସଂଖ୍ୟା ଚାରିରୁ ବାର।

ଦେବୀଙ୍କର ଆୟୁଧ ଖଣ୍ଡା, ତ୍ରିଶୂଳ ଓ ଢାଲ। ଷଡ଼ଭୁଜା ଦେବୀଙ୍କ ହାତରେ ଥାଏ ଖଣ୍ଡା ଓ ଧନୁଶର। ଅଷ୍ଟଭୁଜା ଦେବୀ ପ୍ରତିମାଙ୍କ ସଂଖ୍ୟା ସବୁଠାରୁ ଅଧିକ। ତାଙ୍କ ଅବଶିଷ୍ଟ ଦୁଇହାତରେ ନାଗ ଏବଂ ବଜ୍ର ଅଥବା ଚକ୍ର। ଗୋଟିଏ ହାତରେ ତ୍ରିଶୂଳ ବିଦ୍ଧ କରୁଛି ଅସୁରର ଛାତି ଏବଂ ଅନ୍ୟ ହାତଟି ଝିଙ୍କି ଧରିଛି ମୁଣ୍ଡ। ପାଦ ତଳେ ବାହନ ସିଂହ ବି ରହିଛି। ବେଶ୍ ଆକ୍ରମଣାତ୍ମକ। କେଉଁଠି ଅସୁରକୁ କାମୁଡ଼ି ଧରିଛି ତ, କେଉଁଠି ତା' ଉପରେ ପାଦ। ଦେବୀଙ୍କର ଠିଆ ହେବା ଭଂଗୀ ପ୍ରାୟ ସବୁଠି ସମାନ। ଦଶଭୁଜା ଦେବୀଙ୍କ ପ୍ରତିମା ସଂଖ୍ୟାରେ ଅବଶ୍ୟ ଅଳ୍ପ, ମାତ୍ର ଚମତ୍କାର। ବୈତାଳ ମନ୍ଦିରକୁ ଲାଗି ରହିଥିବା ଶିଶିରେଶ୍ୱର ମନ୍ଦିରର ଦୁର୍ଗାରୂପ ଅନେକଙ୍କ ମଧ୍ୟରେ ସ୍ୱତନ୍ତ୍ର। ଦେବୀଙ୍କର ଡାହାଣ ଓ ବାମପାଦ ଯଥାକ୍ରମେ ଚାପି ଧରିଛି ଅସୁରର ଛାତି ଓ ବାମ ହାତର ମୁଠାରେ ଅସୁରର ମୁଣ୍ଡ। ଅନ୍ୟ ହାତରେ ସ୍ୱତନ୍ତ୍ର ଅସ୍ତ୍ର ଫାର୍ଶା ଓ ବୃତ୍ତାକାର ଢାଲ। ଦେହରେ ଅଳଙ୍କାରର ପ୍ରାଚୁର୍ଯ୍ୟ। ପଥର ତିଆରି ବାରହାତ ବିଶିଷ୍ଟ ଦେବୀ ଦୁର୍ଗା କୁଆଲୋ ଓ ଧର୍ମଶାଳାରୁ ଆସି ସଂପ୍ରତି ଓଡ଼ିଶା ରାଜ୍ୟ ସଂଗ୍ରହାଳୟରେ ସଂଗୃହୀତ। କୁଆଲୋର ପ୍ରତିମା ଅବଶ୍ୟ ଆକାରରେ ଛୋଟ, ମାତ୍ର ଉଗ୍ରା ନୁହନ୍ତି, ଯେପରି ଶାନ୍ତି ଓ କରୁଣାର ଅବତାର। ଓଡ଼ିଶାର କୌଣସି ଅଷ୍ଟଭୁଜା ଦେବୀଙ୍କ ହାତରେ ନା ଅଛି ଶଂଖ, ନା ଅଭୟମୁଦ୍ରା। ପ୍ରତ୍ୟେକ ମୂର୍ତ୍ତି ଅସୁର- ନିସୋଦିନୀ।

ଦ୍ୱିତୀୟ ଗୋତ୍ରର ମହିଷାସୁରର ପରିକଳ୍ପନା କଳାତ୍ମକ। ଏଠାରେ ମହିଷ ଏକ ପ୍ରତୀକ। ମାତ୍ର ବାସ୍ତବତଃ ସେ ଜଣେ ମଣିଷ। ବ୍ୟକ୍ତିସତ୍ତାର ଅହଂକାର ମହିଷାର କଟାମୁଣ୍ଡ। ପଞ୍ଜରା ଭିତରୁ ବାହାରିଆସୁଛି ଦାନବ ଏବଂ ଦେବୀଙ୍କ କ୍ରୋଧର ଶିକାର ହେଉଛି। ପ୍ରାୟ ନବମ ଶତାବ୍ଦୀରେ ଓଡ଼ିଶାରେ ଅନୁରୂପ ପ୍ରତିମାର ପରିକଳ୍ପନା, ମାଧ୍ୟମ ବୈଦେଶ୍ୱର ଓ ବଜ୍ରକୋଟ ମନ୍ଦିର। ଭୁବନେଶ୍ୱରରେ ଏହି ଶୈଳୀର ପ୍ରତିମା ଆଙ୍ଗୁଠି ଗଣା। ଲିଙ୍ଗରାଜ ମନ୍ଦିର ଭିତରେ ପାର୍ଶ୍ୱଦେବୀ ରୂପରେ ତାଙ୍କୁ ପାଇପାରିବା। ଏହିପରି ଦେବୀଙ୍କର ହାତର ସଂଖ୍ୟା ଦୁଇରୁ କୋଡ଼ିଏ। ବଲାଙ୍ଗିରର ସମଲେଇ ନାମରେ ପରିଚିତ। ମହିଷାମର୍ଦ୍ଦିନୀ, ଦ୍ୱିଭୁଜା ପ୍ରତିମାଗୁଡ଼ିକ ମଧ୍ୟରେ ସ୍ୱତନ୍ତ୍ର। ଦେବୀ ଆରାଧ୍ୟା ମୁଦ୍ରାରେ ଠିଆ ହୋଇଛନ୍ତି। ବାମପାଦ ଅସୁରର ମଥା ଉପରେ। ଦୁଇହାତରେ ତ୍ରିଶୂଳ ବିଦ୍ଧ କରୁଛି ମହିଷର ଛାତି। ବେକରେ ମାଳା ପରି ଗୁଡ଼େଇ ହୋଇ ରହିଛି ନାଗ ଏବଂ ଫଣା ଦେବୀଙ୍କ ମଥା ଉପରେ ଛତ୍ର ପରି। ଚତୁର୍ଭୁଜା ଦେବୀ ରହିଛନ୍ତି କେନ୍ଦୁଝରରେ। ଅଷ୍ଟଭୁଜା ଦେବୀଙ୍କର ବିଜେସ୍ଥଳୀ ସୋନପୁର, ବାଣପୁର, ବୈଦେଶ୍ୱର, ବଜ୍ରକୋଟ ଓ ଅନ୍ୟ ସ୍ଥାନରେ। ଦେବୀମାନଙ୍କର ଆୟୁଧ ବଜ୍ର, ଖଣ୍ଡା, ଧନୁଶର, ଢାଲ ଓ ନାଗପାଶ। ପ୍ରାୟ ପ୍ରତ୍ୟେକ ପ୍ରତିମାଙ୍କ ଗଠନଶୈଳୀ ପ୍ରତୀକାତ୍ମକ। ଏହି ଶୈଳୀର ପ୍ରତିମାମାନଙ୍କ

ମଧ୍ୟରେ କଟକ ଜିଲ୍ଲାର ନାଥୁଆବରର ପ୍ରତିମା ସ୍ୱତନ୍ତ୍ର। ଦେବୀଙ୍କର ଡାହାଣ ପାଦ ସିଂହ ପିଠିରେ। ସିଂହର ପାଟିରେ ମହିଷର ଦେହ। ଦେବୀଙ୍କର ବାମପାଦ ମହିଷର ମୁଣ୍ଡ ଉପରେ। ଅସୁର ମହିଷ ଭିତରୁ ବାହାରି ଆସିବାକୁ ଉଦ୍ୟତ, ମାତ୍ର ଅସହାୟ। ଏବଂ, ନାଗକୁ ପାଶ ପରି ବ୍ୟବହାର କରିଛନ୍ତି ଶକ୍ତି- ଯେପରି ଝୁଣି ପକାଇବେ ମଣିଷର ଅହଂକାର। ଏହିଭଳି ଅଷ୍ଟଭୁଜା ପ୍ରତିମା ରହିଛନ୍ତି ଖିଚିଂ, ଭୁବନେଶ୍ୱର ଓ କଟକର ବହୁ ମନ୍ଦିରରେ। ପାଳିଆର ବିରଂଚିନାରାୟଣ ମନ୍ଦିର ବେଢ଼ାର ଦେବୀଙ୍କ ଗଠନଶୈଳୀ ସ୍ୱତନ୍ତ୍ର। ଦେବୀ ବହୁ ଅଳଙ୍କାରରେ ବିଭୂଷିତା। ହାତରେ ଖଣ୍ଡା, ଢାଲ ଓ ଧନୁ- ସକଳ ଉନ୍ନତ କାରୁକଳାର ଉଦାହରଣ। ଆଖି ଚାହିଁରହିଛି ଜୀବନ ଭିକ୍ଷା କରୁଥିବା ଅସହାୟ ଅସୁରର ମୁହଁକୁ। ଦେବୀଙ୍କ ପାଖରେ ପୁଣି ଗୋଟିଏ ନୁହେଁ, ଦୁଇଟି ସିଂହ। ଏହି ଶ୍ରେଣୀର ପ୍ରତିମାମାନଙ୍କ ସଂଖ୍ୟା ସର୍ବାଧିକ, ପୁଣି ବହୁଭୁଜ ବିଶିଷ୍ଟ। ବୀରପ୍ରତାପପୁର ଠାକୁରାଣୀ ମନ୍ଦିରର ମା'ଙ୍କ ହାତର ସଂଖ୍ୟା ଷୋହଳ। ଓଡ଼ିଶାର ଏକମାତ୍ର କୋଡ଼ିଏ ହାତ ବିଶିଷ୍ଟ ଦେବୀ ଦୁର୍ଗାଙ୍କ ବିଜେସ୍ଥଳୀ ବଲାଙ୍ଗିରର ସମଲେଶ୍ୱରୀ ମନ୍ଦିର (ଏହା ଏବେ ସମ୍ବଲପୁର ବିଶ୍ୱବିଦ୍ୟାଳୟ ସଂଗ୍ରହାଳୟ)ରେ। ତାଙ୍କ ହାତରେ କେତେ ଆୟୁଧ- ତ୍ରିଶୂଳ, ବଜ୍ର, ଚକ୍ର, ଖଣ୍ଡା, ଧନୁଶର, ଡମ୍ବରୁ, ଲାଠି, ଢାଲ, ଘଂଟି, କପାଳ, ନାଗପାଶ ଇତ୍ୟାଦି। ମାତ୍ର ଷୋହଳ ଆୟୁଧ ଶାସ୍ତ୍ରସମ୍ମତ।

ତୃତୀୟ ଶ୍ରେଣୀ ଦେବୀପ୍ରତିମାଙ୍କ ସଂଖ୍ୟା ଓଡ଼ିଶାରେ ଅଳ୍ପ। ମାତ୍ର ଭାରତର ମହିଷାମର୍ଦ୍ଦିନୀ ଦୁର୍ଗାପ୍ରତିମା ଗଢ଼ଣ ପରମ୍ପରାରେ ଏହି ଶୈଳୀ ସବୁଠାରୁ ପୁରୁଣା। ପ୍ରତିମାମାନେ ମୁଖ୍ୟତଃ ଦ୍ୱିଭୁଜା। ଗୋଟିଏ ହାତରେ ରହିଛି ମହିଷର ଲାଞ୍ଜ ଓ ଅନ୍ୟ ହାତରେ ତ୍ରିଶୂଳ ଅଥବା ଖଡଗ। ମହିଷାକୁ ନିଧନ କରିବାପାଇଁ ଉଦ୍ୟତ। କୁହାଯାଏ, କୁଷାଣ ଶାସନ କାଳରେ ଏହି ଶୈଳୀର ପ୍ରତିମାମାନଙ୍କର ଜନ୍ମ। ମାତ୍ର ଓଡ଼ିଶାରେ ମହିଷଯୁକ୍ତ ଗୋତ୍ରର ଦେବୀପ୍ରତିମାମାନଙ୍କ ହାତର ସଂଖ୍ୟା ଦୁଇରୁ ଆଠ। ଦ୍ୱିଭୁଜା ଦୁର୍ଗା ଅଛନ୍ତି ଯାଜପୁର (ବିରଜା: ୭ମ/୮ମ ଶତାବ୍ଦୀ), କାକଟପୁର(ସୋମେଶ୍ୱର: ୧୧ଶ ଶତାବ୍ଦୀ, ପୁରୀ (ଜଗନ୍ନାଥ ମନ୍ଦିର ପରିସର: ୧୧ଶ ଶତାବ୍ଦୀ), ଚତୁର୍ଭୁଜା ପ୍ରତିମା: ପର୍ଶୁରାମେଶ୍ୱର ଓ ମାର୍କଣ୍ଡେଶ୍ୱର (ଭୁବନେଶ୍ୱର: ୭ମ/୮ମ ଶତାବ୍ଦୀ), ମାରାଗୁଡ଼ା ଉପତ୍ୟକା (୯ମ ଶତାବ୍ଦୀ), ଭବାନୀପାଟଣା (୯ମ ଶତାବ୍ଦୀ) ଏବଂ ଅଷ୍ଟଭୁଜା: ବୈଦେଶ୍ୱରସ୍ଥ ଦୁର୍ଗା ମନ୍ଦିର। ପର୍ଶୁରାମେଶ୍ୱର ଓ ମାର୍କଣ୍ଡେଶ୍ୱରର ଦେବୀମାନଙ୍କ ହାତର ଆୟୁଧ ଖଣ୍ଡା, ତ୍ରିଶୂଳ ଓ ଢାଲ। ମହିଷର ମୁଣ୍ଡ, ଦେବୀଙ୍କ ଡାହାଣପାଦ ତଳେ, ଡାହାଣ ହାତରେ ଖଣ୍ଡା, ତ୍ରିଶୂଳ।

ଭୋଗରାଇର ପ୍ରତିମା ଭୟଙ୍କରା। ମହିଷ ମରି ପଡ଼ିଛି। ଡାହାଣ ପାତ ତଳେ

ତାର ମୁଣ୍ଡ ଏବଂ ବାମ ହାତରେ ଲାଂଗୁଡ଼। ଡାହାଣ ହାତର ଖଣ୍ଡା ସତେଯେପରି ମହିଷକୁ ହତ୍ୟା କରିସାରି ତଥାପି ଅଶାନ୍ତ। ଟାଙ୍ଗି ଓ ଗାରେଡ଼ିପାଞ୍ଚଣ ଶିବମନ୍ଦିରରେ ଥିବା ପ୍ରତିମାମାନେ ପ୍ରାୟ ଏକପ୍ରକାରର। ଏମାନେ ପ୍ରତ୍ୟେକ ବର୍ତ୍ତମାନ ମନ୍ଦିରର ଗଣ୍ଡି ଅଥବା ପାଗ ଭାଗରେ।

ଆମେ କଳାମୁଗୁନି ପଥର ଅଥବା ଅନ୍ୟ ଜାତିର ପଥରରେ ପ୍ରମୂର୍ତ୍ତ ମହିଷାମର୍ଦ୍ଦିନୀଙ୍କ କଥା କହୁଚେ, ମାତ୍ର ତାଙ୍କ ଦିବ୍ୟରୂପ ମଧ୍ୟ ଜୀବନ୍ତ ହୋଇଛି ନାନା ଧାତୁ ମାଧ୍ୟମରେ। ଅଷ୍ଟଧାତୁର ପ୍ରତିମା ମଧ୍ୟ ରହିଛି। ସେମାନେ ପୂଜା ପାଉଛନ୍ତି ମନ୍ଦିରରେ ଅଥବା ଭକ୍ତମାନଙ୍କ ଘର ଭିତରେ। ମାତ୍ର ଉତ୍କଳ ଭୂମିରେ ତାଙ୍କ ନିରାଜନା ମାଟିଘଟ ମାଧ୍ୟମରେ। ପରେ ସେ ପଥର ଓ ଧାତୁ ମାଧ୍ୟମରେ ଆବିର୍ଭୂତା ହୋଇଛନ୍ତି, ଏବଂ ଶେଷରେ ମାଟି ଓ ରଂଗରେ ପ୍ରକଟିତ ହୋଇଛନ୍ତି। ମାଟିରେ ଶକ୍ତିଙ୍କ ପ୍ରମୂର୍ତ୍ତାୟନର ଇତିହାସ ଊନବିଂଶ ଶତାବ୍ଦୀର ମଧ୍ୟକାଳ, ବଂଗ ପ୍ରଭାବର ଫଳଶ୍ରୁତି।

ମାତ୍ର ସିଂହବାହିନୀଙ୍କର ଏହି ସଂହାର ରୂପ ବାସ୍ତବତଃ ଧ୍ୱଂସାତ୍ମକ କି? ଏହି ପ୍ରଶ୍ନର ଉତ୍ତର ନକାରାତ୍ମକ। ସେ ଅବଶ୍ୟ କ୍ରୋଧିତା, ମାତ୍ର ଧ୍ୱଂସାତ୍ମକ ନୁହନ୍ତି। ସେ ତ୍ରିନେତ୍ରୀ। ଗୋଟିଏ ନେତ୍ରରେ ରାଗର ନିଆଁ, ଅନ୍ୟଟିରେ କରୁଣାର ଲୁହ ଓ ତୃତୀୟ ନେତ୍ରରେ ନବସୃଜନର ଆନନ୍ଦ। ଯେପରି କହୁଛି- ମୁଁ ଅଛି, ତେଣୁ ତୁ ବି ଅଛୁ। ତୋରି ପରି ଅନ୍ୟମାନେ ବି ଅଛନ୍ତି। ଆ, ଏକାଠି ରହିବା।

ଆମ ସ୍ଥାପତ୍ୟରେ ଦେବୀ ଦୁର୍ଗା, ଚିରବନ୍ଦିତା ସକଳ ଚେତନାରେ।

କାଳର କରାଳିଃ କାଳୀ

॥ ଏକ ॥

ଶେଷରେ ଭୂଲୁଣ୍ଠିତ ହେଲା ମହିଷାସୁର। ସକଳ ଦର୍ପ, ସାମର୍ଥ୍ୟ, ଅହଂକାର ମୁହୂର୍ତ୍ତକରେ ଚୂନା ହୋଇଗଲା। ଅଶୁଭଶକ୍ତିର ପ୍ରତୀକ ମହିଷାର ଅହଂକାରରୁ ସଂସାରର ମୁକ୍ତି ଓ ଆନନ୍ଦ ପାଇଁ ସେଦିନ ମହାଶୂନ୍ୟରେ ସଂଚରିଗଲା ମାତୃତ୍ୱର କ୍ରୋଧ ରୂପ। ସେ ଏବେ ବନ୍ଧନମୁକ୍ତ, ହୃଦୟରେ ରକ୍ତର ଛିଟା। ପାଦତଳେ ପୁଅର ରକ୍ତଭିଜା ଅସହାୟ ଶବ। ଆଉ ସେ ନିଜେ? ନିଜକୁ ଚାହିଁଲେ, ଅନୁଭବ କଲେ, ଏକ ଅସହାୟ ଉଲ୍ଲଙ୍ଗତା। ମୁହୂର୍ତ୍ତକରେ ଚହଲିଗଲା ତାଙ୍କ ଚେତନା। ମାତୃତ୍ୱ ଓ ନାରୀତ୍ୱ ନିଜ ପାଖରେ କେତେ ଅସହାୟ ନୁହେଁ ସତରେ? କାରଣ ଭେଦିବାକୁ ତାଙ୍କୁ ସମୟ ଲାଗିଲାନି। ସେ ଅନୁଭବ କଲେ, ତାଙ୍କ ମହାମାତୃତ୍ୱ ଯେପରି ଦେବତାମାନଙ୍କର ଅହଂ-ପ୍ରତାରୀତା। ଆତ୍ମସଚେତନ ଆଦ୍ୟାଶକ୍ତି ନିଜକୁ ପ୍ରଶ୍ନ କଲେ, କିଏ ତୁ? ଉତ୍ତର ନିଜ ଭିତରେ। ମୁଁ ସୃଜନ, ଜୀବନ ଓ ମରଣକୁ ନିୟନ୍ତ୍ରଣ କରୁଥିବା ଏକମାତ୍ର ଅଦୃଶ୍ୟ ଅସ୍ତିତ୍ୱ। ମୁଁ ସକଳ କାଳକୁ କବଳିତ କରି ରଖିଥିବା ମହାକାଳୀ। ମାତ୍ର ଆଶ୍ଚର୍ଯ୍ୟ, ମୋରି ସୃଷ୍ଟ ପୁରୁଷତ୍ରୟୀ- ବ୍ରହ୍ମା, ବିଷ୍ଣୁ ଓ ଶିବ ମୋତେ ପ୍ରତାରିତ କରିବାକୁ ସାହସ କଲେ କିପରି? ସାହସ ନୁହେଁ ତ, ଦୁଃସାହସ। ତାକୁ ଏପରି ବର ଦେଲେ କାହିଁକି? ଏଭଳି ଜଘନ୍ୟ ଓ ଛଳନାପୂର୍ଣ୍ଣ ବରଦାନ ସଂପର୍କରେ ତାଙ୍କୁ ତ କେହି କିଛି କହିନଥିଲେ? ଅବାଧପୁତ୍ରର ଅଝଟକୁ ପରାଭବ ଦେଇଥିବା ମାତୃତ୍ୱର ଅହଂକାର କ୍ରମଶଃ କେନ୍ଦ୍ରୀଭୂତ ହୋଇଗଲା ଦେବତାମାନଙ୍କ ସ୍ୱାର୍ଥପରତା ଉପରେ। ତାଙ୍କ ପ୍ରତାରିତ ଅସ୍ତିତ୍ୱ ମହା-ଉନ୍ମାଦନାରେ ରୂପାନ୍ତରିତ ହେବାକୁ ଲାଗିଲା। ମହାମାୟା ଏବେ ମହାଉନ୍ମାଦିନୀ।

ବଦଳିଗଲା ଦେହର ରଙ୍ଗ। ମହାକ୍ରୋଧର ରଙ୍ଗ- କଳା। ଏବେ ସେ କାଳୀ। ରକ୍ତାଭ ଆଖି। ବେକରେ ମଣିଷର ମୁଣ୍ଡ ଓ ହାଡ଼ର ମାଳ। ଗୋଟିଏ ହାତରେ ପାନପାତ୍ର- ଖପୁରି, ଆର ହାତରେ ଖଡ୍‌ଗ। ଗୋଟିଏ ହାତରେ ତଳକୁ ଝୁଲି ରହିଛି ମଣିଷର

କଟାମୁଣ୍ଡ, ଅନ୍ୟ ହାତଟି ବରଦମୁଦ୍ରା। ମୁକୁଳା ଆଲୁଳାୟିତ କେଶ। ଲହଲହ ଜିଭ ଏବଂ ବିବସନା। ହାତ ଓ ପାଦରେ କରାଳ ଗତି, ଅବିଶ୍ରାନ୍ତ। ଏବେ ଲୋହିତଯାତ୍ରାର ପଦଧ୍ୱନି। ଦେବତାମାନଙ୍କ ଛଳନା ତାଙ୍କୁ ଉନ୍ମାଦିନୀ କରିଦେଲା। ନା, ଏବେ ସେ କାହାକୁ ବି ବଂଚିବାକୁ ଦେବେନି। କାହାକୁ ବି। ସଂହାର କରିବେ ସକଳ ସୃଷ୍ଟି।

ଏଣେ ଅଶୁଭଶକ୍ତି ବିନାଶରେ ପୁଲକିତ ହେଉଥିବା ଦେବତାମାନେ ଉଚ୍ଛବ ମନାଉଥିଲେ। କାରଣ ଥିଲା ସୃଜନଶକ୍ତିକୁ ମଧ୍ୟ କ୍ଷମତାର ଶକ୍ତି ଅନ୍ଧ କରିଦେଇପାରେ। ମାତ୍ର ହଠାତ୍ ବଦଳିଗଲା ପରିମଣ୍ଡଳ। ଦେବଗଣ ଅନୁଭବ କଲେ, ସେମାନେ ଯେପରି କ୍ଷମତାପୀଡ଼ିତ ଜଣେ ଜଣେ ଅସହାୟତା। ଏବଂ, ଆଗରେ, ନା, ସମଗ୍ର ଜଗତରେ କାଳାନ୍ତରର ମହାରୂପ। ମହାକାଳୀଙ୍କର ସଂହାର ଲୀଳା। ଅପେକ୍ଷା ରହିଛି ପୁନଃ ସୃଜନର। ମହାକାଳୀଙ୍କର ଏହି ତେଜୋଦୀପ୍ତ ରୂପ ଥିଲା ସେମାନଙ୍କ ପାଇଁ ପ୍ରଥମ ଓ ସ୍ୱତନ୍ତ୍ର, ଅବର୍ଣ୍ଣନୀୟ। ସେମାନେ ଆତଙ୍କିତ, ଆତଙ୍କିତ ନିଜ ନିଜ ଅସ୍ତିତ୍ୱର ସୁରକ୍ଷା ପାଇଁ। ସେମାନେ ପ୍ରଥମଥର ପାଇଁ ଅନୁଭବ କଲେ ସୃଜନଶକ୍ତିର କ୍ରୋଧ ଆଗରେ କେତେ ଅସହାୟ କ୍ଷମତାର ଅହଂକାର। କାରଣ ସେଇ ଦେବତାମାନେ ହିଁ ମହିଷାକୁ ଅଭିଶାପ ଦେଇଥିଲେ, ମାତୃତ୍ୱର ଉଲ୍ଲଙ୍ଗ ଦର୍ଶନ ହିଁ ହେବ ତା'ର ମୃତ୍ୟୁର କାରଣ। ମାତ୍ର ଏ ବୀଭତ୍ସ ରହସ୍ୟ ସଂପର୍କରେ ସଂପୂର୍ଣ୍ଣ ଅଜ୍ଞ ଥିଲେ ସ୍ୱୟଂ ଆଦିମାତା। ଏ ରହସ୍ୟର ଭେଦ ଜାଣିବାମାତ୍ରକେ ଚହଲିଗଲା ତାଙ୍କ ଚେତନା, ମାତୃତ୍ୱ ବିପ୍ଳବ କରିବାକୁ ଲାଗିଲା। ଲାଜ ଓ କ୍ରୋଧ ଏବେ ଏକାକାର।

ଦେବଗଣଙ୍କ ଭିତରେ ଦ୍ୱନ୍ଦ୍ୱ। କିପରି ରକ୍ଷା କରାଯାଇପାରିବ ସକଳ ସୃଷ୍ଟିକୁ? ବାଟ ଦିଶିଗଲା। ଅନୁଭବ କଲେ, ମରଣର ବିଷଜ୍ୱାଳାରୁ ଜଗତକୁ ଜୀବନ୍ତ କରିବାପାଇଁ କେବଳ ଜଣେମାତ୍ର ସମର୍ଥ ବ୍ୟକ୍ତିତ୍ୱ, ସେ ନୀଳକଣ୍ଠ, ମହାଯୋଗୀ ଶିବ। ମହାମାୟାଙ୍କ ପ୍ରେମିକ ସ୍ୱାମୀ। ସେମାନେ ମଙ୍ଗଳମୟଙ୍କ ଶରଣାପନ୍ନ ହେଲେ। ସୃଷ୍ଟିକୁ ପୁନଃ ବିନାଶରୁ ରକ୍ଷା କରିବା ପାଇଁ। ମହାନଟ ଶିବଙ୍କ ମୁହଁରେ ଫୁଟି ଉଠିଲା ପୌରୁଷର ହସ। ଅସ୍ତିବାଚକ ଆଶ୍ୱାସନା। ସେ ଜାଣନ୍ତି, ଭଲଭାବରେ ଜାଣନ୍ତି, ମହାମାୟାଙ୍କ ସର୍ଜନା ଆକାଂକ୍ଷାର ମହାନନ୍ଦରେ ବାରମ୍ବାର ନିଜର ଅସ୍ତିତ୍ୱକୁ ଆହୁତି ଦେଉଥିବା ସେ ହିଁ ଜଣେମାତ୍ର ନିର୍ଲିପ୍ତ ଅହଙ୍କାର।

ପୁରୁଷର ପାଦ ଏଥର ପ୍ରକୃତି ପାଖକୁ। ତା' ଆଗରେ ପ୍ରକୃତି ପ୍ରତିମୁହୂର୍ତ୍ତରେ ବଦଳି ଯାଉଥିବା ଏକ ପ୍ରୀତିପଦ ଅସ୍ତିତ୍ୱ। ମହାକାଳୀ ରୂପରେ ଏବେ କେମିତି ଦିଶୁଥିବେ ସତୀ, ପାର୍ବତୀ? ମହାଭୈରବଙ୍କ ଚେତନାରେ ମହାକାଳୀଙ୍କ ରୂପତୃଷ୍ଣାକୁ ଶାନ୍ତ କରିବାପାଇଁ ଉନ୍ମାଦନା। ସତେଯେପରି ମହାକାଳଙ୍କର ଅନ୍ୟ ଏକ ମୃତ୍ୟୁକୁ ଅପେକ୍ଷା।

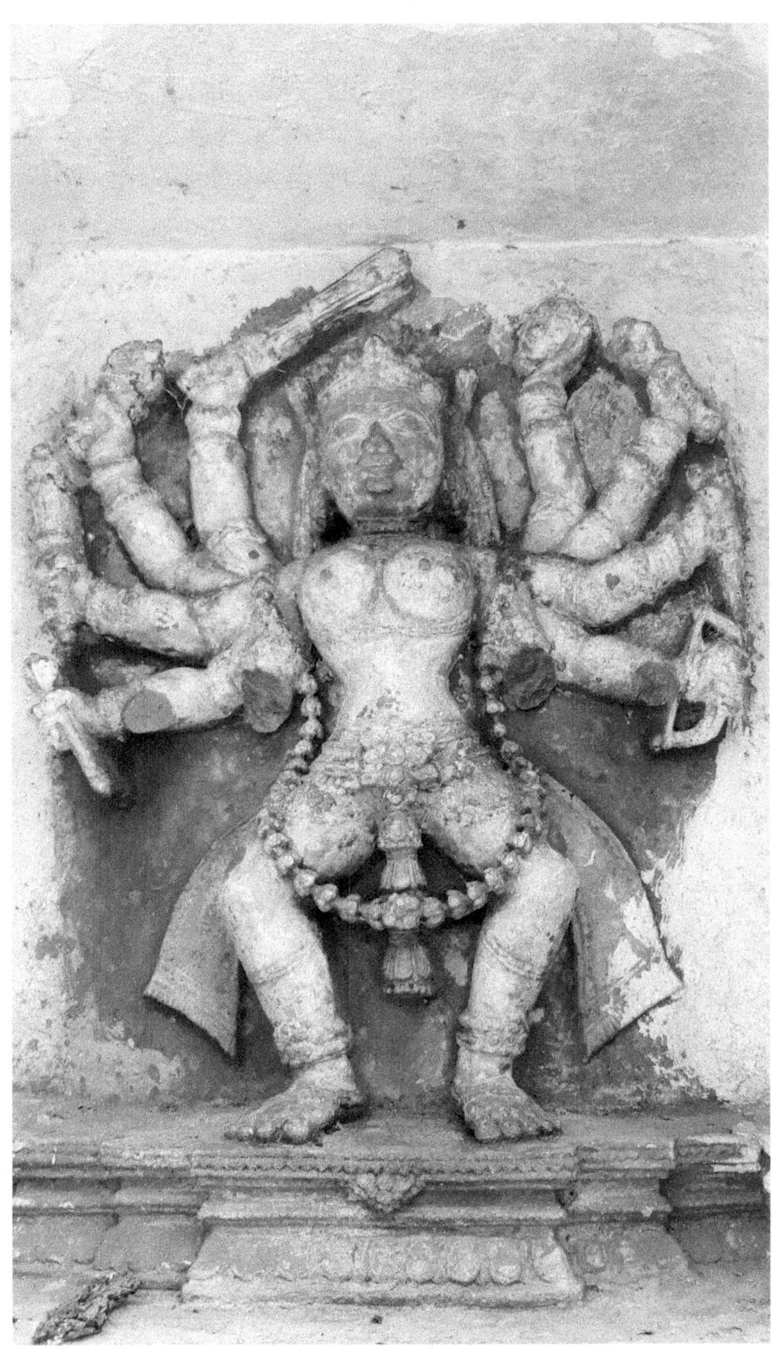

ପ୍ରେମିକାପତ୍ନୀଙ୍କ ଗତିର ଦିଗ ବାରି ଊର୍ଦ୍ଧ୍ୱମୁଖ ହୋଇ ଶୋଇପଡ଼ିଲେ ବାଟରେ। ସଂହାରିଣୀ ପତ୍ନୀଙ୍କ ପାଦ ଏବେ ପତିଙ୍କ ଛାତି ଉପରେ। ପତ୍ନୀଙ୍କର ଏ ରୂପ ଥିଲା ତାଙ୍କ ପାଇଁ ଅଦ୍ଭୁତ ଓ ଅନନ୍ୟ। ଅନୁଭବ କଲେ, ପ୍ରିୟତମାଙ୍କର ଗୋଟିଏ ହାତରେ ଜ୍ଞାନ (ଖଡ୍‌ଗ)- ସାଧକକୁ ମୁକ୍ତ କରୁଛି ଅଜ୍ଞାନତାର ଅନ୍ଧକାରରୁ; ଅନ୍ୟ ହାତରେ ତତ୍ତ୍ୱଜ୍ଞାନ (ମଣିଷର ଖପୁରି)- ଜ୍ଞାନତତ୍ତ୍ୱର ଆଲୋକ, ବାମ ହାତରେ ମଣିଷର କଟାମୁଣ୍ଡ- ମୃତ୍ୟୁଞ୍ଜୟୀ ହେବାର ସଂକଳ୍ପ, ଦକ୍ଷିଣ ହାତରେ ଭୟରୁ ମୁକ୍ତିବୋଧ(ଅଭୟମୁଦ୍ରା)ର ଆନନ୍ଦ ଓ ଜୀବନର ପ୍ରତିଶ୍ରୁତି। ଏବଂ, ମୁକୁଳା କେଶରେ କାମନାମୁକ୍ତିର ସଂଗୀତ। ଗଳାରେ ଲମ୍ବିତ ମୁଣ୍ଡମାଳର ଅକ୍ଷର(ଶବ୍ଦ) ଏବଂ ଲୋଳଜିହ୍ୱାରେ କାଳକୁ କବଳିତ କରିବାର ମନ୍ତ୍ର। କେବଳ ସେତିକି ନୁହେଁ, ଶ୍ମଶାନଚାରିଣୀ ପ୍ରିୟତମା ପୁଣି ଶବ ଉପରେ ନୃତ୍ୟରତା। ଧଳାରଙ୍ଗର ଶବ। ମହାକାଳୀଙ୍କର ଏହି ଦିବ୍ୟରୂପ ପାଖରେ ଅଭିଭୂତ ମହାଯୋଗୀ। ସେ ଅନୁଭବ କଲେ, ଏ ଶବ ଅନ୍ୟ କେହି ନୁହନ୍ତି, ସେ ନିଜେ, ନିର୍ବେଦ ପୁରୁଷ। ସେ ହିଁ କେବଳ ପ୍ରକୃତିକୁ ନବସୃଜନର ଆନନ୍ଦରେ ଶାନ୍ତ କରିପାରିବେ।

ପ୍ରକୃତିର ଉନ୍ମୁକ୍ତ ରୂପ ଭିତରେ ଆତ୍ମମଗ୍ନ ହେବାର ପ୍ରବଳ ଇଚ୍ଛାଶକ୍ତି ଶିବଙ୍କ ଚେତନାରେ ଉଚ୍ଚକିତ ହେବାରେ ଲାଗିଲା। ଶବ ମାଧ୍ୟମରେ ସେ ଆତ୍ମପ୍ରକାଶ କଲେ। ଜାଗ୍ରତ ପୌରୁଷ। ପୌରୁଷର ସ୍ପର୍ଶରେ ପ୍ରକୃତି ଚେତନାରେ ଚମକ। ରାଗରେ କାନ୍ଦୁଥିଲେ। କାନ୍ଦୁ କାନ୍ଦୁ ହସିଦେଲେ। ଜାଗ୍ରତ କୁଣ୍ଡଳିନୀ। ପ୍ରକୃତି ଓ ପୁରୁଷଙ୍କର ଏବେ ମହାମିଳନ ମଶାଣି ରୂପକ କାଳ ଭୂମିରେ। ଆଖିରେ ଆଖି ମିଶିଗଲା। ଶାନ୍ତ ଓ ସଜଳ। ଚାହିଁଲେ ନିଜକୁ। ଲାଜେଇ ଗଲେ। ଫୁଲ ହୋଇଗଲେ। ଗୋଟିଏ ନୁହେଁ; ଅଗଣିତ ଫୁଲ। ପ୍ରେମ, ମାତୃତ୍ୱ, ସେବା, ତ୍ୟାଗ, ସୌନ୍ଦର୍ଯ୍ୟ, ତିତିକ୍ଷା- ସକଳ ଭାବର ଫୁଲ। ସମସ୍ତେ ଏବେ ତା' କୋଳରେ, ସମସ୍ତେ ଏବେ ତା'ର ପ୍ରେମ।

ସର୍ଜନ-ସମାହିତ ପୁରୁଷ ଓ ପ୍ରକୃତିଙ୍କ ଏହି ମହାଲୀଳାର ଦୃଶ୍ୟ ସକଳଙ୍କ ପାଇଁ ଥିଲା ବିସ୍ମୟ। ମହାଯୋଗୀ ଶ୍ରୀଅରବିନ୍ଦଙ୍କ ଭାଷାରେ ଏହା ମହାକାଳୀଙ୍କ ସଂହାରଲୀଳା ନୁହେଁ, ସଂହାରମୁକ୍ତ ଜୀବନ(ଅଶ୍ରୁ)ଦାୟୀ ଲୀଳା। ଏହି ବୃତ୍ତାନ୍ତ ଶକ୍ତିତତ୍ତ୍ୱକୈନ୍ଦ୍ରିକ କାବ୍ୟ, ପୁରାଣ, ଦର୍ଶନ ଗ୍ରନ୍ଥଗୁଡ଼ିକରେ ପ୍ରତିପାଦିତ ହୋଇଛି।

ଭାରତବର୍ଷର ସନାତନ ଚେତନାର ସକଳ ସଂପ୍ରଦାୟ- ଶୈବ, ବୈଷ୍ଣବ, ବୌଦ୍ଧ- ପ୍ରତ୍ୟେକ ଏହି ମାର୍ଗକୁ ସ୍ୱୀକାର କରିଛନ୍ତି। ଏହି ମାର୍ଗ ବାମମାର୍ଗ ସହଜଯାନ ଭାବରେ ଅଧିକତର ପରିଚିତ। ସଂସ୍କୃତରେ ରଚିତ ନିର୍ବାଣତନ୍ତ୍ର, ନିଗମ କଳ୍ପତରୁ, କର୍ପୂରାଦିସ୍ତୋତ୍ର, ତନ୍ତ୍ରସାର, ଦେବୀପୁରାଣ ଏବଂ ଓଡ଼ିଆ ଭାଷାରେ ଲିଖିତ କାଳିକାପୁରାଣ, ଦେବୀପୁରାଣ, ଚଣ୍ଡୀପୁରାଣ, ବିଲଙ୍କାରାମାୟଣ ଆଦି ଗ୍ରନ୍ଥରେ

ମହାକାଳୀଙ୍କ ମହାରୂପ ହିଁ ପ୍ରାଧାନ୍ୟ ପାଇଛି। ସବୁଠି କୁହାଯାଇଛି, ସେ ପରାଶକ୍ତି ଓ ମହାବିଦ୍ୟା।

ମହାକାଳୀଙ୍କର ଏହି ରୂପ, ବହୁ ଭାବରେ ଆମ ଲୋକ ଆୟତନଗୁଡ଼ିକରେ ଜୀବନ୍ତ। ତାଙ୍କର ପୁଣି ବହୁ ନାଁ। ସେ ଶ୍ମଶାନକାଳୀ, ଦକ୍ଷିଣକାଳୀ, ଭଦ୍ରକାଳୀ, ଶ୍ୟାମାକାଳୀ, ରକ୍ଷାକାଳୀ ଏବଂ ମହାକାଳୀ। ଯେଉଁଠି ଥାଆନ୍ତି ସେହି ସ୍ଥାନ ଅନୁସାରେ ସେ ପରିଚିତା ହୁଅନ୍ତି। ସେ ପୁଣି ମଙ୍ଗଳା, ବିମଳା, ହିଙ୍ଗୁଳା ଆଦି ରୂପରେ ଉତ୍କଳୀୟ ଜନମାନସରେ ଉଚ୍ଚକିତ।

କେବଳ ଶାକ୍ତ ଚେତନା ନୁହେଁ, ବୈଷ୍ଣବ ଚେତନା ମହାକାଳୀଙ୍କୁ କିପରି ଆତ୍ମସ୍ଥ କରିଛି ତାହା ଅଦ୍ଭୁତ ରାମାୟଣରେ ବର୍ଣ୍ଣିତ। ସାରଳାଙ୍କ ବିଲଙ୍କାରାମାୟଣ ଅଦ୍ଭୁତରାମାୟଣର ଏକ ପ୍ରତିଧ୍ୱନି ମାତ୍ର। ସେଦିନ ଅଯୋଧାରେ ସୀତାଙ୍କର ରାମଙ୍କୁ ପ୍ରଶ୍ନ। କହିଲ, କିଏ ଅସୁର ନିସୋଦିନୀ ? ତୁମେ ନା ମୁଁ? ସୀତା ନିଜର ଶକ୍ତି ପ୍ରତିଷ୍ଠା ପାଇଁ ସହସ୍ରଶିରା ଅସୁରର ନିଧନ ପାଇଁ ରାମଙ୍କୁ ଆହ୍ୱାନ ଦିଅନ୍ତି। ରାମ ଏବଂ ଅସୁର ମଧରେ ଯୁଦ୍ଧ ହୁଏ। ଏବଂ, ଆଶ୍ଚର୍ଯ୍ୟ! ରାମ ପେଷୁଥିବା ଅସ୍ତ୍ରଗୁଡ଼ିକ ଅସୁର ଦେହରେ ବାଜି ଫେରି ଆସୁଥାଏ ରାମଙ୍କ ତୂଣୀରକୁ। ସୀତାଙ୍କ ଆଗରେ ରାମଙ୍କ ଅସହାୟତା। ସ୍ୱାମୀଙ୍କର ନିଶ୍ଚିତ ପରାଜୟକୁ ସହିପାରନ୍ତିନି। ପାର୍ବତୀରେ ରୂପାନ୍ତରିତ ହୁଅନ୍ତି, ସେ ଏବେ ମହାଶକ୍ତି ମହାମାୟା। ସହସ୍ରଶିରାକୁ ନିଧନ କରି ଉଦଣ୍ଡ ନୃତ୍ୟ କରନ୍ତି। ଅବିଶ୍ରାନ୍ତ ନୃତ୍ୟ। ଏବଂ, ତାଙ୍କ ଉଦ୍ଧାତ ନୃତ୍ୟରେ ଥରହର ହୁଏ ସମଗ୍ର ବ୍ରହ୍ମାଣ୍ଡ। କିଏ ଶାନ୍ତ କରିବ ଏ ପ୍ରମତ୍ତାଙ୍କୁ? ଏବେ କେବଳ ବ୍ରହ୍ମା ହିଁ ଭରସା। ବ୍ରହ୍ମାଙ୍କ ପରାମର୍ଶରେ ଶିବ, ଶବ ରୂପରେ ମହାକାଳୀଙ୍କ ପାଦତଳେ ନିଜକୁ ସର୍ମପଣ କରନ୍ତି। ଚେତନା ଫେରିପାଆନ୍ତି ମହାମାୟା। ଜଗତ ଅନ୍ୟ ଏକ ବିପର୍ଯ୍ୟୟରୁ ମୁକ୍ତ ହୁଏ। ସୀତାଙ୍କର ମହାକାଳୀ ରୂପ ଧାରଣ ଓ ପୁନଃ ସୀତାୟନ ପ୍ରସଙ୍ଗ ବୈଷ୍ଣବ ଚେତନା ସହିତ ଶାକ୍ତଚେତନାର ସମୀକରଣର କଥା କୁହେ।

କହିବା ନିଷ୍ପ୍ରୟୋଜନ, ତନ୍ତ୍ରଯାନ ବା ଶାକ୍ତଚେତନା ଏକଦା ବୌଦ୍ଧଧର୍ମକୁ ସଂକ୍ରମିତ କରିଥିଲା। ଇତିହାସରେ ତାହାର ବହୁଳ ପ୍ରମାଣ ରହିଛି। ଏବଂ, ଧର୍ମ ଏବଂ ଦର୍ଶନର ଏହି ସମନ୍ୱୟବାଦୀ ବିଚାର କେବଳ ସାହିତ୍ୟ, ଧର୍ମ ଓ ଦର୍ଶନଗ୍ରନ୍ଥ ନୁହେଁ, ଆମ ଚିତ୍ର, ସ୍ଥାପତ୍ୟ ଓ କଳାରେ ମଧ୍ୟ ଜୀବନ୍ତ। ଓଡ଼ିଶାରେ ପ୍ରାୟ ଖ୍ରୀଷ୍ଟୀୟ ସପ୍ତମ ଶତାବ୍ଦୀରୁ ମିଳୁଥିବା କାଳୀଙ୍କ ରୂପାନ୍ତରଣର ବିଭିନ୍ନ ସ୍ଥାପତ୍ୟ ଏହାର ପ୍ରତୀକାତ୍ମକ ଅଭିବ୍ୟକ୍ତି ମାତ୍ର।

॥ ଦୁଇ ॥

ଦେବୀ ଦୁର୍ଗା କିପରି ଓ କାହିଁକି ମହାକାଳୀ ରୂପରେ ଅବତୀର୍ଣ୍ଣ ହେଲେ ଆମେ କଥା ହୋଇସାରିଛେ। ଆମ ପୁରାଣ ଓ ଶାସ୍ତ୍ରରେ ସେ ଜଣେ 'ଚରିତ୍ର ମାତ୍ର' ନୁହନ୍ତି, ସକଳ ଜୀବନଦୃଷ୍ଟିର ପ୍ରତୀକ। ସଂସ୍କୃତରେ ନିଗମ କଳ୍ପତରୁ ଶୀର୍ଷକ ରଚନାଟିଏ ଅଛି। ସେଥିରେ କୁହାଯାଇଛି- ଜାତିଗୁଡ଼ିକ ମଧ୍ୟରେ ବ୍ରାହ୍ମଣ ଶ୍ରେଷ୍ଠ, ସାଧକମାନଙ୍କ ମଧ୍ୟରେ ଶକ୍ତି-ସାଧକ ଶ୍ରେଷ୍ଠ, ଶାକ୍ତମାନଙ୍କ ମଧ୍ୟରେ ମହାକାଳୀ-ମନ୍ତ୍ର ଜପକାରୀମାନେ ଶ୍ରେଷ୍ଠ ଏବଂ ମନ୍ତ୍ରଗୁଡ଼ିକ ମଧ୍ୟରେ କାଳୀମନ୍ତ୍ର ସ୍ୱତନ୍ତ୍ର। ସାଧକମାନଙ୍କର ଏହି ବିଚାର ଅବଶ୍ୟ ଭିତ୍ତିହୀନ ନୁହେଁ। ପୁଣି, ଏଥିରେ ଦକ୍ଷିଣକାଳୀ ଓ ଶ୍ୟାମାକାଳୀଙ୍କ ରୂପ ଓ ମହିମା ସଂପର୍କରେ ବର୍ଣ୍ଣନା ରହିଛି। କୁହାଯାଇଛି- ଦକ୍ଷିଣକାଳୀ ଏକ ଧ୍ୱଂସପ୍ରାପ୍ତ ଜଗତର ଶବ ଉପରେ ସଦା କ୍ରିୟାଶୀଳ ମହାଜାଗତିକ ଶୂନ୍ୟ-ସତ୍ତା। ତାଙ୍କ ହସ, ଜଗତର ସକଳ ଅହଂକୁ ନିୟନ୍ତ୍ରଣ କରୁଥିବା ଉନ୍ମାଦନା। ତାଙ୍କ ଚାରୋଟି ହାତ, କାଳଚକ୍ରର ନିୟନ୍ତ୍ରଣକାରୀ ମହା ଏକକ। ଯେତେବେଳେ ଜଗତ ନିଜର ପରିଚୟ ହରାଏ, ସେତେବେଳେ କେବଳ ସେ ହିଁ ଜାଗ୍ରତ ଥାଆନ୍ତି। ଶ୍ୟାମାକାଳୀଙ୍କ ଦେହର ରଙ୍ଗ କଳା, ଚିରନ୍ତନ ଶକ୍ତିର ଉତ୍ସ- ଯାହା ଭିତରେ ସକଳ ବର୍ଣ୍ଣର ବୈଚିତ୍ର୍ୟ ତେଜହୀନ ଓ ରୂପହୀନ। ତାହା ପୁଣି ଏତେ ଉଜ୍ଜ୍ୱଳତମ ଯେ, ସକଳ ବିରୋଧାଭାସକୁ ଠୁଳରୂପ ଦେଇପାରୁଥିବା ଶୂନ୍ୟତା। ତେଣୁ କୁହାଯାଏ, ମହାକାଳୀ ଜନ୍ମ ଓ ମୃତ୍ୟୁ ଊର୍ଦ୍ଧ୍ୱସ୍ଥ ଏକ ମହାବୋଧ, ମାତ୍ର ଉଭୟର କାରଣ। କାରଣ, ଜନ୍ମ ଓ ମରଣର ନିରନ୍ତର ପ୍ରବାହ ହିଁ ଜୀବନ। ଏବଂ, ଜଗତ ଏହି ନିରନ୍ତରତାର ଲୀଳାଭୂମି, ମହାକାଳ-ରୂପିଣୀ କାଳୀଙ୍କ ନିୟନ୍ତ୍ରିତ ଭୂମି।

ଉତ୍କଳ ମାଟିରେ ମହାକାଳୀ ନାନା ନାମରେ ପରିଚିତା। ଦକ୍ଷିଣକାଳୀ, ଶ୍ମଶାନକାଳୀ, ଶ୍ୟାମାକାଳୀ, ବଜ୍ରମହାକାଳୀ, ଭଦ୍ରକାଳୀ ଇତ୍ୟାଦି। ସେମାନଙ୍କୁ ଶାକ୍ତମତେ ପ୍ରତୀକିତ କରାଯାଇଛି। ମାତ୍ର ସ୍ଥାପତ୍ୟ ଗଢ଼ଣରେ ତାଙ୍କୁ କୌଣସି ନିର୍ଦ୍ଦିଷ୍ଟ ବନ୍ଧନରେ ବାନ୍ଧି ରଖାଯାଇ ପାରିନାହିଁ। କେଉଁଠି ସେ ଦୁର୍ଗା, ତ କେଉଁଠି ଚାମୁଣ୍ଡା। ପୁଣି କେଉଁଠି ଲୋଳଜିହ୍ୱା, ତ କେଉଁଠି ସ୍ନିଗ୍ଧା।

ଭଦ୍ରକରେ ସେ ଭଦ୍ରକାଳୀ, ଯେଉଁଠି ଶୁଭୁଥାଏ ସାଳନ୍ଦୀର କଳଗୀତ। ଦେହ କଳା-ମୁଗୁନି ପଥରରେ ତିଆରି। ଉଚ୍ଚତା ପ୍ରାୟ ଚାରିଫୁଟ। ସିଂହ ଉପରେ ବସିଛନ୍ତି। ଚାରି ହାତ। ଉପର ଡାହାଣ ହାତରେ ଖଡ୍ଗ ଓ ବାମହାତରେ ଖର୍ପର। ତଳ ଡାହାଣ ହାତ ଓ କୋଳରେ ଏକ ଶିଶୁ। ଶିଶୁ କାଳେ ବାଳଗୋପାଳ। କାଳୀଙ୍କ କୋଳରେ ବାଳଗୋପାଳ: ଶାକ୍ତ ଓ ବୈଷ୍ଣବ ଚେତନାର ଏହା ଯେପରି ମହାମିଳନ। ଏବଂ,

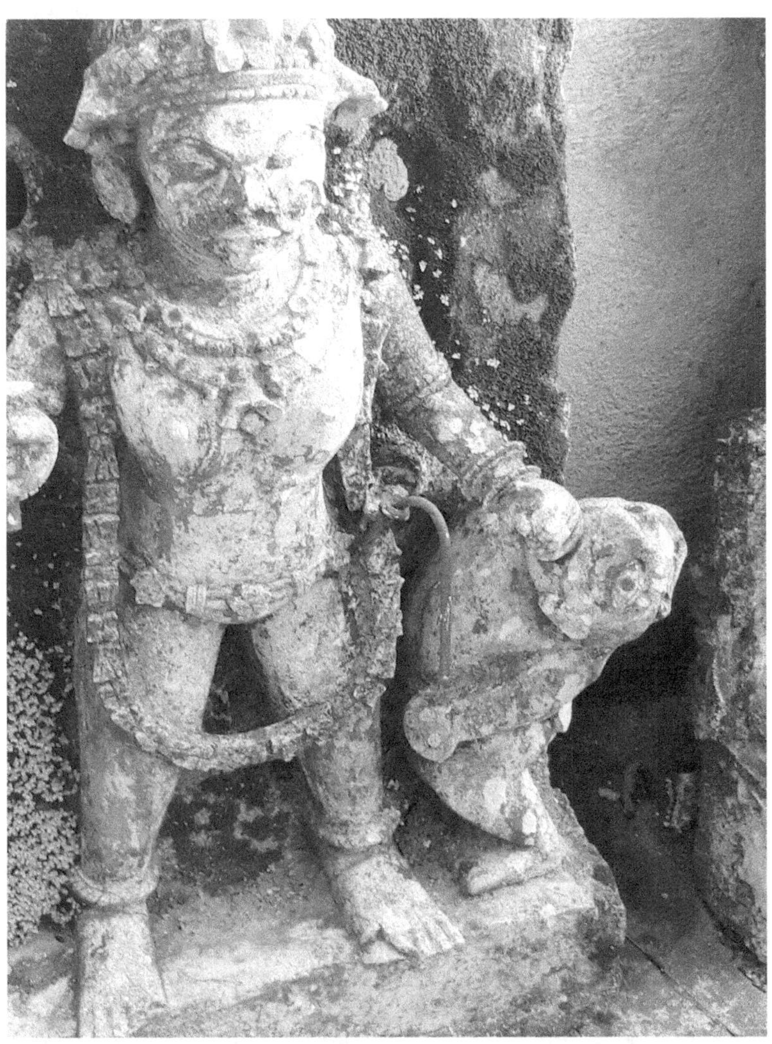

ବାମହାତରେ ମାଳା। ଦେହସାରା ଅଳଙ୍କାରର ଐଶ୍ୱର୍ଯ୍ୟ। ହାତରେ କଙ୍କଣ, ପାଦରେ ନୂପୁର, ବାଜୁରେ ବାଜୁବନ୍ଧ, ନାକରେ ନୋଥମଣି, ବେକରେ ରତ୍ନମାଳ, କାନରେ କୁଣ୍ଡଳ ଏବଂ ମଥାରେ କିରୀଟି। ଦେବୀ ତ୍ରିଭୁବନକୁ ଯେପରି ସମ୍ମୋହିତ କରୁଛନ୍ତି। ଓଠରେ ସ୍ମିତ ହସ, ଆଖିରେ କରୁଣା ଓ ସମ୍ମୋହନର ମନ୍ତ୍ର। ମୁହଁର ରଙ୍ଗ କଳା। ମାତ୍ର ସେ କଳାରଙ୍ଗ ଭିତରୁ ଯେମିତି ଝଲସି ଉଠୁଛି ସୁବର୍ଣ୍ଣ ଜ୍ୟୋତି। ଦୁଇ ପାଖରେ ଜୟ-ବିଜୟ। ବେଢ଼ାରେ ଗଣେଶ, ବିଷ୍ଣୁ, ସୂର୍ଯ୍ୟ, ଶିବ ଏବଂ ଦୁର୍ଗାଙ୍କର ବର୍ତ୍ତମାନ। ସମଗ୍ର

ଭାରତୀୟ ଦର୍ଶନ ଭଦ୍ରକାଳୀଙ୍କ ସ୍ତୁତିଗାନରେ ଶତମୁଖ। ମାର୍କଣ୍ଡେୟପୁରାଣ, ପଦ୍ମପୁରାଣ, ବିଷ୍ଣୁପୁରାଣ, ଶ୍ରୀମଦ୍‌ଭାଗବତ, ହରିବଂଶ ଏବଂ ମହାଭାରତ- ସବୁଠି ଦେବୀଙ୍କର ବନ୍ଦନା। ଶପ୍ତସତୀ ଚଣ୍ଡୀ, ଚଣ୍ଡୀପୁରାଣ, ଦୁର୍ଗାଅଷ୍ଟୋତ୍ତର ଶତନାମରେ ସୃଷ୍ଟିର ମଙ୍ଗଳ ବିଧାନ ପାଇଁ ତାଙ୍କର ଧରାବତରଣ।

ତେବେ ମୂର୍ତ୍ତିଗଢ଼ଣକଳା ଦୃଷ୍ଟିରୁ ବିଚାର କଲେ ପ୍ରତିମା ପ୍ରାଚୀନ ନିଶ୍ଚୟ। ମାତ୍ର ଦେବୀଙ୍କ କୋଳରେ ବାଳଗୋପାଳ ଥିବାରୁ ମୂର୍ତ୍ତି ଗଢ଼ଣ ସମୟକୁ ବୈଷ୍ଣବ ଧର୍ମର ଅଭ୍ୟୁଦୟ ଘଟିଲାଣି ନିଶ୍ଚୟ। ତେଣୁ ଦେବୀଙ୍କ ଗଢ଼ଣ ସମୟ ଦ୍ୱାଦଶ ଶତାବ୍ଦୀ ହୋଇଥାଇପାରେ। କୁହାଯାଏ, ଦର୍ଶନକୁ ବୁଝିହୁଏ ଦୃଶ୍ୟ ମାଧ୍ୟମରେ, କଥା ମାଧ୍ୟମରେ। ଆମେ ମହାକାଳୀଙ୍କୁ ବୁଝିବାପାଇଁ ତାଙ୍କ ମୂର୍ତ୍ତି ଓ ମୂର୍ତ୍ତିକୈନ୍ଦ୍ରିକ କାହାଣୀକୁ ବିଚାରକୁ ନେଇପାରିବା। ଓଡ଼ିଶାର ଅନ୍ୟତମ ପ୍ରାଚୀନ ଶକ୍ତିପୀଠ ଏବଂ ଶକ୍ତିପ୍ରତିମା 'ଭଦ୍ରକାଳୀ'। ତାଙ୍କ ନାମ ଅନୁସାରେ ଯଦି 'ଭଦ୍ରକ' ସ୍ଥାନର ନାମକରଣ କରାଯାଇଛି, ତେବେ ଭଦ୍ରର ଅର୍ଥ ଭବ୍ୟ ଏବଂ 'କ' ଜ୍ୟୋତି। ଏଇ ଜ୍ୟୋତିରୂପା ଦେବୀ ଯେ ଆମମାନଙ୍କ ଭାଗ୍ୟର ନିୟନ୍ତ୍ରିକା, ଶବ୍ଦଟିରୁ ତାହା ହିଁ ବୁଝି ହେଉଛି। ଏବଂ, ଭଦ୍ରକାଳୀରେ 'ଭଦ୍ରକ' ଶବ୍ଦଟି ତିଆରି ହୋଇଛି, ଏକଥା ସ୍ୱୀକାର କରିପାରିବା। ଭଦ୍ରକ ଶାସକମାନଙ୍କର ଇଷ୍ଟଦେବୀ 'ଭଦ୍ରକାଳୀ'। ତେବେ କେବେ ଏହି ଦେବୀ ଏକ ଭୂମିର ଈଶ୍ୱରୀର ମାନ୍ୟତା ପାଇଛନ୍ତି, ଏ ସଂପର୍କରେ କିମ୍ବଦନ୍ତୀକୁ ଗୁରୁତ୍ୱ ଦିଆଯାଇପାରେ।

ଦେବୀଙ୍କର ଆଧୁନିକ ବିଜେସ୍ଥଳୀ 'ସାଳନ୍ଦୀ' କୂଳରେ। ଆଜି ଯେଉଁଠି ସେ ପୂଜା ପାଉଛନ୍ତି, ଅତୀତରେ ସେ ଏଠାରେ ନଥିଲେ, ଅନ୍ୟ ଏକ ଜାଗାରେ ଥିଲେ। ବର୍ତ୍ତମାନର ମନ୍ଦିର ତିନୋଟି ଭିନ୍ନ ଭିନ୍ନ ସମୟରେ ତିଆରି ହୋଇଛି। ପ୍ରଥମ ମନ୍ଦିରର ଅସ୍ତିତ୍ୱ ନାହିଁ। ଦ୍ୱିତୀୟ ମନ୍ଦିରଟି ଛୋଟ ଥିଲା। ଏହି ଛୋଟ ମନ୍ଦିର ନୂଆ ରୂପ ନେଇଛି ୧୯୫୩ରୁ ୧୯୫୯ ମସିହା ମଧ୍ୟରେ। ତେଣୁ ମନ୍ଦିରର ପ୍ରାଚୀନତା ସଂପର୍କରେ କିଛି କୁହାଯାଇପାରିବ ନାହିଁ। ମନ୍ଦିର ପରିସର ମଧ୍ୟରେ ରହିଛି ଏକ ଜଗନ୍ନାଥ ମନ୍ଦିର।

ଦେବୀଙ୍କର ଆଉ ଗୋଟିଏ ନାଁ ମେଘାସନୀ। ଅର୍ଥାତ୍, ମୟୂରଭଞ୍ଜ ଜିଲ୍ଲାର ମେଘାସନ ପାହାଡ଼ ସହିତ ଦେବୀଙ୍କ ନାଁ ସଂଯୋଜିତ। ଏହି ପାହାଡ଼ ତୀଖରୁ ଝରିଆସିଛି ସାଳନ୍ଦୀ ନଈ। କିମ୍ବଦନ୍ତୀ କହେ, ମେଘାସନ ପର୍ବତର ଶିଖରରେ ପୂଜା ପାଉଥିଲେ ଦେବୀ। ତାପସ ନାମକ ସାଧକ ଥିଲେ ତାଙ୍କର ପରମ ଭକ୍ତ। ଦିନେ ତାପସ ଆବିଷ୍କାର କଲେ ମା'ଙ୍କ ବାମ ସ୍ତନରୁ ଝରୁଛି କ୍ଷୀର। ମିଶିଯାଉଛି ଏକ ଝରଣାରେ। ଝରଣା ହୋଇଯାଉଛି ନଈଟିଏ। ନାଁ ସାଳନ୍ଦୀ। ତାପସ ମା'ଙ୍କ କ୍ଷୀର ପାନ କରିଛନ୍ତି ଏବଂ ଲୀନ ହୋଇଯାଇଛନ୍ତି ତାଙ୍କ ଦେହରେ। ଏକଥା ଅଦୂରରେ ଲକ୍ଷ୍ୟ କରିଛନ୍ତି ତାପସଙ୍କର

ପଟ୍ଟଶିଷ୍ୟ ଭଦ୍ରନାଥ। ସେ ପୀଠଟିଏ ତିଆରି କରିଛନ୍ତି ଗୁରୁଙ୍କ ପାଇଁ। ପୂଜା କରିଛନ୍ତି। ଦିନେ ସେ ଦେଖିଛନ୍ତି ଗୁରୁ ଆବିର୍ଭୂତ ହୋଇଛନ୍ତି ସମାଧିପୀଠରେ। ଏବଂ, ନିର୍ଦ୍ଦେଶ ଦେଇଛନ୍ତି ଭଦ୍ରନାଥଙ୍କୁ, ଜଙ୍ଗଲ ଶେଷରେ ଯେଉଁଠି ପାଣିର କଳଗୀତ ନୀରବ ହୋଇଯିବ, ସେଇଠି ସ୍ଥାପନା କରିବ ମା'ଙ୍କୁ। ଦେବୀ ପ୍ରଥମେ କାଳେ ସେଇଠି ପୂଜା ପାଉଥିଲେ।

ଅନ୍ୟ ଏକ କିମ୍ବଦନ୍ତୀ ହେଉଛି- ଚୌହାନ ବଂଶର ଦୁଇଜଣ ଭକ୍ତ ଶ୍ରୀଜଗନ୍ନାଥ ଦର୍ଶନ ପାଇଁ ପୁରୀ ଆସିଛନ୍ତି। ସେମାନେ ବାଟରେ ଦେଖିଛନ୍ତି ଏକ ଜ୍ୟୋତି। 'ଜ୍ୟୋତି'ର ଉଜ୍ଜ୍ୱଳତା ତାଙ୍କୁ ଚକିତ ଓ ଆକର୍ଷିତ କରିଛି। ପାଖକୁ ଯାଇଛନ୍ତି। ତାହା ଥିଲା ଭଦ୍ରନାଥଙ୍କ କୁଟୀର। ସେମାନେ ସଭକ୍ତି ପ୍ରାର୍ଥନା କରିଛନ୍ତି ଜ୍ୟୋତିକୁ। ଜ୍ୟୋତି ଦେବୀ ରୂପରେ ରାତିରେ ସେମାନଙ୍କୁ ଫୁଲଟିଏ ଧରେଇ ଦେଇଛନ୍ତି ସ୍ୱପ୍ନରେ ଏବଂ କହିଛନ୍ତି, ତୁମେ ଆଗେ ଆଗେ ଯାଉଥିବ, ପଛେ ପଛେ ଯାଉଥିବି ମୁଁ। ତୁମେ ଶୁଣିପାରୁଥିବ ମୋ ପାଦର ପାଉଁଜିର ଛନ୍ଦ। ଯେତେ ବାଟ ଯିବ ସେଇ ଆୟତନର ତମେ ହେବ ଅଧିପତି। ସେମାନେ ଚାଲିଲେ, ମାତ୍ର ଗୋଟିଏ ଜାଗାରେ ଦେବୀଙ୍କ ପାଉଁଜିର ଗୀତ ଆଉ ସେମାନଙ୍କୁ ଶୁଭିଲା ନାହିଁ। ନାଦକୁ ଖୋଜିବା ପାଇଁ ସେମାନେ ପଛକୁ ଚାହିଁଲେ। ପଛରେ କେବଳ ଶୂନ୍ୟତା। ସେଇଠି ଅଟକି ଗଲେ ଏବଂ ଭଦ୍ରନାଥଙ୍କ ଆଶ୍ରମ ପାଖରୁ ଯେତିକି ଦୂର ଆସିଥିଲେ, ସେଇ ଆୟତନ ହେଲା ସେମାନଙ୍କ ସାମ୍ରାଜ୍ୟ। ସେମାନେ ଦେବୀଙ୍କୁ ନିଜର ଇଷ୍ଟଦେବୀ ଭାବେ ଗ୍ରହଣ କରିନେଲେ। ଦେବୀଙ୍କ ନାଁ ରଖିଲେ 'ଭଦ୍ରକାଳୀ'।

ଅନ୍ୟ ଏକ କିମ୍ବଦନ୍ତୀ କୁହେ, ଦେବୀ ଏହି ଭୂମିରେ ଗୁପ୍ତ ଶାସନ କାଳରେ ଖ୍ରୀଷ୍ଟୀୟ ଚତୁର୍ଥ ଶତାବ୍ଦୀରେ ପୂଜା ପାଉଥିଲେ। ଏ ସଂପର୍କରେ ନିର୍ଦ୍ଦିଷ୍ଟ ତଥ୍ୟ ଅବଶ୍ୟ ନାହିଁ, ମାତ୍ର ଗୋଟିଏ କଥା ସ୍ପଷ୍ଟ ଯେ ସେ ଥିଲେ ଏହି ଅଞ୍ଚଳର ଭୂୟାଁ ଶାସକମାନଙ୍କର ଇଷ୍ଟଦେବୀ। ରାଜଧାନୀ ଥିଲା ସାଳନ୍ଦୀ ତଟର ଭଦ୍ରକ। ମୁସଲମାନମାନେ ଭୂୟାଁ ସାମ୍ରାଜ୍ୟକୁ ଆକ୍ରମଣ କରିଛନ୍ତି। ରାତିରେ ପୂଜକଙ୍କୁ ସ୍ୱପ୍ନ ହୋଇଛି ନଈରେ ତାଙ୍କୁ ଅନ୍ୟତ୍ର ନେଇ ଯିବା ପାଇଁ। ମାତ୍ର ଦେବୀଙ୍କୁ ନାଆରେ ନେବାବେଳେ ଦେବୀ ପାଣିରେ ବୁଡ଼ି ଆତ୍ମଗୋପନ କରିଛନ୍ତି। ସେଇଠି ପାଣି ଭିତରେ ରହିଯାଇଛନ୍ତି ଯେ, ରହିଯାଇଛନ୍ତି। କେବେ ଦିନେ କିଛି ପିଲା ନିକଟରେ ବଣଭୋଜି କରିଛନ୍ତି। ମାତୃସ୍ୱରୂପା ମା' ସବୁକାଳରେ ପିଲାମାନଙ୍କ ସ୍ନେହରେ ବନ୍ଧା। ପିଲାଙ୍କ ସହ ପିଲା ହୋଇଯାଇଛନ୍ତି। ସେମାନଙ୍କ ସହ ମିଶି ସେହି ସ୍ଥାନରେ ଭୋଜି ଖାଇଛନ୍ତି। କାଳକ୍ରମେ ସେ ଜାଗାର ନାଁ ହୋଇଛି ଆହାରପଦା। ମୁସଲମାନ ଶାସନ ପରେ ଦେବୀଙ୍କୁ ପୁନଃସ୍ଥାପନ

କରାଯାଇଛି ସାଳନ୍ଦୀ କୂଳରେ। ଯାଜପୁରରୁ ବ୍ରାହ୍ମଣମାନେ ଆସିଛନ୍ତି। ଦେବୀଙ୍କୁ ପ୍ରତିଷ୍ଠା କରାଯାଇଛି। ଅଳ୍ପରେ ଏହା ହିଁ ଦେବୀଙ୍କ ଆବିର୍ଭାବର ଇତିହାସ।

ଦେବୀଙ୍କର ପ୍ରାଥମିକ ରୂପ କ'ଣ ଥିଲା କହିବା ସହଜ ନୁହେଁ। ଭୂୟାଁ ନାମକ ଜନଜାତି ପୂଜିତା ହୋଇଥିବାରୁ ସେ କାଠ ଅଥବା ଶିଳାରେ ପ୍ରମୂର୍ତ୍ତ ହୋଇଥିବେ। ଏବଂ, ନଦୀରେ ତାଙ୍କ ପ୍ରତିମା ବୁଡ଼ିଯାଇଥିବାରୁ ଏବେ ଆମେ ଦେଖୁଥିବା ତାଙ୍କ ପ୍ରତିମା ମୂଳପ୍ରତିମା ନ ହୋଇଥାଇପାରେ। ମାତ୍ର ଗୋଟିଏ କଥା ସ୍ପଷ୍ଟ ଯେ, କିମ୍ବଦନ୍ତୀ ଯଦି ଆଧାର ହୁଏ, ତେବେ ଶ୍ରୀଜଗନ୍ନାଥଙ୍କ ଭଳି ଭଦ୍ରକାଳୀ ମୂଳତଃ ଥିଲେ ପାହାଡ଼ୀ ବନବାସୀଙ୍କର ହିଁ ଆରାଧ୍ୟା ଦେବୀ। ସମୟକ୍ରମେ ତାଙ୍କର ସ୍ଥାନାନ୍ତର ହୋଇଛି ଏବଂ ସମତଳ ଭୂମିରେ ସେ ହୋଇଛନ୍ତି ଆର୍ଯ୍ୟମାନଙ୍କର ଦେବୀ। ଏବଂ, ପରବର୍ତ୍ତୀ ସମୟରେ ଦେବୀଙ୍କୁ ନେଇ ଗଢ଼ିଉଠିଥିବା କିମ୍ବଦନ୍ତୀ ଉପରେ ଗଢ଼ାହୋଇଛି ଇତିହାସର ସୌଧ। କୁହାଯାଏ, ଇତିହାସ ଯଦି ସଭ୍ୟତାର ଜୀବନ ହୁଏ, ତେବେ କିମ୍ବଦନ୍ତୀ ତାର ଆତ୍ମା। ଇତିହାସ ଭଳି କିମ୍ବଦନ୍ତୀର ମୌଳିକ ଉପାଦାନ ନଥାଇପାରେ, ମାତ୍ର ଇତିହାସ ଗଢ଼ଣରେ କିମ୍ବଦନ୍ତୀର ଭୂମିକା ବେଶ୍ ଗୁରୁତ୍ୱପୂର୍ଣ୍ଣ। କିମ୍ବଦନ୍ତୀ ଆଧାରରେ ଭଦ୍ରକାଳୀଙ୍କୁ ଆମେ ପ୍ରାଚୀନ ସ୍ଥାପତ୍ୟର ଦେବୀ କହିପାରିବା। ତେବେ କେବଳ ଭଦ୍ରକର ଭଦ୍ରକାଳୀ ନୁହନ୍ତି, ସମଗ୍ର ଓଡ଼ିଶାର ପରିମଣ୍ଡଳରେ ମହାକାଳୀଙ୍କ ସର୍ଜନ ରୂପ ନାନା ଭାବ ଓ ଭଙ୍ଗୀରେ ସ୍ଥାପତାୟିତ।

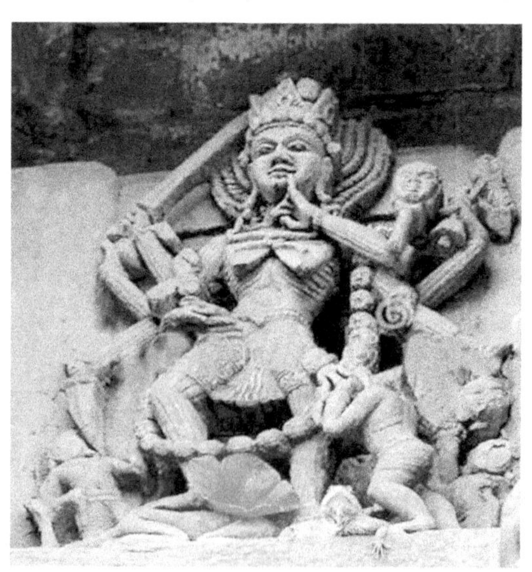

॥ ତିନି ॥

ଶ୍ରୀଜଗନ୍ନାଥଙ୍କର କଳାମୁହଁ, ଲାଲଓଠ, ଚକାଚକା ଆଖି। ନାକରେ ଫୁଲର ଗୁଣା, ମଥାରେ ପାଟଓଢ଼ଣା। ତାଙ୍କର ଏ ବିଚିତ୍ର ଭାବକୁ ଆମେ କେଉଁ ରୂପରେ ଗ୍ରହଣ କରିପାରିବା ? ପୁରୁଷ ନା ନାରୀ ? ନା ଉଭୟର ଏକ କଳାରୂପ ? ଯିଏ ଆଖିରେ,

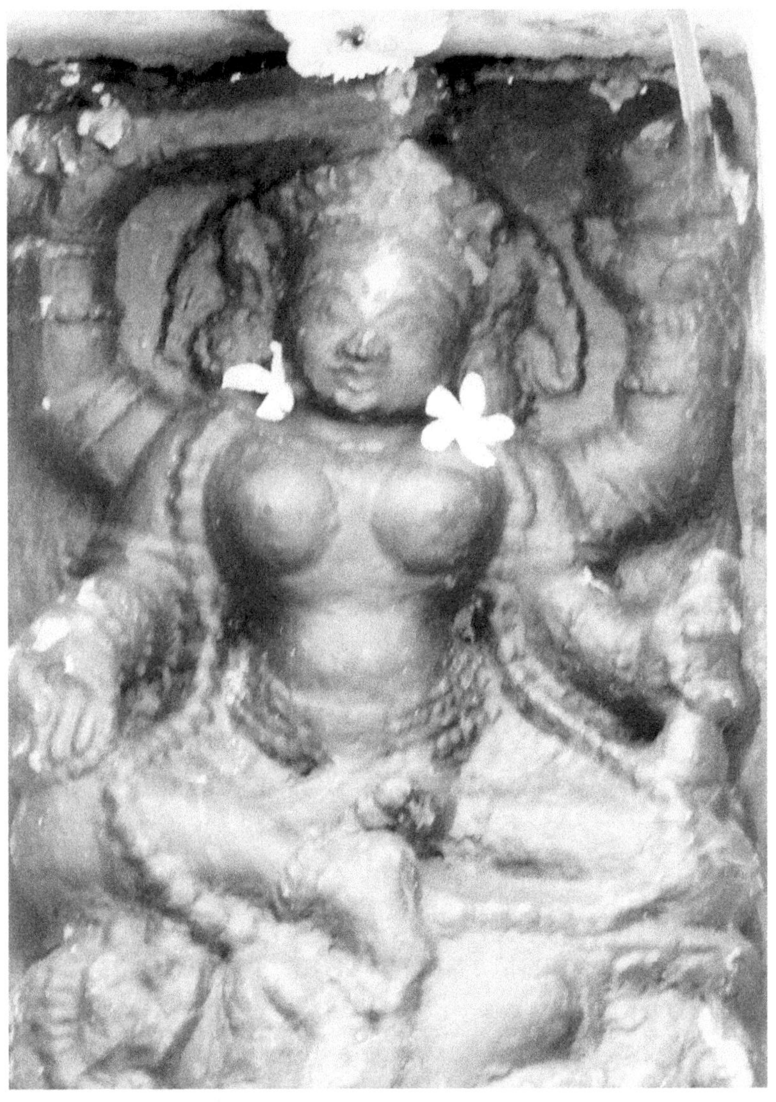

ଓଠରେ, ଗତିରେ ସକଳ ବିଶ୍ୱକୁ ସମ୍ମୋହିତ କରି ରଖିଛି, ସେ ନିଜେ ଜଣେ ମହାତାନ୍ତ୍ରିକ ଅଥବା ମହାମାନ୍ତ୍ରିକ ନୁହନ୍ତି ତ ?

ମହାନିର୍ବାଣତନ୍ତ୍ରରେ ଶ୍ରୀଜଗନ୍ନାଥ ସ୍ୱୟଂ ଦକ୍ଷିଣ କାଳିକା। ଶାକ୍ତଦର୍ଶନ କୁହେ, ସେ ଶକ୍ତିଦ୍ୱାରା ନିୟନ୍ତ୍ରିତ ନୁହନ୍ତି, ବରଂ ଶକ୍ତିଙ୍କର ମୁଗ୍ଧ ପ୍ରତିରୂପ। ଜନ୍ମ ଓ ମୃତ୍ୟୁକୁ ନିୟନ୍ତ୍ରଣ କରୁଥିବା ଏକ ସ୍ଥିତିହୀନ ଅସ୍ତିତ୍ୱ ଓ ସ୍ଥିତିମୟ ସ୍ଥିତିହୀନତା। ଓଡ଼ିଶାର ସ୍ଥାପତ୍ୟରେ ଉପଲବ୍ଧ କାଳୀପ୍ରତିମାଗୁଡ଼ିକରେ ତାଙ୍କ ମହାରୂପର ଅସ୍ତିତ୍ୱକୁ ଅନୁଭବ କରାଯାଇପାରେ।

ଓଡ଼ିଶାର ବହୁ ପ୍ରାଚୀନ ମନ୍ଦିରରେ ତାଙ୍କ ଅବସ୍ଥିତି। ବୟାଳିଶବାଟିର ଗଙ୍ଗେଶ୍ୱର ମନ୍ଦିର କାଳୀପ୍ରତିମା ସବୁଠୁ ପୁରୁଣା। ଯାଜପୁରର ବରାହ ମନ୍ଦିର(ପ୍ରତାପରୁଦ୍ରଦେବଙ୍କ ଶାସନକାଳୀନ)ର ବିଜେପ୍ରତିମା ମଧ୍ୟ ଏହି ଗୋତ୍ରର। ଶବ ଉପରେ ଫୁଟିଛି ଏକ ପଦ୍ମଫୁଲ। ଫୁଲ ଉପରେ ସେ ବସିଛନ୍ତି ଲଳିତାସନରେ। ଛଅଟି ହାତ, ଗଳାରେ ବନମାଳ। ମଥାରେ ପଦ୍ମପାଖୁଡ଼ାର ଭ୍ରମ ସୃଷ୍ଟି କରୁଥିବା ମୁକୁଟ। ପାଦ ପାଖରେ ପ୍ରାର୍ଥନା ମୁଦ୍ରାରେ ଜଣେ ଭକ୍ତ ଓ ପୀଠ ପାଖରେ ସିଂହ। କାଳିକାପୁରାଣ ବର୍ଣ୍ଣନା ଅନୁସାରେ ସେ କାମେଶ୍ୱରୀ, ତ୍ରିପୁରେଶ୍ୱରୀ ଅଥବା ମହାମାୟା କାମାକ୍ଷା। ଧବଳେଶ୍ୱର ପୀଠରେ ପ୍ରାୟ ପଞ୍ଚଦଶ ଶତାବ୍ଦୀରେ ନିର୍ମିତ ଶିବ ମନ୍ଦିରର କାଳୀ ତ୍ରିପୁରସୁନ୍ଦରୀଙ୍କର ପ୍ରତିରୂପ। ମାତ୍ର ତାଙ୍କର ବିଶେଷତା- ସେ ତ୍ରିନେତ୍ରୀ। ହାତରେ ଅକ୍ଷମାଳ, ମଥାରେ କୀର୍ତ୍ତିମୁକୁଟ। ଶବର ଗୋଟିଏ ହାତ ରହିଛି ମୁଣ୍ଡ ତଳେ। ସୋନପୁରର ଭଗବତୀ ମନ୍ଦିରର ଜଗମୋହନରେ ତାରା, ଚାମୁଣ୍ଡା, ବୈଷ୍ଣବୀ ଓ ଦୁର୍ଗାପ୍ରତିମାମାନଙ୍କ ଗହଣରେ ଅଛନ୍ତି କାଳୀ। ସେ ଚତୁର୍ଭୁଜା। ସମଭଙ୍ଗୀ ଠାଣିରେ ଶିବଙ୍କ ସହ ରତିମଗ୍ନା। ପୁରୀ ଜିଲ୍ଲାର ପଟ୍ଟନାୟିକିଆ, ବୀରଗୋବିନ୍ଦପୁର; ଖୋର୍ଦ୍ଧାର ଅଟ୍ରି, କଣ୍ଟିଲା; ସୋନପୁରର ଖମ୍ବେଶ୍ୱରୀ ଓ ସୁଜାଣଗଡ଼ର କାଳୀପ୍ରତିମାମାନେ ମଧ୍ୟ ସ୍ୱତନ୍ତ୍ର। ବୀରଗୋବିନ୍ଦପୁରର କାଳୀ ଆଲୀଢ଼ା ଭଙ୍ଗୀରେ ଦଣ୍ଡାୟମାନା। ଅଟ୍ରିର ଦୁଇ ନଗ୍ନପ୍ରତିମାଙ୍କ ହାତରେ କଟାର ଓ କରୋଟୀ। ସୁଜାଣଗଡ଼ରେ ସେ ଚାଲୁଛନ୍ତି ଶିବଙ୍କ ସହିତ। ଡାହାଣ ହାତରେ ଉଦ୍ୟତ ଖଡ୍‌ଗ। ବାଙ୍କୀର କାଳୀ ଠିଆ ହୋଇଛନ୍ତି ଦୁଇଟି ଶବ ଉପରେ। ଚାମୁଣ୍ଡା ପ୍ରତିମାମାନେ କାଳୀ ଓ ଦୁର୍ଗାଙ୍କର ସମୀକରଣ। ସେମାନେ ଚତୁର୍ଭୁଜ। ମାତ୍ର ସିଦ୍ଧକାଳୀ ଓ ଶ୍ୟାମାକାଳୀ ପ୍ରତିମାଗୁଡ଼ିକ ଦ୍ୱିଭୁଜା। ଶ୍ୟାମାରହସ୍ୟ ଓ ତନ୍ତ୍ରସାର ଗ୍ରନ୍ଥରେ ତାଙ୍କ ରୂପର ବର୍ଣ୍ଣନା ରହିଛି। ପଶ୍ଚିମବଙ୍ଗର ନବଦ୍ୱୀପ ଓ ଅନ୍ୟ କେତେକ ଅଞ୍ଚଳରେ କାଳୀଙ୍କର 'ଶକ୍ତିରାସ'ର ପ୍ରତିମା ରହିଛି। କାଳୀପୂଜା କାଳରେ ରାସ ଅନୁଷ୍ଠିତ ହୁଏ। ଏହି ପ୍ରତିମା ଶିବ-ଶକ୍ତିଙ୍କ ଶୃଙ୍ଗାର ଭାବର ପ୍ରତୀକ। ସେମାନଙ୍କୁ ପୁରୁଷ ଓ ପ୍ରକୃତିର ଗୁହ୍ୟ ସାଧନାର ଅଭିବ୍ୟକ୍ତି

କୁହାଯାଇପାରିବ। ବଜ୍ରଯାନ ପ୍ରଭାବର ଫଳଶ୍ରୁତି ବି ହୋଇପାରେ। କର୍ପୂରାସ୍ତୋତ୍ରରେ ମହାକାଳୀ ଓ ଶ୍ୟାମାକାଳୀଙ୍କ ସଂପର୍କରେ ଅନୁରୂପ ବର୍ଣ୍ଣନା ରହିଛି। ପ୍ରତିମାର ଏହି ରୂପକୁ ଭାରତୀୟ ଦର୍ଶନରେ ପୁରୁଷ-ପ୍ରକୃତିର ଅଦ୍ୱୈତ-ଅନୁବନ୍ଧନ ମଧ୍ୟ କୁହାଯାଇପାରିବ।

କଟକ ଜିଲ୍ଲାର ଲକ୍ଷ୍ମୀନାରାୟଣପୁରରେ ରହିଛି ଏକ ଛୋଟ କାଳୀ ମନ୍ଦିର। ଦେବୀଙ୍କର ଚାରି ହାତ, ଶିବଙ୍କ ଉପରେ ଠିଆ ହୋଇଛନ୍ତି ତାଙ୍କର ବିଶେଷତା- ଦୁଇଟି ହାତରେ ମଣିଷର କଟାମୁଣ୍ଡ ଓ ଖଣ୍ଡା ଏବଂ ଅନ୍ୟ ଦୁଇ ହାତରେ ଅଭୟ ଓ ବରଦମୁଦ୍ରା। କଣ୍ଠରେ ମୁଣ୍ଡମାଳ। ମଥାର ସୌନ୍ଦର୍ଯ୍ୟ ସ୍ୱତନ୍ତ୍ର। ସତେଯେପରି ଘନକେଶକୁ ଦୁଇଟି ବେଣୀ କରି କିଏ ବାନ୍ଧି ଦେଇଛି ଅତି ସୁନ୍ଦର କରି। ଶିବଙ୍କ ଦେହର ବର୍ଣ୍ଣ କଳା। ବାମ ହାତ କପାଳ ଉପରକୁ ଉଠିଯାଇଛି। ଡାହାଣ ହାତ ଡମ୍ବରୁ ଉପରେ। ଅଣ୍ଟାରେ ବାଘଝାଲର ବେଢ଼ଣ। ବେକରେ ସାପ ଗୁଡ଼େଇ ହୋଇ ରହିଛି ମାଳ ପରି। ମନ୍ଦିର ପରିସରରେ ବିଷ୍ଣୁ ପ୍ରତିମା ବି ଅଛନ୍ତି। କାକଟପୁରର ମଙ୍ଗଳାଙ୍କ ପୀଠରେ ମଧ୍ୟ ଅନୁରୂପ କାଳୀପ୍ରତିମା ରହିଛନ୍ତି। ମାତ୍ର ଦେବୀ ଆଲିଢ଼ା ଭଙ୍ଗୀରେ ଶିବଙ୍କ ଉପରେ ଠିଆ ହୋଇଛନ୍ତି। ତାଙ୍କ ମଥାରେ ମୁକୁଟ ବି ଅଛି। ବେଶ୍ କାରୁକାର୍ଯ୍ୟମଣ୍ଡିତ। ପାଖରେ ଶିଆଳ ଅଛି। ଲାଗିବ, ସେ ମଶାଣିରେ। ଶିବ ଏଠାରେ ଊର୍ଦ୍ଧ୍ୱଲିଙ୍ଗ।

ଆମେ ଜାଣୁ, ବୌଦ୍ଧଧର୍ମ କୌଳମାର୍ଗ(ତନ୍ତ୍ରଯାନ) ଦ୍ୱାରା ବହୁଭାବରେ ପ୍ରଭାବିତ। ଯାଜପୁରର ବିଖ୍ୟାତ ବୌଦ୍ଧକ୍ଷେତ୍ର ରତ୍ନଗିରିରେ ଅଛନ୍ତି ମହାକାଳୀ ଓ କପିଳା ଗାଁରେ ବଜ୍ରମହାକାଳ। ସେମାନେ ବୌଦ୍ଧଧର୍ମର ଅନ୍ୟତମ ଦେବତା ମହାକାଳଙ୍କର ଶକ୍ତିରେ ରୂପାନ୍ତରଣ- ସାଧାରଣ ଜନତାର ବିଚାରରେ। ବଜ୍ରମହାକାଳୀପ୍ରତିମାଙ୍କ ଗଢ଼ଣ ସ୍ୱତନ୍ତ୍ର। ବାଁ ହାତରେ ଧରିଥିବା ଖପୁରି ଓଠ ପାଖରେ। ଡାହାଣ ହାତରେ କଟାରୀ ସତେଯେପରି ଜଗତ ଧ୍ୱଂସ ପାଇଁ ଉଦ୍ୟତ। କେଶସଜ୍ଜା ଦେଖିଲେ ଲାଗିବ, ତିନୋଟି ସାପ ଯେପରି ପରସ୍ପର ସହିତ ଛନ୍ଦିହୋଇ ରହିଛନ୍ତି। ସେ ପୁଣି ତ୍ରିନେତ୍ରୀ। ବାଣେଶ୍ୱରୀନାସୀ ପାଖ ଖରୋଦ ନାମକ ଗାଁର କାଳୀ ମନ୍ଦିରରେ ପୂଜା ପାଉଛନ୍ତି ଏହିପରି ପ୍ରତିମା।

ଓଡ଼ିଶାର ବହୁ ମନ୍ଦିରରେ କାଳୀ ପାର୍ଶ୍ୱଦେବୀ ରୂପରେ ପୂଜା ପାଇଆସୁଛନ୍ତି ପ୍ରାୟ ଦଶମ ଶତାବ୍ଦୀରୁ। ପେଡ଼ାଗଡ଼ିପୁରର ଧୀମେଶ୍ୱରୀ ମନ୍ଦିରର ତିନି ପାଖରେ ସେ ବିଜେ କରିଛନ୍ତି। ତାଙ୍କର ଗୋଟିଏ ରୂପ- ଯୋଜନୀ। ସେ ଚତୁର୍ଭୁଜା। ଏକ ପଶୁର ଶବ ଉପରେ ରହିଛି ବିଶ୍ୱପଦ୍ମ। ପଦ୍ମ ଉପରେ ସେ ଅର୍ଦ୍ଧପର୍ଯ୍ୟଙ୍କ ମୁଦ୍ରାରେ ଆସୀନା। ଡାହାଣ ହାତର ଖପୁରିପାତ୍ର ଛାତି ଛୁଉଁଛି। ବାମ ହାତରେ ଖଟ୍ୱାଙ୍ଗ, ଅନ୍ୟ ହାତଟି ଅଭୟମୁଦ୍ରା। ଶିଳ୍ପକଳାର ପରିଭାଷାରେ ସେ ଦେବୀ ଅମ୍ବିକାଙ୍କର ପ୍ରତିରୂପା। ଗଂଜାମର

ପାଲରମ୍ପୁର ଏକ ଶକ୍ତିପୀଠରେ ଅଛନ୍ତି ଦୁଇଟି କାଳୀ ଓ ଗୋଟିଏ ବାରାହୀ ପ୍ରତିମା। ଗୋଟିଏ ପ୍ରତିମାଙ୍କର ଆଣ୍ଠୁ ଶବ ଉପରେ, ଅନ୍ୟ ପ୍ରତିମା ଠିଆ ହୋଇଛନ୍ତି ଆଲିଢ଼ା ଭଙ୍ଗୀରେ ଶିବଙ୍କ ଉପରେ। ଶିବ ଅନ୍ୟ ଏକ ଶବ ଉପରେ ଶୋଇଛନ୍ତି। ଊର୍ଦ୍ଧ୍ୱଲିଙ୍ଗ। ରମଣପ୍ରମତ୍ତାଶକ୍ତି ଏଠାରେ ମୁକ୍ତକେଶା। ସୋନପୁରର ଭଗବତୀ ମନ୍ଦିର ଓଡ଼ିଶାର ଅନ୍ୟତମ ପ୍ରାଚୀନ ଶକ୍ତିପୀଠ। ମନ୍ଦିରରେ ପୂଜା ପାଉଛନ୍ତି ଦୁଇ କାଳୀପ୍ରତିମା। ପ୍ରତ୍ୟେକଙ୍କ ଗଠନ ଶୈଳୀ ସ୍ୱତନ୍ତ୍ର। ଗୋଟିଏ ପ୍ରତିମା ଠିଆ ହୋଇଛନ୍ତି ପ୍ରତ୍ୟାଲିଢ଼ା ଭଙ୍ଗୀରେ। ହାତରେ ତ୍ରିଶୂଳ, ଖଣ୍ଡା, ମଣିଷର କଟାମୁଣ୍ଡ ଓ ଖପୁରି; ମଥାରେ ମୁକୁଟ, ଗଳାରେ ମୁଣ୍ଡମାଳ ଓ ଖୋଲାକେଶ ପିଠି ଉପରେ। ଅନ୍ୟ ପ୍ରତିମା ଶିବଙ୍କ ପିଠି ଉପରେ ନାଚୁଛନ୍ତି। ସୋନପୁରର ସମଲାଇ ମନ୍ଦିରର ଜଗମୋହନରେ ଦେବୀ ବିଜେ କରିଛନ୍ତି ଅଷ୍ଟମାତୃକାଙ୍କ ଗହଣରେ। ଶିବଙ୍କ ଉପରେ ସେ ବସିଛନ୍ତି ଲଳିତାସନ ଠାଣିରେ। ଚାରୋଟି ହାତରେ ଖଣ୍ଡା, ଖପୁରି, ଅଭୟ ଓ ବରଦମୁଦ୍ରା। ପୁଣି ବିପୁଳସ୍ତନା, ଯେପରି ପରିପୂର୍ଣ୍ଣ ମାତୃତ୍ୱ। ମନ୍ଦିରରେ ଅନ୍ୟ ଏକ ଛୋଟ କାଳୀପ୍ରତିମା ଅଛନ୍ତି। ସେ ବଜ୍ରପର୍ଯ୍ୟଙ୍କ ଭଙ୍ଗୀରେ ବସିଛନ୍ତି। ଦେହରେ ଅଛି ଏକ ବିଶେଷ ଅଳଙ୍କାର- ପତ୍ରକୁଣ୍ଡଳ। ମନ୍ଦିର ପରିସରରେ ପୁଣି ଅଛନ୍ତି ଅଷ୍ଟଭୁଜା କାଳୀ। ବସିଛନ୍ତି ଏକ ଫୁଟନ୍ତା ପଦ୍ମ ଉପରେ, ବଜ୍ରପର୍ଯ୍ୟଙ୍କ ଠାଣିରେ। ସେ ତ୍ରିନେତ୍ରୀ, ମୁକ୍ତକେଶା ଏବଂ ହାତରେ ଗଦା, ତ୍ରିଶୂଳ, ଢାଲ ଓ ଅକ୍ଷମାଳା। ଏକାଦଶ ଶତାବ୍ଦୀର କେତେକ ମନ୍ଦିରର ଅଳସକନ୍ୟାଙ୍କ ପ୍ରତିମାରେ ମଧ୍ୟକାଳୀଙ୍କର ଏହି ଭାବରୂପ ସ୍ପଷ୍ଟ। ଦୁଇଜଣ ଅଳସକନ୍ୟା ଠିଆ ହୋଇଛନ୍ତି ଗଛ ତଳେ। ଉଲଗ୍ନା। ପାଦ ତଳେ ଆଣ୍ଠୁମାଡ଼ି ବସିଛି ଏକ ପଶୁ। ସେମାନଙ୍କ ଗୋଟିଏ ହାତ ଉପରକୁ, ଅନ୍ୟ ହାତରେ କରୋଟି। ଅନ୍ୟ ହାତ ଝୁଲି ପଡ଼ିଛି ତଳକୁ। ହାତରେ ମଣିଷ ମୁଣ୍ଡ। ସେମାନେ ଡାକିନୀ।

ପ୍ରାୟ ତ୍ରୟୋଦଶ/ଚତୁର୍ଦ୍ଦଶ ଶତାବ୍ଦୀ ବେଳକୁ ବହୁ ମନ୍ଦିର ଗଣ୍ଡିରେ କାଳୀ ଜୀବନ୍ତ ହୋଇଛନ୍ତି। ଫୁଲବାଣୀର ବାଉଁଶାଣୀ ଶିବ ମନ୍ଦିରରେ ସେ ଆଲିଢ଼ାସନରେ ଠିଆ ହୋଇଛନ୍ତି। ପାଦତଳେ ଶବ କି ଶିବ ନାହାନ୍ତି। ବେକରେ ହାଡ଼ର ମାଳ। ପୁରୀର ବାଲିହରଚଣ୍ଡୀ ମନ୍ଦିରର ପୂର୍ବ ପାଖରେ ଶୋଇଥିବା ଶିବଙ୍କ ଊର୍ଦ୍ଧ୍ୱଲିଙ୍ଗ ଉପରେ ଦେବୀ ଆଲିଢ଼ାସନରେ ଠିଆ ହୋଇଛନ୍ତି। ହାତରେ ଅଛି ସାପ। ଅନ୍ୟ ଏକ ଦେବୀ ଚତୁର୍ଭୁଜା। କାଳୀ ଛନ୍ଦପାଦରେ ଠିଆ ହୋଇଛନ୍ତି ବୃଷଭ ଉପରେ। ମଥାରେ ମୟୂର ପରର ମୁକୁଟ।

କଟକସ୍ଥ ରଘୁନାଥଜୀଉ ମନ୍ଦିରରେ ଏକ ଭିନ୍ନ ଶୈଳୀର କାଳୀ ଅଛନ୍ତି, ମନ୍ଦିରର ମୁଖ୍ୟ କବାଟ ପାଖରେ। ସେ ଚତୁର୍ଭୁଜା। ଲୋଳିତଜିହ୍ୱା, ମୁକ୍ତକେଶା, ନୃମୁଣ୍ଡମାଳିନୀ, ତ୍ରିନେତ୍ରୀ ଓ ହନୁମାନ ତାଙ୍କ ଆଗରେ ବଳି ଦେଉଛନ୍ତି ମହୀରାବଣର ପୁଅ ଅହୀରାବଣକୁ।

ଏହି ଦୃଶ୍ୟ ଆମକୁ ବଙ୍ଗ କବି କୃତ୍ତିବାସଙ୍କ ରାମାୟଣର କାହାଣୀ ମନେ ପକେଇଦିଏ। ଓଡ଼ିଶାରେ ପଥର ପରି ଧାତୁ ଓ ପଟ୍ଟ ଉପରେ ମଧ୍ୟ ମହାକାଳୀ ଶୋଭା ପାଉଛନ୍ତି। କେତେକ ତନ୍ତ୍ର ସାଧକଙ୍କ ଘରେ, ମଶାଣିର ମନ୍ଦିରରେ ଏବଂ ଜମିଦାର ଓ ଭକ୍ତମାନଙ୍କ ଘରେ ତାଙ୍କ ଉପସ୍ଥିତି। ପୁରୀର ଚିତ୍ରକରମାନେ ତାଙ୍କୁ ଶାସ୍ତ୍ରମତେ ନିଜ ନିଜ ସର୍ଜନଶୀଳତାରେ ପ୍ରତୀକିତ କରୁଛନ୍ତି।

ଓଡ଼ିଶାରେ ତନ୍ତ୍ରଶାସ୍ତ୍ରର ପ୍ରାଚୁର୍ଯ୍ୟ ରହିଛି। ଏହା ଆମକୁ ମହାକାଳୀ ଉପାସନାର ପରମ୍ପରା ସଂପର୍କରେ ସଚେତନ କରିଦିଏ। ମାତ୍ର ଗୁରୁତ୍ୱପୂର୍ଣ୍ଣ କଥା ହେଉଛି, ତନ୍ତ୍ରଶାସ୍ତ୍ରରେ ବର୍ଣ୍ଣିତ ଏହି ରଣରଙ୍ଗିନୀ ଓ ରକ୍ତପାୟୀ ଦେବୀ ତ୍ରାସ ସୃଷ୍ଟିକାରିଣୀ ନୁହନ୍ତି, ବୈଷ୍ଣବୀ। କାଳକୁ ନିୟନ୍ତ୍ରଣ କରୁଥିବା ମହାମାୟା। ସଦା ସର୍ଜନାତ୍ମକ ସମାହିତ ଅସ୍ତିତ୍ୱ। ସେ କେଉଁଠି ଦ୍ୱିଭୁଜା, କେଉଁଠି ଚତୁର୍ଭୁଜା, ଷଡ଼ଭୁଜା ଓ ଅଷ୍ଟଭୁଜା। ହାତରେ ଖଡ୍‌ଗ, କଟାରୀ, ବରମୁଦ୍ରା ଓ ଖପୁରି। ମାତ୍ର ବରଦା ଓ ଅଭୟମୁଦ୍ରା- ତାଙ୍କ ପ୍ରତ୍ୟେକଟି ପ୍ରତିମାରେ ବିଶେଷତା। ସେ ଯେପରି ଅଶ୍ରୁତ ସ୍ୱରରେ କହି ଦେଉଛନ୍ତି- ମୁଁ ଆତଙ୍କ ନୁହେଁ, ରକ୍ତପାୟୀ ନୁହେଁ, ନୁହେଁ ରଣରଙ୍ଗିନୀ, ଜଗତର ପ୍ରତ୍ୟେକ ସୃଷ୍ଟିର କାଳାନ୍ତରିତ ପ୍ରକ୍ରିୟା।

ଓଡ଼ିଶାର ବହୁ ମନ୍ଦିରରେ ମହାକାଳୀ ଓ ମହାଯୋଗୀ ଶିବଙ୍କ ଯୁଗନଦ୍ଧ ପ୍ରତିମାମାନ ରହିଛି। ମାର୍ଗଲିନ, ଜଣେ ବିଶିଷ୍ଟ କଳା ଗବେଷକ, ପୁରୀର ଏକ ଗାଁରେ ରହିଥିବା ଏହି ଠାଣିର ପ୍ରତିମାକୁ ସବୁଠୁ ପୁରୁଣା କହିଛନ୍ତି। କାମ-ଅନୁବଦ୍ଧ ଏହି ପ୍ରତିମାକୁ ଦେଖିଲେ ଲାଗିବ, ସତେଯେପରି ଦୁଇଟି ଶିବପ୍ରତିମା ଶକ୍ତିଙ୍କ ତଳେ। ଶିବଙ୍କ ଦେହର ଏକ ଅଂଶ ଉଚ୍ଚ ଆସନ ପରି ରହିଛି। ଏବଂ, ଏହି ଅଂଶ ଉପରେ କାମ-ପ୍ରମତ୍ତା। ଶକ୍ତିଙ୍କର ମୁହଁରେ ଫୁଟିଉଠୁଛି ମହାନନ୍ଦ ଓ ମହାକ୍ରୋଧର ପ୍ରଶାନ୍ତ ଭାବ। ଅଦ୍‌ଭୁତ ଏ ପ୍ରତିମାର ଗଢ଼ଣଶୈଳୀ।

ସୋନପୁରର ସମଲେଶ୍ୱରୀ ମନ୍ଦିରରେ ଅଷ୍ଟ-ମାତୃକାଙ୍କ ମଧ୍ୟରେ କାଳୀ ବି ଅଛନ୍ତି। ଦେଖିଲେ ଲାଗିବ, ସେ ନିର୍ବାଣଦାତ୍ରୀ ଓ ଚିର ପ୍ରଜନନବତୀ ମାତୃତ୍ୱ। ସତପଥବ୍ରାହ୍ମଣରେ ବର୍ଣ୍ଣିତ କାଳୀରୂପର ସେ ଯେପରି ପ୍ରତିଧ୍ୱନି। ଆମ ସ୍ଥାପତ୍ୟରେ କାଳୀ ପ୍ରତିମାମାନେ ଅନ୍ୟ କିଛି ନୁହନ୍ତି, ପବିତ୍ରତା, ସୌନ୍ଦର୍ଯ୍ୟ ଓ ସର୍ଜନଶୀଳତାର ମୁକ୍ତିବୋଧ ଓ ଅଭୟଦାନର ବୀଜମନ୍ତ୍ର- ଆମ ଜଗନ୍ନାଥଙ୍କ ପରି।

ସ୍ଥାପତ୍ୟରେ ଦଶମହାବିଦ୍ୟା ଦର୍ଶନ

ଆମ ଦର୍ଶନଶାସ୍ତ୍ରରେ ଦଶମହାବିଦ୍ୟା କଥା ରହିଛି। କ୍ରମ- କାଳୀ, ତାରା, ଷୋଡ଼ଶୀ, ଭୁବନେଶ୍ୱରୀ, ଭୈରବୀ, ଛିନ୍ନମସ୍ତା, ଧୂମାବତୀ, ବଗଳା, ମାତଙ୍ଗୀ ଓ କମଳା। କ୍ରମିକତାରୁ ଆଦୌ ବୁଝିବାନାହିଁ ଯେ, ପ୍ରଥମ ଜଣକ ବଡ଼ ଓ ଶେଷ ଜଣକ ସବା ସାନ। ଏମାନେ ପ୍ରତ୍ୟେକ ଆମ ଜୀବନ ଓ ଜଗତକୁ ନିୟନ୍ତ୍ରଣ କରୁଥିବା ମହାଶକ୍ତିଙ୍କ ଦଶଭାବର ଏକ ଦୃଶ୍ୟରୂପ। ଭବ୍ୟରୂପ, ଅଂଶରୂପ ମଧ୍ୟ କୁହାଯାଇପାରିବ। ତେଣୁ ପ୍ରତ୍ୟେକ ଅଂଶ ସମଭାବରେ ଗୁରୁତ୍ୱପୂର୍ଣ୍ଣ। ଏବଂ, ସକଳ ଭାବରୂପର ସମବାୟ ହେଉଛନ୍ତି ମହାଶକ୍ତି। ମାତ୍ର ଆଦିଶକ୍ତିଙ୍କର ଦଶଶକ୍ତିରେ ରୂପାନ୍ତରଣର କାରଣ କ'ଣ ବା ହୋଇପାରେ। ଏ ସଂପର୍କରେ ପଦ୍ମପୁରାଣ, ମତ୍ସ୍ୟପୁରାଣ, ମହାଭାରତ ଓ ଅନ୍ୟ ତନ୍ତ୍ରଗ୍ରନ୍ଥଗୁଡ଼ିକରେ ସୂଚନା ରହିଛି।

ଦକ୍ଷ ଆରମ୍ଭ କରିଛନ୍ତି ମହାଯଜ୍ଞ। ସଂସାରର ସକଳ ଦେବତା, ମୁନିଋଷି ଓ ବିଶିଷ୍ଟମାନଙ୍କ ମହାମିଳନ ଘଟିଛି ଯଜ୍ଞଭୂମିରେ। ମାତ୍ର ଆଶ୍ଚର୍ଯ୍ୟ, ସମସ୍ତେ ଆସିଛନ୍ତି, ଦୁଇଜଣଙ୍କ ବ୍ୟତୀତ। ଜଣେ ସତୀ ଏବଂ ଅନ୍ୟ ଜଣକ ଶିବ। ଦକ୍ଷଙ୍କ ଆଖିରେ ମହାଯୋଗୀ ଶିବ କାଳେ ଭବଘୂରା। ଅସ୍ପୃଶ୍ୟ। ଏବଂ, ଏପରି ଜଣେ ଅସଂସାରୀକୁ ଭଲପାଇ ସଂସାରଟିଏ ତିଆରି କରିଛନ୍ତି ତାଙ୍କ ଝିଅ ସତୀ। ସତୀ ଶୁଣିଛନ୍ତି ବାପାଙ୍କ ଯଜ୍ଞ ଆୟୋଜନର କଥା। ମନରେ ଉଚ୍ଚାଟ। ଯିବେ, ଯଜ୍ଞର ଏକ ଅଂଶ ହୋଇ ଯିବେ। ଏକା ଏକା ଯିବେନି। ଯିବେ, ଜଣେ ପରମଯୋଗୀଙ୍କ ସହିତ। ମାତ୍ର ସେମିତି କିଛି ବୋଲି କିଛି ଘଟୁନି। ଜଣେ ଝିଅର ଇଚ୍ଛା କ୍ରମଶଃ ବାପଘରକୁ ଯିବାପାଇଁ ବ୍ୟାକୁଳ ହୋଇଛି। ସେ ଭାବିଛନ୍ତି ସ୍ୱାମୀ ନଗଲେ ନାଇଁ, ମୁଁ ଯିବି ଓ ଯିବି। ମାତ୍ର ସ୍ୱାମୀଙ୍କ ବିନା ଅନୁମତିରେ ଘରୁ ବାହାରକୁ ପାଦ କାଢ଼ିବା ତ ମନା। ସ୍ୱାମୀଙ୍କ ଅନୁମତି ମାଗିଛନ୍ତି। କଠୋର ଉତ୍ତରଟିଏ ଆସିଛି। ନା- ମୁଁ ଛାଡ଼ିବିନି। ସତୀଙ୍କର ଜିଦ୍ କ୍ରମଶଃ ଘନ ହୋଇଚି। ମନେମନେ କହିଛନ୍ତି- ମୁଁ ଯିବି, ଯିବି ଆଉ ଯିବି। ତମେ ମନା କଲେ ବି ଯିବି।

ଯୋଜନା ପାଞ୍ଚିଛନ୍ତି । ଏଥର ନିଜକୁ ବହୁ ରୂପରେ ବିଭକ୍ତ କରିଦେଇଛନ୍ତି । ଦଶ ସଂଖ୍ୟକ ରୂପ । ପ୍ରତ୍ୟେକ ରୂପରେ ସ୍ୱାମୀଙ୍କୁ ଆତଙ୍କିତ କରିବାର ତେଜ । କିଳିକିଳା ଉଚ୍ଚାଟନରେ ମହାଯୋଗୀଙ୍କ ଚାରିପାଖରେ ଘୂରି ବୁଲିଛନ୍ତି । ଅଥୟ ଓ ଅବଶ କରିଛନ୍ତି ଶିବଙ୍କୁ ।

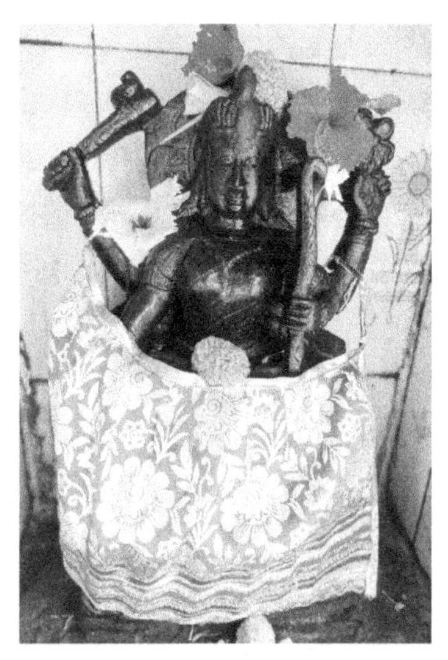

ଶିବ ଚକିତ ଓ ସନ୍ତ୍ରସ୍ତ । କିଛି ବୋଲି କିଛି ବୁଝିପାରୁନାହାନ୍ତି । ଚାରିପାଖକୁ ଚାହୁଁଛନ୍ତି । ଖୋଜୁଛନ୍ତି ସତୀଙ୍କୁ । କିଏ, କିଏ ତୁମେମାନେ ? କେଉଁଠି ମୋ ସତୀ ?

ହଠାତ୍ ତାଙ୍କ ଚାରିପାଖରେ ପ୍ରସରିଯାଉଛି ପ୍ରିୟତମାଙ୍କ ସ୍ୱର । ମୁଁ ଏଇଠି, ତମ ଭିତରେ । ଦେଖିପାରୁନ, କି ଶୁଣିପାରୁନ, ତମର ଅସ୍ତିତ୍ୱକୁ ? ଏବେ ଦଶଭୟଙ୍କରା ଗୋଟିଏ ହୋଇଯାଉଛନ୍ତି- ସତୀ । ଦଶରୂପ ଓ ଏକରୂପ ମଧ୍ୟରେ ଥିବା ଏହି ଅଭେଦତ୍ୱ ଦେଖି ଶିବଙ୍କ ମୁହଁରେ ଆନନ୍ଦର ଆଭା । ସରୁ ହସଟିଏ ଖେଳିଯାଇଛି ଓଠରେ । କହୁଛନ୍ତି- ବୁଝିଗଲି, ବୁଝିଗଲି, ତମକୁ । ତମେ ଏବେ ଯାଇପାର, ଯାଅ । ମାତ୍ର ଭୁଲିବନି ନିଜକୁ, ମନେରଖିବ ତୁମ ମହାରୂପର ଅସ୍ତିତ୍ୱ । ଏବଂ, ତୁମର ଏଇ ଦଶଭାବରୂପ ପୂଜା ପାଇବ ସମଗ୍ର ଜଗତରେ ।

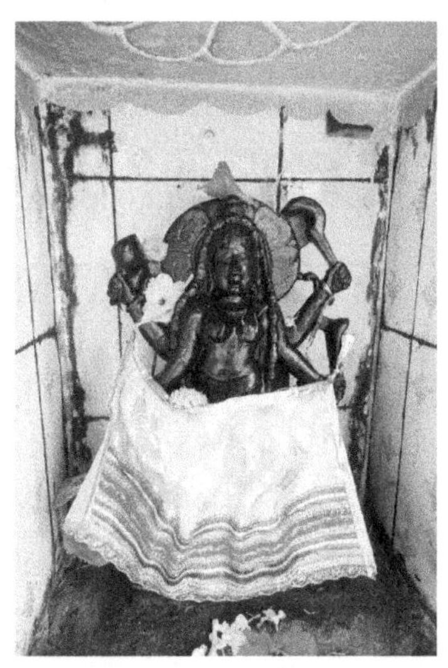

ଆମେ ପୂଜା କରୁଥିବା ଦଶମହାବିଦ୍ୟା, ମହାମାୟାଙ୍କର ତ୍ରାସ ସୃଷ୍ଟିକାରିଣୀ ରୂପର ଅଂଶବିଶେଷ ଏବଂ ତାରା ସେମାନଙ୍କ ମଧ୍ୟରୁ ଅନ୍ୟତମା ।

ଯୋଗମାୟାଙ୍କର ଏହି ଦଶ ନାଁ ଭିତରୁ କାଳୀଙ୍କ ସଂପର୍କରେ କଥା ହୋଇସାରିଛେ। ଏବେ ତାରା ଓ ଅନ୍ୟମାନେ। ତାରା ନାମର କାରଣ ସଂପର୍କରେ ପୁରାକଥାଟିଏ ରହିଛି। ସେଦିନ କୈଳାସ ପର୍ବତରେ ସୃଜନ-ଆବେଶରେ ମଗ୍ନ ମହାଯୋଗୀ-ମହାମାୟା। ତୃପ୍ତ ମହାଯୋଗୀ କହୁଛନ୍ତି ଦେବୀଙ୍କୁ, ସହଜ ଭାବରେ- ଦେବି! ତମେ ଏବେ ଯାହା ଇଚ୍ଛା ମାଗିପାର। ମହାଯୋଗିନୀଙ୍କ ମୁହଁରେ ପରମ ଉଲ୍ଲାସ। ଛୋଟ ଉତ୍ତରଟିଏ- ଆଜି ନୁହେଁ, ଆଉ ଦିନେ।

ସେଇ 'ଆଉ ଦିନ' ଆଜି ହୋଇଯାଏ। ଘନରାତି। ଧୀରପବନ। ପବନରେ ପରାଗ। ଶାନ୍ତ କୈଳାସ। ମଧୁରଭାବରେ ମଗ୍ନ ପୁରୁଷ ଓ ପ୍ରକୃତି। ଅନୁଭବର ଚରମ ମୁହୂର୍ତ୍ତରେ ମହାମାୟା ପ୍ରଶ୍ନ କରନ୍ତି ମହାଯୋଗୀଙ୍କୁ। ମନେଅଛି, ଦିନେ କଥା ଦେଇଥିଲ ଯାହା ମାଗିବି ଦବ ବୋଲି!

ତମ ପାଖରେ ପୁଣି ଅଲଭ୍ୟ କ'ଣ ଦେବି? ତମ ଭିନ୍ନ ମୋର ଅସ୍ତିତ୍ୱ କ'ଣ ସମ୍ଭବ? ଥାଉ ସେ କଥା। ମତେ 'ତମେ' କରିଦିଅନ୍ତନି? 'ମୋ' ପରି 'ତମେ'? ହଁ ତମ ବେଶ ଓ ଭାବରେ ମୁଁ। ଏକ ଭବଘୂରା ବେଶରେ, ପୁଣି ଅପରୂପା ପ୍ରକୃତି? ହଁ। ଆସ, ନିଜ ହାତରେ ରଚନା କରିଦେବି ତମକୁ ମୋ ବେଶରେ।

ଭବଘୂରା ଏଥର ସଜ କରିଦେଲେ ଘରଣୀଙ୍କୁ। ଅଣ୍ଟାରେ ବାଘଛାଲର ବେଢ଼ଣ, ଛାତିରେ ଗୈରିକ କାଞ୍ଚୁଲା, ମଥାରେ ଏକଜଟା, କାନରେ କୁଣ୍ଡଳ। ପାଦ, ହାତ, ଅଣ୍ଟା, ଜଟାରେ କୁନିକୁନି ସାପମାନଙ୍କର ଅଳଙ୍କାର। ଦେହରେ ଭସ୍ମର ପ୍ରଲେପ। ବେକରେ ମଣିଷମୁଣ୍ଡର ମାଳ, ଆଉ ପାଦରେ? ପ୍ରିୟତମାଙ୍କ ପାଦକୁ ଛୁଇଁ ଛୁଇଁ ଗଲା ପରମପ୍ରେମିକଙ୍କ ହାତ। ସମଗ୍ର ସତ୍ତାରେ ସଂଚରିଗଲା ଅଦ୍‌ଭୁତ ଶିହରଣ। ପ୍ରକୃତିଙ୍କ ଦେହ ରୂପାନ୍ତରିତ ହୋଇଗଲା ନଟରାଜଙ୍କ ଦିବ୍ୟଛନ୍ଦରେ।

ପ୍ରିୟତମାଙ୍କ ବେଶ ରଚନାରେ ମଗ୍ନ ଭବଘୂରା ଜାଣିପାରନ୍ତି ନାହିଁ, ରାତି ଶେଷ ହୋଇଆସିଲାଣି କ୍ରମଶଃ। ଆଉ ଏଣେ ପ୍ରିୟତମଙ୍କ ହାତର ସ୍ପର୍ଶରେ ଅନ୍ୟମନସ୍କା ଯୋଗମାୟା। ପକ୍ଷୀର ଡାକରେ ପ୍ରକୃତିସ୍ଥ ଏବେ ଦୁଇ ଯୋଗାଭିଷ୍ଟ ସତ୍ତା। ଆଖି ଲମ୍ବିଯାଇଛି ଦୂର ଆକାଶ ଆଡ଼କୁ। ଆକାଶରେ ଅସ୍ପଷ୍ଟ ଆଲୋକର ଆଭା। ଏବଂ, ପୂର୍ବ ମଥାନରେ ପାହାନ୍ତି ତାରାର ଉଜ୍ଜ୍ୱଳ ହସ।

ଉଭୟଙ୍କ ଆଖି ଏବେ ତାରାର ହସର ତରଙ୍ଗରେ। ଆଖିର ଭାଷା ତୁଣ୍ଡରେ କଥା କହୁଛି। ଏକସମୟରେ ପ୍ରତିଧ୍ୱନିତ ହୋଇଉଠିଲା ଗୋଟିଏମାତ୍ର ଶବ୍ଦ 'ତାରା'। ଏଇ ତାରା ଆଉ କେହି ନୁହନ୍ତି, ସ୍ୱୟଂ ଯୋଗମାୟା ପାର୍ବତୀଙ୍କ ମହାଯୋଗୀରେ ରୂପାନ୍ତରିତ ସତ୍ତା। ତାରା- ତ୍ରାସ ରୂପକ ଅନ୍ଧାରର ତ୍ରାଣକର୍ତ୍ତ୍ରୀ, ମାତୃଶକ୍ତିର ଏକ ସାର୍ବକାଳୀକ ଉଦ୍‌ଭାଷନ।

ଆମେ ଏବେ ଦଶମହାବିଦ୍ୟାଙ୍କ ଅବଶିଷ୍ଟ ରୂପ ସଂପର୍କରେ ଆଲୋଚନା କରିବା। ଅନ୍ୟଜଣେ ଷୋଡ଼ଶୀ। ଏଇ ନାଁରୁ ତାଙ୍କ ରୂପର ପରିକଳ୍ପନା କରାଯାଇପାରେ। ତାଙ୍କ ଦେହର ବର୍ଣ୍ଣ ଅରୁଣଙ୍କ ପରି ଈଷତ୍, ରକ୍ତିମ। କେହି କେହି କହନ୍ତି, ପଦ୍ମରାଗମଣି ପରି। ମଥାରେ ମୁକୁଟ ଓ ମଣିର ମେଖଳା। କୁଞ୍ଚିତକେଶା। ଲଲାଟରେ ଅର୍ଦ୍ଧଚନ୍ଦ୍ରର ଚିତା। ଭ୍ରୂଲତା ପୀନାକର ଭ୍ରମ ସୃଷ୍ଟି କରେ। ଆଖି ଦୁଇଟି କଥାକୁହା। ସରୁ ଓଠ- ପ୍ରବାଳ ପରି। ଈଷତ୍ ହସରେ ସେ ସମଗ୍ର ଜଗତର ଜୀବମାନଙ୍କୁ ଯେପରି ବଶୀଭୂତ କରି ରଖିଛନ୍ତି। ତ୍ରିନେତ୍ରୀ, ଚତୁର୍ଭୁଜା। ହାତରେ ପଞ୍ଚବାଣ ଓ ଧନୁ। ଯାହା ସବୁଠୁ ଗୁରୁତ୍ୱପୂର୍ଣ୍ଣ, ତାହା, ତନ୍ତ୍ରରେ ତାଙ୍କୁ କୁହାଯାଇଛି, ସେ ତ୍ରିପୁରା। ଏକ ତ୍ରିକୋଣଯନ୍ତ୍ର ଉପରେ ଆସୀନା। 'ଶ୍ରୀ' ପ୍ରଦାନ କରୁଥିବାରୁ କାଳେ ସେ ଶ୍ରୀବିଦ୍ୟା? ଗୁଣାତୀତ ହୋଇଥିବାରୁ ଷୋଡ଼ଶୀ।

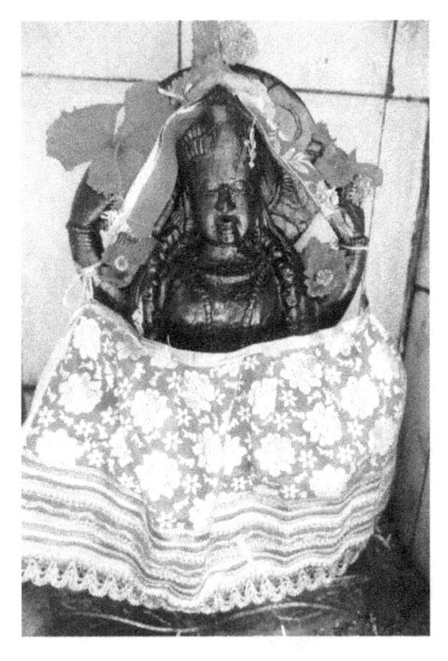

ଭୁବନେଶ୍ୱରୀଙ୍କୁ କୁହାଯାଏ, ସମଗ୍ର ଭୁବନର ସୃଷ୍ଟି ଓ ସ୍ଥିତିର ଈଶ୍ୱରୀ। ସେ ପୁଣି ସରସ୍ୱତୀ, ଲଳିତକାନ୍ତା, ବନଦୁର୍ଗା, ଶୂଳକୀ, ମେଧା ଓ ରାଧା। ହ୍ଲିଂ ନାମକ ଏକାକ୍ଷରୀ ମନ୍ତ୍ରରେ ତାଙ୍କୁ ପୂଜା କରାଯାଏ। ସେ ଚତୁର୍ଭୁଜା। ହାତରେ ପାଶ, ଅଙ୍କୁଶ, ବରଦ ଓ

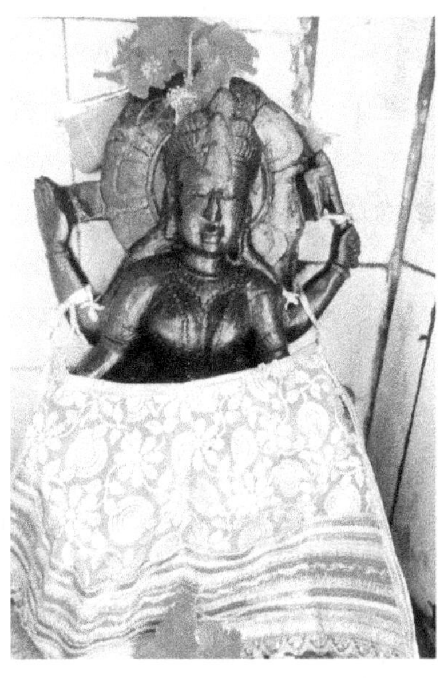

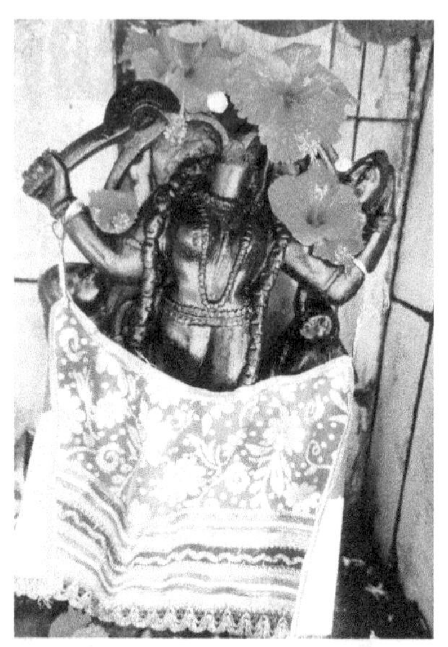
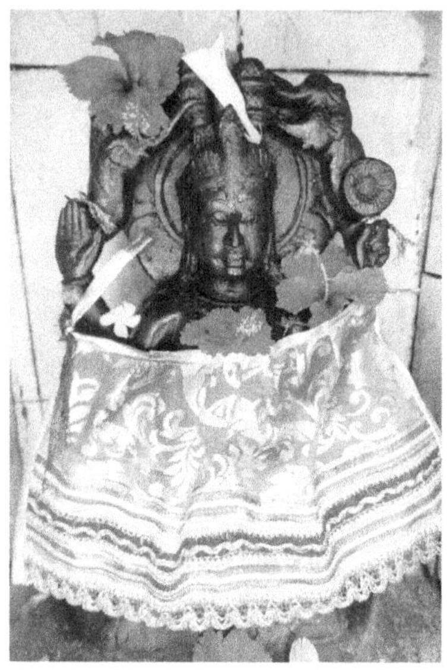

ଅଭୟମୁଦ୍ରା। ତ୍ରିନୟନା। ଶିରରେ ଉଜ୍ଜ୍ୱଳ ଚନ୍ଦ୍ର ଓ ତାରାର ଭୂଷଣ। ରକ୍ତଘଟ ଉପରେ ଠିଆ ହୋଇଛନ୍ତି। ଦକ୍ଷିଣପାଦ ଘଟ ଉପରେ।

ଭୈରବୀଙ୍କୁ କୁହାଯାଏ, କାଳଭୈରବଙ୍କ ସହଯାତ୍ରିଣୀ। ଜଗତର ସକଳ ଦୁଷ୍ଟଶକ୍ତିଙ୍କୁ ଦମନ କରନ୍ତି, ଆତ୍ମଜମାନଙ୍କୁ ପାଳନ କରନ୍ତି। ତାଙ୍କ ବହୁବିଧ ରୂପର ବର୍ଣ୍ଣନା ରହିଛି ତନ୍ତ୍ରଶାସ୍ତ୍ରରେ। ଯଥା- ଭୁବନେଶ୍ୱରୀଭୈରବୀ, ଅନ୍ନପୂର୍ଣ୍ଣାଭୈରବୀ ଇତ୍ୟାଦି। ତାଙ୍କ ଦେହର ବର୍ଣ୍ଣ ଆଉଟାସୁନା ପରି। ଦେହରେ ନାଲି ରଙ୍ଗର ପରିଧାନ ଏବଂ ସର୍ପ ତାଙ୍କର ମୁଖ୍ୟ ଭୂଷଣ। ନୃତ୍ୟରତା। ସବୁଠୁ ଗୁରୁତ୍ୱପୂର୍ଣ୍ଣ, ମହାଭୈରବ ଶିବଙ୍କ ସହିତ ତାଙ୍କର ସଂପର୍କ ପ୍ରତ୍ୟକ୍ଷ ଓ ନିବିଡ଼।

ତନ୍ତ୍ରଶାସ୍ତ୍ରରେ ଛିନ୍ନମସ୍ତାଙ୍କର ଅନ୍ୟ ଏକ ନାଁ ରହିଛି, ପ୍ରଚଣ୍ଡଚଣ୍ଡିକା। ତାଙ୍କ ଇଚ୍ଛାରେ, ମଣିଷ କାଳେ ଶିବରେ ରୂପାନ୍ତରିତ ହୋଇଯାଏ। ଅପୁତ୍ରିକ, ନିର୍ଦ୍ଧନ ଓ ମୂର୍ଖ ନିଜ ଇଚ୍ଛା ଅନୁରୂପ ଫଳ ପାଆନ୍ତି। ତାଙ୍କ ରୂପ ସ୍ୱତନ୍ତ୍ର। ସେ ବାମହାତରେ ନିଜର ମସ୍ତକକୁ ତୋଳି ଧରିଛନ୍ତି। ମୁଖ ପ୍ରସାରିତ, ଜିହ୍ୱା ଲୋଳିତ। ନିଜ କଣ୍ଠରୁ ଝରିଆସୁଥିବା ରକ୍ତର ଧାର ତାଙ୍କ ଓଠରେ। ଡାହାଣ ହାତରେ ଖଣ୍ଡା, ଗଳାରେ ମଣିଷ ମୁଣ୍ଡର ମାଳ, ଛାତିରେ ସାପର ପଇତା, ପୁଣି ଦିଗମ୍ବରୀ। ତାଙ୍କ ଦୁଇପାଖରେ ରହିଥାନ୍ତି ଡାକିନୀ ଓ ବର୍ଣ୍ଣିନୀ। ଦେଖିବାକୁ ଭୟଙ୍କରା ନିଶ୍ଚୟ, ମାତ୍ର ଉନ୍ନତ ଛାତିକୁ ଦେଖିଲେ ଲାଗେ, ସେ ମାତୃତ୍ୱର ମହାଧାର।

ଯଜ୍ଞରୁ ଉତ୍‌ଥିତ ଧୂଆଁରୁ ଜନ୍ମ ନେଇଥିବା ଦେବୀ- ଧୂମାବତୀ। ତାଙ୍କୁ ନେଇ ଅନେକ କାହାଣୀ ଅଛି। ଦିନେ ଦେବୀ, ଶିବଙ୍କୁ ଖାଇବା ପାଇଁ ମାଗିଛନ୍ତି। ଶିବ କହିଛନ୍ତି ଅପେକ୍ଷା କରିବାକୁ। ପେଟର ଭୋକକୁ ସେ ସହିପାରିନାହାନ୍ତି। ସ୍ୱୟଂ ଶିବଙ୍କୁ ବି ଗିଳିଦେଇଛନ୍ତି। ମାତ୍ର ଆଶ୍ଚର୍ଯ୍ୟ, ତାଙ୍କ ମୁହଁରୁ ବାହାରି ଆସୁଛି ପ୍ରଚଣ୍ଡ ଧୂମକୁଣ୍ଡଳୀ। ଶିବ ସ୍ୱୟଂ ଆବିର୍ଭୂତ ହୋଇଛନ୍ତି। ଦେବୀଙ୍କ ନାଁ ଦେଇଛନ୍ତି ଧୂମାବତୀ। ଧୂସର ଆଖି, ଥରଥର ହାତ। ହାତରେ ବରଦମୁଦ୍ରା। ଦେଖିଲେ ଲାଗିବ ସତେଯେପରି ଚିରନ୍ତନ ଭୋକ, ଶୋଷ ଓ ଅସନ୍ତୋଷର ପ୍ରତୀକ, ମାତ୍ର ମାତୃପ୍ରତିମା।

ଦେବୀ ବଗଳା ପବନ ପରି ପ୍ରଚଣ୍ଡ। ତନ୍ତ୍ରରେ ତାଙ୍କୁ ଶତ୍ରୁ ବିନାଶିନୀ କୁହାଯାଇଛି। ତ୍ରିନୟନା, ଚତୁର୍ଭୁଜା। ହାତର ଆୟୁଧ ମୁଦ୍‌ଗର, ପାଶ, ବଜ୍ର ଓ ଜିହ୍ୱା। ପଦ୍ମଫୁଲ ଉପରେ ବସିଛନ୍ତି, ଦେହରେ ନାଲିରଙ୍ଗର ଆବରଣ। ପଦ୍ମଫୁଲର ତଳେ ପୀତବର୍ଣ୍ଣର ବେଦିକା। ହାତରେ ଶତ୍ରୁର ଜିଭ ସୂଚନା ଦିଏ, ସେ ଆତଙ୍କନାଶିନୀ।

ମାତଙ୍ଗୀ ନାଁର କାହାଣୀଟିଏ ରହିଛି। କାହାଣୀକୁ ମାତଙ୍ଗୀଙ୍କ ଜନ୍ମ ସଂପର୍କରେ ଆମେ ଟିକିଏ ପରିବର୍ତ୍ତିତ ରୂପରେ ଦଶମହାବିଦ୍ୟା କାହାଣୀ ସହ ତୁଳନା କରିପାରିବା। ମାତ୍ର ଭିନ୍ନତା ହେଉଛି ସେ ମତଙ୍ଗାସୁରକୁ ନିଧନ କରିଥିବାରୁ ମାତଙ୍ଗୀ। ମାତଙ୍ଗୀଙ୍କର ବହୁରୂପ ରହିଛି। ରାଜମାତଙ୍ଗୀ, ବଶ୍ୟମାତଙ୍ଗୀ, ସୁମୁଖୀମାତଙ୍ଗୀ, ଉଚ୍ଛିଷ୍ଟାମାତଙ୍ଗୀ ଇତ୍ୟାଦି। ପ୍ରତ୍ୟେକ ମାତଙ୍ଗୀଙ୍କ ରୂପ ଓ ବେଶଭୂଷା ଭିନ୍ନ ଭିନ୍ନ। ଦେବୀ କେଉଁଠି

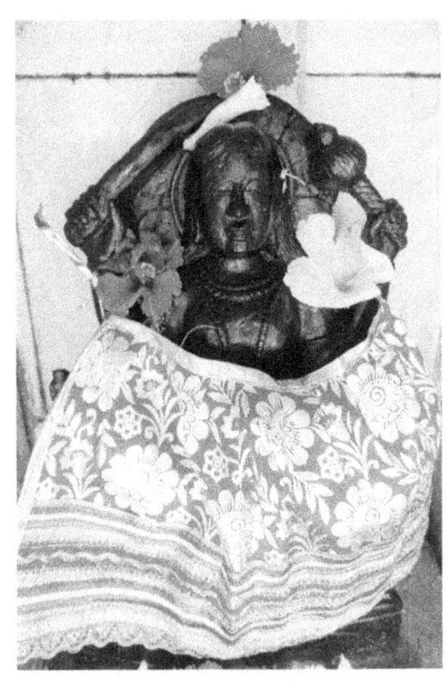

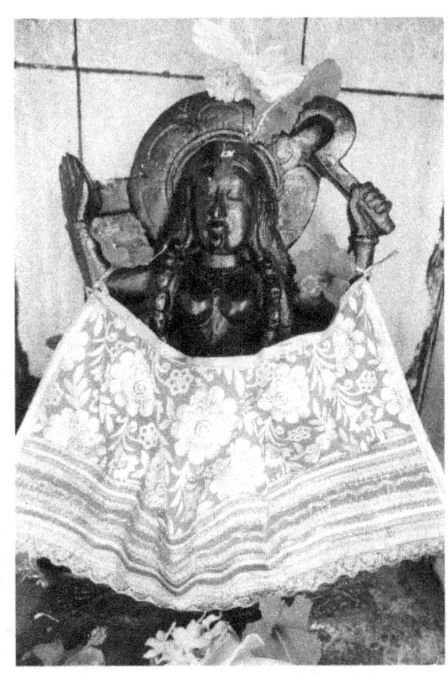

ଶବାସନା, ଅଙ୍ଗରେ ଲୋହିତ ବର୍ଣ୍ଣର ଆଭୂଷଣ, କଣ୍ଠରେ କାଇଁଚମାଳିର ହାର, ତ କେଉଁଠି ସେ ଷୋଡ଼ଶୀ, ପୁଣି କେଉଁଠି ପୀନସ୍ତନୀ । ଆଖିରେ ମମତାର ହସ ।

ଦଶହମହାବିଦ୍ୟାମାନଙ୍କ ମଧ୍ୟରେ କମଳାଙ୍କ ସ୍ଥାନ ଅବଶ୍ୟ ଶେଷରେ । ମାତ୍ର ନାଁରୁ ଗୋଟିଏ କଥା ସ୍ପଷ୍ଟ ଯେ, ସେ ମହାଲକ୍ଷ୍ମୀଙ୍କର ପ୍ରତିରୂପା । ତାଙ୍କୁ ବେଦମତୀ ବି କୁହାଯାଏ । କୁବ୍‌ଜିକାତନ୍ତ୍ର କହିଛି, ସେ ବୈକୁଣ୍ଠରେ ଥିଲାବେଳେ କମଳା, ପାତାଳରେ ଥିଲାବେଳେ ଲକ୍ଷ୍ମୀ । ପଦ୍ମାସନା ଏବଂ ବିତ୍ତର ଦେବୀ । ସେ ପୁଣି ଶ୍ରୀ ଓ ଶସ୍ୟର ଈଶ୍ୱରୀ । ଓଡ଼ିଶା, ଭାରତ ଏବଂ ଭାରତ ବାହାରର ବହୁ ଭୂମିରେ ଏହି ଶସ୍ୟଦେବୀଙ୍କର ସ୍ତୁତି ରହିଛି । ତାଙ୍କୁ ଆରାଧନା କରିବାର ବୀଜମନ୍ତ୍ର ଶ୍ରୀ । ବାହନ ତାଙ୍କର ହାତୀ । ହାତରେ ବରଦ ଅଭୟ ମୁଦ୍ରା, ପଦ୍ମ ଓ ଶସ୍ୟକେଣ୍ଡା । ପଦ୍ମଫୁଲ ତାଙ୍କର ଆସନ ।

ଆମ ଦଶମହାବିଦ୍ୟା କେବଳ ଦର୍ଶନ କି ତନ୍ତ୍ରଶାସ୍ତ୍ରରେ ନାହାନ୍ତି, ମନ୍ଦିରର ଦେହରେ ବି ଅଛନ୍ତି । ପ୍ରାୟ ପ୍ରତି ଶକ୍ତି ମନ୍ଦିରରେ ମୁଖ୍ୟଦେବୀଙ୍କ ପାଖରେ ସେମାନଙ୍କର ବର୍ତ୍ତମାନ । ଆମ ସ୍ଥାପତ୍ୟରେ ଦଶମହାବିଦ୍ୟାଙ୍କ ସ୍ଥାନ ସ୍ୱତନ୍ତ୍ର । ପ୍ରତ୍ୟେକ ପ୍ରତିମା, ରୂପରେ ଅବଶ୍ୟ ସ୍ୱତନ୍ତ୍ର, ମାତ୍ର ଭାବରେ ଗୋଟିଏମାତ୍ର ଅଭିବ୍ୟକ୍ତି- ମାତୃତ୍ୱ ।

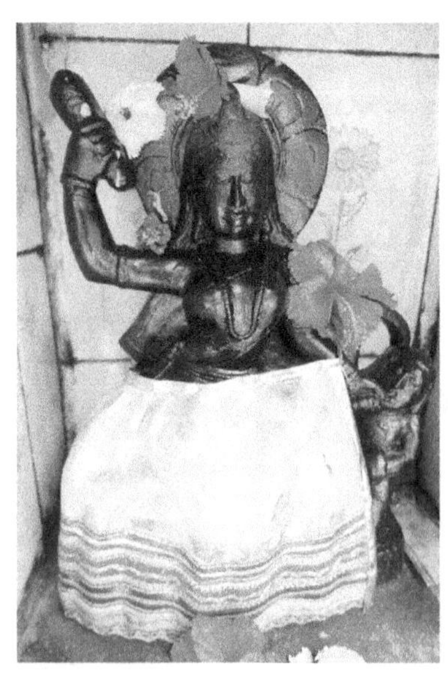

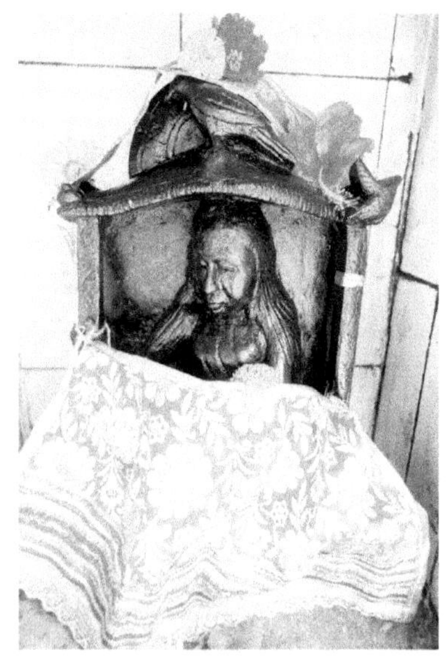

ପାହାନ୍ତି ଆକାଶର ତାରା

ଆମ ସାଂସ୍କୃତିକ ଅବବୋଧରେ 'ତାରା'ଙ୍କ ସ୍ଥାନ ଅନନ୍ୟ ନିଶ୍ଚୟ। କାରଣ ତିନି ତିନୋଟି ଧାର୍ମିକ ଚେତନାରେ ସେ 'ତାରା' ଭଳି ଉଜ୍ଜ୍ୱଳ। ବୌଦ୍ଧ, ଜୈନ ଓ ସନାତନଧର୍ମ। ଦଶମହାବିଦ୍ୟାଙ୍କ ଭିତରେ ତାଙ୍କ ସ୍ଥାନ ଦ୍ୱିତୀୟ। ମାତ୍ର ଅନ୍ୟ ସକଳଙ୍କଠୁ ସ୍ୱତନ୍ତ୍ର। ପୁଣି 'ତାରା' ନାମକ ଚରିତ୍ରଟିଏ ଆମ ସାଂସ୍କୃତିକ ଜୀବନ ସହିତ ଅତି ଅନ୍ତରଙ୍ଗ। ଦେବଗୁରୁ ବୃହସ୍ପତି ଏବଂ ମର୍କଟରାଜ ବାଲୀଙ୍କ ପତ୍ନୀଙ୍କ ନାଁ ବି ତାରା। ଏମାନେ ସତୀଙ୍କ ଭିତରେ ଜଣେ ଜଣେ। ଏବଂ, ଏମାନଙ୍କୁ ନେଇ କେତେ କେତେ କାହାଣୀ। ବୃହସ୍ପତିପତ୍ନୀ ତାରାଙ୍କ ସହ ଚନ୍ଦ୍ରଙ୍କ ପ୍ରେମକାହାଣୀ ଏବଂ ବାଲୀ-ପତ୍ନୀ ତାରାଙ୍କ ସହ ଅନୁଜ ସୁଗ୍ରୀବଙ୍କ ବିବାହ, ପୁଣି ବିଭୀଷଣ କନ୍ୟା ଏକସ୍ତନୀ ତାରାଙ୍କ ସହ ବ୍ରହ୍ମଚାରୀ ହନୁମାନଙ୍କ ବିବାହ- ଆମ ସାଂସ୍କୃତିକ ପରମ୍ପରାର ଗୁରୁତ୍ୱପୂର୍ଣ୍ଣ ବିଭବ। ମାତ୍ର ଆମେ ଯେଉଁ ତାରାଙ୍କ ସଂପର୍କରେ ଆଲୋଚନା କରିବା, ତାହା ଆମ ସ୍ଥାପତ୍ୟରେ ବର୍ତ୍ତମାନ ଥିବା 'ତାରା'।

'ତାରା' ଶବ୍ଦର ମୂଳ ଅର୍ଥ ଖୋଜିଲେ ଅର୍ଥ ହେବ- ଯିଏ ଆମମାନଙ୍କୁ ସକଳ ତ୍ରାସରୁ ତାରଣ କରନ୍ତି। ଅର୍ଥାତ୍, ବିପଦ ତାରିଣୀ। ମାତ୍ର ଶକ୍ତିଙ୍କର ଏହି ନାଁ ସହିତ ଆମ ସାଂସ୍କୃତିକ ଜୀବନର ସଂପର୍କ କେତେ ପୁରୁଣା, ଏ ସଂପର୍କରେ ଭିନ୍ନ ଭିନ୍ନ ମତ ରହିଛି। ଗବେଷକମାନେ କୁହନ୍ତି- ଦେବୀ ତାରାଙ୍କର ଉଦୟନର ଉତ୍ସ ବୌଦ୍ଧ ସହଜଯାନୀ ପରମ୍ପରାରୁ। ମାତ୍ର ସନାତନ ଚେତନାର ବିଶ୍ୱାସୀମାନେ ଅନ୍ୟ ପ୍ରକାରର କଥା କୁହନ୍ତି। ସେମାନେ ତାରା-ସୃଜନର ଉତ୍ସ ଖୋଜନ୍ତି କାଳିକା-ପୁରାଣରୁ। କୁହନ୍ତି, ସେ ଶିବ-ପତ୍ନୀ ପାର୍ବତୀଙ୍କ ପ୍ରତିରୂପା। ଅର୍ଥାତ୍, ଅକ୍ଷୋଭ-କାମିନୀ ଶିବପତ୍ନୀ। 'ଅକ୍ଷୋଭ' ଶବ୍ଦର ଅର୍ଥ ଅପରାଜିତ। ମୃତ୍ୟୁଞ୍ଜୟ। ଏହି ଶବ୍ଦ ପ୍ରୟୋଗର କାରଣ ସମୁଦ୍ର ମନ୍ଥନ କାଳରେ ଶିବ ଅବିଚଳିତ ଚିତ୍ତରେ କୌଣସି କ୍ଷୋଭ ନରଖି ସକଳ ବିଷକୁ ଜଗତର ମଙ୍ଗଳ ପାଇଁ ପାନ କରିଥିଲେ। ତାରା ସେହି ଅକ୍ଷୋଭଙ୍କର ଅବିଭକ୍ତ

ଅସ୍ତିତ୍ୱ। ଅଗ୍ନିପୁରାଣ ତାରାଙ୍କୁ ଅକ୍ଷୋଭା କୁହେ। ବହୁ ତନ୍ତ୍ରଶାସ୍ତ୍ର ଏହି ବିଚାରକୁ ଗ୍ରହଣ କରିଛି। ତନ୍ତ୍ରଶାସ୍ତ୍ରରେ ତାଙ୍କୁ କୁହାଯାଇଛି, ସେ ମହାକାଳୀ, ରୁଦ୍ରାଣୀ, ଉଗ୍ରା, ଭୀମା, ଘୋରା, ବ୍ରହ୍ମାଣୀ, ମହାରାତ୍ରୀ ଓ ଭୈରବୀ ଆଦି ଅଷ୍ଟଯୋଗିନୀଙ୍କ ମଧ୍ୟରେ ବିଚରଣ କରୁଥାନ୍ତି। କେହି କେହି ତାଙ୍କ ସିଂହଯୁକ୍ତ ପ୍ରତିମାଙ୍କୁ ଦେଖି ଦୁର୍ଗାଙ୍କ ପ୍ରତିରୂପା କୁହନ୍ତି।

ମହାଯାନୀମାନେ ତାରାଙ୍କୁ ବୁଦ୍ଧ ଓ ବୋଧିସତ୍ତ୍ୱମାନଙ୍କର ଜନନୀ ଏବଂ ସେ ସୃଷ୍ଟିର ସ୍ଥିତି ଓ କାରଣ ଭାବେ ସ୍ୱୀକାର କରନ୍ତି। ଜୈନ ସଂପ୍ରଦାୟ ମଧ୍ୟ ତାଙ୍କୁ ଆରାଧ୍ୟା ଭାବେ ଗ୍ରହଣ କରନ୍ତି, ମାତ୍ର ପ୍ରଧାନ ଉପାସ୍ୟ ଦେବୀ ଭାବରେ ପୂଜା କରନ୍ତି ନାହିଁ। ତନ୍ତ୍ରଶାସ୍ତ୍ର-ରୁଦ୍ରଯାମଳ ଓ ବ୍ରହ୍ମଯାମଳରେ ତାରା, ପ୍ରଜ୍ଞାପାରମିତା। ଏଣେ ପ୍ରଜ୍ଞାପାରମିତା ମଧ୍ୟ ବୌଦ୍ଧଧର୍ମର ଆରାଧ୍ୟା ଦେବୀ। ପୁଣି ସନାତନଧର୍ମର ତାରା ଶିବଙ୍କ ଶକ୍ତି। ତେଣୁ ତାରାଙ୍କର ଉଦୟନ ଏତେ ଉଜ୍ଜ୍ୱଳ, ତାଙ୍କର ସନାତନୀକରଣକୁ ନେଇ ଏତେ କାହାଣୀ, ଏତେ କିମ୍ବଦନ୍ତୀ।

ତାରାଙ୍କ ସନାତନୀକରଣକୁ ଅଧିକ ଶକ୍ତିଶାଳୀ କରିବାକୁ ତାଙ୍କୁ ବଶିଷ୍ଠଙ୍କ ପରି ଜଣେ ମହାଋଷିଙ୍କ ସହିତ ଯୋଡ଼ି ଦିଆଯାଇଛି। ଏହାକୁ ଆମେ ଏକ ପୁରାକଳ୍ପ କହିପାରିବା।

ମହାଋଷି ବଶିଷ୍ଠ ପରମ ସିଦ୍ଧିଲାଭରୁ ବଂଚିତ ହୋଇଛନ୍ତି। ତପସ୍ୟାରେ ବିତିଛି ବର୍ଷ ପରେ ବର୍ଷ। ତଥାପି ସିଦ୍ଧି ଅପହଞ୍ଚ। କାରଣ ଖୋଜିଛନ୍ତି। ଦିନେ ଦେବୀ ତାରା ତାଙ୍କ ଆଗରେ ଉଭା ହୋଇଛନ୍ତି। ସାଧନାର ମାର୍ଗ କହିଛନ୍ତି। କହିଛନ୍ତି- ସିଦ୍ଧିଲାଭ କରିବାକୁ ହେଲେ ତାଙ୍କୁ ଅବଶ୍ୟ 'ମୋହାଚୀନା'ଙ୍କ ବରଲାଭ କରିବାକୁ ହେବ। ସେ ସ୍ୱୟଂ ବୁଦ୍ଧଙ୍କର ପ୍ରତିରୂପ। ଏବଂ, ମୋହାଚୀନାଙ୍କ ବାସଭୂମି, ଚୀନାଭୂମି। ମାତ୍ର ସେ ବୁଦ୍ଧ, 'କାମନାର ବିନାଶରେ ଦୁଃଖର ବିନାଶ' ଅଥବା 'ଜୀବେ ଦୟା' ଉପରେ ବିଶ୍ୱାସ କରୁଥିବା ବୁଦ୍ଧ ନୁହନ୍ତି। ସେ ଭିନ୍ନ ବୁଦ୍ଧ। ମଦ୍ୟ ଓ ମାଂସପ୍ରିୟ। ସେ ପୁଣି ଅନାବୃତ। ତାଙ୍କ ଚାରିପାଖରେ ଶୃଙ୍ଗାର ସମ୍ଭୋଗା ନାରୀଙ୍କର ମେଳଣ।

ବଶିଷ୍ଠଙ୍କ ଆଖି ବିସ୍ଫାରିତ। କ'ଣ ଦେଖୁଛନ୍ତି ସେ ? ବିଶ୍ୱାସ କରିପାରୁ ନାହାନ୍ତି ନିଜ ଆଖିକୁ। ବିଭ୍ରାନ୍ତ ଚିତ୍ତ। ବଶିଷ୍ଠଙ୍କର ଅସହାୟତା ବୁଝିପାରିଛନ୍ତି ମୋହାଚୀନା ବୁଦ୍ଧ। ରହସ୍ୟ ଖୋଲି ଦେଉଛନ୍ତି ବଶିଷ୍ଠଙ୍କ ପାଖରେ। କହିଛନ୍ତି ଏହା ଗୁହ୍ୟସାଧନା ଓ ବିଦ୍ୟାର କଥା। କୌଳମାର୍ଗର କଥା। ପଞ୍ଚମାକାର ସାଧନାମାର୍ଗର କଥା। ସ୍ୱାଭାବିକ ଇନ୍ଦ୍ରିୟତୃପ୍ତି ମଧ୍ୟରେ ଇନ୍ଦ୍ରିୟୋତ୍ତର ଜଗତକୁ ଯାତ୍ରା। ତେଣୁ ବଶିଷ୍ଠ ! ତୁମେ ଯଦି ଜୀବନରେ ଯଥାର୍ଥ ମୁକ୍ତି ଖୋଜୁଛ, ତେବେ ଜୀବନର ଏ ସ୍ୱାଭାବିକ ଅଭିଧର୍ମକୁ

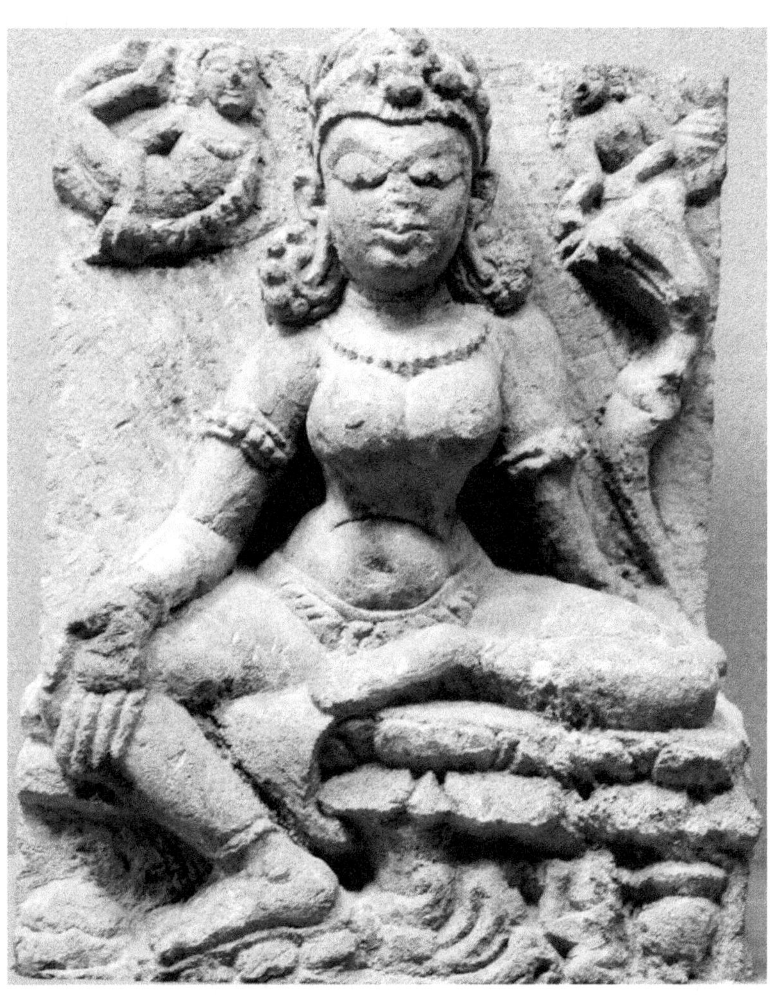

ଗ୍ରହଣ କରିନିଅ। ଏବେ ବଶିଷ୍ଠ ବୁଝିଛନ୍ତି ତାଙ୍କୁ ଦର୍ଶନ ଦେଇଥିବା 'ତାରା' ତାଙ୍କୁ କାହିଁକି ଏଠାକୁ ପଠାଇଛନ୍ତି।

ସେ ବୁଝିଯାଇଛନ୍ତି, ନାରୀମାନେ ହିଁ ଈଶ୍ୱର, ନାରୀମାନେ ହିଁ ଜୀବନ, ନାରୀମାନେ ହିଁ ଅଳଙ୍କାର ଏବଂ ନାରୀମାନେ ହିଁ ମହାଚିନ୍ତନ। ଆଖିପତା ମୁଦି ହୋଇଯାଇଛି। ଧ୍ୟାନସ୍ଥ ବଶିଷ୍ଠ ଦେଖୁଛନ୍ତି ଏକ ବିଚିତ୍ର ଦୃଶ୍ୟ। ଜଣେ ଜ୍ୟୋତିର୍ମୟୀ ନାରୀ ଏକ ଶାୟିତ ଶବ ଉପରେ ବସିଛନ୍ତି। ଚାରିପାଖରେ ନିଆଁ। ଉଲଗ୍ନା। ମୁକ୍ତକେଶା। ନିଘଞ୍ଚ ଅରଣ୍ୟ। ବଶିଷ୍ଠ ଅନୁଭବ କରୁଛନ୍ତି, ଏ ଶବ ଆଉ କେହି ନୁହେଁ, ସ୍ୱୟଂ ଶିବ। ଏ ଜ୍ୟୋତିର୍ମୟୀ ଦେବୀ ଆଉ କେହି ନୁହନ୍ତି, ତାରା। ଏ ଦୃଶ୍ୟ ବଶିଷ୍ଠଙ୍କୁ ଅଭିଭୂତ କରିଛି। ଶୁଣିପାରିଛନ୍ତି ମୋହାଚୀନାଙ୍କର ଶୂନ୍ୟବାଣୀ। ବଶିଷ୍ଠ! ଚୀନାଭୂମିରୁ ତୁମେ ଭାରତବର୍ଷକୁ ଯାଅ। ଜନପଦରେ ପ୍ରଚାର କର କୌଳମାର୍ଗର ବିଶେଷତା। ପୀଠ, ଉପପୀଠମାନ ପ୍ରତିଷ୍ଠା କର। ଏବଂ, ତୁମରି ପୌରୋହିତ୍ୟରେ ଜନ୍ମନେଉ ପଞ୍ଚମବେଦ, ପଞ୍ଚଯୋଗିନୀ ଓ ପଞ୍ଚପୀଠ। ତୁମେ ଏ କାର୍ଯ୍ୟ ଶେଷ ନକରିବାଯାଏ ତୁମ ସାଧନାର ସିଦ୍ଧି ଅସମ୍ଭବ।

ବଶିଷ୍ଠ ଫେରିଛନ୍ତି ଭାରତବର୍ଷକୁ। 'ତାରା'ପୂଜନ ପରମ୍ପରା ପ୍ରତିଷ୍ଠା କରିଛନ୍ତି। ତେଣୁ କୁହାଯାଏ, ଭାରତର ଉତ୍ତରଭୂମିରେ ପରିବ୍ୟାପ୍ତ ଚୀନ ଏବଂ ତିବ୍‌ବତ ହିଁ ଥିଲା ସହଜଯାନୀ ବୁଦ୍ଧଙ୍କର ପ୍ରୟୋଗଶାଳା। ଏବଂ, ତାରା ସତେଯେପରି ଦେହବୋଧର ମାଧ୍ୟମ ଦେଇ ମୁକ୍ତିବୋଧର ଆନନ୍ଦ ବିତରଣ ପାଇଁ ଭାରତବର୍ଷକୁ ନିଜର ଭୂମି କରିଛନ୍ତି। ଏବଂ, ଭାରତବର୍ଷର ଭୂମିରେ ଆଙ୍କି ହୋଇଯାଇଛି ତାରାଙ୍କର ଅନେକ ସ୍ଥାପତ୍ୟ।

ତାରାଙ୍କୁ ନେଇ ଆଉ ଏକ ଚମତ୍କାର ତିବ୍‌ବତୀୟ କାହାଣୀ। ଦିନେ ଅବଲୋକିତେଶ୍ୱରଙ୍କ ଆଖିରୁ ଝରିପଡ଼ିଛି ଦୁଇଧାର ଲୁହ। ସେ ଲୁହ ତଳେ ପଡ଼ି ସୃଷ୍ଟି ହୋଇଛି ଏକ ହ୍ରଦ। ହ୍ରଦ ଭିତରୁ ଜନ୍ମ ନେଇଛି ପଦ୍ମକଢ଼ୀଟିଏ। କଢ଼ୀ ପାଖୁଡ଼ା ମେଲେଇ ଫୁଟିବା ବେଳକୁ ଭିତରୁ ଆତ୍ମପ୍ରକାଶ କରିଛନ୍ତି ଜଣେ ଦିବ୍ୟ ନାରୀ। ସେ ଲୁହର ରଙ୍ଗ ଥିଲା ଧଳା ଓ ସବୁଜ। ତାହା କାଳେ, ଦିନ ଓ ରାତିର ପ୍ରତୀକ। ସେଇ ଦିବ୍ୟ ନାରୀଜଣକ ଦୁଇ ପ୍ରତୀକର ସଂକେତ। ନାଁ ସୀତାତାରା ଓ ଶ୍ୟାମାତାରା। ଅଷ୍ଟବିପତ୍ତିରୁ ଦିନରାତି ଉଦ୍ଧାର କରିବାପାଇଁ ଅବଲୋକିତେଶ୍ୱରଙ୍କ ଲୋତକରୁ ଜନ୍ମ ନେଇଛନ୍ତି ଅଷ୍ଟମହାଭୟ ତାରା। ସେହି ଅଷ୍ଟମହାବିପତ୍ତିଗୁଡ଼ିକ- ସର୍ପ, ସିଂହ, ହସ୍ତୀ, ଜଳ, ଅଗ୍ନି, ଶୃଙ୍ଖଳ, ଚୌର ଓ ପିଶାଚ।

ତେବେ ଏହି ପୁରାକଳ୍ପଗୁଡ଼ିକରୁ ଗୋଟିଏ କଥା ସ୍ପଷ୍ଟ ଯେ, ତାରା, ସହଜଯାନୀ

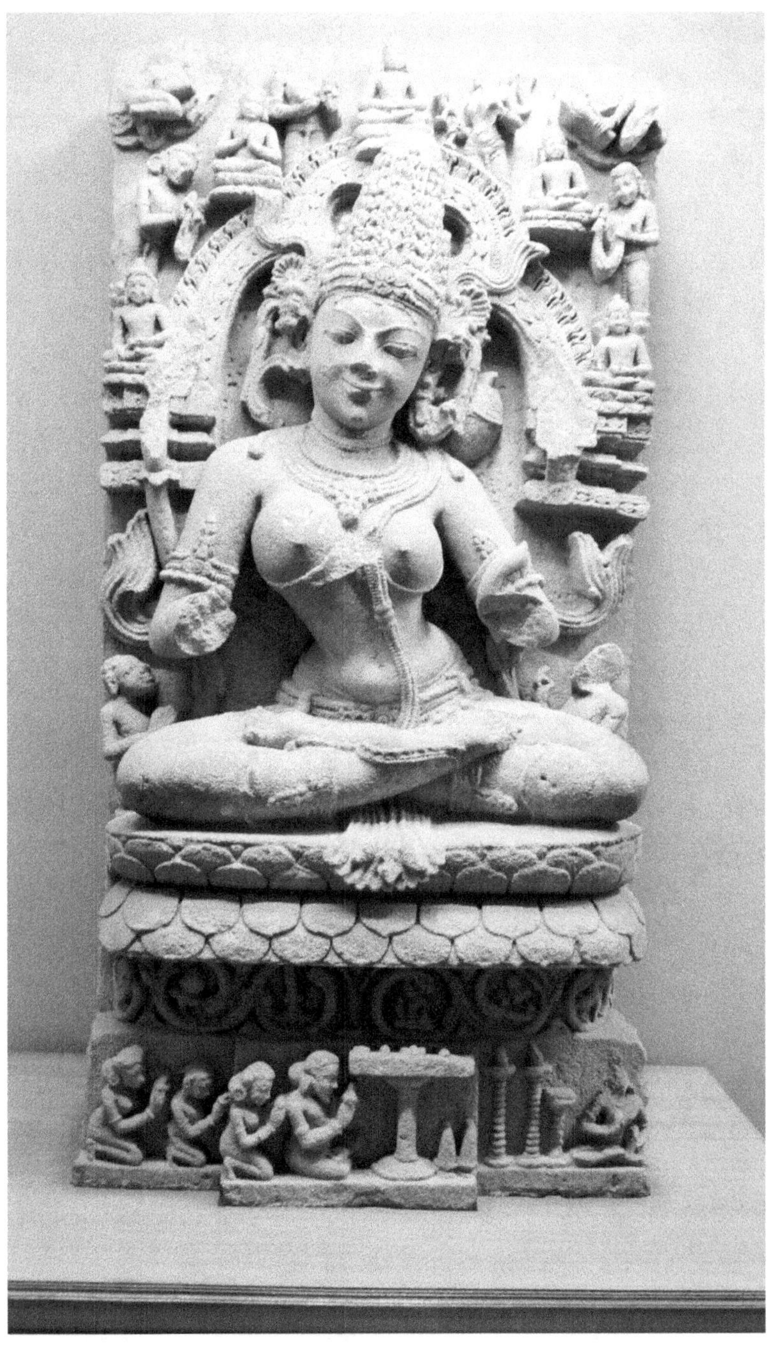

ବୌଦ୍ଧଧର୍ମ ପରମ୍ପରା ସହିତ ଘନିଷ୍ଠ ଭାବେ ସଂପୃକ୍ତ। ସେ ଅବଶ୍ୟ ଭିନ୍ନ ଭୂମିରୁ ଭାରତଭୂମିକୁ ଆସିଛନ୍ତି। ମାତ୍ର, ବ୍ରାହ୍ମଣ୍ୟବାଦ, କୌଳମାର୍ଗୀ ବିଚାରକୁ ସ୍ୱୀକାର କରିଛି। ଉଭୟ ଚେତନା ଗୋଟିଏ ରୂପ ଓ ଭାବରେ ଏକ ବିସ୍ତୃତ ଭୂଖଣ୍ଡରେ କ୍ରିୟାଶୀଳ ହୋଇଛି।

ସୁତରାଂ, ଦଶମହାବିଦ୍ୟାଙ୍କ ମଧ୍ୟରେ ତାରାଙ୍କର ଅବସ୍ଥିତି ସମ୍ଭବତଃ ବୌଦ୍ଧ ସହଜଯାନୀ ପରମ୍ପରାର ମହାସ୍ରୋତର ଦୃଶ୍ୟରୂପ। ଆମେ ତାରାଙ୍କୁ ମୋକ୍ଷଦାୟିନୀ ଓ ତ୍ରାସ ବିମୋଚନୀ- ଦୁଇ ଭାବାଦର୍ଶର ଯୁଗ୍ମରୂପ ଭାବେ ଗ୍ରହଣ କରିପାରିବା।

ତେବେ ଏହା ସ୍ୱୀକାର୍ଯ୍ୟ ଯେ, ବୌଦ୍ଧଧର୍ମର ଇତିହାସରେ ତାରା ସର୍ବମାନ୍ୟ ଶକ୍ତି। ଭାରତବର୍ଷର ବୁଦ୍ଧ ଉପାସନା ସହିତ ତାଙ୍କ ସଂପର୍କ ଅତ୍ୟନ୍ତ ନିବିଡ଼। ଆମ ଶିବ ଓ ପାର୍ବତୀଙ୍କ ପରି। ସେ, ବୁଦ୍ଧ- ଅବଲୋକିତେଶ୍ୱରଙ୍କର ଦିବ୍ୟ ଅର୍ଦ୍ଧାଙ୍ଗିନୀ। ଶକ୍ତି। ତାଙ୍କର ବହୁ ରୂପ। ବହୁ ବର୍ଣ୍ଣ। ରୂପ ଓ ବର୍ଣ୍ଣକୁ ନେଇ ନାମ। କେଉଁଠି ଲୋହିତତାରା, କେଉଁଠି ନୀଳତାରା, କେଉଁଠି ସବୁଜତାରା, ପୁଣି କେଉଁଠି ଧବଳତାରା। ଏବଂ, ଓଡ଼ିଶାରେ ଏମିତି କୌଣସି ବୌଦ୍ଧପୀଠ ନାହିଁ, ଯେଉଁଠି ତାରାଙ୍କର ବର୍ତ୍ତମାନ ନାହିଁ।

ଆଠଭୟରୁ ମୁକ୍ତିପାଇଁ ସେ ସ୍ଥାପତ୍ୟରେ ଉଭା ହୋଇଛନ୍ତି ଉତ୍କଳ ଭୂମିରେ ବିଭିନ୍ନ ରୂପରେ। ରତ୍ନଗିରି ସଂଗ୍ରହାଳୟରେ ଥିବା ତାରା ଅଷ୍ଟମହାଭୟା ତାରା। ଠିଆ ହୋଇଛନ୍ତି ପଦ୍ମପୀଠିକା ଉପରେ, ତ୍ରିଭଙ୍ଗୀ ଠାଣିରେ। ଦୁଇଟି ହାତ। ବାମ ହାତରେ ନୀଳପଦ୍ମର ଗୁଚ୍ଛ, ଡାହାଣ ହାତ ବରଦମୁଦ୍ରା। ଦେହରେ ଅଳଙ୍କାରର ପ୍ରାଚୁର୍ଯ୍ୟ। ମଥାରେ ମୁକୁଟ, ଗଳାରେ ମୋଟା ମୋଟା ମାଳ, ବାହୁରେ ବାଜୁବନ୍ଧ ଓ ତାଇତ, ଅଣ୍ଟାରେ କମକରା ଅଣ୍ଟାସୂତା। ଆଖି ଓ ମୁହଁରେ ଦିବ୍ୟଭାବର ଆଭା। ପଛପଟର ଦୁଇଭାଗରେ ଅଷ୍ଟଭୟମାନଙ୍କର ପ୍ରତୀକ। ସତେଯେପରି ଦେବୀ ଏହି ଭୟମାନଙ୍କ କବଳରୁ ଅଭୟଦାନ କରୁଛନ୍ତି ଭକ୍ତମାନଙ୍କୁ। ଅନ୍ୟ ମହାଭୟା ତାରାପ୍ରତିମାଟି ଏବେ ପାଟନା ସଂଗ୍ରହାଳୟରେ। ପ୍ରତିମା ଦୁଇଟିର ସମୟ ଏକାଦଶ ଶତାବ୍ଦୀ।

ଓଡ଼ିଶା ରାଜ୍ୟ ସଂଗ୍ରହାଳୟରେ ରହିଛି ଆଠଟି ପଥରର ତାରା ମୂର୍ତ୍ତି ଏବଂ ସତରଟି ବ୍ରୋଞ୍ଜ ମୂର୍ତ୍ତି। ଗୋଟିଏ ଅଷ୍ଟଭୁଜା। ପଥରର ଦେହ। ପ୍ରାପ୍ତିସ୍ଥାନ ଭୁବନେଶ୍ୱର ଓ ସମୟ ସପ୍ତମ ଶତାବ୍ଦୀ। ଧ୍ୟାନମୁଦ୍ରାରେ ପଦ୍ମାସନରେ ବସିଛନ୍ତି। ଡାହାଣପଟର ଗୋଟିଏ ହାତରେ ଅକ୍ଷମାଳା, ଅନ୍ୟ ହାତ ବରଦମୁଦ୍ରା। ଦୁଇଟି ହାତ ଧ୍ୟାନରତ। ଅନ୍ୟ ହାତରେ ଥିବା ଆୟୁଧ ଅସ୍ପଷ୍ଟ। ପେଟର ତ୍ରିବଳୀ ସୁସ୍ପଷ୍ଟ। ଆଠଟି ହାତରେ

କୋଟିକମର ବାଜୁବନ୍ଧ। ଅଣ୍ଟାରେ ଅଣ୍ଟାସୂତା, ମୁହଁର ସମ୍ମୁଖଅଂଶ ସମ୍ପୂର୍ଣ୍ଣ ଖାଇଯାଇଛି। ସ୍ତନ ଦୁଇଟି ଭଗ୍ନ। ପୀଠିକା ତଳେ ଭକ୍ତମାନେ ସ୍ତବଗାନ କରୁଛନ୍ତି।

ସଂଗ୍ରହାଳୟରେ ଥିବା ପୁରୀର ମଙ୍ଗଳପୁରରୁ ସଂଗୃହୀତ ଅନ୍ୟ ଏକ ତାରା ପ୍ରତିମା ଅତି କମନୀୟ। ସମୟ ପ୍ରାୟ ଦଶମ ଶତାବ୍ଦୀ। ପଦ୍ମପୀଠିକାର ତଳେ ସେବିକାମାନେ ଯୋଡ଼ହସ୍ତରେ ସ୍ତୁତି କରୁଛନ୍ତି। ପାଖରେ ପଥରରେ ଗଢ଼ା ଧୂପଦୀପର ଦାନୀ ଏତେ ଆକର୍ଷଣୀୟ, ତାହା ଅବର୍ଣ୍ଣନୀୟ। ପଦ୍ମପୀଠିକାର ଉପରେ ଦେବୀ ପଦ୍ମାସନା। ଦ୍ୱିଭୁଜା। ହାତରେ ପଦ୍ମ ଓ ବରଦମୁଦ୍ରା। ଓଠରେ ସରୁ ହସ। ସମଗ୍ର ମୁହଁରେ ଅଲୌକିକ ଆଭା। ସୂକ୍ଷ୍ମ କଟୀରେ ସୁଗଭୀର ନାଭୀ। ସୁସଜ୍ଞ ସ୍ତନାଗ୍ର ସ୍ପଷ୍ଟ। କାରୁକାର୍ଯ୍ୟ ବିମଣ୍ଡିତ ମଥାର କିରଟୀର ଶୀର୍ଷ ଓ ପ୍ରଭାମଣ୍ଡଳରେ ଧ୍ୟାନୀବୁଦ୍ଧ ଓ ଉଡ଼ନ୍ତା ବିଦ୍ୟାଧରୀମାନଙ୍କର କଳାତ୍ମକ ପରିପ୍ରକାଶ। ଏଭଳି ଅନୁପମ ପ୍ରତିମା ବାସ୍ତବତଃ ଅନନ୍ୟ।

ସଂଗ୍ରହାଳୟରେ ଥିବା ଅନ୍ୟ ପ୍ରତିମାଗୁଡ଼ିକ ଯେପରି ସମ୍ମୋହନ ଓ ମୁକ୍ତିବୋଧର ଚିରନ୍ତନ ଉତ୍ସ। ଗୋଟିଏ ମୂର୍ତ୍ତିର ମୁଣ୍ଡ ପାଖରୁ କାନ୍ଧସହ ଉପରଭାଗ କଟିଯାଇଛି। ଅନ୍ୟ ଅଂଶରୁ ସ୍ପଷ୍ଟ ଜାଣିହେଉଛି ଦେବୀଙ୍କ ଗଢ଼ଣ କେତେ ସୂକ୍ଷ୍ମ ଓ

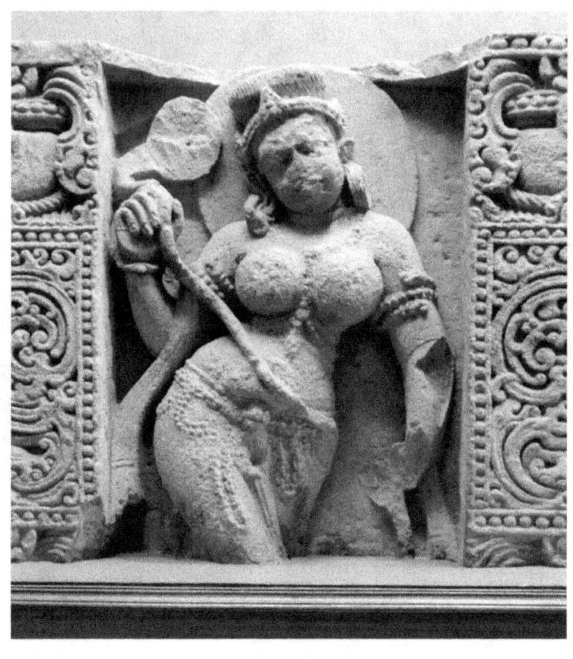

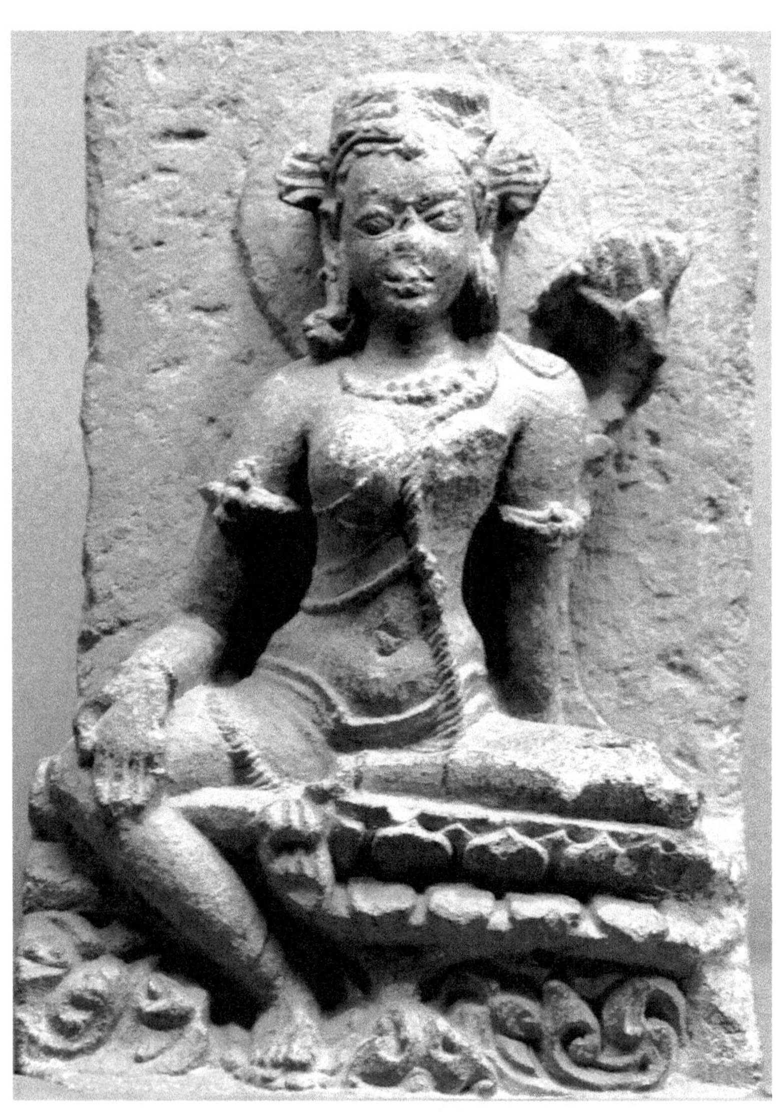

କମନୀୟ । ଚାରି ହାତ । ପଦ୍ମପୀଠିକାରେ ପଦ୍ମାସନା । ଭୁବନେଶ୍ୱରରୁ ମିଳିଥିବା ଏହି ମୂର୍ତ୍ତିର ସମୟ ଅଷ୍ଟମ ଶତାବ୍ଦୀ । କଟକରୁ ସଂଗ୍ରହୀତ ତାରାଙ୍କର ସମୟ ଦ୍ୱାଦଶ ଶତାବ୍ଦୀ । ଆଣ୍ଠୁ ପାଖରୁ ତଳକୁ ଭାଙ୍ଗିଯାଇଛି । ଠିଆ ହୋଇଛନ୍ତି ତ୍ରିଭଙ୍ଗୀ ଠାଣିରେ । ଡାହାଣ ଗୋଡ଼ ବାମଗୋଡ଼ରେ ଛନ୍ଦି ହୋଇଥିବା ଭଳି ମନେହେଉଛି । ଦୁଇ ହାତ । ଡାହାଣ ହାତରେ ଲମ୍ବା ନାଡ଼ଯୁକ୍ତ ପଦ୍ମ । ବାମହାତ ଭାଙ୍ଗିଯାଇଛି । ଦୁଇ ପାଖରେ କୋଟିକମକରା ପ୍ୟାନେଲ । ବର୍ତ୍ତୁଳ ସ୍ତନ, ଅଣ୍ଟାରେ ମେଖଳା । ଦଶମ ଶତାବ୍ଦୀର ଆଉ ଏକ ତାରା, ଭୁବନେଶ୍ୱରରୁ ସଂଗୃହୀତ । ପଦ୍ମଫୁଲ ଉପରେ ବସିଛନ୍ତି । ବାମ ହାତରେ ଉତ୍ପଳ, ଡାହାଣ ହାତ ବରଦମୁଦ୍ରାରେ ଆଣ୍ଠୁ ଛୁଇଁଛି । ନିର୍ବିକାର ମୁହଁ । ନବମ ଶତାବ୍ଦୀର ଭୁବନେଶ୍ୱରରୁ ମିଳିଥିବା ଅନ୍ୟ ତାରାଙ୍କର ମୁହଁ ସଂପୂର୍ଣ୍ଣ ବିଧ୍ୱସ୍ତ । ପଦ୍ମଫୁଲ ଉପରେ ବସିଛନ୍ତି । ଡାହାଣ ପାଦ ଭୂମି ଛୁଇଁଛି । ବାମପାଦ ଭାଙ୍ଗି ବସିଛନ୍ତି । ଦଶମ ଶତାବ୍ଦୀରେ ମିଳିଥିବା ଆଉ ଏକ ତାରା ଅତି ଅନୁପମା । ଦୁଇ ହାତରେ ପଦ୍ମ ଓ ବରଦମୁଦ୍ରା । ଅକ୍ଷୁର୍ଣ୍ଣ । ଅଳଙ୍କାର ବିଭୂଷିତା । କ୍ଷୀଣ କଟୀ । ପେଟରେ ତ୍ରିବଳୀ ସୁସ୍ପଷ୍ଟ ।

ପଥର ଦେହରେ ଗଢ଼ା ତାରା କେଉଁଠି ବସିଛନ୍ତି ତ କେଉଁଠି ଠିଆ ହୋଇଛନ୍ତି, ପୁଣି କେଉଁଠି ଚାଲୁଛନ୍ତି । ଯେଉଁ ଭଂଗୀରେ ଠିଆ ହୋଇଛନ୍ତି ବା ବସିଛନ୍ତି ତାହା- ପ୍ରତ୍ୟାଲିଢ଼ା, ଆଲିଢ଼ା, ଧ୍ୟାନମୁଦ୍ରା, ଅର୍ଦ୍ଧପର୍ଯ୍ୟଙ୍କ ମୁଦ୍ରା ଅଥବା ବଜ୍ରପର୍ଯ୍ୟଙ୍କ ମୁଦ୍ରା । ପଥର ବ୍ୟତୀତ ଉତ୍କଳଭୂମିରେ ବହୁସଂଖ୍ୟକ ବ୍ରୋଞ୍ଜତାରାପ୍ରତିମା ମଧ୍ୟ ଉପଲବ୍ଧ । ସଂଗ୍ରହାଳୟରେ ଥିବା ବ୍ରୋଞ୍ଜମୂର୍ତ୍ତିଗୁଡ଼ିକର ସମୟ ଅଷ୍ଟମରୁ ଦ୍ୱାଦଶ ଶତାବ୍ଦୀ ମଧ୍ୟରେ ।

ତେବେ ସପ୍ତମ ଶତାବ୍ଦୀରୁ ଆରମ୍ଭକରି ଷୋଡ଼ଶ ଶତାବ୍ଦୀ ମଧ୍ୟରେ ଓଡ଼ିଶାର ବିଭିନ୍ନ ସ୍ଥାନରେ ମିଳିଥିବା ତାରା ମୂର୍ତ୍ତିଙ୍କୁ ଦେଖିଲେ ଭାବ-ଅନୁରୂପ ଶକ୍ତିପ୍ରତିମା ଗଢ଼ଣରେ ଉତ୍କଳୀୟ ଶିଳ୍ପୀମାନଙ୍କର କଳାବୋଧକୁ ସ୍ପଷ୍ଟ ଅନୁଭବ କରିହୁଏ । ଲାଗେ, ଏମାନେ କଳ୍ପଲୋକର ମର୍ତ୍ତ୍ୟାୟନ ନୁହନ୍ତି, ବରଂ ମର୍ତ୍ତ୍ୟରେ ଜୀବନ୍ତ ଭୟମୁକ୍ତି ଆନନ୍ଦବୋଧର ଚଳମାନ ଅଭିବ୍ୟକ୍ତି ।

ଉଗ୍ରତାର ବିନାଶିନୀ ଉଗ୍ରତାରା

ଆମ ସାଂସ୍କୃତିକ ଜୀବନରେ 'ତାରା' ଅନେକ ରୂପରେ ଆସିଛନ୍ତି । ଆସିଛନ୍ତି କାହାଣୀରେ, କିମ୍ବଦନ୍ତୀରେ, ଧାର୍ମିକ ଚେତନାରେ ଓ ସ୍ଥାପତ୍ୟରେ । ଧାର୍ମିକ ଚେତନା କାଳକ୍ରମେ ସ୍ଥାପତ୍ୟରେ ରୂପାନ୍ତରିତ ହୋଇଛି । ଦୁଇ ଧର୍ମର ତାରା ଏକ ହୋଇ ଯାଇଛନ୍ତି । ଗୋଟିଏ ଆସିଛନ୍ତି ବଶିଷ୍ଠଙ୍କ ମାଧ୍ୟମରେ ଚୀନ, ତିବ୍ବତ ଓ ନେପାଳ ବାଟ ଦେଇ ଭାରତଭୂମିକୁ । ସେ ତାରା, ଅବଲୋକିତେଶ୍ୱର- ବୁଦ୍ଧଙ୍କର ଅଧ୍ୟାତ୍ମଶକ୍ତି, ବିଦ୍ୟାଦାତ୍ରୀ ଓ ନିର୍ବାଣ ପ୍ରଦାୟିନୀ । ଭାରତବର୍ଷର ବିଭିନ୍ନ ସ୍ଥାନରେ ତାଙ୍କ ପାଇଁ ପୀଠ, ଉପପୀଠ ତିଆରି ହୋଇଛି । ବୌଦ୍ଧବିହାର, ଶିକ୍ଷାୟତନ ଓ ଅନ୍ୟଭୂମିରେ ମଧ୍ୟ 'ତାରା' ଅଛନ୍ତି ଭିନ୍ନ ଭିନ୍ନ ରୂପରେ ।

ଅନ୍ୟ 'ତାରା' ଜଣକ ସନାତନ ଚେତନାର ଦଶମହାବିଦ୍ୟାମାନଙ୍କ ମଧ୍ୟରେ ଅନ୍ୟତମା । ମହାଶକ୍ତିଙ୍କର ଅନ୍ୟ ରୂପ । ଶିବପ୍ରିୟା । ତାଙ୍କ ରୂପ ବି ସେମିତି- ଅଭୟଦାତ୍ରୀ, ଅଶୁଭ ନିସୋଦିନୀ, ବରଦା । ଭାରତବର୍ଷର ସବୁ ଭୂମିରେ ଜନପଦରୁ ଆରମ୍ଭ କରି ରାଜପ୍ରାସାଦରେ ସେ ଆରାଧ୍ୟା । ଏହି ଦୁଇ ତାରାଙ୍କର ସମ୍ମିଳିତ ରୂପ, ଗୁଣ ଓ ଭାବ ଆଧାରରେ ଆମେ ଅନ୍ୟ ଏକ ତାରାଙ୍କର ପରିକଳ୍ପନା କରିଛୁ । 'ଉଗ୍ରତାରା' ।

ତାଙ୍କ ନାଁ ପୂର୍ବରୁ 'ଉଗ୍ର' ଯୋଡ଼ାଯାଇଥିବାରୁ ସାଧାରଣରେ ଧାରଣା ଆସେ ସେ ଉଗ୍ର । ହଁ, ସେ ଉଗ୍ର । ଉଗ୍ର, ତା' ସନ୍ତାନର ଶତ୍ରୁମାନଙ୍କ ପାଇଁ । ତା' ସନ୍ତାନଙ୍କୁ ଦୁଃଖରୂପକ ଉଗ୍ରତାପରୁ ସେ ସୁରକ୍ଷା ପ୍ରଦାନ କରେ । ତା' ସନ୍ତାନମାନଙ୍କ ପାଇଁ ସେ ଚିରନ୍ତନ ମାତୃତ୍ୱର ପ୍ରତୀକ, ବରଦା ।

ସେହି ଅନନ୍ତ ମାତୃତ୍ୱର ଦେବୀ ଉଗ୍ରତାରାଙ୍କର ବିଜେସ୍ଥଳୀ ମୂଳଝରଗଡ଼ ଗାଁରେ । ଗାଁଟି ଆଧୁନିକ ଖୋର୍ଦ୍ଧା, ଜିଲ୍ଲାର ଭୂଷଣ୍ଡପୁର ପାଖରେ । ଟିକିଏ ଦୂରରେ ଚିଲିକା । ମୂଳଝରଗଡ଼ ନାଁରୁ ବୁଝିହେଉଛି, ଏହା ଏକଦା କୌଣସି ରାଜାଙ୍କର ଗଡ଼ ବା ଦୁର୍ଗ ଥିଲା । ଲୋକେ କୁହନ୍ତି, କୌଣସି ଗଙ୍ଗବଂଶୀ ରାଜା ଗଡ଼ଦେବୀ ଭାବରେ ଦେବୀଙ୍କୁ ଏଠାରେ ପ୍ରତିଷ୍ଠା କରିଥିଲେ । ଆଜି ଗଡ଼ ଆଉ ନାହିଁ । ଅବଶେଷ ଅସ୍ପଷ୍ଟ । ଚାରିପାଖରେ

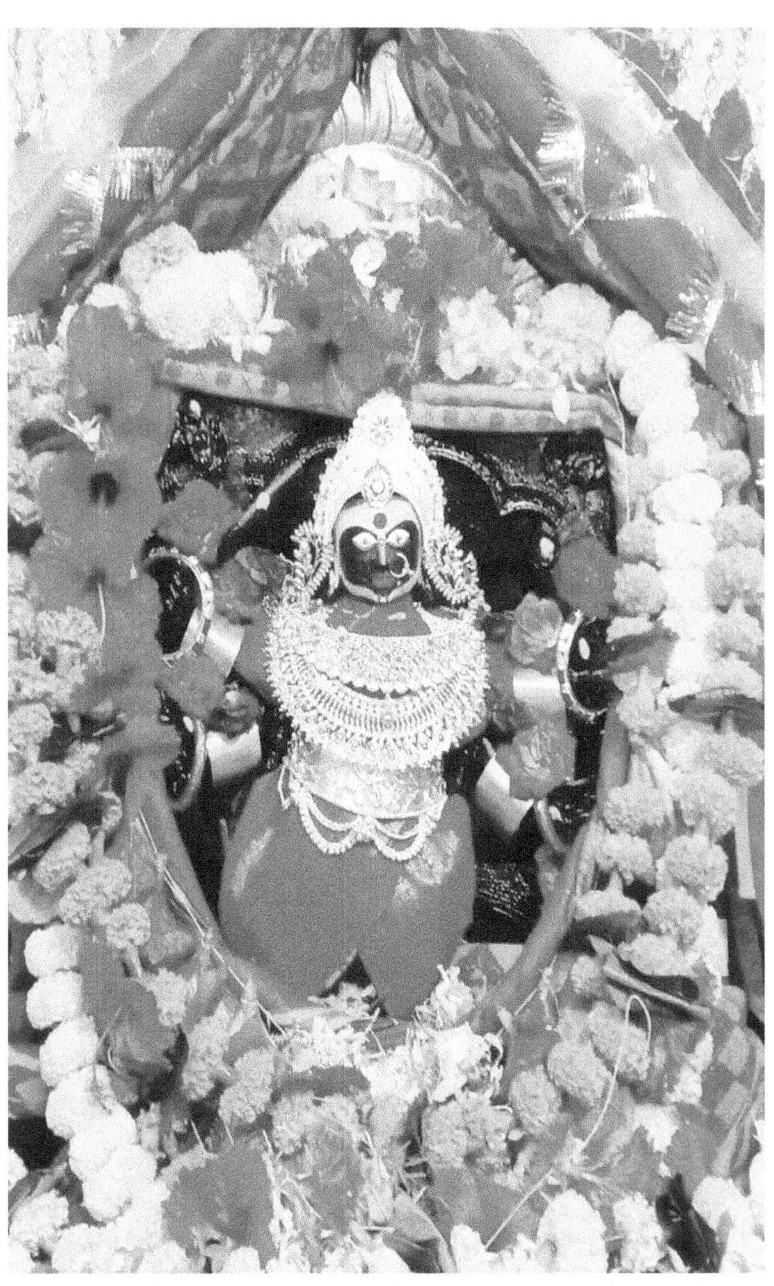

ଘଞ୍ଚ ଜଙ୍ଗଲ ଥିଲା ବୋଲି କହିହେବ। ପୁଣି 'ମୂଳଝର' ଶବ୍ଦରୁ ବୁଝିବାକୁ ହେବ, ଜଙ୍ଗଲ ବା ପାହାଡ଼ର ମୂଳରୁ ଝରଟିଏ ବହି ଆସୁଥିଲା। ଗଡ଼ ବି ଥିଲା। ତେଣୁ ଆୟତନର ନାଁ ମୂଳଝରଗଡ଼ ହୋଇଥିବା ଅସମ୍ଭବ ନୁହେଁ।

ଗଡ଼ ଶବ୍ଦଟିରୁ ଗୋଟିଏ କଥା ସ୍ପଷ୍ଟ ହୋଇଯାଇଛି ଯେ, ଏହା ଏକଦା ଉତ୍କଳର କୌଣସି ରାଜାଙ୍କର ଏକ ସାମରିକ ଦୁର୍ଗ ଥିଲା। ଦୁର୍ଗର ଭଗ୍ନାବଶେଷ କାଳେ ଏଇଠି ରହିଛି। କେଉଁ ରାଜା ପ୍ରକୃତରେ ଏହା ପ୍ରତିଷ୍ଠା କରିଥିଲେ, ତାହା ଅନିରୂପିତ। ମାତ୍ର କିମ୍ବଦନ୍ତୀ ଅଛି। କିମ୍ବଦନ୍ତୀର ନାୟକ ଜଣେ ଗଙ୍ଗବଂଶୀ ଓ ଅନ୍ୟ ଜଣେ ସୂର୍ଯ୍ୟବଂଶୀ ରାଜା। ରାଜାଙ୍କୁ ସ୍ୱପ୍ନାଦେଶ ହୋଇଛି, ଦେବୀ କହିଛନ୍ତି- ମୁଁ ଏଇଠି ଅଛି । ତୁ ମତେ ନିରାଜନା କରିପାରୁ। ରାଜା, ଦେବୀଙ୍କୁ ବିଧିମତେ ସେବା କରିଛନ୍ତି, ପ୍ରାର୍ଥନା କରିଛନ୍ତି, ଦେବୀ ରଣରଂଗିନୀ ଓ ଅଭୟଦାୟିନୀ ରୂପରେ ରାଜତନ୍ତ୍ର ଓ ପ୍ରଜାକୁଳଙ୍କର ଆରାଧ୍ୟା ହୋଇଛନ୍ତି।

ଏହା ମିଛ ହୋଇନଥିବ। ପୀଠର ଚାରିପାଖକୁ ଦେଖିଲେ ସତ ହିଁ ଲାଗିବ। ମାତ୍ର ଏହି ପ୍ରସଙ୍ଗରେ ଗୋଟିଏ କଥା କୁହାଯାଇପାରିବ ଯେ, ଦେବୀ ଏକଦା ଏଠି ଗଡ଼ଦେବୀ ରୂପରେ ପୂଜା ପାଉଥିଲେ, କାଳକ୍ରମେ ଗଡ଼ ଭାଙ୍ଗିଯାଇଛି, ମାତ୍ର ଦେବୀ ରହିଛନ୍ତି। ଦେବୀଙ୍କ ଚାରିପାଖରେ ଜଙ୍ଗଲଟିଏ ତିଆରି ହୋଇଯାଇଛି, ଗଛମୂଳରେ ମାଳତୀଲତା ତଳେ ଦେବୀ ଜନପଦବାସୀଙ୍କ ଅଭୟଦାତ୍ରୀ ରୂପରେ ପୂଜା ପାଇଛନ୍ତି। ଅର୍ଥାତ୍ ଜନପଦ ପୂଜିତା ଦେବୀ କ୍ଷମତାପୂଜିତା ଓ ପୁନଃ ଜନପୂଜିତାରେ ରୂପାନ୍ତରିତ ହୋଇଛନ୍ତି।

ସେଇ ଲତାକୁଞ୍ଜକୁ ମା'ଙ୍କ ଆଦିପୀଠ କୁହାଯାଏ। ମା'ଙ୍କ ସେବା ପାଇଁ ଖଞ୍ଜି ଦିଆଯାଇଥିଲା ସେବକ, ପୂଜକ ଓ ପାଇକ। ପୋଖରୀ ବି ଖୋଳି ଦିଆଯାଇଥିଲା। ମନ୍ଦିରର ପୂଜକ ଏଠି ଅବ୍ରାହ୍ମଣ ନୁହନ୍ତି, ଯର୍ଜୁବେଦୀ ବ୍ରାହ୍ମଣ, ସେମାନଙ୍କ ମୂଳ ଗାଁ କୁସୁମୀପାଟଣା। ଏଇ ଗାଁ କାଳେ ଗଜପତିଙ୍କଦ୍ୱାରା ସ୍ଥାପିତ।

ସେ କାଳ। ପ୍ରାୟ ଛଅଶହ - ସାତଶହ ବର୍ଷ ତଳ ମନ୍ଦିରର ସଂକେତ କାଳର କରାଳ ଗର୍ଭରେ। ଏବେ ମା' ରହୁଥିବାର ମନ୍ଦିରର ଗଢ଼ଣ ଶେଷ ହୋଇଛି ୧୯୪୮ ମହିହାରେ। ଏଥିପାଇଁ ଶ୍ରଦ୍ଧା, ଭକ୍ତି ଏବଂ ଅର୍ଥ ଦେଇଛନ୍ତି କେନ୍ଦୁଝରଗଡ଼ର ଅଧିପତୀ ଗୋପୀନାଥ ନାରାୟଣ ଭଞ୍ଜ ଦେବ। ମନ୍ଦିରର ମୁଖଶାଳା ଆର୍କଷଣୀୟ ଓ ନାନା ରଙ୍ଗରେ ଚିତ୍ରିତ। ସୁଦୃଶ୍ୟ। ମାତ୍ର ଭିତରର ପ୍ରତିମାମାନେ ପ୍ରାଚୀନ।

ମା' ରହିଥିବା ଜାଗା ଯେପରି ପ୍ରାକୃତିକ ସୌନ୍ଦର୍ଯ୍ୟରେ ପରିପୂର୍ଣ୍ଣ, ତାଙ୍କ ରୂପ ବି ସେମିତି ନୈସର୍ଗିକ। ତାଙ୍କ ନାଁ ପୂର୍ବରୁ ଅବଶ୍ୟ 'ଉଗ୍ର' ବିଶେଷଣ। ମାତ୍ର ସେ

ଉଗ୍ରତାରା ବିନାଶିନୀ, କରୁଣାମୟୀ। ସରୁ ନାଲି ଓଠରେ ମାତୃତ୍ୱର ନୀଳ ହସରେଖା। ହାତରେ ବରଦମୁଦ୍ରା। କହି ଦେଉଛନ୍ତି କି, ମୁଁ ଆତଙ୍କ ବିନାଶିନୀ ଅବିଦ୍ୟା, ମହାବିଦ୍ୟା। ଶତ୍ରୁଙ୍କ ପାଇଁ ଉଗ୍ରା, ମାତ୍ର ସନ୍ତାନଙ୍କ ପାଇଁ ପ୍ରଶାନ୍ତା। ଦେବୀଙ୍କ ରହସ୍ୟ ରୂପର ଦୃଶ୍ୟରୂପ ଚେତନାକୁ ଚହଲେଇଦିଏ।

ସେ ଉଦେ ହୋଇଛନ୍ତି ଏକ ବଡ଼ ପଥର ଦେହରେ। ପଛରେ ପ୍ରଭାମଣ୍ଡଳ। ପ୍ରଭାର ଉପର ଦୁଇପାଖରେ ଦୁଇଜଣ ଉଡ଼ନ୍ତା ବିଦ୍ୟାଧାରୀ। ପୀଠର ଦୁଇପାଖରେ ଦୁଇଟି ପିତଳର ସିଂହ। ପାଦତଳେ ପଥରର ସିଂହ। ଲାଗିବ, ଯେପରି ସିଂହବାହିନୀ। ପୀଠ ଉପରେ ଜଳୁଛି ମହାଅଗ୍ନି। ଅଗ୍ନି ଉପରେ ଶୋଇଛନ୍ତି ମହାଯୋଗୀ ଶିବ। ମୁହଁ ପୂର୍ବକୁ। ମହାଯୋଗୀଙ୍କ ଉପରେ ଠିଆ ହୋଇଛନ୍ତି ଉଗ୍ରତାରା। ତାଙ୍କ ବାମ ଓ ଦକ୍ଷିଣପାଦ ଯଥାକ୍ରମେ ମହାଯୋଗୀଙ୍କ ଛାତି ଓ ଜାନୁ ଉପରେ। ଦକ୍ଷିଣ ଦିଗକୁ ମୁହଁ। ନାଚୁଛନ୍ତି ଯେମିତି। ଶିଳ୍ପଶାସ୍ତ୍ର ପରିଭାଷାରେ ସେ ପ୍ରତିଲିଧା ମୁଦ୍ରାରେ। ଚାରୋଟି ହାତ। ହାତରେ ଖଣ୍ଡା, ଖର୍ପର, ନୀଳପଦ୍ମ ଓ ବରଦମୁଦ୍ରା। ପେଟ, ଦେହ ତୁଳନାରେ ସାମାନ୍ୟ ବଡ଼। ମାତ୍ର କ୍ଷୀଣ କଟୀ। ଶିବଙ୍କ ଶରୀର ଉପରେ ଏପରି ବିଜେ କରିଛନ୍ତି, ଦେଖିଲେ ଲାଗିବ, ସତେଯେପରି ପୁରୁଷ ଓ ପ୍ରକୃତି ମହାମିଳନର ଆନନ୍ଦରେ ସମାହିତ। ମହାଯୋଗୀଙ୍କ ଜାଗ୍ରତ କୁଣ୍ଡଳିନୀ ସଂଚରି ଯାଉଛି ମହାଯୋଗିନୀ ମହାବିଦ୍ୟାଙ୍କ ସର୍ଜନ ଦେହରେ ବାଘ ଚମଡ଼ାର ପରିଧେୟ। ଉଲଗ୍ନା ନୁହନ୍ତି। ମଥାରେ ଜଟା, ଦେହରେ ସାପରେ ବେଢ଼ଣ। ଦୁଇ ହାତର ବାହୁ ଓ ମଣିବନ୍ଧ, ଦୁଇ ପାଦର ବଳାଗଣ୍ଠିରେ କୁନିକୁନି ସାପର ଅଳକାଂର। ପ୍ରତ୍ୟେକ ଉଦ୍ୟତ ଫଣା। କାନରେ କୁଣ୍ଡଳ। ବେକରେ ମଣିଷ ମୁଣ୍ଡର

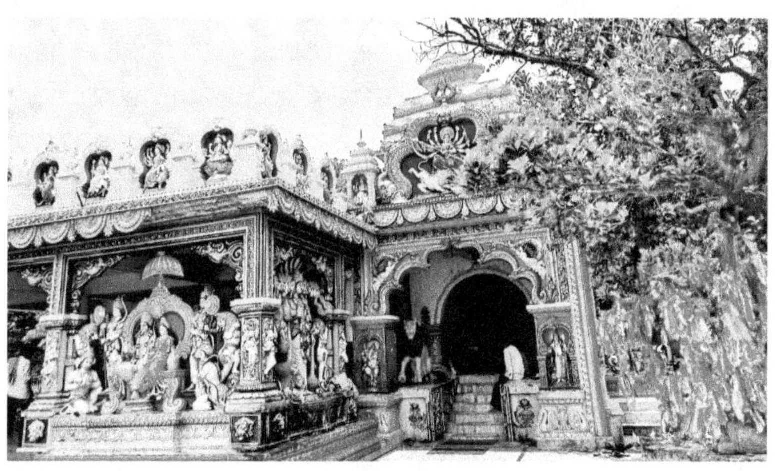

ମାଳ। ମୁଣ୍ଡଗୁଡ଼ିକର ସଂଖ୍ୟା ପଚାଶ। ଦୁଇ କାନ୍ଧ ଉପରୁ ମାଳ ଝୁଲି ପଡୁଛି ଅଣ୍ଟା ତଳକୁ। ତୀକ୍ଷ ନାକ, ସରୁ ଓଠ, ଲମ୍ବା ବେକ, ଘନ ବର୍ତ୍ତୁଳ ସ୍ତନ। ସେ ପୁଣି ତ୍ରିନେତ୍ରୀ।

ମା' ରହିଥିବା ମନ୍ଦିର ପ୍ରାଚୀନ ନୁହେଁ। ପୀଢ଼ ଶୈଳୀରେ ନିର୍ମାଣ। ମୁଖ୍ୟ ମନ୍ଦିର ଧଳା ଚୂନରେ ଧଉଳା। ମାତ୍ର ସମ୍ମୁଖ ଚାରୁଚିତ୍ରମୟ। ମନ୍ଦିର ଚାରିପଟରେ ମା'ଙ୍କୁ ଜଗିରହିଛନ୍ତି ପାର୍ଶ୍ୱଦେବୀ ଭାବେ ପୂର୍ବପଟେ ଚାମୁଣ୍ଡା, ଉତ୍ତର ପଟେ ନାରସିଂହୀ, ପଶ୍ଚିମ ପଟେ ବାରାହୀ। ସ୍ୱୟଂ ମା' ଦକ୍ଷିଣ ଦିଗକୁ ମୁହଁ କରିଛନ୍ତି। ମା'ଙ୍କ ସମ୍ମୁଖ ଭାଗରେ ନବଗ୍ରହ, ଗଣେଶ, ମହାବୀର ଓ ବଟୁଭୈରବୀ (ଘୁମୁଟାଇ)। ନବଗ୍ରହଙ୍କ ଆକାର ଅତି କ୍ଷୁଦ୍ର, ଯାହା ଅନ୍ୟ ମନ୍ଦିରଠାରୁ ବ୍ୟତିକ୍ରମ। ପାଶ୍ୱଦେବୀମାନଙ୍କର ଉଚ୍ଚତା ପ୍ରାୟ ଅଠର ଇଞ୍ଚ। କଳାମୁଗୁନି ପଥରରେ ଗଢ଼ା ଦେହ ଅତି ନିଖୁଣ ଭାବରେ ପ୍ରତୀକାୟିତ। ତିନିଜଣଯାକ ଠିଆ ହୋଇଛନ୍ତି ତ୍ରିଭଙ୍ଗୀ ଠାଣିରେ। ସତେକି ମା' ଜାଗ୍ରତ ପ୍ରହରୀ। ପ୍ରତ୍ୟେକଙ୍କର ଚାରିଚାରି ହାତ। ହାତରେ ଆୟୁଧ। ଅଳଙ୍କାର ବିଭୂଷିତା। କଳା ମୁଗୁନି ପଥର ଭିତରୁ, ଉତ୍କଳୀୟ କଳା- କାରିଗରୀ ସ୍ପଷ୍ଟ ପ୍ରତିକୀତ। ତିନିଦେବୀଙ୍କର ତଳ ଡ଼ାହାଣ ହାତ ବରଦମୁଦ୍ରା ଅର୍ଥାତ୍ ତିନିଜଣଯାକ ଦେବୀ ମୁଖ୍ୟ ଦେବୀଙ୍କ ଇଚ୍ଛାର ଯେପରି ପ୍ରତୀକାତ୍ମକ ପ୍ରତୀମାୟନ। ବଟୁକ ଭୈରବୀଙ୍କ ଦୁଇ ଆଣ୍ଠୁ ମାଡ଼ି ବସିବା ମୁଦ୍ରା ସ୍ୱତନ୍ତ୍ର, ତେଣୁ ଭକ୍ତଙ୍କର ଉତ୍କଣ୍ଠାର କେନ୍ଦ୍ରବିନ୍ଦୁ। ମୁଖଶାଳାର ଦଶମହାବିଦ୍ୟା ଅନନ୍ୟ। ମନ୍ଦିର ବାମପଟରେ ଶାୟିତ ଶିବଙ୍କର ପେଟରୁ ବାହାରି ଆସିଥିବା ଲମ୍ବା ନାଡ଼ ଯୁକ୍ତ ପଦ୍ମ ଉପରେ ବସିଛନ୍ତି ଦେବୀ, ଡ଼ାହାଣ ପଟରେ ଶିବଙ୍କ ଛାତିରେ ପାଦ। ଅନ୍ୟମାନେ ନିଜ ନିଜର ସ୍ୱତନ୍ତ୍ର ଭଙ୍ଗୀରେ ମା'ଙ୍କ ପାଖରେ ବିରାଜମାନ କରିଛନ୍ତି।

ଦେବୀଙ୍କ ଦୃଶ୍ୟରୁପ ଭିତରେ ଭାବବନ୍ଧ ସୁସ୍ପଷ୍ଟ। ହାତରେ ଶୋଭାପାଉଥିବା ନାଡ଼ ଯୁକ୍ତ ପଦ୍ମର ବର୍ଣ୍ଣ ନୀଳ। ବେକର ପଚାଶ ସଂଖ୍ୟକ ମୁଣ୍ଡର ମାଳ, ଆମ ପଚାଶ ବର୍ଣ୍ଣମାଳାର ପ୍ରତୀକ। ତାଙ୍କୁ ପୁଣି ଅର୍ଚ୍ଚନା କରାଯାଏ ନୀଳସରସ୍ୱତୀ ମନ୍ତ୍ରରେ। ଅର୍ଥାତ୍ ସେ ଜ୍ଞାନର ଦେବୀ। ଅନନ୍ତ ଆକାଶ ପରି ସୁନୀଳ, ଶୂନ୍ୟରୂପା। ବ୍ୟାସମହାମୁନୀ କାଳେ ବିଦ୍ୟାର ଅଧିକାରୀ ହୋଇଥିଲେ ନୀଳକାନ୍ତି ସମୁଦ୍ଭାସିତ ନୀଳସ୍ୱରସତୀଙ୍କ କରୁଣାରୁ। ସେ ପୁଣି ତନ୍ତ୍ରର ଦେବୀ। ସମର୍ପିତ ଦେହସୁଖ ଅନୁଭବରୁ ବ୍ୟକ୍ତିଚେତନାକୁ ଏକ ଅଧ୍ୟାତ୍ମିକ ଚେତନାକୁ ଉତ୍ତୋଳିତ କରିନିଅନ୍ତି। କୁହନ୍ତି, ଦେହ ସତ୍ୟ, ଦେହ ମୁକ୍ତି ବି ସତ୍ୟ। ପୁଣି କୁହନ୍ତି, ରକ୍ତ, ରକ୍ତ ନୁହେଁ, ଜୀବନ। ରକ୍ତର ସମର୍ପଣ ମୋହ ମୁକ୍ତ ଜୀବନର ସମର୍ପଣ। ବୌଦ୍ଧ ସହଜଯନୀ ପରମ୍ପରାର ସାଧକମାନଙ୍କର ତାରା ଉପାସ୍ୟାଦେବୀ। ସେ ବ୍ୟକ୍ତି ଚେତନାକୁ ଅବିଦ୍ୟା, ଅସ୍ମିତା, ରାଗ, ଦ୍ୱେଷ ଓ ଅଭିନିବେଶ ପରି ପଞ୍ଚ କ୍ଳେଶରୁ ମୁକ୍ତ କରନ୍ତି। ମାୟାମୟ, ଭୋଗମୟ ଜଗତ ଭିତରେ ଥାଇ ମାୟାମୁକ୍ତି,

ଭୋଗମୁକ୍ତିର କଥା ହିଁ କୁହନ୍ତି। ଏବଂ, କୁହନ୍ତି, ଦେହ ସତ୍ୟ, ନିର୍ବାଣ ବି ସତ୍ୟ। ଦେହସୁଖ, ନିର୍ବାଣସୁଖ ପାଇଁ ଏକ ମାଧ୍ୟମ ମାତ୍ର। ସେ ପୁଣି ପ୍ରଜ୍ବଳିତ ଅଗ୍ନିର ସେଜରେ ଶୋଇଥିବା ଶବକୁ ଜୀବନ୍ତ କରିପାରନ୍ତି। କ୍ରିୟାଶୀଳ କରିପାରନ୍ତି। ଅର୍ଥାତ୍, ସେ ଶବକୁ କ୍ରିୟାଶୀଳ କରିପାରୁଥିବା ଶକ୍ତି।

ପୁନଃ ସୃଜନ ଯାହାର ଧର୍ମ, ମୃତ୍ୟୁ ନୁହେଁ ; ତେଣୁ ଜଗତ, ଶକ୍ତି ନିୟନ୍ତ୍ରିତ ଜନ୍ମ ଓ ମୃତ୍ୟୁର ଏକ ନିରନ୍ତର ଆନନ୍ଦମୟ ପକ୍ରିୟା। ସେଇ ନ୍ୟାୟରେ ଆମେ ଉଗ୍ରତାରାଙ୍କୁ ଶାକ୍ତ ଓ ବୌଦ୍ଧ ଦର୍ଶନର ଏକ ମିଶ୍ରରୂପ କହିପାରିବା। ପଶ୍ଚିମବଙ୍ଗର ବିରଭୂମ ଦେବୀଙ୍କ ସାଧନା ପୀଠ।

ତେବେ, ଆମେ ଉଗ୍ରତାରାଙ୍କ ହାତରେ ପଦ୍ମ ଏବଂ ଆମେ ପରିକଳ୍ପନା କରିଥିବା ନୀଳସରସ୍ୱତୀଙ୍କ ହାତରେ ମଧପଦ୍ମ। ପୁଣି, ବୌଦ୍ଧ- ଅବଲୋକିତେଶ୍ୱରଙ୍କ ସାଧନା–ସଙ୍ଗିନୀ ତାରାଙ୍କ ହାତରେ ବି ପଦ୍ମ। ସକଳ ବିଦ୍ୟାଦାତ୍ରୀ। ମାତ୍ର ଉଗ୍ରତାରା ନୀଳସରସ୍ୱତୀ। ସ୍ମିତହସରେ ଯେପରି କହୁଛନ୍ତି- ମୁଁ କାମନା, ମୁଁ ମୁକ୍ତି, ମୁଁ ବିଦ୍ୟା, ମୁଁ ତମ-ନାଶିନୀ। ପୁଣି ମୁଁ ମହାକାଳୀ, ମହାଲକ୍ଷ୍ମୀ, ମହାସରସ୍ୱତୀ। ମୁଁ ଶୂନ୍ୟରୂପୀ , ମାତ୍ର ମୁକ୍ତିମତୀ। ମୁଁ ତୁମ ଶତୃମାନଙ୍କର ବିନାଶକାରିଣୀ ଏବଂ ତୁମମାନଙ୍କ ପାଇଁ ଚିରନ୍ତନ ମାତୃତ୍ୱର ନୀଳଆକାଶ। ମୁଁ ଥିଲେ ତୁମର ଡ଼ର କାହାକୁ ???

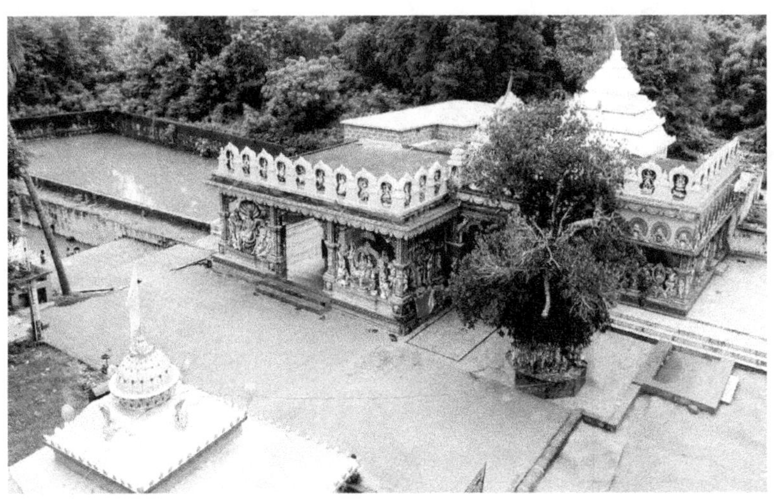

ସହାୟକ ଗ୍ରନ୍ଥସୂଚୀ

୧. ପଣ୍ଡା, ଦୁର୍ଗାଚରଣ।୨୦୦୦। କଳିଙ୍ଗର ମନ୍ଦିର ସ୍ଥାପତ୍ୟ, ଆର୍ଟ ସେଣ୍ଟର ପ୍ରକାଶନ, ଭୁବନେଶ୍ୱର ।

୨. ପଣ୍ଡା, ଶ୍ରୀ ଭଗବାନ।୧୯୭୯। ଓଡ଼ିଶାର ଧର୍ମ, ଗ୍ରନ୍ଥମନ୍ଦିର, କଟକ ।

୩. ଦାସ, ଡ. ହରିଶ୍ଚନ୍ଦ୍ର।୨୦୦୧। ଓଡ଼ିଶାର କଳା ଓ ସ୍ଥାପତ୍ୟ, ଭାରତୀ ପ୍ରକାଶନ, ଭୁବନେଶ୍ୱର ।

୪. ଓଡ଼ିଶାର ସାଂସ୍କୃତିକ ଇତିହାସ ।୧୯୭୮। ଓଡ଼ିଶା କଲ୍‌ଚରାଲ୍ ଫୋରମ୍, ଭୁବନେଶ୍ୱର ।

୫. ମହାନ୍ତି, ବ୍ରଜମୋହନ।୧୯୮୯। ଓଡ଼ିଶାର ସାଂସ୍କୃତିକ ପରମ୍ପରା, କଟକ ।

୬. ରାଜଗୁରୁ, ସତ୍ୟନାରାୟଣ।୧୯୮୮। ଓଡ଼ିଶାର ସାଂସ୍କୃତିକ ଇତିହାସ (୩ୟ ଖଣ୍ଡ), ଓଡ଼ିଶା ସାହିତ୍ୟ ଏକାଡ଼େମୀ, ଭୁବନେଶ୍ୱର ।

୭. ରଥ, ଶରତଚନ୍ଦ୍ର।୧୯୯୬ ।ଆମ ସଂସ୍କୃତି ଆମ ଜୀବନ, ଭୁବନେଶ୍ୱର ।

୮. ପାଣିଗ୍ରାହୀ, କୃଷ୍ଣଚନ୍ଦ୍ର।୧୯୯୪। ସାହିତ୍ୟ ଓ ସଂସ୍କୃତି, କଟକ ।

୯. ପାଢ଼ୀ, ବେଣୁମାଧବ ।୧୯୯୫। ଓଡ଼ିଶାର ସାହିତ୍ୟ ସଂସ୍କୃତି ଓ ଧର୍ମଧାରା, ଭୁବନେଶ୍ୱର ।

୧୦. ମହାନ୍ତି, ଶରତ କୁମାର । ୨୦୦୨। ସଂସ୍କୃତି ଓ ଅପସଂସ୍କୃତି, ଅଗ୍ରଦୂତ, କଟକ ।

୧୧. ସାମଲ, ବୈଷ୍ଣବ ଚରଣ। ୧୯୭୨। କଳା ସଂସ୍କୃତି ଓ ସାହିତ୍ୟ, କଟକ ।

୧୨. ମହାପାତ୍ର, ଗୋପୀନାଥ।୧୯୭୫। ସଂସ୍କୃତି ଓ ଭାରତୀୟ ସଂସ୍କୃତି, ଭୁବନେଶ୍ୱର।

୧୩. ପଟେଲ, ଶ୍ରୀଶ। ୧୯୮୨। ସାହିତ୍ୟ ଓ ସଂସ୍କୃତି, ଭୁବନେଶ୍ୱର ।

୧୪. ମିଶ୍ର, ସତ୍ୟବାଦୀ ।୧୯୮୧। ଭାରତୀୟ ସଂସ୍କୃତିର ବେଢ଼ା ପରିକ୍ରମା, କଟକ ।

୧୫. ମହାରଣା, ସୁରେନ୍ଦ୍ର କୁମାର ।୧୯୯୩ ।ଓଡ଼ିଶାର ବୌଦ୍ଧ ସଂସ୍କୃତି, କଟକ ।

୧୬. ପାଣିଗ୍ରାହୀ, ହଟ୍ଟକିଶୋର ।୨୦୦୫। ସଂସ୍କୃତି ପରିକ୍ରମା, ଭୁବେନଶ୍ୱର ।

୧୭. ମିଶ୍ର, ପୂର୍ଣ୍ଣଚନ୍ଦ୍ର ।୨୦୦୨। ଭାଷା, ସାହିତ୍ୟ ଓ ସଂସ୍କୃତି, କଟକ ।

୧୮. କର, ଇନ୍ଦୁଭୂଷଣ ।୧୯୭୯। ସାହିତ୍ୟ ସମାଜ ଓ ସଂସ୍କୃତି, ବାଲେଶ୍ୱର ।

୧୯. ଜେନା, ଶ୍ରୀ କୁଳମଣି ।୧୯୭୯। ଦେବୀ ଦୁର୍ଗା, ଓଡ଼ିଶା ବୁକ୍‌ଷ୍ଟୋର୍, କଟକ ।

୨୦. ପାଇକରାୟ, ଧ୍ରୁବଚରଣ ଜୟସିଂହ । ୨୦୦୭। ଓଡ଼ିଶାର ଐତିହ୍ୟ, ବିଦ୍ୟାପ୍ରକାଶନୀ, କଟକ ।

୨୧. ମହାନ୍ତି, ଡ. ବ୍ରଜମୋହନ।୧୯୯୬। ବିରଜା କ୍ଷେତ୍ର, ଓଡ଼ିଶା ବୁକ୍‌ଷ୍ଟୋର୍, କଟକ ।

୨୨. ରାଉତରାୟ, ନାରାୟଣ କୁମାର ।୨୦୦୧। ମନ୍ଦିର ମାଳିନୀ ବିରଜା କ୍ଷେତ୍ର, ଟେକ୍ନୋ ଆର୍ଟସ୍ ଅପସେଟ୍, କଟକ ।

୨୩. ସାହୁ, ଶ୍ରୀ ପରମେଶ୍ୱର । ୧୯୯୦। ଭଦ୍ରକ ଓ ଭଦ୍ରକାଳୀ ଚରିତ, ଶ୍ରୀ ପ୍ରେସ୍, ବାଲେଶ୍ୱର ।

୨୪. Narasimhachar, R., 1919, Architecture and Sculpture in Mysore: The laxmi devi temple at Dodda-Gaddavalli, Bangalore, Mysore Government.

୨୫. Sivaramamurti,C., 1942, Sculpture inspired by Kalidas, Madras, Samskrta Academy.

୨୬. Burnier, Raymond, 1950, Hindu Medieval Sculpture, Paris, La palme.

୨୭. Kramrisch, Stella, 1929, Pala & Sena Sculptures, Rupam.

୨୮. Kramrisch, Stella,1933, Indian Sculpture, Calcutta, Y.M.C.A Publishing House.

୨୯. Codrington, K.De B., 1929, An introduction to the study of Mediaeval Indian Sculpture, London, Edward Goldston.

୩୦. Binyon, Laurence & Others,1923, Examples of Indian Culture at British Museum, London, The Indian Society.

୩୧. Chanda, Ramaprasad,1936, Medieval Indian Sculpture, London, Kegan ,paul,Trench,Trubner & Co. Ltd.

୩୨. Ramachandran, T.N., 1929, Buddhist Sculptures from a Stupa Near Goli Village, Madras, Government Press.

୩୩. Sivaramamurti, C.,1942, Amaravati Sculptures in the Madras Government Museum, Madras, Government Press.

୩୪. Gravely, F.H. & Others, 1939, Illustrations of Indian Sculpture mostly Southern, Madras, Government Press.

୩୫. Warrack, John , Greek Sculpture, London, Kent & Co. Ltd.

୩୬. Agarawala,Vasudeva S,1938, New Sculptures from Mathura, The Journal of the United Provinces Histrorical Society.

୩୭. Goswami, A,1956, Orissan Sculpture and Architecture, Calcutta, Bengal Autotype co.

୩୮. Tucci,Giuseppe, Indian Sculpture in Bronze and Stone, Rome.

୩୯. Thomas, P., Epics, Myths and Legends of India, Bombay, D.B. Taraporevala Sons & Co.

୪୦. Havell, E.B.,1908, Indian Sculpture and Painting, London, Hazell,Watson and Viney Ltd.

୪୧. Kar, Chintamoni,1952, Indian Metal Sculpture, London, Alec Tiranti Ltd.

୪୨. Kar, Chintamoni,1950, Classical Indian Sculpture, London, Alec Tiranti Ltd.

୪୩. Nehru, Jawaharlal,1956, Indian Temple Sculpture, Calcutta, Bengal Autotype Co.

୪୪. Saraswati, S.K., 1957, A Survey of Indian Sculpture, Calcutta, Firma K.L. Mukhopadhyay.

୪୫. Naudou, Jean,1959, Indian Temples and Sculptures, London,Thames & Hudson.

୪୬. Deneck Marguerite-Marie,1962, Indian Sculpture, Prague.

୪୭. Raj Mulk, Contemporary World Sculpture, Bombay, Marg Publication.

୪୮. Mathur, N.L.,1972, Sculpture in India, New Delhi, Caxton Press Private Ltd.

୪୯. Sarma, M.Radhakrishna,1972,Temples of Telengana, Hyderabad, Deptt. of Publication & Press.

୫୦. Bachhofer, 1972, Early Indian Sculpture, Newyork, Hacker Art Books.

୫୧. Mehta, Rustam J., 1971, Masterpieces of Indian Bronzes and Metal Sculptures, Bombay, D.B.Taraporevala Sons & Co. Private Ltd.

୫୨. Barrett, Douglas, 1974, Early Cola Architecture and Sculpture, London, Faber & Faber Limited.

୫୩. Harle, J.C., 1974, Gupta Sculpture, Great Britain, William Clowes & Sons Limited.

୫୪. Desai, Devangana,1975, Erotic Sculpture of India, Calcutta, Tata McGraw-Hill.

୫୫. Bandyopadhyay, Bimal,1981, Metal Sculptured of Eastern India, New Delhi, Sundeep Prakashan.

୫୬. Murthy, K. Krishna,1977, The Gandhara Sculptures A Cultural Survey, Delhi, Ajanta Publications.

୫୭. Agarwal, Urmila,1980, Khajuraho Sculptures and their Significance, New Delhi, S.Chand Company Ltd.

୫୮. Nigam, Dr. M.L., 1980, Sculptural Art of Andhra, New Delhi, Sundeep Prakashan.

୫୯. Rajeswari, D.R.,1988, The Pallava Sculpture, New Delhi, Intellectural Publishing House.

୬୦. Mullick, C.C.,1991, Nalanda Sculptures, New Delhi, Pratibha Prakashan.

୬୧. Sinha, Chitta Ranjan Prasad,1980, Early Sculptures of Bihar, Patna, Indological Book Corporation.

୬୨. Banerji, R.D., 1981, Eastern Indian School of Mediaeval Sculpture, New Delhi, Ramananad Vidya Bhawan.

୬୩. Bangdel, Lain S,1982, The Early Sculptures of Nepal, New Delhi,Vikas Publishing House Pvt Ltd.

୬୪. Joshi, Dr. Arjun, Sculptural Art of Khijjingakotta,Cuttack, Baneeshree.

୬୫. Joshi, N.P.,1972, Catalogue of The Brahmanical Sculptures, Lucknow, The State Museum Lucknow.

୬୬. Michell, George, 1982, In the Image of Man, Great Britain, weidenfield & Nicolson.

୬୭. Pal, Anjali, 1972, Jatakas In Stone Sculptures, Bombay, India Book House Education Trust.

୬୮. Sivaramamurti, C., 1975, An Album of Indian Sculpture, New Delhi, National Book Trust.

୬୯. Padmanabha, K., 1989, Hoysala Sculptures A Cultural Study, Delhi, Sundeep Prakashan.

୭୦. Dutta, Monoranjan, 1990, Sculptures of Assam, Delhi, Agam Kala Prakashan.

୭୧. Binyon, Laurence, 1981, Asiatic Arts, New Delhi, Cosmo Publications.

୭୨. Deva, B.Chaitanya, 1989, Musical Instruments in Sculptures in Karnataka, Shimla, Indian Institute of Advanced Study.

୭୩. Boner, Alice, 1990, Principles of Composition In Hindu Sculpture, New Delhi, Motilal Banarsidass Publishers Pvt Ltd.

୭୪. Sivaramamurti, C., 1971, Masterpieces of Indian Sculpture, New Delhi, National Museum.

୭୫. Suresh K.M., 1998, Saivite Sculptures of Khajuraho, New Delhi, Bharatiya kala Prakashan.

୭୬. Fabri, Dr. Charles L., 1970, Discovering Indian Sculpture, New Delhi, Affiliated East-West Press Private Ltd.

୭୭. Michelangelo, 2005, Sculpture, UK, Grange Books.

୭୮. Read, Herbert, 1964, Modern Sculpture A concise History, UK, Thames & Hudson Ltd.

୭୯. Gupta, Sunil, 2008, Early Sculptural Art in the Indian Coastlands, New Delhi, D.K. Printworld (p) Ltd.

୮୦. Lahiri, Jayasri, 2011, The Visible Plants from Early Indian Sculptures, Kolkata, Punthi Pustak.

୮୧. Panda, Sasanka Sekhar, 2012, Sculptural Art of Upper Mahanadi Valley (Vol-1 & 2), New Delhi, Pratibha Prakashan.

୮୨. Rana, Jyoti Rohilla, 2013, The Sculptural Art of Amaravati, New Delhi, Agam Kala Prakashan.

୮୩. Kumar V.V. Subrahmanya Kumar, 2003, Architecture And Sculpture of the Pushpagiri Temples, New Delhi, Kaveri Books.

୮୪. Pal, Pratapaditya, 2002, Indian Terracotta Sculpture the Early Period, Mumbai, Marg Publications.

୮୫. Krishnan, Gauri Parimoo, 2014, The Power of The Female, New Delhi, D.K. Printworld(P) Ltd.

୮୬. Wallace, William E.,1998, Michelangelo The Complete Sculpture Painting Architecture, Beaux Arts Editions.

୮୭. Thuillier, Jacques, 2002, History of Art, Chateaubriand, Grand Prix D' Histoire.

୮୮. Misra, R.N., 2014, Outlines of Indian Arts, New Delhi, Indian Institute of Advanced Study & Aryan Books International.

୮୯. Pachori, L N, 1989, The Erotic Sculpture of Khajuraho, Calcutta, Naya Prokash.

୯୦. Sharma, A.K. & Others, 2017, Sculptural Art of Sirpur, Delhi, B.R.Publishing Corporation.

୯୧. Goswami, Dr. Meghali & Others, 2017, Temple Sculptures of Assam, New Delhi, Aayu Publications.

୯୨. Hargreaves, H.,1930, Sculpture in the Peshawar Museum, Calcutta, Central Publication Branch.

୯୩. Majumdar, N.G, 1937, A Guide to the Sculptures in the Indian Museum Part-1, Delhi, Manager of Publications.

୯୪. Chandra Pramod, Stone Sculpture in the Allahabad Musem, Poona, American Institute of Indian Studies.

୯୫. Nigam, M.L.,1972, A handbook of sculptures, Hyderabad, Birla Archaeological & Cultural Research Institute.

୯୬. Trivedi, S.D., 1983, Sculptures in the Jhansi Museum, Jhansi, The Government Museum.

୯୭. Kanwar Lal, 1970, Temples and Sculptures of Bhubaneswar, Delhi, Arts & Letters.

୯୮. Dwivedi, Shiva Kant, 1991, Temple Sculptures of India, Delhi, Agam Kala Prakashan.

୯୯. Bandyopadhyay, Pranab, 1993, Mother Goddess Kali, Calcutta, United Writers.

୧୦୦. Benard, Elisabeth Anne, 2013, Chinnamasta : The Aweful Buddhist and Hindu Tantric Goddess, Delhi, Motilal Banarsidass Publishers.

୧୦୧. Nagar, Shantilal, 2012, Durga The Great Goddess, Delhi, B.R. Publishing Corporation.

୧୦୨. Keul, Istvan, 2013, Yogini in South Asia, Oxon, Routledge.

୧୦୩. Mookerjee, Ajit, 2008, Kali The Feminine Force, UK, Thames & Hudson.

୧୦୪. Mishra, Nihar Ranjan, 2004, Kamakhya - A Socio Cultural Study, New Delhi, D.K. Printworld(P) Ltd.

୧୦୫. Mahapatra, Dr. Sanjaya Kumar, 2014, Mahisasuramardini In Art, Iconography and Cult Practices, Delhi, Agam Kala Prakashan.

୧୦୬. Maity, Pradyot Kumar,1966, Historical Studies in the Cult of the Goddess Manasa, Calcutta, Punthi Pustak.

୧୦୭. Aryan, KC, 1980, The Little Goddesses(Matrikas), New Delhi, Rekha Prakashan.

୧୦୮. Mishra, Dr.Vijayakanta, 1984, Mahishamardini, New Delhi, Rajesh Publications.

୧୦୯. Bandyopadhyay, Pranab, 1987, Mother Goddess Durga, Calcutta, Image India.

୧୧୦. Trivedi, R.D.,1981, Iconography of Parvati, Delhi, Agam Kala Prakashan.

୧୧୧. Kumar Dr. Pushpendra,1986, The Principle of Sakti, Delhi, Eastern Book Linkers.

୧୧୨. Kumar Dr. Pushpendra,1986, Sakti and her Episodes, Delhi, Eastern Book Linkers.

୧୧୩. Bhattacharyya, P.K.,1983, Iconography of Sculptures, Calcutta, Akshaya Kuamr Maitreya Museum.

୧୧୪. Satpathy, Sarbeswar,1991,Sakti Iconography in Tantric Mahavidyas, Calcutta, Punthi Pustak.

୧୧୫. Vashishtha, Neelima, 1989, Sculptural Traditions of Rajasthan, Jaipur, Publication Scheme.

୧୧୬. Das, Dr. H.C., 1997, Iconography of Sakta Divinities, Delhi, Pratibha Prakashan.

୧୧୭. Rangarajan, Haripriya, 2004, Images of Varahi an iconographic study, Delhi, Sharada Publishing House.

୧୧୮. Srivastava, M.C.P., 1979, Mother Goddess in Indian art, Archaeology & Literature, Delhi, Agam kala Prakashan.

୧୧୯. Mishra, Dr. O.P, 1989, Iconography of the Saptamatrikas, Delhi, Agam Kala Prakashan.

୧୨୦. Mukhopadhyay, Somnath, 1984, Candi in Art and Iconography, Delhi, Agam Kala Prakashan.

୧୨୧. Mukherjee, Dr. Soma, 2003, Folk Deities and Matrika Cult of South West Bengal, Kolkata, R.N. Bhattacharya.

୧୨୨. Behera, K.S. & Others,1998, Sculptures Masterpieces From Orissa, New Delhi, Aryan Books International.

୧୨୩. Sudhakar Karanam, 2012, Mahisasuramardini in the temple art of Andhra Pradesh, Delhi, B.R Publishing Corporation.

୧୨୪. Rawat, Deepak, 2012, Goddess Worship in the western Himalayas, Delhi, Agam Kala Prakashan.

୧୨୫. Panikkar, Shivaji k.,1997, Saptamatrka Worship and Sculptures, New Delhi, D.K. Printworld Ltd.

୧୨୬. Stietencron, Heinrich Von, 2010, Ganga and Yamuna: River Goddesses and their Symbolism in Indian Temples, Ranikhet, Permanent Black.

୧୨୭. Handa, Devendra, 2006, Sculptures from Haryana Iconography & Style, New Delhi, Indian Institute of Advanced Study & Other.

୧୨୮. Rangaswami, C.V., 2015, Goddess Lalitambika: An Indian Art, Literature & Thought, Delhi, Sharada Publishing House.

୧୨୯. Sengupta, ArputhaRani, 2015, Cult of the Goddess, New Delhi, National Museum Institute.

୧୩୦. Mishra, Balaram, 1975, Temple Cities of Bhubaneswar, Bhubaneswar, Swarnalata Mishra.

୧୩୧. Padhi, Braja Kishore, 2009, Temples in Classical Art & Architecture of Eastern India, Kolkata, Punthi Pustak.

୧୩୨. Mohapatra, Kedarnath, 2002, Puranic Representations in temple art of Orissa, Bhubaneswar, Kedaranatha Gaveshana Pratisthana.

୧୩୩. Mohapatra, Kedarnath, 2001,Temples of Bhubaneswar, Bhuabneswar, Kedaranatha Research Institute.

୧୩୪. Patra, Benudhar, 2008, Studies in the Heritage, History and Archaeology of Orissa, Kolkata, Punthi Pustak.

୧୩୫. Kalia Ravi, 1994, Bhubaneswar from a Temple Town to Capital City, New Delhi, Oxford University Press.

୧୩୬. Dash, Kailash Chandra,1996, Legend, History and Culture of India, Calcutta, Punthi Pustak.

୧୩୭. Pradhan, Dr. Sadasiba, 2009, Lesser Known Monuments of Bhubaneswar, Bhubaneswar, Lark Books.

୧୩୮. Orissa State Archives, 1988, Our Documentary Heritage Vol-1, Bhubaneswar, Orissa State Archives.

୧୩୯. Orissa State Archives, 1997, Our Documentary Heritage Vol-4, Bhubaneswar, Orissa State Archives.

୧୪୦. Orissa State Archives, 1991, Our Documentary Heritage Vol-2, Bhubaneswar, Orissa State Archives.

୧୪୧. Mishra, Aswini Kumar & Others, 2010, A guidebook to discover hotspots of Odisha, Rourkela, Pragati Utkal Sangha.

୧୪୨. Bose, N.K., 2001,Orissan Temple Architecture (Vastusatra), Delhi, Bharatiya Kala Prakashan.

୧୪୩. Kar, Indu Bhusan,1999, Art Heritage of Orissa, Bhubaneswar, Advanced Centre.

୧୪୪. Mishra, S.P, 2007, Biraja The Capital of Ancient Odisha (Vol-1&2), Delhi, Pratibha Prakash.

୧୪୫. Behera, K.S, 2008, The Lingaraj Temple of Bhubaneswar : Art & Cultural legacy, New Delhi, Aryan Books International.

୧୪୬. Kulke, Hermann , 2013, Imaging Odisha (Vol-1), Jagatsinghpur, Prafulla.

୧୪୭. Batu, Chitrasen, 2012, Odishan Built Heritage, Bhubaneswar, Chitrasen Batu.

୧୪୮. Swain, Bijaya kumar, 2018, The Kalinga Heritage, New Delhi, Authorspress.

୧୪୯. Ray, Soumyendu Shankar & Others, 2016, Odisha an architectural odyssey, New Delhi, Bloomsbury.

୧୫୦. Panda, Prof N.C & others, 2014, Temple Architecture of Orissa, Delhi, Bharatiya Kala Prakashan.

୧୫୧. Bose, N.K , 2001, Orissan Temple Architecture, Delhi, Bharatiya Kala Prakashan.

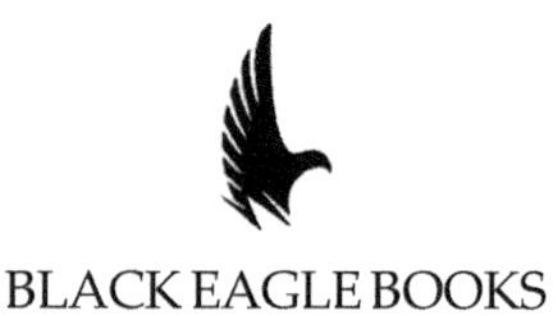

www.blackeaglebooks.org
info@blackeaglebooks.org

Black Eagle Books, an independent publisher, was founded as a nonprofit organization in April, 2019. It is our mission to connect and engage the Indian diaspora and the world at large with the best of works of world literature published on a collaborative platform, with special emphasis on foregrounding Contemporary Classics and New Writing.

www.ingramcontent.com/pod-product-compliance
Lightning Source LLC
Chambersburg PA
CBHW051433050726
47593CB00005B/1765

* 9 7 8 1 6 4 5 6 0 2 5 0 7 *